Trump's
Diplomatic
Aberration

트럼프의
일탈외교와

and

바이든의
신정상 복귀

유찬열 지음

Biden's
Return
to the New
Normal

박영사

Dedicated to the Memory of my Parents,
General K. K. Yoo and M. S. Choi

머리말

세계에는 200여 개의 나라가 존재한다. 그 나라들은 서로 다른 역사적 배경에 의해 모두 조금씩 다른 성향을 보유하는 반면, 문명적 차원에서는 어떤 공통점을 보유한다. 그런 가운데 각 문명과 각 개별 국가의 흥망이 있었고, 선진과 후발 문명, 강대국과 중견, 약소국의 구분이 생겨났다. 아주 오래전 과학기술 발달 이전, 세계는 이집트, 메소포타미아, 인더스, 황하와 같이 지역적으로 구분돼 멀리 떨어져 서로 나뉘어 있었지만, 그들 간에 문화교류, 무역, 전쟁이 없었던 것은 아니다. 어느 국가와 문명의 다른 지역과의 상호작용은 그 밀도와 빈도에서 차이만 있을 뿐, 역사가 존재하는 처음부터 지금까지 계속돼 왔다.

지난 수천 년의 경쟁, 그리고 가깝게는 미·소 냉전을 거친 이후, 오늘날의 세계는 몇몇 강대국에 의해 지배된다. 냉전 이후 시대에 들어와 한동안 미국의 파워가 남달랐고, 그래서 그것은 미국의 '도전받지 않는 국제적 주도권'이라 불렸다. 그러나 몇몇 전문가를 제외한 대부분의 사람들이 그 질서가 오래 지속될 것이라고 전망한 반면, 그 변화는 예상보다 빨리 찾아왔다. 새로운 다극체제는 전문가 견해에 따라 다르지만, 미·중 양극체제(G2), 강대국이 없는 다극체제(G0), 또는 미, 러, 중 3강 체제 등 여러 형태로 묘사된다. G2라는 개념 역시 냉전시대의 미·소 관계와는 확연하게 다른데, 오늘날의 국제질서는 현 시대가 지나간 이후 더 객관적으로 조명될 것이다.

　　많은 사람들은 오늘날의 세계에서 가장 큰 영향력을 발휘하는 나라가 미국, 중국, 러시아 3개국이라고 말하는데, 그 세 나라 모두 서로 완전히 다른 성향의 나라이듯 미국 역시 특별하다. 토크빌은 미국을 민주적으로 태어난 나라로 규정했고, 실제 상대적 의미에서 서유럽 국가들보다 미국은 더 민주적이다. 비록 최근 미국 내에서 인종, 계층 갈등이 새롭게 불거졌지만, 그 나라가 본질상, 또 현실적으로도 유럽보다 더 민주적이라는 것을 부인하는 사람은 없을 것이다. 미국 역사학자들은 귀족이 아닌 이민자의 평범한 나라로 출발한 미국이 자유, 민주, 평등에서 서유럽의 자유민주주의를 넘어서는 진정한 진보를 이루었다고 자부한다. 그런 의미에서, 오늘날 미국이 국제사회에서 민주주의를 논할 때, 굳이 자유민주주의를 거론하기보다는 단순히 민주를 말하는 것은 흥미롭다. 그러나 인권을 가미하면 그것은 자유민주주의가 되는데, 왜냐하면 개인의 인권은 서방에서 출현한 역사적으로 희소한 가치이기 때문이다. 그러나 그것은 내부적 특징이고, 국제사회에서는 제도, 가치와 관계없이 누가 더 큰 군사, 경제파워를 갖고 있는가 하는 것이 더 중요하다. 지난 수천 년간 국제사회는 그렇게 운영돼 왔고, 지금도 그것은 변하지 않았으며, 기억이 존재하는 한 앞으로도 그 원칙은 계속될 것이다. 국가들은 외형적, 인식론적으로는 평등하지만, 실질관계에서는 완전한 불평등 속에서 존재, 기능한다. 미국이 엘살바도르와, 러시아가 조지아, 벨라루스와, 그리고 중국이 브루나이, 캄보디아와 평등한 관계 속에서 상호 작동한다고 말할 사람은 없을 것이다. 그것은 일본이 미국의 영향력 하에 귀속돼 있다고 인정하는 것과 마찬가지이다.

　　그렇게 영향력이 크고 중요한 미국에서 냉전 이후 시대에는 클린턴, 부시, 오바마를 거쳐 트럼프가 정치리더로 활약했고, 현재는 바이든이 대통령으로 재직한다. 미국의 파워와 지구적 차원의 지위는 상대적으로 하락했지만, 아직도 미국은 국제사회에서 필수불가결한 영향력을 행사하고, 그런 위상과 능력은 아주 오래 지속될 것이다. 그런 이유로 미국의 리더로서의 역할은 모든 세계인들이 언제나 관심을 가질 만큼 중요하다. 2021년 11월 중순 바이든과 시진핑이 3시간에 걸쳐 화상회의를 한 것에 대해, 세계 곳곳에서 그들의 대화내용을 분석하고 그 의미와 미래를 전망하는 것이 그 중요도를 입증한다. 그 맥락에서 이 책은 바로 1년 전 퇴임한 트럼프 대통령과 그의 집권기 미국, 그리고 오늘날 바이든 대통령이 주도하는 미국의 대외, 안보정책에 관해 논의한다. 필자로서는 지난 수년 간 몇 권의 책에서 냉전 이후 시대 국제질서의 변화에 대해 관찰한 이후 국제문제에 더 이상 관심을 갖지 않으려 했는데, 트럼프 대통령이 너무 독특해 그 자신과 그의 시대 미국을 더 자세히 살펴보려는 생각을 갖게 됐다. 그 성과는 오늘날의 기준에서 트럼프의 행동과 그 행정부 정책이 얼마나 많은 비정상과 오류를 내포했는지, 또 바이든의 정책이 왜 더 합리적인지에 관한 판단이다.

이 책은 몇 가지 특정한 입장을 취한다. 첫 번째는 가능한 한 제3자적 입장에서 현실을 바라보는 것이다. 그 이유는 사건의 사실(fact)이 하나인 반면 그 해석이 완전히 다를 수 있는 상황에서, 모든 사람의 서로 다른 견해가 그 본인에게는 진실이고, 또 누구든지 특정한 이유로 편향된 생각을 가질 수 있지만, 그래도 가능한 한 상대적으로 더 타당한 진실(truth)에 가까이 가는 것이 중요하다고 생각했기 때문이다. 두 번째는 큰 그림을 제시하고, 앞뒤 맥락을 연결해 설명하는 것이다. 그것은 끝없이 많은 세부사안에 대한 특정한 견해가 좁힐 수 없는 차이를 보일 때, 그보다는 더 많은 사람들이 공감하는 전반적인 움직임, 주요사태 전개의 골격과 추세, 그리고 과거에서 현재를 거쳐 미래로 향하는 진행방향을 더 중시했기 때문이다. 그런 인식 하에, 본문에 관련 행위자들의 입장을 세부적으로 기술했는데, 그것은 그들 각각의 고유한 입장과 사고에서의 다양성을 가능한 한 많이 반영하고 싶었기 때문이다. 이 책에는 많은 내용이 담겨있는데, 그것은 트럼프와 바이든 시대를 논의하기 위해 그와 관련된 구조적 현실과 기저의 추세, 역사적 배경을 설명하기 위한 것이다. 또 트럼프 시대 미국의 전반적인 대외정책을 논의하는 이유로 전 세계의 수많은 현실이 조명돼 있다. 그 논의는 복잡해 보이지만 가장 알기 쉬운 방식으로 서술되어 있고, 그것은 2021년 말까지 지구촌 각지의 독특한 현실을 묘사해 오늘날의 세계가 얼마나 천차만별인지를 이해하는 데 도움을 줄 것이다. 많은 부족한 점에도 불구하고 독자 여러분의 양해를 바란다.

차제에 그동안 많은 도움을 주신 George Liska, Germaine A. Hoston, Norma Kriger, William Ascher, Richard S. Katz, William Rowe, Steven Arnold, Nicholas Onuf, G. Matthew Bonham, Guy Gran 교수께 감사를 표하고 싶다. 그들은 모두 탁월한 연구자, 교수이고, 훌륭한 인품의 소유자들이었다. 또 출판을 허락해 주신 박영사의 안종만 회장님, 임직원, 전채린 차장과 김한유

대리께 감사의 말씀을 올린다. 그리고 언제나 그렇듯이, 항상 격려를 아끼지 않는 아내 병춘과 멀리 해외에서 열심히 일하는 딸 성주에게 무한한 감사의 마음을 전한다. 모든 고마운 분들의 행운을 기원한다.

유찬열

CONTENTS

차례

서언

1. 트럼프 대통령의 성향 ··· 8

　(1) 대선후보 시절 8
　(2) 미국 우선주의 12
　(3) 취임연설 평가 14

Chapter 01　미국의 전쟁 현안

1. 이라크 전쟁 ··· 23

　(1) 초기 개입의 과정 23
　(2) IS 억지를 위한 군사 재개입 24
　(3) 트럼프 집권 이후 25
　(4) 이라크의 미군철수 요구 29
　(5) 이라크 국내정세 31
　(6) 바이든과 이라크 전쟁 33

2. 시리아 전쟁 ··· 37

　(1) 시리아 민주화를 위한 미국의 초기 개입 37
　(2) 미국의 직접적 군사개입 39

viii

(3) 트럼프 집권기 IS 격퇴와 기타 목표　43

(4) 미군철수와 병력 재배치　49

(5) 나머지 과제　51

(6) 바이든 행정부 시리아 정책　53

3. 아프가니스탄 전쟁 ·· 58

(1) 미군 철수 이후　59

(2) 트럼프 집권기 교전상황　61

(3) 미-탈레반 평화대화　64

(4) 미군 철수 협상　66

(5) 바이든의 아프간 정책　69

Chapter 02 국제테러리즘 억지

1. 알카에다 ·· 75

(1) 알카에다 지파　77

2. 이슬람국가 ·· 89

(1) IS에 대한 국제사회의 반대　91

(2) 미국의 전쟁전략　92

(3) 이슬람국가 지파　95

Chapter 03 대량살상무기 비확산과 이란 및 북한관계

1. 이란 핵 및 미-이란 관계 ··· 120

(1) 미-이란 관계의 맥락　121

(2) 트럼프 시대 미-이란 관계와 핵문제　124

(3) 이란 미사일 현황　129

(4) 이란의 중동 우호세력 관계　131

(5) 미국의 대이란 접근법　134

(6) 바이든 행정부의 이란 핵정책　138

2. 북한 핵 및 미·북 관계 ·· 143

    (1) 싱가포르 미·북 정상회담 146

    (2) 정상회담 이후 148

    (3) 하노이 정상회담 149

    (4) 트럼프-김정은 판문점 정상회담 151

    (5) 바이든 행정부 대북정책 154

Chapter 04 대외경제 및 무역전쟁

1. 북미 자유무역협정 ··· 158

    (1) 트럼프의 NAFTA 개정 162

    (2) 미-멕시코 NAFTA 개정 내용 163

2. 환태평양 동반자협정 ··· 165

    (1) TPP 주요내용 167

    (2) TPP 조항의 변경과 CPTPP 170

    (3) TPP 탈퇴의 평가 172

3. 세계무역기구 ·· 173

    (1) WTO 활동 174

    (2) WTO에 대한 트럼프 행정부의 불만 177

    (3) WTO의 과제 178

    (4) 미래 정책방향 180

4. 미·중 무역 ·· 182

Chapter 05 국제기구 및 다자제도

1. 국제연합 ··· 193

    (1) 트럼프 행정부의 행동 196

    (2) 미국의 유엔 정규예산 및 PKO 비용부담 209

　　(3) 바이든 행정부 유엔 정책　211

　2. 유럽연합 ··· 212

　　(1) 미-EU 관계의 맥락　214
　　(2) 미-EU 관계의 악화　215
　　(3) 미-EU 경제관계　221
　　(4) 바이든 행정부 EU 정책　229

　3. 북대서양 조약기구 ··· 235

　　(1) 미국과 나토　236
　　(2) 트럼프의 나토 관련 행동　239
　　(3) 나토 관련 현황　247
　　(4) 유럽의 독자능력 강화 시도　249
　　(5) 나토-EU 관계　252
　　(6) 바이든 행정부 나토정책　253

Chapter 06 경쟁 강대국 관계

1. 미 · 러 관계 ·· 261

　　(1) 트럼프 행정부와 미 · 러 안보현실　262
　　(2) 트럼프 행정부 러시아 정책의 특수성　275
　　(3) 미 · 러 관계에 관한 러시아 견해　278
　　(4) 미 · 러 관계를 위한 조언　280
　　(5) 바이든 행정부 러시아 정책　285

2. 미 · 중 관계 ·· 294

　　(1) 트럼프 시대 미·중 관계 맥락　297
　　(2) 바이든 행정부의 중국정책　315

Chapter 07 동맹 및 우호국가 관계

1. 미 · 일 관계 ·· 330

(1) 트럼프 등장 이후 331
(2) 트럼프 시기 미·일 동맹의 운영 343
(3) 미·일 동맹의 구조적 진화 346

2. 미·호주 관계 ·· 349

(1) 양자관계의 맥락 349
(2) 트럼프 시기 미-호주 관계 354

3. 미·인도 관계 ·· 361

(1) 양자관계의 맥락 361
(2) 미-인도 관계의 구조 371
(3) 트럼프 시기 미-인도 관계 372
(4) 미-인도 경제관계 380
(5) 쿼드 안보협력 383
(6) 인도-파키스탄 관계와 미국 389
(7) 트럼프 시기 미-인도 관계 평가 392

4. 한·미 관계 ·· 393

(1) 한미 안보관계의 맥락 394
(2) 트럼프-문재인 시기 한미관계 408
(3) 한미 양자관계의 주요이슈 425
(4) 미국의 한미관계 평가 429
(5) 바이든-문재인 시기 431

5. 미·아세안 관계 ·· 439

(1) 아세안의 구조와 성격 439
(2) 미-아세안 관계의 맥락 442
(3) 트럼프 시기 미-아세안 관계 446
(4) 바이든 행정부의 미-아세안 관계 463
(5) 남중국해 분쟁 469
(6) 미국의 아세안 주요국 관계 472

Chapter 08 기타 국가 및 지역 관계

1. 중남미, 카리브 지역 관계 ·· 485

(1) 클린턴 행정부 485
(2) 조지 W. 부시 행정부의 역내관계 488
(3) 오바마 행정부 시기 503
(4) 트럼프 시대 520
(5) 미-중남미 관계 관련 전문가 의견 537
(6) 바이든 행정부의 중남미, 카리브 관계 538

2. 미국의 아프리카 관계 ·· 551

(1) 클린턴 시기 552
(2) 조지 W. 부시 시기 584
(3) 오바마 시기 593
(4) 트럼프 시기 미-아프리카 관계 622
(5) 바이든 행정부 아프리카 정책 635

결언

1. 트럼프 연설 ··· 642

(1) 트럼프의 경제정책과 실적 649

2. 미국의 전쟁 현안 ·· 657

(1) 이라크 전쟁 657
(2) 시리아 전쟁 659
(3) 아프간 전쟁 660

3. 국제테러리즘 억지 ··· 663

4. 대량살상무기 비확산 ·· 668

5. 대외경제 및 무역전쟁 ··· 672

(1) 나프타의 USMCA로의 개정 672

(2) TPP 및 WTO 관련 행동 675

(3) 미·중 무역 전쟁 677

6. 국제기구 및 다자제도 관련 행동 ·················· 681

7. 경쟁 강대국 관계 ····························· 687

(1) 미·러 관계 687

(2) 미·중 관계 691

8. 동맹 및 우호국가 관계 ························ 695

(1) 미·일 관계 695

(2) 미-호주 관계 698

(3) 미-인도 관계 706

(4) 한미 관계 710

(5) 미-아세안 관계 714

9. 기타 국가 및 지역관계 ························ 716

(1) 미국의 중남미, 카리브 관계 716

(2) 미국의 아프리카 관계 719

찾아보기 723

서언

　　미국의 제45대 도널드 트럼프(Donald Trump) 대통령은 1945년 냉전이 시작된 이후 2021년 오늘날까지의 맥락에서 보면 매우 독특한 정치 리더였다. 대선후보 당시, 그리고 처음 취임할 때부터, 그는 미국이 전례 없는 최고의 대내외적 위기에 휩싸여 있다고 말하면서 미국 정치권과 전임 대통령들을 이기적이고 무능한 존재로 규정했다. 그의 대통령 임기는 수많은 특별한 언행으로 장식됐고, 그의 발언과 정책은 그 타당성과 관련해 세계적 관심의 초점이 됐다. 많은 경우, 그것은 엄청난 비난과 반발을 자아냈다. 더 나아가 2020년 11월의 제46대 미 대선과정은 전 세계의 특별한 뉴스가 됐는데, 그 이유는 트럼프 지지자들이 워싱턴 D.C. 미 의회 건물에 침입해 난동을 부렸기 때문이다. 그때 많은 의원들은 침입자들의 폭력으로부터 도피 또는 은신해야 했고, 의사당을 방위하던 몇몇 경찰은 살해 및 부상을 당했다. 트럼프 대통령은 그 행위를 선동한 것으로 의심받았다. 그래도 놀라운 것은 그의 퇴임 이후에도 2021년 10월 현재 공화당원의 최대 80%가 그를 지지하고, 그 역시 다음 대선에서 재출마를 포함해 어떤 역할을 할 것이라고 말하는 것이다. 그에 반대하는 일부 공화당 의원들은 그의 영향력을 우려하는 것으로 알려졌다.[1]

　　실제 트럼프 취임 당시 미국이 처해 있는 대내외적 현실은 어땠을까? 그것은 그의 말처럼 미국이 위기에 처해 있는 것은 전혀 아니었다. 그의 전임자 버락 오

---

[1]　공화당원들의 트럼프 지지율은 2021년 5월 80% 수준인 상태에서 잠시 하락한 이후, 그해 10월 다시 80%로 상승했다.

바마(Barack Obama)는 대외관계와 국내경제, 사회차원에서 트럼프에게 매우 양호한 상태의 미국을 물려주었다. 대외적으로 그 당시의 미국은 아직도 세계 최고의 영향력을 발휘하는 강대국이었다. 외교적으로 미국은 EU의 수많은 선진국, 일본, 한국, 동남아의 태국 및 필리핀, 중동의 '걸프협력위원회'(GCC: Gulf Cooperation Council) 국가들을 포함해 세계에서 가장 많은 나라들과 동맹을 맺고 있었고, 차세대 강대국으로 예상되고 러시아, 중국과 깊이 개입하는 인도와의 관계강화를 위해 많은 노력을 기울이고 있었다. 6천억 달러를 상회하는 국방비는 중국, 러시아를 포함하는 그 다음 몇 나라를 합친 것보다 더 많았고, 미군의 항모군단, F-22, F-35를 포함하는 최첨단 스텔스 전투기와 B-2, B-52 전폭기, 여러 곳에 배치된 공격 및 방어미사일을 포함하는 무기체계, 그리고 세계 수많은 지역에서의 전투경험은 미국 군대의 둘도 없는 군사자산이었다.

트럼프 취임 당시의 국내경제는 매우 양호했다. 미국의 GDP 성장률이 주택담보 부실대출의 여파로 인해 2008년 수십 년 만에 처음 마이너스로 돌아서면서, 오바마 행정부의 경제성장률은 취임 첫해 -2.9%를 기록한 바 있다. 그러나 오바마의 7,870억 달러 경기활성화 패키지는 경제를 반등시키는 데 결정적으로 기여했고, 2010년 이후 미세한 차이를 보이면서 2015년 2.6% 성장률을 기록할 때까지 (인플레이션을 조정한) 실질 GDP는 6년 연속 증가세를 이어갔다. 그 과정에서 세후(after-tax) 기업수익은 전례 없이 증가했다. 2009년 중반기 이후 조금씩 회복세를 이어가던 미국경제는 오바마가 두 번째 임기를 시작한 2013년 이후 본격적인 궤도에 올랐는데, 2014년 기업수익은 1.73조 달러, 2015년은 1.58조 달러, 2016년은 3사분기까지 1.68조 달러에 달했다.[1] 기업이 활성화되면서 주식가격은 8년 연속 새로운 기록을 세웠다. 2016년 '스탠더드 푸어스'(Standard & Poor's 500) 주식 인덱스는 8년 전 오바마가 집권하던 당시에 비해 181% 높았고, 다우존스 산업평균(Dow Jones Industrial Average)은 148% 상승했다. 2010~2016년 고용은 계속 증가했고, 2016년 한해 22만 개의 직업이 추가됐으며, 트럼프 취임 직전 채용이 가능한 새로운 일자리는 550만 개였다.[2] 고용이 증가하면서 실업률은 당연히 낮아졌다. 오바마 취임시 7.8%이던 실업률은 2016년 역대 최소비율인 4.7%까

---

1) 그것은 조지 W. 부시 시기 최고치였던 2006년 1.38조 달러를 넘어선 수치이다.
2) 2008년 2월 이후 2년 기간에 미국에서 약 850만 개의 일자리가 사라졌고, 오바마 취임 이후 1년 1개월에 걸쳐 사라진 일자리 수는 약 430만 개였다.

지 낮아졌고, 그것은 1948년 이후 평균치인 5.6%보다 더 나은 성과였다. 가계소득은 증가해 2016년 가계 평균소득은 (인플레이션을 조정한 수치로) 62,898 달러였다. 보험의 경우, '오바마 케어'(Affordable Care Act)의 영향으로 2009년 14.7%, 2010년 16%이던 무보험자 비율은 2014년 온라인 보험거래(insurance exchange)가 시작되면서 2016년 역대 최저인 8.9%로 낮아졌다. 범죄율은 살인율의 경우 1990년대 초 10만명당 10명 수준에서 2008년 5.4명으로 줄어들었고, 2014년 1960년대 이래 최저치인 4.4명을 기록하고 2015년 4.9명으로 약간 늘었다. 그것은 사실 역대 최고로 낮은 살인율이었다. 절도와 폭행도 감소했다.[1]

　물론 국내외에서 일부 문제는 존재했다. 가장 큰 눈앞의 현안인 테러 관련 전쟁과 북한 핵문제를 넘어, 미국은 국제정치의 더 큰 틀, 대외 영향력 차원에서 국제적 주도권이 서서히 잠식당하고 있었다. 미국과 서방이 주도하는 유엔안보리 결의안은 수시로 러시아와 중국에 의해 거부, 약화됐다. 러시아는 우크라이나, 조지아를 나토에 가입시키려는 미국의 시도를 성공적으로 막아내고, 천연가스를 무기로 동, 서유럽으로 영향력을 확대했다. 러시아는 과거 일부 구소련 공화국들과의 군사동맹인 '집단안보조약기구'(CSTO: Collective Security Treaty Organization)를 더 견고하게 강화시켰고, 중국과 공동운영하는 '상해협력기구'(SCO: Shanghai Cooperation Organization)에 (미국이 관계강화를 원하는) 인도를 참여시켰으며, 중동에서는 이란, 이라크, 시리아를 포함해 시아파 벨트 국가들과 협력을 강화했다. 국제경제에서 러시아는 브라질, 인도, 중국, 남아공과 브릭스(BRICS: Brazil－Russia－India－China－South Africa)를 운영했고, 중국, 인도, 러시아 세 나라는 별도 그룹(RIC: Russia－India－China) 간 정상회의를 개최했다. 러·일 관계에는 북방 4개 도서 영토분쟁의 근본적 문제에도 불구하고 에너지를 매개로 긍정적 측면이 존재했다. 러시아는 수천 개 핵무기로 인해 미국 핵전력에 '상호확증파괴'(MAD: Mutual Assured Destruction)를 유지하기에 충분한 군사력을 유지했고, 미국, 서방의 MD를 우회할 수 있는 다양한, 중·장거리 미사일을 개발했으며, 하이브리드(hybrid) 전술에 의존하는 재래식 전력으로 크리미아 점령 당시 그 위세를 드러냈다. 경제 역시 제조업의 일부 취약에도 불구하고 에너지를 포함하는 엄청난 천연

---

1) Brooks Jackson, "What President Trump Inherits," FactCheck.org, (January 20, 2017), www.factcheck.org

자원을 세계적 지렛대로 사용했다.

중국의 힘은 국제질서를 미국과 더불어 두 개의 최고국가(G2: Group 2)가 운영한다고 말할 정도로 하루가 다르게 성장했다. 중국은 유엔안보리에서 러시아와 협력해 수시로 미국의 의도에 제동을 걸었고, 공식 군사동맹은 북한밖에 없음에도 불구하고 러시아와의 전략적 제휴, SCO 운영을 통해 미국의 정치, 경제적 영향력에 도전했다. 육상, 해상 두 갈래로 시행되는 인프라 건설 위주의 일대일로(BRI: Belt and Road Initiative) 사업은 중국에게 동남아, 남아시아, 중앙아시아, 중동, 아프리카, 동유럽을 넘어 미국의 텃밭인 중남미와 캐나다에 이르기까지 경제, 정치적 영향력 확대의 계기를 제공했다. 중국의 군사력은 비록 핵무기 숫자는 미국보다 적지만 MAD 역할을 수행하기에 충분했고, 지휘통제, 감시, 정찰(C4ISR: Command, Control, Communication Computerization, Intelligence, Surveillance, Reconnaissance)에 대한 집중적인 투자는 인민해방군(PLA: People's Liberation Army)을 세계수준의 군대로 발전시키고 있었으며, 동아시아에서 미 항모군단을 공격하는 목적의 방향전환이 가능한 극초음속 동풍 미사일(DF-21)은 미군에 결정적 장애 요소였다. 시진핑 정부는 21세기 중반까지 PLA를 세계 최강으로 만든다는 야심찬 계획을 선포했는데, 미국 군대와의 10~20년 격차에도 불구하고 그것은 이미 상당 수준에 도달했다. 중국의 대외적 영향력 확대, 군사력 증강은 모두 베이징의 사회주의 시장경제의 놀라운 성장에 의해 가능했다. 중국 경제는 구매력(PPP: Purchasing Power Parity)을 감안하는 GDP에서 이미 2014년 미국을 넘어섰고, 중국은 세계 제조업의 허브가 됐으며, 지속적 무역흑자는 중국을 3조 달러가 넘는 세계 최대의 외환보유국으로 만들었다. 그 나라 경제발전은 정부의 기업에 대한 집중적 지원, 중국 시장을 겨냥하는 외국 투자기업으로부터의 테크놀로지 강요적 이전, 그리고 14억 인구에 기반한 어마어마한 산업 생산량에 기초했다.

반면 절대적 우방인 '유럽연합'(EU: European Union)은 미국과의 협력에도 불구하고 다른 한편 상당한 문제에 봉착했다. 처음 출범했을 때 EU는 미국과 더불어 새로운 세계질서 형성에서의 역할, 그리고 그 초국가 기구 내 회원국들의 협력에 따른 경제, 정치, 군사적 이익에 큰 기대를 걸었다. 그러나 경제통합에 비해 정치, 군사적 단결은 훨씬 어려웠다. 일단 그 구성국들은 EU 헌법과 법률에도 불구하고 정치적으로 상당수준의 독립성을 유지했고, '서유럽 연합'(WEU: Western

European Union)을 흡수한 군사동맹체 구상인 '공동 대외안보정책'(CSDP: Common Foreign and Security Policy)은 나토를 배제하지 않는 한 유럽 국가들 자신의 다자 군사기구를 용인한다는 워싱턴의 방침에도 불구하고 그 목표, 수단, 역량이 제한 적이었다.[1] 더 나아가 EU는 분열의 길에 접어들었다. 그것은 여러 요인에 근거 했다. 서유럽은 동유럽에 대한 경제지원, 그리고 동유럽인들의 서쪽 이주로 인한 직업 상실에 불만을 가졌다. 동유럽인들은 자기들 나라에서 서방기업의 경제적 주도권 장악, 생산성 증대와 비용절감을 위한 일방적 고용조정, 가혹한 시장기준 준수 요구를 혐오했고, 그 과정에서 정체성을 지켜야 한다는 국민적 요구에 따라 헝가리, 체코, 루마니아를 포함하는 여러 나라에서 민족주의적 파퓰리즘, 권위주 의 극우, 극좌정당이 출현했다. EU 집행위원회는 동유럽의 '비자유 민주주 의'(illiberal democracy)로의 회귀를 막기에 한계에 직면했는데, 왜냐하면 그들이 공동시장 규정을 준수하는 한 그 국내정치에 대한 개입이 원칙적으로 금지됐기 때문이다.[2] 아랍의 봄 과정에서 비롯된 무슬림의 유럽이민에서 북, 서아프리카 사람들은 스페인으로 가고 중동 출신들은 그리스와 동유럽으로 많이 진입했는데, 유럽은 그들 수용과 자국 내 배분 문제, 그리고 그로 인한 경제적 희생과 그 이후 문화적 차이로 갈등을 겪었다. EU 내에서 독일의 압도적 의사결정 권한과 영향력 역시 일부 구성국에게는 불만이었다. 그런 복잡한 맥락에서 2016년 영국은 국민 투표를 실시해 51.9% 국민의 EU 탈퇴의사를 확인했다.[3] 이제 주요 핵보유국이

---

1) 1948년 프랑스, 영국, 베네룩스 3국이 창설한 군사동맹인 서부연합(WU: Western Union)
은 1954년 WEU로 전환됐고, 그때 독일, 이탈리아가 그 기구에 가입했다. 그 후 2001년을
기점으로 10개국으로 구성된 WEU의 임무와 제도는 2009년까지 EU의 군사동맹체인 '공
동 대외안보정책'(CSDP: Common Security and Defense Policy)으로 이관됐다. CSDP의
주요 임무는 EU 방어와 위기대응이고, 군사적 위기는 EU 병력이 담당했다. 그 조직은
140만 병력과 2,493억 달러 예산의 형식적 외형에도 불구하고 나토에 비해 기능이 훨씬
약하고, 지휘부 규모를 포함해 모든 면에서 나토와 비교가 되지 않았다.

2) 반면 EU에 가입한 이후 폴란드는 투자, 무역, 고용 측면에서 크게 번영했다. 도널드 투스
크(Donald Tusk) 총리하에서, 폴란드는 유로존 밖에서 자유로운 환율정책으로 무역증대,
고용창출에서 많은 혜택을 보았다. Jan-werner Mueller, "Eastern Europe Goes South-
Disappearing Democracy in the EU's Newest Members," Foreign Affairs, Vol. 93, No.
2 (March/April 2014), pp. 14-19; Mitchell A. Orstein, "Poland-From Tragedy to
Triumph," Foreign Affairs, Vol 93, No. 1 (January/February), pp. 23-27; 그러나 2021
년 10월 말 EU가 폴란드 행정부와 의회가 사법부를 장악하려 한다는 이유로 바르샤바에
하루 100만 유로 벌금을 부과했고, 그에 따라 폴란드의 EU 탈퇴를 의미하는 폴렉시트
(Polexit) 이야기가 나오고 있다.

3) 영국에서는 오래전부터 유럽 회의론자들이 존재했는데, 그들의 압력에 직면해 친유럽파

면서 미국과 특수관계를 유지하고 상대적으로 큰 GDP를 가진 영국이 탈퇴하면
서, EU의 역량은 더 약화됐다. 일각에서는 EU가 약간 과장해서 말할 때 해체 위
기로 향하고 있다고 말했다.

　　국내에서도 몇몇 문제는 존재했다. 오바마는 경기 대침체 극복을 위해 약 8
천억 달러 재정적자를 활용하고 8,580억 달러 세금감면을 시행했는데, 그것은
2016년 말 국가부채 20조 달러 규모 중 상당부분 증가에 한 몫을 더했다. 그러나
만약 재정적자를 감수하는 경기활성화가 없었다면, 미국경제는 훨씬 더 오래 지
속되는 큰 난관에 처했을 것이다. 또 신자유주의가 심화되면서 아프리카의 가나
(Ghana, 2016) 차드(Chad, 2011)와 비슷한 수준의 2017년 지니계수(Ginni Index)
0.43이 말해주듯 빈부격차는 더 커졌고, 산업자동화가 가속화되고 값싼 노동력
및 시장개척을 위해 많은 기업이 해외로 진출하면서 몇몇 쇠락한 공업지대(rust
belt)가 나타났다.[1] 주급을 받는 노동계층의 소득은 2014년 1.9%, 2015년 1.7%
증가했지만, 2016년에는 정체됐다. 또 2015년 현재 4천 3백만 명의 미국인들이
빈곤선 이하에서 살고 있었는데, 그것은 미국 경기 대침체 전인 2007년보다 아직
310만 명이 더 많은 수치였다. 상당수 백인 중산층은 높은 출산율로 인구는 급속
히 증가시키고 일자리는 회피하는 히스패닉을 혐오해 '오바마 케어'(Obama Care)
에 반대했고, 직업 및 사회복지와 관련해 중남미 불법이민에 대한 남부지역의 불
만이 증가했다. 대외경제에서는 무역적자가 계속 증가했다. 그렇지만 미국의 달러
가 기축통화로 역할하고 생산성이 수용 가능한 수준에 있는 한, 미국경제는 어느
면으로 보나 엄청난 경쟁력을 자랑할 수 있는 상태에서 아직도 세계 최고였다. 대
선에서 트럼프를 지지한 저소득, 저학력 백인 근로계층의 입장에서 나타나듯 일
부 사회문제는 있었지만, 국민의 전체적 사기에는 전혀 문제가 없었다. 미국 사회
가 트럼프가 말하듯 그런 위기에 처한 것은 전혀 아니었다.

　　보수당 데이비드 캐머런(David Cameron) 총리가 실시한 2016년 국민투표에서 51.9%가
　찬성했다. 캐머런은 총리직에서 사퇴하고 테레사 메이(Theresa May)가 그를 승계해 EU
　탈퇴 및 미래관계에 관한 4년간의 협상을 벌였다. 2020년 1월 보리스 존슨(Boris
　Johnson) 정부하에서 영국은 EU를 떠났고, 무역 관련 협상은 2020년 12월 말까지 계속됐
　다. 브렉시트는 경제를 포함해 모든 면에서 영국에 거대한 타격을 줄 것으로 예상됐다.

1) Trends in U.S. income and wealth inequality/ Pew Research Center, https://www.pew
　　research.org〉 trend...; Gini Index coefficient−distribution of family income−The World
　　Factbook, https://www.cia.gov〉 field〉 countr...

그래도 트럼프는 재임기간 일부 성과를 거두었다. 비록 이란과의 JCPOA 파기가 비난대상이 되고, 북한 핵 관련 행동의 합리성이 의심받았으며, 불리한 상황에서 아프가니스탄 철수를 위해 탈레반과의 평화협정에 서명했지만, 그는 미국을 가장 괴롭히던 이라크, 시리아, 아프가니스탄에서 IS와 알카에다를 완전히 진압하고 해외로부터 철수하는 계기를 마련해 미국의 평화를 구축하는 데 일정한 역할을 수행했다. 비록 그 과정에서 대통령의 결정이 많은 위험과 오류를 동반하고, 또 대부분의 성과가 오바마의 뛰어난 치적을 이어받아 마무리한 것이지만, 그래도 그의 임기 중 그것이 실현됐다는 것은 그 나름대로의 긍정적 의미를 띠었다. 국내경제에서는 GDP 성장률, 실업률, 빈곤층 축소에서 약간의 진척이 있었다. 대외경제에서 TPP 파기는 비합리적 정책으로 간주됐지만, 멕시코, 캐나다와의 나프타(NAFTA: North American Free Trade Agreement)를 미국에게 다소 유리하게 개정하고, 미·중 무역규모 축소와 EU 및 멕시코와의 무역적자 확대에서 나타나듯 그 무의미한 실제 성과와는 별개로 베이징과의 경제협상을 통해 당분간 중국의 대미 수출을 제한했다.

흥미 있는 것은 대부분의 전문가 그룹이 트럼프의 언행과 치적을 부정적으로 평가하는 반면, 미국의 일부 대중, 특히 근로계층이 그의 말과 정책에 환호하는 것이다. 많은 전문가와 언론은 트럼프를 파퓰리스트 정치인으로 간주하고, 심지어 일부에서는 그가 거의 파시스트에 가깝다고 말한다.[1] 여기 서론부분에서는

---

1) 미국 브라운, 프린스턴 대학의 두 교수는 국내와 지구적 차원에서 자유주의 질서가 무너지고 파퓰리즘이 번성하는 현상에 대해 다음과 같이 분석했다. 오늘날 자유주의 국제질서에 대한 도전은 국가 간 문제에서 유래하는 것이 아니라, 미국과 EU의 국내사정이 그 원인이다. 국내에서 파퓰리즘의 갑작스러운 도래로, 지구적 차원의 자유주의 질서가 무너지고 있다. 파퓰리즘의 대표적 표출은 미국에서 트럼프가 당선되고 영국이 브렉시트 한 것인데, 그것은 둘 다 지구적 자유주의 질서에 반대하는 현상이다. 파퓰리즘의 특징은 정치 리더의 강력한 신념, 그리고 주권(sovereignty)에 대한 존중의 결여와 제도에 대한 불신을 포함한다. 파퓰리즘 등장의 원인은 자유주의 질서가 평화, 군축, 무역, 번영에서 많은 성공을 거뒀음에도 불구하고, 그것이 대중으로부터 유리됐기 때문이다. 1980년대 초 이후, 대중은 신자유주의 질서가 국내외를 막론하고, 부유계층, 엘리트에게만 유리하게 편향, 왜곡돼(rigged) 있다고 믿게 됐다. 자본주의가 세계화를 납치했는데, 너무 늦기 전에 그 왜곡을 시정하도록 덜 혜택 받은 계층에게 유리한 정책이 시행돼야 한다. 자유민주주의는 원래 시장경제에서 잘사는 사람이 어려운 사람들을 보살피도록 돼 있는데, 현실에서 이들은 상대적으로 너무 뒤쳐졌다. 서로 다른 계층은 이방인이 됐고, 고졸 이하 근로계층에게 경제적 풍요를 포함해 일반적으로 수용되는 자유민주주의의 가치는 그 정당성을 잃었다. 이들은 상류층과의 국민적 유대가 쓸모없다고 느꼈고, 기업이 중심이 돼 지구적으로 설립한 신자유주의 국제무역 질서 역시 모두 부자, 코스모폴리탄 엘리트들에게만 유리한 것으

전반적인 정책적 배경으로 트럼프 대통령 개인과 관련된 약간의 내용을 다루고, 뒤에 이어지는 챕터에서는 트럼프 행정부의 대외, 안보정책의 내용과 결과, 그리고 세계 여러 곳의 관련된 많은 현실에 관해 논의할 것이다. 논의 세부사안은 이라크, 시리아, 아프간 전쟁, 대량살상무기를 포함하는 이란 및 북한 관계, 대외 경제정책 및 무역전쟁, 경쟁 강대국 및 주요 우방관계, 그리고 세계 여러 지역에서의 다양한 현실과 미국의 정책을 포함한다. 그것은 트럼프가 어떤 분야에서 어떤 업적을 이루고, 또 어떻게 합리적 또는 비합리적 정책을 시행했는지, 전체적인 그의 대외, 안보정책의 문제점과 전반적 평가가 무엇인지, 그리고 그 과정에서 오늘날의 세계 양상이 어떻게 다양하고 어떻게 천차만별인지를 말해줄 것이다. 그리고 그 논의는 자연적으로 오늘날 바이든(Joseph Biden) 시대의 미국 정책과 세계로 연결되고, 그와 관련된 많은 사안을 포함할 것이다.

1 트럼프 대통령의 성향

(1) 대선후보 시절

대선 후보 시절 트럼프는 본인이 선거에 나선 이유는 미국 정치권이 국익을 보존, 확대하기보다는 오히려 훼손하기 때문이라고 주장했다. 그는 기존 정치인들의 대외관계, 국방, 경제 측면에서의 정책결정과 행태를 미국이라는 조국에 대한 '배반'으로 묘사했다.[1] 2016년 11월 대선 이전 그가 밝힌 몇몇 주요 정책이슈에 대한 견해는 과거 행정부들의 전통적인 접근법과는 큰 대조를 이루었다. 2016년 내내 그는 다음과 같은 취지로 말했다.

로 인식됐다. 그것은 국내에서 부자, 기득권층에 반대하는 파퓰리즘, 그리고 국외에서는 민족주의 회귀로 이어졌다. 이런 현상을 치유하기 위해서는 자유주의 질서의 왜곡, 조작을 없애야 한다. 세계화 정책은 국내 취약계층을 보호할 수 있도록 조정돼야 하고, 세계화에 따른 국가 간 이익도 균형 있게 배분되어야 한다. Jeff D. Colgan and Robert O. Keohane, "The Liberal Order Is Rigged (Fix It Now or Watch It Wither," Foreign Affairs, Vol. 96, No. 3 (May/June 2017), pp. 36–44.

1) "Full Transcript: President Trump's Republican National Convention Speech," New York Times, (August 28, 2020)

세계의 많은 나라들이 이기적인 이유로 미국을 정치, 경제적으로 이용하고 있다. 그러나 미국 정치인들은 미국의 국익, 시민을 보호하기보다는 외국의 입장을 더 중시한다. 미국은 막대한 군사비용을 지출해 가면서 EU와 같이 부유한 지역을 보호하지만, GDP 2%를 지불한다는 그들의 약속은 아직 이행되지 않는다. 미국의 핵무장이 약해지고 있는 상태에서 핵무기 사용의 옵션은 유지돼야 하고, 미국의 국방력은 더 강화되어야 한다. 파키스탄과 같은 위험하고 신뢰할 수 없는 나라의 핵무장은 제한되어야 하지만, 일본, 한국, 사우디아라비아는 스스로를 방어할 수 있도록 핵무장이 용인돼야 한다.[1] 대외무역에서도 미국은 이용당하고 있다. 관세와 공식, 비공식 장벽을 제거하는 세계무역기구(WTO: World Trade Organization)에 가입한 이후 중국의 무역량과 수익은 놀랍도록 늘어났지만, 베이징은 공정무역을 위한 지구적 무역질서를 지키지 않는다. 정부의 기업지원, 지적 재산권 침해, 테크놀로지 강제이전 같은 것들이 대표적인 예다. 중국의 행태는 지구적 번영에 기여하기 보다는 세계무역질서를 어지럽히고, 미국 근로자 직업상실의 주요 원인으로 작용한다. 향후 대외 경제정책은 미국산업을 보호하기 위해 중국제품에 대한 새로운 관세부과를 포함하는 창의적 무역협상에 많은 노력이 경주될 것이다.[2] 북미자유무역협정(NAFTA: North American Free Trade Agreement)도 마찬가지이다. 나프타(NAFTA) 개정을 위해 멕시코, 캐나다와 재협상을 추진할 것이지만, 만약 그 성과가 기대에 미치지 못하면 그 제도는 폐지될 것이다. 해외로 이전하는 미국기업에는 불이익이 주어질 것이다. 미국 경제는 미국인을 위한 것이어야 하고, 외국의 침투로부터 보호돼야 한다. 더 나아가 남부 국경의 보호도 중요하다. 미국 시민과 근로자 보호를 위해 멕시코를 통한 중남미로부터의 수많은 불법이민이 근절돼야 한다. 그것은 미국인의 일자리 상실, 불필요한 비용 지출, 그리고 시민의 안전을 위협하는 불법 마약유통의 또 다른 원인이 되고 있다.

한편 트럼프는 국내경제에 대한 그의 생각도 소상히 밝혔다. 그는 나중에 대

---

1) 그러나 파키스탄에서 칸(Imran Khan) 총리가 집권한 이후 트럼프는 그가 국정을 잘 운영하고 있다고 칭찬했고, 그 이후 미−파키스탄 관계는 다소 개선된 것으로 보였다. "Remarks by President Trump and Prime Minister Khan of Pakistan Before Bilateral Meeting, The White House, (September 23, 2019), www.whitehouse.gov

2) "Trump says China is not a market economy. That's a big deal," New York Times, (December 12, 2016); "Trump targets China trade, says plans serious measures," Reuters, (August 24, 2016)

통령이 된 이후에는 전형적인 공화당 방식의 기업위주 정책을 펼쳤지만, 선거기 간 내내 보수와 진보를 포함하는 국민 전체, 특히 약자와 근로계층을 옹호해 다음 과 같이 공약을 제시했다. 오바마 대통령 시절 재정기관에 대한 지나친 규제로 인 해 미국 경제는 활성화되는 데 제약이 있었다. 에너지 산업과 재정산업, 그리고 미국 경제성장이 가속화되기 위해서는 탈규제가 필요하다. 더 적극적으로 활동하 는 기업은 미국인 모두를 위한 번영에서 가장 중요한 주체이다. 법인과 개인의 소 득세(income tax) 감면은 더 나은 생활을 약속하고, 더 많은 소비와 기업으로의 순환을 통해 미국경제를 더 번영하게 만들 것이다. 고령자를 포함하는 취약계층 을 위해서는 기존 사회안전망이 확장될 것이고, 모든 생활의 편리를 위해 전반적 인 인프라 투자가 확대될 것이다. 국내경제 활성화는 외국으로부터의 경제침투에 대한 방어와 이민축소를 통해 더욱 보장받을 것이다. 미국 경제는 미국인 전체, 또 근로계층을 위한 것이어야 한다.[1]

2016년 7월 공화당 전당대회 대선후보 수락 연설에서 그는 평소 소신을 다 시 한 번 강조했다. 이슬람 급진주의자들이 가하는 파괴는 세계무역센터 빌딩, 보 스턴 마라톤 테러를 포함해 수시로 발생한다. 최근에는 이슬람 테러분자에 의해 수십 명의 미국인이 플로리다에서 살해됐다. 미국인들은 해외에서도 '국제적 굴 욕' 속에서 살아가는데, 미국 선원들이 이란의 총구 앞에서 무릎을 꿇는 수치스러 운 일이 발생했다. 이란은 핵무기를 개발하고 있다. 오바마는 시리아 알-아사드 정권의 화학무기 사용과 관련해 레드라인(red line)을 언급했지만, 그것이 빈말인 것이 알려졌을 때 미국은 전 세계로부터 비웃음을 샀다. 리비아에서는 미국 명예 의 상징인 영사관이 불탔지만, 힐러리 클린턴의 국무부는 무력했다. 지난 수년간 민주당 행정부 하에서, 리비아, 이라크, 이집트를 포함해 중동, 북아프리카는 혼란 의 연속이다. 지난 15년간의 중동전쟁에서 수조 달러를 쓰고 수천 명의 목숨을 잃었지만, 상황은 그 어느 때보다 더 열악하다. 미국은 이스라엘 같은 동맹과 함 께 IS를 뿌리 뽑고, 이슬람 급진주의 테러집단과 싸우기 위해 최상의 정보능력을 발휘해야 하며, 중동에서 (민주당이 선호하는 자유민주주의라는 이름의) 실패한 국가건 설(nation-building) 정책을 중단해야 한다. 힐러리 클린턴의 유산은 '죽음, 파괴,

---

1) Amber Phillips, "A shortlist of economic issues on which Donald Trump sounds more like a Democrat than a Republican," The Washington Post, (August 8, 2016)

취약'이다.

대외무역은 어떠한가? 민주당 행정부가 추구한 TPP, NAFTA, 중국의 WTO 가입, 그리고 한국과의 FTA는 미국의 중산층을 파괴했다. 그 합의들은 미국의 제조업을 도태시키고 근로자들에게 상처를 주었다. 1997년 이후 직업의 거의 1/3이 사라졌다. 오늘날 10명 중 4명이 빈곤 속에 살고 있고, 1,400만 명이 직장을 떠났다. 8년 전 오바마가 집권했을 때보다 200만 명 더 많은 라틴(Latin)계가 빈곤에 처해 있고, 흑인청년의 50% 이상이 실업에 허덕인다. 가계수입은 2000년 이후 4천 달러 이상 하락하고, 제조업 무역적자는 거의 8천억 달러로 역대 최대치이다. 오바마 집권기 두 배 이상 증가해 19조 달러를 넘어선 미국의 국가부채는 아직도 계속 증가한다. 교량과 도로는 파탄나고, 공항시설은 '제3세계 수준'이며, 4,300만 명이 정부가 제공하는 식권(food stamp)에 의지해 살아간다. 미국의 최대이슈는 무역이고, 국내경제에 부정적 영향을 미치는 모든 잘못된 무역관계는 시정돼야 한다. 다자합의를 포함하는 모든 무역합의는 재협상될 것이고, 개별 국가들과의 협상이 동시에 진행될 것이다. 중국의 지적재산권 탈취, 덤핑, 통화조작은 중단되고, 불공정 무역국에는 관세가 부과될 것이며, 중산층과 근로자를 위한 직업이 다시 살아날 것이다. 실업이 발생하지 않도록 미국 기업은 해외로 나가지 말아야 한다. 근로자를 위한 공정한 무역과 경제정책이 앞으로 미국을 상징하는 대표정책(signature policy)이 될 것이다. 국내경제 활성화를 위해서는 조세법과 에너지 규정을 개혁할 것이다. 세금축소는 새로운 회사와 직업을 창출하고, 중산층은 그 이익을 체감할 것이다. 각 개인이 원하는 의사의 진료를 받을 수 있도록 '오바마 케어'(Obamacare)는 폐지될 것이다. 모든 새로운 부(wealth)는 미국인 삶의 질을 증진시키고, 무너져가는 인프라 건설을 도울 것이다.

미국 사회의 양상은 어떤가? 민주당 행정부 하에서 범죄가 급증했다. 살인은 2015년 50개 거대 도시에서 평균 17% 증가했는데, 그것은 25년 만에 최대 증가폭이다. 시카고 한곳에서만 2천 명 이상이 총격으로 사망했고, 업무 수행 중 살해된 전국의 경찰관 숫자는 거의 50% 증가했다. 범죄기록을 가진 18만 명의 불법 이민자들이 추방명령에도 불구하고 거리를 활보한다. 2016년 7개월 동안 불법 이민자 수는 이미 2015년 전체 숫자를 넘어섰고, 그들은 온갖 범죄에 연루돼 있다. 민주당 행정부는 대량이민, 불법이민의 사면을 제안하지만, 그것은 학교, 병원을 망치고, 낮은 임금, 그리고 흑인과 라틴계 근로자의 실업률 증가를 만들어낸다. 미국은 미국인을 위한 이민체계를 필요로 한다. 법과 질서를 세우기 위해 최고의 법 집행관들과 함께 일해야 하고, 불법이민, 갱단(gang), 폭력, 불법마약을 막기 위해서는 거대한 장벽이 필요하다. 민주당 행정부는 미국의 도시 내부에서, 교육에서, 직업에서, 그리고 범죄의 모든 것에서 실패했다.

미국에는 '거대한 기업의 조작, 정교하게 가공된 거짓말, 그리고 엘리트 미디어의 신화'가 만연하고, 지금의 미국은 위기에 처해 있다. 정치인들은 국민의 안위와 미래보다 개인 이익을 더 중시한다. 과거 기득권층이 다시 집권하면 미국이 대내외적으로 처해 있는 위기상황은 개선되지 않을 것이다. 정치 리더십이 교체되지 않는 한 해외에서의 전쟁, 국내의 폭력과 가난은 그대로 지속될 것이다. 정치인들이 자국 시민을 중시하지 않는 한, 외국도 미국인들을 '존경'으로 대하지 않을 것이다. 리더십 교체를 통해 미국의 국익, 미국시민을 우선시하는 나라로 다시 태어나야 한다. 미국이 필요로 하는 것은 글로벌리즘이 아니라 '미국 우선'(America First)의 '아메리카니즘'(Americanism)이다. 리더십 교체가 모든 것을 바꿀 것이고, 미국은 또다시 세계 최고가 될 것이다. 힘없이 일만 열심히 하는 '잊혀진' 사람들을 도와야 한다. 힘 있는 자가 힘없는 자를 괴롭히지 못하게 하기 위해 정치권에 참여한 "나는 여러분의 목소리"(I am your voice)이고, 오직 나만이 문제를 시정할 수 있다." 우리는 다시 한 번 미국을 자랑스럽고, 안전하고, 위대한 나라로 만들 것이다.

(2) 미국 우선주의

트럼프의 대선후보 시절 인식은 2017년 1월 20일 취임연설에서 미국을 다시 위대하게 만들기(make America great again) 위해 요구되는 '미국 우선'(America First)의 개념으로 재확인됐다. 다음은 그의 취임연설 주요내용이다.[1]

수많은 애국 시민들이 미국을 재건하고 모두를 위한 약속을 복원하기 위해

---

1) Full text; 2017 Donald Trump inauguration speech transcript..., www.politico.com〉 story〉 2017/01

여기 이 자리에 모였다. 오늘의 취임식이 특별한 이유는 그것이 어느 개별 정당 또는 어느 하나의 행정부로부터 다른 정당과 행정부로의 권력이양이 아니라, 그 것이 '워싱턴 D.C. 정부로부터 국민에게로의 이양'이기 때문이다. 너무 오랜 기간 일부 소수 그룹이 모든 혜택을 독차지한 반면, 일반인들은 비용만을 치렀다. 워싱 턴 D.C. 정치인들과 기득권은 번영했지만, 직업은 버려지고 공장은 문을 닫았다. 그것은 여기 이 자리, 이 순간 모두 바뀔 것이다. 진정 문제가 되는 것은 어느 정 부가 통치하는가가 아니라, 정부가 시민에 의해 통제되는지의 여부이다. 오늘을 기점으로 시민들은 또다시 이 나라의 통치자가 될 것이다. '잊혀진 남녀'는 더 이 상 잊혀지지 않을 것이다. 미국인들은 좋은 학교, 가족을 위한 안전한 이웃, 좋은 직업을 원한다. 그러나 너무 많은 시민들에게 전혀 다른 현실이 존재한다. 도시 내부의 많은 가족들이 가난에 갇혀 있고, 녹슨 공장들이 나라 전체에 '묘 비'(tombstones)처럼 흩어져 있으며, 교육체계는 현금이 넘쳐나지만 젊은 학생들 은 지식을 박탈당한다. 그리고 범죄와 갱, 마약이 너무 많은 인명과 시민들의 잠 재력을 앗아갔다. 이 '미국의 대학살'(American carnage)은 바로 여기서 지금 멈출 것이다. 우리는 하나의 국민이고, 그들의 고통은 우리의 고통이다. 우리는 '하나의 심장, 하나의 가정, 그리고 하나의 영광된 운명을 공유'한다. 내가 오늘 하는 선서 는 모든 미국인들에 대한 '충성의 선서'이다. 수십 년간 우리는 미국 산업을 희생 시키면서 외국 산업을 부유하게 했고, 미국 군대를 고갈시키면서 다른 나라 군대 를 지원했다. 우리는 다른 나라들의 국경을 지키면서 미국 국경의 방어는 거부했 다. 그리고 해외에 수조 달러를 쓰는 동안 미국의 인프라는 절망과 부식상태로 하 락했다. 하나 둘씩 공장은 문을 닫았고, 남아 있는 수백만 미국인 근로자는 조금 도 생각하지 않은 채 기업들은 미국 해안을 떠났다. 중산층 가정이 빼앗긴 부는 전 세계로 재분배됐다.

그러나 그것은 모두 과거이고, 이제 "우리는 미래만을 바라볼 뿐"이다. 이제 부터는 모든 것이 오로지 '미국 우선'이 될 것이다. 무역, 조세, 이민, 그리고 모든 대외관계는 미국 근로자와 미국 가정에 혜택을 주도록 결정될 것이다. 우리는 미 국 회사를 훔치며, 미국 직업을 파괴하는 다른 나라들의 약탈로부터 미국 국경을 지켜야 한다. 미국은 전에 본 적이 없는 방식으로 다시 승리할 것이다. 우리는 나 라 전체에 새로운 고속도로, 교량, 공항, 터널 그리고 철도를 건설할 것이다. 우리 는 가난한 자를 위한 정부 복지(welfare)를 넘어, 우리들 나라를 미국인의 손과 노동으로 재건하는 일로 다시 불러올 것이다. 우리는 두 개의 단순한 규칙을 따를 것이다. 미국제품을 사고 미국인을 고용하는 것이다. 우리는 세계 여러 나라와 우정을 추구하지만 우리 방식을 누구에게 강요하지 않고, 또 우리 방식을 본받을 '모범'(example)으로 빛나게 할 것이다. 우리는 오래된 동맹을 강화하고, 새로운 동맹을 형성하며, 문명세계와 힘을 합쳐 급진주의 이슬람 테러리즘을 지구상에서 완전히 근절시킬 것이다. 미국에 대한 완전한 충성을 통해, 우리는 서로에 대한 충성심을 재발견할 것이다. "우리가 애국심에 문을 열 때, 편견의 여지는 없다." 미국이 단합할 때, 누구도 미국을 막을 수 없다. 두려움이 없어야 하고, 우리는 항상 보호받을 것이다. 우리는 우리 군대의 위대한 남녀, 그리고 법 시행에 의해 보호될 것이다. 그리고 가장 중요하게 우리는 신에 의해 보호받을 것이다. 우리는 말뿐이고 행동은 없는, 그리고 항상 불평하지만 결코 행동하지 않는 정치인들을 더 이상 수용하지 않을 것이다. 내용 없는 빈 말의 시간은 지나가고, 이제 행동의 시간이 다가왔다. 새로운 국가적 자부심이 우리를 가슴 설레게 하고, 우리의 안목을 높이며, 우리의 분열을 치유할 것이다. "지금은 우리 군인들이 결코 잊지 않는 오래된 지혜를 기억할 시간인데, 그것은 우리가 어느 인종이건 우리 모두는 동일한 애국자의 동일한 붉은 피를 흘린다는 것이다. 우리는 모두 동일한 영광스러운 자유를 향유하고, 우리는 모두 동일한, 위대한 미국 국기에 경례한다. 그리고 어린이가 디트로이트의 도시의 밀집지역에서 태어나든, 아니면 네브라스카의 황폐한 초원에서 태어나든, 그들은 똑같은 밤하늘을 바라보고, 똑같은 꿈으로 가슴을 채우며, 똑같은 전지전능한 신에 의한 생명의 숨결로 채워진다. 어느 곳에 있든지 모든 미국인은 다시는 무시되지 않을 것이다. 우리는 또 다시 미국을 부유하고 자랑스러우며 안전하게 만들 것이다. 우리는 다시 미국을 위대하게 만들 것이다."

(3) 취임연설 평가

트럼프의 취임연설은 보기 드문 형태를 띠었다. 거의 예외 없이 모든 대통령 당선자들이 당파를 떠난 국정운영, 국민의 단합, 문제를 해결하는 미래지향적 비전제시, 그리고 세계 속에서의 미국 리더십을 중시하는 내용을 전달하는 것과 대조적으로, 트럼프는 그만의 독특한 방식으로 연설했다. 그에 대해 세계적으로 많이 알려진 미국 국내외의 전문가 집단, 주요 언론들은 어떻게 평가했을까?

1) 어틀랜틱의 평가

미국의 영향력 있는 외교전문지 어틀랜틱(The Atlantic)은 다음과 같이 평가했다.[1] 트럼프 대통령의 취임연설은 보기 드문 비관적 어조를 띠고, 파퓰리스트로서의 뉘앙스를 풍긴다. 그는 이번 선거에서 국민이 주인임이 재확인됐다고 말하면서, 바로 오늘이 국가권력이 정치권 내에서의 이양이 아니라, 워싱턴 소수집단으로부터 국민에게로 넘겨지는 역사적 순간이라고 말했다. 그는 또 범죄, 갱단, 마약, 실업 등 사회의 어두운 일면을

▲ 트럼프 취임연설

거론하면서, '미국의 대학살'이 여기서 끝날 것이라고 말했다. 오바마가 첫 번째 임기 취임연설에서 경기 대침체의 어려운 환경 속에서도 미래의 낙관을 말한 것과 대조적으로, 트럼프는 경제, 사회적으로 더할 수 없이 양호한 현실에서도 비관적으로 말했다. 보통 정치리더들은 임기를 시작하면서 당파를 떠나 국가적 단합과 미래를 향한 진전을 말하지만, 트럼프의 연설은 전례 없이 어둡고 삭막하다.

그는 공화당 소속으로 대통령에 당선됐으면서도 공화, 민주당을 가리지 않고 정치 리더십을 비난하는데, 그 불신의 언어는 그의 반기득권 정서를 드러낸다. 또 그는 역사상 가장 인종주의적 캠페인을 했음에도 불구하고 우리가 애국심에 문을 열 때 편견의 여지는 없다고 말했는데, 그가 말하는 '우리'는 국민 전체가 아니라 그의 지지자만을 가리킬 것이다. 그는 잊혀진 남녀는 더 이상 잊혀지지 않을 것이고, 수천만 명이 역사적 움직임의 일부가 되기 위해 그를 선출했다고 말하지만, 실제 더 많은 숫자의 미국인은 힐러리 클린턴에게 표를 던졌다. 그가 당선된 것은 미국의 특수한 정치제도의 결과이다. 그의 취임식에 참석한 인사들의 숫자도 전례 없이 적었다. 그것은 그의 성향에 동의하지 않는 많은 정치인과 시민이 그의 출정식 참석을 거부했기 때문이다. 트럼프가 국민적 통합에 조금이라도 의지가 있는지, 또 미국 내 전통과 역사에 조금의 존중심이라도 있는지 의문이다. 그가 '우리의 정치적 원칙은 미국에 대한 완전한 충성'이라고 말했을 때, 그것은 미국 역사와 정치적 전통에 대한 부정을 의미한다. 그 이유는 자유, 민주, 평등을 옹호하는 미국인들은 단일적 원리보다 다양성을 수용하는 다원주의, 그리고 '애국적

---

1) David A. Graham, 'America First': Donald Trump's Populist Inaugural Address, (January 20, 2017), www.theatlantic.com〉 2017/01

반대'(patriotic dissent)를 무조건적 반대가 아닌 미래발전의 초석으로 간주하기 때문이다. 그는 전임자에 대한 의례적 예우도 전혀 없이, 미래만을 말했다. 오바마가 콩코드, 게티스버그, 노르망디를 말했을 때, 그는 창백하고 슬프면서도 단호한 어조로 우리는 미래만을 바라볼 뿐이라고 말했다.

국제관계와 세계 속의 미국에 대해 그는 어떻게 생각하는가? 그는 외국에 대한 개입이 미국 군대를 고갈시키고 인프라를 제3세계 수준으로 퇴화시켰으며, 외국을 위해 쓸 수 있는 자금은 미국에 우선적으로 사용되어야 한다고 말했다. 그는 또 그의 집권기 미국 정부는 '두 개의 단순한 원칙을 따를 것'이라고 말했는데, 그것은 미국제품을 구매하고 미국인을 고용하는 것이다. 그의 비전은 내부지향적이고 세계로부터의 철수를 지향한다. 이민과 관련해서는 시민에 대한 봉사가 우선적 과제라고 우회적으로 표현했는데, 그것은 멕시코인들이 마약사범, 성폭행범이라는 그의 인식과 일맥상통한다. 그는 세계가 미국으로부터 멀어지기를 바란다. 다른 나라들과의 교류는 짐이 될 뿐이고, 해외개입은 그가 주장하는 '미국 우선'의 원칙에 위배된다. 그는 다른 나라의 권리를 인정하면서 미국이 해외로부터 존경을 유도하는 '모범적 예'(example)가 되기 위해 최선을 다할 것이라고 말하지만, 그의 대외정책 견해는 고립주의적이다. 그에게 이슬람 급진주의 테러리즘 진압과 국토방위는 불가피하지만, '루스벨트에서 레이건에 이르는 강력한 리더십'은 미국의 이익에 도움이 되지 않는다. 흥미롭게도 연설의 맨 마지막에 그는 수많은 정치 리더 앞에서 다시 한 번 미국의 정치권, 전임자들을 비난했다. 정치엘리트, 기득권은 여러 이유로, 또 여러 과정에서 모든 특혜를 누렸지만, 그들은 시민보호에 관심이 없었다고 그는 말했다. 불평만 하고 행동하지 않는 정치인을 수용하지 않을 것이며, 빈말의 시간은 지나가고 이제 행동이 시간이 다가왔다고 말하면서, 그는 연설을 끝마쳤다. 그렇게 그의 슬프면서 침울한 연설은 미국 정치사에서 보기 드문 파퓰리스트로서의 '낯선 이정표'(strange milestone)를 장식했다.

2) 타임지 평가

세계적으로 널리 알려진 타임지(TIME)는 다음과 같이 평가했다.[1] 신임 대통령의 취임은 항상 '국가적 유산과 새로운 시작 약속 간의 균형'을 추구한다. 그것

---

1)   time.com〉inauguration‒2017‒…

은 역사적 자부심과 미래의무에 대한 리더로서의 책임감을 입증하기 위한 것이다. 그러나 비가 조금씩 오는 가운데 진행된 '가혹하고 저항적인 16분의 취임연설' 동안, 트럼프는 지난 1백년 간 볼 수 없던 형태로 전임 리더들을 비난하면서 세계 속의 미국 위상과 미래에 대해 말했다. 그의 취임연설은 미국 역사 속에서 '가장 거만하고 가장 잘못된 연설'로 기억될지 모른다. 그는 그의 출발을 축하하고 돕기 위해 참석한 정치 리더들을 무자비하게 공격하면서 더할 나위없는 파퓰리스트로서의 견해를 표출했다. 만약 그가 연설에서 언급한 방식으로 정책을 집행한다면, 그것은 '증오의 워싱턴, 그리고 미래를 예측하기 어려운 세계'로 이어질 것이다. 모든 것을 부정적으로 바라보는 그에게 그것은 당연한 귀결이다. 건축업자였던 그는 모든 것을 파괴하면서(wrecking ball) 집권했다. 그는 제로섬(zero sum) 국제관계에서 동맹과 파트너들을 의심하고, 더 나아가 해외보다는 국내에 관심을 가질 것을 촉구했다. 미국 산업을 희생시키면서 외국기업을 부유하게 했고, 미국 국경을 지키는 것은 거부하면서 외국국경을 방어했으며, 수조 달러를 해외에서 지출하면서 미국 인프라를 황폐하게 했고, 미국 군대를 고갈시켰고, 오늘부터 앞으로는 항상 미국 우선일 것이라는 그의 말이 모두 그런 것을 의미한다. 그러나 역대 미국 정치 리더들은 '미국 우선' 개념을 경계했는데, 왜냐하면 그 용어는 히틀러의 유럽장악 시도 앞에서 그것을 막기 위해 투쟁하는 영국을 돕지 말 것을 촉구하는 캠페인 슬로건이었기 때문이다. 역사는 예기치 않은 방향으로 변하고, 누구도 모든 미래를 예측할 수는 없다. 예상을 뛰어 넘어, 제2차 세계대전 이후 미국은 지구적 리더십을 수용하고, 미국의 리더는 한 나라의 리더가 아니라 민주주의를 수호하는 자유세계의 리더로 간주됐지만, 이번에 트럼프는 몇몇 시위자의 대표가 아니라 막중한 책임을 가진 대통령으로서 그런 고립주의 세계관을 옹호했다.

미국 대통령으로서의 그의 '미국 우선' 관점과 고립주의 정책이 미국의 이익을 증진시킬 수 있을까? 그의 말이 외국과의 무역타결이나 군사비용 분담을 위한 협상 칩이라면 모르지만, 그의 수많은 발언은 그 진정성을 의심하게 만들고, 방향을 잡지 못하게 하는 것들이 많았다. 그의 지지자를 제외한 나머지 취임식 참가자와 언론 매체를 통해 그의 연설을 듣고 있던 많은 사람들은 주체할 수 없는 두려움을 느꼈을 것이다. 그중에서도 그 자리에 참석한 정치 리더들은 자기들이 제대로 듣고 있는지, 자신들의 귀를 의심해야 했다. 취임 연설에서 결국 그는 그 행사를 위해 참석한 전임 대통령들과 수많은 의원들에게 무자비한 모욕을 퍼부었다. 소수그룹이 모든 혜택을 가져가고, 워싱턴, 정치인, 기득권층은 번영했지만 일반 인들은 비용만을 짊어졌다는 말, 그리고 나라의 고통받는 가족을 위해 축하할 일 은 없다는 그의 말은 정치리더와 국민을 '그들 대 우리'로 분리시켰다. 그것은 누 구도 예상할 수 없던 무례함, 무책임, 미국 역사에 대한 부정이었다. 정치권에 대 한 일부 불신은 존재할 수 있지만, 그의 말은 정치 리더들을 완전히 무기력, 무능 력한 존재로 전락시켰다. 취임식의 목적은 분열된 나라를 치유하는 데 있다. 그것 은 새 출발의 시작이고, 새로운 미래를 향해 나가는 엄숙한 선서의 시간이다. 그 것이 오바마 대통령 부부가 트럼프와 그의 부인 멜라니아(Melania Trump)를 의사 당으로 향하기 전 별도로 환영하고, 또 조지 W. 부시를 포함해 몇몇 대통령들이 빗속에서 존경의 태도로 앉아 있는 이유였다. 만약 제2차 세계대전에 조국을 위 해 참전하고, 또 냉전 이후 시대 세계질서 건설에 앞장 선 조지 H. W. 부시가 현 장에서 트럼프의 연설을 들었다면, 아마 그는 '기절'했을 것이다. 힐러리 클린턴이 그보다 더 많은 6,600만 표를 얻은 사실은 트럼프가 치유해야 할 많은 상처가 있 음을 말해준다.

그는 연설 끝부분에 단합의 말 전했다. 그러나 애국심에 마음의 문을 열 때 편견의 여지는 없고, 미국이 단결할 때 누구도 미국을 막을 수 없다는 그의 말은 그가 워싱턴과 세계를 거부한 이후의 언어적 제스처에 불과하다. 그것은 허공에 메아리치는 의례적인 말일 뿐이다. 트럼프가 사용하는 대표적 방식은 증오를 부추 기는 것이다. 엘리트, 외국정부와 산업, 텅 빈 도시와 공장에 대한 증오이다. 그리 고 그것은 어느 대통령이 묘사한 것보다 더 어두운 '미국의 대학살'이라는 용어로 등장했다. 그는 미국을 난파선, 그리고 미국인을 침몰하는 선박 위의 국민으로 특 징화했다. 상상을 초월하는 그의 부정적 인식, 언어, 행동은 처음부터 그 부작용을 드러냈다. 그의 취임 당시 지지율은 전국 여론조사에서 가장 낮았고, 그의 취임식 을 보기 위해 몰려든 군중의 숫자는 2009년 오바마 취임식을 위한 숫자의 절반에 도 미치지 못했다. 60명 이상의 민주당 의원을 포함해 그의 스타일에 거부감을 느 끼는 많은 인사들이 귀빈행사의 참석을 거부했으며, 전국의 수많은 학자, 전문가 들이 트럼피즘(Trumpism)에 반대할 목적으로 공익 명분의 미팅을 준비했다.[1]

---

1) 그 취임식 보안을 위해 2만 8천명 경찰과 보안요원이 배치됐다.

트럼프는 취임식 행사에서 자동차 퍼레이드가 필요한지에 대해 의문을 가졌다. 한마디로 그는 전통에 관심이 없었고, 기업인 출신답게 오직 빨리 집무실에 들어가 일하기를 원했다. 그러나 취임식은 분열보다 통합, 그리고 선거에서의 결정이 어느 특정 개인, 정당보다 더 중요하다는 신념을 강화시키는 목적을 띤다. 그가 공과 사를 구분할 수 있는지 의문이다. 취임식은 어느 한 리더로서가 아닌 새로운 역사를 책임지는 새 정부로서의 약속을 전달하는 순간이다. 토마스 제퍼슨은 그의 상이한 정치적 견해에도 불구하고 취임식 당시 통합의 필요성을 '우리는 모두 연방주의자'라는 말로 요약했다. 반면, 트럼프의 사고방식은 물려받은 현실의 유지, 발전보다는 현상유지의 파괴인 것으로 보인다. 그는 일반 정치인들과는 달리 타블로이드와 리얼리티 TV에서 유명한 방식으로 매사를 생각하고, 그에게는 그 자신이 사령탑이라는 것만 확인되면 어느 것도 문제가 되지 않는다. 트럼프는 '잊혀진 남녀'는 더 이상 잊혀지지 않을 것이라는 말로 파워가 주어진 대중이라는 관념 속에 그 자신을 합치시켰다. 트럼프는 파퓰리즘과 민족주의적 국수주의(jingoism)를 결합시킨 이데올로기를 옹호하는데, 그것은 미국의 정치 리더와 전통, 그리고 역사를 부정하는 것과 다름없다. 그러나 트럼프는 이제 더 이상 외부인(outsider)이 아니고, 대통령으로서의 그의 말과 행동은 엄중한 결과를 초래하게 되어 있다.

3) 가디언 평가

영국의 영향력 있는 일간지 가디언(Guardian)은 다음과 같이 평가했다.[1] 트럼프가 제45대 대통령으로 취임하면서 미국은 너무 많이 변한 것으로 보인다. 그것은 그가 취임연설에서 사용한 묘비와 같이 녹슨 공장, 국민보다는 개인 이익만 생각하는 정치인, 그리고 궁극적으로 '미국의 대학살'과 같은 음침한 용어에서 두드러진다. 그의 연설은 국내외의 문제되는 현실을 달래거나 치유하려는 의도는 전혀 없고, 오히려 잔인하고 거침없이 미국을 비난했다. 그는 양당의 정치 엘리트들이 시민을 무시하고 도시 내부가 범죄, 갱단, 마약으로 들끓도록 방치했다고 비난했다. 트럼프보다 3백만 표 이상을 더 얻었지만 연방제의 특수

---

1) Ed Pilkington, 'American carnage': Donald Trump's vision casts shadow over day of pageantry, (January 21, 2017), www.theguardina.com〉 jan〉 d...

한 선거제도로 인해 패배한 상황에서, 힐러리 클린턴은 동의할 수 없는 내용의 연설을 조용히 들어야만 했다. 그 취임식은 모두의 예상을 뒤엎는 특이하고 어색한 순간이었다.

그 취임식은 폭력은 없었지만 조화롭지는 못했다. 트럼프를 혐오하는 일부 시위자들은 경찰과 충돌했다. 그들은 "파시즘과 싸워라. 트럼프는 나의 대통령이 아니다. KKK와 인종차별주의자는 안 된다"고 외쳤다. 취임식은 권력이양의 상징이지만, 오히려 그날의 그 취임식은 미국이 전에 세계가 알던 것과 전혀 다른 나라로 전환된(transform) 것을 보여주려는 시점인 것 같았다. 국가권력이 조용하면서 사색적으로 행동하는 오바마로부터 '책 읽을 시간은 없지만 적에게 끝없이 총탄을 퍼부을 능력을 가진 것 같이 보이는 트럼프'에게로 넘어가면서, 미국이 새로운 나라로 전환됐다고 말해도 과언은 아닐 것이다. 많은 사람들은 새 리더가 이끌어 갈 미국의 미래, 그리고 그로 인한 예측 불가능한 세계정세 변화를 우려했다. 미국의 첫 번째 흑인 대통령의 "그래 우리는 할 수 있어"라는 구호가 미국 최초의 리얼리티 TV 대통령 트럼프의 '미국을 다시 위대하게'에 길을 내주었을 때, 새로운 미국이 걸어갈 길이 얼마나 험난할지 추측하기도 조심스러웠다.

그는 짧은 연설에서 불길한 메시지를 계속 전달했다. 그는 증오로 가득 찬 연설에서, 워싱턴의 소수그룹이 혜택을 챙길 때 일반인들은 비용만을 짊어졌고, 직업은 버려지고 공장은 문을 닫았다고 말했다. 도시 내부에서 가난으로 허우적거리는 가족들, 그리고 전국에 묘비처럼 산재한 녹슨 공장을 거론하면서 미국을 피폐한 나라로 특징지었다. 그러나 그가 지적한 일부 어두운 측면은 현실과 거리가 멀다. 그는 또 아무 거리낌 없이 거창한 용어를 사용했는데, 자기 이익만 챙기는 정치인들로부터 파워를 시민에게 돌려주는 것은 '세계에서 누구도 본 적이 없는 일'이라고 자화자찬했다. 그는 그의 집권기 미국이 최고의 발전을 이룰 것이라고 암시했는데, 그는 지나친 자기 확신이 불러오는 위험에 대해 인식하지 못한다. 나중에 '인종차별과 백인 우월주의' 조장에 대한 비판을 의식해, 그는 미국인이 "애국심에 마음의 문을 열 때, 편견에 대한 여지는 없다"고 말했는데, 그것은 그의 편협한 소신에 비추어 의례적 립 서비스(lip service)에 불과하다.

　　미국에서 권력이양을 위한 취임식은 과거에도 약간의 적대감을 동반했지만, 이번 같이 신임 대통령이 그렇게 많은 전임 정치 리더들을 모욕한 적은 없었다.[1] 그는 상대방에 대해 어떻게 예의를 갖추어야 하는지 모르는 것 같았다. 트럼프는 많은 사람들로부터 적대감을 촉발했는데, 알라바마 주 셀마(Selma)의 인권운동 영웅 존 루이스(John Lewis), 메릴 스트립을 포함하는 유명 연예인, 위협을 느끼는 수많은 무슬림, 히스패닉, 나치에 비유되는 정보수장들, 그리고 외모가 비만하면서 성적 매력을 자랑하는 것으로 폄하되는 여성들이 그들이었다. 더 나아가 60명 이상의 민주당 하원의원과 수많은 유명인사들이 그의 취임식 참석을 거부했는데, 그것은 캠페인 동안 '어프렌티스'(The Apprentice) 프로그램의 전 호스트로서의 명사 지위를 강조한 트럼프에게는 큰 수치였다. 그러나 트럼프에게 수치심에 대한 개념이 있는지도 의문이다. "비록 블라디미르 푸틴이 그곳에 있지는 않았지만, 아마 그는 비슷한 성향의 인물이 미국 리더가 됐다는 사실에 환호했을 것이다."

　　그럼에도 불구하고 그 날은 트럼프의 날이었다. 수만 명의 지지자들이 미국 전역으로부터 워싱턴으로 밀려들었는데, 그들은 자기들이 지지하는 리더가 당선된 것, 그리고 부분적으로는 자기들이 트럼프 말대로 나라의 주인이 됐다는 상징적 언어에 감동받아서였다. 테네시에서 온 어느 중년 기술자는 "새 대통령의 도움으로, 세계에 왜 미국이 위대한지를 상기시켜 주기 위해서 왔다"고 말했고, 뉴욕에서 온 퇴역군인은 트럼프만이 그들을 지지해 주기 때문에 그의 당선을 축하하러 왔다고 말했다. 뉴햄프셔에서 온 50대의 인쇄업자는 의미심장하게 말했다. "트럼프의 당선은 세계정세의 축소판으로, 그것은 브렉시트에서 시작해, 트럼프, 그리고 프랑스의 르펜(Marine Le Pen) 당선으로 이어지는 세계사의 새로운 전조이다. 나는 무기를 소지한 백인 남성이다. 적어도 향후 4년 간, 나는 내 총과 내 자존심(balls)을 지켜야겠다." 더 나아가 '2016년에 힐러리를 감옥으로'(Hillary for prison 2016), 또 '마녀는 죽었다'(The witch is dead)라는 문구의 셔츠를 입은 사람도 많이 눈에 띄었다.

---

1)　1829년 애덤스(John Quincy Adams)에서 잭슨(Andrew Jackson)에게로 이양될 때, 또 후버(Herbert Hoover)로부터 루스벨트(Franklin Roosevelt)로, 또 트루먼(Harry Truman)으로부터 아이젠하워(Dwight Eisenhower)로의 이양은 모두 적대감을 동반했다.

Chapter
01

미국의 전쟁 현안

　　외교, 안보와 관련해 트럼프 행정부가 가장 먼저 노력을 기울인 분야는 '테러
와의 전쟁'(War on Terror)에서 비롯된 이라크, 시리아, 아프가니스탄 전쟁을 완전
히 매듭짓는 문제였다. 그의 그런 시도는 당연한데, 왜냐하면 그 이슈들은 아직도
그곳에 주둔하는 미군병사의 사망과 부상, 그리고 지속적 군사비 지출을 강요하
는 가장 해결이 시급한 현안이었기 때문이다.

1 이라크 전쟁

(1) 초기 개입의 과정

　　미국은 9·11 이후 아프간 전쟁을 시작하면서
'테러와의 전쟁' 일환으로 이라크 전쟁을 새로이 시
작했다. 조지 W. 부시 행정부는 사담 후세인이 알카
에다를 지원하고 핵무기를 개발하고 있으며, 또 국민
들을 탄압하는 독재정권이라는 이유로 이라크 전쟁
을 시도했다. 그러나 이미 그 전쟁 개시 이전 유럽의
프랑스, 독일을 포함하는 여러 나라와 러시아, 중국

▲ 조지 W. 부시

이 반대했지만, 미국은 영국과 함께 일방적으로 이라
크에 침공했다. 그러나 전쟁 중 이라크 후세인 정부가 알카에다와 관련이 없고

WMD도 없다는 것이 밝혀지면서, 부시 행정부는 전 세계로부터 비난의 대상이
됐다. 부시 행정부는 일단 시작한 전쟁을 신속하게 끝내야 했는데, 수만 명 미군
병력 증강을 통해(전쟁의 과정에서 발생한) 시아파와 수니파 간의 분파폭력과 알카
에다 이라크 지파(AQI: Al Aaeda in Iraq)를 간신히 진압하고 철군의 기회를 마련
했다. 그 이후 새로 취임한 버락 오바마 대통령은 미군병력 철수를 서둘렀다. 그
러나 2011년 말 미국이 이라크 미 영사관을 지키는 일부 해병만 남겨놓고 완전
철수한 이후 이라크 내에서 시아파와 수니파 간의 분파폭력이 재점화됐고, 동시
에 '이라크 알카에다'(AQI: Al Qaeda in Iraq)로부터 새로운 조직으로 변신한 테러
집단 '이라크 및 레반트 이슬람국가'(ISIL: Islamic State in Iraq and Levant)가 이라
크와 그 이웃 시리아 일부를 장악하면서 2014년 6월 '이슬람 국가'(IS: Islamic
State) 설립을 공식 선포하고 중동 일대에서 세력을 확대하기 시작했다. IS는 서방
에 대한 결사항전과 (이슬람주의 정부 수립을 위해) 이슬람 세속국가 타도를 다짐했
는데, 이제 중동지역에서 또 다시 새로운 이슬람 테러그룹이 세력을 확대하고 미
국이 간신히 구축한 친미 이라크 정부를 위협하면서, 오바마 행정부는 2014년 중
반 또다시 이라크에 군사 재개입하게 됐다.

(2) IS 억지를 위한 군사 재개입

2014년 6월 이라크 정부 초청에 따라 국제적 테러집단 IS 진압을 위해 '내재
적 결의'(OIR: Operation Inherent Resolve)라는 작전명으로 3,500명 병력을 재파병
한 이후, 미국은 IS에 대한 집중적 공중폭격, 일부 불가피한 지상군 전투와 더불
어 이라크 정부군, 쿠르드 페쉬메르가(Peshmerga) 병력, 그리고 일부 친정부 수니
파 전사의 충원, 훈련, 장비제공, 자문의 지원역할에 주안점을 두었다.[1] IS의 이
라크, 시리아 내 영토 확장, 그리고 시리아에서 지속되는 내전의 여파를 우려해,
여러 나라가 이라크, 시리아 사태에 개입했다. 2014년 6월 이후 이란은 이라크
상공에서 드론과 Su-25 전투기를 운영했고, (시아파) 이라크 정부에 군사장비를
제공했으며, 소수의 이란 군인들이 이라크에서 IS와 싸웠다. 수시로 이란과 함께
움직이는 레바논 헤즈볼라는 이라크 정부를 위해 군사자문단을 파견했다. 미국과

---

1) 미군은 2014년 8월부터 쿠르드 페쉬메르가에 무기를 제공하기 시작했고, 그 달 IS에 대한
   공습을 시작했다.

이란은 각각 IS를 공습했다. 미군과 나토 주도
연합군이 공중에서 집중적으로 공격을 가하고,
지상에서 이라크 정부군, 쿠르드 군이 공격을
개시한지 1년 이내에, 이라크 정부는 이미 IS로
부터 상당한 영토를 되찾았다. 미군의 공습은
더 강화됐고, 2016년이 흘러가면서 미군과 연합
군의 승리 가능성은 훨씬 더 커졌다.[1]

▲ 이라크 서부전투, nbcnews.com

(3) 트럼프 집권 이후

2017년 출범한 트럼프 행정부는 오바마 행정부의 OIR 전략을 계속했는데,
특히 미군의 공습이 큰 효과를 발휘했다. 2014년 중반 군사 재개입 이후 미군은
이라크 내 IS 타깃에 1만 4천회 이상의 공중폭격을 퍼부었고, 그와 더불어 전개된
지상작전을 토대로 트럼프 행정부는 그 해 10월 '이라크 서부전투'(Western Iraq
Campaign)를 거쳐 2017년 말까지 IS를 이라크 북서부 근거지에서 완전히 축출했
다. IS는 이라크 내의 모든 영토를 잃었다. 2017년 12월 이라크 정부의 IS와의 전
쟁 승리 선언은 미국에게는 목표달성의 중요한 하나의 시점을 장식했다.[2] IS의
이라크에서의 패퇴는 미국에게는 특히 의미 있는 이중적 승리의 한 순간이었는
데, 왜냐하면 시리아 북동부에서 동시에 활동하던 IS도 2017년 말까지 미국 주도
연합군과 시리아 쿠르드 군의 집중적 공격으로 인해 그들의 근거지 락까(Raqqa)
를 포함해 그동안 지배하던 영토 대부분으로부터 밀려났기 때문이다.[3]

---

1) "Syrian rebels to Russia: Stop bombing us," Reuters, (October 26, 2015),
www.reuters.com; Ahmed Aboulenein, "Iraq hold victory parade after defeating
Islamic State," Reuters, (December 10, 2017)

2) "Airstrikes in Iraq and Syria," Department of Defense, (August 9, 2017); "Iraq declares
war with Islamic State is over, BBC News," (December 9, 2017),
https://www.bbc.com/news/world-middle-east-42291985

3) 미 기업연구소(AEI: American Enterprise Institute)와 듀크(Duke) 대학 국제정치 전문가
들은 중동사태에 대한 미국의 지속적인 강력한 개입을 옹호했다. 2017년 초 현재 미군과
유엔 다국적군이 이라크와 시리아에서 IS를 거의 몰아내고 있지만, 그로 인해 미국의 테러
리즘과의 전쟁이 끝나는 것은 아니다. 전투에서 승리하고 있지만, 테러와의 전쟁은 손에
잡히지 않는(elusive) 상태로 남아 있다. 미국은 어떤 옵션을 갖고 있나? 우선 불개입은 광
역 중동에서 덜 비난받고 재정도 절약하지만, 테러를 줄이지 못한다. 1990년대 테러 위협
에 대한 미온적 대응은 9·11로 비화했다. 반 라덴 사살 이후 2014년 IS 부상 이전의 가벼

　　2017년 미국은 그렇게 2014년 이라크 군사 재개입의 목표인 IS 완전진압에 성공했고, 개입 초기의 3,500명에서 5,200명으로 증가한 미군병력은 더 이상 그곳에 반드시 머물러야 했던 것은 아니다.[1] 그렇지만 미국과 이라크 정부는 동시에 미군을 포함해 적어도 연합군의 일부 병력이 이라크에 잔류할 필요성에 공감했는데, 그 이유는 아직 이라크 북서부로부터 시골지역으로 흩어진 IS 잔당이 어떻게 위협을 가할지 알 수 없고, 또 이라크 정부군의 약점에 비추어 미국지원의 필요가 상존했기 때문이다.[2] 2019년 미 국가정보국장(DNI: Director of National Intelligence) 댄 코츠(Dan Coats)는 IS가 시아파 주도 정국에서 수니 불만을 활용해 영토 재확보를 시도할 가능성을 배제할 수 없다고 경고했다. 2020년 이라크 현지 미군지휘부(CJTF-OIR: Combined Joint Task Force-Operation Inherent Resolve)와 중부사령부(CENTCOM)를 포함하는 미 고위 군사당국은 IS가 이라크와 시리아에서 영토를 재확보할 가능성은 제한적이지만, 적어도 그들의 반군활동은 지속될 것이고 더 나아가 만성적 형태를 띨 수 있을 것이라고 분석했다.[3]

　　그러나 2020년 이라크 주둔 미군의 위상과 미-이라크 관계에 큰 변화를 초래하는 결정적 사건이 발생했는데, 그것은 미-이란 관계의 여파가 이라크에 영

운 개입(light footprint)은 미군 철수 이후, 또다시 테러조직의 확산을 방치하는 결점이 있다. 이라크에서 미국이 2011년 철수한 이후 2015년 초에 이르러 IS가 이라크와 시리아에서 완전히 부상하고, 예멘에서도 AQAP가 급속히 확산돼 워싱턴의 그동안 노력이 모두 수포로 돌아간 것이 그것이다. IS 등장 이후의 강력한 개입은 한번에 5천~2만 명 미 지상군을 투입하고, 수천회의 공습, 장거리 타격, 드론 공격으로 테러의 재부상을 진압할 수 있었다. 마지막으로 병력의 대대적 증강(surge) 전략은 15~20만 병력을 투입하고 모든 수단을 동원하는데, 그것은 미국의 재원을 고갈시키고, 중국의 부상, 러시아의 수정주의, 기후변화 등 다른 중요한 사안에 대한 재원투입을 방해한다. 특히 중동지역은 surge를 기독교도의 무슬림에 대한 종교전쟁(crusade)으로 볼 것인데, 완전한 해결을 위한 깨끗한 해결책은 없다. 가장 합리적 옵션은 현재와 비슷한 강력한 개입이다. Hal Brands and Peter Feaver, "Trump and Terrorism," Foreign Affairs, Vol. 96, No. 2 (March/April 2017), pp. 28-36.

1) 트럼프는 2017년 3월 비밀리에 300명 미 육군 공수부대를 이라크 모술 인근지역에 배치했다. W. J. Hennigan, "Trump administration stops disclosing troop deployments in Iraq and Syria," (March 30, 2017), www.latimes.com

2) 미군은 이라크 정부군의 작전범위가 넓어진 것을 군사능력 증진으로 보았지만, 아직도 정보, 감시, 정찰능력(ISR: Intelligence, Surveillance, Reconnaissance)을 이라크 군의 가장 취약한 부분으로 평가했다.

3) Christopher M. Blanchard, Iraq: Issues in the 116th Congress, CRS Report, R45633, (Updated July 17, 2020), p. 17.

향을 미친 결과였다. 직접적으로 계기가 된 것은
2020년 1월 미군이 이라크를 방문한 '이란 혁명
수비대 쿠드스군'(IRGCQF: Islamic Revolutionary
Guard Corps—Qods Force) 사령관 카셈 솔레이마
니(Qasem Soleimani)와 그를 영접하던 이라크 '대
중동원부대'(PMF: Popular Mobilization Forces) 부
사령관 아부 마디 알—무한디스(Abu Mahdi

▲ 카셈 솔레이마니, cnn.com

al—Muhandis)를 바그다드 국제공항 인근에서 드론 공격으로 살해하고, 이란이 그
보복으로 '순교자 솔레이마니 작전'(Operation Martyr Soleimani)에서 이라크 내 미
군기지에 미사일 공격을 감행해 100여명 미군에 부상을 입힌 사건이었다.[1] 그러
나 미군의 솔레이마니 공격은 그 심층적 기저에 더 오랜 역사를 갖고 있었다. 미
국이 2003년 '테러와의 전쟁' 명목으로 이라크에 처음 개입하고 2011년 처음 철
수할 때까지 미국의 이라크 전쟁을 불법으로 생각하는 이란은 알—사드르의 마디
군(Mahdi Army)을 포함하는 시아파 민병대에 장비와 자문을 제공해 이라크 내 미
군병력에 대한 반군 공격을 지원했다. 그렇지만 미군이 2011년 이라크에서 철수
하면서 그 이후 미—이란 관계는 한동안 이라크와 관련해서는 별 문제가 없었고,
미국이 군사 재개입하고 이라크에서 IS를 완전히 몰아낸 2014~2017년 기간에도
이란과 미국이 동시에 IS를 타깃으로 공격하면서 역시 문제가 없었다. 그러나 양
국관계는 2017년 약간의 불협화음을 거쳐 2018년에 접어들어 본격적으로 악화되
기 시작했는데, 공교롭게도 2018년 5월 트럼프 행정부가 이란과의 핵동결 협상인
JCPOA에서 탈퇴하면서 그해 여름 바그다드 미 대사관과 영사관이 공격받았기
때문이다.[2] 그때 미국은 그것을 이란 프락치 민병대 소행으로 식별하면서 테헤란
에 보복을 다짐했고, 시간이 가면서 미국의 이란에 대한 반감과 우려는 더 커졌

---

1) 2020년 1월 3일 미군의 솔레이마니 드론 살해는 그가 이라크 총리 알—마디(Adel Abd Al
   Mahdi)를 만나러 바그다드로 오는 길에 타깃으로 하고 감행한 사건이다. 5명의 이라크 국
   민과 4명의 다른 이란인들도 솔레이마니와 함께 살해됐다. 퇴임하는 총리 압둘 마디는 미
   국의 행동을 이라크 내에서 전쟁으로 이어질 수 있는 이라크 주권을 훼손한 사건이라고
   비난했다.
2) 미국 우선주의를 내세우는 트럼프는 2017년 1월 취임 즉시 이라크 국적자와 기타 몇몇 나
   라 시민의 미국 입국을 금지하는 행정명령을 발동했다. 그러나 수많은 국내외 반대와 행
   정소송에 직면해, 트럼프는 그해 3월 이라크를 비입국 명단에서 제외했다. Roberta
   Rampton, "Fired: Trump dumps top lawyer who defied immigration order," Reuters,
   (October 20, 2018)

다. 급기야 2019년 5~11월 미 국무부는 이라크 내 비상시 필요한 필수인력을 제외한 기타 직원을 철수시키고, 12월 미 의회에 이라크 내 미군병력 축소 계획을 통보했으며, 이라크 정부에 미군의 부분철수 의사를 표시했다. 12월 27일 미국은 이라크(와 시리아) 내 이란이 지원하는 시설과 인력에 공습을 감행했는데, 그 이유는 친이란 무장그룹이 이라크 군사기지를 공격해 미국인 사설 계약업자를 포함해 민간인들을 살상했기 때문이다. 그 이틀 후 미국은 또다시 서부 이라크에서 미 국무부가 오래 전에 해외테러조직(FTO: Foreign Terrorist Organization)으로 지정하고 이란이 지원하는 이라크 민병대 카타이브 헤즈볼라(Kata'ib Hezbollah, KH)를 공격했고, 그 과정에서 수십 명의 사상자가 발생했다.[1] 그러나 이라크 정부는 KH가 PMF 공식병력의 일부라는 이유로 그 행위를 자국 주권에 대한 침해로 인식했고, 곧이어 수많은 KH, PMF, 그리고 친이란 전사들이 바그다드 미 대사관 시설에 방화했다. 이라크 정부의 미 외교시설 안전 정상화에도 불구하고, 미-이라크 긴장은 고조돼 갔다. 그런 일련의 사태에 더해 미군의 IRGC-QF 사령관 솔레이마니, 그리고 이라크 KH 창설자이고 PMF 리더 중 하나인 무한디스 살해사건이 발생한 것이다.[2] 미국은 솔레이마니를 위험인물로 인식하고 있었는데, 왜냐하면 그를 2003~2011년 이라크 전쟁 기간 친이란 민병대를 동원해 수백 명 미군을 살해한 배후 주모자로 간주했기 때문이다. 솔레이마니와 무한디스는 지난 20년 간 이란과 이라크 무장그룹 연계와 유대강화의 중심인물이었고, 솔레이마니는 이라크 정치, 안보영역에서 가장 영향력 있는 이란 인사 중 하나였다.[3]

---

1) 이라크에서 가장 대표적인 민병대는 바드르(Badr)와 카타이브 헤즈볼라(KH)이다. 바드르는 1980년대 초 이슬람혁명 최고위원회 민병대로 창설된 이후, 이란 IRGC-QF의 훈련과 지원을 받았다. 그들은 사담 후세인 정부 전복을 위해 미국의 후세인 공격을 지지했고, 일부는 알-말리키 내각하에서 중용됐다. 바드르는 PMF하에서 10만 병력을 동원한다. 카타이브 헤즈볼라는 헤즈볼라 대대라고도 불리는데, 최대 3만 병력을 보유한 것으로 알려져 있다. 그들은 이란이 지원하는 시아파 민병대로 무한디스가 2006년 창설했다. 그 이외에도 몇몇 민병대가 더 존재한다. Blanchard, Iraq: Issues, (Updated July 17, 2020), p. 13.

2) 무한디스는 이란이 지원하는 카타이브 헤즈볼라 민병대 사령관이고 이라크 PMF(Popular Mobilization Forces) 부사령관(deputy chairman)인데, 그 역시 일찍이 미국과 아랍 에미리트(UAE: United Arab Emirates)에 의해 테러리스트로 지정된 상태였다.

3) Blanchard, Iraq: Issues, (Updated July 17, 2020), p. 6.

(4) 이라크의 미군철수 요구

　　외국정부들의 군사갈등으로 인해 자국 영토가 훼손되고, 고위 군사지휘관이 살해되며, 미국, 이라크, 이란 관계가 완전히 왜곡되는 상황에서, 이라크 정치권은 워싱턴의 반대에도 불구하고 미군을 포함하는 모든 외국군 철수 결의안을 통과시키고, 미-이라크 안보협력을 중단했다.[1] 이라크 총리 아델 알-마디(Adel Abd Al Mahdi)는 미군의 행동이 미-이라크 미군병력 주둔협정을 위반하고 이라크 주권을 훼손한 행위라고 비난했다. 그는 미국뿐 아니라 나토, 이란을 포함하는 모든 외국 병력이 이라크에서 철수해야 한다고 주장했다. 이라크 시위자들 역시 미군철수를 요구했다. 이라크 의회의장(Mohammed al-Halbousi)은 기필코 이라크 내 미군과 모든 외국군 주둔을 종식시킬 것이라고 서약했다. 이라크 결의안에 따라 영국과 독일은 병력을 줄일 것이라고 말했고, 캐나다는 일부병력을 쿠웨이트로 분산하고 나중에 추가로 철수를 단행했다. 프랑스와 호주는 병력철수가 IS의 재부상에 기여할 것을 우려해 이라크 의회 결의안에 반대했다.[2] 트럼프 행정부는 미군병력 철수의 필요성은 인정하면서도 '지금 당장은 아니라는 입장'을 취했지만, 2020년 3월부터 부분철수를 시작했다.[3] 그 다음 달 초까지 미군이 4개 군사기지를 이라크에 반환하면서, 또 이라크 내 이란이 지원하는 민병대가 위험을 계속하고 코비드-19 팬데믹이 기승을 부리는 상황에서, 연합군은 미군의 결정을 따랐다.[4]

　　미군과 연합군이 철수하는 사이, IS를 포함하는 이라크 일부 무장그룹이 또

---

1) https://www.usnews.com/news/world-report/articles/2020-01-07/defense-secretary-mark-esper-refutes-iraqi-prime-minister-we-are-not-leaving-iraq

2) Ron DePasquale, "Some NATO Troops begin Leaving Iraq," New York Times, (January 7, 2020); "Government Source: France not Planning to Cut Troop Numbers in Iraq for Now/Voice of America-English," www.voanews.com

3) 미군은 3월 중 이라크-시리아 국경 인근의 알-카임(al-Qaim) 기지를 가장 먼저 반환했고, 그 이후 알-타카둠(Al-Taqaddum) 공군기지를 포함해 4월 초까지 4개 기지를 반환했다. Shawn Snow, "US hands over another air base to Iraqi forces," Military Times, (April 4, 2020)

4) 2020년 3월에는 카타이브 헤즈볼라가 연합군의 타지 기지(Camp Taji)를 공격해 3명을 살해하고, 미군은 헤즈볼라의 무기고를 보복 공습했다. "Iraq base attack: Coalition and Iraqi troops hurt as Taji targeted again," BBC, (March 14, 2020)

▲ 이라크, istockphoto.com

다시 활동을 재개하는 것으로 드러났다.[1] 문제는 이라크 정부군이 아직도 취약점을 갖고 있고, IS 잔당의 소생 가능성을 배제할 수 없는 상황에서, 또 이란의 이라크에 대한 영향력이 점점 더 커지는 상황에서, 미군과 연합군이 이라크를 떠나야 할 수 있는 상황이 도래한 것이다. 실제 2019년 중반 이후 IS 잔당의 공격속도와 범위는 증가하고 있었고, 2020년 미군 및 연합군과 이라크 시설, 호송차량에 대한 IS의 빈번한 로켓, 사제폭탄(IED) 공격이 있었다. 이라크 중앙정부와 쿠르드 지방정부 간 분쟁지역, 그리고 기타 시골지역에서, IS 활동이 더 커지는 것으로 보였다. IS는 이라크 정부군의 존재가 미약한 곳에서 민간인을 위협, 살해했고, 그로 인해 수많은 민간인들이 도피하고 거처를 잃는 새로운 난민사태가 발생했다. 2020년은 2019년에 비해 IS 공격이 증가했는데, 대부분의 공격은 키루쿠크, 살라 알−딘(Sala al−Din), 디얄라(Diyala), 니나와(Ninewa), 그리고 안바르(Anbar) 주에서 발생했다.[2]

한편 2020년 6월 알−카디미(Mustafa al−Kadhimi) 총리의 신정부 출범, 그리고 그의 8월 워싱턴 방문을 전후해 미−이라크 관리들이 안보대화를 진행했지만, 이라크 정부의 입장은 아직 완전히 확정적이지는 않았다. 8월 안보대화 당시 미국은 이라크에게 이란이 지원하는 무장그룹 진압을 요구했고, 이라크 정부가 미국의 즉각적인 완전 철수를 부담스러워하면서 미−이라크는 양자 안보협력 지속과 미군의 이라크 주둔에 합의했다.[3] 그러나 이라크 내 다양한 정치그룹, 특히 수많은 이라크 의원들을 포함해 이란과 연계된 그룹들이 모든 외국군 철수를 강력하게 주장해 그 미래를 단언하기 어려웠다.[4] 미−이란 사태 이후 미군의 이라

---

1) Pesha Magid, "Islamic State Aims for Comeback Amid Virus−Expedited U.S. Withdrawal," Foreign Policy, (April 6, 2020), www.foreignpolicy.com

2) Blanchard, Iraq: Issues, (Updated July 17, 2020), p. 18.

3) 미−이라크 협상은 6월 중순 시작됐는데, 이라크는 미국의 일시적인 완전 철수는 자국 안보에 부담이 될 것으로 여기는 것으로 알려졌다. Alissa J. Rubin, Lara Jakes, Eric Schmitt, "SIS Attacks Surge in Iraq Amid Debate on U.S. Troop Levels," (June 10, 2020), https://www.nytimes.com

4) 2018년 5월 이라크 의회선거에서는 오랫동안 미국에 반대해 온 시아파 사제 알−사드르

크 정부군 훈련은 일시 중단됐고, 코비드-19 팬데믹으로 인해 모든 것이 더 유예됐다. 9월 미 중부사령부는 이라크 주둔 미군은 5,200명에서 3천명으로 축소될 것이라고 말했고, 11월 트럼프 대통령은 2021년 1월까지 추가 축소를 지시했다. 미군은 많은 시설을 이라크 정부군에 반환했고, 더 적은 숫자의 시설에 운집해 활동을 이어갔다. 12월 트럼프 행정부는 이라크 내 미국 민간인들을 일부 철수시키기 시작했고, 만약 이라크 정부가 미국인과 시설에 대해 책임지지 않으면 바그다드 미 대사관을 폐쇄할 것이라고 말한 것으로 알려졌다. 아르빌(Erbil) 미 영사관은 아직 운영 중이지만, 2018년 이라크 남부의 소요 당시 폐쇄된 바스라(Basra) 영사관은 활동을 재개하지 않았다.[1]

(5) 이라크 국내정세

2021년 이라크 국내정세는 모든 의미에서 혼란과 무기력으로 특징지어졌다. 이라크 국민들의 생각은 2019년 10월부터 2020년 초까지 바그다드를 포함하는 이라크 중남부 여러 도시에서 수개월간 진행된 수십만 명의 주민시위에 잘 나타나 있는데, 그들은 지난 오랜 기간의 전쟁과 수많은 외세의 개입, 정치권의 무능력, 정쟁, 부패, 그리고 최근에는 코비드-19 팬데믹으로 인해 더 가중된 경제난관에 말할 수 없는 고통을 호소했다. 그들은 가끔은 종교분파를 넘어 반외세 민족주의 정서를 보이는 한편, 어떤 의미에서 2003년 이후의 정치질서를 거부했다.[2]

(Muqtada al Sadr)의 통합당(Integrity Party, Istiqama)이 주도하는 연합(On the March, Sa'rum)이 제1당 지위를 차지했고, 2위는 바드르(Badr) 조직의 하디 알-아메리(Hadi al-Ameri)가 주도하는 압도적인 시아파 연합(Conquest, Fatah)이 차지했다. Fatah는 대부분 PMF와 연계된 여러 인사를 포함했다. 쿠르드 정당 중에서는 쿠르드 민주당(KDP)과 쿠르드 애국연합(PUK)이 가장 많은 의석을 얻었다. Blanchard, Iraq: Issues, (Updated July 17, 2020), p. 3.

1) Christopher M. Blanchard, "Iraq and U. S. Policy," CRS IN Focus, (Updated December 7, 2020), pp. 1-2.

2) 2003년 미국의 이라크 침공 이후 새롭게 정립된 정치체제는 수니파 사담 후세인 정부의 몰락 이후 2005년 선거를 시작으로 시아파 주도로 운영됐다. 그 정치과정에서 실권자인 내각 총리는 의회선거를 통해 다수파인 시아파에 돌아갔고, 대통령은 쿠르드계, 그리고 의회 의장은 수니파가 맡으면서 내각도 일정수준 인종, 종파를 감안해 일종의 균형을 추구했다. 그러나 2011년 미국이 철수한 이후 시아파가 수니파를 탄압해 종교 파벌 분쟁이 재현되려는 혼란의 상황에서, IS가 세력을 확장하면서 이라크는 또다시 전쟁상태에 돌입했다. 오늘날 미국과 나토 연합군의 재개입과 그에 따른 IS 격퇴로 이라크는 가까스로 다시 한 번 평화로 진입했지만, 정치, 사회, 경제 측면에서 모든 것이 부족한 상태에 처해있다.

정치는 카디미 총리 내각이 책임졌는데, 그들은 조기선거를 치를 때까지의 과도정부 성격을 띠었다. 그 이유는 2018년 5월 총선에서 탄생한 알–마디(Adel Abd Al Mahdi) 정부가 (앞에 언급한) 2019~2020년 대규모 시위에서 2019년 11월 주민들의 요구를 수용해 사퇴하면서 생긴 정치공백 상태에서, 그 권한이 의회에 의해 일시적으로 카디미 내각에 주어졌기 때문이다. 카디미 총리 자신도 가능한 한 빨리 조기선거를 치를 희망을 나타내면서, 그때까지 외교, 국방, 국내경제와 정치적 안정, 특히 코비드–19 팬데믹에 대한 신중한 대처를 추구할 것이라고 말했다. 그러나 조기선거에 대한 주요 정파 간 합의가 이루어지지 않고 경제가 극도로 취약한 상태에서, 카디미 정부가 얼마나 국정을 잘 이끌 수 있을지는 의문인 상태로 남았다.[1]

이라크 정치와 관련해 또 다른 주요이슈가 존재했는데, 그것은 중앙정부와 쿠르드 자치정부 및 지역 간의 관계였다. 그동안 쿠르드는 2005년 헌법 하에서 상당한 자주를 유지했고, 이라크 국민은 대체로 쿠르드가 2014년 이후 IS와의 전쟁에서 많은 역할을 한 것에 긍정적 감정을 갖고 있었다. 쿠르드는 과거 IS가 차지한 오일이 많은 키르쿠크를 포함해 이라크 북서부 지역을 되찾으면서 과거 중앙정부와 갈등의 대상이던 지역에서 통제권을 확대해 왔는데, 쿠르드 자치정부가 2017년 9월 독립에 관한 주민투표를 실시하면서 큰 문제가 발생했다. 그 투표에 참여한 유권자의 72% 중 92%가 독립에 찬성한다고 답했을 때, 쿠르드 정부는 그것이 단순히 참고용이라고 말했지만 중앙정부는 그에 크게 분노했다. 쿠르드 분리독립 의도를 의심한 정부군과 PMF가 분쟁영토에 유혈충돌을 불사하고 침입했을 때, 쿠르드군은 키르쿠크에서 철수해야 했다. 이제 정부군과 쿠르드 군 사이에는 서로 마주보는 전선이 형성됐다. 또 중앙정부는 키르쿠크 상당부분을 차지하면서 쿠르드 지역에서 생산되는 오일의 판매권한 박탈을 추진했다. 그리고 중앙정부와 쿠르드 자치정부 간의 분쟁은 쿠르드 영토 내에서 IS 활동을 증대시키는

Blanchard, Iraq: Issues, (Updated July 17, 2020), p. 7.
1) 2019년 12월 선거법 개정에서는 정당명부 비례대표제를 소선거구제로 전환하기로 합의했다. 그러나 전환의 기간, 선거구 경계, 또 여성 및 인종 쿼터가 거론되지 않았고, 일부 수니와 쿠르드는 새 선거법을 거부했다. 그러나 2020년 10월 이라크 의회는 법안을 최종화하고, 각 행정구역에 여성 쿼터에 근거한 선거구를 확정했다. 그러나 전문가들은 선거체제 변화만으로 더 나은 정치로 진전하는 데는 한계가 있다고 말했다. Blanchard, "Iraq and U. S. Policy," (Updated December 7, 2020), p. 1.

계기를 제공했다.[1]

　　이라크 경제는 사활적 위기에 직면했다. 이라크 정부 리더들은 이라크 경제가 실존이 위협받는 최악의 상태에 있다고 말했다. 이라크는 엄청난 석유자원에도 불구하고 2019년 GDP 2,272억 달러에 불과한 경제를 갖고 있었는데, 그것은 오랜 전쟁, 국내 정치분쟁으로 인해 경제를 제대로 관리하지 못했기 때문이다. 이라크 경제에서 공공분야 수입의 90% 이상이 오일수출에서 유래하는데, 2020년 코비드-19 팬데믹으로 인해 오일가격이 세계적으로 하락하면서 세수부족, 예산적자, 부채확대를 포함해 이라크 경제는 더 큰 타격을 입었다. 쿠르드지역은 가장 큰 타격을 입었는데, 키르쿠크 오일 권한을 상실하고 중앙정부의 지원마저 끊겼기 때문이다. 이라크 정부는 미국의 도움으로 IMF에 차관을 신청했다.[2]

(6) 바이든과 이라크 전쟁

　　원래 조 바이든(Joseph Biden)은 2003년 미국의 이라크 침공 전 조지 W. 부시의 전쟁 주장에 대한 열렬한 옹호자였고, 미 의회가 이라크 전쟁법안을 통과시키는데 크게 기여했다. 나중에 그는 이라크 전쟁이 시작되자마자 그 지지를 후회했다고 말했지만, 실제 그런 공식발언은 없었다. 그 대신 바이든은 미국이 단순히 군사작전에 의지하기보다는 외교를 더 많이 사용해야 한다고 주장했다. 또 그는 이라크 전쟁 중 오래전 한때 일부 전문가들의 의견과 비슷하게 이라크의 극단적인 인종, 종교 파벌에 비추어, 그 나라를 3개의 개별 지역으로 분리

▲ 조 바이든 대통령

시켜야 한다는 의견을 제시한 바 있다.[3] 한편 2020년 11월 당선자 신분 당시, 이라크 전쟁 상황과 관련해 바이든은 미군의 이란 사령관 솔레이마니 살해는 그가 미군병력에 대한 공격을 배후에서 지시한 것에 비추어 정의

---

1) Blanchard, <u>Iraq: Issues</u>, (Updated July 17, 2020), pp. 2, 24.
2) Ibid., pp. 9-10.
3) Tara Golshan and Alex Ward, "This is Joe Biden's checkered Iraq history- Vox," (October 15, 2019), https://www.vox.com〉 joe-bide...

의 실현이지만, 트럼프가 그를 개인적 표적으로 삼은 것은 비슷한 보복이 발생할 수 있는 개연성을 생각하지 않고 갈등을 격화시키는 경솔한 행위였다는 견해를 밝혔다.[1]

    솔레이마니 살해 이후 이란이 지원하는 무장그룹에 의해 미군과 외국인 민간계약자를 초치하는 이라크 군 기지에 대한 공격이 증가했고, 바이든 취임 이후에도 동일한 성격의 군사도발은 계속됐다. 2021년 2월 중순 친이란 민병대는 미군 주도 연합군이 사용하는 북 이라크 아르빌(Erbil) 군사기지를 로켓으로 공격해 필리핀 민간계약자를 살해하고, 5명 미군과 기타 5명 다른 계약업자를 부상시켰다. 또 그들은 로켓으로 바그다드 미군기지도 공격했는데, 그 과정에서 미 대사관과 외국 외교대표단이 주둔하는 그린 존(Green Zone)도 공격 대상에 포함됐다. 4월 중순, 그들은 대규모 폭탄을 장착한 드론으로 또다시 아르빌 공항을 공격했다. 6월까지 10번 이상 이라크 내 미국 이익에 대한 비슷한 공격이 있었고, 그 일련의 사태에서 2명의 외국인 계약업자를 포함해 적어도 10명이 사망했다. 6월 하순 공격에서는 폭탄을 장착한 3개 드론이 바그다드 인근 미군기지를 겨냥했고, 바그다드 북쪽 발라드(Balad) 공군기지를 타격한 3발의 로켓은 3명의 외국인 하청업자와 1명 이라크 사업자를 부상시켰다. 발라드 기지는 이라크 군이 사용하는 F-16을 정비하는 미국 군수업체 샐리포트(Sallyport)가 주둔하는 곳인데, 록히드 마틴(Lockheed Martin)은 5월 회사 인력의 안전을 우려해 그곳으로부터 철수했다. 미군도 보복적 군사대응으로 맞섰다. 2월 이라크보다는 시리아 동부에 위치한 친이란 병력과 시설에 대한 공격을 시작으로, 지난 수개월에 걸쳐 미군은 적에게 보복 반격을 가했다. 상대방의 드론 공격에 대응하는 6월 말 교전에서, 미 전투기는 이라크와 시리아 내 친이란 민병대의 3개 작전, 무기시설을 공격했다. 그 다음날 상대방은 시리아 내 미군병력을 로켓포로 공격했지만, 부상자는 없었다. 미군은 또다시 로켓 발사장소에 야포로 대응했다. 바이든은 미국 헌법 제2조가 부여한 권한에 따라 미군의 공습을 허락했다고 말했고, 펜타곤은 그 반격은 추가 격화를 막기 위해 적의 공격에 비례하는 수준의 제한적이고 방어적인 대응이었다고 강조했다. 미군에 의해 4명이 사살된 이후, 친이란 민병대는 또 다시 7월 6~7일 이라

---

1) "President-Elect Biden on Foreign Policy," Council on Foreign Relations, (November 7, 2020), https://www.cfr.org〉 election2020

크와 시리아 내 미 외교시설과 병력에 로켓 및 드론 공격을 가했다. 이라크 공군 기지에 대한 14발 로켓 공격은 2명의 미군을 부상시켰다. 미군병력에 대한 공격과 그에 대한 반격의 빈도가 계속 증가하는 현실에 비추어, 일각에서는 그것을 '선포되지 않은 전쟁'이라고 불렀다. 미 의회 일부 의원들은 이라크 미군의 주 임무는 친이란 민병대가 아니라 IS와 싸우는 것임을 상기시켰다. 일부 전문가들은 "그 전투, 전쟁은 전략적 목표가 없고, 종착역이 보이지 않으며, 단지 영원한 (군사)주둔과 보복적 공격의 악순환일 뿐"이라고 말했다.[1] 바이든은 이라크와 시리아 내 미군병력에 대한 격화되는 공격에 대응해야 하는 압력에 처했다.[2]

1) 미군 철수문제

미국의 이라크 정책은 일단 잔류 병력을 그 나라에 더 오래 주둔시키는 쪽으로 방향을 정했다. 2021년 4월 미국이 아프가니스탄으로부터 마지막 남은 2,500명 병력을 철수하려 준비할 때, 미 중부사령부(CENTCOM: Central Command) 사령관 케네스 맥켄지(Kenneth F. McKenzie) 장군은 언론(Military Times)과의 인터뷰에서 다음과 같이 말했다. "현재 이라크에 잔류하는 2,500명 미군

▲ 케네스 맥켄지, timesof israel.com

병력을 아프가니스탄과 비슷하게 철수할 계획은 아직 없다. 오스틴 국방장관과 논의는 하고 있지만, 내재적 결의작전(OIR: Operation Inherent Resolve)은 아직 끝나지 않았다. 미국의 현재 전략은 미군의 철수기일을 특정하지 않은 상태에서, 나토 파트너들과 함께 이라크에 잔류해 IS와의 전투를 종결짓는 것이다. 비록 IS가 물리적으로 패배했지만, 약 1만 명 잔당이 이라크와 시리아에서 아직 활동한다. 또 이란 정부가 지원하는 시아파 민병대 그룹이 계속 이라크와 시리아 내에서 활동하면서 연합군 기지를 공격하는데, 테헤란의 전략은 그 인근지역에서 미국과

---

1) Phil Stewart, Idrees Ali, "Undeclared Conflict? America's battles with iran – baked militia escalate…," (June 29, 2021), https://www.reuters.com〉 middle – east

2) Lara Seligman and Andrew Desiderio, "Biden under pressure to respond to escalating attacks on U.S. troops in Iraq and Syria," (July 10, 2021), https://www.politico.com〉 news

그 파트너 및 동맹을 축출하는 것이다. 미군과 연합군 병력 공격에 있어서의 이란의 적극적 역할은 이라크 내 위협이 아프가니스탄 내 알카에다 존재가 감소된 것과 같은 형태로는 통제되고 있지 않음을 의미한다. 워싱턴과 이라크 정부는 전략대화를 하고 있는데, 아마 앞으로 이라크 내 미군의 임무보다 나토의 역할이 더 커질 것이다. 비록 지난해 이라크 정부가 미군 주둔을 거부했지만, 현재 카불은 미군이 더 오래 주둔하기를 원한다. 분명히 아직 지상의 IS와 관련해 할 일이 남아 있다. 이라크와 아프가니스탄을 직접 비교하지는 않겠다. 바이든 행정부는 이라크 주둔 미군에 관해 검토하고 있고, 어떤 지침과 결정이 있을 것이다."[1]

그러나 이라크 정부는 미군 고위 당국자의 발언을 부정했다. 이라크 정치권 내 친이란 그룹은 '아프간 모델'이 이라크로부터 미군 병력이 물러나는 유일한 방법이라고 주장했다. 이라크 군 역시 미국의 입장에 반대했는데, 군 대변인(Yahya Rasool)은 미군병력 또는 어떤 외국군도 이라크 내에 주둔할 필요가 없다고 말했다. 그는 이라크는 국방을 책임지기에 충분히 훈련된 군대를 갖고 있고, 자체 군 병력만으로도 모든 문제를 해결할 수 있으며, 외국군 철수는 워싱턴과 바그다드 간의 논의에서 결정될 것이라고 덧붙였다.[2] 전문가 그룹 일각(Bonnie Kristian)에서도 맥켄지의 주장에 다음과 같이 비판을 가했다. 해병 대장 맥켄지는 미군이 중동 지역에 4가지 이유로 더 오래 머물 계획이라고 말한다. 그러나 맥켄지의 논리가 타당성이 있는지 의문이다. 우선 이라크, 시리아에서 IS와의 전투를 지휘한 캘버트(Paul Calvert) 중장의 또 다른 언론(Defense One) 인터뷰에 따르면, 적어도 현재로서는 IS의 재부상 가능성은 극히 낮다. 둘째, 미군이 중동 일대에서 이란의 세력 확대를 막는다는 논리는 오히려 미-이란 전쟁 가능성을 높이고 미군을 불필요한 위험에 처하게 할 것이다. 셋째, 바그다드 정부가 미군의 더 오랜 주둔을 원한다고 말하는 것은 전혀 사실이 아니다. 2021년 3월 이라크 총리 카디미는 미군의 철수를 원한다고 확실하게 말했고, 이라크 의회도 마찬가지였다. 마지막으로, 맥켄지는 이라크와 아프가니스탄을 비교하고 싶지 않다고 말하는데, 모든 상황이 종료된 상태에서 이라크 철수는 아프간 철수보다 더 일찍 시행됐어야 마땅

---

1) Meghann Myers, "We're going to stay in Iraq, says top US Middle East commander," (April 22, 2021), https://www.militarytimes.com〉 news

2) Ali Jawad, "No need for any foreign, US troops in Iraq: Iraqi army—Anadolu Agency," (April 24, 2021), https://www.aa.com.tr〉 middle-east

하다. 이라크 전쟁은 잘못된 전제 하에 진행된 미국 대외정책의 수치이다. 원래 임무인 후세인 정권 교체는 오래 전에 끝났고, 두 번째 프로젝트인 IS 패퇴도 마찬가지이다. 소위 국가건설(nation-building), 이란 봉쇄와 같은 또 다른 임무를 완수하기 위해 요구되는 기간은 끝이 없고, 그것들은 워싱턴의 편의적 발상일 뿐이다. 그런 것들은 정치, 문화적 이슈로 외국군의 군사간섭으로 해결될 문제가 아니다. 바이든 대통령이 아프간 철수를 수용한 것은 옳은 일이고, 미군은 이라크에서도 떠나야 한다.[1] 그 상황에서 2021년 6월 바이든 행정부는 이라크로부터 모든 미군병력이 철수할 것이라고 선언했다. 그것은 현명한 결정이었다.

2 시리아 전쟁

(1) 시리아 민주화를 위한 미국의 초기 개입

▲ 바샤르 알-아사드, nytimes.com

미국은 처음에 시리아에 '아랍의 봄'(Arab Spring) 사태로 인해 개입하게 됐다. 2010년 말 튀니지에서 '아랍의 봄'이 시작되고 그것이 2011년 본격적으로 중동, 북아프리카의 리비아, 이집트, 예멘, 시리아 등지로 퍼져 나가고 수많은 난민이 양산되면서, 원래 전 세계적으로 민주주의를 옹호하고 그 인근지역 이라크와 아프간에서 아직 전쟁을 하고 있던 미국은 그 사태를 외면하기 어려웠다.[2] '아랍의 봄'에 대한 미국 개입 초기, 워싱턴의 시리아 정책은 바샤르 알-아사드(Bahar al-Assad) 정부의 독재에 반대하는 민주화 반정부, 반군세력에 대한 식량, 픽업트럭 등의 비살상(non-lethal) 지원과 함께, 유엔에서의 다자노력과 경제제재를 중심으로 아사드 정부가 퇴진하고 화학무기 사용을 금지할 것을 촉구하는 외교시도에 머물렀다.[3] 유엔안보리 상임이사국 중 하나이고 서방에 반대하는

1) Bonnie Kristian, "The Biden administration's wrongheaded argument for staying in Iraq," (May 5, 2021), https://thehill.com〉 opinion〉 5...

2) 40년 이상 시리아를 지배해 온 바샤르 알-아사드(Bahar al-Assad) 가문의 통치에 반대해 민주화를 추구하는 시리아 반정부 시위는 2011년 3월 처음 시작됐다.

3) 원래 1979년 이후 테러단체를 지원한다는 이유로 시리아 제재를 시작한 이후, 미국은 1990

▲ 제네바 프로세스, setav.org

러시아 역시 그 사태에 개입했다. 2012년 5월 대통령으로 복귀한 러시아의 푸틴은 처음부터 서방의 반 아사드 입장에 반대했지만, 미국과의 공동성명을 창출한 '제네바 프로세스'(Geneva Process)에 합의했다. 그 제네바 공동성명은 아사드 대통령의 미래 거취에 대해서는 논의하지 않으면서 반정부 반군세력과 시리아 정부가 과도 행정기구를 설립하고 대화를 통해 유혈사태를 해결할 것을 촉구하는 성명이었고, 그 구조적 프레임 하에서 양측은 유엔이 중재하는 협상을 진행했다. 그러나 정치적 타결은 어려웠는데, 왜냐하면 특히 반군 측이 과도기구에 시리아 현 정부 대표가 포함되는 것에 극구 반대했기 때문이다.[1] 실제 제네바 공동성명 문서는 반군 주장과는 달리 과

년대에는 비확산, 그리고 2011년 이후에는 아사드 정부의 민간인 살상, 화학무기 사용과 같은 인도주의 범죄 등 여러 권한 남용을 이유로 경제제재를 계속해 왔다. 아랍의 봄 여파로 2011년 3월 아사드 정부에 반대하는 2개의 반대파가 해외에서 설립됐다. 하나는 정치적 돌파구를 모색하는 '시리아 국민위원회'(SNC: Syrian National Council)이고, 다른 하나는 미국과 터키가 지원하는 무장투쟁을 추구하는 '자유 시리아군'(FSA: Free Syrian Army)이었다. FSA는 아사드 정부군에서 탈주한 군인들이 반정부 목적으로 설립한 단체였다. SNC는 나중에 '시리아 혁명 및 반대국민연합'(National Coalition of Syrian Revolutionary and Opposition Forces)으로 재구성됐고, '시리아 반대연합'(SOC: Syrian Opposition Coalition)이라고도 불렸다. 오바마는 2011년 8월 처음으로 아사드 사퇴를 촉구했다. 2012년 반군과 정부군 간 폭력이 전국으로 확산되면서, 미국은 그해 2월 바그다드 미 대사관을 폐쇄하고 5월 일부 반정부 반군세력에 비살상(non-lethal) 지원을 시작했다. 2012년 8월 오바마는 정부군의 화학무기 사용은 레드라인(red line)이 될 것이라고 말했지만, 2013년 8월 아사드 정부는 워싱턴의 경고에도 불구하고 사린(sarin)가스를 사용해 1,400명을 살해했다. 그러나 곧이어 아사드 정부는 미국과 러시아의 제안을 수용해 화학무기협약(CWC: Chemical Weapons Convention)에 가입하고, 그 규정준수를 서약했다. 그러나 나중에 아사드 정부는 또 다시 화학무기 사용으로 수백 명 민간인을 살상했다.

1) 협상에 참여한 반대파는 여러 그룹으로 구성돼 있었고, 그들은 회의에 일사분란하게 참여하지 않았다. 2020년 현재 유엔이 지원하는 대화에서는 '시리아 협상위원회'(SNC: Syrian Negotiations Commission)가 반대파를 대표하는데, 그것은 2015년 사우디가 형성을 도운 '고위 협상위원회'(HNC: Hight Negotiations Committee)를 확대한 것이다. SDF는 터키의 압력에 의해 참여가 배제됐다. (이유가 명확하지는 않지만 그 SNC 내에는 모스크바 플랫폼(Moscow Platform), 카이로 플랫폼(Cairo Platform)과 같이 아사드와 연계된 그룹도 포함된 것으로 알려졌다.) Carla E. Humud, Christopher M. Blanchard, Armed Conflict in Syria: Overview and U. S. Response, CRS Report, RL33487, (Updated July 27, 2020), p. 21.

도기구는 "현 정부, 그리고 반대파 및 기타 그룹 멤버를 포함할 수 있고, 상호동의의 기초 위에 형성되어야 한다"고 규정했다. 더 나아가 아사드 대통령은 우선적으로 중요한 것은 반군 테러리즘과 외부의 간섭 종식이라고 주장했다. 그러나 2013년 3월 시리아와 이라크에서 나날이 세력을 확장해가는 IS 국제테러 세력이 시리아 동북부 락까를 점령해 정부군이 불리한 입장에 처하면서 러시아, 이란, 레바논 헤즈볼라가 아사드 정부를 위해 개입의 강도를 높이기 시작했고, 그에 반대해 미국, 일부 유럽국가, 걸프국가(GCC), 터키의 반군 지원도 증가했다.[1]

▲ 시리아, vectorstock.com

(2) 미국의 직접적 군사개입

2014년 IS(Islamic State)는 시리아 북동부와 이라크 북서부에 세력을 확대하면서 그해 6월 시리아 락까와 이라크 모술을 수도로 '이슬람 국가' 출범을 선포했다. 시리아와 이라크 인접지역에서 IS가 동시에 뿌리를 내리는 상황에서, 미국은 시리아에 직접적으로 군사개입하지 않을 수 없었다.[2] 미국의 시리아에 대한 직접 군사개입은 IS 확산을 막기 위한 2014년 이라크 전쟁의 연장선상에서 이

▲ Islamic State, eurasianet.org

---

1) Carla E. Humud, "Syria Conflict Overview: 2011–2021," CRS IN Focus, IF11080, (Updated February 10, 2021), p. 1.

2) 2011년 11월 이라크 내 알카에다(Al Qaeda, AQ)가 변신, 재조직한 '이라크 이슬람국가'(Islamic State of Iraq, ISI)가 시리아에 '누스라 전선'(Nusra Front)이라고 불리는 그룹을 설립했다. 2013년 4월 '이라크 IS'(ISI) 리더 아부 바크르 알─바그다디(Abu Bakr al─Baghdadi)는 누스라 전선과 합병을 선언하면서 ISI를 '이라크 및 레반트 IS'(IS in Iraq and Levant, ISIL)로 명칭을 바꾸었고, 2014년 6월 락까 점령 이후 이름을 또 다시 IS(Islamic State)로 바꿨다. 2014년 2월 알카에다는 이슬람주의 운동의 정통성 문제로 ISIL과 유대를 단절했다. Humud, "Syria Conflict," (Updated February 10, 2021), p. 1.

라크 전쟁과 동시에 치러진 '쌍둥이 전쟁'이었다. 그 당시 미국은 이라크, 아프가니스탄에서 전쟁을 치르는 중이었는데, 이제 '아랍의 봄' 여파로 인해 시리아뿐 아니라 리비아, 이집트, 그리고 예멘에서까지 비록 제한적이지만 군사역할을 수행해야 하는 어려운 입장에 처했다. 그것은 세계 각지에서 벌어지는 국제적 테러행위, 강대국 관계, 경제여건과 국내여론 등 여러 현실에 비추어 미국에게 지나치게 큰 부담이었다. 그 상황에서 오바마 행정부의 시리아 전략은 이라크에서와 동일한 패턴으로 소수 미군병력을 파견해 IS에 대해 직접 공습을 가하면서, 동시에 쿠르드(Kurd) 및 일부 반군에 무기, 정보, 자문, 경제지원을 제공해 전자는 IS, 그리고 후자는 정부군과 지상전을 치르게 하는 중간공식 형태를 띠었다. 미국의 주도 하에 터키를 약간 예외로, 영국, 캐나다, 호주, 프랑스, 네덜란드 같은 일부 유럽국가, 사우디 중심의 걸프 국가들, 요르단, 모로코, 이스라엘은 모두 워싱턴의 노선을 따랐다. 시리아에서 워싱턴의 가장 큰 전략목표는 IS 진압이었지만, 미국은 유엔안보리가 지지하는 대화를 통한 시리아 내란의 평화적 해결 노력과 함께 (민주정부 건설을 목표로) 아사드 정부에 반대하는 일부 반군세력에 대한 지원을 계속했다. 반군지원을 위해서 미국은 최소한 2개의 프로그램을 운영했는데, 하나는 펜타곤, 그리고 다른 하나는 CIA가 주도했다. 2014년 펜타곤은 1만 5천 명 반군을 훈련시키고 장비를 지급하기 시작했는데, 그 시도는 5억 달러를 사용하고 단지 수십 명 반군전사를 양성한 이후 2015년 취소됐다. CIA 프로그램은 10억 달러 예산으로 상대적으로 더 성공적이었지만, 그것은 러시아의 방해로 제대로 진행되지 못한 채 2017년 7월 그 당시 CIA 국장 마이크 폼페이오(Mike Pompeo)의 조언에 따라 단계적으로 폐기됐다.[1]

2014년 9월 미국, 사우디, 아랍에미리트(UAE: United Arab Emirates), 카타르, 요르단 연합군 병력은 시리아 최대도시 알레포(Aleppo)와 이들립(Idlib) 주, 그리고 시리아 동북부 락까(Raqqa)에 각각 포진해 있는 (알카에다 지파) 누스라 전선(NF: Nusra Front)과 IS 집단에 본격적으로 공습을 가하기 시작했다.[2] 아이러니컬

---

1) Mark Goldman, Adam Mazzetti, Michael S. Schmidt, "Behind the Sudden Death of a $1 Billion secret C.I.A. War in Syria," (August 2, 2017), www.nytimes.com; Greg Jaffe, Adam Entous, "Trump ends covert CIA program to arm anti-Assad rebels in Syria, a move sought by Moscow," The Washington Post, (July 19, 2017)
2) 이들립 주는 시리아 14개 주 중 하나이고, 그 수도는 이들립이다.

하게도 누스라는 (미국으로부터 공격받으면서도) 수많은 다른 반군집단과의 유대를 통해 워싱턴 반군 지원의 일부 수혜를 누렸다. IS에 체계적으로 대항하기 위해, 미국은 특히 쿠르드 병력(YPG: People's Protection Army)을 집중적으로 무장시켰다. 10월 시리아 및 이라크 IS를 동시표적으로 겨냥하는 그 군사적 시도는 '내재적 결의작전'(OIR: Operation Inherent Resolve)이라 명명됐고, 그를 위해 펜타곤은 '통합 태스크포스'(CJTF-OIR)를 설치, 운영했다. 워싱턴은 시리아, 이라크에서 강인하고 지속적으로 세력을 확대하는 IS를 그대로 방치할 수 없었는데, 그것은 미국에게 서로 인접해 있는 시리아와 이라크에서 IS 격멸을 추구하는 동시다발적 군사작전 시작의 순간이었다.

2015년 미국은 토우(Tow) 대전차 미사일 제공을 포함해 반군세력 지원을 계속하면서, 다른 한편 IS와의 전투에서 특히 YPG가 10월 기타 반군그룹과 연대해 창설한 '시리아 민주군'(SDF: Syrian Democratic Force)을 집중적으로 무장시켰다. 그러나 '자유 시리아군'(FSA: Free Syrian Army)을 지원하는 터키는 YPG가 자국 내에서 수십 년간 반군활동을 하고 앙카라와 워싱턴 모두 테러집단으로 분류한 '쿠르드 노동자당'(PKK; Kurdistan Workers'

▲ YPG, thek ▲ urdishproject.org

Party)의 분파라는 이유로 미국의 SDF 지원에 반대했고, 그것은 미-터키 간 의견대립, 갈등의 요인으로 남았다.1) 서방의 공세에 대항해 러시아도 시리아 내 군사구축을 추진하면서 2015년 FSA를 포함하는 반정부 병력, 누스라 전선(NF), 그리고 IS에 공습을 실시했다. 그동안 아사드 정부를 외교적으로 지원하고 군사장비와 자문을 제공하던 러시아가 9월 말부터 국제 테러집단, 그리고 특히 반정부 반군세력에 집중적으로 공중폭격을 가하기 시작한 것이다. 10월 하순 푸틴은 시리아 정부에 대한 지지를 재확인하고, 미래전략을 논의하기 위해 아사드와 모스크바에서 회동했다.2)

---

1) 미국은 YPG-PKK 유대를 인정하면서도, 대체로 그 두 그룹이 별개인 것으로 간주했다.

2) "Assad Makes Unannounced Trip to Moscow to Discuss Syria With Putin," (October 21, 2015), www.nytimes.com

미군 전투기들은 하루 평균 67개의 폭탄과 미사일을 투하, 발사했다.[1] 미군과 연합군이 반정부 집단을 지원하고 동시에 IS를 공격하는 반면, 러시아와 아사드 정부군은 IS보다는 주로 시리아 서부에 주둔하는 반정부 반군세력을 더 공격했다. 그것은 결과적으로 아사드 정권이 조금이라도 더 신속하게 (IS와 반군 세력을 포함하는) 모든 반정부 세력을 척결하는 계기가 됐다. 이란도 아사드 정부를 지원했고, 특히 이란의 프락치로 간주되는 레바논 헤즈볼라의 시리아 내 활동은 매우 적극적이었다. 그렇게 시리아 내전은 한편에서는 아사드에 반대하는 미국 주도 세력과 다른 한편에서 아사드를 지지하는 러시아 및 이란 중심 양대 세력 간의 갈등으로 비화했고, 그 과정에서 더 큰 혜택은 아사드 정권 편으로 돌아갔다. 2015년 12월 제네바 프로세스의 일부로서 유엔안보리가 15개 회원국 만장일치의 결의안 2254호(UNSCR 2254)를 통해 새 헌법초안 작성과 유엔 감시 하 선거라는 평화적 해결안을 제시했지만, 양측의 극단적 대립으로 인해, 또 시리아 정부가 유리한 상황에서 그 비전이 실현될 가능성은 거의 없었다.

2016년에도 비슷한 형태로 전쟁이 진행됐다. 미국 지원을 토대로 SDF는 IS 병력을 상당수준 척결했고, 아사드 정부군은 알레포 전투에서 반정부 병력을 몰아내 그 도시를 재탈환했다. 미국은 가장 중요한 목표인 IS 세력 진압에 한걸음 더 다가갔고, 정부군은 반군세력을 상당수준 소탕해 전국을 아사드 정권 통제하로 불러올 가능성을 높였다. 그러나 그 과정에서 SDF가 IS를 몰아붙이면서 터키 국경에 근접했을 때, 국내 테러단체 PKK를 혐오하는 앙카라가 2016년 8월 터키가 지원하는 FSA를 포함해 시리아 북서부의 반정부 병력일부를 동원해 SDF 핵심 세력인 YPG를 공격했다. 그것은 쿠르드를 지원하면서도 터키와의 불협화음을 우려하는 미국에게는 큰 실망이었다.[2] 2016년 중반까지 공중폭격에 의해 민간인 사상자 수가 급증하면서 미국과 러시아는 공습조율을 계획했지만, 그 협력은 실현되지 않았다.[3]

---

1) Mark Thompson, "Why More Airstrikes Won't Beat ISIS," TIME, (November 17, 2015)

2) 2016년 8월 터키의 YPG 공격은 '유프라테스 방패작전'(Operation Euphrates Shield)이라 불렸다. Humud, "Syria Conflict," (Updated February 10, 2021), p. 2.

3) Josh Rogin, "Obama's Syria plan teams up American and Russian forces," The Washington Post, (July 13, 2016)

(3) 트럼프 집권기 IS 격퇴와 기타 목표

2017년 1월 트럼프 행정부가 출범했을 때 전반적인 시리아 상황은 미국, 서방, 그리고 반군보다는 아사드 정부, 러시아, 이란에 더 유리했다. 그 이유는 (앞에 언급한 바와 같이) 그 당시 미군과 연합군이 시리아 동북부 IS 밀집지역 공격에 더 큰 노력을 집중하고, 시리아 정부군, 러시아가 가끔은 IS를 공격하지만 아사드 하야와 민주화를 원하는 시리아 서부에 집중된 반군 진압에 진력하면서 아사드 정부에 반대하는 세력 전체의 시리아 장악력이 급격히 줄어들었기 때문이다.[1] 새로 집권한 트럼프 행정부 시리아 정책목표의 더 큰 초점은 오바마 행정부 당시와 마찬가지로 IS 진압에 주어졌는데, 왜냐하면 미국에게 더 시급한 문제는 IS 격퇴이고 시리아의 민주화, 서구 민주주의로의 전환은 거시적이고 장기적 차원의 희망사항이었기 때문이다. 또 다른 관심사는 시리아 내 세력균형이 서방에 불리하게 전개되는 상황에서, 특히 이란이 지원하는 병력의 철수, 러시아와의 갈등조정, 나토 우방으로 IS와 싸우고 아사드 정부에 반대하면서도 (쿠르드와 관련해) 이해가 부분적으로 엇갈리는 터키와의 관계, 그리고 쿠르드의 미래에 관한 우려를 포함해 다양했지만, 워싱턴은 그 복잡한 과제를 순차적으로 풀어나가기로 결정했다.

2017년 초, 러시아, 이란은 (미국과 쿠르드 문제로 의견 불일치를 겪는) 터키와 함께 정부군과 반군 간 평화대화를 위해 카자흐스탄 수도 아스타나에서 중재(Astana Process)를 시도했다. 러시아가 주도하고 일부에서 제네바 프로세스의 대안이 될 수 있다고 주장한 그 대화는 3개 '전투중지 구역'(de-escalation area)을 설정했다.[2] 그러나 그

▲ 아스타나 프로세스 mei.edu

회의에 옵서버로 참여한 미국은 시리아 내란 종식은 어느 특정 소수가 아니라

---

1) 시리아 동북부, 서부에서 IS와 민주화 그룹을 포함하는 모든 반정부 세력이 약화되면서, 아사드 정부의 전국 재장악은 시간문제였을 뿐이다. 실제 아사드 정부와 러시아를 포함하는 모든 반미세력은 그런 현실을 충분히 인지하고 있었고, 그들은 승리가 자기들 눈앞에 다가왔다는 것을 잘 알고 있었다.

2) 아스타나 대화 합의에도 불구하고 나중에 정부군은 그 3개 지역 중 2개 지역을 장악했다.

2012년 미·러 간에 합의된 유엔이 지원하는 제네바 프로세스, 그리고 2015년 유엔안보리 결의안 2254호에 근거해 처리돼야 한다는 입장을 고수하면서 그 대화에 강력 반대했다. 미국은 그것을 시리아 사태에서 미국을 배제하고 아사드 정부에 유리한 상황을 유도하려는 러시아와 이란의 술책으로 보았다.[1]

　　2017년 4월 시리아 정부군이 이들립 주 마을(Khan Shaykhun)에서 사린(sarin)가스로 민간인을 80명 이상 살해했을 때, 미국은 반군지원, IS공격을 넘어 서부 도시 홈스(Homs)에 위치한 샤이랏 공군기지(Shayrat Airbase)를 59발의 순항미사일로 직접 공격했다. 그 기지에 배치된 러시아제 S-300 미사일방어(MD: Missile Defense) 시스템은 미군 공격 방어에서 별로 실효성을 발휘하지 못했지만, 미군이 러시아군에 그 공격을 사전 통보하고 또 러시아군이 사용하는 군사기지 인근 공격을 피했기 때문에 러시아 측 피해는 최소한이었다. 미군의 시리아 정부군 직접공격은 반군을 활용해 아사드 정부에 압력을 가하던 오바마 행정부 당시의 전략과는 달리 미국이 처음으로 아사드 정부를 직접 공격한 드문 경우였지만, 동시에 그것은 5~6월과 2018년 4월 공격을 포함해 시리아 정부와 그 동맹에 대한 미군의 일련의 직접적 군사행동의 시작을 알렸다. 트럼프는 그 공격에서 대량살상무기(WMD: Weapons of Mass Destruction) 사용과 확산의 금지, 테러리즘 억지, 민간인 학살 및 대량난민 방지의 다양한 사안을 고려했다고 말했고, 그것은 모스크바의 비난에도 불구하고 미국 국내외에서 많은 지지를 받았다.[2] 2017년 8월까지 미군 포함 연합군 공습은 거의 2만회로 시리아 내 IS 위치 1만 6천 곳을

---

1) 수개월 후 2017년 11월 트럼프와 푸틴은 시리아 사태 해결은 제네바 프로세스와 UNSCR 2254호에 따라 해결돼야 한다는데 다시 합의했다. UNSCR 2254호에 따라, 2018년 1월 러시아는 소치(Sochi)에서 '시리아 인민회의'(Syrian People's Congress)를 초청했고, 그곳에서 헌법초안을 만들기 위한 헌법위원회가 결성됐다. 쿠르드도 참여했지만, SDF, YPG는 참여가 거부됐다. 아사드 측 주장이 강하게 반영된 그 회의결과를 반대파는 거부했지만, 2019년 10월 정부 측 50명, 반대파 50명, 유엔이 선정한 시리아 국민대표 50명으로 구성된 150명 인원의 헌법위원회 회의가 개최됐다. 그 회의는 45명 헌법초안 그룹을 창설했다. Carla E. Humud, Christopher M. Blanchard, Armed Conflict in Syria: Overview and U. S. Response, CRS Report, RL33487, (Updated July 27, 2020), p. 23.

2) Spencer Ackerman, Ed Pilkington Ben Jacobs, Julian Borger Washington, "Syria missile strikes: US launches first direct military action against Assad," (September 1, 2017), www.guardian.com; Dan Lamothe, Missy Ryan, Thomas Gibbons-Neff, "U.S. strikes Syrian military airfield in first direct assault on Bashar al-Assad's government," The Washington Post, (April 7, 2017)

폭격했고, 그것은 IS 진압에 결정적으로 기여했다.[1] IS 담당 미 대통령 특별대표 맥거크(Brett H. McGurk)는 트럼프 취임 이후 IS가 장악한 영토의 30% 이상을 회복했다고 말했다. 10월에는 연합군의 지원을 받는 쿠르드 SDF가 IS의 시리아 수도 락까를 장악했고, 그것은 미국에게 시리아 군사개입에서의 결정적 진전을 의미했다.[2] 2017년 말까지 시리아 내에서 작전하는 미 해병과 특수작전군을 포함하는 미군병력 숫자는 2015년 50명에서 2천명으로 증가했다.[3]

2018년 4월 미군과 연합군은 또다시 시리아의 화학무기 관련 시설 3곳을 공격했는데, 그 역시 시리아 정부병력이 국토 서남부 다마스커스 인근 도우마 (Douma)에서 염소가스 공격으로 150여 명의 민간인을 살상했기 때문이다. 트럼프는 대국민 연설에서 영국, 프랑스와 함께 진행된 그 작전은 WMD 사용으로 민간인 학살을 멈추지 않는 아사드 정부의 비인도적 행동을 처벌, 시정하기 위한 것이었다고 말했다.[4] 한편 미국이 시리아 정부에 대한 일부 응징과 IS에 대한 집중 공격에 몰두하는 사이, 시리아 내전은 전체적으로 아사드 정부에 훨씬 유리하게 전개됐다. 2018년 말까지 정부군은 시리아 전역에서 압도적으로 우세했고, 정부군은 (IS 및 민주화 반군그룹을 포함하는) 반정부 세력 대부분을 진압했다. 2018년 미국 DNI의 '세계 위협평가'(Worldwide Threat Assessment)는 시리아 내전은 "시리아 정권에 결정적으로 유리하게 이동했고, 러시아와 이란이 그 나라에 뿌리내리는 것을 가능하게 한다"고 분석했다. 그 상황에서 트럼프는 2018년 초에 이어 12월 또 다시 IS가 패퇴했다고 말하면서 시리아의 모든 2천~2천 5백 명 미군병력 철수를 명령했는데, 그는 처음에는 90일 이내에 시행하라고 말한 이후 2019년까지 완결시키라고 정정했다.[5] 2018년 말까지 미군, 연합군, SDF가 IS로부터 회

---

1) 트럼프 첫해인 2017년 8월까지 연합군은 시리아와 이라크를 합쳐 16만 8천회 출격했다. "Airstrikes in Iraq and Syria," U.S. Department of Defense, (August 9, 2017)

2) Karen DeYoung, "Under Trump, gains against ISIS have dramatically accelerated," The Washington Post, (August 4, 2017); Sebastian Usher, "Iraq declares war with Islamic State is over," BBC News, (December 9, 2017), www.bbc.com

3) "There are four times as many U.S. troops in Syria as previously acknowledged by the Pentagon," The Washington Post, (December 6, 2017); Humud, Blanchard, Armed Conflict, (Updated July 27, 2020), p. 1.

4) "Statement by President Trump on Syria," (April 13, 2018), www.whitehouse.gov

5) Julian Borger, Martin Chulov, "Trump shocks allies and advisers with plan to pull U.S. Troops out of Syria," The Guardian, (December 20, 2018)

▲ 제임스 매티스, bbc.com

복한 영토는 2만 제곱킬로미터에 달했고, 그곳으로부터 3백만 명의 시리아인들이 IS로부터 해방됐다.[1] 주변 참모들과 상의 없이 트위터를 통해 일방적으로 선언한 대통령의 지시가 너무 성급, 무모하고 국가안보를 위태롭게 한다고 생각한 미 국방장관 제임스 매티스(James Mattis)는 그에 반발해 사임했고, 미 국무부와 펜타곤 관리들은 아직도 발생하는 IS의 공격에 비추어 미군과 연합군의 군사압력이 약화되면 IS가 재부상해 미국 본토까지 위협할 수 있다고 경고했다.[2] IS 특별대표 맥거크 역시 미국의 즉각적 철수는 경솔한 결정이라고 말하면서 사임했고, 시리아 특별대표 제임스 제프리(James Jeffrey)는 미군은 시리아에 더 오래 남아있을 필요가 있다는 견해를 밝혔다. 많은 관계자들은 아직 미군의 완전철수는 이란과 러시아의 시리아 장악, 그리고 쿠르드 포기를 용인하는 것과 다름없다는 우려를 표시했다. 공화당 상원에서 트럼프와 절친한 것으로 널리 알려진 린지 그래함(Lindsey Graham) 의원은 시리아, 이라크, 아프가니스탄의 병력 축소가 가능하다는 것은 인정하지만, 시리아로부터의 즉각적인 완전철수는 문제가 있는 결정이라고 말했다.[3]

2019년 1월 트럼프는 그의 철수 지시를 번복하지 않을 것이라는 의사를 밝혔는데, 국가안보보좌관 존 볼턴(John Bolton)은 대통령 입장과는 달리 IS가 완전히 격멸되고 터키가 쿠르드를 공격하지 않는다는 것이 확인된 이후 미군철수를 고려하는 것이 바람직하다고 말했다. 다행히 2월 미 행정부는 대통령에 건의해 시리아로부터 철수하지만 약 400명 수준의 소수병력을 '비상병력'으로 무기한 잔류시킨다는 정책변경을 이끌어 냈다. 그 결정은 합참의장 조셉 던포드(Joseph

---

1) "Five Things to Know About the Fight Against ISIS in Syria," U.S. Department of Defense, (December 20, 2018)

2) 2018년 초 트럼프가 시리아 미군 병력 철수를 촉구했을 때에도, 미 안보보좌관 존 볼턴을 포함해 행정부 고위관리들은 미군이 IS 잔당의 소생을 방지하고 이란 관련 병력의 세력 확대를 막기 위해 시리아에 당분간 더 머무를 필요가 있다고 말했다.

3) David Sanger, "A Strategy of Retreat in Syria, With Echoes of Obama," (December 19, 2018), www.nytimes.com; Mark Landler, Helen Cooper, Eric Schmitt, "Trump Withdraws U.S. Forces From Syria, Declaring 'We Have Won Against ISIS'," The New York Times, (December 19, 2018)

Dunford) 장군이 미국이 완전 철수할 경우, 영국, 프랑스를 포함해 다른 연합군 역시 모두 철군하고, 그것이 시리아에서 미국에 절대적으로 불리한 군사적 공백을 야기할 것이라는 의견을 전달한 이후 관철됐다. 실제 그 당시 미군이 모두 철수할 입장은 아니었는데, 왜냐하면 IS가 아직 시리아 사막 일부와 '바구즈 파카니'(Baghuz Fawqani)를 포함한 몇몇 마을에서 저항을 포기하지 않고 있기 때문이었다.[1] 그러나 곧 미국은 시리아 전투에서 전략목표 달성에 한걸음 더 다가갔는데, 그 다음달 3월 쿠르드 SDF가 '바구즈 파카니' 전투에서 시리아 내 IS의 마지막 영토 거점을 장악했기 때문이다. IS는 시리아 내 모든 영토를 완전히 잃었다. SDF는 IS 포로 1만 2천명을 구금하고, 그 가족 6만 여명을 임시 캠프에 수용했다. 10월에는 미 특수부대가 이들립 주의 바리샤

▲ 알-바그다디 middleeastmonitor.com

(Barisha) 공격에서 IS 리더 알-바그다디(Abu Bakr al-Baghdadi)를 제거하면서, 미국은 시리아 군사개입의 또 다른 중대목표를 달성했다. 미국은 바그다디 정보를 획득하기 위해 2011년 1천만 달러 현상금을 내걸고 2017년까지 그 금액을 2천 5백만 달러로 올렸는데, 그는 미 델타포스(Delta Force)의 공격 앞에서 두 명의 아들과 함께 자살폭탄 조끼를 터뜨려 자폭했다.[2] 트럼프는 바그다디 사망을 그가 고통을 호소하며 비겁하게 죽어갔다고 조롱하는 말투로 묘사했다.[3] 미 행정부는 그 성과를 중시하면서도 IS가 소생하지 못하도록 계속 미군이 주둔하고 군사적 압력을 가할 필요를 강조했다.

그 상황에서 터키가 또다시 문제를 일으켰다. 터키는 2016년 8월과 2018년

---

1) Mark Landler, Helene Cooper, "In Latest Shift, Trump Agrees to Leave 400 Troops in syria," (February 22, 2019), www.nytimes.com; "The Latest: SDF official: 500 surrender in eastern Syria," Associated Press, (March 4, 2019)

2) 바그다디는 시리아 이들립 IS 본부에서 생포되는 것을 피하기 위해 자살했다. 그의 후계자 아미르 알 라만 알-말라(Amir Mohammed Said Abd al Rahman al Mawla)는 알-말라(al Mawla)로 불리는데, 그는 아직 바그다디 정도로 국제적으로 알려진 테러 행동은 하지 않았다. Blanchard, Iraq: Issues, (Updated July 17, 2020), p. 17.

3) Josie Ensor, "ISIL leader Abu Bakr al-Baghdadi died like a dog and coward in U.S. special forces raid, says Donald Trump," The Telegraph, (October 27, 2019); Wesley Morgan, Nahal Toosl, "ISIS leader killed in daring U.S. raid in Syria, Trump says," (October 27, 2019), www.politico.com

1월 시리아 북서부에서의 두 차례 공격에 이어 세 번째 쿠르드 공격을 시도했다. 10월 9일 시작한 그 작전(OPS: Operation Peace Spring)에서 터키는 서부지역 일부 반군동맹과 함께 시리아 동북부 쿠르드 자치구역을 공격해, 그곳으로부터 미국의 반 IS 핵심 동맹군인 쿠르드 SDF를 몰아냈다.[1] 그 당시 쿠르드는 더욱 비참한 상황에 처했는데, 왜냐하면 그 공격이 터키가 미국과 협의한 이후 이루어졌기 때문이다. 실제 트럼프 대통령은 터키 대통령 레제프 에르도안(Recep Tayyip Erdogan)과의 전화통화에서 터키군의 공격 축선에 대해 설명을 들은 후 로자바(Rojava)의 28개 특수 그린베레 부대를 피해가 없는 다른 지역으로 이동시켰다.[2] 그 결정은 나토국가인 터키를 위해 미국이 SDF와의 동맹을 배신한 행동으로 광범위한 비판의 대상이 됐다. 펜타곤 관리들뿐 아니라 미 의회 상당수 의원들도 트럼프의 명령이 러시아, 이란, 아사드 정권만을 이롭게 하는 충격적이고, '근시안적

▲ 마크 에스퍼, cnn.com

이고 무책임한' 행동이라고 비난했다.[3] 그러나 미 국방장관 마크 에스퍼(Mark Esper)는 "터키의 무책임한 행동으로 인해 동북부 시리아의 미군병력 위험이 수용불가한 수준에 도달했고, 미군병력이 더 광범위한 갈등에 빠질 위험이 있기 때문에 미군을 철수시켰다"고 말했다.[4] 에스퍼의 설명은 대통령을 보호하기 위해 터키를 비난하는 정치적이고 우회적인 표현이었다. 트럼프 자신은 쿠르드가 제2차 세계대전 당시 미국을 도운 적이 없고, 또 쿠르드가 미국을 이용하고 있는데도 불구하고 워싱턴이 쿠르드에 지나치게 헌신하고 있으며, 쿠르드는 '천사'가 아니라고 반박했다.[5] 그 후 앙카라는 터키가 OPS 작전에서 새로이 장악한 중북부 일부 지역을 안전지대(safe zone)로 지정하고, 그

---

1) "Turkey launches an attack on northern Syria," (October 9, 2019), www.economist.com; 2018년 1월 터키의 쿠르드에 대한 군사작전(Operation Olive Branch)으로 인해, 미국은 동부 시리아에서 IS와 싸우는 데 있어서 병력부족을 경험했다. Humud, "Syria Conflict," (Updated February 10, 2021), p. 2.

2) Dion Nissenbaum, "U.S. Begins Pullback From Northern Syria, Clearing Way for Turkish Offensive," WSJ, (October 7, 2019)

3) Edmund DeMarche, "Trump pulls back troops from northern Syria ahead of Turkish assault, Pentagon officials 'blindsided'," (October 6, 2019), www.foxsnew.com

4) Humud, Blanchard, Armed Conflict, (Updated July 27, 2020), p. 33.

5) Maanvi Singh, "Trump defends Syria decision by saying Kurds 'didn't help us with Normandy'," The Guardian, (October 9, 2019)

곳에 완전통제를 확립하기 위해 자국 영향 하의 서부 시리아 주민 수천 명을 이주시켰다. 설상가상으로 터키와 러시아가 OPS 지역 동, 서 양쪽에 안보지대(security zone) 형성에 합의했는데, SDF는 그곳에서도 철수해야 했다. OPS의 서쪽은 터키가 순찰하고, 동쪽은 시리아 정부와 러시아의 관할구역이었다. 터키 작전에 따라 미군이 북시리아 전진기지에서 철수하면서, 시리아 정부군과 러시아군이 그 공백을 채우기 위해 진입했다. 오랜 협력에도 불구하고 미국으로부터 외면당하고 기댈 곳 없는 SDF는 아사드 정부로부터 지원과 보호를 모색했고, 미국 정부는 그 사실을 인지했다. 트럼프 시기의 쿠르드는 단지 강대국 정치에 이용당한 희생물에 불과했다.[1]

(4) 미군철수와 병력 재배치

워싱턴은 시리아 미군의 철수를 명령하면서 2019년 11월 그 중 일부 병력을 시리아 동부지역에 재배치할 것이라고 선언했다. 그것은 IS가 절대적으로 패퇴하는 상황에서 시리아 군사개입을 축소하고 터키와의 갈등을 피하면서 동시에 동부지역 유전을 보호하는 여러 가지 목표를 동시에 겨냥한 조치였다. 트럼프는 동부 재배치의 가장 중요한 목적은 IS 잔당이 알-하사카(al-Hasakah)주와 데이르에 조르(Deir ez-Zor)주 유전을 재장악해 또다시 소생하는 기회를 막는 것이라고 설명했다. 그러나 11월 중순 트럼프가 시리아 내 미군 잔류는 '단지 오일을 위한 것'이고 미국은 '그 오일을 잃지 않을 것'이라고 말한 것은 현지 정부 허락없이 오일을 장악하는 것이 국제법 위반이라는 비판을 자아냈다.[2] 트럼프는 오일에 집착하는 경향을 보였다. 그는 2016년 대선 후보 당시 미국이 이라크 전쟁에서 희생하는 대가로 이라크 오일을 차지해야 한다고 말했고, 2017년 1월에는 미국은 이라크 오일 장악의 또 다른 기회를 찾을 수 있을 것이라고 말했으며, 실제 (그 당시) 이라크 총리(2014-2018) 알-아바디(Haider al-Abadi)에게도 그런 의사를 전달했던 것으로 알려졌다. 그러나 트럼프가 그런 발언을 할 때마다 그 당시 국가안보보좌관 맥매스터(H.R. McMaster)를 포함해 보좌역들은 그런 무분별한 언행은 미국

---

1) 그래도 미군은 2020년 SDF와 연합작전을 계속하고 있다고 미 의회에서 증언했다. Humud, Blanchard, <u>Armed Conflict</u>, (Updated July 27, 2020), pp. 12-14, 33-34.

2) Lolita Baldor, "Trump OKs wider Syria oil mission, raising legal questions," Associated Press, (November 6, 2019)

의 명예를 실추시키고 동맹국을 우려, 혼란, 충격에 빠뜨릴 것이고, 따라서 자제되어야 한다고 조언했다. 그 당시 국방장관 제임스 매티스는 세계의 눈을 의식해 미국은 한 번도 그런 생각을 해 본적이 없다고 말하며 부정적 여파의 진화에 나섰다. 일부 전문가들은 트럼프의 발상이 제네바 협정하에서 용인될 수 없는 전쟁범죄이고, 이슬람 근본주의를 부추기는 요인이라고 지적했다.[1]

미군 철수와 관련해 미 중부사령부 맥켄지(Kenneth F. McKenzie) 사령관은 11월 하순 시리아 내 미군 철수의 정해진 최종 날짜는 없다고 말했다.[2] 2019년 12월 에스퍼 국방장관은 모든 군사철수가 완료되고 500명 미군이 시리아 동부 유전에, 그리고 100명이 아트 탄프(At Tanf) 기지에서 활동하고 있다고 확인했다. 미국이 시리아 동남부 아트 탄프에 전초기지를 계속 유지하는 것은 친이란 민병대를 의식한 조치인 것으로 알려졌다.[3] 미국 시리아 특별대표 제프리는 미국은 "시리아 지상군이 반드시 필요하지만 그것이 반드시 미군일 필요는 없다"는 견해를 피력했다. 에스퍼는 미군의 완전철수는 IS가 완전히 진압된 것이 확인될 때에만 가능하다고 강조하면서, 더 넓은 차원에서 미국의 중동전략은 그 지역에서 테러리스트를 억지하고, 특히 이란을 포함해 미국에 적대적인 파워의 지배를 방지하며, 안정적인 에너지 시장을 확보하는 것이라고 말했다. 합참의장 마크 밀리(Mark Milley)를 포함해 펜타곤 고위관리들은 SDF가 비록 터키와의 적대관계로 인해 시리아 정부와 협력하지만, 미국의 시리아 정책은 그와는 별개로 반드시 현지 파트너, 특히 쿠르드와의 협력을 통해 이루어질 것이라고 말했다.[4] 시리아 전쟁이 마무리되어 가면서 그렇게 시리아 주둔 미군의 위상, 역할, 잔류문제가 주요

---

1) Bruce Riedel, "Trump's 'take the oil' madness," Brookings, (September 16, 2016); "Trump's illegal, impossible, and 'beyond goofy' idea of seizing Iraq's oil," The Washington Post, (February 10, 2017)
2) "No End Date for U.S. Troops in Syria," (November 25, 2019), https://foreignpolicy.com〉 no－end－...
3) 시리아 동남부에 위치한 아트 탄프 기지는 시리아, 요르단, 이라크 국경이 모두 인접하는 곳인데, 그곳에서도 미군은 민병대(MaT: Jaysh Maghawir ath Thawra)와 함께 작전을 수행했다. Humud, Blanchard, <u>Armed Conflict</u>, (Updated July 27, 2020), pp. 1, 5; Liz Sly, Louisa Loveluck, Asser Khattab, Sarah Dadouch, "U.S.－allied Kurds strike deal to bring Assad's Syrian troops back into Kurdish areas," The Washington Post, (October 13, 2019)
4) Humud, Blanchard, <u>Armed Conflict</u>, (Updated July 27, 2020), pp. 3, 30.

관심사로 떠올랐다. 그러는 사이 트럼프 대통령은 민주화를 추구하는 시리아 반
정부 반군에 대한 지원을 서서히 종식시키라고 지시했다. 비록 인도주의 명목으
로 시리아 정부시설을 몇 차례 직접적으로 공격했지만, 가장 중요한 전략목표인
IS 진압에 성공한 트럼프는 미국이 시리아의 재건과 안정을 추구해야 한다는 행
정부의 공식 입장과는 달리 아마 처음부터 시리아의 민주화, 인권, 또는 평화에는
별 관심이 없었을 것이다.

(5) 나머지 과제

　　미국은 시리아 정부의 자유주의로의 전환, 또 러시아 및 이란에 대한 유리한
세력균형 달성에는 성공하지 못했지만, 적어도 IS 진압이라는 가장 중요한 목표를
달성했다. 2020년 미국은 조금이라도 더 국제 테러리즘과 관련된 집단 소탕에 초
점을 맞췄는데, 서부지역 이들립에서 시리아 내전 와중에 반군 속에 자리 잡고 최
대 5천 명 전사를 보유한 '후라스 알딘'(HD: Hurras al Din), 그리고 '하야트 타흐
리르 알샴'(HTS: Hayat Tahrir al Sham) 같은 일부 알카에다 지파, 연계그룹에 공습
을 가했다. 시리아 정부군 역시 이란 혁명수비대(IRGC) 병력의 도움을 받아 이들
립에서 터키가 지원, 지휘하는 '시리아 국민군'(SNA: Syrian National Army)을 포함
해 마지막 남은 반정부 세력 척결에 전력을 기울였다.[1] 그렇지만 2020년에도 IS
의 도전은 간헐적으로 발생했는데, IS 잔당으로 추정되는 집단이 유전 인근 미군
병사를 조준했다. 미 군사당국에 따르면, 바그다디 사망 이후에도 2020년 초 IS
숫자는 최대 1만 8천 명에 달했고, 그들은 주로 소형무기와 사제폭탄(IED)을 사
용해 SDF와 시리아 정부군을 공격하면서 저강도 반군활동을 계속했다.
CJTF－OIR과 CENTCOM은 IS 그룹이 과거 그대로의 지휘통제 구조를 보유하고
있고, IS는 소멸하지 않을 것이며, 미국은 현지 안보조직이 정착해 IS를 억지하도
록 도와야 한다고 말했다. 펜타곤 고위 관리들은 터키의 쿠르드 공격을 승인한 트
럼프 대통령의 결정으로 인해 미－SDF 군사협력이 약화되고, SDF가 IS와의 전쟁
에 몰입하기보다는 터키, 시리아 정부, 그리고 러시아 및 이란과의 관계에 관심을
쏟게 만든 것에 실망하는 모습이었다. 미 군사당국은 미군이 떠날 경우 SDF가 장

---

1) 이들립에서는 수많은 반군그룹이 활동하는데, 이란이 지원하는 그룹은 레바논 헤즈볼라, 파
키스탄 시아파 민병대(Zainabiyoun Brigade), 아프간 시아파 민병대(Fatemiyoun Brigade)
를 포함한다. 제한된 숫자의 IS 전사들도 이들립에서 활동한다. Ibid., p. 17.

기적으로 2019년 10월 터키에게 공격당했을 당시와 비슷하게, 시리아 정부의 보호를 통해 앙카라의 공격에 대비할 것으로 예상했다.[1]

　　IS 소생 가능성을 배제하지 못하는 상황에서, 2021년 시리아에 잔류하는 600명 미군병력은 유전 보호와 함께 더 철저한 IS 진압 목적으로 쿠르드 및 기타 현지 파트너에 대한 지원 노력을 계속했다.[2] 그렇지만 시리아 동부지역에 주둔하는 미군병력이 마주치는 위험이 IS와 관계된 것만이 아닌 것으로 보였다. 그곳에서 IS가 패퇴하고 미군과 아사드 병력이 마주할 기회가 증대하면서, 미군은 점차 시리아 정부군, 이란 프락치, 러시아 병력과의 대치, 충돌 가능성이 높아지는 것으로 판단했다. 시리아 정부와 반서방 세력은 그동안 미군의 시리아 내전개입, 그리고 현재의 시리아 동부 주둔을 불법으로 간주하고, 이제 서서히 미군의 완전철수를 촉구했다. 2020년 2월 카미쉴리(Qamishli) 검문소의 아사드 정부병력은 연합군에 발포한 바 있고, 그 인근도로에서 정부군을 지원하는 러시아 병력의 미군 작전구역 (공중 및 지상) 침투는 더 빈번해졌다.[3] 세계의 여러 미디어가 동북부 시리아에서 미군과 러시아군의 충돌위험에 관해 보도하는 가운데, 펜타곤과 현지 미군 당국은 유전 보호와 관련해 공격받을 경우 미군이 무대응으로 일관하지는 않을 것이라고 말했다. 그런 상태에서 시리아 내 미군에 대한 다양한 도전은 계속될 것이고, 그 철수문제는 계속 중요한 논의사안으로 남을 것이었다.[4]

1) Humud, "Syria Conflict," (Updated February 10, 2021), p. 2.
2) 터키가 북부 시리아에서 쿠르드를 공격하면서, 미국 의회는 시리아에서 미군과 협력한 일부 쿠르드인들에게 선별적으로 이민 비자를 내주기로 결정했다. 의회는 추천서를 받고 모든 관련 배경조사를 마친 후 영주권을 발급하기로 했다.
3) 카미쉴리는 시리아 북동부 터키와의 접경지역에 위치하고, 이라크의 모술과 비교적 가깝다.
4) 2015년 시리아 주둔 미군은 50명이었는데, 그것은 2016년 12월 500명을 거쳐 2017년 12월 약 2천명으로 증가했다. 2018년 1월 미 국무장관 렉스 틸러슨(Rex Tillerson)은 미국이 IS 재부상을 막기 위해 시리아에 오랜 기간 군사배치를 유지할 것이라고 말한 반면, 트럼프는 그해 3월 미군이 '곧 시리아를 떠날 것'이라고 말했다. 2018년 12월 트럼프는 또 다시 미군이 '이제' 시리아로부터 돌아온다고 선언했고, 2019년 2월에는 시리아 잔류 미군은 일부일 것이고, 미군 철수를 상쇄하기 위해 동맹들로부터의 병력 충원을 모색할 것이라고 말했다. 2019년 10월 14일 트럼프는 시리아 북부에 주둔하는 약 1천명 미군의 완전철수를 지시했다. Humud, Blanchard, <u>Armed Conflict</u>, (Updated July 27, 2020), pp. 8, 34.

(6) 바이든 행정부 시리아 정책

지난 수년간 바이든의 시리아 입장은 어떤 의미에서 양극단에 놓여 있었다. 그는 시리아를 '미국 최대의 수수께끼'(conundrum)라고 불렀고, 그 나라에 미군병력을 유지하는 것에 회의적이었다. 그는 그 이유가 어떤 강력한 군사력 사용도 예기치 않은 결과를 초래할 수 있기 때문이라고 말했다. 그러나 그는 동시에 터키와의 합의하에 트럼프가 북 시리아에서 미군병력을 철수한 것은 쿠르드에 대한 배신이고, 미 대외정책 최고의 수치라고 비판했다. 또 터키의 쿠르드에 대한 군사공격과 관련해, 앙카라는 큰 대가를 지불해야 한다고 말했다.[1]

한편 신행정부 출범 후, 시리아에서의 미군 행동은 시리아와 이라크를 하나의 이슈로 통합해 취급하는 형태로 진행됐다. 그 이유는 미군이 위협으로 인식하는 IS 잔당과 친이란 민병대가 두 나라 모두에 존재했기 때문이다. 바이든 집권 이후 미군이 시리아, 이라크에서 군사행동을 취한 것은 2021년 2월 말이 처음이었다. 그것은 (앞에 언급한) 2월 15일 친이란 민병대의 이라크 내 미국 이익 공격에 대한 대응이었다. 미군은 연합군과의 논의를 거쳐 시리아 동부지역 시설을 공습, 파괴했고, 적군 20명 이상에게 치명상을 입혔다. 미군 고위 당국자에 따르면, 그 공습은 바이든 대통령의 지시에 따라 시행됐다. 공격대상은 시리아 아사드 정부와 긴밀한 관계를 유지하는 카타이브 헤즈볼라(KH)와 카타이브 사이드 알−슈하다(KSS: Kataib Sayyid al−Shuhada) 민병대가 2월 15일 이라크 내 미국 이익을 공격하기 위해 사용한 시리아 동부 군사거점이었다. 펜타곤 대변인(John Kirby)은 그 군사행동이 상대방의 공격에 비례하는 보복이고, 이란과의 적대행위 격화를 위한 것은 아니라고 확인했다. 나중에 또 바이든은 의도하는 목표물에 민간인이 포함된 것을 인지하고 마지막 순간에 두 번째 공격을 취소했다.[2] 미군의 작전은 민병대의 도발이 약 2주 지난 시점에 전개됐는데, 일부 전문가들은 그 공격이 두 가지 측면에서 돋보인다고 분석했다. 그 해석에 따르면, 워싱턴은 테헤란과의 합의를 통해 2015년 JCPOA로의 복귀를 원하지만, 이란의 프락치 전쟁을 무조건적

---

1) "President−Elect Biden on Foreign Policy," Council on Foreign Relations, (November 7, 2020), https://www.cfr.org〉election2020

2) Gordon Lubold, Michael R. Gordon, Nancy A. Youssef, "Biden Called Off Strike on a Second Military Target in Syria Last Week," The Wall Street Journal, (March 4, 2021)

으로 수용하지 않을 것이라는 메시지를 보내기 원했다. 또 신행정부의 군사작전은 연합군과의 협력을 중시하면서 전임 트럼프 행정부의 일방적이고 즉흥적인 행동과 차별화를 꾀했다. 시리아 외교부는 그 공격이 미국 신행정부로부터의 '나쁜 조짐'을 상징한다고 말하면서, 미군의 공격을 강력하게 규탄했다. 러시아 외교장관 세르게이 라브로프(Sergey Lavrov)는 미국이 행동을 취하기 4~5분 전에 그 공격을 러시아에 통보한 것을 비판하고, 워싱턴이 미국의 중동지역 계획을 직접 명확하게 밝힐 것을 촉구했다.[1]

　　미군의 공격 후 수일이 지난 시점에, 몇몇 전문가들 사이에 바이든 행정부의 향후 시리아 정책이 어떻게 펼쳐질까에 대한 대화가 있었다. 그 논의에서 미국 전 시리아 대사 로버트 포드(Robert Ford)는 바이든 행정부는 결코 병력철수를 고려하지 않을 것이라고 말하면서, 오히려 시리아 동부에 추가병력을 배치할 수 있다는 전망을 제시했다. "워싱턴의 시리아 논의는 계속될 것이지만, 다마스커스에 대한 제재가 증대된 것에서 작은 변화가 목격된다. 미군철수는 미국의 신뢰성에 타격을 주기 때문에 고려대상이 아닐 것이다. 바이든은 시리아에서의 군사대치에 깊이 개입해 복잡한 문제를 잘 해결할 것이다. 난민을 수용하는 국경 관련 정책은 트럼프 시기에 비해 완화될 수 있고, 이라크와 시리아는 별개가 아니라 하나의 정책이슈로 간주될 것이다. 그러나 분명한 임무가 없이 미군이 시리아에 주둔하는 것은 바람직하지 않다. 시리아 갈등은 오직 시리아인들만이 해결할 수 있다. 시리아인 자신들에 의한 국가적 계획이 필요하고, 미국, 러시아, 터키, 이란 모두 그 문제를 해결할 수 없다. 오히려 러시아가 시리아 동부를 통제하는 것이 더 나을 수 있다. 러시아는 워싱턴보다 다마스커스와 더 가깝고, 러시아 정보공동체는 시리아 상대역과 긴밀하게 교류하며, 이란-시리아 관계도 미-시리아 관계보다 더 밀접하다."[2] 다른 참석자인 시리아 국민연맹(SNC: Syrian National Coalition) 부대

---

1) Paul Adams, "Biden takes first military action with Syria strike on Iran-backed militias," (February 26, 2021), https://www.bbc.com〉 news
2) 동부 시리아가 러시아 지배하에 놓이는 것이 더 나을 것이라는 말은 의외의 발언이었다. 그것은 아마 모스크바가 그 지역을 지배하면 오히려 미국이 더 이상 옵션이 부재하는 상태에서 마음 편하게 그 나라를 떠나고, 불필요한 개입으로 인한 물적, 인적 손실을 줄일 수 있을 것이라는 의미로 보인다. 그리고 아마 바이든 행정부가 중동보다 더 중요한 이슈로 등장하는 중국을 견제하기 위한 인도-태평양 전략에 더 매진할 수 있을 것이라는 의미로 보였다.

표(Dima Mousseau)는 시리아가 바이든 행정부 대외정책의 우선순위 목록에는 없지만, 미국은 시리아에 계속 개입해 갈등의 해결책을 찾아야 한다고 주장했다. 시리아 문제는 군사적 수단으로는 해결이 불가능하고 정치해법을 요구한다. 이란, EU, 기타 지역 행위자들이 아사드 정부가 협상으로 나오도록 설득해야 한다. 그것에는 바이든 행정부의 철저한 정책, 러시아의 참여, 그리고 국제적 합의가 필요하다. 또 다른 참석자인 조지타운 대학의 알−자야트(Wa'el Al−Zayat) 교수는 지난 10년 간 진행되던 큰 이슈에 대한 순간적 예측은 위험하다고 말하면서, 바이든 행정부가 그 문제에 관해 오랜 시간 논의할 것이라고 전망했다.[1] 바이든−아사드 정부 간 포괄적 대화는 가능하고, 미−터키의 이들립(Idlib) 관련 대화는 이해하기 힘든 수수께끼와 같을 것이다. 미−SDF 연계는 계속될 것이지만, 인도주의 접근법이 바이든의 최고 우선순위가 되어야 한다. 시리아의 국익이 무엇인지에 대해 깊은 성찰이 필요한데, 민간인 보호는 아주 중요하다. 코비드−19, 기후변화, 사회정의를 포함해 미국도 여러 문제에 직면하는 상황에서, 워싱턴은 시리아에 큰 예산을 사용할 필요가 없다. 그러나 포드 전 대사가 제안한 시리아인 자신들에 의한 '시리아 플랜'은 비현실적인데, 그 이유는 그 나라는 여러 인종, 종교 분파에 의해 극단적으로 찢겨진 나라이기 때문이다. 시리아 문제는 사실 (아랍의 봄에서 시작된) 그들 자신의 문제였지만, 이제는 다른 나라의 문제가 됐다. 바이든의 시리아 정책에 대해 아직 확실하게 말하기는 이르다. 예측은 가능하지만, 그것은 불확실성으로 가득 차 있다. 그러나 새로운 제재 또는 병력 증강 전, 미국은 시리아인들의 현재의 문제, 희망, 기대를 감안해야 한다.[2]

그런 가운데 6월 말 미 전투기가 또 다시 시리아와 이라크 내 이란이 지원하는 민병대를 공습했다. 그것은 친이란 이라크 민병대의 드론 공격에 대한 보복으로, 시리아 2개 및 이라크 1개 군사시설을 파괴하고 시리아−이라크 국경에서 4명의 KSS 전사를 사살하는 성과를 올렸다. 그 공습 역시 바이든 대통령의 지시에 의한 것으로, 그것은 지난 1월 그의 취임 이후 친이란 민병대에 대한 두 번째 보복공격이었다. 펜타곤은 "오늘 저녁의 공격이 입증하듯, 바이든 대통령은 미국 인

---

1) 자야트는 조지타운 대학 교수이면서 엠게이지 재단(Emgage Foundation) 최고 경영자이고, 그 재단은 국가적 시민교육과 무슬림 미국인을 위한 기초 단위 조직이다.

2) Rafi Ullah, "What Will the Biden Administration's Syria Policy Look Like?" (March 22, 2021), https://politicstoday.org〉 what−will−...

력을 보호하기 위해 행동할 것임을 분명히 했다”고 발표했다. 미국이 중동지역에서 위기를 조성하지 말아야 한다는 주장의 맥락에서, 이란 외교부 대변인은 “미국이 분명히 역내 안보를 파탄내고 있고, 미국 역시 그 희생자가 될 것”이라고 주장했다. 바그다드 이라크 정부는 미－이란 갈등에 휩쓸리지 않으려는 애매한 입장에 처했는데, 왜냐하면 한편으로 그들은 미군과 IS 잔당과의 전투에서 협력하고, 다른 한편 이란과도 시아파라는 종교 정체성을 통해 과거 카셈 솔레이마니의 존재가 입증하듯 이란 정부와 (군사)협력 관계에 있기 때문이었다.[1] 그 이후에도 (앞에 설명한 바와 같이) 미군과 친이란 민병대는 계속 군사공격을 주고받았고, 그 과정에서 양측 모두에서 사상자가 발생했다. 미 국무장관 앤토니 블링컨(Antony

Blinken)은 미국은 “격화의 위험을 제한하도록 고안된 필요하고, 적절하며, 의도적인, 그리고 분명하고 명확한 억지 메시지를 보내기 위한 행동을 했다”고 말했다. 그것은 JCPOA 복원을 위한 이란과의 협상 필요성에 비추어, 미군의 공격이 공세보다는 방어적 성격임을 강조하는 성명이었다.[2]

▲ 앤토니 블링컨, aa.com.tr

바이든 행정부의 시리아 정책을 어떻게 보아야 할까? 바이든이 당선자 시절 어틀랜틱 위원회(Atlantic Council) 전문가(Abdulrahman al－Masri)는 신행정부의 향후 시리아 전략에 대해 다음과 같이 전망했다. 시리아인들은 거래적이고 비일관적 리더십을 행사한 트럼프 행정부가 떠난 것을 환영할 것이지만, 시리아에서 바이든 행정부는 수많은 대내외적 제한으로 인해 적어도 중단기적으로 의미있는 영향력을 행사하지 못할 것이다. 국내에서는 코로나－19와 경제여파, 그리고 ‘끝없는 전쟁’(endless war)에 대한 피로감으로 미국의 지구적 패권에 대한 욕망이 줄고 전쟁 반대 움직임이 증대한다. 진보주의자들은 미국의 지구적 리더십의 정당성에 의문을 제기하고, 공화－민주 양당 간의 극단적 대치는 신행정부의 대외정책 기치를 제한할 것이다. 특히 시리아는 ‘끝없는 전쟁’의 맥락에서 조명되는데,

---

1) 6월 초, 이라크는 5월 테러 관련 혐의로 체포된 친이란 민병대 지휘관 카심 무슬리(Qasim Muslih)를 증거불충분으로 석방했다. Phil Stewart, “U.S. warplanes strike Iran－backed militia in Iraq, Syria,” (June 29, 2021), https://www.reuters.com〉middle－east

2) Idrees Ali, Phil Stewart, “U.S. troops come under fire in Syria after strikes against Iran－backed Militias,” (June 29, 2021), https://www.reuters.com〉middle－east

갈등종식, 지정학적 이익보호, 국가안보를 위한 미국의 진정한 전략구상 노력은 보이지 않는다. 넘쳐나는 어젠다에 둘러싸인 미국에게 이란 핵문제를 제외하면 시리아와 광역 중동은 더 이상 최고의 우선순위가 아니다. 바이든은 동맹복원, 동아시아로의 초점 이동으로 바쁠 것이다. 오바마와 트럼프 두 사람 모두 시리아를 2차적 이슈로 간주하면서 비슷한 탈개입(disengagement)을 선호했다. 오늘날 바이든에게는 과거와는 다른 환경이 존재하는데, 시리아 국내에서 파워센터는 아사드에게로 이동했고, 대외적으로는 러시아와 이란의 영향력이 크게 증대했다. 오늘날 미국은 구체적인 시리아 정책이 없는 상태에서, 시리아 갈등에 대한 손쉬운 해답은 없다. 바이든은 비군사 수단인 외교가 필요하지만, 외교 재개입은 러시아와의 협력관계를 요구한다. 워싱턴은 제네바 정치과정을 선호하지만, 지난 수년간 유엔 밖에서 또 다른 해결 메커니즘을 설정한 러시아가 유엔 결의안 2254호를 수용하기를 기대하기는 어렵다. 트럼프와 달리 바이든이 이들립, 북동부 시리아와 같은 시리아 피해지역, 그리고 시민사회 행위자에 대한 지원을 확대하려는 생각을 가진 것은 좋지만, 그 이외에는 대부분이 현상유지에 머물 것이다. 미국은 시리아 북동부의 군사주둔을 계속하고, 터키와 쿠르드 문제를 논의할 것이다. 특정표적을 겨냥하는 제재는 계속될 것이지만, 그 실효성은 의문이다. 결과적으로 국내외의 여러 요인, 또 시리아 갈등의 특정요소에 제한되어, 바이든 행정부의 시리아 정책은 의미 있는 성과를 거두기 어려울 것이다. 그래도 신행정부는 시리아에서 전임 행정부보다는 더 진정성 있는 행위자로서의 역할을 수행할 것이다.[1]

　그 후 수개월 지난 시점에 미 대외정책 연구소(FPRI: Foreign Policy Research Institute)의 또 다른 전문가(Aaron Stein)는 2021년 6월 현재 바이든 행정부의 시리아 정책에 대해 다음과 같은 취지로 평가했다. 트럼프 행정부는 미국 시리아 정책의 초점을 IS와의 전투 종결 이후 아사드 정부로부터 미국 오일시설의 보호와 이란에 대한 대항으로 전환시켰다. 1월 취임 이후 바이든 행정부는 시리아 정책 재검토를 시작했는데, 그들은 미국의 정책을 IS 소생 방지로 복귀시키고, 테헤란과의 대결을 2차적 관심으로 돌린 것으로 보인다. 그것은 미국 대외정책의 거시적 우선순위가 중동에서 인도−태평양으로 이동하고 유럽 핵심동맹과의 관계복원

---

1) Abdulrahman al−Masri, "Limited and Constrained; The Biden administration and the prospects of a Syria policy," (December 3, 2020), https://www.atlanticcouncil.org〉 li...

에 초점을 맞추는 상황에서, 실용적 접근이다. 중동지역에서 미국의 우선순위는 이란과 JCPOA를 복원하는 것으로, 과거 목표 중 하나였던 시리아 민주화, 이란 정권 전복은 더 이상 관심사가 아니다. 바이든은 취임 후 몇 가지 긍정적 조치를 취했다. 신행정부는 5천만 달러 시리아 안정화 자금을 지출했는데, 그것은 전임 트럼프 시기 동결되거나 시리아 북동부 미군 주둔지역에만 주어진 것이었다. 신 행정부는 또 시리아 전체의 안정화를 위해 6억 달러 상당의 인도주의 자금을 제 공한다는 방침을 표방했는데, 그것은 이웃국가로 피신한 시리아 난민에 대한 지 원을 포함한다. 또 대통령은 시리아 내 미 지상군과 공군의 잔류를 결정했는데, 그것은 부분적으로 IS와의 전쟁 선봉에 섰던 SDF를 지원하기 위한 것이다. 미국 은 고위급 대표단을 파견해 SDF에 워싱턴의 의사를 전달했다. 한편 미군의 시리 아 잔류에서 중요한 것은 아사드 정부, 그리고 러시아와의 타협이다. 미국은 모스 크바에도 미군 잔류 의도를 전달했는데, 그것은 유프라테스 강을 경계선으로 양 측 군대가 공중 및 지상 작전에서 충돌하지 않는 것을 전제로 한다. 또 미국은 시 리아에 대한 지속적 접근을 위해 터키와 아사드 정부가 통제하는 지역에 더 많은 지원을 제공한다. 워싱턴은 유엔에 대한 더 큰 지원을 통해 다마스커스 및 모스크 바와의 타협을 용이하게 할 것이다. 미국은 러시아와 군사충돌을 피하고, 타협을 원한다. 바이든은 그렇게 시리아 내에서 미국 정책목표의 범위를 축소시켰다. 워 싱턴은 IS 소생 방지와 미국 오일시설 보호, 또 이란 견제의 여러 목적을 위해 미 군이 시리아 북동부에 무기한 잔류하기를 원하고, 그 목적을 위한 자금지원에 확 고한 의사를 갖고 있다.[1)]

3 아프가니스탄 전쟁

2001년 9월 11일 알카에다(AQ: Al Qaeda)가 뉴욕 세계무역센터(WTC: World Trade Center)를 포함해 몇몇 타깃을 공격한 이후, 미국 조지 W. 부시 행정부는 2001년 10월 AQ를 척결하고 그들을 보호, 지원하는 아프가니스탄 탈레반 정권

---

1) Aaron Stein, "Assessing the Biden Administration's Interim Syria Strategy," (June 15, 2021), https://www.fpri.org〉 2021/06〉 ass...

을 타도하기 위해 '항구적 자유'(OEF: Operational Enduring Freedom) 작전명으로 아프간 전쟁을 시작했다. 그 후 미국은 14년에 걸친 전쟁에서 유엔안보리 결의로 결성된 '국제안보지원군'(ISAF: International Security Assistance Force) 병력과 함께 탈레반의 동력 진압, 오사마 빈 라덴(Osama bin Laden)과 AQ 수뇌부 제거, 그리고 아프간 민주정부 수립의 성과를 이루면서 약 1만 병력을 남겨두고 2014년 말 대부분 철수했다.[1] 그러나 2014년 이후 미군과 연합군이 철수하는 군사공백의 상태에서 탈레반은 또다시 공세를 강화하기 시작했고, 이라크와 시리아에 정착한 IS도 아프가니스탄에 새로운 지파를 설립하면서 미국과 서방을 위협했다.

(1) 미군 철수 이후

2015년 현재 아프가니스탄에는 카불정부를 보호하기 위해 OEF를 승계한 '자유의 파수꾼 작전'(OFS: Operation Freedom's Sentinel)의 이름으로 9천 8백 명 미군이 주둔해 있었는데, 그들 중 상당수는 ISAF를 승계한 나토 주도의 '단호한 지원임무'(RSM: Resolute Support Mission)에 포함되어 임무를 수행했다. 아프간 주둔 미군은 '양자안보합의'(BSA: Bilateral Security Agreement)에 따라 아프간 내 범죄행위에 대해 법적사면권이 부

▲ Operation Freedom's Sentinel, twitter.com

여됐다. RSM의 나토군은 아프가니스탄과의 '주둔군 지위협정'(SOFA: Status of Forces Agreement)에 따라 비전투 훈련, 자문, 지원역할로 임무가 한정된 반면, OFS에서 RSM과 별개로 미군 지휘부 지시를 받는 수천 명 미군은 아프간 정부군과 함께 전투에 개입하도록 허용됐다. 원래 미군과 연합군 모두 점차 더 규모를 줄이게 되어 있었지만 미국은 적어도 2016년 말까지 1만 명 수준을 유지하기로 계획을 변경했는데, 왜냐하면 연합군이 철수하는 과정에서 탈레반 세력이 더 확대

---

1) 2003년 나토가 ISAF 지휘권을 맡았을 때, ISAF는 43개국 병력으로 구성돼 있었다. 아프간 미군은 미군 사령부 직접 지휘하에서 활동했지만, 일부는 나토 사령부에 귀속되어 작전했다. Alyssa J. Rubin, "NATO Chief Promises to Stand by Afghanistan," The New York Times, (December 22, 2009); "NATO to endorse Afghan exit plan, seeks routes out," Reuters, (May 21, 2012)

되고, AQI로부터 새로이 구성된 IS가 이라크, 시리아를 넘어 2014년 중반 이후 아프가니스탄에 호라산 지부(IS‒KP: Islamic State‒Khorasan Province)를 설립해 활동을 시작했기 때문이다. 알카에다는 과거 미군의 집중적 공격으로 세력이 크게 위축됐지만, 아직 아프가니스탄과 파키스탄 두 곳 모두를 오가며 기회를 엿보고 있었다.

미군과 ISAF 연합군이 철수하던 2014년에 이어 2015년에도 탈레반의 공세는 다양한 형태와 규모로 계속됐다. 탈레반은 카불에서 헤탈(Hetal)호텔 인질 사건을 벌였고, 미군 기지를 공격하며, 아프간 의회 앞에서 자살폭탄 차량 공격을 감행했다. 그들은 또 EU 경찰본부(EUPOL)를 공격해 외국 및 아프간 정부 관리들을 살해하고, 쿤두즈(Kunduz), 파르반(Parwan), 헬만드(Helmand) 주를 포함해 동남부 여러 지역에서 정부군과 교전했다.[1] 2015년 1월 IS‒KP는 아프가니스탄 내에 그들 조직의 설립을 공식 선언했는데, 그들의 전사모집과 테러는 미국에게 새로운 도전이었다. 조직원 수가 2~4천 명에 불과했지만, IS‒KP는 이라크와 시리아의 IS 본부로부터 자금을 지원받고 '파키스탄 탈레반'(TPP: Tehrik‒e Taliban Pakistan)을 흡수하면서 아프간 동부 난가하르(Nangahar) 주에서 새로이 세력을 확대했다.[2] 그 해 가을 반군세력의 공세는 더 심해졌는데, '유엔 아프간 지원임무'(UNAMA: UN Assistance Mission in Afghanistan)는 9월 이후 전국의 절반이 탈레반 영향하에 들어가고 있다고 보고했다. 미군은 2015~2016년 탈레반과 IS‒KP를 겨냥해 1천개 이상의 폭탄과 미사일을 발사하면서 반군세력에 대한 공격을 늦추지 않았다. 미군과 정부군은 또 2016년 동북부 AQ 리더(Faruq Qahtani)를 포함해 250명의 알카에다 잔당을 체포 또는 사살했다.[3] 그러나 비록 2016년 7월 그

---

1) "Taliban launch brazen attack on Afghan parliament, seize second district in north," (June 22, 2015), www.reuters.com; "Afghanistan: Taliban suicide bomb attack near Kabul airport," (August 10, 2015), www.bbc.com

2) IS‒KP는 2015년 1월 아프가니스탄 내 공식설립을 선언했다. 그들은 주로 파키스탄과 접경하는 난가하르(Nangahar) 주에 근거했다. IS‒KP는 파키스탄이 국경 내 '부족자치지역'(FATA: Federally Administered Tribal Area)을 공격할 때 그곳에서 도피한 무장집단(TPP: Tehrik‒e Taliban Pakistan) 멤버로 구성되어 있는데, 그들은 탈레반이 편협한 부족, 인종, 국가적 이익을 지향한다고 비난하면서 난가하르 탈레반 리더를 살해하고 그 지역에 주둔을 시작했다.

3) 알카에다는 2001년 9·11 사건에도 불구하고 아프가니스탄에서 그 존재가 크게 약화됐다. 미군은 알카에다가 아프간 동북부에 100명 이하로 존재하는 것으로 파악했다. 2014년,

당시 국방장관 애쉬턴 카터(Ashton Carter)가 미군이 전장의 역학을 예상하고 상황 악화를 막는 형태로 병력을 배치할 수 있게 됐다고 긍정적으로 말했지만, 전반적인 전황은 개선되지 않았다.

(2) 트럼프 집권기 교전상황

취임 직후 트럼프 대통령은 가끔 병력 철수의 희망을 거론했지만, 특히 공군작전의 중요성을 강조하면서 탈레반과 IS 반군에 대한 강력한 공세를 지시했다. 2017년 2월 미 공군은 아프간 정부군과 더불어 쿤두즈 공습에서 탈레반 사령관(Mullah Abdul Salam)을 사살했고, 3월 이후 수개월에 걸쳐 아프간 동부지역에서 IS-KP를 공격했다. 2017년 초 이후 IS-KP는 동부를 넘어 아프간 북부 자우즈잔(Jowzjan) 주에서도 활동을 넓혀가고 있었는데, 미군과 정부군은 난가하르 주 IS-KP 공격에서 처음에는 그곳의 험난한 지형과 숨겨진 사제폭탄(IED: Improvised

▲ 아프가니스탄

Explosive Device)으로 인해 지상전에서 어려움을 겪었다. 그러나 4월까지 400회 이상에 달하는 공습과 특별히 강력한 '모아브'(GBU-43 MOAB: Massive Ordnance Air Blast) 폭탄 투하로 IS-KP 전사의 거의 절반을 제거하고, 그들 영토의 60% 이상을 되찾았다.[1] 탈레반과 IS의 반격 역시 강력했다. IS-KP는 4월 난가하르에

2016년 미군은 여러 AQ 고위관리를 사살했고, 2015년에는 남부 칸다하르 주에서 AQ 훈련캠프를 발견, 파괴했다. 그 캠프는 인도 알카에다(AQIS: Al Qaeda in the Indian Subcontinent)가 설립한 것으로 추정됐다. 그러나 미군은 2016년 그 숫자가 최대 300명 정도로 늘어난 것으로 파악하고 AQ-탈레반 관계가 강화되는 것으로 인식하면서 그들의 원천적 유대를 우려했다. 과거 빈 라덴은 탈레반 창시자 오마르에게 충성을 서약했고, 빈 라덴 후계자인 아이만 알-자와히리(Ayman al-Zawahiri)도 오마르의 두 명 후계자들에게 똑같이 충성을 맹세했다. Clayton Thomas, "Al Qaeda and Islamic State Affiliates in Afghanistan," CRS IN Focus, IF10604, (August 23, 2018), p. 1.

1) 미군은 ISKP 리더 제거를 중시했는데, 2016~2017년 기간 3명의 ISKP 지휘부를 사살하는 과정에서 일부 병력과 CIA 인력을 잃었다. "Afghan official: Death toll from massive

서 정부군 약 150명을 살해하고 가즈니 주 일부 지구를 장악하면서 저항했다. 탈레반은 5월 내내 칸다하르에서 정부군 1백여 명과 CIA가 지원하는 아프간 민병대 수십 명을 살상하고 미군무기를 탈취했다. 또 카불에서 자살폭탄으로 외국 대사관 시설을 공격해 1백 명을 살해하고 수백 명을 부상시켰다. 탈레반과 IS－KP는 공포심 조장 목적으로 폭발물을 사용해 민간인들을 공격했는데, 그로 인한 사망, 부상자 수는 2017년 한 해에 1만 명을 넘어섰다.[1]

2017년 8월 트럼프는 아프가니스탄과 남아시아를 위한 새로운 전략을 선언했다. 그는 아프간 미군 주둔 확대의 필요성에 관해 말했는데, 구체적인 병력 숫자 또는 미래계획에 대해서는 설명하지 않았다. 그는 그 이유가 워싱턴 구상의 자세한 사항을 언급하는 것은 테러리스트만을 돕기 때문이라고 말했다.[2] 그는 또 파키스탄이 탈레반과 기타 테러그룹에게 피난처를 제공하는 것을 방관하지 않을 것이라고 경고했다. 일각에서는 그 선언이 트럼프가 과거부터 암시하던 전면철수 선언이 아니어서 다행이라고 말했고, 다른 일부는 그것이 오바마의 유화정책을 수정하는 강력한 미국을 상징하는 새로운 출발이라고 말했다. 특히 카불은 그것이 워싱턴이 처음으로 이슬라마바드에 명확한 메시지를 전달한 것이라고 말하면서, 이제라도 파키스탄은 미국과 아프가니스탄에 적극적으로 협력해야 한다고 주장했다. 반면, 이슬라마바드는 워싱턴의 발언이 모든 잘못을 타국의 탓으로 돌리고 파키스탄과의 관계를 위험에 빠뜨리는 행위라고 비난했다.[3]

트럼프 지시에 따라 2017년 9월까지 아프가니스탄 내 미군 숫자는 최대 1만 4천 명 수준으로 증가했다.[4] 또 워싱턴은 현지 미군에게 아프간 정부군과는 별개

U.S. bomb rises to 94, including 4 ISIS commanders," Stars and Stripes, (April 15, 2017); "U.S. cites progresses against Islamic State in Afghanistan," The Washington Post, (April 6, 2017)

1) "Taliban kills more than 140 Afghan soldiers at army base/World News," The Guardian, (April 21, 2017); United Nations, "Afghanistan Protection of Civilians Annual Report, United Nations," (February 8, 2018)

2) "Remarks by President Trump on the Strategy in Afghanistan and South Asia," www.whitehouse.gov

3) "Trump's Afghan shift praised in Kabul but leaves Pakistan wary," The Guardian, (August 22, 2017)

4) Mark Landler, Michael R. Gordon, "As U.S. Adds Troops in Afghanistan, Trump's

로 더 광범위하고 다양한 적의 목표물에 대해 선제공격을 실시하라고 지시했다. 그 타깃은 반군의 수입원천, 지원 인프라, 훈련기지, 그리고 침투경로를 포함했다. 그 작전은 특히 탈레반의 가장 중요한 수입원인 마약 관련 생산, 재배, 그리고 유통시설을 겨냥했다.[1] 11월 미 공군은 탈레반 자금 근절을 위해 헬만드 주를 포함해 아프간 내 최대 500개에 달하는 마약 관련 시설을 공격했다.[2] 트럼프의 신전략 선언 이후 8~9월 두 달 동안 미군이 탈레반과 IS에 투척한 폭탄과 미사일은 2016년 한해의 두 배에 달했고, 미군의 공중폭격은 그해 연말까지 계속됐다. 미군이 공중 전력을 더 많이 사용할 수 있었던 것은 이라크와 시리아에서 IS가 그들 영토에서 거의 완전히 축출되면서 미군의 가용 군사자산이 더 많아졌기 때문이다. 그 과정에서 IS－KP는 최대 8백 명으로 축소되고 난가하르 오지에 위축되어 있었지만, 전국에 산재해 있는 탈레반의 저항은 아직 견고하고 건재했다.

미 행정부가 공중폭격을 강조하면서, 2018년 전반기 미군은 3천개 이상의 폭탄을 투하했다. 그러나 그것은 그 어느 때보다 많은 양이었지만 전세를 역전시키지 못했고, 오히려 민간인 살상의 원인으로 작용했으며, 시리아와 이라크의 IS 약화에도 불구하고 아프간 전쟁은 교착상태(stalemate)로 남아 있었다.[3] 탈레반은 서부와 북부의 가즈니(Ghazni) 주와 자우즈잔(Jowzjan) 주에서 공격을 감행했고, 국토의 70%에서 영향력을 확대해 나갔다. 탈레반 마약시설에 대한 공격의 실효성에 의문이 제기되면서, 미군은 2018년 말 그 작전을 중단했다. 미군의 반군 공습 강화에 대응하는 탈레반의 작전은 민간인을 대상으로 하는 정교한 자살폭탄공격의 성격을 띠었다. 미군의 공습과 탈레반의 민간인 대상 자살공격이 민간인 사망 급증으로 이어지면서 전쟁 부작용에 대한 워싱턴의 우려는 커져 갔고, 미국은 탈레반과의 평화 가능성 필요를 절감했다. 미군과 탈레반이 서로 한 치의 양보 없이 무력으로 정면충돌 하면서 양측의 대치는 더 격화되고 평화의 가능성은 더 멀어지는 것으로 보였다. 그러나 2018년 7월 처음으로 미－탈레반 고위급 대화가

Strategy Remains Undefined," The New York Times, (June 18, 2017)

1) Thomas, <u>Afghanistan: Background</u>, (July 18, 2019), pp. 7－10, 15.

2) 탈레반은 마약으로 1년에 2억 달러 이상 수입을 올렸는데, 카불 당국은 워싱턴의 새로운 시도를 환영했다.

3) "U.N. concerned over spike in civilian casualties in Afghan air strikes," Reuters, (September 25, 2018)

성사됐다. 그 대화에서 양측은 평화를 위한 조건에 관해 협의했다.

2018년 7월을 기점으로 미-탈레반은 2019년 내내 평화에 관한 논의를 이어갔고, 2019년 3월에는 양측이 평화안 초안에 합의했으며, 2020년 2월 양측은 평화협정에 서명했다. 그렇게 평화대화가 진행 중이었음에도 불구하고, 2019년 비록 그 강도는 덜했지만 교전은 계속됐다. 2019년 1월 카불 당국은 아프간 내 모든 지구(districts)의 54% 이하만이 정부군 통제 하에 있다고 말했는데, 그 통계치는 정확도 여부를 떠나 2015년 이후 가장 낮은 수치였다.[1] 미군, 아프간 정부군과 그에 대항하는 반군세력은 카불 북부 사망간(Samangan), 바글란(Baghlan)주, 남부 헬만드(Helmand), 칸다하르(Kandahar) 주, 또 서부 이란 국경의 헤라트(Herat) 주에서 전투에 개입했다. 아프간 정부군은 또 3~8월에 낭가하르 탈레반과 IS-KP를 공격해 수십 명을 사살했고, 탈레반은 가니 정부 수뇌부를 공격해 70여 명을 살해, 부상시켰다. 8월에 이르러 탈레반의 아프간 영토 통치는 2001년 이후 최고조에 달했다. 그해 말까지 카불의 미국 및 연합국 외교시설을 포함해 탈레반의 공격은 계속됐고, 미군과 정부군도 탈레반 리더 그룹, 그리고 칸다하르 탈레반을 공격했다.[2] 그 과정에서 2019년 말까지 IS-KP와 소수 잔존하던 알카에다 잔당은 거의 붕괴됐다.[3] 2020년 2월 평화협정 체결 이후에도 탈레반은 쿤두즈, 헬만드 주에서 약간의 공격을 감행하고 미군도 그에 대해 보복했지만, 미-탈레반 간 공격은 그 후 현저히 줄어들었다. 그러나 탈레반의 아프간 정부군에 대한 공격은 2020년 한동안, 또 카불-탈레반 대화 이후에도 계속됐다.

(3) 미-탈레반 평화대화

수년간의 치열한 교전의 와중에, 미국은 탈레반과의 평화대화를 추진했다.

---

[1] 그 통계에 따르면 반군 치하 지구는 12%였고, 나머지 34%에서는 정부군과 탈레반이 경쟁하고 있었다. Rod Nordland, "Afghan Government Control Over Country Falters, U.S. Report Says," The New York Times, (February 1, 2019)

[2] Ben Farmer, Saleem Mehsud, "Family of Taliban leader killed in 'assassination attempt' on eve of historic U.S. peace deal," The Telegraph, (August 16, 2019)

[3] 펜타곤은 2018년 6월 보고서에서 알카에다가 크게 약화됐고, 일부 잔존하는 AQ는 생존을 우려하는 처지에 있다고 평가했다. Thomas, "Al Qaeda and Islamic State Affiliates," (August 23, 2018), p. 1.

트럼프 대통령이 공식적으로 처음 탈레반과의 평화에 관심을 보인 것은 2017년 8월의 아프간 관련 정책선언 당시였는데, 그때 그는 워싱턴의 목표나 조건에 관한 설명 없이 단지 군사노력 결과로서 '정치적 타결'(political settlement)의 필요성만 간단히 언급했다. 그 직후 그 당시 국무장관 렉스 틸러슨(Rex Tillerson)은 평화대화와 관련된 어떤 특정한 전제조건이라는 개념을 거부하면서, 아프간인들 간의 대화가 가장 중요하다고 강조했다. 그러나 전투에서의 진전이 전혀 없는 상황에서 트럼프 행정부는 카불의 정부 대표 없이 탈레반과 직접 대화를 하기로 결정했고, 2018년 7월 처음으로 카타르 도하(Doha)에서 미−탈레반 고위급 직접대화 회담을 개최했다. 두 달 후 조지 W. 부시 행정부에서 아프간 대사를 지낸 잘마이 칼릴자드(Jalmay Khalilzad)가 아프간 화해 특별대표로 임명되면서 양자대화는 더 탄력을 받았다. 임명 이후 칼릴자드는 도하에서 1년 이상 거의 끊임없이 탈레반, 아프가니스탄, 파키스탄을 포함해 관련 당사자, 국가들과 접촉했는데, 2019년 1월 도하에서 6일 동안 협상한 뒤 미국의 궁극적인 전면철수를 조건으로 탈레반이 워싱턴이 만족할만한 수준에서 아프가니스탄을 테러집단의 온상으로 만들지 않을 것을 약속했다고 밝혔다.[1] 그 후 칼릴자드는 아직 협상이 타결된 것은 아니고 앞으로도 아프간 사람들끼리의 대화와 휴전 문제가 해결돼야 한다고 말했지만, 3월 12일 그는 탈레반의 대테러 보장과 미국의 철수를 맞바꾸는 합의 초안에 도달했다고 선언했다. 그는 또 그 합의체결 이후 정치적 타결과 완전한 휴전을 위한 카불 정부와 탈레반 대화가 있을 것이라고 덧붙였다. 그 후 2020년 2월 29일 미−탈레반 평화협상이 타결됐다.[2]

---

1) 파키스탄은 아프간 내전 초기부터 매우 중요한 위상을 점했는데, 그 역할은 긍정적이기도 했지만 때로는 수시로 부정적이기도 했다. 파키스탄 내에는 아프간 다수인 파슈툰이 소수민족으로 살고 있고, 1백만 아프간 난민 역시 그곳으로 이주했다. 원래 파키스탄은 탈레반을 우호세력으로 인식하는데, 이슬라마바드 정보국은 아프간 내 반군 그룹인 '하카니 네트워크'(Haqqani Network)와 유대를 갖고 있고, 파키스탄과 아프간 반군 관계는 돈독한 측면이 있다. 하카니 네트워크는 아프간 탈레반 내의 준 자주적 집단이고, AQ와 동맹을 맺고 있다. 미 국방부는 '하카니 네트워크'를 아프가니스탄 내에서 알카에다를 살리는 핵심 조직으로 식별했다. 트럼프는 파키스탄이 탈레반을 비호한다고 비난했지만, 그래도 2018년 말 이후 워싱턴은 미−탈레반 대화에서 이슬라마바드에 지원을 요청했다. 2020년 펜타곤은 파키스탄이 아프간 평화에 크게 기여했다고 평가했다. Thomas, "Al Qaeda and Islamic State Affiliates," (August 23, 2018), p. 2.

2) Clayton Thomas, <u>Afghanistan: Background and U.S. Policy</u>, CRS Report, R45818, (July 18, 2019), p. 30; Sarah Dadouch, Susannah George, Dan Lamothe, "U.S. signs peace deal with Taliban agreeing to full withdrawal of American troops from Afghanistan,"

(4) 미군 철수 협상

▲ 도하 평화협정 theprint.in

2020년 2월 29일 미국 대표 칼릴자드와 탈레반 수뇌부 일원인 압둘 가니 바라다르(Abdul Ghani Baradar)가 평화협정에 서명했다. 같은 날 카불에서 에스퍼 미 국방장관은 아쉬라프 가니 아프간 대통령과 만나 미－아프간 공동선언을 했는데, 그것은 카불－탈레반 협상 의지를 밝히고 3월 10일까지 양측이 대화에 진입할 것이라는 내용이었다. 미－탈레반 평화협정에서 미국은 미군병력 1만 3천 명을 135일 안에 8천 6백 명으로 감축하고, 14개월 후 2021년 5월 1일까지 모든 미군을 아프가니스탄으로부터 철수한다고 규정했다. RSM 나토 연합군 병력도 비례적으로 감축하기로 했다.[1] 탈레반은 IS－KP와 알카에다를 포함해 아프가니스탄 영토가 테러 목적에 사용되지 않을 것을 보장한다고 약속했다.[2] 그 협정에 탈레반의 미군 공격 중단은 포함돼 있었지만 정부군 공격 관련 조항은 없었고, 탈레반의 약속 위반에 따른 미군 철수계획 변경 조항 역시 없었다. 또 그 합의에 카불 정부는

▲ 아쉬라프 가니, aa.com.tr

참여하지 않았고, 공개되지 않은 비밀 부속문서는 시행절차와 확인에 관한 사항을 담고 있었다. 그 이외에 카불 정부와 탈레반 죄수 교환조항이 있었는데, 결과적으로 2020년 9월까지 그 합의는 이행이 완결됐다. 미국은 또 탈레반 제재를 해제하기로 약속했다.[3] 아쉬라프 가니 아프간 대통령은 그 평화

The Washington Post, (February 29, 2020)

1) RSM 병력규모는 1만2천 명 수준인데, 그 중 4천명이 OFS로부터 파견된 미군이다.

2) 미－탈레반 평화협상 과정에서 탈레반은 AQ와 의논했고, 알카에다는 미－탈레반 합의를 지지한 것으로 알려져 있다. 일부 전문가들은 미－탈레반 평화협상에서 미국이 반드시 탈레반에게 AQ를 절대적으로 거부한다는 서약을 받아야 한다고 주장했다. AQ는 아프가니스탄에서 장기적 위협으로 남을 가능성이 있을 것이다. Thomas, *Afghanistan: Background*, (July 18, 2019), (July 18, 2019), p. 16.

3) 2020년 5월에는 아쉬라프 가니 대통령은 그의 정치적 경쟁자인 압둘라 박사를 아프간－탈레반 대화 감시기구인 '국민화해 최고위원회'(HCNR: High Council for National Reconciliation) 의장으로 임명하는데 동의했다. Clayton Thomas, *Afghanistan: Background and U.S. Policy: In Brief*, CRS Report, 7－5700, R45122, (Updated November 10, 2020), p. 4.

협정이 카불의 참여 없이 비밀리에 서명된 것이라고 비난하고, 5천명 탈레반 죄수 석방은 워싱턴이 아닌 아프간 정부의 권한이라고 주장했다.[1] 워싱턴은 미－탈레반 평화협정이 지속적 평화로 가는 최선의 길이라고 치켜세웠지만, 아프간인들은 그런 확신을 갖지 못한 채 다음 전쟁을 방지하는 것이 현재 전쟁을 종식하는 것만큼 사활적이라고 말했다.[2]

　　2020년 9월 카불 정부와 탈레반 간에 원래 계획보다 6개월 늦게 카타르 도하에서 첫 번째 평화협상 대화가 시작됐다. 아프간 정부 측에서는 여성 4명과 주요 인종그룹이 포함된 21명 대표가 참석했다.[3] 탈레반은 21명 모두가 남성으로 그 최종 책임자는 탈레반 리더 하이바툴라 아쿤드자다(Haibatullah Akhundzada)의 측근인 말라위 압둘 하킴 하카니(Mawlawi Abdul Hakim Haqqani)이고, 구체적인 탈레반 측 협상은 압둘 바라다르(Abdul Ghani Baradar)가 맡기로 했다.[4] 그 대화에 미국은 개입하지 않기로 했지만 칼릴자드는 양측 대표단 모두와 만났고, 반면 폼페이오 장관은 미국의 불개입 이유에 대해 카불－탈레반 대화는 아프간인들 자신의 권리이며 미국이 대화에 미치는 영향력에 한계가 있기 때문이라고 말했다. 카불－탈레반 대화의 협상 이슈는 두 가지였다. 하나는 아프가니스탄 내 폭력 축소에 관한 것이었고, 또 다른 하나는 아프간 거버넌스에 관한 것이었다. 그러나 폭력 축소 의제에서 미－탈레반 합의에 따라 탈레반의 미군에 대한 공격은 줄어들었지만, 카불－탈레반 대화 시작 이후에도 오히려 일부지역에서는 반군의 정부군 공격은 증가했다. 카불정부는 9월 대화 시작 이후 34개 주 중 18개 주에서의 공격을 보고했고, 2020년 아프간 민간인 사상자 수가 6천명에 달한다고 말했다. 아프간 국정운영에 관해서, 정부 측은 이슬람을 국교로 정하고 1인 1표의 공정사

---

1)　Cat Schuknecht, "Afghan President Rejects Timeline For Prisoner Swap Propsed In US－Tabliban Peace Deal," NPR, (March 1, 2020); "Afghan conflict: President Ashraf Ghani rejects Taliban prisoner release," BBC News, (March 1, 2020)

2)　Kathy Gannon, "Afghans Say Preventing the Next War as Vital as Ending This One," (October 19, 2020), www.thediplomat.com

3)　그 당시 가니와 압둘라 간에 협상 팀 멤버에 관해 이견이 있었는데, 그것은 아직도 아프가니스탄 내에 정치 분열이 존재함을 입증했다.

4)　2021년 현재 탈레반 리더는 하이바툴라 아쿤드자다이다. 그는 2016년 파키스탄에서 미 공습에 사망한 만수르(Mullah Mansoor)를 승계했다. 만수르는 2013년 4월 자연사 한 오마르(Mullah Omar)를 승계했다. 하이바툴라는 전사이기보다는 이슬람 학자이고, 그의 리더십 하에서 탈레반 내의 분열이 줄어든 것으로 알려져 있다.

회에 근거한 민주제도를 표방했고, 탈레반은 주권적, 독립적인 아프가니스탄과 차별없는 이슬람체제를 주장했다. 많은 아프간 사람들은 협상과 관련한 탈레반의 진정성을 의심했는데, 6만 명에 달하는 탈레반이 미군을 철수시키고 그 이후 또 다시 전쟁을 일으켜 내란으로 갈 수 있다고 우려했다. 실제 미-탈레반 합의 이후 미군의 공중폭격이 급감한 반면, 탈레반의 미군을 제외한 정부군이나 민간인에 대한 폭력은 별로 줄어들지 않았다. 아프간 정부군 29~30만 명의 국방예산 50~60억 달러의 75%를 미국이 지원하는 상황에서, 아쉬라프 가니(Ashraf Ghani) 대통령은 카불정부와의 협의 없이 미군이 일방적으로 철수할 경우 정부군이 6개월을 버티지 못할 것으로 우려했다. 가니는 또 미군 철수 이후 아프가니스탄이 또 다시 내전의 재앙에 휩싸일 수 있다는 견해를 표시했다.[1] 아프간 국민들 역시 미군과 나토병력이 떠날 경우 탈레반을 포함해 아프간의 수많은 파벌들이 권력투쟁에서 서로 싸울 것을 두려워했다. 그들은 아프간인들끼리 남을 때, 카불 정부를 지배하는 북부동맹이나 탈레반이나 모두 서로에 대한 보복을 멈추지 않을 것으로 예상했다. 그런 인식은 모두가 모두에 의한 희생자이고, 아직 너무 많은 고통과 악감정이 남아 있는 상태에서 상대방에 대한 용서가 어렵다는 인식에 기초했다. 전 대통령 카르자이는 다음과 같이 말했다. "불행히도 우리에게 변화가 있었을 때 누군가는 권력을 장악하려 시도했다. 그것은 작동하지 않았고, 그래서 우리는 교훈을 배우고 앞으로 전진해야 한다. 평화 이후의 그날 우리는 모든 아프간인들이 이 나라에 속한다는 것을 인식해야 한다. 단지 그때에만 우리는 더 나은 미래를 바라보는 나라에서 살 수 있다." 그러나 그의 말과 같이 되어가는 조짐은 별로 없었다. 그런 가운데 워싱턴은 아프간 내 향후 모든 사태는 아프간 사람들끼리의 결정을 따를 것이라고 말했다.[2]

---

1) 미군 지원 액수를 제외한 아프간의 나머지 국방예산에서 10억 달러는 RSM 나토 국가들이 지불했고, 카불 정부는 자국 국방을 위해 단지 5억 달러만을 책임졌다. 2002년 이후 미국은 아프가니스탄에 1,410억 달러 이상을 지원했는데, 그 중 약 60%는 안보, 26%는 발전, 재건을 위해서, 또 나머지는 인도주의 지원에 사용됐다. 2019년 9월 현재 미국의 공식 전투비용은 8천58억 달러로 추산됐다. 그러나 실제 비용은 훨씬 더 클 수 있다. Thomas, <u>Afghanistan: Background</u>, (Updated November 10, 2020), pp. 5-9.

2) Gannon, "Afghans Say," (October 19, 2020), www.thediplomat.com

(5) 바이든의 아프간 정책

바이든 당선자는 일찍이 2009년 오바마 대통령의 아프간 병력증원(surge)에 반대한 바 있다. 2019~2020년 대선 캠페인 당시에도, 그는 아프간 내 미군철수를 지지하고, 서구 민주주의 형태의 국가건설(nation-building) 시도의 타당성에 의구심을 나타냈으며, 아프가니스탄을 위한 발전, 재건지원에 반대했다. 그는 일부 대테러를 제외한 모든 병력의 철수를 주장했다.[1]

바이든 행정부 안보팀은 아프가니스탄에서 향후 어떤 정책을 시행해야 할지에 관해 광범위하게 검토했다. 바이든에게 아프가니스탄은 '끝나지 않는 전쟁'(endless war), 탈레반의 집요함, 카불의 분열되고 비효율적 정부, 그리고 이란, 파키스탄을 포함해 그 지역 이웃국가들과의 관계에 비추어 가장 복잡한 외교안보 이슈 중 하나였다. 미국은 미-탈레반 평화협정에 의해 그해 5월 1일까지 모든 병력을 철수하게 되어 있었지만, 아직도 문제는 상존하는 것으로 보였다. 그것은 카불 인근과 기타 지역에서 수시로 발생하는 탈레반의 공격, 탈레반의 정치적 의도, 카불-탈레반 평화협상의 진전 결여, 그리고 탈레반이 알카에다 및 기타 해외 테러그룹과 관계를 단절하지 않고 있다는 보고를 포함했다. 바이든은 한때 '끝없는' 아프간 전쟁으로부터 미군을 철수시켜야 한다고 가장 목소리를 높인 리더 중 하나였지만, 신행정부는 어떻게 아프간 문제에 접근해야 하고, 또 어떻게 카불-탈레반 평화협상을 촉진시켜야 하는지에 관해 고심했다. 책임있는 철수를 목표로 하는 바이든 행정부에게 아프간 현실은 많은 문제를 제기했다.[2]

약 한달 간의 정체 후 2021년 2월 마지막 주, 카불과 탈레반 간에 평화대화가 재개됐다. 그 회담 정체는 탈레반 대표들이 대화는 유예한 채 이란과 러시아를 방문하면서 존재를 드러내지 않았기 때문이었다. 2월 22일 탈레반 협상대표(Mohammed Naim)는 양측이 좋은 분위기에서 평화대화 재개의 필요성에 공감했다고 말했다. 그러나 카불의 정부대표(Nader Nadery)는 탈레반이 협상에 소극적인 것은 그들의 전략으로, 그들은 과거 탈레반 죄수 석방을 요구할 당시에도 비슷한

---

1) Thomas, <u>Afghanistan: Background</u>, (Updated November 10, 2020), p. 11.
2) Daud Khattak, "President Biden's Afghanistan Challenge," The Diplomat, (February 17, 2021), https://thediplomat.com〉 tag〉 bide...

전술을 구사했다고 말했다. 그래도 탈레반 군사위원회는 미-탈레반 협상 당시 합의된 사안인 외국 전사들과의 유대를 단절할 것이라고 재확인했다. 미국은 카불과 긴밀하게 전략을 논의하면서, 아프간 정부에 대한 확고한 지지의사를 표시했다. 또 미국 정부는 탈레반과도 조용히 협의했다. 그것은 트럼프가 카불 정부를 우회하면서 탈레반 2인자(Mullah Ghani Baradar)와 전화로 공개적으로 대화한 것과는 크게 대비됐다. 그러는 사이 아프가니스탄 내 군인과 민간인 사망자 숫자는 계속 증가했다. 탈레반은 시골지역에서 수십 명씩 아프간 군인을 살해했고, 도시에서는 암살을 자행했으며, 카불에서 4~5차례 폭발물 공격을 감행했다. 지난 7년 연속해서 부상자를 제외하고도 매년 사망자 숫자는 3천명을 웃돌았다. 아프가니스탄은 아직 안전하지 않았다.[1]

아프간 현실을 우려하는 미 의회는 2월 민주-공화 양당 위원회를 결성해 그 문제를 검토하고, 그곳에 주둔하는 2,500명 규모의 미군 철수를 당분간 늦추는 것이 나을 것이라는 결론을 제시했다. 그들은 아직까지 탈레반이 과거 약속한 합의를 이행하지 않았고, 완전철수가 많은 문제를 야기할 수 있음을 지적했다.[2] 그러나 미 국무장관 블링컨은 가니 아프간 대통령에게 미군철수 연기와 연계된 여러 문제점을 설명하면서, 카불이 탈레반과의 협상에 더 적극적으로 임하고 지속적 평화를 위한 과도정부 구성에 협력할 것을 종용했다. 그는 가니의 정치적 경직성으로 인해 아프가니스탄에서의 평화정착이 지연된다는 뉘앙스로 말하는 것으로 보였다. 미 행정부는 또 아프간 정부군과 탈레반이 아직도 수시로 발생하는 전투에서 서로 자제하고, 아프가니스탄 평화문제를 유엔에서 더 적극적으로 논의하는 것이 합리적일 것이라는 입장을 표시했다. 그것은 바이든 행정부가 이미 아프간 철수의지를 굳히고 있음을 암시했다.[3]

2021년 4월 13일 워싱턴은 9·11 발생 20주년이 되는 그해 9월 11일까지

---

1) Ezzatullah Mehrdad, "Even as Peace Talks Resume, Killing Soars in Afghanistan," (February 26, 2021), https://thediplomat.com〉 tag〉 bide...

2) Robert Burns, "Experts group urges delayed US troop pullout in Afghanistan," Associated Press, (February 3, 2021)

3) Thomas Gibbons-Neff, David Zucchino, Lara Jakes, "U.S. Pushes U.N-Led Peace Conference in Letter to Afghan Leader," The New York Times, (March 7, 2021)

아프가니스탄에 잔류하고 있는 2,500명 미군병력 전원을 철수시킬 것이라고 선언하면서, 여러 위기상황에 대비해 카불 아프간 정부에 대한 지원을 계속할 것이라고 말했다. 원래 2020년 2월 미-탈레반 합의는 5월 1일까지 모든 미군병력을 철수시키는 것이었지만, 바이든 행정부는 그렇게 약간의 시간을 더 두고 철수시키기로 결정했다. 다른 한편, 미국 내 전문가들은 미군의 완전철수 후의 위험을 경고했는데, 그것은 아프가니스탄에서 테러와 반군활동이 재개되고, 그 나라가 내란에 빠질 것을 우려하는 내용이었다.

2021년 7월 바이든 대통령은 미군의 아프가니스탄 철수에 관해 다음과 같이 연설했다. "지난 4월 미군의 완전철수를 선언한 이후 현재 모든 것이 계획대로 신속하고 질서있게 진행되고 있다. 나토 및 파트너 국가들도 마찬가지이다. 아프가니스탄에서의 미국 군사임무는 8월 31일 종료된다. 미국은 아프가니스탄에서 주요 목표를 달성했다. 9·11에서 미국을 공격한 테러리스트들은 제거됐고, 오사마 빈 라덴에게 정의를 실현했으며, 아프가니스탄이 테러기지가 되는 것을 막았다. 미국은 아프가니스탄에 그 나라 국가건설(nation-building), 서구 민주주의 확립을 위해 간 것이 아니다. 아프가니스탄의 미래를 결정하는 것은 그 국민들의 고유 권한이다. 수주 전 아프간 대통령 가니와 압둘라 의장에게 강조했듯이, 아프간 리더들은 서로 화합해 국민이 원하는 미래로 나아가야 한다. 그동안 미국, 나토, 파트너 국가들은 30만 아프간 현역군인을 훈련시키고 장비를 제공했으며, 앞으로도 미국은 아프가니스탄에 외교주둔을 유지하고 국제공항 보안을 위해 파트너 국가들과 긴밀하게 협력할 것이다. 미국은 또 미국인 구금자 석방을 위해 계속 노력할 것이고, 그동안 미군을 위해 봉사한 2,500명 아프간 사람들에게 미국으로의 이민을 위한 특별 이민비자를 발급했다. 비자발급은 계속될 것이고, 아프가니스탄을 위한 자금과 장비, 민간인과 여성의 권리를 포함해 인도주의 지원도 시행될 것이다. 미국은 무의미한 폭력 종식을 위한 평화, 그리고 평화합의 이행을 위한 외교에 계속 개입할 것이다. 미국은 평화협상을 통한 해결을 위해, 아프가니스탄의 당사자, 그리고 인근지역 및 국제적 이해 당사자들과 함께 일할 것이다. 지역 국가들은 평화정착에 핵심적 역할을 갖고 있다. 군사개입 종식 결정시, 이 전쟁에서 미군이 무한정 싸우는 것이 미국의 국익이라고 생각하지 않았다. 더 잔류를 원하는 사람들은 최근 역사의 교훈을 새겨보아야 한다. 지난 20년을 돌이켜 볼 때, 1년 더 싸우는 것은 해결책이 아니라 그곳에 무한정 남아 있게 만드는 잘못된 처방일 뿐이다. 더 직설적으로 말하는 사람들은 미군이 그곳에 무기한 잔류해야 한다고 말한다. 그들은 작년 사상자가 없고 현상유지 비용이 최소라는 점을 강조하지만, 현재의 현실은 탈레반이 2001년 이후 군사적으로 최강인 상태에서 미군은 최소한의 인원만이 남아 있다. 또 현 행정부는 전임 행정부로부터 5월 1일까지 철수하는 합의를 물려받았다. 탈레반이 미군에 대한 공격을 중지한 것은 그 합의에 따른 것이다. 미국이 이전 행정부의 합의를 어겼다면, 탈레반은 미군을 다시 공격했을 것이다. 현상유지는 옵션이 아니다. 미군 사상자는 계속 발생하고, 아프간 내란에 계속 휘말릴 것이며, 더 많은 파병이 요구될 것이다. 얼마나 더 많은 희생자가 발생해야 하나? 전쟁이 시작된 지 20년이 경과되면서, 2,448명의 미군이 사망하고, 2만 722명이 부상당했으며, 수만 명이 트라우마(trauma)를 갖고 귀국했다. 또 수조 달러의 비용이 지출됐다. 오늘날 테러위협은 전이, 확산되고, 그래서 미국은 재원을 재배치하면서 남아시아, 중동, 아프리카의 더 큰 위협이 있는 곳에서 대테러 준비태세를 증진시키고 있다. 미국 군대와 정보당국은 아프가니스탄에서 소생하는 테러를 막을 충분한 능력을 갖고 있다. 또 우리의 미래를 보장하기 위해 중국 및 기타 국가에 대한 전략적 경쟁능력을 높이는 것이 중요하다. 마찬가지로, 다음 전염병에 더 잘 대비하기 위해 국내와 세계에서 코비드-19 팬데믹과 싸워야 하고, 사이버공간(cyberspace)과 신기술 사용에 대한 국제규범 설정이 필요하며, 실존적 위협인 기후변화에 제대로 대처해야 한다. 지난 20년이 아니라 미래 20년과의 전투를 생각해야 장기적으로 적과 경쟁자에게 미국의 위상을 입증할 수 있다. 마지막으로 지난 20년 간 헌신한 미군, 동맹과 파트너 국가의 희생을 깊이 새길 것이다. 그들이 성취한 것, 마주친 위험, 그리고 그들 가족의 희생을 생각해야 한다. 조국에 헌신하기 위해 아프가니스탄에서 싸우고, 또 부상당해 인생이 바뀐 남녀를 결코 잊지 않을 것이다. 미국의 최장기 전쟁을 끝내면서, 우리는 그곳에서 봉사한 미국인 애국자들의 용맹을 명예시 할 것이다."[1]

    그런 가운데 그 다음 달 8월 뜻밖의 현실이 전개됐다. 그것은 탈레반이 칸다하르, 헤라트에 이어 아프간 수도 카불을 점령하면서, 아프간 정부가 탈레반에게 공식 항복한 것이다. 아쉬라프 가니 대통령은 타지키스탄을 거쳐 UAE로 도피, 망

---

1) Remarks by President biden on the Drawdown of U.S. Forces in ..., (July 8, 2021), https://www.whitehouse.gov〉 remar...

명했다. 탈레반을 혐오하고 미국과 연합군 병력에 협력한 수많은 아프간 사람들은 조국을 떠나는 난민행렬에 참여했다. 미국행 비행기에 오르려는 아프간인들의 참상은 세계를 놀라게 했고, 미국은 군용기와 민항 전세기를 동원해 10만 명 이상 난민을 해외로 이송했다. 일부 난민은 미국 내 군 기지에 수용됐고, 다른 일부는 워싱턴의 요청에 따라 유럽의 독일, 스페인, 이탈리아, 그리고 몇몇 아랍국가가 임시거처를 마련해 수용하기로 했다. 그때 카불 공항 미군철수 마지막 단계에서, 돌연 IS-KP가 자살폭탄 조끼로 미군 13명과 난민 170명을 살해하고 수십 명 시민에게 부상을 가하는 사건이 발생했다. 그것은 미군철수를 틈타 그동안 거의 전멸상태에 있던 극소수 IS-KP 잔당이 미군에게 공격을 가한 것인데, 많은 전문가들은 아프가니스탄이 또다시 테러리스트의 온상이 될 수 있다고 경고했다. 바이든은 IS 잔당에 보복할 것이라고 말했고, 8월 27일 미국 드론이 낭가하르 주 IS-KP 목표물을 공격했다.[1] 몇몇 EU 국가들은 워싱턴이 너무 일찍 철군을 서둘렀다고 비난했고, 미국 내에서도 바이든의 미군 철수과정에서의 미숙함에 대해 비판이 제기됐다.

　　현재 전 부통령 암룰라 살레(Amrullah Saleh)를 포함해 전 아프간 정부 후예 약 1만 명이 카불 북쪽 판지시르, 파르반 2개 주에 결집해 탈레반과 끝까지 항전할 것이라고 다짐하고 있다. 그러나 미국의 엄청난 군사, 경제지원과 수십 만 병력으로도 패배당한 그들이 정부권력을 장악한 탈레반을 상대로 승리할 가능성은 없을 것이다. 흥미로운 것은 중국과 러시아가 즉각 탈레반 정부를 지지해 외교관계를 승인할 것이라고 선언한 것인데, 그것은 탈레반 정부를 반미, 반서방 전선에 동원하기 위한 그들의 계산에서 비롯된 결정이었다. 그것은 헌팅턴이 말하는 '문명의 충돌'이 아직도 세계에서 발현되고 있음을 의미했다. 이제 미국은 과거를 넘어 아프가니스탄과의 협력을 새로이 모색하고, 러시아와 중국의 정치, 경제적 영향력 확대를 견제하면서 지구적 차원의 국제평형(international equilibrium) 유지에 더 많은 노력을 기울여야 할 것이다.

---

1) Chad Garland, "US drone strike targets Islamic State in Afghanistan following Kabul airport bombing," Starts and Stripes, (August 27, 2021),

Chapter 02

국제테러리즘 억지

트럼프 행정부는 이슬람주의에 근거한 급진주의 테러리즘에 대해 어떻게 인식하고 어떤 정책으로 대응했을까? 국제 테러리즘 단체 중 미국의 국가안보를 위협하는 가장 널리 알려진 집단은 알카에다(AQ: Al Qaeda)와 이슬람 국가(IS: Islamic State)였는데, 그 두 집단의 기원, 지파의 생성, 테러활동, 상호관계, 그리고, 그들의 현재 상태와 미래는 무엇일까?

1 알카에다

알카에다(AQ)는 냉전시대 소련에 대항한 탈레반 그룹으로부터 전사를 모집하면서 1998년 처음으로 오사마 빈 라덴(Osama bin Laden)에 의해 공식 설립됐다. AQ는 1998년 아프리카 케냐와 탄자니아에서 미 외교관과 외교시설을 공격했고, 2000년에는 예멘 아덴만에서 미 구축함(USS Cole)을 자살보트로 공격했다. 그 이후 미국의 대테러 작전이 강화되면서 빈 라덴 그룹은 아프가니스탄에서 은신처를 모색했고,

▲ 오사마 빈 라덴, aawsat.com

아프가니스탄의 탈레반 정권은 그들을 환영했다. 2001년 9·11 사태에서 AQ가 미국 본토를 공격한 이후, 중동, 아프리카에서 그에 동기가 유발된 수많은 무장그

▲ 아이만 알-자와히리, cnn.com

룹이 AQ에 충성을 서약하고 미국 및 서방과의 투쟁을 공언하는 AQ 지파로 등장했다. 9·11 이후 '테러와의 전쟁'을 선언한 미국이 아프가니스탄에서 탈레반 및 AQ와의 전면전에 돌입하고 그 과정에서 비록 탈레반이 계속 저항을 이어갔지만, 9·11 주범 AQ는 미군과 연합군의 집중공세에 그 세력이 크게 위축됐다. 2011년 파키스탄에 은신하던 빈 라덴이 미 해군 특수부대(NAVY SEALS) 제6팀에 의해 사살되면서, AQ 2인자 아이만 알-자와히리(Ayman al-Zawahiri)가 그 조직의 리더로 부상했다.[1] 2014년 자와히리는 인도 소대륙에 알카에다 결성을 통해 세력 확대를 시도했고, 칸다하르 주에서는 대규모 AQ 훈련캠프가 발견됐다. 그렇지만 특히 2016년 미국의 파키스탄 내 AQ 은신처에 대한 집중적인 드론 공격 이후 아프간 AQ는 그 세력이 현저하게 약화되고, 거의 전멸상태로 쇠락했다. 그래도 오바마 행정부 말 미국은 대테러 전쟁에서 이라크와 시리아 IS에 그 초점이 맞춰져 있음에도 불구하고, AQ의 위협이 사라진 것은 전혀 아니라고 평가했다.[2]

트럼프 행정부에 들어와서도 미국의 AQ 평가는 대체로 그 위협을 간과하지 말아야 한다는 쪽에 무게가 실렸다. 2017년 미 군사당국은 2009년 '사우디반도 알카에다'(AQAP: Al Qaeda in Arabian Peninsula)의 항공기 폭파 시도 이후 지속적으로 AQ의 민항기에 대한 위협이 증가하고 있다는 사실을 거론하면서, 그 위협을 과소평가하지 말 것을 주문했다. 2018년에도 펜타곤은 미국의 대테러 작전으

---

1) 알-자와히리는 원래 이집트 출신의 외과의사이다. 그는 1970년대 말 '이집트 이슬람 지하드'(EIJ: Egyptian Islamic Jihad) 결성에 참여했고, 냉전시대 소련-아프간 갈등 당시 파키스탄 폐샤와르에서 아프간 난민을 치료했다. 그는 세속주의 이슬람 정부에 반대해 이슬람주의 정부 건설을 추구하면서 1986년 파키스탄에서 EIJ를 재조직했다. 그 후 2001년 6월 AQ와 공식 합병하면서 빈 라덴의 대리인 AQ의 2인자가 됐다. 그는 이슬람주의 정부 건설을 위해 세속적 정부를 지원하는 미국 축출을 추구했다. 2011년 빈 라덴 사후 AQ 리더십을 떠맡았고, 나중에 IS와 공개적으로 충돌했다. Clayton Thomas, <u>Al Qaeda and U.S. Policy: Middle East and Africa</u>, CRS Report, 7-5700, R43756, (February 5, 2018), p. 2.

2) 2016년 미 군사당국은 아프간 내 AQ 전사는 최대 300명이고, 그해 말까지 그들 대부분을 사살, 체포했다고 말했다. 그래도 미군은 AQ와 탈레반의 연대가 증대하고 있다고 보고했다. 2017년 말에도 미군은 80명 AQ 전사를 사살했다고 보고했다.

로 인해 AQ가 크게 약화된 것은 사실이지만, 그들은 아직도 비밀리에 충원을 계속하면서 유연하게 진화하는 큰 위협으로 남아있다고 분석했다. AQ 위협을 강조하는 사람들은 한쪽에서는 AQ가 경직된 조직이 아니고, 여러 지파와 수평적 관계를 유지하고 지리적, 또 파워 측면에서 분산돼 있다고 말하고, 다른 한편에서는 AQ 리더십이 지파에 정당성을 부여하지만 실제 충원과 재정에서는 지파에 의존한다고 말했다. 그 관계는 불분명했다. 그러나 동시에 일부 전문가들은 전혀 다른 견해를 제시했다. 그들은 2018년 이후 미 국방전략(NDS: National Defense Strategy)의 주요초점이 강대국 간 경쟁에 최우선 순위를 부여한 사실을 지적하면서, AQ 같은 그룹은 더 이상 미국의 주요 관심사가 아니라고 주장했다. 그들은 미군이 전투로 일관하기보다는 AQ를 탈급진화(de-radicalization)시키는 데 더 많은 노력을 기울여야 한다고 덧붙였다.[1]

(1) 알카에다 지파

1) 이라크 알카에다

AQ 지파 중 가장 먼저 창설된 것은 이라크 내 알카에다로, 그것은 '이라크 알카에다'(AQI: Al Qaeda in Iraq)라고 불렸다. AQI는 미국의 이라크 침공에 반대해 알-자르카위 리더십하에서 성장했다. 자르카위는 2004년 빈 라덴이 파키스탄 은신처에서 재기를 모색하는 동안, 알카에다에 충성을 맹세하고 그 집단 명칭을 AQI로 정했다. AQI는 조지 W. 부시 행정부 기간 이라크에서 미군 주도 연합군과 미국이 지원하는 이라크 정부군을 맹렬히 공격했다. AQI는 2005년 1월로 예정된 총선을 사보타지하기 위해 전투를 선언했고, 2006년에는 수니파 다수지역인 사마라(Samarra) 시에서 시아파 아스카리 모스크(Al-Askari Mosque)를 폭파했다. 2006년 6월 자르카위가 사살된 이후 AQI는 여러 명칭을 가졌고, 그 중 하나가 '이라크 이슬람국가'(ISI: Islamic State of Iraq)였다. 2007년 여름 AQI는 모술 인근의 카타니야(Kahtaniya) 정착촌 야지디(Yazidi) 소수민족 학살, 그리고 라마디(Ramadi) 시에서 '안바르 각성'을 이끈 압둘 아부 리샤(Abdul Sattar Abu Risha)를 살해했다. 그러나 2009년 3만 명 미군 추가파병(surge)과 데이비드 퍼트레이어스(David Petraeus) 장군이 시도한 AQI에 반대하는 '수니의 각성'(Sunni Awakening)으로 인해 AQI의 존

---

1) Thomas, <u>Al Qaeda and U.S.</u>, (February 5, 2018), pp. 6-7.

재는 크게 약화됐다.[1] 오바마 행정부하에서 미군은 이라크 정부군과 함께 티크리트 인근 연합작전에서 알-마스리(Abu Ayyub al-Masri)를 포함해 여러 명의 AQI 리더들을 사살했고, 2010년 AQI를 인계받은 아부 바크르 알-바그다디(Abu Bakr al-Baghdadi)는 간신히 그 조직의 명맥만을 유지했다. 그러나 2010~2011년 미군이 철수하는 상황에서, 이라크 수니파의 한계와 시리아 내전을 활용해 AQI(ISI)는 부활의 기회를 맞았다. 그 시기를 전후해 바그다디가 이끄는 AQI는 전 세계에 ISI로 더 널리 알려졌다. 2013년 7월 AQI는 자살폭탄 차량과 박격포를 이용해 5백 명 이상의 AQI 죄수들을 아부 그라이브(Abu Ghraib)와 타지(Taji) 감옥에서 탈출시켰고, 미국 관리들은 AQI의 부활을 우려했다. 2013년 초 바그다디는 AQI(ISI) 이름을 공식적으로 '이라크 및 알샴 이슬람국가'(Islamic State of Iraq and al-Sham)로 바꿨으나, 2013년 4월 또 다시 '이라크 및 레반트 이슬람국가'(ISIL: Islamic State of Iraq and Levant)로 바꿨다. 그 다음해 2014년 모술(Mosul)을 장악하면서 바그다디는 본인이 무슬림 세계의 '칼리프'(caliph)라고 선언하고, 조직명칭을 '이슬람 국가'(IS: Islamic State)로 단순화했다. 이제 IS는 세계 차원의 규모, 지파 확산에서 AQ를 넘어서고 더 많은 지지를 확보하기 시작했다.[2] 그 이후 IS 중앙본부는 (제2장에서 설명한 바와 같이) 2017~2018년 미군과 현지 파트너 병력, 그리고 부분적으로 이란, 헤즈볼라, 러시아 군에 의해 이라크와 시리아에서 밀려날 때까지 투쟁했고, 그 리더 바그다디는 2019년 10월 미군 공격에 쫓겨 (시리아) 이들립(Idlib)에서 자폭했다. 그렇지만 미 군사당국은 미군이 광역 중동에서 떠날 경우, IS가 또다시 소생할 가능성을 배제할 수 없다고 경고했다.

2) 아라비아 반도 알카에다

'아라비아 반도 알카에다'(AQAP: Al Qaeda in Saudi Peninsula)는 예멘에 근거지를 둔 무장그룹으로 사우디 AQ 지파와 예멘 AQ 지파 합병을 통해 2009년 결성됐고, 예멘, 사우디, 미국, 프랑스 공격에 연계돼 있다. 그 본부는 사우디에 존

---

1) They Won't stop until we are all wiped out among the Yazidi, a people in ..., https://www.theguardian.com〉 i...; Iraq War, http://www.britannica.com/print/article/870845

2) Daniel Byman, "ISIS Goes Global- Fight the Islamic State by Targeting Its Affiliates," *Foreign Affairs*, Vol. 95, No. 2 (March/April 2016), pp. 76-85; Iraq jailbreaks; Hundreds escape in Taji and Abu Ghraib- BBC News-BBC.com, https://www.bb.com〉 news〉 world-mi...

재하는 것으로 알려지고, 그들은 테러리즘, 이슬람 극단
주의에 개입해 있다. 2000~2004년 알카에다는 사우디
와 예멘 내 미국 및 서방 타깃에 대해 일련의 공격을 퍼
부었지만, 미국의 지원을 받는 예멘정부에 의해 그 리더
들이 체포 또는 사살되면서 상대적으로 약화됐다. 그러
나 2004년 예멘에서 후티(Houthi) 반군이 일으킨 무장
반란, 내란의 혼란 속에서, 2006년 23명의 AQ 전사가
사나(Sanaa) 감옥으로부터 탈출해 군사조직을 재구축하

▲ 아라비아 반도 알카에다,
criticalthreats.org

고 예멘 타깃을 공격하면서 예멘 내 무장활동이 부활했다. 그 중 두 명이 리더 역
할을 했는데, 한 명은 과거 빈 라덴 보좌역이던 알 - 우헤이시(Nasir al - Wuhayshi)
였고, 다른 한 명은 알 - 라이미(Qasim al - Raymi)였다. 2009년 1월 그들은 예멘
과 사우디 전사들을 통합해 AQAP를 조직했다.[1]

　　AQAP는 2009년 이후 주로 (1989년 통일 전) 과거 예멘 인민민주주의 공화국
이던 남부 주에서 활동했고, 사우디 - 예멘 정부연합과 (이란이 지원하는) 후티 반
군 사이의 내란에서 발생한 파워공백의 틈을 활용해 예멘 남부해안에 전국 영토
의 36%를 차지했다. 2009년 새로이 출범한 오바마 행정부는 AQAP에 대한 드론
공습을 계속했고, AQAP는 비대칭 방식의 테러리즘에 의존했다.[2] 2009년 AQAP
는 미국 이익에 대한 직접공격을 추진했는데, 나이지리아인 알카에다 조직원이
옷 속에 폭발물을 숨기고 미국행 국제항공에 탑승해 그 여객기 폭파를 시도한 것
이 그런 경우였다. AQAP는 그 시도가 미국이 지원하고 예멘 정부가 추진한 알카
에다 공습에 대한 보복이라고 공식 시인했다. 2010년 10월 AQAP가 또다시 미국
행 항공화물에 폭발물을 선적해 그 기체 폭파를 시도했는데, 감시당국이 사전에
발견해 큰 문제로 비화되지 않았다. 2011년 9월에는 미군이 예멘 내에 은신해 있
던 예멘 가계의 미국인 수니 이슬람 종교지도자(imam) 알 - 알라키(Anwar
al - Awlaki)를 공습으로 사살하는 사건이 발생했는데, 그 이유는 그가 미군 정신
과 의사 나이달 하산(Nidal Hasan)에게 종교적 신념을 불어넣어 2009년 텍사스

1) al - Qaeda in the Arabian Peninsula/ History & Facts/Britannica, https://www.britannica.c
om〉 topic
2) Asher Orkaby, "Yemen's Humanitarian Nightmare - The Real Roots of the Conflict,"
Foreign Affairs, Vol. 96, No. 6 (November/December 2017), pp. 93 - 96.

미군기지에서 무차별 난사로 13명을 살해하도록 유도했기 때문이다.[1]

서방과 이슬람 세속정부에 대한 증오의 맥락에서, AQAP가 사우디와 예멘 통치자들이 부패해 있고 서방이익을 옹호한다고 계속 주장하는 것은 불만을 가진 대중들에게 상당한 호소력을 가졌다. 예멘 내에서 그들은 알리 압둘라 살레(Ali Abdullah Saleh) 대통령이 일반시민의 기본욕구인 최저수준 경제생활, 식수, 그리고 기본 생필품조차 제대로 제공하지 못한다고 비난, 선동했다. 2011년 예멘에서 '아랍의 봄'에 의한 민주화 운동이 발발해 내란이 더 악화되면서 정부군이 외각병력을 수도로 불러올려 지방에 파워공백이 생겼을 때, AQAP는 아비안, 샤브와 주(Abyan and Shabwah governorates)를 차지했다. 살레가 퇴진하고 그의 후계자로 새로 집권한 전 부통령 만수르 하디(Abd Rabbuh Mansur Hadi) 정부는 미국의 드론 공격 지원하에서 AQAP를 공격해 전에 잃었던 지역을 상당부분 회복했다.[2]

2015년 1월 AQAP는 또다시 서방을 공격했는데, 이번에는 프랑스의 풍자잡지 찰리 헤브도(Charlie Hebdo)가 타깃이었다. 그 사건에서 2명의 테러리스트인 코와치(Said and Cherif Kouachi) 형제가 잡지사 편집부 간부를 포함해 12명을 살해했다. 그 편집진이 이슬람 선구자 모하메드(Muhammad)를 도발적으로 묘사해 이슬람 종교를 조롱했다는 것이 그 이유였다. 테러범들은 이틀 후 파리 외곽에서 인질 대치극을 벌이던 중 경찰에 의해 사살됐다. 그 날 그들의 또 다른 동료는 유태인 식품점에서 인질극을 벌이고 4명을 살해한 뒤 경찰에 사살됐다. 그는 찰리 헤브도 사건이 있던 날 경찰을 살해해 지명수배 된 상태였다. 나중에 코와치 형제 중 형인 사이드(Said)는 예멘에 AQAP 전사들을 만나러 갔던 것으로 드러났다. 며칠 후 AQAP는 공식적으로 그 사건은 '예언자'(prophet) 모하메드를 모욕한 것에 대한 보복이라고 시인했다. 2019년 12월에는 미국에서 교육받던 사우디 장교 알-샴라니(Mohammed al-Shamrani)가 플로리다 펜사콜라(Pensacola) 해군 비행기지에서 미 해군 3명을 살해했는데, 2020년 2월 APAQ는 또다시 자기들이 그 사건의 책임이 있다고 말했다.[3] AQAP는 그렇게 어느 다른 AQ 지파보다 더 많이

1) al-Qaeda in the Arabian Peninsula, https://www.britannica.com〉 topic
2) Orkaby, "Yemen's Humanitarian Nightmare," (November/December 2017), pp. 97-101.
3) al-Qaeda in the Arabian Peninsula, https://www.britannica.com〉 topic

미국과 유럽에 대해 직접 공격을 시도했다. 미국 대테러센터(NCTC: National Counterterrorism Center)는 AQAP가 미국에게 직접적으로 공격을 추구하는 유일한 테러집단이라고 말했고, 펜타곤은 AQAP를 가장 적극적으로 서방에 직접 공격을 수행하는 AQ 지파로 식별했다.[1] 최근 수년 간 AQAP 전사 숫자는 최대 7천명으로 추산됐다.[2]

3) 사하라 알카에다

사하라 사막 서부의 알카에다는 '이슬람 마그레브 알카에다'(AQIM: AQ in Islam Maghreb)라고 불리고, 말리(Mali)에 근거지를 두고 있으며, 주로 아프리카 북, 서부에서 활동했다. AQIM은 1990년대 초 이후 알제리아 내전(1991~2002) 당시 살라피스트(Salafist) '이슬람주의 반군파벌'(GSPC: Group for Preaching and Combat)로부터 유래했는데, 유럽과 미국 공격을 의도하는 지하드

▲ 이슬람 마그레브 AQ, theafricapaper.com

(Jihad) 의지를 선언하면서 2006년 AQ에 충성을 서약하고 이슬람주의 국가건설을 위해 알제리아 세속정부를 전복하는 목표를 표방했다. 그 그룹은 유엔, 미국, 러시아, 캐나다를 포함해 여러 나라로부터 테러기구로 지정됐다. 최대 6천명으로 추정되는 그 집단 구성원은 주로 알제리아와 현지 사하라 지역 부족, 또 모로코 등에서 충원되고, 소말리아의 알샤바브(Al Shabaab)와 연계를 가진 것으로 의심받았다.[3] 미국과 캐나다, 영국, 프랑스, 독일, 이탈리아 등 연합군 2천 명은 일찍이 '항구적 평화' 동아프리카 작전(OEF-Horn of Africa, 2002-현재)의 연장선상에서 2007년 이후 '사하라 작전(OEF-Trans Sahara)을 전개해 말리 북부의 '이슬람 마

---

1) Thomas, <u>Al Qaeda and U.S.,</u> (February 5, 2018), p. 8.

2) "AP Investigation: US allies, al-Qaeda battle rebels in Yemen," AP News, (August 7, 2018)

3) "African Terrorist Groups Starting to Cooperation U.S. Says," Bloomberg Businessweek, (June 25, 2012); "Al Qaeda's Resurrection," Council on Foreign Relations, (June 12, 2018)

그레브' 세력 확대를 견제한 바 있다.[1] '아랍의 봄' 과정에서 2011년 AQIM은 북 아프리카와 말리 내란을 이용해 세력을 확대했다. 리비아에서 카다피 정권의 붕괴는 AQIM에게 전사를 충원하고 무기를 확보하는 계기를 제공했다. AQIM은 처음에 말리에서 2012년 분리주의 반란을 틈타 북부지역을 장악하고 점차 그 나라 중부와 남부로 진출했으며, 테러활동에서 폭파를 일삼으며 배상금(ransom) 목적으로 많은 서구인들을 납치했다. 2013년 시점에서 AQIM이 지난 10년간 거둬들인 배상금은 5천만 달러에 달했다. AQIM은 사하라 지역 테러집단 중 가장 재원이 풍부하고 장비가 우수한 것으로 알려져 있는데, 그들 재정의 90%는 서방정부와 서구인 인질을 상대로 한 배상금에서 유래했다.[2]

2013년 이후 그들은 서, 북 아프리카의 부르키나파소, 코트디부아르, 말리, 알제리아에서 외국인 표적을 공격했고, 튀니지, 리비아로 활동무대를 넓혔다. 말리 정부의 초청으로 2013년 시작된 프랑스의 사헬(Sahel) 대테러 작전은 아부 자이드(Abdelhamid Abou Zeid)를 포함해 여러 핵심 AQIM 지휘관들을 사살, 체포했지만, 그들은 (주로 리비아) IS와 연계된 현지그룹과 경쟁하면서 2015년 여러 파생 무장집단과 동맹을 맺고 비대칭 공격으로 대항했다.[3] 2015년 말리 정부와 분리주의 그룹이 서명한 평화합의는 폭력을 종식시키지 못했고, AQIM은 말리 수도 바마코(Bamako)와 인근 부르키나파소와 아이보리코스트에서 눈에 띄는 표적에 강도 높은 공격을 시도했다. AQIM은 사하라 인근지역에서 훈련과 재정지원을 통해 더 작은 여러 AQ 지파 생성을 도왔는데, 2016년 아랍을 넘어 사하라 이남 아프리카인들을 충원해 아이보리코스트(Ivory Coast) 해변 휴양지(Grand-Bassam) 무차별 총격에서 50명 이상을 살상했다.[4] 2017년 3월 AFRICOM 사령관 토마스 월드하우저(Thomas Waldhauser) 장군은 AQIM이 아직도 미국과 아프리카의 미국 동맹국들에 대한 심각한 위험으로 남아 있다고 말했다. 미 군사당국은 AQIM이

---

1) Amy Belasco, The Cost of Iraq, Afghanistan, and Other Global War on Terror Operations Since 9/11, CRS Report 7-5700, RL33110, (December 8, 2014), p. 1.

2) Gordon Corea, "Islamists pose threat to French interests in Africa," BBC, (January 14, 2013); Adam Nossiter, Maia de la Baume, "Kidnappings Fuel Extremists in West Africa," The New York Times, (December 13, 2012)

3) "Al Qaeda confirms Abou Zeid killed in Mali," Inquirer, AFP, (March 4, 2013)

4) "Ivory Coast hotel shooting; Gunmen kill 15 including four Europeans in Grand Bassam beach resort," Telegraph.co.uk, (March 13, 2016)

대체로 북, 서아프리카에서 현지 및 국제 표적에 대해 비대칭 공격, 테러를 자행하지만, 미국인들 역시 그 대상에 속한다고 경고했다.[1] 2019년에도 AQIM은 테러를 자행했다. 그 해 1월 AQIM은 차드(Chad)의 대통령 데비(Idriss Deby)가 이스라엘과 외교관계를 정상화했다는 이유로 북 말리 인근 마을에서 10명의 말리유엔 평화유지병력을 살해하고 25명에 부상을 입혔다. 북 말리에는 사헬 지역 인근에서 안보를 위협하는 지하드 그룹과 싸우기 위해 유엔 평화유지병력과 4천명 프랑스군이 주둔해 있다.[2]

4) 소말리아 알카에다

소말리아 AQ는 알샤바브(Al Shabaab)라고 불린다. 2000년대 중반 '이슬람 법정연합'(ICU: Islamic Courts Union) 군사파트의 일부로부터 유래한 알샤바브는 2012년 AQ에 합류했다. (앞에 언급한) 미군과 연합군 2천 명이 2002년 이후 '항구적 평화' 동아프리카 작전(OEF – Horn of Africa)의 일부로서 에티오피아, 케냐군이 알샤바브와 싸우는 것을 도왔지만, 3~6천명에 이르는 그 집단은 2010년 이후 여러 명의 미국시민을 포함해 다양한 표적을 살해하면서 동아프리카 지역에서 계속 테러행위에 개입했다.[3] 2007년 이후 소말리아에서 '아프리카 연합'(AU: African Union)이 유엔안보리 승인을 받아 파견한 '아프리카 소말리아 임무' (AMISOM; African Union Mission in Somalia)가 알샤바브와 전투하면서 그 나라의 정치적 전환

▲ 알샤바브, ultimate-survival-training.com

▲ AMISOM, thebestofafrica.org

과 안정을 위해 노력해 왔는데, 알샤바브는 그 병력 기여국가들 내에서 테러를 자

---

1) Thomas, <u>Al Qaeda and U.S.</u>, (February 5, 2018), p. 8.
2) "Al Qaeda: Chad Peacekeepers' murder backlash for renewed ties with Israel – World News – Jerusalem Post," (February 11, 2019), www.m.jpost.com
3) Belasco, <u>The Cost</u>, (December 8, 2014), p. 1.

행했다.[1] 브룬디, 지부티, 에티오피아, 케냐, 우간다가 AMISOM에 병력을 기여하고, 가나, 케냐, 나이지리아, 시에라리온, 우간다. 잠비아가 경찰을 파견할 때, 알샤바브는 2013년 케냐 나이로비 상가(Westgate Mall)에서 67명, 그리고 2015년 가리사(Garissa) 대학에서 약 150명을 살해했다. 2016년 2월 알샤바브 자살폭탄 테러범이 폭파장치가 장착된 노트북 컴퓨터로 소말리아 여객기 파괴를 시도했지만, 항공기가 완전히 상승하기 전 그 장치가 폭발해 동체의 완전폭파는 실패로 돌아갔다. AMISOM이 모가디슈와 소말리아 남부지역에서 주요공세를 가하지만, 알샤바브는 신속하게 대피하고 유연하게 반격하면서 계속 존재감을 입증했다. 2017년 10월 알샤바브는 모가디슈에서 폭탄 공격으로 500명 이상을 살해했고, 소말리아 내 암살과 자살폭탄 공격을 주도했다. 알샤바브는 소말리아 내에서 많은 외국인 전사를 충원하는데, 그 중에는 미국인도 포함돼 있다. 2017년 3월 AFRICOM 사령관 월드하우저는 아직 소말리아 군의 능력이 압도적으로 부족한 상태에서 2018년 AMISOM이 철수하도록 계획되어 있는데, 그것이 알샤바브가 소말리아에서 획기적으로 세력을 확대하거나, 또는 IS가 거점을 마련하는 기회를 제공할 수 있다고 우려했다.[2]

비록 유엔안보리 결정으로 AMISOM이 2021년 말까지 임기가 연장되어 당분간 사태가 덜 악화됐지만, 만약 그 이후 국제사회의 지원이 중단된다면 소말리아는 알샤바브의 위협에 더 많이 노출될 것으로 예상됐다. 소말리아 유엔 특사(James Swan)는 알샤바브가 아직도 그 나라와 그 너머에서 주요위협으로 남아 있고, 2020년 8월부터 공세가 더 강화됐다고 보고했다. 비슷하게 AU 특별대표이면

---

1) AMISOM은 AU가 운영하고 유엔안보리의 승인을 받은 지역평화임무이다. 그 기구는 정부 전환을 지원하고, 국가안보 계획을 세우며, 소말리아 군대를 훈련시키고, 인도주의 지원을 위한 안전한 환경 창출의 임무를 수행한다. 그 임무의 일부로, AMISOM은 소말리아 정부군의 알샤바브와의 전투를 지원한다. United National Security Council Resolution 1772; AMISOM—African Union Mission In Somalia/ Peacekeeping Mission..., https://amisom—au.org; AU는 2002년 아프리카 통합기구(OAU: Organization of African Unity, 1963—1999)의 후계 조직으로 공식 출범했다. AU는 아프리카의 잠재력을 최대한 발휘하기 위해서 OAU의 주요 관심사이던 탈식민화와 그 대륙의 인종차별에 대한 투쟁으로부터 성장과 경제발전을 위한 아프리카 국가들의 증대된 협력과 통합으로 초점을 재조정했다. AU라는 조직은 범 아프리카(Pan African)의 발전적 비전을 상징한다. African Union, https://au.int
2) 소말리아는 케냐가 자국 내정에 간섭한다고 비난했고, 지부티가 주도한 지역적 국경분쟁에서의 사실 확인에서 편견이 있다고 비난했다. Thomas, Al Qaeda and U.S., (February 5, 2018), pp. 11—12.

서 AMISOM 대표인 마데이라(Francisco Madeira)는 2021년 2월 유엔안보리에 그 그룹이 테러공격을 최대화하기 위해 전략적 태세를 취하고 있다고 말했다. 소말리아는 대내외적으로 어려운 입장에 처해 있다. 소말리아 국내정치는 연방정부와 지방정부 간에 아주 긴장된 채로 남아 있다. 2020년과 2021년 초 선거 개최 실패는 긴장을 더 악화시켰다. 양대 파벌은 선거운영에 합의하지 못했고, 그것은 불안정과 무장충돌을 증가시켰다. 또 소말리아는 군대와 경찰을 모두 제공하는 케냐 및 지부티와 외교 갈등도 겪고 있는데, 그것은 AMISOM의 효율성에 부정적 영향을 미친다. 그동안 AMISOM은 소말리아 정부에 주로 알샤바브 및 기타 극단주의 그룹들과의 전투, 그리고 소말리아 군대 및 경찰을 포함해 안보제도 능력구축을 도왔지만, 일부 전문가들은 전반적인 정치, 안보 환경 속에서 AMISOM이 임기만료 전 더 포괄적 차원에서 현지행정과 같은 운영활동, 제도구축, 그리고 소말리아 안보병력에 대한 물질, 병참지원을 포함하는 지원활동을 도와야 한다고 조언했다.[1]

5) 누스라 전선

시리아 내 알카에다 지파는 '누스라 전선'(NF: Nusra Front)에 의해 대표됐다. NF는 2011년 8월 이라크 IS(ISI) 리더 알-바그다디가 시리아 내 IS 지파를 만들 것을 지시하면서 처음 모체가 형성됐고, 서방과 알-아사드 정부에 반대할 목적으로 2012년 1월 시리아 내에 공식 설립됐다. 처음에는 '샴(Sham)인 지원전선'이라는 의미의 공식명칭(Jabhat al-Nusra I'Ahl al-Sham)을 채택했지만, 그것은 몇 번에 걸친 다른 반군그룹과의 통합 이후 '하야트 타리르 알샴'(HTS: Hay'at Tahrir al Sham, Levant Liberation Organization)으로 이름이 바뀌었다. 또 처음에 NF가 IS의 일파인지 아니면 AQ 지파인지가 불분명했지만, 나중에 AQ의 일부인 것으로 판명났다.

창설 직후 이라크에서 반군활동을 하던 많은 과거 AQ 전사들이 NF를 돕기 위해 시리아로 갔고, 이라크로부터 무기 역시 전달됐다.[2] 시리아 서부에 근거지

---

1) Meressa K. Dessu, "AMISOM should provide more than security in Somalia," ISS Today, (February 25, 2021), Institute for Security Studies, www.issafrica.org
2) Zeina Karam, "Iraq; Al-Qaeda migrates to Syria," Associated Press, (July 6, 2012)

를 둔 NF는 처음부터 작전에 돌입했다. 2012년 1월 NF는 다마스커스 알−마이단(al−Midan) 지구(district) 및 이들립 주 보안당국 공격에서 자살폭탄 방식으로 정부병력과 경찰 수십 명을 살해했고, 6월 시리아 수도 다마스커스 남쪽에 위치한 마을(Drousha)의 친정부 TV 방송국을 폭파하고 언론인들과 직원들을 살해, 납치했다.1) 10~11월에는 알레포, 하마주, 다마스커스, 그리고 동부 락까에서 경찰시설, 지상군 및 공군기지를 여러 차례 기지장악, 총격전, 자살폭탄 차량 등 다양한 수법으로 수백 명을 살해, 부상시키고, 로켓포, 레이더, 헬리콥터를 파괴했다.2) 수많은 민간인에 피해를 입힌 2012년 한해 NF의 공격 횟수는 600회를 넘었고, 그해 그 그룹은 시리아 내 반군조직 중 최고로 잘 훈련되고 기율과 전투능력이 가장 뛰어나다는 평가를 받았다.3) 2013년 이후의 NF 행적도 지속적 전투와 테러로 일관했다. 2013년 2월 NF는 아사드 정부 지원군 도착을 막기 위해 2주간 알레포의 사피라(Safira) 전투에서 200여 명을 살상했고, 6월까지 약 60건의 자살공격을 수행했으며, 12월 신부를 살해하고 마루라(Maaloula) 가톨릭 성당에서 13명의 수녀를 납치했다.4) 2014년 8월 NF는 이스라엘 국경 인근 골란 하이츠(Golan Heights)에서 유엔의 NF 테러조직 지정 철회를 요구하면서 45명 유엔평화유지군을 납치하고, 일부 평화유지군과 총격전을 벌였다. 그들은 또 유엔군 차량을 탈취했다.5) 2015년 전반기에는 이들립 주 북부에서 공세를 성공적으로 이어갔고, 10월 아사드 대통령과 헤즈볼라 리더 나스랄라(Sayyed Hassan Nasrallah) 살해에 수백 만 달러의 보상금을 내걸었다. 2016년 전반기 NF는 수천 명 시리아인 전사를 충원하면서 다른 반군 그룹과 함께 시리아 내 타깃에 공격을 계속했다.6)

---

1) 알−마이단 지구 공격에서 NF의 자살 폭탄 테러범은 무장경찰 버스를 공격해 26명을 살해하고 60명 이상을 부상당하게 했다. 경찰은 11명이 사망했고, 대부분 희생자는 민간인이었다.

2) "Jihadists claim Syria attacks," Associated Press, (July 4, 2012): "Militant group Al−Nusra claim suicide bombings in Aleppo," Reuters, (October 4, 2012)

3) 반정부 집단 FSA(Free Syrian Army)의 전사자나 부상자 중 대부분은 NF 출신들이었다. David Ignatius, "Al−Qaeda affiliate playing larger role in Syria rebellion," The Washington Post, (November 30, 2012)

4) 마루라는 다마스커스 북동쪽 56Km에 위치해 있다. Bill Roggio, (June 11, 2013), "Suicide bombers kill 14 in Damascus," www.longwarjournal.org; 수녀들은 납치 3개월 후 큰 부상 없이 방면됐다. Anne Barnard, Hwaida Saad, "Nuns Released by Syriasns After three−Month Ordeal," The New York Times, (March 9, 2014)

5) NF는 납치 다음 달인 9월 유엔 평화유지군 병력을 방면했다.

6) "Syria conflict: Rebels release Fijian UN peacekeepers," BBC News, (September 13,

NF는 세력 확대를 위해 시리아 내에 존재하는 수
많은 반군단체들과 수시로 연대를 모색했다. 그 시도는
상당한 성과를 이루었지만 일부 갈등을 수반했다. (미국
이 약간 지원하고) 주로 터키가 지원하는 '자유 시리아
군'(FSA: Free Syrian Army)과의 관계는 NF 대원들이
FSA 병력의 약 10%를 채울 정도로 발전했다. 2012년

▲ 누스라 전선, bbc.com

10월 알레포 공군기지 공격 당시 NF는 '알파즈르 이슬
람운동'(al-Fajr Islamic Movement), 또 일부 체첸전사 그룹과 협력해 전투를 치렀
다.[1] 2015년 3~6월 이들립 주를 포함하는 시리아 서부에서의 작전수행은 NF,
FSA, 기타 이슬람주의자, 그리고 일부 지하드 독자파벌과의 협력하에서 진행됐
다. 수십 개에 이르는 시리아 내 수많은 단체들이 NF와 협력하거나 그에 합류하
기를 원했다. 2016년 2월에는 '준드 알아쿠사'(Jund al-Aqsa)의 일부 대원과 다마
스커스에 근거하는 2개 지하드 그룹(Ansar al Sharia & al Muntasir Billah)이 NF에
합류했고, '제이쉬 알이슬람'(Jaysh al-Islam)은 NF와의 협력을 공개 확약했다.[2]
2016년 NF 전사 숫자는 6~9천 명으로 추정됐고, 지역적으로는 이들립 주를 거
점으로 시리아 서부 전체에 퍼져 있었다. 또 NF는 AQ 수뇌 자와히리와 직접적
유대를 갖고 일부 AQ 테러리스트들에게 은신처를 제공하면서 AQ와 관계를 강화
했다. NF는 알카에다 본산지의 최고 지파로 인식됐다. NF는 대민관계에서도 적
극적이었는데, 훈련캠프와 학교를 짓고, 해외에서 충원하며, 주민들을 끌어들이고
특정이념과 목표를 홍보하기 위해 정교한 온라인 네트워크를 활용했다.

NF의 주요갈등은 처음 시리아 내에 그 조직 창설을 지시한 ISI 본부와의 관
계에 관한 것으로, 그것은 NF-ISI 합병문제에서 비롯됐다. 2013년 4월 바그다디
는 NF가 ISI의 일부라고 말하면서 두 조직을 합병할 것이고, 이름을 ISIL로 바꿀

2014); "Bounty For Bashar Assad? Al Qaeda Nusra Front offers $3.4M For Syrian
President, $2.3M For Hezbollah's Hassan Nasrallah, Leader Says," International
Business Times, (October 13, 2015)

1) '알 파즈르'는 '레반트 이슬람 새벽운동'이라는 의미를 띤다.

2) Jund al-Aqsa는 처음에 누스란 전선의 일부로 출발했지만 나중에 독립했고, NF가 JFS로
이름을 바꿨을 때 또다시 그 그룹에 합류했다. Thomas Joscelyn, "2 Damascus-based
jihadist groups swear allegiance to Al Nusra Front," (February 22, 2016),
www.longwarjournal.org

것이라고 선언했다. 그러나 NF 리더 알−줄라니(Abu Mohammad al−Julani)는 ISIL의 선언을 부인, 거부하면서, 아프간−파키스탄 AQ 본부의 자와히리에 대한 충성을 재확인했다. 자와히리도 NF−ISI 합병의 정당성을 거부하고, 2013년 11월 NF가 AQ 공식지파라고 재확인했다.[1] 2014년 2월 자와히리는 AQ와 ISIL이 공식 결별할 것이라고 말했고, 줄라니는 ISIL이 또 다른 반군 그룹 '아라르 알샴'(Ahrar al−Sham) 고위인사 살해에 개입했다고 항의했다.[2] 2014년 4월 ISIL은 NF의 이들립 리더 알−안사리(Abu Mohammad al−Ansari)와 그의 가족을 살해했고, 5월 시리아 동부의 ISI 통제지역 데이르에조르(Deir el−Zour) 주에서 NF와 ISIL 간에 전투가 벌어져 양측에서 수백 명 사망자가 발생했다. 7월까지 NF는 ISIL이 주도하는 시리아 동부 데이르에조르 주에서 완전히 축출됐다.[3] ISIL과의 갈등 이외에도 2014년 10월 NF는 그동안 연대한 FSA 내 온건파와 약간의 분쟁을 경험했다. 그 사건은 이들립 및 기타 이웃 주를 포함하는 서부지역에서 종국적으로 이슬람 국가를 건설하는 주도권 경쟁과 관계됐던 것으로 알려졌지만, 큰 문제로 비화되지는 않았다.[4]

한편 2015년 가을부터 러시아가 시리아 내에서 동부의 IS 지역보다는 수십 개의 반정부 반군 그룹이 밀집해 있는 서부지역에 강력한 공중폭격을 실시하고 정부군의 공세 역시 강화되면서, NF는 자연히 그 공격의 타깃이 됐다. NF는 러시아에 대한 보복을 강조하면서 저항했다. 그런 가운데 2016년 7월 NF는 독자그룹을 재구성한다고 선언했다. NF 리더 줄라니는 NF는 이제 '레반트 정복전선'(JFS: Jabhat Fatah al−Sham, Levant Conquest Front)으로 재형성되고, 외부단체와 어떤 유대도 없을 것이라고 말했다. 그러나 미국은 JFS가 AQ라고 믿었는데,

---

1)　알−바그다디는 또 처음 창설 당시 ISI가 NF에 자금, 무기, 전략 등 모든 필요한 것을 지원했다고 말했다. Rania Abouzeid, "The Jihad Next Door," Politico, (June 23, 2014), www.politico.com

2)　'아라르 알샴'은 여러 이슬람주의와 살라피스트 부대들이 아사드 정부에 반대해 연합한 반군단체이다. 2013년 여름 그 집단은 1~2만 병력을 보유했는데, 그것은 FSA 다음으로 강력한 반 아사드 부대였다.

3)　시리아 동부에서 축출당하면서, NF 리더 알−줄라니는 ISIL이 정신 차리지 못하면 양측은 전쟁 이외에는 다른 해결 방도가 없을 것이라고 말한 것으로 알려졌다.

4)　"Islamic State, rival Al Nusra Front each strengthen grip on Syria," Los Angeles Times, (November 28, 2014); "U.S.−backed Syria rebels routed by fighters linked to al−Qaeda," The Washington Post, (November 1, 2014)

왜냐하면 JFS 내에 다수의 AQ 공작원들이 포진해 있기 때문이었다. 미국의 생각
에 JFS가 AQ와 아무 유대가 없는 것처럼 위장하는 것은 그들이 해외관련 관심보
다는 시리아 정부 타도에 집중하는 것으로 보이게 만들어 다른 반정부 반군그룹
으로부터 더 많은 지원과 협력을 확보하려는 시도로 여겨졌다.[1] 2016년 9월 이
후 러시아의 잦은 서부지역 공습, 또 미군의 드론과 폭격기 공습에서 JFS 병력 수
백 명이 사망하는 가운데, 2017년 1월 NF는 JFS의 이름으로 또다시 4개 지하드
반군그룹과 통합해 '하야트 타리르 알샴'(HTS: Hay'at Tahrir al Sham, Levant
Liberation Organization)을 결성했다.[2] 그로써 NF는 병력규모가 더 커지고 다른
반군과의 유대를 통해 작전 및 활동범위가 더 넓어졌다. 그래도 HTS 병력의 대부
분은 JFS 출신이었다. 미 국방장관 제임스 매티스는 2017년 10월 그 조직들이 이
합집산을 계속하고 명칭을 자주 바꾼다고 말했다. 겉으로 드러난 이름은 명칭변
경에 불과하고, HTS는 AQ 지파로 남아 있는 것으로 분석됐다. NF는 미국에게
일정수준의 도전을 제기하는데, 그 이유는 그 조직이 전국적으로 분산되어 주민
과 반군들 사이에 섞여있는 상태에서 유기적 융합을 통해 다른 반군그룹에 대한
영향력을 증대시키기 때문이었다.[3]

2 이슬람국가

IS는 원래 '이라크 알카에다'(AQI)의 일부로 출발했고, AQI는 2006년 자르카
위 사망 이후 AQI와 '이라크 이슬람국가'(ISI)를 포함해 다양한 명칭을 사용하면
서 IS라는 이름을 세계에 알렸다.[4] 그 후 조지 W. 부시 행정부 미군의 공세하에
서 AQI(ISI)는 세력이 크게 약화됐고, 2006년 이후 아프간-파키스탄 알카에다
본부와 AQI(ISI)와의 관계는 불분명했다. 그러나 2010~2011년 미군이 철수해 이

---

1) Thomas, <u>Al Qaeda and U.S.</u>, (February 5, 2018), p. 9.
2) '하야트 타리르 알샴'은 '레반트 해방기구'라는 의미를 갖는다. Thomas Joscelyn, "Al
   Qaeda and allies announce new entity in Syria/FDd's Long War Journal," (January 28,
   2017), www.longwarjournal.org
3) Thomas, <u>Al Qaeda and U.S.</u>, (February 5, 2018), p. 10.
4) IS는 아랍 약자로는 Da'esh라고 쓴다.

라크 내에 군사공백이 발생하고 '아랍의 봄' 여파로 중동, 아프리카 국가들이 혼란에 빠진 상황에서, 알−바그다디가 그 리더십을 맡으면서 ISI(AQI)는 부활하기 시작했다. 2010년대에 들어와 AQI는 이제 알카에다 지파이기보다는 IS 테러단체로 더 알려졌다. 2011년 파키스탄에서 빈 라덴이 사살되고 AQ 본부의 생존이 의심받는 상황에서, 바그다디는 미군 주도 연합군에 대한 무슬림의 적대감, 그리고 새로이 파워를 잡은 시아파로부터의 수니파 박해를 빌미로 이라크 및 광역 중동, 아프리카에서 초국가적 차원의 새로운 리더십을 제시했다. 2010~2013년 기간 ISI는 이라크에서 수천 번의 공격을 실시하고, 동시에 내란, 내전의 혼란에 빠진 시리아에서도 작전을 수행했다. 2013년 4월 이후 바그다디는 NF와의 통합 실패, AQ와의 관계단절을 거치면서 2014년 6월 ISIL 이름을 더 단순화시킬 것이라고 말하고 '이슬람 국가'(IS: Islamic State)의 공식 설립을 선포했다. AQ와 IS의 분쟁은 IS가 AQ의 경쟁자로 부상하는 과정에서 발생했다. AQ와 IS의 경쟁은 시리아를 넘어 기타 중동, 아프리카에서도 비슷하게 재현됐다. AQ와 연계된 지파들은 각 지역, 각 국가에서 IS와 경쟁, 충돌했다.

바그다디는 IS가 이맘(imam, 이슬람 종교 리더) 성격의 무슬림 통치자가 통치하는 '이슬람 국가'(caliphate)라고 선포하고, 본인이 예언자 모하메드를 승계한 칼리프(caliph)라고 말했다. 그에 대해 AQ를 포함해 다른 이슬람 무장그룹은 바그다디가 선지자나 통치자이기보다는 군사지휘관이라고 반박했고, 수많은 정통 이슬람 학자들은 그의 오만한 행동을 비난, 거부했다. 이슬람 종교가 지배하는 이슬람주의 사상을 내걸고 새로운 공세를 펼친 IS는 창설 초반 이라크와 시리아에서 파죽지세로 영토를 확장하고 많은 성과를 냈다. IS의 전략이 정교해지면서, 그들은 해외 온라인 홍보에 열을 올렸다. 그것은 해외에서의 공격을 독려하고, 테러범을 군인과 전사로 묘사했다. 바그다디는 2018년 8월 유럽과 북미에서 IS의 이념에 동의하는 개인(lone wolf)은 궁극적 목표를 위해 희생을 아끼지 말아야 한다고 설파했다.[1] 그래도 궁극적으로 IS는 미군이 주도하는 연합군과 현지 파트너 병력이 공동으로 추진한 공격을 막아내지 못했다.

---

1) 알−바그다디와 함께 IS 창설을 돕고 대변인으로 활동한 아부 모하메드 알−아드나니 (Abu Mohammed al Adnani)는 2016년 9월 미 공습에 사망했다.

(1) IS에 대한 국제사회의 반대

2014년 중반 IS에 반대해 이라크와 시리아에 군사 재개입하기로 결정하면서, 오바마 행정부는 외교지원 확보를 서둘렀다. 그 당시 국무장관 존 케리(John Kerry)는 캐나다, 영국, 프랑스, 독일, 이탈리아, 호주, 터키와의 회담에서 IS에 대한 전투지원을 요청했고, 그들은 미국 제안 수용에 동의했다. 2014년 10월 이라크, 시리아 IS 와의 전쟁 지휘본부(CJTF-OIR: Combined Joint Task Force-Operation Inherent Resolve)가 공식 설립됐다. 그

▲ Barrack Obama

해 12월 미국은 나토 회의에서 다시 한 번 IS와의 투쟁에 대한 중요성을 강조했는데, 그때 수십 개 국가들이 IS가 아무 국제법적 근거가 없고 민간인 살상을 포함해 무자 비한 테러를 자행하는 불법단체임을 밝히고, 재정흐름 차 단을 포함해 그들과의 투쟁에 직접개입, 군사지원, 의료 를 포함하는 인도주의 지원 등 다양한 형태로 동참할 것 을 서약했다.[1]

▲ CJTF-OIR, centcom.mil

캐나다, 영국, 호주와 수많은 나토국가들이 미국을 지원하는 가운데, 세계의 다수 이슬람 국가들이 워싱턴의 리더십을 지지했다. 중동에서 수니파 리더 위상 을 가진 사우디아라비아를 중심으로 하는 걸프협력위원회(GCC: Gulf Cooperation Council) 국가, 이집트, 요르단, 모로코, 일부 아프리카 국가들, 그리고 탈레반과 특수관계를 유지하는 파키스탄을 포함해 34개 국가가 IS와의 투쟁에 동참할 의사 를 밝혔다. 2013-2015년 세 차례에 걸쳐 IS로부터 외교관 납치, 민간인 살해에 서 100여 명이 희생당한 터키는 2014년 9월 기꺼이 미국의 반 IS 전선에 동참했 다. 나토 회원국인 터키의 에르도안 정부는 시리아 반군인 '자유 시리아군'(FSA)을 지원하면서 2015년 7월 시리아 국경 IS 지역을 직접 공격해 일부 영토를 되찾고, 100여 명의 IS 전사를 사살했다. 또 시리아 IS와 이라크 PKK를 겨냥해 공습을 진

---

1) "U.S. Forms Anti-ISIS Coalition at NATO Summit," Time, (September 5, 2014), www.time.com; 'Joint Statement Issued by Partners at the Counter-ISIL Coalition Ministerial Meeting,' United States Department of State, (December 3, 2014)

행했다. 앙카라는 터키 공군기지를 미국의 IS 공습에 사용하도록 허용했다. 이란은 미국, 서방, 사우디를 포함해 수니파 국가들과 큰 반목관계에 있었음에도 불구하고 서방의 IS와의 투쟁에 반대하지 않았다. '이란 혁명수비대 쿠드스군'(IRGC−QF) 사령관 카셈 솔레이마니는 2015년 봄에 이르러 이라크 정부 IS 전쟁전략의 가장 중요한 조언자로 활동했다. 그는 2014년 6월 처음 바그다드 정부 IS 전략에 관여하면서 이라크에 무인 드론과 Su−25를 지원했고, 또 소수의 쿠드스 군을 사마라 (Samarra), 카르발라(Karbala), 바그다드에 배치해 IS 테러리즘에 대항하도록 지휘했다. CJTF−OIR은 2014년 11월 이란 전투기의 IS 폭격을 확인했다.[1] 러시아는 중동을 포함해 세계 각지에서 미국과 대치했지만, 북 코카서스 체첸의 독립 분리주의에 대한 근원적 반감, 그리고 시아파 국가들과의 외교관계를 감안하면서 이란, 이라크, 시리아 정부와 함께 바그다드에 전쟁 관련 상황을 종합하는 목적의 '공동정보센터'를 설립했다. 2015년 9월 러시아는 IS와 NF, 그리고 시리아 정부가 반군그룹으로 간주하는 FSA에 공중폭격을 시작했다. 이란과 거의 동맹수준의 관계에 있고 시아파 이라크 정부를 지지하는 레바논 헤즈볼라(Hezbollah)도 IS의 국가설립과 세력확장에 반대해 이라크 민병대를 자문, 훈련하는 목적으로 2014년 6월 그 나라에 최대 250명의 군사전문가를 파견했다. 헤즈볼라는 원래 사담 후세인 정권 몰락 이후 혼란한 이라크 정국에서 수니파에 대한 시아파 항쟁을 도왔는데, 2015년 2월 헤즈볼라 리더 하산 나스랄라(Hassan Nasrallah)는 지난 수개월에 걸친 병력 파견을 시인했다.[2]

(2) 미국의 전쟁전략

IS와의 전쟁에서 오바마 행정부는 다양한 전략을 구사했다. 그것은 직접적 군사행동, 현지 파트너에 대한 군사 및 경제지원, 정보수집과 공유, IS 리더 제거, 해외전사 유입의 방지, 그리고 IS 재정파탄을 포함했다. 미국이 주도하는 다국적 공습은 엄청난 효과를 동반했다. 2014년 9월 미국과 아랍 GCC 국가, 요르단이

---

1) "Insight−Iran's elite Guards fighting in Iraq to push back Islamic State," (August 3, 2014), www.reuters.com; "Iran's Qasem Soleimani Is Guiding Iraqi Forces in Fight Against ISIS," (March 13, 2015), www.nbcnews.com

2) Matthew Levitt and Nadav Pollak, The Washington Institute For Near East Policy, (June 26, 2014), www.businessinsider.com; Nicholas Blanford, "Why Hezbollah is playing a smaller role in this Iraqi conflict," (July 16, 2014), www.csmonitor.com

폭격기와 해상배치 토마호크(Tomahawk) 순항미사일로 시리아 내 IS 타깃을 공격하기 시작해 그 해 말까지 비슷한 형태의 공격이 지속됐고, 아프가니스탄 내에서도 IS-KP에 미사일을 발사했다. 2015년 10~11월 영국, 프랑스, 네덜란드, 모로코를 포함하는 연합국 공군은 공습을 더 강화했고, 미군은 자금차단을 목표로 수개월에 걸쳐 시리아 데이르에조르 주 인근의 오마르(Omar) 유전을 포함해 IS가 통제하는 다양한 오일시설을 폭격했다.[1] 미국의 현지 파트너 지원은 IS 진압의 중요한 열쇠였다. 미국은 이라크에서는 시아파 정부군, 쿠르드 페쉬메르가 병력, 그리고 일부 친 시아파 정부 수니그룹 지원에 많은 재정을 지출했고, 시리아에서는 쿠르드 YPG가 확대된 SDF가 지원의 핵심대상이었다. 그들은 연합군의 공중폭격 지원에 기초해 지상에서 IS를 축출하는 주도적 역할을 담당했다. 어느 나라이건 아마 현지 파트너의 지원 없이 외국에서 군사작전을 전개하는 것은 불가능할 것이다. 미국의 현지 파트너 지원은 그렇게 많은 성과를 거두었지만, 그럼에도 불구하고 시리아 반군을 충원하려는 시도는 크게 성공하지 못했다. (앞에서 설명했듯이) 미국 펜타곤과 CIA의 우호그룹 충원 노력은 비용에 비해 효과가 크지 못한 이유로 폐지됐는데, 그 이유는 미군이 훈련시킨 상당수 반군이 이념적, 정치적 이유로 IS나 알카에다와 싸우기를 원치 않았기 때문이다. 또 그들 중 상당수는 아사드 정부군에 의해 진압됐다.[2]

트럼프 행정부의 IS 전략은 오바마 시기와 대동소이 했다. 미국은 이라크, 시리아, 아프가니스탄에서 IS에 반대해 집중적으로 전투를 전개하면서, 동시에 다른 지역 지파 상황을 면밀히 주시하고 필요에 따라 선별적으로 공세를 취했다. 트럼프 시기에 약간의 정책변경이 있었는데, 그가 2016년 대선후보 시절 말했듯이 외국에 주둔하는 병력수준과 파병 시점 등 미군 관련 주요사항에 대해 공개하지 않는 것이 그 중 하나였다.[3] 2017년 4월까지 두 번의 비공개 병력배치가 있었다.

---

1) 하루 3만 배럴을 생산하고 하루 재정수입이 최대 5백만 달러에 이르는 오마르 유전은 미군과 프랑스 공군의 공격으로 생산량의 2/3를 잃게 됐다. 이라크 국경 인근 도시 아부 카말(Abu Kamal)의 거대한 숫자의 오일 저장고 역시 그 공격에서 파괴됐다. Michael Gordon, Eric Schmitt, "U.S. Steps Up Its Attacks on ISIS-Controlled Oil Fields in Syria," The New York Times, (November 12, 2015)
2) "US-trained Syrian rebels refuse to fight al-Qaida group after kidnappings," The Guardian, (August 6, 2015)
3) 트럼프는 대선후보 기간에는 IS와 관련해 수시로 발언을 번복했다. 2015년 6월 그가 대선

3월에는 400명의 미 해병이 시리아 북부에, 그리고 300명 미 공수부대가 이라크 모술 인근에 추가 배치됐다. 시리아 해병 배치는 그 이전 주로 특수작전 병력에 의존하던 것에 비해 야포부대를 관리하기 위해 약간의 지상군을 추가하는 목적을 띠었다. 트럼프는 이라크와 시리아 모두에 추가 병력을 파견하면서 군사작전을 가속화했고, IS 관련 대통령 특사 맥거크(Brett H. McGurk)는 2017년 8월 트럼프 행정부의 과감한 전략으로 인해 지난 6개월 간 IS 영토의 1/3 이상을 탈환할 수 있었다고 말했다.[1] 미군과 이라크, 시리아 현지 파트너들은 2016년 이라크 팔루자와 시리아 만비즈(Manbij)를 회복했는데, 2017년 말까지 IS의 수도인 모술과 락까를 포함해 IS가 장악했던 영토의 98%를 재탈환했다. 2017년 8월까지 미국은 약 2만5천회의 공격을 실시했고, 그것은 전투기, 무장 무인기(UAE: Unmanned Aerial Vehicle), 해상발사 순항미사일 사용을 포함했다. 2018년 3월까지 235억 달러의 전쟁비용이 소요됐다. 미국의 직접적인 군사 재개입으로 인해 2017~2018년 IS는 수많은 병력과 영토 대부분을 잃었고, 충원, 재정, 리더십은 파탄났으며, 그 잔당은 이라크와 시리아 시골, 주변지역으로 뿔뿔이 흩어졌다.[2]

　　그럼에도 불구하고 미 군사당국은 계속해서 IS가 재부상의 기회를 엿보고 있고, 그들이 시리아, 이라크와 그 너머에서 만성적 위험과 위협으로 잠재해 있을 것이라고 말하면서 다음과 같은 취지로 경고했다. (2018년 말 현재) IS가 밀려나면서, 그 이후의 안정화가 중요한 이슈이다. 미국은 IS 축출의 큰 성과를 달성했지

에 나갈 것이라고 선언했을 때, 그는 이란과 러시아가 시리아를 보호하기 때문에 시리아에서 미국이 IS와 싸우는 것은 알-아사드를 돕는 것과 다름없다고 말하면서 시리아 내란 개입에 반대하는 것 같이 말했다. 그러나 그해 말에는 러시아가 시리아에 간섭해 IS를 공격하는 것에 100% 찬성하고, 미국도 시리아에서 작전해야 한다고 말했다. 그는 또 IS를 붕괴시키고 엑슨 모빌을 들여보낼 것이라고 덧붙였다. 2016년 3월 공화당 대선토론회에서는 IS를 진압하기 위해 지상군을 파병할 것이라고 말했다. Steve Holland, Emily Stephenson, "Trump endorses Putin's intervention in Syria," Reuters, (November 10, 2015); Jane C. Timm, "Here Are All of Donald Trump's Flip-Flops on Big Issues," NBC News, (November 7, 2016), www.nbcnews.com

1) W. J. Hennigan, "Trump administration stops disclosing troop deployments in Iraq and Syria," (March 30, 2017), www.latimes.com; Karen DeYoung, "Under Trump, gains against ISIS have dramatically accelerated," The Washington Post, (August 4, 2017)

2) Christopher M. Blanchard, Carla E. Humud, The Islamic State and U.S. Policy, CRS Report 7-5700, R43612, (Updated September 25, 2018), pp. 8, 13-14.

만, 만약 미국이 미래에 훌륭한 옵션으로 제대로 대처하지 못하면 그 소득은 순식간에 사라질 수 있다. IS 핵심 리더십은 아직 이라크, 시리아 내에 남아 있다. IS 병력 숫자는 최소 1천 명에서 최대 3만 명까지로 불확실하지만, IS는 지지자 동원이 가능하다. 2012년 이후 이라크, 시리아 IS에 참여하기 위해 100여 개 국가로부터 유입된 4만 명의 전사 중 6천 6백 명이 미국인이었는데, 더 이상 외국으로부터의 유입은 없지만 그들이 중동을 떠난 것은 아니다. 일부 전문가들도 미 군사당국의 경고와 비슷한 취지로 말했다. IS 구성원들은 과거보다 성별, 나이, 경험에서 더 광범위해졌는데, 그것은 그들의 테러활동이 더 지구화 됐음을 의미한다. 아프간 IS－KP에 가장 외국인 전사가 많이 투입됐는데, 그들 중 일부 유럽인, 걸프, 북아프리카 출신들은 귀국했다. 그들은 자생적 테러리스트들과 함께 본국에서 공격을 시도할 수 있을 것이다. IS는 이라크, 시리아 군사작전이 제한되는 상황에서, 세계에 퍼져 있는 분파들을 독려해 초국가 테러에 우선순위를 둘 수 있다. 유엔도 비슷한 취지로 경고했다. IS는 국가적 기반을 상실한 이후 비밀 네트워크로 전환중인 것으로 보인다. 그렇지만 집단적 기율은 그대로 남아 있고, 온라인 작업은 2014~2015년 전성기, 2017년 저점을 지나 2018년 반등했다. 그들은 이라크, 시리아, 기타 지역 활동을 거론하면서 해외에서의 공격에 대한 이념적 정당성을 강조한다.[1] 2020년 8월 유엔은 시리아와 이라크에 은신해 있는 IS 잔당이 1만 명 이상일 것으로 추정했다.[2]

(3) 이슬람국가 지파

IS 지파는 중동, 아프리카, 북 코카서스, 동남아와 같은 다양한 지역에 존재하면서 미국을 포함하는 서방이익, 그리고 각 지역정부와 민간인에게 막대한 피해를 미쳤다. 그들은 모두 공식적으로, 또 실제 국제 테러단체이다. 그러나 IS에 대한 미국의 대처는 다양한 외교, 정치, 사회질서의 맥락에서 도전받았다. 이라크, 시리아, 아프가니스탄, 필리핀, 소말리아에서, 미국은 군사적으로 대응하고 또 파트너 정부 지원을 통해 IS에 대한 작전을 전개하면서 나라에 따라 서로 다르지만 상당한 성과를 기록했다. 그러나 리비아, 예멘과 같이 아직도 내란이 진행 중인

---

1) Blanchard, Humud, <u>The Islamic State</u>, (Updated September 25, 2018), pp. 2－4.

2) "Over 10,000 Islamic State fighters active in Iraq, Syria as attacks significantly increase: UN," Military Times, (August 25, 2020)

무정부 상태에서의 미국 구상, 그리고 나이지리아, 이집트 같이 민주주의 거버넌스에 있어서 워싱턴과 다른 생각을 가진 나라에서의 미국 노력은 상대적으로 제한받았다.

1) 아프간 IS

아프간 IS는 IS-호라산(IS-Khorasan), 또는 IS-호라산 지부(IS-KP: Khorasan Province)라고 불린다.[1] 그들은 탈레반에 실망한 탈주병과 IS 충성파로 이루어져 있는데, 아프가니스탄 내에서 시아파를 공격했지만 유럽에서의 여러 번 공격 시도는 실패했다. IS-KP는 2015년 설립 초창기 헬만드, 자불(Zabul), 파라(Farah), 로가르(Logar), 그리고 난가하르(Nagarhar) 주에 출현했고, 그 해 전반기 난가하르에 상당한 근거지를 마련했다. 그들의 난가하르 정착은 그 지역의 살라피(Salafist) 이슬람 종교 해석, 그리고 인접한 파키스탄의 종교, 정치적 성향에 도움 받았다. IS는 아프간 북부지역에도 거점 마련을 시도했는데, 그 이유는 그곳이 체첸, 중앙아시아로부터의 테러리스트 유입통로였기 때문이다. 그 당시 IS-KP 병력 수는 통계에 따라 다른데, 1~5천 명 또는 많은 경우 2~4천 명으로 보았다.[2]

▲ IS-KP, adl.org

미군은 (OEF를 승계해) 2015년 이후 시작된 '자유의 파수꾼 작전'(OFS: Operation Freedom's Sentinel)하에서 2016~2017년 여러 IS-KP 고위 리더와 전사를 소탕했다. 2015년 2월 IS-KP 고위 지휘관(Mullah Abdul Rauf Khadim)이 미 드론 공격에서 사망했고, 그 이후 아프간 남부지역의 소수 IS 세력은 거의 자취를 감췄다. 2016년 내내 미군과 아프간 정부군의 IS 공격이 지속적으로 추진됐다. 그해 1월 미군은 난가하르 주의 '토라보라'(Tora Bora) 산악지역에서 3주에 걸쳐 아프간 정부군과 함께 십여 차례 공습과 특공대 지상공격을 감행해 100여 명에 이르는 IS를 사살하고, 1~4월 기간 약 80회의 공습을 진행했다. 2016년 4월까지 지난 1년 간 거의 2천명의

---

1) 호라산은 아프가니스탄 일부, 북동부 이란, 그리고 중앙아시아 남부 일부 지역을 포괄한다.
2) "IS in Afghanistan: How successful has the group been?" BBC, (February 25, 2017)

IS가 제거되고 약 1천 명의 IS 혐의자가 구금됐다.[1] 후반기에도 난가하르 주에 대한 공격은 지속됐다. 7월에는 집중적인 공습과 야포 공격으로 IS-KP 창설자 중 하나인 사드 에마라티(Saad Emarati)를 포함해 120명 대원을 사살했고, 8월 여러 차례의 미 공습이 있었다. 1~8월 미군은 IS 타깃에 약 140차례의 공습을 퍼부었는데, 10월에는 난가하르 주 아친(Achin) 지역에서 작전하던 미군병사가 처음으로 길목폭탄에 의해 살해됐다.[2] 2016년 말 OFS 당국은 2016년 1년 동안 미군 주도의 350여 차례의 IS와 알카에다를 겨냥하는 작전이 진행됐고, 그동안 12명의 IS-KP 최고위 리더들이 제거됐으며, 난가하르 내 IS 거점은 10여 개에서 2~3개로 축소됐다고 밝혔다. 2016년 말 IS-KP 전사 숫자는 그해 초의 3천명에서 1천 명으로 축소된 것으로 평가됐다.[3]

트럼프 취임 후 2017년 초 일부 IS-KP가 난가하르 이외 아프간 북부 자우즈잔(Jowzjan) 주에서 발견되면서, 미국은 IS에 대한 대테러 작전을 계속했다.[4] IS-KP는 2017년 아프간 미군의 주요 타깃이었다. 3월 미군과 아프간 정부군이 아프간 동부의 험준한 산악지형과 IS가 묻어둔 IED로 인해 '함자 작전'(Operation Hamza)에서 약간의 어려움을 겪었지만, 4월 나토 당국자는 지난 2년 간 IS-KP가 통제하는 영토는 2/3가 축소되고 병력은 절반 이상이 줄었다고 말했다. 그 당시 IS 숫자는 정확한 통계를 알기 어려운 상태에서 최소 400명, 최대 800명 수준으로 추정됐는데, 2017년 IS와의 전투가 격렬해 그해 아프간 미군 사망자 14명의 절반 이상이 그들과의 교전에서 목숨을 잃었다.[5] 2018년 4월, 미군은 자우즈잔 주 공습으로 IS 리더를 사살하고, (AQ를 지지하는) 탈레반도 IS-KP를 공격했다. 2018년 8월 IS-KP는 최고로 약화됐다. 2019년 11월 난가하르 주에서 약 250명

---

1) "Number of ISIL Fighters in Afghanistan Drops Significantly, Official Says," US Department of Defense, (April 14, 2016)

2) "US special operator was 1st US casualty in fight against Islamic State in Afghanistan," Stars and Stripes, (October 5, 2016)

3) "US, Afghan Forces Push Back Islamic State, al-Qaeda," (December 24, 2016), www.military.com

4) 2015년 1월 OFS 작전의 시작 이래 2018년 6월까지 미국은 1,343억 달러 군사비용을 지출했다.

5) "Afghan official: Death toll from massive US bomb rises to 94, including 4 ISIS commanders," Stars and Stripes, (April 15, 2017); "US cites progress against Islamic State in Afghanistan," The Washington Post, (April 6, 2017)

IS 전사와 수백 명 그 가족이 아프간 정부군에 항복했고, 아쉬라프 가니 아프간 대통령은 이제 IS는 토벌됐다고 말했다.[1] 나토는 2015년 이후 지속적으로 '단호한 지원임무'(RSM: Resolute Support Mission)를 통해 IS를 겨냥해 아프간 정부군에 훈련, 자문, 정보제공의 지원을 제공했다.[2]

2) 리비아 IS

리비아 IS는 그 나라 동, 서, 남부지역에 분포돼 있지만, 동부의 아즈다비야 (Ajdabiya)와 데르나(Darnah/Derna)에 주둔해 있는 지파가 가장 활발하게 움직인다. IS의 리비아 동부 분파는 '윌라야 리비아'(Wilayah Libya)라고 불리는데, 그들은 국제적으로 공인받은 '국민합의 정부'(GNA: Government of National Accord)와 '리비아 국민군'(LNA: Libyan National Army)을 포함해 국가권력을 차지하려는 기타 집단 사이의 내란, 그리고 그 내란과 관련해 개입한 외국병력이 뒤섞인 극도로 혼란한 사회, 안보질서 속에서 활동공간을 찾았다.[3] '아랍의 봄'에서 야기된 리비아 내란에 카다피 세력에 반대해 일찍이 개입했던 미국은 한동안 리비아 사태에 거리를 두었다. 그러나 2014년 중반 이라크, 시리아에 개입하면서, 그해 12월 미국은 IS의 동부 주요거점 중 하나인 데르나에서 전자감시 항공기와 무인 드론을 사용해 IS에 대한 정찰활동을 전개했고, 그 이후 일단 유사시 공습을 준비하기 위한 정보수집에 치중했다.[4] 주로 공중폭격 위주였던 미국의 리비아 IS 작전은 2015년 11월 데르나에서의 2대 F－15E 공습에서 리비아 IS 주요 리더 알－안바리(Abu Nabil al－Anbari)를 사살한 이후 2016년에 들어와 본격적으로 전개됐다.[5]

---

1) "Islamic State's backbone was broken in Afghanistan as hundreds surrender," (November 19, 2019), www.stripes.com

2) 아프가니스탄 내 IS－KP 병력 숫자에 관해서는 미 군사당국과 유엔 보고서는 계속 엇갈렸다. 2017년 봄 미군이 추정한 IS－KP 잔당 숫자는 600~800명 수준인 반면, 유엔은 그것이 4천 명에 달한다고 말했다. 2018년 말 유엔은 엄청난 숫자의 외국인 전사가 아프간 IS－KP로 유입됐다고 말한 반면, 미 군사당국은 2020년 초 IS－KP는 거의 붕괴됐다고 말했다. Blanchard, Humud, The Islamic State, (Updated September 25, 2018), p. 21.

3) Wilayah는 국가(state) 또는 주(province)라는 뜻이다.

4) Chris Stephen, "U.S. expresses fears as ISIS takes control of northern Libyan town," The Guardian, (December 6, 2014)

5) 리비아에서 20명 이상의 이집트 콥트 정교회 신자가 IS에 의해 살해된 뒤, 이집트는 2015년 2월 데르나 공습으로 60명 이상의 IS 전사를 사살했다.

미국은 (리비아 IS를 돕기 위해) 그곳에 잠입한 이라크 IS 리더를 제거하고, 시리아 서부지역 IS 훈련 캠프를 제거하며, IS 주요 거점을 공격한다는 구상을 계획했다. 미국은 2016년 2월 서부 사브라타(Sabratha) 인근의 IS 훈련캠프를 포함해 여러 타겟을 공격해 40명 이상의 IS 대원을 사살하고 더 많은 숫자의 전사를 부상시켰다. 그 해 여름 (2016년 5월 IS에 점령당한) 리비아 중부 해안도시 수르트(Sirte/Surt)를 되찾기 위해 유엔이 승인한 '국민합의 정부'(GNA: Government of National Accord) 병력과 함께 그 지역을 집중 공략하기로 결정하고, 8월 1일 미 AFRICOM 사령부는 '오디세이 라이트닝 작전'(Operation Odyssey Lightning) 개시를 선언했다.[1] 작전 시작 이후 2016년 12월 7일 종료 시까지 거의 매일 공중폭격이 있었다. 8월 2일 미군 전투기와 드론(drone)이 수르트에서 IS 탱크, 무기적재 차량, 로켓발사대를 공습했다. 해병 AV−8B 해리어 전투기(Harrier jets)와 AH−1W 코브라 공격헬기(Super Cobra attack helicopters)가 IS 공격에서 주목받은 반면, 멀리 있는 항모(USS Wasp)의 공군편대는 적이 인지할 수 없는 높은 고도에서 압도적이고 지속적인 공격과 정찰을 제공했다.[2] 미군은 8월 100회 이상의 공격을 실시했는데, 그 중 절반은 무인 드론에 의존했다. 그것은 지속적 공격의 시작을 알렸고, 11월 말까지 거의 360회 이상의 공습이 있었다. 9월에는 수르트 IS가 위축되어 전사가 수백 명 수준으로 감소되면서 공습이 50회로 줄었지만, 10~11월 평균 100회 이상 폭격으로 수십 개 수르트 IS 전투진지를 파괴하고 IS를 결정적으로 약화시켰다. 미군 공습으로 IS의 T−72, T−55 탱크, 공병장비, 사제폭탄(IED) 차량, 무장트럭, 그리고 수백 곳의 IS 은신처가 파괴됐다. 그 과정에서 미군은 동맹국 군대와 협력했다. 영국, 프랑스, 독일, 이탈리아, 요르단 등은 미군의 정찰활동을 도왔고, 영국 특수부대는 영국 정보부 MI6와 함께 서부 미스라타(Misrata), 트리폴리(Tripoli) 인근에서 민병대 훈련, 무기공급, 군사훈련을 시도했다. 미스라타 민병대는 트리폴리 GNA의 주요 병력으로 활동해 IS를 물리치는데 중요한 역할을 담당했다. 2016년 12월 GNA가 수르트에서 IS를 완전히 몰아내면서 IS의 확산세는 크게 감소했고, 12월 7일 미국은 '오디세이 라이트닝 작

---

1) "Pentagon: Islamic State down to 350 fighters in Sirte, Libya," Stars and Stripes, (August 9, 2016); "U.S. Airstrikes Support Government of National Accord in Libya," Department of Defense, (August 4, 2016)

2) 지중해에서 오디세이 작전을 수행하던 USS Wasp의 임무는 2016년 10월 USS San Antonio에 의해 대체됐다. Operation Odyssey Lightning− Air Combat Command, https://www.acc.af.mil〉 News〉 Tag

전'을 종결했다.[1]

　　2017년 1월 오바마 행정부 임기 만료 직전, 미군은 GNA 군 당국과 조율하면서 B−2 폭격기와 무인 드론으로 수르트 남쪽 2개 IS 캠프를 공격해 80~90명 IS 전사를 사살했다. 트럼프 행정부 출범 이후에도 미군은 필요시 IS에 대한 공격을 계속했다. 2017년 9월 처음으로 IS에 대한 6차례 공격이 있었다. 미군은 GNA와 협력해 수르트 240Km 동남쪽의 IS 기지를 공습했고, 그 과정에서 약 20명 IS 대원을 사살하고 군사장비를 파괴했다.[2] 11월에는 리비아 중부 내륙의 후카하(Fuqaha) 인근지역에서 2차례 IS를 공격했다. 그즈음 IS는 현저히 약화되어 대원 숫자는 2016년 6천명에서 500명 수준으로 축소됐다. 그러나 미국이 시리아, 이라크, 아프간 IS에 몰두하는 사이 리비아 IS 병력은 2018년 여름까지 순식간에 4천명으로 증가했고, 동부뿐 아니라 서부 트리폴리, 미스라타(Misrata), 사브라타(Sabratah), 그리고 남부의 가트(Ghat)와 알 와이나트(Al Uwainat)에서 끈질기게 생존을 추구했다. 2018년 말 통계로 리비아 전체 IS 숫자는 6천명에 이르는 것으로 추산됐고, 그들은 이제 또다시 국경을 넘어 작전할 수 있는 능력을 구비한 것으로 평가됐다. ARFICOM은 상존하는 리비아 내란 속에서 IS가 제기하는 위험은 아직 사라지지 않았다고 말했다.[3] 2019년 4월 미군은 리비아에서 새로이 격화되는 내란으로 인해 모든 지상군을 철수시켰지만, IS(와 일부 AQIM) 테러리스트를 추적하기 위한 정보 및 감시 정찰은 계속할 것이라 말했다. 2019년 9월에도 미군은 세 차례에 걸쳐 드론으로 이라크 서남부 마르주크(Muarzuq/Murzuq) 인근에서 약 40명의 IS 전사를 사살했다.[4] 미국은 IS와 기타 테러집단이 내전의 정치, 군사공백을 착취하지 못하도록 주기적으로 공격을 가했지만, 리비아 IS는 이라크, 시리아를 제외하고 가장 잘 발달한 IS 지파로 간주됐다. 현재도 리비아 IS는 여러 지역에 분산된 네트워크를 통해 수많은 반서방, 반정부 타겟을 대상으로 테러활동을 전개하고 있다.

1) "AFRICOM concludes Operation Odyssey Lightning," AFRICOM, (December 20, 2016)
2) "B−2 Bombers Strike ISIS Camps in Libya," ABC News, (January 19, 2017); "US Strikes Libya for first time under Trump," CNN, (September 24, 2017)
3) Blanchard, Humud, The Islamic State, (Updated September 25, 2018), pp. 8, 18.
4) Eric Schmitt, "U.S. Military Again Strikes ISIS in Southern Libya," The New York Times, (September 27, 2019)

3) 이집트 IS

이집트 IS는 시나이 반도에 근거지를 둔 테러집단(IS－SP, IS－Sinai Peninsula)
이다. 그들은 '아랍의 봄'에 의해 이집트 치안이 악화된 2011년 이후 이스라엘과
일부 아랍국가에 반대해 반군활동을 해온 '안사르 바이트 알마크디스'(ABM: Ansar
Bait al－Maqdis)에서 유래했다. 무슬림 형제단의 무하마드 무르시(Mohamed
Morsi) 이후 새로 집권한 이집트 엘시시(Abdel Fattah el－Sisi) 군사정부가 ABM을
포함해 반군 척결을 시도할 때, ABM은 이집트 당국에 저항하면서 2014년 11월
IS 리더 알－바그다디에게 충성을 맹세하고 IS－SP로 이름을 바꿨다.[1] IS－SP는
(2018년 6월 사망한) 알－마스리(Abu Osama al－Masri) 리더십하에서 시나이 반도
와 이집트 내에서 많은 테러를 감행했고, 그들의 공격대상은 주로 이스라엘, 이집
트 정부인사와 시설, 군 병력, 그리고 일부 해외 이익을 포함했다. 2015년 7월
IS－SP는 시나이의 이집트 마을에서 대규모 테러를 가하던 중 이집트 정부군에
의해 100여 명의 대원이 사살됐는데, 그때 전문가들은 자살폭탄, 소형 무기와 함
께 박격포 화력(mortar fire)의 사용, 그리고 여러 곳에서의 동시다발적 공격 방식
에 비추어 그들이 이라크, 시리아의 IS 중앙본부로부터 전술을 전수받은 것으로
추정했다.[2] 그해 7월 IS－SP는 또 가자(Gaza) 지구 인근 남부 이스라엘 마을과
이집트 해군 순찰함에 로켓을 발사했고, 10월에는 러시아 상트페테르부르크로 향
하는 러시아 여객기를 폭파해 224명을 희생시켰다.[3] IS－SP는 2016년 1월 요르
단으로 연결되는 가스 파이프를 폭파하고, 12월 이집트 내 성당 폭파로 28명을
살해했으며, 2017년 1월 시나이 이집트 영토에서 이스라엘 남부도시에 로켓을 발
사하고, 11월에는 북부 시나이 알－아베드(Bir al－Abed) 마을 동쪽 알－로다
(Al－Rawda)에 위치한 그 일대 최대 규모의 모스크를 공격했다. 40명 IS－SP 대
원이 동원되어 금요예배에서 폭탄과 총기난사로 311명을 살해, 최소한 122명을
부상시킨 알－로다 모스크 공격은 이집트 역사상 가장 치명적인 종교관련 테러로

---

1) "Sinai Province: Egypt's most dangerous group," BBC News, (May 12, 2016),
   www.bbc.com
2) "Jihadist Attacks on Egypt Grown Fiercer," The New York Times, (July 1, 2015)
3) 추락한 러시아 여객기 Metrojet Flight 9268은 러시아 상트페테르부르크와 시나이 반도 남
   단의 이집트 도시 샤름 엘 셰이크(Sharm－el－Sheikh) 구간을 운행했다. "Russian plane
   black boxes point to attack, Putin halts flights," AFP, (November 6, 2015)

기록됐다. 2017년 12월에는 2015년 11월 당시와 비슷하게 이집트 내무장관과 국방장관 암살을 시도했고, 교회를 공격해 11명을 살해했다.[1]

그동안 즉응대응에 의존하던 이집트 엘시시 정부는 강경책으로 선회하면서 2018년 2월 4만 명 이상의 병력을 동원해 300명 이상 IS-SP를 사살하는 성과를 올렸다. IS-SP 리더 알-하마딘(Salim Salma Said Mahmoud al-Hamadin)은 2021년 3월 이집트 정부 및 라파(Rafah) 남쪽 알-바스(Al-Barth) 인근의 베두인(Bedouin) 병력과의 충돌에서 사망했다.[2] 미국은 최대 1천 2백 명 대원을 갖고 있는 IS-SP가 이집트 반군세력 중 가장 공격적인 테러집단이라고 말했다.[3]

4) 사우디 IS

사우디아라비아 내 테러리즘은 주로 사우디인들에 의한 것이지만, 일부 외국 이슬람주의 극단주의자들이 그 행위에 개입했다. 그들의 사우디 내 타깃은 외국인, 서방 외교 인력과 시설, 사우디 세속정부와 안보병력, 그리고 사우디 민간인을 포함했다. 사우디 내 서방 표적에 대한 공격은 일찍이 1995년 이후 발생했는데, 일부 사우디인들은 오래전부터 다른 나라 이슬람 테러리즘을 자금 지원하는 것으로 비난받았다. 9·11 세계무역센터(WTC: World Trade Center) 빌딩 공격을 사우디 출신 빈 라덴의 알카에다가 주도하고, 또 그 당시 테러범 19명 중 15명이 사우디 사람들이라는 것이 드러나면서, 그 나라는 테러리즘과 관련해 더 많이 주목받았다. 세계 여러 나라는 사우디 이슬람 성직자들의 반서방 이데올로기 설교가 테러를 부추긴다고 성토했다.[4]

---

1) Declan Walsh, Nour Youssef, "Militants Kill 305 at Sufi Mosque in Egypt's Deadliest Terrorist Attack," The New York Times, (November 24, 2017); "Islamic State claims air base attack in Egypt's North Sinai," Reuters, (December 20, 2017)

2) 라파는 이집트의 북부 시나이 중요 도시로서 이스라엘 가자 지구(Gaza Strip)와 국경을 접하고 있다. 베두인은 아랍반도, 레반트, 북아프리카에서 역사적으로 거주해 온 아랍 유목부족이다. Tzvi Joffre, "ISIS in Sinai leader killed in clash with Egyptian forces-report," The Jerusalem Post, (March 23, 2021), www.m.jpost.com

3) Blanchard, Humud, <u>The Islamic State</u>, (Updated September 25, 2018), p. 17.

4) 사우디 내에는 4천명 사우디인, 그리고 예멘인 300명 이상을 포함해 약 1천명 외국인이 테러리즘과 관련되어 수감돼 있다. 그들은 대부분 AQ 및 IS와 관련된 테러범들이다. "US embassy cable: Hillary Clinton claimed Saudi Arabia was a critical source of terrorist

2001년 9 · 11 사태가 발생한 이후, 사우디 내에서는 특히 서구인에 대한 테러가 많았다. 그 행동은 다양한 형태를 띠었는데, 아프가니스탄과 기타 중동, 아프리카 국가들에서 보듯이 시내에서의 테러는 자살폭탄으로 무장하거나 차량폭탄을 사용하는 경우가 많았고, 수류탄, 기관총, 개인 소총도 수시로 사용됐다. 테러에는 알카에다가 개입된 경우가 적지 않았고, 그 대상은 다양한 직업을 가진 서구인이 많았다. 2001~2014년 이슬람 극단주의자 테러에 희생된 서구인 중에는 미국, 영국, 캐나다, 프랑스, 독일, 호주, 아일랜드인과 그들 가족이 포함됐고, 그들의 직업은 군인, 의사, 서방 대기업 및 은행 직원, 수퍼마켓 종사자, 요리사, 기독교 전파자, 일반 주부와 같이 다양했다.[1] 2003년 5월 서양인들이 모여 거주하는 아파트에서 자동차 폭탄으로 대량살상 사건이 발생했는데, 그때 26명을 살해한 주범은 AQ였다. 미국인에 대한 공격에서는 미군 전투기를 미사일로 격추하려는 시도(2002. 5)가 있었고, 미군기지에서 병사가 살해됐으며(2003. 5), 제다(Jeddah)의 미 영사관이 폭발물과 기관총에 의해 습격(2004. 12) 받았다. 제다 미 영사관 습격 당시에 테러범들 중에는 이슬람주의를 신봉하는 예멘, 수단, 필리핀, 파키스탄 출신 영사관 직원들이 가담했다.[2] 사우디 정부 인력과 시설에 대한 공격의 경우, 2004년 4월 9명 테러리스트들이 차량폭탄으로 경찰서에 돌진해 5명을 살해하고 약 150명을 부상시켰다. 일반 민간인 관련 테러사건은 계속 산발적이면서도 지속적으로 발생했다. 사우디 안보병력은 AQ와 이슬람 급진주의 무장집단 제어에 많은 노력을 기울였다. 2005년 4월 사우디 안보병력은 카심(Qassim) 주에서 AQ 대원들과 3일 간 총격전을 벌여 20여 명을 살상했고, 12월 사살한 테러범 2명은 자동소총, 수류탄, 위조문서를 소지한 상태였다.[3] 2008년 4월 체포한 사우디 테러범 61명은 고도로 훈련된 파일럿이 포함돼 있었고, 폭발물, 무기, 그리고 수백만 불 현금을 보유하고 있었다. 2011년 사우디 특별 형사법정에서 AQ 테러리즘을 도운 범죄자들에 대한 재판이 여러 번 있었는데, 그들은 미사일, 폭발물, 폭탄 제조장비, 무기, 화학물질, 테러 재정, 문서위조 등과 관련해 처벌

---

funding," The Guardian, (December 5, 2010)

[1] "Chronology of attacks on Westerners in Saudi Arabia," Reuters, (September 26, 2004)
[2] Christine Hauser, "Gunmen storm U.S. Post in saudi Arabia," The New York Times, (December 6, 2004)
[3] 카심은 사우디 13개 주 중 하나로서 사우디 중심부에 위치해 있고, 그 나라에서 가장 보수적인 지역이다.

받았다.[1]

이라크와 시리아에서 IS가 등장한 2014년 이후, 사우디 IS(IS－AP: IS－Arabian Peninsula)에 의한 테러가 많았다. 2014년 5월 사우디 서남쪽 최남단 예멘 국경 인근 아브하(Abha)에서 62명 테러조직이 발견됐다. 그들은 AQAP, IS－AP와 관련된 자들로 현금, 폭탄, IED, 전자 교란기를 구비하고 사우디 정부를 타깃으로 삼고 있었다.[2] 미 국무부는 IS－AP에 대한 사전 대비에서 미국 시민들에게 사우디 여행 위험경보를 내리고, 2015년 3월 미 대사관을 일시 폐쇄했으며, 7월 미 정부직원이 지잔(Jizan), 나즈란(Najran) 시를 포함해서 예멘 국경 50마일 이내 지역을 방문할 경우 당국의 허락을 받도록 지시했다. 2015년 5월 IS－AP 대원이 자살폭탄 방식으로 동부해안의 카티프(Qatif)시 '이맘 알리'(Imam Ali) 모스크를 공격해 100여명을 살상했고, 6월에는 쿠웨이트 시아파 모스크에서 자폭해 수십 명을 살해하고 수백 명을 부상당하게 만들었다. 2015년 10월 사우디 최남단 나즈란 시에서 2명을 살해하고 26명을 부상시킨 시아파 모스크 공격은 사우디 IS－AP가 저지른 것으로 추정됐다. 2016년 2월 IS－AP는 여러 건의 테러를 시도했는데, 리야드 자동차 폭탄테러, 메디나(Medina)의 '예언자 모스크'(Prophet's Mosque) 건물 밖의 경찰 다수 살해, 그리고 미 영사관의 자살폭탄 테러를 포함했다.[3] 이라크와 시리아의 IS 본부는 IS－AP 지지자들에게 이슬람주의 국가 건설을 위해 더 분발할 것을 촉구했다. 2017년에도 1월과 3월 IS－AP와 사우디 안보병력 간에 작은 규모의 총격전이 있었다. 2018년 7월 카심(Qassim)주 보안 검문소에서 3명 IS－AP 전사에 의한 총격이 있었다. 그때 사우디 군인과 외국인이 살해됐고, IS 테러범은 2명이 사살되고 1명은 부상당했다.[4] 그 다음달 8월 IS 본산지에서, 바그다디는 사우디 정부의 개혁이 무슬림의 서구화이고 이슬람

---

1) "Specialized criminal court begins hearings against 85 people accused of terrorism," Royal Embassy of Saudi Arabia in Washington D.C., (June 26, 2011)

2) 2014년 7월 AQAP 6명이 Wadi 국경 검문소에서 2명 안보병력을 포함해 6명을 살해했다. Ian Black, "Saudi Arabia breaks up al－Qaida－linked terror cell/ World News," The Guardian, (May 30, 2014)

3) 2016년 2월 3건 모두의 사건에서 사상자는 없었다. "Saudi Arabia Travel Warning," (July 30, 2014), www.travel.state.gov; "Islamic State claims car bomb blast in Saudi capital," Reuters, (February 8, 2016)

4) "Police gun down ISIS fighters on the streets of Saudi Arabia," The Independent, (January 8, 2017)

에 대한 배반이라고 말하면서 IS－AP의 봉기를 독려했다. 살라피스트 수니 이슬람 종주국으로 자부하는 사우디 정치 리더들이 IS로부터 정통성에서 도전받는 가운데, IS의 주장은 일부 사우디인들에게는 설득력을 갖는 것으로 알려졌다. IS－AP가 정통성이 없는 테러집단임을 대대적으로 강조하면서, 사우디 정부는 그 소탕 노력에서 1천 6백 명 이상의 IS 테러리스트를 체포했다.[1] 사우디 정부는 2019년 테러리즘에서 유명한 빈 라덴의 아들 함자 빈 라덴(Hamza bin Laden)의 사우디 시민권을 취소했다. 미국 정부는 사우디 내 미국 타깃에 대한 IS－AP 공격 잠재성이 높은 것으로 판단했다.[2]

5) 예멘 IS

예멘 IS(IS－Y)는 IS 중앙본부 리더 바그다디가 예멘 무장단체의 충성서약을 승인하면서 2014년 11월 공식 설립됐다.[3] IS－Y는 2004년 처음 시작되고 2015년 이후 수많은 외세가 개입한 예멘 내란의 정치적 진공을 활용하는 가운데 성장했다. IS－Y는 다른 나라 어느 IS 분파와 마찬가지로 수니 이슬람주의 정부, 국가건설을 주요 목표로 삼았다. 그런 이유로 그들은 외국 타깃, 국제적으로 인정받은 수니파 하디 정부, 시아파 후티(Houthi) 반군, 시아파 민간인, 그리고 엄격한 이슬람주의를 따르지 않는 사람을 포함해 모두를 무차별적으로 공격했고, 사우디 및 예멘 내에 존재하는 AQAP를 경쟁상대로 인식했다. 그런 비전에 기초해 IS－Y는 지난 수년 간 자살폭탄 차량과 사제폭탄(IED)을 사용해 수많은 테러를 자행했다. 2015년 봄 IS－Y는 예멘 수도 '사나'에서 자살폭탄 테러를 사용해 2개 시아파 모스크를 공격했다. 민간인 공격의 경우에는 주로 시아파 후티 반군 지지자들에게 테러를 가했다. 2015년 10월에는 남부 해안도시 아덴의 만수르 하디(Abdrabbuh Mansur Hadi) 정부 병력과 사우디 연합군 15명을 자살폭탄으로 공격, 살해했고, 두 달 후에는 아덴 주지사를 살해했다.[4] 아덴 주지사 사드(Jaafar Mohammed

---

1) Blanchard, Humud, <u>The Islamic State</u>, (Updated September 25, 2018), p. 23.
2) "Saudi Arabia revokes citizenship of Osama bin Laden's son," NBC News, (March 2, 2019), www.nbcnews.com
3) IS－Y의 최초 리더는 알－하르비(Abu Bilal al－Harbi)이고, 2017년 3월 알－무하지르(Abu Osama al－Muhajir)가 그를 승계했다.
4) "Yemen crisis: Islamic State claims Sanaa mosque attacks," BBC News, (March 20, 2015)

Saad) 살해에는 자동차 폭탄이 사용됐다. IS-Y는 사드가 독재자이며 이교도라고 주장했다. 6명의 경호원도 함께 살해됐고, 수많은 시민이 부상당했다. 사망한 사람들 시신은 형체를 알아볼 수 없을 정도로 훼손됐다. 2015년 중반 이후 IS-Y는 한동안 AQAP와 전사 충원문제로 충돌했다. IS의 수많은 지파들은 세계 여러 곳에서 일반적으로 AQ 지파와 경쟁하지만, IS-Y는 그 갈등을 피했다. 그 이유는 수백 명 전사를 가진 IS-Y가 오랜 기간 아라비아 반도에서 활동하고, 수천 명 대원을 갖고 남부 예멘에 깊이 뿌리를 내린 AQAP에 도전할 처지에 있지 않았기 때문이다. AQAP는 IS-Y와 전사 공유를 허용한 것으로 알려졌다.[1]

그동안 IS-Y를 지켜보던 미국은 2016년 5월 이후 그들을 해외테러조직(FTO), 또 그 일부 리더들을 '지구적 특정 테러리스트'(SDGT: Specially Designated Global Terrorist)로 지정하고, 그들에 대해 직접적 공격을 가하기 시작했다.[2] 2017년 10월 미군은 예멘 서남부 지역 알-베이다 주(Al Bayda governorate)에 위치하고 약 50명 대원을 보유한 2개의 IS-Y 훈련캠프를 공격해 9명의 대원을 사살했는데, 미 중부사령부(CENTCOM)는 10월 한 달간 미군이 60명 IS-Y를 사살했다고 말했다.[3] 그해 11월 미군은 알-베이다 주에서 다시 한 번 IS를 3번 공격해 5명을 사살했다. 그러는 사이 IS-Y 내에서 약간의 내분이 발생했다. 2015년 후티 반군 공격을 위해 AQAP로부터 이탈한 수십 명이 전사가 IS-Y로 왔는데, 2015년 말 IS-Y가 이슬람 율법준수 문제로 두 개 파벌로 의견이 나뉘면서 수십 명 대원이 다시 AQAP로 탈주했다. 2018년 병력이 최대 5백 명 전사 밖에 없던 IS-Y는 전력이 더 약화되고, 2019년 6월 그 리더 알-무하지르(Abu Osama al-Muhajir)는 사우디 연합군에게 체포됐다. 그 이후에도 IS-Y는 수차례 테러를

---

1) "In Yemen chaos, Islamic State grows to rival al Qaeda," Reuters, (June 30, 2015)

2) 2016년 5월 IS-Y는 또다시 남부 예멘 무칼라(Mukalla)시에서 하디 정부 25명 경찰병력을 자살공격으로 살해했다. Blanchard, Humud, <u>The Islamic State</u>, (Updated September 25, 2018), p. 21.

3) 250명 이하의 극소수 IS가 소말리아에 존재하는데, 미군은 드론을 사용해 칸달라(Qandala) 약 50Km 북쪽의 부카(Buqa)에서 소말리아 정부와 공동작전으로 IS를 공격해 여러 명을 사살했다. 그것은 미국이 소말리아 IS에 대해 처음 공격한 경우였다. 소말리아에는 최대 6천명에 이르는 알카에다 조직 알샤바브가 존재한다. Ryan Browne and Zachary Cohen, "Pentagon: US airstrikes in Yemen kill 9 ISIS militants," CNN, (October 25, 2017), www.edition.cnn.com; "US Carries Out 1st Airstrikes Against ISIS in Somalia," (November 4, 2017), www.military.com

자행했지만, 2020년 후티 반군이 알―베이다 공세에서 IS―Y와 AQAP로부터 거
대한 영토를 회복하면서 IS―Y의 최대거점이 제거됐다. 그동안 IS―Y는 사나, 아
덴, 샤브와(Shabwah), 알―베이다(Al Bayda)를 포함해 예멘 내 8개 지역에서 소수
로 나뉘어 투쟁해 왔는데, 2020년 말 IS―Y는 소멸상태에 놓였다.[1]

6) 나이지리아 IS

▲ Bokoharam, premiumtimesing.com

나이지리아 IS(IS―WA: IS―West Africa)는 수니파
테러집단 보코하람(Boko Haram)에서 유래했다. '서방문
화 금지'라는 뜻을 지닌 보코하람은 2002년 나이지리아
동북부 지역에서 유스프(Muhammad Yusuf)에 의해 창
설됐는데, 그는 단체명이 말해주듯 서방, 그리고 불평등
과 가난으로 이끈 나이지리아 세속주의 정부를 타도하
고 이슬람주의에 근거한 국가건설을 지향했다. 나이지리아 정부의 강력한 군사작전
으로 인해 한동안 보코하람의 존재가 크게 위축되고 그 창시자 유스프는 사살됐다.
그러나 2010년 9월 그 대원들이 바우치(Bauci) 감옥에서 대량 탈출하고 나라가 내
란수준에 휩싸이면서, 보코하람은 셰카우(Abubakar Shekau) 리더십하에서 조직을
재정비하고 북부 여러 도시에서 또다시 반서방, 반정부, 이슬람주의 무장반란, 테러
활동을 시작했다. 그 이후 보코하람은 자살폭탄, 사제폭탄, 습격, 매복, 납치의 다양
한 방법으로 수만 명을 살해하고 200만 명 이상의 난민을 양산하면서 세계에서 가
장 잔인한 테러집단으로 악명을 날렸다.[2] 보코하람은 2011년 경찰건물과 나이지리
아 수도 아부자(Abuja)의 유엔시설을 자살폭탄 테러로 파괴하고, 2013년 북 나이지
리아의 거대한 영토를 장악하면서 니제르(Niger), 차드(Chad), 카메룬(Cameroon)을
포함하는 이웃국가를 공격했고, 2014년 4월 북동부 나이지리아의 치복(Chibok)에서
276명 여학생 납치사건을 저질렀다. 2014년에는 4,500명을 살해해 역대 최고치를

---

1) 일각에서는 IS―Y의 실패의 원인으로 그들의 지나친 잔인성, 현지 주민에 대한 호소력 부
    족, AQAP에 대한 경쟁력 부족, 그리고 통합력이 부족한 리더십을 지적한다. 그렇지만 아
    마 가장 큰 이유는 민족국가 중심의 국제체제 속에서 자금과 병력이 특히 부족한 IS―Y가
    살아남기 어려웠기 때문일 것이다. Elisabeth Kendall, "The Failing Islamic State Within
    The Failed State of Yemen," Perspectives on Terrorism, Vol. 13, No. 1, (February
    2019), pp. 77―86.
2) 나이지리아 난민 중 25만 명 이상은 이웃 카메룬, 니제르, 차드로 피난, 분산됐다.

기록하면서 동북부 보르노(Borno) 주에 영토를 확보했다.[1] 보코하람의 공세에 대응해 지역 군사조율이 증가해 2014년 아프리카 연합(AU: African Union) 승인하에 '다국적 연합 태스크포스'(MNJTF: Multi-National Joint Task Force)가 결성되고, 현지 자경단이 정보수집, 순찰을 도왔다. 그러나 MNJTF는 각국 군대의 취약한 능력과 상호운용성 문제로 효율성이 낮았고, 자경단은 수많은 인권남용 논란에 휩싸였다.[2] 2014년 미국은 MNJTF에 병참, 자문 제공을 포함해 지역국가 군사능력 구축을 지원하고, 치복(Chibok) 여학생 납치사건 해결을 돕기 위해 무인정찰기와 80명 군인을 배치했다.[3]

2015년 3월 셰카우는 IS 중앙본부에 충성을 맹세하고, 그 당시 4~6천명 규모의 보코하람의 이름을 '서아프리카 IS'(IS-WA; IS-West Africa)로 바꿨다. 그 이후 (바그다디의 지시로) IS-WA의 리더가 알-바르나위(Abu Musab al-Barnawi)로 교체되면서, 그에 반발한 셰카우는 IS-WA로부터 이탈해 다시 보코하람이라는 원래 이름으로 또다시 그룹을 재조직했다.[4] 미국은 셰카우 파벌을 보코하람, 그리고 바르나위 파벌을 IS-WA로 간주했다. IS-WA와 보코하람은 나이지리아 동북부와 차드(Chad) 국경, 차드호수(Lake Chad) 인근의 동일지역에서 활동영역이 겹치는데, 그들은 서로 다른 전략을 사용했다. IS-WA는 더 정치적, 군사적 타깃을 공격했고, 보코하람은 주로 어린이와 여성을 자살폭탄자로 이용했다. 2016년 이후에는 IS-WA가 규모와 능력에서 보코하람을 넘어섰는데, IS-WA는 처음에는 보코하람의 무차별적 민간인 살상에 반대하고, 기독교 신자와 나이지리아 정부 타도에 초점을 맞출 것을 옹호했다. 그러나 IS-WA는 그들 거점인 나이지리아 동북부 차드호수 인근에서 한편으로는 세금을 징수하고 사회서비스를 제공해

---

1) 나이지리아 정부는 극심한 테러로 인해 2012년 비상사태를 선포했다. Glenn Kessler, "Boko Haram: Inside the State Department debate over the terrorist label," The Washington Post, (May 19, 2014)

2) MNJTF에는 나이지리아, 베냉, 카메룬, 차드, 니제르가 참여했다.

3) 미국 무기를 가장 많이 구매한 국가는 그 지역 최대 국방예산을 가진 나이지리아였고, 니제르가 가장 큰 미국 군사지원의 혜택을 입었다. Tomas F. Husted, "Boko Haram and the Islamic State's West African Province," CRS IN Focus, IF10173, (Updated March 26, 2021), p. 2.

4) 셰카우는 보코하람의 리더이고, IS-WA는 여러 차례 리더십 교체를 경험했다. Mark Hosenball, "Nigeria's Boko Haram has up to 6,000 hardcore militants: U.S. officials," Reuters, (February 6, 2015)

지역공동체와 유대를 개발하는 반면, 2020년 인도주의 활동가와 무슬림 민간인들을 대량 살상했다. 2021년 현재 최대 5천 명 규모에 이르는 IS－WA와 IS 중심부와의 관계는 불확실한데, IS－WA는 독자활동을 하면서 서아프리카에 근거하는 '광역 사하라 IS'(IS－GS: IS－Greater Sahara)와 유대를 강화한다. 보코하람 역시 북동부 나이지리아와 북부 카메룬(Cameroon) 일부 지역에서 활동한다. 2018년 보코하람도 IS－WA와 비슷하게 차드호수 인근에서 지역공동체 지지확보를 시도하면서, 정부에서 탈취한 드론, 무기, 차량을 이용해 계속 테러를 자행했다. 2018년 보코하람이 나이지리아 군대에 공격을 가속화하면서, 나이지리아 안보병력은 도시에 결집해 고속도로와 시골지역 안보에서 뒷전으로 밀려났다. 보코하람의 테러는 2014년 최고치 4,500건에 비해 2021년 연 1천 건 이하로 줄었지만, 현재 최대 2천명 병력규모의 그들 군사능력은 아직도 군사기지, 도시, 마을을 테러 공격하기에 충분하다. IS－WA와 보코하람 두 조직 모두는 북서부 나이지리아와 그 너머에서 세력 확대를 모색한다. 그 두 조직, 그리고 별개의 탈주파벌 안사루(Ansaru)는 모두 미국에서 FTO로 지정돼 있고, 그와 연계된 몇몇 개인들은 '지구적 특정 테러리스트'(SDGT)로 지정되어 제재목록에 올라있다. 트럼프 행정부 하에서 2020년 미국은 나이지리아에 오바마 시절 인권남용으로 수출이 금지된 전투기를 포함한 몇몇 무기판매를 재개했지만, AFRICOM은 정보, 감시, 정찰활동을 중단했다.[1]

7) 광역 사하라 IS

'광역 사하라' IS(IS－GS: IS－Greater Sahara)는 AQ 연계 조직인 '알모라비툰'(Al Mourabitoun)의 탈주파 리더 알－사라위(Adnan Abu Walid al－Sahrawi)가 2015년 5월 IS 본부에 충성을 맹세하면서 결성됐다.[2] 그리

▲ IS-GS, frontierindia.com

---

1) Husted, "Boko Haram," (Updated March 26, 2021), p. 1; IS－WA는 2021년 현재 가장 활발한 IS 지파 중 하나로 간주된다. Blanchard, Humud, The Islamic State, (Updated September 25, 2018), p. 19.

2) 실제 IS－GS 시작의 과정은 더 복잡하다. 처음에 알모라비툰 리더였던 알－사라위는 본인 조직의 IS에 대한 충성을 맹세했다. 그러나 AQ를 더 중시하는 알모라비툰 원래 창시자 벨모크타르(Mokhtar Belmokhtar)가 그 조직의 IS에 대한 충성에 반대하면서, 사라위는 알모라비툰을 이탈해 IS－GS를 결성했다. 알모라비툰은 AQ 지파로 남았다.

고 2016년 10월 바그다디의 승인에 따라 IS-GS는 공식 IS 지파로 인정받았다. IS-GS의 이데올로기와 존재 목표는 IS의 비전을 따라 궁극적으로 한명의 종교, 정치 리더에 의해 통치되는 이슬람국가인 '칼리프의 나라'(caliphate)를 건설하는 것이다. 따라서 그 조직은 서방문명과 문화침투, 그리고 세속적 삶을 추구하는 이슬람 정부에 반대하고, 그들의 공격대상은 사헬의 서방 군대와 민간인, 또 그들 이념을 거부하는 말리, 니제르, 부르키나파소의 민간인을 포함했다. 사라위는 비디오를 통해 본인과 IS-GS의 최종목표, 그리고 바그다디에 대한 충성을 공개 서약했다.[1]

　　IS-GS는 대원 상당수를 주로 그 활동지역 원주민들인 니제르 풀족(Peul), 그리고 메나카(Menaka)와 말리 도시 가오(Gao) 출신인 다사하크(Dawsahak) 전사들로부터 충원했다.[2] IS-GS 그룹은 처음에는 서부 니제르, 그리고 말리 북동부의 메나카(Menaka)에서 활동했고, 동시에 말리 국경 인근의 부르키나파소에서 몇몇 공격을 시도했다. 시간이 가면서 그들은 니제르-부르키나파소 국경, 그리고 말리의 팀북투(Timbuktu) 남쪽의 구르마(Gourma) 지역으로 활동범위를 넓혔다.[3] 단지 수백 명 수준의 병력을 가진 작은 조직이지만, IS-GS는 말리, 니제르, 부르키나파소 국경 인근에 근거지를 두고 활동하면서 몇몇 강도 높은 공격으로 세계의 주목을 받았다.[4] 2019년 이전 널리 알려진 공격은 2017년 10월에 있었던 것으로, 그것은 IS-GS가 100명 전사를 동원해 니제르 틸라베리 주(Tillabery province)의 통고통고(Tongo Tongo)에서 미국-니제르 공동순찰대의 4명 미군 그린베레와 5명 니제르 군인을 살해한 사건이다. 그 때 통역도 살해됐다. 그 이외에도 IS-GS는 여러 테러를 자행했다. 2016년 9월에는 부르키나파소와 말리 사이 국경의 '준군사 무장경찰'(gendamerie) 초소를 공격했고, 10월에는 말리 인타곰(Intagom)에 위치한 군사초소를 공격해 6명의 군인, 민간인 여럿을 살해, 부상당하게 했다. 2017년 2월 IS-GS는 말리 국경에서 육군 경비대를 매복, 습격해 30

---

1)　Blanchard, Humud, <u>The Islamic State</u>, (Updated September 25, 2018), p. 20.
2)　가오(Gao)는 역사적으로 유명한 사하라 무역의 상업 중심지였다. 다사하크는 메나카와 가오 지역에 거주하는 부족 이름이다.
3)　"The Islamic State in the Greater Sahara (ISGS)- Mapping armed...," https://ecfr.eu〉 special〉 isgs
4)　2018년 말 IS-GS 병력 숫자는 400명을 약간 웃도는 것으로 알려져 있다.

명 이상을 살상하고, 무기, 탄약, 차량을 탈취했다. 2018년 1월 IS－GS는 말리에서 '바르칸 작전'(Operation Barkhane)을 시행 중인 프랑스 병력에 자살공격을 실시했다. 그들은 말리 북동부 지역의 메나카(Menaka)와 인데리메인(Indelimane) 지역 사이에서 작전 중인 프랑스 군에 폭탄트럭을 충돌시키는 방식을 선택했는데, 사망자 숫자는 확인되지 않았고 3명이 부상당했다. 그에 대한 대응에서 프랑스 대테러 병력이 IS－GS 기지를 공격했다. 그때 프랑스 군은 말리 정부군, 현지 민병대와 공조해 반격했다. 그 민병대는 '아자와드 해방운동'(MSA: Movement for Salvation of Azawad)과 임가드 투아레그(Imghad Tuareg) 무장그룹(GATIA: Self－Defense Group and Allies)을 포함하는데, IS－GS는 이들과 투쟁해야 하고 동시에 사헬 AQ 지파인 AQIM의 여러 요소와도 경쟁해야 하는 도전과제를 안고 있었다.[1] 2018년에도 IS－GS에 의한 테러는 계속됐다. 그해 4월 부르키나파소 쿠두구(Koutougou)시의 시장이 살해됐는데, 그가 서방세력 및 부르키나파소 군부와 담합, 협력한다는 것이 그 이유였다. 5월에는 말리 '틴 하부'(Tin Habou) 마을 리더(Hamada Ag Mohamed)가 납치, 처형됐다. 그는 최근 GATIA를 떠나 다른 민병대(HCUA)에 합류했는데, 그 처형은 한 달 전 말리 군과 GATIA 군 리더 2명 처형 이후에 추진된 것이었다.[2] IS－GS는 며칠 후 발생한 또 다른 3명 사망 사건 역시 그들 작전에 의한 것이라고 말했다.[3] 2019년 11월 IS－GS의 공격은 유달리 치명적인 것이었는데, 그때 그 그룹은 메나카 지역 군사초소에 무차별 사격을 가해 적어도 53명의 말리 군인과 프랑스 경비병력, 그리고 1명 민간인을 살해했다.[4]

한편 IS－GS는 가능하면 AQIM과의 갈등을 회피하는 경향을 보이는데, 가장 큰 이유는 6천 명 전사를 보유한 AQIM과의 투쟁에서 승리할 수 없기 때문이다. 또 IS－GS와 AQIM 모두 4천 명 프랑스 병력 및 유엔평화유지군과 싸워야

---

1) GATIA는 프랑스어로 Groupe autodefense touareg Imghad et allies를 의미한다. 그 조직은 말리 아자와드에 위치해 있고, 말리 정부와 말리 군을 지원한다. https://ecfr.ecu〉 sahel_mapping〉 gatia

2) HCUA는 프랑스어로 Haut Conseil Pour L'unite De L'azawad를 의미한다. 그것은 '이포가스 투아레그'(Ifoghas Tuareg) 리더 인탈라(Alghabass Ag Intallah)가 지휘하는 민병대로서, 2013년 5월 HCUA를 설립했다. https://enfr.eu〉 special〉 hcua

3) "MAPPINGMILITANTS CISAC－MMP: Islamic State in the …－FSI/CISAC," https://cisac.fsi.stanford.edu〉 profiles

4) "IS Group Claims Responsibility for Attacks in Mali/ Voice of America," (November 4, 2019), https://www.voanews.com〉 africa

하는 상태에서 두 조직의 분쟁은 그들 모두에게 치명적 손해로 귀결될 것이기 때문이다. 말리 북부의 밀수통로 확보를 위해 사헬을 불안정화시킨다는 그들의 공통목표 역시 그 두 조직의 연대를 유지시키는 요인이다. 미국은 IS-GS를 SDGT로 구분했다.[1]

8) 코카서스 IS

코카서스 IS는 IS-윌라야 코카서스(IS-WK: IS-Wilaya Kawkaz)라고 불리고, 러시아의 북 코카서스 지역에서 활동했다. IS 중앙본부는 2015년 6월 그 그룹을 승인하고, 아실다로프(Rustam Asildarov)를 그 리더로 인정했다.[2] IS-KW는 조직 결성 이후 계속해서 테러를 자행했다. 코카서스 IS 지지자들이 이라크와 시리아로 가지 말고 현지에 남아 투쟁할 것을 촉구하면서, 2015년 9월 IS-WK는 조직의 이름으로 처음 북 코카서스 다게스탄(Dagestan) 자치공화국 러시아 군사초소를 습격했다.[3] 북 코카서스는 원래 이슬람 자치공화국들의 러시아에 대한 반발이 많은 곳인데, IS-WK의 테러는 2006년 푸틴정부에 의해 진압된 체첸 독립투쟁 이후 발생하는 저강도 반군활동(low-level insurgency)과 비슷한 형태를 띠었다.[4]

2016년 이후 북 코카서스에서 매해, 그리고 거의 매달 끊임없이 테러가 발생

---

1) Blanchard, Humud, The Islamic State, (Updated September 25, 2018), p. 20.

2) 그 당시 IS본부는 북코카서스 지역의 여러 무장그룹이 파벌싸움을 중단하고 IS-KW를 따를 것을 촉구했다. "Islamic State moves in on al-Qaeda turf," BBC News, (June 25, 2015)

3) Joanna Paraszczuk, "IS's North Caucasus Affiliate Calls For Recruits To Join It In Dagestan," Radio Free Europe/Radio Liberty, (October 3, 2015), www.rfel.org

4) 1천만 명 인구의 북 코카서스 연방지구(Federal District)는 러시아의 8개 연방지구 중 가장 작은 것으로, 인종적으로 러시아인이 다수를 구성하지 않는다. 그곳에는 약 40개 다른 인종그룹이 거주하고, 6개의 명목상 자주적인 자치공화국과 2개의 자치지역이 존재한다. 그 6개 공화국은 동쪽에서 서쪽 방향으로 다게스탄(Dagestan), 체첸(Chechnya), 인구셰티아(Ingushetia), 북오세티야(North Ossetia), 카바르디노-발카르(Kabardino-Balkaria), 카라차-체르케사(Karachay-Cherkessai)이다. 또 2개 자치지역은 스타브로폴(Stavropol Krai), 그리고 카라차-체르케사 서쪽으로 크라스노다르(Krasnodar Krai)가 있다. 그 지역의 압도적 종교는 수니 이슬람이다. Zachary Laub, "Background Briefing: Why is Russia's North Caucasus region unstable?" (February 7, 2014), https://www.pbs.org〉world〉russia

했고, IS-WK는 그 중 많은 사건에 연루됐으며, 그들과 러시아 안보당국은 계속 충돌했다. 2016년 이후의 테러는 다양한 지역에서 발생했는데, 그것은 다게스탄 공화국의 마하치칼라(Makhachkala), 데르벤트(Derbent), 키즐랴(Kizlyar), 하샤부르트(Khasavyurt), 부이낙스크(Buynaksky)지구, 인구셰티아(Ingushetia) 공화국의 전수도였던 나즈란(Nazran), 체첸공화국 수도 그로즈니(Grozny), 샬리(Shali), 바무트(Bamut), 그리고 북 코카서스를 넘어 상트페테르부르크 시, 쿠르스키 지구(Kursky district), 투먼(Tyumen) 시를 포함했다. 테러범들은 심한 경우 자살폭탄, 차량폭탄, 수류탄을 사용했고, 많은 경우 총과 칼을 사용했으며, 어떤 경우는 차량방화, 자동차 충돌방식을 동원했다. 테러대상은 경찰서, 경찰관을 주로 겨냥했고, 러시아 군 초소, 인권운동가, 언론인, 그리고 교회와 공공시설도 가끔 공격 대상에 포함됐다. 테러 희생자는 대부분 보통 한번 사건에서 총격전으로 인해 10명 이하가 살해되고 10여 명이 부상당했고, 그 과정에서 러시아 경찰이 많은 피해를 입었으며, 러시아 연방 보안국(FSB: Federal Security Service) 요원도 여러 명 희생됐다. 몇몇 테러에 대해 IS-WK는 그것이 본인들 소행임을 특별히 주장했는데, 2017년 4월 16명을 살해하고 64명을 부상시킨 상트페테르부르크 메트로 폭파, 2018년 2월 5명 살해와 5명 부상의 다게스탄 키즐랴 총격전, 2018년 8월 체첸 그로즈니 경찰서 습격, 2019년 1월 쿠르스키 지구(Kursky district) 경찰관 공격, 7월 수류탄과 칼을 사용한 바무트(Bamut) 외각 검문소의 경찰 살해가 그런 경우였다. IS-WK 리더 아실다로프는 2016년 12월 다게스탄 마하치칼라 숙소 인근에서 FSB 요원에 의해 사살됐다. 미국은 IS-KW를 FTO와 SDGT로 지정했다.[1]

9) 필리핀 IS

필리핀 IS(IS-P: IS-Philippines)는 남부 필리핀에서 무슬림 반군 분리주의가 수십 년 진행되는 환경에서 성장했다. 그곳은 최근 수년 간 인도네시아, 말레이시아 등지로부터 이슬람 무장그룹이 필리핀 남부의 민다나오 섬과 술루 군도(Sulu

---

1) "Russia Dagestan shooting: Five women killed in attack on churchgoers," BBC News, (February 19, 2018); "Islamic State claims killing of Chechnya police officer in grenade and knife attack," The DefensePost, (July 2, 2019), www.defensepost.com; "Russian security service says killed North Caucasus Islamic State emir," AFP, (December 4, 2016)

Archipelago)로 가면서 IS 지파의 온상이 됐고, 중앙정부의 통제는 대체로 실패했다. 주로 민다나오 섬을 근거지로 삼는 IS－P는 여러 그룹으로 구성되어 있는데, '아부 사야프 그룹'(ASG; Abu Sayyaf Group), '모티 그룹'(Maute Group), '방사모로 이슬람자유전사'(BIFF: Bangsamoro Islamic Freedom Fighters), 그리고 '안사르 칼리파 필리핀'(Ansar Khalifa Philippines)이 그들이다. 필리핀에서 가장 오래되고 테러리스트로 가장 많이 알려진 ASG는 인질 배상금, 민간인 착취, 마약유통으로 재원을 마련했다. 미군의 지원을 받은 필리핀 정부군이 ASG를 공격해 그 숫자가 2002년 최대 2천 명에서 2013년 3~4백 명 선으로 감소했지만, 2015년 미군 특수부대가 철수하고 중동, 아프리카 IS가 부상하는 상황에서 필리핀 이슬람 테러는 증가하는 경향을 보였다.[1]

IS－P 그룹 모두는 2014－2015년 IS 중앙본부에 충성을 맹세하고, 필리핀 정부에 반대하고 분리주의 이슬람 반군 테러집단으로서 수시로 서로 협력할 것을 다짐했다.[2] IS 본부는 IS－P 세력 확대를 위해 ASG 리더 하필론(Isnilon Hapilon)을 동남아 전체의 지하드 리더로 지정하고, 모티 그룹에 전투 매뉴얼을 전달했으며, 외국 IS 지지자들에게 필리핀으로 가서 IS－P를 도울 것을 종용했다. 필리핀에는 또 다른 반군인 '모로 이슬람해방전선'(MILF: Moro Islamic Liberation Front)과 '모로 민족해방전선'(MNLF: Moro National Liberation Front)이 존재하는데, 그들은 IS－P와 적대적이고 경쟁관계에 있다.[3]

IS－P는 필리핀에서 많은 테러를 자행했고, 그들의 부인에도 불구하고 그 그룹은 수시로 그 범행 주체로 의심받았다. 2014년 12월 민다나오에서 IED를 사용해 11명을 살해한 버스폭파, 2016년 9월 14명을 살해하고 70명을 부상시킨 (민다나오 중심지에 위치한) 다바오 시(Davao City) 야시장 폭탄세례, 2018년 7~8월 10여 명을 살해한 바실란(Basilan)섬 라미탄(Lamitan) 및 이술란(Isulan) 마을 폭발 및 폭탄테러 사건은 모두 IS－P의 일원인 BIFF, 모티 그룹, ASG의 소행으로 의심받

---

1) Blanchard, Humud, <u>The Islamic State</u>, (Updated September 25, 2018), p. 23.
2) 필리핀 정부는 '안사르 칼리파 필리핀'이 테러조직이기보다는 절도와 착취를 일삼는 도적 집단이라고 말한다.
3) Robert Windrem, "A new ISIS video recruits fighters for the Philippines, not Syria," NBC News, (September 13, 2017), www.nbcnews.com

았다. 그 사건들은 대체로 IS－P가 민간인들로부터 경제적 이득을 착취해 재정을 강화할 목적으로 시행됐고, 라미탄 폭발사건은 IS－P와 경쟁관계에 있는 MILF가 정부와 관계 개선하는 것을 방해할 목적으로 추진된 것으로 알려졌다.[1] 그동안 필리핀 군 병력과 경찰은 IS－P와 기타 이슬람 반군을 억지하기 위해 많은 작전을 전개했다. 2015년 4월 필리핀 경찰은 BIFF와 MILF를 공격해 그 조직 일부 수뇌부를 사살했다. 2016년 필리핀 정부의 이슬람 무장반군 퇴치작업은 가속화 됐다. 2016년 2월 군 병력이 모로(Moro)반군, 모티 그룹의 20명 반군을 제거했고, 4월에는 ASG 멤버 31명 사살, 6~7월엔 ASG 50명을 사살했다. 8월 필리핀 대통령 로드리고 두테르테(Rodrigo Duterte)는 부도덕의 극치인 테러그룹 ASG를 완전히 붕괴시키라고 지시했다.[2]

지난 수년 간 IS－P의 가장 두드러진 반군, 테러행위는 2017년 5월 ASG, 모티 그룹, 그리고 약 2백 명의 IS 지지자들이 민다나오 섬 라나오 수르 주(Lanao del Sur Province) 수도 마라위(Marawi)를 점거한 사건이었다. 그에 대응해 정부군은 5개월간의 전투를 거쳐 그 도시를 재탈환했고, 그 과정에서 900명 테러리스트들을 사살했다. 필리핀 역사상 가장 긴 도시전투에서 정부군은 승리했고, 섬 내에 영토를 탈취해 세력을 확대하고 거점을 공고히 하려는 IS－P의 계획은 실패했다.[3] 그 당시 흥미롭게도 MILF, MNLF는 정부군을 지원했고, 미 국방장관 제임스 매티스는 여러 IS－P 지파를 고립, 격하, 패퇴시키기 위해 '태평양 독수리 작전'(OPE－P: Operation Pacific Eagle－Philippines)을 필리핀 정부와 정부군을 돕기 위한 비상작전 계획으로 지정했다.[4]

---

[1] "A Van Explosion Has Killed at Least 10 People in the Southern Philippines," Associated Press, (July 31, 2018)

[2] 두테르테 대통령의 아부 사야프 근절 지시는 인질 가족이 몸값을 지불하지 못하면서 그들이 18세 소년을 참수, 살해한 것이 계기가 됐다. Katrina Domongo and Ara Casas, "Davao under threat from terror group ISIS, says, Duterte son," ABS－CBN News, www.abs－cbn.com

[3] "Marawi crisis: What we know so far," The Philippine Star, (May 25, 2017), www.philstar.com

[4] "Operation Inherent Resolve Report/Operation Pacific Eagle－Philippines Report to the United States Congress, October 1, 2017－December 31, 2017," State OIG, (February 2, 2018)

　　그러나 2017년 말 이후 이슬람 테러집단은 다시 충원을 시작했고, IS－P는 IS 본부의 부분적인 자금지원, 마라위 점령시 은행과 가정(homes) 약탈 등으로 재원을 마련했다.[1] 2019년 1월 또다시 술루(Sulu)주 수도 졸로(Jolo)에서 ASG에 의한 가톨릭 성당 폭파사건이 있었다. 그 원인은 새로이 추진되는 '방사모로 자치지역'(BAR: Bangsamoro Autonomous Region) 창설을 막기 위한 것으로 추정됐는데, 왜냐하면 그 BAR는 지역행정 차원에서 술루 주를 포함하고, 또 BAR 관할 내 모든 모든 민병대와 무장그룹이 무장해제 하도록 계획됐기 때문이다. 술루 주, 그리고 특히 졸로(Jolo)를 주요 거점 중 하나로 갖고 있는 ASG가 그 구상에 반대하는 것은 당연했다. 반면 필리핀 경찰은 그 테러를 그보다는 ASG가 과거 정부군으로부터 공격당한 것에 대해 보복하는 것으로 인식했다. 그해 6월 또다시 술루 인다난(Indanan)에 위치한 군 기지 두 곳에서 폭파사건이 발생했다. 그 공격은 필리핀 정부군을 대상으로 두 명의 자살 폭탄자가 감행한 테러로서, 병사와 민간인 6명, 그리고 두 명의 범인 모두 사망했다. 테러범 모두는 ASG 대원이었다.[2] 전문가들은 여러 정황에 비추어 아직도 IS－P 대원 충원이 가능하고, 그들의 테러행위는 더 계속될 것으로 전망했다.

---

1) Blanchard, Humud, <u>The Islamic State</u>, (Updated September 25, 2018), p. 23.
2) Martin Petty, Karen Lema, Robert Birsel, "Explainer: Who is behind the Philippine church bombing?" Reuters, (January 28, 2019); "Philippine army camp blast kills five; Islamic State claims..." Reuters, (June 28, 2019)

대량살상무기 비확산과 이란 및 북한관계

이라크, 시리아, 아프간 전쟁, 그리고 알카에다(AQ), 이슬람국가(IS) 같은 테러집단 문제 다음으로 시급한 트럼프 행정부의 중요한 현안은 아마 핵과 미사일을 포함하는 대량살상무기(WMD: Weapons of Mass Destruction) 개발과 확산 문제였을 것이다. 그 이유는 WMD 보유국들이 그 무기들의 사용가능성 암시 또는 최악의 경우 직접공격을 포함하는 다양한 방식으로 미국과 동맹국 안보에 직, 간접적 위협을 가할 수 있기 때문이다. 1990년대부터 미 행정부들은 그 문제를 해결하기 원했는데, 마찬가지의 필요와 의지가 트럼프 행정부에서도 그대로 연장, 발현됐을 뿐이다. 그동안 미국이 WMD, 특히 핵과 관련해 가장 주목하는 나라는 이란과 북한이었는데, 그 이유는 과거 그 대상이던 수많은 나라들에서 그 문제는 상당수준 해결됐거나 또는 해결된 것으로 간주됐기 때문이다. 우크라이나는 1994년 미국, 영국, 러시아의 안보의 보장, 경제지원을 대가로 구소련에서 물려받은 수많은 핵무기를 포기했고, (지금은 사망한) 리비아의 카다피는 서방의 경제지원을 대가로 핵개발을 포기했으며, 이라크는 제2차 걸프전과 사담 후세인 처형, 그리고 새로운 시아파 정권의 등장으로 핵 의혹이 종결됐다. 인도와 파키스탄은 현 시점에서 더 이상 문제꺼리가 되지 않았다. 심지어 과거 조지 W. 부시 대통령은 반중국 연대를 위한 인도와의 협력을 위해 그 나라에 핵기술을 이전해 비난받은 바 있고, 파키스탄은 수년간의 제재에도 불구하고 핵개발에 성공한 이후 더 이상의 추가 개발이나 확산문제는 일으키지 않았다.

트럼프 대통령은 대선후보 시절 핵과 미사일 문제에 관해 몇 차례 거론한 바 있다. 이란 핵과 관련해, 그는 중동에서 압도적 영향력을 발휘하는 이란이 핵무기를 개발하는 중이고, 테헤란은 그것을 절대 포기하지 않을 것이라고 주장했다. 2015년 7월의 '포괄적 행동계획'(JCPOA: Joint Comprehensive Plan of Action)은 유엔안보리 5개 상임이사국과 독일을 포함하는 강대국들(P5＋1)이 테헤란의 핵개발을 저지할 다른 옵션을 찾지 못해 나온 고육책인 동시에 완전히 잘못된 결정으로 묘사됐다. 트럼프는 그의 핵정책 제1 순위는 이란과의 그 '재앙적' 협정을 파기하는 것이라고 말했다.[1] 이란의 탄도미사일 시험발사에 대해서는, 핵탄두 탑재능력에 비추어 그것이 안보리 결의안 위반이라고 말했다. 북한 WMD에 대해, 트럼프는 평양에 대해 최대의 영향력을 갖고 있는 베이징이 김정은이라는 '광적인 사람'(maniac)이 더 이상 핵실험과 미사일 시험발사를 하지 못하도록 제어해야 하며, 미국은 중국의 그런 시도를 도울 의향이 있다고 말했다. 동시에 그는 김정은을 만날 의사는 있지만, 남북한 갈등에는 휘말리고 싶지 않다고 덧붙였다.[2] 그는 또 파키스탄을 위험한 나라로 규정하면서 그 나라의 핵무장에 반대한다는 의사를 표시하고, 미－인도 관계강화를 통해 이슬라마바드의 일탈을 규제해야 한다고 주장했다. 거시적 차원에서 트럼프는 미국의 세계차원의 핵 통제는 약화된 상태이고, 만약 일본, 한국, 사우디아라비아가 방위비 인상에 동의하지 않으면 그들의 핵무장을 허용할 것이며, 국제관계에서 미국의 핵무기 사용 필요성을 배제하지 않는다고 말했다.[3] 그의 수많은 돌출성 발언은 지난 수십 년간 미국이 주장하고 추구해 온 입장과는 여러 면에서 배치되는 것으로, 그것이 그의 진심인지 또는 그가 그 문제에 대해 잘 파악하고 있는지와 관계없이 세계적으로 많은 사람들을 경악시켰다. 대선후보 시절 핵문제에 대한 그의 지식, 관심, 입장은 그렇게 대체로 제한적, 비논리적으로 보였다.

대통령 취임 이후 이란 핵문제는 트럼프 자신에 의해 자의적으로 또다시 초미의 현안으로 제기됐는데, 왜냐하면 그것은 JCPOA로 인해 일단락 난 상태였기

---

1) "Donald Trump Weighs in on Iran Deal," NBC News, (July 14, 2015); Sarah Begley, "Read Donald Trump's Speech to APIAC," Time, (March 21, 2016)

2) Jesse Byrnes, "Trump: China has total control over North Korea," The Hill, (January 6, 2016); "North Korea editorial praises wise Trump," BBC News, (June 1, 2016)

3) "Transcript: Donald Trump Expounds on His Foreign Policy Views," The New York Times, (March 26, 2016)

때문이다. 트럼프는 이스라엘 네타냐후(Benjamin Netanyahu) 총리와 함께 이란 핵
문제는 해결된 것이 아니라 단지 그 해결이 연기됐을 뿐이라고 말하면서 그 다자
협정을 파기하고 새로운 해법을 모색했는데, 얼마나 많은 전문가 또는 외국정부
가 그들의 발상에 동의했을지 의문이다. 아마 상당수는 오히려 트럼프가 적어도
십 수 년간 안정된 상태로 남아있을 수 있는 이란 핵문제, 또 미-이란 관계 및
이란의 미래행동에 대해 불필요하고 위험한, 그리고 잘못된 선택을 한 것으로 보
았을 것이다. 실제 미국 내 상당수 국민뿐 아니라 JCPOA를 체결한 서유럽 국가
들조차 이구동성으로 워싱턴의 결정에 반대의사를 표시했다. 2020년 11월 대통령
당선자 시절 바이든은 만약 이란이 JCPOA를 확실하게 준수하고 있는 것이 확인
되면, 미국은 그 협정 복귀를 고려할 것이라고 말했다.

한편, 북한의 핵무기와 핵탄두 탑재가 가능한 탄도미사일 개발은 원래는 이
란 핵문제보다 더 시급한 사안이었다. 그 이유는 이란의 핵개발이 일단 중단되고
또 궁극적 보유에 아직 더 시간이 필요한 반면, 북한의 핵이나 탄도미사일은 훨씬
더 진전되고 위험한 단계에 있었기 때문이다. 그동안 미국, 한국, 국제사회는 지
난 수십년에 걸쳐 북한의 핵개발 저지를 위해 관계정상화 대화, 경제제재, 군사충
돌 가능성 거론 등 실제 전쟁을 제외한 가능한 모든 수단을 동원해 왔지만, 결국
평양은 엄청난 수준의 핵능력을 개발했다. 북한의 핵전력은 적어도 80개 이상으
로 예상되는 원자폭탄과 수소폭탄을 보유하고, 또 평양이 원할 경우 그 생산량과
기술을 획기적으로 증대시킬 수 있는 상태에 있는데, 미국이 그런 상태를 우려할
충분한 이유가 있는 것은 당연했다. 그것은 북한 자체의 보유뿐 아니라 그 확산도
우려해야 하고, 자신뿐 아니라 동맹국인 한국, 일본이 직접적으로 위협받기 때문
이었다. 핵탄두 운반수단인 미사일도 마찬가지이다. 북한의 중, 단거리 미사일은
한국은 물론이고 일본을 넘어 괌의 미군기지까지 사정거리에 두고 있고, 그동안
몇 차례 공개한 장거리미사일은 미국 전역을 타격할 수 있으며, 또 최근에는 미국
을 근접거리에서 공격할 수 있도록 잠수함 발사 탄도미사일(SLBM: Submarine
Launched Ballistic Missile) 개발에 박차를 가하고 있었다. 북한 장거리미사일은 다
탄두(MIRV: Multiple Independent Re-entry Vehicle)를 장착할 수 있는 것으로 알
려져 있는데, 평양은 당연히 미래에는 한걸음 더 나아가 중국이나 러시아가 보유
한 극초음속 미사일과 진로변경 기술도 확보하려 시도할 것이다. 비록 북한의 미
국에 대한 핵공격이 자살행위인 상태에서 세계 곳곳에 배치된 미사일방어(MD:

Missile Defense)체계가 미국과 동맹국을 보호하고, 또 일본의 MD가 상대적으로 견고하고 한국에 사드(THAAD)가 일부 배치돼 있지만, 워싱턴은 아마 그것으로 안심할 수 없었을 것이다.

그런 가운데, 워싱턴의 이란 및 북한 WMD 문제 관련 정책적 시도는 미국과 그 나라들과의 전반적 관계와 연계돼 진행됐다. 미국의 이란, 북한에 대한 인식은 조지 W. 부시의 '악의 축' 규정에서 오바마 시기로 넘어오면서 다소 완화됐지만, 트럼프 시대에는 또다시 부시 시대로 회귀한 것으로 보였다. 비록 오바마가 문명으로서의 이슬람에 대해 덜 적대적 생각을 갖고 또 그런 긍정적 인식이 미ー이란 JCPOA 타결에 도움을 주었지만, 그 당시 미국은 김정은의 지속적 도발로 인해 북한에 대해서는 절대적으로 부정적인 인식을 갖고 있었다. 트럼프 시대의 미국은 이란을 또 다시 중동 최대의 적으로 인식하면서 모든 강경책을 동원했고, 북한에 대해서는 부정적 인식에도 불구하고 정면충돌보다는 양국 리더의 일괄타결을 통한 WMD의 정치적 해결을 모색했다. 그러나 트럼프 행정부의 WMD 해결 시도와 이란 및 북한과의 관계는 테헤란과는 악화, 그리고 북한과는 현상유지라는 의미에서 성공보다는 실패에 가까웠다.

1 이란 핵 및 미-이란 관계

▲ JCPOA, armscontrol.org

트럼프가 취임할 당시 이란 핵개발은 완전 동결 상태에 있었다. 2015년 7월의 이란 핵 프로그램을 제한하는 '포괄적 행동계획'(JCPOA: Joint Comprehensive Plan of Action)은 유엔안보리 상임이사국 5개국과 독일(P5+1)이 수년간의 노력 끝에 이란과 타결한 합의인데, 그것은 이란의 핵개발 가능성을 현저하게 차단했다. 농축우라늄 시설과 비축량은 획기적으로 감축되고, 플루토늄 중수로는 설계변경으로 추출가능성이 봉쇄됐으며, 사용 후 연료(spent fuel)는 해외에서 처리되고 폐연료봉은 폐기하기로 되어 있었다. P5+1뿐 아니라 국제원자력기구(IAEA: International

Atomic Energy Agency)도 이란 핵문제는 충분한 수준에서 동결, 일단 해결된 것으로 평가했고, 만약 테헤란이 새로이 핵개발을 시도하면 그것은 과거보다 훨씬 오랜 시간, 최소한 12개월이 걸릴 것으로 예상했다.

그러나 트럼프가 JCPOA를 일방적으로 파기하면서 테헤란은 핵 개발을 공언했고, 그로 인해 이란 핵개발 문제는 또다시 첨예한 현안으로 대두됐다. 만약 트럼프가 P5＋1이 서명한 그 국제협약의 현상을 유지했다면, 적어도 향후 10여 년 이상 그것은 문제가 될 이유가 없었을 것이다. 그러나 트럼프는 이란의 소위 '사악한 행동'(malign activity)과 시효만료 이후 재개발 가능성에 대한 우려에 근거해 그렇게 결정했고, 미－이란, 그리고 서로 다른 동맹국과 우호세력은 또다시 새로운 줄다리기 상태에 들어갔다.

(1) 미-이란 관계의 맥락

미국은 처음부터 이란에 대해 부정적 인식을 갖고 있었다. 미－이란 관계는 원래 1979년 이란의 이슬람 혁명 당시 외교관을 포함해 수백 명 미 대사관 직원들이 인질로 잡히면서 특별히 나빠지기 시작했고, 1980년대 이라크－이란 전쟁 당시 워싱턴의 사담 후세인 지원으로 더 악화됐다. 미국은 1984년 이란을 '테러지원국'으로 지정했다. 1990년대에 이란은 여러 차례 테러를 저지르거나 그에 관련된 것으로 드러났는데, 이란 정보부 지시를 받아 헤즈볼라가 시행한 1992년 부에노스아이레스 이스라엘 대사관 폭파가 그런 경우였다.[1] 그 당시 미국 대통령 빌 클린턴은 비록 이란을 불량국가에 포함시키지는 않았지만, 여러 입법을 통해 이란과의 경제관계에 부분적으로 제재를 가했다.

9·11 사태 이후 2003년 1월 조지 W. 부시 대통령이 이란을 이라크, 북한과 함께 '악의 축'으로 규정하면서, 미－이란 관계는 새로운 대치상태에 진입했다. 2003~2006년 미국은 이란의 핵개발 의혹을 제기하고, 새로이 전쟁 중인 이라크

---

1) 1996년 사우디 다란(Dhahran) 인근 코바르(Khobar) 타워 폭파는 사우디 헤즈볼라가 시행한 것이라는 다수의견이지만, 일부 전문가들은 알카에다의 개입 가능성을 의심했다. Kenneth Katzman, <u>Iran's Foreign and Defense Policies</u>, CRS Report, R44017, (Updated January 11, 2021), p. 7.

내 군사기지로부터 드론, 정찰기, 소수미군을 이란에 투입하는 형태로 미 특수부대와 CIA의 대이란 공작을 강화했다.[1] 유엔안보리에서 이란 핵개발 문제가 논의되고 IAEA의 이란 핵사찰이 여러 차례 이루어졌지만, 의심을 거두지 않는 미국은 이란의 급진주의 정권과 핵 농축 위협을 강조하면서 이란의 광범위한 영역에 경제제재를 부과했다. 이란 내 인권 NGO에 대한 수천만 달러 지원, 이란 내 소수민족 및 해외 반이란 그룹 동원을 포함하는 미국의 비밀공작은 2008년까지 더 가속화됐다.[2] 미국의 강경책 앞에서, 2005년 취임한 이란의 아마디네자드(Mahmoud Ahmadinejad) 대통령은 이란 핵시설은 의료 및 전력발전을 위한 평화적 목적에 의한 것이라고 말하면서 한편으로는 워싱턴과의 관계개선을 시도했고, 다른 한편으로는 이라크 전쟁에서 미국에 반대하고 시아파를 돕기 위해 알—사드르(al-Sadr)의 마디 군(Mahdi Army)을 포함해 친이란 민병대에 대한 군사지원을 계속하고 헤즈볼라에 수천만 달러 자금을 지원했다.[3] 이란 핵문제에 처음부터 개입한 러시아는 그 이슈와 관련해 몇 차례 입장을 변경했다. 모스크바는 처음에는 이란의 평화적 핵개발 주장을 옹호했지만, 이란 핵 재처리와 관련해 러—이란 이견이 발생하면서 유엔안보리 제재에 3번 동조했다. 그러나 2007년 말에 이르러 미국과의 나토 확대 및 동유럽 MD 설치에 대한 극단적 반감에서, 러시아는 또다시 이란의 부셰르(Busher) 핵시설 구축을 돕고 핵연료를 전달하기로 결정했다.

그러나 미—이란 대치의 와중에 핵협상은 별도로 진행되고 있었다. 이란과의 핵협상은 2003년 영국, 프랑스, 독일(EU-3)이 먼저 시도했고, 그것은 2004년 11

---

1) Dafna Linzer, "U.S. uses Drones to probe Iran For Arms," The Washington Post, (February 13, 2005); Iran Protest U.S. Aerial Drones, The Washington Post, (November 8, 2005)

2) 미국이 이란에 반대해 지원한 반체제 그룹은 미군이 이라크 군사기지에서 훈련시키고 터키 PKK와 연계된 것으로 알려진 이란 쿠르드의 '자유생활당'(PJAK: Free Life Party), 그리고 파키스탄 와지리스탄에 근거하는 이슬람 무장조직 준둘라(Jundullah)를 포함했다. Ansari Massoud, "Sunni group vows to behead Iranians," The Washington Times, (January 16, 2006); Dan Froomkin, "Cheney's Fingerprints," (June 30, 2008), www.washingtonpost.com

3) 아마디네자드는 이란 핵 관련 분쟁을 종식시키기 위한 대화를 위해 부시 대통령과 미국 대중에게 공개서한을 몇 차례 발송하고 유엔에서 논의할 것을 제안했다. 그러나 미국은 그것을 진정성이 없는 협상 전술의 일환으로 간주했다. "Chapter 6 - - State Sponsors of Terror Overviews," US Department of State, (April 28, 2006); Carol Bowers, "Iran Playing Destabilizing Role in Iraq," US Department of Defense, (September 11, 2007)

월 EU‒3가 경제지원을 제공하는 대가로 이란이 우라늄 농축을 중단하는 '파리 합의'(Paris Agreement)로 귀결됐다. 2005년 8월 그 합의가 무효화되는 가운데 2006년 5월 부시 행정부는 안보리 5개 상임이사국과 독일(P5＋1: Permanent Five＋1)이 포함된 확대 핵협상 그룹에 참여하기로 결정했고, 그들 입장은 이란 핵 인프라, 무역, 단체 및 개인에 제재를 부과하는 최소 3차례의 유엔안보리 결의 안으로부터 부분적으로 도움 받았다.[1]

이란에 대한 오바마 행정부의 정책은 부시 때와는 많이 달랐다. 오바마 행정부는 임기 초 러시아와 '관계 재설정'(reset)을 추구했듯이 전 세계적으로 평화, 대화, 타협을 선호했다. 이란에 대해서 그는 테헤란이 국제적 책임을 다하고 그에 걸맞은 대우를 받아야 한다고 말하면서, 이슬람과 상호존중, 상호이익에 근거한 관계를 원한다고 강조했다.[2] 2010년 안보리 결의안 1929호가 이란경제에 추가 제재를 가한 이후 2012~2013년 P5＋1과 이란 간에 5번 추가대화가 실패하고, 또 이란 전투기가 미국 드론에 발포하는 사태가 있었지만, 2013년 이란에서 온건파 하산 로하니(Hassan Rouhani)가 대통령으로 당선되면서 새로운 돌파구가 열렸다.[3] 2013년 6월 취임한 로하니는 9월 유엔총회 연설을 위해 뉴욕을 방문한 자리에서 서방과의 협력의지를 내비쳤고, 11월 서방이 일부 제재를 해결하고 이란이 그에 비례해 우라늄 농축을 일부 제한하는 과도기 핵합의(JPA: Joint Plan of Action)가 타결됐다. 오바마와 존 케리 국무장관, 그리고 EU‒3와 러시아, 중국 외교 인력이 끈질긴 외교노력을 경주하고 이란이 협력한 결과, 2015년 7월 JCPOA 협상이 타결됐다. 2016년 1월 IAEA가 제재해제에 필요한 모든 과정을 마쳤다고 확인하면서 JCPOA는 시행에 들어갔다.[4] 그 당시 약 60%의 미국인들이 그 협상을 지지했다.[5]

---

1) Katzman, <u>Iran's Foreign</u>, (Updated January 11, 2021), p. 8.

2) "Obama offers Iran new beginning," BBC News, (March 20, 2009)

3) 미 CIA 무인정찰기가 이란 군에 나포된 적도 있다. "Obama says U.S. has asked Iran to return drone aircraft," (December 13, 2011), www.edition.cnn.com; "Iranian jets fire on U.S. drone," CNN, (November 8, 2012)

4) 2015년 7월 15일 유엔안보리는 결의안 2231호에서 JCPOA를 승인하면서, 추가사항으로 최대 8년간 핵무기 운반수단인 탄도미사일 시험발사 중지를 촉구하고 이란의 통상무기 무역을 제한했다. 그러나 미사일 시험발사 중지는 강제사안은 아니었다. Katzman, <u>Iran's Foreign</u>, (Updated January 11, 2021), p. 9

5) Scott Clement, Peyton M. Craighill, "Poll: Majority of American back nuclear deal with

(2) 트럼프 시대 미-이란 관계와 핵문제

▲ 하산 로하니, time.com

미-이란 관계는 2017년 트럼프 취임 직후 완전히 새로운 국면에 진입했는데, 한마디로 양국관계는 2020년 1월 그의 퇴임 시까지 단 하루도 긴장에서 벗어난 날이 없었다. 취임하던 해 1월 트럼프는 환승객을 제외한 모든 이란인 또는 이란을 경유한 모든 사람의 미국 입국을 금지하는 행정명령을 내렸고, 7월 미의회는 러시아, 북한, 이란을 하나의 패키지로 묶어 제재하는 법안(CAATSA: Countering America's Adversaries Through Sanctions Act)을 통과시켰다.[1] 미국의 강경책에 이란 외교장관(Abbas Araqchi)은 JCPOA가 타격 입을 것을 우려했고, 로하니는 유엔총회에서 트럼프의 행동을 세계평화를 위협하고 미-이란 관계를 훼손하는 행태라고 비난했다.[2] 그해 10월 트럼프 대통령은 JCPOA하에서의 이란에 대한 제재 해제에 비례해 테헤란이 핵 프로그램 종식조치를 취하는지 확인할 수 없다고 말했다. 그것은 워싱턴의 JCPOA 파기 가능성을 시사했고, EU는 미국의 의도에 확실하게 반대했다. EU는 JCPOA가 어느 한 나라의 합의가 아니고, 그 파기 역시 어느 한 나라의 권한이 아니라는 점을 강조했다. 또 테헤란에 의한 합의 불이행이 없다고 말하면서, EU는 미국을 포함해 모든 서명국들이 원래 합의를 지킬 것을 촉구했다. 그 당시까지 EU-이란 관계는 상당수준 진전돼 있었다. 2016년 1월 JCPOA 시행 이후 EU는 이란 제재를 유예했고, 그로 인해 EU-이란 무역은 두 배로 증가했다. 이란으로부터의 오일수입은 제재 이전 수준으로 회복됐고, 유럽 회사들은 이란의 자동차, 제조업, 에너지 분야에 수백억 달러를 투자했다. 이란 은행들은 EU 금융권 거래를 시작했다.[3]

Iran," (March 30, 2015), www.washingtonpost.com

1) "Iran says new U.S. sanctions violate nuclear deal, vows proportional reaction," Reuters, (August 2, 2017)

2) "Iran's leader Hassan Rouhani slams Donald Trump in UN speech," BBC, (September 20, 2017)

3) 그래도 EU는 이란의 인권위반, 테러리즘, 시리아 관련 제재는 그대로 유지하는 상태였다. Derek E. Mix, Kenneth Katzman, "Iran Policy and the European Union," CRS Insight, IN10656, (October 18, 2017), pp. 1-2.

그러나 2018년 5월 워싱턴은 미국의 JCPOA 탈퇴와 그에 따른 11월 기점의 이란 제재부과를 선언했고, 그로 인해 미-이란 관계는 새롭게 격화된 적대상태로 진입했다.[1] 트럼프는 JCPOA 철수 이유로 그 협정이 이란의 '사악한 행동'을 종식시키지 못하고, 탄도미사일 개발을 막지 못했으며, 시효가 만료된 이후 테헤란이 또다시 핵개발로 회귀할 수 있다는 우려를 내세웠다. 이란은 물러서지 않고 강경하게 대응했다. 로하니는 미국의 국제협정으로부

▲ 아야톨라 하메네이, twitter.com

터의 일방적 탈퇴가 이란 핵 농축을 새롭게 시작하게 만드는 원인이라고 비난했고, 이란 군부는 이란 오일 제재에 대해 호르무즈 봉쇄로 보복 대응할 것이라고 경고했으며, 이란 최고 지도자 알리 하메네이(Ayatollah Ali Khamenei)는 미국 정부는 모든 외교협상에서 약속하고 지키지 않는 나쁜 습관을 가진 나라라고 말하면서 미국과의 모든 직접대화는 더 이상 없을 것이라고 말했다.[2] 워싱턴은 또 다시 이란에 위협, 경고하면서 오만의 술탄을 통해 이란이 미국의 JCPOA 개정안을 수용할 것을 촉구했지만, 테헤란은 거부로 일관했다. 그 과정에서 미국은 EU와 일부 우방을 중심으로 여러 계기에 워싱턴 정책의 정당성을 설명, 강화하는 반이란 외교를 계속 펼쳤지만, 그것은 성공하지 못했다. 유럽과 일본은 워싱턴의 정책에 반대하면서 JCPOA에 잔류할 것이라고 말했고, 이란이 그 협정을 계속 준수할 것을 촉구했다.[3] 그해 말 미국의 모든 대이란 제재가

---

1) 2017년 5월 이란에서 대선과 지방선거가 있었다. 이란 대선은 4년에 한 번 치러지는데, 그 당시 대통령 로하니는 5명의 다른 후보와 경쟁해 다시 승리했다. 미국은 이란 대선이 국제 기준에 못 미치는 것으로 판단했는데, 그 이유는 '수호자 위원회'(Council of Guardians)라고 불리는 12명 기구가 사전에 선거 후보를 일차적으로 검증하기 때문이었다. 로하니 경쟁 상대 중에는 이란 최고 지도자 알리 하메네이와 가까운 2명의 강경파가 출마했는데, 미국은 강경파가 아닌 로하니가 당선되도록 JCPOA 탈퇴 결정을 이란 선거 이후로 늦추었다. Kenneth Katzman, "Iran's Presidential Elections," CRS Insight, IN10699, (May 5, 2017), p. 1.

2) 하메네이는 차기 행정부와의 협상은 몰라도 트럼프 행정부와는 앞으로도 절대로 어떤 협상도 없을 것이라고 못 박았다. Saeed Kamali Dehghan, "Iran threatens to block Strait of Hormuz over US oil sanctions," (July 5, 2018), www.theguardian.com; "Iran Khamenei bans holding direct talks with the United States," (August 13, 2018), www.reuters.com

3) Kenneth Katzman, "U.S.-Iran Tensions Escalate," CRS IN Focus, IF 11212, (Updated June 13, 2019), p. 2.

다시 시행되면서 이집트로 향하는 사우디 유조선이 아덴만(Gulf of Aden)과 홍해 (Red Sea) 사이의 '바브–엘–만데브 해협'(Bab–el–Mandeb Strait)에서 이란이 지원하는 예멘 후티 반군에 의해 공격받았는데, 미국은 그 사태를 이란이 사주한 것으로 식별하면서 과거 조지 W. 부시 행정부가 그랬듯이 그 나라 리더들에 대한 국내지지를 부식시키기 위해 이란 내 반체제 그룹 지원을 모색했다.[1]

▲ IRGC-Quds 쿠드스군, parstoday.com

2019년 미국과 이란은 외교, 군사대치에서 서로 물러나려 하지 않았고, 양국의 긴장은 계속 격화됐다. 트럼프의 목표는 뚜렷했다. 그것은 이란에 '최대 압력'(maximum pressure)을 가해 그 나라를 외교, 경제적으로 고립시키고, 이란 프락치들의 공격에 보복하며, 미군을 추가배치하고 동맹세력에 군사, 경제지원을 통해 이란을 굴복시키고 미국 입장을 수용하게 하는 것

이었다. 이란은 거시적 차원에서 워싱턴이 테헤란 이슬람정부 전복을 추진하는 것으로 이해했다. 이란은 미국의 침공을 억지하고, 미국, 이스라엘, 사우디 및 기타 수니 아랍 국가들의 중동 지배방지를 추구했다. JCPOA와 관련된 이란의 입장은 단호했다. 그것은 절대로 강화된 JCPOA는 받아들이지 않을 것이고, 미국이 기존에 약속한 제재를 먼저 해제하지 않으면 절대 대화는 없으며, 그 결과는 호르무즈 해협의 봉쇄와 미국과 그 동맹이 피해를 감수해야 한다는 것이었다. 이란이 동원하는 정책수단은 여러 요소를 포괄했다. 직접적 군사행동은 트럼프의 강경책에 반대해 2019년 봄 이후 급격히 증가했는데, IRGC 해군의 여러 걸프 선박공격과 9월 사우디 오일시설에 대한 지상발사 순항미사일 공격 외에도 많은 사례가 있었다.[2] 또 다른 주요수단은 중동의 동맹국과 시아파 우호세력에 대한 경제, 군

---

1) 이란은 2018년 9~10월 북 이라크 쿠르드 반군 및 시리아 IS에 미사일을 발사했다; Jonathan Landay, Arshad Mohammed, Warren Strobel, John Walcott, "U.S. launches campaign to erode support for Iran's leaders," Reuters, (July 22, 2018)

2) 2019년 9월의 사우디 오일 인프라 공격에서 아브콰이크(Abqaiq) 시설, 그리고 후라이스 (Khurais) 유전 및 기타 시설이 파괴됐다. 그것은 미사일과 드론을 활용한 공격으로 사우디 오일 생산을 절반으로 감소시키고 전 세계 공급량을 5% 축소시켰다. 예멘의 후티 반군이 그 공격이 책임을 주장했지만, 미국과 사우디는 그것을 이란의 소행으로 이해했다. Heather L. Greenley, Michael Ratner, "Attacks on Saudi Oil Facilities: Effects and Response," CRS Insight, IN11173, (October 1, 2019); 이란은 2012년 이후 중동 주둔 미군과 걸프의 미 동맹 국가들을 대상으로 사이버 스파이 작전을 펼쳤다. 이란정부가 지원

사지원으로, 그 대상은 이라크 정부와 시아파 친정부 민병대, 시리아 아사드 정부와 시아파 무장그룹, 레바논 헤즈볼라, 예멘 후티(Houthi) 반군을 포함했다. 테헤란은 이란의 종교 파벌적 목적으로 다른 나라와 그룹을 지원하는 것이 아니라고 말하면서, 수니파인 하마스와 팔레스타인 무장그룹에 대한 지원을 그 예로 들었다. 이란의 동맹지원은 솔레이마니가 지휘하는 5천 명 병력규모의 '이란 혁명수비대 쿠드스군'(IRGC-QF: IRGC-Qods Force)이 담당했다. 이란이 지원하는 무기는 중, 단거리 미사일, 순항미사일, 드론, 박격포, 대탱크 시스템, 야포 로켓이 주류를 이루었다.[1]

2019년 4월 미국이 이란 IRGC를 이라크에서 시아파 민병대 지원을 통해 미군을 살해하고 또 광역 중동에서 이슬람 극단주의를 부추긴다는 이유로 해외테러조직(FTO)으로 지정했을 때, 이란은 미국이라는 나라 자체가 '테러리스트'라고 주장하면서 동일한 성격의 보복으로 미국 군대 전체와 중동 안보의 책임을 맡고 있는 미 중부사령부(CENTCOM)를 테러그룹으로 지정했다.[2] 5월 이후 가을까지 미국이 페르샤 만에 아브라함 링컨(USS Abraham Lincoln) 항모전단, B-52 폭격기, F-15, 패트리어트 미사일, 2,500명 병력을 포함해 더 많은 군사자산을 배치했을 때, 이란은 미사일로 미군 정찰 드론 글로벌호크를 격추하고, 프락치 민병대를 통한 비대칭 전술로 바그다드 미 대사관이 위치해 있는 그린 존(Green Zone)에 대한 로켓 발사, 사우디 내 오일파이프 공격, 그리고 사우디와 UAE 상선, 유조선 타격으로 대응했다.[3] 미-이란 두 나라는 계속 설전을 주고받았다. 트럼프 대통

하는 해커들은 걸프 만의 오일, 가스회사를 표적으로 삼았다.

1) 이란이 안보를 위해 동원하는 또 다른 요소는 소프트 파워를 고양시키는 것인데, 그를 위해 이라크, 아프간 정치후보에게 자금을 지원하고 이슬람 자선조직을 운영했다. 아프간 대통령 하미드 카르자이는 2010년 이란으로부터 현금을 지원받은 적이 있다고 시인했다. 또 이란은 대부분 강대국에 반대하는 120여 개국으로 이루어진 '비동맹운동'(NAM: Non-Aligned Movement)을 지원하는데, 2012년에는 그 연례 정상회의를 초청했다. 또 WTO 가입을 모색하고 있으나, 아직 실현되지 않았다. Katzman, Iran's Foreign, (Updated January 11, 2021), pp. 4-6, 8

2) https://www.npr.org/2019/04/08/710987393/u-s-labels-irans-revolutionary-guard-as-a-foreign-terrorist-organization; Borzou Daragahi, "I Know You're a Terrorist, but What Am I?" Atlantic Council, (April 9, 2019), www.atlanticcouncil.org

3) "Pentagon bolsters force in Middle East with marines and missiles to confront Iran," USA Today, (May 10, 2019)

령은 미-이란 갈등의 격화는 이란의 종말로 이어질 것이라고 위협했고, 폼페이오 미 국무장관은 이란이 정상국가가 되지 않는 한 대화는 없다고 말했다.[1] 로하니는 이란은 미국의 제재를 두려워하지 않으며, 미국은 패권주의 목적의 간섭을 위해 군사를 배치하고 있다고 비난했다. 그는 또 JCPOA에 규정된 저농축 비축량과 중수(heavy water) 제한에 얽매이지 않을 것이며, 만약 EU가 경제 관련 합의를 어기면 더 높은 수준의 우라늄 농축이 진행될 것이라고 경고했다.[2] 양측의 대치가 계속 상승하면서 미국은 미국인의 이라크 여행을 금지하고, 광역 중동의 안보 증진을 위해 사우디, 요르단, UAE에 다양한 첨단무기를 판매했다. 이란에 대한 제재가 계속되면서, 이란경제는 통화가치 하락, 물가상승, 해외투자 감소, 광범위한 대중시위를 겪었다. 그래도 미-이란 모두 더 큰 직접적 재앙은 피하기를 원했다. 미국과의 격화된 수사에도 불구하고 하메네이가 미국과의 전면적 전쟁을 원하지 않는다고 암시했을 때, 폼페이오 역시 이란과의 전쟁은 좋은 옵션이 아니라고 말했다. 또 이란은 고농도 우라늄 농축에 60일의 유예기간을 설정했고, IAEA는 아직 이란이 JCPOA를 준수하고 있다고 확인했다. 2019년 말에도 프락치 전투가 계속돼 이란의 지원을 받는 카타이브 헤즈볼라(KH: Kata'ib Hezbollah)가 이라크 내 K1 군사기지를 로켓으로 공격해 1명 미국 계약업자가 사망하고, 여러 명의 미군과 이라크 군이 부상당했다. 미군은 보복으로 KH를 공격해 25명을 사살하고 30명 이상을 부상시켰다.[3]

2020년 1월 미군이 이라크에서 IRGC 쿠드스군 사령관 카셈 솔레이마니를 공습으로 살해하면서 미-이란 관계는 최고로 악화됐다.[4] 하메네이가 '혹독한 보

---

1) "Trump warns Iran not to fight the US: That will be the official end of Iran: CNBC, (May 19, 2019)

2) Katzman, "U.S.-Iran Tensions," (Updated June 13, 2019), p. 1.

3) Francois Murphy, "Iran Stays Within Nuclear Deal's Main Limits While Testing Another," Reuters, (May 31, 2019); "U.S. civilian contractor killed in Iraq base rocket attack," Reuters, (December 28, 2019)

4) 솔레이마니는 1979년 IRGC 창설 때부터 그 조직에 참여했고, 이란-이라크 전쟁 당시 그 부대에서 활동했으며, 1997년 IRGC-QF 사령관에 임명됐다. IRGC-QF를 통해 여러 나라에 친이란 민병대를 건설하면서, 그는 국가적 영웅으로 떠올랐다. 그의 사망 직후 하메네이는 IRGC-QF 부사령관 이스마일 카니(Esmail Qaani)를 쿠드스군 사령관으로 임명했다. 카니와 기타 IRGC 관계자들은 솔레이마니의 구상을 계속 이어나갈 것이라고 말했다. 이란 국방은 이란 정규군과 IRGC가 책임지는데, IRGC는 전쟁 이외에도 내부 보안의 책임

복'을 다짐한 이후 IRGC는 '순교자 술레이만 작전'명(Operation Martyr Soleimani)
으로 아르빌(Erbil)을 포함하는 이라크 내 여러 미국 목표물에 12~15발의 미사일
공격을 가했지만, 미군 측 사망자는 없었다. 3월에도 KH는 이라크 내 미 군사기
지와 바그다드 미 대사관 인근을 공격했고, 미군은 미사일로 대응했다. 지난 1월
이란이 트럼프 포함 미 고위관리 체포영장을 발부한 것
에 대해, 트럼프는 나중에 이란의 미국 내 암살, 공격은
심각한 결과를 초래할 것이라고 경고했다. 11월에는 이
란 최고의 핵과학자이며 이란 핵 프로그램 주요 책임자
중 하나인 모센 파크리자드(Mohsen Fakhrizade)가 테헤
란에서 승용차로 이동하던 중 그의 경호원들과 함께 암
살됐는데, 그것은 이스라엘 정보기관 모사드(Mossad)의
행위로 추정됐다.[1]

▲ 모사드, middleeastmonitor.com

(3) 이란 미사일 현황

이란은 다양한 종류의 미사일을 보유한다.[2] 150~400마일 사정거리를 갖고
있는 단거리 탄도미사일은 수백기의 샤하브 시리즈(Shahab-1, Shahab-2),
Tondar-69, 그리고 Qiam, Fateh 등으로 구성되고, 그것들은 이라크, 시리아, 레
바논, 예멘으로 이전됐다.[3] 대표적인 중거리 탄도미사일은 샤하브-3(Shahab-3)
와 BM-25이다. Shahab-3는 600마일 사거리를 갖고 있고, 최대 사거리 1,200
마일의 신형은 가드르(Ghadr), 호람샤르(Khorramshahr) 같은 것들이다.[4] 이란은
현재 이들 미사일 정확도와 치명성 증진을 시도하는 중이다. 사거리 2,500마일의

을 지는 정치적 성격을 띠는 군사조직이다. IRGC-QF는 이란의 동맹국 및 우호그룹 지원
과 연합 군사작전 등의 대외 군사활동을 총괄한다. Katzman, Iran's Foreign, (Updated
January 11, 2021), pp. 5, 17.

1) Iran Fires Missiles at U.S. Troops at Two Bases in Iraq: Live Updates," The New York
Times, (January 8, 2020); https://www.nytimes.com/2020/11/27/world/middleeast/iran-
nuclear-scientist-assassinated-mohsen-fakhrizade.html

2) Katzman, Iran's Foreign, (Updated January 11, 2021), p. 12.

3) Shahab-1은 스커드-B형이고, 샤하브-2는 스커드-C형이다.

4) 1,200마일(2,000Km) 사정거리 신형 Shahab-3로 인해 중동 전체가 이란 미사일 공격 사
정권 안에 있다.

BM-25는 북한의 무수단 미사일 변형이고, 그 원천기술은 소련의 SS-N-6 미사일에 기초했다. 순항미사일은 두 가지가 주로 알려져 있다. 지상공격 순항미사일(LACM: Land Attack Cruise Missile)은 소련시대 KH-55에 기초한 것으로, 1,200마일 사거리의 Meshkat, Soumar, Hoveyzeh가 배치돼 있다. 2019년 9월 사우디 오일시설을 공격한 Qods-1과 Ya Ali는 수마르(Soumar) 신형으로, 그 미사일들은 미군이 배치한 미사일방어망을 성공적으로 우회했다.[1] 대함 및 해안방어 순항미사일(Anti-Ship and Coastal Defense Cruise Missile)은 주로 중국제를 수입해 발전시킨 것이다. 이란은 해안순찰함에 중국제 C-802를 변형한 누르(Noor), 가디르(Ghadir), 나스르(Nasr) 미사일을 장착했고, 해안에는 중국제 CSSC-2(Silkworm), CSSC-3(Seersucker) 미사일을 배치했다. 후티 반군은 바브-엘-만데브 해협에서 미국 및 UAE 선박에 CSSC-3 미사일을 사용해 공격했다. 이란의 대공방어 목적의 지대공미사일(SAM: Surface-to-Air Missile)은 2016년에 전달되고 보통 S-300으로 알려진 SA-20C를 포함한다. 이란은 자체 대공미사일(Sayyad 2C)을 개발하고, 그것을 예멘 내 사우디 연합군 공격을 막아내는 데 사용하도록 후티 반군에 전달했다.[2] 그러나 이란이 5,500Km(2,900마일) 이상 사거리의 장거리 탄도미사일(ICBM) 개발에 성공했는지는 아직 미확인이다. 2010년까지 이란이 ICBM을 보유했을 것으로 추정했지만, 미 정보당국은 최근까지 그를 확인하는 최종보고서를 제출하지 않았다. 그 밖에 이란은 40마일 사거리의 로켓(Fair rocket)을 개발하고, 헤즈볼라, 하마스, 아프간 무장그룹에 공급했다. 이란은 중거리 미사일 Shahab-3에 핵탄두를 장착하는 연구를 계속하는 것으로 알려져 있다.

이란의 수백기 미사일은 IRGC 항공우주군의 알-가디르(Al Ghadir) 미사일 사령부가 관리하는데, 그들은 수년 전 구소련 국가 기술을 흡수해 더 발전시켜 오늘날의 중동 최대 미사일 전력을 개발했다.[3] 이란은 미사일 정확도와 사거리 확대를 위해 2015년 JCPOA 타결 이후에도 미사일을 시험 발사했고, 그 이후 2020년까지 거의 10차례 실험을 계속했다. 그 과정은 몇 번 실패하는 가운데 큰 진전

---

1) 그 미사일들은 예멘 후티 반군에게 이전됐다.
2) 이란은 또 일부 중, 단거리 대공미사일을 보유하는데, 그 중에는 미국이 1980년대 이란 반군에 전달한 I-Hawks가 포함돼 있다.
3) 북한은 이란 미사일 개발을 광범위하게 도운 것으로 알려져 있지만, 최근 수년 간 양국 협력에 관한 보고는 상대적으로 많지 않다.

을 이루었고, 중거리미사일은 다탄두 기술을 장착할 수 있는 것으로 알려져 있다.[1] 이란은 (앞에 언급했듯이) 그 미사일들을 중동의 미군과 미 동맹국에 대항할 목적으로 이란의 동맹국과 프락치 병력에 제공한다. 미국은 이란 미사일 방어 목적으로 이스라엘과 협력해 다양한 형태의 MD(Arrow, Iron Dome, David's Sling)를 운영하고, 사우디를 포함하는 걸프협력위원회(GCC) 국가들에게 PAC-3, THAAD를 판매했다. 미국은 동유럽 국가들과 인근 함정에 MD를 배치했다.[2]

(4) 이란의 중동 우호세력 관계

이란은 중동에서 이라크, 시리아의 시아파 정부와 시아파 민병대, 시아파 무장그룹인 레바논 헤즈볼라 및 예멘 후티 반군, 그리고 이스라엘에 반대하는 수니파 하마스(Hamas)와 팔레스타인 이슬람 지하드를 포함해 광범위한 국가와 단체를 지원한다. 그래도 이란의 해외지원은 시아파를 중심으로 전개된다. 이라크에서 조지 W. 부시

▲ 헤즈볼라, thecairoreview.com

행정부가 사담 후세인 정부를 타도하고 바그다드에 시아파 정부가 수립되면서, 이란-이라크 관계는 크게 진전됐다.[3] 2003년 이후 이란은 반미, 반서방, 또 사담 후세인 수니파 진압 목적으로 이라크 내 시아파 민병대 위주의 지원을 제공했고, 널리 알려진 사드르(al-Sadr)의 마디 군(Mahdi Army)은 그 중 하나였다. 이라크 민병대 대부분은 2014년 설립된 PMF에 통합됐는데, IS의 2014년 6월 국가설립 이후에는 IRGC-QF의 소수 이란병력이 이라크로부터 IS를 축출하려는 민병대 노력을 도왔다.[4] 이란의 지원을 받는 이라크 시아파 민병대는 아사이브 알하크(AAH: Asa'ib Ahl Al Haq), 바드르 여단(Badr Organization, Badr Brigade), 카타이브 헤즈볼라(KH), 하라카트 헤즈볼라(Harakat Hezbollah al-Njuaba)를 포함했다. 알하크는 2006~2007년 마디 군 탈주파벌이 조직했고, 바드르 여단은 2003년

---

1) 2017년 1월 Shahab-3 사거리를 확대한 신형 중거리 탄도미사일 Khorramshahr 시험발사는 실패했고, 2019년 8월에도 우주에 위성을 진입시키기 위한 로켓이 발사 전 폭발했다. 그러나 2018년 12월 폼페이오 국무장관은 이란이 다탄두를 운반할 수 있는 중거리 탄도미사일 발사에서 성공했다고 보고했다.

2) Katzman, Iran's Foreign, (Updated January 11, 2021), pp. 10-11.

3) 과거 사담 후세인 통치기에도 이란은 이라크 내 시아파 민병대를 지원했다.

4) 이라크 내 IRGC-QF 병력 숫자는 확인되지 않았다.

조직된 이후 IRGC-QF의 훈련과 지원을 받았다.[1] KH는 2004년 마디 군의 지파로 결성됐고, 하라카트 헤즈볼라는 시리아 아사드 정부 지원 목적으로 2013년 조직됐다. 미국의 JCPOA 탈퇴 이후 새로이 발생하는 미-이란 갈등에서 IRGC-QF의 지원을 받는 이라크 민병대가 미군을 공격할 때, 미국은 그 민병대를 직접 공격하면서 동시에 이라크 정부에 그 조직들을 해체할 것을 종용했다. 그러나 (앞에 언급했듯이) 솔레이마니 사건이 터지고 난 이후 미-이라크, 미-이란 관계는 끝없이 악화됐다. 민병대와 관련해 놀라운 것은 그 리더들 상당수가 이라크 의회에 진출해 의원이 되어 정치적 영향력이 증대하면서, 테헤란이 바그다드 국내정치를 포함해 이라크에 대해 훨씬 큰 영향력을 미치게 된 것이다.[2] 이란-이라크 관계는 2019년 이란 대통령 로하니가 이라크의 존경받는 성직자 알-시스타니와 회동할 정도로 진전됐고, 테헤란은 이라크 전기생산을 위해 천연가스를 제공했다.[3]

　　이란의 시리아 정책은 아사드 정부를 지원하는 데 초점이 맞춰져 있다. 러시아와 함께 시리아 내전에 개입한 이란은 2013~2015년 IRGC-QF 병력 2천명을 파견해 시리아 내에 기지를 운영하면서 직접 시리아 반군을 공격하고, 다른 한편 민병대를 충원하면서 레바논 헤즈볼라를 지원했다.[4] IRGC-QF가 지휘하는 시아파 민병대는 7천명 헤즈볼라를 포함해 2013~2017년 최대 8만 명에 이르렀고, 아사드 정부가 시리아를 다시 장악하면서 2018년 말까지 그 숫자는 1만 명으로 축소됐다.[5] 이란은 시리아 정부와 프락치 병력에 재정지원을 제공했을 뿐 아니라 시리아 평화를 위한 비엔나 프로세스, 그리고 러시아, 터키와 함께 아스타나 프로세스에 참여했다. 미국은 이란 군 공격은 자제하면서 시리아 내 이란 군 철수를 촉구했고, 이스라엘의 이란 군 시설 공격을 두둔했다.[6]

---

1) 바드르 여단은 반 사담(Saddam) 시아파 반체제 그룹으로, 2003~2011년 미국의 이라크 간섭에 반대하지 않았고, 미국의 제재 대상으로 지정되지 않았다. 바드르 여단은 2018년 5월 이라크 총선에서 두 번째 많은 의석을 차지했다.
2) 이라크 쿠르드의 반이란 정책과 독립을 위한 주민투표에 반대해, 이란은 그들에게 미사일 공격을 가하고 이라크 시아파 정부의 영토통합을 옹호했다.
3) Katzman, Iran's Foreign, (Updated January 11, 2021), p. 31.
4) 이란은 헤즈볼라에 무기를 제공하기 위해 시리아 내에 로켓 및 미사일 공장을 건설했다.
5) 시리아 내전에는 이란 정규군 아르테쉬(Artesh)와 이라크 민병대도 개입했다.
6) Katzman, Iran's Foreign, (Updated January 11, 2021), p. 34.

하마스(Hamas), 헤즈볼라(Hezbollah), 기타 반 이스라엘 정책과 관련해, 이란은 이스라엘이 서방의 일방적 의지에 의해 국가를 건설했고, 팔레스타인 사람들은 피해자라는 입장을 고수한다. 하메네이는 이스라엘을 제거되어야 할 '암 덩어리'라고 말하고, 반면 이스라엘은 이란의 핵무장이 자국에 대한 '실존적 위험'이며 JCPOA는 역사적 실수라고 주장한다. 이란이 이스라엘에 반대해 하마스에 제공하는 도움은 로켓, 미사일을 포함하는 무기와 연간 최대 1억 달러, 그리고 팔레스타인 반 이스라엘 무장그룹 전체를 위한 연간 최대 3억 달러 재정지원을 포함한다.[1] 헤즈볼라는 이란의 가장 중요한 비국가 동맹이다. 하메네이의 종교지침을 추종하고 레바논 다와당(Da'wa Party)의 군사부서로서 조직된 헤즈볼라는 1985년 창설됐고, 그 과정에서 레바논으로 파견된 IRGC의 도움을 받았다. 2006년 이스라엘과의 2개월 전쟁 동안, 헤즈볼라는 이란이 제공한 로켓과 C-802 대함미사일을 사용해 큰 승리를 기록했다. 이란의 헤즈볼라 지원은 여러 차원에서 진행된다. 처음부터 IRGC는 이란 내에서 수천 명 헤즈볼라 전사를 훈련시켰고, 2006년 이후 이전된 무기는 로켓, 대함 및 대공미사일을 포함해 13만개 수준이었다. 재정지원은 2018년 한해 7억 달러로 추정됐다. 헤즈볼라의 군사능력은 많이 향상돼 이제는 이라크, 시리아, 예멘에서 IRGC-QF를 돕고 있다. 미국은 레바논 정부에 무기를 판매해 헤즈볼라를 억지하도록 유도하고, 헤즈볼라를 직접 공격하지는 않지만 시리아 내 헤즈볼라에 대한 이스라엘 공습을 지지한다. 예멘과 관련해, 이란은 2014년 9월 국제사회가 인정하는 만수르 하디(Mansoor Hadi) 정부를 수도 '사나'로부터 몰아낸 시아파 후티 반군에게 재정지원보다는 탄도미사일, 로켓, 기타 장비를 포함해 주로 무기를 제공한다.[2] 2004년 시작된 예멘 내란은 '아랍의 봄'을 거치면서 더 악화되고 16년 이상 진행 중인데, 후티 반군은 이란이 제공한 미사일로 2016년 10월 홍해에서 미국과 UAE 선박, 2017년 1월 사우디 선박을 공격했다.[3] 이란은 후티 반군을 사우디에 대한 지렛대인 동시에 바브-엘-만데브

---

[1] 이란이 지원하는 반 이스라엘 팔레스타인 무장그룹에는 '팔레스타인 이슬람 지하드'(PIJ: Palestine Islamic Jihad), Fata의 무장 지파인 '순교자 여단'(Al Aqsa Martyrs Brigades), 그리고 '팔레스타인 해방 대중전선'(PFLP-GC: Popular Front for the Liberation of Palestine-General Command)이 포함돼 있다.

[2] 이란의 후티 반군에 대한 재정지원은 기껏해야 수억 달러 수준이다.

[3] 예멘의 내란은 오랜 역사를 갖고 있다. 그것은 1990년 5월 북예멘과 남예멘이 합의에 의한 통일을 이룩한 이후 1994년 5월 북, 남 사이에 처음 발생했고, 두 달 후 사우디가 지원하는 수니파 알리 살레 대통령이 이끄는 북측이 승리했다. 그러는 사이 2004년 이란의 지

해협 인근에서 힘의 투사를 돕는 요소로 인식하는 것으로 보인다. IRGC와 헤즈볼라는 정보제공, 군사자문, 군사훈련을 통해 후티 세력을 돕고 있다. 후티 반군이 미국 선박에 피해줬을 때, 미국은 그에 상응하는 군사보복을 했다. 미국은 또 후티를 공격하는 사우디 주도 수니아랍 연합에 병참지원을 제공하고, 이란의 군사지원을 저지하기 위해 사우디와 공동 해군순찰을 시도해 2019년 12월 일부 무기를 압수하는 성과를 올렸다. 2018년 5월 폼페이오 미 국무장관은 이란의 후티지원 중지와 사태의 평화적 해결 모색을 촉구했다. 미국은 예멘 내 후티나 이란군사자문단에 대한 공습은 자제했지만, 2020년 1월 미 특수부대를 동원한 IRGC－QF 공작원 제거 시도는 실패했다. 그러나 사우디 주도 아랍세력의 직접개입과 무자비한 폭격이 보기 드문 민간인 살상으로 이어지면서, 사우디는 인도주의 재앙의 당사자로 낙인찍히고 미국과 유엔을 포함하는 국제사회로부터 큰 비난의 대상이 됐다. 미 의회는 미국의 아랍지원 종식을 입법했다. 사우디 왕세자 빈 살만(Mohammad Bin Salman Al Saud)이 2018년 10월 사우디 언론인 카슈끄지(Kashoggi)를 토막 살해한 배후라는 미 정보당국의 결론도 사우디에 대한 미국의 편견을 강화시켰다.[1]

▲ 빈 살만, ichi.pro

(5) 미국의 대이란 접근법

트럼프 행정부는 큰 틀에서는 동맹, 파트너 국가들과 함께 이란 공세의 억지를 시도했고, 그 지역 미군 주둔을 통해 이란 도발에 대한 대비태세를 강화했으며, 미국 단독으로, 또 연합세력과 더불어 경제제재와 군사보복을 실시했다. 직접적 군사행동은 중동 내 미국 및 동맹국 이익 공격에 대한 보복 성격을 띠었고, 수시로 이란이 지원하는 병력과 프락치 세력을 겨냥했다. 솔레이마니와 무한디스 공습

원을 받는 시아파 후티 반군이 살레 정부의 무능과 과거 남예멘 사람들에 대한 차별을 이유로 무장 반란을 일으켰고, 그 사태는 아랍의 봄을 거치면서 이란과 사우디 주도 수니아랍 9개국 연합군 간의 대리전 양상으로 비화했다. 미국, 영국, 프랑스는 사우디 측을 도왔지만, 사우디의 공중폭격이 10만 명 민간인 사망과 360만 명 이상의 난민을 양산하면서 미 의회는 워싱턴 당국의 개입을 제한하는 입법을 통과시켰다. UAE는 아랍 9개국 연합에서 탈퇴했다. War in Yemen/Global Conflict Tracker－Council on Foreign Relations, "Saudi－Led Coalition Resumes Yemen Bombing," (July 2, 2020), www.cfr.org

1) Katzman, Iran's Foreign, (Updated January 11, 2021), pp. 34－38.

은 이란과 그 동맹의 주요 인사를 표적으로 한 경우였다. 세부적으로 트럼프 행정부는 JCPOA를 폐지하면서 미국과의 미래 관계정상화 대가로 이란에 12개의 구체적 요구를 제시했다. 대부분의 요구는 이란의 지역활동과 관련된 것이었는데, 이라크 시아파 민병대 무장해제, 시리아로부터 IRGC-QF의 철수, 예멘 후티 반군 지원 중단을 포함했다.[1] 미국은 또 레바논 헤즈볼라, 하마스, 팔레스타인 무장 지하드와 같은 중동 테러그룹에 대한 지원의 중단, 이스라엘과 GCC 국가들에 대한 위협중단, 국제선박에 대한 공격 중단, 그리고 사이버행위 중단을 요구했다.[2]

외교적으로 역내에서 이란을 고립시키려는 트럼프 행정부의 '중동 전략동맹'(MESA: Middle East Strategic Alliance) 구상은 성공하지 못했다. 역사적으로 지난 오랜 기간 미국은 중동에서 서방의 적대세력에 대항할 집단안보기구 출현을 선호했지만, 그것은 거의 의도한 성과를 거두지 못했다. 1955년 결성된 '바그다드 협정'(Baghdad Pact)은 1959년 이라크가 철수하면서 센토(CENTO: Central Treaty Organization)로 대치됐고, 그 이후 구성국들의 상이한 위협인식으로 인해 1979년 해체됐다.[3] 그 당시 미국은 그 서명국들과 양자, 다자 방어에 합의하면서 그 활동에 참여한 바 있다. 제1차 걸프전 이후 1991년 3월 GCC, 이집트, 시리아가 다마스커스 선언을 하면서 지역안보의 틀을 만들기 위한 만남을 이어갔지만, 이미 2년

▲ MESA, rieas.gr

▲ GCC, islamtimes.org

후부터 그 그룹의 구상은 효력을 잃어갔다. 2015년 3월 '아랍 리그'(Arab League)가 국제 테러리즘에 반대하는 방위군 창설의지를 내비쳤다. 그러나 필요한 논의

---

1) 이란은 시리아 알-아사드 정권에 적어도 46억 달러, 레바논 헤즈볼라에 매년 7억 달러, 또 팔레스타인 무장 지하드그룹에 연 1억 달러 수준의 재정자금을 지원했다. 2012년 이후 예멘 후티 반군에 대한 이란의 재정지원은 수억 달러에 달했다.

2) 트럼프는 또 이란이 아프가니스탄에서 탈레반 지원을 중단하고, 고위 알카에다 리더들을 위해 피난처를 제공하지 말 것을 요구했다. Katzman, Iran's Foreign, (Updated January 11, 2021), p. 18.

3) 바그다드 조약은 처음에 소련의 남하에 반대해 영국, 터키, 이라크, 이란, 파키스탄에 의해 결성됐다.

조차 제대로 이루어지지 않았다. 2015년 12월 사우디가 '이슬람 군사동맹'(Islamic Military Alliance) 계획을 선언하면서 창설된 새로운 기구는 41개 회원국을 가진 것으로 알려졌다. 그러나 그 역시 몇몇 연합 군사훈련 이외의 실질적 집단방위 행동을 한 적은 없었다. 오바마 대통령이 그 기구의 반 IS 역할을 종용했음에도 불구하고, 그로부터의 성과는 없었다. 2017년 중반 이란에 반대해 트럼프 행정부는 새로이 아랍국가 군사기구인 MESA 결성을 구상했고, 2018년 3월 폼페이오 국무장관은 그 기구가 중동 전체의 위협을 억지하고 걸프-북아프리카에 이르는 광범위한 지역에서 테러를 방지하고 지역안정을 돕는 중요한 메커니즘이 될 것이라고 주장했다. MESA는 상호방위조약을 가진 실질적 군사동맹은 아니었지만, 일부에서는 그것을 '아랍의 나토'(Arab NATO)라고 불렀다. 그것은 GCC 6개국에 이집트, 요르단, 그리고 가능하면 모로코까지 묶어 이란에 대항하게 하려는 외교, 안보시도였고, 참여국들은 기구창설을 위해 실무차원에서 몇 차례 만났다. 그러나 반이란, 대테러, MD, 분쟁조정, 지역안보를 겨냥하는 미국의 그 구상은 2019년 4월 이집트가 철수하고, GCC 내부의 갈등이 표면화되면서 전혀 진전을 이루지 못했다. GCC 내에서 우선적으로 드러나는 문제점은 사우디-UAE와 카타르 간의 지속적 대립이었다. 중동패권의 야심을 가진 사우디, 그리고 무슬림형제단을 지지하고 이란과의 교류를 주장하는 카타르는 핵심적으로 이란과의 대결을 궁극적 목표로 하는 MESA 구상에 합의할 수 없었다.[1] 더 세부적으로 GCC 내에서 구성국들의 이란 관련 입장은 달랐다. 쿠웨이트, 오만은 상당수준 이란과의 개방적, 정상적 관계를 희망했다. 또 구성국들은 GCC 내에서 사우디의 지배적인 위상, 압도적 영향력을 원치 않았다.[2] 미국은 2019년 9월 사우디 오일 인프라에 대한 공격에 비추어 여러 차례 아랍국가 단합을 시도했지만, 정상회담 개최는 없었고 협정은 공식화되지 않았다. 이집트는 미국의 오랜 중동 우방이었지만, 아랍의 봄 이후 무르시 정부에 이어 새로운 군사정부 출범 이후 미국, 서방과 다소 거리를 두는 것으로 보였다. 2020년 말 UAE, 바레인이 이스라엘과 관계정상화를 이룬 것은 어느 면에서 이란에 대항하는 또 다른 대안으로 보였다.[3]

---

1) 2017년 6월 사우디는 카타르를 외교, 경제적으로 고립시키려 시도했고, 그 당시 미국의 중재는 실패했다.

2) Thomas Clayton, "Cooperative Security in the Middle East: History and Prospects," CRS IN Focus, IF11173, (Updated April 11, 2019), pp. 1-2.

3) Katzman, Iran's Foreign, (Updated January 11, 2021), p. 24.

다른 한편, 6만 명 규모 미군병력의 GCC 국가 주둔은 사전배치, 항모전단의 존재에 비추어 기동성, 준비태세에 직접적으로 영향을 주는 중요한 요소였다.[1] 미국은 1990년대 초 이후 걸프국가들과 국방협력 제도화를 모색했는데, 그것은 오바마 행정부 2012년까지 미-GCC 전략대화, 그리고 쿠웨이트, UAE, 카타르와의 양자 전략대화로 정착됐다. 2018년 JCPOA 탈퇴 이후 미국은 GCC의 우려를 감안해 추가 조치를 취했다. 미-GCC 해상 및 사이버안보 협력강화, 대테러 협력증진, 추가 연합 군사훈련, MD 증강, 그리고 무기이전 용이화가 그런 범주에 속했다. 미국은 또 GCC 국가들과의 양자대화를 통해 역내안보를 강화했다. 걸프 지역에 배치된 미군은 여러 나라에 분산되어 파트너 국가들과의 협력을 고양시켰고, 전투기, 전함, 레이더, 탱크, 정밀유도무기를 포함하는 무기판매는 GCC 국가에 대한 미국의 방어의지를 대표했다. 이란, 러시아가 북쪽에서 시아파 벨트를 형성할 때 미국은 GCC와 더불어 수니파를 지원했고, 이스라엘의 UAE, 바레인과의 관계정상화는 워싱턴의 반이란 의지 강화를 상징했다.[2] 수니파 대표국가인 사우디에 대한 미국의 지원은 사우디 병력 군사훈련과 F-15, THAAD, M1A2 탱크를 포함하는 무기판매를 포함했고, 그에 상응해 리야드는 2019년 수천 명 미군의 술탄(Prince Sultan) 공군기지 주둔에 합의했다.[3] 또 미국은 쿠웨이트에 1만 4천 명 미 지상군, 카타르에 주로 공군 위주의 1만1천 명 이상 병력, UAE에 해, 공군 중심의 3천 5백 명 병력, 그리고 바레인에 해군 중심의 5천 명 병력을 배치했다. GCC 국가들은 미국의 이란 및 중동 전략의 주요 군사중심축이었다. 50명 미군이 주둔하는 오만과는 그 나라 시설접근 권리를 중심으로 협력했다.[4] 사우디 군대를

---

1) GCC는 1979년 이란 호메이니의 팔레비 정권을 무너뜨린 이슬람주의 혁명과 1980년 시작된 이라크-이란 전쟁에 대한 우려에서, 1981년 사우디, 쿠웨이트, 카타르, UAE, 바레인, 오만 6개국에 의해 결성됐다. 미-GCC 협력은 1980년대 이후 계속 확대됐다.

2) UAE는 몇몇 도서와 관련해 이란과 영토 분쟁이 존재하는 유일한 GCC 국가이다. UAE의 이스라엘과의 관계정상화는 이란의 영향력 확대에 대한 우려에서 비롯됐다. 이스라엘-바레인 관계정상화 역시 이란의 영향력 확대를 우려한 조치로 알려졌다. 수니파에 의해 통치되는 바레인 내에서는 일부 시아파 반정부 민병대가 활동하는데, 그들은 이란의 지원을 받는다. 그럼에도 불구하고 GCC 국가 다수는 상대적으로 이란과 정상적 무역관계를 유지한다. UAE 내에는 수많은 이란 소유 기업이 활동하고 일부 UAE 기업들은 미국의 제재를 받는다.

3) 수니파 리더 사우디는 특히 시아파 맹주 이란과 중동패권을 다투는 그 지역 양대 주역이다. 사우디는 2016년 1월 이란과 외교관계를 단절하고 미국의 JCPOA 탈퇴를 지지했지만, 2019년 중반 이후 UAE와 함께 이란과 긴장완화를 위해 대화를 시도했다.

4) 오만은 GCC 국가 중 이란에 가장 우호적인 것으로 보인다. 오만은 JCPOA 체결을 많이

예외로, 가장 큰 숫자인 6만 3천명의 자국병력을 보유한 UAE에서부터 6천 명의 최소 병력을 보유한 바레인에 이르기까지, GCC 국가에 대한 미국의 안전보장은 그들에게 둘도 없는 중요한 군사자산이었다.[1] GCC 국가들은 부유하기 때문에 펜타곤의 무상지원을 별로 많이 받지 않았고, 상대적으로 재정이 더 튼튼한 사우디, 쿠웨이트, 카타르, UAE는 군 인사들을 미국으로 보내 선진 군사교육을 받게 했다.[2]

(6) 바이든 행정부의 이란 핵정책

대선 캠페인 당시 바이든은 미국의 JCPOA로부터의 철수는 큰 실수라고 말하고, 만약 이란이 아직도 그 협정에서 규정한 제한을 이행하려는 의지가 있다면 미국을 다시 그 협정에 복귀시킬 것이라고 말했다.[3] 그러나 트럼프에 의해 일단 그 협정이 파기된 이후, 테헤란은 미국의 무책임한 행동을 비난하면서 쉽사리 워싱턴이 제안하는 정치적 타결을 승인하려 하지 않았고, 그것은 지난 수년 간 미 ─ 이란 간의 많은 불화에서 비롯된 부정적 감정이 아직 남아 있음을 의미했다. 바이든은 앞으로 그 협상에서 넘어야 할 장애가 많은 것으로 보였다.[4]

2020년 1월 의회 답변에서, 신임 미 국무장관 블링컨은 테헤란과의 새로운 핵 협상은 이란의 중동 불안정화를 억지하는 '더 장기적이고 강력한' 결과를 도출할 수 있는 것이어야 한다고 말했다. 그 발언은 트럼프 행정부의 이란 관련 강경한 입장을 일부 반영한 것으로 평가됐다.[5] 그 다음달 2월 중순에 이르러, EU 사

도왔고, 그 협정 성사 이후 두 나라는 오만 내 항구 개발을 공동 추진했다.

1) 쿠웨이트 정부 자체의 병력숫자는 1만 5천 명, 카타르는 1만 2천 명, 오만은 2만 5천 명에 불과했다.

2) Katzman, Iran's Foreign, (Updated January 11, 2021), pp. 25 – 27.

3) Kilic Bugra Kanat, "Biden on horns of a dilemma for Iranian nuclear deal," (March 9, 2021), https://www.dailysabah.com〉 bi...

4) 2020년 11월 바이든이 대선에서 승리해 당선자 신분일 당시, JCPOA의 주역 로하니 대통령은 일단 미국이 트럼프 행정부의 외교 오류에서 벗어나 이란과 더 나은 관계로 나아가기를 원한다는 소신을 피력했다. "Iran's Rouhani says Biden win a chance for US to compensate for mistakes," France 24, (November 8, 2020), www.france24.com

5) "Biden's First Foreign Policy Blunder Could Be on Iran," Bloomberg, (January 22, 2021); "Tough tests for Joe Biden in new Middle East," BBC News, (January 23, 2021)

무부총장(Enrique Mora)이 테헤란 핵 프로그램의 미래가 중요한 분기점에 있다고 말하고, EU 고위 외교대표가 이란 핵문제, 특히 JCPOA를 논의하기 위해 과거 핵심 당사국인 P5+1 회담을 초청했을 때, 워싱턴은 그에 참여할 것이라고 말했다. 그것은 워싱턴이 2015년 과거 핵 협정으로 복귀하려는 노력의 첫 번째 시도를 의미했지만, 미 국무부는 그것이 어떤 돌파구라기보다는 이제 길고, 어려운 외교노력의 첫 단계일 뿐이라고 말했다. 미국이 제재를 먼저 해제하지 않는 한 유엔사찰관의 이란 핵시설 접근을 금지할 것이라고 말하면서 EU의 초청에 아무 반응을 보이지 않는 이란에 대해, 워싱턴은 미국이 JCPOA로 복귀하는 논의에 개입할 준비가 돼 있음을 알리면서 테헤란의 EU 대화 제안 수용을 촉구했다. 영국, 프랑스, 독일 3개 핵심국가(E3)들은 미국의 이란과의 협정 복귀를 위한 확고한 외교대화 의사 표명을 환영했다.[1]

이란 핵문제 해결의 필요성이 미국 내외에서 제기될 때, 3월 미국 내 일부 매파를 구성하는 메넨데즈(Robert Menendez)와 그래함(Lindsey Graham)을 포함하는 41명의 상원의원이 행정부에 워싱턴이 트럼프가 평시 주장하던 더 '나은 협상'(better deal)을 시도할 것을 제안했다. 바이든 대통령과 미 국무부는 그에 대한 확실한 입장은 밝히지 않았지만, 워싱턴이 고수할 최저선은 과거 JCPOA로의 복귀일 것으로 예상됐다. 4월 초 비엔나에서 미국과 관련 국가들 간에 이란 핵 프로그램 관련 대화가 시작됐다. 많은 분석가들은 바이든 행정부가 JCPOA를 넘어서는 강경책을 강요하지 않을 것으로 보았다. 이란의 핵무기 획득을 방지하고, 미사일 프로그램을 무력화시키며, 중동에서 불안정화를 제한하는 포괄적 합의의 제안은 미국을 불신하고 러시아의 압도적 지지를 받는 테헤란에게 쉽게 수용되지 않을 것으로 보였다. 그것은 모두 훌륭한 목표였지만, 그 모든 것을 한 번에 성취하는 것은 불가능할 것이었다. 오히려 핵협상 타결이 다른 문제 해결의 디딤돌이 될 수 있었고, 모든 것은 우선순위에 관한 것이었다. 바이든 행정부는 핵무장 한 이란을 실존적 위험으로 간주하는 것으로 보였다. 또 중동에서 이란이 촉발할 수 있는 사우디, 터키, 그리고 다른 나라들에 의한 핵 군비경쟁도 마찬가지로 위험할

---

1) 미국과 유럽 파트너들은 트럼프 당시의 쓰라린 대서양 간 분열을 넘어 새로운 유대로 의기투합하는 것으로 보였다. Dan De Luce and Abigail Williams, "Biden administration says it's ready for nuclear talks with Iran," (February 18, 2021), https://www.nbcnews.com〉bid...

것이었다.[1]

회담의 초기조짐은 나쁘지 않았다. 처음에 E3는 미국에게 진지한 협상과 제 스처를 위해 일부 제재를 해제할 것을 강력히 권고했다. 참여국들은 성실하게 회 담을 진행하기로 약속하고, 미국과 이란이 어떻게 동시에 이란 핵 제한협정을 복 원시킬 수 있는지를 논의할 실무그룹 구성에 합의했다. 그 실무그룹은 3개였는데, 각각에서 양측은 워싱턴의 제재해제, 이란의 농축제한 복귀, 그리고 시행절차를 논의하기로 했다. 미국과 이란 외교관들은 유럽대표단을 중개자로 활용하면서 비 엔나에서 핵 협상을 타결시키기 위한 수주간 논의에 돌입했다.[2] 두 나라가 성공 적으로 합의에 도달하기 위해서, 워싱턴과 테헤란은 견고한 작업이 요구됐다. 미 국으로서는 트럼프 행정부가 협정 탈퇴 이후 부과한 1,500개 이상의 제재와 징벌 적 지정의 상당부분을 해제해야 할 필요가 있었다. 이란은 트럼프의 협정철수 이 후 위반한 것을 되돌리는 절차가 필요했는데, 그것은 우라늄 농축과 저장, 그리고 더 정교한 핵시설 설치의 철회를 포함했다. 그러나 트럼프 시기 양측 간의 불신이 더 깊어지면서, 심지어 JCPOA 옹호자들까지도 과거 협정으로의 복귀가 쉽지 않 을 것으로 전망했다. 양국 국내정치도 문제가 됐는데, 미국 내에 오바마 시기 협 정으로의 복귀에 반대하는 세력이 있었을 때, 이란은 내부 권력투쟁과 함께 6월 대선이 다가오면서 강경한 목소리가 더 힘을 얻었다.[3]

그 상황에서 이란 나탄즈 핵시설을 겨냥하는 이스라엘에 의한 도발적 사보 타지 행위가 발생했다. 나탄즈 시설은 그 내부 파워시스템을 파괴하는 폭발에 의 해 심하게 손상됐는데, 그것은 테헤란 핵 프로그램에 대한 예기치 못한 타격이었 다.[4] 사건 발생 직후, 바이든 행정부는 미국이 그 사건과 아무 관련이 없음을 분

1) Joseph Cirincione, "New iran nuclear talks allow Biden to fix Trump's mess before we head toward war," (April 7, 2021), https://www.bbcnews.com〉think

2) The Editorial Board, "Back to Iran's Nuclear Future," (May 23, 2021), https://www.wsj.com〉articles

3) Howard LaFranchi, "Biden seeks return to Iran deal. Can he bring Americans with him?" (April 8, 2021), https://www.csmonitor.com〉Bi...

4) 이스라엘 언론은 이란을 곤경에 처하게 하기 위한 모사드(Mossad)의 여러 작전을 소개했 는데, 2018년에는 테헤란 내 비밀 핵시설로부터 핵 기밀을 빼냈고, 2020년 11월에는 이란 내에서 이란 최고 핵 과학자를 암살했다.

명히 밝혔다. 이란은 처음에는 그것을 나탄
즈 시설의 정전으로 오인했지만, 나중에 그
것이 무기용 핵연료를 생산하는 원심분리기
(centrifuges)에 피해주는 사보타지였다고 발
표했다. 4월 13일 테헤란은 그 사건을 테러
행위로 규정하면서 이스라엘의 행위에 보복
할 것을 서약하고, 손상된 부품을 새 것으
로 교체할 것이라고 말했다. 이스라엘 언론
은 이스라엘이 그 공격을 오래 전에 계획한
것이라고 보도했는데, 그것은 미—이란 협
상을 잠식하려는 목적을 띤 것으로 보였다.

▲ 이란 핵시설, bbc.com

관찰자들은 그 공격의 영향이 바이든이 일부 결점을 내포한 과거 협정으로 너무
성급히 복귀한다고 믿는 사람들의 주장을 증대시킬 것이지만, 그것이 신행정부의
목표를 바꾸지는 못할 것이라고 말했다.[1]

　　미국 협상자들은 이란 핵협상 타결을 위해 전력을 다했다. 미국 대표(Robert
Malley)는 이란과 협상하면서 미국 내 강경파 설득을 시작했다. 처음에 바이든 팀
은 협상의 성공을 위해 테헤란에게 그들이 협정에 복귀할 만큼 충분하지만 미국
내에서는 강경파로부터 공격받지 않을 정도의 제재 해제를 시도하는 것으로 알려
졌다.[2] 그러나 바이든과 이란 리더들이 모두 트럼프가 3년 전 폐기한 핵 협정에
재진입하는 것이 양국의 공통목표라고 말했음에도 불구하고, 5주 간의 비엔나 외
교협상 이후 과거의 JCPOA는 새로운 협상을 위한 출발점일 뿐이라는 것이 명백
해졌다. 미국과 이란은 모두 과거 협정을 넘어서는 새로운 요구를 상대방에게 제
안했다. JCPOA 복원과 더불어, 미국은 테헤란에 미사일 시험발사 중지, 테러리즘
지원 종식, 그리고 수십 년에 걸친 핵무기 개발을 위한 연료생산 금지를 추가 요
구했다. 미국의 제안을 거부하면서, 이란은 오히려 트럼프의 JCPOA 폐기 이후
새로이 설치된 첨단 핵연료 생산장비 보존, 그리고 과거 협정에서 규정된 것을 넘

1)　Paul D. Shinkman, "Biden Distances U.S. From Attack on Iranian Nuclear Facility at
　　Natanz," (April 12, 2021), https://www.usnews.com〉 articles
2)　Michael Hirsh, "U.S. Mounts All—Out Effort to Save Iran Nuclear Deal," (April 15,
　　2021), https://foreignpolicy.com〉 iran—nuc...

어서는 수준에서 세계 재정체계와의 거래 허용을 요구했다. 그때 미 협상 팀은 블링컨이 '더 장기적이고 강력한' 것으로 표현한 더 강화된 협정을 관철시키기 어려울 것으로 직감했다. 미국, 이란 두 나라는 JCPOA보다 더 많은 요구사항이 포함된 새로운 협상을 진행하고 있었고, 그것이 그 협상이 오랜 시간이 걸리는 이유였다.[1) 워싱턴은 테헤란의 입장에 대한 확신이 서지 않았다. 이란이 현재 얼마나 협정 타결을 원하는지, 또 앞으로 대선에서 집권할 것으로 예상되는 이란 강경파 신정부에게 어떻게 협상을 연장하고 워싱턴의 요구를 관철시킬지에 대해 혼란스러워 했다. 이란 핵 제한에 관한 구체적 세부사항 논의가 없는 상태에서, 이란은 수시로 논의를 거부하고, 다른 한편 로하니 대통령과 자파리(Zafari) 외교장관은 미-이란 합의가 마무리되어 가고 있다고 현실과 다르게 말했다. 블링컨은 미국이 진지하게 입장을 전달하지만, 테헤란이 어떤 결정을 할지 알 수 없다고 말했다. 이란은 대화 동안에도 계속 고농축 우라늄과 시설을 확충하면서 더 많은 제재 해제, 더 많은 첨단 원심분리기 보유를 원하고, 또 IAEA의 사찰에서 최근에 새로 설치한 원심분리기 조사만 허용할 것이라고 말했는데, 그 중 상당부분은 워싱턴에게 수용이 불가했다. 예컨대 미 행정부는 이란의 IRGC 제재 해제 요구를 미국 국내정치 현실에 비추어 받아들일 수 없었다. 또 이란 최고지도자 하메네이는 이란 강경파로부터 로하니와 자파리를 보호하면서도, 우라늄 농축에서 과거의 3.67% 제한에서 60% 농축으로의 순도 상승을 승인했다. 이란 대선에 임박해 미국이 시간에 쫓기고 협상이 깨지기 쉬운 과정이 되면서, 워싱턴은 상황을 심각하게 인식했다. 블링컨은 한발 물러서 2015년 JCPOA의 안정성, 그리고 이란 핵 프로그램 감시는 아주 철저하고, 그것은 결코 테헤란에게만 유리한 협정이 아니라고 말했다. 전문가들은 워싱턴이 JCPOA 복원이 미래 추가 대화를 위한 유일한 방법이고, 현재로서 최선이라는 것을 인정하는데 오랜 시간이 걸렸다고 말했다. 그들은 왜 바이든 행정부가 EU3의 조언을 무시했는지 이해할 수 없다고 덧붙였다. DNI 국장 헤인스(Avril D. Haines)를 포함해 미 정보공동체는 이란이 핵물질 축적 증가에도 불구하고 핵탄두 작업은 없었고, 현재 핵무기를 개발하는 것은 아니라고 밝혔다. 그러나 이란 핵문제에 관여해 온 이스라엘은 트럼프 시기에 그랬

---

1) 미국은 과거 협정의 복원을 훨씬 더 큰 무엇인가에 대한 첫 번째 절차로 간주했다. 그리고 그들은 서방은행과의 거래 허용을 원하면서 과거 협정의 제재 해제를 넘어서는 이란의 욕망에 의해 독려됐는데, 왜냐하면 그것이 추가 합의 협상의 성숙된 환경을 제공했기 때문이다.

듯이 이번에도 미국의 JCPOA 복귀에 반대했다. 수개월 전 모사드 책임자가 백악관을 방문해 반대 의견을 제시한 이후, 이스라엘은 이번에는 과거 3년 전 그들이 획득한 정보에 따르면, 이란이 핵탄두 디자인 작업을 진행했다고 주장했다.[1]

2 북한 핵 및 미·북 관계

트럼프 행정부 출범 당시 북핵 문제는 전혀 해결되지 않았고, 그 미래에 관해 아무 것도 말할 수 없는 상태에 있었다. 그동안 북한은 유엔안보리 결의안을 포함해 모든 국제사회의 압력과 제재를 넘어 원자폭탄, 수소폭탄을 개발하고, 심지어 트럼프 행정부 출범 이후인 2017년 9월에도 ICBM 장착용 수소폭탄 실험을 강행했는데, 미국 신행정부는 어떤 형태로는 그 문제 해결을 시도해야 했다. 처음 취임 후 수개월 간 트럼프는 후보 당시의 입장을 반복해 베이징 당국이 김정은을 제어하고 북한 핵과 미사일을 해결해야 한다고 말했다. 그는 중국을 통화조작국, 공정한 국제경제 질서의 파괴자로 지칭하면서도, 북핵 문제에 대해서는 베이징의 긍정적 역할을 촉구했다.

그러나 2017년 4월 미국이 강경한 입장을 내세우면서 북핵문제와 관련한 긴장이 증가했다. 그 이유는 트럼프가 베이징의 역할이 미진할 경우 워싱턴이 나서서 북한에 대한 '최대 압력'을 통해 모든 것을 일시에 처리할 것이라는 의지를 표명하고, 부통령 마이크 펜스(Mike Pence)가 한국의 비무장지대(DMZ: Demilitarized Zone)를 방문하면서 그동안 오바마 행정부에서 시행하던 '전략적 인내'(strategic patience)는 시효가 만료돼 가고 있다고 경고했기 때문이다.[2] 미·북 간에 계속 긴장이 증가했다. 미국, 영국 언론이 미 항모전단(USS Carl Vinson)이 싱가포르에서 일본을 거쳐 북한으로 향하고 있다고 사실과 다르게 보도했을 때, 유엔 주재

---

1) Steven Erlanger and David E. Sanger, "U.S. and Iran Want to Restore the Nuclear Deal. They Disagree Deeply on What That Means," (Published May 9, 2021, Updated June 28, 2021), https://www.nytimes.com〉world

2) "Trump ready to solve North Korea problem without China," BBC News, (April 3, 2017); Merritt Kennedy, "Pence Tells North Korea: The Era of Strategic Patience Is Over," NPR, (April 17, 2017)

북한대표부는 트럼프가 한반도를 전쟁의 도가니로 몰아가고 있다고 비난했고, 평양 당국은 북한은 언제든 전쟁을 할 준비가 돼 있다는 강경 자세로 일관했다. 실제 그 당시 USS 칼빈슨 호는 인도양에서 호주 해군과 사전에 계획된 연합 해군훈련 시행 중이었다.[1] 트럼프는 계속 김정은을 자극했다. 그는 김정은을 '작은 로켓맨'(Little Rocket Man), '병든 강아지'(sick puppy)라고 부르면서 그와의 협상은 시간 낭비이며, 평양의 미국에 대한 도발은 두 나라의 주요갈등, 그리고 워싱턴으로부터의 '세계가 본적이 없는 화염과 분노'(fire and fury)에 직면할 것이라고 위협했다.[2]

    6월에는 미국인 유학생 오토 웜비어(Otto Warmbier)가 북한으로부터 석방됐다. 그는 2016년 1월 평양호텔에서 북한 선전물 절도 혐의로 체포된 이후 1년 5개월 만에 '혼수상태'(coma)로 풀려나 미국으로 송환됐다. 북한은 호텔 벽에서 북한 선전 포스터를 뜯어낸 것이 국가 전복죄에 해당된다는 이유로 그를 구금하고 있었고, 평양 당국은 웜비어 사망과는 아무런 관계가 없다고 주장했다. 웜비어는 단지 북한이라는 독특하고 세계에 노출되지 않은 나라에 대한 호기심에서, 또 미국에서 북한과 관련한 특별한 것을 사람들에게 보여줄 목적으로 가져오려 했을 것이다. 그는 미국으로 송환된 후 수일 만에 사망했다. 북한은 종종 미국 시민을 인질로 잡아 워싱턴 당국에 대한 지렛대로 사용했는데, 과거에도 빌 클린턴 대통령이 퇴임 후 북한을 방문해 여기자를 포함해 미국 시민 3명의 귀국을 도운 적이 있었다. 웜비어 사건에 분개한 미국 시민들은 북한에 대한 경제제재를 주장하면서도 군사적 응징에는 부정적 태도를 보였다.[3]

    신행정부 출범 이후 증가하던 긴장은 2017년 7~11월 계속 더 고조됐다. 트럼프는 8월 다시 한 번 '화염과 분노'를 언급했고, 9월 유엔연설에서 미국과 동맹국 보호를 위해 꼭 필요하다면 북한체제를 붕괴시킬 수 있다고 극단적으로 발언

---

1) 항모 칼빈슨호는 두 달 전부터 인도양에 있었고, 그 2년 전에는 남중국해에서 작전했다. Christopher P. Cavas, "Northing to see here: US carrier still thousands of miles from Korea," Defense News, (April 17, 2017)

2) "Donald Trump may be Bluffing over a Pre-Emptive Strike on North Korea," The Economist, (January 27, 2018)

3) Sheryl Gay Stolberg, "Otto Warmbier, American Student Released from North Korea, Dies," The New York Times, (June 19, 2017)

수위를 높였다. 미군은 태평양 괌과 주일 미군기지에서 발진한 B-1B 폭격기와
F-15(Eagle) 전투기로 시위했고, 한국, 일본과 함께 3국이 처음으로 동, 서해안
에서 모의 미사일 폭격훈련을 실시했다. 북한은 물러서지 않았다. 김정은은 트럼
프의 유엔연설을 '정신적으로 미친 행동'으로 규정하고, 미국에 대한 미사일 발사
가 불가피하다고 위협했다.[1] 9월 북한은 일본 본토를 넘어 두 발의 장거리 미사
일을 발사하면서 남한 전역, 태평양 미군기지 모두가 북한 사정권에 들어있다고
위협하고, 곧이어 제6차 핵실험을 강행했다. 김정은 정권은 히로시마 원자탄 6배
용량의 수소폭탄을 갖고 있고, 동시에 ICBM 장착용 탄두 개발에 성공했음을 입
증했다. 11월 북한은 또다시 ICBM을 시험 발사했다. 그것은 그 미사일의 정확도
및 기타 성능제고, 시위 목적을 띠었다. 북한은 12월부터 중, 장거리 탄도미사일
발사를 자제했지만, 이미 7~11월 사이 4번 미사일을 시험 발사했다. 2017년
6~12월 유엔안보리는 북한 경제제재 결의안을 4차례 통과시키고 이전보다 더 강
력한 제재를 부과했지만, 그것은 아무 문제도 해결하지 못했다.[2] DIA는 북한이
장거리미사일에 필요한 충분히 소형화된 핵탄두 개발에 성공한 것으로 평가했
다.[3] 이제 미국과 세계 여러 곳에서 한반도 위기에 관한 우려가 급속도로 증가했
다. 트럼프와 같이 예측 불가능한 정치리더의 발언 수위가 높아지고 북한이 계속
해서 미사일과 핵실험을 강행하면서, 미·북 충돌과 한반도가 '화염'에 휩싸일 가
능성이 높아지는 것으로 보였다. 그러는 가운데 렉스 틸러슨 미 국무장관은 한반
도 안보, 안정, 비핵화를 위해 평양과의 대화를 추진하고 있다고 시인했다.[4]

1) Kate Samuelson, "Mentally deranged, Read Kim Jong Un's Entire Response to Donald Trump," Time, (September 22, 2017)
2) 유엔 안보리는 2017년 6월 결의안 2356호, 8월에는 결의안 2371호, 9월 결의안 2375호, 그리고 12월 결의안 2397호를 통과시켰는데, 그것 모두 크고 작은 경제제재를 동반했다. 북한의 장거리 미사일 발사와 제6차 핵실험을 겨냥한 안보리 결의안 2375호는 북한으로의 원유수입량을 연 400만 배럴로 동결했고, 정유제품은 약 200만 배럴로 제한했다. 또 북한산 섬유수출을 금지했다. 결의안 2397호는 북한의 11월 화성 15호 미사일 발사에 대한 제재였는데, 그것은 북한 농산물을 포함해 수출입 금지 목록을 확대하고 해상조치를 강화했다. 또 원유공급은 현 수준인 연 400만 배럴을 상한선을 유지하는 가운데 LPG 가스 수입량을 연간 50만 배럴로 축소시키고, 해외파견 북한 근로자를 2년 내 본국으로 송환할 것을 규정했다.
3) Emma Chanlett-Avery, Mark E. Manyin, "U.S.-North Korea Relations," CRS IN Focus, IF10246, (Updated April 29, 2020), p. 2.
4) "North Korea fires another missile over Japan, putting Guam within range," Reuters, AFP, (September 15, 2017); "North Korea and US in direct contact, says Tillerson,"

한반도 긴장이 걷잡을 수 없이 격화되면서, 북한은 평창 동계올림픽을 앞둔 서울을 활용해 미국과의 난관을 타개하기 원했다. 평양의 의도를 확실하게 인지한 한국은 2018년 3월 미국에 특사단을 파견해 북한 김정은의 트럼프 초청의사를 전달했고, 워싱턴은 평양의 제안을 수용했다. 트럼프는 2017년의 '최대압력'으로부터 실무협상을 넘어 결단력 있는 리더 대 리더의 대화, 일괄타결을 통한 해결을 강조하는 방향으로 선회하는 것으로 보였다. 미·북 비핵화 대화가 시작되면서 정상회담 시기는 처음에 5월로 알려졌지만, 북한과 미국이 서로 한 번씩 연기하면서 약간의 우려가 존재했다. 북한의 취소위협은 한미 군사훈련, 그리고 미 국가안보보좌관 존 볼턴이 북한 비핵화는 '리비아 모델', 또는 비핵화 우선 이후 경제, 정치 보상 해법을 거론한 것에 대한 불만의 표시였다. 그래도 북한은 풍계리 2개 핵 실험장 입구를 다이너마이트로 폭파하면서 사찰을 통한 확인을 허용할 수 있다고 말했다. 5월에 북한은 3명의 미국인 구금자를 석방했다.[1] 6월 싱가포르에서 역사적인 미·북 정상회담이 개최됐다. 그들의 대화는 우호적 분위기에서 전개됐고, 두 리더는 단독으로, 또 배석자와 함께 회의를 진행했다. 그들은 북한 비핵화 의지 재확인, 북한 안전보장, 한반도 평화, 한국전쟁 사망군인 유해 발굴에 관한 문서에 서명하고, 양국 고위급 후속협상을 약속하면서 공동성명을 발표했다.[2]

(1) 싱가포르 미·북 정상회담

2018년 6월 12일 싱가포르에서 미·북 정상회담이 개최됐다. 그 회담에서 트럼프는 북한에 대한 안전보장을 약속했고, 김정은은 '한반도의 완전한 비핵화에 대한 확고하고 흔들림 없는 헌신'을 재확인했다. 그 싱가포르 문서는 과거 북핵 관련 합의보다 구체사항이 덜 기술된 상태에서 4가지 사안에 관한 합의를 적시했다. 첫째, 비핵화와 관련해서 그 문서는 북한은 "한반도에서의 완전한 비핵화를 위해 일할 것을 약속"한다고 규정했다. 둘째, 관계개선과 관련해서, 양측은 두 나

BBC News, (September 30, 2017)

1) 오바마 대통령 시기에 북한은 11명 미국인을 석방했다.

2) 지난 수십 년에 걸쳐 북한은 약 400명의 미군 유해를 송환했다. 미국은 그 프로그램을 2005년 종식시켰는데, 아직 7,500명 이상의 유해가 발굴되지 않은 상태였다. 싱가포르 정상회담 이후, 미 행정부는 2019년 10월까지 40명의 신원이 추가로 확인됐다고 밝혔다. David Williams, "U.S. identifies remains of 2 soldiers returned from North Korea after Trump summit," CNN, (October 2, 2019)

라 간에 '새로운 양자관계' 설정에 동의한다고 기술
했다. 셋째, 평화에 관해서 미·북은 '항구적이고 안
정된 평화체제'를 구축하기로 합의했다. 넷째, 양측
은 한국전쟁에서 회수되지 않은 미군포로와 행방불
명자의 유골 수습에 협력할 것을 약속했다. 정상회
담이 끝나고 언론 회견에서 트럼프는 다음과 같이
부연해 설명했다. "미·북 비핵화 협상은 계속될 것
이고, 김정은 국무위원장은 미사일기지 폐쇄를 약속

▲ 싱가포르 미북 정상회담, armscontrol.org

했다. 핵협상 기간 한미 연례훈련은 중단될 것이다. 김정은은 백악관으로 초청될
것이다." 덧붙여서 트럼프는 주한미군이 종국적으로 철수돼야 한다고 암시했고,
세계 여러 곳에서 인권은 열악하다고 말하면서 북한 인권문제에는 관심을 보이지
않았다. 그러나 비핵화에 관해 시간표, 검증절차를 포함해 구체적인 설명은 없었
고, 문서에도 그에 관한 자세한 설명은 없었다.[1] 한미 연합훈련 유예에 관해 설
명하면서 트럼프는 그것이 비용이 많이 드는 동시에 북한에 대한 도발이라고 말
했는데, 그 발언은 미국과 한국 군부 리더들의 혼란과 경계심을 부추겼다.[2] 그
회담에서 미·북 모두 약간의 이익을 확보했다. 김정은의 공개적 비핵화 의지표
명, 협상기간 동안 북한 WMD 실험유예, 미사일기지 폐쇄 발언은 미국의 소득이
었고, 북한은 외교고립으로부터의 탈피, 미국 대통령과의 회동으로 인한 정치적
정통성 증대, 미국의 안전보장 약속, 경제제제 완화에 대한 기대를 확보했다. 트
럼프와 김정은의 만남과 대화는 미·북 모두와 한국에서 북핵 문제해결, 한반도
평화, 남북한 관계개선에 대한 약간의 기대를 자아냈다. 2018년 미국과 북한은
연락사무소 개설을 논의했고, 미국과 남북한은 한국전쟁 종식 논의를 포함하는
평화레짐 구축에 합의했다. 남북한 관계개선은 3차례 김정은-문재인 정상회담,
상설 연락사무소 개설, 그리고 DMZ에서의 군사활동을 줄이고 경계초소 숫자를
축소시키는 군사적 신뢰구축을 포함했다.[3]

---

1) Mark E. Manyin, Mary Beth D. Nikitin, "The June 12 Trump−Kim Jong−Un Summit,"
   CRS Insight, IN10916, (June 12, 2018), p. 1.

2) "Trump−Kim summit: Kim Jong Un gave unwavering commitment to
   denuclearization, says Trump," The Straits Times, (June 12, 2018); "Trump's pledge to
   stop provocative military exercises provokes alarm and confusion in Seoul and
   Washington," CNN, (June 12, 2018)

3) Mark E. Manyin, Emma Chanlett−Avery, Mary Beth D. Nikitin, Dianne E. Rennack,

(2) 정상회담 이후

싱가포르 정상회담 이후 미·북 관계는 상대적으로 안정기에 들어갔다. 그러나 그것은 동시에 일정수준의 예측 불가능성을 내포했다. 미국과 북한 모두 서로에 대한 비난보다는 새로운 관계형성에 관심이 있는 듯 보였지만, 북한의 비핵화와 미래행동을 포함해 그 관계에서 확실하게 말할 수 있는 것은 아무 것도 없다. 트럼프는 한편으로는 김정은에 대해 호의적 태도로 언급하면서도, 다른 한편 아직 북한은 '특별한' 위협이고 평양 제재는 그대로 유지돼야 한다고 말했다. 평양 당국은 미국과의 평화에 대한 희망을 표시하면서도, 7월 폼페이오 국무장관의 방북시 비핵화와 관련된 워싱턴의 입장에 큰 불만을 표시했다. 북한은 경제제재 완화에 미온적인 트럼프의 요구가 '갱스터'(gangster) 같은 것이라고 말했고, 폼페이오는 8월 재방북 계획을 취소했으며, IAEA는 평양이 아직 핵 프로그램을 가동하고 있다고 확인했다.[1] 전 세계의 미국 제재 대상인 모든 나라가 그렇듯, 북한은 생활여건 개선을 제한하는 대북 경제제재에 특히 많은 불만을 갖고 있었다. 세계경제를 좌우하는 미국의 제재는 막강한 수단인데, 워싱턴은 처음부터 북한 핵과 미사일 실험에 제재를 확대하는 방식으로 대응했다. 전임 오바마와 트럼프 행정부 시기 대체로 유엔안보리 제재는 북한 해외수출의 80% 이상을 규제하고, 오일과 같은 중요한 수입을 금지하거나 상한선에 제한을 두었다. 또 북한의 해외 재정거래 대부분이 제한됐다. 미국의 개별제재 역시 북한의 수출입을 상당부분 금지하고, 북한과 거래하는 외국기업과 개인에 대해 2차 제재를 부과했다.[2]

2019년 1월 국가정보국장(DNI: Director of National Intelligence)을 포함하는 미 정보공동체 관리들은 비록 평양이 비핵화 협상을 추진하지만 완전한 북핵 폐

"Diplomacy with North Korea: A Status Report," CRS IN Focus, IF11415, (Updated June 19, 2020), p. 2.

1) "North Korea Criticizes 'Gangster–Like' U.S. Attitude After Talks With Mike Pompeo," The New York Times, (October 2, 2018)

2) 2016년에는 유엔안보리 결의안 2270호, 2017년에는 결의안 2356, 2371, 2397호가 통과됐다. 그 결의안들은 대부분 러시아, 중국의 노력으로 제재 강도가 약화된 것들이었다. 그럼에도 2018년 관계개선이 진행되면서 여러 나라들은 국제제재에서 덜 강경한 자세를 취했다. 북한은 유엔 제재를 피하면서 러시아, 중국 인근 해상에서 오일과 석탄을 비밀리에 환적했다. Manyin, Chanlett–Avery, Nikitin, Rennack, "Diplomacy," (Updated June 19, 2020), p. 2.

기는 불가능할 것이라고 평가했다. 그것은 모든 가능한 방법을 동원해 북핵 문제를 해결하기 원하는 트럼프의 역사적 열망과는 배치되는 냉정한 평가였다.[1] 2월에는 신원을 알 수 없는 무장집단이 스페인 마드리드 북한 대사관에 침입했다. 그들은 2시간에 걸쳐 대사관 직원들을 포박, 폭행하고, 모바일 폰과 컴퓨터 드라이브를 탈취해 도주했다. 스페인 정보당국은 그들 중 2명이 CIA 공작원이라고 발표했지만, CIA는 관련성을 부인했다. 2월 베트남에서 트럼프-김정은 하노이 정상회담이 열렸다. 그 회담에서 김정은은 제재해제를 요구했고, 그것은 비핵화 순서와 범위에 관한 미국과의 입장차이로 인해 아무 합의도 도출하지 못한 채 예정보다 일찍 종료됐다. 그 정상회담 이후 결과적으로 비핵화 관련 미·북 대화는 정체됐고, 전문가들은 앞으로 협상진전의 기회가 축소될 것으로 판단했다. 한때 논의되던 평화 레짐에서 진척이 없었고, 평양은 서울의 인도주의 지원, 외교개입을 거부했으며, 북한은 서해안에서 장거리 로켓 재구축을 시작한 것으로 알려졌다.[2]

(3) 하노이 정상회담

2019년 2월 27~28일 미·북 간에 하노이 정상회담이 개최됐다. 그 회담은 싱가포르 회담과 마찬가지의 주제를 논의했다. 그렇지만 지난번에 핵심적으로 북한 비핵화에 관련된 전반적인 원칙, 당위성, 의지를 이야기했다면 이번에는 그를 위한 구체적 실천방안 합의가 요구됐는데, 그 과정에서 양측이 서로 다른 입장을 고수해 합의에 이를 수 없었다. 그 회담은 오찬과 공동성명 모두를 취소한 채 예정보다 일찍 종료됐다. 미국 관계자들은 그 회담 분위기가 매우 좋았다고 말하고, 북한 미디어도 두 리더가 생산적 대화를 했다고 말하면서 긍정적으로 묘사했지만, 나중에 양측 관계자들은 그 회담 결렬의 핵심적 원인이 미국의 제재해제와 북한 비핵화를 맞바꾸는 순서와 범위에 있어서의 이견에 의한 것이었다고 시인했다. 그것은 북한이 제제의 즉각적인 완전해제를 요구하는 반면, 미국은 북한의 비핵화에 비례하는 점진적 제재해제를 옹호했음을 의

1) David E. Sanger, Julian E. Barnes, "U.S. Intelligence Chiefs Contradict Trump on North Korea and Iran," (January 29, 2019), www.nytimes.com

2) Everett Rosenfeld, "Trump-Kim summit was cut short after North Korea demanded an end to all sanctions," CNBC, (February 28, 2019); Courtney Kube, Carol Lee, Andrea Mitchell, "North Korea rebuilding long-range rocket site, photos show," NBC, (March 5, 2019)

▲ 하노이 정상회담

미했다.[1] 그러나 하노이 회담에서뿐 아니라 미·북은 비핵화 관련 구체적 사안에서 크게 다른 생각을 갖고 있었다. 예를 들어 핵 생산시설 폐기와 관련해서 북한은 영변 핵 단지 이외의 우라늄 농축시설은 염두에 두지 않았고, 양측은 플루토늄, 농축우라늄, 핵탄두와 같은 핵물질과 관련해 아직 아무 논의가 없었다. 또 그 시설과 물질이 언제까지 폐기될 것인지 등에 관한 논의도 결여됐다. 비핵화 검증과 관련해서 북한 외교장관 리용호는 미국 사찰관들이 영변시설 폐쇄를 검증할 수 있다고 말했지만, 그는 전국에 산재해 있는 소규모 우라늄 농축시설에 대해서는 일체 함구했다. 미사일 주제는 하노이에서 논의됐는지가 불분명한데, 폼페이오는 김정은이 2017년 11월 이후의 시험발사 유예를 약속했다고 말했다. 그렇지만, 지난 수주간 북한은 서해 미사일기지를 복구하는 것으로 드러났다. 평화선언, 연락사무소 이슈에서 한국전쟁 종식과 연락사무소 설치 선언 가능성이 예상됐지만, 미국의 입장은 조속한 타결을 원하는 평양과는 달리 그것은 북한 비핵화와 비례적으로 진행돼야 한다는 것이었다. 한미 연합 군사훈련과 관련해, 한미 양국은 2019년 3월 2일 대규모 연합훈련은 영구중지하고, 더 작은 훈련으로 대체한다고 선언했다. 그러나 북한은 자체적인 군사훈련은 계속하고 있었다.[2]

미·북 대화가 딜레마에 빠진 이후 5월에 이르러 북한은 유엔제재를 위반하면서 십여 차례 단거리 탄도미사일을 발사했다. 전문가들은 북한의 단거리 미사일 실험이 고체연료와 유도체계 신뢰성 증진, 또 지역 MD를 회피하는 능력증진을 목표로 한 것으로 추정했다. 그러나 주로 장거리 미사일의 미국 공격 가능성에 초점을 맞추는 트럼프는 그에 크게 개의치 않는다고 말했다. 한편 하노이 정상회담이 무위로 돌아간 뒤 트럼프는 다시한번 김정은과의 회동을 원했고, 두 사람은 2019년 6월 중 또 다른 회동을 암시하는 서신을 교환했다. 트럼프는 북한 리더의

---

1) 그렇지만 북한 외교장관 리용호는 북한은 모든 제재가 아니라 유엔제재 해제만을 요구했다고 말했고, 그것은 무기수입, 이중사용 물질, 사치품 관련제재는 아직 유효하다는 의미였다.

2) Mark E. Manyin, Emma Chanlett-Avery, Mary Beth D. Nikitin, Dianne E. Rennack, "The February 2019 Trump-Kim Hanoi Summit," CRS Insight, IN11067, (March 6, 2019), pp. 1-2.

편지가 긍정적 내용을 담고 있다고 말했고, 김정은은 트럼프의 서신에 만족을 표시했다.[1] 6월 28~29일 일본 오사카 G−20 정상회담에 참석하는 동안, 트럼프는 트위터로 김정은에게 비무장지대(DMZ) 회동을 초청했다.[2] 6월 30일 트럼프는 DMZ에서 문재인 대통령과 만났고, 그는 군사분계선을 넘어 스무 걸음 북한으로 들어가 현직으로는 처음 북한 땅에 발을 들여놓은 미국 대통령이 됐다.[3] 김정은은 트럼프의 초청 요청에 놀랐다고 시인했다. 트럼프, 김정은, 문재인 3자 간에 그렇게 하루 동안 판문점 만남이 성사됐다.[4]

(4) 트럼프-김정은 판문점 정상회담

오사카 G20 정상회담 직후 2019년 6월 30일 트럼프와 문재인 대통령은 DMZ에서 김정은을 만났다. 김정은은 트럼프에게 "여기서 만나게 될 줄은 몰랐다"고 말했고, 트럼프는 북한에 들어간 것이 영광이라고 화답했다. 트럼프, 김정은, 문재인 세 사람이 잠시 만난 후, 트럼프는 김정은과 '자유의 집'에서 약 1시간 회담을 가졌다. 이방카 트럼프는 트럼프−김정은 대화에 합류했고, 문재인 대통령은 참석하지 않았다.[5] 회담 후 김정은은 과거 적대적 상징인 이곳 분단지역에서 만남으로써 "우리는 세계에 새로운 현재를 제시하고 있고, 이것은 세계에 우리

1) 트럼프는 김정은의 편지가 '아름답다'(beautiful)고 말했고, 김정은은 트럼프의 서신이 뛰어나고(excellent) 트럼프 대통령이 최고의(supreme) 리더라고 치켜세웠다. "Hopes for third Trump−Kim summit revived despite Pyongyang criticism," (June 26, 2019), www.edition.cnn.com

2) 일부 언론보도에 따르면 트럼프의 딸 이방카(Ivanka)와 사위 제러드 쿠슈너(Jared Kushner)가 외교관 자격으로 트럼프와 김정은의 만남을 위해 사전에 북한을 방문한 것으로 알려졌다. 또 6월 24일 한국정부는 트럼프의 한국, DMZ 방문을 기정사실로 확인했다. https://www.businessinsider.com/ivanka−trump−rurreal−to−visit−north−korea−meet−kim−jong−un−2019−7

3) 과거에 지미 카터, 빌 클린턴 대통령이 퇴임 이후 북한을 방문했다; "President Trump becomes 1st president to step inside North Korea ahead of meeting with Kim Jong Un," ABC News, (June 20, 2019); "Trump takes 20 steps into North Korea, making history as first sitting US leader to enter hermit nation," CNN, (June 30, 2019)

4) 트럼프는 북핵 대화 재개를 약속하면서 김정은을 백악관으로 초청했고, 김정은은 트럼프를 평양으로 초청한 것으로 알려졌다.

5) "Ivanka Trump meeting with Kim Jong−Un revealed in North Korea footage, as excruciating G20 intervention prompts questions over her role," The Independent, (July 1, 2019)

▲ 판문점 정상회담, newscgtn.com

가 긍정적 회담이 진행될 것을 선언하는 것"
이라고 말했다. 그 만남 이후 양측은 실무급
핵 대화를 재개할 것이라고 선언했다. 폼페
이오 국무장관은 미국 측에서는 북한 특별대
표 스테펜 비건(Stephen Biegun)이 협상을 이
끌 것이라고 말했다. 한동안 미국이 북한의
WMD 추가 생산금지를 전제로 현 상태에서
의 북핵 및 장거리 미사일 동결을 수용할지
모른다는 추측이 있었지만, 비건은 그 가능
성을 인정하지 않았다.[1] 한국에서는 여야를
막론하고 대체로 트럼프-김정은 회동을 환영했다. 북한 미디어는 그 회담을 역
사적이고 놀라운 사건으로 묘사하고, 김정은 역시 트럼프와의 우호적 관계로 인
해 극적인 만남이 이루어졌다고 긍정적으로 평가했다. 그러나 북한 외교부는 미
래 미·북 간 핵 대화는 워싱턴이 양측에 수용 가능한 합리적 방안을 제시하는 것
이 중요하다고 논평했다.[2]

2019년 9월 트럼프는 NSC 보좌관 존 볼턴을 북한정책에서 '리비아 모델'을
거론한 것을 질책해 해임했다고 말하고, 그 후임에 로버트 오브리엔(Robert
O'Brien)을 임명했다. 10월 5일 미·북 간에 또다시 스웨덴 스톡홀름에서 북핵 관
련 실무협상이 시작됐다. 미국은 인센티브로 북한의 동해안 관광지구 개발지원을
제안하면서 감시검증을 포함하는 비핵화 확인 메커니즘, 미사일 관련 입장을 전
달했는데, 북한 팀은 회담 하루 만에 대화 붕괴를 경고하면서 미국의 합리적 제안
이 없을 경우 추후사태에 책임질 수 없다고 위협했다. 미국은 그 대화가 생산적이
었다고 말한 반면, 북한은 추가협상을 거부했다.[3] 11월, 평양은 양국 정치리더가
여러 번의 정상회담을 통해 신뢰를 쌓았지만 실제 결과는 기대에 미치지 못했다

1) "In New Talks, U.S. May Settle for a Nuclear Freeze by North Korea," The New York
Times, (June 30, 2019)

2) North Korea says it won't give Trump a summit for free, https://www.militarytimes.c
om/flashpoints/2019/11/18/north-korea-says-it-wont-give-trump-a-summit-
for-free/

3) Jari Tanner, Matthew Lee, "North Korea Says Nuclear Talks Break Down While U.S.
Says They Were Good," Time, (October 5, 2019)

고 말했고, 북한 외교부는 미국이 우선적으로 대북 적대정책을 철회하는 것이 중
요하다고 주장했다.[1] 12월 북한 특별대표 비건이 미 국무부 부장관으로 임명된
이후, 미국은 북한과 서로 유연하고 균형적인 접근에 기초한 비핵화 협상을 원한
다는 뜻을 전달하면서 북한이 비핵화 협상 테이블로 돌아올 것을 촉구했다. 미국
은 또 북한의 탄도미사일 시험발사가 양국관계를 악화시키고, 안보리 제재를 촉
발할 것이라고 경고했다.[2]

2020년 봄 36세의 김정은이 공식석상에 나타나지 않으면서 그의 건강악화에
관한 소문이 많았다. 심한 흡연가이고 비만한 김정은이 신장에 문제가 있다는 미
확인 보도가 있었다. 김여정이 점차 더 큰 역할을 하면서 북한 후계구도에 대한
추정, 그리고 그녀가 유력한 후계자일 수 있다는 추측이 나돌았다.[3] 2020년 6월
싱가포르 정상회담 2주년이 되는 시점에, 북한은 트럼프 대통령의 미·북 대화가
실질적 결과보다는 정치적 목적을 띤 위선적인 것이었다고 혹평하면서 미국과의
대화중단을 선언했다.[4] 그들은 한국에도 불만을 표시했다. 북한이 더 호전적으로
변하고 적대감을 드러내면서 한반도의 긴장이 증가했다. 평양은 한국이 적이라고
말하면서 통신채널을 포함하는 모든 남북대화 채널을 단절하고, 남북 연락사무소
를 폭파했다. 북한은 그것이 2018년 문재인-김정은 간의 남북한 판문점 선언을
위반한 한국 시민단체의 대북 풍선과 삐라에 대한 보복이라고 말했다. 또 국경 인
근에 철수병력 재배치를 위협했다. 그래도 그때까지 북한은 핵 및 미사일 실험을
유예했다. 전문가들은 미·북 대화가 재개되도록 협상전략을 세울 것을 권고했다.
점진적 비핵화, 점진적 경제제제 해제, 부분적 비핵화 수용, 또는 일괄타결 등이
그런 범주에 속했다. 그러나 미국의 대북제재 해제는 북한의 국제 테러리즘, 불법
사이버 행동, 무기거래, 자금세탁, 국내 인권탄압에 비추어 쉽사리 시행하기 어려

1) North Korea says U.S. responsible if diplomacy over Korea peninsula breaks down, https://www.reuters.com/article/us-northkoreausa-choe/north-korea-says-u-s-responsible-if-diplomacy-over-korea-peninsula-breaks-down-idUSKBN1XW136
2) Nytimes: U.S. Tells U.N. It Is Ready to Be Flexible in North Korea Talks, Warns Against Provocations, https://www.nytimes.com/reuters/2019/12/12/world/europe/12reuters-northkorea-usa-un.html
3) Chanlett-Avery, Manyin, "U.S.-North Korea," (Updated April 29, 2020), p. 1.
4) Adela Suliman, "North Korea's Kim backs away from Trump relationship two years after historic handshake," NBC News, (June 12, 2020), www.nbcnews.com

운 조치였다.[1]

12월 미·북, 남북한 관계가 얼어붙는 상황에서, 러시아, 중국, 한국정부가 유엔 대북제재 일부 해제를 제안했지만, 미국은 시기상조라는 이유로 그것을 거부했다. 북핵문제 해결에서 트럼프 행정부는 그 나름의 전략을 시도했지만, 그것은 아무 결실을 맺지 못했다. 김정은은 더 이상 북한의 핵 및 장거리 미사일 실험 유예는 근거가 없다고 말하고, 한미 연합 군사훈련과 미국의 한국으로의 무기이전을 비난했다. 동시에 그는 북한이 계속 새로운 전략무기를 선보일 것이라고 말했다. 트럼프가 기존 방위비 분담금의 5배 인상을 요구하면서, 한미 두 나라는 주한미군 비용분담에서 합의하지 못했다.[2]

(5) 바이든 행정부 대북정책

바이든 행정부 출범 이후 북한은 또 다시 3월 두 발의 미사일을 발사했다. 그것은 미국의 압력에 굴복하지 않는다는 평양의 전형적인 도발수법이었다. 북한과의 대화채널이 열리지 않는 상황에서 워싱턴은 더 강력한 제재와 대화 사이에서의 옵션을 고려하는 것으로 보였다.[3] 그 다음 달 4월 미 의회 상하원 합동연설에서, 바이든 대통령은 그의 북한 핵정책이 강인한 억지(stern deterrence)와 외교(diplomacy)를 혼합한 행태를 띨 것이라고 말했다. 몇 시간 후 백악관 대변인 젠 프사키(Jen Psaki)는 언론 브리핑에서 서로 완전히 다른 접근법인 제재 위주의 오바마 전 대통령의 '전략적 인내'(strategic patience)와 트럼프 대통령의 '대협상'(grand bargain)을 인용하면서, 바이든 행정부의 정책은 그 어느 한편에 기울기보다는 오히려 그 둘의 장점을 '정교하게 조율한 실용적'(calibrated, practical) 성격을 띨 것이라고 부연 설명했다. 지난 4개 행정부가 미국의 궁극적 목표인 '한반도의 완전한 비핵화'에 도달하지 못했다는 사실을 거론하면서, 그녀는 그 해법이 북

---

1) Manyin, Chanlett—Avery, Nikitin, Rennack, "Diplomacy," (Updated June 19, 2020), p. 2; Jay Cannon, "North Korea releases photos showing explosion of liaison office, jointly run with South Korea," USA Today, (June 17, 2020)

2) Ibid., p. 1

3) Lara Jakes, Sang—Hun Choe, "North Korean Threat Forces Biden Into Balancing Act With China," The New York Times, (March 18, 2021)

핵문제 당사자인 한국, 일본, 그리고 기타 관련 동맹들과의 논의를 전제로 한다고 말했다. 그것은 북한과의 외교를 선호하는 한국정부, 그리고 억지를 강조하는 일본의 입장을 동시에 수용한 조치로, 그 어느 것도 소홀히 할 수 없음을 의미했다. 과연, 바이든 행정부의 시도가 성공할 수 있을까? 아마 그것은 많은 어려움에 봉착할 것이다. 그동안 미국의 여러 행정부가 북핵문제 해결을 위해 전쟁 위협으로부터 정치, 경제적 유화까지 온갖 수단을 동원했지만, 평양은 일시적 외교 제스처와 핵개발 유예에도 불구하고 결과적으로 물러서지 않았다. 이번에도 북한 국영 미디어는 이미 신행정부의 새로운 기조가 미국을 '엄중한 상황'에 처하게 할 것이라고 위협했고, 5월 초 평양당국은 바이든 행정부의 외교압력이 미국을 "훨씬 더 나쁜 통제 불가능한 위기에 직면하게 만들 것"이라고 경고, 대항했다. 북한이 핵무장을 포기하지 않는 이유는 여러 가지이다. 평양은 그것이 외부 적대세력의 침략을 막는 가장 중요한 수단이라고 생각하는데, 김정은 정권은 비핵화의 대가로 북한의 안전을 보장할 것이라는 워싱턴의 약속을 신뢰하지 않는다. 그 이유는 이미 가까운 역사에서 여러 차례 그런 보장이 작동하지 않는다는 것이 입증됐기 때문이다. (푸틴이 아랍의 봄과 관련해 여러 번 언급했듯이) 경제지원의 대가로 핵개발을 포기한 리비아에 대한 나토의 공습과 카다피의 죽음, 그리고 푸틴 자신으로 인해 야기된 우크라이나 비핵화 약속의 파기가 그런 것들이다. 또 평양이 한반도 통일 과정에서 절대적으로 유리한 군사수단인 핵무기를 포기할 것을 기대하는 것은 현실적으로 지나친 낙관이다. 북한이 경제난관을 고려해 외교협상에서 제재완화와 물질적 지원을 요구할 수는 있지만, 그것이 평양의 핵 개발 중단으로 이어지지는 않을 것이다. 비핵화로 가는 도중의 북핵 상한선 설정도 쉽지 않을 것이다.[1] 중국이 진정 북한 비핵화를 추진한다면 그 해결의 길이 열릴 것이지만, 베이징의 노력이 한, 미, 일의 기대에 미치지 못한다는 것은 이미 오래전 입증됐다. 그렇듯 워싱턴이 특단의 해법을 찾아내지 못하는 한 북한의 핵무장은 계속 증가하고, 미국, 한국, 일본은 계속 좌절할 것이다. 그럼에도 불구하고 미국은 제재와 외교를 혼용하는 것 이외의 다른 옵션은 찾기 어려울 것인데, 왜냐하면 남아 있는 대안도 많은 문제를 내포하기 때문이다. 예컨대 미국의 핵무기를 한반도로 재반입하는 것은 평양에게 핵무기 개발을 가속화하는 빌미를 줄 것이고, 동시에 베이징의 큰

---

1) 오히려 DNI는 북한이 외교 협상에 임하기 전 전통적 강경수단으로 복귀해 도발할 가능성이 있는 것으로 예상했다.

반발에 부딪칠 것이다. 북한 핵시설에 대한 수술적 공격(surgical strike)은 그 시설을 완전 파괴하지 못할 뿐 아니라, 평양의 핵무기 사용을 포함해 모든 보복을 초래할 것이다. 또 그런 시도는 중국, 러시아, 일본을 포함하는 전 세계 국가들을 끌어들여 상상하기 어려운 참화, 핵무기의 사용, 그리고 강대국 간 직접적 군사충돌로 이어질 수 있을 것이다. 결국 시간이 가면서 가장 큰 위협에 처하는 것은 한국일 것이다.[1]

---

1) Scott A. Snyder, "Biden's Policy Review Leaves North Korea Challenge In Limbo," (May 19, 2021), https://www.cfr.org〉 blog〉 bid...

Chapter
04

대외경제 및 무역전쟁

　　중동전쟁, 국제 테러리즘 진압, 그리고 대량살상무기 확산방지 못지않게 트럼프 행정부가 중시한 것은 미국의 대외경제와 관련된 사안들이었다. 트럼프 대외경제정책의 핵심은 무역적자, 특히 상품무역 적자를 축소하고, 중국 및 멕시코를 포함하는 해외에 생산기반을 둔 미국기업들을 국내로 불러들여 제조업을 부활시키고 근로자들에게 더 많은 직업을 제공하는 것이었다. 그것은 그가 자주 거론한 '녹슬은 공업지대'(rust belt) 인식의 연장선상에 있었다.[1] 그는 수시로 미국의 대외경제가 국내경제와 근로자들에게 피해를 준다는 견해를 내비쳤다. 일찍이 2015년 그는 '북미 자유무역협정'(NAFTA: North American Free Trade Agreement), '환태평양 동반자협정'(TPP: Trans—Pacific Partnership), '세계무역기구'(WTO: World Trade Organization)에서의 자유무역 협정, 그리고 중국을 포함하는 여러 나라와의 무역관계에 큰 문제가 있다고 말하면서, 민간경제 경험으로 인해 그 자신이 새로운 협상을 통해 미국의 경제이익과 근로자 복지를 증진시킬 최고의 적임자라고 주장했다. 미국에서는 공화당이 상대적으로 민주당보다 자유주의, 개방경제를 더 선호하는데, 트럼프의 견해는 미국 전체, 특히 전통적인 공화당 정책과 배치되는 보호주의 경제관으로 간주됐다.

---

1) "President Trump's Inaugural Address," (January 20, 2017), www.factcheck.org

1 북미 자유무역협정

　　NAFTA는 1992년 8월 미국, 캐나다, 멕시코에 의해 서명되고, 1994년 1월 1일 부로 효력을 발생한 3개국 자유무역협정이다. 1992년 12월 조지 H. W. 부시 대통령에 의해 처음 서명되고 1993년 클린턴 대통령이 노동(NAALC: North American Agreement on Labor Cooperation) 및 환경(NAAEC: North American Agreement on Environmental Cooperation) 관련 조항을 추가한 그 협정은 무역과 투자 장벽을 제거, 축소하고, 3개국 자유주의 경제협력을 위한 여러 절차를 도입했다. 1988년 미－캐나다 자유무역 합의에 의해 대부분의 양국무역이 이미 거의 면세인 상태에서, NAFTA 시행과 더불어 미국의 멕시코 수출 1/3 이상과 멕시코의 미국 수출 절반 이상이 즉시 관세를 면제받았고, 나머지는 농산물 수출을 포함해 15년 이내에 모두 폐지, 축소되게 되어 있었다.[1] 그 협정은 모든 참여국과 일반시민에게 큰 경제혜택을 부여했지만, 미국의 자동차, 의류산업과 같이 그로부터 부정적으로 영향받는 각국의 일부 산업과 근로자는 교류협력 과정에서 피해를 입었다. 모든 무역이 그렇듯 상대국으로부터 어느 특정제품이 싼 값에 쏟아져 들어오고 투자가 확대되면서 그에 노출된 산업과 그 관련 인력이 피해 입은 것이다. NAFTA는 2018년 추정치로 4억 9천만 명의 인구와 구매력을 감안한 GPD에서 24.8조 달러 규모의 경제를 관장했고, 그것은 세계 최대 자유무역 블록의 하나로 자리매김했다.

　　처음 체결 당시 그 협정은 3국 경제교류에서 요구되는 수많은 필수사항을 규정했다. 거대한 범위의 제조품과 1차 상품이 면세대상이 됐고, 주 및 그 하위 지방정부의 세금부과는 금지됐으며, 외국제품은 국내에서 생산된 상품과 동일하게 취급됐다. 세 나라는 도로, 철로, 파이프라인, 정보통신 인프라 사용에 동의했고, 지적재산권 관련 합의는 산업절도 방지를 위한 엄격한 조치를 포함했다.[2] NAAEC에서 다루어진 조항은 멕시코가 2개 선진국과 협력하는 과정에서 급속한

---

1) 맨 처음 로널드 레이건 대통령의 구상에서 비롯된 NAFTA는 1988년 미－캐나다 자유무역 협정이 체결되면서 그 연장선상에서 조지 H. W. 부시, 캐나다 총리 멀로니(Brian Mulroney), 멕시코 대통령 고르타리(Carlos Salinas de Gortari)에 의해 추진됐다.

2) 지적재산권 관련 조항을 위해 미국은 일부 영화산업에서 저작권법을 개정했다.

산업화로 인해 환경재앙이 발생할 가능성에 대한 우려
에서 비롯된 것으로, 그것은 지속적 사후평가를 의무화
했다. 그렇지만 NAFTA가 각국 정부에 환경 관련 사안
에서 지나치게 규제할 것을 우려해, 3국은 서로 상대방
에게 너무 큰 부담을 주지 않는 제한적 수준에서 타협
했다. 노동 관련 조항도 마찬가지였다. 환경 이슈와 비

▲ 빌 클린턴 대통령

슷하게 노동 관련 조항은 아주 느슨하게 규정됐는데,
상품, 서비스, 자본의 자유로운 이동이 보장되는 반면, 노동의 손쉬운 이동과 공
통적으로 적용되는 고용정책은 허용되지 않았다.1) 세 나라의 교류협력에서 야기
되는 다양한 문제를 해결하기 위한 시도는 반덤핑, 상계관세(countervailing tariff),
투자자와 국가 간 고소, 그리고 NAFTA 규정의 적용과 분쟁을 해결하기 위한 세
부절차와 제도의 도입으로 이어졌다.

　　NAFTA는 미국에 많은 혜택을 가져왔다. 클린턴 행정부 시절 1994년 전반
기 멕시코에 대한 미국 수출이 16.4% 증가하고 멕시코의 미국 수출이 21% 증가
한 것은 냉전의 경제적 후유증 치유를 시도하는 미국의 경제회복에 많은 도움을
주었다.2) 미 무역대표부(USTR: United States Trade Representative) 대표를 역임한
칼라 힐스(Carla A. Hills)는 2014년 NAFTA에 대해 다음과 같이 긍정 평가했다.
미국, 캐나다, 멕시코 경제를 합해 NAFTA는 4억 7천만 소비자를 가진 19조 달러
의 지역시장을 창출했고, 약 1,400만개의 미국 직업이 캐나다 및 멕시코와의 무
역에 의해 만들어진다. 오늘날 캐나다는 미국의 최대 단일 수출시장이고, 멕시코
는 두 번째 큰 단일 수출시장이다. 전체 에너지 수출의 98%를 미국으로 보내는
캐나다는 미국에 대한 최대 에너지 공급국으로 기능한다. 역내무역은 1993년
2,900억 달러에서 2012년 1.1조 달러로 약 400% 증가했고, 거의 매일 20억 달러
상품과 서비스가 캐나다, 또 거의 10억 달러어치가 멕시코로 간다. 이들 간의 상
호협력은 각국에서의 상품 생산성을 높인다. NAFTA 체결 이후 미국은 캐나다에

---

1) U.S. National Administrative Office, Bureau of International Affairs, U.S. Department
　of Labor, "North American Agreement on Labor Cooperation: A Guide," (October
　2005), www.dol.gov

2) John Stremlau, "Clinton's Dollar Diplomacy," Foreign Policy, No. 97, (Winter
　1994-95), p. 24.

3,100억 달러 이상을 투자했고, 실질적으로 성장하는 미국의 멕시코 투자 중 절반 이상은 제조업, 특히 자동차 산업으로 향한다. 그곳에서 생산되는 제품들은 미국 생산에서 중간재로 사용된다. 그와 동시에 3국간 서비스 산업에서의 성장이 두드러진다. 2011년 통계로 3국간에 6,600만 번의 상호여행이 있었고, 그 과정에서 410억 달러 경비가 지출됐다.[1] 그 엄청난 경제성과에도 불구하고 NAFTA는 일부에서 비판받는다. 그 핵심 주장은 그 제도가 멕시코 경제에만 일방적으로 이익이라는 것이다. 그러나 경제지표는 전혀 그렇지 않다는 것을 입증한다. 예컨대 2013년 미국 수출의 약 14%가 멕시코로 갔는데, 그것은 브라질, 러시아, 인디아, 중국을 합친 것보다 더 많은 양이다. 실제 멕시코는 남미국가를 다 합친 것, 또 영국, 프랑스, 독일, 네덜란드를 합친 것보다 더 많은 미국제품을 구입했다. 미국에서는 모든 직업의 절반 이상을 제공하면서도 지구적 확산에 어려움을 겪는 중소기업이 특히 멕시코와의 교류에서 혜택 받는데, 그것은 지리적 인접성과 NAFTA 개방의 결과이다.[2] 또 다른 비판은 멕시코인 이민정책에 관한 것으로, 미국인들은 그에 대해 불만을 표시한다. 오늘날 미국에 거주하는 3,400만 히스패닉 인구 중 2/3는 멕시코에서 태어났고, 그들 대다수는 NAFTA의 협력에 고무되어 1990년 이후 미국으로 왔다. 그들의 절반은 합법적 이민으로 왔지만, 최근 멕시코 경제의 성장으로 인해 불법, 합법 이민은 현격하게 감소되고 있다. 오늘날 평균 이상의 출산율로 인해 멕시코 출신 미국 태생 인구는 1990년에 비해 두 배 이상으로 늘어나고, 멕시코로부터의 이민자 평균연령은 29세에서 38세로 높아지고 있으며, 고졸 이상의 학력을 갖는 사람 비율은 25%에서 41%로 증가했다. 그들의 젊음, 재능, 그리고 문화적 다양성은 이민자 나라로서의 미국의 정체성에 기여한다. 히스패닉(Hispanic)은 정치에도 영향을 미치는데, 2012년 대선 당시 유권자 수는 2004년 8%에서 10%로 늘어났고, 그들은 일부 선거 경합지역에서의 정치결과에 영향을 미쳤다. 미국 인구 중 히스패닉 비율이 늘어나면서, 그들의 정치적 목소리는 더 커질 것이다.[3] 미국경제가 계속 성장하고 경쟁력을 가지려면 NAFTA의 공급체인이 최대효율로 작동해야 한다. GDP 3조 달러와 1억 5천 만 인구의 캐나다와 멕시코가 참여하는 NAFTA는 미국의 EU와의 '대서양 무역 및

---

1) Carla A. Hills, "NAFTA's Economic Upsides – The View from the United States," Foreign Affairs, Vol. 93, No. 1 (January/February 2014), pp. 122–123.
2) 멕시코는 미국 중소기업 수출의 약 11%를 구매한다.
3) 2014년 현재 미국의 히스패닉 사업가는 230만 명, 퇴역군인은 120만 명에 달했다.

투자파트너십'(TTIP: Transatlantic Trade and Investment Partnership) 협상에서도 도움을 줄 것인데, 멕시코와 캐나다는 이미 EU와 자유무역협정을 체결했다. NAFTA 3개국과 EU가 단일협상을 맺으면, 그것은 세계 무역량의 절반 이상에 공통의 규칙을 적용시키는 거대한 성과가 될 것이다.[1]

　　힐스(Hills)의 견해와 마찬가지로 전문가들은 대부분 멕시코에 대한 일부 상품 무역 적자에도 불구하고 GDP, 개인당 국민소득, 수출입 증가를 포함해 전반적인 경제측면에서 NAFTA가 미국에 크게 기여했다는 데 동의했다. NAFTA로 인해 미국이 경제적으로 손해 봤다는 의견은 거의 없었다. 2012년 통계에 따르면, 관세축소로 인해 미국의 역내 무역량은 41%, 멕시코는 118% 증가했고, 캐나다의 증가량은 상대적으로 적은 11%에 그쳤다. 2015년 통계는 NAFTA 자유무역의 관세축소로 인해 미국 무역이 41% 증가했고, 복지 역시 일부 증대됐음을 보여주었다. 멕시코 경제도 NAFTA에 의해 크게 도움 받았다. 그 수출은 1994년 600억 달러에서 2013년 거의 4천억 달러로 증가했다. 수출이 급증하면서 수입 역시 폭발적으로 늘었고, 그것은 멕시코 소비자에게 더 질 좋고 더 값싼 상품을 공급했다.[2]

　　그럼에도 불구하고 일각에서는 NAFTA가 예상했던 만큼의 '마술의 총탄'(magic bullet)은 아니었다고 평가했다. 미국과 캐나다가 겪은 2007~2009년 경기대침체는 NAFTA의 모든 시혜적 효과를 가렸다. 멕시코 GDP는 남미의 브라질, 칠레 같은 국가에 비해 더 낮은 비율로 성장했고, 일부 중산층 확대에도 불구하고 개인당 소득의 성장은 뚜렷하지 않았다. 미국, 캐나다는 멕시코의 인프라 결여를 감안해 투자를 상대적으로 제한했고, 이민제한으로 인해 멕시코와 다른 두 선진국 간의 임금격차는 줄어들지 않았다. NAFTA로 인해 미국, 캐나다에서 심각한 직업 상실은 없었고, 멕시코에서의 환경재앙도 없었다.[3]

---

1) Hills, "NAFTA's Economic Upsides," (January/February 2014), pp. 124-127.
2) Lorenzo Caliendo & Fernando Parro, "Estimates of the Trade and Welfare Effects of NAFTA," The Review of Economic Studies, Vol. 82, No. 1, (January 2015), pp. 1-44.
3) Peter Bondarenko, "North American Free Trade Agreement(NAFTA)," Britannica, (Last Updated: November 12, 2020).

(1) 트럼프의 NAFTA 개정

▲ USMCA, accf.org

　　트럼프는 NAFTA에 대해 어떤 부정적 생각을 가졌고, 어떤 개정을 추진했을까? 2015~2016년 트럼프는 미국의 상품무역 역조에 비추어 NAFTA가 미국이 체결한 '최악의 무역협정'(worst trade deal maybe ever signed anywhere)이고 미국 내 직업의 '살인자'(killer)라고 주장했고, 대통령에 당선되면 그것을 파기하던지 아니면 재협상할 것이라고 말했다. 캐나다보다 멕시코와의 무역이 더 문제라고 생각한 그는 또 미국기업이 멕시코로 이전해 생산한 제품을 미국으로 재수출하는 경우 그에 대해 15~35%의 관세를 부과할 것이라고 말했다.[1] 2017년 초 당선 직후 트럼프 대통령은 NAFTA 개정 협상의지를 밝히고, 4월에 그것이 실패할 경우 그로부터 탈퇴할 것이라고 위협했다.[2] 7월 그는 개정사항을 제시했는데, 가장 중요한 초점은 무역적자 축소에 맞춰져 있었다.[3] 2017년 8월부터 미국은 거대한 무역적자가 발생하는 멕시코와 본격적으로 협상을 시작했고, 1년에 걸친 격렬한 논의 끝에 2018년 8월 미－멕시코 재협상이 타결됐다.[4] 미국과 멕시코는

---

1) 그의 입장에 반대하는 전문가들은 NAFTA로부터의 철수가 미국의 무역규모와 GDP 축소, 그리고 에너지, 농산물, 자동차 소비자 가격인상으로 이어질 것을 우려했다.

2) 트럼프의 대통령 당선 이후 NAFTA에 대한 지지는 공화당과 민주당 사이에서 큰 차이를 드러냈다. 공화당의 지지는 2008년 43%에서 2017년까지 34%로 하락했고, 민주당 지지는 같은 시기 41%에서 71%로 증가했다. 또 민주당원의 60%가 멕시코와의 무역이 공정하다고 믿은 반면, 공화당에서는 28%만이 그렇게 믿었다. Chicago Council on Global Affairs, "Pro－Trade Views on the Rise, Partisan Divisions on NAFTA Widen," (April 30, 2018), www.thechicagocouncil.org

3) 트럼프는 집권 직후 멕시코로부터의 수입품에 20%를 관세를 고려했는데, 멕시코는 보복관세로 대응할 것이라고 말했다.

4) 2018년 4월 트럼프는 캐나다 철강, 알루미늄에 관세를 부과하겠다고 선언했고, 캐나다 총리 트뤼도(Justin Trudeau)는 그것이 무역전쟁의 시작이라고 비난했다.

NAFTA의 대부분을 그대로 보유하지만 새로운 몇몇 변화를 도입한 무역합의에 도달했다고 선언했다. 트럼프는 그것이 두 나라 모두에게 '훨씬 더 공정'(much more fair)하고 '정말 좋은 거래'(really good deal)라고 말했다. 2018년 9월 30일 캐나다가 미-멕시코 합의에 동참하기로 결정하면서, NAFTA를 대체하는 '미국-멕시코-캐나다 합의'(USMCA: US-Mexico-Canada Agreement)가 최종 성사됐다. 캐나다는 자국 낙농제품 시장 추가개방에 마지못해 양보했지만, 미국이 제거하려 시도한 반덤핑, 상계관세 관련 특별 분쟁절차(Chapter 19)는 유지시킬 수 있었다. USMCA는 3국 모두의 국내비준을 거쳐 2020년 7월 효력을 발생했고, 그 이전까지 NAFTA는 아직 유효했다.

(2) 미-멕시코 NAFTA 개정 내용

2018년 8월 31일 트럼프 대통령은 미 의회에 멕시코와 무역합의에 들어가고, 또 미-멕시코 합의에 대한 캐나다 정부의 수용의사가 확인되면 2018년 11월 말까지 3국 간 무역관계에 진입할 것이라는 의사를 통보했다. NAFTA 변화를 추구한 미-멕시코 재협상의 결과, 그리고 캐나다가 거의 그대로 수용한 그 개정사항은 다음과 같았다. 가장 주목받았던 것은 자동차 산업과 관련된 것이었다. 원래 NAFTA의 차량 관련 조항은 3국 무역에서 관세를 면제받기 위해서는 자동차, 경트럭, 엔진, 트랜스미션에 62.5%, 그리고 기타 차량과 그 부속에 60% 이상 북미 원산지 부품을 사용하도록 규정돼 있었다. 미-멕시코 NAFTA 개정안은 원산지 규정에서 부속 등 차량 내용물을 75%로 상향조정하도록 합의했다. 그것은 중국 및 기타 국가로부터 수입되는 부품 사용을 줄이고, 북미 3개국 부품 사용을 늘려 미국 자동차 산업을 진흥하는 효과를 가져 올 것으로 기대됐다. 또 개정안은 자동차 내용물(contents)의 40~45%가 16달러 이상의 임금을 받는 근로자에 의해 만들어져야 한다고 새로 규정했다. 그것 역시 멕시코의 시간당 자동차 근로자 평균임금이 2.3달러인 상황에서, 미국 내 제품생산 증대에 기여하는 효과를 가져 올 것이었다. 그로 인해 미국의 자동차 산업은 더 보호받고 상대적으로 탄력을 받을 것이지만, 소비자 가격은 증가하게 되어 있었다. 많은 전문가들은 그런 조치들이 멕시코 자동차 산업의 경쟁력을 약화시킬 것으로 믿었다.[1]

---

1) M. Angeles Villarreal, Ian F. Fergusson, "NAFTA and the Preliminary U.S.-Mexico

NAFTA의 지적재산권 조항은 특허, 무역기밀, 지리적 표시 보호를 규정했고, 그 가운데 의약품 특허는 5년 유효했다. 새 개정안에서는 첨단 의약품 데이터 보호가 10년으로 연장되고, 무역기밀 절도는 민사, 형사상 처벌이 강제되도록 강화됐다. 그러나 첨단(biological) 의약품 산업은 나중에 미 의회 비준과정에서 민주당의 반대로 의회통제를 받도록 규정됐고, 그로 인해 미국 국민들이 치르는 의약품 가격은 덜 비싸게 조정됐다. 전자상거래(E-commerce)와 같은 최근 무역과 관련된 사항은 NAFTA에서는 많이 다루어지지 않았는데, 예를 들어 전자상거래 장벽에 관한 규정, 또는 지나치게 사소한 것은 다루지 않는다는(de minimis) 등에 관한 조항이 존재하기 않았다. 반면 미-멕시코 개정안은 디지털 무역에서 데이터의 현지(local)저장, 또는 원시코드(source code) 공개 등에 관한 강제조항을 최소화하고, 전자서명을 수용하도록 규정했다. 또 100달러 이하의 상품은 신속한 통관절차에 속하도록 했는데, 그것은 과거 50달러에서 상향된 수치였다. 그 조항들은 미국의 기밀 데이터 보호, 그리고 전자무역 활성화와 신속한 상거래를 목표로 했다. 에너지와 관련한 NAFTA 조항은 원래 멕시코 헌법에 따라 그 분야에 대한 국내외의 민간투자를 금지했다. 그러나 2013년 법률개정으로 에너지 산업에 민간투자가 가능해지면서, 개정안은 멕시코의 2013년 규율 개정과 멕시코에서의 에너지 프로젝트에 대한 법률이 변동되지 않도록 조정했다. 그것은 미국의 투자가 멕시코 정부의 자의적 정책변화의 희생물이 되는 것을 방지하는 목적을 띠었다. 노동 및 환경 관련 NAFTA 규정은 그 위반시 무역에서 불이익을 받도록 되어 있었지만, 실제에 있어서는 강제력이 매우 취약했다. 개정안에서는 멕시코 법률과 국제노동기구(ILO: International Labor Organization)가 허용하는 근로자들의 집단협상을 포함하는 노동권리의 시행을 보장했다. 새로운 환경조항에서는 일부 어업의 금지, 공기의 질, 폐기물 해양투기 금지, 불법유통 금지를 규정했다. NAFTA의 서비스 관련규정은 개정안에서 더 강화됐다. 그것은 원래 외국 서비스에 대한 국내와 동일한 대우, 최혜국 대우, 그리고 현지 주재(presence) 강요의 금지를 포함했는데, 개정안에서는 외국의 무단절취를 방지하기 위해 재정서비스 관련 데이터 저장 강제를 추가로 금지하고, 국내와 동일한 대우 및 시장접근을 더 확대했다. 전반적인 시장접근에 관한 NAFTA 규정에서도 약간의 변화가 있었다. 원래 그것은 상품, 서비스의 시장접근과 비차별적 대우를 강조하고, 1994~2009년 원산지 규정을 강조하는 방향으

Agreement," CRS Insight, IN10968, (September 19, 2018), p. 2.

로 진화했는데, 새로운 합의에서는 자동차 분야에서 나타나듯 새로운 원산지 규정
을 충족시키는 상품에 면세를 유지한다는 원칙이 재확인, 재강조됐다. 투자자를 위
한 기본보호를 보장하고 투자자-국가 분쟁해결절차를 제시하는 NAFTA 투자조항
은 개정안에서 투자자-국가 분쟁해결(ISDS: investor-state dispute settlement) 조항
이 수정, 제거되는 방향으로 수정됐다. 에너지, 정보통신 분야의 ISDS는 NAFTA
와 비슷한 형태로 남았지만, 다른 분야의 ISDS는 제거됐다.[1]

한편, 그 수많은 조항에서의 개정에도 불구하고, 트럼프 행정부가 가장 많은
관심을 가진 멕시코에 대한 상품무역 적자는 일단 계속 증가했다. 2017년 691억
달러이던 미국의 멕시코 상품무역 적자는 2018년 783억 달러, 2019년 1,014억
달러, 2020년 1,127억 달러로 증가했다. USMCA가 2020년 7월 효력을 발생하는
것에 비추어 NAFTA 개정의 실익에 대한 평가는 더 오랜 관찰을 필요로 하지만,
일단 2020년 코비드-19의 여파로 USMCA 도입효과는 상당부분 제한적일 것으
로 전망됐다. 그래도 일각에서는 미국의 전반적인 멕시코와의 상품무역 적자는
줄어들기 어려울 것으로 전망했는데, 그 이유는 양국무역의 근간(fundamental) 자
체가 완전히 서로 다른 가정에 연계돼 있기 때문이었다. 그것은 세계 최첨단 미국
산업은 노동가격이 현저하게 높고, 달러가 기축통화로 기능하는 상태에서 지식기
반 산업 형태로의 전환을 추구하고, 멕시코 산업은 아직 제조업 중심의 값싼 임금
에 기초한 개도국 형태 노동집약적 산업에 뿌리를 두고 있다는 의미였다.[2]

2 환태평양 동반자협정

TPP는 2005년 브루나이, 싱가포르, 뉴질랜드, 칠레 4개국이 서명한 협정인 '환
태평양 전략경제 동반자협정'(TPSEP: Trans-Pacific Strategic Economic Partnership)의
연장선상에서 추진됐다.[3] 그 4개국은 경제를 활성화시키기 위해 자유무역에 합

---

1) Ibid., pp. 1-2.
2) Foreign Trade-U.S. Trade with World, Seasonally Adjusted, https://www.census.gov〉
   balance
3) TPSEP은 관세 및 비관세장벽, 상품 및 서비스 무역, 지적재산권, 식물검역 및 위생, 원산

의했는데, 그것은 그들에게 협정 체결 1년 이내에 관세의 90% 즉시 제거를 가능하게 했고, 2015년까지 모든 관세는 완전히 제거될 예정이었다. 관심이 있는 국가들에게 그 제도를 개방한다는 TPSEP의 방침에 따라 2008년 호주, 베트남, 말레이시아, 일본, 멕시코, 페루, 캐나다, 미국이 대화에 참여했고, 8년에 걸친 수십, 수백 차례의 공식, 비공식 협상을 거쳐 그 노력은 2016년 2월 12개 회원국 TPP의 성립으로 결실을 맺었다. 그러나 2015~2016년 대선후보 트럼프는 오바마 행정부가 체결한 그 협정이 미국경제의 독립적 위상을 잠식하는 '잠재적 재앙'(potential disaster)이라고 주장했고, 실제 집권 첫째 주 2017년 1월 취임 직후 행정명령을 발동해 그 제도로부터 탈퇴했다.[1] 미국이 철수하면서 TPP의 미래는 불확실해졌다. 그 이유는 규정상 TPP가 효력을 발생하기 위해서는 원래의 모든 서명국들이 비준을 하거나, 아니면 적어도 원래 서명국 전체 GDP의 85%에 해당하는 6개국의 비준이 요구됐기 때문이다.[2] 그러나 TPP에서 전체 국가 GDP의 65%를 차지하는 미국이 탈퇴하면서 그 요건은 충족되지 못했고, 실제 그 제도는 발효되지 못했다.[3] 그러나 11개 서명국들은 미국의 참여 없이 TPP를 유지하기로 뜻을 모았고, 2017년 11월까지 새로운 합의의 윤곽을 결정했다. 그리고 2018년 1월 TPP와 거의 유사한 '포괄적, 점진적 환태평양동반자협정'(CPTPP: Comprehensive and Progressive Agreement for Trans—Pacific Partnership)에 서명했다. CPTPP는 TPP와 거의 동일하고, 단지 차이가 있다면 그동안 협상과정에서 주로 미국이 도입한 일부 조항을 삭제한 것이었다.[4] CPTPP는 2018년 12월 효력을 발생했다. 미국이 탈퇴한 TPP는 어떤 내용을 담았고, TPP 일부조항은 CPTPP에서 어떻게 변경됐을까? 또 트럼프 행정부의 철수는 과연 옳은 결정이었을까?

지, 정부구매와 경쟁 등 다양한 이슈에 관한 규정을 포괄했다.

1) 2015년 11월 트럼프는 TPP는 중국에게 유리하다고 말했는데, 그것은 그가 중국이 TPP의 회원국이 아니라는 것을 포함해 그에 대한 내용을 전혀 파악하고 있지 못함을 드러냈다. "TPP's Death Won't Help the American Middle Class," The Atlantic, (November 15, 2016)

2) Ankit Panda, "Here's What Needs to Happen in Order for the Trans—Pacific Partnership to Become Binding," The Diplomat, (October 8, 2015)

3) Brock R. Williams & Ian F. Fergusson, "The United States Withdraws from the TPP," CRS Insight, IN10646, (May 23, 2017), p. 1.

4) "6 things to know about the Trans—Pacific trade pact CPTPP," The Straits Times, (January 23, 2018)

(1) TPP 주요내용

TPP는 과거 미국이 합의한 수많은 자유무역 협정과 본질적으로 마찬가지의 성격을 띠었고, 2016년 체결 당시까지의 지구적 무역현실 변화를 감안해 NAFTA 수정안에 제안되고 USMCA로 진화한 많은 것들을 이미 포함하고 있었다. 온라인 상거래, 지적재산권, 노동 및 환경, 외국 투자자 보호, 국영기업 관련 조항이 그런 것들이었다. 거대한 자유무역(FTA) 협정인 TPP는 만약 그것이 비준되어 효력이 발생한다면 그 회원국들은 세계 GDP의 40%, 세계 1/3 이상의 무역을 대표하고, 그 안에서 미국이 시행하는 무역규모는 수입과 수출을 합쳐 1조 8천억 달러를 넘을 것이었다.[1] 그 다자 경제제도는 '네거티브 리스트'(negative-list)에 근거해 가능한 한 많은 무역자유화를 용인했다. TPP에서 가장 중시된 것은 그 제도의 일차적 목표인 무역장벽 축소였고, 그것이 비준되면 미국이 일본, 말레이시아, 뉴질랜드, 베트남과 FTA가 없는 상태에서 대부분의 관세가 즉각적으로 제거되고, 완전 시행되면 수출의 98%, 수입의 99%가 무관세 대상이 될 것이었다.[2] 차량과 그 부품은 25~30년에 걸쳐 미국 자동차의 2.5%, 트럭의 25% 관세를 포함해 궁극적으로 제거될 것이고, 일본 차량의 투명성 및 유통 관련 비관세 장벽은 특별조항에서 시정이 시도될 것이었다. 서비스 무역에서는 일부 예외(NCMS: Non-conforming Measures)를 인정하면서, 모든 분야에 국내수준 및 최혜국(MFN: Most-favored Nation) 대우, 시장접근의 보장 의무를 제공하게 되어있었다. 농산물은 관세, 비관세 장벽을 축소하고, 위생 및 식물검역 분쟁을 제도적으로 관리하며, 일부 민감한 생산품은 관세와 쿼터(quota)로 보호할 것이다. 전자상거래(E-commerce)는 전산시설 현지화(localization)와 원시코드(source code) 공유, 그리고 디지털 상품 세관관세(customs duty)는 금지한다. 대중을 위한 특별히 중요한 일부 공공정책(public policy) 시행 관련 규정은 예외로 처리했다.[3] 전문가들은 전자 상거래에서의 기밀 유지와 소비자 보호는 중소기업에 더 많은 혜택이 돌아갈 것으로 예상했다.[4]

1) Kevin Granville, "The Trans-Pacific Partnership Trade Accord Explained," The New York Times, (July 26, 2016)
2) The Trans-Pacific Partnership@USTR.gov, (July 27, 2016)
3) 재정 서비스는 강제 현지화를 포함해서 전자 상거래 챕터에서 제외하지만, 별도로 관리한다.
4) Ed Gerwin, "Small Businesses With a Big Stake in the Pacific Trade Deal," The Wall Street Journal, (November 27, 2015)

투자분야는 일부 예외(NCMS)는 존재하지만, 외국 투자자에 대한 장벽제거, 투자자 보호를 위한 ISDS를 설정했다. 투자자—국가 관계에 관한 조항인 ISDS는 (앞에서 언급한 바와 같이) 외국정부로부터 받는 불이익을 해소하기 위해 투자자가 상대국을 고소하는 권리를 의미했다. 일부 정부들에서 외국기업과 해외투자자에 대해 차별, 자산탈취, 자본이동 제한의 부당행위를 시행하는 경우가 있었는데, TPP는 확실하게 문제가 존재할 경우 국가가 합당한 수준에서 금전적으로 배상하도록 규정했다. 반면 그 조항에 대해 또 다시 투자자들의 고소가 어느 한 국가의 정당하고 정의로운 목표를 위한 공공정책 시행을 방해할 수 있다는 비판이 제기됐다. 예컨대 어느 오일 회사가 제3국에서 그 나라 정부가 이산화탄소 배출량을 줄이려는 정책과 법률을 문제 삼는다면, 그것은 기후변화와 관련된 지구적 차원의 정의로운 국가적 노력이 침해받는다는 것이었다. 그렇지만 미국은 상대국의 일부 규제권리는 수용하면서도, 대체로 ISDS가 공정하고 합리적으로 시행되고 또 많은 경우 국가가 승소하기 때문에 덜 문제시 된다는 논리를 내세웠다.[1]

NAFTA에서와 마찬가지로 TPP에서도 지적재산권(IPR: Intellectual Property Right) 조항은 중요한 이슈였다. 국가 간 수출입 관계가 긴밀해지고 경제적 상호의존도가 높아지면서 세계의 신기술과 테크놀로지를 선도하는 미국기업들은 그들의 특허, 상표(trademark), 저작권(copyright), 무역기밀이 보호받기를 원했고, 미국은 IPR에 대한 강화를 요구했다. TPP는 저작권과 관련해서 저자 사후 70년까지 그 권리를 보호하고, 위반 시에는 형사처벌을 받도록 규정했다. 그에 대해 기술이전을 원하는 다른 나라에서 그 규정이 지나치다는 비판이 나왔지만, 미국은 그것이 일반적으로 다른 나라와 체결한 협정과 비슷한 수준이라고 주장했다. 의약품에 관한 기밀보호는 지적재산권이 관련된 대표적 경우였다. 글로벌 제약업체들은 특허기술 유출을 우려해 의약품의 '데이터 예외성'(data exclusivity)을 특히 중시했는데, 그에 대해서 많은 찬반 논란이 있었다.[2] 반대자들은 지나친 규제로 인해 개도국의 질병치료가 방해받는 인도주의 문제가 존재한다고 말했고, 미 무역대표

---

1) Amy Goodman, Joseph Stiglitz, "Under TPP, Polluters Could Sue U.S. for Setting Carbon Emissions Limits," (October 27, 2015), www.democracynow.org; "Investor—State Dispute Settlement(ISDS) Questions and Answers," (February 26, 2015), www.whitehouse.gov

2) 의약품 관련 데이터 보호로 인해 미 식품의약국(FDA; Food and Drug Administration)과 같은 국가기관은 수년간 신약의 복제버전(generic version)을 등록하는 것이 금지됐다.

부(USTR)와 미국 내 일부 단체들은 개도국들이 다른 방법으로 의약품에 접근할 수 있다고 주장했다.[1]

TPP에서 환경 및 노동조항은 현재까지 체결된 수많은 자유무역 협정 중에서 가장 강력한 것 중의 하나로 평가됐다. 환경분야에서 TPP는 미국기준과 유럽의 관행을 합쳐서 높은 수준에서 불법어업 및 불법수렵 금지, 선박의 무단투기 및 해양오염 규제, 습지 및 자연보호를 추구했다. 노동기준은 국제노동기구(ILO: International Labor Organization)의 원칙과 비슷한 맥락에서 노조결성과 단체협상권 보장, 집회의 자유, 착취노동 및 아동노동 금지, 고용차별 금지, 최저임금, 작업시간, 직업안전, 작업조건 보장 등 현대사회에서 문제시 되는 모든 사안을 망라했다. TPP 조항은 강제노동, 인신매매를 강행하거나 단체협상 규정을 어기면 그 제도에서 보장하는 혜택에서 배제된다고 강조했다. 베트남, 말레이시아, 브루나이에 대한 특별 시행계획을 포함한 그 조항은 역대 최고로 강력한 노동기준을 제시했다.[2]

원산지 규정은 공급부족 상품은 예외로 하지만, 차량의 25~35%, 차량부품의 25~55%까지 역내 생산품을 포함하도록 강제했다. 국영기업 관련 사항은 일부 예외를 인정하면서 원칙적으로 그들의 상업활동이 시장원칙에 근거해야 하고, TPP의 감시와 강제기율의 대상에 속하며, 그들에 대한 특혜와 지원을 제한한다고 규정했다. 정부구매와 관련해서는, 그 과정에서 투명하고 비차별적인 대우의 중요성이 명시됐다. 각국의 통화(currency)정책에 있어서는 투명성과 경쟁적 평가절하에 대한 반대가 강조됐다. 그렇지만 통화분쟁은 ISDS 대상에서 제외됐다.[3]

5,600페이지에 이르는 TPP 협정의 기본문서는 다자간 무역에서 요구되는 30개 챕터로 구성된 수많은 세부사항을 포괄했는데, 그중 15개 챕터는 무역자유화, 5개는 보호주의, 그리고 2개는 중립적 관점을 반영했다. 그것은 TPP의 가장 큰 목표가 무역자유화라는 사실을 뒷받침했다.[4] 그리고 무역자유화의 목적은 개별국가

1) The Trans-Pacific Partnership@USTR.gov, (July 27, 2016)
2) Ibid.
3) Brock R. Williams & Ian F. Fergusson, "TPP: Overview and Current Status," CRS IN Focus, (December 8, 2017), p. 2.
4) Daniel J. Ikenson, Simon Lester, Scott Lincicome, Daniel R. Pearson, K. William

간 성과에서의 차이에도 불구하고 궁극적으로는 관련국들의 전체적인 경제와 복지의 증진이었다. 세계은행(World Bank)은 TPP가 비준되어 실행될 경우 2030년까지 회원국 GDP를 평균 1.1% 증가시키고, 무역량을 11% 증가시킬 것으로 분석했다. 실질임금에서는 미국의 숙련 근로자는 0.4%, 비숙련 노동자는 0.6% 증가로 상승폭이 상대적으로 미미하지만, 베트남의 비숙련 노동자는 14% 혜택을 볼 것으로 추정됐다.[1] 미국 국제무역위원회(ITC: International Trade Commission)는 2032년까지 미국 내에서 정규직 12만 8천개 직업이 새로이 창출될 것으로 계산했다. 연간 실질소득은 0.23% 증가하고, 실질 GDP는 0.15% 증가, 수출은 1%, 수입은 1.1% 증가할 것이다. 미국 내에서는 특히 승용차, 낙농업 산업과 도소매 유통업이 혜택을 받게 될 것이다. TPP는 미국경제 전체에 혜택을 주고, 전체적 이익배분에서 비숙련 노동자는 25%, 숙련근로자는 41%, 기업은 34%의 이익을 얻을 것이다. 동시에 미국의 주도에 의해 무역기율이 강화될 것이다. 외국의 경우, 캐나다는 TPP에 참여하지 않을 경우 53억 달러의 손실이 발생할 것으로 분석됐고, 가장 큰 혜택은 기업이전의 부수효과로 베트남에 돌아갈 것으로 예상됐다.[2]

(2) TPP 조항의 변경과 CPTPP

CPTPP 협정 체결을 주도한 일본은 대부분의 TPP 조항을 그대로 보존하기를 원했고, 나머지 11개 회원국(TPP-11)들은 그에 동의하면서 미국이 요구해 도입된 20개 조항을 삭제하기로 합의했다. 지적재산권 관련 조항이 우선적 제외대상으로 지목됐다. 발명특허권, 기존상품의 새로운 사용에 대한 특허권, 의약품의 비공개 실험데이터 보호, 저자 사후 70년간의 저작권 보호, 또 암호화 보호 및 위성프로그램 신호 등이 제거되는 지적재산권 범주에 속했다. 투자와 관련된 일부 조항도 삭제됐다. 투자 챕터에서 투자품목을 감시하는 투자검열(investment screening), 또 초청국 정부와 투자자 사이의 투자합의에 관한 분쟁은 ISDS 대상에서 제외됐다.

Watson, "Should Free Traders Support the Trans-Pacific Partnership? An Assessment of America's Largest Preferential Trade Agreement," (September 12, 2016), www.cato.org
1) "Potential Macroeconomic Implications of the Trans-Pacific Partnership," (PDF) World Bank, (January 2016), www.worldbank.org
2) Eduardo Porter, "Why Dropping the Trans-Pacific Partnership May Be a Bad Idea," The New York Times, (July 26, 2016)

▲ CPTPP, dspdaily.com

전자상거래에서는 신속한 업무처리를 위한 최소한의 관세수준 검토의무가 삭제됐다. 또 상품과 서비스 구매에서 현지노동법의 규제요건을 충족시켜야 한다는 (compliance promotion) 조항이 삭제됐고, 야생불법무역 금지와 관련된 일부 조항도 제거됐다.[1]

CPTPP 서명국들은 협상 타결을 위해 TPP에서의 몇 가지 추가사항에 대해 합의했다. 말레이시아가 요구하는 국영기업 관련 조항과 브루나이가 추진하는 석탄 생산 관련 조항이 TPP에서 추가로 삭제됐다. 베트남이 요구하는 특정노동에 대한 ISDS 적용 문제와 캐나다의 주요 관심사인 예술분야 지원 관련 이슈는 TPP 내에서 양해각서를 통해 해결됐다. 캐나다 – 일본 간의 차량 관련 기준, 그리고 캐나다의 호주 및 말레이시아와의 자동차 원산지 관련 사항 역시 양해각서를 통해서로 합의에 도달했다.[2]

---

1) Ian F. Fergusson, Brock R. Williams, "TPP Countries Sign New CPTPP Agreement Without U.S. Participation," CRS Insight, IN10822, (March 9, 2018), p. 2
2) Ibid., p. 2.

(3) TPP 탈퇴의 평가

TPP는 미국을 제외한 나머지 11개 국가들 간에 '포괄적, 점진적 환태평양 동반자협정'(CPTPP: Comprehensive and Progressive Agreement for TPP)으로 재협상되어 2018년 12월 발효됐다.[1] 그 제도 내에서 회원국들이 99%까지의 관세가 제거되는 효과를 누리는 상황에서, 미국 수출업계는 CPTPP 국가들과의 무역에서 받을 불이익을 크게 우려했다. 특히 미국과 개별 FTA가 없는 나라들에 대한 수출이 더 큰 문제였다. 농산물은 대부분 고관세 상품인데, 미국 최대의 우육시장인 일본에서 미국산업이 피해를 보는 것은 당연했다.[2] 2017년 15억 달러 이상 규모인 미국의 일본 우육수출이 일본시장에서 38.5%의 관세를 지불해야 하고, 2018년 현재 '긴급 수입제한조치'(safeguard)로 인해 그 비율이 50%일 때, CPTPP 국가들의 관세율은 9%였다.[3] 일본시장의 50% 이상을 차지하는 미국의 밀(wheat), 감자, 견과류 산업 역시 피해를 입었다. 미국의 말레이시아에 대한 테이블, 부엌 유리제품, 그리고 베트남으로의 농산물과 자동차 수출 역시 마찬가지 상황에 처했다. 향후 미국이 CPTPP에 재가입하려 시도할 때, 그 삭제조항 부활에 어려움이 예상되고, 그 제도가 더 많은 회원국 가입을 추진하면 미국은 더 큰 불이익에 처할 것이었다. 더구나 7개의 CPTPP 국가들은 중국이 포함돼 있는 RCEP(Regional Comprehensive Economic Partnership)에도 참여했다. RCEP이 규정상 CPTPP보다 덜 포괄적이지만, 미국의 역내 주요 무역파트너들이 모두 RCEP 회원국이고, 점차 더 관세가 축소되면서 미국의 수출은 계속 부정적으로 영향 받을 것이었다. 트럼프 대통령은 수시로 양자접근이 경제 지렛대의 사용과 우선순위 선정에서 미국에게 더 많은 이익을 준다고 주장했지만, 전문가들은 다자협상이 상호호혜적 거래의 더 많은 옵션을 제공하고, 참여국들로부터 일대일 협상에서 가능하지 않을 수 있는 양보를 얻어낼 수 있는 장점이 있다고 말했다. 또 그들은 다자합의가 점점 더 복잡해지는 기존 합의의 망(web) 속에서 중복되는 규칙을 피하게 한다고 강조했다.[4]

---

1) CPTPP는 전 세계 교역량의 15.2%를 차지한다.
2) 2018년 4월 트럼프 행정부는 CPTPP 재가입 가능성을 언급했다. "Pacific trade pact takes off with tariffs cut in six nations," (December 30, 2018), www.reuters.com
3) 2019년 트럼프 행정부는 미·일 농산물 대화에서 미국 농산품의 일본시장 특별접근 허용을 요청했지만, 그것은 도쿄에 의해 거부됐다.
4) Williams & Fergusson, "The United States," (May 23, 2017), p. 3.

전체적으로 트럼프 행정부가 국제경제, 무역의 당위성에 대한 논란을 지피면서, 미국의 아태지역 무역은 많은 어려움에 직면할 수 있었다. 그동안 미국은 여러 FTA에서 상품 및 서비스 관세를 제거하고 외국정부의 국영기업 지원에 반대하는 자유주의 무역정책을 추구했지만, 이제 미국의 세계경제 리더십은 흔들리고 그에 대한 해외로부터의 의구심은 더 증폭되는 것으로 보였다. CPTPP, RCEP 모두에서 미국이 없을 때, 미국의 아태지역 경제리더십은 크게 타격을 입을 것이었다.[1] 다른 한편, TPP는 원래부터 경제 목적 이외에도 엄청난 속도로 성장하는 중국경제를 견제하기 위한 정치 및 안보 목적을 띤 조치였다. 그 다자협력은 오바마 행정부 당시 미국의 주요관심을 아프가니스탄, 이라크를 포함하는 중동으로부터 중국 견제 목적으로 아태지역으로 이동시킨다는 재균형(rebalance) 전략의 경제적 측면을 상징했다. 트럼프 행정부의 TPP 탈퇴는 미국 자체의 시장확대와 관련된 손실을 넘어 그 제도의 참여국이 아닌 중국의 경제와 안보 모두에 유리한 결과를 가져왔다.[2] TPP 탈퇴 당시 지금은 타계한 미 상원의원 존 메케인(John McCain)은 그 조치가 미국이 아태지역 전체에 대한 전략적 개입을 포기하는 것과 마찬가지라고 비판했다.[3] 그러나 무엇보다도 흥미로우면서도 미국을 놀라게 하는 것은 2021년 9월 중국이 CPTPP 가입을 신청한 것이다.

3 세계무역기구

WTO는 1947년 보호무역주의 방지 목적으로 설립된 가트(GATT: General Agreement on Tariffs and Trade)를 승계한 다자 무역체제이다. 미국의 리더십 하에서 23개국이 설립하고 미국의 많은 법과 규범을 반영하는 다자 무역제도인

---

1) Fergusson, Williams, "TPP Countries," (March 9, 2018), p. 2.
2) Daniel W. Drezner, "Perspective/ The arc of the Trump administration bends toward stupidity," www.washingtonpost.com
3) 미국 대중여론은 일반적으로 미국의 다양한 자유무역협정 체결과 지구적 경제 리더로서의 주도적 역할을 선호한다. 그러나 TPP 탈퇴와 관련해서, 공화당은 전반적 찬성, 그리고 민주당은 전반적 반대로 크게 엇갈렸다. "China eyes opportunity as U.S. pulls out of Trans—Pacific Partnership," Bloomberg, (January 24, 2017); "Americans favor TPP, but less than those in other countries do," Pew Research Center, (June 23, 2015)

GATT는 1960년 이전에는 주로 상품 관련 관세축소를 추구했다. 1960년대 중반 시작된 케네디 라운드(Kennedy Round)는 반덤핑과 개도국 발전지원, 1970년대의 도쿄 라운드는 비관세 장벽 제거에 많은 노력을 경주하고 큰 성과를 거뒀다. GATT 체제에서 합의에 이르지 못한 우육, 낙농제품, 정부구매를 포함하는 수많은 이슈에 관한 합의는 시간이 가면서 점차 회원국들에 의해 수용됐다. 1986년 9월 시작된 우루과이 라운드(Uruguay Round, 1986-1994)에서 미국은 논의, 시행과제를 서비스 부문과 지적재산 관련 분야로 확대하고, 농업과 직물분야 무역의 개혁을 시도했으며, 새로운 규칙을 강제할 수 있도록 구속력 있는 분쟁해결 협상을 추진했다. 그리고 1994년 4월 모로코 마라케시(Marrakesh) 장관급 회담(MC: Ministerial Conference)에서 각국 대표들은 미국 클린턴 행정부의 기치를 따라 GATT를 더 확대, 발전시키는 WTO 설립에 동의했다.[1]

(1) WTO 활동

WTO는 1995년 1월 출범했다. WTO의 가장 중요한 목표는 관세, 비관세 장벽 제거를 통한 자유무역의 확대였고, 그 기구는 상품, 서비스, 지적재산권 관련 무역규정, 분쟁해결, 그리고 각 회원국 정부의 무역관행을 모니터하기 위한 무역정책 검토를 관장했다. WTO는 스스로 단순히 자유무역 제도가 아니라 '개방적이고, 공정하며, 왜곡되지 않은 경쟁에 헌신하는 규칙 시스템'이라고 선언했고, 그에 따라 무역에서의 비차별 원칙에 따라 최혜국 대우(MFN), 국가적 대우(national treatment), 공정경쟁, 무역규정의 투명성을 옹호했다. MFN 대우는 어느 한 회원국에 적용되는 가장 낮은 관세 또는 최상의 무역특혜가 모든 회원국들에게 동일하게 주어져야 한다는 것을 의미하고, 국가적 대우는 국내생산품과 외국제품이 똑같은 대우를 받아야 한다는 것을 의미했다. 예측가능하고 투명한 무역정책, 수출지원과 같은 불공정 관행에 대한 반대, 무역 구제조치(trade remedies)와 무역에 대한 기술적 장벽(TBT; technical barriers to trade)의 제한, 지적재산권(IPR) 보호, 그리고 정부구매 접근 관련 조항은 모두 그런 과정에서 논의됐다.[2] 그래도 일부

---

1) Cathleen D. Cimino-Issacs, "WTO: U.S. Participation at Risk?," CRS Insight, IN10945, (July 31, 2018), pp. 1-2.

2) 무역 구제조치는 지원, 공정가격 이하 가격으로의 판매, 그리고 수입 폭증에 대응해 취해지는 상계관세, 반덤핑, 긴급 수입제한 조치를 포함한다. https://ustr.gover〉 who-issues〉 trade-...

개도국에 대한 특혜와 WTO 밖에서의 지역 및 양자 무역합의는 허용됐고, 또 그것은 환경보호, 국가안보, 건강과 관련해서는 일부 예외를 인정했다.[1] 기구 내 결정은 각국 대표로 구성되고 보통 2년에 한 번 개최되는 장관급회의(MC: Ministerial Conference)에서 만장일치 원칙을 따랐다. 연 2.2억 달러에 달하는 WTO 예산은 각 회원국의 국제무역 비율에 비례해 할당되는 회비로 충당됐다.

WTO는 선진국과 개도국이 동의하는 관세, 비관세와 관련된 많은 합의를 이끌어 냈고, 그것은 지구적 성장과 경제통합을 촉진하면서 기업투자를 위한 확실성을 부여했다. 지구적 무역은 4배 증가했고, 164개 회원국은 세계무역량의 98%를 담당했다. WTO 회원국의 최혜국에게 적용되는 평균 관세비율은 1994년 25%에서 2018년까지 10% 이하로 축소됐다. 분쟁해결(DS: Dispute Settlement)제도는 2020년까지 약 600건의 케이스를 처리했고, 미국은 그 제도의 주 사용자였다.[2] 분쟁절차에서 1차 판결은 12개월 이내, 항소 시에는 16개월 이내에 사안이 종결되도록 규정됐고, 모든 회원국들에게는 제도 내 (사법)패널의 판결을 수용해야 하는 의무가 주어졌다.[3]

WTO의 최근 라운드는 중국의 가입을 승인한 2001년의 카타르 도하 라운드(Doha Development Round)였다. 도하에서의 제4차 MC는 세계화를 더 공고히 할 것을 의도하고, 추가적 무역자유화, 새로운 규칙의 제정, 개도국에 대한 실질적 지원을 모색했다. 2003년 싱가포르 회의는 농산물 관련 이슈를 다루었고, 2005년 12월 홍콩에서의 제6차 MC는 농업지원의 단계적 삭제, 그리고 EU 주도로 유지 가능한 발전을 추구하고 개도국 무역을 지원하는 의미에서 최빈국 상품 관세면제를 승인했다.[4] 그러나 시간

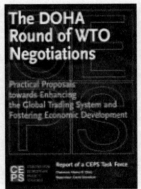

▲ WTO 도하 라운드, cpps.eu

---

1) Cathleen D. Cimino−Issacs, Rachel F. Fefer, Ian F. Fergusson, "The World Trade Organization," CRS IN Focus, (Updated December 6, 2019), p. 1.

2) Cathleen D. Cimino−Issacs, Rachel F. Fefer, Ian F. Fergusson, <u>World Trade Organization: Overview and Future Directions</u>, CRS Report, R45417, (Updated August 21, 2020), p. summary.

3) "1.3 Functions, objectives and key features of the dispute settlement system," WTO official website, (March 17, 2015)

4) European Commission, The Doha Round, (December 30, 2011)

이 가면서 도하 라운드의 발전 어젠다는 정체됐고, 만장일치가 합의의 규범인 상태에서 다양한 성격의 수많은 국가들이 협상타결에 어려움을 겪었다. 회원국들은 관세, 비관세장벽, 서비스, 무역 구제조치에서 계속 차이를 드러냈다. 선진국들은 농업보호 주장을 유지하면서 상호주의에 근거한 무역자유화, 선진개도국에 대한 실질적 접근을 요구했다. 개도국들은, 특히 중국, 브라질, 인도와 같은 신흥경제들은 선진국의 농업관세 지원축소, 제조업 비상호주의, 그리고 자국 서비스 산업 보호를 주장했다. 미국과 EU는 주로 농업지원 관련 비관세 장벽 문제로 대립했다.[1] 비록 세관장벽(customs obstacles) 제거를 추구하는 '무역용이화 합의'(TFA: Trade Facilitation Agreement)가 2017년 1월 효력을 발생했지만, 그해 12월 제11차 MC에서 WTO는 다른 주요사안에서 만장일치 합의에 도달할 수 없었다. 지속적인 표류와 정체가 지속되는 가운데, 회원국들은 오히려 몇몇 이슈 타결을 위해 WTO 내의 개별적 소그룹 간 무역협상, 또는 그 기구 밖에서의 타협으로 대화와 협상의 장을 이전했다.[2] 예를 들어, 48개 회원국이 2014년 발효된 정부구매 합의(GPA: Government Procurement Agreement)를 새로 개정하고 더 많은 외국회사들에게 비국방 분야 시장접근을 허용했다. 일부 국가들은 2015년 개정된 1996년 '정보통신 기술 합의'(ITA: Information Technology Agreement)의 진행상황을 공동 모니터했다. 그 ITA 개정은 2022년까지 201개 상품에 대한 관세를 추가 제거하게 되어 있었다. 2019년 3월에는 80개 이상 국가가 전자상거래 관련 협상을 시작했고, 미국은 그 협상에서 데이터 흐름(flow)과 데이터 현지화(localization), 그리고 강제 기술이전 금지에 우선순위를 부여했다. 2020년 코비드-19 팬데믹이 세계경제를 강타하면서 WTO는 다른 국제경제기구들과의 협력을 추진했고, 6월로 예정된 제12차 카자흐스탄의 누르술탄 MC는 코비드-19 팬데믹(COVID-19 pandemic)으로 인해 2021년으로 연기됐으며, 회원국들은 합의증진, 조직운영 효율화를 위한 개혁방안을 모색했다.[3]

---

1) The Challenges to the World Trade Organization: It's All About Legitimacy, (May 2, 2013), www.brooking.edu
2) Cimino-Issacs, Fefer, Fergusson, <u>World Trade Organization: Overview</u>, (Updated August 21, 2020), p. summary.
3) Cathleen D. Cimino-Issacs, Rachel F. Fefer, Ian F. Fergusson, "The World Trade Organization," CRS In Focus, (Updated January 5, 2021), p. 2.

(2) WTO에 대한 트럼프 행정부의 불만

NAFTA, TPP에 대해 그랬던 것과 마찬가지로, 트럼프는 WTO에도 불만을 가졌다. 대선 후보시절 WTO를 '재앙'(disaster)이라고 부르면서, 그는 그로부터 철수하든지, 아니면 재협상해야 한다고 주장했다.[1] 취임 후 그는 계속해서 미국의 무역역조 시정에는 다자대화보다 양자대화가 더 효율적이라고 주장하면서, 미 행정부의 목표가 다자 무역체계를 시정하는 것이라고 말했다. 트럼프 행정부는 WTO의 제도로서의 무능, 무기력을 비판했다. 도하 라운드에서 나타났듯 WTO는 무역자유화를 증진시키는 데 한계가 있었고, 일부 갈등사안에 대한 회원국들의 합의를 도출해내지 못했다. WTO는 경제기구이기보다는 정치기구로 바뀌고, 그 속에서 몇몇 국가들은 파벌을 만들어 부당이익을 위한 불공정 관행을 마다하지 않는 것으로 보였다.

2018년 6~8월 트럼프 대통령은 언론 인터뷰에서 WTO가 미국을 제외한 모두에게 혜택을 주는 방식으로 미국에게 부당한 대우를 하고 있다고 주장하면서, 그 기구가 제대로 변신하지 않으면 그로부터 철수할 것이라고 위협했다. 미 무역대표부의 라이트하이저(Robert Lightheizer)는 WTO가 미국의 주권에 간섭한다고 말했다. 그 발언들은 개방적 무역체계를 지향하는 WTO와 미 행정부의 보호주의 무역정책 간의 커다란 시각차를 드러냈다. WTO가 자유무역화 협상의 포럼이고, 국가분쟁 해결을 포함해 국제무역 규정체계의 핵심인 반면, 트럼프 행정부는 '눈에는 눈, 이에는 이'(tit-for-tat) 방식의 접근법에 의존했다. 지난 25년 이상 평균 3.4% 관세를 적용하던 것으로부터, 트럼프 행정부는 미국으로 도입되는 여러 상품에 고율관세의 도입으로 이동했다.[2] 미국은 2천 5백억 달러 상당의 중국제품에 추가관세를 부과했고, 중국 상무부는 미국의 WTO 위반을 지적하면서 보복관세와 WTO 제소로 맞섰다. 트럼프는 또 비록 최근 미국이 WTO 제소에서 계속 승리한 것을 인정하면서도, WTO 분쟁해결(DS) 절차가 미국에 불리하게 작동한다고 주장했다. 미국은 최소한 3명이 요구되는 7명 DS 시스템의 판사임명을 막

1) 그는 또 미국 제조업체가 해외로 이전하고, 그곳에서 생산한 제품을 미국에서 판매하면 15~35%의 관세를 부과할 것이라고 강조했다.

2) Mark Linscott, "The Trump administration's plan to upend the WTO," The Atlantic Council, (June 18, 2020), www.atlanticcouncil.org

아 그 제도 판결능력을 마비시켰다.[1] 패널 판결 비율을 보면, WTO는 분명 미국에게 혜택을 주었다. 그러나 트럼프 행정부는 WTO가 미국에 유리하게 판결할 때 그 제도를 찬양하고, 그렇지 않을 때 그것을 비판했다. 10월에 WTO가 EU에 대한 보복관세를 승인했을 때 트럼프는 미국의 승리를 트위터로 알렸지만, 중국이 미국에 반대해 제소했을 때 WTO를 무시하고 베이징과 양자논의를 선택했다. 항소과정에 대한 미국의 타협거부로, WTO 내에서 무역위반이 견제되지 않을 것이라는 시나리오가 나타났다. 그것은 무법적 국제무역 창출의 잠재성을 갖는데, 그곳에서는 "강자는 할 수 있는 일을 하고, 약자는 해야만 하는 일을 한다"로 가는 것이었다.[2]

(3) WTO의 과제

WTO는 많은 도전에 직면해 있다. 각국 정부는 여러 이유로 국내산업에 양성, 음성적 지원을 제공하지만, 그것은 WTO 체제하에서 불공정 거래로 간주된다. 농업 지원 축소 문제는 수출지원의 점진적 제거를 포함해 (도하) 협상 어젠다 중 가장 해결하기 어려운 이슈 중 하나이다. 그 이유는 EU와 같은 선진경제뿐 아니라 세계 각국 정부가 그 지원중단으로 인해 국내적 정치압력에 직면할 것을 우려하기 때문이다. 정부의 기업지원에서 가장 큰 문제로 대두되는 것은 여러 나라 중에서도 특히 중국정부가 국영기업을 지원하는 것이다. 그러나 사회주의 시장경제를 옹호하고, 일대일로를 추진하는 베이징은 그로부터 물러서려는 의도가 없는 것으로 보인다. 개도국 위상 재평가도 중요한 이슈이다. 엄청난 경제력의 중국, 그리고 빠른 속도로 성장하고 신흥경제를 대표하는 브라질, 인도 같은 나라들은 개도국 지위를 활용해 훨씬 높은 관세와 해외시장에 대한 손쉬운 접근으로 자국산업 보호와 무역에서 부당한 이득을 취한다. 그 이유는 어느 나라든지 WTO에 합류할 때 개도국이라고 선언할 수 있는데, 그 나라에는 관세감축 시행에 더 오랜 시간과 해외시장에 대한 유리한 접근이 부여되기 때문이다. 그러나 그들이 그런 특별혜택을 포기시키려는 노력에 저항하면서, 개혁은 정체돼 있다. 분쟁해결(DS:

---

1) "Trump threatens to pull US out of World Trade Organization," (August 31, 2018), https://www.bbc.co⟩ news

2) Farah N. Jan and Megan Phansalkar, "Trump's War on the World Trade Organization," The Diplomat, (December 12, 2019), https://thediplomat.com⟩ 2019/12

dispute settlement) 체계 역시 도전에 처해 있다. 미국은 그 문제에서 강경한 입장을 취했는데, 트럼프 행정부는 7명으로 구성된 항소기구(AB: Appellate Body)의 재판관(panelists) 임명을 거부했다. 2019년 12월 남아있는 3명 재판관 중 2명이 퇴임하면서 그 조직은 무력화됐다. AB가 없이 WTO의 기능은 부분적으로 마비되어 있는데, 왜냐하면 아직 1차 판결은 가능하지만 항소가 불가능한 상태에서 어느 나라든 WTO 제재에 대한 우려 없이 보복조치를 시행할 수 있기 때문이다. 트럼프 행정부는 또 항소기구 예산지원 중단을 암시하고, 2021년 WTO 사무총장 선거에서 승리한 나이지리아 오콘조-이웨알라(Ngozi Okonjo-Iweala)에 대한 지지를 거부했다.[1]

WTO는 일반적으로 중국의 약탈적 정책을 규제하지 못하는 것을 포함해 무역거래 협상에서 취약한 기록을 갖고 있고, 도하발전 어젠다의 성과는 TFA를 제외하면 사실상 실패에 가까웠다. 그럼에도 불구하고 트럼프 행정부 출범 이후 세계 곳곳에서 미국의 일방주의(unilateral) 행동에 대한 우려의 목소리가 높았다. 많은 나라들은 워싱턴의 행동을 독단적 과세, 미국의 지배, 미국만의 규칙에 의한 행위로 인식했다. 세계무역의 대부분이 WTO 규정에 맞춰 진행되는 상황에서, 트럼프의 보호주의는 그 제도에 대한 체계적 위협으로 간주됐다. 트럼프 행정부는 미국이 창설한 제도를 스스로 파괴하는 길을 갔다. 국제무역 질서의 약화는 무역위반으로 귀결될 것이고, 국가들은 각자의 이익을 보호하도록 강요될 것이었다.[2] 다수의 전문가들은 미국이 WTO의 원칙과 신뢰훼손을 마다하고 새로운 고율관세를 부과하고 그에 대항해 상대 국가들이 보복관세로 맞서면서, 세계가 더 큰 무역분쟁, 무역전쟁으로 나아갈 것이고, 그것은 결국 미국이 주도하는 세계경제 질서, 그리고 거시적 차원의 안보질서 잠식으로 이어질 것으로 우려했다. 미국 이외의 다른 나라들도 WTO가 개혁을 필요로 한다는 것을 인정했다. 그렇지만 그들은 미국의 고관세 부과로 인한 자유무역 침체, 그리고 DS 체제 마비로 인한 WTO의 기능상실에 반대했다. EU는 미국을 WTO의 포기가 아닌 제도개정의 옹호로 유도했고, 유럽의회 무역위원회 위원장 베른트 랑게(Bernd Lange)는 WTO 체제 개편방안을 제안할 것이라고 말했다. 유럽집행위원회 위원장 우르술라 폰데어 라이

---

1) Cimino-Issacs, "WTO: U.S. Participation," (July 31, 2018), p. 2.

2) Jan and Phansalkar, "Trump's War," (December 12, 2019), https://thediplomat.com〉 2019/12

엔(Ursula von der Leyen)은 EU가 WTO 개혁에 공헌하기 원한다고 말하면서, WTO 항소기구가 마비된 동안 무역분쟁 조정을 위한 과도기 중재시스템을 설립했다. 그렇지만 그 어느 것도 WTO 회원국의 완전한 지지를 얻지는 못했다.[1]

(4) 미래 정책방향

실제 미 행정부 내에서 모두 대통령의 인식을 지지한 것은 아니다. 2018년 여름 언론이 트럼프 대통령이 미국을 WTO로부터 철수시킬 것을 고려하고 있다고 보도했을 때, 전 포드, 카터 행정부에서 고위 경제자문으로 활동했던 WTO 사무차장(Alan Wolff)은 미국이 그 기구 내에서 논의되는 거의 모든 사안에 깊이 개입해 있다고 말했다.[2] 보호무역 전도사로 알려진 USTR의 라이트하이저 역시 비록 WTO를 비난했지만, 미국이 WTO로부터 유래하는 이익을 멀리할 수 없음을 시인했다. WTO에서 미국이 많이 좌절하지만, 그것은 미국만이 아니라 다른 여러 나라도 경험하는 공통적 현실이었다. WTO 제도가 합의가 어려운 가장 근본적 이유는 그것이 만장일치로 채택되어야 하는 상황에서, 어느 나라든지 어떤 이유로든 그 합의를 방해할 수 있기 때문이었다. 그러나 국제정치의 냉혹한 현실에서 만장일치의 대원칙을 바꾸는 데는 큰 한계가 존재한다. 그 사이 WTO 제도 내에서 각국은 경제이익 최대화를 위해 서로 경쟁할 것이다.[3]

미국은 WTO에서 탈퇴하지 말아야 한다. 미국은 지난 오랜 기간 GATT와 WTO로 인해 상대방과 최대한 낮은 관세 및 비관세 장벽, MFN, 국가적 대우의 조건으로 상품과 서비스를 판매하고, 정부지원, 지적재산권 침해 등 수많은 관심 사안의 해결을 도모할 수 있었다. 만약 미국이 그 기구로부터 철수하면, 그 모든 혜택은 사라질 것이다. 세계 여러 나라가 WTO의 유리한 조건에서 무역에 개입할 때 미국은 그 모든 절차에서 배제되고, 고립된 미국경제는 상상할 수 없는 위

---

1) Bryce Baschuk, "Why the WTO Has Been Caught in Trade−War Crossfire," (September 24, 2020), https://www.bloomberg.com〉 articles

2) Vicki Needham, "Trump suggest leaving WTO over import tax proposal," The Hill, (July 24, 2016); Alan Wm Wolff, World Trade Organization: Profile and Biography..., https://www.bloomberg.com〉 person

3) Baschuk, "Why the WTO," (September 24, 2020), https://www.bloomberg.com〉 articles

험에 처할 것이다. WTO 하에서 미국은 중국시장에 평균관세가 17.1%에서 6.3%로 낮아진 상태로 접근할 수 있었다. 그러나 그 기구의 회원자격이 상실될 경우, 무역의 60%를 FTA가 체결되지 않은 나라와 시행하는 미국은 그 상품과 서비스 수출을 위한 시장을 찾는 능력에서 극히 제한될 것이다. 분쟁해결 절차도 마찬가지이다. 트럼프 행정부는 미국의 주권이 침해된다고 말하지만, 실제 미국이 그 제도로부터 불이익을 본 것은 아니다. 2018년 중반까지 미국은 122개 분쟁에 관해 WTO에 제소하고 다른 나라들은 미국에 대해 147개를 제소했는데, 미국의 승소율은 상대적으로 높았다. WTO에 따르면 미국의 무역 보호조치(trade remedies)는 많은 경우 규정위반이었는데, 그에 따라 상대방이 보복을 할 권리를 행사했을 뿐이다. WTO의 분쟁해결 절차 밖에서 워싱턴이 미국이 원하는 무역정책을 시행할 경우, 그것은 EU, 중국, 일본을 포함해 FTA가 체결되지 않은 전 세계 수많은 국가의 무제한적 보복에 직면할 것이다.[1]

오늘날 미국이 대외무역에서 큰 적자를 내는 이유는 국내의 높은 임금으로 인한 생산성 부족, 투자와 예금의 차이, 소비수준, 그리고 미국정부의 거시 경제 정책 등 여러 요인에서 유래한다. 그리고 미국의 달러가 기축통화로 존재하는 한, 무역적자를 운영할 능력은 충분하다. 그러는 사이 미국은 타협을 통해 WTO의 문제점을 조정, 해결하고, 국내산업 및 노동 경쟁력을 강화해 가면서 세계경제 리더로서의 지위 유지에 최선의 노력을 다해야 한다. WTO 과정이 신속하게 움직인 적은 거의 없다. 바이든 대통령은 취임 전 당선자 시절 WTO에 대한 구체적 계획은 드러내지 않았지만, 그 제도에 대한 지지를 표시하면서 동맹국들과의 협력을 통한 문제해결을 옹호했다. 바이든 하에서도 WTO 내 중국의 불공정 행동을 포함해 수많은 긴장이 사라지리라고 기대하는 사람은 없지만, 그의 자문역들은 그가 훼손된 경제관계를 복원하기 위해 동맹과 함께 일할 것이라고 말했다.[2]

---

1) Cimino-Issacs, "WTO: U.S. Participation," (July 31, 2018), p. 2.
2) Linscott, "The Trump administration's plan," (June 18, 2020), www.atlanticcouncil.org

4 미·중 무역

트럼프 행정부에게는 전반적인 국제경제 제도뿐 아니라 개별국가와의 양자 무역 관계도 중요한 관심대상이었다. 미국은 NAFTA 개정 이전의 캐나다와 멕시코, 그리고 EU 수입품에 고율관세를 부과했고, 다른 나라들은 보복관세로 대항했다. 캐나다는 126억 달러 상당의 미국상품, 멕시코는 미국의 철강, 식료품에 25% 관세를 부과했고, EU는 28억 달러 상당 미국제품에 25% 관세로 대응했다. 터키는 미국이 자국 철강, 알루미늄에 2배 관세를 증대시킨 것에 대항해 미국상품에 대한 관세율을 3배로 높였다. 미국은 일본이 미국제품에 더 우호적으로 시장을 개방할 것을 요구했지만, 도쿄의 대응은 미온적이었다.[1] 트럼프는 무엇보다도 중국과의 무역역조 시정을 원했는데, 그 이유는 그것이 (뒤에 있는) Table 1, 2에 나타나듯 (상품과 서비스를 포함하는) 미국 전체 대외무역 적자의 거의 절반을 차지했기 때문이다. 미국이 서비스 무역에서는 대부분의 나라에서 흑자를 유지하는 것에 비추어, 미·중 무역에서도 특히 상품무역 적자가 가장 큰 문제였다. 2016년 트럼프 취임 한해 전 미국의 중국과의 상품무역 적자는 3,468억 달러였는데, 그 당시, 또 그 이후에도 계속해서 그는 그것이 베이징 정부의 부당 기업지원, 환율조작, 지적재산권 침해, 테크놀로지 강제이전을 포함하는 불공정 무역, 경제관행의 결과라고 주장했다.[2]

2018년 베이징과 무역전쟁을 시작하면서, 3월 미 무역대표부(USTR: US Trade Representative)는 중국의 무역 및 경제관행에 대한 조사를 시행하고, 베이징 당국이 강제 기술이전, 미국자산의 전략적 획득, 차별적 면허, 사이버를 활용한 미국 지적재산과 무역기밀 절도, 그리고 정부의 국영기업 지원을 포함하는 불공정 경제에 개입했다는 결과를 발표했다. 그에 따라 워싱턴은 국가안보 명목으로 중국으로부터의 최소 500억 달러 상당의 철강, 알루미늄 수입에 25% 관세를

---

[1] Daniele Palumbo & Ana Nicolaci da Costa, "Trade war: US—China trade battle in charts," (May 10, 2019), www.bbc.com
[2] 캠페인에서 그는 중국에 45%의 관세를 부과할 것이라고 말했는데, 만약 그대로 시행되면 그것은 소비재 가격 10% 인상으로 이어지는 조치였다. Will Kimball and Robert E. Scott, "China Trade, Outsourcing and Jobs," Economic Policy Institute, (December 11, 2014), www.epi.org

부과하고, 그 이후 의류, 신발, 전자제품에도 일부 관세를 부과하면서 중국의 대
미투자를 제한했다. 트럼프 행정부의 주장이 전혀 근거가 없는 것은 아니었다. 이
미 오바마 행정부 시기 미·중 전략경제 대화 역시 상당 수준 중국의 불공정 무역
시정을 겨냥했지만, 베이징은 다양한 변명으로 워싱턴의 비난을 피하면서 그 관
행을 유지해 나갔다. 중국의 규제적 무역관행은 국영기업 보호 목적의 외국상품
및 서비스에 대한 장벽, 투명성 부족, 수입을 위한 특별허가 요건, 법과 규정의
자의적 적용, 그리고 강제 기술이전을 포함했지만, 그 불공정 관행의 시정이 매우
느렸을 뿐이다. 한편, 미국의 강경책에 자극받은 중국은 30억 달러 상당의 미국
수입품에 15~25% 관세 인상으로 보복했고, WTO에 미국이 불공정 무역을 자행
한다고 제소하면서 양측 간에 새롭게 전개되는 경제전쟁에 대한 우려를 표시했
다. 미국 역시 WTO에 맞제소했다. 7월에 이르러 미·중 무역전쟁은 본격적으로
악화됐다. 중국이 국영기업 지원, 환율인하, 미국기업의 중국 내 시장접근 방해를
포함해 다양한 방식으로 미국의 경제이익을 착취한다고 강조하면서, 트럼프 행정
부는 340억 달러 중국제품에 새로운 관세를 부과했다. 중국의 산업, 수송 관련
800개 이상의 제품이 그 조치에 포함됐고, TV와 의료기구는 25% 관세의 대상이
됐다. 중국의 반응은 워싱턴의 조치에 대한 맞대응으로 나타났다. 미국의 정책을
경제적 횡포(bully)로 규정하고, 그것이 지구적 무역체계의 혼란을 유도할 것이라
고 비난하면서, 베이징은 동일한 규모의 340억 달러 상당의 우육, 낙농품, 해산물
같은 500 종류 이상 미국 1차 상품에 보복관세를 부과했다. 7~9월 기간 미국은
모두 세 차례에 걸쳐 중국으로부터 수입되는 5,390억 달러 상품 중 2,500억 달러
에 10~25% 관세를 부과했고, 중국은 미국으로부터 수입하는 1,200억 달러 중
1,100억 달러 상품에 5~25% 관세 인상으로 보복했다.[1]

2019년 5월 미·중 협상이 결렬된 이후 6월, 미국은 추가로 거의 나머지 모
든 중국으로부터의 수입인 2,000억 달러 상당 중국 상품에 25%, 그리고 9월
1,000억 달러 제품에 10% 관세를 부과했다. 그에 대한 맞대응으로, 중국은 9월
과 12월 두 차례에 걸쳐 750억 달러 미국제품에 5~10% 관세로 보복하고, 미국

1) 중국 정부는 트럼프 행정부가 민족주의적 보호주의 정책을 시행한다고 비난했다. Timeline:
U.S. Relations With China 1949－2020, www.cfr.org〉 timeline〉 us－relation...; Kinling
Lo, "China doesn't want to supplant the US, but it will keep growing, Beijing says,"
South China Morning Post, (September 27, 2019)

농산물 구매를 유예했다.[1] 베이징은 또 관세전쟁에서 다른 상쇄수단으로 위안화를 12% 평가절하 해 11년 만에 환율 최저치를 갱신했다.[2] 미국의 중국제품에 대한 관세는 2017년 평균 3.1%에서 2019년 여름까지 평균 24.3%로 상승했다. 중국의 관세는 2018년 모든 국가에 대해 8%로 통일되어 있었는데, 그것은 2019년 6월까지 미국 상품에는 20.7%로 증가하고 다른 나라들에게는 오히려 6.7%로 감소했다. 중국의 차등적 관세적용은 미국에 대한 고관세로 인한 무역의 약점을 다른 나라에서 보완하려는 의도에서 비롯됐다. 그 이후 2020년 1월 미·중 제1단계 무역협상이 타결되면서, 미국은 1,200억 달러 중국제품에 대한 관세를 15%에서 7.5%로 낮추고 추가 1,600억 달러에 대한 관세유예를 약속했으며, 중국은 향후 2년간 미국 상품과 서비스의 2천억 달러 구매, 750억 달러 미국제품에 대한 관세축소, 지적재산권 강화, 렌민비의 지나친 평가절하 자제, 그리고 중국 재정시장의 추가개방을 약속했다. 일단 미·중 무역전쟁이 휴전상태에 들어가면서 미국은 2020년 대선 이후 제2단계 무역협상에서 또 다른 추가사안을 논의할 것이라고 말했지만, 트럼프의 대선패배로 그 이슈는 일단 종결됐다.[3] 그래도 바이든 행정부에서도 미·중 무역전쟁은 지속될 수 있을 것으로 예상됐는데, 왜냐하면 그는 그 당시 시행 중인 대중국 관세를 종식시킬 계획을 갖고 있지 않은 것으로 알려졌기 때문이었다.[4]

트럼프 집권기 미국의 상품, 서비스를 모두 포함하는 전체 무역적자, 그리고 특히 대중국 상품무역 적자는 과연 축소됐을까? 전 세계를 대상으로 하는 상품무역 적자 축소는 트럼프가 공언한 목표 중 하나였지만, 실제 결과는 그의 기대와는 거리가 멀었다. 2017~2018년 미국의 무역적자는 그 이전 몇 년에 비해 계속 증

---

[1] Susan V. Lawrence, Caitlin Campbell, Rachel F. Fefer, Jane A. Leggett, Thomas Lum, Michael F. Martin, Andres B. Schwarzenberg, U.S.—China Relations, CRS Report, R45898, (August 29, 2019), pp. 19—20.

[2] 2019년 8월 미국은 중국을 통화조작국으로 지정했지만, 2020년 1월 제1단계 미·중 무역협상 타결 시 그 지정을 철회했다. "China's Currency Falls To Lowest Exchange Rate in 11 Years," (August 5, 2019), www.npr.org; "A quick guide to the US—China trade war," (January 16, 2020), www.bbc.com

[3] "What's in the U.S.—China Phase I deal," (January 15, 2020), www.reuters.com

[4] Joe McDonald and Paul Wiseman, "Under Biden, China faces renewed trade pressure," AP News, (January 26, 2021), www.apnews.com

가했다. 오히려 그것은 그의 취임 이전 3년 동안 한 자리 숫자로 증가했던 것과는 달리, 두 자리 숫자 증가를 기록했다. 구체적으로 2017년 상품과 서비스를 포함한 전체 무역적자는 5,500억 달러로, 그것은 2016년에 비해 10% 증가한 수치였다. 그 중에서 상품적자는 7,353억 달러에서 7,924억 달러로 7~8% 증가했다. 2018년 상품 및 서비스 적자는 6,280억 달러로 2017년에 비해 13%가 증가했다. 그 중에서 상품무역 적자는 그 전해에 비해 10% 증가한 8,720억 달러였고, 전체 적자와의 차액은 늘 그렇듯이 미국의 서비스 흑자에 의해 감소됐다. 트럼프는 평상시 서비스를 제외한 상품무역을 주로 중시했는데, 그가 특히 주목하는 대중국 상품무역의 현실은 어땠을까? 그 역시 부정적이었다. 2017년 미국의 대중국 상품 무역 적자는 3,752억 달러였고, 2018년 그것은 2017년 대비 12% 증가한 4,190억 달러로 오히려 규모가 더 확대됐다.[1]

한편, 2019년에는 상품 및 서비스를 포함하는 전반적인 무역적자가 2018년에 비해 소량 감소했다. 그해 미국의 무역적자는 서비스 무역이 2,498억 달러에 달하면서 6,164억 달러를 기록했는데, 상품무역 적자는 8,543억 달러였다. 특히 대중국 상품무역 적자는 3,452억 달러로 그 전해에 비해 738억 달러 감소했다.[2] 그러나 그것은 미국이 중국으로부터의 수입을 줄이고 그 대신 수입원천을 멕시코, EU, 동남아로 바꾼 결과인데, 흥미로운 것은 미국의 멕시코, EU에 대한 무역 적자가 각각 1,018억 달러, 1,779억 달러로 사상 최대치를 기록한 것이다.[3] 그것은 미국의 대중국 무역적자 축소가 결과적으로 미국의 무역적자 축소에 기여하지

---

1) "Trade Balance: Goods and Services, Balance of Payments Basis *－1－FRED－St.Louis Fed," https://fred.stlouisfed.org/BOPGSTB, (November 22, 2020)

2) 2019년 미국의 상품무역은 규모면에서 EU, 멕시코, 캐나다, 중국 순이었다. 미국의 최대 수출국은 캐나다(2,933억 달러), EU(2,689억 달러), 멕시코, 캐나다 순이었고, 미국의 최대 수입국은 EU(4,536억 달러, 18.01%), 중국(4,527억 달러, 18.0%), 멕시코, 캐나다 순이었다. 그 결과 미국의 상품무역 적자는 중국과 최대치 3,455억 달러, 그리고 그 다음이 EU 1,846억 달러, 멕시코 1,076억 달러, 일본 702억 달러를 기록했다. Andres B. Schwarzenberg, "U.S. Trade: Recent Trends and Development," CRS IN Focus, (Updated April 20, 2020), pp. 1－2.

3) 미국의 멕시코 무역적자는 트럼프 취임 이후 한해도 거르지 않고 증가했다. 그것은 2017년 691억 달러, 2018년 783억 달러, 2019년 1,018억 달러, 2020년 1,127억 달러를 기록했다. Foreign Trade－U.S. Trade with Mexico－Census Bureau, https://www.census.gov〉 balance

표 1 2019년 미국 무역

	미국 달러(10억 달러)
전체 수출	2,498.0
상품 수출	1,652.8
서비스 수출	845.2
전체 수입	3,114.5
상품 수입	2,519.0
서비스 수입	595.4
전체 수지(적자)	-616.4
상품 수지(적자)	-866.2
서비스 수지(흑자)	249.8

자료: Bureau of Economic Analysis (April 20, 2020)

표 2 2019년 미국 상품 및 서비스 무역(단위 10억 달러)

	전체무역	수출	수입	무역수지
European Union*	1,060.9	459.8	601.1	-141.3
Germany	258.5	96.1	162.4	-66.2
France	136.5	59.6	77.0	-17.4
Canada	721.3	358.0	363.3	-5.3
Mexico	682.5	290.7	391.8	-101.1
China	635.3	163.8	471.4	-307.6
Japan	305.5	124.0	181.5	-57.5
United Kingdom	270.4	144.3	126.1	18.2
South Korea	172.0	81.0	90.9	-9.9
India	149.0	61.0	88.1	-27.1
Taiwan	104.7	42.3	62.4	-20.1
Rest of the World	1,510.8	773.0	737.8	35.2

Note* 27개 회원국 모두 포함
자료: Bureau of Economic Analysis (April 20, 2020)

못했고, 트럼프 행정부의 전체적인 무역적자 축소 노력이 성공하지 못했음을 의미했다.[1] 트럼프 행정부의 임기가 끝나가고 코비드-19 팬데믹의 영향을 받은

---

1) 2019년 트럼프 행정부의 대중국 상품무역 실적은 미국 무역정책의 성공보다는 무역규모
   가 880억 달러 축소된 결과였다. "Trade in Goods with China," US Census Bureau,

2020년의 무역수지 실적은 어땠을까? 안타깝게도 2020년 미국의 전체 무역적자는 그 전해에 비해 626억 달러 증가한 6,790억 달러였고, 상품무역 적자는 역대 최고치인 9,160억 달러를 기록했다.[1] 대중국 상품무역 적자는 2019년보다 약간 감소한 3,108억 달러였는데, 그것 역시 그해 1월 양국의 무역합의에 비추어 좋은 실적은 아니었다.[2]

　　트럼프의 무역정책에서 외국상품에 대한 고율관세 부과를 무역역조를 반전시키는 핵심 정책수단으로 사용한 것은 많은 논란을 불러일으켰다. 집권 첫해 2017년 미국은 지난 3년과 동일한 수준에서 외국상품에 관세를 부과했고, 그로 인한 관세수입은 346억 달러였다. 그러나 2018년부터 트럼프의 구상대로 더 높은 세율의 관세를 적용하면서 관세수입 액수가 점차 증가했고, 그것은 2018년 413억 달러, 2019년 708억 달러에 달했다. 그러나 2019년에 이르러 전문가들은 다음과 같이 관세인상의 문제점을 지적했다. 2018년 관세가 증가하면서 외국의 보복이 시작됐다. 2019년의 경우 미국으로의 모든 수입품의 12%가 인상된 관세의 영향을 받고, 모든 미국수출의 5%가 외국으로부터의 보복관세 대상이 됐다. 그러나 상호 보복적 관세인상의 악순환은 전반적인 미국 상품무역 수지에 아무 긍정적 변화를 만들어내지 못했다. 비록 미·중 무역량 감소라는 부정적 현상의 여파로 2018~2019년 대중국 무역적자가 미량 감소한 것을 긍정적으로 계산한다 할지라도, 동기간 멕시코, EU, 베트남을 포함해 다른 나라와의 미국 무역적자는 45% 이상 증가했다. 미국의 관세인상은 무역적자 국가 구성에서의 변화 이외에는 다른 기여를 찾아보기 어려웠다.[3]

　　관세인상이 국내경제에 미치는 부정적 영향에 관한 지적도 뒤따랐다. '뉴욕 연방준비제도'(Federal Reserve Bank of New York)를 포함하는 전문 경제기관들은

　　Foreign Trade Division, (September 31, 2020), www.census.gov

1) Doug Palmer, "America's trade gap soared under Trump, final figures show," Politico, (February 5, 2021)

2) 중국은 2021년까지 미국 상품을 추가 2천억 달러 구매할 것에 합의했지만, 그 약속보다는 훨씬 적은 양을 구매했다.

3) Brock R. Williams, Trump Administration Tariff Actions: Frequently Asked Questions, CRS Report R45529, (Updated December 15, 2020), p. summary.

관세인상이 트럼프의 계획대로 지속될 경우 제품과 서비스 가격인상으로 인해
중, 하위계층을 위한 세금감면 혜택의 대부분이 상쇄되고, 소비가 줄어들어 경제
성장이 둔화되는 역효과를 가져올 것이라고 경고했다. "모든 납세자에게 소득의
90%까지 트럼프가 주장하는 세금감면의 혜택이 사라질 것이다. 그 관세로 인해
현재 평균가계에 연간 415달러의 비용이 발생하는데, 그것은 더 증가해 839달러
까지의 손해를 발생시킬 것이다."[1] 실제 수많은 농산물 산업이 피해를 봤는데,
그것은 관세율 증가를 동반한 중국 및 기타 여러 나라와의 무역전쟁으로 인해 그
들의 수출이 크게 감소했기 때문이다. 또 트럼프 시기 2009년 오바마가 자동차
산업 구제금융으로 지출한 120억 달러의 두 배가 넘는 280억 달러가 농산물 지
원을 위해 제공됐지만, 그 혜택은 개인사업자보다는 대부분 대기업으로 돌아갔
다.[2] 사실상, 상향된 관세로 인해 중간재, 자본재 수입과 관련한 비용이 증가해
기업의 어려움이 가중되고, 그 비용은 모두 결국 소비자에게로 전가됐다. 대부분
의 경제 전문가들은 관세인상이 미국 경제 전반에 부정적 영향을 미쳤다는 것에
동의했다. 2020년 1월 미 '의회예산처'(CBO: Congressional Budget Office)는 다음
과 같이 결론 내렸다. 트럼프 행정부의 관세인상으로 소비재, 자본재가 더 비싸지
고, 투자가 둔화, 축소되면서 사업의 불확실성이 증대했다. 외국의 관세보복으로
인해 미국수출이 축소되고, 2020년(코비드-19 팬데믹의 여파를 고려하지 않은 상태에
서) 미국의 실질 GDP가 약 0.5% 감소하고 소비자 가격이 0.5% 상승했으며, 평
균 실질 가계소득이 1,277달러 축소됐다.[3] 더 나아가 많은 전문가들은 미·중 양
자무역 적자에서 통계에 지나치게 집착하는 것이 문제라고 지적했다. 그들은 다
국적 기업들이 지구적 공급체인에 더 많이 의존하는 상황에서, 한 나라에서 개발,
생산되는 생산품이 다른 나라에서 제조, 조립되고, 따라서 여러 해외원천에서 수
입된 요소들이 수출될 수 있다는 점을 강조했다. 그것은 미국의 무역데이터가 각
국에서 추가된 부가가치를 충분히 반영하지 못하고, 지구적 무역에서 생겨나는

---

1) Mary Amiti, Stephen J. Redding, and David E. Weinstein, "New China Tariffs Increase
   Costs to U.S. Household—Liberty Street Economics,"(May 23, 2019), www.newyorkfed.org
2) 농민들은 대체로 트럼프 지지자였지만, 그들은 트럼프 주장의 타당성을 인정하지 않았다.
   "Trump's $28 Billion Bet That Rural America Will Stick With Him," (September 19,
   2019), www.bloomberg.com
3) "The Budget and Economic Outlook: 2020 to 2030,"(January 28, 2020—),
   www.cbo.gov; Williams, <u>Trump Administration Tariff</u>, (Updated December 15, 2020),
   p. summary.

각국의 손익을 정확히 반영하지 못한다는 의미였다. 전문가들은 대체로 미국 무역적자의 전체규모는 미국의 거시 경제정책, 그리고 해외 무역장벽보다는 국내경제에서 예금과 투자 사이의 불균형에서 유래한다고 지적했다.[1]

---

1) Lawrence, Campbell, Fefer, Leggett, Lum, Martin, Schwarzenberg, U.S. — China Relations, (August 29, 2019), pp. 20 — 21.

Chapter 05

국제기구 및 다자제도

NAFTA, TPP, WTO에 반감을 가졌듯이 트럼프 대통령은 일찍부터 여러 대표적 국제제도에 대해 부정적 의견을 표시했고, 그런 그의 인식은 점차 미 행정부 정책에 반영됐다. 대선후보 시절 그는 전 세계 국가들의 중요한 대화포럼이며 지구적 차원 문제 해결의 일차적 기구인 유엔(UN: United Nations)의 효용성을 의문시했다. 유엔은 미국과 이스라엘을 포함해 미 동맹의 이익을 증진시키지 못하고, 아무 문제도 해결하지 못하며, 오히려 재원만 낭비하는 무력한 기구로 묘사됐다.[1] 그는 유럽연합(EU: European Union)과 나토(NATO: North Atlantic Organization)에 대해서도 거의 쓰레기(trash) 취급하듯 비슷하게 폄하했다. EU는 미국을 경제적으로 착취하기 위해 만들어진 초국가 기구로, 또 나토는 미국의 군사력과 경제력에 의존해 무임승차하는 조직으로 간주됐다. 트럼프 대통령과 그의 일부 행정부 관리들이 EU와의 관계와 나토의 전략적 가치에 의문을 제기하면서, 대서양 관계는 심각한 도전에 직면했다. 유럽을 포함해 자유주의 세계는 트럼프의 국제제도 인식을 우려했다. 그들은 처음에는 그것이 행동보다는 공격적 언어에 국한된 것이고, 대통령을 둘러싼 광범위한 경험과 깊은 지식을 가진 안보, 경제참모들에 의해 완화될 것으로 보았다. 트럼프 취임 첫해 미 동맹의 불안은 상대적으로 덜했다. 그러나 트럼프의 다자제도에 대한 부정적 인식은 시간이 가면서 더 심해졌고, 그것은 그의 집권기간 4년에 걸쳐 두려운 현실로 나타났다.[2]

---

1) Paul Singer, "Trump blasts U.N. at AIPAC, but he used to be a very big fan of the group," (March 21, 2016), www.usatoday.com

2) Josh Rogin, "Trump is trying to destabilize the European Union," Opinion/

    2017년 1월 취임 직후 트럼프 대통령은 12개 태평양 연안 국가가 결성한 TPP를 아주 '나쁜 협상'(very bad deal)이라고 부르면서 그로부터 미국을 철수시켰다. 미국이 잔류할 경우 그 경제제도는 지구적 GDP의 40%를 대표할 것이었다. 그해 6월에는 196개국이 서명한 '파리 기후합의'(Paris Climate Agreement)로부터 그것이 공정하지 않다는 이유로 철수했다. 그 제도는 장기적으로 지구온도 상승을 산업화 이전 수준에서 2도 이내로, 그리고 이상적으로는 1.5도 이내로 유지하는 목표를 표방했다. 그 행위는 과거 조지 W. 부시 행정부의 교토협약(KP: Kyoto Protocol) 탈퇴를 상기시켰다. 세계 여러 나라와 환경단체들은 미국의 공화당 정부가 기업 이익만을 생각하고 인류공동체를 위한 이슈에는 지나치게 무관심한 정부라고 비난했다. 북극의 얼음이 놀랍도록 빠르게 녹아내리고 지구 온도가 1도 상승할 때 해수면이 6미터 상승하는 현실에 비추어, 세계로부터의 비난이 근거가 없는 것은 아니었다.[1] 2018년 5월에는 미국은 JCPOA에서 탈퇴했다. 트럼프 자신은 '최대압력'이 더 나은 결과를 가져올 것이라고 말했지만, 이란 대통령 로하니는 워싱턴이 먼저 제재를 해제하지 않는 한 대화는 없다고 말했다. 그 조치는 이란 강경파의 입장만을 강화시켜 주었고, 다자제재가 독자제재보다 더 큰 효과를 가져 온다는 단순한 진실을 망각했다는 비난을 받았다. 2019년 2월에는 중

Trump hates the international organizations that are..., (June 29, 2018), https//www.washingtonpost.com〉 ...

1) 오바마 행정부에서 운영예산국(OMB) 부국장으로 재직하고 현 바이든 행정부에서 국가경제위원회(NEC: National Economic Council) 위원장으로 재직하는 Brian Deese는 트럼프의 파리 기후협약 탈퇴에 대해 다음과 같이 비판했다. 세계는 오래전부터 기후변화에서 유래하는 위협을 인지했다. 그럼에도 한동안 기후변화 관련 집단행동은 어려웠는데, 그것은 그에 소비되는 거대한 비용으로 인한 경제, 정치적 장애 때문이었다. 부시 행정부가 미국 화석연료 산업에 손해라는 이유로 교토협약에서 탈퇴한 것이 하나의 사례이다. 그렇지만 재생가능 에너지 가격이 급속히 축소되고 에너지 소비 효율성이 증대되면서, 세계는 경제성장과 온실가스 방출 증가가 불가분이 아니라는 것을 알게 됐다. 실제 2008~2016년 미국경제가 12% 성장하는 동안 에너지 생산으로 인한 탄소배출은 11% 감소했다. 2016년은 세계경제의 성장에도 불구하고, 지구적 탄소배출이 3년 연속 감소한 해였다. 그러나 트럼프 행정부는 그로부터 탈퇴하면서 미국 석탄산업의 복귀를 약속했다. 이제 그 합의는 위기에 처해 있지만, EU, 일본, 중국을 포함해 195개국이 참여하는 그 협약은 살아남을 것이다. "기후변화에 대한 워싱턴의 무행동(inaction)은 미국에게 커다란 경제, 외교 고통을 주고, 지구를 구하기 위한 경쟁에서 값비싼 시간을 낭비하게 만들 것이다. 그 협상에 계속 남아있는 것이 그 폐해를 완화하고 미국의 이익에 부합하지만, 워싱턴이 달리 행동하면 그것은 미국과 세계에 상처만을 줄 것이다." Brian Deese, "Paris Isn't Burning (Why the Climate Agreement Will Survive Trump)," Foreign Affairs, Vol. 96, No. 4 (July/August 2017), pp. 83－92.

거리핵전력 조약(INF: Intermediate−range Nuclear Forces) 6개월 유예를 선언하고, 그해 8월 공식 탈퇴했다. 그것은 러시아가 INF 협정을 어기고 계속 중거리 핵미사일을 개발, 배치하는 것에 대한 대응이었지만, 결과적으로 WMD 비확산에 도움이 되지 않으며 새로운 군비경쟁을 촉발할 수 있는 조치였다. 2020년 11월 미국은 러시아의 협정 미준수를 이유로 '영공개방협정'(Open Skies Treaty)에서 탈퇴했다. 그것은 1992년 3월 서명되고 2002년 1월 효력을 발생한 협정으로, 30개 이상 참여국 전체 영토에서 가입국의 비무장 공중정찰을 허용하는 조약이었다. 그 주요목표는 상호 군사투명성 제고를 통한 긴장완화였다. EU의 반대에도 불구하고 미국은 철수를 강행했고, 러시아는 협정을 어긴 적이 없다고 말하면서 미국 탈퇴를 이유로 2021년 1월 그 조약에서 철수했다.[1] 2021년 5월 바이든 행정부는 영공개방협정에 재가입할 의사가 없다고 선언했다.[2] 그 밖에도 트럼프 행정부는 수많은 유엔 산하기구에서 철수하거나 또는 자금지원을 중단했다. 유네스코(UNESCO: United Nations Educational, Scientific and Cultural Organization, 2017. 10), 유엔 지구적 이주협정(UN Global Compact for Migration, 2017. 12), 유엔인권이사회(UNHRC: UN Human Rights Council, 2018. 6), 유엔난민구호사업(UNRWA: UN Relief and Works Agency, 2018. 8), 세계보건기구(WHO: World Health Organization, 2020. 5)가 그런 기구들이었다. 그의 무차별적 행동은 수많은 나라들로부터 미국의 지구적 리더십에 대한 엄청난 반발을 야기했다.[3]

1 국제연합

유엔은 제2차 세계대전 중 미국 프랭클린 루스벨트 대통령의 제안을 영국의 처칠과 소련의 스탈린이 수용하면서 1945년 10월 창설됐다. 그 가장 중요한 목적은 제2차 세계대전의 참화에 비추어 헌장 제1장에 명기됐듯, '국제평화와 안보'의

---

1) Vladimir Ischenkov, "Russia says US leaving Open Skies Treaty will hurt security," Military Times, (May 26, 2020)

2) Open Skies Treaty: US tells Russia it will not rejoin key arms control deal..., (May 28, 2021), https://www.bbc.com〉 news

3) Srijan Shukla, "Paris deal to WHO, the 11 Organizations Donald Trump's US has pulled out of, weakened," (May 30, 2020), https://theprint.in〉 world〉 pari...

유지였다. 그를 위해 유엔은 민족자결과 평등의 원칙에 근거해 국가 간 우호관계를 도모하고, 인권, 자유를 포함하는 제반 문제해결을 위한 국제협력과 국가행동 조화의 중심으로 기능하며, 정의와 국제법에 의거해 분쟁해결을 위한 집단조치를 취하도록 규정됐다.[1] 미국은 유엔예산의 최대 기여국인 동시에 그 본부를 뉴욕에 초치하면서 그 기구의 존재와 운영에 관한 가장 중요한 이해 당사국(stakeholder) 중 하나가 됐다. 유엔안보리 5개 상임이사국에 주어진 비토권을 통한 만장일치 원칙은 지구적 차원의 주요국가 합의를 중시하는 워싱턴의 의지를 반영했고, 미국은 유엔에서 규칙에 근거하고 상호협력, 논의를 통해 세계가 더 나은 공동체로 진전할 것을 추구했다.

▲ 유엔 안보리 회의, caucastimes.com

그러나 출범 이후 미국 내에서, 또 국제적 차원에서 유엔에 대한 많은 비판이 존재했다. 미국 내에서는 냉전 당시부터 수시로 워싱턴의 입장이 안보리와 총회에서 소련 및 중국, 그리고 과거 서방의 식민주의를 경험한 수많은 제3세계 국가들에 의해 견제되는 것에 대해 많은 불만이 있었다. 리처드 닉슨 대통령은 유엔이 냉전 해결에 아무 도움이 되지 못한다고 말했고, 유엔 주재 미국 대사 진 커크패트릭(Jean Kirkpatrick)은 안보리 논의는 문제해결을 위한 진지한 정치과정이기보다는 약탈자들의 모임 같다는 부정적 의견을 표시했다. 미국은 또 유엔총회, 또는 UNHRC에서 목격되는 지나친 반 이스라엘 성향에 반대했다. 유엔총회에서는 수적 우위를 점한 아랍 국가들에 의한 반유대주의 발언이 빈번했고, UNHRC 결의안의 1/3은 이스라엘이 인권을 남용한다는 내용이었다. 미국은 안보리에서 아랍의 군사행동을 막고 중동의 맹방 이스라엘을 보호하기 위해 여러 차례 비토권을 행사해야 했다. 1982~2007년 미국은 이스라엘에 비판적인 결의안을 32번 거부했는데, 그것은 다른 안보리 국가들이 비토 한 것 전체보다 더 많은 숫자였다.[2] 2002~2003년에는

---

1) UN Charter/United Nations, https://www.un.org〉 about－us〉 un...

2) 2009년 미국은 하마스의 로켓 공격에 이스라엘의 군사대응 중지를 촉구하는 안보리 결의안 1860호에 기권했다. "John Kerry Slams U.N. Human Rights Council for Bias Against Israel," The Forward, (March 2, 2015); John J. Mearsheimer and Stephen Walt, "The

미국과 유엔 회원국 간에 이라크 문제로 인해 갈등이 존재했다. 비록 그것은 나중에 모두 조지 W. 부시 행정부와 영국 토니 블레어 정부의 억지주장의 결과 전쟁이 발발한 것으로 결론이 났지만, 그 전쟁 전후의 긴 과정에서 미국은 유엔에서 무소불위의 힘을 남용하는 무책임한 국가라는 비난을 감수해야 했다.

국제적으로도 유엔에 대해 다양한 비판이 제기됐다. 많은 나라들은 유엔의 주요 목표인 '국제평화와 안보' 유지가 수시로 안보리 5개 상임이사국의 만장일치 제도에 의해 제한받는다고 주장했다. 안보리 결정과정의 약점으로 인해 국제적 갈등에 대한 대응이 늦어지고, 유엔은 행동하는 기구이기보다는 현상에 대한 보고와 논의, 그리고 많은 경우 권고로 임무가 제한된다. 한 나라의 비토(veto)가 유엔 전체의 시기적절한 대응을 무한정 연기시킨다. 1949~2019년 소련과 러시아는 141번, 미국은 83번, 영국 32번, 프랑스 18번, 중국은 14번 비토권을 행사했다.[1] 미국은 주로 이스라엘에 비판적인 안보리 결의안을 거부했고, 러시아는 냉전이후 시대에는 유엔의 시리아 알−아사드 정부 제재, 그리고 자국의 2014년 크리미아 합병 비난 결의안을 거부했다.[2] 러시아와 중국의 결의는 안보리에서 서방이 제안한 제재 결의안의 강도와 범위를 크게 약화시켰다. 세계는 비토 권한을 가진 안보리 5개 강대 상임이사국들의 지정학적 이해관계, 세력균형의 관점에 따라 국제평화가 위협받는다고 비난했다. 유엔은 1991년 오일이 풍부한 쿠웨이트 보호에 앞장섰지만, 1997년 르완다 보호에는 소홀했다. 유엔은 갈등방지에 큰 한계를 드러내는데, 안보리 결의안을 위반해도 얼마든지 처벌을 피해갈 수 있기 때문이다. 수단 정부의 지원을 받는 잔자위드(Janjaweed) 민병대가 다르푸르(Darfur) 인종청소에서 주민 30만 명 이상을 살해하고, 시리아 아사드 정부가 '아랍의 봄'에서 시작된 내란에서 화학무기 사용을 포함해 반인류 범죄와 엄청난 인권남용을 저질렀지만, 유엔 차원에서는 그에 대해 아무 실효성 있는 조치가 취해지지 않았다.[3] 안보리 상임이사국 제도는 시대착오적이고, 대표적인 불평등 제도이다. 그

Israel Lobby and U.S. Foreign Policy," KSG Faculty Research Working Paper Series, Harvard University, (February 2, 2007)

1) "The Veto; UN Security Council Working Methods; Security Council Report," (October 16, 2019), www.securitycouncilreport.org

2) 2014년 안보리의 크리미아 합병 비난 결의안에는 러시아만이 유일하게 반대했다.

3) 러시아의 크리미아 합병과 관련해, 우크라이나 대통령 페트로 포로셴코(Petro Poroshenko)는 어느 나라든지 국내에서 남의 자산을 탈취할 때 처벌받는 것과는 달리 21

제도는 총회와는 달리 진정한 대표성이 없다. 안보리에서 미국을 필두로 영국, 프랑스는 별도로 비밀회의를 갖고, 나머지 멤버들에게 자기들 의견을 따를 것을 강요한다.[1] 배타적 핵클럽인 5개 상임이사국의 파워는 견제되지 않으며, 상임이사국 숫자 확대를 통해 안보리를 민주화시켜야 한다.[2] 유엔의 관료제 역시 문제이다. 많은 경우 유엔의 정책실행이 관료적 비효율에 의해 제한받는다. 복잡하고 과도한 규정이 유엔의 능력을 제한하고 설립 목적에 제대로 헌신하지 못하게 만든다. 1992년 이후 유엔 소말리아 특사는 현장에서 사실을 파악하기보다는 안전을 이유로 인근 국가 케냐의 수도 나이로비 책상에 앉아서 행정에만 몰두했다. 유엔의 인도주의 지원은 효율성과 능력에서 비정부기구들보다 훨씬 뒤쳐진다.

(1) 트럼프 행정부의 행동

1945년 이후 오바마 행정부에 이를 때까지 미국은 유엔을 중시했다. 그 이유는 유엔과 관련된 많은 문제에도 불구하고, 미국의 모든 행정부들이 그 기구가 외교, 안보, 경제를 포함해 모든 차원에서 전체적으로 미국의 지정학적 이익을 증진시키는 것으로 보았기 때문이다. 동시에 유엔의 최대 비용분담 국가로서, 미국은 유엔의 변화를 원했다. 특히 미 의회는 유엔이 이스라엘을 각종 위원회에서 배제하는 것에 반발해 2005년 두 차례 유엔이 개혁되지 않을 경우 비용분담을 절반으로 줄일 것을 강제하는 법안을 고려했다. 그러나 그것은 고위직 외교관들과 의회 원로의원들의 반대로 입법되지 않았고, 유엔분담금 유예는 대통령 판단에 맡기기로 결정됐다. 미국 내 사회 일각에서는 유엔이 미국의 대외정책 수행에 가하는 제한에 반대하는 기류가 존재했고, 그들 일부는 강력한 유엔개혁 또는 심지어 유엔탈퇴를 주장하기도 했다.[3] 그럼에도 2016년 12월 현재 미 국민의 90%에 이르는

세기 유엔에는 다른 주권국 영토를 강탈한 나라에게 심판을 내리고 정의를 구현하는 수단이 결여돼 있다고 주장했다. "Experts praise Poroshenko's call for restrictions on UN Security Council veto powers," KyivPost, (October 7, 2015)

1) 미국은 안보리 순회회원국들(rotating members)에게 해외 공적개발지원(ODA: Official Development Assistance)에서 특혜를 주고 유엔도 그들에게 특별히 재정지원을 제공하는데, 일각에서는 그 행동이 그들을 회유하기 위한 뇌물 성격을 띤다고 주장한다.

2) 터키의 레제프 에르도안 총리는 "세계는 (안보리 상임이사국) 5개국보다 더 크다"고 말했다. https://www.skylife.com/en/2016-10/the-world-is-bigger-than-5

3) S. Weisman, "Bush's U.N. Agenda Is Well Under Way," The New York Times, (August 2, 2005)

압도적 다수가 미국의 적극적인 유엔 참여와 활동을 지지했다.[1]

　　트럼프 행정부의 경우는 미국의 전임 행정부들과 크게 달랐는데, 왜냐하면 대통령 자신이 모든 것을 '미국 우선'의 관점에서 보았기 때문이다. 2016년 내내 그는 유엔을 비판하는 발언을 쏟아냈다. 2016년 '미-이스라엘 공무위원회'(AIPAC: American-Israel Public Affairs Committee) 연설에서, 그는 이란 핵협상과 관련한 연설 중 다음과 같이 말했다. "유엔은 민주주의의 친구가 아니다. 유엔은 자유의 친구가 아니고, 미국과 이스라엘의 친구도 아니다. 유엔은 완전한 취약과 무능력(utter weakness and incompetence)의 기구이고, 유엔이 부과하는 합의는 완전한 재앙(total and complete disaster)이다." 2016년 5월에는 유엔이 갈등 종식에 기여하지 못하고, 유엔을 완전히 탈바꿈시켜야 하며, 그가 당선되면 능력 있는 대사를 파견해 미국의 이익을 획기적으로 확대시킬 것이라고 말했다. 그해 12월 당선자 신분으로, 트럼프는 두 차례에 걸쳐 또 다시 유엔은 사교클럽에 불과하고, 갈등의 해결보다는 문제를 만들어 내는 기구라고 폄하했다.[2]

1) 2017년 유엔총회 연설

　　2017년 9월 유엔총회 연설에서 트럼프 대통령은 향후 워싱턴은 대외정책 시행에 있어서의 고려에서 가장 중요한 것은 미국의 이익이 우선시되는 것이라고 강조했다. 그는 복잡하고 다양한 국제정세에서의 시급한 도전적 과제, 그리고 유엔의 기능과 역할에 대해 말하면서, 그 과정에서 '기율 있는 현실주의'(principled realism)에 근거한 미국의 외교, 안보정책에 대해 설명했다. 비록 그 연설문이 보좌역들이 작성한 미국정부의 공적 메시지라는 면에서 완화되고 세련된 표현을 구사했음에도 불구하고, 그 속에는 트럼프 대통령의 세계정세 인식과 미국 이익에

---

1) Public Opinion Strategies and Hart Research Associates, UNF National Phone Survey, (December 7-12, 2016)

2) 2005년 상원 '국토안보 및 정부문제 소위원회'(Homeland Security and Governmental Affairs Subcommittee)에서 유엔 건물 개정비용에 관해 질문 받았을 때, 사업가 도널드 트럼프는 유엔 건물 내부 12인치 대리석 타일이 싸구려라고 대답하면서 유엔이 뉴욕에 있고 유엔이라는 개념에 대한 커다란 팬(big fan)이라고 말했다. Donald Trump at the U.N.: Here's Everything Trump Has Said/Time, (September 18, 2017), https://time.com〉 donald-trump...

대한 강조가 확실하게 투영되어 있었다. 다음은 그의 연설 주요내용이다.

▲ 트럼프 유엔 연설, dw.com

오늘날 세계는 많은 도전에 처해 있다. 이슬람 국가(IS), 알카에다(AQ), 헤즈볼라, 탈레반을 포함하는 극단주의 테러집단은 세계 곳곳에 뿌리를 내린다. 2016년 사우디아라비아에서 모인 무슬림 국가를 포함하는 50개국 리더들은 종교 정체성에 관계없이 극단주의 이슬람 테러에 대항할 것에 합의했다. 미국은 이라크, 시리아에서 IS를 패퇴시켰고, 앞으로도 불법 테러리즘을 일망타진하는 데 앞장 설 것이다. 유엔이 IS 해방지역에서 지원을 제공하고, 알 아사드 범죄정권이 자국 국민에 화학무기를 사용했음에도 불구하고 터키, 요르단, 레바논이 시리아 난민을 수용하는 것에 감사를 표시한다. 아프가니스탄에서는 평화협정이 필요할 수 있는데, 미국은 그곳 상황을 더 지켜볼 것이다. 불량정권의 도전도 심각한데, 그들은 WMD를 확산시키고 테러리즘을 지원하면서 세계안보를 위협한다. 이란은 미국의 죽음, 이스라엘 파괴, 아랍과의 대결을 맹세하면서 폭력과 유혈을 수출하고, 경제를 고갈시키면서 오일수익을 헤즈볼라와 기타 테러집단에 제공한다. 민주주의라는 위선의 탈을 쓰고 국민을 희생양으로 내모는 살인자적 테헤란 정권에게 JCPOA는 핵개발을 위한 위장일 뿐이고, 수년 전 워싱턴이 그들과 합의한 그 협상은 미국에게는 치욕이다. 북한은 핵과 탄도미사일 개발로 세계를 위협한다. 김정은은 국제공항에서 신경독약을 사용해 그의 형 김정남을 살해하고, 13세 일본소녀를 북한 정보원 일본어 교육목적으로 납치했으며, 무고한 미국 유학생 오토 웜비어를 사망에 이르게 했다. 수백만 인민을 죽음으로 내몰며, 투옥, 살해의 수많은 억압의 책임이 있는 평양 정권은 범죄 집단일 뿐이다. 미국과 동맹을 보호하도록 강요된다면, 미국은 '북한을 완전히 파괴시킬 것'이다. '로켓 맨'(rocket man)은 스스로 죽음의 길로 들어서는데, 북한에게는 비핵화만이 유일한 옵션이다. 미국은 불량정권의 도전에 단호히 대처할 것이다. "올바른 다수가 사악한 소수에 대항하지 않으면, 악이 승리할 것이다." 세계는 '김씨 정권'을 고립시켜야 하는데, 중국, 러시아가 북한제재에 동참하는 것이 다행이다. 또 미국은 미국의 가치체계, 동맹을 붕괴시키기 원하는 권위주의 정권에도 강력하게 대항할 것이다. 쿠바에 대한 제재는 그 나라가 개혁할 때까지 지속될 것이고, 베네수엘라의 마두로 사회주의 정권에 대해서도 마찬

가지이다.[1]

수많은 도전과 위협에 둘러싸인 세계 속에서, 유엔은 막중한 역할을 수행한다. 유엔의 임무는 회원국들의 주권, 안보, 번영을 증진시켜 그들의 더 나은 미래 형성을 돕는 것이고, 그 진정한 목표는 개별국가들의 우의와 상호존중을 모색하고, 공유된 이익을 위한 의무를 수용하는 것이다. 유엔이 서반구, 중동, 아프리카에서 발생하는 통제되지 않는 이주를 해결하려고 노력하는 것에 경의를 표한다. 이주민을 해외로 무작위로 방출하는 것은 그 나라의 국내압력을 줄이지만, 그들을 수용하는 나라에서의 모든 실질적 비용은 그 나라의 저소득층에게 돌아간다. 유엔은 또 아프리카 연합(AU: African Union)과 함께 PKO를 통해 지역 안정에 기여한다. 미국은 예멘, 소말리아, 남수단 기아 해결과 같은 인도주의 활동에 개입하고, 에이즈(AIDS) 구제를 위한 프로그램(PEPFAR: President's Emergency Plan for AIDs Relief)을 운영한다. 그러나 일부 국가들은 유엔의 이상을 짓밟고, 나쁜 인권 기록을 가진 나라들이 UNHRC를 포함해 여러 유엔 산하기구에서 활동하고 있다. 미국은 193개국이 구성하는 유엔 전체예산의 불공정하게 높은 비율인 22%를 지불하지만, 유엔의 기치 하에 사악하고 복잡한 문제가 해결되고, 평화의 목표가 달성된다면 그 투자는 보람이 있을 것이다. 오늘날 미국이 추구하는 외교비전은 무엇인가? 세계의 모든 정부는 다른 주권국의 권리를 존중하고, 자국시민의 안전, 번영, 가치에 봉사하는 2개의 주권적 임무를 갖는데, 그들은 상호존경의 기초 위에 자신의 운명을 개척해야 한다. 그런 인식 하에서 미국은 갈등을 원치 않고, 조화와 우애를 원하며, 동맹을 포함해 세계의 좋은 친구일 것이다. 동시에 미국은 항상 미국을 우선시할 것이다. 미국은 세계 속에서 모범(example)으로 빛날 것이다. 다른 나라들도 자기 자신을 우선시할 권리가 있다. 미국은 국민들에게 주권적 의무를 다하고, 국민의 이익과 미래를 보호할 것이다. 미국은 보상받지 않는 일방적 협상을 수용하지 않을 것이고, 더 이상 다른 나라로부터 이용당하지 않을 것이다. 트럼프 행정부가 집권하는 한 미국은 무엇보다도 미국의 이익을 우선적으로 방어할 것이다. 우크라이나에서 남중국해까지 미국 주권에 대한 위협을 거부할 것이다.[2]

---

1) 'America First': Read Trump's Full United Nations Speech— NBC News, (September 19, 2017), https://www.nbcnews.com〉 am...

2) Ibid.

2) 유엔 산하기구 탈퇴

2017년 9월 유엔총회 연설 이후 2018년 9월 두 번째 유엔총회 연설 전까지 1년간의 기간에 미국은 유엔 산하 인도주의 관련 4개 기구로부터 탈퇴를 예고, 실행, 또는 자금지원 삭감을 통보했다. 그것은 지구 공동체보다는 '미국 우선' 정책에 근거한 '미국의 주권'을 강조하는 트럼프의 성향을 드러내고, 다른 한편 제2차 세계대전 이후 미국이 옹호해 온 다자주의와 국제법에 대한 거부, 그리고 외국인 혐오증을 의미했다.

2017년 10월 미국은 유네스코로부터 2019년 1월까지 철수하고, 그 이후에는 상임 옵서버로 남을 것이라고 선언했다. 유네스코는 과학교육, 문맹퇴치, 기후변화 상황을 분석, 보고하고, 유태인 대학살의 참상을 알리는 '반유태주의 방지' 프로그램을 운영하는데, 미국의 철수는 그 기구의 활동에 대한 반감을 반영했다. 트럼프는 철수 이유가 그 기구의 반 이스라엘 편향성 때문이라고 말했는데, 그것이 진정한 이유인지에 대해서는 많은 논란이 있었다. 2개월 후 2017년 12월 미국은 또다시 유엔이 지원하는 지구적 이주협정(Global Compact on Safe, Orderly and Regular Migration)으로부터 철수하기로 결정했다. 그 제도의 목표는 지구적 차원의 이주에서 인신매매와 불의의 사고를 방지하면서 안전하고 질서 있는 인간이동을 보장하는 것이었다. 192개국이 참여하고 2017년 12월 말 모로코에서 공식 출범하는 그 인도주의 차원의 제도는 이주과정에서 아동의 구금(detention) 방지를 주요사업 중 하나로 채택했다. 미국이 그로부터 이탈하려는 의도는 그 사업이 이민제한을 선호하고 난민유입을 미국에 대한 주권침해로 인식하는 트럼프의 정책과 부합하지 않기 때문인 것으로 추측됐다. 2018년 6월 미국은 또다시 UNHRC로부터의 탈퇴를 결정했다. 그 기구에는 전 세계에서 4개국만이 불참하는데, 미국은 그 중 하나인 동시에 그로부터 자발적으로 탈퇴하는 첫 번째 국가가 됐다. 2018년 8월에는 미국은 팔레스타인 난민을 지원하는 우선적 기구인 유엔난민구호사업(UNRWA)에 대한 자금지원 거부를 결정했다. 그동안 미국은 그 제도에 대한 최대 자금지원국으로 매년 3.5억 달러를 제공했으나, 2018년 현재 그 기구는 2.7억 달러 예산적자를 겪게 됐다. 그 이외에도 2018년 1월 존 볼턴 미 NSC 보좌관은 전쟁범죄, 반인도주의 범죄, 대학살 처벌과 방지를 목표로 하는 국제형사재판소(ICC: International Criminal Court) 판·검사들을 미국 국내법에 따라 형사고

▲ 국제형사재판소, icc-cpi.int   ▲ 졸 볼턴, britannica.com

소하고, 또 여행 및 재정제재를 가할 수 있다고 위협했다. 미국, 러시아, 중국 모두 ICC 회원국이 아닌데, 볼턴의 행위는 ICC가 아프간 전쟁에서의 고문, 살해, 방화를 포함하는 미군범죄를 조사할 것을 우려해 그 가능성을 사전에 차단할 목적을 띤 것으로 알려졌다. 2018년 5월 볼턴은 또다시 세계 인권침해를 모니터하고 UNHRC와 협력하는 '유엔난민기구'(UNHCR: UN High Commissioner for Refugees)에 대한 자금 지원 축소를 위협했고, 니키 헤일리(Nikki Haley) 주유엔 미국대사는 국내외 분석가들에게 미국 내 빈곤 관련 보고서 작성에 개입하지 말라고 강력하게 경고했다.[1]

3) 2018년 유엔총회 연설

2018년 9월 두 번째 유엔총회 연설에서 트럼프 대통령은 수많은 정상 앞에서 글로벌리즘의 이데올로기, 국제적 정의, 그리고 이주민 위기에 대한 대응을 거부했다. 그는 유엔은 큰 잠재력을 보유하고 있지만 그 기구가 제대로 작동하기 위해서는 효율성과 책임성이 강화되어야 한다고 지적하고, 지구적 PKO를 위해 그 예산의 25% 이상을 지불하지 않을 것이라고 말하면서 다시 한 번 미국은 미국인에 의해 통치되어야 한다는 '미국 우선'의 이념을 강조했다. 그는 애국주의를 최고의 신념으로 표방하고, 지구적 거버넌스, 그리고 새로운 형태의 국제적 강요와 지배로부터 미국의 주권을 보호할 것이라고 말했다. 그 과정에서 그는 본인 리더십에 의해 미국의 경제가 역사상 최고의 상태에 있다고 자화자찬했는데, 그것은

---

1) Maya Finoh, "Five Ways the Trump Administration Has Attacked the U, N. and International Human Rights Bodies," (September 24, 2018), https://www.aclu.org〉 human‒rights, (ACLU: American Civil Liberties Union)

수많은 국제 대표단으로부터 비웃음의 대상이 됐다.[1] 그의 태도는 국제공동체에 대한 적나라한 적대감을 반영했고, 제2차 세계대전 이후 미국이 추구해 온 국제주의, 다자주의, 인권의 존중과는 정반대되는 노선이었다.

그 연설에서 트럼프는 몇몇 주요 관심사를 거론했는데, 그것은 국제제도에 대한 반감, 핵심 안보현안, 그리고 무역 관련 사안을 포함했다. 지난 1년 간 유엔 산하기구와 다자제도로부터의 철수에 대한 정당성을 방어하듯, 트럼프는 가장 먼저 2002년 설립되고 123개 회원국으로 구성된 ICC에 대해 부정적 견해를 표출했다. 그는 미국이 ICC 회원국이 아니고, 따라서 그 제도는 미국에 대해 아무런 권리 또는 정통성을 갖지 못한다는 점을 강조했다. 만약 ICC가 미국의 전쟁범죄를 조사하려 한다면, 그것은 정당하고 공정한 국제법적 절차에 위배되는 행위이다. ICC는 불법적인 정치적 시도에 악용될 수 있고, 미국은 '선출되지 않은 무책임한 지구적 관료제'에 결코 미국의 주권을 넘길 이유가 없다. 트럼프는 3개월 전 탈퇴한 UNHRC도 비난했다. 그는 그 기구가 유엔의 수치라고 말했다. UNHRC는 인권을 표방한다고 말하면서도, 미국과 그 우방인 이스라엘에 대해 편향적으로 행동한다. 그 기구는 인권 남용자들에 의해 지배된다. 그것이 워싱턴이 그 기구로부터 철수한 이유이며, 미국은 그 기구가 개혁되기 전까지는 절대로 돌아오지 않을 것이다. 그는 또 지난 2017년 12월 철수하기로 결정한 유엔 '지구적 이주협정'에 참여하지 않을 것이라는 의사를 재확인했다.[2]

안보현안은 더 다양했다. 시리아에 잔류하던 그 당시 미군병력 2천명과 관련해, 트럼프는 그들의 군사임무가 변하고 있다고 말했다. 시리아 미군의 원래 임무는 IS를 패퇴시키는 것이다. 그렇지만 원래의 목표가 달성되어 가면서, 미군은 그곳에 배치되어 있는 이란 병력에 대항하기 위해 더 오랜 기간 시리아에 주둔할

---

1) 트럼프는 국제대표단이 자기를 비웃은 것이 아니라, 자기에 공감해 웃었다고 항변했다. 그러나 미국과 세계의 수많은 미디어는 때와 장소를 가리지 않는 트럼프의 독특한 자화자찬이 얼마나 상대방의 조소를 자아내는 일인지를 자세히 보도했다. Kylie Atwood, "Why were UN diplomats laughing at Trump?" (Updated September 25 2018), https://www.cbsnews.com〉 news; Trump at this week's U.N.: Diplomacy's largest stage amid a cascade of ..., https://www.latimes.com〉 story

2) US President Trump rejects globalism in speech to UN General Assembly's annual debate, (September 25, 2018), www.news.un.org

수도 있다. 그 나라에는 이란뿐 아니라 러시아 병력도 파견돼 있고, IS 이외에 알 카에다와 연계된 다른 테러조직도 존재한다. 미군이 시리아에 더 오랜 잔류한다면, 그것은 미군의 표적이 IS에서 이란 군 또는 이란 혁명수비대의 지원을 받는 민병대로 이동했음을 의미한다. 이란 군이 주둔하는 한, 미군은 그곳에 남을 것이다. 그렇지만 그 당시 국방장관 매티스(James Mattis)는 미국 군사활동의 1차적 책임자로서 트럼프의 발언을 정정했다. 그는 시리아 미군의 주요임무는 계속 IS에 맞춰져 있을 것이고, IS의 완전 진압 이후에도 잠시 더 그곳에 주둔할 수는 있을 것이라고 확인했다.

두 번째 안보현안은 2017년 9월 유엔총회 당시와 마찬가지로, 이란, 북한의 핵무기를 포함해 그들의 행동에 관한 것이었다. 트럼프는 이란이 핵미사일을 개발하고, 시리아 아사드 정부, 예멘 후티 반군, 헤즈볼라와 하마스를 포함하는 테러단체를 지원하며, 국내억압의 고삐를 늦추지 않는다고 되풀이해 말했다. 테헤란 독재체제의 행동은 '미국의 죽음'(Death to America), 그리고 이스라엘 타도를 겨냥한다. 세계 선두의 테러리즘 '스폰서' 국가가 가장 위험한 WMD를 보유하는 것은 절대로 용납될 수 없다. 이란 핵은 이란 리더들에게는 엄청난 지렛대를 부여하는데, JCPOA 이후 이란의 국방비는 40% 증가했다. 4개월 전 미국이 JCPOA에서 철수한 이유는 그것이 테헤란의 핵개발을 완전 차단하기보다는 단지 연기시킬 뿐이고, 또 유엔제재를 방해하는 잘못된 협정이기 때문이다. 그렇지만 트럼프는 북한의 핵무기 해체는 서두르지 않을 것이라고 강조했다. 볼턴이 북핵 폐기가 빠를수록 좋다고 말한 것과 대조적으로, 그는 그 과정은 수개월에서 수년이 걸릴 수 있고, 또 특정한 데드라인이 없다고 말했다. 그는 3개월 전 싱가포르 미·북 정상회담에서 김정은이 북핵 폐기를 약속했다고 말하면서, 김정은이 한국전쟁의 공식 종결을 요구했다고 덧붙였다. 그는 또 한국의 문재인 대통령도 한국전 공식 종전을 지지했다고 말했다. 트럼프의 세 번째 안보 이슈는 이스라엘-팔레스타인 문제였다. 지난 수십 년간 미국은 이스라엘-팔레스타인 2국가 해법을 지지했는데, 트럼프도 유엔총회와 그 이후 기자회견에서 그 방안이 합리적이라고 말했다. 그러나 그는 또 두 나라가 하나의 나라로 통합되기 원하면 그것을 수용할 수 있다고 말했는데, 유엔총회 외국 대표단은 트럼프의 진심이 무엇인지에 대해 혼란스러워했다. 그 이유는 2017년 그가 미국의 오랜 입장, 그리고 아랍 대부분의 뜻을 거스르면서 예루살렘을 이스라엘의 수도로 인정했고, 또 이스라엘과 무슬림 국가들의 관계정상화를 독려하면서 계속 네타냐후 정부에 유리한 정책으로 일관했기 때문이다. 더구나 트럼프는 두 나라 관계정상화를 원하는 것처럼 말하면서도 팔레스타인을 위한 연례 지원 패키지를 중단하고, 여러 유엔 산하기구에서도 그들이 팔레스타인을 돕는다는 이유로 철수했는데, 그가 두 국가체제를 선호한다는 주장은 앞뒤가 맞지 않는 것으로 보였다. 트럼프의 마지막 안보 이슈는 그가 혐오하는 베네수엘라였다. 그와 관련해 트럼프는 카라카스에 대해서는 외교, 경제제재, 전쟁을 포함해 모든 옵션이 테이블 위에 있다고 위협했다. 볼턴은 중남미에서 미국에 반대하는 쿠바, 베네수엘라, 니카라과를 남미의 3대 악, '폭정의 트로이카'(troika of tyranny)로 부르고, 또 트럼프는 오바마가 성사시킨 쿠바와의 관계정상화를 취소했는데, 트럼프의 견해는 현재의 미국정부가 마두로가 통치하는 베네수엘라를 얼마나 혐오하는지를 단적으로 보여주었다.[1]

2018년 9월 유엔총회 연설에서 트럼프의 마지막 주제는 국제무역에 관한 것이었다. 그는 미국이 경제를 완전히 개방한 상태에서, 여러 나라가 비례적 상호접근을 거부하고 동원가능한 모든 수단을 활용하면서 불공정무역을 하고 있다고 비난했다. 중국기업들은 자국 정부의 지원을 토대로 일대일로의 선봉에 서서 인프라 건설을 앞세워 전 세계 경제에 침투한다. 베이징 당국의 통화조작을 토대로 중국 국영기업들은 덤핑이 가능하고, 그것은 미국과의 유리한 무역, 그리고 미국의 경쟁력 있는 기업 흡수를 가능케 한다. 그것이 미국이 중국과의 무역전쟁을 시작한 이유이다. 중국이 미국 국내정치에 개입하려 시도하는 것은 워싱턴의 강경한 무역정책을 완화시키려는 목적을 갖는다. 멕시코의 불공정무역은 NAFTA 개정으로 획기적으로 개선됐고, 캐나다와의 협상은 곧 마무리될 것이다. 중국, 멕시코 이외에도 미국으로부터 불공정 경제수익을 거둬들이는 일본, 인도, 한국 등 수많은 나라들과의 무역 관련 재협상이 요구된다. 지구적 무역의 중심체계인 WTO가 아무 것도 해결하지 못하는 상태에서, 미국의 그 나라들과의 양자협상은 불가피하다. 미국의 무역적자가 8천억 달러를 넘어서는 상황에서, 미국은 두 번 다시 경제적으로 이용당하지 않을 것이다. 중국에 대한 관세부과, NAFTA 재협상, 그리고 TPP로부터의 탈퇴는 모두 그런 배경에서 진행됐다.[2]

---

1) Edward Wong, "5 Takeaways on President Trump's Foreign Policy From the U.N. General Assembly," (September 28, 2018), https://www.nytimes.com〉 world

2) US President Trump rejects globalism in speech to UN General Assembly's annual

4) 2019년 유엔외교 평가

2019년 9월 트럼프의 세 번째 유엔총회 연설은 어땠을까? 그의 연설 직전 미 외교협회(CFR: Council on Foreign Relations) 전문가(Stuart M. Patrick)가 유엔과는 거리가 먼 트럼프의 편협한 사고에 관해 다음과 같이 간단하게 논평했다. 2017년 처음 연설 당시 트럼프는 미국의 주권을 21번 거론했는데, 유엔의 청중들은 이번에도 인내심을 갖고 그의 진부한 연설을 들어야 할 것이다. 아직도 트럼프의 '미국 우선' 세계관은 유엔의 목적과 우선순위를 거부한다. 이제 전 세계 사람들은 그 이념의 실체를 정확하게 이해하는데, 그것은 유엔 및 여러 다자협정에 대한 의구심, 기후변화 시정 노력의 거부, 이민자와 난민에 대한 반감과 멕시코 장벽을 포함하는 보호주의에 대한 집착, 그리고 러시아, 북한 리더와의 관계에서 나타나는 강자에 대한 친근감으로 대표된다. 그 모든 것은 유엔의 목적과 우선순위를 거부한다.[1]

트럼프의 2019년 유엔총회 연설 이후에도 마찬가지의 평가가 이어졌다. 오바마 행정부 당시 백악관에서 미국의 '지구적 개입'을 담당했던 오랜 경력의 외교관(Brett Bruen)은 트럼프의 연설내용과 그 이후 미국의 외교위상에 관해 다음과 같이 평가했다. 트럼프의 2019년 9월 연설은 미국 리더의 부족한 식견과 역량, 개인적 결점, 그리고 미국 외교가 어떻게 국제사회의 기대와 어긋나는지를 드러내는 단적인 예다. 트럼프는 유엔이라는 무대의 본질이 타협을 통해 분쟁을 줄이고 평화를 위해 노력하는 지구적 포럼이라는 사실을 망각한 채, 세계 여러 나라를 합친 것보다 더 큰 미국의 거대한 국방비를 자랑하는 것으로부터 연설을 시작했다. 세계가 기후변화와 같은 거대한 이슈 해결을 시도하는 것과는 대조적으로, 그는 미래를 위한 비전보다는 중국과의 무역전쟁에 관한 장광설, 또 미국 내 불법이민과 같은 작은 불만에 대한 설명으로 일관했다. 총회의 각국 정상들과 대표단의 올해 분위기는 2018년 트럼프 연설에 대한 비웃음을 넘어 '무시'로 향했다. "미국의 외교가 이렇게까지 추락할 줄은 몰랐다." 오랜 경험의 미국 외교관 대다수는 워싱턴의 외교실책으로 인해 미국의 지구적 리더십이 완전히 타격받았고, 그 사

---

debate, (September 25, 2018), www.news.un.org

1) Stewart M. Patrick, "Trump Is the Odd Man Out at the U.N.," (September 23 2019), https://www.cfr.org〉 blog〉 trump－...

이 중국과 러시아가 무서울 정도로 그 공백을 파고든 것으로 인식한다. 국제적 파워관계의 새로운 진공을 경쟁국가가 채운 것이다. 트럼프의 미·북 정상회담, 탈레반 평화과정, 대이란 최대압력에도 불구하고, 최근 현실은 그 어느 때보다 더 위험으로 가득 차 있다. 트럼프 행동의 폐해를 일축하기는 쉬워도, 미국의 국제적 위상과 그 미래역할에 대한 피해는 쉽게 회복되지 않을 것이다. 새로운 국제질서로의 이행이 목전에 있는 지금, 또 수정주의 국가들의 도전이 자유민주주의를 위험에 빠뜨리는 오늘날, 트럼프의 어리석은(silly) 연설과 트위터를 통한 예기치 않은 분노 표현은 미국에 대한 신뢰성, 그리고 미국 자체의 자신감과 같은 중요한 국가안보 자산을 상실하게 만든다. 미국에 대한 국제사회의 신뢰는 가까운 시기에 다시 돌아오지 않을 것이다.[1]

5) 2020년의 현실

2020년 전반기 유엔의 세계 각국 외교대표단은 트럼프 행정부의 유엔 외교를 과거 세계 리더로서의 미국의 전통적 역할로부터의 큰 변칙(anomaly), 일탈로 보았다. 그들은 그것이 국제질서 변화에 따른 미국 대외정책의 근본적 변화인지, 아니면 현 행정부에 국한된 일시적 현상인지에 대해 의문을 갖고 자세히 관찰했다. 그들은 트럼프 행정부의 유엔외교에 대해 신뢰하지 않았다. 그들은 그것을 국제제도로부터의 철수, 다른 나라와의 협력과 타협보다는 대결, 다자논의보다는 포용력이 결여된 일방주의, 미국의 가치와 장기적 이익을 증진시키는 전략적 비전보다는 단기적 거래와 미국 재정비용에 초점을 맞추는 근시안적 외교로 특징지었다.

카네기 국제평화재단(Carnegie Endowment for International Peace) 전문가(David Whineray)는 다음과 같이 관찰했다. 트럼프 행정부의 유엔에서의 행동은 1945년 이후 미국이 옹호하던 다자외교로부터의 후퇴를 상징한다. 유엔은 더 이상 세계문제 해결의 중요한 포럼으로 간주되지 않는다. 미국에서 당적을 불문하고 특히 냉전 종식 이후 과거보다 더 중시되던 자유민주주의, 인권, 법치는 경시되고, 워싱턴은 유엔총회 및 PKO 비용분담 축소, 그리고 UNHRC, 유네스코,

---

1) Brett Bruen, "Trump's Foreign Policy worries Diplomats and Creates Big Problems,," (October 1, 2019), https://www.businessinsider.com⟩ ...

UNRWA로부터의 철수와 예산삭감에서 나타나듯 단기적 관점과 일부 비용손실에 집착한다. 미국의 수사와 태도는 마이크 폼페이오(Mike Pompeo)와 존 볼턴이 각각 미 국무장관과 NSC 보좌관으로 등장하면서 더 공격적, 민족주의적, 그리고 상대방을 모욕하는 형태로 변질됐는데, 유엔에서 부임 첫해 상대적으로 온건하던 니키 헤일리 대사도 중동문제와 유엔 자금지원에서 더 쿠슈너(Jared Kushner) 식의 강경책으로 이동했다.[1] 워싱턴의 오만한 태도와 행동은 다른 나라들로 하여금 미국에 반감을 갖게 할 것이다. 미국은 또 유엔안보리에서 시리아, 이란, 리비아, 소말리아, 사하라 사헬을 포함하는 중동, 아프리카 안보 이슈에서 전통적 동맹인 영국, 프랑스와 분열상을 드러내고, 반면 적대 경쟁국인 러시아, 중국의 의견을 더 경청하는 것으로 보였다. 워싱턴이 피아를 제대로 구분하는지 의문이고, 미국의 외교 제스처가 러시아, 중국에게 어떤 효과를 나타낼지는 미지수이다. 미국의 거래적, 민족주의적, 중상주의적 외교는 미국의 장기적, 포괄적 이익에 도움이 되지 않을 것이다. 미국의 외교가 중심을 잡지 못하고 표류하는 동안, 그 공백은 오히려 러시아와 중국에 의해 채워진다. 중국이 개도국의 경제발전 지원 역할을 강조하면서 많은 나라들이 베이징과의 협력을 선호하는 쪽으로 이동했는데, 유엔식량농업기구(FAO: Food and Agriculture Organization)에서 중국 후보가 아프리카 국가들의 지원으로 당선된 것은 그런 영향의 결과이다. 러시아 역시 유엔총회에서 미국 제안에 대한 대안으로 새로운 사이버범죄 협정 지원을 확보했다. 미국의 외교가 그렇게 전례 없이 바뀐 것이 중국, 러시아가 새로운 강대국으로 등장하고, 또 미국의 지구적 역할에서의 과도한 부담에 대한 국내 부정적 여론의 영향도 있지만, 워싱턴은 무엇이 미국의 진정한 이익에 더 부합하는지를 잘 판단해야 한다.[2]

트럼프 대통령의 임기가 몇 달 남지 않은 상태에서도 미국의 유엔 행동, 그리고 국내외의 미 행정부 외교에 대한 인식은 바뀌지 않았다. 2020년 코비드-19 팬데믹이 전 세계를 휩쓸면서 트럼프의 유엔총회 화상연설이 어떤 극적인 드라마를 만들어 낼 것이라고 생각하는 사람은 없었다. 트럼프는 2020년 9월 유엔총회 연설에서 또다시, 그리고 놀랍게, 그가 선호하는 주제인 코비드-19 팬데믹과 관

---

1) 니키 헤일리 대사는 미 대사관의 예루살렘 이전에 반대하는 국가들을 일일이 호명했고, 그것은 회원국들로 하여금 미국의 태도가 공격적이라고 느끼게 만들었다.
2) David Whineray, "The United States' Current and Future Relationship with the United Nations," (March 6, 2020), https://cpr.unu.edu〉 articles〉 the-u...

련한 중국 공격에 초점을 맞췄다. "우리는 이 질병을 세계에 전파한 나라인 중국을 책임지게 해야 한다. 중국과 WHO는 인간끼리 전염의 증거가 없다고 잘못 말했다. 나중에 그들은 증상이 없는 사람들은 질병을 전파하지 않는다고 잘못 말했다. 유엔은 중국이 그 행동을 책임지게 해야 한다." 그러나 그 다음 날 베이징은 트럼프의 연설을 비난했다. 유엔 주재 중국대사는 트럼프의 연설이 국제기구의 잠식에 불과하고, 회원국 간의 상호비방은 유엔의 전망을 어둡게 한다고 목소리를 높였다.[1]

많은 전문가들은 미국 외교의 현주소와 유엔 및 국제관계 현실을 한탄했다. 외교 전문지 폴리티코(Politico) 초청 편집인(Paul Taylor)은 2020년을 '외교가 죽은 해'로 지칭하면서 다음과 같이 말했다. 외교는 평화를 유지하고 국제관계의 체계적 운영을 가능케 하는 필수불가결하고, 또 어떤 의미에서는 최소한으로 요구되는 국가 간 행위이다. 그것은 무정부 상태에서의 무차별적 대결을 완화시키고, 1인치의 더 나은 안보를 지향한다. 특히 유엔 외교는 지구적 차원의 건전한 세력균형 형성을 돕는다. 그러나 트럼프가 국가 간 대화, 협상, 협정보다 트위터를 통한 일방적 통보를 더 중시하면서, 오늘날의 국제정치는 더 악화된 '정글의 법칙'으로 회귀하고 있다. 워싱턴은 '미국 우선' 정책으로 항소기구 판사 임명을 거부해 WTO를 마비시켰고, 미군의 아프간 범죄 수사를 이유로 ICC를 위협하며, 자금지원을 중단해 코비드-19 팬데믹 극복의 최전선에서 싸우는 WHO를 위기로 몰아넣었다. 트럼프의 외교 파괴행위(diplomatic vandalism)는 많은 부작용을 동반하는데, 그 중 하나는 그를 추종, 모방하는 세계 각지의 독재자들이 국제법을 위반하면서 지상과 해상에서 스스럼없이 약탈적 행위를 자행하는 것이다. 이 부정적 현실에는 중국의 부상, 러시아의 수정주의, 트럼프의 다자협정 거부를 포함해 여러 요소가 기여하지만, 그래도 가장 큰 폐해는 워싱턴이 전통적인 자유주의 보장자로서의 책임 있는 역할을 포기하는 것에서 유래한다. EU는 특별히 어려운 상태에 처해 있다. 경제통합과 공통규칙에 근거해 세계에 새로운 질서와 미래희망의 새로운 이정표로 등장했지만, EU는 하드파워의 취약과 의사결정 체계의 약점으로 인해 기후변화, 비확산, 군비통제, 인권 등 국제정의에서 남겨진 작은 것이라도

---

1) China goes on the attack in response to Donald Trump's UN speech..., (September 23, 2020), https://www.scmp.com〉 article

보존하기 위해 투쟁 중이다. 미국, 중국, 러시아 같은 강대국들이 제멋대로 행동할 때, 전 세계 국제질서는 혼란으로 치닫고, 힘없는 나라들은 그 희생물로 전락할 뿐이다. 미국은 더 큰 책임감을 느껴야 한다.[1]

오바마 행정부에서 유엔대사를 역임한 사만타 파워(Samantha Power) 역시 워싱턴의 지구적 리더십 결여를 비판하는 견해를 제시했다. 트럼프 대통령의 고립주의 외교정책으로 미국은 WHO에서 철수했고, 그것은 팬데믹에서 요구되는 국제협력과 외교시행을 불가능하게 만들었다. 다른 국제기구로부터의 철수도 마찬가지의 부정적 효과를 초래했다. 미래에 전쟁을 방지하고 각국이 더 건설적으로 행동할 수 있도록, 미국은 유엔에서 리더십을 발휘해야 한다. 오늘날 지구적 갈등은 냉전 종식 후 최고치에 도달해 있는데, 그 긴장의 원천 가운데 하나는 트럼프 행정부의 국제협력 거부에 의한 파워의 공백이다. 그리고 그 과정에서 워싱턴의 의도와는 상관없이 베이징이 세계 의사결정의 주요센터로 등장했다. 다른 나라와의 협력이 없이 어느 한 나라가 국익을 획득하는 것은 불가능하고, 미국 역시 그로부터 예외가 아니다. 미국은 EU와의 관계를 개선하고 나토에 대한 헌신에 더 적극적이어야 한다. 또 국내에서 이데올로기, 계층 간 분열을 치유하고 정파를 넘어 단합된 미국으로 국제사회에 나서야 한다. 외국과의 타협과 의견교환이 중요하다고 생각하는 사람들과 미국 홀로 모든 것을 해결할 수 있다고 믿는 사람들 간에 더 장기적이고 희망찬 미래를 향한 의견수렴이 이루어져야 한다.[2]

(2) 미국의 유엔 정규예산 및 PKO 비용부담

유엔 내에서 미국은 자국입장이 관철되지 않으면서 분담금 지불을 연체했고, 그것은 유엔에 대한 재정압박으로 귀결됐다. 과거 레이건 행정부 시절 미국은 유엔총회가 시오니즘(Zionism)이 인종차별이라는 결의안 3379호를 통과시킨 것에 반대해 유네스코에서 탈퇴하고 분담금 지불을 거부한 바 있는데, 미국은 그 후 1991년 그 결의안을 무효화시키고 분담금을 완납했다. 미국은 유엔예산에서 가장

---

1) Paul Taylor, "2020: The Year diplomacy died— Politico," (September 24, 2020), https://www.politico.eu〉 article

2) "Former UN Ambassador Samantha Power hits Trump for neglecting…," (October 6, 2020), https://www.thedp.com〉 article〉 pe…

큰 비용을 부담하면서 자국입장이 쉽사리 관철되지 않는 것에 많이 반발했고, 수
시로 분담금을 연체했다. 1994년 미 의회는 유엔평화유지(PKO: Peace-keeping
Operation) 비용 중 미국이 지불하는 상한선을 1990년대 초 30% 이상에서 25%
로 제한했고, 1990년대 중반 유엔 정규예산과 PKO 예산 연체는 미국의 총회 투
표권 상실이 우려될 정도로 심각했다. 1997년 코피 아난(Kofi Annan) 유엔 사무총
장은 유엔 개혁을 위해 예산을 1억 달러 축소하고 직원을 1천명 감축할 것이라고
말했고, 그 다음 해에는 미국의 총회 투표권 박탈을 경고하면서 미국정부에 연체
금 납부를 요구했다. 오랜 협상 후, 유엔은 행정개혁이 없이는 분담금을 낼 수 없
다고 주장하는 미국에게 전체예산의 25%에서 22%만 지불하도록 하향조정했고,
미국은 1999년 헬름스-바이든 법안(Helms-Biden Act)에 따라 유엔 개혁을 조건
으로 그 예산 및 PKO 연체금 중 일부를 지불하기로 합의했다. 미국 총 연체금
13억 달러 중 6억 달러는 헬름스-바이든 법안 하에서 지불이 가능했고, 나머지
7억 달러는 여러 입법 및 정책기치에 따라 유예됐다. 그러나 1994년 미 의회가
강제한 PKO 비용 25% 지불 상한선과 관련된 미국 내 정치역학에 따라 연체금
지불이 늦어지면서 미국은 2001년 2월 UNHRC에 선출될 수 없었고, UNHRC 재
가입은 합의한 분담금 납부 이후 2002년 3월 이루어졌다. 2002년 10월 미 의회
는 유엔평화유지 비용 25% 상한선 폐지를 결정했고, 미국은 헬름스-바이든 수
정안과 연계된 일부 연체금을 추가 지불했다. 2009년 오바마 행정부는 PKO 비용
과 관련해 신규 분담금 22억 달러와 2005~2008년 미납금을 포함해 총 23.6억
달러를 지불할 것을 약속했다.

그러나 미 의회는 2017년 회계연도 이후 25% 상한선을 재부과했고,
2017~2020년 미국의 PKO 연체는 9억 달러를 넘어섰다. 미국의 자금지원은 매
년 여러 요인에 따라 유동적인데, 입법된 미국의 상한선, 비용규모의 변화, 유엔
이 사용하고 남은 자금의 적용, 그리고 개별 PKO 활동변화를 포함한다. 트럼프
행정부는 2018년 기후변화 관련해서 지불하는 예산 절반을 삭감하고, 유엔 팔레
스타인 난민구호사업(UNRWA)에 대한 원조를 중단할 것이라고 선언했다. 2019년
유엔 사무총장 안토니우 구테흐스(Antonio Guteress)는 회원국들의 분담금 연체로
유엔이 10년 만에 최악의 재정상태에 처해 있고, 직원 급여를 지불할 수 없으며,
회의와 출장을 연기해야 하는 최악의 재정난에 처해 있다고 말했다. 비축된 예비
자금 역시 부족한 상태에 있다고 말하면서, 그는 미국을 포함해 각국이 분담금 납

부를 서두를 것을 촉구했다. 2019년 193개 회원국 중 64개국이 미납한 예산 총액은 13.9억 달러였는데, 미국의 그 당시 유엔 정규예산 미납액은 10억 달러 이상, 그리고 PKO 비용 총 미납액은 12.3억 달러를 상회했다. 2020년 미국은 유엔 예산의 22%를 담당했는데, 그것은 두 번째 큰 비용 분담국인 중국의 12%와 3위 기여국 일본의 8.5%를 합친 것보다 더 큰 비용부담이었다.[1] 2021 회계연도에 유엔이 할당한 PKO 18.4억 달러에 대해 미국은 10.7억 달러를 제안했는데, 그것은 2020년 15.2억 달러로부터 29% 감소된 수치였다. 그러는 가운데 미국의 연체는 계속 누적되고, 유엔은 지속적으로 유동성 위기에 처했다.[2]

(3) 바이든 행정부 유엔 정책

2021년 2월 바이든 행정부의 신임 유엔 대사 린다 토마스-그린필드(Linda Thomas-Greenfield)의 발언은 지난 4년 간 트럼프 행정부의 '미국 우선'과는 완전히 상반되는 과거 전통적인 미국 유엔외교로의 복귀를 알렸다. 그녀는 다음과 같은 취지로 말했다. 유엔은 미국 국익과 세계평화, 안보, 번영에 필수불가결한 제도(indispensable institution)이다. 미국은 유엔에서 다시 외교를 시작할 것이다. 바이든 행정부의 유엔정책은 다자외교를 통해 서로 소통, 이해하고 집단적 번영을 도모하는 것이다. 갈등이 있겠지만, 그것은 서로의 입장을 조정하면서 더 나은 미래로 향할 것이다. 이제 다자주의와 미국의 유엔외교가 돌아오면서 여러 나라

1) "Assessment of Member States' contributions to the United Nations regular budget for the year 2020," United Nations, (December 30, 2019)
2) PKO 활동의 설정, 예산, 세부사항은 모두 유엔안보리에 의해 결정되고, 가장 많은 비용을 담당하는 미국은 그 과정에서 핵심적 역할을 수행한다. 2020년 현재 미국은 13개 PKO를 운영하고, 그곳에서 100개국 이상의 나라에서 온 군인과 경찰 8만 명이 활동했다. 각국이 지불해야 하는 총 비용 중 세부비율은 3년에 한번 총회에서 결정되는데, PKO 비율은 통상 각국이 지불하는 유엔 정규예산보다 높게 책정된다. 예를 들어 2018년 12월 기준으로 미국이 유엔 예산 22%를 담당할 때, PKO 비용은 27.89%를 차지했다. 그 다음 기여국은 중국이 15.22%, 일본 8.56%, 독일 6.09%, 영국 5.79%, 프랑스 5.61%, 이탈리아 3.31%, 러시아 3.05%, 캐나다 2.73%, 한국이 10위로 2.27% 순이었다. 가장 많은 비용을 사용하는 PKO는 말리(Mali) 지역으로 11.8억 달러를 소요하고, 그 다음은 수단 11.7억 달러, 그리고 콩고민주공화국 10.7억 달러였다. 각 회원국이 제공하는 군, 경찰병력은 각국이 자체적으로 결정한다. 2020년 현재 미국은 PKO 총 비용 65.8억 달러의 27.89%를 지불하도록 요구된 상태였다. Luisa Blanchfield, "United Nations Issues: U.S. Funding of U.N. Peacekeeping," CRS IN Focus, (Updated November 2, 2020), pp. 1-2, https://crsreports.congress.gov

가 함께 일할 수 있는 기회가 주어질 것이다. 2021년 3월 미국은 유엔안보리 순회의장국 책임을 맡게 되어있는데, 리비아, 예멘 갈등, 이란과 북한 핵문제, 그리고 수많은 이슈가 그곳에서 다루어 질 것이다. 유엔은 사람들이 모여 논의하고 협력하며 갈등을 해소하는 세계에서 가장 중요한 포럼이고, 미국은 그 역할에 충실할 것이다. 인권증진에서 갈등의 해소까지 미국 임무에 대한 워싱턴 신행정부의 인식은 투철하다. 한편, 바이든 행정부의 유엔정책, 그리고 특히 토마스ー그린필드의 사명감과 보람에 찬 태도는 유엔 대변인으로 하여금 "그녀의 효율성과 헌신을 보았다"고 칭송하게 만들었다.[1]

2 유럽연합

제2차 세계대전 이후 지난 70년 이상 미국은 유럽과의 대서양 파트너십(Transatlantic partnership)을 기초로 자유주의 국제질서를 유지했다. 대서양 관계는 자유, 민주주의, 인권, 법치, 개방무역에 대한 공유된 신념에 근거했고, 미국은 기꺼이 유럽경제공동체(EEC: European Economic Community)로부터 진화한 유럽연합(EU: European Union)을 지원하고 나토의 형성을 주도했다. 그 대서양 관계는 자유주의 국제질서가 근거할 규범적 기초를 제공했다. 미ー유럽은 양측의 오랜 신뢰와 협력이 국제관계의 역사에서 유일한 것이고, 인권, 법치를 공유하지 않는 다른 나라들이 쉽게 복제할 수 없는 것이라는 사실에 큰 자부심을 가졌다. 비록 미국이 EU가 대외정책에서 단합하지 못하고 또 일부 무역장벽을 세우는 것에 대해 비판하고, EU 역시 유럽의 무조건적 미국 지지를 당연한 것으로 여기는 워싱턴에 불만이 있었지만, EU는 미국의 정치적 주도권을 마다하지 않았다.[2]

그러나 미국에서 트럼프 행정부가 새로이 집권하면서, 미ーEU 관계는 상상을 뛰어넘는 형태로 악화됐다. 트럼프 대통령은 미국의 가장 가까운 우방인 유럽

---

1) James Reinl, "Biden's US envoy pledges 'diplomacy is back' after Trump era/The National," (February 26, 2021), https://www.thenationalnews.com〉 ...

2) Kristin Archick, "U.S.ーEuropean Relations in the 116th Congress," CRS IN Focus, IF11094, (Updated May 27, 2020), p. 1.

의 정치, 경제공동체 EU에 대해 무자비한 비판을 가했다. 지난 오랜 기간 미-유럽 관계는 여러 정치적 긴장, 무역분쟁에 따라 많은 부침을 겪었지만, 어느 미국 리더도 트럼프 대통령만큼 대서양 관계의 근본적 기조에 의문을 제기하지는 않았다. 그는 전임 미 대통령들에 비해 EU에 완전히 적대적이었는데, 유럽을 자유민주주의 수호와 세계문제 해결의 파트너이기보다는 경쟁자로 인식했다. 대선 후보 당시 그는 EU가 미국과 경제적으로 경쟁하고 미국을 이용하기 위해 만들어진 경제 집단이라는 전례 없는 견해를 내비쳤다.[1] 트럼프는 또 영국의 EU 탈퇴를 지지한다고 말하고, 본인이 대통령에 당선되면 브렉시트는 미국과 영국의 무역협상에 어떤 부정적 영향을 미치지 않을 것이라고 말했다.[2] 그것은 오바마가 추구한 파트너들과의 포용적 관계 형성과는 정반대되고, 자유주의 질서의 근간을 거부하는 발언이었다. 물론 그런 발상은 EU의 초기단계 생성이 부분적으로는 1990년대 미국과 일본이라는 경제 초강대국 사이에서의 경쟁력 강화를 위한 것이라는 측면에서 부분적으로는 일리가 있었다. 그렇지만 EU 설립이 미국을 이용하기보다는 스스로의 경제안보를 증진시키기 위한 것임에 비추어, 트럼프의 견해는 사리에 맞지 않았다. 또 그의 시각은 EU의 사상, 정치, 안보와 연관된 측면은 전혀 고려하지 않았다. 유럽인들은 미국이 세계에서 가장 이데올로기적으로 유사한 동맹국들의 초국가 기구를 그렇게 폄하하는 것에 대해 적지 않은 실망, 그리고 더 나아가 분노를 표시했다. 유럽인들은 미국이 EU를 대외정책에서의 가장 중요한 파트너로 보아주기를 원했지만, 트럼프의 '미국 우선' 정책은 다자협력보다는 편협한 민족주의, 고립주의, 보호주의적 성향으로 기우는 것으로 보였다. 실제 트럼프의 사고는 전통적 동맹에 대한 깊은 불신, 그리고 일방주의적이고 거래적인 안보 및 무역 관점으로 점철돼 있었다.[3]

---

1) Ben Jacobs, "Donald Trump: EU was formed to beat the US at making money," The Guardian, (July 24, 2016)

2) Ashley Parker, "Trump Says British Vote Is a 'Great Thing'," The New York Times, (June 24, 2016); "Trump says Brexit wouldn't impact potential UK-US trade deal if he is president," Reuters, (May 15, 2016)

3) Anna Dimitrova, "The State of the Transatlantic Relationship in the Trump Era," Foundation Robert Schuman, Policy Paper, No. 545, (February 4, 2020), p. 1.

(1) 미-EU 관계의 맥락

미국은 일찍이 냉전시대부터 유럽의 통합을 지지했다. 그것은 소련과의 대항에서 자유민주주의를 수호하고, 유럽의 경제 회복을 증진시키며, 독일과 프랑스의 화해를 도와 유럽 내 분열을 막는 목적을 띠었다. 1990대 초 냉전종식 이후 미국은 EU의 설립과 확장을 지지했는데, 그것 역시 세계 평화와 안정에 기여하고, 법치, 인권, 공정한 경쟁으로 대표되는 자유민주주의의 세계적 확대를 도울 것이기 때문이었다. 그 과정에서 EU는 중, 동부 유럽으로 계속 확대됐고, 2021년 1월 27개국에 이를 때까지 회원국 숫자는 계속 증가했다.[1] 미-EU는 경제에서 상호의존 상태로 진입했다. 2019년 전체 상품 및 서비스 무역은 1조 달러를 상회했고, 그들은 서로에게 FDI의 최대원천으로 양측의 누적 FDI는 2019년 6조 달러에 달했다. 그들의 교역과 투자는 양측에서 900만 명 직접 고용을 도왔다.

그러나 미-EU가 갈등이나 이견이 없는 것은 아니었다. 1990년대 말 발칸에서 세르비아 밀로셰비치 정부의 코소보 공격 당시 나토 개입을 둘러싸고 미-EU간에 의견 대립이 있었다. 2003년 조지 W. 부시 행정부가 유엔안보리 승인 없이 이라크에 침공했을 때, 미-EU 관계는 최저점에 도달했다. 대부분의 EU 국가들이 유엔에서 워싱턴의 시도에 강력하게 반대하고 유럽인들을 포함해 전 세계에서 수백 번의 반대집회가 개최됐지만, 미국은 영국, 이탈리아, 스페인과 함께 일방적으로 바그다드를 공격했다. EU 내에서도 그 전쟁을 지지하는 국가들, 그리고 그에 반대하는 프랑스, 독일을 중심으로 결집한 국가들 간에 균열이 야기됐다.

미국과 EU는 국제형사재판소(ICC)에 관해서도 견해를 달리했다. 클린턴 행정부는 2000년 그 제도를 도입한 로마협정에 찬성했지만 미 상원에 비준안을 제출하지 않았고, 나중에 조지 W. 부시 대통령은 ICC 가입을 거부했다. 그것은 워

---

1) 1993년 마스트리히트 조약에 의해 결성된 EU에 가입을 원하는 국가들은 Accession을 포함해 복잡한 절차를 거쳐야 하는데, 희망 국가들은 코펜하겐 기준으로 알려진 일정수준의 민주주의, 시장경제 수준을 충족시켜야 한다. 2021년 1월 현재 27개국으로 구성된 EU의 가입은 회원국의 만장일치에 의해 결정된다. 지금까지 5개 국가가 추가 가입을 원하는데, 터키는 압도적인 이슬람 주민 비율, 키프로스와의 오랜 분쟁, 그리고 시리아 쿠르드 공격과 S-400 MD 시스템 배치를 포함하는 친 러시아 행보 등 여러 이유로 가입 전망이 어둡다. Countries/ European Union, https://europa.eu〉 countries_en

싱턴이 미군병사들이 아프간, 이라크 전쟁에서 저지른 범죄로 인해 기소될 것을 우려했기 때문이었다. 미-EU는 다른 많은 사안에서도 서로 대립했다. EU는 조지 W. 부시 행정부가 교토협약에서 탈퇴한 것에 부정적 감정을 가졌다. 원래 미국은 클린턴 행정부 당시 그 협정에 서명했지만, ICC의 경우와 비슷하게 미 상원의 비준을 받지 않았다. 그 협정은 지구온난화 방지 목적으로 선진국 온실가스 배출량을 2012년까지 1990년 대비 7% 감축할 것을 의무화했는데, 미국은 2001년 3월 협약 탈퇴를 공식 선언했다. 부시 대통령은 그 협정이 미국 경제에 부정적 영향을 미친다는 이유로 철수했는데, 그 결정은 EU, 일본, 중국, 중남미, 그리고 미국 내 환경단체들로부터 크게 비난받았다. 조지 W. 부시에서 오바마 집권기간, 미국과 유럽은 이슬람 테러 용의자 인도문제와 관련해서도 이견을 노출했다. 테러리스트를 수송하는 CIA 항공기가 수백 차례 영국, 독일을 거쳐 동유럽, 중동, 아프리카로 향하는 것에 대해 EU 집행위원회가 해명을 요구하고, 또 미국의 쿠바 관타나모 수용소 운영에 반대했지만, 워싱턴은 묵묵부답으로 일관했다. 미 CIA는 동유럽 여러 곳에 비밀감옥을 유지하는 것으로 의심받았다. 오바마 대통령이 두 번째 임기를 시작한 2013년에는 미-EU 간에 정보기구 관련 논란이 발생했다. 그것은 미 국가안보국(NSA: National Security Agency)이 미국 내 EU 임무, 그리고 브뤼셀 EU 본부 내 각국 대표단 사무실을 감시, 도청한 것으로 의심받은 사건을 말하는데, NSA는 주요대상의 컴퓨터, 이메일을 해킹하고 전화를 도청한 것으로 알려졌다. EU는 그 가능성에 대해 큰 유감을 표시하고 재발방지를 요구했다.[1] 미-EU는 일찍부터 무역에서도 분쟁을 겪었는데, 그것은 가금류, 유전자 변형식품, 지리적 표시의 보호, 데이터 보호, 그리고 가장 대표적으로 보잉과 에어버스 정부지원 문제를 포함했다.

(2) 미-EU 관계의 악화

그러나 미-EU 갈등은 2017년 트럼프 대통령이 집권하면서 전례 없이 악화됐다. 취임 직후 1월 트럼프 대통령은 유럽언론과의 인터뷰에서 EU는 독일을 위한 수단에 불과하고, 유럽이 100만 무슬림 난민을 받아들인 것은 메르켈 총리의

---

1) Jonathan Haynes, "EU demands clarification over US spying claims," The Guardian, (June 30, 2013)

▲ 앙겔라 메르켈, newsharvard.edu

'재앙적 실수'에 의한 것이었다고 비난했다.[1] 트럼프는 2016년 1,467억 달러에 이르는 미-EU 무역적자에 비판적이었지만, 그의 유럽에 대한 반감은 경제에만 국한된 것이 아니었다. 대선 캠페인 당시 트럼프는 독일 총리 메르켈이 이민자 문제로 인해 곧 축출될 것이라고 주장했고, 그에 반발해 독일 외교장관(Frank W. Steinmeier)은 트럼프의 미국 우선주의에 입각한 해외개입 축소가 미국뿐 아니라 나머지 세계에도 위험을 가져올 것이라고 반박했다.[2] 2017년 3월 트럼프가 워싱턴에서 메르켈과 처음 만났을 때, 두 리더는 유럽의 안보에서부터 무역, 이민까지 모든 면에서 의견이 달랐다. 트럼프는 베를린이 나토와 관련해 미국에 엄청난 양의 재정을 빚지고 있고, 워싱턴이 그 모든 비용을 회수해야 한다고 주장했다. 또 그는 독일과의 미국 무역적자를 거론했을 때, 메르켈이 양국 간 모든 경제문제는 하나의 경제공동체인 EU와의 맥락에서 고려돼야 한다고 말하면서 양국 간 경제 현실에 관한 논의를 회피했다고 비난했다. 2017년 5월 트럼프는 "독일인은 아주 나쁘다"고 말하면서 독일과의 자동차 무역 중단을 시사했고, 메르켈은 아직도 미

---

1) 유럽으로 유입되는 이주자는 여러 형태를 띠었다. 일부는 순수 난민이었고, 다른 일부는 경제적 이주자, 국가를 잃은 사람, 납치된 사람, 부모 잃은 아이들이었다. 그들은 주로 중동, 아프리카로부터 유래했는데, 시리아 난민이 특히 많았다. 그 유입은 2015년 가장 많았고, 그 과정에서 사망하거나 행방불명된 사람 숫자는 2016년에 가장 많았다. 시리아, 이라크, 아프가니스탄 난민은 주로 그리스와 서발칸으로 진입했고, 아프리카 난민은 스페인과 이태리를 거쳤다. 그곳에서 그들은 대체로 독일과 스웨덴으로 가기 원했는데, 그 이유는 그 두 나라가 난민과 이주민 정착에 가장 좋은 여건을 제시했기 때문이다. 동유럽은 상대적으로 난민 수용을 원치 않았다. 2016년 3월에 이르러 EU는 난민 유입을 줄이기 위한 방법으로 앙카라와의 합의하에 그리스로 오기 위해 터키를 거치는 비정규 이주자를 본국으로 송환하도록 조치했다. 또 다른 조치는 지중해에서 난민유입의 방지, 이탈리아, 그리스 같은 1차 진입국가들에 난민 임시시설의 건립, 그리고 국경강화를 포함했다. 미국은 그 난민이 유럽 안정에 피해를 주고, 또 그중에 많은 테러리스트가 포함될 것을 우려했다. 유엔 회원국들은 난민과 이주민의 안전한 이주와 정착을 돕기 위해 2018년 지구적 이주협정 (Global Compact on Safe, Orderly and Regular Migration)을 체결했지만, 트럼프 행정부는 2017년 그 조약 협상 국면에서 철수했다. 미국의 난민 허용치는 2017년 11만 명, 2018년 4만 5천명, 2019년 3만 명으로 점차 축소됐다. Kristin Archick, Rhoda Margesson, "Europe's Refugee and Migration Flows," CRS IN Focus, IF10259, (Updated March 20, 2019), pp. 1-2.
2) Andrea Shalal, "Trump's 'politics of fear' dangerous for U.S., world-German foreign minister," Reuters, (July 20, 2016)

국과의 다자협력이 결정적으로 중요하다는 것을 인
정하면서도 트럼프의 미국에 무조건 의지할 수는
없고, 러시아를 포함해 유럽경제 및 안보에 관련된
여러 나라와의 대화가 중요하다고 암시했다.[1] 더
나아가 트럼프는 7월 미 언론과의 인터뷰에서 EU
가 '미국 최대의 적'이라고 말하고, 트위터에서 EU
가 반 트러스트법 위반으로 구글(Google)에 51억

▲ 장 클라우드 융커 euronews.com

달러 벌금을 부과한 것을 EU가 미국을 착취하는 사례로 인용했다. 트럼프의 지속
적인 유럽 비난에 EU는 당황, 분노했다. 유럽 국가수뇌들의 정상회담인 유럽연합
정상회의(EC: European Council) 의장 도널드 투스크(Donald Tusk)는 70년 미국
대외정책의 전통과는 다른 트럼프의 새로운 외교로 인해 미-EU 관계가 깊은 수
렁에 빠지고 있다고 말했고, EU 집행위원회(European Commission) 위원장 장-
클라우드 융커(Jean-Claude Junker)는 트럼프가 브렉시트를 지지하는 것에 비추
어 유럽이 미국 몇몇 주의 독립을 부추겨도 괜찮은지 직설적으로 되물었다.[2] 유

---

1) Chris Cillizza, "How a single sentence from Angela Merkel showed what Trump
   means to the world," CNN, (May 29, 2017); Samuel Osborne, "Angela Merkel says
   Germany can no longer rely on Donald Trump's America," The Independent, (May
   28, 2017)

2) 유럽의회(European Parliament)는 EU 시민을 대표해 EU 예산을 승인하고, 인구비례에
   따른 705개 의석을 운영한다. 유럽위원회(European Council)는 EU 회원국 정상과 EU 집
   행위원장을 포함하는 유럽 정상회담으로, 그 조직은 1년에 수차례 회동한다. 유럽 집행위
   원회(European Commission)는 EU 집행부로서, 각 회원국이 한 명씩 파견하는 5년 임기
   의 27명 위원으로 구성되고, EU 외교 '고위대표'(High Representative)를 포함한다. 유럽
   집행위원회는 유럽의회와 EU 장관위원회(Council of Ministers)로도 알려진 '유럽이사
   회'(Council of European Union)의 승인을 받아 업무를 추진한다. EU는 다수 회원국이
   동의하는 많은 공동정책을 실시한다. 셍겐조약(Shengen border-free area)은 1999년 EU
   법에 포함됐고, 그에 가입한 22개국은 서로 여권이 없이 여행이 가능하다. 1999년 시작되
   고 점차 19개국으로 확대된 유로존은 유럽중앙은행(ECB: European Central Bank)에 의
   해 환율이 통제된다. 영국과 폴란드는 유로존에 참여하지 않아 자율적 재정, 환율정책을
   시행할 수 있었다. 조지 W. 부시 행정부 말 미국에서 시작된 경기 대침체의 여파로 유로
   존이 위기에 처하면서, ECB는 1.5조 달러 수준의 자금을 방출해 그리스, 아일랜드, 포르
   투갈, 스페인인 피그스(PIGS) 국가들의 경제를 회복시켰고, 미래 위기대응을 위해 '유럽
   안정화메커니즘'(European Stability Mechanism)을 도입했다. 코비드-19와 관련해서는,
   1.3조 달러 EU 예산 이외에 추가로 2021~2027년 기간 회원국들에 대한 무상지원과 대출
   을 위한 9,180억 달러 규모의 회복펀드를 설립했다. 또 유럽 국가들은 '사법 및 내무업
   무'(JHA: Justice and Home Affairs) 제도를 통해 테러의 기준 설정, 사법 및 국내치안, 체
   포영장에 대한 공동기준을 설립했다. Kristin Archick, The European Union: Questions

럽은 트럼프의 발언에 충격 받았다. EU는 트럼프라는 미국 리더의 세계관에 대해 의심하면서, 미-EU가 공정하고 균형적인 경제, 무역관계를 유지하고 있다고 반박했다. 그들은 미국이 서비스 산업에서 수백억 달러에 이르는 흑자를 얻고, 유럽 내의 많은 미국기업들이 큰 수익을 거두고 있다는 사실을 상기시켰다.[1] 비록 영국의 테레사 메이(Theresa May) 총리가 트럼프 취임 직후 미국을 방문한 첫 번째 외국정상이었지만, 180만 명 이상의 영국인들이 메이의 트럼프 런던 초청 취소 청원을 제출했을 때 영국의회는 그와 관련된 결의안을 진지하게 고려했다. 비록 그 논의된 결의안이 구속력은 없었지만, 그것은 상당수 영국인들의 트럼프에 대한 거부감을 의미했다. 일각에서는 미국이 '전사국가'(warrior state)라고 비난했다. 그것은 미국이 막강한 군사력을 앞세워 싸우려고만 하는 나라라는 의미를 띠었다.[2]

그 이외에도 양측은 여러 이슈에서 많은 이견을 드러냈다. 유럽은 트럼프 대통령이 개인적으로 국제법을 무시하고 크리미아를 합병한 푸틴 대통령과 우호관계를 유지하려는 모습에 실망했고, 이라크에서의 카셈 솔레이마니를 살해한 드론 공격과 시리아의 병력감축 이슈를 포함하는 중동평화에 관한 돌발행동에 충격 받았다. EU는 미국의 JCPOA 파기, 파리 기후합의 및 WHO 탈퇴에 반대했으며, UN, WTO와 같은 다자제도에 대한 비판적 태도에 커다란 불만을 표시했다.[3] 트

and Answers, CRS Report, RS21372, (Updated January 22, 2021), pp. 3-7, 10.

1) Foreign Trade-U.S. Trade with European Union-Census Bureau, https://www.census. gov〉 balance; 무역규모 및 적자, 흑자에 관한 통계치는 제시하는 기관마다 다르다. Euro pean Union/ United States Trade Representative, https://ustr.gov〉 europe〉 european...

2) David Clark, "European Foreign Policy and American Primacy," International Politics, Vol. 45, No. 3, pp. 276-291.

3) EU는 교토협약에서 약속된 2008~2012년 의무를 모두 달성했고, 2013~2020년 의무 역시 차질 없이 수행했다. EU는 미국의 파리 기후협약 탈퇴에 반대했는데, 그들은 파리 기후합의도 성실하게 이행했다. EU 국가들은 2030년까지 1990년 대비 모든 종류 온실가스 방출의 40% 감축을 서약하고, 탄소배출을 줄이기 위해 엄격한 에너지 효율을 포함하는 청정에너지 증진조치를 도입했다. 2019년 2월 EU는 또 2030년 목표치를 50%로 상향조정하고, 2050년까지 온실가스 중립의 목표를 채택하며, '탄소 국경세'(carbon border tax) 도입을 고려하는 새로운 '그린 딜'(Green Deal)을 제안했다. 그것은 향후 10년 간 1.08조 달러를 소요할 것으로 추정되는데, 유럽의회는 그린 딜을 지지하는 구속력 없는 결의안을 통과시켰다. 그러나 독일과 벨기에 같은 나라들은 원자력 발전 축소로 온실가스 축소에 어려움이 예상됐고, 폴란드를 포함해 석탄에 의존하는 일부 국가들은 기후정책에 요구되는 비용을 우려했다. EU는 기후합의에 동참하지 않는 나라와는 자유무역협정을 체결하지 않을 것이라고 선언했다. Kristin Archick, Jane A. Leggett, Keeze Procita, "EU Climate

럼프가 영국, 프랑스, 독일이 미국의 JCPOA 탈퇴를 지지하지 않으면 유럽 자동차에 25% 관세를 부과할 것이라고 위협했을 때, EU는 워싱턴의 행동을 대서양동맹에 대한 궁극적 파괴로 보았다. EU는 또 트럼프 행정부가 예루살렘을 이스라엘 수도로 승인한 것이 유럽이 오랫동안 선호하고 지난 수십 년간 미국의 공식정책이었던 이스라엘-팔레스타인 2 국가체제 전망을 잠식한다고 비판했다.[1]

　　트럼프의 나토 비하 발언은 유럽 리더들과 유럽 대중에게 최대의 실망이었다. 2020년 2월 독일 뮌헨 안보회의에서 마이크 폼페이오 미 국무장관이 '대서양동맹의 죽음' 표현은 완전히 과장된 것이고, 미국은 나토헌장 제5조에 헌신하고있으며, 또 트럼프의 미-EU 무역관계 시정을 위한 노력이 단지 강제적 형태로나타난 것이라고 방어적으로 말했지만, 유럽의 미국에 대한 불신과 반감은 수그러들지 않았다. 더 나아가 EU는 코비드-19 팬데믹과 관련해 트럼프 행정부가2020년 3월 유럽인들의 미국 여행을 금지한 것에 분개했고, 미-EU는 코비드-19 극복을 위한 의료장비, 백신, 치료제 연구개발에서 이견을 보였다. 미-EU관계의 불협화음은 트럼프의 유럽 철강 및 알루미늄 제품에 대한 관세부과와 그에 맞대응하는 유럽의 4년간 대결에서 진면목을 드러냈다. 경제와 관련된 양측대화는 아무 결실을 맺지 못했고, 그 대립관계는 트럼프 행정부가 임기를 마칠 때까지 지속됐다. 미-EU는 무역분쟁을 해결하고 무역자유화가 필요하다는 인식에공감하면서 일부 대화를 진행했지만, 그것은 무역 관련 실질적 긴장완화에 전혀기여하지 못했다. 양측 간에 대테러, 사이버안보의 중요성, 팬데믹 관련 협력, 그리고 부상하는 수정주의 파워 러시아와 중국에 관한 우려에서 일정수준의 공감대가 있었지만, 또 유럽은 트럼프의 아프가니스탄 평화협정 체결에는 동의했지만,그것은 미-EU 반목, 그리고 워싱턴에 대한 EU의 불안감 해소에 거의 기여하지못했다. 미국이 강자로 행동하고 EU가 약자의 위치에 처하면서, 유럽에서는 미국이 장기적으로 국제적 도전 운영에서 신뢰할 수 있는 파트너인지에 관한 의문이계속 커져갔다. 2020년 1월 영국의 궁극적인 브렉시트, 국제질서 재편의 소용돌

Action and Implications for the United States," CRS In Focus, IF11431, (Updated May 26, 2020), pp. 1-2.

1) Kristin Archick, Shayerah Ilias Akhtar, Paul Belkin, Derek E. Mix, <u>Transatlantic Relations: U.S. Interests and Key Issues</u>, CRS Report, R45745, (Updated April 27, 2020), pp. 9, 32.

이, 그리고 EU 내 자체적인 수많은 문제 속에서, 유럽의 불안은 커져갔다.[1]

▲ 우르술라 폰데어 라이엔, politico.eu

한편 2021년 1월 미국에서 바이든 행정부가 출범하면서 미−EU 관계에서 실질적 돌파구가 열렸다. 새로 집권한 바이든 행정부는 미−EU 균열 치유를 강조했고, EU는 그에 화답해 워싱턴과의 관계개선을 희망했다. 2020년 12월 EU 집행위원회(EU Commission) 신임위원장 우르술라 폰데어 라이엔(Ursula von der Leyen)과 EU 외교 고위대표(High Representative) 호세프 보렐(Josep Borrell)은 미−EU 관계변화를 위한 '지구적 어젠다'(Agenda for Global Change)를 제안했다. 그것은 코비드−19 팬데믹에 대한 대응, 기후변화와 환경도전의 시정, 민주주의와 안보의 강화, 그리고 무역, 테크놀로지, 디지털 거버넌스 협력에 관한 거시적 윤곽을 제시했다. 미−EU 모두 양측의 관계회복과 미래로의 진전을 희망했다. 미국은 특히 중국의 도전에 대항하는 미−EU 협력을 강조했고, 유럽은 상당한 공감대를 표시했다. 그럼에도 양측 모두에 약간의 우려는 남아있었다. 트럼프 이후 미국 국내정세가 극도로 분열된 상태에서, 바이든 행정부가 무역, 디지털 기술, 데이터 보호, 그리고 EU−러시아, EU−중국 경제협력과 관련된 사안에서 브뤼셀의 모든 요구를 액면 그대로 수용하는 것은 어려울 것이라는 의견이 제시됐다. EU에서도 미국의 지구적 영향력이 쇠퇴하고, 러시아 및 중국과의 불가피한 협력 필요성이 증대하며, 트럼프 시대 미국의 유럽 보호와 신뢰에 대한 의구심이 증대하면서, 유럽의 자주를 옹호하는 목소리가 증가하는 것으로 보였다.[2]

---

1) EU와 (미국이 주도하는) 나토 간에는 회원국 구성에서 약간의 차이가 있다. 프랑스, 독일, 이태리, 스페인, 폴란드, 체코, 헝가리, 루마니아, 불가리아 등 수많은 동, 서유럽 국가들이 EU와 나토 모두에 가입해 있다. 그러나 오스트리아, 핀란드, 스웨덴, 아일랜드, 말타, 키프로스(Cyprus)는 나토 가입은 보류한 채 EU에만 가입해 있고, 반면 미국, 캐나다, 영국, 노르웨이, 알바니아, 아이슬란드, 몬테네그로, 북 마케도니아, 터키는 나토에만 가입해 있다. 미국, 캐나다는 북미에 위치하기 때문에 EU 회원국에 가입할 필요가 없고, 터키는 무슬림 다수가 구성하는 인구분포와 터키−키프로스 분쟁, 그리고 특히 최근에는 에르도안 총리의 반 유럽적 행동으로 인해 EU 가입이 더 어려워졌다. Ibid., pp. 2−3.

2) 오랜 기간의 독자노선 노력에서의 침체를 넘어서려는 지난 수년간의 독자적 대외, 국방정책 수립의 경향, 중국, 캐나다, 남미, 일본과의 경제협력 강화 시도는 모두 미국에 대한 의존 축소 노력을 의미했다. Archick, The European Union, (Updated January 22, 2021),

(3) 미-EU 경제관계

미국과 유럽은 서로에게 있어서 세계에서 가장 중요한 경제관계를 구성했다. 미-EU 투자는 양측의 성장과 직업창출에 기여하는 대서양 관계의 실질적 견인차인데, 대서양 간 무역의 1/3은 실제로는 회사 내 이전을 포함했다. 미국의 EU에 대한 총 투자는 아시아 전체를 합친 것의 3배이고, EU의 미국 내 투자는 중국과 인도를 합친 것의 8배에 달했다. 대서양 경제관계는 또 지구경제를 전체적으로 형성했는데, 그것은 미국 또는 EU가 세계 거의 모든 다른 나라들의 최대 투자 및 무역파트너이기 때문이다. 미-EU 경제 잠재력을 푸는 열쇠는 소모적 경쟁을 넘어 관세, 그리고 세관절차 및 국경 뒤의 규제적 제한인 비관세 장벽을 제거하는 것이었다.[1]

더 구체적인 수치에서, 2019년 현재 미국의 GDP는 21.4조 달러, EU의 (명목상) GDP는 18.7조 달러로서, 두 블록은 지구적 GDP의 60% 가까이 차지했다.[2] 2016년 미국과 EU의 상품무역은 양측 모두 3.8조 달러 수준에서 세계 상품무역의 30% 이상을 담당했고, 서비스 무역은 각각 3조 달러와 2.7조 달러로서 세계 비율의 42%를 구성했다. 또 미-EU는 세계 최대 규모의 양자 무역관계를 유지하는데, 2016년 미국 상품수출의 18.7%와 서비스 수출의 30.9%가 EU로 가고, 상품수입의 18.9%와 서비스 수입의 35.3%가 EU로부터 왔다. 비슷하게 EU 상품수출의 20.1%와 서비스 수출의 27.2%는 미국으로 가고, 상품수입의 14.2%와 서비스 수입의 30.5%가 미국과 이루어졌다.[3]

미-EU의 경제관계는 오랜 기간 세계 자유무역의 표본이었다. 그러나 그것이 분쟁이 없었던 것은 아니다. 미-EU 무역분쟁은 처음에 세계 민항기 시장을 장악하기 위한 보잉(Boeing)과 에어버스(Airbus)의 경쟁에서 비롯됐다. 1970년대

---

p. 17.

1) 비관세 장벽은 무역 국가들의 서로 다른 규제 시스템에서 유래하는데, 안보, 소비자 보호와 관련된 규정이 그런 것에 속한다. United States-Trade-European Commission-European Union, (May 21, 2021), https://ec.europa.eu〉 trade〉 countries

2) 2019년 EU의 구매력을 감안한 GDP는 20.4조 달러이다.

3) https://www.wto.org/english/res_e_/booksp_trade_profiles17_e.pdf

유럽에서 정부지원으로 영국-프랑스-독일-스페인 컨소시엄 형태의 소규모 유럽 항공기 제조사 동맹에 의해 에어버스(Airbus)가 탄생했고, 그들은 세계 각지에서 시장 확대를 모색했다. 그 사업은 세계 최대의 미 항공기 제조사 보잉의 세계 점유율과 지분에 도전했고, 1980년대 두 항공기 제조업체는 서로 한 치도 물러나려 하지 않았다.[1] 에어버스가 미 항공사 팬암(Pan Am), 노스웨스트(Northwest), 아메리칸(American)으로부터 거대한 수주를 확보한 이후, 보잉은 그 회사가 WTO 규정을 위반하고 유럽정부의 지원으로 세력을 확대하는 불공정경쟁을 하고 있다고 주장했다. 반면 에어버스는 보잉이 나사(NASA), 펜타곤으로부터 특혜를 받고 또 주(state) 수준에서 특별 세금감면을 받고 있는데, 그 역시 불공정 경쟁에 해당한다고 주장했다. 그 분쟁은 미·중 무역분쟁과 비슷하게 정부의 기업 지원 범위와 수준에 관한 것이었다. 미국과 EU 정부는 모두 자국 기업이 경쟁에서 패배하기를 원치 않았고, 양측 정부는 타협 대신 소송을 택했다. 2004년 조지 W. 부시 행정부 당시 워싱턴은 WTO에 에어버스가 정부로부터 지원을 받는 불공정 관행에 개입해 있다고 제소했고, 유럽 역시 WTO에서 보잉에 대항해 제소했다.[2] 그런 가운데 WTO 도하 라운드의 무기력을 감안해 2006년 독일의 메르켈 총리가 대서양 간 FTA를 제안했지만, 그것은 결실을 맺지 못했다. 2007년에는 미-EU가 두 경제블록의 무역관계 재정립, 분쟁해소, 자유무역 확대를 위해 '대서양 경제위원회'(TEC: Transatlantic Economic Council)를 창설했지만, 그 역시 견고한 결과를 창출하지 못했다.[3] 2013년 2월 오바마가 무역자유화를 위해 제안한 '대서양 무역투자 파트너십'(TTIP: Transatlantic Trade and Investment Partnership) 설립 시도는 15차례의 미-EU 회의 이후 2016년 아무 성과 없이 종결됐다.[4]

---

1) David Prichard, Alan MacPherson, "Industrial Subsidies and the Politics of World Trade: The Case of the Boeing 7e7," Canada-United States Trade Center, p. 17.

2) Edward Alden, "Trump Is Escalating the Trade Fight With Europe-and There's No Easy Way Out," Foreign Policy, (July 24, 2020), https://foreignpolicy.com〉 trump-bi...

3) TEC는 미-EU 간의 유일한 고위급 포럼으로, 그 안에서 미 내각 장관들과 EU 집행위원들이 경제이슈를 일관성 있고 조정된 형태로 논의했다. 그리고 3개의 자문그룹이 TEC 업무를 돕기 위해 설립됐다. TEC는 또 연례 미팅 이후 브리핑을 하고, 시민사회에 그 회의의 목표와 전반적 상황을 설명했다.

4) "Transatlantic Trade and Investment Partnership," Office of the US Trade Representative, (November 28, 2017), www.ustr.gov

2017년 트럼프가 미국의 리더로 등장하면서 미-EU 경제관계는 과거의 무역 분규와는 다른 형태로 악화되기 시작했다. 보잉-에어버스를 제외한 과거 미-EU 분쟁에서의 대화가 더 나은 결실을 얻고 두 경제블록 간의 교류, 협력을 확대하기 위한 조치였다면, 트럼프 시대의 양측 대결은 선의가 결여된 무제한적 투쟁의 성격을 띠었다. 특히 트럼프의 지칠 줄 모르는 공격적 성향과 일방주의적, 중상주의적, 거래적 제로섬 시각은 양측 관계를 막다른 골목으로 몰아갔다. 취임 3달 후 2017년 4월 트럼프는 EU, 중국, 기타 국가로부터의 철강, 알루미늄 제품 수입이 미국의 국가안보(national security)를 저해하는지 조사하게 할 것이라고 말했고, 2018년 2월 미 상무부는 미국이 모든 철강, 알루미늄 수입에 25% 관세를 부과하거나, 아니면 몇몇 나라에는 더 높은 관세, 또는 수입에 쿼터를 부과해 미국 내 생산을 늘리는 것이 필요하다고 결론 내렸다. 그 즉시 트럼프는 트위터로 "무역전쟁은 좋은 것이고, 미국은 무역전쟁에서 쉽게 이길 수 있으며, 무역적자를 줄이기 원하면 외국과 무역을 중단하면 된다"고 말했다. 그에 대한 대응에서 EU 집행위원회 위원장 융커(Jean-Claude Junker)는 미국의 켄터키 버본(bourbon) 위스키 청바지, 할리-데이비슨 모터사이클 같은 농산물, 금속제품, 기타 산업생산물 수입에 보복관세를 고려중이라고 선언했다. 2018년 3~5월 미국은 외교 제스처의 일환으로 EU와 철강 및 알루미늄 제품에 대한 관세 부과에 관해 계속 협상 가능성을 거론했지만, 2018년 6월 원래 계획대로 유럽으로부터의 철강 수입에 25%, 알루미늄에 수입에 10% 관세를 부과했다. 그것은 1962년 무역확대법(Trade Expansion Act) 제232조 하에서 미 국가안보에 대한 상무부 판단을 근거로 대통령이 관세를 증가시키거나 쿼터를 부과하는 권한에 따른 조치였다. 미국 군사장비를 다량 구매하는 가까운 동맹국에 워싱턴이 국가안보를 이유로 관세를 부과하는 것을 모욕으로 인식하면서, EU는 29.1억 달러 상당의 미국 농산물, 금속제품, 기타 산업제품에 대한 10~25% 보복관세로 대응했다.[1] EU 무역책임자(Trade Commissioner, Cecilia Malstrom)는 EU가 미국의 조치에 대항할 수밖에 없었지만, 보복무역 이전으로의 복귀를 희망한다고 덧붙였다. 곧 이어 미 상무부가 또다시 유럽 자동차에 대해 20%의 관세부과를 위협하고 EU가 3천억 달러 상당 미국제품에 보복관세 가능성 암시로 맞서는 상태에서 양측은 분쟁완화의 필요성을 느꼈

---

1) Archick, Akhtar, Belkin, Mix, Transatlantic Relations, (Updated April 27, 2020), pp. 26, 32.

고, 그것은 2018년 7월 백악관 트럼프-융커 회담으로 이어졌다. 그때 미국은 유럽에 대한 금속제품 관세를 철회하고 기타 관세도 유보할 수 있다고 말했다. 융커는 유럽이 미국으로부터 농산물 수입을 증대하고 LNG 수입도 더 수월한 절차를 거치도록 조치할 수 있다고 화답했다. 두 사람은 관세, 비관세 장벽, 자동차를 제외한 산업제품에 대한 지원 제거 노력을 약속했다. 그것은 무역전쟁에서의 휴전과 비슷했다. 더 나아가 8월 말 EU는 워싱턴의 동일한 처사를 전제로 유럽이 자동차를 포함하는 미국의 모든 산업제품에 관세를 제거할 수 있다고 말했다. 그러나 트럼프는 EU의 자동차 관세 제거 제안을 거부했다. 2018년 미-EU 상품 및 서비스 무역규모가 1.3조 달러에 달하는 상태에서, 미국의 EU에 대한 상품무역 적자는 1,684억 달러였다. 그것은 2017년 대비 11.8% 증가한 수치이고, 2008년 대비 77.1%의 증가였다. 그 적자의 2/3는 독일로부터 왔고, 그것이 트럼프가 특히 독일을 강력히 비난하는 이유였다. 그러나 트럼프는 서비스 관련 미국 흑자는 거론하지 않았다.[1]

2019년 전반기 미-EU 무역분쟁은 계속됐다. 그해 4월 미국은 치즈, 와인, 헬리콥터, 항공기를 겨냥하는 250억 달러 상당의 유럽제품 수출에 관세 계획을 선언했고, EU는 맞대응으로 미국 생산품 220억 달러에 대해 관세부과를 위협하면서 다른 한편 농산물을 제외한 산업제품 관세면제를 위한 미국과의 대화를 추진했다. 8월 프랑스 G-7 정상회담에서 트럼프와 메르켈은 독일산 자동차를 제외하고 미-EU 무역협상 타결이 가능하다고 말했고, 그것은 타협의 가능성을 밝게 했다. 그러나 10월 WTO가 2004년 워싱턴의 제소에 대해 유럽 에어버스가 정부의 부당지원을 받은 것이라고 판결하면서, 미국은 기꺼이 75억 달러 상당의 EU 제품에 관세를 부과했다. 그 관세는 위스키, 와인, 치즈와 같은 식품, 농산물을 포함했는데, 그것은 EU 상품 전체에 대해 25%의 관세를 추가하는 효과를 나타냈다.[2] 유럽의 농산물, 식품산업은 그 맹렬한 무역전쟁의 전선에 노출됐는데, 특히 스페인에서는 수출품 가격이 두 배로 인상됐다.[3] 에어버스는 WTO의 결정이 '심

---

1) Timeline: How The U.S.-EU Trade Dispute Took Shape/DHL Logistics..., (September 10, 2019), https://lot.dhl.com〉 timeline-ho...

2) Cognac targeted with tariffs, in US-EU trade row, (December 31, 2020), https://www.bbc.com〉 news

3) EU는 유럽의 농산물 업자가 무역전쟁을 시작한 것도 아니고 관련되기도 원치 않았지만

하게 유감'이고, EU가 "이 관세의 대상이 되는 이해 당사자와 모든 유럽 회사들의 이익을 방어하기 위해 적절히 대응할 것으로 믿는다"는 소견을 발표했다. 유럽무역그룹은 미국이 EU 상품에 관세를 부과하는 것에 실망했다고 말하면서, 프랑스의 수출업자가 수출이 30% 감소되는 큰 타격을 입었다고 주장했다.[1]

트럼프 행정부의 미-EU 경제관계에 대한 태도는 2019년 대통령의 '무역정책 어젠다'(Trade Policy Agenda)에 잘 나타나 있었다. 그것은 다음과 같은 3가지 논점을 포함했다. 첫째, 지구적 무역체계는 심한 결함(deeply flawed)을 내포하고 있고, 시대를 따라가지 못하는 불균형적 무역합의이다. 그것은 NAFTA와 같이 미국의 시장경제를 위축시키고, 경제성장을 방해하며, 미국 기업과 근로자에게 피해를 준다. WTO는 다자협상에서 아무 진전을 이루지 못하는 것에서 입증되듯 대표적인 비효율적 실패작이다. 둘째, 미국은 다자 및 양자 무역합의를 시정하고, 유용한 모든 수단을 동원해 미국 무역법을 강제해야 한다. 그것은 특히 중국을 포함해 타국의 불공정 무역관행을 방지할 것이다. 셋째, 미국의 모든 무역관계는 재균형 되어야 한다. 그것만이 미국의 정당한 경제이익을 증진시킬 것이다. 트럼프의 그런 인식은 미국과의 무역에서 흑자를 보는 모든 다른 나라를 불공정 무역관행을 사용하는 것으로 몰아붙였다. 이제 미국은 WTO 분쟁해결(DS: Dispute Settlement) 체계를 마비시키고, 표적국가로부터의 상품수입에 더 높은 관세를 부과할 것이었다. 그렇듯 트럼프의 인식은 모두 경제적 민족주의, 보호무역주의 시각을 띠었다.[2]

2020년 6월 워싱턴은 또 다시 EU에 특별히 강력한 징벌적 관세부과가 가능하다고 말했다. 그것은 현재 10~25%에 해당하는 맥주, 올리브, 트럭 같은 EU 제품에 대한 관세를 6개월마다 새로운 상품에 관세를 부과하는 형태를 띠었는데, 특히 대상이 된 것은 폭스바겐, 다임러 벤츠와 같은 독일의 자동차 회사였다. 트럼프는 기자회견에서 EU가 미국을 착취하고 있고, 유럽은 미국을 중국보다 더 나

말려들게 됐고, 따라서 EU가 그들을 보호해야 한다고 말했다. Contingency measures in the US-EU trade war, (October 14, 2019), https://www.europarl.europa.eu〉 P-...

1) Contingency measures in the US-EU trade war, (October 14, 2019), https://www.europarl.europa.eu〉 P-...

2) Dimitrova, "The State of the Transatlantic Relationship," (February 4, 2020), pp. 3-5.

쁘게 대우하고 있으며, 미국은 보복관세 부과를 정당화하는 301조하에서 EU의 디지털 세금을 조사 중이라고 말했다. 그런 가운데 2020년 8월 미-EU는 20년 만에 처음으로 일부 관세를 축소하기로 합의했다. 그 합의 하에서 미국은 EU로부터 수입하는 1.6억 달러 수준의 가공식품, 유리제품, 라이터 등에 대한 관세를 5년 기간 50% 낮추기로 약속했고, EU는 미국으로부터의 바다가재(lobster) 수입에 대한 관세를 MFN 수준으로 낮추기로 서약했다. 그러나 그것은 실질적 관세축소라기보다는 그 액수에 비추어 제스처로서의 상징적 성격이 더 강했다.[1]

미-EU 분쟁은 미·중 무역분쟁보다 강도는 약했지만, 양측은 거의 항상 서로의 제안을 거부했다. EU의 무역책임자(EU Trade Commissioner, Phil Hogan)는 11월 미 대선까지 미-EU 관계가 특별히 어려운 국면을 거칠 것이라고 말했고, 전문가들은 다음 대선에서 누가 당선되던 지금까지의 추세가 향후 양측 관계에 부정적 여파를 끼칠 것이라는 암울한 전망을 제시했다. 트럼프 대통령은 정권 출범 직후부터 임기 말까지 유럽에 대해 계속 관세를 유지하면서 끊임없이 위협을 제기했고, 미-EU는 서로에게 지속적인 보복과 위협으로 대치했다. 그래도 더 공격적인 것은 트럼프 대통령의 지시를 따르는 미 행정부였고, 세계를 선도하는 두 경제블록은 지구적 자유주의 경제의 바람직한 모델이 되기보다는 이전투구로 일관했다.[2] 그런 가운데 11월 보잉 역시 미국 워싱턴 주 정부로부터 세금 관련 특혜를 받았다는 WTO의 판결이 또다시 확정되면서, EU는 항공기에서 위스키에 이르는 40억 달러 상당의 미국제품에 관세를 부과했다. WTO는 비편파적 중재자로서 미-EU 양측 모두 옳다고 판결했다. 보잉-에어버스 관련 판결은 16년에 걸친 긴 분쟁이었고, 그 과정에서 새로이 부과된 관세로 인해 양측에서 그와 관련 없는 여러 산업, 농업분야가 피해를 입었다. EU의 관세에 대한 보복으로 미국은 2020년 12월 또다시 프랑스와 독일로부터의 항공기 부속과 일부 와인, 코냑, 브랜디에 추가관세를 부과했다.[3]

---

1) 2017년 미국의 유럽으로의 바다가재 수출은 1.1억 달러 규모였다. "Joint Statement of the United States and the European Union on a Tariff Agreement," European Commission, (August 21, 2020); Sam Fleming, Aime Williams, "EU agrees to eliminate tariffs on US lobster," Financial Times, (August 21, 2020)

2) Alden, "Trump Is Escalating the Trade Fight," (July 24, 2020), https://foreignpolicy.com〉trump-bi...

3) "US imposes new tariffs on French, German products in Airbus-Boeing spat," The

미-EU 무역분쟁에서 규칙에 근거한 세계경제의 흔적은 찾아볼 수 없었다. 트럼프의 무역방식은 수단, 방법을 가리지 않는 제로섬 경쟁이었고, 특히 안타까운 것은 트럼프가 중시하는 미국의 유럽 상품무역 적자가 사상 최대를 기록하면서 계속 커져간 것이다. 그것은 2017년 1,516억 달러, 2018년 1,684억 달러, 2019년 1,786억 달러, 그리고 2020년 1,843억 달러에 이르면서 트럼프 임기 중 한해도 거르지 않고 증가했다.[1] 미-EU 관계를 분열과 파국으로 몰고 간 트럼프의 '눈에는 눈, 이에는 이' 형태의 '미국 우선' 정책은 전례 없이 파괴적으로, 그것은 성과를 내기보다는 미국 국민들의 이익에 오히려 피해를 끼쳤다. 양측의 공통 이익이 배제된 상태에서, 미-EU 분쟁에서 생성된 공백은 중국에게 돌아갔다. 보잉과 에어버스가 사활을 건 경쟁에 돌입하고, 2018년 말과 2019년 초 두 번의 치명적 충돌 이후 판매가 거의 마비된 보잉 737 맥스(Max) 항공기와 팬데믹으로 깊은 위기에 처해 있는 보잉이 연방지원에 의존하는 동안, 중국이 엄청난 자본을 배경으로 상업 항공기 제조업체를 건설하고 있기 때문이었다. 그 기업은 보잉, 에어버스 모두에게 거대한 중국 시장 내에서, 또 그 너머에서 심각한 경쟁과 도전을 제기할 것이었다. 또 미국에게 더 불리한 것은 2014년 협상이 시작된 EU-중국 투자협정이 7년이 지난 2020년 말 체결된 것이다. 그동안 EU-중국 투자대화는 여러 이슈로 인해 수년간 정체됐지만, 베이징은 미·중 무역긴장이 증대하면서 입장을 바꿔 브뤼셀의 요구에 긍정적으로 대응했다. 그 타결은 중국의 제조업 분야, 건설, 공공, 공중수송과 텔레콤 분야를 EU 회사들에게 개방시켰다. 그 협정은 또 중국 내 일부 산업에서 외국인 소유 상한선과 공동 벤처 규정과 같은 투자 장애를 제거하도록 고안됐다. 중국은 신장 수용소에 구금된 위구르 무슬림을 강제노동에 사용한다는 비난을 부정하면서, ILO 강제노동 규정을 따를 것을 서약했다. 반면 중국은 EU의 국가안보에 관한 민감성을 넘어 에너지 시장 접근을 요구했는데, 그것은 베이징에게 유럽의 재생가능 에너지 분야에 대한 접근을 허용할 것이었다.[2] 큰 틀에서 미-EU가 경쟁하는 사이, 베이징은 거대한 국영기업에 대한

Strait Times, (December 31, 2020)

1) 2016년 미국의 EU와의 상품무역 적자는 1,467억 달러로, 그것은 2015년의 1,559억 달러에 비해 줄어들은 수치였다. Foreign Trade-U.S. Trade with European Union-Census Bureau, https://www.census.gov〉 balance

2) 1990년대 시작된 EU-중국 경제관계는 정치, 경제, 사회문화를 포괄하는 전반적인 관계로 진화했다. 2013년 11월에 이르러 양측은 EU-중국 '2020 전략적 협력 어젠다'(2020 Strategic Agenda for Cooperation)를 진수했다. 그것은 고위급 전략대화, 고위급 경제 및

무역대화, 그리고 (2012년 설립되고 1년에 2회 개최되는) 민간대화의 3개 축선을 중심으로 시행됐는데, 두 진영은 사이버안보, 초국경 범죄, 에너지와 경제, 환경문제를 논의하는 60개 이상의 대화기제를 운영했다. EU는 이미 엄청난 영향력을 행사하고 미래 잠재력은 더 클 수 있는 중국과의 양자, 다자차원 협력을 매우 중요한 이슈로 인식했다. 중국의 EU에 관한 인식은 리커창 총리의 2015년 6월 중-EU 기업 정상회담에서 단적으로 나타났는데, 그때 그는 베이징이 EU를 지구상의 한 극점(pole)으로 인식하고 있다고 말했다. 그것은 EU의 중요성이 미국 못지않다는 의미였다. 거시적 시각에서 양측은 그렇게 협력을 이어갔다. EU에서는 고위대표가 참여하고 중국은 외교담당 국무위원이 참여하는 연례 전략대화에서, EU와 중국은 대테러, 비확산, 중동과 아프리카, 남중국해, 북한, 세계인권을 논의했다. 양측이 사회, 문화 교류를 진행하면서, 중국에서 유학하는 EU 학생은 4만 명, 그리고 유럽에서 수학하는 중국인 학생은 20만 명에 이르렀다. 그래도 양측에 가장 중요한 것은 상호의존의 경제관계였는데, EU에게 중국은 미국 다음의 두 번째 큰 무역파트너였고, 중국에게 EU는 최대 무역파트너였다. 양측 무역량은 하루에 10억 유로를 넘었고, 양자무역은 EU GDP의 3.3%, 그리고 중국 GDP의 6%를 차지했다. 지난 10년 간 유럽은 중국 투자의 최대 종착지였다. 2009~2017년 중국은 유럽에 약 3천억 달러를 투자했고, BRI와 연계된 건설계약 규모는 400억 달러에 달했다. 2016년 중국 해운회사 코스코(COSCO: China Ocean Shipping Company)는 유럽 동남부 진입로인 그리스 항구(Piraeus)의 상당 지분을 획득했고, 2019년 3월 이탈리아는 도로와 항구 등 인프라, 민간항공, 에너지, 정보통신을 포함해 중국 BRI에 최대 규모로 참여하는 유럽국가가 됐다. 양측은 국제적으로 중시되는 사안인 관세 및 비관세 장벽, 각국의 산업정책, 지적 재산권 등 여러 경제 이슈에서 공정한 경쟁과 협력을 약속했다. 그래도 경제관계에서 EU의 우려가 계속 증가했다. 베이징의 지적재산권 행태와 관련해 EU가 2018년 6월 중국을 WTO에 제소하고, 그해 양측 정상회담에서 EU는 베이징 당국의 신중상주의 경제정책에 대해 공식우려를 제기했다. 더 나아가 EU는 중국 측 투자의 형태, 목적, 결과를 사전 검토하는 법안을 입법했고, 일각에서는 베이징의 경제침투 영향력이 러시아의 에너지 효과를 넘어설 수 있을 것으로 전망했다. 2019년 3월 EU가 공개한 전략전망(Strategic Outlook) 보고서는 중국이 협력 파트너이면서도 자유주의에 대한 대안을 모색하는 체제차원의 경쟁자이고, EU 회원국들은 대중국 협력에서 규정을 지키고 단합된 형태로 행동해야 한다고 강조했다. 또 안보차원에서 수십억 명의 민감 정보와 연관된 5G 네트워크, 그리고 PLA 해군함정의 발트 해를 포함하는 여러 지역 출현을 경계했다. 한편 EU-중국 관계가 진행되는 동안, 베이징은 과거 구소련 영향권이고 사회주의 사상이 아직도 남아 있는 중동부 유럽으로의 진출도 서둘렀다. 2011년 중국-중동부 유럽 경제 및 무역포럼(China-Central and Eastern European Countries Economic and Trade Forum) 이후, '16+1' 관계가 설정됐다. 그 16개 국가들은 불가리아, 헝가리, 폴란드, 루마니아, 크로아티아, 슬로베니아, 슬로바키아, 체코, 발트 3국, 그리고 향후 중국과의 경제협력을 희망하는 5개국인 알바니아, 보스니아-헤르체고비나, 마케도니아, 몬테네그로, 세르비아였다. 2017년 헝가리 '16+1' 정상회담에서, 리커창은 BRI 사업의 일환으로 베오그라드-부다페스트 고속철 현대화 사업에 32억 유로를 투자할 것이라고 말했고, 2018년 불가리아 16+1 정상회담에서는 소피아(Sophia) 내 지구적 파트너십 센터(Global Partnership Center) 설립에 자금을 지원할 준비가 돼 있다고 말했다. 많은 전문가들은 베이징의 중동부 유럽 침투로 인해 EU와 중동부 유럽 사이에 균열이 발생하고 있다고 지적하고, 베이징이 투자와 제품구매를 지렛대로 사용할 수 있는 가능성에 비추어 중국과의 사업은 투명성, 개방성을 요구한다고 말했다. 다른 전문가들은 중국의 EU 의사결정과 회원국 유대에 관한 영향력은 아직 제한적이지만, 그런 현상이 일 불공정 지원을 계속하면서 무역과 투자, 일대일로를 통해 세계 각지의 미국 시장에 더 깊이 침투했다. 중국의 세계 각지에서의 무역 및 투자관계 확대는 정치적 영향력 증대로 이어졌고, 그것은 부분적으로 베이징의 국내와 홍콩에서의 민주주의 탄압에 대한 세계적 비난을 완화시켰다.[1]

미국과 유럽은 서로를 위해 합법적 무역을 하는 것이 필요하고, 미-EU 항공전쟁의 평화는 자유주의 국가들이 중국의 신중상주의에 반대해 연합전선을 구축하는 효과를 낼 것이다. 트럼프 행정부는 불필요하게 유럽인들의 철강과 기타 수입에 대해 관세를 부과하고, 유럽 자동차 산업을 위협했다. 트럼프 시기 무역전쟁에서의 잘못을 깨닫고, 코비드-19 팬데믹의 부정적 경제효과를 극복하는 성장의 새로운 원천을 찾기 위해, 바이든과 유럽 리더들은 협력해야 할 모든 이유를 갖고 있다. 다행이 바이든 행정부 출범 이후 미-EU는 과거의 분열을 극복하고 더 나은 미래를 지향했다. 비록 많은 전문가들이 바이든 시기 미-EU 관계의 모든 상처가 하루아침에 치유되지는 못할 것이라고 말했지만, 그럼에도 양측 모두 단기적 이익보다 장기적 이익이 더 중요하다는 것을 인식하는 것으로 보였다. 전문가들은 미-EU가 그들을 분열시키는 작은 이익보다 근본적 가치를 더 중시하고 장기적 안목으로 더 나은 미래 관계를 지향해야 한다고 조언했다.[2]

(4) 바이든 행정부 EU 정책

바이든은 처음부터 EU 및 나토와 훼손된 관계를 복원할 것을 약속했다. EU

부 EU 국가에서 탐지되고 있다고 말했다. Vincent L. Morelli, "The European Union and China," CRS IN Focus, IF10252, (Updated April 1, 2019), pp. 1-2; 2021년 12월, EU는 2027년까지 3천억 유로를 지출하는 지구적 차원의 경제사업(Global Gateway) 진수를 선언했다. 그것은 유럽과 세계 다른 지역과의 공급망 연계를 통한 경제유대 증진, 저개발국 인프라 건설, 디지털, 기후변화 대응 지원을 목표로 했다. 그 사업의 주요 목표 중 하나는 중국의 BRI에 대항하는 것이었는데, 폰데어라이엔 EU 집행위원장은 그 선언 당시 EU 프로젝트가 (BRI에서 나타나는) 부채함정을 동반하지 않도록 유의할 것이라고 말했다. 그 사업의 1차적 지원대상은 유럽 경제방어를 위해 중국의 BRI 대상인 동유럽 국가인 것으로 알려졌다.

1) China and EU 'on verge' of major investment deal, (December 29, 2020), www.bbc.com
2) Editorial Board, Opinion/ The U.S.-E.U. trade war is mutually destructive. The two sides should finally negotiate, (November 11, 2020), https://www.washingtonpost.com⟩ ...

와 나토는 구성국가가 약간 상이하지만, 그 두 조직은 모두 유럽이 중추를 이룬다는 측면에서 어느 정도 동전의 양면과 같았다. 그래도 미국의 유럽관계에서 EU는 경제, 사회적, 그리고 약간의 대외정책 측면에 초점을 맞췄고, 나토는 외교, 안보와 더 관련됐다.

1) 미국의 EU 관련 경제정책

2021년 3월 바이든 대통령과 EU 집행위원장 폰데어 라이엔은 전화통화에서 미-EU 양측과 직접적으로 연계된 일부 무역분쟁 휴전에 합의했는데, 그것은 지난 오랜 기간 서로에게 큰 부담을 지게 한 보잉-에어버스에서 유래한 관세부과를 향후 4개월 간 유예하기로 한 것이다.[1] 그에 따라 양측의 항공기, 와인, 식품에 부과된 관세가 수개월 유예됐다. 그것은 오랜 동맹과의 분쟁을 줄이기 위한 분명한 의도를 뜻했다. 그것은 바이든 취임 이후 첫 번째 무역 돌파구였고, 미-EU 모두 트럼프 시대의 불필요한 분쟁에서 벗어나는 최초의 시도를 환영했다. 폰데어 라이엔은 그것이 대서양 양측 모두의 기업과 산업을 위한 탁월한 뉴스이고, 양측의 미래에 대한 아주 긍정적인 신호라고 말했다.[2]

그러나 미국과 EU 모두 아직 나머지 다른 관세는 그대로 유지했다. 미국회사의 비용을 높이고 유럽 생산자에게 상처를 주는 미국의 철강, 알루미늄에 대한 관세, 그리고 미국의 구글, 아마존 같은 테크 기업에 대한 EU의 디지털 세금 부과가 그런 것들이었다. 미국의 유럽 철강과 알루미늄 관세가 유지되는 한 EU도 2018년의 보복관세를 그대로 존속시키게 되어 있는데, 미국 입장에서 시급히 문제가 되는 것은 2018년 이미 EU가 관세규정을 통과시킨 대로 유럽의 미국상품에 대한 관세가 2021년 6월 자동적으로 두 배로 뛰게 되어 있는 것이었다. 그동안 EU의 보복관세로 인해 미국의 청바지, 오렌지 주스, 담배, 피넛 버터, 요트, 할리-데이비슨 모터사이클 같이 미국의 주요 수출품들이 타격을 입었는데, 워싱턴은 예컨대 유럽의 보복에서 가장 타격받은 버본 위스키가 추가 50% 관세에 직면하게 되는 현실을 우려했다. 미국의 주류업자들은 이미 그들의 우려를 공개적으로

---

1) 독일 국방장관을 역임한 폰데어 라이엔은 2019년 11월 EU 집행위원장에 취임했다.
2) U.S. and EU agree to suspend tariffs amid hopes of a 'fresh start' from the bruising Trump trade wars, (March 6, 2021), https://fortune.com〉 2021/03/06

표시했다. 미국과 EU 모두가 무역분쟁을 완전히 종식시키기 원하지만 그들에게 손쉬운 탈출구는 없었는데, 왜냐하면 바이든이 철강, 알루미늄 관세를 폐지할 경우 그는 관련 산업과 노조로부터 큰 비난에 휩싸이고, EU 역시 워싱턴의 상응 조치가 없는 한 국내정치 목적상 보복관세를 철회하기 어렵기 때문이었다. 유럽은 양측이 신속하게 해법을 찾아야 한다고 말하면서, 미국이 먼저 금속 관련 관세를 제거할 것을 촉구했다. 미국이 선제적 행동을 취하면 EU도 2018년 관세규정에 따라 그에 합당한 상호주의로 대응할 것이었다. 바이든 행정부 초기 미국 측에 또 다른 고민은 새로 임명된 상무장관(Gina Raimondo)이 트럼프의 철강관세를 효과적인 조치로 인식하고, USTR 지명자 캐더린 타이(Katherine Tai) 역시 미국 철강산업의 경쟁력을 유지하는 것이 중요하다고 여기는 것이었다. 그들은 자신들의 생각을 고수하는 가운데, 바이든 행정부 전체 차원에서의 관세 이슈 검토 이후 최종 행동방향을 결정한다는 입장을 표방했다.[1] 한걸음 더 나아가 미국 철강업계는 그 효율적 관세를 제거하거나 쿼터를 도입하는 데 반대한다는 의견을 피력했다. 그들은 아전인수식으로 미국의 다른 산업분야 고통은 이해하지만, 그것은 미국의 문제이기보다는 EU의 불법행동 때문이라는 트럼프식의 해석을 내놓았다.[2]

2) 미-EU 정상회담

2021년 6월 바이든 대통령이 유럽을 순방하는 동안, G7 및 나토에서의 정상회담 이후 미-EU 정상회담이 개최됐다. 미국 대표단은 바이든 대통령이 이끌었고, EU는 유럽 정상회의(European Council) 의장 샤를 미셸(Charles Michel), 그리고 EU 집행위원장 우르술라 폰데어 라이엔이 대표했다. 그것은 2014년 이후 첫 번째 미-EU 정상회담이고, 2017년 이후 미국

▲ 샤를 미셸, dw.com

---

1) USTR 대표 Tai는 2021년 6월 미국의 제232조에 근거한 관세로 인해 EU 보복관세가 두 배로 증가하는 것에 비추어 상무부와 긴밀하게 협력하지만, 개인적으로는 중국의 철강 과다생산을 시정하기 위해 동맹국과의 협력을 선호한다고 말했다.

2) Jakob Hanke Vela and Doug Palmer, Trump leaves Biden with an EU trade time bomb, (March 10, 2021), https://www.politico.eu〉 tag〉 trade

대통령의 첫 번째 EU 본부 방문이었다. 6월 회담이 시작될 때, 바이든은 "미국이 돌아왔다. 우리는 헌신해 있고 결코 완전히 떠나지 않았지만, 우리는 미국이 나토 및 EU와 위대한 관계를 갖는 것이 압도적으로 미국의 이익이라는 사실을 다시 강조한다. 나는 나의 전임자와 아주 다른 견해를 갖고 있다"고 말했다. 그의 메시지는 EU 대표들로부터 크게 환영받았다. 폰데어 라이엔은 "지난 4년은 쉽지 않았다"고 화답했다. 미국 관리들은 수일 후 바이든이 푸틴과 정상회담을 갖기 전 모스크바에 반대하는 연합전선 과시를 위해 미-EU 무역 긴장이 해소된 것으로 보이기를 원했다.

회담에서 양측은 '다시 새로워진 대서양 파트너십'(renewed transatlantic partnership)을 재확인하고, 팬데믹 이후의 미-EU 협력을 위한 공동 어젠다 설정을 추구했다. 바이든을 신뢰할 수 있는 파트너라고 부르면서, EU 정상회의 의장은 이번 브뤼셀 정상회담이 지난 분쟁을 넘어 미-EU 간 동맹의 새로운 시작이라고 감회 깊게 말했다. "오랜 역사를 공유하고 지난 세기 대부분을 형성한 미국과 EU는 이제 이번 세기를 형성할 시점에 와 있다. 양측 간에는 민감하고 미묘한 이슈가 많이 존재하지만, 미국과 EU 모두 상대방의 입장을 진지하게 이해하고 해결책과 상호 혜택의 길을 찾을 것이다." 미 부통령 카말라 해리스(Kamala Harris)는 바이든을 따라 '미국이 돌아왔다'를 반복해 언급하고, 민주주의 진전을 위한 미-EU 단합을 다음과 같이 강조했다. 미국과 EU는 공통의 도전에 직면해 있다. 세계 곳곳에서는 통제하기 어려운 일들이 수없이 발생하는데, 그것은 팬데믹과 그로 인한 경제침체, 기후변화, 사이버 위협, 그리고 민주주의에 대한 직접적 공격과 같은 것들이다. 민주주의가 당연시될 때 그것은 공격받기 쉽고, 따라서 그를 방어하기 위한 상시적 노력이 요구된다. 중국과 러시아의 인권 탄압에 미-EU는 함께 일어섰고, 지구촌 각지에 존재하는 부패, 부정의를 시정하기 위해 세계 민주주의는 연합해야 한다. 지난 1월 6일 미 의사당 폭도 난입은 미국 언론과 미국 민주주의에 대한 신뢰의 결여, 법원과 선거를 멀리하게 만드는 기본적 사실의 잠식과 가짜 뉴스로 인해 발생했다. 미국과 EU는 민주적 원칙에 재헌신하면서 모범으로 이끌고 민주제도를 강화해야 한다.[1]

---

1) "Live Updates; Biden at the EU-US summit," (June 15, 2021), https://www.cnn.com〉 live-news

미-EU 정상회담에서 양측은 항공기 제조업체 지원에 관한 오랜 분쟁을 5년간 더 휴전하기로 합의했다. 지난 3월 4개월 간 더 유예하기로 했던 보잉-에어버스 관련 분쟁은 20년에 걸쳐 양측 모두를 서로 보복관세로 대항하게 만들었는데, 미 USTR 대표 타이(Katherine Tai)는 이제 이 협상타결이 오랜 분쟁의 한 페이지를 넘기고, 불공정, 강요적 경제관행에 관한 우려를 시정하며, 양측 모두에게 공정경쟁의 기준을 보장할 것이라고 말했다. 그 결정은 양측의 협력과 미래 진전을 위한 결의를 대표했다.[1] 정상회담에서 미국과 EU는 많은 사안에 합의했다. 첫 번째는 무역과 투자에 관한 것이었다. 양측은 양자무역과 투자를 증대시키고, 규칙에 근거한 다자무역 체제를 지원, 개혁할 것을 약속했다. 협력을 위한 효율적 플랫폼으로 '무역 및 테크놀로지 위원회'(TCC: Trade and Technology Council)가 설립됐다. 그 위원회는 여러 목표를 표방했는데, 그것은 양자무역 및 투자관계 증진, 불필요한 기술적 장벽 제거, 규제정책 완화, 기업 혁신과 리더십 진흥, 국제기준 발전에 관한 협력, 그리고 테크놀로지, 디지털 이슈와 공급체인에 관한 협력 강화를 포함했다. TCC하에서 양측은 반도체 공급에서의 안전, 재원 효율적인 반도체 디자인과 생산능력 고양을 약속했다. 또 민항기 관련 논의를 위한 협력프레임(Cooperative Framework for Large Civil Aircraft)이 만들어지고, 연말 전까지 철강과 알루미늄 관련 정책적 차이를 조율하기로 합의했으며, 공정한 국제 과세체계, 그리고 협상기능과 분쟁해결을 포함해 WTO 개혁방안에서도 협력하기로 합의했다.[2] 두 번째는 코비드-19 팬데믹과 관련된 것이었다. 미-EU는 세계 백신 공동분배 프로젝트인 COVAX 시설지원 지속을 약속하고, 2021년 말까지 20억회 분 백신 기여를 독려했다. 백신 생산증대를 위해 코비드 태스크포스(Covid Manufacturing and Supply Chain Taskforce)가 창설됐고, 그 과제는 생산시설 확대, 안전한 공급체인 유지, 불필요한 수출제한 폐지, 그리고 관련 과학기술의 공유를 포함했다. 양측 리더들은 WHO 개혁과 함께, 미래 질병에 대비해 그 기구가 중심적으로 진행하는 코비드-19 기원에 관한 투명하고 독자적인 연구를 촉구했다. 세 번째는 기후변화와 관련된 것이었다. 양측은 '파리 기후합의'의 효율적 시행을 위한 '고위급 기후행동그룹'(High-Level Climate Actions Group)설

---

1) Biden Agenda for US-Eu Summit to Include Coronavirus, Climate and…, (June 25, 2021), https://www.voanews.com〉 usa

2) 2021년 11월 미국은 EU로부터 수입되는 철강을 연간 330만 톤까지 무관세로 통과시키고, 그를 넘어서는 물량에 대해서는 25% 관세를 부과하기로 합의했다.

립과 더불어 많은 구체사안에 합의했다. "각각의 2030년 목표(NDCs: Nationally Determined Contributions)를 시행하고 2050년 이전까지 넷 제로(net-zero) 온실가스 경제로 탈바꿈하는 것은 지구적 온도를 산업화 이전 온도의 1.5도 한계 내에서 유지가능하게 할 것이다. 기후 중립적이고 재원 효율적인 순환경제로의 이동이 시급하다. 석탄 사용을 가능한 한 빨리 줄이고, 2030년대에 탄소를 사용하지 않는 파워시스템으로 신속하게 이동해야 한다. 또 생물 다양성(biodiversity)에서의 손실이 역전돼야 한다. 해양투기 방지에 최선을 다해야 하고, 2030년까지 지구적 차원에서 적어도 30%의 육지와 30%의 해양을 보호해야 한다." 미-EU 정상회담의 마지막 주제는 대외관계에 관한 것이었다. 국제정세와 관련해, 정치 리더들은 미국과 EU가 세계 민주주의, 평화, 안보의 주춧돌, 보루라고 강조했다. "분쟁의 평화적 해결, 법치와 국제법에 대한 지지, 인권과 평등이 중요하고, 미디어의 자유, 개방적 인터넷, 사이버 공간에서의 책임 있는 행동, 그리고 가짜 뉴스 척결이 필요하다. 미국과 EU는 중국과 관련된 모든 문제를 논의할 것인데, 그것은 동, 남중국해에서의 강요적 행동, 대만에 대한 위협, 신장과 티베트에서의 인권침해, 홍콩 민주절차의 잠식, 가짜뉴스 캠페인을 포함한다. 동시에 미국과 EU는 중국과의 건설적 개입에서 비확산, 기후변화, 그리고 지역안보를 논의할 것이다. 러시아에 관해서도 미-EU는 모스크바에 의한 부정적 행동에 원칙을 갖고 대응할 것이다. EU의 동부 변경지역 안보는 중요한 이슈인데, 우크라이나, 조지아, 몰도바 공화국의 개혁은 지속돼야 한다. 남 코카서스의 평화와 안정 역시 중요하다. 벨라루스 루카셴코의 언론탄압을 포함해 국내 권력남용은 중단돼야 하고, 그 국민들의 인권, 민주주의 요구는 보호받아야 한다. 서발칸의 안정, 동지중해 사태안정, 그리고 민주적 터키와의 대화가 필요하다. 미국과 유럽은 에티오피아, 소말리아, 사헬지역의 안보와 인권 증진을 위해 협력할 것이다. 극지방(Arctic)은 평화와 안정의 지역으로 남아 있어야 하고, 인도-태평양, 베네수엘라를 포함하는 중남미와 카리브의 안정이 필요하다. 미국과 이란이 JCPOA로 복귀하기 위한 비엔나 협상을 지지할 것이다." 마지막으로 EU는 유럽독자안보 강화목적의 '상설 구조협력'(PESCO: Permanent Structure Cooperation)에 대한 미국의 참여를 초청했고, 미국은 '유럽방위청'(EDA: European Defense Agency)을 도울 것을 약속했다.[1]

---

1) EU-US summit, Brussels, 15/06/2021-Consilium, (June 15, 2021), https://www.consilium.europa.eu〉 2...

3 북대서양 조약기구

1949년 이후 그랬듯이, 오늘날에도 나토(NATO: North Atlantic Treaty Organization)의 근본적 목표는 동맹국의 자유와 안보를 수호하는 것이다. 그 집단 안보 체제는 북아메리카와 유럽의 안보가 함께 결속되게 만드는 실질적 수단인 동시에, 공통의 민주적 가치 표현의 일차적 수단으로 남아있다. 미국은 나토의 확대에서 유럽이 전체적으로 자유롭고 평화로우며 자유민주주의와 시장경제가 번영하기를 원한다. 나토 헌장 제4조는 공통의 안보문제에 관한 동맹국들의 논의를 보장하는데, 그 이슈들은 과거 냉전시대 협소한 소련의 위협으로부터 오늘날 발칸, 아프가니스탄, 러시아와 중국의 사이버 공격, 그리고 테러리즘과 해적행위에서 유래하는 위협과 같은 다양한 임무로까지 넓게 확대됐다. 한 나라에 대한 공격이 모두에 대한 공격이라고 규정하는 나토헌장 제5조는 동맹의 핵심인 집단방위에 관한 약속을 규정한다.[1]

그러나 미국과 유럽대륙의 안보와 평화에 핵심적이며 EU와 동전의 양면 관계에 있는 나토에 대해 트럼프 대통령은 심하게 부정적인 인식을 쏟아냈다. 나토의 가치 및 효율성에 대한 트럼프의 의구심은 동맹 내에서 엄청난 긴장을 야기했다. 그것 또한 많은 경우 미국의 재정비용과 관련돼 있었다. 과거 여러 미 행정부들이 유럽의 방위비 분담 증액을 촉구했지만, 누구도 그것을 트럼프만큼 거칠고, 불쾌하게, 또 그렇게 모욕적으로 요구하지는 않았다. 대선후보 시절 트럼프는 미국이 나토 내에서 동맹국 안보를 위해 지나치게 많은 비용을 부담하고 있다고 계속 주장하면서 동맹국 집단안보를 위해 규정된 나토 헌장 제5조의 자동적 군사개입이 필요한지에 대해 공개적으로 의문을 제기했다. 유럽 리더들은 그의 발언에 놀라움을 감추지 못했다. 취임 첫해 트럼프는 미국이 나토를 계속 지지하고 나토헌장 제5조의 자동개입을 옹호할 것이라고 말했지만, 그의 개인적 관심사는 러시아 공세로부터의 유럽 보호보다는 아직도 미-유럽 간 균형적 방위비 분담의 필요성에 맞춰져 있었다. 2017년 내내, 그리고 그 이후에도, 트럼프는 나토와 독일이 미국에 크게 빚지고 있다고 말하면서, 2024년까지 GDP의 2%를 방위비로 지

---

1) About NATO/U.S. Mission to the North Atlantic Treaty Organization, https://nato.usmission.gov〉about-n...

출한다는 약속을 하루라도 더 빨리 앞당길 것을 촉구했다. 미국 내 안보관계자들 상당수와 유럽인들은 모든 것을 금전과 재정적 관점에서 바라보는 트럼프가 나토의 전략적 중요성을 조금이라도 이해하는지 의구심을 가졌다.[1]

(1) 미국과 나토

1945년 이후 지구적 자유주의 질서의 리더 미국은 자본주의 필멸을 주장하는 소련 공산주의로부터 서구 민주주의의 근원지인 서유럽을 보호하기 위해 1949년 나토(NATO)를 창설했다.[2] 1991년 12월 소련이 붕괴되면서 그 존속의 필요성에 대한 논란이 있었으나, 빌 클린턴 행정부는 유럽대륙에서 과거 두 번의 세계대전을 야기한 '구 정치'(old politics)로의 복귀를 막는다는 명분으로 그 기구의 존속을 주장했다. 그 이후 나토는 미국 주도 하에 중, 동부 유럽으로의 세력 확장을 모색했고, 그 기구의 활동범위는 과거의 안보 초점에서 정치, 시장경제, 인도주의를 포함하는 영역으로 더 확대됐다. 그것은 나토가 방어적 군사동맹의 기능을 넘어 자유, 인권, 법치, 시장경제를 확산시키는 정치, 안보기구의 역할을 동시에 수행하고 있음을 의미했다. 평화를 위한 파트너십(PFP: Partnership for Peace), 지중해 대화(Mediterranean Dialogue), 그리고 유럽—대서양 파트너십위원회(EAPC: Euro—Atlantic Partnership Council)는 나토의 이웃국가들과의 지역협력을 관장하는 동시에, 다른 한편으로는 그들의 나토 가입 가능성을 모색하는 기제로 작동했다.[3]

---

1) 2016년 7월 러시아로부터 크게 위협받고 있는 발트 3국 보호에 대한 나토의 입장에 관해 질문 받았을 때, 트럼프는 그들의 의무이행 현황을 살펴보고 난 후 미국과 나토의 책임 수준을 결정할 것이라고 말했다. 유럽인들은 트럼프가 외교, 안보에 대해 조금이라도 인식이 있는지 의아해 했다. Michael McFaul, "Mr. Trump, NATO is an alliance, not a protection racket," Washington Post, (July 25, 2016); "NATO is not a protection racket: Biden test—drives new Trump attack," Politico, (December 5, 2019)

2) 캐나다는 창설 당시 처음부터 나토에 가입했고, 1995년에는 서독이, 그리고 1982년에는 스페인이 나토에 가입했다. 미국과 서유럽 국가 사이에 갈등도 있었는데, 프랑스는 1966년 드골 대통령 시절 나토의 군사지휘구조에서 철수하고 독자적인 핵능력을 개발했지만 2009년 사르코지 대통령 당시 나토와의 군사협력을 전제로 다시 완전한 회원국으로 복귀했다. 그래도 프랑스는 핵 억지 능력은 독자적으로 운영한다는 방침을 밝혔다.

3) '지중해 대화'(Mediterranean Dialogue)는 1994년 진수됐고, 그 공식 목표는 나토의 목표와 정책 설명을 통해 나토와 (지중해 지역) 중동, 북아프리카 7개 국가와 협력을 증진시키는 것이었다. 1997년 창설된 '유럽—대서양 파트너십위원회'(EAEC)는 1991년의 '북대서양

　　나토는 냉전시기보다는 오히려 그 시기 말부터 실제 군사작전에 개입했다. 나토는 1990~1991년 이라크의 사담 후세인이 쿠웨이트를 흡수하려는 시도에 반대해 처음 해외작전을 실시했다. 그 이후 나토는 몇 차례 더 군사작전을 실시했는데, 1992~1995년 유고슬라비아 해체과정에서 발생한 보스니아-헤르체고비나 사태, 그리고 유엔안보리 승인 없이 진행해 물의를 빚은 1999년 코소보(Kosovo) 사태 개입이 그런 것들이었다. 2001년 미국에서 9·11이 발생하면서 나토는 또다시 아프간 전쟁에 참여했고, 2003년 8월 이후에는 그 전쟁에서 유엔안보리 승인을 거쳐 결성된 국제안보지원군(ISAF: International Security Assistance Force)을 지휘했다. 그것은 나토 역사상 가장 길고 가장 광범위한 군사작전이었고, 2015년 이후에는 아프간 안보병력을 훈련, 자문하는 임무(RSM: Resolute Support Mission)를 진수하고 미군에 비례하는 수준으로 병력을 증가시켰다.[1] 아프간 전쟁 당시 미 펜타곤은 한편으로는 미군병력을 별도로 운영하고, 다른 한편 일부 병력을 나토의 지휘 하에 귀속시켜 두 방향에서 작전을 전개했다. 나토는 또 2004년 이라크 과도정부의 요청에 따라 그 전쟁에 훈련교관을 파견하고, 2009년 소말리아 해적행위를 방지하는 아덴만 작전을 수행했으며, 2011년 리비아 내란에서는 반독재 민주세력을 도와 카다피 정권 타도에 기여했다. 그 작전범위는 이제 유럽을 넘어 전 세계로 확대됐고, 2020년 3월 북 마케도니아의 가입을 승인하면서 오늘날 그 회원국 숫자는 30개로 증가했다.[2]

　　협력위원회'(NACC: North Atlantic Cooperation Council)를 대체하면서, 나토와 유럽 인근 나토 비회원 국가 간 관계 증진을 위해 설립됐다. 그 제도들은 모두 나토의 목적, 활동 내역 설명을 통해 그 정당성을 고양하고, 대화 상대국들의 나토 가입을 포함해 양측 협력의 기회를 넓히는 목적을 띠었다.

1)　2020년 4월 현재 아프가니스탄에서 연합군 병력이 당한 치명상의 1/3은 미군이 아닌 나토 회원국과 파트너 국가 병사들이 겪었다. Archick, Akhtar, Belkin, Mix, Transatlantic Relations, (Updated April 27, 2020), p. 6.

2)　나토 본부(headquarters)는 각 회원국 대표들이 모여 의사결정을 하는 곳으로, 그곳에는 각국에서 온 민간인 및 군 연락관, 그리고 외교관들이 상주한다. 그곳은 또 회원국과 파트너 국가들이 모여 대화를 나누고 협력을 추구하는 장소이다. 한편 나토 조직은 정치, 군사 요소의 두 개 주요 분야로 구성된다. 그것은 정치 차원의 민간구조(civilian structure)와 군사 차원의 군사구조(military structure)이다. 민간구조는 북대서양 위원회(NAC: North Atlantic Council)가 대표하는데, 그곳에서는 각 회원국의 외교, 국방장관, 또는 국가정상들이 모여 나토의 주요정책을 결정한다. 그들은 나토 사무총장 주재하에 매주 여러 차례 만나고, 만장일치의 원칙 위에 모든 주요 사안에 대한 결정을 내린다. 또 다른 구조는 실제 군사업무를 집행하는 군사구조이다. 그 제도는 군사위원회(MC: Military Committee)와 동맹사령부 작전(ACO: Allied Command Operations)으로 대별된다. MC는 회원국 국방책임

▲ 보리스 옐친, lidenz.ru

그러나 나토의 확대는 러시아로부터 많은 반발을 불러왔다. 일찍이 1990년대 중반 옐친 대통령과 코지레프 외교장관은 나토가 동진하면서 과거 구소련 국가들을 흡수하고, 또 그들의 의사는 무시한 채 구 유고슬라비아 등 과거 자국 영향권에서 군사작전을 벌이는 것에 불만과 불안감을 드러냈다. 러시아는 그 상황을 '나토의 핑크 빛 탱크도 위협적 탱크'라는 간략한 어귀로 요약했다. PFP에 가입하고 1990년대 중반 보스니아-헤르체고비나 사태 당시 나토군과 함께 그곳 인도주의 작전에 참여하면서 언젠가는 나토의 정식 회원국이 될 수 있다는 의사를 내비치면서도, 모스크바는 워싱턴과 서방이 러시아를 차별한다는 인상을 지우지 못했다. 1997년 나토-러시아 법안(NATO-Russia Founding Act)에 따라 창설된 나토-러시아 상설공동위원회(Permanent Joint Council)의 '16+1' 제도에 비추어, 모스크바는 자국이 나토의 결정에서 배체된 채 모든 것을 일방적으로 통보받고 그에 수동적으로 따라야 하는 현실을 혐오했다. 모스크바의 의견이 완전히 배제된 1999년 코소보 관련 나토의 세르비아 공습 이후, 나토-러시아 관계는 2000년대 구소련 공화국인 조지아와 우크라이나에서의 장미혁명, 오렌지혁명의 발발, 그리고 나토의 지속적인 동진과 동유럽 미사일방어망 설치로 결정적으로 악화됐다. 모스크바는 그 모든 현상을 서방이 러시아를 무력화시키기 위해 독려, 추진하는 공작의 결과로 이해했고, 그런 인식은 2008년 러시아-조지아 5일 전쟁과 2014~2015년 러시아의 크리미아 점령 및 동 우크라이나 군사작전으로 이어졌다. 이제 양측관계는 돌이키기 어려운 상호불신의 대치상태로 진입했다. 오랜 기간 미국과 러시아 간에 대테러, 핵 비확산, 그리고 2015년 JCPOA를 포함해 여러 협력의 계기가 있었지만, 그 모든 것은 공통의 이익이 있는 곳에서만 가능했다. 오바마 대통령은 나토를 소집해 모스크바의 국제법 위반과 군사침략에 대한 대응으로 러시아에 경제제재를 부과하고, 5천명 규모의 '신속대응임무'(VJTF: Very High Readiness Joint Task Force)를 창설하며, 또 G-8으로부터 러시아 회원자격을 유예했지만, 그 조치는

자들로 구성되고, 군사작전을 지휘하며, NAC에 군사전략 관련 자문을 제공한다. ACO는 실제 나토 전투를 담당하는 신속배군, 유럽부대, 독일 및 네덜란드 부대 등 여러 지역별 담당부대를 포함한다. "NATO's Operations 1949-Present," Supreme Headquarters Allied Powers Europe, (March 1, 2013), www.shape.nato.int

모스크바로부터 아무런 태도 변화를 이끌어내지 못했다. 러시아의 공세에 자극받은 미국과 나토 국가들은 2014년 웨일즈(Wales) 나토 정상회담에서 회원국 모두가 2024년까지 국방비를 최소 GDP 2%까지 늘릴 것에 합의했다.[1]

(2) 트럼프의 나토 관련 행동

트럼프의 대서양 안보관계에 대한 인식은 상당부분 제로섬과 중상주의 (mercantilist) 견해에 근거했다. 대통령 취임 직후 2017년 1월 인터뷰에서 그는 대선후보 당시와 비슷하게 나토가 수십 년 전에 고안되고 테러와의 전쟁에서 싸울 준비가 되어 있지 않은 쓸모없는(obsolete) 무용지물이며, 유럽 국가들이 나토 방위에 필요한 충분한 지출을 하지 않는 것은 미국을 이용하는 불공정한 처사라고 주장했다. 그해 5월 브뤼셀 나토본부 앞에서 기념건축물 제막식이 있었다. 2001년 붕괴된 세계무역센터의 금속조각과 베를린 장벽의 일부분이 포함된 그 기념물 앞 연설에서, 트럼프는 다음과 같은 취지의 메시지를 전달했다. 여기 기념탑은 선과 악의 전투, 그리고 미국, 캐나다, 유럽 국가들의 용기와 결의를 하나로 묶는 소중한 유산이며, 나토 헌장 제5조에 규정된 집단방위의 상징이다. 미래의 나토는 테러리즘, 이민문제, 러시아의 위협, 그리고 유럽대륙 동남쪽 상황을 포함하는 수많은 도전에 대비해야 한다. 나토 28개 회원국 중 미국, 영국, 그리스, 폴란드, 에스토니아를 제외한 23개 국가가 아직도 GDP의 2% 국방비를 맞추지 못하고 있는데, 그들은 미국에 거대한 빚을 지고 있는 것과 마찬가지이다. 그것은 미국국민과 납세자의 혈세에 부당한 해를 끼치는 불공정 행위와 다름없다. 회원국들이 의도적으로 국방비 목표를 맞추지 않는 행위는 나토의 전력현대화, 준비태세 부족으로 이어지고, 그것은 나토가 세계안보를 충족시키는 데 필요한 수준에 도달하지 못하게 만든다. 이제는 잃어버린 오랜 시간을 보완해야 할 때이다.[2] 그래도 그해 6월 트럼프는 기자회견에서 그의 행정부가 나토헌장 제5조를 지지할 것이라

---

1) 오바마 대통령은 또 나토 신속대응군(NRF: NATO Response Force)을 1만 3천명에서 4만 명으로 증원하고, 전진배치 강화를 위해 1천2백 명 규모의 다국적 전투대대를 폴란드와 3개 발트 국가에 배치했으며, 나토 지휘체제를 재점검하면서 미 군사자산 순환배치와 군사훈련 증대를 선언했다.

2) Thomas Wright, "Trump's Disastrous NATO Speech – The Atlantic," (May 27, 2017), https://www.theatlantic.com〉 tr...; Jeremy Diamond, "Trump scolds NATO allies over defense spending," (May 25, 2017), www.amp.cnn.com

▲ 옌스 스톨텐베르크, dw.com

고 말했고, 나토 사무총장 옌스 스톨텐베르그 (Jens Stoltenberg)는 트럼프가 동맹 회원국들에게 방위비 인상을 종용하는 것이 긍정적 효과를 내고 있는 것으로 보인다고 말했다.

트럼프의 혼란스러운 발언과 좌충우돌 행동의 부정적 여파를 일부 완화시키는 것은 그의 보좌역 또는 미국정부의 공식입장이었다. 2017년 2월 국방장관 제임스 매티스는 나토를 방문하는 동안 그 제도가 미국과 모든 '대서양 공동체'의 초석이며, 미국은 미-유럽의 유기적 안보유대를 강력히 지지할 것이라고 말했다. 그 며칠 후 마이크 펜스(Mike Pence) 부통령도 나토 본부에서 이제는 2%와 관련해 말보다는 실천할 때라고 주장하면서도, "미국은 나토를 강력하게 지지한다"고 말했는데, 그들의 그런 발언은 유럽인들에게 큰 위안으로 다가갔다. 그해 말 미국 정부는 국가안보전략(NSS: National Security Strategy) 문서에서 워싱턴의 유럽에 대한 헌신을 재확인했다. 그 문서는 "강력하고 자유로운 유럽은 미국에게 사활적으로 중요하다"고 강조했다. 2018년 2월의 국방전략(NDS: National Defense Strategy) 역시 수정주의의 중심부인 러시아와 중국의 위협에 대비하는 나토의 가치와 중요성을 강조했다.[1]

▲ 나토 정상회담, xinhuanet.com

2018년 7월 트럼프는 벨기에 브뤼셀 본부에서 개최된 나토 정상회담에 참석했다. 그 회의의 이슈는 중동, 북아프리카에서 유래하는 테러에 대비하는 대테러 능력강화, 러시아 수정주의에 대비하는 억지력 강화, 새로운 사령부 설립을 중심으로 하는 나토 지휘 및 의사결정 구조 현대화, 사이버 및 하이브리드 위협에 대응하는 나토-EU 협력의 고양, 그리고 북 마케도니아 가입을 염두에 둔 나토 확대 논의를 포함했다. 그러나 미국의 가장 큰 우선순위는 동맹국들의 추가 국방비 지출에 맞춰져 있었

---

1) Summary of the 2018 National Defense Strategy of the United States of America, (January 2018), www.dod.defense.gov

다. 미국과 나토 관리들은 동맹국들이 2017년 국방예산을 증액하고, 또 2018년 8
개국이 2% 원칙을 맞추고 16개 국가가 목표달성 계획을 제출한 것에 고무돼 있
었지만, 트럼프 대통령은 유럽 최대경제인 독일을 포함하는 일부 나토 회원국들
을 계속 비난했다. 트럼프는 2024년이 아니라 즉시 합의를 이행하는 것이 중요하
다고 강조하고, GDP의 4%까지 국방비를 증대시키는 것이 필요하다고 암시했다.
반면 프랑스의 마크롱 대통령은 별도의 기자회견에서 기존의 합의는 2024년까지
최대치 GDP의 2%에 도달하는 것이고, 워싱턴이 그 이상의 것을 요구해서는 안
된다고 반박했다.[1] 그 당시 나토의 분위기는 크게 냉각돼 있었다. 트럼프 대통령
의 나토 동맹국에 대한 비판을 우려하는 회원국들은 미국이 신뢰할 수 있는 파트
너로 남아 있을지에 관해 의심하는 것으로 보였다. 그것은 나토가 쓸모없고 유럽
이 미국을 이용한다는 트럼프의 발언, 그리고 미국이 독일 주둔 미군을 재배치할
수 있다는 새로 등장하는 언론보도에 따른 것이었다. 무역, 그리고 이란, 러시아,
중국 등 수많은 사안과 관련된 미-유럽 분열은 동맹국들의 우려를 배가시켰다.[2]

그러나 트럼프의 비난은 멈추지 않았고, 이제 메르켈의
독일뿐 아니라 마크롱(Emmanuel Macron)과 프랑스도 비판의
대상이 됐다. 트럼프는 2018년 11월 파리에서 개최된 제1차
세계대전 승전 100주년 기념행사에 참석하는 길에 트위터에
서 '진정한 유럽 군대'(real European army)를 촉구하는 마크
롱의 주장을 모욕적인 것으로 치부했다. 마크롱은 수일 전 러
시아와 중국의 위협에 대비하고 미국에 대한 의존을 줄이기
위해 독자적 군사력이 필요하다고 강조했는데, 트럼프가 그

▲ 에마뉘엘 마크롱, thelocal.fr

발언을 문제 삼은 것이다. 또 그는 100주년 기념행사에 연이어 마크롱이 주최하
고 60개국 세계 리더들이 참석하는 '파리 평화포럼'(Paris Peace Forum)에 모습을
드러내지 않았다. 그 당시 트럼프는 제1차 세계대전에서 사망한 미군병사를 '패배
자'(loser)라고 불러 미국 국내외에서 큰 비판의 대상이 됐다.[3] 마크롱은 트럼프

1) Ewen MacAskill, "How Trump's NATO summit meltdown unfolded," (July 12, 2018),
   www.amp.theguardian
2) Paul Belkin, "NATO's 2018 Brussels Summit," CRS Insight, IN10926, (July 5, 2018),
   pp. 1-2.
3) Julian Borger, "Trump says Macron's call for European army is insulting...,"

하의 미국이 신뢰가 가지 않는 군사파트너가 됐다고 암시했다. 메르켈은 더 많은 갈등이 계속 펼쳐지는 오늘날 무관심하게 보고만 있을 것이 아니라 모두 "함께 평화를 위해 일해야 한다"고 말하면서, 세계평화에 대한 기여를 호소했다. 그녀는 또 두 번의 세계대전이 몰고 온 '무의미한 참화로 이끈 허황된 명예욕과 군사적 오만'에 대한 경계심을 촉구했다. 유엔 사무총장 구테흐스는 세계는 협상을 통한 평화를 필요로 한다고 역설했다.[1] 트럼프 대통령의 기이한 행동에 비추어, 회원 국들은 계속 미국이 신뢰할 수 있는 파트너로 남아 있을지에 관해 의심했다. 2018년 내내 그렇게 트럼프는 나토를 조롱했고, 가끔은 나토 탈퇴를 위협했다. 그에 대해 마크롱은 미군의 시리아 철수 결정과 연관지어 "동맹은 서로 의지할 수 있는 것이어야 한다"고 말하면서 트럼프를 우회적으로 비난했고, 심지어 미 국 방장관 매티스와 NSC 보좌관 볼턴까지도 자국 대통령의 인식에 비판적 입장을 표시했다.[2]

트럼프의 나토 관련 인식에 대한 우려가 증가하면서, 미 의회는 2019년 1월 양당 합의로 입법한 '나토 지원법안'(NATO Support Act)에서 행정부가 상원의 승인 없이는 나토에서 철수할 수 없도록 강제했다. 3월 트럼프가 나토 여러 나라들에게 방위비 증액을 밀어붙일 때, 나토 주재 전 미국 대사(Douglas Lute)는 트럼프 행동의 부정적 여파를 우려해 나토가 유럽을 위해 존재한다는 트럼프의 인식은 잘못된 것이며, 유럽 주둔 미군은 미국의 이익을 위해 그곳에 있는 것이라고 강조했다. 비슷하게 2019년 4월 주미 프랑스 대사(Gerard Araud)는 이임하면서 트럼프하의 미국에 대한 진정한 실망감을 표시했다. 그는 트럼프 행정부는 미국의 좁은 이익만 생각하고, 친구나 동맹에 대한 이해는 전혀 없으며, 워싱턴이 원하는 것은 오로지 세력균형에 의한 동맹과 세계에 대한 지배일 뿐이라고 한탄했다. 또 오늘날 지구상에는 백악관이라는 하나의 권력 중심만이 있을 뿐이라고 덧붙였다.[3] 7월 트럼프가 파리의 미국 다국적 회사 디지털 서비스 과세에 "마크롱의 어

(November 9, 2018), https://www.theguardian.com〉 ...

1) "Macron opens Paris Peace Forum, slams nationalism as 'betrayal of patriotism'," (November 11, 2018), https://www.rfl.fr〉 RFI〉 Europe

2) "Syria conflict: Macron criticizes Trump's withdrawal decision," BBC, (December 23, 2018)

3) Julian Borger, "Whimsical uninformed: French ambassador's parting verdict on Trump," (April 19, 2019), https://www.theguardian.com

리석음에 실질적 상호행동을 선언한다"고 말하면서 보복관세를 위협한 것에 대해, 프랑스 정부 각료들은 미국기업에 대한 과세 지속을 선언하면서 워싱턴이 프랑스 와인에 보복 과세하겠다고 말하는 것은 미국 대통령의 '완전히 모자라는'(moronic) 이해도를 드러내는 처사라는 경멸적 발언을 서슴지 않았다. 유럽정상회의 의장 도널드 투스크 역시 EU는 프랑스를 철저히 지원할 것이라고 말하면서, 공개적으로 파리 지원의사를 밝혔다.[1] 비슷한 시기 언론에 흘러나온 주미 영국대사 다로치(Kim Darroch)의 본국으로 가는 외교전문은 트럼프에 관한 영국 고위 외교관의 솔직한 평가를 담았다. 그 전문에서 다로치는 트럼프 대통령이 끝없이 불안해하고, 미국 행정부는 비체계화, 무능력하며, 트럼프의 사위 "제러드 쿠슈너(Jared Kushner)가 러시아 부호들과 검은 돈 거래에 개입해 있다는 입증되지 않은 주장을 완전히 배제할 수는 없다"고 혹평했다.[2]

2019년 12월 런던에서 또다시 나토 정상회담이 개최됐다. 2019년은 나토 창설 70주년을 기념하는 해였고, 그 당시 회의 주제 역시 여러 사안을 포함했다. 나토의 군사적 준비태세 증진에 관한 대화는 특히 러시아를 겨냥해 육, 해, 공군의 신속대응능력 강화에 초점이 맞춰졌다. 트럼프 대통령은 아프가니스탄, 중동, 아프리카에서 나토의 대테러 노력이 더 증진돼야 한다고 강조했다. 우주가 새로운 국제경쟁의 영역으로 식별됐고, 사이버 위협과 관련해서는 5G를 포함하는 텔레콤 인프라 기준 설정이 논의됐으며, 하이브리드(hybrid) 위협의 경우는 선전, 사기, 사보타지 같은 정치적 수단에 대한 대응이 강조됐다. 대서양 안보에 관한 중국의 영향력 평가도 진행됐는데, 그것은 베이징의 불공정 무역관행과 선진 테크놀로지에 대한 투자를 통한 유럽 내 경제침투 및 전략거점 구축이 주요 관심사였다.[3] 그러나 그 회담에서 트럼프는 또다시 나토에 대한 비난을 쏟아내면서, 동맹국들이 방위비 분담에 성의를 보이지 않으면 워싱턴은 군사지원을 축소할 수 있다고 위협했다. 그의 공격적 태도는 나토회담을 얼어붙게 만들었다. 그는 특히 독

---

1) "Trump vow to tax French wine completely moronic," BBC News, (July 30, 2019)

2) 트럼프는 다로치가 미국에서 좋은 평가를 받고 있지 못하다고 말하면서, 메이 총리의 다로치 두둔을 경멸적 언어로 비난했다. "Trump administration is 'inept and insecure', says UK ambassador," BBC News, (July 7, 2019)

3) Paul Belkin, <u>NATO: Key Issues Following the 2019 Leaders' Meeting</u>, CRS Report, R46066, (Updated April 1, 2020), pp. 1−3.

일총리 메르켈의 책임을 추궁했는데, 워싱턴이 GDP의 4~4.3%를 지출할 때 베를린이 GDP의 1~1.2%를 사용하는 것은 채무를 불이행하는(delinquent) 것과 마찬가지의 불공정한 처사라고 비난했다. 그러나 그 당시 워싱턴은 GDP의 3.42%, 그리고 베를린은 1.38%를 국방비로 지출하고 있었다. 또 독일의 방위비 지출비율은 그 전해인 2018년에 비해 11% 증가한 수치였다.[1]

트럼프는 마크롱에 대해서도 막말을 퍼부었는데, 그것은 한 달 전 마크롱의 나토동맹 '뇌사'(brain dead) 발언에 대한 보복이었다. 지난 11월 마크롱은 "우리가 지금 경험하는 것은 나토의 '뇌사'이고, 나토는 단지 마지막 보장자가 올바르게 행동할 때만 작동한다. 이제는 미국의 공약에 비추어 나토의 현실을 재평가할 때이다"라고 말했다.[2] 트럼프는 나토 '뇌사'라는 말이 29개 회원국들에게 상처주는 정제되지 않은 거친 말이고, 그것은 '아주 나쁜'(very nasty) 표현이라고 힐난했다.[3] 그는 나토를 가장 필요로 하는 나라는 프랑스이고, 마크롱 리더십하의 프랑스는 국영기업 개혁도 제대로 추진하지 못하고 있다고 비웃었다. 그러나 마크롱이 그렇게 말한 이유는 트럼프가 나토와 관련해 유럽과 거의 조율이 없이 오로지 금전문제에 집착하는 것뿐 아니라, 터키 에르도안 정부군이 시리아 내란에서 미국의 핵심동맹인 YPG를 공격하도록 미군병력을 시리아 동부로 이동시킨 것, 그리고 시리아로부터 미군병력 조기철수와 관련해 수많은 미국 핵심 안보관리들이 사임하도록 만든 것에 대한 전체적이고 포괄적인 우려의 표시였다. 실제 그 당시 앙카라는 나토 내에서 IS와의 전쟁에서 미국의 핵심동맹인 YPG 공격 이외에도 많은 문제를 일으키고 있었는데, 러시아로부터의 S−400 미사일 구매, 그리고 시리아 문제해결을 위해 미국보다는 러시아, 이란과 더 협력하는 것이 그런 것들이었다. 이번 정상회담에서도 에르도안 총리는 나토가 터키 동남부 쿠르드 반군과 연계를 가진 것으로 의심되는 YPG를 테러집단으로 인정하지 않으면, 터키는 나토의 발트지역 방어에 협력하지 않을 것이라고 위협했다. 트럼프가 독재자로 알

---

1) Amanda Macias, Nate Rattner, Here's What each NATO country contributes financially to the world's strongest military alliance, (December 4, 2019), https://www.cnbc.com〉each−n...

2) "France's Macron says NATO suffering 'brain death', questions U.S. commitment," Reuters, (November 7, 2019)

3) 2017년 6월 현재 몬테네그로의 나토 가입으로 회원국 수는 29개국으로 증가했다.

려지고 비슷하게 막무가내 성격을 가진 에르도안을 편드
는 것에 대해, 신임 미 국방장관 마크 에스퍼(Mark Esper)
는 에르도안이 발트 관련 위협을 중단할 것을 촉구했다.[1]
트럼프는 캐나다 총리 저스틴 트뤼도(Justin Trudeau)에 대
한 비판도 제기했다. 트뤼도가 캐나다가 방위비 지출을 계
속 늘리는 상태에서 나토를 위한 군사파병의 어려운 임무
를 성실히 수행하고 있다고 말했을 때, 트럼프는 그가 '두

▲ 저스틴 트뤼도, britannica.com

얼굴을 가진 사람'이라고 맞받았다. 그 정상회담에서 트럼
프는 유럽은 안보와 무역 모두에서 제자리를 찾아가야 한다고 주장하고, 미국이
그 두 영역 모두에서 이용당하는 것은 옳은 일이 아니라고 되풀이해서 말했다. 또
유럽정부의 미국의 거대 테크 기업들에 대한 디지털 세금을 다시 거론하면서, 그
런 상태를 절대로 방치하지 않을 것이라고 경고했다.

2019년 12월의 나토 정상회담은 그렇게 그 전해와 마찬가지로 미국과 유럽
동맹국들 간의 균열을 적나라하게 노출시킨 계기였다. 나토 동맹국들은 대서양
안보방어에 대한 워싱턴의 의지에 의구심을 표시했고, 메르켈 총리, 마크롱 대통
령을 중심으로 많은 유럽리더들은 이란 핵 프로그램, 터키의 일탈, 시리아 문제,
러시아에 대한 대응까지를 포함하는 미－유럽 간 정책조율 부족과 이견, 그리고
나토의 미래를 우려했다. 러시아와 관련해서는, 유럽 여러 나라들은 군사적 억지
못지않게 중요한 것은 모스크바와의 대화이고, 그 두 갈래 접근법이 필요하다고
주장했다. 트럼프는 또 다시 나토 헌장 제5조를 무시하는 태도를 보였는데, 많은
전문가들은 푸틴이 트럼프의 상업거래 형태의 나토 운영을 환영할 것이고, 잘못
됐을 경우 발생할 수 있는 전쟁비용에 비추어 사실상 미국의 나토 투자는 큰 비
용이 아니라고 강조했다. 그들은 더 나아가 유럽이 미국에 대한 안보의존을 줄이
고 독자 군사능력을 강화할 것을 충고했다.[2]

2020년 7월 나토 정상회담에서 트럼프는 또다시 나토 회원국들이 더 많은

1) Trump criticizes European allies ahead of NATO's 70th anniversary summit,
    (December 3, 2019), https://www.france24.com〉 20...

2) The Editorial Board, "Trump toys with NATO defense pact—the one that rallied
    around America after 9/11," (December 4, 2019), https://www.usatoday.com〉 story

국방비와 운영유지비를 지출해야 한다고 강조했고, 동맹국들은 더 이상 그 주장에 이의를 제기하지 않았다.[1] 트럼프는 미국의 압력이 결실을 보고 있다고 말하고, 2021년 말까지 나토 방위비가 1천억 달러 더 증가할 것이라고 선언했다. 동시에 워싱턴은 독일 주둔 미군병력을 3만 5천명 수준에서 2만 5천명으로 축소시킬 것이라고 발표했다. 트럼프는 그동안 미국이 독일을 보호하기 위해 그곳에 주둔했고, 이제 미국은 더 이상 이용당하지 말아야 하며, 독일은 더 큰 비용부담을 회피하지 말아야 한다고 되풀이해 말했다. 베를린은 미-독일 관계의 악화, 그리고 워싱턴의 일방적 결정을 우려했다.[2] 그 다음 달 8월 미국 공화당 전당대회 연설에서 트럼프는 나토 회원국의 국방비 증액이 본인의 업적이라고 주장하면서, 다른 나라들이 국가안보와 대외정책에서 미국을 이용하는 행태는 이제 더 이상 없을 것이라고 말했다. 트럼프의 발언을 뒷받침하듯, 나토 사무총장 스톨텐베르그는 미 언론과의 인터뷰에서 캐나다와 유럽 국가들이 1,300억 달러를 더 지출했고, 2024년까지 나토 방위비에서 4천억 달러를 더 기여 받을 것으로 예상한다고 말했다.[3] 2021년 1월 퇴임 전 트럼프는 또 다시 미국 언론과의 인터뷰에서 독일이 나토에 수백억 달러를 빚진 것은 베를린에게는 횡재이고, 그것이 미국이 독일로부터 미군병력을 철수시키고 그들 일부를 벨기에와 이탈리아에 재배치하는 이유라고 말했다. 그러나 펜타곤 관리들은 그것은 방위비 2%의 금전 문제가 아닌 전략적 군사재편의 일환에서 추진된 결정이라고 정정했다. 전 NSC 보좌관 볼턴은 해임된 상태에서 독일 언론과의 인터뷰에서 주독일 미군병력 재배치는 '트럼프가 11월 재선되면 발생할 수 있는 사태에 관한 불길한 조짐'이고, 트럼프가 또다시 미국 대통령으로 연임할 기회가 주어져서는 안 된다고 주장했다.[4]

---

1) 2020년 3월 북 마케도니아의 나토 가입으로 회원국 수는 30개국으로 증가했다.

2) Julian Borger, "US to pull 12,000 troops out of Germany as Trump blasts 'delinquent' Berlin," The Guardian, (July 29, 2020)

3) 노동당 출신의 노르웨이 전 총리인 나토 사무총장 스톨텐베르그는 계속해서 트럼프의 유럽 방위비 분담 강요가 동맹국들의 국방비 지출에 결정적으로 중요한 긍정적 역할을 했다고 주장했다.

4) Joe Gould, "Trump repeats questionable NATO funding claims in GOP convention speech," (August 28, 2020), https//www.defensenews.com〉 tru...

(3) 나토 관련 현황

트럼프 시기 나토의 여러 현실은 무엇이고, 트럼프 대통령의 행동을 어떻게 평가해야 할까?[1] 2019년 현재 나토 전체 국방비에서 미국이 차지하는 비율은 70%를 약간 상회했고, 2020년 총 국방비 1조 달러 수준에서도 미국이 담당하는 비율은 그 전해와 거의 비슷한 71%였다. 그러나 전문가들은 미국 국방비 지출이 큰 이유는 그것이 유럽만을 위한 것이 아니라 미국이 전 세계를 대상으로 군사작전을 전개하는 강대국이기 때문이라고 지적했다. 그것은 유럽의 안보를 위한 필수불가결한 지원역할에도 불구하고, 워싱턴의 거대한 국방비 지출은 근본적으로는 미국의 안보, 경제 및 사회, 문화적 이익을 위한 것이고, 트럼프가 마치 미국이 유럽을 위해서만 그 큰 국방비를 사용하는 것처럼 말하는 것은 옳지 않다는 의미를 띠었다.[2]

GDP 대비 국방비 비율은 2019년 미국이 3.42%인 반면, 캐나다와 유럽의 나토 국가들은 평균적으로 GDP의 1.55%를 국방에 지출했다. 국방비로 GDP 2% 이상을 지출하는 국가는 2018년까지 5개국에서 2019년 미국을 포함해 9개국으로 증가했다. 그 나라들은 미국, 영국, 그리스, 발트 3국, 폴란드, 루마니아, 불가리아였고, 반면 프랑스는 GDP의 1.84%, 독일은 1.38%, 이탈리아 1.2%, 스페인 0.9%를 지출했다.[3] 2021년까지 GDP 2% 이상을 지출하는 국가는 프랑스와 슬로바키

---

1) 미국이 나토 동맹국들에게 국방비 증액을 촉구한 것은 트럼프 대통령만이 아니었다. 일찍이 2011년 6월 오바마 대통령 시기 미 국방장관 로버트 게이츠(Robert Gates)는 회원국의 국방비 지출 부족은 동맹의 미래를 어둡거나 비참하게 만든다고 말했다. 그는 두 부류가 있는데 일부는 미국에 기대어 무임승차하고 있다고 지적했다. 그해 10월에는 전직 미 국방장관 레온 파네타(Leon Panetta)도 비슷한 취지로 말했다. 그는 동맹이 껍데기로 남지 않도록 강력한 신뢰가 필요하고, 리비아 카다피 정권 몰락을 보면 왜 나토가 중요한지 알 수 있다고 말했다. 그는 동맹에 투자하는 것은 미래안보에 투자하는 것이라고 강조했다. 오바마 대통령은 더 부드러운 톤으로 말했다. 2016년 11월 그는 경제사정이 어려운 그리스가 나토 회원국 중 2%를 지출하는 5개국 중 하나라고 칭찬하면서, 다른 나라들도 그 선례를 따르면 좋은 것이라고 말했다. 그러나 역대 대통령이나 미국 관리 중 트럼프만큼 노골적이고 모욕적으로 말한 사람은 없었다.
2) 오바마 행정부 말인 2016년 미국이 지출한 국방비는 나토 전체 국방비 9,500억 달러의 68.4%인 약 6,500억 달러 수준이었다.
3) Reality Check team, Trump: What does the US contribute to Nato in Europe?, (Updated July 30, 2020), https://www.bbc.com〉 news

아가 그 대열에 합류하면서 11개국으로 늘어났다. 미국이 GDP의 3.73%를 지출하는 상황에서, 그리스가 두 번째 높은 비율인 2,68%, 에스토니아 2.32%, 그리고 영국의 국방비 지출은 리스트의 4번째로 GDP의 2.1%에서 2.32%로 증가했다. 나토 사무총장은 코비드-19의 경제적 영향에도 불구하고 지난 6년 연속 유럽동맹과 캐나다 모두에서 국방비 지출이 증가했고, 2020년 실질 증가율은 3.9%였다고 말했다. 그러나 유럽 국가들은 GDP 2%를 달성하는 것의 중요성에는 동의하면서도, 동맹국의 실질적 군사능력이 그에 못지않게 중요하다고 말했다. 그것은 국방비를 무기체계 개선, 전력 현대화보다 인력관리에 압도적으로 많이 사용하는 것은 나토의 실질적 군사력 증강에 기여하지 못한다는 뜻이었다.[1]

또 회원국들은 2024년까지 국방비의 20%까지 무기획득 및 연구개발에 사용하기로 재확인했는데, 그것은 이미 2006년 회원국들 사이에 비공식적으로 합의되고 2014년 웨일즈 정상회담에서 공식화된 내용이었다. 장비의 중요성이 재강조된 이유는 선진 무기체계 없이 능력 있는 효율적 군대를 보유하는 것이 불가능하기 때문이었다. 2014년 이후 터키와 동유럽 국가들이 그 기준을 충족시키는 데 적극적이었고, 2020년 현재 미국을 포함해 16개국이 그 약속을 이행 중이었다. 캐나다와 독일은 아직 그 기준에 도달하지 못했다.

한편 국방비와 별개로 산정되고 각국이 GDP를 감안해 분담하는 나토 운영 유지 예산은 2019년 18.4억 달러였는데, 그것은 나토본부의 스태프 관리, 통신시스템, 그리고 기타 민간 및 군사관련 각종 행사, 행정비용을 포함했다. 그중 미국이 담당하는 비율은 22%였고, 그 다음은 독일이 14.76%였다. 프랑스와 영국은 10.5%에 못 미쳤고, 나머지는 다른 동맹국들이 분담했다. 2019년 트럼프는 2021~2024년 미국 분담률을 낮춰줄 것을 요구했는데, 동맹국들은 그것을 독일과 동일수준인 16%로 하향조정하는 데 합의했다. 부족분을 채우기 위해 유럽과 캐나다는 분담비율을 약간 더 늘리기로 결정했다.

---

[1] 독일의 방위비 지출은 2019년보다는 늘었지만, 2020년 현재 아직 GDP의 1.56% 수준에 머물렀다. 최하 3개 국가는 슬로베니아 1.1%, 벨기에 1.07%, 룩셈부르크 0.57%였다. 나토는 2020년 GDP 1.27%를 방위비에 지출하는 북 마케도니아 공화국이 가입하면서 회원국 수가 30개국으로 증가했다. NATO: Which Countries Pay Their Share On Defence, (March 18, 2021), https://www.forces.net〉news〉world

유럽 내 미군병력은 독일에 가장 많이 주둔했고, 그 다음이 이탈리아, 영국, 스페인 순이었다. 독일로부터는 미군병력의 1/4이 축소 예정이었는데, 그들 중 약 절반은 미국으로 귀환하고 나머지 절반은 유럽에 재배치되게 되어 있었다. 2019년 9월 현재 전 세계에서 미국이 가장 많은 미군병력을 배치하는 국가는 일본이었다. 그것은 일본 55,245명 독일 35,275명, 한국 26,523명, 아프가니스탄 13,000명, 이탈리아 12,902명, 영국 9,254명, 그리고 이라크 6천명 순이었다. 중동과 걸프지역 미군은 순환배치로 인해 병력 수에서 변화가 잦았다. 미국이 나토 안보에 기여하는 또 다른 주요 요소는 미사일방어망인데, 그것은 루마니아의 지상배치 MD, 폴란드의 미군 MD 시설, 터키의 미국 레이더 시스템, 그리고 지중해 미군함정에 배치돼 있는 요격미사일을 포함했다.[1]

(4) 유럽의 독자능력 강화 시도

트럼프가 유럽을 비하하고, 또 유럽의 전략적 자주(strategic autonomy)보다는 미국 및 나토와의 관계를 더 중시하던 영국이 브렉시트(Brexit) 하면서, 일부 전문가들은 지난 수년간 추진되어 오던 유럽의 독자적 대외정책 및 자주국방 시도가 더 탄력을 받을 수 있을 것으로 전망했다.[2] 냉전종식 이후 EU의 독자적 대외관계 구상은 1993년 '공동대외안보정책'(CFSP: Common Foreign and Security Policy) 수립에서 시작됐다. 유럽은 그 시도가 1990년대 전반기 발칸사태에서의 무기력을 시정하고, 유럽연합이라는 새로운 역사적 가치를 지닌 초국가제도의 더 빛나고 독자적인 위상을 증진시킬 것을 기대했다. 그러나 그 제도는 이라크 전쟁 당시 그 참여에 대한 찬반과 관련한 극도의 분열에서 나타나듯 수시로 합의에 어려움을 겪었다. 또 집단체로서의 EU의 결정이 각 주권국가의 고유하고 배타적인 권리를 침해할 것을 우려해, 그 구상은 오랜 기간 정체상태에 머물렀다. 그래도 2009년 12월 리스본(Lisbon) 협정을 통해 CFSP를 강화하고 EU 외교의 진전과 일관성 있는 정책시행을 위해 EU 최고위 외교관으로서의 '고위대표'(High Representative) 직책 설립이 공식화됐다.[3] 그 고위 외교대표를 지원하기 위한 외교임무 목적의

---

1) Reality Check team, Trump: What does the US contribute to Nato in Europe?, (Updated July 30, 2020), https://www.bbc.com〉 news
2) 영국은 유럽의 독자노선보다는 미국과의 관계, 나토를 더 중시했다. 런던의 EU 군사본부(military headquarter) 창설에 대한 반대가 그런 대표적 예였다.
3) 리스본 협정은 2개의 고위직을 설립했는데, 하나는 유럽 정상회담(European Council)을

'유럽 대외활동서비스'(European External Action Service)도 제도화됐다.[1]

　　대외정책 시도와 병행해 군사차원의 노력도 동시에 추진됐다. 군사적 뒷받침 없는 독자외교가 불가능하듯, 유럽은 미국에 대한 의존축소를 도울 별개의 국방제도 정비에 관심을 기울였다. 과거 존재하던 '유럽 안보국방정책'(ESDP: European Security and Defense Policy)의 연장선상에서, 1999년 '공동 안보국방정책'(CSDP: Common Security and Defense Policy)이 새로이 채택됐다.[2] 그 프로그램은 3개 국방의사결정 기구를 창설하고, 신속대응군 창설로 군사적 준비태세 강화를 의도했다. 그러나 그것은 전쟁에 투입되는 군대가 아니었다. EU 차원의 상비군이 없는 상태에서 신속대응군만으로 유럽이 하나의 독립적인 정치개체로서의 자체적 국방력을 보장하는 것은 불가능했다. 작전능력이 한계가 있는 상태에서, 그들의 임무는 발칸, 코카서스, 중동, 아프리카를 포함하는 세계 여러 지역에서 군사보다는 오히려 민간성격에 가까운 평화유지활동과 인도주의 지원에 집중됐다. 경제, 사회적 통합에도 불구하고 유럽의 실제 정치, 군사통합의 길이 요원한 것은 각 구성국들이 주권을 포기하면 안 된다는 사명감, 그리고 부분적으로는 과거 오랜 기간 그들의 역사적 반목에 따른 상호의심에 근거했다. 프랑스가 특히 독자능력을 강조할 때, 유럽의 작은 나라들이 파리와 베를린의 압도적 군사영향력을 반드시 반기

주재하는 의장(President) 직책이고 다른 하나는 EU 최고외교관인 고위대표(High Representative of the Union for Foreign Affairs and Security Policy)였다. 또 리스본 협정은 EU 회원국의 탈퇴요건을 규정했다. 철수를 원하는 회원국은 유럽 정상회담(European Council)에 통보 후 2년 내에 조약에서 벗어날 수 있고, 탈퇴 협상 기간 연장이 허용됐다. 영국은 2016년 6월 국민투표에서 52% 대 48%로 브렉시트를 결정한 이후 무역, 아일랜드와의 국경문제를 포함한 EU와의 복잡한 협상을 거쳐 2020년 1월 그 기구로부터 공식 탈퇴했다. EU−영국 협상에서 런던은 상품무역에서의 관세와 쿼터는 면제받았지만, 비관세장벽은 그대로 존치됐다. 서비스 무역에 대한 제한은 그대로 남았고, 데이터 보호에 대해서는 언급하지 않았다. 영국은 EU내 프랑스를 제외한 유일한 핵 국가이고 그 경제 규모는 EU 내 두 번째였는데, 브렉시트는 EU에 외교, 군사, 경제 측면에서 큰 타격으로 간주됐다.

1) Archick, The European Union, (Updated January 22, 2021), p. 7.
2) 유럽에 자체적인 공동방위 노력이 없었던 것은 아니다. 일찍이 1948년 프랑스, 영국, 베네룩스 3국은 서구연합(WU: Western Union)이라는 군사동맹을 설립했고, 그것은 1954년 독일, 이탈리아의 가입을 계기로 서유럽 연합(WEU: Western European Union)으로 개편되어 냉전시기 나토 내에서 활동했다. 그리고 2001년 10개국으로 확대된 WEU의 임무와 제도는 2009년까지 (1999년 창설된) '공동 안보국방정책'(CSDP: Common Security and Defense Policy)으로 이관됐다.

는 것은 아니었다. 또 경제적 어려움으로 인한 국방예산 책정의 한계, 그리고 지휘통제시스템과 전략 수송능력을 포함하는 각국 간의 기존 군사능력 격차도 국방통합을 어렵게 했다.[1] 그래도 여러 제약에도 불구하고 EU의 국방 관련 노력은 계속됐다. 2004년에는 군사획득 진작의 목적으로 '유럽방위청'(EDA: European Defense Agency)이 신설됐고, 2016년에는 공동 국방연구개발 지원 목적으로 최대 130억 유로 규모의 '유럽 국방펀드'(EDF: European Defense Fund)가 조직됐으며, 2017년에는 군사적 상호 운용성, 공동 군사능력 개발을 겨냥하는 25개 회원국에 의한 '상설 구조협력'(PESCO: Permanent Structure Cooperation)이 설립됐다. 2020년 1월 EU는 또 이란과 예멘의 걸프지역 군사도발에 대응하기 위해 '유럽 호르무즈 해상감시임무'(EMASOH: European maritime surveillance mission in the Strait of Hormuz) 설립의지를 선언했다.[2]

▲ 유럽 방위청 crwflags.com

　　그러나 독자적 국방, 독립적 군사태세의 필요성에도 불구하고, 유럽 국가들은 어느 면에서는 지난 수십 년에 걸친 미국과의 협력에서 유래하는 안보차원의 향수에서 벗어나기를 원치 않았다. 유럽의 자주를 선도하는 프랑스의 나토 군사구조로의 복귀, 그리고 군사력 건설이 제한받는 독일의 낮은 국방비는 그 기저의 오랜 인식을 대표했다. 유럽 국가들은 그들 자체만의 국방력 건설에 의존해 러시아와 군사적으로 경쟁하는 구도에서 합리적 이익을 발견하지 못했다. 그리고 또 동맹이 국제관계에서 군사력 자체 못지않게 중요하다는 사실을 잘 알고 있었다. 유럽의 계획은 처음부터 미국과의 국방협력의 기반 위에 일정수준의 독자능력을 구비하는 것이었다. 실제 EU는 오래 전부터, 또 최근에도 그들의 자체적 시도는 나토를 대체하기보다는 보완하고 워싱턴과의 협력을 전제로 한다고 재확인했다. 최근 수년간 가속화된 EU의 자주적 노력은 러시아 수정주의의 부활, 브렉시트에서 유래하는 안보도전에 대응하기 위한 적극적 시도, 그리고 무엇보다도 트럼프라는 독특한 리더의 대서양 동맹 정통성 의심에 대한 우려의 반영이었다. 전문가

---

1) CSDP 제도는 회원국의 비토권을 보장하는 만장일치 규정에 의해 합의에 도달하는 데 어려움을 겪었다.

2) 실제 EU는 모든 측면에서 자체 외교와 국방보다는 워싱턴, 나토와의 안보 협력을 더 중시했다. Archick, <u>The European Union</u>, (Updated January 22, 2021), p. 8.

들은 바이든 행정부와 그 이후 미 행정부가 유럽과의 동맹을 중시하고 러시아의
안보위협이 존재하는 한, 나토－EU의 유대가 오래 지속되지 못할 이유는 없을
것이라고 말했다.

(5) 나토-EU 관계

　　EU는 원래부터 유럽안보의 모든 측면에서 나토와의 협력을 전제로 했다. 그
이유는 미국이 압도적 군사능력을 구비하고, 러시아의 거대한 핵전력이 상존하며,
EU의 핵심국가인 독일의 군사력이 제한받는 상황에서, EU가 스스로의 국방을 책
임지기가 쉽지 않았기 때문이다. 나토 역시 처음부터 CSDP가 나토구조와 재원을
모방하지 않는 한에서 그 제도를 지지한다고 명시했고, 유럽은 워싱턴의 뜻을 따
라 CSDP가 나토가 개입하지 않는 곳에서 미국 정책을 보완하는 목적을 띤다고
말했다. 나토－EU 협력은 양측 군사연계를 규정하는 2003년 '베를린 플러
스'(Berlin Plus) 절차에서 재확인됐고, 그에 따라 EU는 나토와 함께 발칸, 아프가
니스탄, 중동, 아프리카에서 군사작전과 PKO 활동을 전개했다. 비록 두 제도 간
에 중동 전쟁, 이란 및 북한 핵확산 방지, 터키, 그리고 러시아를 포함하는 여러
사안에서 약간의 긴장이 존재했지만, 나토와 EU는 모두 더 원대하고 장기적 목표
의 중요성을 인식했다. 푸틴 치하의 러시아와 중국이 새로운 수정주의 세력으로
등장하고, 러시아, 중국, 이란, 북한으로부터 사이버 안보위협이 증가하며, 무슬림
의 대규모 이주가 직, 간접적으로 유럽안보에 영향을 미치는 상황에서, 나토－EU
는 협력의 필요성을 재인식했다. 2016년 양측이 지중해 난민 관련 전략적 파트너
십을 선언하고, 또 사이버 해킹을 포함하는 하이브리드(hybrid) 위협에 공동 대응
하기로 합의한 것은 모두 그런 현실을 반영했다. 또 2018년 나토－EU는 유럽의
군사적 준비태세 증진을 약속하면서, 양측 군사파트너십의 중요성을 재확인했다.
물론 일각에서 세계질서가 다극화되는 상황에서 전통적인 프랑스 주도의 유럽 독
자주의가 증대할 수 있다는 우려를 제기했다. 그들은 2016년 유럽의 '지구적 안
보전략' 선언이 그런 목적을 띤다고 주장했다. 미국 및 나토와의 협력에 최우선순
위를 부여하는 영국이 브렉시트 하면서, EU의 자주국방 시도가 더 가속화될 수
있다는 의견은 계속 잔존했다. 트럼프 행정부 역시 유럽의 PESCO를 지지하면서
도 다른 한편으로는 경계하는 태도를 보였다. 그러나 EU가 나토 없이 독자적으로
대외, 국방정책을 추진할 가능성은 상대적으로 제한될 것이었다. 국제정치의 원리

에 비추어 아마 미국도 EU의 진정한 독자노선을 허용하지 않을 것이다. 나토
-EU가 협력을 멈추면 그것은 양측 모두에게 재앙으로 돌아올 것이다. 더 나아
가 오늘날 동유럽의 저임금 노동력 이주와 직업상실로 인한 서유럽의 불만, 동유
럽 내 빈부격차의 확대, 동, 서유럽 극우, 극좌 파퓰리스트 정당의 등장, 유럽 각
국의 러시아 및 중국과의 관계설정에 대한 이견을 포함하는 내부적 분열의 상태
에서, EU가 스스로 회원국의 단합을 전제로 일관성 있는 대외, 국방정책을 만들
어 내기는 쉽지 않을 것이다. 트럼프의 행동이 제2차 세계대전 이후 미국 대외정
책의 역사에서 일탈로 간주되고, 또 바이든 행정부가 오늘날 하루가 멀다하고 나
토의 EU에 대한 헌신을 서약하는 상황에서, EU가 독자노선을 추구할 이유는 없
을 것이다.[1]

(6) 바이든 행정부 나토정책

바이든 행정부 대외정책에서 가장 중요한 요소는 트럼프 시대 외교, 안보에
서의 잘못을 바로잡는 것이었다. 대통령이 가장 중시한 것은 트럼프하에서 상처
입은 미국의 국제적 위상과 리더십을 회복하고, 미 동맹과의 훼손된 관계를 정상
화시키는 것이었다. 특히 러시아와 중국의 도전에 직면해, 그리고 세계의 수많은
역경을 헤쳐 나가기 위해, 미국은 민주국가 간 '신뢰받는 리더십 위상'(position of
trusted leadership)을 절실히 필요로 했다.

바이든은 이미 민주당 대선후보 당시 트럼프와 대조적 입장을 취했다. 2024
년까지 유럽 동맹의 국방비 증액이 합의된 상태에서, 그는 나토에서 현재 미국에
게 가장 중요한 임무는 유럽 국가들과 훼손된 '감정적' 관계를 정상화시키는 것이
라고 말했다. 그는 동맹은 상호 호혜적이라는 시각을 유지했다. 집권 후에도 그는
수시로 나토에 대한 미국의 헌신을 강조했다. 2021년 1월 나토 사무총장(Jens
Stoltenberg)과의 최초 대화에서, 바이든은 미국은 나토를 통한 유럽방위에 요구되
는 '신성한'(sacred) 의무를 다할 것이라고 말하고, 며칠 후 또다시 오늘날 나토에
서 가장 중요한 이슈는 트럼프 대통령의 '미국 우선' 정책이 뒤흔들어 놓은 '유럽

---

1) 현재 프랑스와 독일은 EU의 경쟁력을 부활시키기 위해 많은 노력을 경주하지만, 유럽뿐
아니라 미국 내에서도 프랑스-독일 관계의 미래가 어떻게 전개될지에 대해서 확신하지
못하는 견해가 많다. Ibid., p. 9.

▲ 로이드 오스틴, anewsa.com

과의 신뢰재건'이라고 강조했다. 유럽은 바이든 대통령의 전통적 미-유럽 관계로의 복귀를 환영했다. 유럽의 외교관, 안보 당국자들은 트럼프 시기의 고충에 대해 가감없는 의견을 표시했다. "지난 4년 간 트럼프의 예측불가능성으로 인해 유럽은 탈진상태에 빠졌다. 미국의 리더십이 실종된 상태에서 나토 회원국들 간의 대화는 축소됐고, 모두는 미-유럽 관계, 유럽의 미래를 우려했다. 트럼프 시기는 '미국의 신뢰와 힘에 대한 파괴적 영향을 가진 이념적 실험'의 시기였다. 오늘날의 세계는 지난 수년 전과 크게 다르고, 바이든 행정부는 유럽에서 나토와 관련해 그간의 잘못을 바로잡아야 한다." 2월 중순 화상으로 개최된 나토 국방장관 회의에서 로이드 오스틴(Lloyd Austin) 미 국방장관은 대통령의 발언 취지를 되풀이했다. 미국은 대서양 동맹에 감사하고 그 능력과 효율성 유지에 모든 헌신을 다할 것이다. 그는 "신뢰는 하루아침에 생기지 않고, 오랜 시간이 걸리며, 그것은 또한 행동을 요구한다"고 강조했다.[1]

2월 뮌헨 안보회의에서 바이든은 계속해서 나토에 대한 그의 신념을 밝혔다. 그 화상회의에서 바이든은 "미국이 돌아왔다(America is back). 대서양 동맹이 돌아왔다(Transatlantic alliance is back)"라는 말로 연설을 시작했다. "미국과 유럽은 많은 어려운 지구적 과제에 직면해 있다. 미국과 유럽은 함께 처리해야 할 일이 산적해 있다. 코로나-19로 인한 피해는 미국과 유럽뿐 아니라 전 세계를 휩쓴다. 많은 국가들이 백신 부족으로 고통받을 때, 대서양 국가들이 그 현실을 외면해서는 안된다. 이란 핵문제는 시급히 처리해야 할 안보현안이다. 핵 확산을 막기 위해 JCPOA의 복원이 필요하고, 그것은 많은 단합된 노력을 요구한다. 오늘날 세계안보는 중국과 러시아의 수정주의로부터 도전받고 있다. 대서양 동맹은 자유민주주의를 지키는 보루이다. 전제적 권위주의가 아닌 민주주의가 오늘날의 도전에 대응하는 가장 좋은 거버넌스 모델이다. 민주주의는 아직도 많은 것을 가져다 줄 수 있다(Democracies can still deliver)." 바이든이 미국의 전통적 리더십 회복과 미-유럽 협력의 중요성을 강조할 때, 유럽 대표들은 모두 지난 4년은 대서양 동

---

1) Phil Stewart, Idrees Ali and Robin Emmott, "In NATO debut, Biden's Pentagon aims to rebuild trust damaged by Trump," (February 15, 2021), https://www.reuters.com〉article

맹을 뒤흔든 믿을 수 없는 시기였고, 이제 미국과 유럽은 함께 힘을 모아 역경을 헤쳐 나가야 한다고 말하면서, 그의 진정성에 환호했다. 뮌헨회의 종료시, 유럽 정상회의 의장은 미국의 귀환을 환영한다고 말했다. 트럼프로부터 수많은 비판의 대상이 됐던 독일 총리 메르켈은 바이든의 말에서 진정성을 느낄 수 있고, 다자주의와 관련해 지금 모든 것이 더 좋다고 말했다. 그래도 유럽 국가들은 트럼프 시기 미국 리더십 결여 기간 동안 발생한 세계적 변화에 민감했다. 중국과 러시아에 대한 유럽의 인식은 미국과 달랐다. 두 수정주의 국가가 제기하는 위협을 인지하는 가운데, 유럽 국가들은 두 나라를 미국만큼 적대, 또는 경쟁세력으로 보려하지 않았다. 메르켈은 일부 미─EU 차이는 복잡한 상태로 계속 남아 있다고 말했다. 그 상이한 견해는 그들의 지정학적 위치, 중국 및 러시아와의 경제, 안보관계의 불가피성, 그리고 대결 일변도보다는 견제와 대화의 혼용을 선호하는 유럽의 정책에서 비롯됐다.[1]

3월 앤토니 블링컨(Antony Blinken) 미 국무장관 역시 워싱턴─나토의 긴장된 유대를 정상화시키고 서방 군사동맹을 재활성화시킬 것이라고 서약했다. 그는 나토 본부 미팅에서 대서양 동맹에 대한 미국의 꾸준한 헌신을 강조하고, 워싱턴은 아무 노력없이 동맹이 스스로 발전하리라는 안일 무사한 생각은 갖고 있지 않다고 말했다. 블링컨과 스톨텐베르그는 아프가니스탄으로부터의 철수문제, 러시아와 중국이 제기하는 수정주의 도전, 가짜뉴스, 중국의 무기 및 사이버 능력 증대, 군비통제 및 지역안보. 그리고 노드스트림 2(Nord Stream 2)를 포함하는 다양한 안보현안에 관해 의견을 교환했다.[2] 블링컨의 발언은 지난 4년간 유럽동맹에 대한 트럼프의 무차별적 공격, 마크롱의 '뇌사상태' 언급이 가리키는 나토의 난맥상, 그리고 터키의 일탈로 인한 긴장을 포함하는 대서양 동맹의 왜곡된 상태를 시정하기 원하는 워싱턴의 의지를 대변했다.[3]

---

1) Aamer Madhani, "Biden declares 'America is back' in welcome words to allies," Associated Press, (February 19, 2021)

2) 바이든 대통령 역시 러시아와 독일을 연결시키는 노드스트림 2 가스 파이프라인 프로젝트가 미국, 유럽안보에 피해가 된다는 확실한 신념을 갖고 있다. 그러나 독일, 오스트리아는 그것을 통해 유럽이 러시아로부터 천연가스를 안정적으로 공급할 수 있다고 주장하면서, 그 가스관 유지를 지지한다.

3) Michael Peel, "Blinken pledges to revitalise NATO in break with Trump─era tensions," (March 23, 2021), https://www.ft.com〉 content

취임 초기 바이든 행정부의 나토 관련 최대과제는 그렇듯 미국이 또 다시 과거 트럼프 시대로 돌아가지 않는다는 것을 확신시키는 것이었다. 지난 수 년 간 미국의 일탈적 태도로 인해, 또 유럽 국가들의 독자성 유지를 위해 마크롱이 독립적 외교, 안보정책 형성과 시행을 선호했지만, 아직도 많은 나라들은 탁월한 군사, 경제력, 테크놀로지 우위를 구비한 미국의 흔들리지 않는 리더십을 원했다. 특히 러시아와 인접한 폴란드, 발트 3국을 포함하는 동유럽 국가들은 아직도 유럽안보가 나토의 대체가 아니라 보완을 추구해야 한다고 강력하게 주장했다. 프랑스, 독일 역시 그 필요성을 부인하는 것은 전혀 아니었다. 미국과 나토의 유럽 국가들은 앞으로도 협력해야 할 수많은 사안에 둘러싸여 있었다. 그것은 최소한 러시아로부터의 위협, 중국의 경제적 침투, 아프간, 시리아, 이라크 전쟁의 종식과 대테러, GDP 2% 국방비 지출의 완수를 포함했다. 그리고 외부위협이 존재하는 한, 그 동맹은 계속 필요를 입증할 것이었다.[1]

1) 미-나토 정상회담

유럽 순방과정에서 EU 정상회담에 참여하기 하루 전 2021년 6월 14일 바이든은 브뤼셀 제31차 나토 정상회담에 참석했다. 그 회담은 몇 가지 주요 사항을 조명했다. 첫째, 회원국들은 공동성명에서 러시아의 공세적 행동이 유럽 – 대서양 안보에 위협을 제기하고, 중국의 증대하는 능력과 대외행동은 나토가 동맹으로서 함께 시정해야 할 도전을 제기한다고 말했다. 둘째, 30개 회원국 리더들은 비록 나토 조항은 개별사안에 따라 다르게 판단되지만, 심화된 사이버 공격은 나토 제5조를 발동시키기에 충분한 군사공격에 버금간다고 경고했다. 셋째, 바이든은 며칠 후 있을 푸틴과의 정상회담에서 워싱턴이 생각하는 '레드라인'을 분명히 밝힐 것이라고 말했다. 그는 미 – 러시아 관계는 모스크바의 행동에 달려있으며, 만약 모스크바가 외국영토 침범, 사이버 공격, 선거간섭 같은 불법적 공격행위에 개입하면 워싱턴도 그에 상응해 보복할 것이라고 강조했다. 넷째, 회원국들은 미국의 아프가니스탄 철군에 동의했다. 비록 일부 회원국들이 미국의 철수가 동맹과의 상의없이 일방적으로 결정된 것에 불만을 표시하고, 또 다른 일부는 미군철수 후

---

1) 2021년 10월 나토에 따르면, 독일, 이탈리아, 스페인은 2024년까지 GDP 2% 목표를 달성하지 못할 것으로 분석됐고, 독일은 2031년까지 그 목표치를 맞출 것이라고 말했다. Stewart, Ali and Emmott, "In NATO debut," (February 15, 2021), https://www.reuters.com〉article

의 카불 안보를 우려했지만, 그들은 아프간 정부를 위한 자금지원에 협력할 것을 약속했다. 다섯째, 바이든은 전제주의는 국민을 위해 일할 수 없고, 민주주의가 아직도 세계가 선호하는 압도적 가치임을 입증해야 한다고 주장했다. 그는 민주적 가치를 떠받치는 제도강화에 투자하고, 증오와 가짜 파퓰리즘을 견제하며, 부패를 뿌리 뽑는 것이 중요하다고 말했다. 바이든은 몇 가지 추가 사항에 대해서도 언급했다. 2021년 1월 미 의사당 난입사건을 포함해 미국 내 최근사태에 관한 유럽 국가들의 우려와 관련해서, 그는 유럽이 미국인들의 중심적 사고와 가치체계를 잘 알고 있듯이 공화당의 트럼프 국면은 지나가고 있고, 자유민주주의가 계속 전진하는 것이 더 중요하다고 말했다. 정상회담 이후의 기자회견에서 나발니가 사망하는 가상적 경우와 관련해 받은 질문에서, 바이든은 그런 사태는 러시아가 기본적 인권을 보호할 의지가 전혀 없음을 입증하고, 그런 비극적 사건은 푸틴이 나머지 세계와 맺는 관계에 상처만 줄 뿐이라고 대답했다.[1]

---

1) Zamira Rahim, Melissa Macaya and Ed Upright, "Biden and world leaders meet at 2021 NATO summit," (June 14, 2021), https://www.cnn.com〉live-news

경쟁 강대국 관계

　　트럼프 행정부가 이끄는 미국은 강대국들과 어떤 관계를 유지했나? 그 당시 미국이 가장 중시하고 경쟁자로 인식하는 강대국은 러시아와 중국이었는데, 그것은 그렇게 규정한 2017년 12월 미국 국가안보전략 문서 이후 수많은 다른 안보 문서에 명확하게 나타나 있었다. 워싱턴이 그 나라들을 미국에 대한 가장 강력한 도전자, 또 현재와 미래의 경쟁상대로 인식한 이유는 그들의 대외적 행동, 이데올로기, 국내 정치체제, 그리고 핵심적으로 그를 떠받치는 국력이 미국의 안보이익, 번영, 국내 민주질서에 직접적인 위협을 가할 수 있기 때문이었다. 워싱턴이 보기에 세계에서 지구적 차원의 영향을 미치는 나라는 미국, 러시아, 중국 3개 국가뿐이었고, 영국, 독일, 프랑스, 일본을 포함해 세계의 다른 모든 나라는 이제 선진, 중견국가(middle power)에 불과했다. 실제 러시아, 중국 역시 오늘날 세계 강대국은 그들과 미국뿐이라는 것을 잘 알고 있었다.

　　러시아에 대한 워싱턴의 정책은 독특한 형태를 띠었다. 트럼프 대통령은 처음부터 러시아에 대해 적대감이나 반감을 드러낸 적이 거의 없었고, 오히려 푸틴 대통령, 모스크바 당국과의 협력관계를 원했다. 그러나 그의 의지는 뜻대로 이루어지지 않았는데, 왜냐하면 미 안보당국, 그리고 많은 경우 양당 합의에 의한 의회결의안이 행정부 정책을 러시아 제재로 몰아갔기 때문이다. 국가 리더와 국가부서 사이의 괴리를 목격하는 미국인뿐 아니라 외국인들도 워싱턴 정책의 특수한 성격에 대해 의구심을 표시했다. 반면 미국과의 대치 속에서 푸틴이 이끄는 러시아는 처음에는 트럼프 대통령의 특별한 성향에 기초해 관계개선의 기대를 걸었지만, 미 안보당국과 의회의 강경노선을 인지한 이후에는 전통적인 반미로 돌아섰다. 푸틴 정부는 미국 국내정치 개입, 해킹, 무기체계 개선, 그리고 유럽에서는 EU의 정치적 분열을 노린 동, 서유럽 파퓰리스트 정당에 대한 정치, 경제적 지원을 시행했다. 투르크스트림(Turk Stream) 완성과 노드스트림 2(Nord Stream 2) 천연가스 파이프라인 건설 추진은 유럽에 대한 경제 영향력을 증대시키고 국내 경제력을 강화시키기 위한 조치였다.

그러나 미국의 중국 정책은 러시아의 경우와는 달리 트럼프 대통령의 주도에 의해 완전한 강경책으로 특징지어졌다. 미 행정부와 의회는 일치단결해 대통령의 기치를 지원했다. 미국은 중국 행동과 정치, 사회체제의 거의 모든 측면에 반대했다. 안보에서 미국은 베이징의 동, 남중국해 군사화와 지배 욕구를 저지하고 대만의 독립을 옹호하기 위해 쿼드를 중심으로 인도-태평양 전략, 그리고 '항해의 자유'와 같은 여러 세부전략을 시행했다. 북핵 문제와 관련해서는 처음에는 베이징의 협력을 촉구했지만 곧 그 환상에서 벗어났다. 미국은 중국의 국방비 불투명성, 무기체계 현대화에 대해서도 경계의 목소리를 냈다. 대통령이 가장 우려하고 시정하기 원했던 것은 매년 수천억 달러에 달하는 중국과의 상품무역 적자였다. 그 문제 해결을 위해 트럼프는 중국에 대해 고관세 부과로 대응했지만, 그 결과는 상품무역 적자가 조금 줄어드는 가운데 EU 및 멕시코와의 적자가 사상최대로 증가하고, 미·중 무역량 축소로 인한 수출 감소, 실질 GDP와 가계소득 감소, 그리고 소비자 가격 상승을 포함하는 다양한 부작용으로 이어졌다. 미국은 동시에 베이징의 신장 위구르 소수인종, 티베트 불교 및 국내 크리스천 종교 박해, 홍콩에서의 인권탄압, 그리고 날이 갈수록 정교해지는 감시체계를 포함하는 국내 권위주의 질서를 비판했다. 미국은 또 중국으로부터 유입되는 합성 마약인 펜타닐(Fentanyl) 공급을 줄이라고 베이징에 압력을 가했다.

중국은 워싱턴의 공세를 경계하면서 기민한 형태로 자국입장을 고수했다. 가장 대표적으로 미국의 고관세에 베이징은 상응하는 보복관세로 일관했고, 무역량 감소에 대비해 EU 및 기타 국가들과의 무역을 증대시켰다. 워싱턴이 거론하는 안보문제에서도 모두 중국 주장이 정당하다는 입장을 고수했고, 자국 군사현대화에 대해서는 그것이 방어적 성격을 띤다고 항변했다. 국내 관련 제반 이슈에 대한 논의는 모두 내정간섭의 이름으로 거부했다. 그럼에도 불구하고 베이징은 아직은 미국과의 정면대결보다는 협력적 관계를 원했다.

1 미·러 관계

트럼프가 집권할 당시 미·러 관계는 극단적 대치상태에 있었다. 그것은 미국이 주도하는 나토의 동진과 동유럽 미사일방어망 설치에 대해 모스크바가 반감을 가진 것이 기저의 원인이었지만, 그 관계는 2014~2015년 크렘린이 크리미아를 강제합병하고 동 우크라이나에서 분리주의 친러 세력을 지원하면서 극도의 악화상태에 들어갔다. 오바마 행정부와 EU는 러시아에 제재부과, G8으로부터의 축출, 그리고 나토 강화를 통해 모스크바의 불법적 행동을 처벌하고 러시아 고립을 시도했으나, 푸틴정부는 그에 전혀 동요하지 않았다. 모스크바는 오히려 친러 구소련 공화국, 중국, 인도와 관계를 강화하고 군사력과 경제력을 재정비하면서 기꺼이 서방과의 대결, 체제경쟁에 돌입했다. 서방의 군사력은 수많은 핵무기와 첨단 재래식 무기로 무장하고 결사항전을 다짐하는 러시아 군을 압도할 수 없었고, 경제제재는 러시아에 일시적 불이익과 타격을 주었음에도 불구하고 모스크바의 정책을 바꿀 정도로 강력하지 못했다.[1] 러시아는 비록 서방에 비해 경제력이 취

---

[1] 러시아는 2008년 러-조지아 전쟁 이후 메드베데프 대통령 시기 군사현대화를 본격적으로 추진하기 시작했고, 2012년 푸틴이 재집권한 이후에도 계속해서 군사력을 증강, 현대화했다. 메드베데프 시기 군 현대화 계획(SPA: State Armament Program 2020)이 상대적으로 해군과 항공우주전력 발전을 더 강조한 반면, 푸틴 시대 3,300억 달러 규모의 군사현대화(SPA 2027, 2018-2027)는 여러 분야를 포괄하면서도 우크라이나, 시리아 전쟁 교훈을 반영해 신속대응군과 지상군 능력발전에 우선순위를 두었다. 해외 힘의 투사에서 핵심 역할을 수행하는 신속대응군은 공수, 공중강습부대(Airborne and Air Assault Troops), 특수부대(Spetsnaz), 해군보병(naval infantry)으로 구성되는데, 그들은 전문병력 및 장비와 관련해 더 큰 예산을 할당받았다. 지상군 현대화 역시 상대적으로 큰 예산을 받으면서, 동원능력과 화력 증대를 중시한다. 한동안 여단 중심이던 지상군은 우크라이나에서의 대규모 재래식전투에 비추어 일부 부대를 사단-여단 혼합형태로 운영하기로 결정했고, 더 나아가 공중방어, 미사일, 정찰부대, 개별부대 야포를 강조하는 통합형 지상군을 지향한다. 화력증강은 탱크, 중화기, 박격포, 이동야포 능력의 획기적 증대를 추진한다. SPA 2027은 물론 그 밖의 분야에 대한 개혁도 추진한다. 정밀타격 능력에서는 지상 및 공중발사 순항미사일(3M-54 Kalibr, Kh-101/102), 지상배치 단거리 및 중거리미사일(9K720 Iskander-M, 9M729 Novator), 극초음속 미사일(3M-22 Zircon, Avangard)의 타격능력 향상을 추구한다. 항공우주군 개혁은 최신형 전투기 개발과 전폭기 비율증대를 추진한다. 5세대 최신형 전투기인 Su-57과 폭격기(PAK-DA) 도입은 일부 생산 결점으로 차질을 빚고 있지만,

약했지만, 구소련 공화국들과의 경제통합을 진전시키고, 중국, 인도, 브라질, 남아공을 포함하는 브릭스(BRICS) 국가들뿐 아니라 유럽 각국과도 에너지 수출과 무역거래를 통해 경제를 보완하면서, 이란, 이라크, 시리아, 리비아를 포함하는 중동 사태에 깊이 개입했다.[1]

(1) 트럼프 행정부와 미·러 안보현실

트럼프는 처음부터 예외적으로 친 러시아 입장을 취했다. 트럼프의 러시아와의 관계는 오래 전으로 거슬러 올라간다. 그의 러시아와의 인연은 사업가로서, 또 2013년 모스크바에서 미스 유니버스(Miss Universe) 대회 초청에 공헌한 것에서 시작되고, 그 이후 그의 선거캠프 관계자들이 러시아의 많은 정·재계 인사들과 몇 차례 만난 것으로 알려졌다.[2] 2016년 7월 트럼프는 미국이 "러시아와 잘 지내면 좋지 않겠느냐"고 공개적으로 반문했고, 11월 당선될 당시 그는 예외적으로

공중발사 순항미사일, 공대공 및 공대지 미사일, 정밀 유도폭탄 개발과 생산은 계속된다. 또 항공우주군은 첨단 공중방어시스템을 도입하는데, 장거리 S-400, 중거리 S-350, 단거리(Pantsir-S1/M) 방어체계는 세계 최고성능으로 간주되고 현재 실험중인 차세대 S-500은 그 능력을 더 증대시킬 것이다. 해군 현대화는 힘의 투사를 위해 많은 신형 프리깃함과 소형 코르벳을 도입했고, 신형 탄도미사일 잠수함과 공격 잠수함도 취역했다. Kalibr 순항미사일을 보완하기 위한 함정 및 잠수함용 초음속 대함미사일(Zircon)은 현재 개발 중이다. 그래도 러시아의 유일한 항모(Admiral Kuznetsov)가 노후로 인해 작동이 제한받고, 우크라이나 침공 이후 제재로 인한 프랑스 미스트랄급 수륙양용 함정 도입이 무산된 상태에서, 러시아 해군의 해외원정 능력은 상대적으로 취약하다. 한편, 러시아 군의 인력충원은 약간의 문제를 내포한다. 1백만 명 수준으로 규정된 러시아 병력은 2019년 현재 공식적으로는 95% 충원된 상태이지만, 전문가들은 그 숫자가 더 적을 수 있다고 말한다. 그동안 러시아 군은 1년 기간의 징병제 병사와 전문성을 가진 계약직 병사를 혼합한 형태에 의존했는데, 2017년 42만 5천 명을 목표로 한 계약직 병사 숫자를 2025년까지 47만 6천 명까지 증원하기로 계획을 변경했다. 또 서방식의 기술, 전문직 부사관(NCO) 부대 창설은 포기하고, 그 역할을 초급장교와 전문 계약직 병사가 맡도록 조정했다. Andrew S. Bowen, "Russian Armed Forces: Military Modernization and Reform," CRS IN Focus, IF11503, (July 20, 2020), pp. 1-2.

1) 서방의 제재와 농산물 수입에 대한 러시아의 보복적 금지에도 불구하고, EU는 러시아의 최대 무역파트너로 남아 있었다. 2016년 러시아 상품수출의 47%가 EU 회원국으로 갔다. 러시아 상품수출 최고 3개 종착지는 네덜란드, 중국, 독일 순이고, 수입 최고 3개 원천은 중국, 독일, 미국이었다. Cory Welt, Russia: Background and U.S. Policy, CRS Report 7-5700, R44774, (August 21, 2017), p. 14.

2) Mark Mazzett, Nicholas Fandos, "G.O.P.-led Senate Panel Details Ties Between 2016 Trump Campaign and Russian Interference," The New York Times, (August 18, 2020)

러시아에 친근감을 보였다. 그것은 오바마 행정부가 모스크바의 크리미아 점령을 계기로 러시아와의 관계에서 완전히 적대적으로 돌아선 것과 크게 대비됐다. 그해 12월 오바마 행정부가 모스크바의 미 대선 개입에 대한 제재의 일환으로 러시아 외교관 35명을 축출하는 상황에서, 푸틴은 마치 트럼프를 옹호하듯 의회연설에서 상호 호혜와 평등한 입장에서 미국의 신행정부와 교류, 협력할 모든 준비가 돼 있다고 말했다. 이미 그때까지 미 정보공동체는 모스크바가 미국 선거에 영향을 주고 국민들로 하여금 미 정치체제를 불신하도록 만들기 위해 사이버 해킹을 했다는 견해를 표시했고, CIA는 러시아가 트럼프를 돕기 위해 개입했다는 입장을 확인했다.[1] 오바마의 지시로 러시아의 미 대선개입을 추적한 미 국가정보국장 (DNI: Director of National Intelligence) 제임스 클래퍼(James Clapper)는 트럼프 취임 직전 2017년 1월 6일 푸틴 대통령이 힐러리 클린턴을 불리하게 보이게 만들고 트럼프 당선을 돕기 위해 영향력 캠페인을 지시했다는 조사결과를 공개했다.[2]

취임 직후 2017년 1월 말 트럼프는 푸틴과 50분간의 전화통화에서 대테러를 포함해 미·러 관계 증진에 노력하기로 합의하고 적절한 기회에 회동하기로 약속했는데, 처음부터 그는 푸틴과 우호관계를 강화, 유지하기를 원했다.[3] 7월 함부르크 G-20 정상회담에서 트럼프와 푸틴은 처음으로 직접 만났다. 두 정상은 시리아 내란 휴전문제를 논의했고, 트럼프가 모스크바 당국의 미 대선 개입 여부를 물었을 때 푸틴은 그것을 부인했다.[4] 두 정상은 지난 수년간의 극단적 대립을 완화하는 미·러 관계의 진전의 필요성을 거론했고, 트럼프는 푸틴을 만난 것이 영광이었다고 말했다.[5] 8월 그는 의회가 제정한 러시아, 이란, 북한을 제재하는 법

---

1) FBI는 2016년 7월 러시아의 미 대선개입을 조사하기 시작했고, 트럼프-러시아 연계 조사에 초점을 맞췄다. 그 사건은 2016년 9월 의회 의원들에 의해 공개됐고, 미 정보기구들은 2016년 10월 러시아의 미 대선 간섭이 사실이라고 확인했다. "Russia intervened to promote Trump-US intelligence," BBC, (December 10, 2016)

2) Background to "Assessing Russian Activities and Intentions in Recent US Elections": The Analytic Process and Cyber Incident Attribution, (January 6, 2017), www.dni.gov

3) 2017년 봄 트럼프는 제임스 코미(James Comey) FBI 국장을 해임하고, 로버트 뮬러 (Robert Muller)를 트럼프 자신과 러시아 연계를 수사하는 특별검사로 임명했다. 코미의 FBI 국장직 해임은 부분적으로는 그가 러시아의 미국 내 대선개입을 수사한 것과 관련된 것으로 알려졌다. Welt, Russia: Background , (August 21, 2017), p. 42.

4) http://carnegie.ru/commentary/?fa=71529

5) Mythili Sampathkumar, "Donald Trump's meeting with Vladimir Putin lasts more than

안(CAATSA: Countering America's Adversaries Through Sanctions Act)에 서명했는데, 그것은 트럼프가 거부하기 어려운 미 의회 양당합의의 거의 만장일치의 지지를 받는 법안이었다. 트럼프는 그 법안이 미·러 협력을 제한하기 때문에 심한 결점이 있다고 지적했지만, 미 국무부는 법에 규정된 대로 10월 러시아 국방부나 기타 정부 부처와 함께 일하는 것으로 판단되는 39개 단체를 제재대상으로 지정했다.[1] 11월 베트남 다낭(Danang) APEC 정상회담 장외에서 트럼프와 푸틴은 또 잠시 대화할 기회가 있었다. 그들은 시리아 갈등 해소계획에 관해 의견을 교환했고, 대통령은 다시 한 번 러시아가 미국에 개입하지 않았다는 푸틴의 말을 믿는다고 강조했다.[2]

그러나 모스크바의 미 대선 간섭에 특별히 예민했던 의회를 중심으로 미국 정부는 대통령의 우호적인 친 푸틴 태도와는 달리 2017년 러시아에 많은 강경조치를 취했고, 그것은 모스크바의 반발을 야기했다. 3월 미 국무부는 2014년 야후(Yahoo) 해킹과 관련해 2명의 러시아 연방보안국(FSB: Federal Security Service) 관리를 포함해 여러 러시아 개인에 대한 혐의를 제기하고, 이란, 북한, 시리아 비확산과 관련해 러시아 회사들을 제재했다. 미 국방부는 러시아의 이스캔더 계열의 지상배치 순항미사일 SSC-8 배치가 INF 협정을 위반한다는 사실을 지적하고, 4월 시리아 알-아사드 정부의 칸 샤이쿤(Khan Shaykhun) 화학공격에 대한 경고로 시리아 군과 러시아 병력이 함께 주둔하는 샤이랏(Shayrat) 공군기지에 대규모 미사일 공격을 가했다.[3] 미군의 시리아 군사기지 공격과 6월 몬테네그로의 나토 가입에 대해 아사드 정부를 지원하는 모스크바는 미·러 관계 악화를 경고했고, 워싱턴 역시 4월 렉스 틸러슨(Rex Tillerson) 미 국무장관의 푸틴 및 라브로프(Lavrov)와의 관계개선 약속에도 불구하고 양국 관계가 상당한 대치상태에 있음을

2 hours after being scheduled for 30 minutes," The Independent, (July 7, 2017)

1) http://www.cnn.com/2017/08/02/politics/donald-trump-russia-sanctions-bill/index.html

2) Steve Holland, Denis Pinchuk, "Trump says he trusts Putin's denials of election meddling," (November 11, 2017), www.reuters.com; 2019년까지도 러시아의 2016년 미 대선 개입 이야기는 계속 여러 채널에서 거론됐는데, 그해 3~4월 미 검찰총장은 뮬러 보고서를 공개하면서 트럼프가 러시아와 담합하지는 않았지만 그가 전혀 관련이 없는 것은 아니라는 취지로 말했다.

3) "Syria war; US launches missile strikes following chemical attack," BBC News, (April 7, 2017)

시인했다.[1] 7~9월 러시아는 2016년 12월 미국의 러시아 외교관 축출에 대한 보복으로 9월까지 러시아 내 미국 외교관 숫자를 450명으로 축소할 것을 요구했고, 미국은 워싱턴, 뉴욕의 러시아 외교시설 일부, 그리고 샌프란시스코 러시아 총영사관 폐쇄를 명령했다.[2] 그해 12월에는 러시아와 관련해 특히 많은 조치가 취해졌다. 미국 정부는 INF 협정이 금지하는 순항미사일을 생산한 혐의로 러시아 기업들(Novator, Titan – Barrikady)에게 새로운 면허 및 수출 제한을 선언했고, 키예프가 러시아의 지원을 받는 분리주의자와 싸울 수 있도록 우크라이나에 대탱크 미사일을 판매했으며, 마그니츠키 법(Global Magnitsky Act)에 따라 러시아, 우즈베키스탄을 포함하는 여러 나라에서 인권침해 관련 50개 이상의 단체와 개인에 제재를 부과했다.[3] 그때 공개된 미국의 국가안보전략(NSS: National Security

---

1) 그해 4월 렉스 틸러슨은 푸틴, 라브로프 외교장관과 만나 미·러 관계 개선에 관해 논의했다. 그들은 두 정부간 소통채널 논의, 작은 이슈들을 위한 실무그룹 형성, 그리고 시리아, 우크라이나, 북핵 문제에서 협력할 것을 약속했다. Welt, Russia: Background , (August 21, 2017), pp. 44 – 45.

2) "Russia expels US diplomats in tit – for – tat over sanctions," The Financial Times, (July 28, 2017); Achieving Parity in Diplomatic Missions, U.S. Department of State, (August 31, 2017), www.state.gov

3) Alina Polyakova & Filippos Letsas, "On the record: The U.S. administration's actions on Russia," (December 31, 2019), https://www.brookings.edu〉 blog; 우즈베키스탄은 1991년 독립 이후 2016년까지 소련 관리였던 카리모프(Islam Karimov)에 의해 권위주의 형태로 통치됐다. 그의 사망 후에는 지난 13년간 총리로 재직하던 미르지요예프(Shavkat Mirziyoyev)가 불공정 선거로 의심받는 2016년 12월 대선에서 압도적 표차로 승리했다. 대외관계에 소극적이던 카리모프와 달리, 그는 경제자유화, 해외투자 유치, 이웃과의 관계 개선을 중심으로 일부 개혁을 추진했다. 그래도 정치는 아직도 고도의 권위주의로 남았는데, 대통령은 총리, (양원제 의회의) 상원의장, 검찰총장, 판사, 주지사의 임면권을 행사했고, 행정부는 의회, 사법부를 완전히 지배했다. 2019년 12월 의회선거에서 승리한 5개 정당은 모두 친정부 성향이었다. 인권은 미르지요예프가 1차 현금작물이고 그 수확을 위해 1년에 수백만 명을 동원하는 면화경작에서 강제노동을 폐지하고, 수십 명 정치범을 석방하면서 다소 개선됐지만, 아직도 많은 제한은 그대로 남았다. 그것은 표현의 자유와 언론, 시민사회 억압, 자의적 체포와 구금, 미등록 종교 활동 처벌, 감옥 내 부당한 처우와 죄수 고문 같은 것들이었다. 경제개혁은 자유화와 해외 투자유치가 약간 증진됐지만, 투명성이 결여되고, 국영기업이 우선시되는 상황에서 아직 상당수준의 부패가 존재했다. 대외관계에서 테러리즘이 특별히 우려되는 것은 아니었는데, 1,500명 이하의 우즈베키스탄 국적자가 AQ, IS에 합류하고 2017년 그 나라 출신 미 영주권자가 뉴욕에서 8명을 살해했지만, 타슈켄트의 일망타진으로 국민의 88%가 수니 무슬림인 우즈베키스탄 내에서 테러리즘은 거의 발생하지 않았다. 다른 한편 타슈켄트는 2016년부터 아프가니스탄과의 개입을 증대시키고, 미국의 중앙아시아 지역 이슈 논의를 위한 고위급 포럼인 C5+1 운영을 도왔다. 트럼프 행정부는 인권 관련 제재와는 별개로 미르지요예프 정부를 지지했다. 2018년 5월 미르지요예프는 워싱턴 D.C.를 방문해 미국과 전략적 파트너십을 체결했고, 워싱턴은 우

Strategy) 보고서는 러시아와 중국이 미국의 파워, 영향력, 이익에 도전하는 수정주의 국가라고 명시했다. 그러나 그 전략 발표 당시 트럼프 대통령의 행동이 문제가 됐는데, 왜냐하면 미 안보당국이 러시아의 심대한 위협을 거론하는 시점에 오히려 그가 (러시아 내 IS 테러방지 관련 CIA의 협력을 치하한) 푸틴과의 대화가 보람있었다고 말했기 때문이다.[1]

2018년에도 미·러 관계는 2017년과 비슷하게 진행됐다. 국가 리더로서 트럼프는 푸틴 및 러시아와의 관계진전을 중시하는 형태로 발언, 행동했고, 반면 양국 실무차원에서는 서로에 대한 수많은 견제가 있었다. 그해 6월 트럼프 대통령은 서방선진국들이 러시아의 G-7 재가입을 허용할 것을 촉구했고, 그것은 그가 유럽 국가들에게 나토 방위비 분담금 인상을 밀어붙이는 것과 모순된다는 비난을 받았다. 7월 트럼프와 푸틴은 핀란드 헬싱키에서 공식 정상회담을 가졌다. 배석자 없이 통역만 대동하고 2시간 동안 진행된 그 회담에서 두 정상은 광범위한 사안에 관해 논의했는데, 그것은 시리아의 평화와 화해, 이스라엘의 안전, 우크라이나 갈등 해결을 위한 민스크 합의이행, 북한 비핵화, 대테러 실무그룹 복구, 사이버 안보 실무그룹 창설, 사업가 실무그룹 결성, 그리고 미국 NSC와 러시아 상대역 간 회담 개최를 포함했다. 트럼프는 정상회담이 양국 관계개선에 차지하는 중요성을 언급하면서 양국이 '공유된 이익 추구에서 협력할 방법'을 찾으면서 지구적 도전을 해결해야 한다는 견해를 밝혔고, 푸틴은 수용가능한 수준의 신뢰회복과 상호 이익을 위한 협력의 중요성을 강조했다. 일부 분석가들은 트럼프의 관계개선 시도가 오바마 행정부의 '관계 재설정'과 비슷한 성격을 갖는다고 말했고, 또 다른 일부는 그것은 우크라이나 사태 변화와 미국 및 유럽 국내문제 간섭 중단이 없이는 불가능하다고 말했다.[2] 그러나 그 회담에서 트럼프는 러시아의 2016년

즈베키스탄의 WTO 가입을 지원했다. 워싱턴은 또 우즈베키스탄의 개혁, 법치고양, 경제 발전, 안보지원을 위한 예산으로 2021년 의회에 3,500만 달러를 신청했다. 그래도 원래 SCO 회원국으로서 우즈베키스탄은 중국으로부터 BRI 관련 많은 투자를 획득했고, 2020년 러시아가 주도하는 EEU에서 옵서버 위상을 획득했다. 2020년 우즈베키스탄의 GDP는 579억 달러, 일인당 GDP는 1,800달러였다. Maria A. Blackwood, "Uzbekistan," CRS IN Focus, IF10302, (Updated September 22, 2020), pp. 1-2.

1) Trump Delivers a Mixed Message on His National Security Approach, (December 18, 2017), https://www.nytimes.com〉 tru...

2) Cory Welt, "The Trump-Putin Summit," CRS Insight, IN10933, (July 20, 2018), pp. 1-2.

미 대선 개입과 관련해 또 다시 모스크바 당국이 "결코 간섭하지 않았다"는 푸틴의 말을 믿는다고 말했는데, 그것은 국내외에서 큰 파장을 일으켰다.[1] 그 이유는 이미 그 당시까지 비록 트럼프가 모스크바와 담합하지는 않았지만, 러시아의 대선 개입은 분명하다고 결론이 난 상태였기 때문이다. 2018년 2월 뮬러 특별검사는 여러 러시아인과 러시아 회사들을 미 대선개입 혐의로 기소했고, 5월 미 상원 정보위원회도 모스크바의 대선 개입은 분명하다고 말한 바 있었다. 미 정보공동체의 분석, 상하원 정보위원회 조사, 그리고 특검의 발표보다 푸틴을 말을 더 신뢰하는 자국 대통령의 기이한 행동에 대해 존 맥케인(John McCain) 상원의원은 트럼프의 태도는 '미국의 수치'라고 비난했고, 세계 언론은 트럼프가 왜 그렇게 푸틴에게 충실한지, 또는 특별히 약점을 잡혀 있는 것은 아닌지 의문을 제기했다. 일부 언론은 대통령의 태도를 '푸틴에 대한 굴복'과 '푸틴의 꼭두각시'로 묘사했다.[2] 트럼프와 푸틴은 그해 두 번 더 별도로 대화할 기회가 있었다. 그러나 11월 파리 제

▲ 존 맥케인, theguardian.com

1차 세계대전 종전 100주년 기념식에서 트럼프는 마크롱 대통령의 만류로 푸틴과의 단독 대화를 자제했고, 아르헨티나 G-20 정상회담에서는 러시아의 우크라이나 함정 나포와 선원 억류를 이유로 푸틴과의 미팅을 취소했다.[3]

양국 간의 실무차원 견제는 계속됐다. 2018년 1월 미국은 국방전략(NDS: National Defense Strategy)을 발표했다. 그 문서에서 펜타곤은 러시아, 중국과의 새로운 강대국 경쟁을 직시하는 준비가 필요하고, 모스크바가 나토를 분열시키는 전략을 구사하고 있다고 지적했다.[4] 2월 미국의 핵태세 검토보고서(NPR: Nuclear

---

1) Krishnadev Calamur, "Trump Sides With the Kremlin, Against the U.S. Government," The Atlantic, (July 16, 2018)

2) Sarah Hallam, "John McCain: Trump gave one of the most disgraceful performances by an American president in memory," (July 16, 2018), www.edition.cnn.com; Sonam Sheth, "Russia came out of the winner of this year's G7 summit, and Trump looked like 'Putin's Puppet'," Business Insider, (August 27, 2019)

3) RFE/RL, "Trump Blames Obama 'Regime' for Ukraine's Loss of Crimea," (November 7, 2018), www.rferl.org

4) Summary of the 2018 National Defense Strategy of the United States of America, (January 2018), www.dod.defense.gov; 2018년 9월 미 행정부는 각 부처와 사무실이 러시아 기업(Kaspersky Lab)이 생산하는 소프트웨어를 사용하지 못하도록 지시했다. 그 이

Posture Review)는 세계는 '강대국 경쟁의 복귀'에 직면해 있다고 말하고, 러시아의 핵 선제 사용 가능성에 대비해 SLBM에 저용량 핵탄두, 그리고 해상발사 순항미사일(SLCM) 핵탄두 장착의 필요성을 권고했다.[1] DNI의 세계위협 평가(World Threat Assessment)는 모스크바가 INF를 위반하고 지상배치 순항미사일을 개발했다고 지적했다.[2] 3월 미국은 신자유주의 신봉자이며 강경보수 성격의 대외정책을 선호하는 것으로 유명한 볼턴을 NSC 보좌관으로 임명했고, 반면 푸틴의 4번째 대통령 임기 시작에 때맞춰 러시아는 새로이 개발, 배치한 첨단무기 목록을 발표했다. 러시아 신무기 중에는 사르마트(Sarmat) 다탄두 장거리미사일, 아방가르드(Avangard) 전략미사일, 극초음속 공중미사일, 그리고 미 항모 공격에 특별히 유효할 것으로 보이는 핵탄두 해저드론(underwater drone)과 같은 첨단무기들이 포함돼 있었다.[3] 워싱턴은 모스크바의 군사적 과시를 비난하면서도, 그에 크게 긴장했다.[4] 두 나라는 또다시 외교관 60명 맞추방 사건을 겪었는데, 그것은 영국 샐리스버리(Salisbury)에서 러시아 정보국 요원들이 자국 이중 스파이 세르게이 스크리팔(Sergei Skripal)과 그의 딸(Yulia)을 독극물로 살해하려 시도한 것에 대한 양측의 예리한 대응이었다.[5] 9월 러시

▲ 세르게이 스크리팔, dw.com

유는 그 회사가 러시아 정보국과 유대를 가진 것으로 드러났기 때문이다.

1) Jon Wolfsthal, "US Approach to Russia in New Nuclear Posture Review Risks Boosting Chances of Conflict," (February 2, 2018), www.russiamatters.org

2) Daniel R. Coats, Worldwide Threat Assessment, (February 13, 2018), www.dni.gov

3) 러시아 군사독트린은 중국식 A2AD와 같은 방어 위주 전략과는 달리, 갈등의 초기 단계에 적을 단호하게 공격하고 그 핵심 인프라를 파괴해 적을 패퇴시키는 공격적 측면에 초점을 맞춘다. 그 독트린은 '전략적 억지' 개념을 강조하는데, 그것은 전략, 전술핵무기, 통상무기의 사용뿐 아니라 비군사 수단의 동원을 포함한다. 해킹, 가짜뉴스, 가짜정보(disinformation), 정치, 경제적 침투, 심리전, 비 국가(non-state) 행위자 개입 같은 것들이 모두 비군사 수단에 속한다. 그것은 부분적이기 보다는 전체론적(holistic) 접근으로 특징지어지는 신세대전쟁(NGW: New Generation Warfare) 방식이다. 러시아 합참의장 발레리 게라시모프는 현대전쟁의 개념과 규칙은 변했고, 서방은 색깔혁명과 카다피 정권 잠식을 위한 리비아 민주화 지원에서 나타나듯 이미 오래전부터 비군사 수단, 정치 전략을 사용해 왔다고 말했다. Andrew S. Bowen, "Russian Armed Forces; Military Doctrine and Strategy," CRS IN Focus, IF11625, (August 20, 2020), pp. 1-2.

4) Olga Tanas and Andrey Biryukov, "Putin Shows off New Nuclear Weapons, Warns West to Listen," (March 1, 2018), www.bloomberg.com

5) 미국은 시애틀 러시아 영사관 폐쇄도 명령했다.

아가 중국과 블라디보스토크 인근에서 연합 군사훈련을 실시했을 때, 미 국방부는 그것이 서태평양의 평화와 안보를 위협하는 행동이라고 비난하면서 무대책으로 일관하지는 않을 것이라는 강경대응을 선언했다. 시리아 내란과 관련해 미·러 양국은 두 번 서로 대립했다. 2018년 2월 미군의 시리아 동부지역 공습과 야포 공격으로 러시아 용병 수백 명이 사망하면서 양국 간 긴장이 고조됐다. 그것은 냉전 종식 이후 최초로 미국과 러시아인들이 충돌한 경우였다.[1] 4월에는 아사드 정부가 또다시 도우마(Douma) 화학무기 공격을 감행한데 대해 미국이 인도주의 명목으로 시리아 군 관련 표적을 공격했고, 그에 반발해 러시아가 미군시설 공격을 위협했다.[2] 그 전해와 마찬가지로 2018년에도 미국의 러시아에 대한 제재는 끊임없이 시행됐다. 1월에는 미 재무부가 푸틴과 가까운 제제 대상자 100명 이상의 러시아 고위관리와 순수자산 10억 달러 이상을 가진 올리가키 명단을 발표했고, 그 이후 거의 매달 러시아 개인 및 단체에 대해 제재를 부과했다. 그것은 여러 요인에 따른 것이었는데, CAATSA 위반, 미국 에너지 및 기타 경제활동 관련 사이버 공격, 그리고 미국 민주당 선거캠프 해킹을 포함했다.[3] 그래도 양측 간에 서로의 필요에 따른 약간의 협력은 존재했다. 2018년 1월 미 CIA 국장 마이크 폼페이오(Mike Pompeo)와 국방정보국장(DNI) 댄 코츠(Dan Coats)가 워싱턴 D.C.에서 러시아 3개 보안기구인 FSB, SVR, GRU 수장들과 비밀리에 회동했고, 그 이후 트럼프는 미 의회가 결의한 러시아 관련 제재를 연기했다.[4] 2월에는 미·러 모두 뉴 스타트(New START) 이행을 확인하기 위해, 양측이 보유한 핵탄두와 운반수단 개수를 공개했다.[5]

2019년 미·러 관계도 예년과 크게 다르지 않았다. 연초부터 미 행정부는 러

1) Secretary of State Nominee Mike Pompeo Confirmation Hearing, (April 12, 2018), www.c-span.org

2) David Majumdar, "Tensions Are Flaring between Washington and Moscow," The National Interest, (April 11, 2018)

3) Polyakova & Letsas, "On the record:," (December 31, 2019), https://www.brookings.edu〉 blog

4) "Russian spy chiefs met in Washington with CIA director to discuss counterterrorism," The Washington Post, (January 31, 2018); "Why the Directors of Russia's Intelligence Agencies Visited Washington: Secret meetings between the U.S. and Russia are the best hope for restoring relations," The Moscow Times, (February 8, 2018)

5) Belfer Center, Military & Security, Russia Matters, www.russiamatters.org

시아, 그리고 특히 중·러 협력의 진전이 미국 이익을 위협한다는 사실을 강조했고, 워싱턴과 모스크바 모두 새로운 국제질서의 변화를 더 실감하는 것으로 보였다. 매년 초 DNI가 주관해 발표하는 국가정보전략(National Intelligence Strategy)과 세계위협평가(Worldwide Threat Assessment)는 두 문서 모두에서 모스크바의 중국군 현대화 지원이 위험수준에 이르렀고, 동시에 러시아 자체의 위협뿐 아니라 중·러 연합세력이 제기하는 위협이 미국에 대한 지구적 차원의 가장 큰 도전이라고 지적했다.[1] 그것은 세계 강대국 세력구조가 미국의 패권에 반대하는 러시아와 중국의 협력으로 정형화되고 있다는 분석이었고, 그것이 그 양대 세력 모두가 21세기 중반 새로운 강대국으로 등장할 것으로 여겨지는 인도를 자기편으로 끌어들이려는 이유였다.[2] 2월 미국은 러시아의 협정 미준수를 이유로 INF 철수 가능성을 공표하고 실제 8월에 그로부터 철수했으며, 6월에는 러시아의 반대를 무시하고 폴란드에 1천 명 미군병력을 추가 배치했다. 그해 6월 미 상원은 국방비를 7,500억 달러로 책정하면서 미국의 군사적 우위가 중국과 러시아에 의해 잠식당하고 있다는 사실을 경고했고, 12월 미국은 러시아, 중국과의 새로운 경쟁영역으로 등장한 우주를 방어할 목적으로 국방수권법에서 우주군(Space Force) 창설을 공식화했다.[3] 미국의 러시아 제재는 계속됐다. 3월의 제재는 2018년 11월 커치 해협(Kerch Strait)에서 러시아의 우크라이나 해군함정 3척에 대한 사격, 나포가 그 이유였고, 8월에는 러시아 군사정보국이 자행한 스크리팔 독극물 사건과 관련해 추가제재가 부과됐다.[4] 러시아는 미국의 강경책에 '이에는 이, 눈에는 눈' 정책으로 대응했다. 2월 국정연설에서 푸틴은 미국이 러시아의 '정당한 이익'을 인정하지 않는다고 비난했고, 6월 영국 언론과의 인터뷰에서 미국과 서방이 선호하는 자유주의 사상은 이제 더 이상 세계 여러 나라에서 환영받지 못한다고 주장했다.[5] 트럼프와 푸틴이 6월 일본 오사카 G-20 정상회담에서 세계정세를 논의하

1) National Intelligence Strategy of the United States of America, (2019), www.dni.gov; Daniel R. Coats, <u>Worldwide Threat Assessment</u>, (January 29, 2019), www.dni.gov

2) 미국의 미사일방어 검토보고서(MDR: Missile Defense Review) 역시 중·러 미사일 위협에 대비하는 미국의 억지전략을 설명했다.

3) RFE/RL, "Trump Signs Law Establishing U.S. Space Force As Competition With China, Russia Grows," (December 21, 2019), www.rferl.org

4) U.S. Department of Justice, Treasury Sanctions Russia over Continued Aggression in Ukraine, (March 15, 2019)

5) Lionel Barber, Henry Foy, and Alex Barker, "Vladimir Putin says liberalism has

는 가운데 미·러 관계 증진의 필요성을 거론하고, 또 8월 트럼프가 다시한번 러시아의 G-7 복귀 필요성을 언급했지만, 그것은 두 나라의 실질적 관계에서의 진전에 기여하지 못했다.[1] 러시아의 안보행동은 적극적이고 대담했다. 4월 핵탄두 장착 해저 드론을 발사하는 핵추진 잠수함(Belgorod)을 진수하고, 5월에는 워싱턴의 베네수엘라 후안 과이도 정부 지지에 공개적으로 반대의사를 표시했으며, 7월에는 중국과 아태지역에서 최초로 장거리 공중 연합훈련을 실시해 한국으로부터 영공 침범 비난과 수차례의 전투기 경고사격을 촉발했다.[2] 그래도 11월 러시아가 미국에 뉴 스타트(New START) 5년 연장을 제안했을 때 워싱턴은 그에 긍정적으로 대응했고, 12월 폼페이오 미 국무장관은 라브로프 러시아 외교장관을 워싱턴으로 초청해 북한 비핵화 필요성에 합의했다.[3] 한편 2019년 4월 미국은 나토 동맹국인 터키에 앙카라의 러시아 S-400 미사일방어망 구입을 이유로 F-35 전투기 전달을 유예했고, 10월 시리아 주둔 미군병력을 대부분 철수시켰으며, 12월에는 러시아와 독일 천연가스 파이프를 연결하는 사업인 노드스트림 2(Nord Stream 2)에 제재를 가해 작업을 중단시켰다.[4] 미국의 노드스트림 2 제재에 대해 EU는 그것이 유럽기업들의 정당한 사업에 대한 부당한 간섭이라고 항의했고, 독일은 그것을 '독일과 유럽 내부문제에 대한 심각한 간섭'이라고 비난했으며, 러시아의 라브로프 외교장관은 미 의회의 제재가 러-유럽 관계와 미·러 관계를 동시에 파탄 내고 있다고

▲ 노드스트림 2

'become obsolete'," (June 29, 2019), www.ft.com

1) "Trump Calls to Allow Russia to Join G7, Moscow Responds With Skepticism," (August 21, 2019), www.moscowtimes.com; Zachary Cohen and Alex Marquardt, "US Ambassador to Russia Jon Huntsman resigns," (Updated August 7, 2019), www.amp.conn.com

2) Andrew Osborne, Joyce Lee, "First Russian-Chinese air patrol in Asia-Pacific draws shots from South Korea," (July 23, 2019), www.reuters.com

3) 그 당시 라브로프는 뉴 스타트 연장에 중국을 포함시키자는 워싱턴의 제안에는 반대를 표시했다.

4) Mike Stone, Humeyra Pamuk, "U.S. halts F-35 equipment to Turkey, protests its plans to buy from Russia," (April 2, 2019), www.reuters.com

비난했다.[1]

    트럼프 임기 마지막 해인 2020년의 미·러 관계는 어땠을까? 미국은 이라크 를 방문하는 이란 혁명수비대 쿠두스군 사령관 카셈 솔레이마니를 드론 공격으로 살해하는 것으로 그해 초부터 세계의 관심을 끌었는데, 그것은 테헤란에게는 2018년 미국의 JCPOA 탈퇴 이후 트럼프에 의한 또 다른 도발로 간주됐다. 그러 나 워싱턴 당국은 그가 중동에서 작전하는 미군을 살해하도록 민병대를 지시한 배후 인물이라는 면에서 그 공격이 정당하다고 주장했고, 이란은 (앞에 언급한 바와 같이) 미사일로 미군이 소속돼 있는 이라크 군 기지를 공격했다. 모스크바는 미국 의 군사작전이 지구적 우려를 촉발하는 위험한 행위라고 비난했다.[2] 5월 미국은 영공개방협정 탈퇴를 선언했고, 모스크바는 그에 반대하면서도 그에 대한 맞대응 에서 수개월 후 마찬가지로 탈퇴했다. 6월에는 러시아가 아프가니스탄에서 미군

---

1) "Germany, EU decry US Nord Stream sanctions," Deutsche Welle, (December 21, 2019); 유럽은 수입 다변화 목적으로 러시아로부터의 천연가스 수입에 대한 의존을 줄이 기 원했지만, 실제 그 수입량은 2016년 수요의 32%에서 2017년 37%로 증가했다. 2018년 7월 트럼프는 브뤼셀 나토 정상회담에서 노드스트림 2에 대한 독일의 지원을 비판한 바 있다. 노드스트림 2에 대한 견해는 유럽 내에서 분열돼 있는데, 최대 고객인 독일, 프랑스, 오스트리아를 포함하는 몇몇 국가들은 그것이 유럽 에너지 안보를 증진시킨다는 이유로 그에 찬성했고, EU 일부 관리, 우크라이나, 발트연안 국가, 폴란드 등은 러시아의 막강한 지렛대를 의식해 그에 반대했다. 미국은 물론 그에 반대했다. 그러나 독일은 2018년 3월 노드스트림 2를 허가했는데, 그 프로젝트는 100~110억 달러가 소요되고 2019년 늦게 완 성되도록 계획되어 있었다. 그 가스관은 완전히 가스프롬 소유이고, 건설비용의 절반은 독 일의 2개(Uniper, Wintershall), 프랑스(Engie), 영국과 네덜란드(Shell), 오스트리아 (OMV)의 5개 기업이 재정지원하게 되어 있었다. 대조적으로 노드스트림 1의 경우, 가스 프롬은 그 지분의 51%를 소유하고, 나머지는 3개 독일 및 1개 네덜란드 회사가 소유했다. 2011년 노드스트림 1 개통 이후 우크라이나를 통과하는 가스는 2018년 가을 현재 과거에 비해 절반으로 줄었는데, 러시아는 노드스트림 2와 투르크스트림(TurkStream)을 동시에 활용하면 우크라이나를 100% 우회할 수 있었다. 그러나 2019년 EU의 러시아로부터의 수 입은 47%로 더 증가했고, 그런 가운데 러시아 선박이 노드스트림 2의 병참기지인 독일 무 크란(Mukran) 항구에 도착했다. 총 760마일 길이의 그 가스관이 독일에 연결되기 위해 필요한 나머지는 100마일인데, 가스프롬은 그 선박과 또 다른 선박을 활용해 그 시설 완 공을 시도하는 것으로 보였다. 러시아는 그 가스관이 2021년 초까지 완성될 것이라고 말 했다. Paul Belkin, Michael Ratner, Cory Welt, "Nord Stream 2: A Geopolitical Lightning Rod," CRS IN Focus, IF10943, (August 7, 2018), pp. 1−2; Paul Belkin, Michael Ratner, Cory Welt, "Russia's Nord Stream 2 Pipeline: Running in Place," CRS IN Focus, IF11138, (Updated September 28, 2020), pp. 1−2.

2) RFE/RL, "U.S. Killing of Iranian Commander Sparks Global Concern," (January 3, 2020), www.rferl.org

을 살상하도록 탈레반 연계 무장그룹에 상금을 걸었다는 미국 언론보도가 있었지만, 크렘린뿐 아니라 미 군사당국도 그것은 사실이 아니라고 부인했다. 그러나 7월 미 하원은 트럼프 대통령의 좌충우돌 행동을 감안해 행정부가 아프가니스탄으로부터 미군을 일방적으로 철수시키지 못하도록 의회의 승인을 강제하는 새로운 결의안을 통과시켰다.[1] 9월 미 공군은 칼리닌그라드 러시아 MD 공격을 위한 모의(simulation) 공습훈련을 시행했고, 10월 미 국무부는 해외 인프라 해킹 혐의로 러시아 군 관리 여러 명을 제재했으며, 11월 미 해군은 러시아의 해상활동을 견제하기 위해 일본 인근에 구축함(USS John McCain)을 파견했다.[2] 그리고 12월 미국은 러시아 정보국이 미국 정부가 주로 사용하는 소프트웨어 제작회사 솔라윈즈(SolarWinds) 해킹의 배후라는 혐의를 제기했다.[3] 반면 러시아는 그 나름대로 자국 이익 방어에 몰두했다. 2020년 2월 나토에 대한 관심 저하를 반영하듯 트럼프 행정부가 2021년 유럽방위구상(EDI: European Defense Initiative) 예산으로 그 전해에 비해 15억 달러 축소시킨 45억 달러를 요청했을 때, 모스크바는 서구의 소프트파워 확산을 통한 문화침투를 막는다는 명목으로 2개 서방 방송(Radio Free Europe, Radio Liberty)을 자금지원 내역을 밝혀야 하는 해외단체(foreign agent) 목록에 추가했다. 11월 푸틴은 핵추진 쇄빙기 건설사업에 서명했는데, 그것은 우주와 함께 새로운 강대국 경쟁영역으로 떠오른 북극에서 해상루트 항해를 보장할 목적을 띤 행위였다.[4] 러시아는 자국 영향권 관리에도 관심을 기울였다. 모스크바는 조지아의 나토 가입 가능성에 대한 우려로 그 나라의 수천 개 웹사이트를 해킹하고, 선거부정으로 한달 이상 시위가 계속되는 벨라루스 루카셴코 대통령의 6번

▲ 루카셴코, sputniknews.com

1) "House panel votes to constrain Afghan drawdown, ask for assessment on 'incentives' to attack US troops," The Hill, (July 1, 2020)

2) Stephen Sorace, "US Navy destroyer challenges Russia's claims to Peter the Great Bay in Sea of Japan," (November 24, 2020), www.foxnews.com

3) Kari Paul, "What you need to know about the biggest hack of the US government in years," (December 15, 2020), www.theguardian.com; 2020년 2월 특기사항 중 하나는 퓨 리서치 조사에서 유럽 각국 국민들의 절반 이상이 이웃 동료국가가 러시아로부터 침략받았을 때 도움을 제공하는 데 소극적인 생각을 가진 것으로 나타난 것이다.

4) Paul D. Shinkman, "Trump Proposes 25 Percent Drop in Fund designed to Deter Russia," (February 10, 2020), www.usnews.com; Putin decrees development of Arctic with more nuclear icebreakers, (October 30, 2020), www.nuclear–news.org

째 연임에 반대하지 않았다.[1] 2020년 9~10월에는 아르메니아와 아제르바이잔의 나고르노－카라바흐(NK) 관련 갈등을 중재하는 노력에서 11월 NK 지역에 평화 유지 병력을 배치했다.[2] 2020년에도 미·러 간에 약간의 협력은 존재했다. 2월

---

1) 2020년 8월 벨라루스에서 1991년 독립 이후 최대 시위가 발생했는데, 그것은 지난 26년간 대통령으로 재직한 루카셴코가 80%의 압도적 득표율로 대선에서 또다시 승리했기 때문이다. 벨라루스 시민들은 10%를 득표한 야당 후보가 승리할 것을 기대하지는 않았지만, 루카셴코의 지나치게 높은 득표율을 부정선거로 인식해 시위한 것이다. 그때 루카셴코는 그 시위를 무차별적으로 진압했는데, 미국, EU, 기타 국제기구들은 그 선거의 정당성을 인정하지 않을 것이라고 말했다. 그러나 벨라루스의 가장 가까운 우방인 러시아의 리더 푸틴은 그 선거결과에 반대하지 않았는데, 그는 루카셴코가 국내권위가 약화된 상태에서 권좌를 지키는 것이 모스크바에 가장 유리하다고 판단하는 것으로 알려졌다. 과거 러시아의 일부였던 벨라루스와 러시아 관계는 아직도 특별하다. 벨라루스는 CSTO의 회원국이면서 러시아와 방공망을 공동 사용하고, EUU 회원국으로서 러시아로부터 특혜가격으로 천연가스와 오일을 공급받는다. 그 오일을 정제해 해외에 판매하는 것이 벨라루스 경제의 주축을 이룬다. 2019년 벨라루스의 상품무역 절반은 러시아와 이루어졌고, 그 나머지는 EU(20%), 우크라이나(8%), 중국(6%), 미국(1% 미만) 순이었다. 벨라루스 수출품은 정제 오일(22%), 비료(11%), 자동차와 그 부품(8%), 낙농제품(8%)으로 구성됐다. 루카셴코가 벨라루스 주권침해에 예민해 그동안 수많은 분쟁이 있었지만, 두 나라 간 2000년 효력을 발생한 2국 국가연합(union state)은 아직 그대로 유지된다. 2020년 8월 대선 전 민스크 안보당국이 러시아 민간 군사회사 와그너 그룹(Wagner Group) 소속 30명을 체포해 약간의 분쟁이 발생했지만, 그들은 다른 나라로 가는 길에 벨라루스를 경유한 것이 확인돼 곧 석방됐다. Cory Welt, "Belarus: An Overview," CRS IN Focus, IF10814, (Updated August 25, 2020), pp. 1−2.

2) RFE/RL, "Armenia, Azerbaijan Agree To Russia−Brokered End To Nagorno−Karabakh Conflict," (November 9, 2020), www.rferl.org; 아르메니아와 아제르바이잔은 나고르노－카라바흐(NK) 문제로 갈등을 겪는데, 아제르바이잔이 친서방 성향을 띠는 반면, 아르메니아는 러시아와 오랫동안 군사동맹 및 긴밀한 경제 파트너십을 유지해왔다. 2018년 5월 아르메니아에서 벨벳혁명(Velvet Revolution)이 발생했는데, 그것은 과거 10년 동안 대통령으로 재직하던 사르키샨(Serzh Sargsyan)이 새로이 총리가 되어 통치를 연장하려는 시도에 시민들이 반발했기 때문이다. 사르키샨이 총리가 되기 원한 이유는 2015년 개정헌법이 대통령은 명예직으로 남고 모든 실권은 총리가 갖도록 재규정했기 때문이다. 2018년 12월 조기총선에서 과거 집권당(RPA: Republican Party of Armenia)은 5% 문턱을 넘지 못하면서 치명적으로 패배했고, 야당 연합(My Step)이 70% 득표로 의석 2/3를 차지해 전 언론인이고 야당 리더인 파시냔(Nikol Pashinyan)이 총리에 취임했다. 총선에서 2위는 8% 득표의 중도우파 정당(Prosperous Armenia), 그리고 3위는 6%를 얻은 친서방 정당(Bright Armenia)에 돌아갔다. 그러나 파시냔은 수많은 과거 친러 여당 인사들을 부패혐의로 처벌하고 서구 민주주의를 선호하면서도, 친러시아 노선을 유지할 것을 선언했다. 그는 러시아와의 동맹관계가 민주 거버넌스와는 아무 상관없고, 서방에 대한 접근은 불필요하며, 아르메니아는 평등, 우애에 기초해 러시아 궤도 내에 남을 것이라고 재확인했다. 모스크바는 과거 친러 정치인들을 투옥한 것에 약간의 불만을 표시했지만, 파시냔의 입장에 지지를 표시했다. 미 국무부는 2018년 9월 그 민주혁명이 '유럽의 동부전선 안보'를 도울 수 있을 것이라고 말했지만, 그것은 조지아, 우크라이나의 색깔혁명, 또 2014년

미국 유럽사령부 사령관이면서 나토 사령관으로 재직하는 토드 월터스(Tod Wolters)는 아제르바이잔 바쿠(Baku)에서 러시아 합참의장 게라시모프를 만나 유럽의 평화와 안정, 우발적 충돌 방지, 분쟁지역 정세를 논의했고, 미·러 두 나라는 별도의 계기에 또다시 대테러 정보 공유에 합의했다. 또 양국 관리들은 7월 오스트리아 비엔나에서 만나 새로이 뜨겁게 달아오르는 주제인 우주 군사배치 관련 의견을 교환했다.[1] 동시에 모스크바는 서방의 견해와는 상관없이 그들이 원하는 형태의 국내안정화에 만전을 기했다.[2] 3월 러시아 의회는 헌법을 개정해 푸틴이 2024년, 2030년 두 번 더 대통령에 출마할 수 있도록 보장했고, FSB는 국내체제가 더 공고해지는 가운데 8월 신경제재 노비촉(Novichok)으로 러시아 반체제 인사 알렉세이 나발니(Alexei Navalny)에게 테러를 가했다. 그 공격행위는 미국과 EU 모두로부터 제재를 야기했다.[3]

▲ 알렉세이 나발니, dw.com

(2) 트럼프 행정부 러시아 정책의 특수성

트럼프 임기 4년의 러시아 정책을 어떻게 보아야 할까? 트럼프가 취임한 지 1년이 채 안된 2017년 말에 이르러 미국 정부의 러시아 정책에는 대통령의 구상과 미 행정부서 및 의회의 실제 정책수행에 큰 괴리가 존재한다는 의견이 분분했다. 그것은 임기 첫해 대통령이 계속 푸틴 정부와 협력, 관계개선을 원하는 반면, 실제 정책을 집행하는 안보당국과 의회가 러시아에 대한 제재, 외교시설 폐쇄, 또 우크라이나에 대한 무기판매와 같은 강경책으로 일관했기 때문이다. 그것은 미국의 러시아 정책에서 대통령이 상대적으로 고립됐다는 인상을 주었고, 많은 전문가들은 대통령의 리더십에 의구심을 제기했다. 그들은 대외정책을 포함하는 모든

우크라이나 유로마이단 혁명과 같은 성격을 띠지 않았다. 그동안 미국은 아르메니아에 2003년까지 매년 1억 달러를 지원했지만, 그 이후 그 액수는 2010~2012년 4,500만 달러에서 2018년 2,600만 달러까지 지속적으로 하락했다. Cory Welt, "Armenia's Velvet Revolution," CRS IN Focus, IF11071, (January 16, 2019), pp. 1－2.

1) Michael R. Gordon, "U.S., Russia Hold Talks on Space Security," (July 27, 2020), www.wsj.com

2) 2020년 1월 러시아 총리 메드베데프는 미하일 미슈스틴(Mikhail Mishustin)으로 교체됐다.

3) German doctors say initial findings suggest Navalny was poisoned, www.ft.com

국정의 최고 책임자인 대통령과 나머지 행정부서 및 의회의 생각이 왜 그렇게 다른지에 대해 혼란스러워 했지만, 대통령은 본인이 선호하는 시각과 방식을 고집했다.

　　미국은 러시아에 대해 두 개의 상이한 정책을 갖고 있는 것으로 보였다. 대통령은 화해정책을 추구하고, 반면 국무, 국방부를 포함해 국가 안보기구는 공격적인 견제를 추구했다. 트럼프가 러시아를 잠재적 파트너로 본 것과 달리, 내각 내 다수와 의회는 러시아를 미국을 파탄내려는 치명적인 적으로 간주한 것이다. 많은 경우 대통령의 행동은 적어도 외관상 합리적으로 보이지 않았다. 러시아와 중국을 최대의 위협으로 상정하는 2017년 말 국가안보전략 관련 연설 당시, 그는 모스크바와의 파트너십 형성의 필요를 말하고, 또 본질을 떠나 푸틴과의 우호적 대화가 유익했다고 계속해서 강조했다. "그 국가안보 전략은 러시아와 중국의 도전을 아주 자세하게 묘사했지만, 트럼프는 그것을 거의 거론하지 않았다. 그 대신 그는 푸틴과의 파트너십에 열정적으로 탄원하고, 동맹에 제공하는 보호에 대해 직접 지불을 요구하며, 미국 국내문제의 책임을 이민자와 무역협상에 돌렸다."[1] 반면 미국의 국가차원의 실제 러시아 정책은 대통령의 뜻과는 별개로 대결 색채로 가득했고, 그것은 미·러 관계를 계속 대치, 악화상태에 남아있게 했다. 미국의 러시아 정책은 오바마 시기 못지않게 대항적이었다. 2017년뿐 아니라 2018년에도 행정부의 러시아 정책은 제재, 외교관 맞추방으로 장식됐고, 시리아 미군의 아사드 군 공격은 모스크바를 자극했다. 온건하고 부드러운 형식은 대통령의 수사(rhetoric)에 국한됐다. 특히 2018년 7월 헬싱키 정상회담에서 대통령이 푸틴을 지나치게 존중하는 형태의 언어를 사용한 것은 일부 비판자들에게 '반역'이라는 말까지 나오게 만들었다. 그러나 결과적으로 미국의 몬테네그로 나토 가입 허용, 미군의 동유럽 워게임(war game) 및 세바스토폴 인근 흑해 해군훈련 참가, 그리고 미군의 우크라이나 군사훈련 지원은 모두 모스크바의 반대를 무시하고 시행됐다. 키예프에 대한 무기판매는 크렘린을 자극하지 않기 위해 오바마 행정부도 피한 것이었다. 케이토 연구소(Cato Institute) 전문가(Ted Galen Carpenter)는 워싱턴의 러시아 정책은 그 어느 때보다 더 강인, 비타협적이었고, 이제는 "푸틴과 그의 동

---

1) Jeet Heer, "The Dangerous Incoherence of Trump's Russia Policy," (December 22, 2017), https://newrepublic.com〉article〉d...

료들이 2016년 더 친절한 미국 대통령 선출을 도운 것의 지혜를 되돌아보아야 할 때"라고 말했다.[1]

2019년 이후 그의 임기 말까지 트럼프 행정부의 러시아 정책에 관한 평가 역시 일차적으로 대통령의 외형적으로 나타나는 행동의 부당성, 그리고 대통령과 안보기구 사이의 격차에서 발생하는 우려에 맞춰졌다. 지난 수년간 트럼프는 푸틴을 우호적으로 대우하기 위해 공개적으로 많은 노력을 기울였다. 안보기구가 제재, 외교관 추방과 외교공관 폐쇄, 우크라이나 무기판매의 강경책에 초점을 맞추고, 또 러시아 군이 시리아 미군과 동맹국 병력 살해를 위해 탈레반 연계그룹에 자금을 지원했다는 정보가 확산될 때, 대통령 자신은 러시아 G-7 재가입의 중요성에 더 매몰됐다. 그는 크렘린이 마치 서방의 오해로 인한 잠재적 피해자인 것처럼 러시아를 대우했다. 푸틴에 대한 대통령의 지나친 외교 제스처는 영국, 프랑스, 독일을 포함하는 유럽의 오랜 동맹국들을 불편하게 만들고, 그것은 다른 한편 미국의 나토에 대한 헌신을 의심하게 하는 요소 중 하나가 됐다. 그는 나토가 GDP 2%를 맞추지 못하는 것에 분노하고 독일 총리 메르켈을 수시로 비난했는데, 그것은 푸틴을 위한 지속적 선물로 누적될 뿐이었다.[2] 심지어 2018년 7월 헬싱키 미·러 정상회담에서 모스크바의 미 대선 개입과 관련한 트럼프의 이해할 수 없는 발언 이후, 대통령이 푸틴을 만나지 않는 것이 미국의 안보이익에 더 도움이 된다는 어이없는 말까지 나왔다. 반면 국제정치의 속성을 잘 이해하고 푸틴의 성향 및 목표를 깊이 인지하는 안보공동체는 모스크바의 중, 장기적 위협에 대한 인식의 기초 위에 러시아에 가혹한 제재와 처벌을 가했다. 그 사이 미 동맹국, 미 의회, 그리고 심지어 러시아까지 트럼프 대통령의 진정한 의도에 관해 혼란을 겪었다. 또 행정부 내 국가안보 공동체도 대통령 추종자와 그렇지 않은 사람들로 나뉘고, 트럼프는 그의 뜻을 따르지 않는 인사들을 트위터로 교체했다. 국무, 국방장관, 고위 장성, 고위 외교관, NSC 인사들이 그 과정에서 행정부를 떠났다. 전문가들은 미국의 러시아 정책에서 포괄적인 거시적 시각이 존재하지 않는다고 말

1) Ted Galen Carpenter, "The Myth of Trump's 'Soft' Russia Policy/Cato Institute," (August 23, 2018), https://www.cato.org〉 commentary; 카펜터는 러시아 정부가 2016년 미 대선 결과에 영향을 주고 트럼프 당선 전망을 높이려 한 것에는 의심의 여지가 없고, 모스크바가 그런 전술을 시행한 것은 놀랄 일이 아니라고 주장했다.

2) Andrew S. Weiss, "Trump's Confused Russia Policy Is a Boon for Putin," (June 25, 2019), https://www.politico.com〉 story〉 tr...

하면서, 미·러 관계가 오랜 기간 정체상태로 남을 것으로 전망했다.[1]

　　한편 2020년 대선이 다가오면서, 트럼프는 러시아와 관련해 그 어느 대통령도 본인보다 더 강인하게 행동했던 사람은 없었다고 주장했다.[2] 그러나 미국의 러시아 정책이 강경했던 것은 사실이지만, 그것은 대통령의 의중에 의한 것이 아니라 '그의 의지에도 불구하고' 추진된 안보 공동체 결정의 결과였다. 또 대통령이 그렇게 말할 때, 푸틴 정부는 전 세계에서 가장 많이 사용하는 솔라윈즈(SolarWinds) 네트워크 소프트웨어를 해킹해 미 국무부, 펜타곤, 법무부, NSA, NASA를 포함하는 미국 모든 주요부서로부터 국가운영에 요구되는 핵심정보를 수집하고 있었다. NSC에서 물러난 존 볼턴을 포함해 행정부로부터 멀어진 수많은 관리들은 대통령이 러시아 군의 탈레반을 동원한 아프간 미군 표적화, 그리고 스크리팔과 최근 발생한 나발니 독극물 테러를 포함해 푸틴 정부와 관련된 부정적 사건에 모두 외면하는 모습을 보인다고 우려했다. 대통령 자신과 그를 열렬히 추종하는 일부 참모들은 트럼프-푸틴 우호관계가 무엇보다 중요하고, 또 그것이 잘 진전되고 있다고 말했지만, 신임 NSC 보좌관 로버트 오브리엔(Robert O'Brien)은 트럼프 정부의 러시아 관련 옵션은 거의 소진됐다고 말했다. 그는 그동안 미국이 너무 많은 대상을 제재했고, 이제 러시아뿐 아니라 이란에 대해서도 더 이상 동원할 수단이 별로 없다고 우려를 표시했다.[3]

(3) 미·러 관계에 관한 러시아 견해

　　트럼프 시대의 미·러 관계에 대해 러시아에서는 어떻게 보았을까? 카네기모스크바센터(Carnegie Moscow Center)의 대외관계 전문가(Dmitri Trenin)는

---

1) 합참의장 조셉 던포드(Joseph Dunford), NSC 러시아 전문가 피오나 힐(Fiona Hill), 주러시아 대사 존 헌츠먼(Jon Huntsman)은 그들 중 하나이다. 던포드는 러시아 상대역 발레리 게라시모프(Valery Gerasimov)와의 핫라인으로 군사충돌의 위험을 줄였고, 다른 인사들도 강인함과 인내를 바탕으로 푸틴과의 '빅 딜'에 매달리는 트럼프의 욕망을 완화시키는 방파제 역할을 했다. Matthew Lee, "Trump's two Russias confound coherent US policy-AP News," (June 30, 2020), https://apnews.com〉 ...

2) 트럼프는 푸틴도 누구에게나 그렇게 이야기할 것이라고 주장했다.

3) Aaron Blake, "Trump's policy of friendly deterrence toward Russia suffers another setback," (December 16, 2020), https://www.washingtonpost.com〉 ...

2019년 5월 다음과 같이 관찰했다. 2016년 11월 트럼프가 당선됐을 때, 러시아는 축하 분위기였다. 그 이유는 '미국 민주주의의 결점과 지배 엘리트의 위선'을 폭로하는 트럼프의 등장으로 새로운 미·러 관계 구축에 대한 기대가 생겼기 때문이다. 또 캠페인에서 지난 2011년 국가두마 선거 당시 '푸틴 없는 러시아'를 외치는 러시아 도시 청년층의 시위를 막후에서 부추긴 힐러리 클린턴을 트럼프가 거세게 비판한 것은 모스크바에 통쾌한 심리적 위안을 선물했다. 푸틴은 정치권에 물들지 않은 트럼프가 이데올로기를 넘어 상호호혜적인 정책을 시행하고, 우크라이나, 시리아, 아프가니스탄, 그리고 북한 핵 같은 문제에서 서로 수용가능한 대타협을 이룰 수 있기를 희망했다. 그 상황에서 러시아의 미 대선개입에 대한 조사결과가 나왔다. 그것은 트럼프-푸틴 담합은 아니지만 모스크바의 대선 간섭이 분명하다고 결론지었다. 러시아가 미국 대선에 개입했다는 것을 부정할 필요는 없을 것이다. 또 "소셜미디어 계정 해킹에서부터 텔레비전 방송까지의 복합적인 러시아의 간섭이 (다른 나라에 비해) 상대적으로 작은 것"이었다고 말해도 사실을 크게 왜곡하는 것은 아닐 것이다. 동시에 러시아인들은 미국을 선두로 어느 나라라도 '실제로는 그렇게 행동하면서 말로는 항상 아니라고 부인'하는 위선적 현실에 익숙했다. 그러나 그 모든 것을 제쳐두더라도, 트럼프와 푸틴의 만남은 계속 실망으로 귀결됐다. '트럼프-러시아 담합의 의심에 대한 공개적 후유증'은 두 리더 간에 합의된 어떤 진전도 방해했다. 2017년 7월 함부르크 G-20 정상회담 이후 오바마 시기보다 더 혹독한 의회 주도의 제재가 도래했다. 트럼프는 양당 합의에 의한 거의 만장일치의 법안을 거부할 방법이 없었다. 민주당은 '공화당 대통령이 국익을 외국에 팔아넘기는 것'을 막는 데 초점을 맞췄고, 공화당은 트럼프-푸틴의 담합 의심을 확실하게 차단하기 위해 더 강경한 입장을 취했다. 2018년 7월 헬싱키 정상회담은 더 큰 재앙으로 귀결됐고, 백악관의 2018년 11월 아르헨티나 G-20 정상회담 거부는 푸틴에게 어쩔 수 없이 모든 것을 체념하게 만들었다. 오늘날 미국의 러시아 정책은 백악관이 아닌 의회의 손에 놓여있고, 미·러 관계는 더 이상 대외문제가 아니라 미국 내 '두 개 정당에 의해 이리저리 차이는 정치적 축구공'으로 전락했다. 그런 상황에서 가장 중요한 것은 시리아든 우크라이나든, 또는 어떤 곳, 어떤 이슈이든 그런 것으로부터 발생할 수 있는 두 나라 간 군사충돌을 막는 일이다. 앞으로도 많은 것이 양국 국내정치에 달려 있을 것이다. 트럼프가 재선된다 해도 아마 미·러 관계의 진전은 어려울 것이다. 새로이 당선되는 민주당 후보도 역시 강경할 것이지만, 그가 새로운 시도를 위한 전략을 갖고 있을 수도 있을 것이다. 그럼에도 불구하고 '새로운 정상'(new normal)으로의 도달은 오랜 시간이 걸릴 것이다. 다시 한 번 강조하지만 가장 중요한 것은 전쟁을 방지하기 위해 그들이 과거 냉전시대 차가운(cold) 대결을 운영했던 것처럼 현재의 대치를 차갑고 현명하게 유지하는 것이다.[1]

(4) 미·러 관계를 위한 조언

세계의 많은 전문가, 실무자들이 미·러 관계의 정체, 악화 가능성을 우려할 때, 미국 조지타운 대학(Georgetown University)의 러시아 전문가(Angela Stent)는 미·러 관계의 현재, 그리고 미국의 바람직한 러시아 정책에 대해 다음과 같이 조언했다. 지난 수십 년간 미·러 관계는 경쟁과 협력을 반복해 왔다. 1990년대 나토와 EU가 동쪽으로 확대되고 구소련 영향권 국가들을 흡수하면서, 러시아는 큰 위협을 느끼고 그 당시를 치욕의 시기로 규정했다. 그러나 9·11 이후 대테러를 위한 아프간 전쟁에서, 그리고 오바마 행정부의 '관계 재설정'(reset)으로 두 나라는 이라크 전쟁, 또 나토의 동진과 미사일방어망 설치로 인한 반목에도 불구하고 아프가니스탄, 군비통제, 리비아를 포함하는 여러 사안에서 협력했다. 그러나 2012년 푸틴이 대통령으로 복귀한 이후 양국관계는 더 나빠졌다. 힐러리 클린턴이 막후에서 본인의 대선에 반대하는 시위를 부추긴 것으로 이해하는 푸틴은 2013년 에드워드 스노든에게 망명처를 제공하고, 야누코비치(Viktor Yanukovych) 실각을 계기로 우크라이나의 영토보장을 약속한 부다페스트(Budapest) 양해각서 위반을 무릅쓰고 크리미아를 점령하며, 동 우크라이나 돈바스(Donbass) 전쟁에 개입해 1만 4천명의 인명을 희생시켰다. 러시아는 또 미국의 아사드 정부 반군세력 지원에 반대해 2015년 시리아 내전에 직접 개입했다. 2016년에는 상트페테르부르크 인터넷부서(troll factory)의 끊임없는 작업을 묘사하는 뮬러(Muller) 보고서가 설명하듯, 미국 대선이 트럼프에 유리하도록 사이버 해킹을 통해 정치간섭을 추진했다. 또 일부 주에서는 소셜미디어를 활용해 선거기구 침투를 시도했다. 푸틴은 오늘날 양국관계가 1985년 이후 최악의 상태에 처해 있다고 말한다. 트럼프는 미·러 관계 개선을 결심하고 집권했지만, 안보당국, 행정부서, 의회가 제재부

---

1) Dmitri Trenin, "The Relationship Between the USA and Russia in the Trump Era," (May 14, 2019), www.carnegie.ru

과, 외교시설 폐쇄를 포함해 러시아에 강력하게 대항하는 정책을 구사하면서 그의 시도는 아무 결실을 보지 못했다. 그러나 평화, 대량살상무기 비확산, 대테러, 기후변화, 극지방 관계, 그리고 코비드─19와 같은 지구적 도전에 대처해야 하는 필요에 비추어, 세계에서 가장 강력한 두 개의 핵 수퍼 파워는 경쟁과 협력의 올바른 균형을 필요로 한다. 경쟁과 러시아에 대한 제재만이 능사가 아니다. 그것은 러시아 국경 인근에서의 배타적 영향권 설정을 정당한 권리로 인식하는 모스크바로부터 동일한 보복을 야기할 뿐이다. 비록 러시아가 군사, 경제적으로 미국에 비해 약간 취약하지만, 모스크바는 미국 이익을 전복시킬 충분한 능력을 갖고 있다.[1] 미국 국가안보전략이 러시아와 중국 두 나라를 두개의 최대위협으로 지목하

1) 러시아 군은 전략로켓군 5만 명, 항공우주군(VKS: Aerospace Forces) 16만 5천 명, 공중강습부대(Airborne and Air Assault Troops) 4만 5천명, 해군 15~16만 명, 지상군 28만 명, 특수작전사령부(Spetsnaz) 1만 7천~2만 명을 포함한다. 지휘통제체계는 연합작전사령부와 군관구(MD: Military District) 체제로 이루어지고, 중복지휘를 피하면서 효율성을 강조한다. 국방예산은 공식적으로는 600~650억 달러로 GDP의 4% 수준이지만, 구매력을 감안하면 그 비율은 더 커질 수 있다. 지난 10년 이상의 기간에 걸쳐 지상군은 신속, 단기 작전을 위해 기동성을 강조했고, 전문성을 가진 계약병사 채용으로 중화기, 전자전 능력을 확대하고 준비태세를 증진시켰다. 1년 기간의 징병제 병사는 전문성 부족으로 주로 지원역할을 담당한다. 특수부대(Spetsnaz)는 엘리트 경보병(light infantry) 전력으로 장거리 전장정찰, 사보타지, 동우크라이나 현지 동맹부대 감독의 임무를 담당한다. 그들은 현지 군관구 지휘체계에 소속되지만, 7개의 개별 여단으로 구성되어 외국에 대한 1차 간섭 전력으로 활동한다. 항공우주군은 공군, 공중방어 병력, 우주군, 육군항공(army aviation)을 포괄한다. 많은 전투기, 전략, 전술폭격기를 구비한 러시아 공군은 시리아 전쟁에서 공중발사 순항미사일, 정밀타격과 관련해 많은 경험을 축적했다. 그러나 러시아 공군은 정밀타격 능력, 그리고 지상군과 공수부대 이동에 요구되는 장거리 수송능력에서 미국에 뒤쳐진다. 핵심인프라와 전략목표물을 보호하는 전략공중방어는 항공우주군이 책임지고, 지상부대를 위한 공중방어는 별도로 지상군 공중방어부대(PVO)가 책임지지만, 그들은 함께 통합적 공중방어 시스템을 형성한다. (공수)공중강습부대는 최고수준의 준비태세를 갖추고 있지만, 제한된 공중수송 능력의 상태에서 장갑차량, 탱크대대와 함께 전략수준의 낙하산(parachute) 작전에 초점을 맞춘다. 러시아 해군은 북부, 태평양, 발트해, 흑해 4개 함대와 카스피해 소함대(flotilla)로 조직돼 있고, 그들의 1차 목표는 대양해군보다는 연안방어를 위해 해상거부(sea denial)와 핵 억지능력을 보호하는 것이다. 북부함대는 가장 선진화 돼 있으면서 극지방과 북부 관구 및 그 지역 연합전략사령부를 보호하는데, 태평양 함대와 함께 러시아 핵잠수함 근거지로서의 역할을 수행한다. 흑해함대는 러시아의 크리미아 점령 이후에는 지중해 임무에 투입됐다. 해군의 지휘를 받는 해안방위군(Coastal Defense Troops)은 해안방위포병부대와 해병보병(Marine Infantry)으로 나뉘어 있다. 그들은 러시아 항구와 해안선을 보호하기 위해 이동, 고정야포와 첨단 대함미사일로 무장해 있다. 각 함대는 적어도 1개 해병보병 여단을 지휘하는데, 그 여단 규모는 1만~1만 2천 명 수준이다. 해군 무기체계는 상당수의 낙후되고 노후한 대규모 수상함을 보유한 상태에서 7천 톤 이상의 대형 수상함 생산에 노력을 경주하는 한편, 수상전투를 위해 주로 규모가 작으면서 중무장한 프리깃함(frigate) 생산과 동원에 초점을 맞춘다. 그 신형 소규모 수상함들은 다목적 유연성을 제공하는데, 그

▲ 노르망디 4, foreignbrief.com

는 현실을 간과하지 말아야 한다. 최악의 미·러 관계 위험에서 벗어나기 위해 미국 신행정부는 몇 가지 사항을 고려해야 한다. 우선, 미국은 INF 탈퇴 이후 남아있는 유일한 미·러 핵 군비통제 협정인 뉴스타트를 갱신해야 한다. 그렇지 않으면 세계는 무한대의 핵 군비경쟁에 들어갈 것이다. 우크라이나 사태는 해결하기 어렵고, 또 미국이 프랑스, 독일, 러시아, 우크라이나가 합의한 '노르망디 공식'(Normandy Format)의 당사자는 아니지만, 워싱턴은 역내안정의 필요에 비추어 키예프에 대한 지원을 계속해야 한다.[1]

들은 극초음속 대함미사일, 순항미사일, 대잠함(antisubmarine) 미사일을 장착하고 있다. 그렇지만 2014년 우크라이나 침공으로 러시아와 우크라이나 기업 간 관계가 단절되면서 러시아 해군은 수상함 엔진 생산에 어려움을 겪는다. 잠수함 전력은 계속 증대되는데, 탄도미사일과 순항미사일을 장착한 신형 핵추진과 디젤 공격 잠수함을 계속 배치한다. Andrew S. Bowen, "Russian Armed Forces: Capabilities," CRS IN Focus, (June 30, 2020), pp. 1−2.

1) '노르망디 공식'(Normandy Format)의 기원은 2014년으로 거슬러 올라간다. 2014년 노르망디 디데이(Normandy D−Day) 기념일 날 동 우크라이나 돈바스(Donbass) 전쟁을 해결하기 위해 독일, 프랑스, 우크라이나, 러시아 4개국 리더가 만났고, 그들은 노르망디 콘택트 그룹(Normandy Contact Group) 또는 '노르망디 4'라고 불렸다. 그들은 OSCE와 더불어 2014년 9월 돈바스 전쟁의 즉각적 종식을 위한 '민스크 1' 협정(Minsk Protocol 1)에 합의했고, 그것은 '노르망디 공식'(Normandy Format)이라 명명됐다. 그러나 그 공식이 휴전에 실패하면서, 2015년 2월 전선으로부터 중화기 철수, 지뢰제거, 휴전지역(disengagement areas) 설정, 전쟁포로 석방, 그리고 도네츠크와 루한스크 오블라스트(oblast)의 자치지역으로서의 특별한 법적지위를 반영하는 우크라이나 헌법 개정을 규정한 '민스크 2'가 새로이 체결됐다. 그러나 그 협정 역시 전쟁의 즉각적 종식에 실패하고, 그 이후에도 매복공격, 포격이 한동안 지속되면서 분쟁 양측에서 430명의 사망자가 발생했다. 2015년 10월 소집된 '노르망디 4' 회의에서 우크라이나가 동 우크라이나 친러시아 병력이 4천 번 휴전을 위반했다고 주장했지만, 참여자들은 '민크스 2'가 향후 갈등종식의 기본 프레임이라는 데 이견이 없었다. 2019년 4월에는 우크라이나 대선에서 볼로디미르 젤렌스키(Volodymyr Zelensky)가 대통령령에 당선됐고, 그는 '노르망디 4' 회담을 소집했다. 그때 러시아가 (독일 대통령 쉬타인마이어가 2016년 외교장관 당시 제안한) 쉬타인마이어 공식(Steinmeier formula)이 이행되지 않고 있다(defunct)는 이유로 그 회담을 거부했지만, 우크라이나와 러시아는 휴전지대로부터 무장병력과 장비철수를 우선 시행하고 각각 35명 씩 전쟁포로를 석방한다는 임시 합의에 동의했다. 노르망디 공식이 진전을 이루지 못하는 가운데, 2019년 12월 4개국 대표가 또 다시 만났다. 그러나 그 회담에서도 새로운 돌파구는 없었고, '민스크 2' 합의를 연장해 시행하고, 분쟁 당사자 간 신뢰구축이 중요하다는 공감대만 재강조됐다. 그들은 기타 사안에 대해서도 논의했다. 그것은 러시아가 통제하는 동 우크라이나 지역에 자치지역 특별위상을 부여하는 것에 관한 것이었는데, 대부분 우크라이나인들은 그에 반대했다. 러시아는 쉬타인마이어 공식을 우크라이나 법에 포함시켜야 한다고 주장했는데, 그에 따르면 분쟁지역에서 선거가 시행되면 '제한적 자치지역'으로서의 임시

또 중요한 것은 중·러 협력 가속화에 대비하는 것이다. 미국이 중·러 두 나라를 분리시킬 수단이 없는 상황에서 워싱턴은 적어도 두 나라의 추가 밀착을 막기 위해 모스크바에 대한 적대적 제재와 미·중 무역전쟁을 자제해야 한다. 러시아 제재는 모스크바의 행동을 변화시키지 못하고, 현재 미국의 제재로 중단된 노드스트림 2는 일정 시간이 지난 후 분명히 완공될 것이다. 모스크바에 대한 의회의 무조건적 제재는 재고돼야 하는데, 그 이유는 그것이 러시아 행동을 변화시키는 동기부여에서 제한적 효과만을 갖기 때문이다. 미국의 여러 안보당국이 계속 지적하듯, 워싱턴은 모스크바가 미국과의 영향력 경쟁에서 지구적 행위자로 완전히 복귀했다는 사실을 잊지 말아야 한다.[1]

　　미국에서 103명의 저명한 학자, 전직 외교관, 장성, 고위관리를 망라하는 전문가들도 위험수준에 남아 있는 미·러 관계 시정을 위해 스텐트(Stent)와 비슷한 내용의 공개편지를 보냈다. 오늘날 미·러 관계는 미국의 국가이익을 위협하는 '막다른 골목'에 갇혀있다. 러시아는 미국 주도의 세계질서에 도전하고, 세계 각지에서 미국 행동의 전복을 꾀하며, 미국 국내정치 간섭을 통해 자유민주주의 질서에 균열을 가한다. 그러나 이에 대비하는 미국의 외교는 작동하지 않고, 그것은 기껏해야 제재를 동반하는 의회결의안과 상대방에 대한 공개적 망신주기를 포함해 모스크바 행동에 대한 일시적 반작용에 불과하다. 현재 양국의 대치는 핵전쟁으로 갈 수 있을 정도로 위험하고, 기후변화, 코비드-19 팬데믹 같이 미·러 협력을 요구하는 사안은 모두의 관심 밖이다. 미·러 관계는 최상의 상태에서도 '경

특별위상이 주어지고, OSCE가 그 선거를 공정하다고 인정하면 그 위상이 영구적 특별위상으로 확정되게 되어 있었다. 그러나 그에 대해 우크라이나 사람들은 크게 반대했는데, 2019년 3월과 10월 우크라이나 의회가 그 공식수용 의도를 선언했을 때 우크라이나 국민들이 대규모로 시위하면서 그 문제는 미해결 상태로 남았다. 결과적으로 2019년 12월 '노르망디 4'에서의 진전은 양측이 더 많은 구속자를 석방한 것이 유일했는데, 우크라이나 정부는 124명을 석방하고, 분리주의 당국은 200명 구속자는 남겨두고 다른 76명만 석방했다. 전체적으로 동 우크라이나 사태 해결은 아직도 갈길이 멀었고, 그것은 현상유지에 머물 것으로 보였다. 그런 가운데 2020년 1월 폼페이오 미 국무장관이 키예프에서 젤렌스키를 만나 우크라이나 주권과 영토통합에 관한 워싱턴의 관심과 헌신을 약속했다. 또 폼페이오는 진전이 없는 우크라이나 갈등 해결에 새로이 노력을 투입하고 러시아가 통제하는 동 우크라이나 긴장을 축소하려는 젤렌스키의 시도를 높이 평가했다. Cory Welt, "Recent Development in the Russia-Ukraine Conflict," CRS Insight, IN11222, (February 13, 2020), pp. 1-2.

[1] Angela Stent, "Why are US-Russia relations so challenging?" (April 27, 2020), www.brookings.edu

쟁과 협력의 혼합'으로 남을 것이지만, 적어도 그 가운데에서 가장 안전한 균형을 모색해야 한다. 그런 취지에서 다음 여섯 가지 사안을 고려할 필요가 있다. 첫째, 우크라이나 위기 이후 양자대화가 축소되고 많은 외교시설이 폐쇄된 비정상을 시정하기 위해 정상외교로의 복귀를 추진해야 한다. 그것은 상호오해와 판단 실수를 줄이고, 모스크바와의 불필요하고 통제하기 어려운 위험한 충돌을 방지할 것이다. 그에 최고의 우선순위가 주어져야 한다. 둘째, 안보태세에 있어서, 미국은 러시아와 핵 군비통제, 그리고 우크라이나, 발트해, 흑해, 시리아에서의 군사충돌 방지를 포함한 시급한 도전에 초점을 맞추면서 지속적 전략대화에 개입해야 한다. 그것은 편향적 안보수단 구사를 넘어 억지와 '데탕트'의 균형을 모색하는 것이다. 셋째, 미국은 러시아와의 관계에 중국을 포함시켜 3자 관계를 운영할 필요가 있다. 현재 미국의 정책은 중·러 협력을 강화하게 만드는데, 그 새로운 시도는 미·중 관계를 더 우호적으로 만드는 것을 도울 것이다. 미국 정책이 러시아, 중국 모두를 배제하면, 그것은 중·러 두 나라를 더욱 밀착시킬 것이다. 넷째, 우크라이나, 시리아를 포함하는 미·러 관계에서 워싱턴은 동맹과 공유하는 원칙에 충실해야 한다. 그렇지만 진전하는 절차 역시 중요하고, 미국은 미래를 위해 판단해야 한다. 다섯째, 제재는 외교목표를 고려해 사려 깊고 선별적으로 부과돼야 한다. 크리미아, 동 우크라이나, INF 위반, 선거개입, 독극물 사건을 포함해 수없이 많은 제재가 남발되는데, 그것들의 영구적 지속은 러시아의 정책 전환을 방해할 것이다. 갈등 해결을 위해, 의회가 규정하는 제재에 유연성이 가해져야 한다.[1] 여섯째, 미국은 러시아의 미국 내 선거개입을 막아야 한다. 그것은 미국 내 선거 시스템 해킹을 막기 위한 인프라 공고화, 그리고 대중과 나머지 세계에 모스크바의 가짜정보 확산의 실체를 분명하게 알릴 것을 요구한다. 전체적으로, 미국은 러시아에서 엘리트와 대중 모두 러시아 민족주의를 지지한다는 것을 인식해야 한다. 워싱턴은 대결 위주의 정책을 지양하고, 러시아를 미국이 원하는 나라로 전환시키려 시도하지 말아야 한다. 그것은 잘못된 인식이다. 미국은 러시아를 '있는 그대로'(as it is) 다루어야 한다.[2]

---

1) 트럼프 행정부 당시까지 미국이 사용하는 다양한 제재에 관해서는 Cory Welt, Dianne E. Rennack, "U.S. Sanctions on Russia: An Overview," CRS IN Focus, (Updated March 23, 2020)을 참조할 것

2) Rose Gottemoeller, Thomas Graham, Fiona Hill, Jon Huntsman Jr., Robert Legvold, and Thomas R. Pickering, "It's time to Rethink Our Russia Policy," (August 5, 2020), www.politico.com; 이 공개편지에 서명한 토마스 그래함은 2019년에도 동일한 취지의 견해를 밝혔다. 냉전종식 이후 미국의 모든 대통령들은 미·러 관계가 멀어지는 상태에서 이

(5) 바이든 행정부 러시아 정책

트럼프는 푸틴과 타협할 수 있을 것이라고 생각하면서 러시아에 보기 드물 정도로 친절하게 행동했다. 그러나 바이든은 러시아에 대해 트럼프와 완전히 상반된 시각을 가졌다. 바이든은 오래전부터 푸틴정권에 적대감을 갖고 있었다. 그는 부통령 시절 2012년 러시아 대선 전 모스크바에서 러시아 야권 및 민주진영 인사들을 만나면서 힐러리 클린턴과 마찬가지로 푸틴의 재집권에 대한 반대를 표시했고, 그 이후 모스크바의 2016년 미 대선 개입으로 그 혐오는 더 깊어졌다. 2020년 민주당 대선후보 시절 바이든은 서방과 나토의 중요성을 모르고 푸틴과 같은 독재자를 선호하는 트럼프가 재선되는 것은 우려스러운 일이라고 말하고, 민주주의에 대한 강력한 방어, 나토 강화, 그리고 모스크바에 대한 지속적 제재가 필요하다고 주장했다.[1] 바이든의 입장은 확고했다. "트럼프가 러시아의 미국 민

임했다. 트럼프의 푸틴에 대한 접근방식은 우호적이었지만, 그의 행정부 정책은 러시아에 대해 오바마 시기 못지않게 공격적이었다. 그러나 무엇보다 중요한 것은 그 결과인데, 그것은 러시아가 유럽, 중동, 아시아를 포함하는 지구적 차원에서 영향력을 더 증대시키고, 이제는 미국 선거에까지 개입하는 것이다. 대항적이건 양보적이건 미국 정부의 러시아 정책은 모두 실패했는데, 그 가장 큰 이유는 워싱턴이 미국의 전략이 러시아로 하여금 자국 이익을 양보하고, 또 세계관을 바꿔 자유민주주의를 수용하게 만들 수 있을 것이라고 오판한 것에 기인한다. 그러나 워싱턴은 러시아의 상대적 파워가 하락해도 그 나라가 지구적 영역에서 핵심 행위자로 남을 것이라는 것을 잊지 말아야 한다. 그 거대한 핵무기, 천연자원, 지리적 중추성, 유엔안보리 비토권, 그리고 고도의 기술로 숙련된 인구에 비추어, 중국을 제외하고 미국에 러시아보다 저 큰 영향을 미치는 나라는 없을 것이다. 러시아는 핵무기로 30분 내에 미국을 멸망시킬 수 있는 지구상의 유일한 나라이다. 미국은 제한적 경쟁(restrained competition)의 더 균형된 전략을 통해 핵전쟁의 위험을 축소하고, 유럽 안보에서의 전략적 안정을 보장해야 한다. 또 그것이 중동에 더 큰 질서를 가져오고, 중국의 부상을 합리적으로 운영하도록 도울 것이다. Thomas Graham, "Let Russia Be Russia," Foreign Affairs, Vol. 98, No. 6 (November/December 2019), pp. 134–146.

[1] 트럼프는 러시아가 2016년 미 대선에 개입 관련 미 정부의 평가를 제쳐두고 비난을 자제하면서 푸틴 편에 섰고, 러시아의 G7 재가입을 옹호했으며, 국가안보전략 연설 당시 러시아 위협을 거의 거론하지 않은 채 모스크바와의 파트너십 설정의 중요성에 초점을 맞췄다. 미국 정부의 러시아에 대한 공식 대외정책이 트럼프의 의중과는 달리 강경했던 것은, 그것이 양당 합의를 반영해 러시아를 '사악한'(malign) 행위자와 미국 국가안보에 대한 위협으로 간주했기 때문이었다. 오바마 시기의 경제제재가 그대로 지속되고 심지어 더 강력해진 것, 동유럽 군사지원을 증대하고 우크라이나에 무기를 판매한 것, 그리고 수많은 안보전략 보고서가 러시아를 경쟁적 수정주의로 식별한 것은 모두 그런 결과였다. Jeremy Shapiro, "A contest of extremes: Biden's and Trump's opposing positions on Russia," (May 14, 2020), https://ecfr.edu〉 article〉 comme...

주주의 공격, 그리고 아프간 미군 살해를 위해 탈레반 연계그룹에 자금을 지원한 사실을 경시하는 것은 직무유기이다. 모스크바의 침투에 대비해 미국은 유럽과 협력을 강화해야 한다. 그것은 사이버 인프라 강화, 온라인 투명성 증진, 정보와 법 시행 조율의 증진, 그리고 외국의 불법공작 자금 유입 방지 노력을 포함한다. 미국은 나토에 더 많이 투자할 것이고, 필요할 경우 우크라이나에 더 많은 군사지원을 제공할 것이다. 모스크바가 계속 불법을 저지르면 제재는 더 확대될 것이고, 러시아의 G7 재가입은 고려대상이 아니다. 그러나 미·러 핵 경쟁 완화와 전략적 안정을 위해 뉴 스타트는 연장돼야 한다."[1]

바이든의 집권은 러시아와 관련해 많은 정책변화를 예고했다. 바이든이 대선에서 승리했을 때 모스크바가 무반응으로 일관했던 것은 러시아에 적대적인 리더의 등장이 크렘린에게 별로 달갑지 않았기 때문이었을 것이다. 바이든 행정부의 정책이 서구민주주의 옹호, 지구적 수정주의에 대한 반대, 그리고 모스크바의 선거개입 재발 방지를 포함해 다시 강경하면서도 신중한 원칙론으로 회귀할 것은 명약관화했다. 러시아의 하이브리드(hybrid) 위협을 막기 위해, 프랑스, 독일을 중심으로 나토와의 관계 강화는 필수적이었다.[2] 미국의 다자 리더십, 그리고 공유된 민주적 가치와 인권을 유지하기 위한 파트너들과의 협력은 다시 제자리를 찾을 것이다. 그것은 러시아 시민사회에 대한 지지와 모스크바가 지원하는 벨라루스 루카셴코에 대한 비판으로 이어질 가능성이 높았다.[3] 그러나 동시에 바이든은

1) "President—Elect biden on Foreign Policy," Council on Foreign Relations, (November 7, 2020), www.cfr.org
2) 바이든 행정부의 미-유럽 관계강화 시도에도 불구하고 양측에 약간의 마찰은 있을 수 있었다. 우선 나토 방위비 관련해서 워싱턴이 계속 압력을 가한다면 유럽은 불편하게 느낄 것이다. 다른 이슈는 노드스트림 2와 관련된 것이다. 바이든 행정부는 노드스트림 2가 미국 및 유럽 안보를 위태롭게 한다는 입장을 가졌는데, 일부 유럽 국가들, 특히 독일은 그로부터 유래하는 천연가스의 안정적 공급을 선호했다. 더 나아가 미국이 러시아 관련 강경책을 구사하는 것에 대해, 몇몇 파트너 국가들은 러시아와의 지나친 대치로 인한 안보 불안정에 반대했다.
3) 원래 미국과 벨라루스 관계는 좋지 않았지만, 워싱턴은 2015년 루카셴코가 정치범을 석방해 권위주의를 완화하려는 것으로 보이면서 관계개선을 시작했다. 2015년 이후 미 관리들은 벨라루스를 주기적으로 방문했고, 미국은 그 나라 국영 석유회사에 부과한 인권 관련 제재를 해제했다. 2019년 9월 미 국무차관(David Hale)은 양국의 비확산, 국경안보, 경제 관련 협력을 환영한다고 말했고, 2020년 5월 폼페이오 국무장관은 벨라루스에 미국 원유 선적을 선언했다. 2014~2019년 미국이 벨라루스 소기업과 시민사회 지원, 인도주의 목적으로 5,100만 달러를 지원하고 EU가 2014~2020년 2억 달러를 제공한 상황에서, 트럼프

러시아와의 관계에서 '대치와 개입의 균형'을 강조했다. 그는 "강력하게 버티면서도 대화해야 한다"(Hang tough but keep talking)고 말했다.[1] 그것은 두 나라의 극단적 대치가 몰고 올 후유증에 대한 신중한 고려에서 비롯됐고, 다른 한편 뉴 스타트 연장, 대테러, 이란 핵문제, 기후변화, 코비드-19 팬데믹을 포함해 미·러 양국이 협력해서 처리해야 할 수많은 난제가 산적해 있기 때문이었다. 바이든은 필요할 때 대화와 협력에 개방돼 있음을 알렸다.[2]

1) 취임 이후 러시아 관련 정책시행

미 대통령 취임식 날인 2020년 1월 20일 러시아 정부는 워싱턴이 뉴 스타트

는 미국 제재로 10년간 공석이던 벨라루스 주재 미 대사(Julie D. Fisher)를 새로 임명했다. 그래도 미국은 2020년 5월 현재 아직 루카셴코를 포함해 16명 인사에게 제재를 철회하지 않은 상태였다. Welt, "Belarus," (Updated August 24, 2020), p. 2.

1) 러시아에 대한 바이든의 인식은 그가 2018년 초 포린 어페어즈 저널에 기고한 글에 잘 나타나 있었다. 크렘린 당국은 소수의 과거 정보장교 출신들과 올리가키 파벌에 의해 장악돼 있고, 그들은 국내에서 야당을 탄압하고, 표현, 집회, 언론의 자유를 억압하며, 불공정 선거에 개입한다. 대외관계에서 러시아는 가능한 모든 방법을 동원해 서구민주주의의 기초를 공격한다. 안보차원에서는 조지아와 우크라이나의 나토 및 EU 가입을 저지하기 위해 군사공격을 마다하지 않았고, 몬테네그로에서는 그 나라의 나토 가입을 막기 위해 2016년 10월 과격 민족주의 그룹을 동원해 군사 쿠데타를 조장, 지원했다. 경제적으로는 천연가스 및 오일에 근거해 에너지 시장을 운영하는데, 우크라이나 가스 중단 사례가 입증하듯, 발트, 발칸, 유럽 국가들이 그 위협에 노출돼 있다. 독일은행을 포함해 서방 재정기구에서 세탁한 자금은 서방 내 친러 그룹과 조직 옹호에 사용된다. 러시아 정보당국은 정치적 목적 달성을 위해 '애국적 해커' 집단(patriotic hackers)까지 동원하는데, 그 사이버 공작의 목표는 가짜정보 확산과 같은 비군사적(soft) 방법으로 미국과 서방국가들을 내부로부터 전복시키는(subversion) 것이다. 그들은 그렇게 우크라이나의 EU 통합 관련 네덜란드 주민투표, 이탈리아 국정운영, 스페인 카탈로니아 분리 문제에 개입하고, 독일선거에서 극우정당 '독일을 위한 대안'(Alternative for Germany)을 도왔다. 트럼프 대통령은 러시아의 위협을 심각하게 받아들이지 않는데, 의회, 시민단체, 각 개인의 그의 각성을 촉구해야 한다. 또 러시아에 대항하기 위해 미국은 민주동맹, 파트너 국가들과의 협력을 강화하고, 나토 전진배치와 동유럽 군사능력을 증대시켜야 하며, 비군사 수단의 일환으로 EU와 민간영역이 그 과정을 도와야 한다. 그러나 러시아에 대한 강력한 견제와 더불어, 미국은 냉전시대 미국과 소련이 그랬듯이, 서로의 오해로 인해 통제하지 못할 불상사가 나는 것을 막기 위해 러시아와 소통채널을 열어놓고 계속 대화해야 한다. Joseph R. Biden Jr., and Michael Carpenter, "How to Stand Up to the Kremlin," Foreign Affairs, Vol. 97, No. 1 (January/February, 2018), pp. 44-57.

2) Ian Hill, "A Biden Presidency and US-Russia relations," The Interpreter, (November 25, 2020), www.lowyinstitute.org〉biden-presi...

갱신에 있어서 건설적 접근을 추구할 것을 촉구했고, 바이든은 그 제안을 수용할 의사를 밝혔다. 동시에 그날 바이든은 미 정보공동체에 러시아와 관련된 4가지 주요 사안 재조사를 명령했는데, 그것은 아프간 미군과 연합군 공격을 위한 러시아 군사정보국(GRU)의 탈레반 연계그룹 재정지원, 2020년 미국 대선개입, 2020년 8월의 미 정부와 민간회사를 겨냥한 솔라윈즈(SolarWinds) 사이버 공격, 그리고 나발니 신경제재 테러에 관한 것이었다. 6일 후 1월 26일 바이든은 푸틴과의 전화통화에서 미·러 간에 유지되는 유일한 핵 군축협정인 뉴 스타트를 5년 더 연장하는 데 합의했다.[1] 2020년 2월, 그동안 노드스트림 2에 반대해 온 바이든 행정부는 트럼프 행정부 조치의 연장선상에서 그 파이프 설치에 관여하는 또 다른 러시아 선박과 소유주에 추가 제재를 부과했다. 그로 인해 제재 받는 회사 숫자는 15개 이상으로 증가했다.[2] 2월 말까지 바이든 행정부는 계속해서 러시아 당국의 인권침해를 비판하고, 구속된 반체제 활동가 나발니와 그의 가족, 시위자의 무조건적 석방과 그 독극물 사건의 조사를 촉구했다.[3]

3월 초 미-EU는 나발니 독극물 테러 및 투옥과 관련해 연방보안국(FSB), GRU, 그리고 기타 몇몇 러시아 관리들에게 추가 제재를 부과하고, 동시에 미 국무부는 스크리팔(Skripal) 독극물 사건 이후 가해진 기존제재를 더 연장, 확대했다. 또 NSC 보좌관 제이크 설리번(Jake Sullivan)은 수많은 연방정부 컴퓨터에 침투해 네트워크에 손상을 가하고 정보를 탈취한 솔라윈즈 사이버 공작과 관련해 특별히 강력한 제재방안을 고려하고 있다고 말했다. 3월 중순 기밀 해제된 DNI 보고서는 푸틴의 승인하에 러시아뿐 아니라, 이란까지 2020년 미국 선거에 영향을 주기 위해 영향력 행사를 시도했다고 밝혔다. 러시아의 주요방식은 선거절차에서의 노골적인 부정이 아니라, 바이든 후보 및 민주당과 관련된 가짜정보의 은밀한 전파를 통해 트럼프의 정통성을 부각시키는 것이었다. 그 다음날, 바이든은 미 언론과의 인터뷰에서 푸틴이 '대가를 치를 것'이라고 말하고 그를 '킬러'라고 불렀다.[4] 그즈음 공개된 미국의 임시 국가안보전략은 러시아가 세계무대에서 미

---

1) Robert Burns, "Renewed US-Russia nuke pact won't fix emerging arms threats," Associated Press, (January 27, 2021)

2) 미 의회는 노드스트림 2 완성을 막기 위해 추가제재를 강력히 권고했다.

3) Ben Leonard, Thibault Larger, "U.S. condemns Russia's arrests of Navalny protesters," Politico, (January 23, 2021)

4) "Biden says 'killer' Putin 'will pay a price' for 2020 election interference," (March 17,

국에 도전해 지구적 영향력 증진을 시도하고 있다고 경고했다. 그러나 그 문서는
미국 주도의 개방적 국제질서에 지속적 도전을 가할 수 있는 잠재적 경쟁자는 러
시아가 아니라 중국이 유일하다고 말했다.

　　그러나 바이든 대통령은 러시아에 대한 지속적 제
재와 강경책에도 불구하고 지나친 갈등으로의 격화는
원치 않는 것으로 보였다. 4월 그는 러시아가 제기하는
특별한 위협에 대비하기 위해 국가 비상상태를 선언했
지만, 다른 한편 모스크바와 안정되고 예측 가능한 관
계 설정의 중요성을 역설했다.[1] 그런 판단에 근거해,
바이든은 나토가 키예프의 나토 가입을 승인했다는 우

▲ 볼로디미르 젤렌스키, cnn.com

크라이나 대통령 젤렌스키(Volodymyr Zelensky)의 주장을 확실하게 부인했다.[2]
바이든은 우크라이나에 대한 지원을 계속해야 한다는 강력한 믿음을 가지고 있었
지만, 모스크바가 가장 예민하게 반응하는 우크라이나의 나토 가입 문제로 또다
시 크리미아 점령과 비슷한 위험한 사태에 휘말리기를 원치 않았다. 그는 키예프
보호에 대한 책임감에는 조금도 변함이 없지만, 더 안정되고 투명하며 예측 가능

2021), www.nbcnews.com

1) Andrew S. Bowen, Cory Welt, <u>Russia: Foreign Policy and U.S. Relations</u>, CRS Report, R46761, (Updated April 15, 2021), pp. 47－49.

2) 젤렌스키는 2019년 4월 대선에서 현직 대통령 포로셴코에 73% 대 24%로 확실하게 승리
했다. 그는 크리미아 북부 출신의 러시아어를 모국어로 사용하는 유태계인데, 국민들이 배
우, 코미디언, 정치초보인 그를 국가리더로 선출한 것은 그 나라의 구태정치 탈피를 원했
기 때문이다. 그는 민족주의, 파퓰리즘 성향은 적고, 본인이 애국자로서 친서방을 지지한
다고 주장해왔다. 반면 포로셴코는 민족주의적 파퓰리스트 강령으로 캠페인하면서, EU 및
나토와의 통합, 전시사령관으로서의 민족주의, 그리고 러시아 정교회(Orthodoxy)와 차별
되는 우크라이나 정교회의 종교 정체성을 강조했다. 그러나 국민들은 지난 5년 간 그의
집권기 취약한 경제실적, 불충분한 개혁, 부패척결 부족을 이유를 그를 지지하지 않았다.
그 대선에서는 전 총리 율리아 티모셴코도 출마했는데, 그녀는 친서방 입장을 옹호한다고
말하면서도, 파퓰리스트로서 미국, IMF, EU가 지지하는 연금개혁, 가스가격 인상에 반대
했다. 전문가들은 대외정책, 리더십 경험이 부족하고, 캠페인 강령에 아무 구체적인 계획
도 제시하지 않은 젤렌스키가 이원집정부제 우크라이나 정치체제에서 제대로 국정을 이끌
어갈지, 또 '노르망디 4'에서 러시아와의 관계회복을 원하는 마크롱의 구상을 넘어설 수 있
을 지 의구심을 가졌다. 미국은 2014년 이후 우크라이나를 지원해 왔고, 2019년 지원액은
펜타곤 안보지원구상 2.5억 달러를 포함해 6.95억 달러에 달했다. 워싱턴은 젤렌스키의 당
선을 환영했다. Cory Welt, "Ukraine Elects a New President," CRS Insight, IN11105,
(April 24, 2019), pp. 1－2.

한 미·러 관계를 원한다고 강조했다. 그는 불필요하게 모스크바를 자극할 필요는 없다고 덧붙였다.[1]

6월 11~13일 바이든은 영국 콘월(Cornwall)에서 개최되는 G7 정상회담에 참석했다. 워싱턴의 리더십을 다시 보여주기를 원하는 바이든은 "미국이 테이블에 돌아왔다"고 기쁘게 말했다. 그 회담에서 그가 의도한 것은 트럼프 시기와 같이 동맹국들에 대한 일방적 강요가 아닌 합의에 기초한 외교행태로의 복귀였다. 그 3일 간의 정상회담은 협력적이었고, 세계 리더들은 미국의 리더십에 호응했다. 유럽 리더들은 '안도의 한숨'(sigh of relief)을 내쉬었고, 미국의 대외정책이 트럼프 이전의 친숙한 모습으로 돌아왔다고 말했다.[2] 마크롱 프랑스 대통령은 미국이 외교현장으로 실제 복귀한 것으로 긍정 평가했고, 메르켈은 바이든으로 인해 외교에서 새로운 열정이 생겨났다고 화답했다.

G7 국가들은 코비드-19와 경제회복 지원, 기후변화 대응, 지구적 인프라 건설(B3W: Build Back Better in the World) 협력, 러시아의 수정주의 행태에 대한 대응, 중국의 인권탄압 비판을 포함해 많은 사안을 논의했고, 합의사항을 공동선언에 담았다. 그러나 그들의 합의에는 많은 제약이 부과됐다. 코비드-19 팬데믹에 대해서는, 그 확산을 방지하기 위해 부유한 선진국들이 중, 저소득 국가에 10억회 분 백신을 공급해야 한다는 인식에 합의했다.[3] 그렇지만 미국의 5억회 분 제공 서약에도 불구하고, 일부 유럽국가에서는 그 국민들도 아직 백신 부족을 겪고 있었다. 코비드-19 관련 경제지원에 대해서도 직업창출과 투자로 빈국의 경제성장을 도와야 한다는 공감대는 형성됐지만, 어느 나라가 얼마의 비용을 언제까지 지출할지의 구체사항에 대한 합의는 없었다. 기후변화의 경우도 비슷했다. 리더들은 지구적 온도 증가를 산업화 이전의 1.5도 이하로 제한하고, 2030년까지 탄소배출을 절반으로 줄이며, 2050년까지 탄소 제로를 만드는 '녹색혁명'에 합의

---

1) Kevin Liptak, "Biden warns he'll tell Putin 'what I want him to know' as he defines goals of foreign tour," (June 10, 2021), www.edition.cnn.com

2) 과거 트럼프가 G7에 참석했을 때 분위기가 썰렁했던 것과는 달리, 바이든은 다른 리더들과 화기애애한 분위기를 누렸다. "G7 summit; Biden says America is back at the table," (June 13, 2021), https://www.bbc.co.uk〉news

3) 그들은 또 팬데믹 조기경보 체제 증진, 백신 제조능력 증대, 그리고 백신 개발 시간 단축을 위한 과학지원을 약속했다.

했다. 그렇지만 탄소 배출량 축소에 가장 중요한 석탄 사용 종식의 구체적 시한 제한에 관한 지침은 없었다. 러시아의 사이버 공격과 지역공세를 포함하는 대외 확장에 대해서는 그 억지 필요성에는 공감했지만, 많은 국가들이 모스크바와의 극단적 대결을 원치 않았다. 또 회원국 모두는 신장지역의 위구르 무슬림 구금과 강제노동, 홍콩의 자유 탄압과 관련해 베이징이 중국인의 '인권과 근본적 자유'를 존중할 것을 촉구했지만, 그 대응방법에서는 합의가 없었다. 얼마 전 유럽은 아직 비준되지는 않았지만, 중국과 포괄적 투자합의(CAI; Comprehensive Agreement on Investment)에 서명한 상태였다.[1] B3W 파트너십은 중국의 일대일로를 통한 세계 경제 침투와 정치적 영향력 확대에 대항해 미국과 G7 국가들이 베이징과 마찬가지로 빈국의 도로, 철로, 교량 등의 인프라 건설을 지원하는 구상이었다. 그러나 그 프로젝트의 실제 작동방식은 불분명했다. 백악관은 민간투자를 암시했지만, 수천억 달러를 요구하는 그 구상은 세부사항이 결여됐다. 일부 EU 국가들은 지나친 반 중국 연합에 반대했다.[2]

미국은 G7 정상회담 결과에 만족을 표시했지만, 실제 그 회담은 구체적이고 진정한 합의에 도달하는 데 많은 한계를 보였다. 미국이 가장 중시한 의제는 지구적 리더십을 잠식하는 러시아와 중국을 견제할 방법을 모색하는 것이었는데, 그에 대해 유럽 국가들의 생각은 많이 달랐다. 바이든은 중국 및 러시아와 경쟁은 단순히 그 국가들을 대상으로 한 것이 아니라 전제주의(autocracy) 대 민주주의의

---

[1]   일부 전문가들은 EU-중국 간 체결된 '포괄적 투자합의'(CAI: Comprehensive Agreement on Investment)가 중국의 유럽경제 침투를 가속화시키고, 미-EU 관계에 피해를 줄 수 있다고 주장했다. 일찍이 2020년 12월 NSC 보좌관 설리번은 중국 신중상주의 경제관행의 위험성, 그리고 일대일로의 경제, 정치적 영향력에 비추어 EU와 CAI 문제를 논의하기를 희망했지만, 유럽은 워싱턴의 입장을 무시하고 그 합의에 서명했다. 2013년 제안된 CAI는 2020년 12월에 이르러 유럽 정상회의(European Council)에서 승인되고, 유럽의회(European Parliament)의 비준을 기다리는 상태에 있었다. 그러나 2021년 3월 CAI가 유럽의회 비준을 통과하지 못할 것이라는 보도가 있었는데, 그것은 중국의 유럽 국가들에 대한 수용불가 행동 때문인 것으로 알려졌다. 2021년 7월 현재 그 제안은 아직 비준이 승인되지 않은 상태로 남았다. European Commission, "EU and China reach agreement in principle on investment," (December 30, 2020); Patrick Wintour, "China deal damages EU's human rights credibility, MEPs to say," The Guardian, (January 21, 2021)

[2]   사이버 범죄, 디지털 감시에 대한 우려로 인해, 회원국들은 중국에 관해 논의할 때 회의장의 모든 인터넷 기능을 중단시켰다. Kevin Liptak, "G7 2021; Takeaways from President Biden's first summit-CNNPolitics," (June 13, 2021), https://www.cnn.com〉 politics

투쟁이라고 말했지만, 유럽 국가들은 현실적으로 중국, 러시아를 멀리하기 힘들다는 입장을 표시했다. 유럽 리더들은 바이든이 지나치게 권위주의와 민주주의의 구별을 강조하는 것에 회의적이었는데, 그것은 중국, 러시아와의 협력 필요성 때문이었다.[1]

▲ 바이든-푸틴 정상회담 2021, usatoday.com

유럽 방문의 연속선상에서 6월 14~15일 나토 및 EU와의 정상회담 이후 연이어, 6월 16일 바이든은 스위스 제네바에서 그의 상대역 푸틴과 정상회담을 했다. 세계의 많은 관심의 초점이 된 그 회담은 4시간 가까이 지속됐고, 두 사람은 많은 주제에 관해 비판적 의견을 교환했다. 바이든은 러시아로부터 유래하는 사이버 공격을 우선적으로 거론했다. 그는 러시아의 선거개입뿐 아니라 많은 사이버 범죄 집단이 솔라윈즈(SolarWinds) 네트워크 침투를 통해 미국의 정부부처, 식품회사, 동부의 연료 파이프라인을 공격하는 사실을 지적하고, 러시아가 공격을 하지 말아야 할 16개의 핵심 인프라 목록을 제시했다. 동시에 바이든은 엄청난 사이버 능력을 갖고 있는 미국이 러시아의 불법행동에 대해 똑같은 방식으로 대응하지 못할 이유가 없다고 경고했다.[2] 바이든은 러시아 인권에 관해서도 거론했다. 그는 원래부터 미국의 대통령으로서 인권에 관해 말하지 않는 것은 책임회피라는 입장을 유지했는데, 그런 그의 소신은 푸틴과의 대화에서 그대로 나타났다. 그는 푸틴에게 인권은 미국의 핵심가치이고, 그 이슈는 항상 논의의 테이블 위에 있을 것이라고 말했다. 또 구체적인 예로 알렉세이 나발니가 감옥에서 사망할 경우, 그 부작용은 상상을 초월하는 러시아의 파탄으로 귀결될 것이라고 강경하게 밀어붙였다. 바이든은 최근 발생한 러시아 해군의 우크라이나 함정 공격을 포함해 키예프 정부에 대한 공세의 부당성도 거론했다. 그러나 푸틴은 바이든의 지적에 전혀 동의하지 않았다. 그는 많은 사태가 미국의 우선적 잘못으로 인해 발생한 것이라는 입장을 취했다. 그것은 예상된 반응이었다. 나중에 언론이 크렘린의 인

---

1) US President Biden persuades G7 to be more competitive towards China..., (June 12, 2021), https://www.dw.com〉 us－presid...

2) Martin Matishak, "Biden says he told Putin U.S. will hack back against future Russian cyberattacks," Politico, (June 16, 2021)

권탄압에 대해 질의했을 때, 푸틴은 미국의 폭력범죄, 쿠바 관타나모 감옥 운영, 그리고 폭도들의 의사당 난입 사건을 미국 인권의 취약한 현실을 입증하는 예로 인용했다. 처음에 바이든 뿐 아니라 미국 관리들은 대부분 그 회담에서 어떤 돌파구를 기대하기 보다는 푸틴에게 갈등 격화를 방지하기 위해 레드라인을 설명하는 것이 작은 목표 중 하나라고 말했는데, 푸틴의 부인은 워싱턴의 전제를 정당화시키는 것으로 보였다.[1]

그러나 비관적 예상을 넘어 푸틴은 바이든의 제안을 일부 수용하고, 두 리더는 미래 진전을 위한 약간의 성과를 거뒀다. 사이버 문제에 대해, 두 정상은 각각 전문가 팀을 구성해 구체적 케이스에 대응하고 전반적인 사이버 안보를 증진시킬 것에 합의했다. 그들은 또 지난 4월 러시아의 선거간섭, 사이버 공격 비난 과정에서 소환된 양국 주재 대사를 원위치 시키기로 합의했다. 안보관련 첨예한 현안인 핵 군비통제에 관해서는 '전략적 안정' 대화 메커니즘을 설립하고, 의도치 않은 갈등이 발생하지 않도록 다음 절차를 논의하기로 했다. 양측이 서로 구금하고 있는 각국의 죄수 교환은 아직 합의되지 않았지만, 푸틴은 추가 논의를 통해 타협할 수 있다고 말했다. 두 리더는 처음에 예상했던 것보다 좋은 성과를 거뒀다. 회담이 끝난 후 원래 양측이 합의한 각자의 개별회견에서 바이든과 푸틴 모두 그 만남은 '건설적'이었다고 말했다. 그들은 서로에 대해 상대적으로 우호적인 평가를 내렸다. 바이든은 대화의 분위기는 좋았고, 불필요한 과장이 별로 없었다고 말했다. 푸틴 역시 그 회담에서 어떤 적대감도 없었고, 그것은 실용적, 구체적, 실질적 이슈를 논의하는 자리였다고 말했다. 그는 또 바이든을 균형적, 전문적이며, 많은 경험을 가진 미국의 정치 리더로 평가했다. 바이든이 "항상 대면해서 만나는 것이 더 낫다"고 말했을 때, 푸틴은 "우리는 우리들 나라를 대표해야 하고 그 관계는 일차적으로 실용적인 것"이어야 한다고 긍정적으로 말했다.[2]

1) Shannon Pettypiece, "Biden–Putin summit: Key takeaways from an 'all business' meeting in Geneva," (June 16, 2021), https://www.nbcnews.com〉 bid...
2) Tamara Keith, "Biden And Putin Say Their Summit Was Constructive As The World Waits For Results," (Updated June 16, 2021), https://www.npr.org〉 2021/06/16

2 미·중 관계

2017년 트럼프가 집권할 당시 중국의 힘은 놀라울 정도로 증강된 상태였다. 2013년 중국은 남중국해에 여러 군사기지를 건설하고, 일대일로(BRI)를 진수해 아시아, 중동, 아프리카를 넘어 유럽, 중남미로 경제, 정치적 영향력을 확장하고 있었다.[1] 2015년에는 '중국제조 2025' 사업을 선언하고, 10개 전략산업에서 '국

---

1) 중국의 중남미 및 카리브 지역(LAC: Latin America and Caribbean)과의 경제, 외교, 군사 관계 강화는 후진타오 집권기 본격적으로 추진된 이후 2021년 현재까지 계속되고 있다. 후진타오 시기 중국은 브라질, 베네수엘라, 쿠바, 칠레, 페루, 멕시코, 아르헨티나를 포함하는 수많은 나라와 무역, 투자협정을 체결했고, 2011년까지 중국-LAC 무역규모는 미국 다음 2위인 2,415억 달러에 이르렀다. 그 과정에서 중국은 베네수엘라, 아르헨티나, 쿠바, 칠레 등 여러 나라와 무기판매를 포함하는 군사교류를 증대시키고, (미국과 캐나다가 참여하지 않는) 남미-카리브 국가공동체(CELAC)와 장관급 회담을 개최하고 다양한 양자 파트너십을 체결하는 형태로 외교관계를 강화했다. 그 추세는 시진핑 시대에도 그대로 이어졌다. 2015년 시진핑은 중국-LAC 무역을 10년 내 5천억 달러로 증대시킨다는 목표를 선언했고, 중국기업들은 주로 전기, 기계장비, 자동차 및 부속, 기타 소비재를 수출하고, 광석, 미네랄 연료, 콩과 같은 광물 및 기타 1차 상품을 수입했다. 2018년 중국의 LAC으로의 수출은 중국 전체 수출의 6%인 1,510억 달러, 그리고 2019년 중국의 LAC으로부터의 수입은 중국 전체수입의 7.9%인 1,650억 달러를 기록했다. 2021년 현재 중국은 브라질, 칠레, 페루, 우루과이의 최대 무역파트너, 또 여러 다른 나라의 두 번째 큰 무역파트너가 됐고, 칠레, 코스타리카, 페루와 FTA를 체결하고 있다. 중국의 LAC에 대한 투자실적도 대단하다. 2005~2019년 기간 중국의 LAC 투자는 브라질 600억 달러, 페루 270억 달러를 포함해 1,300억 달러 수준이고, 그 중 56%는 에너지 산업, 28%는 광물산업에 투입됐다. LAC에 대한 누적대출은 베네수엘라, 브라질, 에콰도르 순으로 2005~2019년 1,370억 달러에 달했고, 그 자금은 대부분 에너지, 그리고 20%는 인프라 프로젝트에 사용됐다. LAC은 2008년 지구적 재정위기 당시 중국과의 경제관계가 그 회복을 도운 것으로 인식하고 있고, 중국의 대출이 서방과는 달리 환경을 덜 강조하고 민주, 인권 등의 정치적 조건이 부착되지 않은 것을 편리하게 여긴다. 후진타오와 마찬가지로 시진핑 역시 LAC과 외교, 군사협력을 추진했다. 2015년 중국에서 제2차 CELAC 장관급 회담이 개최됐을 때, 참여국들은 에너지, 무역, 투자, 정치, 안보 관련 5년 협력에 합의했다. 2016년 공개된 중국의 LAC 관련 정책문서는 양측의 경제교류가 평등과 상호호혜에 근거하고, 군사협력은 제3국을 표적으로 삼지 않는다고 재확인했다. 2018년 중국-CELAC 장관급 회담 당시 각국은 2021년까지 협력을 연장하기로 합의했고, 베이징은 그들 중 19개국의 BRI 참여를 성사시켰다. 중국의 LAC 활동은 미주기구(OAS: Organization of American States) 옵서버, 중남미 개발은행과 카리브 개발은행 회원자격, 그리고 코비드-19를 위한 의료지원과 백신 제공을 포함하는데, 중국의 광범위한 행동에 트럼프 행정부는 많은 우려를 표시했다. 예컨대 2017년 미 국가안보전략(NSS)은 중국이 LAC 투자와 대출을 통해 그 지역을 베이징 영향력 하로 불러오려 시도하는 것으로 묘사했고, 미 남부사령부는 중국이 파나마 항구와 인프라에 투자하고 역내 텔레콤 사업에 투자하는 것이 군사적 목적을 띨 수 있다고 경고했다. 미국 내 전문가 의견은 둘로 나뉜다. 그 중 하나는 중국의 침투가 군사적이기보다는

가대표기업'(national champion)을 발전시키면서 서방 테크놀로지와 제품에 의지
하지 않는 독자적 기술, 산업능력 구축을 시작했다.[1] 트럼프가 집권하고, 시진핑
의 중국 공산당 총서기 취임 5주년이 되는 2017년 베이징은 2035년까지 군사현
대화를 완수하고 2049년까지 인민해방군(PLA: People's Liberation Army)을 세계수
준 군대로 성장시킬 것이라고 선언했다. 중국의 그런 야심과 능력은 그 나라를 미
국과 함께 G2로 불리게 만드는 원동력이었다.[2]

외교, 경제적인 것이고, 또 문화, 언어차이로 인해 역내에 큰 영향을 미치지 못한다고 말
한다. 그들은 또 트럼프의 적대적 태도가 오히려 LAC의 중국 접근을 부추긴다고 주장한
다. 다른 견해는 중국의 경제개입이 부채함정, 중국 경제에 대한 의존을 심화시키고, 중국
의 지원이 역내 민주 거버넌스를 방해하고 부패를 악화시킨다고 말한다. Mark P.
Sullivan, "China's Engagement with Latin America and the Caribbean," CRS IN Focus,
(Updated November 12, 2020), pp. 1–2.

1) '중국제조(MIC: Made in China) 2025'는 차세대 정보통신(IT), 로봇공학, 항공우주, 신생
에너지 및 관련 장비, 생의약품과 하이테크 의료장비, 첨단 철도수송 장비 등의 10개 분야
에서 외국에 대한 의존을 줄이고, 동시에 세계 가치사슬에서 최고수준에 도달하는 목표를
가진 사업이다. 그것은 3단계로 진행되는데, 2025년까지 제조업의 질 향상과 테크놀로지
통합에서 획기적 발전을 추구하고, 2035년까지 세계에서 지구적 기준을 설정하는 산업으
로 도약하며, 2049년까지 세계 첨단 테크놀로지와 산업시스템 발전의 혁신적 리더가 되는
계획을 표방한다. 그 사업을 위해 베이징은 다양한 수단을 동원한다. 베이징 당국은 국내
R&D 발전과 해외기술 획득을 위해 국내기업에 자금(GGFs: government guidance funds)
을 지원하는데, 2018년 3월 현재 그 규모는 1,800개 사업에 4,260억 달러를 투입했다. 또
해외 첨단기술 이전을 위해서는, 중국 내에서 생산과 R&D를 진행하는 외국기업에 대한
세금혜택 제공, 노하우를 이전하도록 외국회사에 대한 국내기준의 강제적 집행, 중국기업
과의 다국적 회사 형태 합작 강요, 그리고 해외의 중국계 또는 외국인 인재 채용을 추진한
다. 미국은 중국 정부 주도의 체계적인 테크놀로지 및 전략산업 획득이 최대 수익을 보장
하는 지구적 공급체인과 생산 네트워크 지배로 이어질 것을 우려한다. 트럼프 행정부는
몇몇 조치를 취했는데, MIC 2025 생산품에 관세를 부과하고, 학술교류, 해외투자, 수출에
서의 통제를 통해 중국으로의 테크놀로지 이전을 최소화했다. 또 2019년 5월 이후 화웨이
에 민군 겸용기술 이전을 통제하고, 화웨이 장비 구매를 제한했으며, 외국 정부에 5G 네
트워크에 화웨이 제품을 사용하지 말 것을 권고했다. 미국은 유럽, 일본과의 협력을 통해
베이징에 더 압력을 가하고, 아직 미국 기업이 첨단 테크놀로지에서 선두를 점하고 있는
것에 비추어 미·중 테크놀로지 유대를 재검토할 수 있을 것이다. 그 이유는 미국 기업이
중국으로 기술을 이전하면, 그것이 당장은 수익을 올릴지라도, 장기적으로 그것이 그들의
경쟁력 약화로 되돌아올 것이기 때문이다. Karen M. Sutter, "Made in China 2025
Industrial Policies; Issues for Congress," CRS IN Focus, IF10964, (Updated August 11,
2020), pp. 1–2.

2) 2021년 현재 PLA 병력은 200만 명 규모이다. PLA는 지상군, 해군, 공군, 로켓군(미사일
군)의 4개 군과 2개 하위전력으로 구성된다. 그 2개 하위전력은 사이버, 우주능력, IT 발
전을 책임지고 전자전, 심리전을 중시하는 전략지원군(Strategic Support Force), 그리고
대규모 합동 군사작전에서 병참을 책임지는 합동병참지원군(Joint Logistics Support
Force)이다. 중국 국방비는 공식적으로는 2020년 1,786억 달러이지만, 실제 규모가 최대

그래도 그때까지 미·중 관계는 미·러 관계와는 달리 상대적으로 호혜적이었다.[1] 오바마 시기 미국과 중국은 약간의 갈등에도 불구하고 다양한 분야에서 협력했다. 그들은 대테러 정보를 공유했고, 중국은 물질적 측면에서 미국의 아프간 전쟁을 도왔다. WMD 비확산에서 베이징은 평양 및 테헤란에 대한 일부 보호에도 불구하고 유엔안보리 결의안 통과에 협력하고, 워싱턴 주도의 이란 대상 JCPOA 체결을 지지했다. 중국은 동, 남중국해에서 일본, 필리핀, 베트남을 상대로 해상 영토분쟁에 개입했지만, '항해의 자유'를 옹호하는 워싱턴의 기치에 도전을 자제했다. 대만과 관련해서는 미·중 양측이 협력하면서 중국-대만 교류가 활성화됐다. 미국과 중국의 정상들은 원만하게 교류했고, 그들의 수많은 고위급 채널은 의사소통의 중요한 창구로 작동했다. 군사관계는 미·러 관계와는 달리 충돌 가능성은 거의 없었지만 약간의 우려를 내포했다. 양측의 고위급 군사교류에서, 중국 군부는 펜타곤 고위관리들과의 접촉에 소극적이었다. 중국의 국방비 규모는 불투명했고, PLA의 군사력 증강은 단순한 방어를 넘어 힘의 투사를 지향하는 것으로 평가됐다. 그래도 두 나라는 초보적 신뢰구축에 합의했는데, 그것은 아덴만 해적 관련 연합 군사훈련, 아세안 인도주의 재난구조(HA/DR: Humanitarian Assistance/Disaster Relief) 공동훈련, 그리고 림팩(RIMPAC: Rim of Pacific) 다국적 해상훈련을 포함했다. 미·중 경제관계도 경쟁과 협력이 교차했다. 워싱턴이 중국의 위안화 저평가를 지적했을 때, 베이징은 평가절상으로 호응했다. 국영기업의 부당성 지적에 대해서는, 사회주의 시장경제를 추구하는 베이징은 일부 시정에도 불구하고 대체로 자국 입장 고수를 원했다. 서로에 대한 투자에서는 일부 상호제한이 있었다. 그들은 몇몇 경우 문제해결을 위해 WTO에 서로 제소했는데, 일부 경우는 미국이 승소, 다른 때는 중국이 승소했다. 미국에게는 중국의 IPR 침해와 상업정보 절취를 위한 사이버 해킹이 큰 문제였는데, 그것들은 베이징 당국의 국

2배까지 예상되는 상황에서 정확하게는 알려지지 않았다. 그 이유는 중국의 국방비 산정 방식이 다르고, 부분적으로는 PLA가 그 정확한 규모를 은폐하기 때문이다. 펜타곤은 PLA가 일부 약점에도 불구하고 높은 수준의 군사현대화를 지속한 결과 인도-태평양에서 미국의 간섭에 대한 대항과 지구적 파워투사 차원에서 상당수준 미국 능력에 근접하고, 더 나아가 일부 영역에서는 미군을 앞선 것으로 평가한다. Caitlin Campbell, "China's Miltary: The People's Liberation Army(PLA)," CRS IN Focus, IF11719, (January 5, 2021), pp. 1-2.

1) 퓨 리서치에 따르면, 2016년 오바마가 퇴임하는 해 51%의 중국인들이 미국에 대해 우호적 감정을 가졌다. "Global Indicators Database," Pew Research Center, (June 30, 2017)

영기업 지원과 더불어 해결되지 않은 난제로 남았다. 한 가지 흥미로운 것은 거대한 미·중 무역적자와 관련해 워싱턴 당국이 베이징의 불공정 관행을 그 주요원인으로 문제 삼을 때, 미국 내 많은 전문가들이 중국에 대한 비난을 일부 수용하면서도 오히려 미국의 소비수준이 높은 반면 저축률이 너무 낮고, 또 미국 산업계의 생산성이 낮은 것을 더 큰 문제로 지적한 것이다. 또 그들은 미국의 무역적자와 관련된 추가 문제점을 지적했는데, 그것은 미국 내에서 소비되는 노동집약적 상품의 국내생산이 필요량을 충족시키지 못하고, 또 미국의 무역통계에서의 부가가치가 완성된 제조품 중심으로 작성되기 때문에 제품에 많은 외국부품이 투입되는 중국 상품의 수출흑자가 과다하게 부풀려졌다는 것이었다.[1]

(1) 트럼프 시대 미·중 관계 맥락

새로 취임한 트럼프 대통령은 처음부터 과거 미국의 중국에 대한 정책이 충분히 강력하지 못했고, 오히려 그런 정책이 미국의 이익과 위상에 불리하게 작용했다고 주장했다. 중국에 대한 그의 반감은 후보시절과 대통령 취임을 전후 한 여러 연설에 잘 나타나 있었다. 오바마 시기 미국의 베이징에 대한 정책이 가능하면 양자 갈등을 줄이는 것이었던 반면, 트럼프의 중국 정책은 점차 일방주의, 제로섬, 보호주의적 '미국 우선주의' 성격을 띤 무한경쟁으로 나아갔다. 트럼프 행정부 하에서 미·중 협력은 축소됐고, 경쟁은 증가했다. 트럼프 집권 4년의 기간 워싱턴은 베이징에 다양한 적대적 조치를 취했고, 베이징 역시 그에 대한 맞대응으로 비슷한 수준의 보복을 시행했다. 트럼프와 시진핑 모두 물러서기를 원치 않았다. 미국의 러시아 정책에서 나타난 대통령과 행정부 간의 괴리는 중국에 대한 워싱턴의 적대정책에서는 나타나지 않았다.

1) 경쟁의 서막

2017년 1월 취임 이후 트럼프 행정부의 중국 정책은 한동안 양국 간 직접경쟁을 자제했지만, 그해 말까지 그것은 확고한 적대적 성격으로 전환됐다. 1월 취

---

1) Pascal Lamy, "'Made in China' tells us little about global trade," (January 24, 2011), www.FT.com

▲ 트럼프-시진핑 마랄라고 정상회담 2017, bbc.com

임 직후 트럼프는 그 이전 미국이 중시하던 미·중 관계의 금기를 무시하고 대만 총통 차이잉원과 통화했지만, 2월 미국은 '하나의 중국' 정책을 준수할 것이라고 말하면서 그 전 달의 행태를 부정하는 듯이 행동했다.[1] 3월 렉스 틸러슨 미 국무장관은 베이징을 방문하고, 양국관계가 비갈등, 상호존중의 서로 이익이 되는 관계로 진전되기를 바란다고 우호적으로 말했다. 4월 트럼프는 플로리다 마랄라고(Mar-a-Lago) 별장으로 시진핑을 초청하고, 이틀에 걸쳐 양자무역과 북한 문제에 관해 논의했다. 그때 트럼프는 두 정상 관계에 상당한 진전이 있었다고 말했고, 시진핑은 두 사람의 만남이 미·중 양국 사이에 더 큰 신뢰가 구축되고 서로의 입장에 관해 더 충분히 이해할 수 있게 하는 좋은 계기였다고 화답했다. 두 정상은 또 양국 의사소통을 위해 오바마 시기의 대화 메커니즘을 취소하고, 4개 고위대화를 새로이 설립했다. 그것은 외교안보대화(D&SD; Diplomatic and Security Dialogue), 포괄적 경제대화, 법 시행 및 사이버 안보대화, 사회문화 이슈 대화였다. 5월에는 미 상무장관(Wilbur Ross)이 미·중 무역을 위한

---

1) 트럼프 행정부는 미·중 1972, 1978, 1982년 공동성명, 대만관계법(TRA: Taiwan Relations Act), 그리고 레이건 대통령이 1982년 타이베이에 전달한 '6개 보장'(Six Assurances)에 근거해 '하나의 중국' 원칙을 지킬 것이라고 약속했다. 대만관계법은 '어떤 힘 또는 다른 형태의 강요에 저항하는 미국 능력을 유지하는 것'이 미국의 정책이라고 말하는데, 미국은 그 법 하에서 중국의 대만 무력통일을 막고 타이베이의 자위를 위해 필요한 대화, 무기판매, 훈련을 포함하는 국방지원을 제공한다. 또 '6개 보장'은 미국이 대만에 대한 무기판매에서 중국과 논의하지 않고, 무기판매 종식 날짜는 없으며, 대만 주권에 관해 특정입장을 취하지 않을 것이라는 조항을 포함한다. 그래도 트럼프 행정부는 대만의 대외관계 확대를 돕고, 오바마 시기의 140억 달러보다 더 많은 180억 달러 상당의 무기를 판매했다. 중국과의 불화에 관계없이 트럼프 행정부는 대만 보호에 적극적이었는데, 양국 안보보좌관 회동, 미국 정부 고위관리들의 대만 방문, 차이잉원의 미국 경유, 미·일의 대만과의 전문성 공유 워크숍 개최, 미-대만 아태지역 민주 거버넌스 증진 협의가 그런 것들이었다. 그러나 동아시아 담당 미 국무차관보(David Stillwell)가 2020년 9월 상원에서 미국의 대만정책은 중-대만이 강요가 아닌 대화를 통해 평화적으로 대만 주권 문제를 해결하는 것이라고 증언한 것과 대조적으로, 그 다음 달 NSC 보좌관 오브리엔(Robert O'Brien)은 중국이 대만을 공격할 경우 '미국이 무엇을 할 것인가에 관해 많은 모호성'이 존재한다고 애매하게 말했다. 그러는 사이 중국은 감비아(Gambia), 부르키나파소, 파나마, 엘살바도르, 도미니카공화국을 포함해 과거 대만을 승인했던 8개국과 새로이 외교관계를 개설했다. Susan V. Lawrence, "Taiwan: Political and Security Issues," CRS IN Focus, IF10275, (Updated January 4, 2021), pp. 1-2.

10가지 주요사안에 관한 논의 필요성을 제기했다. 그 주제는 트럼프 대통령이 중시하는 우유, 가금류 같은 미국 농산품 수출, 그리고 서비스 무역 확대를 포함했지만, 나중에 실제 워싱턴이 관세를 부과한 철강, 알루미늄, 자동차 부속과 같은 더 중요한 이슈는 거론되지 않았다. 7월 트럼프와 시진핑은 독일 함부르크 G-20 장외에서 다시 만났고, 8월에는 트럼프의 베이징 국빈방문이 있었다. 9월 북한이 제6차 핵실험을 강행했을 때, 트럼프는 북핵 해결과 관련해 베이징의 건설적 역할을 촉구했다.[1]

그러나 그런 우호적 초기과정이 트럼프 행정부의 본심을 가린 것은 아니었다. 미국은 처음부터 중국을 견제하는 외교, 군사목적의 일환으로 인도-태평양 (FOIP; Free and Open Indo-Pacific) 전략 시행에 나섰다. 아태지역에 일본, 한국, 호주, 필리핀, 태국의 5개 협정 동맹국이 존재하고 7만 4천명 이상의 미군병력이 배치된 상태에서, 트럼프 행정부는 미국, 일본, 호주, 인도 4개국 간의 쿼드 (Quad) 전략 유대가 자유롭고 개방된 아태 안보질서 유지의 근간임을 특별히 강조했다.[2] 또 전 세계 인프라 구축 지원을 중심으로 경제, 정치적 영향력 확대를 모색하는 중국의 일대일로(BRI)에 대항할 목적으로, 미 행정부는 동맹국과의 협력을 전제로 세계 각지, 각국의 인프라 건설지원(BUILD: Better Utilization of Investments Leading to Development) 구상에 관한 의지를 선언했다.[3] 2017년 말

---

1) 북한의 지속적 미사일 도발과 핵실험으로 시진핑 등장 이후 중-북한 관계는 한동안 냉각 됐지만, 2018년 3월 이후 김정은은 중국을 4번 방문했고 시진핑은 2019년 6월 북한을 답방했다. Timeline: U.S. Relations With China 1949-2020, www.cfr.org〉 timeline〉 us-relation...

2) 그러나 FOIP에도 불구하고 아태 국가들은 트럼프 대통령의 아태 지역 헌신의 신뢰성에 많은 의구심을 표시했다. 그들은 특히 미국의 TPP로부터의 철수, 일본, 한국, 중국을 포함해 무역 파트너들에 대한 일방적 관세의 적용, 그리고 그의 돌출발언과 정책 움직임을 우려했다. Emma Chanlett-Avery, K. Alan Kronstadt, Susan V. Lawrence, and Mark E. Manyin, "The Asia Pacific: Challenges and Opportunities for U.S. Policy," CRS IN Focus, (December 14, 2018), p. 1.

3) 2013년 시진핑이 진수한 일대일로(BRI) 사업은 육로를 통한 실크로드 경제벨트, 21세기 해상 실크로드, 중국 해외정보통신(ICT: information and communications technology) 공급체인 진흥을 추구하는 디지털 실크로드로 구성되고, 지구적 차원에서 인프라 건설, 교통수송, 생산 및 공급체인 네트워크 개발, 테크놀로지, 그리고 중국 신용정보체계와 통화 사용 확대를 추구하는 재정통합에 초점을 맞춘다. 해외에서의 인프라 건설, 교통수송, 에너지, ICT 사업은 중국 내 수직적으로 통합된 생산 공급체인, 테크놀로지와 긴밀하게 연계되어 중국 국영회사의 해외주문을 확대시키고, 상품과 서비스 시장을 창출하며, 농업,

과 2018년 초의 미 국가안보전략(NSS: National Security Strategy) 지침과 기타 여러 안보 문서에 나타난 중국 관련 입장은 워싱턴이 베이징 당국을 얼마나 큰 범위에서 위험하고 다루기 힘든 '전략적 경쟁자'로 인식하는지를 명확히 보여주었다. 2017년 12월 NSS는 중국을 러시아와 함께 '미국 파워, 영향력, 이익에 도전

에너지 등 해외 1차 상품 원천에 대한 접근을 가능케 한다. 또 중국 내 과다생산으로 인한 산업 재고품을 해외로 수출하고, 중국 근로자의 해외고용을 돕는다. BRI는 베이징 당국의 지원을 받는 (China Harbor, China Three Gorges 같은) 국영기업들이 운영하는데, 화웨이, ZTE, 알리바바 같은 '국가대표기업'(national champions)들이 참여해 중국 산업이 연계될 수 있도록 교통수송(철도규격), 에너지(파워 그리드), 통신(5G) 등에서 중국식 표준적용 및 상호운용성 증대를 모색한다. 중국정부, 국영은행, 국영회사는 BRI 참여를 원하면서도 자금이 부족한 해외 초청국에게는 그 나라 기업에 신용대출을 해주고 그 정부가 부채를 보증, 상환하는 형태로 사업을 진행한다. 그 대출은 보통 시장 이자율을 기준으로 제공되는데, 외국정부가 부채를 갚을 능력이 없을 때 중국 정부는 부채탕감보다는 부패상환 만기연장, 또는 그들이 저당 잡힌 광산, 농장 등 자원산업으로 환수받거나, 항구, 철도 등의 인프라 인수 및 수십 년에 걸친 장기임대(lease)로 대체하는 방식을 사용한다. 스리랑카는 대출을 상환하지 못해 중국 기업(Merchants Port Holdings, Ltd)에 항구(Hambantota Port) 운영회사 대부분의 지분을 넘기고, 99년 기간의 항구 운영을 허용했다. 또 많은 경우 중국 신용대출의 조건은 불투명한데, 2019년 미국 정부가 파키스탄에게 IMF 대출로 중국부채를 대체할 수 있는지 물었을 때 그 실체가 드러났다. 그렇듯 여러 초청국들은 BRI로부터 인프라 개발과 기간산업 부양에서 이득을 얻지만, 반면 그 사업의 많은 부작용에 노출된다. 그것은 중국에 큰 빚을 지는 부패함정, 장기적 재정의존, 그리고 자국 인프라 이양과 같은 경제종속으로 요약된다. 미국은 BRI에 대해 많이 우려하고 큰 경계심을 갖는다. BRI를 통해 전 세계 인프라를 통제하고 그 나라들과의 경제, 외교, 군사관계를 강화하는 것은 미국의 영향력을 근본적으로 잠식한다. BRI의 인프라 투자는 이중 목적을 가질 수 있는데, 중국은행이 지부티에 상업목적의 항구개발에 자금을 지원한 이후 그곳에 주둔하는 PLA 해군이 그 시설을 군사적으로 활용하는 것이 하나의 예다. 중국 중심의 테크놀로지와 재정 네트워크 확산은 미국이 설립한 세계 네트워크와 기준에 대한 대안이고, 중국 베이더우(Beidou) 위성 네트워크는 미국 중심 GPS에 대한 대안이며, 육로를 통한 교통과 수송은 미국 주도 해상교통로에 대한 대안을 제시하는 체제적 도전이다. 미국은 여러 방식으로 대응한다. BUILD 입법을 통해 설립된 DFC(Development Finance Corporation)는 서방기업들이 해외 인프라에 투자할 수 있도록 지원을 제공하는데, 2020년 1월 에콰도르가 중국기업 5G 네트워크 사용을 거부하는 조건으로 그 나라의 중국 부채 상환금 지급을 결정했다. 미국과 서방이 설립한 Blue Dot Network 역시 중국에 대한 대안을 제공한다. 또 미국 정부는 2020년 8월 이후 남중국해에서 중국 군사인프라를 건설하는 여러 중국기업에 제재를 부과했다. 그러나 지난 수십 년간 축적해 온 거대한 자본과 산업능력에 근거해 세계로 진출하는 중국의 도전을 막아내는 것에는 많은 어려움이 존재한다. 국제사회의 비판에 베이징은 중국 기업들이 컨소시엄 형태로 BRI에 외국기업의 참여를 허용한다고 말한다. 그러나 그에 참여하는 기업들은 결국 중국의 통제 하에 놓이게 된다. 또 중국은 해외에서 모든 수단을 동원해 경제력을 확대하면서도, 외국기업의 자국시장 접근은 다양한 공식, 비공식 장벽으로 제한한다. Karen M. Sutter, Andres B. Schwarzenberg, Michael D. Sutherland, "China's 'One Belt, One Road' Initiative: Economic Issues," CRS IN Focus, IF11735, (January 22, 2021), pp. 1-2.

하고, 미국 안보와 번영을 부식시키는 수정주의, 전략적 경쟁국가'로 묘사했다. 중국과 관련해 NSS는 대만관계법(TRA)하에서 베이징의 강요에 근거한 통일전략을 막기 위해 워싱턴의 타이베이에 대한 국방물자 지원이 계속될 것이라고 특별히 명시했다.[1]

2) 미국의 공세강화

2018년 1월 미 국방전략(NDS: National Defense Strategy) 문서는 중국을 '단기적으로 인도-태평양 지역패권과 장기적으로 지구적 우월 확보를 위해 미국을 대체하는 군사현대화'를 추구하는 국가로 묘사하면서, 신냉전의 부상을 경고했다. 미국은 분명히 중국의 군사력 증강을 우려하고 있었고, 장기적으로 군사력 균형이 두 나라 사이의 지구적 패권경쟁에서 주요변수가 될 것이라는 인식을 가졌다.[2] 그러나 그것이 중국과의 가시적인 군사충돌을 염두에 둔 것은 아니었고, 누구도 미·중 간에 미·러 관계 정도의 군사력 충돌 가능성을 예상하는 사람은 없었다. 그것은 오히려 정치, 경제적 경쟁이었는데, 그 주된 이유는 적어도 현재로서는 베이징이 미국과의 군사충돌에서 승리할 수 없다는 것을 잘 알았고, 펜타곤 역시 동, 남중국해, 대만 상황을 감안하면서 가능하면 중국군(PLA)과의 직접적인 군사대결을 자제하는 것이 서로에게 더 나을 것이라고 인식했기 때문이다.[3] 트럼

---

1) 2017년 말 중국의 국방비 지출은 세계 2위였고, 인도는 5위였다. 한편 2017년 트럼프의 한미 군사훈련 취소로 그해 양국 안보협력은 축소됐다. Susan V. Lawrence, Michael F. Martin, Andres B. Schwarzenberg, "U.S.-China Relations," CRS In Focus, (Updated August 8, 2019), p. 1.

2) 중국군(PLA)은 낮은 수준 테크놀로지의 지상군 중심 군대로부터 하이테크, 해상, 공중, 지상에서의 합동작전, 힘의 투사, 사이버, 우주작전에 치중하는 네트워크화된 전력으로의 전환을 추진했다. 아덴만을 포함해 세계 각지에 임무그룹을 배치하고 지부티에 최초의 해외 군사기지를 건설하면서, PLA는 점차 지구적 군대로 발돋움했다. PLA의 궁극적 목표는 미국의 기술적 우위를 극복하는 것이고, 그를 위해 공중, 우주, 사이버 공간에 재원을 투입하고, 자동무인 시스템, 진로변경 가능 미사일, 그리고 인공지능에 투자한다. U.S. Department of Defense, Annual Report to Congress: Military and Security Developments Involving the People's Republic of China 2018, (May 16, 2018), p. 14.

3) 중국 해군(PLAN: PLA Navy)은 오랫동안 현대화를 추진해왔고, 그로 인해 서태평양에서 미 해군 작전능력에 주요 도전을 제기하면서 지구적 차원에서 힘의 투사를 겨냥한다. PLAN 현대화는 지휘통제 및 감시정찰(C4ISR) 능력 증진, 대함탄도미사일(ASBMs), 대함순항미사일(ASCMs), 잠수함, 수상함, 전투기, 무인항공기(UAV) 획득, 그리고 정비와 병참, 군사훈련 개선을 포함한다. PLAN은 또 해안경비대 규모를 실질적으로 확대했고, 인근

프 행정부의 중국 정책에 대한 미국 국내외 의견 은 둘로 나뉘었다. 트럼프 지지
자들은 중국 공산당(CCP: Chinese Communist Party)이 통치하는 한 중국의 변화를
바라는 것은 현실적이지 않기 때문에 중국과의 대결이 나쁘지 않다고 말했고, 그
에 반대하는 사람들은 워싱턴은 중국이 중요한 파트너라는 것을 이해하고 두 나
라의 협력이 실패할 때 전 세계에 엄청난 여파를 미치는 것을 감안해 갈등을 완
화시켜야 한다고 주장했다.[1] 전 고위 외교관 커트 캠벨(Kurt Campbell)과 (나중에
바이든 행정부 NSC 보좌관에 임명된) 제이크 설리번(Jake Sullivan)을 포함하는 일부
트럼프 비판자들은 베이징이 제기하는 현실적인 안보, 경제문제는 인정하면서도,
중국이 미국에 대한 '실존적 위협'이 아니라는 이유로 극단적 대결에 반대했다.
그들은 오히려 그런 접근이 미국을 고립시킬 것이며, 미·중 두 나라는 경쟁과 협
력을 통해 공존해야 한다고 주장했다. 그럼에도 3월
미국이 중국으로부터의 철강, 알루미늄 수입에 25%
관세를 부과하고 중국이 그에 맞대응하면서, 2017년
4월 미·중 정상회담 당시 존재했던 양국 정상간 우
호적 분위기는 반목으로 반전됐다. 그런 적대적 분위
기를 상징하듯 5월 미 펜타곤은 베이징의 남중국해
군사화에 대한 불만의 표시로 2년에 한번 실시하는
미국 주도 림팩(RIMPAC) 다국적 해상훈련에 중국을

▲ 림팩 2017, defencereview.asia.com

해양이익을 보호하기 위해 거대한 숫자의 어선(fishing vessels)으로 구성된 해상민병대
(militia)를 운영한다. PLAN은 동아시아에서 다른 어느 나라보다 단연코 더 많은 전투함정
을 보유하는데, 미 해군은 PLAN 전함의 획기적 질 향상과 대규모 수상함 건설 속도로 인
한 미·중 해군전력 격차 축소에 경계심을 표시한다. 전문가들은 PLAN의 능력이 이제 여러
면에서 미 해군을 포함해 서방 해군에 비견할만하고 말한다. 그래도 PLAN은 일부 약점을
내포하는데, 타군과의 합동작전, 대잠함 전투(ASW: antisubmarine warfare), 원거리 전함
해상재공급 능력에서의 취약성, 그리고 최근 전투경험의 결여가 그런 것들이다. PLAN과
의 경쟁에서 미 해군은 여러 조치로 대항한다. 미 해군은 더 많은 함대와 더 나은 능력의
함정, 항공기, 인력을 태평양으로 이동시키고, 동맹, 파트너 국가들과 더 많은 훈련을 실
시한다. 또 함대 분산이라는 새로운 해상작전 개념을 도입해 대규모 함정비율의 축소와
소규모 함정비율 증대를 시도하고, 더 많은 UAV를 사용하며, 궁극적으로 첨단 테크놀로
지 개발을 통한 전반적인 해군전력 증강을 추진한다. Ronald O'Rourke, <u>China Naval
Modernization: Implications for U.S. Navy Capabilities – Background and Issues for
Congress</u>, CRS Report, RL33153, (June 27, 2021), pp. 1–4.

1) Sanja Arezina, "U.S.–China Under the Trump Administration; Changes and
Challenges," China Quarterly of International Strategic Studies, Vol. 5, No. 3, (2019),
pp. 289–315.

초청하지 않았고, 미 의회는 모든 미국 관리의 대만 방문과 대만 관리의 미국 입국을 허용하는 대만 여행법(Taiwan Travel Act)을 통과시켰다. 7~9월 미·중 고관세 상호부과로 양국 경제관계는 더 악화됐고, 9월 미 재무부는 러시아 무기구매를 이유로 PLA 장비 개발부서 관계자들에게 제재를 가했다.[1]

▲ 마이크 펜스, nbcnews.com

10월 마이크 펜스 부통령은 중국의 안보, 경제행위와 정치, 사회질서 모두에 대해 비난했다. 그의 연설은 지금까지의 중국 관련 미국 표현 중 가장 적대적이고 강경한 발언이었다. 그는 남중국해에서 베이징의 군사공세를 맹렬히 비난했다.[2] 베이징의 IPR 절도와 국영기업 지원을 포함하는 다양한 신중상주의 경제행태와 관련해, 펜스는 중국이 '자유, 공정무역이 아닌' 방식의 제조업 기반 구축으로 미국을 희생시킨다고 말하면서, 베이징의 행태를 바로잡기 위해 협력보다는 경쟁, 그리고 관세부과를 통해 올바른 세계무역질서 확립을 추구할 것이라고 강조했다. 일대일로(BRI)는 애매한 대출조건으로 인해 중국에게 혜택이 돌아가는 약탈적(predatory) '부채함정'(debt trap)의 요소를 갖고 있는 프로젝트로 묘사됐고, 2018년 BUILD Act는 그에 대항하기 위해 입법됐다.[3] 펜스는 또 베이징 당국의 신장지역 위구르

---

1) Susan Lawrence, Caitlin Campbell, Rachel F. Fefer, Jane A. Leggett, Thomas Lum, Michael F. Martin, Andres B. Schwarzenberg, U.S.−China Relations, CRS Report, R45898, (August 29, 2019), pp. 2, 16.

2) 중국은 남중국해의 약 90%에 해당하는 구단선 내의 모든 도서가 자국 소유라고 주장하면서, 파라셀, 스트래틀리의 약 200개 도서 중 7개, 그리고 남중국해 동부의 스카보로 섬에 토지를 매립하고 시설을 건설했다. 또 그 도서에 순항미사일, 장거리 미사일을 배치하고, 그 인근에 경제수역(EEZ)을 설정해 다른 나라 선박의 어업을 금지했다. 필리핀, 베트남은 그 도서 영유권을 주장하는데, 필리핀의 '유엔 해양법협약'(UNCLOS: U.N. Convention on the Law of the Sea)하의 중재재판 요청에서 그 법정은 2016년 구단선이 근거가 없고, 스프래틀리의 어떤 섬도 12마일 이상의 권한은 없다고 판시했다. 그러나 중국은 그 판결의 정당성을 거부했다. 한편 미 해군이 베이징의 횡포를 막기 위해 '항해의 자유'(FNOPs; Freedom of Navigation Operations) 작전을 시행하는 것에 대해, 중국 국방장관 웨이펑허는 미국의 남중국해 군사력 투사가 그 지역의 최대 불안정화 요소라고 비난했다. Ibid., pp. 29−31.

3) Chanlett−Avery, Kronstadt, Lawrence, and Manyin, "The Asia Pacific," (December 14, 2018), p. 1; 서방의 비난에 대한 대응에서, 시진핑은 약 6개월 후 2019년 4월 베이징 BRI 포럼에서 그 사업은 국제적 시장경제의 기준과 규칙을 수용해 모든 것을 투명하게 진행하고, 어떤 작은 부패도 용납하지 않을 것이라고 말했다.

탄압과 종교박해가 자유를 짓밟는 행위라고 말하고, 베이징의 미국 선거개입 부당성을 지적했다. 베이징 당국의 미 선거개입은 모스크바의 미국 대선 개입과 마찬가지로 그렇게 미국 내에서 새로운 쟁점으로 등장했다. 실제 중국 스파이들은 오래 전부터 미국 대선 캠페인에 영향을 미치려 시도한 바 있었다.[1] 이미 1990년대 중반 이후 미국 주재 중국 대사관은 베이징에서 파견된 공작원들의 미국 민주당 전국위원회 자금지원의 거점 역할을 했고, 2015년 6월 중국인 해커들은 미국 인사관리 부서(Office of Personnel Management) 컴퓨터 시스템 침투를 통해 2,200만 명 연방직원 인사기록을 절취했다. 2018년 가을 미 상원 청문회는 베이징이 미국 선거에 영향을 미치려 시도하고 있다고 지적했는데, 펜스의 발언은 그런 맥락에서 이루어진 것이었다.[2]

　그 다음달 11월 펜스는 아시아 순방에 나섰다. 그 여행에서 그는 다시 한 번

---

1) 베이징이 해외에 설립한 공자학원(Confucius Institute)은 중국의 소프트 파워 확산 노력의 일환이다. 그것은 프랑스(Alliance Francaise), 독일(Goethe Institute), 영국(British Council), 스페인(Instituto Cervantes)이 문화기관을 전 세계에 설립한 것과 비슷하지만, 공자학원은 서구 문화원들에 비해 상대적으로 자국정부와 더 긴밀하게 연계돼 있다. 공자학원 본부(Chinese Language Council International, Hanban)는 베이징에 있는데, 그들은 146개 국가, 지역에서 525개 공자학원을 운영하고, 그 학생 수는 170만 명에 달한다. 세계 최초의 공자학원은 2004년 한국의 서울에 처음 설립됐고, 미국에는 2005년 이후 메릴랜드 주립대를 포함해 100개 교육기관에 설치됐다. 베이징은 또 추가로 세계 여러 초등, 중등학교에 1천개가 넘는 공자교실(Confucius Classroom)을 운영하는데, 미국 내에는 519개 교실이 있다. 2019년까지 공자학원 본부는 미국 내 학원설립을 위해 1.58억 달러를 지출했고, 평균적으로 미국 내 공자학원에 15만 달러의 초기자금과 10~20만 달러의 활동비용을 제공한다. 미국 내에는 공자학원이 대중인식에 영향을 미치기 위한 은밀한 목적을 띤다는 의견이 존재하는데, 미국 정부는 그 학원이 중국의 공공외교, 문화침투의 수단으로 악용될 것을 우려해 여러 관련 규제법을 제정, 시행한다. 예를 들어 2019년 국방승인법(National Defense Authorization Act of FY 2019) 제109조는 펜타곤 펀드가 공자학원의 중국어 교육, 또는 공자학원을 초치하는 고등교육기관의 중국어 프로그램 지원에 사용되는 것을 금지한다. 미 교육부 역시 미국의 법과 규정을 따르지 않는 공자학원을 초치하는 미국대학과 고등 교육기관에 자금을 지원하지 않는다. 그에 대해 중국은 미국의 인식이 냉전시대 사고방식이며, 중국문화 유입을 봉쇄하기 원한다고 비난한다. Thomas Lum, "Confucius Institutes in the United States: Selected Issues," CRS IN Focus, IF11180, (April 15, 2019), pp. 1－2.

2) Timeline: U.S. Relations With China 1949－2020, www.cfr.org〉timeline〉us－relation...; Ed Roberts, "Threats posed by China focus of Senate Homeland Security hearing－ Homeland Preparedness News," Homeland Preparedness News, (October 25, 2018)

베이징이 행동을 바꿀 때까지 중국과 투쟁할 것이라고 강조했다. 그는 중국의 부당행위를 체계적으로 거론했는데, 그 설명에는 또다시 베이징의 남중국해 전진기지 군사화, 대만 관련 공격적 행동, 외국에 대한 정치간섭, 사이버 경제스파이 행위, 차별적 무역장벽, 그리고 국내의 인권 및 종교탄압이 포함돼 있었다.[1] 베이징 당국에 의한 인권침해는 워싱턴의 입장에서는 오래 전부터 중국에 대한 주요 공격 포인트였다. 오바마 행정부 시기 워싱턴의 중국에 대한 전반적으로 우호적인 처사에도 불구하고, 2014년 미국은 중국을 본토와 신장, 티베트, 홍콩에서 감시, 사찰, 강요를 자행하는 권위주의 국가로 분류했다.[2] 2018년 미국의 중국 인권 관련 비판은 더 확대됐는데, 그것은 특히 신장의 위구르 소수민족 강제 재교육 캠프에 대한 비판에 초점을 맞추었다. 그러나 중국 외교부는 펜스의 주장이 근거 없는 일방적 비난이라고 반박하면서, 그런 무분별한 행동은 미·중 유대를 해칠 것이라고 주장했다.[3] 2개월

▲ 위구르 강제 수용소
re-education camp,eppgroup.eu

1) David Dollar, Ryan Hass, and Jeffrey A. Bader, "Assessing U.S.–China relations 2 years into the Trump presidency," (January 15, 2019), https://www.brookings.edu〉blog

2) U.S. Department of State, "Country Reports on Human Rights Practices for 2013: China"

3) 신장은 중국영토의 1/6을 차지하고, 그곳에는 중국 최대 규모의 석탄과 천연가스, 그리고 중국 내 오일의 1/5이 매장돼 있다. 그곳은 중앙아시아, 남아시아 에너지 개발을 포함해, 중국 BRI를 위한 전략지역이다. 위구르인은 1,050만 명으로 신장 2,400만 인구의 약 45%를 구성한다. 신장에서 위구르 탄압은 시진핑 집권 이후 더 심해졌고, 그것은 2016년 천취안궈(Chen Quanguo)가 신장 당서기로 부임한 이후 최고조로 악화됐다. 신장 당국이 위구르 탄압을 위해 사용하는 정책은 생체정보 확보와 강경 유혈진압으로부터 한족과의 동화, 지역 경제발전을 통한 회유까지 다양한데, 2017~2020년 강제수용소인 '재교육' 센터에 감금된 약 150만 명 위구르인들은 석방조건으로 이슬람 종교, 관습, 정치견해를 포기하고, 공산당으로의 정치적 세뇌를 위해 자아비판 하도록 강요받았다. 그들은 수용기간 대부분 직물, 의류, 신발과 같은 생필품 공장 및 노동집약적 산업에서 강제노역에 처해진다. 강제수용소에서는 폭행과 식량 부족이 일상이지만, 정부 당국은 그곳이 그들에게 중국어와 직업 기술을 가르치고 탈 급진화시키는 훈련센터라고 주장한다. 2019년 7월 중국 정부는 그 캠프로부터 사회로 복귀한 사람들이 만족스러운 삶을 살고 있다고 말했는데, 그에 대항해 폼페이오 국무장관은 그 지역이 최악의 인권위기를 겪는 세기적 오점이라고 비난했다. 미국은 인권탄압을 이유로 신장과의 무역을 제한하고, 일부 중국 관리들에게 비자금지와 경제제재를 부과한다. 그러나 유엔인권위(UNHRC)가 중국의 신장탄압 중지와 현장 조사 허용을 촉구했을 때, 무슬림 국가 다수를 포함하는 37개국이 UNHRC에 베이징의 신장정책을 지지하는 서한을 발송했다. 그 숫자는 50개국으로 증가했는데, 그것은 모두

전 8월 러시아 우랄지역 체바르쿨(Chebarkul)에서 진행된 인도, 파키스탄까지 참여한 러시아와의 SCO 연합 군사훈련은 베이징이 우회적으로 미국에 대한 반감을 표시하는 행동 중 하나였다.[1] 그러나 동시에 베이징은 약간 물러서는 모습을 보였는데, 왜냐하면 중국의 리커창 총리가 11월 남중국해 군사화를 포함하는 제반 문제와 관련해 그 지역 국가들과 2021년까지 역내 행동 규정 관련 협상을 마무리할 것이라고 말했기 때문이다. 12월에는 워싱턴의 요청에 따라 캐나다 정부가 중국 정보통신 회사 화웨이 창설자의 딸이며 그 기업 최고 재정책임자인 밍완저(Meng Wanzhou)를 체포하는 사건이 발생했다. 미국은 밍완저가 이란 관련 유엔안보리 무역제재 규정을 위반하고 재정사기에 가담했다고 주장하면서, 그녀를 미국으로 추방할 것을 요구했다. 보복에 나선 베이징은 밍완저 석방을 요구하면서, 중국 국가안보를 해친 혐의를 적용해 2명의 캐나다인을 구금하고 캐나다 우육 수입을 금지했다.[2] 12월 트럼프와 시

▲ 밍완저, bbc.co.uk

진핑이 아르헨티나 부에노스아이레스 G – 20 정상회담 장외에서 대화하면서 양자 관계의 걸림돌이 해소됐다고 말했지만, 그것은 양국 관계개선에 별 도움이 되지 못했다. 그래도 미·중 두 나라 국방 책임자들은 우발적 군사충돌이 발생하지 않도록 만전을 기했다. 미 국방장관 제임스 매티스와 중국 국방장관 웨이펑허(Wei Fenghe)는 3번의 외교안보 대화(D&SD) 미팅에서 생산적 군사관계를 다짐했다. 그러는 사이 EU와 일본은 FTA를 체결했고, 중국과 인도의 국경분쟁이 약간 격화됐으며, 중국－파키스탄 경제통로(economic corridor) 규모가 620억 달러에 달하면서 중국의 BRI 프로젝트는 계속 세계 다른 지역으로 확대돼 나갔다.[3]

베이징의 정치, 경제적 영향력 증가와 적극적 외교의 결과였다. Lawrence, Campbell, Fefer, Leggett, Lum, Martin, Schwarzenberg, U.S.－China Relations, (August 29, 2019), p. 33; Thomas Lum, Michael A. Weber, "Uyghurs in China," CRS IN Focus, IF10281, (Updated January 4, 2021), pp. 1－2.

1) Zhihao Zhang, "SCO military drill seek trust, stability," China Daily, (Updated June 5, 2018); "About SCO," The Shanghai Cooperation Organization, eng.secdtsco.org; "Opening Ceremony Exercise SCO Peace Mission 2018－PIB," https://pib.gov.in⟩ PrintRelease

2) Timeline: U.S. Relations With China 1949－2020, www.cfr.org⟩ timeline⟩ us－relation...

3) Lawrence, Campbell, Fefer, Leggett, Lum, Martin, Schwarzenberg, U.S.－China Relations, (August 29, 2019), p. 16.

3) 적대적 경쟁의 지속

2019년에도 미·중 관계는 계속 적대적 경쟁의 모습을 띠었다.[1] 3월 폼페이오 국무장관은 인권과 관련해 중국을 1930년대 파시스트 나치 독일에 비유했다.[2] 또 트럼프 행정부는 스파이 행위에 동원될 우려를 인용하면서 동맹국들에게 5G 네트워크 구축에 화웨이 장비 사용금지를 요청했고, 반면 화웨이는 미 연방정부의 화웨이 장비사용 금지와 관련해 미 행정당국을 미국법원에 고소했다.[3] 5월 미 국무부가 또다시 중국의 위구르 '강제 수용소'를 비판하고 신장 당서기 천취안귀(Chen Quanguo)를 포함해 중국 관리들을 제재하는 가운데, 1년 전 입법된 대만여행법에 따라 1979년 이후 처음으로 미-대만 안보보좌관 회동이 이루어졌다. 미-대만 관계 공식화에 예민한 베이징은 크게 분노했고, 그러는 사이 미·중 무역전쟁은 더 가속화됐다.[4] 6월 워싱턴은 2천억 달러 중국 상품에 부과되는 10%

1) Michael D. Swaine, "A Relationship Under Extreme Duress: U.S.-China Relations at a Crossroads," Carnegie Endowment for International Peace, (January 16, 2019)

2) David E. Sanger, "State Department Accuses China of Rights Abuses Not Seen Since the 1930's," The New York Times, (March 13, 2019); 시진핑 정부의 사회통제는 시간이 가면서 더 강화됐다. 2015년 제정된 국가보안법, 대테러법과 2016년 사이버 안보법에 따라 언론, 인터넷, 소수 인종그룹은 더 심한 통제의 대상이 됐다. 수많은 인권 변호사, 언론인, 블로거, 소수민족 옹호자, 반체제 인사들이 체포됐고, 정부차원의 이념적 동질성 강화 시도가 있었다. 2016년에는 중국화(Sinicization) 정책이 진수됐는데, 그것은 미등록 교회 신자, 무슬림, 티베트 불자를 중국식 사회주의에 동질화 시키는 작업이었다. 또 중국은 국내에 정교한 감시시스템을 설치했는데, 그것은 빅 데이터 기술과 수천만 개의 감시카메라, 안면과 목소리 인식장치를 포함했다. 그 장치들은 반체제 인사, 위구르 및 티베트 동향, 그리고 인터넷 사용 추적에 활용됐다. Lawrence, Campbell, Fefer, Leggett, Lum, Martin, Schwarzenberg, U.S.-China Relations, (August 29, 2019), pp. 31, 35.

3) 2019년 3월 미국 정부는 네바다 주 메디컬 센터(Anthem) 8천만 개 의료기록을 절도한 혐의로 두 명의 중국인, 그리고 2020년 2월 PLA를 개인 신용정보업체(Equifax) 해킹에서 1억4천만 개 민간기록을 절도한 혐의로 기소했다. 한편 미국 정부가 국가안보를 우려해 중국 비디오 앱 틱톡(TikTok) 금지를 시도할 때, 그 모기업(ByteDance)은 미국 정부가 정치적 이유로 민간 상업 활동을 방해한다고 미국 법원에 제소했다. Eric Geller, "Chinese nationals charged for Anthem hack, one of the worst data breaches in history," Politico, (May 9, 2019); "Four Members of China's Military Indicted Over Massive Equifax Breach," The Wall Street Journal, (February 11, 2020

4) 미국은 중국의 '기업 사회신용체계'(Corporate SCS: Corporate Social Credit System)에 관해서도 우려한다. 중국은 2014년 이후 전국적으로 SCS를 건설하기 시작했다. 베이징 당국은 그 제도가 시장(market)과 사회 전체를 위해 필요하다고 주장했는데, 그것은 기업과 개인이라는 두 차원의 그룹이 중국이 추구하는 건전한 신용원칙에 맞게 행동하는지를 평가하는 제도였다. 그러나 개인행동을 관찰하는 제도가 별 진전이 없는 반면, '기업 SCS'(Corporate

관세를 25%로 인상했는데, 그 논리는 트럼프 대통령에 따르면 미국이 높은 관세를 부과해야 베이징이 워싱턴이 원하는 협상조건을 수용한다는 것이었다. 그와

SCS)는 상당수준 제도화됐다. 그 제도는 2015년 10월 국가발전개혁위원회(NDRC: National Development and Reform Commission)가 45개 정부부처와 협력해 운영하는 '국가신용정보공유 플랫폼'(NCISP: National Credit Information Sharing Platform)을 중심으로 운영됐는데, 그 체계는 국가 및 지방차원의 모든 '기업 SCS' 데이터를 통합해 관리했다. 데이터베이스 구조화를 위해 중국에 등록돼 있는 모든 기업은 '사회신용 코드'(code)를 부여받았다. 정부는 그 축적된 데이터를 중심으로 배기가스 데이터 조작이나 세금탈루와 같이 규정을 위반한 기업의 블랙리스트를 작성했다. 그들이 계속 문제를 일으킬 경우, 그들은 국가적 블랙리스트 성격을 띠는 '심하게 불신 받는 단체' 리스트에 등록됐다. 반면 1등급 납세자와 같은 우수한 기록의 기업은 '레드리스트'(redlist)에 등록됐다. 그 기록은 온라인 데이터베이스인 '국가 기업신용정보 공개시스템'(NECIPS: National Enterprise Credit Information Publicity System)을 통해 공개됐다. 전반적 평가에 기초해, 정부는 블랙리스트 기업에 빈번한 세무조사, 세관 벌금을 부과하면서 엄격하게 관리했다. 레드리스트 기업에게는 세관비용 면제, 저금리 대출과 같은 혜택이 주어졌다. 시진핑은 잘못하는 기업은 완전 불이익에 처하고, 우량기업에게는 모든 편리성이 제공될 것이라고 강조했다. 2020년 현재 '기업 SCS'는 상당수준 시행되고 있고, 정부 관리체계는 '빅 데이터'와 인공지능 형태의 '차세대 정보테크놀로지'로 진화하고 있다. 그러나 중앙정부만이 기업을 평가하는 것은 아니다. 각 지방정부, 또는 제3의 평가기관이 NCISP, NECIPS 기록에 근거해 자신들의 평가를 기업에 전달한다. 2019년 9월 NDRC가 3,300만개 기업의 첫 번째 'SCS'를 마치고 각 기업에 '공공신용평가' 등급을 부여했지만, 그것이 지방정부와 분야별 제3자 평가에 우선하는 것은 아니다. 여기서 미국이 우려하는 것은 다국적 기업도 그 시스템에 보고해야 하는 것이다. 미국이익이 포함돼 있는 수많은 다국적 기업들은 이미 현재 웹 포털에 영어버전을 올린 '신화신용'(Xinhua Credit) 같은 제3평가기관에 의해 평가받고 있다. 그것은 외국기업을 중국 SCS에 등록하게 하는 최초의 플랫폼이다. 미국이 특별히 우려하는 것은 정치적 목적으로 특정조항과 평가기준이 다국적 회사에 차별적으로 적용될 가능성이다. 예를 들어 중국 항공 담당 관료부서는 다국적 항공사에 대만 관련 서술을 교체하도록 압력을 가하면서, 미시행시 항공사 SCS에 부정적으로 기록될 것이라고 위협했다. '심하게 불신 받는 단체' 리스트는 미국기업에 부정적으로 사용될 수 있는 조항을 포함하는데, 국가적, 공적이익을 위협하거나 소비자 권리와 이익을 침해하는 기업조항에 따라 2019년 중반 FedEx와 Flex Ltd.가 화웨이와 공급 관련 분쟁 후 소비자 권리를 침해하는 것으로 비난받은 것이 그런 경우이다. 또 NCISP는 특정기업이 고용하는 공산당원 숫자 데이터를 추적하고, 그들을 덜 채용하는 기업에 불이익을 준다. 현재 다국적 기업들은 '기업 SCS'하에서 30개의 서로 다른 평가에 귀속돼 있는데, 순응하지 않으면 시장접근에서 불이익을 받게 되어있다. 그들은 또 자세한 데이터와 기타 정보를 공개하도록 강제되는데, 소유권 관련 정보와 기타 민감한 지적재산이 포함될 수 있다. 중국은 '신용협력'을 BRI 요소로 프레임 하고, '기업 SCS'를 해외 BRI 선정 요소로 수출한다. 아시아, 중동 일부 국가들은 NDRC의 신용협력 구상에 참여하는데, 사우디는 기업 SCS를 구축 중이다. BRI가 기업 SCS를 더 많이 수출할수록 중국 정부는 미국 기업의 행동, 또 그들의 중국 기업과의 상호작용을 모니터할 것이다. 미국은 그 영향을 검토 중이다. Michael D. Sutherland, "China's Corporate Social Credit System," CRS IN Focus, IF11342, (Updated January 17, 2020), pp. 1-2.

동시에 미 상무부는 화웨이를 외국단체 블랙리스트에 올리고, 국가안보 명목으로 중국제 IT 장비 사용을 금지했다.[1] 베이징은 워싱턴이 사치스러운 기대는 하지 말아야 하고, 중국이 굴복할 것을 예상하는 것은 어리석은 일이라고 반박했다.[2] 6월 오사카 G-20 장외에서 트럼프-시진핑 대화와 상관없이, 미 펜타곤은 인도-태평양 전략 보고서에서 중국이 미국 국가안보에 제기하는 위협을 다시 한 번 강조했다. 그 보고서는 또 '하나의 중국' 원칙에 대해 거론하지 않은 채, 대만을 싱가포르, 뉴질랜드, 몽골과 함께 미국이 '신뢰할 수 있는' 인도-태평양 지역의 하나의 '국가'(country)로 지칭했다.

　　7월 대만 총통 차이잉원이 카리브해 국가 방문 과정에서 뉴욕 시와 콜로라도 덴버 시를 경유, 방문했다. 그 도시에서 차이잉원은 각각 3일씩을 소요했는데, 뉴욕에서는 컬럼비아 대학에서 비공개로 연설하고 센트럴 파크를 산책했다. 같은 시기, 펜스 부통령은 또 다시 베이징 당국의 기독교, 위구르 무슬림, 티베트 불교 박해를 인권탄압으로 비판했다.[3] 베이징을 자극하는 동시다발적 사건에 대해 주

[1] 트럼프 행정부는 화웨이 부품이 정보유출의 도구가 될 것을 우려해 미국 및 동맹국들에게 그 회사와의 거래 중단을 요구했다. 2019년 5월 미 상무부는 화웨이와 그 68개 외국 연계 회사를 블랙리스트에 올리고, 미국 회사들이 그들에게 기술을 판매할 때 관계당국의 허락을 받도록 강제했다. 또 트럼프 행정부는 이란 관련 제재 위반을 이유로 뉴욕 법원에 화웨이를 기소했다. 2019년 5월 펜스 부통령은 중국 정부가 화웨이가 수집한 정보를 미국과 동맹에 나쁘게 악용하고 있다고 비난했고, 6월 폼페이오는 미국과 동맹국의 기밀이 중국으로 넘어가지 않도록 조심할 것을 당부했다. 2019년 가을까지는 호주가 정보통신 네트워크에서 화웨이를 완전 배제한 유일한 나라였다. Lawrence, Campbell, Fefer, Leggett, Lum, Martin, Schwarzenberg, U.S.-China Relations, (August 29, 2019), p. 24.
[2] Timeline: U.S. Relations With China 1949-2020, www.cfr.org〉timeline〉us-relation...; 원래 미국은 중국의 사이버 절도를 미국 경제 손실의 주요 원천 중 하나로 간주했고, 중국 내에서 사업하는 미국 회사들 역시 중국 행태에 큰 불만을 보였다. 2014년 5월 오바마 행정부 당시 미 법무부는 핵발전소, 금속, 태양광 산업 회사의 기밀을 해킹한 혐의로 5명 중국 PLA 관리들을 제재했고, 2015년 9월 오바마-시진핑은 워싱턴에서 양국 정부가 서로 지적재산권 절도를 지원하지 않을 것을 서약했다. 2018년 2월 미 정보공동체는 의회 증언에서 중국의 해킹이 2015년보다는 줄어들었다고 평가했지만, 2019년에는 또다시 중국의 사이버 절도가 세계 최고수준이라고 말했다. Lawrence, Campbell, Fefer, Leggett, Lum, Martin, Schwarzenberg, U.S.-China Relations, (August 29, 2019), p. 23.
[3] "Remarks by Vice President Pence at the 2nd Annual Religious Freedom Ministerial," The White House, (August 22, 2019); 티베트 수도원 내에서 자의적 구금, 행방불명, 안보주둔이 증가하고 달라이라마를 거부하도록 애국교육, 법 교육이 강화되는 것에 반대해, 미 의회는 새로운 법(RATA; Reciprocal Access to Tibet Act)을 입법했다. 그 법에 따르면 미 국무성은 미국 외교관, 언론인, 여행객의 티베트 접근수준을 매년 의회에 보고하고, 중

▲ 차이잉원, scmp.com

미 중국대사 추이톈카이(Cui Tiankai)는 대만을 분리시키려 불장난을 시도하는 자는 '화상을 입을 것'이라고 경고했고, 중국 외교부는 '모든 필요조치를 취할 것'이라고 말했으며, 중국 국가 부주석 왕치산(Wang Qishan)은 트럼프 행정부의 보호주의와 파퓰리즘으로 인해 지정학적 경쟁의 탁류가 발생했다고 비난했다. 중국 외교부 부장관(Le Yucheng)은 1979년 관계정상화 이후 오늘날 미·중외교가 가장 어려운 상태에 처해 있다고 말하면서, 양측이 타협할 것을 촉구했다. 그는 또 미국은 이라크 전쟁으로 대외위상이 하락하고 국내 재정위기로 사회적 갈등이 고조되고 있다고 말하고, 워싱턴이 어려운 상황극복을 위해 중국을 '희생양'으로 삼지 말아야 한다고 덧붙였다.[1]

8월 미 재무부는 베이징의 렌민비 평가절하에 반발해 중국을 통화조작국으로 지정했다. 그 1년 전 2018년 8월에도 미 재무부는 중국에 대한 통화 조작국 지정을 고려했지만, IMF는 워싱턴의 시도가 근거가 없다고 말한 바 있다. 이번에는 워싱턴은 그 조치가 중국 중앙은행의 급격한 환율인하에 따른 것이라고 말했는데, 그것은 25년 만에 처음 있는 일이었다. 실제 중국은 2003~2014년 통화를 조작하는 것으로 의심받았다. 그 당시 베이징 당국의 통화가치 개입으로 인해 렌민비 가치는 30~40% 약화돼 있었고, 중국은 그로 인해 거대한 무역흑자를 거두었다. 그러나 2014년 중국은 인위적 통화가치 하락, 환율인하 정책을 중단했고, 오늘날의 베이징 당국은 대체로 미국의 재정적자, 양적완화에 비판적 태도를 유지하고 있었다.[2] 그런 입장에서 미 재무부 조치와 관련해, 베이징은 향후 발생할 수 있는 재정시장 혼란의 책임이 미국에 있다는 것을 워싱턴이 인정해야 할 것이

국 내 위반자에게 비자 및 미국 입국을 거부하는 제재를 가하도록 되어있다. 그러나 2019년 3월 중국 정부는 달라이라마의 환생은 중국법에 부합해야 한다고 말하고, 세계의 각국 리더들에게 그를 만나지 말 것을 촉구했다. 조지 H. W. 부시 이후 미국의 모든 대통령들은 달라이라마를 접견했지만, 트럼프는 그를 만나지 않았다. Lawrence, Campbell, Fefer, Leggett, Lum, Martin, Schwarzenberg, U.S.-China Relations, (August 29, 2019), p. 34.

1) Ibid., p. 1.
2) C. Fred Bergsten, "China is No Longer Manipulating its Currency," Peterson Institute for International Economics, (November 18, 2016); Paul Wiseman, Fact Check: Does China manipulate its currency? Associated Press, (December 29, 2016)

라고 주장했다. 11월 미국은 베이징 당국의 6월 홍콩 범죄인 송환법 수정 시도에 반대해 홍콩 시위를 지지하는 법안(Hongkong Human Rights and Democracy Act)에 서명했다. 그것은 미 국무부로 하여금 홍콩 시민의 인권을 침해하는 데 가담한 단체와 개인을 제재하도록 강제하고, 베이징이 홍콩 자치를 얼마나 허용하는지를 매년 평가하도록 규정하는 법안이었다.[1] 워싱턴의 조치에 반발해, 베이징 당국은 미국을 비난하면서 그 법안과 관련된 일부 미국 조직에 보복성 제재를 부과하고, 미국 전함의 홍콩 방문을 유예했다. 미·중 관계 악화를 입증하듯, 2019년 말까지 미·중 군부 교류, 그리고 다국적 훈련, 아덴만 해적순찰을 포함하는 기능적 교류는 30회에서 12회로 약 1/3 수준으로 축소됐다. 양국 간 신뢰구축 협력은 양자 위험축소로 그 초점이 좁아졌다. 2018년 3번이었던 D&SD는 2019년에는 한 번도 열리지 않았다. 그러나 그것이 양측이 군사대결로 향하는 것은 아니었다.[2]

---

1) 홍콩에는 미국인 8만 5천 명을 포함해 750만 주민이 거주하는데, 2019년 6월 중국 본토로 홍콩인들의 추방을 가능케 하는 법적 수정안에 반대해 수십만 명이 반대시위를 벌였다. 그동안 홍콩에는 범죄인 인도조약이 없었는데, 그 법의 시행은 홍콩인들을 중국으로 송환할 것이었다. 캐리람(Carrie Lam) 행정장관은 9월 그 법안을 철회했지만, 그 이전 6~7월 5천 명 홍콩 경찰은 시위진압을 위해 최루탄과 고무총탄을 사용했다. 홍콩 경찰은 2019년 시위에서 1만 명 이상을 체포했고, 홍콩법원에서 2,300명 이상이 범죄혐의를 받았으며, 기소된 200명 중 140명이 유죄 처분을 받았다. 중국 미디어는 홍콩 주재 미 총영사관 관리가 반정부 인사와 회동하는 사진을 게재하면서, 미국이 배후에서 그 사태를 부채질한다고 비난했다. 트럼프는 홍콩인들의 시위를 폭동으로 부르면서 베이징 중앙정부와 홍콩 특별행정구역(HKSAR: Hong Kong Special Administrative Region) 당국이 그 문제를 해결해야 한다고 말했지만, 천안문 사태와 같이 그 움직임이 확산되면 미국의 입장은 곤란해질 것이라고 한발 물러섰다. 미 의회와 UNHRC는 미국이 홍콩경찰에 시위 진압장비를 판매하지 말 것을 촉구했다. 미국은 베이징에 영국이 1997년까지 홍콩 주권을 중국으로 이양하도록 규정한 1984년 국제협정, 공동성명에 포함된 조항의 이행을 촉구했다. 그것은 베이징이 외교, 국방만 제외하고, 홍콩에 독립적 입법, 행정, 사법권을 보장한다는 것이었다. 그 공동성명은 또 중국이 신체, 여행, 집회, 종교자유를 포함해 모든 권리와 자유를 법으로 보장하고, 그와 관련된 기본법을 통과시키며, 그 합의를 50년간 지킬 것을 규정했다. 중국 전인대는 1990년 4월 홍콩 특별행정구역 기본법을 통과시켰다. 홍콩인들은 과거에도 2번 큰 시위를 벌였다. 하나는 2003년 7월 50만 명이 주민소요를 금지하는(anti-sedition) 국가안전법 제정에 반대해 시위한 것으로, 그 소요금지 법안은 철회됐다. 다른 하나는 2014년 9월 홍콩 행정장관 직선제 폐지에 반대하는 '우산혁명'인데, 그 직선제 법안 자체는 통과되지 않았지만 전인대 상무위원회의 기본법 재해석을 통해 베이징 당국은 자기들이 원하는 후보를 선출할 수 있게 됐다. Lawrence, Campbell, Fefer, Leggett, Lum, Martin, Schwarzenberg, U.S.-China Relations, (August 29, 2019), p. 33; Michael F. Martin, "Hong Kong's Protest of 2019," CRS IN Focus, IF11295, (October 18, 2019), pp. 1-2.
2) 2019년 미국의 국방비는 7,160억 달러였고, 중국은 군사 분야에 2,240억 달러를 지출했다.

4) 악화된 경쟁

그런 가운데 2020년 1월 15일 미·중 간에 제1단계(Phase I) 무역협정이 서명되고, 2년에 걸친 양국 무역분쟁에 돌파구가 열렸다. 그 합의에서, 미국은 중국에 대한 통화조작국 지정을 철회하고 일부 중국 수입제품에 대한 제재를 완화했다. 베이징의 상응하는 조치는 2년에 걸쳐 미국 농산물과 자동차를 포함해 추가 2천억 달러 미국 상품을 구매하고 IPR 보호를 증진시킬 것을 약속했다. 그러나 2020년 코로나-19 팬데믹이 급속히 전파되는 상황에서, 워싱턴이 중국을 방문한 외국인의 미국 입국을 금지한 것이 미·중 간에 또 다른 긴장을 야기했다. 미·중 양국은 팬데믹에 대해 서로 양측이 책임이 있다고 주장했는데, 트럼프는 그 현상을 우한(Wuhan) 실험실에서 유출된 중국 바이러스(Chinese virus)라고 불렀고, 베이징 당국은 그 질병의 기원이 미 육군연구소 실험실이라는 억지주장으로 맞섰다.[1] 3월 WHO가 1백 개 이상 국가로 전파된 코비드-19를 팬데믹으로 지정하는 상황에서 4월까지 팬데믹 관련 미·중 책임 논란은 다소 수그러들었지만, 트럼프는 WHO가 중국 주장에 편향됐다고 비난하면서 그 기구에 대한 자금지원을 중단했다.[2]

6월 워싱턴은 베이징에 인권을 존중하고, 홍콩과 신장, 티베트의 소수민족과 종교 소수파 박해를 중단할 것을 촉구했다.[3] 트럼프의 퇴임이 임박한 7~10월 미·중 간에 특히 많은 사건이 발생했다. 6월 베이징이 홍콩 내 반정부 활동을 처벌하는 국가보안법을 통과시킨 후, 트럼프 대통령은 행정명령으로 홍콩의 특혜무역

1) "China spins tale that the US Army started the coronavirus epidemic," The New York Times, (April 2, 2020)
2) Kate O'Keefe, Miachel C. Bender and Chun Han Wong, "Coronavirus Casts Deep Chill Over U.S.-China Relations; Pandemic has brought relations between the two to a modern-day nadir as they try to outmaneuver one another to shape the world order," The Wall Street Journal, (May 6, 2020); 워싱턴은 미국 내에서 활동하는 5개 중국 국영 미디어 언론인 숫자를 160명에서 100명으로 줄일 것을 명령했고, 3월 그에 대항해 베이징은 미국 주요 신문 13명 언론인을 추방하고 추가로 워싱턴포스트, 뉴욕타임스, 월스트리트 저널, 타임지(TIME), 그리고 미국의 소리(VOA: Voice of America) 방송의 중국내 활동 내역 공개를 의무화했다. Timeline: U.S. Relations With China 1949-2020, www.cfr.org〉timeline〉us-relation...
3) "White House, on Tiananmen anniversary urges China to respect human rights," Reuters, (June 4, 2020)

위상종식을 선언했다. 또 홍콩 자유를 억압하는 관리와 기업을 제재하고, 며칠 후 중국의 남중국 해 주장은 분명히 불법이라고 선언했다.[1) 그에 반대해 베이징은 미국 개인과 단체에 보복을 위협하고, 중국에 대한 내정간섭을 결단코 수용하지 않을 것이라고 말했다. FBI 국장(Christopher Wray)은 지난 10년 간 중국의 위협 이 가속화되어 10시간마다 중국 방첩 관련 조사가 진행된다고 말했고, 미 국무부 는 텍사스 주 휴스턴(Houston) 중국 영사관이 스파이 행위와 IPR 절도 중심지 중 의 하나라고 주장하면서 그 시설 폐쇄를 명령했다. 그러나 오바마 행정부에서 활 동한 전 고위 외교관 다니엘 러셀(Daniel Russell)은 휴스턴 중국 영사관 폐쇄를 11월 대선을 앞둔 트럼프의 '정치 쇼'로 폄하하고, 그 행위가 코비드-19 대책에 서의 실패책임을 중국에 돌리기 위한 것이라고 주장했다. 중국은 미 행정부의 조 치를 비난하면서, 중국 서부도시 쳉두(Chengdu)의 미 영사관 폐쇄로 보복했다. 그 시기에 이르러 미 국무장관 폼페이오는 중국과의 건설적 개입이 실패했다고 시인 하면서, 중국 리더들을 폭군에 비유하고 미·중 경쟁이 자유와 억압 사이의 실존적 투쟁이라고 주장했다. 그는 또 베이징의 동, 남중국해 공세, 신장 및 홍콩 인권남 용, 그리고 정부의 국영기업 지원, 인위적 환율저하, IPR 절도를 포함하는 불공정 무역이 중국의 진정한 모습이라고 비난했다.[2) 그러나 미국의 공세를 '사악한 모 함'이라고 말하면서, 베이징은 그것을 중국의 경제 추격을 포함해 지구적 차원의 도전을 중단시키려는 행위로 이해했다.[3) 중국 외교부장 왕이는 미·중이 서로 협

---

1) 2020년 6월 중국 전인대 상무위원회는 테러활동의 조직과 행동, 그리고 분리, 전복, 또 외 부요소와의 담합을 범죄화 하는 국가보안법(NSL: National Security Law)을 통과시켰다. 상무위원회와 홍콩 당국은 2019년 시위에 비추어 NSL이 필요하다고 말했다. NSL은 미국 을 포함해 어느 곳에서나, 또 누구를 막론하고 적용이 가능하고, 그 최고형량은 무기징역 이다. 홍콩 경찰은 NSL 위반으로 여러 민주진영, 반체제 인사를 포함해 수십 명을 체포했 다. 홍콩 당국은 또 현지 미디어의 정치적 내용을 검열하고, 교육부처는 중국에 대한 애국 심을 고양하도록 학교 커리큘럼 개정을 시작했다. Michael F. Martin, "Hong Kong: Key Issues in 2021," CRS IN Focus, IF11711, (December 23, 2020), pp. 1-2.

2) 미국은 중국의 전반적인 경제, 산업정책 자체에 큰 불만을 가졌다. 미국은 중국의 무역 및 투자 장벽, 그리고 BRI 해외주체인 국영기업 경쟁력 강화를 위한 세금감면, 특별 저리 대 출, 그리고 기업합병을 지구적 시장을 왜곡하는 불공정 경제로 간주했다. 워싱턴은 베이징 당국이 주도하는 '중국 제조 2025'가 신중상주의의 대표적 사례라고 주장했다.

3) 2020년 10월 중국 공산당 제19차 중앙위원회는 제5차 전원회의(plenum)를 개최하고, 제 14차 5개년(2021-2025) 경제계획과 2035년까지의 경제발전 목표를 심의했다. 그 5개년 계획에서 이중순환(dual circulation) 개념이 제시됐는데, 그것은 증대하는 지구적 무역긴 장, 중국으로의 테크놀로지 이전에 대한 외국의 제한, 코비드-19로 인한 해외시장의 불 안정에 비추어, 상대적으로 국내공급과 수요 모두를 포함해 국내시장을 고양, 활성화시켜

력할 것을 제안했다. 일부 분석가들은 미·중 관계가 계속 더 높은 수준으로 악화
되는 것에 비추어, 두 나라 모두 비난받아 마땅하다고 주장했다. 그들은 미국 강
경책에 찬반이 존재하지만 서로의 보복(tit-for-tat)에서 주로 공격을 먼저 시도
한 것이 미국이라고 지적하면서, 미 대선이 끝날 까지 특별한 긴장상태가 지속될
것으로 예상했다. 빌 클린턴 당시 국방장관을 지낸 윌리엄 코헨(William Cohen)은
중국을 적으로 돌리는 것은 위험하고, 군사, 경제, 테크놀로지의 지구적 확산이
미국의 과거 형태 강경책 구사를 어렵게 하며, 두 나라가 서로에게 이익이 되도록
'비즈니스'(business)를 해야 한다고 주장했다.[1] 11~12월 임기 말에도, 트럼프 행
정부는 중국에 대한 압력을 멈추지 않았다. 미 국가정보국장(DNI) 존 래트클리프
(John Ratcliffe)는 중국이 미국에 대한 최대 위협이라고 재확인했고, 미 상무부는
PLA 관련 회사의 미국 내 투자를 금지하고 수십 개 중국 회사를 블랙리스트에 올
렸다. 미 국무부는 9천만 명 CCP 당원에 대한 비자규칙을 강화하고, 홍콩 및 신
장 인권남용 혐의로 전인대 의원 14명을 포함해 중국 관리에 대한 제재를 강화했
다. 베이징 당국은 보복을 서약했다.[2] 2020년 중반 트럼프 대통령 퇴임을 몇 달

야 한다는 주장이었다. 그것은 상대적으로 국내시장을 더 강조하는 계획이었지만, 전혀 내
부지향적 계획은 아니었다. 오히려 그것은 외국능력을 국내로 이전, 현지화하고, (핵심자
재, 테크놀로지, 수출 등) 가능한 모든 곳에서 해외시장에 접근해야 한다는 국내순환과 국
제순환을 동시에 강조하는 전략이었다. 그것은 베이징이 종래 시도하던 방식으로, 시장개
방은 제한하고 해외로는 팽창하는 중국의 비상호주의를 더 강화하는 성격을 띠었다. 그
개념은 원래 2008~2009년 지구적 재정위기 당시 후진타오가 수출 주도 모델의 한계를 인
식하고 처음 사용한 바 있다. 그 당시에도 국내시장에 더 시급한 초점이 주어졌지만, 전체
적으로는 지구적 수요와 국내능력의 두 개 힘을 균형 있게 배분해야 한다는 것이었다. 시
진핑은 그 개념을 5개월 전에 거론한 적이 있는데, 그때 그의 설명은 국내순환에 대해 더
초점이 맞춰져 있었다. 그 밖에도, 그 5개년 계획은 농업에서 식량안보를 강조하고, 전략
적 테크놀로지와 (5G, 스마트 도시와 같은) 디지털 인프라 개발을 위해 향후 5년 간 1.4
조 달러를 지출할 의도를 확인했다. 또 테크놀로지 독립, 국내혁신, 그리고 세계시장에 대
한 지속적 접근을 강조했는데, 그것은 해외 테크놀로지를 도입해 국내 것으로 재탄생
(rebrand)시킨다는 의미였다. Karen M. Sutter, Michael D. Sutherland, "China's 14th
Five-Year Plan; A First Look," CRS IN Focus, IF11684, (Updated January 5, 2021),
pp. 1-2.

1) Barbara P. Usher, "Why US-China relations are at their lowest point in decades,"
   (July 24, 2020), www.bbc.com

2) Timeline: U.S. Relations With China 1949-2020, www.cfr.org〉 timeline〉 us-relation...;
   미·중 간 또 다른 문제는 합성마약인 펜타닐(Fentanyl)이 멕시코와 중국으로부터 미국으
   로 유입되는 것이었다. 미국에서 펜타닐은 2018년 3만 1천 명 사망의 책임이 있었는데,
   트럼프 정부의 압력을 수용해 베이징은 2019년 5월 모든 펜타닐 물질을 통제물질 리스트
   에 등록했다. 그러나 2019년 8월 트럼프가 중국의 실적을 비판했을 때, 중국 외교부 대변

앞둔 당시 퓨(Pew) 리서치 여론조사에 따르면, 미국인의 73%가 중국을 혐오하고, 반면 22%는 중국에 대해 아직 우호적인 생각을 가진 것으로 나타났다.[1]

(2) 바이든 행정부의 중국정책

2020년 11월 대선 직후 트럼프 대통령은 선거패배를 인정하지 않았고, 트럼프 행정부는 바이든의 정권인수 팀에게 관련 업무를 충분한 수준에서 인수, 인계하지 않았다. 특히 국방부 일부 관리들은 바이든 팀에 중국, 이란, 북한 관련 정보를 제공하지 않았는데, 펜타곤은 그 사실을 부인했다. 바이든은 그 행태를 무책임한 것으로 비난했다.[2] 한편 12월 말 바이든 당선자는 중국에 대한 그의 인식을 내비쳤다. 그것은 중국의 위협에 대항하기 위해 동일한 정치체제와 비슷한 인식을 가진 나라들이 연합을 구축해야 한다는 것이었는데, 그는 국가안보 및 대외정책 검토 팀의 브리핑 이후 그런 생각을 밝혔다. 그는 다른 민주국가들과 파트너 관계를 강화하는 것이 중국에 대한 협상 지렛대를 두 배 이상 강화시킬 것이라는 생각을 갖고 있었다. 그는 또 미국이 국내적으로 부족한 부분의 능력을 강화시켜야 한다고 말했다.[3]

바이든 행정부 출범을 전후해, 전문가들이 미국의 중국 정책, 미·중 관계 전망에 관해 다양한 견해를 제시했다. 호주 전략연구소(Australian Strategic Policy Institute) 전문가(Charlie Lyons Jones)는 미국이 계속 트럼프 식으로 밀어붙이고 대결해야 한다고 강조하면서, 바이든 행정부가 강력하게 파워를 발휘해야 베이징의 영향권에 귀속되기를 원치 않는 인도-태평양 국가들을 도울 수 있다고 주장했다. 바이든은 2020년 11월 미국이 '모범적 예'(example)의 파워로 세계를 이끌 것이라고 말했다. 미국의 예외주의를 다시 불러오려는 바이든의 노력은 미국과 유럽에서는 환영받을 것이다. 개인적 허세와 동맹에 대한 무관심을 포함하는 트럼

인은 미국 내 펜타닐 문제의 근본원인은 미국인들이 그것을 소비하는 것이라고 반박했다.
1) "Americans Fault China for Its Role in the Spread of COVID-19," Pew Research Center, (July 30, 2020)
2) Biden: Trump Aides Setting 'Roadblocks' for Transition Team, (December 28, 2020), www.voanews.com〉 biden-tru...
3) US-China ties: Joe Biden says coalition needed to confront Beijing, Business Standard, (December 29, 2020), www.business-standard.com〉 u...

프의 어리석은 행동이 미국의 이미지를 망쳤다고 생각하는 사람들에게 바이든의 도덕적 리더십 회복에 대한 강조는 심리적 평안을 가져다주었을 것이다. 그러나 그것이 중국으로부터 위협받고 그에 대항하는 인도－태평양 지역 국가들을 돕지는 못할 것이다. 그들은 주권을 고수하기 원하고, 중국의 영향권에 속하지 않기 위해 미국의 더 적극적인 개입을 원한다. 바이든은 트럼프 방식을 참고할 필요가 있는데, 왜냐하면 오바마의 경고가 허공의 메아리로 끝난 것과 달리, 그는 말한 대로 행동했기 때문이다. 아사드 정부가 자국 국민에게 화학무기를 사용했을 때, WMD 금지와 인권을 강조하는 워싱턴의 반응이 시리아 군사기지 폭격으로 연결된 것이 그것이다. 그 당시 미 행정부가 러시아와의 충돌 가능성을 줄이기 위해 사전에 통보한 것 역시 기민한 조치였다. 바이든은 아직 하드파워를 행사한 적은 없지만 과거에 시진핑을 불한당(thug)이라고 불렀고, 그의 수사는 적절히 강인했으며, 그의 측근 참모들은 신행정부가 베이징의 신중상주의 경제에 반대해 세계 절반의 동맹을 동원할 것이라고 말했다. 바이든 캠프 내 인사들은 두 부류인데, 일부는 과거 오바마식으로 유연성과 합리성을 존중하는 사람들이고, 다른 일부는 동맹과의 협력을 동원하고 미국 이익을 보호해 경쟁에서 승리해야 한다고 믿는 사람들이다. 국무장관 지명자 블링컨은 그 두 부류의 중간에 위치한 인물로, 그는 경쟁과 협력의 공존, 올바른 균형을 추구한다. NSC 보좌관 설리번은 국가 내부역량 강화를 중시하는데, 그는 대외정책 결정이 국내 우선순위와 더 잘 연계되게 할 것이다. 그러나 현재까지 나타나는 바이든의 성향은 오바마와 비슷하게 위험에 반대하고 국내적 치유를 중시하는 것으로 보인다. 차후에 그가 더 강인한 대통령임을 입증할지는 모르지만, 인도－태평양 국가들에게 오바마 형태의 지나친 조심은 나쁜 결과를 가져올 것이다. 워싱턴은 미국의 모범만으로 이끌 수는 없고, 파워를 행사해야 한다.[1]

반면 클레어몽 대학(Claremont McKenna College)의 중국 전문가 민싱 페이(Minxin Pei) 미·중 두 나라가 트럼프 시기와 같은 서로에 대한 공세가 아닌, 제한된 수준의 경쟁과 협력을 통해 공존해야 한다고 주장했다. 현재 미국 정치권, 일반대중 모두 반중국 정서가 강한 상태에 있다. 미국 내 정서를 감안할 때, 바이

---

1) Charlie Lyons Jones, "A Biden return to Obama's cautious China policies would be a big mistake," (November 24, 2020), www.aspistrategist.org.au〉 stabilising...

든이 일방적으로 반중국 정책에서 탈피하기는 어려울 것이다. 큰 틀에서 중국은 미국의 최대 지정학적 적으로 남아있을 것이고, 대중국 봉쇄가 거시적 원칙으로 간주될 것이다. 그럼에도 바이든 행정부의 중국정책은 트럼프의 제로섬, '미국 우선'의 형태를 띠지 말아야 한다. 미·중 경쟁은 앞으로도 오랜 기간에 걸쳐 진행되는 지루하고 힘든 과정으로, 바이든은 이미 장기적 경쟁에서 요구되는 기초인 첨단 테크놀로지 및 경제력 우위를 유지하기 위해 국내에서 역량강화를 추진할 것이라고 말한 바 있다. 또 트럼프 시기의 국내적 분열을 넘어 하나의 국민으로서의 단합 노력을 경주할 것이다. 그러나 동시에 그는 대외적으로 기후변화, 팬데믹, 비확산을 위해 중국과 협력을 추구하지 않을 수 없는데, 왜냐하면 미국 홀로 모든 지구적 중대사를 처리할 수는 없기 때문이다. 미국은 사실 중국뿐 아니라 러시아와의 협력도 필요로 한다. 유지 가능한 장기 전략의 필요에 비추어, 바이든은 미·중 신냉전을 중단하고, 특히 팬데믹 극복을 위해 양국 무역전쟁을 완화시켜야 한다. 중국은 워싱턴의 덜 적대적인 접근법을 선호할 것인데, 왜냐하면 미국이 많은 문제에 직면해 있듯이, 베이징 역시 '미·중 갈등에 지쳐' 있기 때문이다. 지난 수년 간 미국의 무차별적 공격에 시달린 시진핑의 현재 현안은 미국과의 추가적 긴장을 피하는 것이다. 서로 막다른 골목에서 탈피하기 위해 바이든과 시진핑 두 리더는 일정한 '정치자본을 투자'해야 한다. 미·중 두 나라는 휴스턴과 청두의 영사관을 재개설할 수 있을 것이다. 베이징은 추방한 미국 언론인들의 재입국, 장기 체류 비자 발급, 그리고 그들의 중국 내 활동자유의 보장을 통해 미국의 적대감을 추가적으로 완화시킬 수 있을 것이다. 양국이 '눈에는 눈, 이에는 이' 형태의 보복전을 중단하면, 그들은 협력의 여지를 발견할 것이다. 2015년 '파리 기후협약' 복귀를 통한 기후변화에서의 협력이 좋은 예다. 대만은 해결하기 어려운 문제이지만, 베이징이 '하나의 중국' 원칙 재확인 압력을 가할 때 워싱턴은 중국의 대만에 대한 공세중단과 대화를 통한 평화적 해결을 요구할 수 있을 것이다. 무역전쟁에서도 중국이 경제구조 개혁을 약속하는 가운데, 미국은 중국의 2천억 달러 미국 상품 추가구매의 시간표를 연장시켜 줄 수 있을 것이다. "그 작은 절차들이 지구적 패권을 위한 미·중 경쟁의 원천적 갈등을 해소시키지는 못하지만, 적어도 그 협력적 행동은 세계에 냉철한 두 정치리더가 두 나라에 위치하고 있음을 입증할 것이다." 그래도 워싱턴은 베이징이 상대적으로 덜 조급하게 느끼고 있다는 사실을 간과하지 말아야 하는데, 그 이유는 그들이 옳던 그르던 향후 10년 간 중국의 경제 발전 속도가 더 빠를 것이고, 또 힘의 균형이 자기들에게 유리하게 변할 것

이라고 믿고 있기 때문이다.[1]

　　버크넬 대학(Bucknell University) 정치학자(Zhiqun Zhu)의 또 다른 견해는 비록 바이든 행정부가 덜 경쟁적인 접근법을 선택해도, 결과적으로 미국과 중국은 충돌할 것이라고 전망했다. 많은 사람들이 지나친 대결을 넘어서는 미·중 관계의 새 출발을 원한다. 두 초강대국의 충돌이 누구에게나 위험하기 때문이다. 그러나 신 행정부가 지난 수년간의 추세를 멀리하고, 중국과 새로운 관계를 설정할 수 있을 것이라고 기대하는 것은 희망적 사고이기 쉽다. 그 이유는 이미 미·중 관계가 안보에서 무역, 하이테크까지 모든 면에서 너무 많이 훼손됐기 때문이다. 또 백악관의 어느 대통령이든 중국의 도전과 위협을 막아내야 하는 상황에서, 미·중 양국의 상이한 국내 정치체계가 타협을 어렵게 만든다. 자유와 인권을 중시하는 바이든 행정부는 신장, 티베트, 홍콩에 관한 비판을 자제하기 어렵고, 그것을 내정간섭으로 간주하는 베이징 역시 물러서지 않을 것이기 때문이다. 미국 내 국민 정서는 대중의 73%가 반 중국 감정을 표시하는데, 미국 내 파퓰리즘과 중국의 고집은 두 나라를 충돌로 밀어내는 주요 요인이 됐다. 미국 내 많은 사람들은 과거의 오랜 개입정책이 중국의 위협 증대를 용인한 것으로 비난하고, 또 일각에서는 바이든의 다자주의 복귀와 미 동맹 및 파트너들과의 협력이 베이징의 도전을 막아낼 수 있다는 자신감을 드러낸다. 그러나 RCEP에서 나타나듯 일부 우호국들이 미국에서 멀어져 가면서, 워싱턴의 입장은 더 어려워질 수 있다. 또 국제질서의 재구조화가 미국으로 하여금 패권국 지위 상실을 우려하게 만드는 반면, 중국의 하루가 다르게 성장하는 파워는 베이징으로 하여금 저자세를 용인하지 않게 만든다. 바이든 행정부 출범은 정신적 안정을 줄 수 있지만, 앞으로의 진로는 순탄하지 않을 것이다.[2]

　　한편 이스라엘의 전직 외교장관(Shiomo Ben-Ami)은 트럼프 대외정책의 양상과 근원을 설명하고, 미국의 중국과의 경쟁이 불가피하다고 말하면서 그에 필요한 조치를 권고했다. 트럼프는 엄청난 변덕, 권위주의 태도로 지구질서를 완전히 바꾸는 파괴적 대외정책을 운영했다. '제2차 세계대전 이후 최고의 분열적 대

---

1)　Minxin Pei, "Stabilizing US-China relations after Trump," (November 26, 2020), www.aspistrategist.org.au〉 stabilising...

2)　Zhiqun Zhu, "Rocky road ahead for Biden on US-China relations," (November 26, 2020), www.eastasiaforum.org

통령'으로서, 그는 전임자들이 구축한 국제기구와 다자제도를 완전히 파괴했다. 그것은 '미국 건국 초기의 고립주의'와 비슷한 형태를 띠었다. 그렇지만 워싱턴은 이미 트럼프 이전에 세계로부터 부분적으로 철수했는데, 그것은 2008년 재정위기로 인한 미국의 신뢰성 상실, 끝나지 않는 중동전쟁, 그리고 신자유주의로 인한 경제 불평등과 중산층 붕괴에서 유래하는 국내외적 도전을 감안한 결과였다. 그 상황은 미국을 포함해 전 세계적으로 민족주의 성향을 부채질했고, 그것이 트럼프의 승리로 이어진 것이다. 그런 정서는 2016년 6월 브렉시트, 2018년 프랑스의 노란조끼(yellow vest) 시위, 그리고 코비드-19 위기에도 반영됐다. 바이든은 트럼프가 저지른 국내 상처를 치유하고 미국 내 많은 약점을 시정해야 하지만, 그 회복은 느리고 많은 고통이 따를 것이다. 그러나 지구적 리더십 회복을 위한 개혁의 필요에도 불구하고, 바이든은 지난 10년 간 형성된 다극세계에서 클린턴 시대 시작된 자유주의 패권을 또 다시 추구하지는 못할 것이다. 이미 세계는 '국제규정보다 주권이 우선하는 베스트팔렌'(Westphalia) 형태의 질서로 회귀하고 있는데, 팬데믹의 지구적 위기 상황에서 국가 간 협력보다는 국경폐쇄, 공급품 및 백신 경쟁, 그리고 민주국가 내 시민자유 억압과 감시의 확대가 그런 현실을 말해준다. 중국은 말로는 국제협력을 외치지만, 그 나라에게 다자주의는 '근본적으로 외래적 개념'이다. 중국은 자유주의 세계질서의 부활에 반대하고, 러시아, 인도, 터키, 브라질, 헝가리 같은 크고 작은 비자유주의 국가들과 동일한 공간에서 사고하고 움직인다. 중국과의 경쟁에서 바이든 행정부는 일본, 한국을 포함하는 아태 동맹, 파트너 국가들과 함께 일해야 하지만, '화평굴기를 포기'한 중국과의 폭력적 갈등을 방지하기 위해서는 견제와 협력을 배합해 균형적으로 행동해야 한다. 큰 틀에서 지구적 권위주의에 맞서기 위해, 미국은 다자제도를 옹호하고 자유민주주의 블록을 활성화해야 하지만, 비확산, 기후변화, 세계보건, 위생을 위해서는 적대 경쟁국들과의 협력이 필요하다. 러시아 수정주의와 싸우기 위해서는 나토와 함께 일해야 하는데, 마크롱의 유럽 독자성 주장이 시사하듯 지배보다는 리더로서 이끄는 자세가 필요하다. EU와 함께 일하기 위해, 미국은 그 해체를 막아야 한다. 또 더 구체적으로, 트럼프-에르도안 형태의 음모를 중단하고, 이란과의 적대관계를 시정해 핵합의를 이루어야 한다.[1]

그러면 바이든 대통령의 중국에 대한 실제 견해는 무엇일까? 초기 발언에서

---

1) Shiomo Ben-Ami, "Joe Biden's world order," (November 18, 2020), www.aspistrategist.org.au〉stabilising...

바이든은 중국이 미국의 안보, 번영, 민주적 가치를 위협하는 가장 심각한 경쟁자이고, 그에 대비해 워싱턴은 동맹국, 파트너 국가들과 함께 장기적 경쟁을 준비해야 한다고 말했다.[1] 그것은 오늘날의 국제정치 현실을 감안한 당연한 발언, 견해였다. 신 행정부 안보팀의 최고 관리들 역시 비슷한 생각을 가졌다. 국무장관 지명자 시절 블링컨은 중국을 국제기구와 동맹국 내 미국 영향력을 위협하고, 동, 남중국해에서 억지주장을 내세우며, 지구적 무역규정을 위반하고 미국의 기술적 우위를 잠식하는 나라로 묘사했다.[2] 그런 인식은 유엔, WTO, RCEP에서의 중국 행동, 대만 및 센카쿠 열도에 대한 위협, 일대일로, 그리고 베이징의 테크놀로지 강제이전 요구를 포함하는 제반 행태에 대한 경계심에서 유래했다. 로이드 오스틴(Lloyd Austin) 미 국방장관은 중국은 이미 지역 패권국이고, 앞으로 지구적 차원에서 탁월한 국가가 되기 원하는 맥락에서 미국에 대한 최대 위협이라고 말했다. 그것 역시 지역적 현실과 국제적 미래전망에 관한 우려를 담은 평가였다. 중국에 대한 위협 인식과 평가에서 바이든 안보 수뇌부는 그렇게 트럼프 행정부와 사실상 동일한 견해를 공유했다.

그러나 대외정책 방법론에서 바이든 팀은 트럼프 행정부와는 완전히 다르게 미국의 전형적 대외정책으로의 복귀, 리더십 복원을 선언했다. 중국을 포함해 많은 경쟁국을 무조건 밀어붙이기보다는, 미국 리더십 회복을 위해 유엔에서의 다자외교가 필수불가결하다. 그래도 중국의 도전을 억지하는 데 필요한 탁월한 군사력은 계속 요구된다. 개인의 자유, 인권, 평등, 그리고 시장경제를 옹호하는 자유민주주의에 대한 강조는 동일한 가치를 가진 국가들과의 협력을 가능하게 할 것이다. 국내에서는 대외적 파워와 국내적 번영의 기반인 테크놀로지 혁신, 인프라, 근로자 교육에 투자할 것이다. NSC 보좌관 설리번(Jake Sullivan)은 반 중국

---

1) 바이든은 중국 정부가 미국인들로부터 1백만 개의 제조업 직업과 지적재산권을 훔치고, 국제무역 규정 준수에 조금도 관심이 없는 완전히 무책임한 권위주의 국가라고 비난했다. "President—Elect Biden on Foreign Policy," Council on Foreign Relations, (November 7, 2020); 바이든은 시진핑 국가주석에 대해서는 그가 민주적 성향이라고는 조금도 없는 사람이라고 평가했다. Steven Lee Myers, Javier C. Hernandez, "In Biden, China Sees an 'Old Friend' and Possible Foe," The New York Times, (September 22, 2020)

2) 블링컨은 중국이 세계지배를 추구하는 기술력을 앞세운 전제국가(Techno—Autocracy)라고 말하고, 베이징의 대만 침공은 커다란 실수가 될 것이라고 강조했다. Jacob Fromer, "Top US diplomat nominee says Trump's China approach was right, tactics wrong," South China Morning Post, (January 20, 2021)

연대를 구성하는 데 있어서의 어려움을 말했다. 그는 미-유럽 간에 중국에 대한 인식이 반드시 일치하는 것은 아니라는 점을 강조했다. 그것은 미-유럽 간에 러시아에 관한 인식이 다른 것과 마찬가지 성격을 띠었다. 실제 미국의 아시아 국가들과의 협력은 더 많은 걸림돌이 있었는데, 그것은 그들의 중국과의 지리적 인접성, 경제교류, 미래에 관한 지정학적 인식에서 비롯되는 것이었다. 아시아에서 미국의 최고 맹방은 일본이지만, 이미 여러 동남아 국가를 포함해 많은 나라들이 중국으로 기울고 있었고, 인도는 미국의 쿼드 연합세력 구축 시도에도 불구하고 러시아, 중국과 나쁘지 않은 관계를 유지했다.[1]

반면, 바이든 행정부 출범에 맞춰 중국은 워싱턴이 트럼프 방식의 대결 일변도 외교에서 벗어나기를 희망했다. 트럼프의 정책은 어느 누구에게도 도움이 되지 않았다. 그것은 미국을 대외적으로 고립시켰고, 국내에서 파워 기반을 증대시킨 것도 아니었다. 유엔에서 트럼프가 연설할 때 외국 대표단이 비웃었던 것을 넘어, 트럼프 시대의 미국은 영국을 제외한 유럽의 가장 가까운 동맹들로부터도 외면당했다. 베이징이 그런 사실을 모를 리 없었다. 중국은 미국과 대화와 협력, 그리고 중국 내정에 대한 간섭 자제를 원했다. 베이징은 최고 기득권 패권국인 미국과의 무한적 경쟁이 중국에 이로울 것이 없고, 또 시간이 가면서 세계정세가 중국에게 유리해 질 것이라는 것을 잘 알고 있었다. 동시에 부상하는 세계 제2위 파워로서, 또 미국이 상대하기 어려운 막강한 러시아의 지원을 받는 상태에서, 베이징은 중국이 자국의 핵심이익을 지킬 능력과 권리가 있다고 믿었다. 그중 일부는 미국이 수용하기 힘든 것이지만, 그들은 그것을 레드라인으로 부르면서 신장, 티베트, 홍콩, 대만 문제, 그리고 중국의 정치발전에 대한 미국의 간섭배제를 요구했다.

그러면 실제 바이든 행정부, 특히 대통령의 중국 정책은 어떤 양상을 띠었나? 바이든 안보 팀은 중국의 본질과 그로부터 유래하는 위협에 대한 대비를 강조했지만, 그것은 트럼프식의 대결 일변도와는 거리가 멀었다. 바이든의 구상은 중국의 도전을 막아내면서도 필요한 분야에서 중국과의 협력을 배제하지 않는 것이었다. 그것은 2021년 2월 10일 시진핑과의 2시간 전화통화에서 잘 나타났다. 그

---

1) Susan Lawrence, Karen M. Sutter, "China Primer; U.S.-China Relations," CRS IN Focus, IF10119, (Updated March 3, 2021), p. 1.

대화에서 바이든은 베이징의 대만 인근의 공격적 행동, 불공정 무역 및 기타 신중상주의 경제관행, 홍콩 일망타진, 그리고 소수인종 및 종교탄압에 연계된 중국 내 인권에 관한 미국의 우려를 확실하게 전달했다. 동시에 그는 팬데믹, 기후변화, WMD 비확산에서의 공동대처와 협력도 강조했다.[1] 그에 대해 시진핑 역시 미국에 대한 베이징의 우려와 입장을 동시에 전달했다. 그는 공통사안에서의 협력 필요성을 인정하면서, 다른 한편 대만, 신장, 홍콩, 국내문제는 워싱턴이 존중해야 하는 중국의 내정이라는 점을 부각시켰다. 두 사람의 대화는 서로 긍정적 측면에서의 상호주의였고, 그것은 트럼프 행정부의 중국에 대한 부정적 인식과 정책의 일부 기조는 유지하면서도 실제 외교에서는 전혀 다른 접근법을 드러내는 계기였다.

1) 양자 및 다자 주요이슈 관련 미국의 정책

미·중 관계의 몇몇 현안에 대해 바이든 팀은 확실한 입장을 밝혔다. 안보관심사에서, 바이든은 스가 요시히데 일본 총리와의 전화통화에서 동중국해 센카쿠 열도에 대한 베이징의 공세에 대해 미·일 상호방위조약 제5조에 따라 워싱턴이 군사 개입할 것을 확실하게 전달했고, 남중국해 중국의 횡포에 대해 블링컨은 동맹국인 필리핀 및 동남아 파트너 국가들과 함께 강력 대항할 것이라고 말했다. 대만의 독립 유지에 대해서는, 워싱턴은 그 안보를 위해 최선을 다할 것을 재확인하면서 베이징이 압력보다는 타이베이 대표들과 대화할 것을 촉구했다. 대외경제에서도 미국은 역대 행정부들이 강조한 중국의 불공정 무역 및 반시장 경제관행에 대한 강력한 대처의지를 표명했다. 중국의 BRI를 통한 경제, 정치적 영향력 확대, 그리고 장기적인 군사전략적 시도에 대해, 미국은 2018년 입법된 BUILD로 대항할 것을 분명히 했다. 미국은 경제 내 정부의 주도적 역할, 테크놀로지 강제이전 요구, IPR 절도, 외국기업 차별, 그리고 미국 자산의 전략적 획득을 포함하는 중국의 신중상주의 경제행태에 반대하는데, 워싱턴은 공급체인에서 중국에 대한 의존을 줄이고, 미국의 첨단 테크놀로지 유출을 경계하며, 트럼프 행정부가 시행한 PLA와 연계된 회사의 미국 내 투자금지와 미국 전력망 내 중국 및 러시아 부품

---

1) Melissa Quinn, "Biden speaks with China's Xi, raising economic practices and human right abuses," CBS News, (February 11, 2021)

사용금지 필요성을 재검토한다는 방침을 밝혔다.[1] 중국 국내문제와 관련해서, 바이든 팀은 베이징의 인권, 민주적 권리 침해에 반대할 것이라고 말했다. 신장 위구르 및 티베트 주민 억압과 '대학살'에 대해 미국은 제재로 맞서고, 그 지역에서 생산된 강제노동에 의한 상품 수입을 거부할 것이다. 워싱턴은 베이징의 2020년 6월 홍콩 국가보안법 제정에 따른 인권탄압에 반대하고, 그런 입장에서 블링컨은 개인의 정치참여는 범죄가 아니라고 말하면서 2021년 2월 홍콩 당국의 국보법에 따른 민주인사 구금으로부터의 석방을 촉구했다. 중국에서 생산되어 미국으로 유입되는 합성마약(opioid) 펜타닐(Fentanyl)의 유입을 차단하기 위해 워싱턴은 계속 베이징에 압력을 가할 것이다. 전 세계적 문제로서 백신 공급 이후에도 수많은 바이러스 변형으로 확산이 중단되지 않는 코비드-19 팬데믹 해결을 위해서는, 미국은 트럼프 행정부의 결정과는 달리 WHO에 재가입해 그 기구가 세계 최고의 수준을 유지하도록 도울 것이라고 말했다. 동시에 워싱턴은 베이징 당국의 개입 없이 중국에서 처음 발병한 그 질병의 기원에 대해 공정하게 조사할 것을 촉구했다. 기후변화 문제에서 신행정부 존 케리(John Kerry) 특사는 그 핵심은 중국의 석탄 사용 축소이지만, 그 이슈는 별개로 다루기 힘들고 다른 미·중 현안과 연계되어 논의될 것이라고 말했다.[2]

2) 미·중 군사관계의 현주소

신행정부는 국가 간 관계에서 핵심적인 중국과의 군사관계에 대해서는 어떤 생각을 밝혔을까? 원래 세계 최강 미국 군대는 투명성을 추구하면서 중국 군부와 더 잦은 교류를 원했지만, PLA는 이미 오바마 행정부 당시부터 펜타곤과의 직접적 접촉을 꺼려왔다. 그 가장 중요한 이유는 PLA의 취약한 전력과 약점이 노출되는 것에 대한 중국 군부의 두려움 때문이었다. 또 PLA는 펜타곤과의 군비통제에 부정적이었는데, 가장 대표적으로 핵전력뿐 아니라 통상전력에서 큰 차이가 나는 중국군이 그 조치로 인해 군사현대화를 제대로 이루지 못할 것을 우려했기 때문이다. 트럼프 행정부에서 미·중 경쟁이 가속화되면서 양측의 군부 교류는 점점 더 제한됐고, 두 나라 군사관계는 협력보다는 소극적 차원에서 우발적 충돌 방지를 포함

---

1) 트럼프 행정부는 화웨이, 중국 모바일(China Mobile), 중국 텔레콤(China Telecom)을 미국 시장에서 금지했다.

2) Lawrence, Sutter, "China Primer," (Updated March 3, 2021), p. 2.

해 위험 감소에 더 큰 우선순위를 두었다. 트럼프 행정부 말 바이든 행정부 교체 시기, 미·중 군사관계는 정체상태에 있었다. 우선, 미·중 군부 소통의 주요 채널인 해상 및 공중 안전 관련 대화(Military Maritime Consultative Agreement Talks)는 2020년 12월 유예됐는데, 그때 양측은 서로 상대방에 책임이 있는 것으로 비난했다.[1) 둘째, 양측 신뢰구축은 2014년 체결된 2개의 양해각서(MOU: Memorandum of Understanding)를 중심으로 작동하도록 되어 있었지만, 그 약속은 제대로 지켜지지 않았다. 그 첫 번째 각서는 군사활동 사전통보 및 상호참관과 관련된 것이었는데, PLA는 의사소통을 위한 메커니즘인 국방전화(Defense Telephone Link) 사용을 꺼려 했다. 두 번째 양해각서는 공중 및 해상충돌 관련 행동원칙에 관한 것이었다. 그러나 그 위기방지를 위한 합의에도 불구하고, 2020년 3~5월 양측 해, 공군은 남중국해 작전에서 9차례 충돌의 위험을 경험해야 했다. 셋째, 미·중 군사관계의 또 다른 중요 요소인 양자 군사훈련은 비전투 인도주의지원 및 재난구조(HA/DR) 훈련으로 범위가 축소됐다. 미·중 두 나라 군대는 과거 호주, 몽골, 태국에서 개최된 아태 다자 군사훈련에 참여했지만, 2017년 이후 양측 해군은 상호 항구방문을 거부했다. 미국은 2014년과 2016년 PLA가 다자 훈련에 참여했음에도 불구하고, 2018년 중국군을 림팩 훈련에 초청하지 않았다. 한걸음 더 나아가 2018년 미 의회는 PLA가 특정조건을 만족시킬 때까지 림팩 훈련 참여를 막는 법안을 통과시켰고, 그로 인해 양측 군부교류는 더 제한됐다. 그래도 미군과 PLA는 특수한 공통위협에 대한 공동대처에서 군사협력을 시행했는데, 2008년 이후 아덴만 해적 순찰을 위한 양국 군사조율, 정보공유가 그런 경우였다.[2) 그러면 미·중 양국 군

---

1) 또 다른 의사소통 채널은 2006년 설립된 국방정책 조율대화(Defense Policy Coordination Talks)이다.

2) 아덴만 대해적 순찰은 중국이 아프리카 지역에 처음으로 군사기지를 설립하고, 지부티와의 관계를 강화하는 중요한 계기를 제공했다. 또 중국-지부티 관계 강화는 베이징의 아프리카 영향력 확대의 한 단면을 보여주었다. 중국 해군의 아덴만 주둔은 2008년 소말리아 해안 대해적 작전이 계기가 되어 시작됐고, 그 과정에서 바브-엘-만데브 해협에 위치한 지부티가 핵심거점으로 떠올랐다. 지난 10년 이상 지부티는 미국, 프랑스, 이탈리아, 일본을 포함하는 여러 외국군 현지주둔의 허브였는데, 2017년 8월에는 중국군 군사기지가 완성됐다. PLA의 아프리카 인근 활동은 순차적으로 확대됐다. 2011년에는 아랍의 봄에서 촉발된 리비아 내란으로부터 자국 시민을 해군함정으로 대피시키고, 2014년 지부티와 국방합의에 서명했으며, 2016년에는 또다시 예멘 내란으로부터 중국인들을 소개(evacuate)했다. 그러는 사이 베이징 당국은 2015년 아프리카 연합(AU)에 평화유지임무 지원을 위해 향후 5년 간 1억 달러 지원을 서약하고, 2016년 지부티로부터 연 2천만 달러 가격으로 10년간 조차하는 조건으로 그곳에 1만 명 수용이 가능한 해군기지 건설을 시작했으며,

대의 미래 협력 전망은 어떠한가? 트럼프 행정부가 미·러 뉴 스타트 핵협상에 중국을 포함시키려 시도했을 때, 중국은 전 세계 핵전력의 90%를 차지하는 두 나라가 먼저 군축을 해야 한다고 주장하면서 그 참여를 거부했다. 그러나 오늘날 양국 군부는 우주, 사이버, 인공지능 관련 교류를 옹호하고, 펜타곤은 대화기제 교체를 포함하는 다양한 방식으로 PLA와의 대화를 추진할 것이라는 의사를 밝혔다.[1]

2017년 지부티와 전략파트너십을 체결했다. 2018년 베이징은 중국－아프리카 협력포럼(FOCAC: Forum on China－African Cooperation)에서 평화, 안보 재원 제공 및 평화유지, 대해적, 대테러 프로그램 지원을 약속했고, PLA는 대륙 내 안보관계 확대를 위해 중국－아프리카 국방, 안보포럼(China－Africa Defense and Security Forum)을 초청했다. 그렇게 PLA는 아프리카에서 해상교통로 보호, 소개, 구조작전, 평화유지, 인도주의 지원에서 활약하고, 주로 아프리카를 중심으로 유엔안보리 상임이사국 최대 규모의 평화유지 병력을 배치했다. 베이징은 지부티와 경제관계도 심화시켰다. 유리한 지리적 위치를 감안해 지부티가 그 일대의 주요 국제항구, 무역 중심지가 되기를 원하면서, 중국은 BRI의 일부로 그 나라의 인프라에 대한 최대 투자국이 됐다. 베이징은 일찍이 2000년 이후 지부티에 인프라 건설을 위해 15억 달러 이상 재정지원을 제공했고, 3개 중국 기업은 35억 달러를 투자해 2018년 20만개의 새로운 직업 창출이 가능하고 2018~2020년 70억 달러 이상 규모의 무역이 가능한 아프리카 최대 '자유무역구역'(FTZ; Free Trade Zone) 건설을 완료했다. 중국 기업들은 또 철도, 2개 공항, 그리고 에티오피아와 연결되는 식수 파이프라인을 건설했다. 그 기간시설 소유권은 중국 기업들과 지부티 당국이 공동 보유하는데, 무역의 90%를 지부티 항구에 의존하는 에티오피아는 그 철도로 인해 상품 운송에서 큰 편의를 누렸다. 중국 화웨이 그룹에 속한 자회사(Huawei Marine)는 아시아－아프리카－유럽을 연결하는 7,500마일 해저 케이블의 일부로 파키스탄－지부티 해저 케이블을 연결하는데, 그것은 육로로 중국으로 연결되도록 계획됐다. 그 과정에서 지부티의 해외부채는 2016년 GDP의 50%에서 2018년 말까지 104%로 증가했고, 그 대부분은 중국의 자금 대출에 의한 것이었다. 지부티 중국 군사기지와 중국－지부티 관계에 관한 미국의 입장은 무엇인가? 널리 알려졌듯이 미 NSC 보좌관은 중국과의 일방적 대결을 선호한다. 그러나 펜타곤은 지부티 중국 군사기지는 병영시설, 그리고 헬리콥터와 무인 UAV 격납고는 갖추고 있지만, 진정한 군사작전을 위한 활주로나 해군함정 정박시설은 결여한다고 말했다. 미 AFRICOM 사령관 월드하우저 장군은 2018년 미 의회증언에서 베이징의 움직임을 경계하지만, 미군의 지부티 항구 사용을 포함하는 여러 미·중 협력의 필요성에 비추어 중국에 대한 견제가 능사가 아니라는 취지의 견해를 밝혔다. 또 워싱턴과 서방이 베이징의 약탈적 경제관행, 부채함정을 경계해야 한다고 주장할 때, 지부티는 그 비판에 '좌절'을 표시했다. 지부티는 "우리는 중국인들에게 우리의 인프라 개발에 대해 감사하고, 우리는 우리 파트너들이 중국의 부채함정만 거론하지 말고 우리를 돕기를 원한다"고 말했다. 지부티 재무장관은 2019년 "우리는 우리가 하는 일에 대해 충분히 잘 알만큼 성숙하다"고 다시 한번 강조했다. Lauren Ploch Blanchard, Sarah R. Collins, "China's Engagement in Djibouti," CRS IN Focus, IF11304, (September 4, 2019), pp. 1－2.

1) Caitlin Campbell, "U.S.－China Military－to－Military Relations," CRS In Focus, IF11712, (January 4, 2021), pp. 1－2.

3) 미·중 알라스카 대화

▲ 제이크 설리번, theguardian.com

▲ 미중 알라스카 회담 2021, economist.com

▲ 왕이 외교장관, scmp.com

2021년 3월 18~19일 알라스카 앵커리지에서 이틀 간 3차례에 걸친 미·중 고위급 대화가 개최됐다. 그것은 바이든 행정부 출범 이후 최초의 양국 공식대화였다. 미국에서는 국무장관 앤토니 블링컨과 NSC 보좌관 제이크 설리번이 참석했고, 중국 측에서는 정치국원이며 중국 최고 외교관리인 양제츠(Yang Jiechi)와 외교장관 왕이(Wang Yi)가 대표 역할을 맡았다. 블링컨은 미·중 회담 전 인도－태평양에서 중국의 영향력에 대항하는데 핵심적인 일본과 한국의 견해를 듣기 위해 두 나라를 방문했다. 대부분의 대화는 비공개로 진행됐지만, 미·중 대표단은 첫날 노골적으로 상대방을 모욕하는 공개설전을 벌였다. 블링컨은 베이징이 미국에 사이버 공격을 가하고, 미국의 동맹을 경제적으로 강요하며, 국내에서 신장, 티베트, 홍콩의 인권을 탄압한다고 비판했다. 그리고 그 각각이 지구적 안정을 유지하는 규칙에 근거한 질서를 위협하기 때문에, 미국이 그 문제를 제기하는 것이라고 말했다. 반면, 양제츠는 미국이 군사력과 재정 패권을 무기로 상대방을 억압하면 안 된다고 말하고, 미국이 세계기준이 아닌 서구식 자유민주주의를 강요하는 것은 우월감에 근거한 위선이라고 맞받았다. 설리번은 미국은 중국과 갈등을 추구하기를 원치 않고, 미국이 추구하는 근본적 원칙을 말하는 것뿐이라고 말했다. 최초 회담 종료 후 양측은 미디어에서 상대방의 의도적 무례로 인해 설전이 벌어졌다고 서로를 비난했다. 3차례에 걸친 그 고위급 회담은 둘째 날 공동선언 없이 종결됐다. 그러나 비공개 회담이 시작된 이후, 양측은 일부 사안에서 합의와 더불어 대화에서 실질적인 소득이 있었다고 시인했다.[1] 미국 팀은 대만 문제에 관해서 큰 이견이 있었지만, 문제시되는 베이징의 행동에 대한 워싱턴의 입장, 우선순위를 전달하는 대화의 원래 목적을 달성했다고 말했다. 중국 대표단은 베이징의 중국 주권 수호의지를 확실히 밝혔고, 서로의 입장에 대해 솔직하고 건설적 대화를 나눴다고 평가했다. 그들은 향후 양국의 정책적 투명성을 유지하기 위한 대화채널을 유지하고, 코비드-19와 기후변화를 포함하는 공통 관심사에서 협력하는 데 합의했다고 말했다.[2]

협상 팀은 여러 사안을 논의했다.[3] 미국은 평시 중국이 야기하는 문제라고 생각되는 대내외의 모든 사안을 거론했다. 중국은 양안관계에서 평화적 해결을 모색해야 한다. 동, 남중국해에서 군사력을 동원한 강요는 국제법에 어긋난다. 미국 선거에 영향을 미치려는 시도, 또 미국 정부 및 기업에 대한 사이버 스파이 행위는 중단돼야 한다. 호주를 포함하는 미국 동맹에 대한 경제적 강요는 옳지 못하다. 신장의 위구르, 티베트의 종교적 소수, 홍콩 보안법을 포함해 수많은 인권침해는 보편적 권리에 대한 무시이다. 국영기업에 대한 정부 지원과 공식, 비공식 무역장벽, 투자제한은 불공정 무역의 표본이다. 미국의 견해에 중국은 부정적으로 반응하면서 모든 불만을 쏟아냈다. 미국의 중국에 대한 태도는 신냉전을 연상시킨다. 워싱턴은 과거 오래전 약속한 '하나의 중국' 원칙에서 벗어나지 말아야 한다. 국가안보 개념을 남용해 정상무역을 파탄내는 행위는 용납될 수 없고, 중국에 대한 고관세 부과는 WTO 규정에 위배된다. 미국의 국내인권은 경찰 폭력과 체계적 인종차별에 의해 흑인이 '학살' 당하는 최저점에 도달해 있고, '흑인의 목숨이 중요하다'(BLM: Black Lives Matter)라는 구호에 비추어 워싱턴은 중국에 대한 내정간섭을 중단해야 한다.[4] 인권은 세계 각국에서 다르게 인식되고, 그것은 주

---

1) Lara Jakes, Steven Lee Myers, "Tense Talks With China Left U.S. 'Cleareyed' About Beijing's Intentions, Officials Say," The New York Times, (March 19, 2021)

2) "US and China trade angry words at high-level Alaska talks," (March 19, 2021), https://www.bbc.com〉 news

3) 둘째 날 회담에서 블링컨은 "미국의 중국과의 관계는 필요한 곳에서 경쟁적일 것이며, 가능한 곳에서 협력적이고, 반드시 필요할 경우 적대적일 것"이라고 말했다. Paul Heer, "Why the U.S.-China Strategic Rivalry Has Intensified," The National Interest, www.nationalinterest.org

4) 바이든 집권 직후 두 나라는 서로를 지구적 질서의 주요 불안정화 세력이라고 비난했고, 중국은 미국이 민주주의와 인권의 이름으로 의도적으로 다른 나라 내정에 간섭하는 것으

권에 관한 문제이다.[1]

 그 대화 이후 대부분의 세계 언론은 미·중 관계개선의 전망이 매우 어두울 것으로 전망하고, 가까운 시일 내에 두 나라의 협력이 불가능할 것으로 보았다. 그러나 일부 전문가들은 알라스카에서의 논란적 대화는 겉으로는 역경으로 보이지만, 그것은 실제 두 나라 간의 더 안정된 관계를 위해 필요한 절차라고 분석했다. 그것은 자유주의와 권위주의라는 서로 완전히 다른 반목, 경쟁하는 두 나라가 손쉽게 협력하는 것은 진실이 아니고, 오히려 그 치열한 논쟁으로 인해 양측의 본심이 드러났으며, 이제 그 이해를 바탕으로 서로의 이익이 합치될 때 '거래적 협력'(transactional cooperation)이 시작되고 시간이 가면서 그 가능성이 더 확대될 수 있다는 의미였다.[2] 반면, 중국 미디어는 그 대화가 미·중 세력균형의 균형추가 베이징에 유리하게 기우는 역사적 시점을 장식했다고 말하고, 미국이 힘의 우위에 근거한 강요에 실패했다고 덧붙였다. 또 베이징 외교팀이 신형 대국관계의 원칙에 근거해 미국의 직설적 비판을 거부하고 중국의 위상을 높인 것으로 평가했다. 알라스카 회담 이후 러시아 외교장관 라브로프가 베이징을 방문해, 미·중 대화에 대한 설명을 청취했다. 베이징과 모스크바는 그 행동을 미국의 포위를 방지하는 중·러 협력으로 묘사했다.[3]

로 인식했다. 왕이 외교장관은 미국이 그런 사실을 인정하지 않는 한 세계는 조용할 수 없다고 주장했다. Alex Fang, "US and China start Alaska meeting with blunt words," (March 19, 2021), www.asia.nikkei.com

1) "U.S.−China Talks in Alaska Quickly Descend Into Bickering," (March 18, 2021), www.bloomberg.com

2) Thomas Wrigtht, "The US and China finally get real with each other−Brookings Institution," (March 22, 2021), https://www.brookings.edu〉 blog

3) Shannon Tiezzi, "Do the Anchorage Talks Represent a New Normal for US−China Relations?" (March 19, 2021), www.thediplomat.com; Gabrielle Tetrault−Farber, "Russia's top diplomats starts China visit with call to reduce U.S. dollar use," Reuters, (March 22, 2021)

Chapter
07

동맹 및 우호국가 관계

　　나토 유럽 국가들과의 군사협력, 또 중동 여러 나라들과의 긴밀한 안보 파트너 관계 이외에 트럼프 행정부가 중시하는 동맹과 대표적인 전략적 우호 국가는 아태지역의 쿼드를 구성하는 일본, 호주, 인도, 그리고 한국과 아세안(ASEAN)을 포함했다. 그 관계 생성과 유지는 많은 부침에도 불구하고 러시아 및 중국과의 지정학적 대결, 북한 도발에 대한 대처, 대만 보호, 그리고 경제, 사회문화적 요구와 같은 다양한 요인에 근거했다. 미국에게 미-인도 관계는 특별히 중요했다. 인도가 미국, 러시아, 중국이라는 세계 최고 강대국 사이에서 균형외교를 실시하고 21세기 중반까지 또 하나의 강대세력으로 부상할 것으로 예상되는 상황에서, 워싱턴 당국은 조지 W. 부시 행정부 이후 뉴델리와의 관계강화를 위해 압도적으로 많은 노력을 기울였다. 중국의 부상을 견제하기 위한 인도와의 양자관계와 쿼드 내 협력은 워싱턴의 그런 인식과 의도를 반영했다. 물론 다른 나라들과의 관계도 중요했다. 일본은 아태지역 미국의 최고 맹방이고, 호주는 자연적 동맹이며, 한국은 수십 년 동맹인 동시에 북한 핵문제로 인해 필수불가결한 안보 파트너였다. 남중국해 분쟁 당사국인 필리핀, 베트남이 포함돼 있는 아세안 역시 미국의 인도-태평양 전략에서 매우 중요했다. 트럼프 시기 미국과 인도-태평양의 동맹, 파트너 국가들과의 관계는 어떤 모습을 띠었을까?

1 미 · 일 관계

　　1990년대 공통의 적에 대한 개념의 상대적 결여와 무역분쟁으로 인해 다소 약화됐던 미 · 일 관계는 2001년 9 · 11을 계기로 다시 강화됐다. 일본은 5만 4천명 주일미군을 위해 전국의 85개 군사시설을 제공하고, 미군의 아태지역 전진배치 기지로서의 필수불가결한 기능을 수행했다. 2009년 집권한 일본 민주당(DPJ: Democratic Party of Japan)의 반미, 친중국 정책으로 인해 미 · 일 관계가 3년 남짓 일부 어려움을 겪었지만, 그것은 2012년 말 아베 신조의 두 번째 총리 임기가 시작된 이후 최상의 밀월관계에 재진입했다. 미국과 일본은 세계 각지에서 발생하는 국제문제에서 긴밀하게 협력했다. 두 나라는 지구적 차원에서 WMD 비확산으로부터 인도주의, 재난구조에 이르는 다양한 사안에, 그리고 아태지역에서는 중국의 세력팽창과 동, 남중국해 도발, 북한의 핵개발에 공동 대처했다. 미 · 일 동맹의 견고한 지지자인 아베 총리는 양자 군사동맹에 우선순위를 두고 호주, 인도, 아세안(ASEAN)과의 협력을 증진시켰고, 아태 지역을 넘어 나토와의 관계를 강화했다. 미 · 일 군사동맹을 위해, 일본은 미군 주둔비용을 보전하기 위한 연 17~21억 달러 수준의 현금 및 물질지원, 그리고 미군기지 토지 소유주에 대한 임차료 지불, 기지 인근 주민을 위한 보상금을 포함하는 기타 비용으로 매년 약 17억 달러를 추가 지출했다. 일본은 또 매해 수십억 달러 상당의 미군 장비를 구매하고, 오키나와 미 해병기지 이전 비용과 괌 미군시설 건설비용 일부까지 부담했다.[1] 국내에서는 법적, 정치적 제한에도 불구하고 일본의 군사능력과 유연성을 꾸준히 증대시켰다. 아베 정부는 일본 자위대의 군사능력을 고양하는 국방개혁을 추진하고 방위비를 증대시켰으며, 오랜 기간 미해결이던 오키나와 주일미군 기지 이전 문제를 완결지었다. 미국은 일본을 가장 가까운 동맹의 하나로 간주했다. 2015년 퓨 리서치에 따르면, 미국인의 68%는 일본을 신뢰했고, 일본인의 75%가 미국을 우호적 시각으로 바라보았다.[2]

---

1) 일본은 오키나와 내 후텐마 대체시설 건설에 121억 달러, 이와쿠니(Iwakuni) 해병 공군기지 건설에 요구되는 48억 달러 중 94%, 그리고 오키나와 해병이 이주하는 괌 시설에서 전체 건설비용의 약 1/3인 31억 달러를 지불한다. Emma Chanlett-Avery, Caitlin Campbell, Joshua A. Williams, The U.S.-Japan Alliance, CRS Report, RL33740, (Updated June 13, 2019), pp. 22-23.

2) 2013년 미국인의 81%가 일본을 우호적으로 인식했는데, 그것은 세계에서 일본에 대한 가

그러나 트럼프의 대선 승리로 인해 처음에 미·일 양자관계는 미래향방을 예측하기 어려운 상태로 진입하는 것으로 보였다. 미국의 국내정치는 트럼프 행정부를 출범시키면서 새로운 시대의 '미지의 영역'(black swan)임을 입증했다. 트럼프 대통령은 전형적인 정치인이 아니었다. 오히려 그는 사업가였고, 그의 대외정책 스타일은 의도적으로 미국과 동맹관계에 도전했다. 트럼프에게 대외정책은 공유된 가치 또는 인식된 위협을 배제하고, 오히려 비용과 혜택을 중시하는 사업거래였다. 동맹에 대한 거래적 견해와 경제적 일방주의의 요소로 무장한 트럼프의 '미국 우선' 정책은 미·일 동맹의 핵심적 기둥에 도전할 수 있었다.[1]

(1) 트럼프 등장 이후

1) 미·일 안보관계

2017년 1월 트럼프가 처음 집권했을 때 미·일 관계에 대해 상당한 우려가 제기됐다. 그 이유는 후보시절 그가 미·일 동맹이 미국 안보이익 보호에 도움이 되는지를 의문시하고, 도쿄가 미국이 일본을 위해 쏟아 붓는 국방비와 보호에 충분히 보상하지 못한다고 주장했기 때문이다. 그는 미·일 동맹에 대한 도쿄의 재정기여 및 미국의 대일 무역적자와 관련해 수시로 비판했고, 또 일본의 핵무장을 용인할 의도가 있다고 말했다. 도쿄 핵 보유 관련 발언은 미·일 두 나라 안보 관리들을 경악시켰고, 많은 것을 불투명한 상태에 처하게 만들었다.[2]

장 높은 지지도였다. "Americans, Japanese: Mutual Respect 70 Years After the End of WWII," Pew Research Center's Global Attitudes Project, (April 7, 2015)

1) "Japan's New Reality in a Trump Administration/ Wilson Center," (March 22, 2017), https://www.wilsoncenter.org〉event: Mireya Solis, "US－Japan relations in the era of Trump," (September 3, 2019), https://www.brookings.edu〉us...

2) 대선 캠페인동안 트럼프는 뉴욕타임스 인터뷰에서 다음과 같이 일본을 심하게 비판했다. 일본과 한국은 북한과 싸우기 위해 그들 자신의 핵무기를 개발해야 한다. 미국이 공격받을 때 그들은 미국 방어를 위해 싸우지 않을 것이지만, 그들이 공격받으면 미국은 그들을 보호해야 한다. 그것은 큰 문제다. 미·일 안보관계에는 상호주의가 적용되지 않는다. 2016년 8월 아이오와(Iowa) 군중집회에서 트럼프는 또다시 미·일 방위비 분담금 이슈를 제기했다. 그는 일본이 주일미군 비용의 50%만 지불하는데, 도쿄가 100%를 지불해야 한다고 주장했다. Sheila A. Smith, "U.S.－Japan Relations in a Trump Administration," Asia Policy, No. 23, (January 2017), pp. 13－15, https://muse.jhu.edu〉article〉pdf

▲ 트럼프-아베 회담 2017, japantimes.co.jp

트럼프의 대통령 당선 이후 아베 총리는 기민하게 움직였다. 그는 강력한 수정주의 세력으로 등장하는 중국과 WMD 개발에 매진하는 북한으로 인한 증대하는 긴장으로부터 일본 안보를 보장하기 위해 트럼프와 개인적 신뢰관계 형성을 원했다. 아베는 페루 리마의 APEC 정상회담에 참석하는 길에 2016년 11월 뉴욕에서 당선자 시절의 트럼프를 가장 먼저 만났다. 그것은 정부 관료들의 배석이 없는 개인적 만남이었는데, 아베는 그 미팅 이후 언론에 트럼프 당선자와의 '신뢰관계 구축'(build a relationship of trust)에 대한 자신감을 표시했다.[1] 트럼프의 대통령 취임 이후, 아베는 2017년 2월 외국 리더로서는 영국의 메이(Theresa May) 총리 다음으로 두 번째로 백악관을 방문해 미국 신행정부와의 미래관계에 대한 특별한 관심을 표시했다. 두 리더의 이틀간 공식대화는 많은 성공을 거두고, 미래 양국관계의 진로에 관한 우려를 일부 해소시켰다. 서로 개인적으로 신뢰한다고 말하면서, 트럼프와 아베는 지난 오랜 기간 워싱턴과 도쿄가 지켜온 특별하고 미래지향적인 동맹관계를 계속 유지, 발전시킬 것이라고 강조했다. 중·일 간 대립의 주요 요인 중 하나인 센카쿠와 관련해, 트럼프는 공동선언에서 워싱턴의 확실한 입장을 재확인했다. "미국은 일본의 센카쿠 지배에 관한 현상유지를 지지한다. 미·일 방위조약 제5조는 센카쿠 열도 관련 모든 사태에 적용되고, 미국은 센카쿠와 관련해 외부세력의 어떤 일방적 현상변경에도 강력히 반대할 것이다." 그 당시 북한은 미사일을 발사해 두 정상을 심리적으로 자극했는데, 그것은 오히려 두 리더에게 안보협력의 필요성을 재인식시키는 또 다른 계기로 작용했다. 아베는 그 시험발사를 비난하고, 평양이 유엔안보리 결의안을 따를 것을 강력하게 촉구했다. 트럼프는 미·일 동맹이 아태 지역 '평화와 안정의 초석'이라고 재차 강조했고, 미 국무, 국방장관은 도쿄를 위한 워싱턴의 '변함없는 공약'을 재확인했다.[2]

---

1) Sheila A. Smith and Charles McClean, "US-Japan Relations and the Trump Effect," Comparative Connections, Vol. 18, No. 3, (January 2017), pp. 9-16.

2) Emma Chanlett-Avery, Mark E. Manyin, Rebecca M. Nelson, Brock R. Williams, Taishu Yamakawa, Japan-U.S. Relationship; Issues for Congress, CRS Report 7-5700, RL33436, (February 16, 2017), p. 1.

그해 11월 아시아 순방에 나선 트럼프는 처음 일본을 방문해 아베와 다시 한번 정상회담을 할 기회를 가졌다. 트럼프는 미국의 '자유롭고 개방된 인도−태평양'(FOIP: Free and Open Indo−Pacific) 개념을 확실하게 제시했고, 그 기치는 평시 아베가 주장하던 아태지역 비전과 일치했다. 두 정상은 스스로가 많은 사안에서 서로에 대한 심층적 이해를 공유하는 가장 가까운 친구라고 말했다. 아베는 안보문제, 특히 북한의 핵 및 미사일 위협과 관련한 트럼프의 강경 입장인 '최대 압력'을 강력 지지하면서 그와 관련된 조언으로 트럼프에게 깊은 인상을 남겼고, 두 리더 간의 반복되는 정상회담과 양국 외교, 국방장관 간 고위급 대화는 미·일 동맹의 잠재적 분쟁 가능성을 완화시켰다. 두 리더의 만남은 마치 트럼프가 푸틴과 대화하듯 브로맨스(bromance)로 간주됐고, 트럼프는 그가 유럽이나 캐나다의 상대역에게 무례하게 행동하던 것과는 전혀 달리 아베에게는 친절로 대했다.[1]

그래도 그 당시 미·일 간에 약간의 우려는 남아 있었다. 일부 전문가들은 트럼프 대통령의 지나치게 독특한 성향을 우려했다. 지난 오랜 기간 미·일은 유엔에서 함께 일하고, 핵 비확산, 기후변화와 같은 지구적 관심사에서 의견이 일치했으며, 또 동아시아 정상회담(EAS)과 아세안 지역포럼(ARF: ASEAN Regional Forum)을 포함하는 지역 다자대화에서 협력해 왔다. 그렇지만 트럼프는 유엔, EU, 나토를 포함하는 국제기구 및 다자제도를 불신하고, 오바마 대통령이 중국 견제 목적으로 다른 11개국과 함께 체결한 TPP에서 일방적으로 탈퇴했으며, '미국 우선'의 원칙에 입각해 아태지역을 포함하는 세계의 모든 문제를 거래적 관점에서 처리하는 것으로 보였다. 또 수많은 미·일 관리들이 도쿄가 미국에 제공하는 혜택은 전진배치 기지 제공 이외에도 일본의 미국무기 구매 비용을 포함해 단순하게 계산할 수 있는 것이 아니라고 누차 말했음에도 불구하고, 새로 취임한 대통령은 계속 일본의 방위비 분담 인상을 주장했다.[2] 여러 발언과 행동에 비추어,

---

1) J. Berkshire Miller, "US−Japan Relations in the Coming Year: Alliance Management and Risk Management," (July 27, 2018), https://thediplomat.com〉 2018〉 07; Michael J. Green and Jeffrey W. Hornung, "Are U.S.−Japan Relations on the Rocks?" (July 20, 2020), https://www.rand.org〉 2020/07〉 ar...

2) 2004년 펜타곤은 일본의 미·일 방위비 분담 비율을 총 비용의 74.5%로 계산했고, 2017년 1월 일본 방위성은 도쿄가 지불하는 분담금 비율이 86%를 넘는다는 자료를 제출했다. 많은 경우 양국 언론은 그 비율을 40~50%로 산정했다. 대부분의 전문가들은 모든 것을 감

그는 일본과의 비용분담 문제에서 심각한 갈등을 전혀 마다하지 않을 것으로 보였다. 분석가들은 트럼프가 아베 정부에게 많은 것을 요구할 것으로 전망했는데, 만약 도쿄가 여러 난관에도 불구하고 미국과의 불화를 인내한다면 그것은 몇몇 요인에 근거할 것으로 보았다. 하나는 일본 헌법 제9조가 본격적 재무장을 막는 현실에서, 도쿄가 중국과 북한의 위협, 러시아와의 북방 4개 도서 문제, 또 한일 간의 역사, 정치적 반목에 비추어 워싱턴에 의지할 수밖에 없다는 것이었다. 또 다른 것은 일본의 재무장을 포함해 도쿄의 더 큰 군사적 역할을 원하는 아베 총리 자신이 트럼프의 압력을 본인 어젠다를 밀어붙이는 기회로 삼을 수 있다는 것이었다. 트럼프의 요구에 대해 아베가 도쿄는 방위비 지출에서 GDP 1% 내에 얽매이지 않을 것이라고 말한 것이 그런 분석의 배경으로 작용했다.[1]

2) 미·일 무역관계

미·일 방위비 분담 못지않게, 트럼프의 관심사는 미·일 무역과도 관계됐다. 2017년 미국은 일본에 대한 상품 및 서비스 수출에서 1,150억 달러, 그리고 수입에서 1,710억 달러를 기록했다. 대일 상품무역 적자의 최대요인은 자동차와 그 부속품으로, 그 수입은 일본으로부터의 미국 전체 수입의 약 1/3인 560억 달러에 달했다.[2] 트럼프 행정부는 특히 미국의 일본시장 접근이 제한당하는 것에 큰 불만을 가졌고, 미·일 FTA가 해결책이 될 수 있다는 생각을 가졌다. 미·중 무역적자 규모가 미·일 무역적자보다 월등히 커 후자에 대한 관심이 과거보다 저하됐지만, 트럼프는 모든 적자를 줄이기 위한 노력에서 미·일 무역관계 시정을 원했다. 이미 2017년 4월 미·일 간에 무역 관련 고위급 대화가 개최된 바 있었다. 그 협상에서 '미 무역대표부'(USTR)는 무역마찰 해결에서 약간의 의견접근이 있었다고 말했지만, 워싱턴이 가장 중시하는 농산물과 자동차 무역 이슈에서의 진전은 없었다. 오히려 일본은 트럼프가 철수한 TPP에서 미국에게 일본 농산물과 자동차

안할 때 일본의 미·일 방위비 분담 비율에 대한 유일한 권위 있는 판단은 존재하지 않는다고 말했다. 그것은 미국의 거시적 전략이익을 포함할 때 단순한 산술적 계산의 대상이 아니라는 의미였다.

1) Chanlett—Avery, Manyin, Nelson, Williams, Yamakawa, Japan—U.S. Relationship, (February 16, 2017), pp. 6—7, 22.
2) 반면 일본은 미국 내 자동차와 그 부속생산을 지원하는 1위 투자국이었다.

관련 가능한 한 많은 접근을 허용했다고 말하면서, 모든 문제는 워싱턴의 TPP 철수에서 비롯됐다고 주장했다. 실제 워싱턴은 TPP에서 자동차에서 25년, 경트럭에서 20년 간 관세 철폐를 확보했는데, 그것은 미국이 체결한 FTA 중에서 가장 유리한 조건이었다.[1]

2018년 3월 일본은 TPP에서 미국을 제외한 나머지 10개 국가들과 대부분의 관세와 비관세 장벽 장벽을 제거하는 CPTPP(TPP-11)에 서명했다. 그즈음 트럼프 행정부는 일본, 중국, EU를 포함하는 수많은 국가들로부터의 철강, 알루미늄 수입에 관세를 부과하고, 1962년 무역진흥법(TPA: Trade Promotion Act) 제232조 하에서 일본으로부터의 자동차 수입에 대한 과세 가능성을 검토하고 있었다. 만약 자동차 관련 과세가 결정되면, 그것은 일본의 자동차 수출에 큰 타격을 줄 것이었다. 일본은 미국의 제232조에 따른 관세부과에 반대하면서도, 그에 대한 보복은 자제했다. 그해 4월 미·일 고위급회담이 열렸지만, 양자 무역 관련 이슈에서의 돌파구는 없었다. 양국의 무역관계 책임자들이 무역 및 투자 논의 활성화의 필요에는 합의했지만, 그들은 대체로 각자의 입장만을 주장했다. 미국은 TPP-11 재가입 가능성을 열어두면서 무역적자 축소와 일본의 관세, 비관세 장벽 제거를 겨냥하는 양자협상을 선호했고, 일본은 미국의 TPP-11 재가입을 독려하는 가운데 양자 FTA에 부정적 입장을 보였다. 5월 미·일 무역대화 전망과 관련해, USTR 대표 라이트하이저(Robert Lighthizer)는 도쿄가 현재 TPP-11에 집중해 있기 때문에 지금은 미·일 FTA를 논의하기에 적기가 아니라고 말했다. 미국 내 무역협상 옹호자들은 조속한 문제해결을 촉구했는데, 그들은 특히 미국 농산물과 서비스에서 일본 시장 접근증진과 비관세 장벽 최소화를 원했다. 2018년 봄 현재 미·일 무역대화 관련 현실은 대체로 부정적 상태에 있었다. 첫째, 워싱턴이 가장 원하는 미·일 FTA에서 도쿄뿐 아니라 워싱턴 역시 그해는 적기가 아니었는데, 그 이유는 트럼프 행정부 자체가 멕시코와의 NAFTA 수정에 최고 우선순위를 두었기 때문이다. 둘째, 트럼프 행정부는 더 큰 지렛대를 행사할 수 있다는 이유로 일본과의 양자협상을 선호했지만, 도쿄는 미·일 양자협정보다는 TPP를 포함하는 다자, 지역협정을 더 중시했다. 셋째, EU-일본 FTA, 호주-일본 FTA, RCEP을 포함해 협상

---

1) Cathleen D. Cimino-Issacts, Brock R. Williams, "Trump-Abe Meeting and Prospects for U.S.-Japan Trade Talks," CRS Insight, IN10896, (May 4, 2018), p. 1.

중이거나 시행을 앞둔 수많은 FTA, 그리고 TPP로부터 미국이 배제되면서, 미국 의회를 포함해 많은 전문가들은 미국의 농산물을 포함하는 각종 상품 및 서비스 수출에서의 피해를 우려했다. 한마디로 그 당시 단기간 내에 미·일 무역협상 타결의 가능성은 없는 것으로 보였다.[1]

3) 미·일 양자 긴장

2018년 여름으로 접어들면서 미·일 긴장은 연초보다 더 상승하는 것으로 보였다. 6월 트럼프와 김정은이 싱가포르에서 정상회담을 했는데, 그것은 아베 정부에게는 큰 충격이었다. 도쿄는 워싱턴의 대북 접근법이 일본 이익을 크게 침해할 수 있다고 생각했다. 북한은 결코 비핵화를 하지 않을 것이다. 의미있는 성과가 확인되기 전까지 미국의 대북제재 해제는 많은 문제를 야기할 것이다. 트럼프는 북한의 중, 단거리 미사일에는 별 신경을 쓰지 않고 미국에 도달하는 장거리미사일에만 초점을 맞추는데, 그것은 일본에게 큰 위협이 될 것이다. 일본 정부는 공식적으로는 미·북 외교를 지지했지만, 내심 많은 우려에 휩싸였다. 한미 을지 프리덤 훈련 취소는 도쿄의 우려를 두 배로 증폭시켰다. 트럼프는 그 훈련을 북한에 대한 '도발'이고 '비용이 많이 드는' 것으로 묘사했는데, 그것은 인도-태평양 지역의 안정과 미국의 아태 전략보다는 재정비용에 더 초점을 맞추는 트럼프의 거래적 접근을 재확인시키는 발언이었다. 센카쿠에 해양감시선과 전투기를 파견하고 남중국해의 90%가 자국 영해라고 주장하는 중국의 불안정화 행동은 배후의 더 큰 우려였다. 7월 초 일본은 EU와의 '경제파트너십 합의'(EPA: Economic Partnership Agreement)에 서명했다. 그것은 GDP에서 지구경제의 1/3 이상, 그리고 세계무역의 40%를 통합하는 거대한 FTA였다. 도쿄는 2017년 트럼프의 보호무역주의를 조심스럽게 비판했는데, 이제는 "보호주의에서 승자는 없다"고 대담하게 말했다. 도쿄는 또 트럼프의 유럽 및 한국과의 무역협상을 자세히 관찰했다. 트럼프가 계속 양자 FTA 체결을 주장하고 아베가 그에 반대하는 것에 비추어, 일각에서는 새로운 무역마찰이 재발할 수 있다고 말했다. 충분히 견고한 미·일 관계에 비추어 그것이 일부 기우일 수 있었지만, 그것은 도쿄가 동맹을 더 잘 운영할 필요를 상기시켰다. 아직 트럼프와 아베는 특별한 신뢰를 갖고 있었고, 도쿄는

---

1) Ibid., p. 2.

지금까지 워싱턴에 대해 가장 강력한 영향력을 행사하는 동맹이었다.[1]

9월 미·일은 머지않은 미래에 새로운 양자무역 협상을 추진할 의사를 선언했다. 트럼프 행정부는 무역대화가 진행되는 중 일본 자동차에 대한 새로운 관세를 부과하지 않을 것이라고 약속했다. 도쿄는 새로운 대화를 원치 않았지만, 그것을 자동차 관세 증세를 피하는 방법으로 인식하는 것으로 보였다. 그 대화가 FTA만큼 포괄적이지 않을 것으로 예상되는 상황에서 그 논의의 범위는 불분명했지만, 그 협상이 워싱턴 최대의 우려인 자동차, 농산물, 그리고 도쿄의 환율정책을 포함할 가능성은 높아 보였다. 원래 일본은 미국의 TPP 복귀를 종용하면서, 농산물 시장 개방은 TPP에서 미국에 허용한 범위를 넘어서지는 않을 것이라고 계속 주장해 왔다. EU-일본이 2018년 7월 FTA에 서명하고, TPP-11에 일본, 호주, 멕시코, 싱가포르가 서명한 것은 모두 미국에게 불리한 환경일 뿐이었다. 2018년 미국의 대일 무역적자는 689억 달러이고, 그것은 미국 적자 중 4번째 규모였다. 그해 미국의 일본으로부터의 상품수입 1,446억 달러 중 가장 큰 적자를 내는 자동차와 부품 수입은 560억 달러에 달했다.[2]

2018년 12월 미국과 일본은 2단계에 걸친 협상목표를 공개했는데, 제1단계에서는 관세, 디지털 무역, 서비스, 투자, 지적재산권, 국영기업 관련 사안을 포괄할 것이라고 말했다. 초기단계 협상은 도쿄 정부가 심하게 보호하는 일본 농산물 시장개방을 통한 미국의 수출증대에 주안점을 두었다. 2018년 일본은 미국이 129억 달러를 수출한 4번째 큰 농산물 시장이었고, 협상이 타결되면 미국은 우육, 치즈, 와인을 포함해 70억 달러 상당의 추가 판매가 가능할 것으로 예상됐다. 그에 상응해 미국도 일본으로부터 수입되는 농산물에 관세를 축소할 것이었다. 산업제품의 미국 내 판매와 관련해서, USTR은 미국이 자전거, 기계공구, 스팀 터빈과 같은 일본 산업제품에 대해 관세를 삭감하지만, 자동차 관세는 축소대상이 아니라고 말했다. 최근 급속히 확대되는 디지털 무역과 관련해서, 미국 관리들은 향후 예상되는 타결은 USMCA에 버금가는 높은 수준의 타협이라고 말했는데, 그것은 현지화 장벽(localization barriers)의 금지, 비차별적 공정한 대우와 국경을 넘는 데

---

[1] Miller, "US-Japan Relations," (July 27, 2018), https://thediplomat.com〉 2018〉 07

[2] Emma Chanlett-Avery, Mark E. Manyin, Brock R. Williams, "U.S.-Japan Relations," CRS IN Focus, IF10199, (Updated October 23, 2018), pp. 1-2

이터 흐름(data flows)의 허용을 포함했다. 제2단계 협상은 초기 합의가 발효된 이후 4개월 내 시작을 목표로 할 것이었다. 첫 번째 협상대상은 워싱턴이 원하지만 일본이 꺼려하는 자동차 문제였다. 일본으로부터의 미국 상품수입의 1/3 이상은 자동차와 그 부속품이었는데, 미국은 자동차 무역적자에 큰 불만을 갖고 있었다. 미국의 목표는 국내 자동차 생산과 고용을 증대시키는 것인데, 다음 대화는 자동차에 대한 2.5%, 경트럭에 대한 25% 미국 관세와 관련된 협상이 주요 목표일 것으로 예상됐다. 일본은 미국 자동차에 관세를 부과하지 않았지만, 미국 자동차를 거의 수입하지 않았다. 워싱턴은 일본의 차별적 규제와 같은 비관세 장벽이 미국 제품 판매 부진의 원인이라고 주장했지만, 도쿄는 미국 자동차가 일본 소비자 선호에 부적합하다는 입장에서 물러서지 않았다.[1] 두 번째 이슈는 서비스 시장일 것으로 기대됐다. 미국은 일본과의 서비스 무역에서 흑자를 기록하는데, 일본 보험시장은 2016년 미국 해외 보험판매의 30%인 489억 달러를 차지했다. 그러나 미국 회사들의 일본 보험시장 침투는 크게 불리했는데, 그것은 도쿄 정부의 지원을 받는 '일본 우정공사'(Japan Post)가 방계 보험회사에 부여하는 특혜로 인한 것이었다. TPP는 그 조항을 시정했지만, 트럼프 행정부의 탈퇴로 미국에게 주어진 상대적으로 공정한 경쟁조건은 사라졌다. 이제 미국은 또다시 평등한 경쟁원칙 도입을 추구한다는 목표를 표방했다. 세 번째 이슈는 일본 통화가 되기 쉬웠는데, 그 이유는 높은 수준의 평가절하가 일본 무역에 결정적으로 유리하기 때문이었다. 2011년 이후 일본정부는 환율시장에 직접 개입하지는 않았지만, 미 재무부는 일본 환율변동 추세를 계속 모니터해 왔다. 미국은 USMCA와 비슷한 수준의 환율 규정을 추구할 것이었다.[2]

4) 2019년의 현실

2018년 말 TPP-11이 발효하고 2019년 2월 EU-일본 FTA가 효력을 발생하는 상황에서, 2019년 5월 미국은 상무부 조사 결과를 토대로 일본, EU로부터

[1] 2018년까지 미국 내 자동차 시장에 일본이 투자한 510억 달러는 17만 개 미국인 직업을 창출했다.
[2] EU-일본 FTA는 USMCA와는 달리 전자상거래 조항에서 데이터의 자유로운 흐름을 수용하지 않았다. TPP-11은 워싱턴이 선호하는 일본의 독점적 우편업무 금지를 포함하는 22개 조항을 삭제했다. Cathleen D. Cimino-Isaacs, Brock R. Williams, "U.S.-Japan Trade Agreement Negotiations," CRS In Focus, IF11120, (Updated October 3, 2019), p. 2.

의 자동차와 그 부속 수입이 국가안보 위협이라고 선언했다. 그것은 도쿄에는 큰 타격이었는데, 왜냐하면 그 수출이 일본의 대미 무역에서 가장 큰 수익을 벌어들이는 원천이었기 때문이다. 그래도 아베는 유럽이나 중국의 정치리더들과는 달리 트럼프를 공개적으로 비판하지 않았다. 그는 많은 인내심을 갖고 트럼프와의 관계를 이어갔다.

며칠 후 5월 말 트럼프는 4일 간 일본을 국빈방문했다. 그것은 나루히토(Naruhito)가 새 일왕으로 즉위하는 계기에 맞춘 것이었는데, 아베는 트럼프를 그와 처음 만나는 외국 리더가 되게 함으로써 도쿄가 어떻게 미국의 세계 최강대국 권위를 존중하는지를 보여주었다.[1] 그 방문은 정책논의를 위한 것이기보다는 행사에 참여하는 예식으로서의

▲ 트럼프 일본 국빈방문 2019, asia.nikkei.com

가치가 더 컸지만, 두 정상은 미·일 공동 관심사에 관한 논의를 빠뜨리지 않았다. 양국 안보협력은 일반적으로 강력하면서, 동시에 새로운 전선으로 확대되고 있음을 보여주었다. 트럼프는 요코스카(Yokosuka) 미 해군기지의 미 항모(USS Wasp) 선상에서 세계와 인도-태평양 안보에 있어서의 미 군사력 및 미·일 동맹의 역할에 관해 연설하고, 또 일본이 동맹과 지역안보의 상징으로 간주하는 이즈모(Izumo)급 헬리콥터 경항모(JS Kaga)를 방문해 양국 동맹의 강건함을 과시했다. 두 정상은 또 미·일 두 나라가 공동으로 달 탐사를 위한 유인 우주선 개발에서 협력할 것이라고 선언했다. 그것은 2019년 1월 중국 탐사선(창어 4호)이 달 뒷면에 착륙한 것에 대한 대응으로, 트럼프는 "군사측면에서 이제 우주보다 더 중요한 것은 없다"고 말했다. 트럼프는 일본 방문 내내 미·일 무역 불균형에 관해 거론하고, 미국이 TPP에서 철수하면서 자동적으로 철회된 일본으로부터의 양보를 재획득하기를 원했다. 그래도 두 정상은 2018년 말 합의된 무역협상이 7월 이후로 연기될 것이라고 말했는데, 그들은 양국 무역 관련 실질현안을 논의하기보다는 그 타협의 타이밍을 조정하는 데 초점을 맞췄다. 그것은 두 리더의 신뢰관계에서 유래한 결정으로, 트럼프는 일본에서 2개 선거를 앞둔 아베를 도와 나중에 자동

---

1) 트럼프와 아베는 함께 스모 경기를 관람하고 골프를 쳤으며, 미국식 치즈버거로 함께 식사했다.

차, 농산물 무역과 관련해 더 나은 결과를 얻기를 희망했다.[1] 그 여행에서 한 가지 특별했던 것은 트럼프가 1970~1980년대 북한에 납치된 일본인 가족을 만난 것이다. 그것은 정치생활 처음부터 납북자 송환을 주요 관심사로 제시한 아베에 대한 일본인들의 신뢰를 배가시키고, 다른 한편 북한의 단거리 미사일에 신경 쓰지 않는다고 말한 트럼프에게 일본이 얼마나 평양으로부터의 위협을 중시하고 있는지를 각인시키는 계기가 됐다.[2] 아베는 트럼프의 예측 불가능성과 대외정책에서의 사업가적 스타일을 잘 다루었고, 동시에 미국이 독단적으로 행동하려 할 때 도쿄의 입장을 확실하면서도 유연하게 제시했다. 특히 아베가 북한의 일본인 납치문제를 트럼프 대통령과 미국 대외정책 전반에서 중요한 문제로 남아있도록 조치한 것은 일본 국내외에서 그를 책임 있는 리더로 돋보이게 만들었다.[3]

4개월 후 9월 하순, 트럼프와 아베는 미·일 양국이 제한적 무역협상 타결에 합의했다고 선언하고, 나중에 또 다른 더 포괄적인 추가협상을 추진할 것이라고 말했다. 2019년 미국은 일본에 1,240억 달러 상품과 서비스를 수출하고 1,820억 달러 상당을 수입했는데, TPP-11, EU-일본 FTA에서 비롯되는 미국 수출업자의 불이익에 비추어 일본과의 무역협상은 미국에게 주요 우선순위였다. 예를 들어 TPP-11 국가 및 EU와의 무역은 미국 전체 무역의 30%를 차지했는데, 그들끼리의 면세가 적용되지 않는 미국의 우육을 포함하는 농산물 분야의 일본 수출은 38.5%의 높은 관세장벽에 직면했다. 그 협상은 미국이 지난 2018년 12월 제1 단계 무역구상에서 계획했듯이, 양측의 농산물, 산업제품 교류 활성화를 위한 관세 삭감과 디지털 무역에서의 규정을 확정했다. 그 협상에서 미국이 가장 중시하는 자동차 무역은 제외됐는데, 실제 일본의 주요 목표는 자동차 고관세 부과를 피하는 것이었다.[4]

---

1) 트럼프는 미·일 무역협상이 8월 시작될 수 있다고 암시했는데, 일본은 그것을 더 연기시키려 노력하는 한편 추가 국방구매 또는 일본회사의 미국 내 투자를 포함하는 여러 방법으로 무역 불균형을 조정하려 할 것으로 보였다.

2) 아베는 북한의 미사일 시험발사가 유엔 결의안 위반이라고 지적하고, 미·일 두 나라가 제재에서 완벽하게 공조한다고 강조했다. Kristi Govella, "Trump's Trip to Japan Reveals Some Mixed Signals," (May 29, 2019), https://www.washingtonpost.com〉 ...

3) Kassi Bourne, "From Business Casual to Business Formal: The Future of U.S.-Japan Relations," (December 8, 2020), https://blogs.shu.edu〉 ...〉 December

4) Cimino-Isaacs, Williams, "U.S.-Japan Trade Agreement", (Updated October 3, 2019), p. 1.

5) 2020년

2020년은 코비드-19 팬데믹의 발병으로 전 세계가 고통 받은 해였고, 그 경제여파는 미국을 포함해 전 세계 모든 국가에 비상대책을 준비하도록 강요했다. 일본은 처음에는 발병률이 낮았으나, 3월 폭증으로 전국이 비상사태에 처했다. 일본에서는 낮은 검진비율, 고령인구, 인구밀집, 대중교통이 문제가 됐고, 2020년 7~8월로 예정된 하계 올림픽 게임은 2021년 여름으로 1년 연기됐다. 아베 정부는 팬데믹 여파를 줄이기 위해 약 1조 달러 활성화 자금을 방출했는데, 그것은 부분적으로 2019년 10월 소비세를 8%에서 10%로 인상한 것에서 비롯된 그 해 4사분기 GDP 1.8% 하락을 극복하는 목적도 띠었다. 2020년 미·일 관계에는 두 종류의 양자협상이 예정돼 있었다. 2020년은 두 나라가 방위비 분담금을 재협상하게 되어 있는 해였는데, 도쿄는 10억 달러 비용을 50억 달러로 상향시키려는 트럼프의 한미 동맹 분담금 인상 시도를 보면서 우려를 금치 못했다. 또 다른 협상은 2018년 12월 약속되고 2019년 9월 재확인된 제2단계 무역협상이었다. 그 협상 대상 분야는 제1단계에서 배제되었지만 이미 논의하기로 합의된 자동차, 서비스, 일본 통화 환율을 포함할 것이었다. 제1단계 협상의 결과는 2020년 1월 발효됐지만, 전문가들은 코비드-19에 비추어 1단계보다 더 포괄적인 제2단계 무역협상의 진전 가능성을 의문시했다. 그러는 사이 일본은 자동차 수출에 대한 미국의 국가안보 관세 부과를 계속 피하고 있었다.[1]

6월 일본은 미국으로부터 2개 해안배치 이지스(Aegis Ashore) 미사일방어 무기체계 구입 결정을 번복했다.[2] 도쿄는 2017년 북한의 가속화되는 미사일 시험

---

1) Emma Chanlett-Avery, Mark E. Manyin, Brock R. Williams, Cathleen D. Cimino-Issacs, U.S.-Japan Relations, CRS IN Focus, IN10199, (Updated April 29, 2020), pp. 1-2.

2) Aegis Ashore(AA)는 해군 이지스 무기체계의 지상배치 변형(variant)이고, EPPA 2단계와 3단계의 핵심 요소이다. 그 시스템은 이지스 함에서 사용되는 여러 요소의 지상배치 버전을 포함하는데, 그것은 deckhouse, AN/SPY-1 레이더, Mark41 Vertical Launching System(VLS), Standard Missile-3(SM-3) 요격기를 포함한다. 그 체계는 주로 중거리 미사일의 중간진로(midcourse) 방어목적을 띤다. 최초의 2개 AA 기지는 폴란드와 루마니아에 배치됐다. 터키에 있는 AN/TPY-2 X-band 레이더는 중동에서 발사된 미사일의 초기추적 데이터를 AA 사이트에 전달한다. Ian Williams, "Aegis Ashore," Missile Threat, Center for Strategic and International Studies, (June 15, 2018), https://missilethreat.csis.org/de

발사에 대한 대응으로 MD 무기체계 추가배치를 추진했지만, 재정비용, 기술적 어려움, 배치지역 주민 반대를 감안해 새롭게 판단했다. 더 나아가 일본 방위성은 미국기업의 계획을 거부하면서 더 많은 비용과 더 오랜 개발시간에도 불구하고 차세대 전투기를 국내 독자기술로 생산할 것이라고 선언했다.[1] 그 모든 결정은 집권여당 자민당이 최근 지속적으로 방어 일변도가 아닌 일본의 공격능력 확보를 주장하는 것에서 영향받은 것으로 보였다. 일부 전문가들은 그 새로운 입장을 일본의 더 큰 전략적 자주(strategic autonomy) 열망, 그리고 미·일 동맹 약화 가능성 우려에서 비롯된 것으로 보았다.[2] 미국은 도쿄의 이지스 해안방어 체계 추가가 현재 배치돼 있는 일본의 7척 이지스 함정, PAC-3 요격기 시스템을 강화시키고 더 나아가 미군 보유 이지스 함정을 남중국해를 포함해 다른 지역에 재배치하는 것을 도울 것으로 보았는데, 미사일 구매를 취소한 도쿄의 새로운 판단은 워싱턴에 아쉬움으로 남았다.[3]

▲ 스가 요시히데, japntimes.co.jp

여름에는 오키나와에서 팬데믹이 최고치에 도달했는데, 미군 300명 이상이 양성반응을 보였다. 주일미군은 SOFA 규정에 따라 일본 당국의 검진절차에서 면제됐지만, 그들은 지난 4월 이후 인력이동을 제한하고 특히 일본에 입국하는 미군 병사들에게 2주간 이동을 금지해 도쿄의 방역노력을 도왔다. 2020년 8월에는 아베가 건강문제로 사임하고, 그의 내각에서 관방장관으로 재직한 스가 요시히데가 총리직을 승계하는 큰 정치변화가 발생했다. 자민당의 승인을 받은 신임총리는 국내 개혁 전문가로 대외관계에 미숙할 것으로 알려졌지만, 아베의 중점사업인 미·일 동맹 강화와 일본경제 활성화에 최선을 다

fsys/aegis-ashore/.

1) Green and Hornung, "Are U.S.-Japan Relations" (July 20, 2020), https://www.rand.org〉
    2020/07〉 ar...

2) 일본정부는 그래도 공격미사일 구상이 헌법 취지에 따라 반격(counterattack) 목적으로만
    사용되는 방어목적을 띤다는 점을 강조했다. The Japan-U.S. Alliance in the Trump Era
    and Beyond/Asia Society, (February 25, 2020), https://asiasociety.org〉 events〉 jap...

3) Emma Chanlett-Avery, Caitlin Campbell, Mark E. Manyin, "Japanese Prime Minister
    Abe's Resignation and the U.S.-Japan Alliance," CRS IN Focus, IF11644, (Updated
    September 24, 2020), p. 2.

할 것을 서약했다. 미·일 방위비 분담 협상은 이제 스가 총리의 책임으로 이전됐는데, 사임한 NSC 보좌관 존 볼턴에 따르면 트럼프는 일본에 80억 달러를 요구하려 했던 것으로 알려졌다. 제2단계 미·일 무역협상 역시 이제 스가의 책임하에 귀속됐다. 미국은 아베의 리더십을 특별히 높이 평가했다. 대외적으로 그는 호주, 인도, 동남아, 유럽에서 새로운 파트너십으로 일본의 위상을 제고시키고, 중국과 매일 발생하는 세부적 긴장을 노련하게 운영했으며, 미국 탈퇴 이후 TPP-11의 부활을 이끌었다. 미·일 관계에서는 오래전부터 양자 동맹을 긴밀하게 연계시켰고, 일본의 이익을 위해 트럼프와 각별히 긴밀한 개인적 유대를 형성했으며, 트럼프에게 중국의 수정주의적 부상에 반대하는 인도-태평양 비전을 성공적으로 설득했다. 또 트럼프 시기 국가안보 명목으로 높은 관세를 부과하는 자동차 관련 무역분쟁을 성공적으로 연기시켰다. 일본 경제를 일부 개방시킨 2019년 미·일 무역 합의는 양자무역의 5%에만 관계되는 것으로, 그것은 일본산업과 소비자의 경제이익을 성공적으로 보호했다. 수많은 미국 동맹, 파트너들과 비슷하게 일본 역시 트럼프의 불규칙한 대외정책 불확실성에서 4년 간 힘들어 했지만, 트럼프와 개인적 관계를 계발하고 트럼프 시기 최악의 결과를 피한 것은 아베의 탁월한 외교능력에 기인했다. 아베하에서, 도쿄는 주일미군을 유지하는 더 큰 비용부담의 압력, 일본수출에 대한 새로운 관세위협, 그리고 더 많은 무기를 구매하라는 압력을 견뎌냈다.[1] 국내에서도 아베의 리더십은 탁월한 안정을 가져오고, 아베노믹스(Abenomics)로 일본경제를 일부 증진시켰다. 아베는 러시아와 북방 4개 도서 반환, 납북자 송환, 한국과의 관계악화, 그리고 국내에서 평화헌법과 관련된 대중의 분열을 극복하지 못했지만, 누구도 그를 탓하지 않았다.[2]

(2) 트럼프 시기 미·일 동맹의 운영

미·일 동맹을 규정하는 거시적 프레임은 1960년의 미·일 상호협력 및 안보협정, 1960년의 주둔국 지위협정(SOFA), 그리고 1978년 처음 입법된 후 양자 동

---

1) Purnendra Jain, "Japan-US relations from Trump to Biden: the challenges ahead," (March 1, 2021), https://asialink.unimelb.edu.au〉 jap...

2) 특히 미국은 오바마 시기 이후 계속해서 한일 간 역사분쟁, 정치적 반목으로 한, 미, 일 3국 안보협력이 방해받은 것에 좌절했다. Chanlett-Avery, Campbell, Manyin, "Japanese Prime Minister Abe's Resignation", (Updated September 24, 2020), pp. 1-2.

맹의 정책지침을 제공하고 전시와 평시 책임을 규정하는 '미·일 방위협력 가이드라인'을 포함했다.[1] 그 정책하에서 미·일 동맹은 여러 하위 단위 대화기제를 운영하고, 수많은 공동작전을 수행했다.

　트럼프 시기 미·일 군사동맹에서 관찰되고, 그 이전 시기와 차별화되는 새로운 일부 양상은 다음을 포함했다. 첫째, 2017년 미·일 안보협의회(SCC: Security Consultative Committee)는 북한과의 긴장고조 속에서 개최됐는데, 양국 외교, 국방장관들은 북한 위협의 시정을 위한 동맹 능력 증대의 중요성을 강조했다. 그때 양국은 처음으로 동, 남중국해 안보 우려를 공식적으로 표명하고, 호주, 인도, 한국, 동남아 국가들과의 지역 안보협력을 강조했다.[2] 또 그 회의는 동맹 내 일본의 역할 확대를 조명했는데, 그것은 정보감시정찰(ISR: Information, Surveillance, and Reconnaissance), 연합훈련, 시설 공동사용의 중요성에 관한 것이었다. 2019년 4월의 SCC는 양국 협력의 새 영역으로 우주방위, 사이버안보, 전자기장 스펙트럼의 중요성을 강조했다. 그 당시 두 나라 장관들은 사이버 공격이 미·일 동맹 제5조에 규정된 무장공격의 대상이 될 수 있다고 말했다. 폼페이오 국무장관은 북한 비핵화가 가장 중요한 이슈였음을 밝혔지만, 언론 브리핑에서는 인도-태평양에서 중국이 제기하는 도전 관련 설명에 더 많은 부분을 할애했다. 일본 방위성 장관은 북한의 핵개발보다 동, 남중국해 중국 공세를 더 엄중한 것으로 묘사했다. 둘째, 미·일 양국 군대는 지구적, 지역적 국제작전에서 성공적으로 협력했다. 2018년 5월까지 일본 함정과 P-3C 항공기는 미군을 도와 3,800척 이상의 선박을 호위하고 1,950번 이상의 감시비행을 실시했다. 2011년 이후 최근까지 아프리카 지부티 기지에는 110명 자위대 인력이 상주했다. 2019년 4월에는 2명의 자위대 인원이 해외 평화유지업무에 배치됐다. 그들은 유엔 승인 밖에서 이스라엘-이집트 휴전 모니터 임무를 위해 시나이 반도의 다국적군 사령부에 파견됐다.[3]

---

1) 1978년 도입된 미·일 가이드라인은 1997년, 2015년 두 차례에 걸쳐 안보현실을 더 반영하는 방향으로 조정, 현대화됐다.

2) 미·일 안보협의회는 1976년 처음 개최된 이후 보통 1년에 1~2회 개최되는데, 빌 클린턴 대통령 이후에도 계속 미·일 동맹의 단기적인 구체적 지침을 제공하는 역할을 성실히 수행했다. SCC의 하위 포럼은 안보소위원회(Security Subcommittee), 국방협력 소위원회, 동맹운영 미팅을 포함한다. 또 더 구체적 이슈를 논의하는 대화의 장도 존재하는데, 그것은 이슈 관련 실무그룹과 외교부, NSC, 대사관 같은 세부조직들이다.

3) 그동안 SDF는 여러 국제경험을 획득했는데, 그것은 2013년 태풍 당시 필리핀 작전, 2014

한편, 일본은 미·일 군사동맹을 토대로 2017년 이후 아세안(ASEAN) 국가들과 '비엔티안 비전'(Vientiane Vision)을 추진했다. 그것은 해상에서 국제규범을 준수하고, 국방장비 이전과 기술협력, 그리고 연합훈련을 추진하는 국방협력 프로그램이다.[1] 아베 총리가 '민주 다이아몬드' 협력이라고 부르고 2006년 이후 아태 지역 민주질

▲ 비엔티안 비전, mod.go.jp

서를 옹호하기 위해 시행한 미−호주−인도−일본 4개국 간의 쿼드(Quad) 협력은 2017~2018년 3번의 회담을 개최했다. 그러나 호주가 베이징의 압력을 의식해 잠시 중단된 그 회담은 중국과 일부 아세안 국가들이 반대하는 상황에서 상대적으로 활성화되지 못했다. 셋째, 미국의 핵우산 보호를 의미하는 확장억지(extended deterrence)에서, 일본은 트럼프 정부의 핵태세 검토(NPR; Nuclear Posture Review)를 환영했다. 일본은 미국이 그 NPR에서 중국과 북한 핵에 대한 억지의 효율성을 보장하는 결의를 확실히 밝히는 것에 감사한다고 말했는데, 도쿄정부는 BMD 능력 확대를 통해 미국의 확장억지를 지원했다. 넷째, 2015년 개정된 미·일 가이드라인에서 설립된 '동맹조율 메커니즘'(ACM: Alliance Coordination Mechanism)은 제대로 진전되지 않았다.[2] ACM은 통합지휘체계를 결여하는 미·일 동맹의 약점을 보완하기 위해 설립됐는데, 그 기제는 2016년 북한 핵실험과 중국선박의 센카쿠 위협에 활용될 당시 양국 군대 의사결정에 별로 기여하지 못했다. 그 최대약점은 복합적 성격의 갈등에서 신속하고 포괄적으로 기능하지 못하는 것이었는데, 그 중 한 가지 이유는 그것이 직접대화가 아닌 이메일, 전화, 비디오 영상 등을 통한 화상회의 중심이기 때문이었다. 마지막으로, 미국의 일본에 대한 무기판매는 계속 각별히 높은 수준에 머물렀다. 일본 무기수입의 최대 97%까지 미국제품으로, 일본 자위대는 전 세계에서 미군 장비를 가장 많이 보유하는 군대로 남았다. 2009~2018년 일본은 3,639억 달러 상당의 미국 재래식 무기를 구매했는데, 일본의 미국무기 구매는 2012년 아베의 권력 복귀전 6

년 에볼라 발병 이후 서아프리카 파견, 2015−2016년 네팔 및 뉴질랜드 지진, 그리고 기타 여러 유엔임무를 포함한다.

1) 지난 10년 간 일본은 아태지역에서 호주와 '후방 군사지원'(ACSA: Agreement on Cross−Servicing and Acquisition), 호주 및 인도와 국방기술 이전, 그리고 미−인도−일본 3자 대화에 참여했는데, 그 모든 것은 강건한 미·일 동맹에 근거한 행동이었다.

2) 2015년 미·일 가이드라인은 우주방위, 사이버안보, MD를 양자협력의 새로운 분야로 식별하면서, 미·일 동맹의 통합지휘체제 결여를 보완하기 위해 ACM을 설립했다.

년 평균 6.9억 달러에서 그 이후 6년간 연 30.8억 달러로 증가했다. 2016년 미국과 일본은 상호국방구매합의(Reciprocal Defense Procurement Agreement)에 서명했는데, 그것은 외국과 일본의 회사들이 국방계약에서 공정한 조건에서 경쟁하는 것에 관한 합의였다. 2012~2019년 미국이 일본에 판매한 무기는 F-35 전투기, E-2D Hawkeye 공중조기경보 및 통제 항공기, 이지스 무기체계, V-22B 오스프리(Osprey tilt-rotor) 항공기, KC-46A 공중급유 탱커, RQ-4 Global Hawk UAVs, 그리고 다양한 미사일을 포함했다. 일본 회사들은 미국 면허하에서 일부 장비 생산이 허용됐다. 최근에는 F-35A가 생산되고, 1990년대 이전에는 F-15J와 F-15DJ가 생산됐다.[1]

(3) 미·일 동맹의 구조적 진화

군사동맹의 원리에서 가장 중요한 것은 그것이 떠오르는 적에 대한 견제 성격을 띠는 것이다. 미·일 동맹은 냉전시대에는 소련 공산주의에 대한 견제를 주목표로 상정했지만, 2020년까지 가장 핵심적 기능은 중국의 부상에 대응하는 것으로 초점이 변화됐다. 미·일 동맹이 아태지역의 수많은 나라들과 군사, 경제, 기술적 차원에서 협력하는 것도 모두 중국의 수정주의적 부상을 막기 위한 궁극적 목적을 띠었다. 중국의 G2로의 위상 증진, 베이징 당국의 외교 반경 확대, 중·러 안보 및 경제협력, 아태 지역 곳곳에서의 군사력 과시, 전력발전의 방향과 국방비를 포함하는 여러 군사요소의 불투명성, 일대일로와 신중상주의 경제방식을 통한 외연확장과 경제력 신장 모두가 미·일 동맹의 관심사이다. 베이징의 대만해협 위협, 동남아 국가 회유와 군사적 강요, 중-인도 관계, 그리고 북한의 핵개발 모두가 실제로는 미·중 대치의 하위개념에 속한다. 미국은 일찍이 오바마 시기 중동으로부터 아태지역으로의 피봇(Pivot), 재균형(rebalance) 전략에서, 그리고 경제 차원에서는 TPP를 통해 중국에 대한 견제의 필요성을 강조해왔다. 트럼프 행정부 출범 이후 중국과의 강대국 경쟁의 시급성은 수많은 미국 국가안보 관련 문서에서 끊임없이 강조됐고, 트럼프 대통령은 그것을 미국의 인도-태평양(FOIP) 전략으로 표현했다. 단적으로 2018년 미 국방전략(NDS)은 "중국이 단기적으로 인

---

1) Chanlett-Avery, Campbell, Williams, <u>The U.S.-Japan Alliance</u>, (Updated June 13, 2019), pp. 26-38.

도-태평양 패권을 추구하지만, 장기적으로는 지구적 탁월을 위해 미국 대체를 시도"하는 것으로 규정했다. 2019년 6월 펜타곤의 인도-태평양 전략보고서는 미국의 일차적 관심이 '중국과의 전략적 경쟁'이라고 말했다. 일본 역시 오래전부터 중국에 관해 미국과 동일한 인식을 공유했다. 그것은 그동안 2012년 말 이후 아베가 두 번째 총리로 재직하던 시절 시행한 수많은 조치에서 입증되는데, 미국과의 더 많은 정보공유를 위한 국가기밀 관련법 제정, 2014년 집단자위권에 관한 헌법 재해석, 2015년 미·일 가이드라인 개정, 오키나와 기지이전, 방위비 증액, 그리고 국가안전보장회의(NSC) 설립이 모두 그런 범주에 속했다. 2018년 12월 일본의 방위 가이드라인은 "중국이 현상변경을 위해 일방적이고 강요적 행동을 한다"고 말하면서, 미국의 중국과의 '전략적 경쟁' 프레임에 동의했다. 더 나아가 2019년 미·일 외교, 국방장관들의 만남인 2+2 회담은 공동성명에서 베이징의 "국제규칙, 규범, 제도를 잠식하려는 지정학적 경쟁과 강요적 시도가 자유롭고 개방된 인도-태평양의 비전에 도전하는 것을 인지한다"고 선언했다.[1]

중국에, 그리고 부분적으로 북한과 러시아에 대항하는 미·일 동맹은 21세기에 들어와 두 나라 간에 군사적 역할에서 더 대등한 관계로 발전했다. 그동안 일본은 미국이 부과한 평화헌법 제9조로 인해 국내외 군사활동에서 극도로 제한적이었고, 많은 측면에서 일방적으로 미국에 의존했다. 그러나 시간이 가면서 미국을 위한 일본의 군사적 역할은 더 증가했다. 일본 자위대(SDF: Self Defense Forces)는 미군과 함께 아덴만 대해적 임무, 인도양 인도주의 활동, 아이티 재난구조, 에볼라 사태에서 적극적이었다. SDF는 미군 주도의 아프가니스탄, 이라크, 시리아 평화유지 작전(PKO) 및 재건활동에 참여하고, 대잠수함 능력증강에서 나타나듯 미군의 억지력을 보완했다. 비록 미-나토 또는 한미 군사협력 형태의 신속한 의사결정과 유기적 연계를 위한 통합 지휘사령부는 없지만, 두 나라 군대는 같은 장소에서 동일한 시설을 공동사용하면서 MD, 사이버안보, 우주의 군사적 사용 관련 협력을 증진시켰다. 전반적으로 자위대는 미군과 조율, 의사소통하면서, 통합군으로서의 미·일 군사협력의 기회를 증대시켰다. 일본의 보수세력은 SDF의 더 큰 공세적 군사능력 확보를 원하는데, 그것은 미국이 공격하고 일본이 방어하는 과거의 공식에서 더 평등한 역할로의 진전을 의미할 것이었다. 그래도 미국과

---

1) Ibid., p. 6.

일본 두 나라 모두에 동맹심화에 대한 장애는 존재한다. 미국의 경우, 그것은 국방비의 획기적 증대가 제한받는 것이다. 트럼프는 더 큰 펜타곤 국방비를 선호했고, 동맹국들에게 커다란 비용분담을 원했다. 그러나 트럼프 행정부 이전 미 의회는 2011년 예산통제법(Budget Control Act)에서 나타나듯 방위비 축소를 의도했다. 2018년 2월 의회 증언에서 그 당시 미 태평양함대 사령관 해리 해리스(Harry Harris) 제독은 미 국방비 삭감의 경향에 우려를 표시했다. 그는 미국이 하락하는 파워라는 국제적 인식을 극복해야 하고, 충분한 국방예산이 인도-태평양의 잠재 적국들에게 워싱턴의 능력과 의지를 알리는 한 가지 방법이라고 말했다. 일본의 경우는 더 복잡한데, 도쿄에는 아직 많은 법적 장애가 존재한다. 2015년 집단자위권을 정당

▲ 해리 해리스, cbsnews.com

화시키는 안보입법이 SDF의 작전범위를 확대하도록 허용했지만, 그것은 일본의 실존에 대한 위협이 없이는 전선에서의 전투를 금지한다. 또 자위대의 해외파병은 과거와 같은 의회의 특별입법은 아니지만, 아직도 의회의 승인을 요구한다. 가장 근본적인 것은 평화헌법 제9조가 '국제정치의 수단'인 전쟁을 불법으로 규정하는 것인데, 일본 대중은 절반 이상이 아베의 헌법수정 시도에 반대한다. 일본 유권자들이 오랜 기간 아베를 압도적으로 지지한 것은 일본 야당의 정치적 혼란과 무능, 그리고 경제부활 노력을 감안한 것으로, 그것은 그의 안보 노력과는 큰 관계가 없었다. 과거에 비해 일반 안보정서가 점차 더 적극적인 일본의 역할을 옹호하지만, 아직은 평화주의가 더 큰 추세이다. 일본 내 안보분야 실무자와 전문가들이 공격능력을 포함해 일본이 더 정상국가가 돼야 한다고 믿는 반면, 자민당의 연합 파트너인 공명당은 평화주의를 주장하면서 헌법수정을 꺼려한다. 2015년 안보입법 통과 당시 아베의 시도는 일반 대중의 큰 저항을 촉발했다. 그 당시 1만 명 이상의 지식인이 입법에 반대해 청원을 제출하고, 10만 명의 시민이 의사당 앞에서 시위했다. 2018~2019년 헌법 제9조 개정에 대한 일반 대중의 지지는 최대 45%였는데, 그들은 일본이 미국 주도 전쟁에 불가피하게 끌려들어갈 것을 우려하는 것으로 알려졌다. 일본은 재정적 제한에도 직면한다. 아베 내각 하에서 국방예산이 꾸준히 증가했으나, 그것은 GDP 1% 이내라는 전통적 관념에서 크게 벗어나지 않는다. 중국은 국방비로 GDP 1.9%를 사용하는데, 중·일 경제규모 격차가 커지는 상태에서 GDP 1%의 일본 방위비 지출은 중국에 크게 못 미칠 것이다. 또 고령화로 인한 복지비용 증대와 인구감소의 상황에서 일본

의 방위비 예산 증가는 더 어려울 것이다.[1]

2 미·호주 관계

미국과 호주는 역사적, 문화적으로 특수한 관계에 있었다. 그들은 오랜 기간 동맹을 유지해 왔고, 지리적 거리에도 불구하고 두 나라는 아시아-태평양을 넘어 대테러를 포함하는 세계 문제에서 서로의 가장 가까운 맹방임을 입증했다. 그러나 트럼프 집권 초 미-호주 관계는 약간의 충돌을 내포했고, 그것은 처음에 호주 정치권과 대중의 우려를 자극했다. 그 어려운 출발은 모두 트럼프 대통령의 거친 언어에서 비롯됐다. 그러나 양국 관계는 곧 안정을 되찾았고, 아태지역에서 그 초점은 워싱턴의 인도-태평양 전략을 통한 중국 견제에 맞춰져 있었다. 그럼에도 중국과의 경제심화 상태에서 베이징과의 반목을 우려하는 호주의 미국과의 협력은 일정한 한계 내에 머무르는 것으로 보였다.

(1) 양자관계의 맥락

미국과 호주는 여러 역사적 공통점에 근거해 특별한 관계를 유지해왔다. 미국과 호주는 제2차 세계대전 당시 동맹으로 태평양에서 일본에 대항해 함께 싸웠고, 1951년 뉴질랜드와 함께 3개국 앤저스(ANZUS: Australia-New Zealand-United States) 동맹을 결성했다. 그 3개국은 적에 대항하는 동맹전력으로 한국전쟁, 베트남 전쟁, 걸프전에서 함께 싸웠다. 호주는 또 미국, 영국, 캐나다, 뉴질랜드와 함께 '5개국 정보동맹'(Five Eyes)에서 세계 각국의 동태를 살피는 에셜론(Echelon) 감시 프로그램을 공동운영했다. 그 모든 것은 미-호주 국방관계에서의 지속적 긴밀성을 입증했다.

1990년대에도 호주는 과거와 마찬가지로 미국을 가장 중요한 안보 파트너인 동시에 아태지역 안정의 초석으로 간주했다. 노동당 내각의 호주 총리 폴 키팅

---

1) Ibid., pp 7-10.

(Paul Keating)은 1993년 미국을 방문했고, 빌 클린턴 대통령은 자유당 출신 존 하워드(John Howard, 1996~2007)가 신임 총리로 취임한 1996년 캔버라를 방문했다. 워싱턴의 기치에 부응해, 호주는 1996년 인도네시아의 동티모르 침략으로 야기된 국제분쟁에서 유엔 PKO 주력군으로 활동하면서 동남아 평화유지의 선봉에 섰다.

1) 조지 W. 부시 시기

2001년 9·11 사태에서 22명의 시민이 사망한 호주는 미국의 대테러 작전과 아프간 전쟁을 지원하기 위해 앤저스(ANZUS) 동맹을 발동했다.[1] 하워드 총리 리더십 하에서 호주는 조지 W. 부시 정부의 가장 강력한 지지자였고, 알카에다를 척결하기 위한 아프간 전쟁, 그리고 유럽에서 제기되는 정당성 논란에 관계없이 이라크 전쟁에 전투병력을 파견했다. 2003년 부시는 호주를 방문하고 그 다음 해 미 의회에서 미-호주 FTA 신속 통과를 강력히 밀어붙였는데, 그것은 캔버라의 미국 주도 전쟁 참여에 대한 정치, 경제적 보상으로 인식됐다.[2] 2003년 솔로몬 제도에서 종족 분쟁이 발생했을 때, 호주는 그곳에 2,200명 이상의 군경을 파견하면서, 남서 태평양 평화유지의 중요한 일부를 담당했다. 2002년 88명의 호주 관광객을 살해한 발리 폭탄테러 이후 2005년 인도네시아 내 호주인들에 대한 테러 공격이 또다시 발생했을 때, 하워드는 동남아와 그 너머 지역 이슬람 무장테러에 반대하는 투쟁에서 미국과의 협력을 더 공고히 할 것이라고 서약했다. 2007년에는 호주 총선에서 여당이 교체돼 노동당의 케빈 러드(Kevin Rudd)가 신임 총리로 등장했다. 노동당 출신인 그는 일부 사안에서 기업 위주로 생각하는 부시 대통령과 의견을 달리했다. 그는 산업활동 위축을 우려하는 미국, 캐나다와는 달리 지구온난화를 막기 위한 교토협정에 서명했다.[3]

▲ 케빈 러드, csis.org

---

1) 미-호주-뉴질랜드 3국 동맹인 앤저스에서 미-뉴질랜드 동맹은 1980년대 중반 뉴질랜드의 핵정책과 관련된 이견으로 잠시 유예됐다. 그 후 2010년 웰링턴 선언과 2012년 워싱턴 선언을 계기로, 앤저스 내에서 미-뉴질랜드 협력을 포함해 3국 협력은 다시 정상단계로 진입했다.

2) Graeme Dobell, "Great Australian foreign policy speeches; Howard on 9/11 and the US alliance," (August 15, 2014), www.lowyinstitute.org; "US House approves free trade pact," The Sydney Morning Herald, (July 15, 2003), www.smh.com.au

3) 조지 W. 부시와 호주 자유당의 존 하워드 총리는 교토 협약이 미국 산업에 타격을 준다는

또 2007년 초 이후 미군의 급격한 병력증원(surge)에 따라 이라크 전쟁이 승리로 가닥을 잡아가면서, 2008년 중반까지 그곳으로부터 550명 자국 전투병력을 철수시킬 것이라고 말했다. 일각에서는 러드 정부의 결정을 캔버라가 워싱턴의 정책으로부터 거리를 두는 것으로 해석했다.[1] 그래도 러드는 험난한 지형과 사제폭탄 매복의 전투에서 고전하는 미군을 돕기 위해 아프가니스탄 호주 병력을 1천 명으로 증가시킬 수 있다고 암시했고, 양국 대외관계에 큰 문제는 없었다. 그럼에도 2000년대 후반이 흘러가고 중국의 위상제고가 두드러지면서 점차 캔버라는 베이징과의 관계를 더 중시하기 시작하는 것으로 보였다.[2] 중국-호주 무역 관계가 경제성장의 원천인 현실에서 캔버라가 베이징의 입장을 일방적으로 무시할 수는 없었고, 호주 리더십은 대체로 미국과 긴밀한 동맹관계를 유지하면서 중국과의 건설적 경제관계 유지가 가능한 것으로 믿었다. 그것은 미-호주 동맹관계의 약화이기보다는 미-호주-중국 삼각관계에서 캔버라의 필요에 따른 외교적 유연성을 의미했고, 많은 주요사안은 긴밀한 미-호주 연계의 맥락에서 시도됐다.[3]

2) 오바마 시기

2009년 미국에서 오바마 행정부가 출범하면서 러드 총리는 워싱턴을 방문해 대테러, 아프간, 이라크 전쟁, 그리고 아태 안보 관련 미-호주 관계를 논의했다.[4] 양국 관계에서는 미국의 불경기와 지구적 경기침체에 관한 일부 우려에도 불구하고, 대테러 협력, 그리고 새로이 부상하는 중국이 제기하는 동, 남중국해

이유로 그 서명을 거부했다. Richard Black, "New climate plan to rival Kyoto," (July 27, 2005), BBC News

1) Paul Reynolds, "Australia shifts course, away from US," BBC News, (November 26, 2007)

2) 러드 총리는 2008년 그 전해 미-인도-일본과 함께 실시한 말라바르 해상훈련 참여를 유예했다.

3) Bruce Vaughn, Australia: Background and U.S. Relations, CRS Report, RL 33010, (Updated May 13, 2020), p. summary.

4) 2008-2018년 호주는 인도, 사우디아라비아, 중국 다음 4번째로 미국 무기를 많이 수입하는 국가였다. 호주는 미국으로부터 수많은 F-35A 전투기, P-8A 포세이돈 대잠함 (Poseidon anti-submarine warfare) 전투항공기, EA-18G Growler Electronic Attack 항공기를 수입했고, 2020년 4월까지 록히드 마틴으로부터 계약분 72대 중 24대의 F-35A 전투기를 인도받았다.

공세를 포함하는 아태 안보문제가 압도적 관심사였다. 2010년 러드 후임자로 줄리아 길라드(Julia Gillard, 2010-2012)가 새로운 노동당 총리로 등장하면서, 미-호주 관계는 3차례에 걸친 정상회담을 통해 더 공고해졌다. 캔버라는 워싱턴의 이라크로부터의 병력철수, 새로이 추진되는 아프간 병력증강(surge), 그리고 중국의 부상을 견제하기 위한 아시아로의 피봇, 재균형 전략을 적극 지지했다. 2011년 오바마가 캔버라를 방문하는 과정에서 호주 북부지역에 순환배치(rotate) 되는 미 해병과 공군의 군사훈련이 있을 것이라고 말했을 때, 길라드 총리는 워싱턴의 리더십을 적극 환영했다. 그해 양국은 미-호주 전력태세 구상(U.S.-Australia Force Posture Initiatives)에 합의했다. 그것은 지역안보와 안정을 위해 다윈(Darwin)에 배치되는 미 해병 순환병력 및 미 공군의 호주 병력과의 협력을 공식화하는 협정이었고, 그와 더불어 미군 순환배치는 2,500명 수준으로 증가했다. 그 당시 호주인의 59%가 양국 동맹을 지지했다. 그러나 예견됐듯이 베이징은 재균형 전략이 중국을 겨냥한 것이라고 주장하면서 그에 강력히 반대했다. 베이징은 미-호주 협력 강화가 중국 봉쇄를 위한 것인지, 또 양국의 중국에 대한 적대수준이 얼마나 높은지를 파악하기 위해 여러 경로로 정보를 수집했다. 그리고 동, 남중국해 관련 워싱턴의 경고를 무시하지 않는 한도 내에서 조심스럽게 행동하면서, 미국 주도의 아태 지역 재균형에 반대하고 중국 '핵심이익'(core interests)의 정당성을 주장했다.[1] 2013년 제2차 케빈 러드 내각이 성립됐을 때, 미-호주는 다시 한 번 전투기, 항공급유기를 포함하는 남서 태평양 지역 미 병력의 순환배치 필요성을 재확인했다.[2] 양국은 그렇게 한편으로는 중국의 부상에 공동 대응하고, 다른 한편으로는 아프간 전쟁을 포함하는 대테러 작전에서 협력했다. 그러나 흥미로운 것은 오바마와 러드 모두 중국에 대한 지나친 봉쇄에는 반대한 것이다. 그들은 모두 중국을 견제할 필요에는 공감했지만, 그것이 미·중, 중국-호주 관계를 해칠 정도로 지나칠 경우 아태지역 안정, 그리고 아프간 전쟁, 이라크 사태를 포함하는 지구적 차원의 대테러 협력이 훼손될 가능성을 우려했다. 오바마가 두 번째 임기를 시작하고 후진타오 퇴임과 더불어 시진핑이 새로이 중국 국가주석으로 취임하던 2013년, 러드 총리는 피봇, 재균형 전략의 과제에 대한 그의 견해를

---

1) Ben Packham, "China reproaches Australia over strengthened US defence ties," The Australian, (November 17, 2011)
2) 2013년 미-호주 양국 간 군사장비 무역을 용이하게 하는 협정이 발효됐다. 미국은 그 협정하에서 호주에 수많은 첨단장비를 이전했다.

공개적으로 밝혔다. 한마디로 그의 주장은 미국의 국제적 주도권 약화와 아태지역 안보개입 하향화의 추세에서, 워싱턴과 자유세계가 미·중 적대관계보다는 베이징을 포용해 아시아-태평양을 넘어 더 넓은 지구적 차원에서 평화를 유지하고 미래발전을 위해 협력해야 한다는 것이었다.[1]

2013년 9월 이후 호주에서 토니 애벗(Tony Abbot, 2013~2015)과 말콤 턴불(Malcom Turnbull, 2015. 9~2018. 8) 총리의 자유당 정권이 수립된 이후에도, 캔버라는 계속 워싱턴의 안보 리더십을 지지했다. 미국과 호주는 긴밀하게 협력하면서 중국의 수정주의 경향에 대비했다. 2014년 3월 미-호주는 2011년 체결된 양국 전력태세구상과 관련된 25년 기간의 새로운 추가합의에 도달했고, 이로써 호주에 순환 배치되는 미 해병의 법적지위가 확정됐다. 미-호주 2+2 형태의 외교, 국방장관 회담(AUSMIN: Australia-United States Ministerial)은 그 합의가 아시아, 인도양의 전략적 안정과 평화를 위

▲ 말콤 턴불,
britannica.com

한 미국의 강력한 개입의지를 입증한다고 말하고, 해, 공군 및 BMD 협력을 포함하는 양국의 다차원적 협력이 지역안보, 항해 및 공중비행의 자유를 보장할 것이라고 강조했다. 그들은 공개적으로 특정 국가를 거론하지는 않았지만, 그것이 중국을 겨냥한다는 것은 의심의 여지가 없었다. 미국과 호주는 계속해서 이슬람 국가(IS)에 대응하기 위한 이라크 재개입, 아프간 탈레반과의 전쟁, 시리아 내란, 그리고 무엇보다도 중국 시진핑 정부의 신형 대국관계, BRI, BRICS를 포함하는 지정학적 부상과 관련된 안보문제 대책을 논의했다. 2016년 2월 호주 국방백서는 미-호주 동맹심화가 호주 인근 및 아태지역 전반의 안보지원에서 결정적 역할을 수행한다고 강조하고, 호주해군에 12척의 새로운 잠수함과 기타 전함을 추가하고 2021년까지 국방비를 GDP의 2%까지 증액할 것을 촉구했다. 그 백서는 미·중 간의 주요 갈등 가능성은 낮게 보면서도, 동, 남중국해 해상과 공중, 그리고 사이버 및 우주영역 관련 갈등을 양국 간 잠재적 마찰분야로 식별했다.[2] 10월 두 나라는 미-호주 전력태세구상에서 요구되는 위한 비용분담에 합의했다. 오바마 집

1) Kevin Rudd, "Beyond the Pivot (A New Road Map for US-Chinese Relations)," Foreign Affairs, Vol. 92, No. 2 (March/April 2013), pp. 9-15.

2) Bruce Vaughn, "Australia: Foreign Policy," CRS In Focus, IF10491, (Updated February 26, 2019), p. 2.

권 마지막 해인 2016년 호주인 60%가 미국의 리더십을 지지했고, 턴불은 2018년까지 매해 미국을 방문했다.[1]

(2) 트럼프 시기 미-호주 관계

▲ 줄리 비숍, theguardian.com

2016년 대선 후보시절 트럼프는 미국의 보호를 받는 동맹국들이 더 큰 비용을 지불해야 한다고 여러 차례 강조했고, 호주의 많은 사람들은 트럼프의 전례 없는 발언과 거래적 견해가 양국 관계 약화의 원인으로 작용할 것을 우려했다. 트럼프 당선 직후 호주 전 외교장관 줄리 비숍(Julie Bishop)은 양국 관계진전을 위해 두 나라가 역사, 문화적으로 특별한 관계에 있고, 앤저스(ANZUS) 동맹을 넘어 근본적 가치와 세계관에서 놀라울 정도로 일치한다는 사실을 강조했다. 그러나 그것은 트럼프에게 아무 긍정적 영향을 미치지 못했다.

1) 불편한 출발

2017년 2월 호주 총리 턴불과의 25분에 걸친 첫 통화에서 트럼프는 오바마-턴불 사이에 이루어진 난민 교환, 재정착 합의를 강력하게 비판했다. 그것은 호주 당국이 나우루(Nauru)와 마누스(Manus)섬 난민캠프에 보호하고 있는 1,250명의 망명 희망자들(asylum seekers)을 미국이 수용하고, 반대급부로 캔버라가 호주로 가기 원하는 온두라스, 과테말라를 포함하는 중남미 난민 수천 명을 받아들인다는 합의였다. 그 교환과 관련된 자세한 내용은 공개되지 않았지만, 트럼프는 그것을 한심한 최악의 합의로 폄하했다.[2] 트럼프의 무례한 행동에 전 총리 폴 키팅과 말콤 프레이저(Malcom Fraser)는 캔버라가 미국에 대한 의존에서 벗어나 독자적 대외정책을 추구할 것을 촉구했고, 전 호주 주중 대사(Stephen FitzGerald)는

1) Richard Wike and Jacob Poushter, "America's international image," (June 28, 2016), www.pewresearch.org

2) Katherine Murphy Sydney, Ben Doherty, "Australia struggles to save refugee agreement after Trump's fury at dumb deal," The Guardian, (February 2, 2017)

호주가 중국과의 관계강화를 고려해야 한다고 목소리를 높였다. 그래도 미ー호주 사이에 약간의 정상으로의 회복이 있었다. 그것은 펜스 미 부통령이 4월 호주를 방문하면서, 미ー호주 동맹의 중요성을 강조하고, 오바마 대통령 시절 이루어진 난민정착 합의를 약속대로 시행할 것이라고 재확인했기 때문이다. 5월 코랄해(Sea of Coral) 전투 75주년 기념을 위해 트럼프가 턴불과 함께 미 퇴역항모(USS Intrepid) 선상에서 한 발언도 양국관계 회복을 도왔는데, 그때 트럼프는 호주에 대한 애정과 함께 서로 잘 어울리는 두 리더가 이끄는 두 나라가 역사와 문화에서 특별한 유대를 갖고 있다고 치켜세웠다.[1]

   턴불의 대응은 상대적으로 신중했다. 7월 그는 공개적으로 트럼프의 자기중심적 행동을 경멸하는 태도를 보이면서도, 워싱턴이 해결을 위해 계속 거론하는 북한 문제와 관련해 미ー호주 동맹은 그에 강력히 대처할 것이라고 강조했다. 그는 또 평양이 미국을 공격할 경우, 캔버라는 앤저스를 발동시킬 것이라고 말했다.[2] 10월 미 국무장관 틸러슨은 정책설명에서 미국의 인도ー태평양 전략과 관련해 호주를 동쪽의 미국, 북쪽의 일본, 서쪽의 인도에 대비되는 남쪽의 핵심거점으로 묘사했다. 미 국무부 남아시아 및 중앙아시아 담당 차관 대행(Alice Wells)은 4자 쿼드 전략대화에 대해 다음과 같이 말했다. "미국, 인도, 호주, 일본 4자 대화는 그동안 미국, 인도, 일본 3자가 실시한 대화 위에 구축될 것이다. 미ー인도ー일본 3개국은 그동안 말라바르 군사훈련을 시행해 왔고, 일본은 그 중요한 일부이다. 항해의 자유, 해상안보, 인도주의 지원 및 재난구조, 투명성의 중요한 가치를 심화시키는 데 있어서 호주는 자연스러운 파트너이다. 조만간 실무 레벨의 4자 회동이 있을 것

▲ 쿼드 고위급 회담 2017, thehindu.com

---

1) 코랄해 전투는 제2차 세계대전 당시 미군과 호주 연합해군이 호주 바로 위에 위치한 파푸아 뉴기니(Papua and New Guinea)에서 일본 해군을 물리친 전투이다. Vaughn, <u>Australia: Background</u>, (Updated May 13, 2020), pp. summary, 6.

2) 2017년 8월 미국의 워싱턴 포스트가 오바마ー턴불 간의 난민 교환 관련 합의 내용 전문을 공개했다. 그에 대해 트럼프는 또다시 난민문제 협상은 '어리석고 우둔한' 합의였다고 말하고, 턴불과의 전화통화는 푸틴과의 통화와는 달리 심히 불쾌한 것이었다고 회고했다. Stephanie March, "Donald Trump told Malcolm Turnbull 'your are worse than I am' on refugees during call, leaked transcript reveals," ABC News, (August 4, 2017)

이지만, 더 중요한 것은 그것을 지구적 차원의 제도로 이어가는 것이다.” 인도－태평양 관련 4개국 고위관리 회담이 2017년 11월 마닐라에서 개최됐다. 같은 시기, 트럼프는 일본, 한국, 중국, 베트남, 필리핀을 포함하는 아시아 순방과정에서 ‘자유롭고 개방된 인도－태평양’(FOIP) 구상을 미국의 아태지역 안보정책으로 공식화했다. 또 그는 일본의 아베, 호주의 턴불 총리와 3자 대화를 한 후, 곧이어 모디와 양자대화를 가졌다. 호주는 과거의 소극적 태도를 넘어 4자 쿼드 개념에 더 관심을 갖는 것으로 보였다. 그것은 중국의 세력 및 해군주둔 확대에 반대하는 노력에서 인도양과 인도가 사활적 부분을 차지한다는 인식이었다.[1] 그러나 미－호주 공식 안보관계와는 별개로, 트럼프 대통령에 대한 호주 국민들의 감정은 부정적이었다. 호주 국민의 77%가 미－호주 동맹이 중요하다고 말했지만, 60%의 호주인들은 국가로서의 미국에 대해 비호감을 표시했다. 그해 작년 퇴임한 대통령 오바마의 호주 내 지지도가 87%인 반면 트럼프 지지도는 20%에 불과했다는 사실은 호주인들이 미국의 새 리더를 어떻게 인식하는지를 극명하게 보여주었다.[2]

2) 미·중 사이의 호주

트럼프 개인의 극도의 예측 불가능성과 미국 역내 개입의 하향추세, 그리고 중국과의 증대하는 복잡한 정치, 경제관계에 비추어, 많은 호주인들은 미국과 중국 사이에서의 호주 위상을 우려했다. 비록 트럼프 대통령의 정책에 신뢰는 가지 않지만, 미국은 호주와 전통적으로 높은 수준의 전략관계를 유지하고 향후 중국의 군사, 정치적 위협에 대응하기 위해 필수불가결한 동맹국이었다. 미국이 없이 호주 안보는 위험할 것이었다.

반면 중국은 호주에게 경제적으로 압도적으로 중요하면서도 대외안보와 국내정치 및 경제에서 많은 문제를 야기했다. 지난 수년간 중국은 호주의 1위 수출시장, 농산물 및 관광 최대시장이고, 동시에 FDI의 주요원천이었다. 2009년 중국

---

1) Vaughn, <u>Australia: Background</u>, (Updated May 13, 2020), p. 10.
2) “Australians May Not Like Trump, But They Value at the U.S.,” (June 21, 2017), www.bloomberg.com; Richard Wike, Bruce Stokes, Jacob Poushter, and Janell Fetterolf, “U.S. Image Suffers as Publics Around the World Question Trump's Leadership,” (June 26, 2017), www.pewresearch.org

은 호주의 제1 수출 종착지가 되고, 2014년 호주 농업분야에 대한 최대 투자자가
됐다. 2015년 3월 호주는 미국과 일본의 우려에도 불구하고 7.18억 달러를 투자
하면서 중국 아시아 인프라투자은행(AIIB; Asian Infrastructure Investment Bank) 창
립멤버가 됐고, 2015년 6월에는 중국−호주 FTA에 서명했으며, 2017년 호주 수
출의 33.3%가 중국으로 향했다. 중국 경제가 수출을 위한 제조업에서 소비, 서비
스 위주로 전환되면서, 천연자원뿐 아니라 농산물, 식품을 포함하는 호주 제품에
대한 수요는 계속 증가했다. 그러나 중국은 동, 남중국해에서 영토분쟁에 개입하
고, 호주와 미국령 사모아(American Samoa) 사이에 위치한 바누아투(Vanuatu)와
협상을 통해 남태평양 최초의 해외 군사기지 설립을 시도했다. 호주 정부와 기업
의 민감한 정보를 얻기 위한 중국의 스파이 행위와 해외간섭 작전의 수준이 증가
한 것으로 평가됐다. 또 베이징은 정치헌금을 통해 호주 내 의회, 정당, 언론, 대
중에 대한 영향력 증대를 추구했고, 그 과정에서 노동당 소속 전 상원의원(Sam
Dastyari)과 전 자유당 무역장관(Andrew Robb)이 중국 정치자금을 받은 것으로 드
러나 사임했다. 중국 공산당의 호주 내 민주제도, 정치권, 대중에 대한 영향력은
전에 생각했던 것보다 훨씬 더 크고, 실제 호주는 중국정부의 광범위하고 조직적
인 전략의 의도적 표적이었던 것으로 파악됐다.[1] 중국은 급증하는 재정능력을 토
대로 호주 내 많은 농지, 에너지, 교통 인프라를 획득했는데, 중국회사 랜드브리
지 그룹(Landbridge Group)이 99년 기간으로 다윈(Darwin) 항구시설을 조차한 것
이 그런 경우였다. 다윈에는 순환배치를 위해 미군이 사용하는 기지가 위치해 있
었는데, 중국은 그곳으로부터 미군과 호주군의 연합훈련을 감시할 수 있었다. 또
중국인들의 호주 내 부동산 대량 매입은 가격 급등과 시장교란의 부작용을 유발
했다. 베이징의 공격적 행동에 호주는 반격을 가했다. 남중국해 영토매립과 구단
선 설정을 포함하는 베이징의 억지 주장에 대해 호주 전 외교장관 줄리 비숍(Julie
Bishop)은 중국이 2016년 7월 그 행동의 부당성을 결정한 유엔해양법 협약
(UNCLOS: UN Convention on the Law of the Sea)하의 중재재판소 판결을 수용할
것을 촉구했다. 남태평양 군사기지 건설과 관련해서 호주와 뉴질랜드는 그 시도
의 위험성을 경고했다. 국내정치 개입을 막기 위한 노력에서, 호주 의회는 2018
년 6월 해외로부터의 간섭과 스파이 행위를 방지하는 새로운 법률을 통과시켰다.

---

[1] 중국은 2019년 5월 호주의회와 자유당, 노동당 컴퓨터에 침입하는 사이버 공격을 실시했
는데, 그 배후에 중국의 정부부처(Ministry of State Security)가 있었던 것으로 드러났다.

베이징의 경제침투에 대항해, 호주 정부는 2015년 자국 농산물회사(Kidman & Company)의 매각을 불허하고, 2016년 국가안보를 이유로 뉴사우스웨일스(New South Wales)주에 전력을 공급하는 기업(Ausgrid)의 100억 달러 매각을 금지했다. 호주 정부는 또 BRI 서명을 유예하고, 워싱턴의 지침에 협력해 2018년 8월 화웨이가 호주의 5G 모바일 네트워크에 개입하는 것을 금지했다.[1]

궁극적으로 2017년 호주 대외정책 백서는 2035년까지 미·중 관계가 인도-태평양의 가장 중요한 전략요소로 간주된다고 말하면서, 캔버라는 미국의 역내 안보, 경제문제 개입을 지지한다고 확인했다. 그것은 미국과의 강력하고 심화된 동맹이 호주안보와 국방계획의 핵심임을 의미했다. 턴불 총리는 2017년 6월 싱가포르 샹그릴라 대화(Shangri-La Dialogue) 기조연설에서 다음과 같이 말했다. "우리는 이익 보호를 위해 강대국에 의존할 수가 없다. 우리는 우리 자신의 안보와 번영에 대해 책임을 지는 동시에, 우리가 신뢰하는 파트너 및 우방과 집단적 리더십의 부담을 공유할 때 더 강력하다는 것을 인식해야 한다." 그와 동시에, 호주는 미-호주 양자동맹을 보완하기 위해 인도-태평양 국가들과의 파트너십 강화를 추진했다. 호주는 아시아 국가 중 일본과 가장 긴밀한 관계를 발전시켰다. 그 관계는 2007년 광범위한 양국 안보에 관한 공동성명(JDSC: Joint Declaration on Security Cooperation)에 기초했는데, 그것은 국경안전, 대테러, 군축과 반확산, 해상 및 항공안보, 인도주의 재난구조에 관한 협력을 규정했다. 그리고 양자관계는 2014년 아베가 호주 의회에서 연설하면서 더 공고해졌다. 그때 아베는 호주와 일본이 두 나라 모두의 동맹인 미국과 협력해 인도-태평양을 개방적이고 자유롭게 만들어야 한다고 주장했다. 일본과 호주는 그렇게 FOIP의 공통비전을 공유하고, 규칙에 근거한 인도-태평양 안정을 추구했으며, 2018년 11월 미국과 함께 인도-태평양을 위한 3자 인프라투자 파트너십 공동성명을 발표했다. 호주는 인도와의 관계도 강화했다. 원래 호주와 인도 관계는 과거 뉴델리의 비동맹, 전략적 자주로 인해 소원했으나, 그것은 미·일의 인도-태평양 구상에 의해 점차 바뀌기 시작했다. 양자 국방협력은 2006년 국방협력과 2009년 안보협력 공동선언에 기초했고, 전략대화는 연례 국방정책대화와 연례 트랙(Track) 1.5 국방 전략대화를

---

1) 2019년 2월 호주 정부는 호주 내 최고 중국인 로비스트(Huang Xiangmo)의 영주권을 취소했다. Vaughn, <u>Australia: Foreign Policy</u>, (Updated February 26, 2019), p. 2; Vaughn, <u>Australia: Background</u>, (Updated May 13, 2020), pp. 18-19.

포함했다. 2013년 인도 국방장관이 처음으로 호주를 공식 방문했다. 2014년 9월 애벗 총리가 인도방문 과정에서 호주 우라늄의 인도 수출을 허용하는 협정에 서명했고, 그것은 양국관계 확대의 중요한 계기가 됐다. 2개월 후 11월 나렌드라 모디는 인도 총리로서는 30년 만에 처음으로 호주를 국빈 방문하고, 호주 양원 합동의회에서 연설했다. 그때 양측은 연구개발과 산업을 포함하는 국방협력에 합의하고, 연례 국방장관회담을 공식화하며, 정규 해상훈련 계획에 합의했다. 2017년 4월에는 턴불이 뉴델리를 방문해 모디와 회동했다. 두 리더는 '상호존중과 협력에 근거해 평화롭고 번영하는 인도-태평양에 대한 헌신'을 재확인했다. 그들은 인도와 호주가 민주적 가치, 법치, 국제평화와 안보, 그리고 번영을 공유한다고 강조하고, 미국, 일본과 4자 대화, 쿼드에서의 협력을 모색했다. 호주와 인도는 또 2014년 설정된 안보협력프레임(Security Cooperation Framework)에서 양자 국방과 안보파트너십을 심화시키면서, 인도양 협력을 통해 지역이슈를 모니터하고 역내 위협과 도전에 공동 대응할 것에 합의했다. 2018년 3월 호주는 베트남과도 전략 파트너십에 서명했다.[1]

3) 미-호주 협력과 중국에 대한 반대

2018년 5월 트럼프는 호주에 특혜를 제공했다. 그것은 미 행정부가 호주에 알루미늄과 철강 관세를 면제시킨 것이다. 그로써 호주는 세계에서 미국 철광 관세로부터 면제받는 4개국 중 하나가 됐다. 미국의 호의는 미-호주 양자 무역의 성격에서 비롯된 것으로 여겨졌는데, 미국은 2018년 호주와 상품 및 서비스 무역에서 291억 달러 흑자를 기록했다. 트럼프와 턴불 관계는 여러 사람들이 보기에 순탄치 못하게 출발했지만, 그것은 점차 더 안정되는 것으로 보였다. 분석가들은 트럼프하의 미-호주 관계가 미국의 다른 일부 전통적 미 동맹 및 우방과의 관계보다 덜 충돌했다고 말했다. 2018년 7월 미-호주 간에 2+2 AUSMIN이 개최됐다. 양측이 번갈아 상대방을 초청하는 그 회담은 보통 1년에 1회 개최되는데, 2018년에는 마이크 폼페이오 미 외교장관과 제임스 매티스 국방장관이 호주 상

---

1) 스콧 모리슨 총리는 2020년 1월 인도방문을 연기했지만, 그와 모디 총리는 2020년 4월 코비드 백신 개발에서 협력하기로 합의했다. Bruce Vaughn, "Australia, China, and the Indo-Pacific," CRS Insight, IN10888, (April 23, 2018), p. 2; Vaughn, <u>Australia: Background</u>, (Updated May 13, 2020), pp. 20-22.

대역을 캘리포니아로 초청했다. 그 회담은 미-호주가 연합해 싸운 제1차 세계대전 하멜 전투(Battle of Hamel) 100주년을 기념하고, 호주 다윈(Darwin)에서의 미 해병 순환배치를 포함하는 양자 방위협력, 그리고 국제규정에 근거한 질서를 잠식하는 행동에 반대하는 결의의 중요성을 조명했다. 그 회담 내용의 대부분은 당연히 중국 위협에 대한 대응에 초점이 맞춰졌다.[1) 2018년 9월에는 스콧 모리슨

▲ 스콧 모리슨,
theconversation.com

(Scott Morrison, 2018. 9- 현재)이 호주 자유당 정권의 새 총리로 선출됐다. 그해 11월 약 300명의 나우루 난민이 교환협상을 통해 미국에 정착했지만, 그 중 일부는 미국에 새롭게 불거지는 인종주의로 인해 원래 난민캠프로 되돌아가기를 원했다. 그해에도 호주인들이 미국 리더에게 갖는 신뢰도에서 오바마는 최고치를 기록했고, 트럼프에 대한 지지도는 낮았다. 일부 호주인들은 트럼프가 '호주 이익에 대한 결정적 위협'이라고 말했고, 트럼프는 세계 신뢰도에서도 낮은 지지율을 보였다.[2)

2019년 1월 조지 H.W. 부시 시기 백악관 법률고문이던 컬버하우스(Arthur Culvahouse)가 호주 주재 미국 대사로 임명되면서 2016년 9월 이후 거의 2년 반 동안 공석이던 주요직책이 다시 충원됐다. 8월 정기 AUSMIN 회담이 호주 시드니에서 개최됐다. 호주 외교장관 페인(Marise Payne)과 국방장관 레이놀즈(Linda Reynolds)가 미국 상대역 폼페이오와 에스퍼(Mark Esper)를 초청해 양국 안보, 국방현안을 논의했다. 공동선언에서, 양국 대표들은 두 나라 간의 '전쟁과 평화시의 오랜 파트너십'을 강조하고, 최근 인도-태평양 질서와 관련해 '안전하고, 개방적이며, 포괄적이고 규칙에 근거한 역내 안보를 위한 유기적으로 연계된 동맹과 파트너십 구조'의 중요성을 조명했다. 9월 미국 뉴욕에서 처음으로 공식 쿼드 외교장관 회담이 개최됐고, 11월 태국 방콕에서 호주를 포함하는 쿼드 4개국 고위관리 회동이 있었다.[3) 11월 만남에서 4개국 관리들은 과거의 주장을 되풀이했다. 그들은 그 회의에서 인도-태평양에서의 자유롭고 개방적이며 규칙에 근거하는 질서의 확립, 항해 및 비행의 자유에 관한 국제법 준수, 해상안보에 관한 공통이

1) Vaughn, <u>Australia: Background</u>, (Updated May 13, 2020), pp. 3, 7-8
2) "Donald Trump a 'critical threat' to Australia's interests as trust in US hits record low, Lowy survey reveals," (June 20, 2018), www.abc.net.au
3) 9월 하순 모리슨 총리는 미국을 국빈 방문했다.

익을 재확인했다고 말하고, 대테러 협력을 포함해 4개 참여국 유대를 증대시키기로 합의했다고 선언했다.

그러나 팬데믹 기원에 관한 호주의 국제조사 촉구는 중국—호주 관계 긴장의 원인으로 작용했다.[1] 베이징은 캔버라의 발언에 경제제재로 대응했고, 그로 인해 베이징에 대한 호주의 반감이 증대하는 것으로 보였다. 2020년 3월 호주는 기존의 4자 회담에 한국, 뉴질랜드, 베트남이 참여하는 쿼드 플러스(Quad Plus)에서 참여국들과 코비드—19 대응, 경제회복 방안, 그리고 무역 용이화와 테크놀로지 이전에 관해 논의했다. 그해 7월 미 국무장관 폼페이오와 에스퍼 국방장관은 호주 상대역과 연례 AUSMIN을 개최했다. 그들 논의의 초점은 늘 그렇듯이 중국과의 긴장에 맞춰져 있었다. 공동성명에서, 그들은 중국의 남중국해 공세, 대만에 대한 위협, 그리고 신장 위구르 및 홍콩에서의 억압에 대해 깊은 우려를 표시했다. 10월 도쿄 쿼드 대화에서 호주는 11월 말라바르 해군훈련에 참여할 것이라고 선언했다. 미—호주 동맹과 중국—호주 경제유대가 양립가능하다고 믿었던 캔버라는 그 입장을 유지하기 더 어려워졌고, 그로 인해 호주는 점차 더 쿼드로 기울어지는 것으로 보였다.[2] 그러나 그것이 호주가 향후 중국과 적대관계를 유지하거나, 또는 반목할 것이라고 믿는 것은 아직 이른 판단이었다.

3 미·인도 관계

(1) 양자관계의 맥락

1990년대 빌 클린턴 행정부하에서 미—인도 관계는 원만하지 않았다. 클린턴 대통령은 인도의 경제개방을 촉구하면서 그 나라의 열악한 인권상황과 핵 개발을 비난했고, '전략적 자주'(strategic autonomy)를 추구하는 뉴델리는 워싱턴의

---

1) 모리슨은 2019~2020년 거대한 호주 내 산불, 그리고 기후변화와 에너지 정책 처리에서 큰 비판을 받았다. 그러나 2020년 코비드—19 위기에 대한 대응은 유권자들로부터 그에 대한 지지를 회복하는 데 도움을 주었다.
2) Vaughn, Australia: Background, (Updated May 13, 2020), pp. 9, 19; Department of Defence, "Joint Statement—Australia—US Ministerial Consultations(AUSMIN) 2020," (July 29, 2020), www.minister.defence.gov.au.

비판 앞에서 미국과 특별히 관계개선을 원치 않았다.[1] 1998년 5월 아탈 바지파이(Atal Bihari Vajpayee) 총리 취임 직후 뉴델리가 또다시 핵실험을 실시했을 때, 미국은 유엔안보리에서 그 행위를 비난하고 인도에 모든 군사 및 경제지원을 중단하는 제재 부과로 대응했다.[2] 그러나 미-인도 경제연계가 미미한 상태에서 인도정부와 기업에 대한 미국의 제재는 별 효과를 내지 못했고, 일본을 제외한 대부분 국가들은 인도와의 경제교류를 계속했다. 그 즈음 파키스탄 역시 핵실험을 강행하고, 인도-파키스탄 간에 국경 관련 제한적 전쟁이 있었다. 2000년 3월 클린턴 대통령은 인도와의 관계재건을 위해 뉴델리를 방문하고, 미-인도 과학기술 포럼 창설에 합의했다. 또 클린턴이 인도-파키스탄 전쟁에서 뉴델리를 지지하면서, 인도도 미국에 약간 우호적으로 바뀌었다.[3]

1) 조지 W. 부시 시기

조지 W. 부시 행정부에 들어와, 미국은 인도를 특별히 중시하기 시작했다. 인도는 10억 이상의 인구와 급속히 성장하는 경제력을 가진 지역적, 지구적 차원의 잠재 강대국이었는데, 워싱턴의 뉴델리와의 관계강화는 2000년대 아프간 전쟁을 포함하는 대테러 협력, WMD 비확산, 그리고 베이징의 국제적 파워 증대에 대한 전략적 대응의 성격을 띠었다. 부시 행정부는 여러 계기에 뉴델리에 우호적 조치를 취했고, 인도 역시 호의적으로 대응했다. 2001년 9월 부시 대통령은 1998년 5월 인도의 포크란(Pokhran-II) 핵실험 당시 워싱턴이 뉴델리에 부과했던 경제제재를 철회하고, 비확산에 관한 일련의 공감대 형성을 모색했다.[4] 11월 부시는 인도총리 바지파이와 하이테크를 분야를 포함해 양국 간 우호협력의 필요성에 동의했고, 그 이후 양측 간에 고위급 회담과 구체적 협력이

---

1) 냉전시대의 미-인도 관계는 미국이 파키스탄, 중국을 옹호하고, 인도가 소련과 제휴한 상태에서 나빴다. 그러나 1990년대 초 소련 몰락으로 공산주의가 붕괴되고 이슬라마바드가 개방과 세계화를 수용하면서, 인도의 미국에 대한 적대감은 상대적으로 완화됐다.

2) 인도는 1974년 처음 핵실험을 실시했다. "Clinton Imposes Full Sanctions On India," Business Standard, (May 14, 1998), www.business-standard.com

3) Norman Neureiter, Michael Cheetham, "The Indo-U.S. Science and Technology Forum as a Model for Bilateral Cooperation," (December 16, 2013), www.sciencediplomacy.org

4) 인도는 총 5차례에 걸쳐 핵실험을 진행했는데, 포크란 II(Pokhran-II) 테스트는 1998년 5월 라자스탄(Rajasthan) 포크란 핵 실험장에서 실시한 두 번째 핵실험이다.

증대했다.[1] 2002년 미-인도 군사정보 공유와 기밀정보 보호를 규정하는 지소미아(GSOMIA: General Security of Military Information Agreement) 협정이 체결됐다. 그것은 미국이 군사파트너와 서명하는 4개 기본합의(foundational agreements) 중 하나였는데, 펜타곤은 그 협정이 양자 군사협력의 필수요건은 아니지만 상대방 국가 내에서 항공기나 선박의 재급유, 또 재난구조와 같은 활동에 큰 도움을 준다고 말했다. 나머지 3개 합의는 병참(LEMOA: Logistics Exchange memorandum of Agreement), 통신(COMCASA: Communications Compatibility and Security Agreement), 그리고 항공, 지리(BECA: Basic Exchange and Cooperation Agreement) 관련 협정이었다.[2] 2003년 미-인도 관계는 더 호전, 강화됐고, 2004년 1월 미국은 인도와 미래진전의 청사진으로 다음 단계를 위한 '전략 파트너십'(NSSP: Next Steps in Strategic Partnership)을 체결했다.[3] 그것은 인도와 대테러, 비확산, 반중국 체계적 협력을 제도화하려는 워싱턴의 노력을 반영했다. 그러나 미국이 아프간 전쟁에서의 협력 필요성에 비추어 파키스탄에 '비 나토 주요동맹국'(MNNA: Major Non-NATO Ally) 위상을 부여하면서 인도에 동일제안을 제시했을 때, 이슬라마바드와 경쟁관계에 있는 뉴델리는 워싱턴의 시도를 거부했다. 12월 인도양에서 쓰나미가 발생해 23만 명 이상이 사망하고 인도네시아, 미얀마, 태국, 말레이시아, 인도, 그리고 아프리카까지 피해를 입었을 때, 미군과 인도 해군은 수색, 구조, 재건작업에서 협력했다.[4]

부시의 두 번째 임기가 시작되는 2005년 미국은 인도와의 관계를 한 단계 더 진전시키기를 원했다. 그것은 2004년 이후 부시가 원한 인도와의 공통의 가치와 지정학적 이익에 근거한 '전략 파트너십' 연장선상에서 추진됐다. 그해 3월 미국과 인도는 안보대화(Security Dialogue)를 시작했다. 미 국무장관 콘돌리자 라이

---

1) 아탈 바지파이는 3차례에 걸쳐 인도 총리로 재직했다. 첫 번째는 1996년, 두 번째는 1998-1999년, 그리고 세 번째는 1999~2004년이었다. 그는 인도인민당(BJP: Bharatiya Janata Party) 공동 창설자 중 하나였다.

2) Narayan Kakshman, "Foundational agreements won't compromise India's security: U.S.," The Hindu, (May 16, 2015)

3) 싱 총리는 영토를 포기하겠다는 생각은 전혀 없었지만, 2003년 인도는 파키스탄과 국경분쟁과 관련해 신뢰구축을 포함하는 새로운 협상을 시작했다. 중국과의 영토분쟁도 역사적, 법적보다는 정치적으로 해결하기 원하면서, 중-인도 3,500Km에 이르는 국경은 조용했다. 그 과정에서 인도의 주변국과의 관계는 호전됐다.

4) "US mulls India as no-Nato ally," The Times of India, (March 23, 2004)

스(Condoleezaa Rice)는 뉴델리를 방문하고 인도 관리들과 에너지 안보에 대한 대화 시작에 합의했다. 그 방문은 인도-이란 간 에너지 협력 가능성, 그리고 미국의 파키스탄에 대한 전투기 판매 관련 긴장에도 불구하고 양국관계 증진의 의미를 띠었다. 6월 뉴델리와의 협력을 한 단계 더 상승시키기로 의도한 부시 행정부의 결정은 핵심적으로 10년 기간의 미-인도 국방프레임(New Framework for the U.S.-India Defense Relationship) 합의로 이어졌다. 그것은 양국 간 대테러, 해상안보, 연합 군사훈련, 첨단무기 판매, 영공개방협정(Open Skies Agreement), 그리고 인도주의, 재난구조를 포함하는 양자 안보협력을 포함했다. 7월 부시는 새로

취임한 인도의회당(INC: Indian National Congress)의 만모한 싱(Manmohan Singh) 총리를 워싱턴으로 초청했고, 그때 두 리더는 다양한 합의에 도달했다.[1] 두 정상은 NSSP의 성공적 완수, 민간 핵, 민간 우주, 첨단 테크놀로지 협력, 경제 및 에너지 관련 대화, 인도주의 및 재난구조 활동, 그리고 지구적 차원의 민주화와 자유증진에 합의했다. 그때 특히 중요

▲ 만모한 싱, bbc.com

했던 것은 양국이 '민간 핵협력구상'(Civil Nuclear Cooperation Initiative) 초안에 합의한 것으로, 그것은 워싱턴의 인도에 대한 지난 오랜 기간의 핵에너지 무역제재 해제, 그리고 오랜 기간에 걸친 미국 비확산 정책의 반전으로 평가됐다. 인도는 민간과 군 핵시설을 분리하고 모든 민간 재원을 IAEA 안전조치 하에서 감시받을 것을 약속했다. 그해 퓨 리서치센터 여론조사에서 인도인들의 미국 지지는 71%로 높게 나타났다.[2]

---

1) 인도 내의 수많은 정당 중 인도의회당(INC: Indian National Congress Party)과 인도인민당(BPJ)만이 유일한 국민정당이다. INC는 1947년 독립 직후 1947~1977년 집권했고, 2004-2014년 만모한 싱 리더십하에서 통합진보동맹(UPA: United Progressive Alliance)과 연립정권을 형성해 집권했다. 만모한 싱은 최초의 시크교(Sikh) 총리였다. 인도 최초의 총리 네루(Jawaharlal Nehru)는 INC 소속이었다. 네루의 딸 인디라 간디(Indira Gandhi)와 그녀의 아들 라지브 간디(Rajiv Gandhi)도 INC 집권시 총리로 재직했고, 그들 모두 권좌에서 암살됐다. INC는 중도 좌파 파퓰리스트 정당이고, 라지브 간디 사후 그 부인 소니아(Sonia)는 UPA 여성 의장으로 활동했으며, 그녀 아들 라훌(Rahul)은 UPA 당 총재였다. K. Alan Krostadt, "India's Domestic Political Setting," CRS, IN Focus, IF10298, (Updated May 31, 2019), p. 1.

2) 인도는 또 미국으로부터 80억 달러 상당의 68대 보잉 항공기를 구매했다. "Joint Statement between president George W. Bush and Prime Minister Manmohan Singh," Georgegewbush-whitehouse.archieves.gov, (July 18, 2005); 그러나 2005년 인도는 중국

2006년 3월 부시는 뉴델리를 답방했다. 그 과정에서 부시는 인도의 경제성장에서 비롯된 양국 경제협력의 확대를 거론하면서, 2005년 7월의 미 - 인도 합의 진전과 인도 민주주의를 칭송했다. 12월 미 의회는 미 - 인도 '민간 핵협력 구상' 관련 법안을 통과시켰는데, 그로 인해 인도는 30년 만에 처음으로 민간 목적의 미국 핵원자로 연료를 구매할 수 있게 됐다. 그 이전까지 미국은 인도와의 핵 협력을 거부했는데, 그 이유는 뉴델리가 NPT에 서명하지 않은 상태로 여러 핵실험을 포함해 핵무기 개발을 지속해왔기 때문이다. 2007년 4월 인도 망고(Mango)가 18년간의 과일수입 금지를 종식시키면서 미국에 처음 수입됐다. 그 제재 해제는 부분적으로 2006년 부시와 싱 총리가 3년 내 양국 무역을 2배로 증대시키자는 약속에 따른 것이었다. 인도는 미국으로부터 할리 - 데이비슨 오토바이 수입제한을 완화할 것이라고 말했다. 상품과 서비스 양자무역은 2006년 450억 달러에서 2010년까지 700억 달러 이상으로 증가했다. 2008년 10월 미 - 인도 간에 양측 기업 핵 무역을 관장하는 '민간 핵협력 구상'이 최종적으로 서명됐다. 그 조치는 인도를 NPT 밖에서 핵능력을 보유하는 상태에서 핵 거래가 허용된 유일한 나라로 만들었다. 2008년 11월에는 파키스탄 테러단체(Lashkar - e - Taiba)가 뭄바이의 타지마할 호텔(Taj Mahal Palace Hotel)을 공격했다. 3일에 걸친 재앙적 화재에서 6명 미국인을 포함해 300명 이상의 시민이 사망하면서, 워싱턴은 FBI 수사관과 감식 전문가를 파견해 인도 당국과 긴밀하게 협력했다.[1]

2) 오바마 시기

오바마 시기의 미국은 그의 전임자 시대보다 인도를 더 중시했다. 중국과의 대테러, 아프간 전쟁, 비확산 협력에도 불구하고 오바마 대통령은 워싱턴의 재균

과도 '전략적 파트너십'을 선언했다. 2005년 4월 중국 총리 원자바오가 뉴델리를 방문하면서 인도와 중국은 국경분쟁 관련 대결을 지양할 것을 약속했고, 인도는 주변국과의 갈등을 해결하면서 세계 속의 위상 증진에 초점을 맞췄다. 인도는 미국, 중국, 러시아 모두와 관계를 강화하면서 다른 나라들과의 교류증진에도 많은 노력을 기울였다. 그 즈음 일본의 고이즈미가 인도를 방문해 인도 - 일본 전략적 파트너십 체결을 선언했는데, 그것은 워싱턴과 도쿄가 베이징에 반대해 뉴델리를 포섭하려는 노력의 일환이었다.

1) 라슈카레 타이바는 파키스탄과 카시미르에 6개 군사캠프를 보유하고 2천명 이상의 테러리스트를 대원으로 갖고 있다. CFR - U.S. - India Relations - Council on Foreign Relations, https://www.cfr.org〉 timeline〉 us - i...

형 전략과 TPP에서 나타나듯 베이징의 영향력 확대에 대한 견제의 필요성을 부시보다 더 강하게 인지했고, 그것은 미국의 인도에 대한 접근을 더 가속화시켰다. 오바마는 2004년 부시 시절 체결된 '전략 파트너십'에 근거해 미-인도 관계구축을 원했고, 그것은 양자 연례 전략대화(SD: Strategic Dialogue) 개최로 이어졌다. 2009년 11월 오바마 대통령은 만모한 싱 인도 총리를 미국으로 초청해 미-인도 간 대테러, 비확산, 아시아 세력균형, 인도양에서 항해의 자유, 그리고 민주주의 증진을 포함하는 미래관계를 논의했다.[1] 그것은 오바마 행정부에서 최초의 외국 수뇌 국빈방문 초청이었다.

　　2010년 4월 미 재무장관 티모시 가이트너(Timothy Geithner)가 새로운 미-인도 경제 및 재정 파트너십 진수를 위해 처음 인도를 방문했다. 인도 상대역과의 장관급 회담은 경제 및 재정분야에서 더 심화된 양자관계 제도화의 시작을 알렸다. 그해 6월 미-인도 연례 양자 전략대화에서 미 국무장관 힐러리 클린턴은 인도가 '필수불가결한 파트너'라고 말했고, 오바마 대통령은 미-인도 관계가 "21세기의 가장 중요한 파트너십 중 하나가 될 것"이라고 선언했다. 그 전략대화는 10개 분야에 관한 광범위한 양자구상에 합의했는데, 그것은 대테러, 비확산, 사이버 안보, 에너지 안보와 기후변화, 무역 및 경제관계를 포함했다.[2] 그 이후 그 연례 양자 전략대화는 매년 이어졌다. 그해 11월 오바마는 인도를 답방하고 추가적인 양국 군사, 무역협정에 서명했다. 워싱턴이 뉴델리에 21억 달러 상당의 P-8 포세이돈(Poseidon) 대잠함(ASW: anti-submarine warfare) 초계기, 50억 달러 상당의 C-17 군용 수송기를 판매하면서, 미국은 러시아, 이스라엘 다음으로 인도에 첨단무기를 많이 판매하는 국가가 됐다. 미 국무부, 국방부 고위관리들, 그리고 미 합참의장 마이크 뮬렌(Mike Mullen)은 인도가 미국의 세계 운영에 결정적으로 중요한 파트너가 됐다고 말하면서, 더 강력한 양국 군사협력의 필요성을 강조했다. 오바마는 또 149억 달러 무역거래를 선언해 양국 경제유대를 조명했고, 인도 의회연설에서 미국 대통령으로서는 처음으로 워싱턴이 인도의 유엔안보리 상임이사

---

1)　"US-India relationship is global in scope: Pentagon," The Times of India, (August 2, 2012)

2)　"Remarks by the President to the Joint Session of the Indian Parliament in New Delhi, India," whitehouse.gov, (November 8, 2010); "U.S.-India Strategic Dialogue," U.S. Department of State, (July 19, 2011)

국 지위 확보를 지원할 것이라고 약속했다.[1] 2010년 미-인도 간에 한 가지 불만사항은 인도 의회가 핵발전소 사고 시 공급국에 과도한 책임을 부과하는 핵 책임법안(nuclear liability law)을 통과시킨 것이었는데, 그 조치는 투자자들의 신뢰를 저하시키고, 시간이 가면서 2012~2013년 인도의 경제발전을 둔화시키는데 부정적으로 기여했다.

2011년에는 미-인도-일본 3자 대화가 처음으로 시행됐다. 그것은 아베 총리와 오바마의 중국 부상의 우려에 관한 공감대, 그리고 호주를 포함시켜 본격적으로 쿼드를 형성하려는 양국 리더의 강력한 의지를 반영했다. 7월에는 미-인도 간에 긴밀한 사이버안보 협력을 증진하기 위한 양해각서 서명이 있었다. 그 합의는 양국 전략대화 여러 기둥 중 하나를 충족시키도록 고안된 것이었다. 2012년 5월 레온 파네타(Leon Panetta) 미 국방장관이 오바마 행정부의 아시아로의 피봇에 따라 군사유대를 증대시키기 위해 인도를 방문했다.[2] 8월 국방부 부장관 애쉬턴 카터(Ashton Carter)는 뉴욕 아시아협회(Asia Society) 연설에서 미-인도 관계는 그 영향력에서 지구적 범위를 갖고 있다고 말하고, 두 나라는 국방, 연구 분야에서 관계를 강화하고 있다고 덧붙였다.[3] 그러나 2013년 7월 오바마 행정부와 인도 싱 총리 정부 간에 약간의 불협화음이 노출됐는데, 그것은 미 정보당국이 뉴욕의 인도 유엔대표단과 워싱턴 인도대사관을 도청한 것이 드러났기 때문이다.[4] 9월에는 싱 총리가 인도 리더로서의 마지막 방문으로 워싱턴에서 오바마와 만났다. 그것은 오바마와 싱 총리의 4년 간의 3번째 만남이었는데, 그들은 안보, 민간 핵거래, 무역, 이민개혁을 논의했다.

2013년 12월 양국 간에 또다시 외교긴장이 발생했다. 그것은 가정부 비자

---

1) Stephen Cohen and Sanil Dasgupta, "Arms Sales for India," Brookings Institution, (March 9, 2011); "Obama backs permanent seat for India on Security Council," CNN, (November 8, 2010)

2) 그 여행은 2010년 1월 로버트 게이츠(Robert Gates) 미 국방장관이 인도 상대역을 만난 후 처음 있는 일이었다.

3) "US India relationship is global in scope; Pentagon," The Times of India, (August 2, 2012)

4) Whitney Eulich, "India recoils at reported NSA spying on its Hindu nationalist party," Christian Science Monitor, (July 3, 2014)

신청과 관련해 사실대로 말하지 않았다는 이유로 FBI가 인도 부총영사(Devyani Khobragade)를 체포한 것에 인도 언론과 대중이 분노하면서 격화된 사건이었다.[1] 인도 내에서 수주간 반미 분노가 뉴스를 지배하면서, 뉴델리는 인도 미국 대사관 보안등급을 하향조정하고 미 대사관 학교 교사 비자갱신을 거부했고, 워싱턴은 2014년 3월 인도 주재 미 대사(Nancy Powell)의 사임으로 그 문제를 매듭지었다. 워싱턴이 처음부터 가정부 비자 문제를 조용히 처리하지 않은 것은 외교적으로 미숙한 처사였는데, 그것은 피할 수 있는 폭풍이었다. 한편 5월 인도 총선에서 야당이던 인도인민당(BJP: Bharatiya Janata Party, Indian People's Party)이 승리하면서, 나렌드라 모디(Narendra Modi)가 신임총리로 등장했다. 모디의 총선 승리는 2012~2013년 인도의 경제성장이 둔화되고 외국 투자억압으로 그 사태가 더 악

화되는 배경에서 가능했다. 또 그 당시 인도의회당 정부는 부패로 비난받고 있었고, 인프라 개혁, 유통업과 보험을 포함하는 서비스 산업 진흥, 에너지 산업 발전 등 제반 공약의 이행에서 부진했다. 해외 투자자에 대한 차별적 세금 부과와 무역을 저해하는 보호주의 입법 조치는 미국을 포함하는 많은 해외 선진국들의 불만사항이었다.[2]

▲ 나렌드라 모디, cnn.com

1) 보스턴 대학의 국제관계 전문가가 인도 외교의 의사결정 과정과 내부사정에 관해 다음과 같이 흥미 있는 측면을 관찰했다. 인도에서 외교는 총리실, NSC, 외교부 3개 기구가 담당한다. 그러나 그 세 기구 간에 소통을 통한 집단적 결정은 없고, 인도 외교는 대체로 장기적 전략부재로 특징지어진다. 대사관, 영사관의 외교 결정 역시 국가차원의 본부가 아닌 개별 담당부서, 개별 외교관이 내리고, 그것은 위로부터 아래로의(top-down) 결정이 아니라 거의 완전히 밑으로부터 위로의(bottom-up) 결정이다. 외교 공동체는 싱크탱크나 외부 영향으로부터도 완전히 무풍지대에 있다. 중앙의 세 기구와 전 세계에 배치된 외교관들은 모두 외교 공무원 시험을 거쳐 선발된 사람인데, 그들은 그 시험이 너무 소수 인원을 선발하는 이유로 엄청난 인력부족에 시달린다. 인도 외교는 미국, 중국, 그리고 기타 강대국에서는 보기 힘든 형태를 띤다. 한편 인도 정치인들은 대외관계보다, 국내문제, 경제를 훨씬 중요하게 여긴다. 또 부분적으로 인도가 강대국으로 인정받을 경우, 탄소배출량, 시장 개방을 포함해 개도국 위상포기로 인한 불이익을 우려한다. 그들은 미국이 인도를 중국에 대한 대척점으로 인식하는 것도 부담스러워하고 경계한다. 미국은 인도에 대한 기대수준을 낮추는 것이 더 나을 것이다. 그들은 지구적 책임보다 인도의 좁은 이익에 더 관심이 있다. Manjari Chatterjee Miller, "India's Feeble Foreign Policy (A Would-Be Great Power Resists Its Own Rise)," Foreign Affairs, Vol. 92, No. 3 (May/June 2013), pp. 14-19.
2) Nicholas Burns, "Passage to India (What Washington Can Do to Revive Relations with New Delhi)," Foreign Affairs, Vol. 93, No. 5 (September/October 2014), pp. 134-136.

BJP는 힌두 민족주의를 옹호하면서도, 다른 정당보다 더 친기업적인 우파 성향을 보유했다. BJP는 1998년 이후 인도의회당에 대한 유일한 국가수준 경쟁자로 등장했고, 2014년 30년 만에 처음 모디의 리더십하에서 총선에 승리했다. 모디는 2001~2014년 경제적으로 역동적이고 상대적으로 발전된 서부 구자라트 주의 수석장관(Chief Minister, 주 지사)으로 재직했는데, 그는 인도 최초의 하급 카스트 출신 총리였다.[1] 오바마는 즉시 과거 부과된 모디의 비자 금지를 취소하면서, 그의 미국 방문을 초청했다. 그 비자 금지는 모디가 구자라트 수석장관 당시 수개월간 지속된 반 무슬림 폭동을 진압하지 않아 2002년 부시 행정부가 인도주의 명목으로 부과한 제재였다. 그러나 모디가 신임 총리로 취임한지 2개월이 지난 2014년 7월 미국 NSA가 또다시 인도 내 개인과 단체를 도청한 것이 드러나면서, 인도 외교부가 미 외교관을 소환해 항의하는 또 다른 외교 분쟁이 발생했다. 그래도 8월 존 케리 미 국무장관은 모디의 미국 방문을 준비하기 위해 뉴델리를 방문했고, 모디는 미 언론과의 인터뷰에서 과거 미-인도 관계에서 약간의 부침이 있었다는 사실을 시인했다. 9월 모디는 많은 조명을 받으면서 미국을 방문했다. 그것은 그의 총리로서의 최초 방문이었는데, 그는 미-인도 전략 파트너십 강화와 투자유치를 원했다. 그는 유엔총회에서 미-인도 협력이 양국 안보와 세계 평화에 미치는 중요성에 관해 연설했고, 제조업 활성화를 통한 인도 내 생산능력과 고용증대를 추구하는 그의 경제정책 '인도제조'(Make in India)의 일환으로 뉴욕에서 미국인 기업 리더들을 초청, 환담했다. 모디는 또 미 수출입은행과 인도 에너지 부서간의 양해각서를 체결했는데, 그것은 인도의 저탄소 에너지 대안 개발, 그리고 미국 재생가능 에너지의 인도 수출을 돕기 위해 미국이 최대 10억 달러를 제공하는 프로그램이었다.[2]

---

1) 인도 헌법은 인도가 세속적, 사회주의 민주공화국이라고 규정한다. 행정권한은 총리와 장관위원회(Council of Ministers)에 집중돼 있다. 1947년 독립 이후 14명 총리 중 3명을 제외한 모두는 북부의 상류 카스트 출신이었다. 의회는 상, 하원으로 구분된다. 하원(Lok Shaba)은 543석으로 국가권력의 원천이다. 그들은 5년 임기로 29개 주와 7개 연방영토로부터 선출된다. 상원(Rajya Shaba: Council of States)은 250석으로 세수를 검토하지만, 비토권은 없고 6년 임기로 근무한다, 그중 12명은 형식상의 국가수반인 대통령이 임명한다. Krostadt, "India's Domestic Political Setting," (Updated May 31, 2019), p. 1.

2) "Obama supports India on UN Security Council," The Independent, (November 8, 2010); Jason Burke, "US turns on charm as Narendra Modi roadshow rolls into New York," The Guardian, (September 28, 2014)

2015년 1월 오바마는 '공화국의 날'을 축하하기 위해 두 번째로 인도를 방문
했다. 오바마는 세계 최대 2개 민주국가 관계를 "미국은 인도의 최고 파트너가 될
수 있다"는 말로 강조했다. 두 리더는 양국 민간 핵 무역이 정상궤도에 올랐다고
선언하고, 유엔 및 기타 다자 이슈에 관해 대화했다. 6월 애쉬턴 카터는 인도 국
방장관(Manohar Parrikar)과 2005년 체결된 10년 기간 미－인도 국방프레임 합의
를 10년 더 연장하는 합의에 서명하고, 미 국방장관으로서는 처음으로 인도 군사
령부를 방문했다. 모디는 9월 캘리포니아 실리콘밸리를 방문하면서 인도계 미국
인들과 대화하고, 유엔총회로 향했다. 2015년 9월까지, 2009년의 연례 양자 전략
대화(SD)는 '전략 및 상업대화'(S&CD: Strategic & Commercial Dialogue)로 확대,
격상됐다. 12월 인도 국방장관의 미 태평양 함대를 방문이 있었는데, 그것은 6월
카터의 인도 군사령부 방문에 대한 답방 성격이었다.[1]

2016년 2월 뉴델리는 워싱턴이 인도와 경쟁관계에 있는 파키스탄에 8대의
F－16 전투기, 8대 공중레이더(AN/APG－68(V)9), 8대의 전자전 장비(ALQ－211(V)9)
를 판매한 것에 대해 항의했다. 어느 인도의회당 의원은 미국의 파키스탄에 대한
무기판매, 그리고 미－인도 유대의 취약성에 대해 실망했다고 말했다.[2] 더 나아
가 3월 뉴델리 당국은 미국, 일본, 호주와 함께 남중국해에서 중국에 반대해 공
동으로 해양순찰을 하자는 워싱턴의 제안을 거부하면서, 인도는 연합 군사훈련
은 수용하지만 연합순찰은 원치 않는다고 말했다. 그런 가운데 6월 모디는 또
다시 미국을 실무방문하고 미 상하원 합동의회에서 연설했다. 그는 두 나라 민
주주의의 공통적 특징과 특별한 우정을 조명하고, 양국관계의 미래에 관해 연설
했다. 미－인도 공동성명에 따라 양국 실무진은 국방, 무역 및 투자 파트너십을
검토했다. 그것은 군사협력과 더불어 인프라, 스마트 도시 관련 협력, 그리고 환
경, 테크놀로지, 건강, 과학 분야 협력을 포함했다. 8월 미－인도 병참협정
(LEMOA: Logistics Exchange Memorandum of Agreement)이 체결됐다. 그것은 미국
과 인도 군대가 상대방을 위해 재공급, 수리, 그리고 군사기지 사용을 허용하는

1) "India, US hold first ever bilateral dialogue on UN, multilateral issues," Firstpost,
(February 19, 2015); "India, US and a year of togetherness," The Indian Express,
(December 26, 2015)

2) "F－16, Pervez Musharraf pour cold water on Indo－Pak dialogue," The Times of
India, (February 15, 2016)

조약이었다. 그 조약은 미국과 인도 군대에게 상대방을 위한 병참 공급을 강제하는 것은 아니고, 각 개별 요청시 허용을 결정하도록 규정했다.[1]

(2) 미-인도 관계의 구조

뉴델리의 경쟁국인 파키스탄과 미국의 불가피한 관계에도 불구하고, 미－인도 관계는 21세기에 들어와 활발하게 진행됐다. 그것은 양국의 공통 관심사인 대테러, 아프간 전쟁, 비확산, 아태지역 세력균형, 무역 및 경제, 재난구조, 민주주의 증진에 관한 논의를 포함했고, 양국 정상들의 빈번한 만남과 상호방문은 주요 이슈에 관한 워싱턴과 뉴델리의 입장이 타협, 합의에 도달하는 것을 도왔다. 미－인도 우호관계는 2016년 말까지 군사, 경제관계의 두 개 축을 따라 진행됐다. 워싱턴은 미－인도 관계를 아태지역 및 지구적 차원 안보협력의 핵심요소로 보았고, '전략 파트너십'과 10년 기간 국방프레임에 따라 양자 간에 대테러 협력, 해상안보, 연합 군사훈련, 정보 및 병참지원, 무기 및 국방 테크놀로지 이전이 추진됐다. 워싱턴은 특히 중국의 부상과 관련해 뉴델리가 제공하는 아태지역 안보협력의 가치를 중시했다. 양국 고위 안보 관리들의 상호방문은 상대방에 대한 투명성을 증진시켰다. GSOMIA를 포함하는 기본 안보합의는 양측의 군사협력을 유기적으로 연계시켰다. 미국의 무기판매는 인도 군의 질적 향상을 도왔다. 미 의회 법안 통과에서 확정된 워싱턴의 민간 핵협력 허용은 미－인도 관계에서 새로운 분수령을 장식했는데, 그것은 워싱턴이 인도를 얼마나 중시하는지를 단적으로 입증했다. 미－인도는 대테러 정보를 공유하면서 파키스탄 내 테러그룹 진압에 협력했고, 2015년 S&CD 공동성명은 대테러 투쟁에 관한 양국협력의 진전을 찬양했다. 2016년 4월 미 국방장관이 14개월 만에 인도 상대역과 4번째 회담을 할 정도로 양국 안보관계는 심화되고, 그 범위는 확대됐다. 향후 우선순위에 관한 그들의 공동성명은 대테러, 인도양 해상안보, 기타 노력을 조명했다. 2008년 이후 2016년까지 미－인도 군사계약은 1백억 달러를 넘어섰다.[2]

---

1) "India Rejects joint Naval Patrols with US in South China Sea," Voice of America, (March 11, 2016); Varghese K. George, "India, US sign military logistics pact," The Hindu, (August 30, 2016)

2) K. Alan Kronstadt, ShayerahIlias Akhtar, "India－U.S. Relations and the Visit of Prime Minister Modi," CRS Insight, IN10500, (June 6, 2016), p. 2.

　　그러나 양국 간에 문제가 없는 것은 아니었다. 미국이 핵공급 그룹(NSG; Nuclear Supplier Group)을 포함해 인도의 다자 군비통제로의 '단계적 진입'을 권고할 때, 인도는 NPT에 서명하지 않은 채 90~110개 핵탄두를 보유하면서 핵능력 정교화를 추진했다. 미국에게는 힌두 민족주의를 옹호하는 BJP의 종교차별, 불관용으로 인한 인권남용도 우려의 대상이었다. 미국의 행동으로 인한 양국 관계의 긴장도 존재했다. 미 정보공동체는 인도의 외교, 군사임무 관련 정보수집을 위해 도청을 포함해 비합법 수단을 동원한 것으로 드러났고, 그것은 뉴델리로 하여금 미국과의 더 긴밀한 군사협력을 거부하게 만들었다. 대테러, 아프간 전쟁에서 협력하는 파키스탄에 대한 워싱턴의 무기판매는 인도를 분노하게 만들었다. 많은 것이 워싱턴에게는 한 치의 더 안전한 안보를 위한 선택이었지만, 뉴델리에게 그것은 수용이 불가능했다. 미-인도 경제관계에도 상당한 도전이 존재했다. 미-인도 경제관계가 2016년까지 무역규모 1천억 달러를 넘어서고, 투자가 2008년 미국 재정위기 당시 약간 주춤한 이후 계속 상승세를 이어갔지만, 그것은 많은 문제점을 내포했다. 국제경제에서 인도는 무역, 금융, 과세, 투자 포함 전반적 영역에서의 지나친 보호무역주의로 인해 미국이 주도하는 TPP와 APEC에서 배제됐다. 뉴델리의 경제정책 시정을 전제로 미국이 인도의 APEC 가입을 지지할 때, 뉴델리는 RCEP에 더 큰 관심을 가진 것으로 보였고, WTO에서 양측은 서로 제소하면서 아직 많은 미해결 이슈를 갖고 있었다. 지난 10년 간 진행되는 양자 투자협정은 아직 완결되지 않았다.[1] 비록 양측이 2024년까지 연례 무역을 5배 증가시키기로 합의했지만, 워싱턴은 인도와 거래하는 미국회사들이 직면하는 기업환경을 우려했다. 그것은 인도의 지적재산권(IPR) 미준수, 현지 재원 사용(local sourcing)을 강요하는 현지화 장벽(localization barriers), 그리고 인도 내 생산을 우선시하는 'Make in India'에 따른 해외투자 제한 및 규제적 사업환경을 포함했다. 워싱턴은 뉴델리 당국의 수사(rhetoric)가 개혁으로 이어질지 확신할 수 없었다.[2]

(3) 트럼프 시기 미-인도 관계

　　2016년 대선 캠페인 연설에서 트럼프의 인도 관련 발언은 긍정적이었다. 그

---

1) Burns, "Passage to India," Foreign Affairs, Vol. 93, No. 5 (September/October 2014), p. 137.
2) Kronstadt, Akhtar, India-U.S. Relations, (June 6, 2016), p. 2.

는 인도 총리 모디에 대해 우호적 의사를 표시하면서, 미-인도 관계가 더 가까워지기를 바란다고 말했다. 그는 또 그의 행정부 하에서 미-인도 관계는 '역대 최고'일 것이라고 덧붙였다.[1] 그래도 트럼프 대통령 집권 첫해 그의 특별한 행동 패턴에 비추어 뉴델리는 워싱턴의 자국 관련 정책이 어떻게 변화될지에 대해 촉각을 세우고 있었다.

1) 취임 첫해

2017년 1월 미 NSC는 미-인도 파트너십이 테러 방지에 크게 기여했다고 말했는데, 그것은 미 행정부가 인도와의 전략적 안보관계를 중시하고 뉴델리에 대해 긍정적 인식을 갖고 있는 것으로 이해됐다. 그러나 2월 인도계 엔지니어가 미국 캔사스 주에서 증오범죄의 대상이 되는 사건이 발생했다. 그것은 캔사스 주 어느 음식점에서 한 백인남성이 3명의 인도인들에게 "내 나라에서 나가라"고 소리친 후 총을 발사해 그 중 한 명이 숨지고 다른 2명이 부상당한 사건이었다. 인도는 해외 유학생의 거의 1/5을 미국으로 보내고, 인도 출신 고숙련 근로자의 3/4 이상에게 H-1B 비자가 주어지지만, 그 인종주의적 공격은 인도인들에게 미국이 안전하지 못하다는 우려를 불러일으켰다.[2]

트럼프 임기 초, 인도 대학의 아태지역 전문가(Sumit Kumar)가 트럼프 행정부의 인도정책 관련 영향에 관해 다음과 같이 분석했다. 트럼프 행정부는 여러 차례에 걸쳐 대외정책의 변화를 예고했다. 트럼프 대통령 자신이 취임 연설에서 '미국 우선'을 강조했고, 나중에 또 그가 집권하는 동안 미국 국민 어느 누구도 외국 이익에 의해 침해당하는 일은 없을 것이라고 말했다. 그의 대외정책은 전례가 없는데, 나토, 그리고 '하나의 중국' 원칙의 정당성을 의문시하고, 멕시코 대통령 엔리케 니에토(Enrique Pena Nieto)의 백악관 방문을 취소시킨 것이 그런 경우이다. 푸틴에 대한 우호적 태도, 이스라엘-팔레스타인 갈등에서 2국가 체제의 정당성에 대한 의심, 그리고 H-1B 비자와 이민에 대한 부정적 입장 역시 이례적이다.

---

1) Max Bearak, "At Hindu-American rally, Trump pitches India and U.S. as best friends," Washington Post, (October 15, 2016)

2) CFR-U.S.-India Relations-Council on Foreign Relations, https://www.cfr.org〉timeline〉 us-i...

그러나 그의 몇몇 입장은 인도에게 도움이 될 수 있다. 이슬람 테러리즘 근절, 아프간 주둔 미군의 임무, 그리고 파키스탄 핵무기 불법성에 대한 강조는 이슬라마바드의 여러 행태에 비추어 뉴델리에 유리하게 작용할 것이다. 중국의 부상을 원치 않는 미 신행정부의 공세적 입장 역시 미-인도 관계에 도움이 될 것이다. 미국의 인도 정책은 더 지켜보아야 하지만, 일단 인도 외교안보 고위관계자의 미국방문과 미-인도 국방장관 통화는 양국 안보협력이 우호적으로 전개될 수 있음을 암시한다. 양국 경제관계는 어떻게 진행될까? 미국의 TPP 철수는 인도에 도움이 되는데, 왜냐하면 그 제도 시행 시 2030년까지 인도 GDP의 0.1%인 20~60억 달러 손실이 예상되기 때문이다. 그러나 일부 부정적 영향은 있을 것이다. 멕시코와 중국으로부터 미국 기업을 철수시키고, 중국 차량과 부품에 25%의 높은 관세를 부과하는 정책은 인도 자동차 산업에 부정적 영향을 미칠 것이다. 그 이유는 닛산, 포드, 현대를 포함해 세계 유수의 자동차 회사들이 인도에 생산기지를 유지하면서 미국으로 제품을 수출하기 때문이다. 그것은 수출증대가 핵심목표인 모디의 'Make in India'에 타격을 줄 것이다. 마지막으로, 미국 내 극단적 민족주의 증대는 증오범죄를 유발하고, 인도계 미국인들의 영향력을 축소시킬 것이다. 미 행정부는 최근 발생한 인도계 엔지니어 살해범을 처벌해야 하고, 외국인의 안전을 보장해야 하며, H-1B 비자 우려를 해소해야 한다. 또 미-인도 민간 핵합의를 성실하게 이행하고, 인도의 핵 공급그룹 가입과 유엔안보리 회원국 자격획득 지원 약속을 지켜야 한다.[1]

2017년 봄 트럼프는 갑자기 인도와 관련된 몇몇 사안을 거론했다. 그는 미국이 제조업을 부활시키기 위해서는 여러 나라들과 관세 협상이 필요한데, 인도의 관세는 세계적으로 보기 드물게 높다고 주장했다. 그는 또 파리 기후협약에 머물기 위해 뉴델리가 터무니없는 혜택을 요구하고 있으며, 미국은 국내경제 부활을 위해 해외에 수많은 노동인력을 파견하는 인도를 포함하는 여러 나라들에 대해 이민 비자를 제한할 것이라고 말했다. 뉴델리는 미국 신행정부가 인도에게 어떤 정책을 사용할지에 대해 많은 우려에 휩싸였다. 아직 미 신행정부의 정책이 예측하기 어려운 상태에서, 6월 트럼프와 모디가 워싱턴에서 회동하는 계획이 확정됐

---

1) Sumit Kumar, "Trump's Policy toward India," (March 30, 2017), https://www.indiand efencereview.com⟩ ...

다. 일단 그 미팅은 인도에게 청신호로 이해됐다. 그때 몇몇 남아시아 전문가들 (Nikhil Kumar, Ronak D. Desai)이 모디 총리가 트럼프 대통령과 회동할 때를 위해 다음과 같이 조언했다. 첫째, 모디는 트럼프와의 만남에서 양측에 도움이 되는 주제를 논의해야 한다. 파리 기후협약 문제는 거론하지 않는 것이 좋은데, 왜냐하면 트럼프 자신이 그 협정으로부터 미국을 철수시켰고, 또 뉴델리가 그 협약 잔류를 위한 조건으로 선진국들에게 수십억 달러 경제지원을 요구했다고 수주 전 비난했기 때문이다. 인도 정부가 트럼프의 주장이 사실이 아니라고 반박한 현 상황에서, 모디는 불같은 성격의 트럼프를 자극하지 말아야 한다. 오히려 모디는 뉴델리가 트럼프의 '미국을 다시 한 번 위대하게' 슬로건을 도울 수 있고, 미-인도 상호투자가 미국의 직업창출에 도움이 되며, 인도의 부상이 미국에게 이익이라고 설득해야 한다. H-1B 비자 문제 같은 지엽적 사안은 장관이나 실무자 레벨에서 다루게 하는 것이 더 현명할 것이다. 둘째, 모디는 트럼프 행정부의 아시아 핵심구상을 파악해야 한다. 인도에게 중요한 것은 탈레반과 알카에다 테러리스트를 수용하는 파키스탄에 대한 미국의 정책, 그리고 아직 그 실체가 확실치 않은 미국 신행정부의 중국 정책을 정확하게 확인하는 것이다. 워싱턴이 경제, 군사적으로 부상하는 중국을 제어할 의지가 있는지를 확실하게 파악하는 것은 역내, 그리고 지구적 차원에서 인도의 대외정책 형성을 도울 것이다. 마지막으로 모디는 트럼프와의 회담이 끝난 후 그의 트위터를 체크해야 하는데, 왜냐하면 그는 우호적 미팅 이후에도 시진핑, 메르켈과의 회동에서 나타나듯 가끔 그 리더들을 비난하기 때문이다.[1]

그것은 모두 미-인도 관계에서 미국의 우월한 입장을 감안하는 모디 총리의 리더로서의 식견, 그리고 트럼프의 예측 불가능성에 대한 경계심을 강조하는 조언이었다. 모디와 인도에게는 다행스럽게, 실제 6월 26일의 그 미팅에서 (전문가들의 조언과 비슷하게) 무역, 기후변화, H-1B 비자문제는 논외로 제쳐졌고, 두 리더는 대테러, 국방, 해상안보에서의 강력한 파트너십을 재확인하는 공동성명을 발표했

---

1) 모디가 미국행 비행기에 올랐을 때, 트럼프는 이미 "모디와의 멋있는 미팅이지만, 인도는 관세를 내리고 기후변화에서 돈 받는 것을 중단해야 한다"고 트위터에 올렸다. Nikhil Kumar, "What to Expect From Narendra Modi's First Meeting With Donald Trump," (June 23, 2017), https://time.com〉World〉India; Ronak D. Desai, "Three Key Takeaways From Modi and Trump's First Meeting," Forbes, (July 6, 2017)

다. 트럼프는 중국, 파키스탄을 포함하는 아태지역 안보에 관한 워싱턴의 입장을 설명했고, 그것은 모디에게 미-인도 관계를 강화시키는 좋은 기회로 다가왔다.

2) 2018년 안보 및 경제관계

2018년 4월 트럼프는 인도가 미·중 경쟁에서 미국을 돕는 능력 있는 군사 파트너가 되도록 뉴델리에 프레데터(predator) 드론 판매를 의도했다. 인도는 150억 달러 상당의 100대 다목적 전투기 구매를 제안했고, 미국은 우호적 조건으로 F-16, F/A 수퍼 호넷(Super Hornet) 판매를 추진했다. 9월 미-인도 간에 뉴델리에서 최초로 미 국무장관 마이크 폼페이오, 미 국방장관 짐 매티스와 인도 상대역 간에 2+2 회의가 개최됐다. 그때 양국 간에 통신 관련 합의(COMCASA: Communications Compatibility and Security Agreement)가 체결됐는데, 그것은 양자 및 다자 작전에서 양측이 승인된 장비를 통해 안전하게 통신을 공유하고 실시간으로 정보를 교환하는 메커니즘이었다. 거의 10년 간 협상 중이던 그 협정은 인도에게 미국 군사장비에서 사용되는 첨단 통신기술 접근을 허용했다. 10월에는 미-인도 간에 약간의 의견충돌이 발생했다. 그것은 뉴델리가 러시아로부터 4대의 S-400 MD 시스템을 구매한 것에 대해 워싱턴이 제재를 위협한 것이다.[1] 트럼프 행정부가 인도의 이란 오일 구매에 대해서도 제재할 수 있다고 또다시 위협했을 때, 미-인도 전략 파트너십 포럼 의장으로 활동하는 인도의 고위인사(Mukesh Aghi)는 워싱턴의 지나친 제재가 양국 신뢰를 무너뜨릴 수 있다고 우려를 표시했다. 그해 트럼프-모디-아베 간에 G20 장외에서 3국 리더 회담이 있었다. 그러나 호주를 포함하는 쿼드가 얼마나 성공적일지에 관한 의문이 제기됐는데, 그 이유는 전략적 자주를 선호하고 미국을 거만한 수퍼 파워로 간주하면서 러시아, 중국과의 관계증진을 도모하는 뉴델리가 모스크바, 베이징과의 관계 훼손 가능성에 극도로 조심하기 때문이었다.

그러나 2018년 초를 전후해 미국과 인도는 순조로운 안보유대와는 별개로, 경제관계에서 약간의 어려움을 겪기 시작했다. 트럼프는 무역적자에 불만을 표시하면

---

1) "US defence major Lockheed Martin welcomes India's mega procurement initiative for over 100 fighter jets," (April 7, 2018), www.indianexpress.com; "Why Punishing India on Russia Would Be a Mistake for the United States," The Diplomat, (May 17, 2018)

서 인도가 불공정 무역을 시행한다고 비난했고, 그에 따라 미 관계당국은 뉴델리의 경제행태 조사를 진행했다. 워싱턴은 뉴델리가 'Make in India'하에서 관세를 높게 책정해 미국의 상품과 서비스 수출을 제한하고, 무역과 투자에서 중국과 비슷하게 신중상주의 정책을 추구하는 것으로 판단했다. 미-인도 FDI는 규모가 작은 가운데 증가 추세에 있었지만, 더 나은 투자여건 조성을 위한 양자협상은 지연되고 있었다. 2018년 2월 트럼프는 인도가 FTA에 관심을 표명한다고 말했지만, 전문가들은 뉴델리가 워싱턴의 요구를 수용할 가능성에 의구심을 가졌다. 무기 및 군사장비, 민간 핵을 포함하는 상품 및 서비스 무역에서 인도가 차지하는 비율은 미국 전체 무역의 3%에 불과했다. 반면 인도의 세계무역에서 미국이 차지하는 비율은 훨씬 더 컸다. 인도는 전체 상품수출의 최대 분량인 17.8%를 EU로 수출했고, 그 다음이 미국으로의 16%였다. 인도의 상품수입에서 가장 큰 비율을 차지하는 나라는 중국(14.6%)이었고, 그 다음이 EU(10.2%), 그리고 미국이 3위(6.3%)였다. 상품무역 적자 축소에 사활을 거는 트럼프 대통령은 뉴델리가 미국이 개도국에 특별히 제공하는 면세 무역제도인 '일반 특혜체계'(GSP: Generalized System of Preferences)로부터 혜택을 받고 미국과의 교역에서 수백억 달러 수익을 거두면서도 계속 고관세, 비관세 장벽, 또 강제 기술이전을 고집하는 것에 분개했다. 인도는 미국 GSP의 최대 수혜국이었는데, 2018년 자동차 부속, 화학제품을 포함해 인도 대미수출의 약 1/10에 해당하는 63억 달러 이상이 면세로 수출됐다.[1]

2018년 12월 헤리티지(Heritage) 재단의 전문가(Walter Lohman)가 미-인도 불균형적 경제관계 시정의 필요성에 관해 다음과 같은 의견을 제시했다. 지난 15년 이상, 미-인도 관계는 순탄하게 작동했고, 지금도 인도는 미국이 파키스탄, 중국과 대립각을 세우는 것에 만족해한다. 미국은 안보문제에서 인도에 너그러울 수 있는데, 뉴델리가 러시아, 이란에 접근하는 것에 대한 제재도 면제해 줄 수 있다. 그러나 트럼프 행정부는 무역에 대해서는 달리 생각한다. 현재 미국은 인도시장에 더 가까이 접근하기를 원하고, 뉴델리는 미국에 수출하는 600억 달러 상품의 약 60억 달러 상당에 대해 특혜체계(GSP)를 원한다. 또 그 관계는 디지털 데이터 저장과 같은 지적재산권 문제를 포함하고, 그것은 미국 크레디트 카드와 인터넷

[1] 2019년 인도의 미국으로의 상품 및 서비스 수출은 880억 달러였고, 순이익은 270억 달러였다. Shayerah Ilias Akhtar, K. Alan Kronstadt, "U.S.-India Trade Relations," CRS IN Focus, IF10384, (Updated February 14, 2020), p. 1.

기업들에게는 큰 이슈이다. 그 맥락에서 오늘 이 시점 워싱턴이 가장 중시하는 사안은 스마트 폰, 스마트 시계, 정보통신(telecommunication) 네트워킹 장비를 포함하는 7개 하이테크 상품라인에 대해 인도가 부과하는 관세이다. 문제는 그것이 WTO의 1996년 IT 합의를 위반한다는 점이다. 미국은 대응하지 않을 수 없는데, 왜냐하면 그 정책이 인도로의 직접수출과 지구적 가치체인을 통해 돌아가는 미국의 모든 수출을 제한하기 때문이다. 인도가 정보통신 테크놀로지(ICT: information and communications technology) 제조에서 진정한 리더가 되기 원한다면, 뉴델리는 WTO 약속을 지켜야 한다. 양측 협상의 진전이 어려운 이유는 인도 내에서 더 많은 제품 제조를 독려하는 'Make in India'로서, 그 정책은 효율성 차이만 제외하면 베이징의 '중국 제조 2025'와 다를 것이 없다. 미국 기업들은 트럼프 행정부가 시장접근을 밀어붙이는 것을 지지하고, 뉴델리는 미국 내에서 자신의 상업적 이익을 희생해 가면서 인도가 중국과 경쟁하는 것을 도우려는 파트너를 발견하지 못할 것이다. 뉴델리가 불공정 무역을 빨리 시정할수록, 양측은 중국으로부터의 진정한 도전에 더 잘 대응할 수 있을 것이다.[1]

3) 2019년

2018년 미-인도 간의 안보, 경제 맥락은 2019년에도 그대로 이어졌다. 2019년 3월 미국은 인도에 6개 핵원자로를 건설하는 민간 핵 협력 강화, 그리고 양자 안전 관련 합의에 서명했다.[2] 5월에는 인도에서 총선이 있었는데, 그때 모디 총리의 BJP가 또다시 승리했다. BJP의 처음 5년 집권 기간 힌두 다수 민족주의자들의 종교소수 탄압에 대한 우려가 제기됐지만, 2019년 BJP는 제17차 하원선거에서 압도적으로 승리했다. BJP는 6억 유권자 중 38%를 득표해 하원 의석수 56%인 303석을 차지했다. 인도선거에서는 지역, 카스트가 핵심변수인데, 2019년 총선에서는 8천명 이상의 후보와 수백 개 정당이 의회 의석을 위해 경쟁했다. 결과적으로 지난 오랜 기간 인도의회당이 인도정치를 지배했지만 두 번에 걸쳐 BJP가 월등하게 선전했고, BJP는 주 레벨 선거에서도 국민의 커다란 지지를

---

1) Walter Lohman, "How India Is Benefiting in the Trump Era," (December 11, 2018), https://www.heritage.org〉 asia〉 ho...

2) "U.S. and India commit to building six nuclear power plants," Reuters, (March 13, 2019)

받았다.[1] 그런 가운데 6월 트럼프 행정부가 인도에 대한 GSP를 종식시켰다. 트럼프는 인도가 그들 시장에 대해 '공평하고 합리적인 접근'을 허용하지 않았다고 말했는데, GSP는 워싱턴이 1970년대 개도국으로부터 미국으로 수입되는 상품에 대해 면세를 허용하는 지구적 차원의 시장경제 확대 프로그램의 일부였다. 수주 후, 인도는 8개 미국제품에 대해 보복관세를 부과했다. 뉴델리는 2018년 미국이 부과한 철강 및 알루미늄 관세에 대한 대응을 포함해 무역대화 중 보복을 연기한다는 방침을 표방했지만, 이번에는 미국의 조치에 맞대응하기로 결정했다. 그래도 9월 모디는 텍사스 휴스턴을 방문해 인도계 미국인들에게 연설했다. 그는 워싱턴에서 트럼프와 미-인도 유대를 재확인하고, 양국 3군 연합 군사훈련(Tiger Triumph) 시작을 선언하면서 군사협력 증대의 필요성을 강조했다.[2] 그러나 미-인도 간 무역마찰 해소 협상에도 불구하고, 2019년에도 경제관련 합의는 이루어지지 않았다.

4) 마지막 해

2020년 2월 코비드-19 팬데믹 직전, 트럼프는 처음으로 모디가 오랜 기간 수석장관으로 재직한 인도 구자라트 주 최대도시 아마다바드(Ahmedabad)를 방문했다. 그것은 2019년 미국이 모디를 위해 개최한 특별행사(Howdi Modi)에 대한 뉴델리의 감사표시 연장선상에서 진행됐다. 10만 명 이상이 모인 대중연설에서, 트럼프는 미-인도 관계를 21세기의 가장 중요한 관계 중 하나라고 말하면서 모디의 리더십을 치켜세웠고, 인도인들은 트럼프에 환호했다.[3] 인도는 30억 달러 상당의 미 군사장비 구매에 합의했고, 미국 오일회사 엑슨 모빌은 인도 국영 오일회사와의 거래 타결을 선언했다. 그 당시 트럼프 대통령과 미 행정부는 인도와의 제한적 무역협상이 성사되기를 애타게 기대했다. 그 시나리오는 미국이 GSP를 부분적으로 부활시키고, 인도가 미국 특정제품의 시장접근 확대를 약속한다는 것이었다. 그러나 무역 이슈를 해결하기 위한 수년간의 협상에도 불구하고, 양측은 농

1) Krostadt, India's Domestic Political Setting, (Updated May 31, 2019), p. 2.
2) Zach Montague, "U.S.-India Defense Ties Grow Closer as Shared Concerns in Asia Loom," The New York Times, (November 20, 2019)
3) "It will be Namaste Trump in India after Howdy Modi in US," Bloomberg, (February 17, 2020)

산물, 관세, 기타 영역에서의 균열을 좁히지 못하면서 합의에 이르지 못했다. 결과적으로 모디는 시장개방은 하지 않은 채 오히려 관세와 무역제한만 증대시킨 형상이 됐다.[1] 트럼프는 연이어 기타지역(Agra, Uttar Pradesh, Taj Mahal)을 방문해 수천 명 인도 예술인들로부터 환영받았다. 그러나 그 행사는 힌두와 무슬림 간의 시민권 관련법 논란에서 촉발된 뉴델리의 치명적 충돌로 인해 제대로 조명받지 못했다. 트럼프는 그 폭력에 대해 공개발언을 삼가고, 무슬림을 차별하는 그 법안에 대해 확고한 입장을 밝히지 않았다. 트럼프 임기 종료를 수개월 앞둔 10월 양국 외교, 국방장관들은 2+2의 세 번째 라운드에서 정보공유 합의에 서명했다. 그 항공, 지리 관련 협정(BECA The Basic Exchange & Cooperation Agreement)은 양국이 지난 20년 간 서명한 4개 기본 군사합의의 마지막 합의였는데, 그것은 인도에게 일련의 지리공간(geospatial), 지형(topographical), 항공(aeronautical) 데이터 접근을 허용해 인도의 드론 및 순항미사일 정확도를 증진시킬 것이었다. 12월 트럼프는 모디에게 미-인도 관계증진에 감사하는 뜻으로 미군 휘장인 '공로무공훈장'(Legion of Merit)을 수여했다. 그것은 호주 총리 모리슨(Scott Morrison), 일본 전 총리 아베에게도 수여됐는데, 그들은 모두 쿼드 창시자들이었다.[2]

(4) 미-인도 경제관계

미국과 인도는 미·중 경제관계와 비슷한 이슈에서 대립했다. 인도는 WTO에서 개도국에게 허용된 최고 관세비율을 적용해 외국상품 수입을 제한하고, 해외투자에서 외국기업에 불리한 비관세장벽 체계를 설립했다. 워싱턴은 중국이 WTO가 부여하는 개도국 지위를 활용해 엄청난 수익을 올리고 실질구매력을 감안한 GDP에서 미국을 넘어서는 것을 혐오했는데, 트럼프 행정부는 인도 역시 그 제도의 취약점을 이용하는 현실에 불만을 가졌다. 처음에 미국을 비롯한 선진산업국들이 중국, 인도를 포함하는 여러 나라에 개도국 지위를 용인한 것은 그들의 시장경제 정착과 자본주의 세계경제 확대를 위한 것이었지만, 이제 그들이 WTO

---

1) Akhtar, Kronstadt, U.S.-India Trade Relations, (Updated February 14, 2020), p. 2.
2) Sheikh Saaliq and Emily Schmall, "Death toll rises to 24 from Delhi riots during Trump trip," Associated Press, (February 27, 2020); "2+2 dialogue; India, US sign crucial agreement on geospatial intelligence," The Indian Express, (October 27, 2020); Shirhir Gupta, "US Legion of Merit award for QUAD architects sends multiple messages," Hindustan Times, (December 22, 2020)

에서 허용되지 않는 신중상주의 방식으로 무역과 투자를 제한하고 자유주의 세계경제의 허점을 공략하는 것은 미국에게는 완전히 불공정경쟁을 대표하는 행위로 인식됐다.

소비재, 기타 제품을 포함하는 상품무역에서 인도는 상대적으로 높은 관세를 유지했다.[1] 미국을 포함하는 여러 나라가 그에 문제를 제기했고, EU는 일부 관세가 상한선을 넘었다고 주장하면서 WTO에서 분쟁해결 논의를 시작했다. 농산물 무역이 그런 대표적 사례 중 하나였는데, 인도는 자국 농업을 지원하고 식물위생 검역절차를 까다롭게 설정해 미국으로부터의 수입을 제한했다. 트럼프 행정부는 미국 수출업자에게 불리한 그 현실을 시장 왜곡으로 판단했다. 2008년 이후 그 이전에 비해 30배 이상으로 증가해 150억 달러 상당에 이른 군수산업 무역의 경우도 비슷했다. 뉴델리는 미국이 판매한 해군 헬리콥터(MA-60 Seahawk), 아파치 공격헬기(AH-64)와 관련해 더 많은 기술이전과 공동생산을 요구했는데, 그에 대해 미국은 FDI 상한선 인상, 그리고 수출국 회사에게 수입국에 일부 수익을 재투자하도록 강요하는 인도의 '방위 상쇄정책'(defense offsets policy) 개혁을 요구했다. 워싱턴은 또 인도의 러시아 S-400 MD 구매에 제재 가능성을 내비쳤다. 그런 인식 하에서 트럼프 행정부는 2019년 6월 인도에 별도로 부여된 GSP를 취

---

1) 인도는 유럽만큼이나 다양하고, 수많은 내부적 차이를 가진 나라이다. 인도는 28개 주로 구성돼 있고, 가장 큰 주(Uttar Pradesh)에는 2억 명 이상의 인구가 거주한다. 인도에는 34개의 공식 언어가 존재하고, 제1언어인 힌두어를 사용하는 사람은 인도인 중 40%에 불과하다. 원래 인도에서 전통적으로 가장 중요한 것은 종교와 카스트 제도였는데, 오늘날 많은 주에서는 경제능력이 더 중시된다. 1980년대 말까지 낮은 카스트 사람들은 상류 카스트와 동일한 버스, 사원, 경찰서 사용이 금지됐다. 한편, 인도경제는 1947년 영국에서 독립한 이후 인도의회당(Congress Party)이 소련식 중앙계획경제에 의거해 운영해 왔지만, 그것은 3%의 저성장만을 기록했다. 그래도 국민들은 독립 과정에서의 그 정당의 압도적 역할을 감안해 낮은 경제성장률을 마다하지 않았다. 그러나 1990년대 초 경제위기가 닥쳐오면서, 의회당은 모든 세부사항을 간섭하는 고도로 집중된 중앙집권적 관료제를 완화하기로 결정했다. 그에 따라 연방에서 개별 주(state)로 정치적 권력분산이 일어나고 민간산업이 확대되면서, 각 개별 주가 경제발전의 주체가 됐다. 그리고 각 주에서 판단력 좋은 수석장관들이 리더십을 발휘하면서 경제가 발전했다. 오늘날 인도 경제발전의 엔진은 각 개별 주다. 그 과정에서 유명해진 정치 리더들이 구자라트(Gujarat) 주의 모디, 비하르(Bihar)주의 쿠마르(Nitish Kumar) 오리사(Orissa)주의 파트낵(Naveen Patnaik), 델리(Delhi)주의 딕쉬(Sheila Dikshit) 같은 사람들이다. 그들은 경제성공과 정치적 장수의 성공가도를 달렸다. Ruchir Sharma, "The Rise of the Rest of India (How States Have Become the Engine of Growth)," Foreign Affairs, Vol. 92, No. 5 (September/October 2013), pp. 75-85.

소하고, 인도 수입품 15개 품목에 1~7% 관세를 부과했다.[1] 미-인도는 해외투자에서도 견해를 달리했다. 미국은 인도의 투자장벽을 우려했다. 아마존, 월마트 등에 직접적 영향을 주는 전자상거래에 대한 뉴델리의 새로운 제한은 이해하기 어려울 정도로 복잡, 정교했고, 지적재산권 침해와 현지화(localization) 강요는 예외 없이 등장했다. 인도는 미국이 선점하는 과학기술분야(STEM: Science, Technology, Engineering, and Mathematics)를 포함하는 첨단산업에서 강제 현지화를 원했는데, 그것은 국내 데이터 저장, 국내 부속 및 원자재 사용, 국내실험을 포함했다. 미국은 IPR 보호를 위해 인도를 '우선감시' 대상으로 지정하고, 뉴델리의 특허 및 무역기밀 침해를 모니터하며, 무역 및 투자 장벽 제거를 위한 압력을 가했다. 서비스 산업도 예외가 아니었다. 인도는 자국 내 서비스 산업에서 외국인 소유권리를 제한하고, 외국기업의 현지주둔(presence)을 강요했으며, 특화 근로자를 위한 H-1B 비자 발급 용이화와 미국 내 사회보장(social security) 확대를 요구했다. 미국이 뉴델리의 관행이 국제상거래 규범을 어기는 것이라고 이의를 제기했을 때, 뉴델리는 보험, 군수분야를 포함하는 일부 산업에서의 외국인 자본소유 상한을 인상하면서 FDI 제도와 사업환경을 개선할 것이라고 약속했다. 그러나 그것은 워싱턴에게 최소한의 위안에 불과했고, 전문가들은 뉴델리의 개혁 가능성에 의구심을 제기했다.[2]

미-인도 경제관계와 연관되어 한 가지 특기할 사항은 인도가 21개국 경제공동체인 APEC에 참여하지 않는 상태에서, 2019년 11월 지난 7년 간 가입을 위해 협상해 온 RCEP(Regional Comprehensive Economic Partnership)에도 참여하지 않기로 결정한 것이다. 그때 모디 총리는 뉴델리가 RCEP에 가입하지 않는 이유는 인도가 그 15개국 FTA로부터 이익을 얻을 수 없다고 판단했기 때문이라고 말했다. 그 중에서도 가장 큰 요인은 중국과 관련이 있는데, 뉴델리는 RCEP 내 중국의 지배적 영향력, 중국정부의 기업지원을 포함하는 불공정 무역관행과 덤핑 가능성, 시장 접근에 있어서의 어려움, 그리고 서비스 무역과 원산지 규정 등 몇몇 이슈에

---

1) 인도는 처음에 트럼프 행정부가 철강 25%, 알루미늄 10% 관세를 부과했을 때 그에 반대했지만, 미국에 보복관세를 부과하지는 않았다. 또 미국으로부터 초기 예외를 요구하거나 쿼터를 요구하지도 않았다. 그러나 미국이 GSP를 폐지했을 때, 뉴델리는 미국의 14억 달러 상당 제품에 대한 관세를 인상했다.

2) Akhtar, Kronstadt, U.S.-India Trade Relations, (Updated February 14, 2020), pp. 1-2.

서의 미해결을 우려했다. 인도령 카시미르 내 라다크(Ladakh)에서의 중·인 국경분
쟁 역시 뉴델리 의사결정에 주요 요소로 작동한 것으로 알려졌다.[1]

(5) 쿼드 안보협력

미국, 인도, 호주, 일본 4개국 안보대화인 쿼드(Quad: Quadrilateral Security
Dialogue)는 원래 조지 W. 부시가 중국의 부상을 견제하기 위해 인도와의 협력을
추진한 것에서 비롯됐고, 그것은 베이징의 지구적 세력화에 반대하기 위한 오바
마의 동일 목적의 피봇, 재균형 전략, 아베의 '민주적 안보 다이아몬드' 구상, 그
리고 트럼프의 인도－태평양 전략과 더불어 더 구체적 형태를 띠게 됐다. 워싱턴
주도의 그 구상은 호주와 일본이 미국의 군사동맹인 상태에서 새로운 강대국으로
떠오르는 인도를 포함시켜 중국과 경쟁하는 것이 가장 핵심적 목표였다. 그러나
그 4자 협력은 처음부터 베이징의 반대에 부딪쳤다. 그것을 중국에 대한 포위, 봉
쇄로 인식하는 베이징은 2007년 일찍부터 그 시도를 비난했다.[2] 중국의 영향권
에 속하면서 깊은 경제연계를 갖고 있는 여러 동남아 국가들, 호주, 그리고 '전략
적 자주'를 선호하면서 러시아, 중국과 안보, 경제유대를 갖는 인도 역시 그 구상
의 실현에 적극적이지 않았다.

쿼드 4개국은 복잡하고 다양한 다자 및 양자관계를 구성했다. 워싱턴과 도쿄
는 중국의 부상에 맞서 미국 주도의 아태 안보질서를 유지하고 자유민주주의와
시장경제를 수호하기를 원하는 공동의 기치에서 가장 잘 화합했다.[3] 미·일 두
나라는 쿼드 협력에서 가장 적극적인데, 그들은 양자 군사동맹을 중심으로 뉴델
리의 동맹 참여를 인도－태평양 전략의 필수요소로 간주했다. 2011년에 이르러

---

1) RCEP 15개 회원국은 아세안 10개국, 그리고 한국, 중국, 일본, 호주, 뉴질랜드이다.
   Prachi Priya & Aniruddah Ghosth, "India's Out of RCEP: What's next for the Country
   and Free Trade?" (December 15, 2020), The Diplomat, www.thediplomat.com
2) 2007년 5월에는 아베가 주도해 ARF 장외에서 미국, 인도, 호주, 일본 4개국 대표가 회동
   했다.
3) 미국과 일본은 동남아 해상안보에서도 적극 협력했다 일본은 동남아 국가들에게 중고 및
   신형 순찰보트를 기증했고, 2016년 베트남에 국방기술을 이전하고 군사장비를 판매했다.
   일본은 필리핀 군 훈련에도 개입했다. 일본은 미국의 FOIP를 위해 주로 필리핀, 싱가포
   르, 베트남을 지원했다.

미국-인도-일본 간에 처음으로 3자 안보대화가 이루어졌다. 2013년 미국 리더
십하에서 인도의 만모한 싱 총리 당시 일본-인도 안보관계가 강화됐고, 2014년
1월 인도의 '공화국 창건일' 행사 과정에서 아베는 만모한 싱 총리와 국방, 안보
협력, 그리고 에너지, 관광, 정보통신 관련 무역합의에 서명했다. 2014년 5월 인
도에서 나렌드라 모디가 신임 총리로 취임했고, 그것은 아베와 모디의 오랜 개인
적 친분으로 인해 도쿄-뉴델리 관계를 한층 더 진전시켰다. 그해 가을 아베-모
디 도쿄 회담에서 두 정상은 양국이 핵 문제, 공동 해상훈련, 경제이슈에서 협력
할 것을 서약했다.[1] 2015년 12월 일본-인도는 GSOMIA를 체결하고, 도쿄는 인
도를 위한 국방기술 이전에 합의, 서명했다. 또 일본은 미-인도가 지난 오랜 기
간 시행해 온 말라바르(Malabar) 연합 해군훈련의 상시 참여국이 될 것이라고 선
언했다.[2] 일본과 인도는 중국의 부상, 영토 관련 억지주장에 비슷한 피해의식을

갖고 있는데, 일본-인도의 개입심화는 뉴델리에게
는 부분적으로 '동방정책'(Act East)의 주요 측면을 이
루었다. 일본과 인도는 전시 후방지원 협정(ACSA:
Acquisition and Cross-Servicing Agreement)에 서명
하고, 군사장비 및 국방 테크놀로지 이양에 합의했으
며, 양자훈련의 횟수와 숙련도를 증진시켰다.[3]

▲ 말라바르 해군훈련, thequint.com

    일본은 호주와의 관계 심화에도 나섰다. 일본은 아태지역에서 호주를 미국
다음으로 가까운 안보 파트너로 간주했다. 미-호주-일본은 2006년 3자 전략대
화를 시작한 이후 정기 연합 군사훈련(Cope North, Red Flag)을 시행해 왔다.
2007년 일본과 호주는 안보협력을 강화할 것이라고 공동성명을 발표했고, 호주는
말라바르 해군훈련에 참여했다. 그러나 2008년 일본과의 포괄적 파트너십
(Comprehensive Partnership) 선언에도 불구하고, 호주는 그해 말라바르 훈련에서

---

1) "Narendra Modi And Abe Shinzo Set To Sign Slew Of Agreements, between India and
   Japan," International Business Times, (September 1, 2014); "Shinzo Abe; Japan PM in
   India, bullet train deal on cards," BBC News, (December 11, 2015)
2) 일본은 2009년 이후 말라바르 훈련에 비정규 파트너로 참여해 왔다.
3) Emma Chanlett-Avery, K. Alan Kronstadt, Bruce Vaughn, "The Quad: Security
   Cooperation Among the United States, Japan, India, and Australia," CRS IN Focus,
   IF11678, (November 2, 2020), p. 2; Chanlett-Avery, Campbell, Williams, The
   U.S.-Japan Alliance, (Updated June 13, 2019), p. 18.

철수했다. 그것은 호주-일본 양자협력, 미-호주-일본 3자 안보협력에 공개적으로 반대하는 베이징의 입장을 감안한 조치로, 캔버라에게 그것은 미국과 일본, 그리고 다른 한편으로 중국 모두의 불만을 사지 않으면서 여러 나라와 공생을 추구하는 중견국가로서의 불가피한 중간공식이었다. 물론 캔버라는 미국과의 동맹관계를 무엇보다 중시했지만, 베이징과의 경쟁에 몰입하는 도쿄와는 달리 중국과의 관계를 일방적으로 무시하지 않는 온건한 전략이 자국이익을 더 보호할 것으로 생각했다. 그래도 시간이 가면서 미-호주-일본 국방유대는 점차 제도화, 정기화 됐는데, 그것은 미-일, 미-호주 양자동맹을 근간으로 3자 협력으로 확대된 것이었다. 그 3국간 협력은 아태지역 동맹 현대화 노력의 핵심이었고, 그 모든 과정의 중심에는 미국이 위치했다. 미국은 일본-호주 협력을 독려했고, 도쿄와 캔버라는 오랜 기간에 걸쳐 워싱턴의 지원을 토대로 지구적, 지역적, 양자 차원 모두에서 협력을 증대시켰다. 일본-호주 양국 군대는 이라크 해외배치, 캄보디아 및 동티모르(Timor-Leste) PKO, 그리고 일본 후쿠시마 원전 사고를 포함하는 인도주의 및 재난구조(HA/DR)에서 함께 활동했다. 일본의 지역적 안보역할 확대를 지지하면서, 호주는 2012년 일본과 GSOMIA에 합의, 서명했다. 2014년에는 일본-호주 간에 '특별 전략 파트너십'(Special Strategic Partnership)이 선포됐고, 그에 따라 도쿄는 캔버라에 군사장비, 국방 테크놀로지 이전 합의를 확약했다. 2017년 호주와 일본 두 나라는 안보환경의 변화에 대응하기 위해 ACSA를 갱신하고, 더 나아가 연합훈련과 재난구조 시 SOFA와 비슷한 형태의 상대국 주둔을 위한 '상호 접근 합의'(Reciprocal Access Agreement)를 체결했다. 호주-일본 간에 경제측면의 협력도 존재했다. 호주는 일본의 최대 에너지 공급국으로 기능하고, 아베하의 일본은 역대 최대 규모로 호주 400억 달러 가스 프로젝트에 투자했다.[1]

한편, 오랜 기간 미·일과의 관계를 강화하면서 동시에 중국과의 우호관계를 중시하던 호주는 2019년 9월 쿼드 창립 외교장관 회담 참석 이후 그 4자 협력에 더 적극적인 것으로 보였다. 그것은 캔버라가 중국의 코로나-19 발생 책임을 비난하고 그 진원지 조사를 촉구한 것에 대해 베이징이 경제적으로 보복한 것이 계기를 제공했다. 호주는 전에는 베이징을 자극하기 원치 않았으나, 2020년 이후

---

1) 아베는 일본 총리로서는 처음으로 2014년 호주 의회에서 연설하고, 2018년 제2차 세계대전 당시 일본군이 폭격한 다윈(Darwin)을 방문했다.

다소 태도를 바꿨다. 캔버라는 호주가 말라바르 해군훈련에 다시 참여할 것이라고 말하고, 국방비를 증대시키면서 더 강력한 지역유대 개발을 추진하는 것으로 평가됐다. 그것은 일정수준 호주가 전략태세를 조정하고 있다는 의미를 띠었다.[1]

　　쿼드에서 인도는 어떻게 행동했나? 인도는 주지하듯이 오랜 기간에 걸친 워싱턴의 접근과 호의에 긍정적으로 반응하면서, 미국으로부터 민간 핵 테크놀로지, 중수송기, 대잠수함 전투 플랫폼을 포함하는 수많은 군사장비와 국방기술을 수입했다. 그것은 뉴델리가 필요로 하는 핵심 군사능력 증대에 크게 기여했다. 미군이 군사 파트너와 서명하는 BECA 협정을 포함하는 4개 기본합의 체결은 양국 군대의 유대 강화를 도왔다. 인도는 또 미국과 연합 해군훈련을 실시하면서 워싱턴의 지지 하에 인도-태평양 미국 핵심 우방인 일본, 호주와 더 친밀한 유대를 개발했고, 그 과정에서 일본, 호주와 병참지원, 기지접근 협정을 체결했다. 2020년 6월 나렌드라 모디와 호주 총리 모리슨(Scott Morrison)이 인도-호주 '상호 병참공유 합의'(Mutual Logistics Sharing Agreement)에 서명하고, 양자 유대를 '포괄적 전략파트너십'(Comprehensive Strategic Partnership)으로 격상시킨 것이 그런 예다. 그것은 미국, 인도, 호주, 일본 4개 국가 간 파트너십 심화로 이어졌다. 워싱턴이 주도해 제공하는 유리하고 우호적인 안보환경은 인도가 외부 도전의 우려 없이 경제, 군사발전을 토대로 지역적, 지구적 주요 행위자로 부상하는 과정을 결정적으로 도왔다. 그렇게 미국, 호주, 일본과 인도의 협력이 심화, 제도화되면서 2017년 처음으로 호주가 포함되는 4개국 관리들 간의 대화가 있었고, 2018년까지 세 차례 회담이 개최됐다.[2]

▲ 도쿄 쿼드회담 2020, thediplomat.com

　　그런 가운데 (앞에 언급한 바와 같이) 2019년 9월 공식 쿼드 외교장관 회담 이후, 2020년 10월 도쿄에서 또다시 쿼드 회담이 개최됐다. 도쿄 4자 대화 후, 참여국들은 호주가 11월 미-인도-일본의 연례 말라바르 해군훈련에 다시 참여할 것이라고 말했다. 그것은 대잠함 전투 시스템 현황을 포함해

1)　Chanlett-Avery, Kronstadt, Vaughn, "The Quad: Security Cooperation," (November 2, 2020), p. 2.

2)　Ibid., p. 2.

군사적 상호운용성을 점검하는 공중, 해상훈련이었다. 그들은 그동안 각각 양자, 3자 군사훈련을 해왔다. 호주-인도 간의 격년제 해군 훈련(AUSINDEX), 일본-인도의 북 아라비아해 훈련(JIMEX), 격년제 다자 림팩(RIMPAC: Rim of the Pacific) 해상훈련, 또 미국-호주-일본 간의 주기적 군사훈련이 그런 것들이다. 그럼에도 불구하고 많은 전문가들은 여러 이유로 쿼드의 미래가 밝지 않다고 말했다. 그들의 견해에 쿼드는 단합된 정치적 견해를 제시하지 못하고, 군사훈련의 수준이 충분하지 못하며, 반복되는 정치, 군사행위를 위한 제도적 뒷받침이 부족했다. 한마디로 그것은 쿼드가 다른 다자 또는 양자 군사동맹이 갖는 특징이 전혀 없고, 따라서 미래에도 동일한 목적을 갖는 군사 집합체로 진화할 가능성이 전혀 없다는 의미였다. 도쿄 쿼드 회담 직후의 분위기도 그 체제의 미래를 엿보게 했다. 미 국무장관 폼페이오가 쿼드 회담의 목표가 "중국 공산당의 착취, 부패, 강요로부터 우리의 국민과 파트너들을 보호하는 것"이라고 말했을 때, 인도, 호주, 일본 상대역들은 다른 뉘앙스로 말했다. 2020년 현재 비록 4개국 간에 중국에 대한 공통적 우려가 존재하는 것은 사실이지만, 쿼드는 도전에 직면해 있었다. 미국의 영향력이 감소하고 트럼프 행정부가 '미국 우선'을 주장하는 상황에서, 또 쿼드 4개국 모두가 중국과의 무역, 투자관계에 심하게 의존하는 상태에서, 그 협력구조가 원래의 목표인 중국 견제를 위한 제도로 존재할 수 있는지는 불확실했다. 미국의 가장 가까운 아시아 동맹인 일본은 중·일 분쟁이 계속 격화되면서 2017년에 들어와 과거 BRI에 대한 반대를 철회하고, 조건이 충족되면 그 인프라 사업에 협력할 수 있다는 의사를 표시했다. 2018년 5월, 3년 만에 처음 개최된 중·일 국방장관 회담에서 양측은 군사 핫라인 설치를 포함해 군사교류에 합의했다. 2019년 10월에는 2011년 이후 처음으로 시진핑-아베 간에 베이징 중·일 정상회담이 개최됐다. 일부 전문가들은 그 회담의 배경이 중·일 모두 미국과의 무역마찰에 대한 피로감, 그리고 도쿄의 경우 미군의 아태 주둔 불확실성에 대한 우려가 자리잡고 있을 것으로 예상했다.[1]

호주도 마찬가지이다. 비록 호주가 미래에도 미국과의 동맹을 가장 중시할 것이라는 전망은 당연하지만, 전문가들은 캔버라가 세계 최대의 시장을 갖고 경

---

1) Chanlett-Avery, Kronstadt, Vaughn, "The Quad: Security Cooperation," (November 2, 2020), p. 1; Chanlett-Avery, Campbell, Williams, The U.S.-Japan Alliance, (Updated June 13, 2019), p. 14.

제적으로 깊이 연계돼 있으며, 동시에 지정학적으로 가까이 위치한 강대국인 중국에 대해 반목으로 일관할 수만은 없을 것이라고 말했다. 지난 오랜 기간 호주가 베이징의 반감을 사지 않기 위해 노력했듯이, 앞으로도 캔버라의 베이징에 대한 태도는 눈앞의 긴장이 지나간 후 온건하기 쉬울 것이다. 인도의 경우는 더 큰 불확실성을 제기한다. 원래부터 인도는 중국과의 과도한 반목에 반대했다. 미국과 서방이 지배하는 국제질서 속에서 뉴델리는 지구적 파워로 인정받기 원하지만, 정치적, 정책적 독립을 포기할 생각은 처음부터 없었다.1) '전략적 자주'를 추구하는 인도는 유엔을 넘어서는 다자개입과 군사동맹을 경계해왔다. 뉴델리는 워싱턴의 아태 지역 의도에 회의적이고, 인도는 쿼드의 '약한 고리'(weak link)로 간주된다. 뉴델리는 인도-태평양 지역에서 배타적이기보다는 포용적이고, 중국을 특정해 반대하지 않으며, 미국 동맹체제 밖에서 활동한다. 중·인 국경분쟁과 두 나라 간의 지정학적 경쟁에도 불구하고 뉴델리는 오래전부터 중국, 그리고 베이징과 가까운 모스크바와 협력해 왔으며, 현 모디 총리 역시 베이징과의 갈등완화를 추구한다. 또 인도는 중국과 직접적인 해상분쟁의 당사자가 아니고, 뉴델리는 쿼드에 참여하면서도 그 제도에 대해 경계하는 것으로 보인다. 비록 2020년 봄 중·인 간 국경분쟁이 극치에 달한 후 뉴델리가 BRI와 RCEP 참여를 거부하고 외부세력과의 유대를 강화하는 것으로 보이지만, 그것이 인도를 미국 편에 서게 만들 것이

---

1) 2017년 현재 인도 국방비는 세계 5위이고, 병력 숫자는 세계 3위이며, 동아프리카 세이셸(Seychelles)과 그곳에 군사기지를 설립하기로 합의했다. 높은 수준의 과학능력은 수많은 첨단과학 존재와 더불어 2008년에 달 탐사선, 그리고 화성주변으로 탐사위성을 발사한 것에서 입증된다. GDP는 G-7 회원국인 캐나다와 이탈리아보다 더 큰 규모로 2조 달러를 넘어서고, 미국 정부는 2029년까지 인도경제가 중국, 미국 다음의 3위가 될 것으로 추정한다. 외교적으로도 인도는 활발하다. 뉴델리는 처음에는 탄소배출 상한선 설정에 반대했지만, 기후변화협상에 적극 참여하고 2015년 파리 기후회의에서는 태양광 동맹국 본부를 인도에 설치할 것을 요청했다. 그러나 최고 우선순위가 서방 지배 구조하에서 그 능력에 걸맞는 위상확보임에도 불구하고, 인도는 그에 귀속돼 자국 목소리를 내거나 자국의 미래 비전을 포기할 생각이 전혀 없다. 베이징 주도 AIIB에 두 번째 큰 자본 공여국으로 참여하고, 2017년 SCO에 가입한 것은 그런 의미를 띤다. IMF, IBRD와 같은 서방 금융체계에 대안을 제시하는 BRICS 주도의 신개발은행(New Development Bank)은 2016년 처음 대출을 시작했다. 비동맹에서 출발해 전략적 자주를 주장하는 국가로서, 인도는 미국의 모든 의도를 따르지는 않을 것이다. 미국은 인도를 동맹국이 아닌 공동 사업 파트너로 보아야 한다. 인도는 러시아, 이란과의 관계를 포기하지 않고, 또 경제적으로도 외국 상품과 서비스에 대한 개방을 제한할 것이다. Alyssa Ayres, "Will India Start Acting Like a Global Power (New Delh's New Role)," Foreign Affairs, Vol. 96, No. 6 (November/December 2017), pp. 83-92.

라고 단정하기는 어려울 것이다. 적어도 2000년대 이후 오늘날까지 인도는 러시아, 중국과 BRICS, SCO, RIC을 포함해 수많은 강도 높은 안보, 경제협력을 시행해 왔고, 그것은 쿼드 구성국 간 협력보다 훨씬 더 깊은 심도에서 실시됐다. 인도는 독일, 일본과 같이 미국의 지휘를 따르지 않는 국가이고, 아마 미국과 대등한 관계를 요구할 것이다.[1]

(6) 인도-파키스탄 관계와 미국

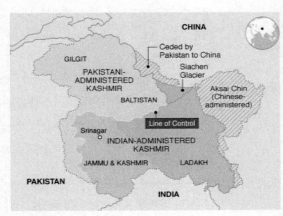

▲ 카시미르 지역, bbc.com

인도와 파키스탄은 거의 전면전에 가까운 3번의 전쟁과 오랜 카시미르(Kashmir) 국경분쟁으로 지난 70년 간 반목을 겪었다. 그 분쟁지역인 카시미르의 2/3를 차지하는 비옥한 지역(J&K: Jammu & Kashmir)은 인도가 통치하고, 1/3 지역(Azad Kashimir)은 파키스탄이 지배했다. 그러나 파키스탄 내 인도와의 국경지역 무장 세력들은 카시미르 전체 영토를 이슬람 통치하로 불러들이려는 노력을 중단하지 않았다.[2] 그 테러그룹 중 가장 많이 알려진 집단(JeM: Jaish—e—Mohammad)이 2019년 2월 카시미르 계곡 심장부에 위치한 풀와마(Pulwama) 지역에서 인도군 40명을 공격, 살해했다. 그래도 그 공격은 과거 최고로 고조됐던 1990년대 말과 2000년대 초의 국경분쟁에 비하면 축소된 규모였다. 인도는 전투기를 보내 파키스탄 내 JeM 기지로 알려진 지역(Balakot)을 폭격하는 형태로 보복했다. 파키스탄 정보국(ISI: Inter—Services Intelligence)이 JeM 공격의

---

1) Chanlett—Avery, Kronstadt, Vaughn, "The Quad: Security Cooperation," (November 2, 2020), p. 2.

2) 영국에서 독립한 이후 1947년 8월 인도와 파키스탄이 분리되면서, 카시미르는 인도 자치령이 되기를 원했다. 그러나 이슬라마바드의 반발로 처음 인도—파키스탄 전쟁이 발발하면서 양국이 그 지역을 분할, 지배하게 됐고, 1949년 유엔의 중재에도 불구하고 카시미르 분쟁은 끊이지 않았다. 1956년 뉴델리는 J&K를 인도의 하나의 주로 편입시켰다. J&K 주민의 70%는 무슬림이다. 1965년에는 제2차 인도—파키스탄 전쟁이 발발했고, 1999년에도 심각한 전투가 있었다.

배후라는 뉴델리의 주장에 대해, 이슬라마바드는 그 단체가 파키스탄 내에서 금지돼 있다고 말하면서 사건 개입을 부인했다. 그러나 ISI가 이슬람 테러그룹을 은밀히 지원하고, 그들이 아프간 전쟁에서 미국의 알카에다 및 탈레반과의 전쟁에 많은 장애를 초래한 것은 익히 알려진 사실이었다.[1] 2000년 '아자르'(Masood Azhar)가 창설한 JeM은 수백 명 테러리스트를 보유한 집단으로, 그들은 2001년 인도 연방의회와 J&K 지방의회를 공격한 바 있다. 또 2016년에는 인도 파탄콧 (Pathankot) 공군기지와 카시미르 '우리'(Uri) 인근의 육군기지도 공격했다. 인도는 대부분 파키스탄 내 테러기지에 대한 수술적 공격, 추가공습, 또는 지상작전의 형태로 보복했다. 그러나 뉴델리는 JeM 또는 파키스탄 내 기타 테러집단에 대한 보복에서 많은 어려움에 직면하는데, 그 이유는 파키스탄 내 테러그룹의 기지가 분산돼 있고, 또 이슬라마바드 정부가 핵을 보유해 군사작전에서 조심할 수밖에 없기 때문이다. 또 중국이 파키스탄을 지원하는 것이 인도에게 큰 걸림돌로 작용한다. 파키스탄을 고립시키기 위한 인도의 외교시도는 그 나라를 오랜 동맹으로 간주하는 중국에 의해 가로막히는데, 2016년 이후 베이징은 '아자르'를 테러리스트

---

1) 널리 알려진 파키스탄계 영국 언론인이 파키스탄의 이슬람주의 성격에 대해 다음과 같이 설명했다. 파키스탄은 놀라울 정도의 이슬람주의 국가이다. 그것은 1978년 쿠데타로 집권해 국가수뇌인 대통령(1978-1988)직을 수행한 무하마드 지아-울-하크(Muhammad Zia-ul-Haq)가 1984년 국민투표를 통해 이슬람 율법(Sharia)를 강요한 것이 가장 중요한 계기였다. 그는 종교교육을 강화하고, 서방문화에 대한 접근을 금지하며, 민주주의를 경멸하도록 유도했다. 그로 인해 수천 명이 이슬람 모욕죄로 감옥으로 갔고, 군중은 비난 대상을 살해하기도 했다. 파키스탄에서 종교 리더들은 물론이고 일반 국민 대부분 삶의 궁극적 목표는 더 나은 이슬람 신자가 되는 것이다. 그것이 알라를 위해 목숨을 내놓은 극단주의자들이 순교자로 추앙받는 이유이다. 지난 10년 간 일반인들의 생활수준이 높아지고 중산층이 성장했지만, 그들은 전혀 세속적(secular)으로 변하지 않았다. 그들은 산업발전이나 국민 편의를 위한 인프라보다 메카로의 순례여행이나 새로운 회교사원 건설을 더 중시한다. 법원, 언론, 교육제도 모두 민족적, 종교적 소수에 대한 증오를 부추기고 서방에 냉담하게 만들면서 이슬람교를 강화하는 방향으로 움직인다. 모든 선거는 더 나은 종교 리더(mullah)를 찾는 행사이다. 1999년 쿠데타로 집권해 대통령(2001~2008)으로 재직한 무샤라프(Pervez Musharraf)가 대테러 작전 협력 목적으로 미군에 군사기지를 허용하면서도 다른 한편 파키스탄 내에서 탈레반을 수용하는 이중적 행동을 했는데, 그것 역시 현실주의적 판단뿐 아니라 파키스탄이 강력한 이슬람주의 국가인 것에서 유래한 행동이다. 한편, 군대는 그 나라에서 가장 강력한 조직으로서 두려움과 동시에 존경의 대상이다. 군대는 식품산업, 중공업, 금융, 정보통신 산업에 깊이 관여한다. 그렇지만 군대 역시 궁극적으로는 모든 것을 종교적 기준에 비추어 판단한다. 2018년 8월 정당을 창당해 총선에서 승리하고 총리에 취임 한 임란 칸(Imran Kahn) 역시 군부의 지지를 받는 사람이다. Mohammed Hanif, "Praying for Pakistan (Extremism and Corruption in a Troubled State)," Foreign Affairs, Vol. 97, No. 6 (November/December 2018), pp. 193-198.

로 지정하려는 유엔안보리 노력을 저지했다. 그러나 오늘날 인도는 파키스탄보다는 중국과의 갈등을 더 우려할 것이다. 그것은 파키스탄은 힘이 상대적으로 약한 상태에서 계속 도전하는 성가신 존재이고, 중국은 미래에 아태지역과 지구정치를 지배하기 위한 지정학적 차원의 경쟁 강대국이 될 수 있기 때문이다. 인도－파키스탄 국경분쟁과 관련한 미국의 원래 입장은 중립적인 것으로, 그것은 두 관련국이 카시미르 주민의 입장을 감안해 해결해야 하는 문제라는 것이었다. 또 테러리즘 자체에 반대하는 미국은 오랫동안 파키스탄 내 무장그룹을 해외테러조직(FTO)으로 지정하면서 이슬라마바드 정부에 모든 테러그룹을 척결할 것을 촉구해왔다. 그러나 최근 워싱턴의 입장은 파키스탄보다는 인도를 지지하는 쪽으로 더 기울었는데, 그것은 중국을 견제하는 인도－태평양 전략에서 뉴델리를 지원하는 것이 더 시급하기 때문이다. 실제 트럼프 행정부는 2017년 말 파키스탄에 대한 안보지원을 유예하고 비 군사지원을 축소하는 반면, 뉴델리와의 군사관계를 강화했다. 그러나 동시에 미국은 아프간 전쟁 마무리와 탈레반과의 평화협상 필요에 비추어 이슬라마바드의 역할을 완전히 무시할 수는 없었다.[1] 그래서 워싱턴은 인도는 파키스탄 테러 공격으로부터 자국을 방어할 권리를 갖는다고 말하면서, 미－파키스탄 관계를 그럭저럭 유지해왔다. 그래도 이제 미국의 아프간 철수가 완전히 확정된 상태에서 워싱턴은 인도 지지로 더 기울 것이다.[2]

---

1) 미국은 부시－오바마 시기 국가안보 목적상 파키스탄에 우호적으로 행동했다. 또 퇴임하는 미국 중부사령관은 미－탈레반 평화협상에서 이슬라마바드가 도왔다고 증언했다. 미국은 인도양 인근 안보, 테러와의 전쟁, 핵 비확산, 미－인도 관계 운영 등 여러 이유로 파키스탄을 중시, 대우했다. 그러나 파키스탄은 미국 요구에 저항하고 자국 입장을 강력하게 고수하는 특성을 보였다. 한편 파키스탄은 중국과 안보, 경제에서 완전히 우호적인 특수관계에 있다. 파키스탄 내에는 아직도 수많은 테러집단이 주둔하고, (정부가 저지르거나 또는 서로 다른 집단 간의) 인권남용은 다반사이다. 특히 여성과 언론인에게는 세계에서 가장 위험한 나라 중 하나로 간주된다. 현재 칸(Imran Khan) 총리가 이끄는 정부(PTI: Tehreek－e－Insaf, Movement for Justice)는 군부 영향력을 거부할 능력이 없다. 그 나라에서는 군대가 막강한 영향력을 행사하기 때문이다. 경제도 너무 취약해 2019년 IMF에서 60억 달러를 대출받았다. 트럼프 행정부는 파키스탄 원조를 잠시 중단하거나, 또는 대폭 삭감했다. K. Alan Kronstadt, "Pakistan－U.S. Relations," CRS IN Focus, IF11270, (July 15, 2019), pp. 1－2.

2) K. Alan Kronstadt, "India, Pakistan, and the Pulwama Crisis," CRS Insight, IN11057, (Updated February 26, 2019), pp. 1－2.

(7) 트럼프 시기 미-인도 관계 평가

인도의 주요 언론(The Hindu)은 트럼프 시기 미－인도 관계를 다음과 같은 취지로 평가했다. 처음에 뉴델리는 힐러리 클린턴이 당선될 가능성이 큰 것으로 보았고, 새로 임명된 주미 인도대사(Navtej Sarna)는 새로 집권한 트럼프 팀 인사들과 접촉하기 위해 인도계 미국인 기업인들을 포함해 새로운 네트워크를 찾아야 했다. 2017년 전반기 트럼프의 이민비자 제한, 인도가 '관세 왕'(tariff king)이라는 발언, 그리고 인도와 중국이 파리 기후협약에서 불공정 이익을 취한다는 견해는 인도에 큰 충격을 주었고, 그것은 뉴델리의 초기우려를 정당화시키는 것으로 보였다. 그러나 그해 6월 트럼프가 모디를 워싱턴으로 초청한 것은 양국관계 반전의 새로운 계기였다. 그 이후 트럼프는 남아시아 정책 진수와 쿼드 부활을 시도하고, 태평양 사령부를 인도－태평양 사령부로 개칭하면서 인도와의 긍정적 대외정책 가동을 신호했다. 2017년 중－인도 국경 도클람(Doklam) 갈등, 파키스탄의 지속적 인도 국경 공격에 비추어, 뉴델리에 무엇보다도 중요했던 것은 워싱턴이 인도의 최대 2개 골칫거리에 대해 어떻게 생각하는가 하는 것이었다. 2018년 1월 1일 트럼프는 트위터에서 미국은 파키스탄 지원을 종식할 것이라고 말했다. 그는 그 이유로 이슬라마바드가 '거짓말, 속임수, 테러범 은신처' 이외에는 미국에게 제공한 것이 없기 때문이라고 강조했다. 그 후 워싱턴은 파키스탄에 대한 군사지원과 무기판매를 유예하고, '자금세탁 방지기구'(FATF; Financial Action Task Force)로 하여금 파키스탄을 감시국가로 지정하는 데 앞장섰으며, 유엔안보리에서 파키스탄 테러범들과 관련된 뉴델리의 이해를 제고시켰다. 트럼프는 시진핑과의 1년 이상의 관계개선 노력 이후 중국으로부터도 돌아섰다. 워싱턴은 중국의 공세에 대항하는 인도에게 도덕적 독려와 군사지원을 제공하고, 중국의 BRI와 5G 텔레콤에 대한 공격의 선두에 섰으며, 인도－태평양 국가들에 대한 베이징의 재정지원에 맞설 것을 선언했다. 파키스탄과 중국에 대한 트럼프의 입장과 정책은 뉴델리를 위한 최고의 선물이었다. 물론, 트럼프의 결정이 뉴델리에 충격으로 다가온 것도 있었다. 2018년 후반 이후 2019년으로 접어들면서, 미 행정부는 탈레반과 대화하고 아프가니스탄 내 파키스탄 이익에 양보했는데, 그것은 워싱턴이 과거에 인도에 약속한 많은 것과 배치됐다. 또 모디의 총선 승리에 따라 새 내각이 출범한 직후, 워싱턴은 인도제품의 미국으로의 수출을 돕는 GSP를 폐지했다. 그러나 워싱턴은 핵심적으로 GSP 폐지 이외에는 뉴델리에 징벌적 책임을 물은 것이 없고, 트럼프 자신도 인도를 중국은 물론이고, 심지어 미 동맹국들보다 더 점잖게 대우했다. 모디 총리와 인도에게 최대 도전은 트럼프의 예측 불가능성이었다. 트럼프는 트위터에서 모디와의 사사로운 대화를 스스럼없이 공개했다. 예를 들어 그는 모디가 인도-파키스탄 간의 카시미르 문제에 중재자로 나설 것을 요청했다고 말했다. 인도 정부는 트럼프의 발언이 사실이 아니라고 완곡하게 말하면서 그의 심기를 건드리지 않는 방식으로 온건하게 대응했다. 트럼프는 상호자제로 보상했는데, 모디 정부의 카시미르 리더 체포와 텔레콤 금지, 그리고 논란 많은 무슬림 관련 시민권 개정법에 반대의사를 표시하지 않은 것이다. 그는 구자라트 방문시 뉴델리에서 발생한 폭력에도 침묵했다. 실제 트럼프 대통령은 인도와의 유대를 크게 진전시키면서 그의 임기를 마쳤다. 그것은 인도에게는 고마운 일이었다. 트럼프가 미국 대통령으로 재선될 경우의 미-인도 관계에 대해, 인도 외교관들은 양국관계가 첫 번째 시기와 대체로 비슷하지만, 아마도 예측 불가능성이 더클 것으로 전망했다. 그것은 미국 자체의 정책 변화 가능성보다는 트럼프의 독특한 성격에 근거한 판단이었다. 그들은 뉴델리가 이민과 인종차별 문제에서 어려운 입장에 처하지 않도록 난관에 계속 잘 적응하고, 무역 이슈에서 워싱턴을 자극하지 않도록 한발 앞서 유의해야 하며, 미국의 영향력과 리더십이 약화되는 다극체제 속에서 인도의 이익을 잘 찾아야 한다고 조언했다.[1]

4 한·미 관계

　　미국은 한국을 아시아에서 가장 중요한 동맹 중 하나로 간주했다. 한국과 미국은 한국전쟁 이후 수십 년에 걸쳐 동맹을 유지해 왔고, 그 양자 군사기제는 양국의 안보와 번영에 크게 기여했다. 미국은 한국의 경제발전과 북한을 포함하는 적대세력으로부터의 위협 억지에 결정적으로 공헌했고, 한국은 미국의 아태지역 전진배치에서 필수불가결한 역할을 담당했다. 냉전 이후 시대의 한미관계는 국제적으로 가장 중요한 이슈인 WMD 비확산 일부인 북한 핵문제 해결에 초점이 맞춰졌다. 그러나 클린턴 행정부가 제네바 합의의 정치, 경제적 인센티브를 통해 북

---

1) Suhasini Haidar, "More ups and downs, and many surprise turns in Trump's foreign policy for India," (November 1, 2020), https://www.thehindu.com〉 news

한의 핵 포기를 시도하고, 조지 W. 부시 행정부가 정권교체(regime change) 위협
과 6자 회담 방식으로 문제해결을 시도했지만, 결과적으로 그 모든 노력은 성공
하지 못했다. 한편 오바마 행정부 출범 이후 미국은 북핵 문제 해결에 대한 관심
뿐 아니라 동아시아에서 중국의 부상을 막기 위한 재균형, 쿼드 형성에 관심을 쏟
았지만, 한국정부는 중국 견제에는 소극적이었다.

트럼프가 취임했을 때 한미 관계는 북한 핵문제 해결, 그리고 한미 방위비
분담과 미국의 한국으로부터의 무역적자 해소가 양국 간 가장 중요한 논의이슈일
것으로 예상됐다. 대선 후보 당시 트럼프가 한국과 일본의 핵무장을 용인할 수 있
고, 미국의 안보보호에 비추어 한국이 더 많은 방위비를 부담해야 한다고 주장했
기 때문이다. 그는 또 양자 FTA에서 적자를 기록하는 한국과의 무역관계, 그리고
한국의 일부 무역관행을 비판했다.

(1) 한미 안보관계의 맥락

2001년 집권한 조지 W. 부시 대통령은 그 당시 한국 김대중 대통령의 '햇볕
정책'에 대해 완전히 부정적 생각을 갖고 있었다. 그 이유는 클린턴-김영삼 시기
핵개발 중단의 대가로 부여된 1994년 제네바 합의의 연간 50만 톤에 달하는 원
유공급과 경수로 건설을 포함하는 경제적 혜택, 또 김대중 정부가 1998년 도입한
금강산 관광에서 유래하는 연간 수천만 달러 획득에도 불구하고, 북한이 비밀리
에 핵무기를 개발하고 있는 것이 새롭게 드러났기 때문이다. 이란, 이라크와 함께
북한을 '악의 축'(axis of evil)으로 지정한 부시 행정부는 햇볕정책을 무너져가는
평양정권에 생명력을 불어넣는 잘못된 시도로 간주했고, 그런 인식은 워싱턴으로
하여금 힘에 의한 북한 정권교체를 주장하게 만드는 요인이 됐다. 그러나 외교압
력과 군사력 사용을 통해 평양정권을 무너뜨릴 수 있다는 워싱턴의 구상은 9·11
로 인해 새로운 국면으로 진입했다. 미국은 아프간, 이라크 전쟁, 그리고 세계 각
지의 대테러 작전 시급성으로 인해 더 이상 북핵 문제 해결에 몰두할 수 없었고,
반면 그것은 김대중 정부를 계승해 미국으로부터의 자주와 북한과의 관계 심화를
원하는 노무현 정부에 더 큰 행동의 자유를 부여했다. 그 맥락에서 한미 양국은
2003년 8월 처음 개최된 6자회담에 합의하고, 한국정부는 2004년 개성공단을 개
설했다. 또 워싱턴은 한국이 오랫동안 원하던 주한미군의 한강 이남으로의 이전,

한국 정부로의 전시작전권(Wartime OPCON: Operational Control) 이양 요청을 수용했고, 한국은 '테러와의 전쟁'에서 요구되고 한반도 밖의 비상상황에 대비하는 주한미군의 전략적 유연성, 그리고 한국 비전투 병력의 아프간 및 이라크 파병에 합의했다. 2004년 양국은 한국 내 미 전투폭격기 순환배치에도 합의했다. 그러나 노무현 정부 주도의 '평화번영정책'은 큰 도전에 직면했는데, 그 이유는 김정일 정권이 서울의 선의에도 불구하고 2006년 10월 제1차 핵실험을 시행했기 때문이다. 그것은 지난 10년에 걸친 한국정부의 남북대화를 통한 북한 비핵화 노력이 수포로 돌아가는 분수령적 순간이었다. 그래도 노무현 대통령은 2007년 10월 김정일 국방위원장과 평양에서 정상회담을 갖고, 10·4 선언에 합의했다. 통일문제의 자주적 해결, 그리고 '남북 관계발전과 평화번영'을 위한 그 선언은 김대중 정부 당시 북한과의 6·15 공동선언의 정신을 재확인하면서, 한반도 군사적 긴장완화와 신뢰구축, 평화체제 구축, 경제협력 확대, 서해 평화협력 특별지대 설치, 인도주의 협력을 포함하는 사회문화 분야 협력 등에 관한 수십 개 분야별 합의사항을 규정했다.

1) 오바마-이명박 시기

2008년 한국에서 이명박 정부(2008. 2 – 2013. 2)가 출범하면서 한국은 지난 10년과는 다른 성향의 정책을 실시할 것이라고 서약했다. 그러나 한국 정부는 처음부터 어려움에 직면했는데, 왜냐하면 그해 7월 금강산 관광에 나선 한국인 여성이 해안가를 산책하는 도중 북한 초소에서 발사한 총탄에 맞아 사망하는 사건이 발생했기 때문이다. 평양 당국은 총격 이유를

▲ 이명박 대통령

그녀가 관광 합의에서 규정된 숙박시설 철책 밖의 민간인 출입금지 구역에 들어왔기 때문이라고 강변했지만, 많은 사람들은 그 행위가 평양이 보수적 이명박 정부를 길들이기 위해 군사도발을 하는 것으로 인식했다. 비무장 민간인에 사격을 가한 만행에 대한 대응에서 한국정부는 그 다음날 금강산 관광을 폐쇄했고, 그것은 북한에게 연간 2,400만 달러 외화 획득 손실을 초래했다.

2009년 미국에서 새로 집권한 민주당의 오바마 대통령은 처음에는 북한과의 대화를 통해 북핵 문제를 해결하기 원한다고 선언했다. 그는 과거 미·북 양자 직

접대화를 거부한 워싱턴의 정책과는 달리, 김정일과의 만남도 마다하지 않을 것이라고 말했다. 그러나 북한은 오바마 취임 3개월 후 2009년 4월 하와이와 알라스카 공격이 가능한 사정거리 4,500Km의 대포동 2호 미사일을 시험 발사하고, 유엔안보리의 제제 경고에 대항해 그 다음 달 5월 20Kt 규모의 제2차 핵실험을 실시했다. 그것은 오바마 행정부로 하여금 북한과의 대화보다 제재 위주의 '전략적 인내'(strategic patience) 정책을 도입하게 만드는 결정적 계기로 작용했다. 그 정책은 비록 대화의 문을 닫지는 않지만, 북한이 비핵화에 역행하지 않는다는 보장이 없이는 대화를 하지 않을 것이라고 강조했다. 그러나 그 정책은 나중에 비판의 대상이 됐는데, 그것은 한미 양국이 평양의 움직임에 수동적으로 대응하는 동안 북한의 핵개발과 미사일 능력증강이 더 빨리 진행됐고, 중국의 평양 지원을 방치했으며, 또 평양이 협상의제를 자기들에게 유리하게 운영하도록 허용했다는 것이었다.[1] 한편 2009년 6월 한미 양국은 '한미 동맹 미래비전' 채택을 통해 협력의 범위를 북한 방어뿐 아니라 지구적 파트너십에서의 협력으로 확대, 상향조정하기로 결정했다. 한국은 미국의 대테러와 지구적 관심사를 돕기 위해 중동문제, 미사일방어, 사이버안보, 기후변화, 우주 관련 사안에서도 협력하기로 합의했는데, 그것은 워싱턴이 한국의 군사, 안보능력 증진을 높이 평가한다는 의미를 띠었다.

▲ 천안함, dw.com

2010년은 한국 정부에 특별히 어려운 시기였다. 그해 3월 천안함 폭침 사건이 발생했는데, 그것은 서해 백령도 인근에서 초계활동을 하던 해군 제2함대 소속 천안함이 북한 잠수정의 어뢰공격에 의해 침몰한 사건이었다. 천안함은 두 시간 만에 바다 속으로 완전히 가라앉았고, 승조원 104명 중 46명이 전사했다. 또 구조과정에서 해군 특수전 전단 대원이 순직하는 안타까운 일도 발생했다. 그 사건 이후 한국 전문가 50명과 미국, 영국, 호주, 스웨덴 전문가 24명을 포함해 총 74명의 국제조사단이 두 달 간 조사를 진행한 결과, 그 사건은 북한의 소행이 틀림없는 것으로 밝혀졌다. 그럼에

---

1) M. E. Manyin, <u>Kim Jong-il's Death; Implications for North Korea's Stability and U.S. Policy</u>, CRS Report 7-5700, (January 11, 2012), p. 8.

도 평양 당국은 그 사건과는 아무 관련이 없고, 천안함은 좌초됐거나 한미 양국의 자작극이라고 주장했다. 그해 11월 북한은 또다시 야포로 한국의 연평도를 공격했다. 그것은 한국전쟁 이후 북한의 최초 한국 영토에 대한 직접 공격이었다. 이명박 대통령은 강력한 대응을 지시했지만 미국이 확전을 자제시킨 것으로 알려졌고, 한국군의 북한 야포 진지에 대한 최대 80발 포탄발사는 국내 보수세력으로부터 취약한 대응으로 비판받았다. 한국 정부는 한국군 미사일 사거리 증대와 교전규칙 완화를 통해 군사 반격능력을 확대시키는 조치를 취했다. 북한의 극단적 행동에 대항하고 중동안보와 사이버 안보 등 지구적 사안을 논의하기 위해 한미 양국은 처음으로 외교, 국방장관이 참석하는 2＋2 회담을 개최했고, 2016년까지 그 회담은 두 번 더 열렸다. 또 양국은 과거 합의된 전시작전권 이양 시기를 늦추기로 결정했다. 천안함 사태에 대응해 한국은 북한에 대한 단독제재인 5·24 조치를 부과하기로 결정했다. 전문가들은 보수정부 출범 이후 평양이 계속 극단적 행동을 하는 이유는 금강산 관광 중단으로 사라지는 외화획득을 포함해 이명박 정부가 북한에 협력하고 평양과의 대화에 나서도록 강압외교를 쓰는 것으로 분석했다.

2011년 북한의 도발에 대응하기 위해 새로운 제도가 추가 도입됐다. 그것은 1년에 두 차례 열리는 부장관 레벨 '한미 통합 국방대화'인데, 그 회의에서 양국은 SCM에서 논의되는 사안과 기타 새로운 상황전개에 대한 대응책을 논의했다. 또 대북정책에서 단순히 평양의 도발에 응전하기보다는 '사전예방 성격의 전향적 억지'(proactive deterrence)를 통해 선제적으로 대응한다는 방침이 정해졌다. 그에 따라 2013년 이후 핵폭탄 투하가 가능한 B－52, B－2 폭격기가 참여하는 한미 첨단 연합 군사훈련이 대북억지의 새로운 요소로 추가됐다. 2011년 11월에는 2007년 체결된 한미 FTA가 한국 국회에서 비준돼 2012년 3월 효력을 발생하도록 결정됐다. 그때 많은 한국인들이 한미 FTA 비준에 반대했다. 그들 주장의 논점은 미국의 생산성이 압도적으로 우월한 상태에서 양국 자유무역합의가 한국의 경제손실로 이어진다는 것이었다. 그에 대해 어느 전문가가 다음과 같은 분석을 제시했다. "2011년 11월 22일 한미 FTA가 국회에서 비준되어 바야흐로 그 발효를 눈앞에 두고 있다. 그렇지만 어느 정치인은 한미 FTA를 을사늑약에 비유했고, 어떤 정치인은 역사는 이를 잊지 않을 것이라고 했으며, 어느 국회의원은 이에 반대해 국회 본회의장 내에서 최루탄을 터뜨렸다. 야당과 일부 진보 시민단체들은 촛불집회를 비롯해 앞으로 많은 시위를 계획, 진행하고 있다. 그러나 FTA는 지금

전 세계적으로 확산되고 있는 국제경제 체제이다. 그 기본목적은 상품과 서비스
가 낮은 관세, 그리고 궁극적으로 무관세의 상태에서 활발히 교류되게 해 관련국
들의 경제를 활성화시키고, 소비자로 하여금 더 싼 값에 물품을 구입하게 함으로
써 국민의 복지를 향상시키는 것이다. 미국, 캐나다, 멕시코 간의 NAFTA, 동남아
국가들 간에 제도화된 ASEAN, 또 최근 미국, 일본이 동남아 국가들과 추진하는
TPP가 모두 그렇다. 한국이 성사시킨 싱가포르, 칠레, EU와의 FTA도 그렇고,
이번에 비준된 한미 FTA도 마찬가지의 목적을 띤다. FTA 체결에 있어서 특히
문제가 되는 것은 관련 국가들 간에 현격한 기술 경제적 격차가 있을 경우이다.
가장 극적인 예로, 부가가치가 큰 공산품을 수출하는 국가와 부가가치가 낮은 원
료를 수출하는 국가 간의 자유무역에서 어느 일방으로 이익이 흘러들어 가는 경
우를 들 수 있다. 수십 년 전 UNCTAD에서 논의되던 신국제경제질서(The New
International Economic Order)의 개념, 그리고 그 과정에서 선진산업국인 북
(North)과 경제가 취약한 나라들인 남(South) 간의 대화에서 대두된 문제들, 예컨
대 1차 상품의 가격안정화, 기술이전, 다국적 기업의 국유화, 그리고 국제규정을
둘러싼 논란은 모두 그런 현실을 반영했다. 그러나 이미 한국경제는 관세를 통해
취약한 유치산업을 보호해야 하는 그런 단계를 지나 세계 제일의 선진경제를 가
진 서유럽 국가들과도 자유무역을 할 정도로 성장했다. 약간의 논란에도 불구하
고 전문가들은 대체로 이번 한미 FTA에서 미국과 한국 모두 많은 혜택을 볼 것
으로 전망한다. 한국의 경우, 이로 인한 손익의 대차대조표는 이미 다 나와 있다.
10년에 걸쳐 모든 관세가 철폐되는 자동차와 섬유산업을 포함하는 제조업은 획기
적으로 부흥하고, 반면 복제약의 제조와 판매가 위축되는 제약업, 그리고 경쟁력
이 취약한 농축산 업계 등이 일정수준의 타격을 입을 것이라는 것이 그것이다. 미
국의 은행, 보험회사가 한국에 진출하면서 수많은 금융상품이 출시되고 한국 금
융계가 경쟁력을 강화해야 한다는 것도 일반적인 분석이다. 그렇지만 이 모든 것
을 감안한 전문가들의 전체적 평가는 이로 인해 한국의 GDP가 연간 최대 5.6%
성장하고 새로운 일자리가 35만개까지 창출되며, 소비자와 일반 국민 모두가 과
거보다 훨씬 싼 값으로 질 좋은 제품과 서비스를 제공받을 수 있게 되고, 앞으로
한국의 남은 과제는 경쟁력이 약한 분야에 대한 집중적 지원대책을 더 면밀하게
준비해야 한다는 것이다. 더 많은 국민에게 혜택이 돌아가고 한국의 부를 증대시
키는 한미 FTA에 대해서 반대할 이유는 별로 없다. 오히려 한미 FTA는 지난 수
십 년간 한국이 이룩해 온 근대화를 바탕으로 세계경제 무대의 중심부에 우뚝 서

게 됐음을 입증하는 경제 성공의 신화를 상징한다. 한국도 이제 자신감을 갖고 세계무역의 중심으로 활약해야 하며, 일부세력이 국내정치적 목적으로 한국 전체의 국익을 훼손하는 일은 없어야 할 것이다."1) 그 분석이 제시했듯, 한미 FTA 체결 이후 한국의 대미 무역흑자는 계속 증가했고, 그것이 나중에 트럼프 행정부로 하여금 무역적자 해소를 추구하게 한 이유였다.

2011년 12월 북한에서 최고 리더 김정일 국방위원장이 사망하는 급변사태가 발생했다. 그는 1994년 김일성 사망 이후 정권을 물려받아 미국의 핵개발 포기 압력에 도전하는 벼랑외교(brinkmanship), 김일성 유훈 통치, 고난의 행군, 또 김대중 대통령과의 정상회담 등으로 세계에 많이 알려졌는데, 현지지도를 위한 이동 중 열차 속에서 심장마비로 사망했다. 김정일 사망 이후 북한의 미래에 관해 많은 관심이 집중됐다. 과연 후계자로 지목된 김정은이 정권을 유지할 수 있을지, 그의 등장 이후 북한의 변화가 가능할지, 핵개발과 장거리미사일 개발이 계속될지, 또 북한과 국제공동체와의 관계가 어떻게 설정될까 하는 것이 그런 것들이었다.2)

그러나 김정일의 사망은 북한의 변화로 이어지지 않았다. 일단 김정은은 국내 권력장악에 매진했다. 2010년 인민군 대장과 당 중앙군사위원회 부위원장 임무를 부여받은 김정은은 2012년 7월까지의 8개월 사이, 당 제1비서, 당 정치국 상무위원, 당 군사위원장, 국방위원회 제1 위원장, 군 최고사령관, 그리고 공화국 원수직을 포함해 북한의 모든 주요 직책을 승계했고, 북한 당, 정, 군의 권력 엘리트들은 그에게 충성을 맹세했다. 당 총비서와 국방위원장직은 그의 선친을 기리기 위한 영원한 직책으로 김정일에게 헌납했다. 군사문제의 중요성에 관한 김정은 정권의 생각은 김정일 시대와 전혀 다르지 않았고, 2012년 노동신문 신년 사설은 그를 뒷받침해 강성대국, 선군정치의 연속성을 강조했다. 2012년에도 북한의 군사도발은 중단되지 않았다. 2012년 4월과 12월 북한은 그해 2월 29일 도발 자제를 약속한 미·북 합의를 뒤집고 미사일 시험발사를 감행했다.3) 4월의 미

---

1) https://biz.heraldm.com/pop/newsPrint.jsp?newsMLId=201111124000034
2) Nicholas Eberstadt, "The Death of Kim Jong Il and North Korea's Broken Dynasty," (December 20, 2011), https://www.foreignaffairs.com/print/134202
3) E. J. R. Revere, "Bitter Harvest: North Korea's Challenges and Choices After the Launch,"

사일 실험이 장거리 로켓 은하 3호가 백령도 상공 151Km 지점에서 추진체 폭발로 낙하해 실패했지만, 12월 시험발사는 북한이 미국에 도달하는 13,000Km 사거리 장거리미사일 기술을 보유하고 있음을 입증했다. 이제 미사일 대기권 재진입 기술과 핵탄두 소형화만 확보하면 북한은 대미 핵 억지력을 보유하게 되는데, 전 주한 미군 사령관 버웰 벨(Burwell B. Bell)은 북한의 재진입 기술 확보는 시간문제일 것으로 전망했다. 국제사회의 경제제재 앞에 고전하는 김정은 정권은 나라를 개방하고 시장경제를 도입해 시민의 삶을 풍요롭게 하기보다는 주체사상, 선군정치의 이데올로기를 앞세우고 WMD 개발에 매진하고, 더 나아가 모든 것을 군사적 강압을 통해 해결하려는 오래된 습관을 버리지 않고 있음을 보여주었다.[1]

2) 오바마-박근혜 시기

2013년 2월 한국에서 박근혜 정부가 출범했다. 그러나 그 역시 이명박 정부와 비슷하게 처음부터 평양의 도전에 직면했다. 북한은 한국 신행정부 임기 시작에 맞춰 2월 제3차 핵실험을 실시했다. 또 4월에는 플루토늄 추출을 위해 그동안 폐쇄됐던 영변 5MW 흑연감속로를 재가동할 것이라고 선언했다. 비록 중국의 새로 취임한 정치 리더 시진핑이 유엔안보리 결의안 통과를 포함해 평양의 도발 자제를 일부 촉구했지만, 김정은 정권은 WMD 개발에 사활을 거는 것으로 보였다.[2] 한미 양국과 국제사회의 우려를 더 자극한 것은 농축 우라늄을 활용한

▲ 박근혜 대통령 2013, nytimes.com

http://www.brookings.edu/research/opinions/2012/04/17 – north – korea – launch – revere, (April 17, 2012)

1) 유용원, "벨 전 주한미군 사령관, 북 미사일 대기권 재진입 기술 곧 습득할 듯," 조선일보, (January 25, 2013); 전현석, "은하 3호 로켓 잔해 분석한 군, 북, 핵심부품 대부분 자체제작," 조선일보, (January 22, 2013)

2) 그러나 중국이 동의한 그 유엔안보리 제재는 매우 약화된 것인데, 그 이유는 처음 미국이 40개 북한 단체 및 개인에 대해 제재를 제안했을 때 베이징이 3가지 사안만 제외하고 모두 거부했기 때문이다. 또 북·중 의견대립은 곧 이은 양국 고위급 대표단 교환을 통해 모두 해소됐다. B. Klingner, "North Korea Missile Launch Challenges U.S. Foreign Policy," Heritage Issue Brief, No. 3795, (December 6, 2012); S. E. Rice, "Remarks of the U.S. Permanent Representative to the United Nations," (January 22, 2013), http://seoulembassy.gov/p_nk_012213.html

핵무기 제조였는데, 왜냐하면 무한정의 우라늄 매장량을 가진 북한은 매년 최소한 2개의 핵무기를 제조할 수 있기 때문이었다. 전문가들은 5년 이내에 북한 핵무기가 최대 50개까지 증가할 것으로 예상했다.[1] 북한의 재래식 전력도 간과할수 없는 위협이었다. 다양한 사거리의 야포, 전차, 전투기 등 재래식 전력은 질에서는 한국군보다 못하지만, 숫자 면에서 한국의 2배이고 정비상태도 양호했다. 북한군의 병력 수도 한국군의 거의 2배에 달하고, 군 복무기간에서도 남성 10년, 여성 7년으로 준비태세에서 한국보다 우위였다. 제임스 서먼(James D. Thurman) 한미 연합사령관은 미 하원 군사청문회에서 북한의 다양한 사거리의 야포, 다연장로켓발사기, 탄도미사일은 이동하지 않은 상태에서 서울을 사정거리 내에 두고있고, 일단 유사시 한국을 공황상태로 몰아갈 수 있다고 증언했다. 북한의 사이버전 능력도 우려됐는데, 평양 당국은 이명박 정부 출범 이후 2013년까지 6차례에걸쳐 한국의 주요 정부부처, 금융사, 언론사 서버를 해킹, 마비시켰다.[2]

북한의 증대하는 위협 앞에서, 오바마 행정부는 핵우산 제공에 기초한 확장억지(extended deterrence)를 포함해 한국의 안보에 대한 워싱턴의 결의를 재확인하고, 전향적 억지 개념에 따라 B－52, B－2 전폭기를 동원해 시위했다. 3월 한국 국방부는 전방기지에 공격받을 경우 자체적 판단에 의해 북한의 도발 원점을타격하라고 지시했다. 한미 양국은 또 보복 강화를 목적으로 북한의 도발에 대항하는 계획(counter－provocation plan)의 구체사항에 합의하고, 2015년 이후 가동될 새로운 전쟁계획을 준비했다. 그 전쟁계획은 북한의 WMD 시설과 북한 최고지휘부 공격을 포함하는 치명적 성격의 강경책이었다.

그러나 동시에 박근혜 정부는 북한에 대한 견제만이 아니라 대화를 병행하는 정책을 시도하기 원했다. 박대통령은 그것을 '신뢰정치'(Trustpolitik)라고 불렀는데, 그것은 이산가족 상봉, 남북한 철도 및 항구 연결, 임산부 및 아동을 위한영양지원 등을 통해 남북한 간에 신뢰를 구축한다는 구상이었다. 그것은 전임 이명박 정부 시절 남북한관계가 극도의 대치로 일관한 것에서 벗어나 남북한 대립

---

1) J. S. Wit and J. Town, "Trouble in Pyongyang," (November 25, 2012), https://www.foreignpolicy.com/articles/2012/11/05/trouble_in－pyongyang?print=yes&...

2) 유용원, 이용수, "천안함 때처럼... 한미 훈련 막바지에 터진 해킹 테러," 조선일보, (March 21, 2013)

의 완화와 한반도 평화를 구축하려는 노력으로 평가됐다. 박근혜 정부는 또 북한의 핵개발 저지와 통일대비 목적으로 중국의 협력을 유도하기 위한 외교전선 확대에 많은 노력을 기울였다. 박근혜 대통령은 2015년 11월 아베와 처음 단독으로 회동하기 전까지 시진핑과 6차례 정상회담을 가졌고, 그 과정에서 베이징으로부터 한반도 비핵화 지지선언을 포함해 한국에 유리한 결정을 여러 차례 이끌어냈다. 한편, 2013년 후반 한국 내에서 잠시 핵무장 논의가 일었다. 그것은 미국의 국제적 주도권이 약화되고 중국의 아태지역 및 지구적 영향력이 급증하며, 평양의 위협이 줄지 않는 현실에서, 북한으로부터의 위협을 막아내고 생존을 보장하기 위해 한국이 핵무장을 고려해야 한다는 주장이었다. 그러나 한국인 65%의 지지에도 불구하고, 그 주장은 일단 잦아들었다. 그해 12월 북한에서 또다시 김정은의 고모부이며 북한 황금평 개발사업에 관여하고 중국 정부와 가까운 것으로 알려진 장성택이 처형되는 큰 사건이 발생했다. 그는 반당 종파행위, 부정부패 등의 죄목이 적용돼 사형에 처해졌는데, 그것은 북한 내 정정 불안정으로 해석됐다. 한국 내에서는 아직 경험이 미숙한 김정은 북한 정권이 붕괴되는 급변사태가 발생할 수 있다는 소문이 팽배했다.[1]

2014년 1월 신년 기자회견에서, 박대통령은 2015년이 분단 70년이 되는 해임에 비추어 남북한이 통일로 나아가야 하고, 그를 위해서는 북핵문제가 해결돼야 한다고 말했다. "국민 일부 중에는 비용, 경제여건, 남북한 상황 등 여러 이유로 통일이 필요한지에 대해 의구심을 갖고 있지만, 그것은 한국에게 대박이 될 것이다. 한국은 북한과의 대립, 전쟁, 핵위협에서 벗어나 통일로 나아가야 한다. 가장 우선적 요건은 북한이 비핵화로 나오는 것이다. 통일을 가로막고 세계평화를 위협하는 북한 핵개발은 용납될 수 없다. 한국은 인도적 지원을 계속하고, 북한과의 동질성 회복을 추진할 것이다. 분단된 가족을 만나게 하는 이산가족 상봉은 중요한 행사이다. 장성택 처형 이후 북한 정세변화 가능성에 대비하는 준비는 철저하게 진행되고 있다. 실질적 성과를 내는 회담이 가능하다면, 김정은 위원장과 언제든 만날 것이다." 박대통령의 제안은 세간에서 '통일 대박론'이라고 불렸다.[2] 3

---

1) Mark E. Manyin, Emma Chanlett-Avery, Mary Beth D. Nikitin, Brock R. Williams, Jonathan R. Corrado, U.S.-South Korea Relations, CRS Report 5700, R41481, (May 23, 2017), pp. 15-19.

2) 김용환, "박근혜 대통령, 통일은 대박... 기반구축 최선,"/Voice of America-Korean,

월 독일을 국빈방문하면서, 박근혜는 또다시 평화통일 기반조성을 위한 '드레스덴'(Dresden) 선언을 발표했다. 그것은 지난 1월 담화와 거의 비슷한 내용을 담았다. "남북한은 교류, 협력을 확대해야 한다. 남북한 주민의 인도적 문제가 우선 해결돼야 하고, 남북 공동번영을 위한 민생 인프라 구축이 필요하다. 그리고 그런 과정을 통해 남북한 동질성이 회복될 것이다. 통일된 나라에서 함께 살아갈 남북한 주민이 서로를 이해하고 어울릴 수 있어야 한반도가 진정 새로운 하나로 거듭날 수 있을 것이다. 독일 통일이 역사적 필연이듯이 한국의 통일도 역사적 필연이라고 확신한다." 박근혜는 천안함 이후 부과된 5·24 조치는 북한이 책임있는 행동을 취하면 그 해제를 검토할 것이고, 북한 비핵화에서 확실한 진전이 있으면 본격적 대북협력과 지원을 추진할 것이라고 부연 설명했다.[1]

한편 2014년 1월 한미 양국은 주한미군 비용지원을 위한 제도인 특별조치합의(SMA: Special Measures Agreement) 하에서 향후 5년간(2014~2018) 유효한 방위비 분담에 합의했다. 한국정부는 2014년 SMA 분담금을 그 전 5년에 비해 6% 늘려 8.67억 달러를 지원하고, 매년 기여 액수를 인플레이션 비율에 맞춰 조정하기로 약속했다. 그 지원은 주한미군 비인력(non-personnel) 비용의 약 50%를 담당하는데, 결과적으로 2015년 한국 정부는 8.24억 달러, 그리고 2016년에는 8.21억 달러를 지출했다. 한국 정부는 또 한국 내 미군기지 이전과 새 군사시설 건설을 위해 2016년 말까지 약 97억 달러를 지출했다. 2014년 새로이 체결된 SMA는 주한미군이 한국 국회에 연례 보고서를 제출하도록 규정했는데, 그것은 주한미군이 한국이 지원하는 자금을 더 투명하게 공개하는 효과를 가져왔다.[2]

2015년 8월, 48년 만에 처음 경기도 파주시 인근 비무장지대(DMZ) 남측 감시초소(GP) 인근에 북한군이 설치한 지뢰가 두 차례에 걸쳐 폭발해 수색 중이던 부사관 2명이 다리가 절단되는 사고가 발생했다. 한국군은 북한군이 비무장 지대 내 군사분계선(MDL)을 넘어와 매설한 '목함지뢰'가 폭발한 것이라는 조사 결과를

(January 6, 2014), https://www.voakorea.com〉 ko...

1) 신지홍, "박대통령 '드레스덴' 선언... 대북 3대 제안 발표," (March 28. 2014), https://m.yna.co.kr〉 view〉 AK...

2) Manyin, Chanlett-Avery, Nikitin, Williams, Corrado, <u>U.S.-South Korea Relations</u>, (May 23, 2017), p. 23.

발표하고, 북한의 사과와 책임자 처벌을 요구했다. 군 당국은 북한의 도발에 대응해 2004년 이후 중단됐던 대북 확성기 방송을 재개해 약 2주 간 하루 3차례 10시간씩 지속하고, 한미 연합훈련 을지프리덤가디언(UFG) 훈련을 개시했다. 북한은 지뢰 폭발사건을 남한의 자작극이라고 주장하면서, DMZ 남방 한계선 남쪽 연천군 야산에 두 차례 포격을 가했다. 그에 대응해 한국군은 군사분계선 이북에 자주포로 대응사격을 하고, 2013년 한미 양국이 서명한 북한 도발 대비계획인 '한미 공동 국지도발 대비계획'에 따라 한미 연합체제를 가동했다. 비무장지대 군사 긴장이 고조되어 가면서 남북 고위 당국자가 판문점에서 협상했고, 8월 25일 양측은 사태종식을 선언하는 공동 보도문을 발표했다. 그 보도문은 북한의 유감표명, 남북한 관계개선을 위한 당국회담 개최 및 민간교류 활성화, 이산가족 상봉 등의 내용을 포함했다.[1]

▲ 박근혜 중국 방문 2015,
koreaherald.com

박대통령은 중국과의 관계강화에 계속 노력을 기울였다. 9월 박근혜는 중국 항일전쟁 승리 70주년 기념 열병식에 참석했다. 박근혜는 시진핑, 푸틴, 나자르바예프 카자흐스탄 대통령, 카리모프 우즈베키스탄 대통령, 반기문 유엔 사무총장과 함께 천안문 광장 성루에서 1만 2천명 중국군 열병식과 첨단무기 전시를 관람했는데, 그것은 불과 몇 년 전에는 상상하기조차 어려운 일이었다. 그것은 1992년 한·중 수교 이후 양국 관계에 있어서의 최대 진전이고, 시진핑―박근혜 정상회담 및 리커창과의 빈번한 대화는 양국관계가 새로운 단계로 진입하고 있는 것으로 해석됐다. 미국 전문가들은 박근혜의 열병식 참석이 한미 관계에 아무 부정적 영향을 미치지 않을 것이라고 말했다.[2] 11월에는 박근혜―아베 회동이 있었고, 12월 한국 내 일부 반대에도 불구하고 한일 위안부 합의가 이루어졌다. 그 '최종적이고 불가역적' 합의에서 일본 정부는 과거 제국주의 일본군부가 위안부 동원에 관여했음을 공식 시인하고, 아베 총리는 상처를 입은 모든 분들에게 사죄와 반성을 표시한다고 말했다. 한국 정부는 피해자 지원 목적의 한국 재단설립을 위한 일본정부의 10억 엔(830만 달러) 상당의 출연금 제안

1) DMZ 목함지뢰도발―북한 정보포털/― 통일부, https://nkinfo.unikorea.go.kr〉 term
2) 이연철, "미 전문가들, 박근혜 대통령 열병식 참관 불가피한 선택," (August 28, 2015),
   https://www.voakorea.com〉 ko...

을 수용했다.[1]

2016년 1월 북한은 제4차 핵실험을 실시해 원자탄을 넘어 수소폭탄 제조 능력을 보유하고 있음을 입증했고, 2월에는 장거리미사일을 시험 발사했다. 북한 핵능력의 놀라운 증가에 당황한 한국정부는 2월 개성공단 가동을 중단했다. 그 결정은 개성공단으로부터 획득하는 달러가 북한 핵무장을 돕는다는 논리에서 비롯됐다. 3월 한

▲ 2016 북한 수소폭탄 실험, japantimes.co.jp

국은 북한인권법을 통과시켰다. 그동안 북한의 내정을 거론하는 것이 평양 당국을 자극해 남북한 관계진전을 막는다는 논리가 강했지만, 수소폭탄 보유가 확인된 시점에 한국의 위기감이 극에 달하면서 박근혜 정부는 강경책으로 돌아섰다. 7월의 경북 성주 사드(THAAD: Terminal High Altitude Area Defense) 배치 선언도 마찬가지 맥락에서 진행됐다. 미국은 원래 2014년 사드 도입을 원했는데, 한미 양국은 이제 여러 상황을 고려해 더 이상 그 배치를 늦출 수 없다고 판단했다. 그 당시 한국의 MD 능력은 어떤 상태에 있었을까? 한국 지상군은 PAC-2 요격기를 배치하고 있었는데, 2022년까지 MD 능력을 상향시킨다는 목표하에 2015년 3월 미국 레이시온(Raytheon)사와 7.7억 달러 상당의 PAC-3로의 상향 계약을 체결했다. 한국 해군이 보유하는 이지스 추적시스템을 장착한 구축함 3척은 요격기가 결여돼 있었다. 한국이 2015년 7억 달러를 투입해 개발 중인 한국형 미사일(KAMD: Korea Air and Missile Defense)은 패트리어트 2세대 버전인 PAC-2와 비슷한 성능의 무기체계로 PAC-3보다 취약했지만, 그것은 미국 BMD와 상호운용은 가능했다. 한편, 미국은 원래 그 무기체계 운영에서 통합시스템을 선호했지만, 한국 정부는 한-미-일이 통합해 운영하는 지역 BMD에는 동의하지 않았다. 그 결정에는 진보집단의 전략적 자주에 관한 인식, 중국을 자극하지 말아야 한다는 논리, 그리고 일본과 협력할 수 없다는 국민정서가 작용했다. 그 당시 중국이 사드의 X-밴드 레이더가 자국 영토 내 깊은 곳의 전략상황 탐지를 통해 자국 핵전

---

1) 2016년 7월 한국은 그 화해치유 재단을 설립했고, 8월 일본은 약속한 10억 엔을 제공했다. 일부 생존하는 위안부들은 그 지불을 거부했고, 보수, 진보를 포괄하는 많은 한국 정치인들이 그 협상을 비판했다. Manyin, Chanlett-Avery, Nikitin, Williams, Corrado, <u>U.S.-South Korea Relations</u>, (May 23, 2017), p. 29.

력을 무력화시킬 것이라고 주장했지만, 한미 양국은 그 레이더를 중국 내륙을 감시하지 않도록 조정할 것이라고 말하면서 그 주장을 수용하지 않았다. 베이징은 한국에 강력한 경제제재를 부과해 보복했고, 중국 내 많은 한국 상업이익은 수십억 달러 피해를 입었다. 그 당시 러시아도 중국 편에서 한국 내 사드 배치에 반대했다. 2016년 7월 미국은 한미 군사훈련 목적으로 주일미군의 PAC-3를 일시 전북 군산에 배치하고, B-52, B-1B 전폭기를 동원해 무력으로 시위했다.[1)]

박근혜 정부가 추진하던 '신뢰정치'에 의해 처음 3년간 상대적으로 비적대적으로 운영되던 남북한 관계는 2016년 1월 북한이 수소폭탄을 실험하고 한국이 강경책으로 돌아서면서 완전히 악화됐다. 북한 비핵화와 통일에 대비하는 한·중 관계 강화 시도 역시 남북한 관계와 비슷하게 한국의 사드 배치 이후 베이징의 대화 거부로 중단됐다. 결과적으로 박근혜 정부의 주요 외교시도는 모두 실패로 돌아갔다. 그러나 실제 박근혜의 '통일 대박' 및 '드레스덴' 선언, 그리고 중국과의 외교 시도에 대해 일부 전문가들은 처음부터 그 성사 가능성에 의구심을 제기했다. 그들의 생각에 가장 중요했던 것은 과연 북한과 중국이 서울의 시도를 얼마나 진정성 있게 받아들이는가 하는 것이었는데, 왜냐하면 국가의 이익은 정치 리더, 또는 국내의 정치, 경제 등 어느 한 요소보다는 구조적 이해관계의 관점에서 고려되기 때문이다.

어느 전문가는 2014년 박근혜 정부의 북한, 중국 관련 정책시도에 대해 다음과 같이 건설적 비판을 제기했다. "지난해 말 북한 제2의 실권자로 알려진 장성택이 처형되고 연초에 박근혜 대통령이 연두 기자회견과 다보스 포럼에서 '통일은 대박'이라고 언급하면서 북한 급변사태와 통일 가능성에 대한 논의가 한창이다. 과연 통일의 실현 가능성은 어떠하며 한국은 어떤 준비를 필요로 하는가? 사실 북한 붕괴에 관한 논의는 이번이 처음이 아니다. 1990년대 중반 북한에 100년 만의 홍수가 발생해 300만 명으로 추정되는 주민이 아사했을 때에도 김정일 정권 붕괴 가능성이 점쳐졌다. 그러나 결과적으로 그것은 하나의 흥미로운 가설적 오류로 판명됐다. 오늘날 거론되는 북한 붕괴론은 경제보다는 국내정치, 대외관계에 초점

---

1) 그 당시 주한 중국대사는 미국이 사드를 한국에 배치하면 한중 관계는 '순식간에 붕괴될 수 있다'고 경고했지만, 한미 관리들은 북한의 위협이 모든 문제의 근원이라고 반박했다. Ibid., p. 23.

이 맞춰져 있다. 그것은 김정은의 통치능력 부재로 인한 북한 내 정정 불안정이 군부의 정치간섭 등 체제 급변사태로 이어질 수 있고, 북·중 관계 약화와 한·중 관계 진전이 통일의 가능성을 높인다는 분석에 근거한다. 그러나 이 추론의 단기적 타당성은 매우 제한적인데, 왜냐하면 통일에 가장 중요한 변수인 미·중 강대국 관계가 한반도에서 극단적인 세력균형의 변화를 수용할 가능성이 상대적으로 낮기 때문이다. 미·중이 협력하면서도 경쟁하는 상황에서, 베이징이 자국에 확연하게 불리한 현상변경을 일방적으로 수용하리라고 상상하기는 어렵다. 국가의 해체, 생성, 통일과 관련한 핵심변수는 강대국 관계이다. 독일 통일은 양독의 관계 발전에도 불구하고 미·소 관계의 변화가 없이는 불가능했다. 냉전이 종식된 이후 동유럽의 유고슬라비아가 보스니아-헤르체고비나, 마케도니아, 유고연방 등 6개국으로 재탄생한 것, 또 체코슬로바키아가 두 개의 나라로 독립한 것도 소련 멸망이라는 미·소 관계 변화의 환경에서만 가능했다. 한반도 통일도 미·중이라는 두 강대국의 역학관계에 결정적으로 영향 받을 것이다."[1]

2016년 9월 북한은 또 다시 핵탄두 위력판정을 위한 제5차 핵실험을 실시했다. 북한의 끊임없는 군사도발에 분노한 한미 양국은 북한의 핵 공격시 평양 최고 리더십을 직접 공격할 것이라고 선언하고, 비상사태에 대비해 긴밀한 상시조율 체계를 가동했다. 한국은 여러 독자적 조치를 취했다. 대북 인도주의 지원 중단 선언은 그 중 하나였다. 한국으로서는 주민의 기본생활까지 희생해 가면서 모든 재원을 군사력 증강에 쏟아 붓는 북한을 위해 더 이상 인도주의 지원의 필요를 느끼지 못했다. 그것은 오로지 북한 정권만 강화시켜줄 뿐이었다. 한국정부는 또 지난 6개월 간 북한을 여행한 선박은 한국에 정박하지 못하도록 조치했고, 전례 없이 노골적으로 북한인들을 향해 더 이상 희망 없는 나라에서 살지 말고 한국으로 망명할 것을 독려했다. 한국의 여당 새누리당은 공개적으로 핵무기 개발을 촉구했고, 그것은 더 강력한 핵무장 논의를 촉발했다. 그러나 비록 그 제안이 안보 위협에 대한 두려움에서 비롯된 것이지만, 그와 관련되어 예상되는 많은 부작용에 대한 고려는 필수적이었다. 가장 우려되는 것은 한국이 핵무장을 할 경우, 북한의 비핵화는 고사하고 핵개발이 오히려 가속화될 가능성이었다. 핵 비확산을 고수하는 미국의 경제제재를 어떻게 감당할 것인지, 중국이 한국의 시도에 어떻

[1] http://www.seoul.co.kr/news/seoulPrintNew.php?id=20140318030001

게 대응할지, 또 일본의 핵무장을 포함해 아시아 핵 군비경쟁 격화를 어떻게 막을 것인지가 모두 그런 고려대상이었다. 10월에는 1991년 북한 비핵화를 위해 한국으로부터 철수시킨 미국 전술 핵을 한국에 재배치해야 한다는 목소리가 더 큰 설득력을 얻었다. 그러나 북한 핵 포기 유도가 가장 큰 목표인 한미 정부 당국은 일단 그 제안을 거부하고, 한미 2+2 회담에서 워싱턴의 억지 의지를 재확인하면서 향후 대책을 논의했다.

2016년 10월, 2012년 처음 논의된 이후 국내의 반대로 인해 성사가 어려웠던 한·일 GSOMIA가 체결됐다. 그것은 2015년 12월 한·일 위안부 합의가 탄력을 받은 이후 2016년 초 수소폭탄 실험에 대항해 한-미-일이 정책을 조율해 왔는데, 이제 한국 정부가 3자 협력을 통해 우선 시급한 북한으로부터의 위협에 공동 대응하기로 결정했기 때문에 가능했다. 집권 초부터 한·일 GSOMIA 체결을 포함해 3국 안보협력을 원하던 오바마 행정부는 한국 정부의 결단에 찬사를 보냈다. 한편 국제사회 역시 북한의 도발에 반대해 2016년 3월 유엔안보리 (UNSC) 결의안 2270, 그리고 11월 UNSC 2321을 통과시켰다. 그 결의안은 여러 조치로 구성됐는데, 그 중에는 평양당국의 달러 획득을 막기 위해 북한의 해외 노동수출을 금지하는 조항이 포함되어 있었다.

(2) 트럼프-문재인 시기 한미관계

▲ 문재인 대통령 2017, bbc.com

대선 후보 당시 트럼프는 한미 방위비 분담과 한미 무역적자에 대해 일부 비판을 제기했지만, 집권 후 한국 방어에 대한 굳은 의지를 표시했다. 2017년 2월 매티스 미 국방장관은 서울을 방문하면서 한미 관계의 강건함에 변함이 없음을 강조했고, 트럼프 대통령은 워싱턴을 방문한 아베와의 미·일 공동성명에서 한-미-일 3자 협력을 촉구했다. 3월 렉스 틸러슨 미 국무장관 역시 서울 및 도쿄 방문시 한국과 일본 방어에 대한 워싱턴의 헌신은 변함이 없다고 재확인하고, 북한문제, 아태 및 지구적 차원 문제해결을 위해 한-미-일 3자 협력이 중요하다고 말했다. 그러는 사이 북한은 일본해로 탄도미사일을 발사했고, 미국은 그에 대응해 2017년 말 한국에 배치되기로 되어 있는 사드 초기요소를 예정보다 일찍 설치했다고 발표했다. 임기 초 2월 말레이시아 공항에서의 김정남 독극물 살해와 3월 평양의 미사일 발사를 목격하면서, 트럼프 행정부는 평양의 핵무기 및 미사일 문제를 안보 최고 우선순위 중 하나로 간주하는 것으로 보였다. 3월 워싱턴은 미국 관리들과의 회담을 위한 북한 관리의 미국 방문을 취소하고, 4월에 이르러 북핵 관련 베이징 역할에 대한 기대로부터 '최대 압력'(maximum pressure)을 통한 평양의 양보 도출로 정책을 전환했다. 미 의회는 북한과 협력하는 외국단체에 대한 2차 제재를 포함해 대북 제재를 강화하는 법안을 통과시켰다. 그러나 틸러슨은 트럼프 행정부가 북한을 붕괴시키려는 의도는 갖고 있지 않다고 확언했다.

그 시기 대선 캠페인 과정에 있던 문재인 후보는 한미관계에 관한 그의 견해를 밝혔다. 그는 외국이 한반도의 운명을 결정하는 것은 위험하고, 한국이 주도권을 갖고 평양의 동시행동을 유도하도록 북한정책을 이끌어야 하며, 한국은 국방비 증가로 더 자주적이고 독자적인 방위태세를 유지할 수 있어야 한다고 주장했다. 그는 또 당선되면 북한을 방문하고 개성공단을 재가동할 것이며, 사드 (THAAD) 배치는 유감이지만 집권하면 베이징의 양해를 구하고 그 사안을 재검토할 것이라고 말했다. 더 나아가 그는 국산 KAMD 개발 지속을 약속하고, 사드 배치에 대한 중국의 경제보복 중지를 촉구했다. 그는 대체로 노무현 전 대통령과 비슷하게 북한과의 더 많은 교류협력과 개입, 그리고 미국으로부터 더 큰 자주를 원했다. 그러나 동시에 그는 북한 문제에서 워싱턴과 충분히 상의할 것이라고 말하면서, 한미동맹의 중요성을 인정했다. 2017년 5월 문재인 후보가 대통령으로 당선됐다. 당선 후, 문재인 대통령의 입장은 다소 완화되는 것으로 보였다. 그는 평양을 협상 테이블로 불러올 목적이라면 북한 제재에 반대하지 않는다고 말했다. 또 남북대화 및 공동 프로젝트는 평양의 태도변화가 수반되는 올바른 상황에서만 추진될 것이라고 말했다. 그것은 강력한 제재를 옹호하는 트럼프의 정책과 일정 부분 겹치는 주장이었다. 집권 수주 후, 문 대통령은 아베 총리와 통화하고, 중국에 특사를 파견했다. 그 즈음 주한미군(USFK: US Forces in Korea)은 한국 내에서 사드가 작동하고 있다고 시인했다. USFK는 8~16억 달러가 소요되는 사드 시스템과 작동비용은 미국이 담당하고, 부지는 한국이 제공한다고 말했다. 중국은 크게 반발했다. 중국 언론은 한국제품 구매와 한국으로의 여행 거부를 독려했고, 베이징 당국은 위생절차 위반을 핑계로 한국기업 롯데의 운영을 방해했다. 틸러슨

은 베이징의 한국에 대한 경제보복이 부적절하다고 말했다.[1]

　　5월 10일 문대통령 취임 직후 한미관계는 부드럽게 출발했다. 문재인은 트럼프와 통화했는데, 그 대화에서 두 정상은 한미 양국이 동맹을 강화하고 지속적 우호관계를 증진시켜 나가기로 뜻을 모았다. 트럼프는 문대통령과의 협력을 기대하고 있다고 밝히면서 워싱턴 조기 방문을 제안했고, 문재인은 흔쾌히 그 제안을 수락했다.[2] 5월 14일 북한이 신형 중거리 미사일 화성－12형을 발사해 한미 양국을 긴장시켰지만, 한국 통일부는 교류협력과 대화를 통한 남북한 관계개선을 원하는 대통령 뜻에 맞춰 인도지원 단체의 대북 접촉을 승인했다. 그것은 2016년 1월 북한의 수소폭탄 실험 이후 최초의 남북교류 재개 허용이었다.[3]

1) 트럼프-문재인 정상회담

　　6월 말, 문대통령은 트럼프와의 정상회담을 위해 미국을 방문했다. 그 회담은 북핵과 한미 무역적자 두 가지 사안을 논의할 것으로 예상됐다. 워싱턴으로 가는 기내에서, 문재인은 핵 프로그램 동결로부터 시작되는 2단계 핵 협상에 관해 다음과 같이 설명했다. "가장 이상적 해결책은 한 번에 북한이 완전히 비핵화 하는 것이다. 그러나 현실적으로 그런 협상은 쉽지 않을 것이다. 북한의 핵동결은 대화의 시작이다. 그리고 대화의 출구는 핵의 완전한 해체이다. 우리는 북한과 대화를 시작해야 하고, 최소한의 조건은 북한이 추가 핵 및 미사일 도발을 중단하고 핵 프로그램을 동결하는 약속일 것이다. 그때에만 우리는 핵 해체에 대해 제대로 된 대화를 할 수 있다." 정상회담 이전 언론은 북한, 사드, 그리고 기타 안보이슈에서 한미 간 충돌이 있을 것으로 예상했다. 그러나 트럼프가 평양에 대한 압력 가중을 원했을 때, 문재인은 그에 충분히 동의하면서 동시에 평양과의 협상 필요성을 설명했다. 북핵 문제에서 두 리더는 지금은 제재의 시점이고 그 뒤에 대화가 뒤따라 올 것이라는 것을 강조했지만, 정상회담 공동선언의 표현은 더 온건했다.

---

1) Manyin, Chanlett－Avery, Nikitin, Williams, Corrado, <u>U.S.－South Korea Relations</u>, (May 23, 2017), pp. 5－6.

2) U.S. Embassy & Consulate in the Republic of Korea, "도널드 J. 트럼프 대통령과 대한민국 문재인 대통령 통화내용," https://kr.usembassy.gov〉051017－…

3) 박경준, "문재인 정부 남북관계 주요 일지/연합뉴스," (August 13, 2018), https://www.yna.co.kr〉view

그 성명은 "우리는 제재와 대화를 둘 다 활용하는 단계적이고 포괄적 접근에 기초해 북한 핵 이슈를 근본적으로 해결하는 데 함께 일하기로 합의했다"고 말했다. 그렇게 제재가 외교의 수단이라는 것에 주목하면서, 두 리더들은 북한과 대화의 문이 열려 있다는 것을 강조했다. 트럼프 대통령은 인도주의 문제를 포함하는 이슈에 관한 문대통령의 남북대화 재개 열망에 반대하지 않았다.[1]

그 공동선언은 북한 및 한국안보에 관한 전반적 요소를 포괄했다. "미국은 한국을 위한 핵 확장억지에 헌신하고, 두 나라는 정규 군사대화를 중시할 것이다. 한국으로의 전시 작전통제권 이양 노력은 계속될 것이다. 북한의 증대되는 핵 및 미사일 프로그램에 대항하기 위해, 한국은 그 자신의 군사능력을 계속 발전시킬 것이다. 한미 양국은 북한이 도발적이고 불안정화 하는 행동과 수사(rhetoric)를 하지 못하도록 압력을 가할 것이다. 북한과의 대화의 문은 올바른 상황(right circumstances)에서만 열려있을 것이다." 그러나 다른 한편, 트럼프 대통령은 북핵 문제보다 오히려 한미 경제 불균형에 더 관심이 있는 듯했고, 그 균열은 정상회담에서도 나타났다. 트럼프 대선공약은 나쁜 협상을 제거하는 것이었고, 그는 수시로 한미 FTA를 그런 사례 중 하나로 인용했다. 무역적자에 초점을 맞추면서, 트럼프는 한국이 미국 내에서 자동차와 철강을 덤핑하는 반면 한국시장에서 미국 상품이 경쟁력을 갖지 못하도록 방해한다고 주장했다. 문재인은 나중에 미 상무부 데이터가 한미 FTA에서 미국이 상품무역에서 적자이지만, 서비스에서는 흑자라는 것을 입증한다고 암시했다. 정상회담 공동선언은 양국이 "확대되고 균형적인 무역을 육성하고, 동시에 상호혜택과 공정한 대우 창출에 헌신한다"고 간략하게만 말했다. 회담 후, 미 USTR 대표 라이트하이저가 무역합의 수정을 재협상하기 위해 한미(KORUS: Korea-US) 공동위원회를 소집할 것이라고 말했을 때, 한국 상대역은 로이터(Reuters)에 상호이익과 우려를 논의하기 위해 미국과 대화하지만 서울의 입장은 그 재협상에 합의하지 않는다는 것이라고 암시했다.[2]

---

1) 정상회담 이후 전문가들이 문대통령이 그 대화에서 트럼프의 압력에 물러선 것으로 해석했지만, 그것은 사실이 아니었다. 문재인은 한국 내 평화과정의 필요에서 물러나지 않았다. 그는 "핵 해체와 더불어 평화체제가 한반도에 설정될 것"이라고 말하고, 핵동결의 시작과 함께 북한과의 경제재입이 개성공단에서 시작될 것임을 분명히 했다. Leon V. Sigal, "A Summit Without Fireworks Over North Korea/ 38 North: Informed...," (July 6, 2017), https://www.38north.org〉201/07

2) Darci Draudt, "Security hot, economics cold at Trump-Moon summit," (July 14, 2017), https://www.eastasiaforum.org〉sec...

2) 베를린 구상

7월 독일 함부르크 G20 정상회담에 참석하는 과정에서, 문대통령은 함부르크 미 총영사관에서 트럼프, 일본 아베 총리와 한－미－일 3자 정상회담에 임했다. 그것은 트럼프와 문재인이 대통령에 취임한 후 최초의 3자 회담이었다. 아베는 트럼프, 문재인과의 파트너십을 통해 지역 및 국제공동체의 평화와 안정을 위해 모든 노력을 다할 것이라고 말했다. 아베는 또 북한이 국제 어젠다의 최고 우선순위이고, 3명 리더들이 미팅에 참석한 것은 북핵 프로그램 포기를 위해 한, 미, 일이 전략을 공유하는 역사적 순간이며, 3명 리더가 국제공동체의 노력을 이끌기 원한다고 말했다. 그 정상회담에서 3명 리더들은 3가지 사항에 합의했는데, 그것은 3국이 북한에 대해 더 큰 압력을 가하고, 중국이 더 큰 역할을 담당하도록 독려하며, 한－미－일이 워싱턴이 중국 단체와 기타 개인에 부과한 제재에 관해 조율한다는 것이었다.[1]

그 당시 개최된 독일 쾨르버(Korber) 재단 초청연설에서, 문재인은 북한과의 대화 재개와 한반도의 항구적 평화정착을 위한 5대 기조, 4대 제안을 담은 베를린 구상을 발표했다. 그는 한마디로 "우리는 평화로 가는 길을 알고 있고, 그것은 6·15 공동선언과 10·4 선언으로 되돌아가는 것"이라고 역설했다. 5대 기조에서 첫 번째는 '오직 평화'였다. 그는 평화가 정착되면 통일은 자연스럽게 이루어진다고 말하고, 반드시 평화를 지켜야 한다고 말했다. 두 번째는 한반도 비핵화였다. 그것은 북한의 안보와 경제적 우려해소, 북·미관계와 북·일 관계개선, 북한 핵의 완전폐기와 평화체제 구축으로 구성됐다. 세 번째는 항구적인 평화체제 구축이었다. 그것은 한국전쟁 종전과 함께 관련국이 참여하는 한반도 평화협정을 상정했다. 네 번째는 한반도의 새로운 경제지도였다. 그것은 남북한 철도를 베이징, 러시아, 유럽으로 확대하고, 한반도가 대륙과 해양을 잇는 교량국가로 공동 번영한다는 것을 의미했다. 다섯째는 비정치적 교류협력의 추진이었다. 대통령은 이산가족 상봉을 우선과제로 인용했다. 베를린 구상의 구체적 실천을 위한 4가지 방안도 제시됐다. 그 제안 중 첫 번째는 이산가족 상봉을 포함하는 시급한 인도적 문제의 해결이었다. 두 번째는 북한의 평창 올림픽 참가, 군사분계선 적대행위 중

---

1) Japan－U.S.－ROK Trilateral Summit Meeting/ Ministry of Foreign Affairs..., (July 6, 2017), https://www.mofa.go.jp〉 ...

단, 그리고 남북한 접촉 및 대화 재개를 포함했다. 7월 4일 화성—14형 장거리 탄도미사일 발사에도 불구하고, 문재인은 더 많은 이산가족 상봉, 그리고 북한이 대화와 화해의 길을 추구하기 위해 도발적 행동을 자제할 것을 촉구했다. 문재인은 그렇게 대화를 재개함으로써 남북한 관계 증진을 원하는 한국 정부의 헌신을 반복해 말했다. 그는 "올바른 여건이 갖춰지고 한반도의 긴장과 대치국면을 전환시킬 계기가 된다면 언제 어디서든 북한의 김정은 국무위원장과 만날 용의가 있다"고 말했다.[1]

3) 북한 제6차 핵실험 이후 미·북, 남북한 관계진전

8월 서울에서 한미 FTA 대화가 시작됐다. 미국은 한국의 대미수출 철강에 대해 25% 관세를 부과할 것이라는 의사를 표시했는데, 서울 협상 팀은 한국이 대미수출을 자율적으로 규제할 것이라고 말하면서 미국의 관세 철회를 요구했다. 그러나 한국은 미국으로의 픽업트럭 수출에 대한 관세의 20년 연장에 합의하고, 외환시장 개입 자제를 약속했다(한미 양국은 10월 워싱턴에서 다시 회담을 계속하기로 약속했고, 그 협상은 그 다음해 2018년 9월 타결됐다).[2]

2017년 9월 초 미 행정부가 북한에 대한 강경책을 경고하고, 트럼프가 '화염과 분노'를 거론하면서 유엔 연설에서 북한을 붕괴시킬 수 있다고 공개적으로 위협하는 상황에서, 평양은 수소폭탄 탄두의 ICBM 장착을 위한 제6차 핵실험 실시로 미국에 대항할 것이라는 뜻을 분명히 했다. 9월 22일 트럼프와 문재인은 뉴욕 유엔총회에서 회동하고, 북한의 6차 핵실험에 대한 대응으로 한미 연합방위태세 강화와 미 전략자산 순환배치 확대를 논의했다. 10월 말 한미안보협의회(SCM)에서 양국 국방장관이 B—52, B—2 장거리 폭격기를 포함하는 미 전략무기 배치 강화의 중요성에 합의했고, 제임스 매티스 미 국방장관은 전 세계 모든 곳에 도달이 가능한 전략자산은 한미연합사령관의 요청에 따라 언제든 동원될 수 있다고 말했다. 11월 트럼프의 한국 방문에 따라 두 리더 간에 서울에서 또다시 정상회

---

1) 남북정상회담 준비위원회, "한반도 평화를 위한 베를린 구상," (July 6, 2017), https://koreasummit.kr⟩ Berlin

2) 홍인표, "문재인 정부 출범 1년 외교안보 정책평가−정경뉴스," (May 29, 2018), https://m.mjknews.com

담이 개최됐다. 두 정상은 공동성명에서 계속 고조되는 "북한 핵미사일 위협에 함께 대응하는 원칙을 재확인하고, 미 전략자산의 한반도와 인근지역으로의 순환배치를 확대 강화하기로 했다"고 밝혔다. 그러나 북한은 조금도 물러서지 않았다. 11월 평양은 신형 ICBM 화성-15를 발사하면서 국가 핵 무력이 완성됐다고 주장하고, 계속 한미 양국에 대립각을 세웠다.[1)]

2018년 1월 1일 김정은이 신년사에서 돌연 평창올림픽 기간 한국에 대표단을 파견할 용의가 있다고 발표했다. 그것은 한국의 남북한 관계개선 진정성 타진과 더불어 서울을 활용해 미·북 관계 교착을 타개하려는 평양의 외교해법으로 보였다. 2월 북한의 평창올림픽 참가 과정에서 김정은의 여동생이며 당 선전선동부 제1부부장인 김여정이 김정은 국무위원장의 문대통령 평양 초청의사를 전달했고, 3월 정의용 안보실장의 평양방문에서 문재인의 친서가 전달됐다. 남북한은 미·북 갈등 해소를 위해 함께 움직였고, 그 과정에서 김정은의 트럼프 초청의사가 워싱턴에 전달돼 미·북 대화의 물꼬가 트였다.[2)] 미·북 관계가 극도로 악화되는 상황에서, 김정은은 3월 베이징과의 오랜 침묵을 깨고 중국을 방문해 시진핑과 회담했다. 시진핑과 김정은은 미·북 갈등의 증대, 북핵문제, 그리고 베를린 구상에 따른 남북한 관계진전 가능성을 포함하는 한반도 정세를 논의하고, 미국의 위협에 대항하는 전통적 북·중 우호관계를 재확인했다. 그동안 박근혜 정부의 한·중 관계강화 시도와 중국의 유엔안보리 결의안 찬성투표로 인해 한동안 소원해진 것으로 보이던 북·중 관계는 김정은의 중국 방문으로 사회주의 유대에 기초한 전통적 동맹임이 재확인됐다.

아직 한반도 위기가 가시지 않은 2018년 4월 판문점 남측 평화의 집에서 문재인 정부 하 제1차 남북 정상회담이 개최되고 판문점 선언이 채택됐다. 그 선언에서 두 리더는 남북한 군사적 긴장완화와 전쟁위험 해소, 남북한 관계개선, 그리고 평화체제 구축에 합의했다. 군사적 대치 완화를 위해서는 일체의 적대행위 금지, 서해 북방한계선 일대의 평화수역화, 그리고 장성급 군사회담 개최가 합의됐

---

1) 김귀근, "한미 정상회담; 미 전략무기 한반도 배치 확대 강화," (November 7, 2017), https://www.yna.co.kr〉 view

2) "북미회담 D-1, 북미관계 일지/ 연합뉴스," (June 11, 2018), https://www.yna.co.kr〉 view

다. 남북한 관계개선은 민족의 공동번영과 자주
통일을 지향한다고 선언했다. 그것은 대화, 협상
과 교류협력을 위한 남북 공동연락사무소 설치,
국제경기에서 남북한 공동참가, 이산가족 상봉
을 포함하는 인도주의 문제해결, 그리고 동해선,
경의선 철도 및 도로 연결과 같은 과거 10·4
선언에서 합의된 사안의 시행을 규정했다. 평화
체제 구축 관련 협력은 완전한 비핵화, 불가침
합의 재확인, 군사적 신뢰구축과 단계적 군축,

▲ 문재인-김정은 판문점 선언 2018, reuters.com

2018년 종전선언과 정전협정의 평화협정으로의 대체, 그리고 남-북-미 3자회
담 또는 남북한과 미·중 4자회담 개최를 상정했다.[1]

한반도 위기 앞에서 남북한 모두 분주히 움직였다. 중국 왕이 외교부장이 5
월 초 리용호 외무상 초청으로 북한을 방문해 한반도 문제를 논의한 일주일 뒤,
김정은이 또다시 중국 다롄에서 시진핑과 만나 북핵문제와 한 달 앞으로 다가온
미·북 대화 관련 의견을 교환했다.[2] 한국은 6월로 예정된 미·북 싱가포르 정상회
담 성공을 위해 물밑작업을 시작했다. 5월 하순 문대통령은 워싱턴을 방문해 트럼
프에게 지난 4월 남북한 정상회담의 성과, 그리고 다음 달로 다가온 제1차 미·북
정상회담과 관련해 서울과 평양의 입장을 설명했다. 그 이틀 후 5월 24일 미국의
호의를 얻기 위한 제스처로, 북한은 풍계리 핵 실험장 입구와 갱도 일부를 폐쇄했
다. 5월 26일에는 판문점 북측 통일각에서 문재인-김정은 간에 제2차 남북정상
회담이 열렸다. 그것은 김정은의 요청에 의한 만남이었는데, 그때 문대통령은 김
정은에게 트럼프와의 대화 내용을 설명하고, 4·27 판문점 선언의 신속한 이행과
남북한 간 원활한 의사소통에 합의했다. 6월 12일 역사적인 싱가포르 미·북 정상
회담이 개최됐고, 트럼프와 김정은은 양자회동에서 서로에게 미국의 북한 안전보

---

1) 남북 정상회담, https://www.koreasummit.kr

2) 왕이 외교부장의 북한 방문에 대해, 중국 외교부 대변인 화춘잉은 그 목적이 북·중 관계
   와 한반도 정세 관련 의견을 교환하는 것이라고 말했다. 북한 당국은 왕이에게 남북 정상
   회담 결과와 북·미 정상회담의 주요 주제인 비핵화, 평화체제에 관한 평양 구상에 대해
   설명했고, 왕이는 중국이 북한의 한반도 비핵화와 남북한 관계개선을 지지한다고 밝혔다.
   심재훈, 김진방, 안승섭, "왕이 국무위원 방북... 한반도 비핵화 목표 전적으로 지지,"
   (May 3, 2018), https://www.yna.co.kr〉view

장, 그리고 평양의 비핵화를 약속했다.

　　그러는 사이 트럼프 - 김정은 합의에도 불구하고 미·북 관계에서 실질적 진전이 결여된 것과는 달리, 남북한 간에 상당수준의 관계개선이 있었다. 7월 말 남북 장성급 회담은 DMZ 유해 공동발굴과 GP 철수의 필요성에 관한 공감대를 마련했고, 8월 중순 남북 고위급회담에서 9월 남북한 정상회담 개최가 합의됐다. 9월 초 한국의 대북 특별사절단이 북한을 방문해 김정은과 대화하고 문대통령의 친서를 전달했고, 수일 후 4·27 판문점 합의에 따라 개성공단 내 공동연락사무소가 개설됐다. 9월 18~20일 문재인이 평양을 방문해 제3차 남북한 정상회담이 이루어졌다. 그때 두 정상은 5시간 대화하는 중 9·19 평양 공동선언을 발표하고, 판문점 선언 당시 결정된 군사분야 이행 부속합의서를 채택했다.[1] 9·19 평양 공동선언은 판문점 선언에서 논의된 전반적 사항을 한 단계 더 구체화시키는 합의를 도출해 냈다. "남북한은 남북 군사공동위원회를 조속히 가동해 무력충돌을 방지하고 상시 소통체계를 마련해 전쟁 없는 한반도를 만들 것이다. 한반도 비핵화 및 평화구축 노력을 위해 남북한은 긴밀히 협력하고, 북한은 동창리 엔진시험장과 미사일 발사대를 영구 폐기하고, 미국의 상응조치가 있을 경우 영변 핵시설을 영구 폐기할 것이다. 교류협력을 증대시키고 민족경제를 균형발전 시키기 위해, 남과 북은 환경, 보건 분야 협력을 강화하고, 여건 조성시 철도 및 도로연결 착공식, 금강산 관광 및 개성공단 사업 정상화, 그리고 동, 서해 관광 공동특구 설립을 협의한다. 양측은 이산가족 문제의 근본적 해결을 위해 금강산 상설면회소 개소, 이산가족 화상상봉을 포함해 인도적 협력을 강화한다. 또 10월 중 평양예술단 서울공연, 2020년 하계올림픽 포함 국제경기 공동참여, 그리고 3·1운동 100주년 공동행사를 포함해 사회, 문화 분야 협력을 가속화한다. 김정은 위원장의 가까운 시일 내 서울방문을 추진한다."[2] 9·19 군사분야 이행 합의서는 남북 군사공동위원회 가동을 통한 무력충돌 방지, DMZ 내 GP 시범철수, 판문점 공동경비구역(JSA) 비무장화, 그리고 서해 평화수역 및 시범 공동어로구역 설정을 규정했다.[3]

---

1) 9월 20일 문재인 대통령과 김정은은 백두산을 공동 방문했다.

2) 제3차 남북 정상회담, https://koreasummit.kr〉3rd

3) 연합시론, "남북관계 복원은 9·19 공동선언 이행에서 시작해야," (September 18, 2020), https://www.yna.co.kr〉view

    2018년 김정은과의 3차례 양자대화와 남북한 관계 진전에 크게 고무된 문대통령은 9월 유엔총회 참석 계기에 트럼프에게 제3차 남북 정상회담 결과를 설명했다. 트럼프는 반신반의하면서도 평양의 비핵화 의지를 환영한다고 말했다. 미의회연구소(CRS: Congressional Research Service) 전문가들(Mark E. Manyin, Emma Chanlett-Avery)은 제3차 남북한 정상회담에서의 합의에 대해 다음과 같이 의구심과 우려를 제기했다. 첫째 문대통령은 김정은이 약속을 이행할 경우 북한의 핵 및 미사일 프로그램이 더 이상 진전하지 않을 것이라고 말하는데, 북한은 아직 영변 이외의 전국에 산재해 있는 핵시설, 핵탄두 저장량, 핵물질에 관해 아무 것도 공개하지 않았다. 또 미·북 간에 무엇이 비핵화를 구성하는지에 관한 합의, 또는 그 해체를 위한 시간표나 검증에 관한 합의가 없는 상태에서 과연 남북한 합의가 제대로 이행될 수 있을지 의문이다. 둘째, 문대통령은 트럼프-김정은 싱가포르 회담에서 합의한 바와 같이 미국이 적대적 관계를 종식하고 북한에 안정보장을 제공해야 하며 미·북 양보가 균형적 형태로 이루어져야 한다는 명제에 동의하지만, 평양선언 역시 싱가포르 선언과 비슷하게 어느 쪽이 먼저, 또 어느 조치에서 움직여야 하는지에 대해 구체적으로 규정하지 않았다. 싱가포르 회담은 구체적 사안에 대한 합의 결여로 실제 진전을 이루지 못했는데, 평양 선언 역시 구체사안에 관한 합의가 없는 상태에서 정책적 정체(logjam)에서 벗어날 수 있을지 의문이다. 셋째, 남북한은 군사적 신뢰구축을 위해 DMZ 내의 초소 철수, 또 DMZ를 따라 비행금지 구역을 설정하면서 사실상의 '군사훈련 금지 지대' 설치에 합의했는데, 기존 비행금지 구역의 극적인 확대는 DMZ 북쪽 북한 군사활동에 대한 감시능력을 크게 위축시킬 수 있다. 한미 양국은 그 조치들로 인해 한국에 대한 북한의 기습능력이 더 제고될 수 있다는 것을 인식해야 한다.[1]

    미국의 우려와는 별개로, 남북한 관계는 계속 개선되는 것으로 보였다. 9월 남북 공동연락사무소가 처음 업무를 개시했다. 10월 초순 10·4 남북 공동선언 기념행사를 위해 한국 대표단 160명이 평양을 방문해 양국 관계진전을 위한 제반 사항을 논의했다. 또 남북한과 유엔사 간에 판문점 공동경비구역(JSA) 비무장화를 위한 3자협의체가 가동되고, 남북한 산림협력회의가 개성에서 개최됐으며, 제10

---

1) Mark E. Manyin, Emma Chanlett-Avery, "The September 2018 Inter-Korean Summit," CRS Insight, IN10974, (September 25, 2018), pp. 1-2.

차 남북 장성급 회담에서 11월 말까지 시범 철수대상 GP 11개를 제거하기로 합의했다. 11월 초 남북한 민족화해협력 위원회가 금강산에서 공동행사를 개최했는데, 그것은 민간단체가 10년 만에 처음 만남을 재개하는 순간이었다. 11월 중 남북 한강하구 수로조사가 있었고, 한국정부는 소나무 재선충병 약제 50톤을 경의선 육로로 개성에 전달했다. 12월에는 남북한 보건의료 실무회의가 열리고, 남북 경의선, 동해선 철도 및 도로 연결 현대화 착공식이 있었다. 12월 30일 김정은은 문대통령에게 한반도 평화에 함께 할 것이라는 친서를 발송했다.[1]

4) 하노이 노딜 이후

2019년 1월 1일 김정은 국무위원장은 신년사에서 조선반도의 항구적 평화지 대화와 완전한 비핵화에 대한 의지를 표명하고, 어떤 전제조건이나 대가 없이 금강산 관광, 개성공단이 재개되기를 희망한다고 말했다. 그것은 남북한 협력을 통해 미국의 위협을 희석시키는 동시에 경제회복의 단초를 마련하려는 김정은의 전략적 이해의 표시였다. 김정은은 또 1월 8일, 지난 2018년 8월 베이징 방문에 이어 네 번째로 중국을 방문해 시진핑 주석과 회동했다. 두 정상은 한반도, 아태지역, 그리고 전반적인 국제정세 관련 의견을 교환하는 가운데, 북·중 수교 70주년을 기념하고 양국관계 강화 방안을 논의했다. 김정은은 시진핑의 북한 방문을 초청했다. 2월 하노이 미·북 정상회담을 앞둔 김정은의 네 번째 베이징 방문은 평양이 한반도 미래에 관해 얼마나 많은 초조함을 갖고 있고, 또 북·중 관계가 얼마나 견고하게 결성돼 있는지를 동시에 입증했다.[2] 1월 10일 문대통령은 신년 기자회견에서 "남북 정상이 더 자주 만나고 남북관계, 비핵화에서 더 큰 폭의 속도 진전을 이루기 바란다"고 말했다.[3]

2월 27일 베트남 하노이 제2차 미·북 정상회담이 개최됐다. 그러나 큰 기대

---

1) 정성조, "문재인 정부 출범 이후 남북관계/연합뉴스," (March 22, 2019),
   https://www.yna.co,kr〉 view
2) 이은경, "김정은, 시진핑 정상회담...2차 미·북 회담 사전조율," (January 8, 2019),
   https://www.voakorea.com〉 ko...
3) 그러나 2월 남북 민간단체의 금강산 새해맞이 행사 개최에도 불구하고, 북한은 3·1절 100주년 남북 공동행사에는 참가하지 않을 것이라고 통보했다.

에도 불구하고 하노이 '노딜'(no deal)이라는 말이 의미하듯 양측 간에 아무 소득이나 공동선언 발표 없이 그 회의가 마감되면서, 미·북 정상회담 실패를 한국의 탓으로 돌린 평양은 3월 22일 개성 공동연락사무소에서 철수할 것이라고 일방 통보했다.[1] 평양의 갑작스런 태도변화 앞에서, 한미 양국은 북한과의 대화가 무위로 돌아가지 않도록 계속 노력을 경주했다. 미국과 한국은 평양의 반감을 줄이기 위해 한미 연합 군사훈련의 규모축소를 선언했고, 한미 워킹그룹은 대북 물자지원 관련 제재를 완화하면서 남북 이산가족 화상상봉을 지원했다. 트럼프는 김정은에게 다시 한 번 만나고 싶다는 서한을 발송했다. 4월 10~11일 개최되는 7번째 한미 정상회담에 앞서, 문대통령은 한반도 비핵화를 위한 한미공조와 한반도 평화과정의 중요성을 강조했다. 한미 정상회담의 목표는 제3차 미·북 정상회담의 성공을 위한 것이었는데, 문재인은 미궁에 빠진 미·북 대화가 다시 살아나고 남북 관계개선의 동력이 중단되지 않기를 희망했다. 그러나 김정은은 4월 최고인민회의 시정연설에서 태도를 바꿔 문대통령이 "오지랖 넓은 (미·북 간의) 중재자, 촉진자 행세를 할 것이 아니라 할 소리는 당당히 하면서 민족의 이익을 옹호하는 당사자가 돼야 한다"고 비난했다. 평양은 또 5월 한국의 5만 톤 식량지원을 거부하고, 미사일 발사를 실시했다. 북한은 미·북 관계의 획기적 진전에서 서울이 더 적극적 역할을 할 것에 대한 기대를 포기하는 것으로 보였다.[2]

하노이 노딜로 인한 미·북, 남북한 관계의 전환점에서, 6월 20~21일 중국 시진핑 주석이 북한을 국빈 방문했다. 그 만남은 지난 1월 김정은의 중국 방문 당시 초청에 대한 답방이었다. 그동안 김정은은 중국을 4번 방문하고 시진핑을 만났지만, 시주석의 북한 방문은 이번이 처음이었다. 1박 2일의 북한 방문에서, 두 정상은 북·중 우호관계 강화를 약속했다. 시진핑은 역사적 전환점의 시기에

▲ 시진핑 북한 방문 2019, nytimes.com

중국 공산당의 국가통치 경험을 북한에 알려주기 원하고, 양국이 고위층의 긴밀한 교류와 전략적 소통을 통해 정치적 신뢰를 구축해야 하며, 더 나아가 경제, 교

---

1) 북한은 개성 공동연락사무소로 일단 3일 후인 3월 25일 복귀했다.

2) "북한, 개성 연락사무소 폭파... 최근 남북 긴장고조 이유는?" (June 16, 2020), https://www.bbc.com〉 korean

육 등 전 분야에서의 교류가 필요하다고 말했다. 김정은은 시진핑의 평양 방문을 계기로 두 나라가 더 긴밀하게 이해와 소통을 강화하고 베이징의 경험을 배워 경제를 발전시킬 것이라고 화답했다. 특히 두 정상은 한반도 문제와 관련한 소통 강화를 강조했다. 시진핑은 복잡하고 민감한 한반도 평화, 안정, 비핵화에 있어서 평양이 거시적이고 장기적 시각에서 접근할 것을 조언하고, 북한의 시도가 성과를 내도록 최대한 도울 것이라고 말했다. 김정은은 중국의 지지와 협력을 높이 평가하고, 베이징과의 소통강화로 새로운 진전을 가져올 것이라고 말했다. 두 정상은 미·북 협상 정체에 직면해 그렇게 북·중 결속을 강조하고, 전략적 의사소통 및 교류강화에 합의했다. 중국 언론은 시진핑과 김정은이 북·중 수교 70주년을 기념해 "새로운 역사의 기점에서 양국이 초심을 잊지 말고 손을 잡고 전진해 양당·양국 관계의 아름다운 미래를 개척하기로 합의했다"고 보도했다.[1]

그러나 6월 30일 판문점에서 열린 남−북−미 정상회담 역시 아무 실질적 진전을 이루지 못하면서, 미·북 관계와 남북한 관계는 더 악화됐다. 판문점 만남에서 3명의 정치리더 모두 미래진전을 위한 협력 필요성에 동의했지만, 북한의 태도는 완전히 달라졌다. 8월 문대통령이 광복절 경축사에서 남북한이 평화로 번영을 이루고 통일로 광복을 완성하자고 말했을 때, 북한은 조국평화통일위원회 성명을 통해 문대통령이 '보기 드물게 뻔뻔하다'고 비난했다. 조평통은 또 문대통령의 한반도 평화 프로세스에 대해 '삶은 소대가리도 비웃을 노릇'이라고 험담했다. 북한 외무성은 한국 정부를 겨냥해 "말귀를 못 알아듣는 사람들과 소득 없는 대화를 할 필요가 없다"고 조소했다. 이제 10월 스톡홀름 미·북 실무회담이 붕괴되면서, 북한은 미사일 시험발사를 포함하는 과거의 강력한 적대행위로 회귀했다. 미국은 북한이 협상 테이블로 돌아올 것을 촉구했지만, 평양은 더 이상의 대화를 원치 않았다. 남북한 관계도 더 철저히 경색됐다. 2019년 10월 김정은은 금강산 관광지구 남측 시설 철거를 직접 지시했다.[2]

---

1) 김영은, "그래픽, 김정은−시진핑 정상회담 1~4차 현황 및 5차 전망/ 연합뉴스," (June 19, 2019), https://www.yna.co.kr〉 view; 시진핑은 북한 방문 전날 노동신문 기고에서 한반도 대화, 협상을 위한 적극적 기여를 약속했다. 오광진, "김정은, 시진핑 평양서 5차 정상회담 … 주요 대화록," (June 20, 2019), https://www.chosun.com〉 data

2) 2019년 7~8월에도 북한은 5차례 미사일 도발을 감행했다. 한상미, "2019 연말기획: 급변하는 한반도 정세. 정체상태 면치 못한 남북 관계," (December 26, 2019), https://www.voakorea.com〉 ko...

5) 미 · 북 및 남북대화 단절

2020년에도 미 · 북, 남북한 간에 더 이상의
관계진전은 없었다. 1~2월 전 세계적 위생 위기
를 불러온 코로나로 인해 중국과 러시아로 연결되
는 연결로가 모두 폐쇄되고, 북한 내 일부 외교임
무가 철수하는 상황에서, 북한은 동계 군사훈련을
실시했다. 김정은은 미사일 발사와 장사포 사격훈
련을 포함해 북한 군사활동을 참관, 지도하면서,
사회주의 위업 달성을 위해 군부가 조금도 경계태

▲ 김여정, tellerreport.com

세를 늦춰서는 안 된다고 강조했다. 3월 한국정부가 북측 군사훈련에 유감을 표
시한 것에 대해 당 중앙위원회 제1부부장 김여정은 한국을 비난했고, 문재인 – 김
정은의 코비드 – 19 극복 관련 친서교환에도 불구하고 북한은 초대형 방사포 시
험발사를 실시했다.[1] 5월 북한군이 남측 비무장지대 GP에 총격을 가한 것에 대
해 한국군이 약 30분 후 기관총 발사로 대응했는데, 한국정부가 9 · 19 군사합의
를 거론하면서 문제를 제기했을 때 평양 당국은 침묵으로 일관했다. 북한 도발의
정확한 원인은 밝혀지지 않았다.

2020년 6월 북한이 미 · 북 대화 중단을 공식 선언하면서, 트럼프와 김정은의
워싱턴 – 평양 관계는 완전히 원점으로 돌아갔다. 평양은 미국의 북한과의 대화가
진정성이 있는 것이 아니라 '정치 쇼'(show)에 불과했다고 비난했다. 동시에 김여
정은 한국 반공단체의 대북전단 살포 비난 담화와 함께 남북 통신연락채널을 폐
기하고 개성의 남북 공동연락사무소를 폭파했다. 이제 모든 남북대화 채널도 단
절됐다. 하노이 노딜 이후 일련의 사건 및 관계악화는 한미 양국의 지난 2년 이상
의 많은 노력이 모두 수포로 돌아갔음을 입증했다. 김여정은 대남 담화에서 미국
과 한국을 다음과 같이 동시에 겨냥, 적나라하게 비난했다. "지난 15일 청와대 수
석비서관 및 보좌관 회의와 6 · 15 선언 20주년 기념행사에 보낸 영상 메시지라는
것을 통해 연속 두 차례 장황한 연설을 했다. 명색은 대통령의 연설이지만 민족

---

1) 김지현, "북, 초대형 방사포 실전배치 완료했나 … 김정은 대만족," (March 3, 2020),
  mobile.newsis.com

앞에 지닌 책무와 의지, 현 사태수습의 방향과 대책이란 찾아볼 수가 없고, 자기 변명과 책임회피, 뿌리 깊은 사대주의로 점철된 남조선 당국자의 연설을 듣자니 저도 모르게 속이 메슥메슥해지는 것을 느꼈다. 엄중한 현 사태가 쓰레기들의 반 공화국 삐라살포 망동과 그를 묵인한 남조선 당국 때문에 초래됐다는 것은 누구 나 다 아는 사실이다. 우리 존엄의 대표자이신 위원장 동지를 감히 모독한 것은 우리 인민의 정신적 핵을 건드린 것이며 그가 누구이든 이것만은 절로 용납할 수 없다는 것이 전 인민적 사상 감정이고 우리의 국풍이다. 연설대로라면 북남 관계 가 한발자국도 나가지 못한 것이 남조선 내부의 사정 때문이고 미국과 국제사회 의 지지가 따라서지 못했기 때문이라는 것인데, 과거 그토록 입에 자주 올리던 '운전자론'이 무색해지는 변명이 아닐 수 없다. 도대체 판문점 선언과 9월 평양 공동선언에서 남조선 당국이 이행해야 할 내용을 제대로 실행한 것이 한 조항이 라도 있단 말인가. 역사의 책임은 전가한다고 하여 없어지거나 회피할 수 있는 것 이 아니다. 아무리 상전의 눈치를 보면서 오금 저리게 살아가는 가련한 처지이기 로서니 북남관계가 오늘과 같이 파국에 이른 마당에 와서까지 제 집을 난도질한 강도에게 구걸의 손길을 내밀어야 하겠는가. 자타가 공인하는 바와 같이 훌륭했 던 북남 합의가 한걸음도 이행의 빛을 보지 못한 것은 남측이 스스로 제 목에 걸 어놓은 친미사대의 올가미 때문이다. 북남합의보다 동맹이 우선이고 동맹의 힘이 평화를 가져온다는 맹신이 남조선을 지속적인 굴종과 파렴치한 배신의 길로 이끌 었다. 오늘날 북남관계가 미국의 농락물로 전락된 것은 전적으로 남조선 당국의 집요하고 고질적인 친미사대와 굴종주의가 낳은 비극이고, 문제는 시궁창에 빠져 허우적거리는 이 순간까지도 남조선 당국자가 외세의 바지가랭이를 놓을 수 없다 고 구접스러운 모습을 보이는 것이다. 뿌리 깊은 사대주의 근성에 시달리며 오욕 과 자멸에로 줄달음치고 있는 이토록 비굴하고 굴종적인 상태와 더 이상 북남 관 계를 논할 수 없다는 것이 우리의 판단이다. 남조선 당국자들이 할 수 있는 일이 란 후회와 한탄뿐일 것이며, 신의를 배신한 것이 얼마나 값비싼 대가를 치르게 될 것인가를 남조선 당국자들은 흐르는 시간 속에 뼈아프게 느끼게 될 것이다."[1]

　　한미 양국의 소망과는 상관없이, 미·북, 남북한 관계는 계속 악화상태로 치

---

1) 배진영, "철면피한 감언리설을 듣자니 역스럽다 (김여정 대남담화 전문)," 월간조선 뉴스 룸, (June 17, 2020), monthly.chosun.com

달았다. 9월 북한군이 서해 연평도 인근에서 실종된 한국 해양수산부 공무원에 총격을 가하고 시신을 훼손하는 사건이 발생했다. 그것은 2008년 금강산 관광 당시 북한군에 의한 한국인 여성 피격 사건 이후 처음 있는 일이었다. 서해상에서 중국 어선의 불법조업을 단속하는 어업지도 임무를 띤 그는 부유물을 타고 월북을 시도하던 중, 북한군 경비정 총격에 의해 사살돼 시신이 소각된 것으로 파악됐다.[1] 한국 정부는 북한의 만행을 규탄하고 책임자 처벌을 요구했는데, 북한 조선중앙통신은 처음에 그것은 '자기 측 주민을 제대로 관리, 통제하지 못해 일어난 사건'으로 한국에 우선적 책임이 있다고 주장했다.[2] 그러나 나중에 김정은이 이례적으로 통일전선부 명의 통지문을 통해 사과했다. 김정은은 코로나-19의 상황에서 북측 수역에서 발생한 불미스러운 사건으로 인해 문재인 대통령과 남측 동포들에게 실망감을 준 것을 미안하게 생각한다고 말했다. 또 북한 당국은 향후 불필요한 실수나 오해가 없도록 서해 단속과정에 만전을 기할 것이고, 그동안 쌓아온 남북 간 신뢰가 허물어지지 않도록 안전대책을 강구할 것이라고 말했다. 그러나 북한 당국은 시신은 사라진 상태였고, 혈흔이 발견된 부유물만 규정에 따라 소각했다고 주장했다. 김정은의 사과에 대해 한국 내 정치권과 대중여론은 긍정 평가와 그에 큰 의미를 두지 않는 두 가지 견해로 엇갈렸다.[3]

10월 10일 조선 노동당 75주기 창건일에, 북한은 새벽 0시부터 2시를 약간 지난 시간까지의 심야 시간대에 김일성 광장에서 대규모 장비와 병력을 동원해 열병식을 치렀다. 그 행사는 오후 7시 북한 TV를 포함해 언론을 통해 대중에 공개됐다. 일부 전문가들은 통상 오전 9시를 기점으로 진행되는 것과 달리 2020년 당 행사가 한밤중에 치러진 것은 조명, 불꽃놀이의 화려함을 극대화시키는 목적을 가진 것으로 분석했다. 김정은은 연설에서 코로나-19를 극복하고 '국가와 인민의 자주권과 생존권을 위협하는 세력'에 대한 전쟁 억지력을 계속 강화해 나갈 것이라고 강조하고, 한국에 대한 메시지로 "보건위기가 극복되고 북과 남이 다시

---

1) "서해에서 실종된 한국 공무원이 북한군 총격으로 살해되기까지-BBC News," (September 24, 2020), https://www.bbc.com〉 korean
2) 강중모, "북, 서해 공무원 피격, 주민통제 못한 남 책임- 파이낸셜 뉴스," (October 30, 2020), https://www.fnnews.com〉 news
3) 김환용, "북 김정은, '한국 국민 사살' 이례적 공식 사과... 시신 훼손은 부인," (September 25, 2020), https://www.voakore.com〉 ko...

두 손 맞잡는 날을 기대한다"고 말했다. 미그-29(Mig-29) 전투기와 수호이-25(Sukhoi-25)의 에어쇼로부터 시작된 열병식에는 많은 신형무기들이 등장했다. 그것은 대전차 미사일을 장착한 신형 장갑차, 3세대 신형탱크, 남한 전역을 타격할 수 있는 신형 초대형 방사포, 대구경 조종 방사포, (북극성-1, 북극성-3보다 사거리가 늘어난) 신형 SLBM 북극성-4형, 북한판 이스캔더로 불리는 사정거리 600Km의 단거리 탄도미사일 KN-23, 150Km 사거리의 KN-06 지대공 유도미사일, 신형 지대지미사일 KN-24, 사거리 13,00Km의 ICBM 화성-15형, 그리고 마지막으로 화성-15형보다 더 사거리가 늘어난 신형 ICBM와 같은 것들이었다.[1]

11월 왕이 중국 외교부장이 일본을 방문해 스가 요시히데 총리와 만난 후, 2박 3일 일정으로 한국을 방문했다. 왕이 외교부장이 문대통령에게 구두로 전달한 메시지에서 시진핑은 양국 정상의 전략적 판단으로 인해 한·중 관계가 "간섭을 배제하면서 비약적으로 발전하는 추세를 나타내고 있다"고 말했다. 또 시진핑은 한·중 양국이 코로나-19 극복을 위한 방역에서 모범을 보였고, 앞으로 일대일로 구상과 서울의 전략을 접목시켜 무역, 과학기술 협력을 강화하고 한, 중, 일 3국 FTA 및 아태 자유무역지대 구축 협상에서 협력하자고 말했다. 문대통령은 한국 정부가 제안한 '동북아 방역 및 보건 협력체'의 결성을 위한 중국의 협력을 기대하고, 한·중 수교 30년을 넘어 향후 양국관계의 더 큰 발전을 기원한다고 화답했다.[2] 한반도 정세와 관련해, 문대통령은 베이징의 한반도 평화프로세스 지원을 높이 평가하면서 중국이 한반도의 항구적 평화구축을 도울 것을 촉구했고, 왕이는 전쟁이 아닌 대화, 그리고 단계적, 동시적 접근을 통한 비핵화와 평화체제 구축에 베이징이 협력할 것이라고 약속했다.[3] 미국 전문가들은 바이든 대선 승리 이후 왕이의 한국 방문을 워싱턴 차기 미 행정부를 의식하는 행보로 분석했다. "아태지역에서 미국에게 일본과 한국이 가장 중요하지만, 그 나라들은 중국에도 전략적으로 중요하다. 미국이 한, 일과의 3자 관계 강화를 추구하는 것에 대비해,

---

1) 권세진, "북한 노동당 창건 75주년 기념 열병식 공개, 왜 심야에 했나," (October 11, 2020), monthly.chosun.com; 김장호, "조선노동당 창건 75돌 열병식에 나온 무기들," (October 11, 2020), minplusnews.com

2) 또 문대통령은 한국이 제9차 한, 중, 일 정상회의 의장국임을 상기시키면서, 그 조속한 개최를 위해 함께 노력할 것을 촉구했다.

3) "문재인 대통령, 왕이 외교부장 접견-인민망 한국어판," (November 27, 2020), http://kr.people.com.cn〉 2020

베이징 역시 한, 일과의 협력관계 강화를 원할 것이다. 베이징은 한, 미, 일 3자 협력에 부정적 입장을 갖고 있다. 또 최근 RCEP의 출범에 비추어, 중국이 한, 일과 경제관계를 공고히 하려는 의도도 갖고 있을 것이다."[1]

(3) 한미 양자관계의 주요이슈

1) 전시작전권 이양

2007년 한국의 주권과 평등한 한미관계를 옹호하는 노무현 정부하에서, 미국은 한국의 전시작전권(Wartime OPCON: Operational Control) 이양 요구를 수용했다. 그 2007년 합의에 따라 한미연합사령부(CFC: Combined Forces Command)는 각각 미군사령부(KORCOM: Korea Command)와 한국군 사령부에 의해 대체되도록 규정됐다. 새 지휘구조하에서 양국 군 지휘관은 각자의 병력을 운영하는 책임이 주어지지만, 개별적으로 작동하는 양국 군대의 협력을 고양하는 목적의 양자 군사협력센터(MCC: Military Cooperation Center)가 도입됐다. 그 MMC는 두 나라 군대의 정보교환, C4 운영, 군사작전, 훈련, 병참을 담당할 것이었다. 유엔군사령부의 역할은 불분명했다. 그러나 워싱턴의 동의에도 불구하고, 그 최종 결정은 한반도를 둘러싼 안보환경과 한국군의 작전능력에 비추어 수차례 연기됐다. 2010년 이명박 정부 당시 한국은 그 전해 북한의 제2차 핵실험과 그해 천안함, 연평도 사건을 겪으면서 OPCON 이양을 2015년으로 연기하기로 결정했다. 박근혜 정부에 들어와 한국은 또다시 OPCON 연기를 의도했는데, 2014년 10월 한미 양국은 공동성명에서 '조건에 기초한' OPCON 이양에 합의한다고 발표했다. 한국 국방부는 KAMD가 완성되는 2020년까지 OPCON 이양을 미루고, 아마 2023년경이 그 이양 시기가 될 것이라고 말했다. 한국은 OPCON 이양을 북한이 워싱턴의 한국방위 약화의 신호로 볼 가능성, 그리고 동시에 아직도 일부 군사능력이 부족한 것을 우려했다. 2015년 4월 미 의회증언에서, 커티스 스캐퍼로티(Curtis Scaparrotti) 주한미군 사령관은 한국이 OPCON을 이양 받는 데 요구되는 것은 북한의 핵, 미사일에 대비하는 능력의 증진, 그리고 고강도 갈등에서 요구되는 다국적 군 지휘능력

---

1) 김영교, "왕이 일본, 한국 방문, 미 차기 행정부 의식한 견제행보," (November 27, 2020), https://www.voakorea.com〉 ko...; "문재인 대통령, 왕이 중국 국무위원 접견 결과 관련 서면 브리핑," (November 26, 2020), https://www.1.president.go.kr〉 articles

이라는 견해를 밝혔다. 그는 한국이 개선, 증강시켜야 할 주요 분야로 정보감시정찰(ISR: Intelligence, Surveillance, Reconnaissance), 탄도미사일 방어능력, C4, 그리고 충분히 비축되고 준비된 탄약을 지적했다. 미국의 지구적 영향력 약화, 중국의 급부상, 일본의 우유부단, 그리고 북한의 핵미사일 능력 증대의 안보환경에서, 미군사당국은 한국의 OPCON 수용 능력 충족의 정확한 시기 예측이 어렵다고 말했다. 2016년 한국 국방백서는 2020년대 중반까지 한국이 OPCON 수령 능력 극대화에 최선을 다할 것이라고 말했고, 2017년 한국은 KAMD에 13.6억 달러를 투자했다고 말했다.[1]

2) 주한미군 기지이전

1990년 6월 노태우 정부하에서 한미 양국이 서울 용산 기지를 1996년까지 오산－평택으로 이전하기로 합의한 이후 비용문제로 진전을 이루지 못하던 주한미군 기지 이전 문제는 주권을 강조하는 노무현 정부에 들어와 다시 공론화됐다. 2004년 한미 양국은 용산 9천 명 병력 대부분을 서울에서 40마일 남쪽에 위치한 평택 인근 험프리스(Humphreys) 미 육군기지(USAG: US Army Garrison)로 이전하고, 동두천, 의정부 인근 제2보병사단 1만 병력을 USAG 대구와 평택을 포함하는 한강 이남으로 이전하기로 재확인했다. 북한의 위협을 감안해 제2보병사단의 대포병(counter－artillery) 전력은 2020년 한국 대포병 전력 강화계획이 완결될 때까지 원위치에 계속 잔류시키기로 결정했다. 약 28,500명에 이르는 주한미군은 2개의 허브(hub)인 오산－평택 험프리스와 USAG 대구를 중심으로 배치되고, 오산 공군기지, USAG 험프리스, USAG 대구, 진해 해군기지, 그리고 군산 공군기지가 5개 주요기지로 작동하도록 계획됐다. 주한미군이 사용하는 기지는 2002년의 174개 구역에서 최종 96개 구역으로 축소될 것이었다. 처음에 평택으로의 기지 이전 완료시점은 2008년으로 지정됐다. 그러나 2007년 평택 시설 기공식이 있은 후 건설비용과 현지 주민반대 등 여러 이유로 또다시 이전사업이 수차례 지연되는 가운데, 2013년 평택 한미연합사와 유엔군사령부 본부시설 공사가 시작되고 2015년까지 작업의 65%가 완료됐다. 그리고 2017년 7월 작업이 완결되면서, 미

---

1) Manyin, Chanlett－Avery, Nikitin, Williams, Corrado, U.S.－South Korea Relations, (May 23, 2017), pp. 24－25.

8군사령부가 평택 험프리스로 이전을 마무리했다. 2014년 한미연합사는 전시작전권 이양 시까지 용산에 잔류하기로 결정됐고, 2020년 12월 현재 한미연합사의 평택으로의 이전 일정은 확정되지 않았다. 2010년 평택기지로의 이전 비용이 130억 달러로 추정된 상태에서, 2016년 4월까지 소요된 비용 107억 달러 중 91%를 한국이 지출했다. 한국의 요청에 의한 용산기지 이전 비용 대부분을 한국 정부가 부담하는 반면, DMZ 인근 미군기지의 대구로의 이전 비용은 미국이 부담했다.[1]

3) 한미 FTA 재협상

2003년 중국이 한국의 제1무역파트너로서 미국을 대체하면서, 그리고 일본과 EU가 가끔 미국을 넘어 한국의 두 번째 무역상대국으로 등장하면서, 한국에 대한 미국의 경제적 중요성은 점차 하락했다. 반면 미국에게 한국은 대체로 비슷한 수준의 중요성을 가졌는데, 2016년 미국에게 7번째 큰 교역국인 한국과의 상품 및 무역규모는 1,450억 달러였다. 한미 무역과 투자는 2012년 3월 양국 FTA가 발효된 이후 크게 증가했다.[2] 2011~2016년 미국의 한국으로의 수출은 20억 달러 증가해 639억 달러가 됐고, 같은 기간 미국의 한국으로부터의 수입은 141억 달러 증가해 814억 달러에 이르렀다. 무역적자 축소를 겨냥하는 트럼프 행정부는 대통령 지침과 무역확대법(Trade Expansion Act of 1962)하에서 한미 FTA 무역관계를 살펴보고, 2017년 5월 한국의 19개 제품에 반덤핑 관세를 부과하고 6개 한국 제품을 상쇄관세(CVD: Countervailing Duty) 고려대상에 포함시켰다.[3] 전반적으로 한미 FTA에 관한 미국 내 여론은 둘로 나뉘었다. FTA를 찬성하는 측은 그로 인해 큰 소득이 있었다고 주장했다. 그에 따르면 한미 양국 모두에서 공정한 경쟁으로 인해 소비자들이 더 싼 값에 더 많은 제품을 선택할 수 있었고, 한국 내 미국 지적재산권 준수와 한국 산업의 투명성이 증대했다. 또 미국의 우육과 자동차 수출이 크게 증가하고, 서비스 수출 역시 50억 달러 증가했다. FTA에 반대하

---

1) Ibid., p. 21; MC Baek, (2019), https://www.koreascience.or.kr〉 ...
2) 미국 관세의 38%와 한국 관세의 13%가 무관세였던 것이 FTA 효력발생 이후 2016년 말까지 6차례에 걸친 단계적 관세 감축에 따라 미국의 경우 82%, 그리고 한국 관세의 80%가 무관세로 전환됐다.
3) 2017년 4월 트럼프는 한미 FTA가 미국의 요구를 반영하지 않으면 그 제도를 폐기할 수 있다고 위협했고, 부통령 펜스 역시 4월 한국 방문 중 한국의 무역장벽을 거론하면서 미국 무역적자 해소를 위한 한미 FTA 개정의 필요성을 주장했다.

는 측은 그로 인해 미국의 한국으로부터의 무역적자가 증대하고, 특정제품의 수출증대에도 불구하고 미국 전체수출 증가가 정체됐다고 주장했다. 수입은 20% 증가했는데, 대부분의 적자는 한국 자동차 수입이 급격히 늘은 것이 주요 원인이었다. 2011~2016년 기간 한국 자동차 수입으로 인한 적자는 그 기간 전체 적자 증가분인 130억 달러 중 90억 달러를 차지했다.[1] 그럼에도 불구하고 대부분 전문가들은 미국의 한국 관련 무역적자에서 한미 FTA가 미치는 영향은 일부분에 불과하다고 말했다. 그들은 미국 적자에 영향을 미치는 기타 변수로 사업흐름, 성장률, 환율, 그리고 전체 수요 수준을 가리켰다. 그들은 또 한국이 그 기간 경제성장의 둔화로 3대 무역 파트너인 중국, 일본, 미국으로부터 상품 수입이 늘지 않은 것, 그리고 아직도 일부 한미 FTA 조항이 발효되지 않은 사실을 추가로 지적했다. 실제 미 국제무역위원회(ITC: International Trade Commission)는 한미 FTA가 아니었다면, 미국의 한국 무역 적자폭은 더 컸을 것이라고 분석했다.[2]

그 상황에서 두 나라는 2018년 3차례에 걸쳐 미국의 자동차 수출, 트럭관세, 그리고 투자를 포함하는 일부 규정에서의 수정에 관해 협상했고, 그 수정안은 2019년 1월 효력을 발생했다.[3] 미국의 중요한 성과는 한국으로의 자동차 수출 2배 증대, 한국 내 자동차 부속 및 배기가스 관련 조항의 확실성 보장, 그리고 미국이 한국에 부과하는 25% 경트럭 관세를 20년 더 2041년까지 연장하기로 한 것이었다. 농업부문에서는 미국의 쇠고기 수출에서 한국이 부과하는 현재 40% 관세를 2026년까지 단계적으로 폐지하기로 했다. 그 이외에 한국은 법률, 재정 등 서비스 분야를 추가개방하고, 원산지 규정을 포함해 세관절차를 더 투명하게 운영하기로 합의했다. 관련된 별도 협상에서 미국이 (한국을 포함하는) 외국으로부터의 수입 철강에 25% 관세를 매기는 것 대신, 한국은 자발적으로 2015~2017년 대미 수출의 70%로 미국으로의 수출을 제한하는 쿼터를 확보했다. 그러나 분석가들은 그 협상결과는 기존 한미 FTA의 범위를 크게 벗어나지 않는 제한적 수정이라고 말했다. 2021년 1월 새로이 출범한 바이든 행정부는 한국과 같은 필수 동맹에 대해 트럼프 행정부 식으로 무역과 안보를 연계시켜 위협하거나, 또는 징벌

---

[1] 미국의 한국 자동차 수입은 120억 달러에서 210억 달러로 증가했다.

[2] Manyin, Chanlett-Avery, Nikitin, Williams, Corrado, U.S.-South Korea Relations, (May 23, 2017), pp. 31-35.

[3] "일지: 한미 FTA," https://fta.go.kr〉 info

적 관세를 부과하는 비상식적 행동은 하지 않을 것이라고 암시했다.1)

(4) 미국의 한미관계 평가

미국의 무당파 정책기관 미 의회연구소(CRS) 전문가(Brock R. Williams)는 2021년 2월 한미관계, 그리고 한국 자체의 일부 현실을 다음과 같이 평가했다. 한국은 아시아에서 미국의 가장 중요한 전략적, 경제적 파트너 중 하나이다. 미국은 확장억지 공약과 약 2만 8천 5백 명 미군 주둔을 통해 한국의 방위를 돕고, 한국은 한국군의 중동 배치를 포함해 미국의 동아시아, 세계전략을 돕는다. 한미 양자 경제관계도 중요한데, 한국은 미국의 7번째 큰 무역 파트너이고 미국은 한국의 중국 다음의 두 번째 큰 무역상대국이다. 우선, 한미관계에서 가장 압도적인 관심사는 북한이다. 그동안 한미는 정책조율에서 약간의 시각차를 노출했다. 트럼프 대통령과 진보주의자 문재인 대통령 시기 한미 간 정책조율은 일관성이 부족했는데, 미국과 유엔이 북한에 대한 제재를 지속하는 반면, 문재인 정부는 평양에 대한 제재 완화를 선호했다. 한 가지 우려는 아직도 지속되는 유엔 및 미국의 대북제재가 문재인 정부의 대북협력 시도를 심하게 제한하는 상황에서, 북한이 지금까지 3년째 유예하는 핵실험을 재개할 가능성을 배제할 수 없는 것이다. 남북한 관계는 2018년 극적으로 증진됐지만, 2019년 이후 평양은 미·북 관계 진전 부족을 이유로 모든 남북한 대화채널을 폐쇄하면서 서울의 우호적 접근을 거부했다. 문대통령은 북한에 대해 더 큰 양보를 선호하지만, 그것은 바이든 행정부하에서도 쉽지 않을 것이다. 둘째, 한미 양자동맹과 관련해, 주요사안은 한미 군사훈련, 아직 완결되지 않은 주한미군 재배치, 그리고 지금 진행되는 한미 방위비 분담 협상이다. 트럼프는 김정은과의 대화 후 일방적으로 한미 연합 군사훈련을 유예, 축소하고, 문재인은 그 훈련과 관련해 평양과 협상해야 한다고 말했는데, 전문가들은 그것이 동맹의 준비태세에 부정적 영향을 미칠 것을 우려했다. 한반도 남쪽으로의 주한미군 재배치는 아직 완결된 것은 아닌데, 한국은 새 군사시설 건설에 전체 비용의 약 94%인 97억 달러를 지불했다. 용산 기지 이전은 한국에 값비싼 부동산을 되돌려줄 수 있을 것이고, 최근 건설한 캠프 험프리스(Camp Humphreys)는 세계 최대

---

1) 그러나 한국은 트럼프 행정부가 외국 철강, 알루미늄, 세탁기, 그리고 일부 태양광 제품에 부과하던 수입제한에는 계속 귀속돼 있다. Brock R. Williams, "U.S.—South Korea(KORUS) FTA," CRS In Focus, IF10733, (Updated January 25, 2021), pp. 1—2.

의 해외 미군기지이다. 한미 방위비 분담은 트럼프 행정부가 전례 없는 수백 퍼센트 인상을 요구하고 한국이 13% 인상을 주장해 그 협상이 정체됐지만, 신임 미국방장관 오스틴 로이드(Austin Lloyd)가 한국과 같이 중요한 아태안보 린치핀(linchpin)과의 협상이 조속히 이루어져야 한다고 말한 것에 비추어 워싱턴은 서울의 입장을 최대한 반영하려 노력할 것이다. 셋째, 한국의 중국 및 일본과의 관계는 특수성을 띠고 있다. 서울은 대체로 베이징을 자극하는 일을 피하는데, 그 이유 중 하나는 중국이 한국에게 압도적으로 중요한 경제파트너이기 때문이다. 그래도 한국은 2016년 미국의 사드 배치를 허용했는데, 그때 베이징은 한국에 수십억 달러 손실을 초래하는 경제보복 조치를 단행했다.[1] 한일관계는 미국에게는 불만사항이다. 미국은 한, 미, 일 3자 협력 강화를 원하지만, 서울은 일본에 대한 역사적 감정으로 인해 한일협력에 소극적이다. 2018년 한일관계는 역사, 안보, 무역과 관련한 상호보복으로 곤두박질쳤는데, 바이든 행정부는 역대 어느 미 행정부와 마찬가지로 한, 미, 일 3자 협력을 원한다. 마지막으로, 트럼프의 FTA 수정 요구로 인해 갈등을 겪던 한미 경제관계는 그 협상 타결로 정상화됐다. 2018년 트럼프 행정부가 미국의 철수를 위협하면서 FTA 수정을 압박했을 때, 서울은 제한적 양보에 합의했다. 가장 대표적인 것은 미국의 경트럭 관세부과 시한 연장이다. 그러나 트럼프가 부과한 철강, 알루미늄, 세탁기, 태양광 제품을 포함하는 한국산 제품에 대한 여러 제한은 그대로 남아있다. 바이든은 미 동맹들과 경제문제를 협의할 것이지만, 트럼프가 부과한 수입제한을 철회하지는 않을 것이다.[2]

---

1) 한·중 관계는 2016년 박근혜 정부의 사드 배치로 인해 중국의 압력하에 처했다. 문재인 정부는 처음에 베이징에 사드 배치와 관련해 북핵 위협 소멸시 사드 제거가 가능하다는 입장을 전달했다. 2017년 10월에는 중국에 향후 사드를 추가 배치하지 않고, 미국의 MD에 가입하지 않으며, 한, 미, 일 3국 군사동맹을 체결하지 않는다는 3불 정책을 약속했다. 2개월 후 12월 문대통령이 중국을 국빈 방문했을 때 시진핑은 사드와 관련해 종래의 반대 입장을 주장하면서 한국의 적절한 처리를 요청했고, 문대통령은 상호존중의 정신으로 양국 현안을 해결할 것이라고 말했다. 또 문대통령은 한·중 두 나라는 '운명공동체'라고 말하고, 중국과 한반도 평화와 안정을 위한 4대 원칙에 합의했다. 그것은 한반도에서의 전쟁 불용, 한반도 비핵화 원칙 견지, 모든 문제에 대해 대화와 협상을 통한 평화적 해결, 그리고 한반도 문제의 궁극적 해결을 위한 남북한 관계개선으로 요약됐다. 그 후 2018년 3월 양제츠 중국 외교담당 정치국원이 한국을 방문해 사드 보복은 없다고 말하면서, 한·중 관계는 정상화됐다. 홍인표, "문재인 정부 출범 1년 외교안보 정책평가," (May 29, 2018), https://m.mjknews.com; 노효동, 이상헌, "문대통령, 한중 경제는 운명공동체 … 어려운 상황 펼쳐내자," (December 13, 2017), https://www.yna.co.kr〉 view

2) Mark E. Manyin, Emma Chanlett-Avery, Brock R. Williams, "South Korea: Background and U.S. Relations," CRS In Focus, IF10165, (February 2, 2021), pp. 1-2.

(5) 바이든-문재인 시기

2021년 1월 5~14일 북한에서 제8차 당 대회가 개최됐다.[1] 북한 노동신문에 따르면, 당 총비서직을 새로이 떠맡은 김정은은 당 대회 사업총화 보고에서 '인민대중 제일주의'에 근거한 지난 5년간의 성과를 평가하고, '사회주의 건설의 획기적 전진을 위한 새로운 투쟁노선과 전략 전술적 방침'을 제시했다. 김정은의 메시지는 지난 수십 년간 북한이 전혀 변한 것이 없음을 실감케 했다. 그는 다음과 같이 말했다. "대외관계에서는 북한의 자주적 권한을 박탈하려는 '최고 주적인 미국을 굴복'시키는 데 초점을 맞춰야 하는데, 미국의 실체는 누가 집권하든 바뀌지 않는다. 지난 수년간 미국과 그 추종세력의 적대시 정책 강화로 많은 어려움을 겪었지만, 3차례 북·미 정상회담으로 북한의 전략적 지위는 고양됐다. 미국의 북한 적대시 정책 철회가 북·미 관계 수립의 열쇠이다. 대미전략에서는 반제국주의 자주역량을 가진 사회주의 국가 및 세계 진보정당과의 협력을 강화해 공동투쟁을 전개해야 한다. '하나의 운명으로 결합된 북·중 관계'는 5차례 정상회담을 통해 '동지적 신뢰'를 구축했고, 북·러 관계는 친선의 초석을 마련했으며, 쿠바 및 베트남과의 정상회담은 사회주의 실현을 위한 전략적 관계로 발전했다. 남북한관계는 서울의 반북 군사행위로 인해 판문점 선언 이전으로 되돌아가고, 통일의 가능성은 요원해졌다. 상황타개는 근본적 문제의 해결에서 시작되는데, 한국은 평양의 군사훈련 및 첨단무기 도입 중지 요구는 외면하면서 방역, 인도주의, 개별 관광 같은 지엽적 문제만 거론한다. 한국은 군사현대화를 계속하면서 북한의 무기개발은 '도발'이라고 비난하는데, 모든 것은 한국정부의 태도에 달려 있다. 양측은 적대행위를 일체 중지하고 남북선언을 성실히 이행해야 하는데, 서울에 대해 과거와 같은 일방적 선의는 더 이상 베풀지 않을 것이다."[2]

"지구상에 제국주의가 존재하고 침략전쟁의 위험이 계속되는 한 군사력의 중요성은 변할 수 없다. 군사력 강화에 만족이란 없다. '전쟁괴수, 침략세력'인 미국을 막아내기 위해 전략적 억지력을 구축해야 한다. 국방과 외교는 함께 손을 잡고 나가는 국제정치의 주요수단이다. 북한은 세계적인 핵 강국, 군사강국으로 부

---

1) 제8차 당대회에서 김정은은 과거 김정일에게 헌납했던 조선 노동당 총비서직을 승계했다.
2) "북한 8차 당대회, 김정은 사업총화 보고(전문-노동신문)," (January 23, 2021), https://gino.khan.kr〉 ...

상했지만, 적의 첨단무기에 대항하기 위해 전군의 김일성 – 김정일주의화, 혁명군
대 최정예화, 전인민의 항전준비가 필요하다. 인민군대의 두 가지 임무는 조국보
위와 사회주의 건설이다. 무기체계에서는 국방과학을 토대로 핵기술 고도화, 핵
선제 및 보복능력 강화, 핵무기 소형 경량화와 전술무기화, 초대형 수소폭탄 생
산, 각종 사거리 미사일의 명중률 제고가 요구된다. 또 수중 및 지상 ICBM, 신형
핵잠수함, 군사 정찰위성을 통한 정보수집 능력, 극초음속 활공무기, 그리고 각종
전자무기가 필요하다. 북한은 핵무기를 남용하지는 않지만, 강대강, 선대선의 원
칙으로 미국을 상대할 것이다.[1] 국내정치에서는, '백두혁명 전통, 빨치산 정신'을
계승하고, 주체사상의 요구에 맞춰 정치사상 진지를 강화했다. 당의 정치이념인
'인민대중 제일주의'를 확립하기 위해 당사업의 친인민성이 중요하고, 관료주의와
부정부패가 척결돼야 한다. 또 비판과 사상투쟁을 통해 김일성 – 김정일 주의를
실현해야 한다. 그러나 경제에서는 금속, 화학, 정보통신 분야 및 일부 경공업 발
전에도 불구하고, 지난 5년간(2016~2020)의 계획 목표치에 도달하지 못했다. 미
국과 적대세력의 제재, 자연재해, 코로나 위기의 대내외 정세로 인해 인민생활 향
상이 미진했다. 앞으로도 '자력갱생'의 노력으로 자립적 민족주의 경제, 사회주의
경제를 발전시켜 나갈 것이다. 무책임한 사업태도, 무능력을 개선하고, 구태의연
한 사업방식을 거부할 것이다. 새로운 5개년 계획의 중심과업은 금속공업, 화학공
업을 중심으로 모든 부문의 생산 정상화, 종자혁명, 과학농사를 위한 농업의 기술
적 토대 마련, 경공업 자재 공급을 통한 소비재 생산 증대를 추구할 것이다. 모든
것은 과학적 자력갱생, 자급자족의 원칙에 근거한다. 자립경제의 선결조건인 전력
생산을 위해 석탄공업에 자금을 집중시킬 것이다. 기계공업, 철도현대화, 대형화
물선 건조도 추진될 것이다. 대외경제를 위해서는 관광사업을 발전시켜야 한다.
금강산 관광지구는 총 개발계획에 따라 북한식 문화관광지로 개발할 것이다. 자
립경제, 계획경제, 인민경제를 통해 인민의 의식주 문제를 해결할 것이다. 사회,
문화 분야에서는 사회주의 문화건설, 주체 문학, 예술, 사회주의 법치국가 및 생
활양식 확립, 그리고 북한식 문명 창조를 추구할 것이다."[2]

1) 정창열, "Inside – Out NK, 김정은의 '마술공연'이었던 제8차 노동당 대회," (January 19, 2021), https://www.dailynk.com〉 inside – o...

2) 아직 제8차 당대회가 진행되던 1월 13일 김여정은 한국 군 당국이 '북한 열병식 정황을 포착했다'고 말한 것을 비난하는 담화를 발표하고, 이틀 후 당대회 기념 열병식에서 신형 SLBM을 공개했다. "북한 8차 당대회, 김정은 사업총화 보고(전문–노동신문), (January 23, 2021), https://gino.khan.kr〉 ...

그런 가운데 3월, 지난 수년간 정체를 면치 못하
던 한미 방위비 분담협상이 타결됐다. 한국의 방위비
분담금은 주한미군 건물과 숙소 등 군사시설 개선 및
관리비, 탄약 보관과 항공기 정비 및 수송비용, 그리고
미군의 한국인 근로자 인건비를 부분적으로 충당하는
데, 한미 양국은 2021~2025년 기간 비용을 위해 서울
이 13% 추가 부담하기로 합의했다. 원래 한미 양국은
2014~2018년 SMA가 만료되면서 2019년 그에 새로이

▲ 빈센트 브룩스, clementscenter.org

합의했어야 했지만, 트럼프 행정부가 2018년 분담금의 5배 금액을 요구하면서 양
측 협상이 진전을 이루지 못했다. 그 당시 트럼프 대통령은 미국 언론과의 인터뷰
에서 주한미군이 불공평하게 많은 비용을 지출하고 있고, 방위비 협상이 제대로
이루어지지 않으면 주한미군을 철수하는 것이 낫다고 주장했다. 그러나 미 상원
청문회 존 매케인(John McCain) 의원 질문에 대한 답변에서, 빈센트 브룩스
(Vincent Brooks) 전 주한미군 사령관은 미군이 한국에 배치됨으로써 오히려 미국
이 경비를 절감할 수 있다고 말했다. 그는 그 이유가 미군의 해외배치로 인해 미
국 정부가 국내 군사기지 운영에 사용되는 비용만큼 해외에서 절감할 수 있기 때
문이라고 말했다. 결과적으로 바이든 행정부는 합리적으로 판단해 한미 방위비
협상 결과에 합의했다. 전문가들은 그 합의가 바이든 행정부하에서 미국의 대외
관계가 정상으로 복귀한 것을 보여주는 것이라고 말했다.[1]

한미 양국은 또 부분적 관계재설정의 일환으로, 트럼프가 규모를 축소한 한
미 연례 연합훈련을 재개했다. 9일에 걸친 그 연합 군사훈련은 야전훈련보다는
대체로 컴퓨터 시뮬레이션으로 진행됐는데, 한국 합참은 그것이 코로나-19 팬데
믹으로 인한 결정이라고 말했다. 지난 수년간의 야전훈련 축소는 전투능력 감소
가능성에 비추어 많은 우려를 자아냈는데, 그 움직임은 바이든 대통령이 미국이
동맹 및 군사방위협정에 헌신한다는 것을 보이기 원하면서 트럼프 행정부 정책으

---

1) 한국이 지불하는 방위비 분담에서 시설 개선비용은 대부분 한국 업체들이 현물로 제공하
고, 현금지급은 주한미군이 고용하는 한국인 인건비에 사용된다. 영국의 BBC 뉴스는 한국
의 비용분담이 한국경제에 반드시 마이너스는 아니라고 말했다. "마침내 타결된 한미 방위
비 분담금 협정의 의미-BBC News 코리아," (March 9, 2021), https://www.bbc.com〉
korean

로부터의 전환으로 인식됐다. 그 당시 펜타곤 대변인(Lt. Col. Martin Meiners)은 미국의 한국에 대한 방어의지는 상호방위조약에 기초해 흔들림이 없고, 주한미군은 필요시 언제라도 전투에 만전을 기할 자세를 갖추고 있다고 말했다.[1] 반면 그에 반발해 3월 중순 김여정은 한미 연합 군사훈련을 비난하는 담화를 발표하면서, 대남 대화기구인 조평통을 폐쇄하고 남북 군사분야 합의서를 파기할 수 있다고 암시했다. 또 평남 온천에서 서해상으로 단거리 순항미사일을 발사하고, 함경남도 일대에서 동해상으로 탄도미사일 2발을 발사했다. 평양의 극심한 반발을 감안해 한국정부가 3월 30일 대북전단 금지법을 제정했지만 4월 25~29일 탈북단체는 두 차례에 걸쳐 북한에 전단 살포를 강행했고, 5월 김여정은 대북 전단에 대한 강력대응을 시사했다.[2]

한편 4월 28일 바이든 대통령은 최초의 의회연설에서 북한을 '심각한 위협'으로 규정했다. 그럼에도 그는 압박만이 아닌 '외교와 억지'를 혼용해 북한 문제를 풀어나갈 것이라고 말했다. 북한 외무성 미국 담당 국장은 바이든 대통령의 발언이 북한 적대시 정책을 표현한 것이라고 비난하고, 워싱턴이 심각한 상황에 처할 수 있다고 위협했다. 그러나 5월 2일 제이크 설리번 미 NSC 보좌관은 미 언론과의 인터뷰에서 워싱턴의 북한 관련 최종 목표는 한반도의 완전한 비핵화라고 말하면서, 평양과의 대화의지를 강조했다. 그것은 바이든 행정부가 북한에 대한 압박보다는 협상과 타협에 더 큰 무게를 두고 있음을 알리는 발언이었다.[3]

1) 한미 정상회담 이후

2021년 5월 22일 미국 워싱턴 D.C.에서 바이든-문재인 정상회담이 개최됐다.[4] 그 회담의 공동성명은 다음과 같은 취지로 말했다. 코로나-19와 기후변화

---

1) Michelle Ye Hee Lee & Dan Lamothe, "U.S., South Korea reach military cost-sharing agreement after deadlock under Trump," Washington Post, (March 8, 2021)

2) 이재윤, "그래픽, 최근 남북관계 주요일지/연합뉴스," (May 31, 2921), https://m.yna.co.kr〉view〉 GY...

3) "미국 목표는 핵 문제 해결... 북한과 대화할 것," (May 3, 2021), https://www.bbc.com〉korean

4) 2021년 2월 초 바이든과 문재인은 전화통화로 북한, 중국의 위협에 공동대응하고, 한일 간 긴장을 해소할 것에 합의한 바 있다. Biden, Moon Affirm Need to Improve

를 포함해 세계가 많은 도전에 직면하는 현시
점에, 한미 양국의 동맹은 억지태세 강화, 연
합 군사준비태세 유지, 그리고 조건에 기초한
전시작전권 전환에 대해 깊은 의지를 갖고 있
음을 재확인한다. 두 나라는 방위비 분담협정
이 성공적으로 타결된 것을 기쁘게 생각한다.
미국은 한국과의 협의를 통해 한국의 미사일
개발 제한을 해제하기로 결정했고, 한미 양국

▲ 바이든-문재인 정상회담 2021, thediplomat.com

은 한반도의 완전한 비핵화, 북한의 WMD 프로그램 해결을 위해 실용적이고 열
린 외교를 지향하기로 합의했다. 두 동맹은 판문점 선언, 싱가포르 공동성명을 포
함해 기존의 남북한, 미·북 합의를 존중하고, 북한 인권개선, 북한에 대한 인도
적 지원제공에 협력할 것이다. 두 동맹은 한, 미, 일 3자 협력을 강화하고, 쿼드,
아세안과의 협력을 도모하며, 남중국해, 대만해협에서의 항해, 항행의 자유를 보
장하는 국제법 준수와 인도-태평양 안정에 기여할 것이다. 더 나아가 한미 협력
은 더 넓은 세계, 더 많은 과제를 지향한다. 한국은 2021~2024년 중미 삼각지대
지원을 위한 기여를 2.2억 달러로 상향조정하면서 중남미, 카리브에서 디지털,
녹색협력을 확대하고, 한미 양국은 WMD 비확산, 온실가스 감축, 코백스
(COVAX) 중심의 지구보건, 사이버 안보, 그리고 5G 및 6G 기술개발에 협력할
것이다. 두 동맹은 불공정 무역에 반대하고, WTO 개혁에 협력하며, 종교와 표
현의 자유, 인권, 민주, 법치 증진을 위해 함께 일할 것이다. 그리고 미국 내 한
국계 미국인을 포함한 모든 미국인들이 존중받도록 협력할 것이다.[1]

  그 정상회담은 한미 모두에게 큰 만족을 가져온 것으로 평가됐다. 문대통령
은 지난 수년간 한국 정부가 추진해 오던 전략에 관해 워싱턴의 지지를 확보했다.
판문점 선언, 싱가포르 공동성명, 한반도의 항구적 평화체제 정착, 북한에 대한
미국의 열린 외교 등이 가장 대표적 사례이고, 비록 다른 한국 정부도 추진해 오
던 사안이지만 조건부 전작권 전환과 미사일 사거리 및 중량 확대 권리의 확보

Japan-S. Korea Ties, Jiji Press, (February 4, 2021)

1) 미국의 미사일 지침 종료선언은 42년 만에 한국군이 원하는 사거리와 중량의 미사일 제조
   자유를 부여했다. 그러나 북한은 미국의 미사일 지침 종료를 비난했다. "한미 정상회담 공
   동성명/ 연합뉴스," (May 22, 2021), https://www.yna.co.kr〉view

역시 큰 성과였다. 미국의 이익은 북한, 인도－태평양, 그리고 지구적 차원을 포괄했다. 북한 인권에 대한 강조는 평양을 자극할 수 있는 것이고, 한, 미, 일 3자협력은 한국 내 대중정서와 연계됐기 때문이다. 쿼드와의 협력 강화, 남중국해, 대만 해협 포함 기타지역에서의 항행 관련 국제법 준수는 중국이 반대하는 것들이다. 불공정 무역관행 개선 및 WTO 개혁 역시 중국과 관련된 것이었다. 미국과 한국은 비록 양국의 이익이 완전히 일치하는 것은 아니지만, 두 나라의 이익이 상당수준 중복된다는 것을 인정하기로 결의했다. 해외언론은 "트럼프 시기 한국이 미국의 인도－태평양 전략의 약한 고리였는데, 이제 문대통령에게는 미국의 지정학적 전략과의 조화를 입증하고 미 대통령의 선의를 확실하게 확보하는 것이 2022년 대선을 포함해 국내정치적으로 도움이 될 수 있을 것"이라고 보도했다.[1]

바이든 취임 이후 처음으로, 김정은이 6월 18일 노동당 중앙위원회 제3차 전원회의에서 한미 관계를 포함한 대외정책 전반에 관한 그의 구상을 밝혔다. 그는 북한은 외부환경에 적극적으로 대응하고, 국가로서의 '전략적 지위를 고양시키기 위한 능동적 역할'을 추구할 것이라고 말했다. 평화적 환경과 국가의 안전을 보장하고 한반도 정세를 안정적으로 관리하기 위해서는 대화와 대결 모두가 필요하다. 특히 "대결에는 더욱 빈틈없이 준비돼 있어야 한다." 김정은의 발언은 미국의 일방적 요구는 거부하면서도, 북한에게 유리한 결과를 유도하기 위한 대화에는 준비가 되어 있다는 의미로 받아들여졌다.[2] 김정은의 발언을 미·북 대화의 신호로 인식하면서, 워싱턴은 평양이 협상 테이블로 나올 것을 촉구했다. 6월 20일 NSC 보좌관 제이크 설리번은 북한의 '명확한 신호'를 기다린다고 말했고, 그 다음 날 미 대북 특별대표 성 김 (Sung Kim)은 서울 방문 중 북한이 조건 없이 대화의 장에 나와 모든 문제를 허심탄회하게 논의하기 원한다고 말했다. 그러나 김여정 당 부부장은 '꿈보다 해몽'이라는 어구를 인용하면서 워싱턴이 제멋대로 상상하고 있다고 비난했고, 북한 외무상 리선권은 평양은 신뢰하기 어려운

▲ 성 김 대북특사, koreaherald.com

1) Sukjoon Yoon, "How the Biden－Moon Summit Reset the South Korea－US Alliance," (May 28, 2021), https://thediplomat.com〉 2021/05

2) "김정은 대화－대결 다 준비... 미국과 대화하겠다는 뜻," (June 18, 2021), https://www.bbc.com〉 korean

워싱턴과 대화할 생각이 전혀 없다고 말했다.[1]

　　그런 가운데 7월 7일 미·중 대북 특별대표가 처음 서로 전화통화로 대화했다. 미국은 북한에 대해 압도적 영향력을 가진 중국이 미·북 관계 진전을 돕기를 원했다. 그러나 성 김이 미·북 대화가 조속히 재개되기를 희망한다고 말했을 때, 류사오밍 중국 한반도 사무특별대표는 기존의 '쌍궤병행'을 강조했다. 베이징의 입장은 평양을 옹호하는 것으로, 그것은 북핵문제 해결이 미·북 평화협정, 정치적 관계정상화와 동시에 비례적으로 진행돼야 한다는 것이었다. 두 사람의 대화는 미·중이 북핵 문제 해결에서 서로 다른 생각을 갖고 있음을 입증했는데, 왜냐하면 워싱턴은 오래전부터, 그리고 지금의 바이든 행정부까지 평양이 먼저 비핵화 조치를 취할 경우 경제제재 해제를 포함해 그에 상응하는 정치, 경제적 보상을 해준다는 입장을 갖고 있기 때문이었다. 특히 왕이 중국 외교부장이 수일 전 세계평화포럼에 참석해 미국이 대북정책을 바꾸고 북한에 대한 제재 철회를 포함해 더 유연한 정책으로 전환할 것을 촉구한 것에 비추어, 당분간 미·북 비핵화 대화가 진전될 가능성은 없을 것으로 예상됐다.[2]

　　7월 12일 워싱턴은 북한이 핵, 미사일 프로그램은 계속하면서 주민을 위한 백신은 제공하지 못하고 있고, 국경폐쇄와 국제사회의 백신지원 거부는 북한 내 상황을 더 어렵게 만든다고 지적했다. 그에 대해 북한 외무성은 "코로나-19 사태 속에 인도지원이 불순한 정치적 목적에 악용되지 말아야 한다"고 비난하면서, 타국에 대한 내정간섭을 전제조건으로 내세우는 백신 수용은 거부한다고 말했다. 북한은 백신이 필요하지만 중국제품에 대해 불신해 그 수용을 망설이고 있고, 미국제품은 아스트라제네카보다는 화이자와 모더나를 더 선호하는 것으로 알려졌다.[3] 7월 21일 웬디 셔먼(Wendy Sherman) 미 국무부 부장관이 일본, 한국, 중국,

1) 최원기, "북한 식량난 미·북 관계 새 변수?" (July 24, 2021), https://www.voakorea.com〉ko...
2) 중국이 주장하는 '쌍중단'은 북한 핵도발과 한미 연합 군사훈련을 동시에 중단하는 것이고, 쌍궤병행은 북한 비핵화와 미·북 평화협정 관련 협상을 동시에 비례적으로 진행하자는 주장이다. "북한: 미—중 대북 특별대표 첫 전화통화... 이견 재확인," (July 7, 2021), https://www.bbc.com〉korean
3) "북한, 내정 간섭 미국 비난 … 백신은 미국산 원해," (July 13, 2021), https://www.bbc.com〉korean

몽골을 포함하는 동북아 순방과정에서 서울을 방문해 문재인 대통령과 환담했다. 셔먼은 미·북 대화를 위해 한국과 긴밀히 조율할 것을 약속했고, 문재인은 지난 5월 한미 정상회담에서 두 리더가 한반도의 완전한 비핵화와 평화체제 정착 공조에 합의한 사실을 거론하면서 워싱턴이 북한과의 대화에 적극 나설 것을 촉구했다. 셔먼은 한국의 여러 안보 당국자들과의 만남에서 민주와 자유라는 핵심가치를 공유하는 한국과 미국의 안보관계가 인도−태평양을 넘어 전 세계의 평화와 번영을 추구하는 진정한 글로벌 파트너십을 추구한다고 강조했다. 또 미국은 한미 두 나라의 이익과 규칙에 근거한 국제질서를 잠식하는 행위에 단호히 대응할 것이라고 덧붙였다.[1]

그때 일부 전문가들이 북한의 식량난이 미·북 회담 재개의 단초가 될 수 있다는 의견을 제시했다. 그들은 그 이유가 김정은이 6월 15일의 노동당 전원회의에서 식량난을 공식 인정했기 때문이라고 주장했다. 유엔 경제사회이사회에 제출한 보고서에 기록됐듯이, 북한의 2019년 식량 생산량은 태풍과 홍수로 인해 필요량 575만 톤에서 135만 톤이 부족한 440만 톤에 불과했다. 그러나 북한으로부터의 식량지원 요청은 없었고, 미·북, 또는 남북 대화가 재개될 기회는 없었다. 실제, 지금까지 지난 수십 년간 북한의 행태에 비추어 평양이 한국에게 경제와 관련해 양보자세를 보일 것을 기대하는 것은 과도한 예상이었다.

8월 10일 한미 양국은 예정대로 연합 군사훈련을 시작했다. 그것은 13일까지 진행되는 사전연습 차원의 위기관리 참모훈련이고, 실제 주요훈련인 연합지휘소 훈련은 16~26일 시행되기로 계획됐다. 이번 훈련 역시 컴퓨터 모의훈련으로 진행되고, 참가인원은 최소한으로 할당됐다. 한미 위기관리 참모훈련이 시작된 직후, 북한은 남북한 정상합의를 통해 지난 7월 27일 복원된 남북 통신연락선을 또다시 단절했다. 2021년까지 지난 3년간 한미 연합 군사훈련이 실제 기동훈련 없이 컴퓨터 모의훈련에 의존했지만, 북한 김여정 당 부부장은 한미 양국을 맹비난했다. "한미 군사훈련은 규모나 성격에 관계없이 모두 북한을 압살하려는 침략적 성격을 갖고 있다. 미국이 주장하는 조건 없는 대화, 온건한 외교개입은 모두 진

---

1) "북핵 이슈와 미 국무부 부장관의 동북아 순방 의미," (July 23, 2021),
    https://www.bbc.com〉korean

실을 가리는 언어적 유희일 뿐이다. 미군의 한국 주둔은 한반도 불안정의 근본원인이며, 미국은 한반도에서 모든 장비와 병력을 철수하고 연합 군사훈련을 중단해야 한다. 미군 주도 훈련에 동조하는 한국 당국자들의 배신적 처사에 강한 유감을 표명한다. 북한은 모든 노력을 경주해 적에 대한 억지력과 선제타격 능력을 강화할 것이다."[1] 8월 11일 김영철 노동당 통일전선부장 역시 한미 연합훈련과 관련해 한국을 강력 비난했다. 그는 평양의 선의에 한국이 적대행위로 대했다고 주장했다. "한국의 평화와 신뢰 주장은 말장난에 불과하다. 평양은 기회를 주었지만, 한국이 남북관계 개선의 기회를 외면했다. 서울은 잘못된 선택으로 엄청난 안보위기의 대가를 치르게 될 것이고, 평양은 억지력 강화를 포함해 원래의 임무를 중단 없이 수행할 것이다."[2]

북한의 주장을 되풀이 하듯, 주한 중국대사 역시 한미 연합훈련에 대해 부정적 인식을 표시하고, 남북한이 "같은 민족으로서 관계개선을 위해 서로 노력해야 한다"고 강조했다. 그의 발언은 미국보다 한국에 대한 비난의 뉘앙스가 더 컸다. 그는 종래 베이징의 입장인 북한 비핵화가 한반도 평화체제 구축과 동시에 진행돼야 한다는 '쌍궤병행'이 필요하다고 말하면서, 중국은 '건설적 역할'을 계속할 것이라고 말했다.[3] 2021년 11월까지 미·북 대화는 전혀 이루어지지 않았다.

5 미·아세안 관계

(1) 아세안의 구조와 성격

동남아시아는 세계에서 가장 빠르게 성장하고 가장 역동적인 지역 중 하나이다. 그 지역 국가들은 '아세안'(ASEAN: Association of Southeast Asian Nations) 창설을 통한 지역협력에서 많은 혜택을 수확한다. 1967년 8월 인도네시아, 말레이

---

1) "북한 김여정, 한미연합훈련 첫날 '주한미군 철수' 주장," (August 10, 2021), https://www.bbc.com〉 korean
2) "한미 연합훈련: '대남 강경파' 김영철 … '엄청난 안보위기' 경고," (August 11, 2021), https://www.bbc.com〉 korean
3) "남북관계 개선, 연합훈련 중단 촉구 … 중국의 속내는?" (August 12, 2021), https://www.bbc.com〉 korean

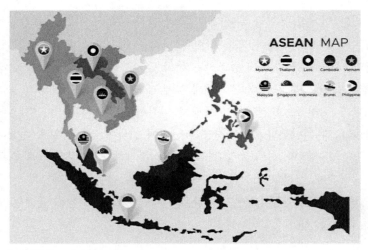
▲ ASEAN map, freepik.com

시아, 필리핀, 싱가포르, 태국에 의해 창설되고, 그 후 1999년까지 브루나이, 베트남, 라오스, 미얀마, 캄보디아가 가입해 10개국으로 결성된 아세안은 6억 5천만 인구, 그리고 2019년 GDP 약 2.8조 달러를 가진 세계에서 가장 활발히 추진되는 지역국가 그룹이다. 아세안 국가들은 아세안 정상회담(ASEAN Summit)을 개최하는데, 회원국 정부 수뇌들은 그 회동에서 지역 이슈와 국제문제를 논의, 해결을 시도하고, 블록 밖 다른 나라와 활발하게 교류한다. 아세안 정상회담은 1976년 처음 개최된 이후 여러 차례 조정을 거쳐 2008년 1년에 두 번 개최하기로 결정됐고, 특별한 필요가 있을 경우 회원국 합의에 의해 언제든 개최가 가능하다. 2007년 회원국들은 아세안 헌장(ASEAN Charter)을 채택했는데, 그 문서는 그 그룹의 법적 지위와 제도적 프레임을 제공하면서 공동으로 지켜야 할 핵심원칙을 제공했다. 그 문서는 또 아세안 경제공동체(AEC: ASEAN Economic Community), 아세안 정치안보 공동체, 그리고 아세안 사회문화 공동체로 구성되는 그 그룹의 기본 골격을 제시했다. 그 블록의 최대 성공은 회원국들 간 경제통합을 진흥하는 것이었다. 또 그 그룹은 세계 최대 자유무역 블록 중 하나인 RCEP 협상을 도왔고, 6개의 다른 지역경제와 자유무역 합의를 체결했다. 1992년 단일시장을 겨냥하는 아세안 자유무역지대(AFTA: ASEAN Free Trade Area) 창설 이후, 회원국 간 무역은 1993년 19%에서 2017년 23%로 증가했다. 그룹 내 90% 이상의 상품이 무관세로 교류된다. 그들은 11개 분야 통합에 우선순위를 제시했는데, 그것은 전자, 자동차, 농산품과 관광을 포함했다. 그러나 역내에서 가장 중요한 산업은 특혜 무역에

귀속되지 않고, 회원국 간 소득격차는 경제통합 진전의 걸림돌로 남아있다.[1]

아세안은 두 개의 내부원칙에 따라 운영되는데, 하나는 만장일치의 의사결정이고 다른 하나는 회원국에 대한 상호 내정 불간섭이다. 아세안의 운영원칙은 훨씬 더 통합이 진전된 EU와는 크게 다른데, 그로 인해 그 기구는 한편으로는 응집력 있게 행동 못하지만 다른 한편 오히려 '아세안 방식'(ASEAN Way)을 따라 상대적인 내부 분란이 없어 지역 관련 이슈를 더 편하게 논의할 수 있는 것으로 평가된다. 그럼에도 불구하고 많은 전문가들은 취약한 리더십, 회원국 간 우선순위의 차이, 그리고 전략적 비전 결여로 인해 아세안의 대외 영향력은 제한적이라고 말한다. 실제 아세안은 회원국 이견으로 인해 중국의 남중국해 독점 주장에 대해 통일된 입장을 제시하지 못한다. 2020년 말라카(Malacca) 해협 해적문제에 대한 무기력한 대응도 비슷한 경우였다.[2]

블록 밖 여러 나라와의 대외관계에서, 아세안은 정치적 중립과 '아세안 중추성'(ASEAN Centrality)에 근거해 그 대화를 운영하기 원했다. 아세안 중추성은 동남아 지역안보 구도, 지역질서, 그리고 외부 세력과의 파워역학에서 아세안이 중심이 되어야 한다는 일종의 주체의식을 의미했다.[3] 1994년 결성된 아세안 지역포럼(ARF: ASEAN Regional Forum)은 참여국 외교장관 포럼으로, 그곳에서는 미국, 러시아, 중국, 남북한을 포함하는 26개 아태 국가와 EU로 구성되는 27개 개체가 신뢰구축, 예방외교, 북한 핵문제 같은 다양한 외교, 안보문제를 논의한다. 대만은 ARF에서 배제됐고, ARF 회담은 대만해협에 관한 이슈는 논의하지 않는다. 아세안은 또 한, 중, 일 3개국과 '아세안＋3' 회담, 호주, 뉴질랜드, 인도, 한국, 중국,

---

1) 아세안은 2020년 11월 RCEP에 참여했다. 비록 RCEP이 급격한 관세감축은 규정하지 않지만, 그 제도는 인구 분포에서 세계 최대인 30%를 포괄한다. Lindsay Maizland and Eleanor Albert, "What Is ASEAN?/Council on Foreign Relations," (Updated November 24, 2020), https://www.cfr.org〉 what－asean

2) 2020년 남중국해, 싱가포르 해협에서 해적활동이 특별히 증가했을 때, 아세안은 2018~2020년 설정된 해상안보 행동계획에도 불구하고 회원국 간 정책조율에 실패했다. 한편 2021년 2월 불공정 선거를 이유로 한 미얀마 쿠데타 발생시 아세안이 아무 대응책을 제시하지 못한 것에 대해, 일부 서방 전문가들은 아세안의 운영원칙으로 인해 그 기구가 효율성을 제시하지 못했다고 비판했다.

3) Joycee A. Teodoro, "Distracted ASEAN? Where To For ASEAN Centrality," (December 2016), https://www.fsi.gov.ph〉 distracted－a...

일본과 아세안+6, 그리고 호주 및 뉴질랜드와 별도의 회담인 '아세안+CER'을 개최한다.[1] 2005년에는 동아시아 정상회담(EAS: East Asia Summit)이 창설됐는데, 미국이 2010년 가입한 그 포럼은 아세안이 주도하고 호주, 뉴질랜드, 인도, 한국, 중국, 일본, 러시아, 미국의 정상들이 참여해 무역, 에너지, 안보를 포함하는 다양한 어젠다를 논의한다. 2010년 설립된 아세안 국방장관 미팅 플러스(ADMM+: ASEAN Defense Ministers Meeting—Plus)는 EAS 국가 고위 국방관리들을 초치해 다자 군사교류를 논의, 추구한다.[2] 그 밖에도 아세안은 상해협력기구(SCO)와 안보, 경제, 그리고 환경을 포함하는 사회, 문화 영역에서 긴밀하게 협력한다. 아세안은 중국과 2001~2002년 승인, 서명된 FTA를 통해 경제에서 밀접하게 교류하고, 그 과정에서 사회 문화교류와 안보를 포함해 양자가 관련된 수많은 사안을 논의한다. 2003~2008년 아세안—중국 무역은 596억 달러에서 1,925억 달러로 3배 이상 증가했고, 2010년 아세안—중국 FTA는 명목상 GDP에서 3위 규모, 그리고 무역규모에서는 EU와 (아이슬란드, 리히텐스타인, 노르웨이로 구성되는) 유럽자유무역연합(EFTA: European Free Trade Association) 간의 FTA인 '유럽경제지대'(EEA: European Economic Area), NAFTA 다음의 3위를 기록했다. 그 과정에서 아세안—중국 유대는 더 강화되고, 베이징의 아세안에 대한 영향력은 더 커졌다. 아세안은 또 1996년 처음 시작된 아시아—유럽 간 비공식 대화인 '아셈'(ASEM; Asia—Europe Meeting)에서 EU와 활발하게 교류, 협력을 추구한다.[3]

(2) 미-아세안 관계의 맥락

워싱턴이 다자기구로서의 아세안에 개입한 것은 1977년 아시아 공산주의 확산을 막기 위해 대화 파트너(Dialogue Partner)가 된 것이 맨 처음의 시작이었고,

---

1) CER은 Closer Economic Relations를 의미한다. Department of Foreign Affairs and Trade, Government of Australia, "ASEAN Regional Forum(ARF)," (February 27, 2015)

2) 아세안 회원국은 브루나이, 미얀마(버마), 캄보디아, 인도네시아, 라오스, 말레이시아, 필리핀, 싱가포르, 태국, 그리고 베트남 10개국이다. 아세안에서는 매년 수백 회의 연례 미팅이 개최되고, 동남아 지역은 미국의 4번째 큰 수출시장이다. Ben Dolven, "The Association of Southeast Asian Nations(ASEAN)," CRS In Focus, IF10348, (Updated June 10, 2020), p. 1.

3) "ASEAN—CER Meeting: Trade is the Key Driver in Fostering Growth," ASEAN Secretariat News, (August 31, 2012)

그 이후 미국은 아세안과 계속 협력해왔다. 1990년대에 들어와 미국 중심의 신 국제질서가 형성되면서, 미 클린턴 행정부는 무역, 투자 중심의 경제 프로그램에 따라 본격적으로 아세안 역내 국가들과의 발전협력을 모색했다. 1980년부터 클린 턴 행정부 임기 말까지 미-아세안은 16차례 대화를 진행했고, 1999년에 이르러 무역과 투자, 기술 이전에 초점을 맞추는 미국의 경제 프로그램 진수로 인해 양측 의 발전협력이 극적으로 증가했다. 부시 행정부하에서도 미-아세안 관계는 꾸준 히 진전했다. 2002년 파월(Colin Powell) 미 국무장관은 동남아 역내 초국가적 도 전에 대한 대응과 경제통합을 추구할 의도로 아세안 서기국을 강화시키는 아세안 협력계획(ACP: ASEAN Cooperation Plan)을 선언했고, 2005년 미-아세안은 양자 파트너십 고양을 위한 공동비전을 공개했으며, 그 다음 해인 2006년 워싱턴은 아 세안-미국 무역 및 투자 프레임(TIFA: Trade and Investment Framework)에 서명 해 경제유대를 공식화했다. 2008년 미국은 비 아세안 국가로서는 처음으로 아세 안에 대사를 파견했다.[1]

미-아세안 협력은 베이징의 동남아에서의 급격한 경제, 정치적 영향력 확대 를 인식하는 오바마 행정부하에서 더 가속화, 체계화됐다. 오바마는 미국 대통령 으로서는 처음으로 아세안 10개국 정상 모두와 그룹으로 만났고, 아세안 리더들 과 모두 6차례 만났으며, 아세안 지역에 그 이전 어느 대통령보다 2배 더 많은 7 번 방문했다. 오바마 취임 이후 워싱턴은 아태지역의 중심에 있는 전략적으로 중 요하고 경제적으로 역동적인 동남아가 미국 아시아 재균형 전략의 중추적 기둥이 라고 강조했다.[2] 2009년 이후 미국과 아세안은 양자 우호협력 협정(TAC: Treaty of Amity and Cooperation) 체결에 따라 연례미팅을 개최했고, 그것은 그 다음 해 미국이 동아시아 정상회담(EAS)에 가입하는 단초를 마련했다. 미국의 강력한 지 지를 토대로, EAS는 아태지역의 정치, 안보 이슈 관련 리더 레벨의 중심적 포럼 이 됐다. 2009년 오바마는 또 '메콩유역 구상'(Lower Mekong Initiative)을 진수했 는데, 그것은 메콩강 유역의 미얀마, 캄보디아, 라오스, 태국, 베트남에 유지 가능 한 발전을 제공해 아세안 회원국 간 경제, 사회문화적 차원의 발전 격차를 줄이는

---

1) U.S.-ASEAN Timeline/ U.S. Mission to ASEAN, https://asean.usission.gov〉 u-s-ase...

2) Fact Sheet; Unprecedented US-ASEAN Relations, https://id.usembassy.gov〉 fact-sheet...

목적을 띤 프로그램이었다. 더 나아가 2010년 6월 워싱턴은 아세안 서기국이 위
치해 있는 인도네시아 자카르타에 법치와 인권의 옹호, 그리고 지역 및 지구적 우
려 시정을 위한 아세안과의 협력 목적으로 '아세안 임무'(Mission to ASEAN)를 개
설했다. 2011년에는 자카르타에 최초의 상주 미 대사관이 설립되고, 2012년 미-
아세안 미팅이 리더 간 회담(Leaders Meeting)으로 격상됐다. 2013년 오바마 대통
령은 그의 대표적 정책(signature policy)인 '동남아 청년리더 구상'(YSEALI; Young
Southeast Asian Leaders Initiative)을 진수했는데, 그것은 그들에게 장학금과 기회
를 제공해 역내 리더십을 발전시키는 방식으로 미국과의 연계를 강화하는 목적을
띠었다. 그해 12월까지 그 프로그램의 혜택을 받은 동남아 청년 리더 숫자는 10
만 명을 상회했다. 2014년 11월에는 미국 대사(Nina Hachigian)가 아세안 사무국
에 신임장 제정 이후 임무를 시작했고, 중국 시진핑 정부의 남중국해 공세 강화에
대응해 미 국방장관이 처음으로 그의 아세안 상대역을 하와이로 초청해 미-아세
안 국방포럼(U.S.-ASEAN Defense Forum)을 개최했다. 2015년 11월 미국은 미-
아세안 관계를 전략적 파트너십(Strategic Partnership)으로 격상시켰다.[1] 2016년 2
월 미국은 캘리포니아 서니랜드 정상회담(Sunnylands Summit)을 초청했는데, 그것
은 미국에서 개최된 최초의 미-아세안 단독 정상회담(standalone summit)이었
다.[2] 또 그해 워싱턴은 경제개입에 초점을 맞추면서 '미-아세안 연계구
상'(U.S.-ASEAN Connect Initiative)을 설정했다. 기업, 에너지, 혁신, 그리고 정책

1) History of the US and ASEAN relations, https://asean.usmission.gov〉 usasean
2) 미-아세안 상품 및 서비스 교역은 1996~2015년 매년 2,600억 달러를 넘으면서 두 배 이
상 증가했고, 아세안은 미국의 네 번째 큰 무역 파트너가 됐다. 미국은 아세안에 대한 최
대 해외투자국인데, 2014년까지 총 투자액은 2,300억 달러에 달했다. 미국과 일본의 개별
적 해외투자는 중국을 넘어서는데, 부분적으로 그것은 아세안 지역 인구가 상대적으로 젊
고 미국이나 동북아보다 경제적으로 더 역동적이기 때문이다. 그래도 1990년대 이후 미국
의 아세안 활동은 중국에 비해 뒤쳐진다. 1997년 아시아 재정위기 이전 미국과 일본은 아
세안의 최대 무역 파트너로서 전체적으로 그 지역 무역의 30% 이상을 차지하고, 반면 중
국은 5% 이하였다. 그러나 2015년까지, 중국의 아세안과의 무역은 그 지역 전체 무역의
15%를 차지할 정도로 성장했다. 중국의 역내 영향력은 남중국해 통제권을 주장할 정도로
성장했고, 아세안은 중국의 지나친 영향력 확대를 우려한다. 2012년 아세안 장관회의는
중국의 해상활동을 비판하는 성명을 발표하려 했지만, 그것은 베이징의 압력에 의해 저지
됐다. 아세안이 지역 정체성을 강화하고 경제통합을 증대시키려는 행동은 부분적으로 중
국의 영향력 확대에 직면해 자체 능력 증진을 원하는 노력을 상징한다. 아세안이 미국, 일
본과 파트너십을 심화하려는 것은 이 균형 활동의 일부이고, 양측은 서로 협력하기를 원
한다. James L. Schoff, "U.S.-ASEAN Relations; Hiding in Plain Sight," (February 10,
2016), https://carnegieendowment.org〉 u.s...

분야 4개 기둥을 중심으로 조직되는 미－아세안 연계구상은 동남아 지역 미국 경제활동의 총체적 개념을 포괄했고, 그것은 아세안 경제공동체(ASEAN Economic Community)와 미－아세안 경제교류의 성공을 포함해 아세안의 지속적 통합을 지지하는 미국 정부와 업계의 소망을 반영했다. 그 과정에서 워싱턴은 계속해서 그 지역의 강력하고, 신뢰할 수 있는 적극적 파트너로서의 역할을 수행할 것이라고 말하고, 미국의 포괄적 개입에 비례하는 형태의 외교, 공공외교, 군사 및 지원 재원 투자와 더불어 경제발전, 에너지 협력, 그리고 인적 교류를 추구했다. 미국의 아세안과의 협력은 5개 분야에 집중됐는데, 그것은 공식적으로 해상협력, 경제통합, 신세대 리더, 여성을 위한 기회 증대, 그리고 초국적 도전에 대한 대응으로 규정됐다. 구체적으로, 그것은 베이징의 일방적 주장과 횡포에 대항하는 남중국해 해상안보, 계획경제에 반대하는 시장경제에 기초한 자유무역과 투자의 독려, 자유민주주의와 인권의 육성, 그리고 기타 해적 및 테러리즘, 인신매매, 마약 유통 방지 등 초국가적 위협에 대한 대응을 의미했다.[1]

　　미－아세안 관계는 수많은 사안에서의 협력을 상정했다. 양측은 지구적 차원에서 유엔 평화유지 활동, 대테러, 비확산, 기후변화에서 협력했고, 워싱턴은 지역차원에서 아세안이 중국의 부상을 저지하는 미국의 노력을 지원하기 원했다. 오바마 시기 워싱턴이 아세안과의 관계 강화에 많은 노력을 기울인 것은 상당부분 중국의 부상에 대응하는 미국의 피봇, 재균형 전략의 일환이었다. 특히 미국은 동남아에 말라카 해협과 남중국해를 포함해 전 세계 무역량의 상당부분이 통과하는 엄청나게 분주한 해상교통로가 존재한다는 사실을 민감하게 인식했다. 미국은 베이징이 남중국해에서 '구단선'(nine dash line)이라는 전례 없는 비논리적 개념을 제시하면서 그 지역 영유권 장악을 시도하는 것에 대해 분개했다. 그러나 아세안의 행동은 그들과 함께 중국의 남중국해 지배, 그리고 더 넓은 차원에서 중국의 부상과 동아시아 영향력 확대 견제를 원하는 워싱턴의 기대에 미치지 못했다. 남중국해 문제에 직접 연관된 브루나이, 인도네시아, 말레이시아, 필리핀, 베트남은 베이징의 수역 지배에 반발하지만, 캄보디아는 오히려 베이징의 입장을 옹호했다. 또 중국이 수역 내 여러 암초에 토지를 매립, 시설을 건립하고 병력과 미사일을

---

1) The United States & ASEAN/ US－ASEAN Business Council, (July 22, 2019), https://www.usasean.org〉 why－asean

배치하면서 군사적으로 위협할 때, 위협을 느끼는 다른 많은 관련국들은 필리핀과 베트남의 적극적 대항과는 달리 상대적으로 망설였다. 아세안 국가들이 베이징과의 대치를 주저하는 큰 이유는 중국의 지정학적 위상 증진, 그리고 획기적으로 증대하는 경제적 영향력 때문이었다. 한마디로 아세안 국가들은 지리적으로 인근에 위치하고, 상호무역과 투자, 일대일로를 포함해 다양한 방식으로 경제연계를 강화시키는 베이징의 전략을 넘어서는 데 많은 한계를 느꼈다. 베이징은 미얀마, 말레이시아, 태국, 필리핀, 그리고 기타 동남아 국가들에서 거대한 규모의 BRI를 진수했다. 또 중국은 다양한 강온 전략으로 동남아 국가들을 위협, 회유했다. 2002년 중국은 아세안과 구속력 없는 '남중국해 당사국 행동 원칙 선언'에 합의했지만, 2016년에는 중국의 남중국해 주장과 행동이 불법이라는 유엔 해양법 중재재판소 판결을 거부했다. 2018년 국제사회의 시선을 의식해, 중국은 또다시 2021년까지 아세안 국가들과 남중국해 관련 행동원칙에 관한 협상을 타결시킬 것이라고 말했다. 그러나 동시에 중국 국방장관 웨이펑허(Wei Fenghe)는 일부 국가가 '항해의 자유' 이름으로 남중국해에서 힘의 투사를 시도하는 것이 가장 심각한 역내 불안정의 원인이라고 주장했다. 그동안 미국은 항해의 자유 작전, 해군 배치, 아세안 지원, 그리고 필리핀, 태국, 일본 등 동맹국과의 협력을 통해 중국을 견제했지만, 베이징은 자기들 주장을 철회하지 않았다.

(3) 트럼프 시기 미-아세안 관계

아세안 창설 50주년이 되고, 미-아세안 대화 파트너 관계가 성립된 지 40주년을 기념하는 2017년, 아세안 회원국들은 트럼프 대통령의 '미국 우선'에 근거한 워싱턴의 일방주의와 양자주의적 정책이 동남아 지역에 어떤 영향을 미칠지 관심을 집중시키고 있었다.

1) 취임 첫해

트럼프 행정부 출범 직후 미국은 대통령 지시에 따라 TPP로부터 순식간에 철수했는데, 아세안은 그로부터 충격 받았다. 그 이유는 그 갑작스러운 조치가 미국을 중국과 견제, 조화시키는 가운데 동남아의 세력균형, 정치적 중립성을 유지하고, 다자주의 경제성장을 도모하는 아세안 중추성과 아세안 방식의 전통적 정책에 타격을 가했기 때문이다. TPP로부터 미국의 탈퇴는 아세안이 참여하고 어렵게 성사시킨 다자 FTA 위상의 상대적 하락과 동시에 동남아 경제성장 기회의 상대적 박탈, 그리고 동남아에 대한 미국의 관심 저조에 따른 베이징의 일방적 영향력 증대를 의미했다. 아세안은 그 조치를 오바마 행정부 말까지 계속되어온 재균형 정책의 변화, 그리고 동남아에 대한 미국의 일관된 정책으로부터의 일탈로 인식했다. 그 결정은 미국의 신뢰성에 타격을 주었다. 싱가포르 총리 리센룽(Lee Hsian Loong)은 과연 어느 나라가 워싱턴을 신뢰할 수 있을지 의문이라고 말하면서 미국을 비난했다. 경제적 측면만 보더라도, 트럼프 행정부의 보호주의로의 선회는 지난 오랜 기간 통용된 지구적 무역질서에 대한 잠식이었고, 그것은 무역에 의존하는 동남아에 대한 잠재적 재앙이었다.[1]

---

1) 유엔 주재 싱가포르 대사로 재직했던 인사는 2017년 여름 트럼프 시대 아시아와 관련해 다음과 같이 전망, 조언했다. 대선 후보 당시 트럼프는 중국, 일본, 한국에 대한 불만을 말하고, 대통령 당선 직후에는 대만 차이잉원과의 통화에서 '하나의 중국' 원칙에서 탈피할 수 있다고 암시했으며, 또 TPP로부터 철수했다. 그래도 점차 트럼프 행정부는 자제하는 모습을 보였는데, 아베와의 대화에서 미·일 관계 중요성을 인정하고, 미 국방장관 매티스가 한국과 일본에 대한 안보공약을 재확인한 것이 그런 것이다. 한편, 다보스 세계경제포럼(WEF)에서 시진핑은 미국이 철수하면 베이징이 자유주의 국제질서를 이끌 것이라고 공언했지만, 중국은 아직 그럴 능력이 없다. 중요성이 계속 증대하는 아태지역에서 미국이 피봇(pivot)을 계속해야 한다는 커트 캠벨(Kurt Campbell)의 견해는 맞는 말이지만, 그 용어는 애매한 함의로 인해 아시아에서 특별히 신뢰를 주지 못했다. 현재 아시아의 모든 위험은 이미 다 노출돼 있고, 그 가운데 아시아 국가들은 매일매일 그 위험의 운영을 위해 모든 노력을 경주한다. 그 문제의 뿌리는 미국 주도 질서에 큰 야망을 갖고 중국이 도전하는 것이다. EU와 같은 기구가 없는 아태지역에서 아세안은 미, 러를 포함해 매년 정상회담을 개최하는데, 그것은 미국을 대체하기보다는 오히려 미국을 보완하는 목적을 띤다. EAS가 너무 활동적이면, 아마 그것은 미, 중 모두로부터 거부당할 것이다. 일각에서는 미국이 아태에서 자유주의를 더 확산시켜야 한다고 주장하는데, 그것은 미·중 관계를 망치고 아시아의 불안정을 더 고조시킬 것이다. 오바마 시기 미국이 지나치게 서방식 도덕을 강조한 것이 미-필리핀 관계를 악화시킨 반면, 트럼프가 두테르테와 대화 의사를 밝힌 것은 오히려 양국관계를 도왔다. 미국은 서방이 모든 도덕적 우위를 점하는 것 같이 말하고 행동하는데, 그것은 어느 한편만이 옳은 것이 아니라는 실용주의를 필요로 한다. 반면 트럼프가 자유민주주의를 덜 강조하는 것은 아태지역 대외정책에서 득이 되지만, TPP 철수와 같은 몇몇 조치는 미국의 신뢰를 잠식시킨다. 현재 아태지역에서 협상되는 유일한 무역협상은 RECP인데, 그것은 전혀 중국 주도가 아니라 아세안 6개국이 호주, 싱가포르, 한국, 일본, 인도와 더 긴밀하게 협력하기 위해 추진하는 조치이다. 한편 아시아에서 트럼프 행정부가 아세안에 덜 관심을 쏟는 것은 덜 문제시 되지만, 워싱턴의 반 무슬림주의에 대한 주요 초점은 말레이시아, 인도네시아를 포함해 동남아의 많은 무슬림 공동체와 갈등을 초래할 것이다. 앞으로도 트럼프는 피봇은 아니지만 아시아에서 힘의 투사를 계속할 것으로 보인다. 미·일, 한미 동맹은 예전과 같이 지속될 것이고, 남중국해에서의 미·중 대치는 계속될 것이다. 타이베이는 미국의 거래적 태도를 우려할 수 있지만, 워싱턴은 중국

▲ 미-아세안 정상회담 2017, voanews.com

그 상태에서 미 부통령 펜스가 인도네시아를 방문해 아세안에 대한 미국의 헌신은 변함이 없고, 또 트럼프 대통령이 11월 미-아세안 정상회담과 동아시아 정상회담(EAS)에 참석할 것이라고 말했다. 마찬가지로 5월 워싱턴에서 개최된 미-아세안 특별 외교장관 회담에서, 미 국무장관 틸러슨은 미-아세안 유대에 대한 미국의 헌신을 재확인했다. 트럼프는 2017년 마닐라에서 개최된 제5차 미-아세안 정상회담에 참석하고, 미국의 '자유롭고 개방된 인도-태평양'(FOIP) 전략비전을 선언했다. 그러나 트럼프를 비롯한 미 행정부 고위관리들이 미국의 인도-태평양 전략 설명에서 북한 핵에 모든 관심을 집중시키고 동남아와 아세안 중추성에 별 관심이 없는 것으로 비쳐지면서, 아세안 회원국들은 워싱턴의 동남아 관련 입장을 우려했다.[1]

트럼프 행정부의 의도에 대해 확신하지 못하는 상태에서, 캄보디아(Cambodian Institute for Strategic Studies)의 동남아 전문가(Vannarith Chheang)가 미-아세안 관계강화에서 유래하는 상호이익을 강조하면서 다음과 같은 형태로 워싱턴의 협력을 촉구했다. 아세안은 아태지역의 가장 중요한 지역기구로서, 동아시아 국가들과 함께 지역, 지구적 공급체인에서 결정적 역할을 수행한다. 개방적 지역주의를 추구하는 아세안은 군사, 경제, 소프트파워와 관련해 미국 역할의 탁월성을 조금도 의심치 않는다. 미국의 특별한 역할은 동남아 번영에 기여하는 사활적 요소이다. 동시에 워싱턴의 아세안과의 협력은 미국이 동남아와 아태지역 전반에서 장기적 이익을 확보하도록 도울 것이다. 그러나 아세안은 미·중 전략경

과의 영향권 분할을 위해 대만을 포기하지는 않을 것이다. 중국은 미국을 넘어서려 시도하면 큰 위기에 빠질 것이다. 미국이 약해질 경우, 일본의 핵무장 가능성은 충분히 클 것이다. 그리고 아시아는 언제나 그랬듯이 강대국 경쟁의 장(arena)이 되고, 그 속에서 강대국이 아닌 아시아 국가들 역시 늘 그랬듯이 적응(adapting)으로 대응할 것이다. Bilahari Kausikan, "Asia in the Trump Era (From Pivot to Peril?)," Foreign Affairs, Vol. 96, No. 3 (May/June 2017), pp. 146-153.

1) 2017년 4월 트럼프는 제30차 아세안 정상회담 이후, 아세안 의장직을 수행하는 필리핀 대통령에게 북한이 핵무기를 포기하도록 압력을 가할 것을 요구했고, 아세안은 워싱턴의 요청을 수용해 평양의 2017년 핵실험을 비난하면서 북한이 유엔안보리 결의안을 수용할 것을 강력히 촉구했다. Matthew Davies, "Repairing the US-ASEAN relationship," (March 14, 2020), https://www.eastasiaforum.org〉 rep...

쟁에서 어느 한편을 지지해 다른 한편의 희생물이 되기보다는, 두 강대국의 공존을 선호한다. 미국은 중국과 아세안을 '별개의 개체'로 인정해야 한다. 아세안 회원국들은 워싱턴이 2016년 오바마 행정부 당시 서니랜드(Sunnyland) 미－아세안 정상회담에서의 약속에 기초해 투명성 있게 미래를 운영할 것을 원한다. 그 중 가장 중요한 것은 원칙을 존중하면서, 기율 있게 국제관계를 유지하는 것이다. 아세안은 미국이 2016년 약속한대로 ARF, EAS, ADMM Plus에 적극 개입하고, YSEALI와 미－아세안 연계구상의 실천, 아세안 비전 2025 지원, 그리고 기타 기후변화, LMI, 또 민주와 인권증진을 위한 시민그룹 지원을 희망한다. 아세안은 미국과의 협력을 중시한다.[1]

그 제언은 핵심적으로 미국이 동남아를 멀리하지 말고, 또 미·중 파워 게임으로 그 지역의 특수이익을 희생시키지 말 것을 당부하는 호소였다. 그러나 아세안의 희망과 달리, 트럼프 대통령은 동남아 지역, 아세안에 상대적으로 관심을 갖지 않았다. 마닐라 아세안 정상회담 당시 트럼프가 공언한 FOIP 전략은 중국 견제 원리상 동남아를 중시해야 했지만, 그 선언에 따른 워싱턴의 구체적인 후속조치는 없었다. 대통령은 동남아에 대해 진정한 관심이나 존중심이 없었다. 심지어 트럼프는 2017년 11월 마닐라 제31차 아세안 정상회담에는 참여하면서도, 일정을 앞당겨 필리핀을 떠나 EAS에 참석하지 않았다. 그것은 모두 미국의 인도, 일본, 호주를 포함하는 쿼드에 대한 열정과 대비되는 아세안 대한 워싱턴의 관심 결여로 해석됐다.

2) 미국의 아세안 지원

2018년에도 아세안에게 실망이 될 만한 일들이 계속 발생했다. 트럼프는 2018년 미－아세안 정상회담에 모습을 드러내지 않고, 그 대신 펜스 부통령을 보냈다. 비록 부통령이 중요한 역할을 담당하는 것이 사실이지만, 그것은 트럼프의 참석과는 의미가 달랐다. 또 2017년 이후 공석인 아세안 미 대사 직책은 충원되지 않았다. 그것은 아세안에게 모두 옳던 그르던, 오로지 트럼프가 아세안을 중시

---

1) Vannarith Chheang, "The US Needs ASEAN in Its New Asia Strategy," (June 6, 2017), www.thediplomat.com

하지 않는다는 신호로 받아들여졌다.

아세안에서 워싱턴의 동남아 무시에 대한 부정적 감정이 커지는 것을 인식한 미국 정부는 2018년 7월 뒤늦게 폼페이오 국무장관을 파견해 아세안이 미국의 인도－태평양 전략에서 필수불가결한 위상을 차지한다는 것을 알리려 노력했다. 여러 아세안 국가들이 워싱턴의 관심 결여에 불만을 토로하는 가운데, 미국은 더 나아가 인도－태평양에서 중국의 세력확산을 방지하고 동남아가 부분적으로 혜택을 입을 수 있는 몇몇 조치를 취했다. 2018년 7월 워싱턴은 아시아 지역의 신기술, 에너지, 인프라 구축을 위해 1.13억 달러 초기자금(down payment)을 지원할 것이라고 공표했다. 2018년 중국 및 기타 국가들과 무역분쟁이 격화되는 상태에서, 워싱턴은 미국을 신뢰 있는 파트너로 인식시키기 위해 인도－태평양 전략의 경제적 측면을 강조했다. 중국의 경제력 증강과 남중국해 분쟁을 우회적으로 가리키면서, 폼페이오는 미국은 어느 한 나라가 '자유롭고 개방된' 아시아를 지배하는 것을 원치 않는다고 강조했다. 그러나 중국을 견제하기 위한 그 초기 발전자금은 베이징이 쏟아 붓는 수백억, 수천억 달러와는 비교될 수 없이 미미했다.[1]

그해 10월에는 미 의회에서 또 다른 발전지원(BUILD: Better Utilization of Investments Leading to Development Act) 법안이 통과됐다. 그것은 (앞에 언급한 바와 같이) 동맹국들과의 협력을 전제로 미 행정부가 동남아를 포함해 세계 각국 인프라 개발을 위한 민간투자를 지원하고, 초청국(host country)이 해외투자와 연계된 위험을 식별하는 것을 돕도록 고안된 프로그램이었다. 실제로 그것은 국가안보 목적상 중국의 BRI에 대항하는 목적을 띠었다. 미 행정부는 그 시도를 통해 미국의 민간자본과 기술이 저소득 국가 경제발전에 용이하게 투입되기를 원했고, 지구적 차원에서 유지가능하고 광범위한 경제성장, 빈곤의 축소, 발전, 분명하게 정의된 경제 및 사회발전, 공적 책임과 투명성 제고, 그리고 높은 수준의 환경 및 사회 안전망 설립을 의도했다. 그 임무수행을 위한 전담기구(DFC: Development Finance Corporation)가 설립됐고, 민간기업과 공적발전 목표를 연계시킬 목적으로

---

1) 동남아 국가들은 트럼프의 '미국 우선' 정책, TPP 철수, 미·중 무역 갈등으로 인해 지역 공급체인이 파탄될 것을 우려했다. Lesley Wroughton, David Brunnstrom, "Wary of China's rise, Pompeo announces U.S. initiatives in emerging Asia," (July 30, 2018), www.reuters.com

국제개발처(USAID: U.S. Agency for International Development)와의 공동협력이 상
정됐다.[1]

　　동남아와 연계된 미국의 추가조치는 더 있었다. 2018년 11월 싱가포르 아세
안 정상회담에서, 펜스 부통령은 동남아 도시와 디지털 인프라 발전을 위한 '미－
아세안 스마트 도시 파트너십'(U.S.－ASEAN Smart Cities Partnership) 협력을 제안
했다. 그것 역시 근본적으로 중국의 일대일로 침투 방지, 그리고 두 번째로 미국
의 동남아 디지털 인프라 투자 진흥을 목표로 했다. 펜스는 그 제안이 미국의 인
도－태평양 지역에 대한 지속적 헌신의 증가라고 주장하고, 미국은 아세안이 전
략적 파트너인 것이 자랑스럽고 동남아에 대한 통제가 아니라 협력을 원한다고
말했다. 그는 미국이 역동적이고 매력적인 동남아와의 더 심화된 경제교류가 미
국 내 직업창출에 큰 도움이 된다고 시인했다. 그 시도는 동남아 지역의 디지털
인프라에 대한 미국기업의 투자를 늘리고, 동남아 지역과의 사이버 안보협력을
증진시키며, 역내 번영과 안보 진전을 돕도록 고안됐다. 인구 급증, 교통정체, 공
해, 그리고 디지털 안보를 포함해 다양한 도전에 직면하는 동남아에서, 도시화와
디지털화의 두 개 거대추세를 추구하는 '스마트 도시'라는 용어는 가장 각광받는
단어였다. 아세안 의장국인 싱가포르는 이미 2018년 4월 동남아 26개 스마트 도
시 네트워크 창설을 제안한 바 있었다. 미국이 아직도 세계 혁신의 원천임에 비추
어, 미국 회사들은 동남아에서 현금지불에서부터 교통까지 도시 디지털 인프라
구축을 도울 수 있을 것으로 보였다. 일부 전문가들은 그것이 궁극적으로 새로운
직업과 사업을 창출하는 디지털 경제, 시민 중심적 서비스를 전달하기 위한 디지
털 정부, 그리고 인구 각 계층이 디지털 준비가 된 디지털 사회를 상정한다고 말
했고, 반면 다른 일부는 미국 자체가 인프라와 테크놀로지에서 도전에 직면하고
있다고 말하면서, 미국이 도울 수 있는 범위에 대해 의구심을 표시했다.[2]

　　그 다음 달 2018년 12월 미국은 그해 마지막 입법으로 동남아를 포괄하는
인도－태평양을 위한 '아시아 재보장 구상 법안'(ARIA: Asia Reassurance Initiative

1) George Ingram, "How the BUILD Act advances development," (July 10, 2018),
https://www.brookings.edu〉 blog
2) Pasty Widakuswara, "Pence Announces US－ASEAN Smart Cities Partnership,"
(November 15, 2018), www.voanews.com

Act)을 최종 통과시켰다. 그 법안은 세계에서 가장 빨리 성장하고 가장 중요한 지역 중 하나에 대한 미국의 국가전략을 조명하고, 법치와 인권에 근거하는 민주국가들이 서로에게 최선의 파트너가 될 것이라고 말했다. ARIA는 재정적으로 아태지역의 정치, 경제개입을 위해 매년 15억 달러 지출을 허용했다. 그것은 트럼프 행정부 임기 중 가장 중요한 입법 중 하나였다. ARIA는 '인도─태평양 지역에 대한 미국의 장기적 전략비전, 그리고 포괄적, 다면적, 기율있는 미국 정책을 발전시킬 목적'으로 제정됐다. 그 법안은 역내 파트너 국가들이 강요에 저항하는 것을 돕는 조항을 포함하고, 또 역내 민주주의, 시민사회, 법치, 인권 증진에 대한 자금 지원을 규정했다. 인도─태평양 전체를 대상으로 하는 ARIA는 미─대만 정치, 안보관계 지원이 미국 정부의 공식목표라고 선언하고, 대만해협에서의 현상유지 변경에 반대한다고 명시했다.[1] 구체적으로 동남아와 관련해, 그 법안은 APEC, EAS, G20 같은 다자그룹에 대한 지속적 참여를 독려하고, 포괄적 경제개입 프레임 설정을 촉구하면서 아세안과의 무역관계 강화 중요성을 강조했다. 또 싱가포르, 말레이시아, 인도네시아, 베트남과의 안보, 경제 파트너십 강화의 필요성을 거론하고, 상대적으로 더 빈곤한 미얀마, 캄보디아, 라오스를 포함하는 '메콩유역 구상'(LMI)을 위해 행정부가 더 헌신할 것을 촉구했다.[2]

3) 미-아세안 복합적 관계

2019년 2월 약 70명의 미국 및 동남아 대외정책 전문가들이 미─아세안 파트너십 포럼(United States─ASEAN Partnership Forum─ Pacific Forum)에서 아세안 중추성, 미국의 지역 접근방식, 그리고 아세안 공동체 비전 지원을 위한 워싱턴의 역할에 관한 공통된 의견을 제시했다. 그것은 미─아세안 상호이익, 미·중 관계 관련 이견, 아세안 발전방향, 미·일 동맹의 기여, 자유민주주의의 중요성을 포괄하는 중립적인, 그리고 미래평화와 발전을 추구하는 건설적 조언이었다. 그들은 다음의 취지로 말했다. 아세안은 미국의 FOIP 전략에서 절대적으로 중요한데, 왜

---

1) 그 법안에 대해 베이징은 대만이 탈주지역이고, 중국과 종국적으로 통일될 것이라는 종래의 주장을 되풀이했다. Karla Jones, "The Asia Reassurance Initiative Act─A Strategic Vision for the Indo─Pacific," (January 29, 2019), https://www.alec.org〉 article〉 the─a...

2) Byron Chong, "The Trump administration's record on Southeast Asia," (September 23, 2020), https://www.orfonline.org〉 tru...

냐하면 그 기구가 워싱턴의 동남아 지역 비전 표출을 가능케 하기 때문이다. 아세안 개별국가에 대한 트럼프 행정부의 양자 접근법은 다자접근 방식보다 비효율적이다. 아세안은 미국경제에도 중요한데, 미 기업들은 그동안 역내에 2,700억 달러 이상을 투자했다. 그것은 한국, 중국, 일본, 인도가 투자한 총 금액보다 더 큰 액수이다.1) 아세안 역시 미국의 안전보장과 경제협력에서 큰 혜택을 누린다. 미국의 역내주둔은 중국을 포함해 어느 특정세력의 동남아 지배를 방지하고, 미국의 '아세안 중추성'에 대한 지원은 동남아의 지정학적 어젠다 형성을 돕는다. 미국과의 경제협력은 아세안 경제발전과 수백만 개 직업창출에 직접 기여한다. 그동안 양측은 많은 분야에서 협력해 왔는데, 그것은 폭력적 극단주의, 사이버 범죄 및 인프라 보호와 같은 비전통 안보, 그리고 해상안보에서의 도전 시정을 포함한다.2) 그러나 미국과 아세안은 해상안보와 관련해 이견을 갖고 있다. 아세안은 미군의 역내주둔을 환영하지만, 미 해군의 일방적 '항해의 자유 작전'에 반대한다. 그 이유는 그들이 그 작전을 미 해군만을 위한 일방적 군사행동으로 인식하는 경향이 있고, 동시에 그들 내부에서도 남중국해 현상에 대해 위협을 느끼는 정도가 다르며, 또 그 대응능력에서도 차이가 나기 때문이다. 그들은 정책적 자주를 주장하면서 미국의 FONOPs가 중국과의 강대국 경쟁을 야기할 것을 우려하는데, 양측은 그와 관련한 우선순위에서 합의를 도출해야 한다. 아세안의 중추성과 미국의 FOIP는 공존할 수 있어야 한다. 또 안보는 미국, 그리고 경제는 중국, 일본과 협력한다는 형식의 이분법적, 배타적 구분보다는, 미, 중 모두의 안보, 경제역할이 동시에 고려되는 것이 더 바람직 할 것이다. 그런 전반적 문제에 관한 아세안 내부의 이견 조정을 위해서는, 기존의 만장일치제보다 외부로부터의 보복위협에서 상대적으로 자유로운 기권제도가 더 합리적일 것이다. 한편, 미·일, 호주 협력은 아세안에서 중요한 역할을 할 수 있다. 그러나 미·일 동맹은 해상안보, 극단주의 및 사이버안보 시정, 그리고 다자제도, 법치. 거버넌스 진흥 관련 조율에서 충분히 활용되지 않았다. 미·일 동맹은 동남아 미래 지배를 겨냥하는 베이징의 고율

---

1) 2019년 미-아세안 상품무역은 2019년 2,920억 달러를 넘어섰고, 아세안에게 미국은 중국, EU, 일본 다음의 4번째 큰 무역 파트너였다.

2) 그동안 아세안은 극단적 폭력에 대응하는 역량구축에서 약간 진전을 이루었는데, 말레이시아의 대테러센터(SEARCTT: Southeast Asia Regional Center for Counter-Terrorism). 국제법 시행 아카데미(ILEA; International Law Enforcement Academy), 그리고 필리핀 특수작전 임무단(JSOTFP: Joint Special Operation Task Force Philippines)과 같은 기구들이 그런 임무를 수행한다.

이자와 BRI에 대한 대안 제시에서 협력할 수 있을 것이다. 또 앞으로 워싱턴은
아세안의 시민사회 발전에 더 많은 관심을 가져야 하는데, 왜냐하면 인도주의 및
물리적 인프라 지원에 치중하는 동안 아세안의 사회, 문화적 차원에 대한 지원이
경시됐기 때문이다. 동남아 일부 국가에서 비자유 민주주의와 파퓰리즘이 확산되
고, 미국도 국내적 분열을 겪는 현시점에, 자유, 인권, 민주 거버넌스에 대한 강조
는 그 어느 때보다 더 중요하다. 마지막으로, 경제와 관련해 워싱턴은 RCEP,
CPTPP에 관한 입장을 결정해야 한다. 그렇지 않으면 미국은 아태 경제에서 설
자리를 잃을 것이다. 반면 아세안은 중국으로부터 동남아로의 기업이주, 공급체인
의 변화를 감안해 그에 대해 준비해야 하고, 미국의 BUILD Act는 그 과정을 도
울 수 있을 것이다.[1]

비슷한 시기, 브루킹스 연구소(Brookings Institution)의 또 다른 전문가
(Lindsey W. Ford)도 동남아 현실과 관련해 비슷한 방향으로 조언했다. 동남아는
미국에게 깊은 전략, 경제적 중요성을 갖고, 아세안의 지구적 영향력은 계속 증가
할 것이다. 미국은 그 지역에서 개입과 리더십을 유지해야 하는데, 그곳에서는 4
가지 추세가 진행되고 있다. 그것은 미국 리더십에 대한 신뢰부족, 아세안의 내부
적 분열, 전략적 우선순위의 차이, 그리고 역내 억압 및 권위주의 경향의 증대이
다. 워싱턴은 여러 조치를 통해 신속하게 대응해야 한다. 첫째, 미국은 동남아 전
략을 공개적으로 선언하고 아세안 주재 대사를 신속하게 임명해야 한다. 둘째, 최
근 통과된 ARIA를 확실하게 시행해, 인도-태평양에 대한 미국의 장기적 전략비
전을 발전시켜야 한다. 셋째, 사법부, 언론의 자유 같은 시민사회 프로그램을 강
화해야 한다. 마지막으로 미국 대표단이 지역리더들을 만나고, 샹그릴라 대화
(Shangri-La Dialogue) 같은 행사에 참여하며, 미국 관리들이 더 많은 무역, 투자
관련 현지 여행을 해야 한다.[2]

전문가 견해와 미국 정부의 경제지원에 화답하듯, 또 그들의 평소 소신을 반

---

1) United States-ASEAN Partnership Forum- Pacific Forum, "Strengthening US-ASEAN
   Engagements for a Stable and Prosperous Indo-Pacific," (February 11-13, 2019),
   https://pacforum.org〉 Events
2) Lindsey W. Ford, "The U.S.-ASEAN Partnership in the Indo-Pacific," (February 19,
   2019), https://www.nbr.org〉 publication

영하면서, 2019년 6월 아세안 10개국 리더들은 '인도
-태평양 관련 아세안 견해'(ASEAN Outlook on the
Indo-Pacific)를 공표했고, 워싱턴은 그 선언을 환영했
다. 아세안은 그들 관점과 견해에 관해 다음과 같이
설명했다. 오늘날 아태, 인도양은 세계에서 가장 역동
적 지역이고, 동남아는 그 지정학적, 지전략적 변화 가
운데에서 중요한 통로와 중심기지 역할을 수행한다.

▲ Asean Outlook, asean.usmission.gov

아세안이 경제, 안보구도 형성, 그리고 평화, 안보, 안전, 번영과 관련한 선도적
역할을 수행하는 것은 동남아, 인도양, 아태지역 전체에 이익이고 중요한 의미를
갖는다. 아세안은 인도-태평양 협력에서 중추적(central) 역할, 그리고 경쟁하는
이익 속에서 '정직한 브로커'(honest broker)로 활동할 것이다. 아세안이 중심이 되
는 지역구도는 새로운 것이기 보다는, 이미 오래전부터 존재해 온 아세안 공동체
(ASEAN Community) 고양과 아세안 중추성(ASEAN Centrality)이 그 기저의 원칙이
다. 아세안은 아세안 헌장(ASEAN Charter)에 있는 규범과 원칙에 따라 아태지역과
인도양에서 중추적, 전략적 역할을 수행하고, 적대적 경쟁보다는 대화를 추구할
것이다. 아세안의 목표는 지역평화, 안정, 번영을 위해 협력을 견인하고, 규칙에
근거한 긴밀한 경제협력, 신뢰강화, 지역구도를 창출하며, EAS, ARF, ADMM-
Plus, EAMF(Expanded ASEAN Maritime Forum) 등 기존 아세안 주요 메커니즘을
강화하면서 아세안 공동체(ASEAN Community)를 발전시키는 것이다. 우선 협력분
야는 해상협력, 연계성, 유지 가능한 발전목표를 포함하고, 그것은 아태와 인도양
의 평화, 자유, 번영을 도울 것이다. 아세안 활동의 원칙은 아세안 중추성, 주권존
중, 불간섭, 평등, 개방, 포용성(inclusivity), 규칙에 근거하는 프레임, 좋은 거버넌
스를 포함한다. 국제법 존중과 관련해, 유엔헌장, 1982년 유엔 해양협약(UN
Convention on the Law of the Sea), 기타 유엔 협약, 아세안 헌장, 그리고 수많은
아세안 협정들이 중시될 것이다. 분쟁의 평화적 해결, 군사력 사용의 배제, 법치
를 위해 미국과 체결한 TAC를 준수할 것이다. 아세안이 개입할 여러 협력 분야
가 있다. 그 중에 해상협력은 특히 중요하다. 해상협력의 이슈는 미해결 해상분
쟁, 그리고 해양자원 착취와 해양오염을 포함한다. 해상협력이 중시하는 분야는
분쟁의 평화적 해결, 해상안전과 안보, 항해와 항행(overflight)의 자유, 인신매매,
해적행위, 마약유통과 같은 초국가 범죄의 억지, 그리고 해양투기, 해수면 상승,
해양자원 보호, 생물다양성 문제 논의 같은 것들이다. 그 밖에 아세안은 아태 및

인도양 지역과의 통합적 연계성(connectivity), 유엔의 유지가능 발전목표 2030, 그리고 기타 경제 및 협력 가능 분야에서 협력을 도모할 것이다.[1]

　　2019년 11월 태국에서 개최된 포럼(Indo-Pacific Business Forum)에서, 미국 정부는 호주, 일본과 함께 아태지역을 포함하는 전 세계 인프라 건설을 지원하기 위해 '블루 닷 네트워크'(BDN: Blue Dot Network)를 진수한다고 선언했다. 그것은 그 전해 미 의회에서 통과된 BUILD Act에 근거해 진행되는 사업 성격을 띠었다. 그 3개 동맹국은 BDN을 아태 및 세계 저개발 국가 인프라 구축을 돕는 시도로 규정했다. 그러나 BDN은 처음부터 논란의 대상이 됐는데, 왜냐하면 그것이 선진산업국 자금을 동원해 저개발국 인프라 건설을 돕는 전형적인 제3세계 지원이 아니라, 3개국 평가기관들로 하여금 세계 어느 지역 어느 인프라 건설 프로젝트가 재정투명성, 환경유지 가능성, 경제발전에 대한 영향평가에서 문제가 없는지, 또 그로 인해 민간기업의 투자가치가 있는지를 평가하는 목적을 띠었기 때문이다. 미 국무부의 공식설명은 BDN이 여러 정부, 민간분야, 시민사회를 지구적 인프라 개발에서 공유된 기준을 갖게 만들 것이라는데 초점을 맞췄다. "그 네트워크는 지구적 인프라 건설과 구축의 원칙을 보증(certify), 지지할 것이다. 프로젝트 탁월성의 공통기준을 제시함으로써, 그 네트워크는 개도국과 신흥경제 내 인프라 프로젝트를 위한 민간자본 유치를 유도할 것이다."[2] 미 정부의 공식설명은 그렇게 지구적 차원 인프라 건설을 위한 공정성의 중요성을 강조했다. 그러나 실제에 있어서 수천억 달러를 지출하는 중국의 BRI에 재정적으로 대항하기 어려운 상황에서, 그 시도의 목표는 3개 동맹국이 모여 전 세계 민간투자자들로 하여금 서방 주도 인프라 프로젝트에 투자하도록 유도해 베이징이 추진하는 사업과 경쟁하게 만드는 것이었다. 그것은 상업 투자자들이 보통 개도국 프로젝트를 위험하게 보고 그로부터 멀리하는 것에 착안해, 그들의 투자를 독려하기 위한 고육지책의 발로였다.

　　그래도 미 전략국제문제연구소(CSIS: Center for Strategic and International

---

1) Outlook on the Indo-Pacific- ASEAN Thailand 2019, (June 23, 2019), https://asean2019.go.th〉 news〉 ase...

2) Blue Dot Network-United States Department of State, https://www.state.gov〉 blue-dot-net...

Studies)의 3명 전문가들(Matthew P. Goodman, Daniel F. Runde, Jonathan E. Hillman)은 'BDN의 성공'을 위해 다음과 같이 건설적으로 조언했다. 그 3국 동맹은 BDN을 통해 아태 및 세계 인프라 프로젝트 보증(certification)을 목표로 한다. 그들은 향후 20년 간 94조 달러로 추정되는 세계 인프라 필요 충족을 돕기 위해 민간 투자자들에게 투자에 필요한 신뢰를 제공하기를 희망한다. 비판자들은 '블루 닷 네트워크'의 이름에서 파란(blue) 색깔의 선택이 우연이 아니라, 중국 BRI의 빨간색에 대한 대조를 위한 것이라고 말한다. 시진핑의 그 대표구상은 세계의 도로, 항구, 디지털 연결에 수조 달러의 중국지출을 약속한다. 트럼프 행정부는 BRI의 불투명한 재정부터 중국의 지정학적 야심까지 베이징의 구상에 대해 간신히 그 '경멸'을 감추려고 노력한다. 그러나 미국과 동맹들은 중국과 모든 곳에서 모든 프로젝트마다 대결하려 하지 말아야 한다. 재정 및 정치적 제한에 비추어, 워싱턴은 해외인프라에 베이징과 같은 규모의 거대한 공적재원을 결코 투입하지 못할 것이다. 그렇지만 미국은 (인프라 투자가 가져올 수 있는 장기적 보상을 바라보는) 수조 달러의 연금과 보험펀드 같은 특별하고 엄청난 경제역량을 갖고 있다. BDN은 민간 투자자들에게 인프라 사업을 표준계약이 보증하는 자산가치가 있는 '자산 계급'(asset class)으로 인식시키는 것을 도울 수 있을 것이다. BDN의 표준계약, 품질보증, 그리고 높은 수준의 회계감사는 불확실성을 제거하고, 외부 투자자들에게 투자 위험을 최소화시키며, 아시아, 아프리카, 중남미 개도국에서 인프라 투자를 더 매력적으로 만들어 민간 재정흐름을 유도할 수 있을 것이다. 그러나 그 과정에서 해결해야 할 수많은 기술적, 운용적(operational) 난제가 있다. 예를 들어 민간의 투자를 유도하기 위해서는 BDN 보증의 기준, 구매 투명성, 환경 및 안전조치, 회계감사를 포함하는 프로젝트 모니터링 등의 철저한 표준절차가 마련돼야 한다. 또 유럽이 참여할 때 3개 동맹과 그들 간에 예상되는 환경 관련 이견, 저리 대출을 포함해 개도국에 대한 동기부여와 그들의 부채유지 능력, 그리고 사업을 운영할 '국제개발재정법인'(IDFC; International Development Finance Corporation)의 초기자본이 1.5억 달러에 불과한 것도 큰 문제이다. 그래도 궁극적으로 가장 중요한 것은 중국식 관점과 형태로 BRI와 경쟁하는 것이 아니라, 미국의 이익과 가치를 반영하는 호소력 있는 경제비전을 제시하는 것이다. 그동안 트럼프 행정부는 관세, 제재, 그리고 TPP와 기후관련 파리 합의(Paris Agreement) 같은 다자합의로부터의 철수를 포함해 주로 적대적 경제수단에 의존했는데, BDN이 '어두운 곳에서 밝은 곳으로 가는 더 긍정적 접근'으로 이동한 것은 다행이다. 그러나 그 사업

은 아직 처리해야 할 수많은 문제점을 갖고 있다.[1]

그러나 아시아개발은행(ADB: Asian Development Bank) 전문가(Peter McCawley)
는 BDN에 대해 다음과 같이 혹평했다. BDN 사업은 얼핏 그럴듯하게 보인다. 인
도－태평양이 많은 인프라 투자를 필요로 하는 것은 분명하다. 그렇지만, 그 사업
에서 참여국의 계획을 비롯해 구체적으로 알려진 것은 거의 없다. 그 시도는 높은
수준의 지구적 기준에 근거해 그 네트워크가 추천하는 분야에 민간영역이 투자하
는 것이 안전하다고 말하는 것으로 보인다. 그러나 누가 그 기준을 설정하고 효과
를 조사하며, 또 무엇이 지구적 신뢰기준인지 모든 것이 불투명하다. "미 국무부
는 그 지구적 신뢰기준이 투명성, 책임성, 재원의 주권적 성격, 현지노동과 인권,
법치, 환경, 그리고 획득과 재정지원 관련 정부의 건전한 관행에 기초한다고 말한
다. 그것은 대단한 리스트이고, 국제변호사들이 3개국 언어로 번역해 놓으면 아마
영국이 브렉시트 할 때에 못지않은 많은 문서분량이 될 것이다." 또 단지 세 나라
가 기준을 설정한다면, 그것은 '지구적 기준'과는 거리가 멀다. 다른 나라도 참여
해야 하지만, 전혀 다른 각도에서 인도－태평양 인프라 개발에 접근하는 중국과
인도가 초청될 수 있을까? BDN 설립의 주요목표 중 하나가 아시아, 아프리카 내
BRI에 대항하는 것은 분명해 보인다. 그러나 안타까운 것은 해외지원 역량 감소
로 미국이 중국의 BRI와 경쟁할 수 없는 상황에서, 워싱턴이 도쿄, 캔버라와 함께
인프라 투자의 질이 양보다 더 중요하다고 주장하는 것으로 보이는 것이다. 그것
은 그 네트워크가 기껏해야 아시아 개도국이 중국의 인프라 펀드에 의존하지 말
라고 설득하는 미국 '게임플랜'(game plan)의 일부로 보인다는 의미이다. 그렇지만
미국 전술의 효과는 제한적일 것인데, 왜냐하면 인프라 품질보다 더 중요한 것은
공여국가들이 제시하는 지출수준이기 때문이다. 결국, 베이징이 더 많은 자금을
투입할 때, 도로, 항구와 같은 인프라가 미국, 호주, 일본이 제공하는 자금으로 만
들어진 것들보다 질적으로 뒤쳐질 이유가 없지 않은가? 다른 한편, 아시아 개도국
들은 중국 펀드를 포함해 대부분의 지원 프로그램이 공여국 이익을 우선적으로
고려한다는 것을 확실하게 인지하고 있다. 동남아 국가들은 인프라 건설을 위한
외부투자의 목적과 범위에 관해 충분한 판단력을 갖고 있다. 좋은 투자기준의 설

---

1) Matthew P. Goodman, Daniel F. Runde, Jonathan E. Hillman, "Connecting the Blue
    Dot, Center for Strategic and International Studies," (February 26, 2020),
    https://www.csis.org〉 analysis〉 con...

정과 나쁜 프로젝트 거부에 대한 BDN의 강조는 아무 설득력을 갖지 못할 것이다. 지난 수년간 중국과의 BRI 협상에서 아시아 개도국들이 그 조건이 나쁠 경우 그것을 거부한 수많은 사례가 있다. 그래서 왜 미국과 호주, 일본정부가 BDN을 추진하는지 의문이다. 그 대답은 간단하다. "그것은 지출계획도 없이, 미국과 호주 정부가 아시아 인프라 투자를 지원한다고 말할 수 있게 만드는 대단치 않은 (modest) 프로그램이다. 그 흐릿한 구상은 미국과 호주 정부에 거의 비용이 들지 않는다. 왜 그들이 그것을 지원한다고 말하지 않겠나?"[1]

한편 수많은 전문가 조언, 그리고 미국 정부의 다양한 노력과 관계없이, 2019년 11월 트럼프 대통령 자신은 또다시 방콕 미−아세안 정상회담에 불참하고, 그 대신 오브리엔(O'Brien) NSC 국가안보 보좌관을 대리로 참석시켰다. 아세안 정상회담에 적극적으로 참여한 오바마와 대조적으로, 트럼프의 임기는 그런 중요 행사에 대한 만성적 불참으로 특징지어졌다. 트럼프 대통령은 선언적으로는 계속 동남아를 중시한다고 말했지만, 그 행동은 아세안의 신뢰를 얻기에 확연히 불충분했다. 아세안 리더들 대부분은 오브리엔과 회동하기를 거부했는데, 그 이유는 10명 국가정상들이 미국 장관급 관료를 상대로 회담하는 것 자체가 자기들의 지위를 격하시키는 행위인 동시에, 워싱턴의 행동을 그들이 평시 중시하는 아세안 중추성(ASEAN Centrality)에 대한 모욕으로 간주했기 때문이다. 그 정상회담 당시 개최된 아세안 외교장관 회담에서 폼페이오가 미국의 동남아 지역에 대한 헌신을 강조했지만, 그것은 대통령 자신의 무관심을 대신하기에는 압도적으로 역부족이었다.

트럼프의 무시를 넘어 아세안이 특히 곤혹스럽게 느낀 것은 인도−태평양 전략(FOIP)이 중국을 '전략적 경쟁자'로 공개적이고 노골적으로 지목한 것이었는

---

1) Peter McCawley, "Connecting the dots on the Blue Dot Network/ The Interpreter," (November 12, 2019), https://www.lowyinstitute.org〉con…; 실제 2021년 6월 현재까지 BDN의 현황은 어떤가? 미국, 호주, 일본이 그 프로젝트와 관련해 장황하게 설명했지만, 그 실적은 아직까지는 특별한 것이 없이 그들의 수사(rhetoric)에 훨씬 못 미쳤다. The Blue Dot Network is Back−The China Africa Project, (June 10, 2021), https://chinaafricaproject.com〉the−…; 또 다른 전문가도 BDN이 조금이라도 중국의 BRI와 경쟁하려 한다면, 그것은 따라잡아야 할 것이 너무 많다고 말했다. James Borton, "Washington Slow to Connect Its Blue Dot Network/Geopolitical Monitor," (May 28, 2020), https://www.geopoliticalmonitor.com〉…

▲ 남중국해, voanews.com

데, 왜냐하면 아세안의 기본전략은 미·중 모두와 친근한 관계를 유지하면서 그들 모두로부터 위협을 피하고 동시에 혜택을 받는 것이기 때문이었다. 사실, 아세안의 전략은 군사, 경제력이 취약한 중견, 약소국가들의 전형적인 생존방식이었다. 오바마도 피봇, 재균형 전략에서 중국을 겨냥했지만, 그 당시 미국의 중국에 대한 태도는 상대적으로 덜 공격적이었다. 오바마는 아프간, 이라크 전쟁, 대테러, 비확산에서 베이징의 협력을 필요로 했고, 오히려 그 당시 미·중 관계는 재균형 선언에도 불구하고 현실에서는 거의 적대적이지 않았다. 실제 많은 전문가들은 오바마의 재균형 전략이 정책적 시행보다는 선언적 목적이 훨씬 더 컸다고 분석했다. 그러나 트럼프가 FOIP를 발표할 당시의 미국은 중국의 위협을 훨씬 더 심각하게 받아들이고 있었다. 워싱턴은 시진핑 등장 이후 통제가 불가능한 중국의 세력 확대에 크게 위협받았고, 세계패권, 국제질서 운영과 관련해 미국으로서는 다른 옵션이 없었다. 그것은 객관적 전략평가에 따른 미 안보당국의 논리적 귀결이었을 뿐이다. FOIP는 남중국해에서의 항해의 자유 작전 (FONOPs: Freedom of Navigation Operations), 중국과의 무역전쟁, 그리고 중국 테크놀로지 사용 금지 등 모든 면에서 두드러졌다. 그것은 미·중 분쟁의 평화적 해결, 무력 불사용, 포용적 강대국 관계를 추구하는 아세안에게 어려운 선택을 안겨줄 뿐이었다. 아세안 국가들 역시 중국의 남중국해 활동에 대한 불만과 기타 외교압력을 포함하는 여러 측면에서 베이징에 불만이 없는 것은 아니었지만, 그들은 미·중 두 강대국 간 경쟁에서 어느 한쪽에 편향되기를 원치 않았다. 그들은 지난 수십 년간 추구해 온 '아세안 중추성'에 근거해 미·중 모두가 동남아와 협력하는 포용적 관계를 선호했고, 두 강대국 갈등의 와중에 희생되기를 원치 않았다. 그것이 그들이 미국의 중국 압박전략, 그리고 동시에 베이징의 지나친 행동과 압력 모두에 상대적으로 침묵한 이유였다. 동남아의 관점에서는 아세안이 중심이 되어 ARF, EAS와 같은 다자제도 속에서 지역적, 지구적 이슈를 논의하고, 모두와 함께 더 적은 분규와 갈등 속에서 살아가는 것이 최선의 국익 보호였다. 그런 다자절차 속에서 미국이 견고하게 존재하는 것은 아세안에 대한 큰 지원일 것이었다.[1]

---

1) Byron Chong, "The Trump administration's record on Southeast Asia," (September 23,

4) 아세안의 미국 인식

그런 가운데 2020년 1월 싱가포르 싱크탱크(ISEAS Yusof-Ishak Institute)가 조사한 '동남아 상황 보고서'(The State of Southeast Asia Survey Report)가 발간됐다. 그 보고서는 그 지역 사람들이 대체로 미국이나 일본을 중국보다 더 신뢰하지만, 만약 미국과 중국 사이에서 한 나라를 선택해야 한다면 아세안 7개 회원국 과반수 이상을 포함해 70% 이상의 동남아인들이 중국을 선택할 것이라고 말한 사실을 적시했다. 그것은 원하던 원치 않던 동남아인들이 미국보다 중국을 역내에서 더 큰 전략적 중요성을 띠는 국가로 인식하고 있음을 입증했다. 트럼프 행정부는 동남아 블록을 무시하면서 그 지역 일부 전통적 동맹들이 중국에 더 가깝게 기울도록 허용했다는 비판에 처했다. 이제 다급해진 트럼프 대통령은 2020년 3월 미국 라스베가스(Las Vegas)로 미-아세안 특별 정상회담을 초청했다. 중국이 영향력을 확대하고 워싱턴과 동남아 일부 전통적 동맹과의 사이에 쐐기를 박는 상황에서, 그 행사는 취약해진 미-아세안 관계를 개선할 목적으로 추진됐다. 트럼프 대통령과 아세안 리더들 간의 양자회동도 계획됐다. 비록 한 번의 정상회담이 아세안 국가들의 실질적 정책 우려를 충분해 해소하지 못하지만, 워싱턴은 그 모임이 유대개선을 돕는 긍정적 절차가 되기를 희망했다.[1] 그러나 아세안 리더들은 그 미팅에 참석할지에 대해 망설였다. 처음에는 베트남, 태국, 라오스, 캄보디아, 싱가포르만이 정상 참여를 확인했다. 그 이후 다른 나라 정상들도 참석할 것이라고 회신했지만, 필리핀과 말레이시아는 워싱턴의 요청을 거부했다.[2]

그러나 2020년 3월 미-아세안 정상회담은 코비드-19 확산으로 인해 연기됐다. 그 정상회담은 트럼프가 동남아를 무시하지 않는다는 것을 알리는 목적의 행사였다. 코비드-19가 확산돼 집단회동이 어려운 상황에서, 미국은 이제 미-아세안 관계를 개선할 방법을 찾을 시간을 벌게 됐다. 아마 그 회의가 개최됐다면, 트럼프는 남중국해 항해의 자유, 국제 테러리즘, 사이버 안보, 밀수, 공정하고

2020), https://www.orfonline.org〉 tru...

1) Nike Ching, "US, ASEAN Eye March Special Summit to Boost Ties," (February 24, 2020), https://www.voanews.com〉 usa〉 us...

2) Matthew Davies, "Repairing the US-ASEAN relationship," (March 14, 2020), https://www.eastasiaforum.org〉 rep...

상호주의적 무역, 아세안을 포함하는 지역제도 지원, 인프라 개발, 그리고 주권보호를 추구하는 FOIP에서 아세안이 어떤 위상을 갖는지를 강조했을 것이다. 그러나 많은 전문가들은 그 회담이 개최됐다 하더라도 트럼프 행정부가 아세안 리더들의 의구심을 해소하지는 못했을 것이라고 말했다. 동남아 리더들은 미 행정부에 대한 신뢰를 너무 상실해 자의 반, 타의 반 중국을 수용하는 것으로 보였다. 트럼프 대통령 자신의 행동이나 미 행정부 정책 모두 대체로 동남아에서 신뢰받지 못했다. 2018년 미국이 추진한 동남아를 포함하는 수많은 지역적, 지구적 프로젝트, 그리고 2019년 미국이 일본, 호주와 함께 전 세계 인프라 구축 목적으로 진수한 '블루 닷 네트워크'는 베이징이 말레이시아, 미얀마, 필리핀, 태국, 그리고 기타 동남아 국가들에 펼치는 BRI에 대한 대안이 되기에는 부족했다.[1] 특히 큰 문제는 트럼프 대통령 자신의 행동이었다. 미 정부당국이 조금이라도 더 아세안 친화적 정책을 시행하려 노력할 때, 그 수장인 미국 대통령은 그 기구와 그 지역 자체를 무시했다. 동남아에서 트럼프는 신뢰할 수 없는 리더로 인식됐다. 아세안 국가들 자체의 취약점도 계속 문제로 남았다. 베이징의 정치, 경제, 군사압력을 혐오하는 베트남, 싱가포르는 미국의 FOIP를 일부 환영했지만, 많은 다른 아세안 회원국들은 남중국해 문제에 상대적으로 무관심했다. 필리핀도 점차 중국 쪽으로 기울어졌다. 만장일치 원칙으로 인해 아세안은 남중국해 정책, 기후변화, 코로나 −19 대응에서 무기력했고, 2017년 미얀마의 로힝야(Rohingya) 위기에서는 그 정부의 인권남용은 거론하지 않은 채 난민에게 최소한의 구제, 지원만을 제공했다.[2] 또 미국의 아세안과의 경제협력은 그 지역 국가들의 다양한 경제여건으로

---

1) 2009년 7월 미국이 태국, 베트남, 미얀마, 캄보디아, 라오스 같은 아세안 국가들과 농업, 환경, 위생, 교육, 에너지, 인프라 개발 6개 차원에서의 관계를 강화하기 위해 진수한 '메콩유역 구상'(LMI: Lower Mekong Initiative)도 제한적 효력만을 발휘했다.

2) 5,400만 인구를 가진 버마는 1989년 국명을 미얀마로 바꿨다. 그 두 명칭은 동일한 의미를 갖지만, 미얀마가 더 공식적인 형태(formal version)를 띤다. 불교국가인 미얀마에는 여러 소수민족이 거주하는데, 그 정부는 무슬림인 로힝야를 불법 이민자로 간주하면서 그들에게 시민권을 거부해왔다. 지난 수십 년간 수많은 사람들이 박해를 피해 그 나라를 떠났다. 2017년 로힝야 위기는 아웅산 수지(Aung San Suu Kyi) 정부하에서, 미얀마 군부가 로힝야를 일망타진해 수천 명이 사망하고 70만 명 이상이 이웃 방글라데시로 도피한 사건을 말한다. 아웅산 수지는 2019년 국제법정(International Court of Justice)에서 미얀마 군부가 대학살을 자행했다는 주장을 부인했다. 미얀마 정부의 로힝야 소수민족에 대한 부당한 처우로 인해, 민주화 운동으로 1991년 가택연금 상태에서 노벨상을 수상한 아웅산 수지의 명성은 추락했다. Alice Cuddy, "Myanmar coup: What is happening and why?" (April 1, 2021), https://www.bbc.com〉news〉worl...

인해 제한됐는데, 그곳 경제는 구매력을 감안할 때 가장 부유한 싱가포르의 일인당 GDP 10만 1천 5백 달러에서부터 캄보디아의 3,461달러, 그리고 가장 빈곤한 미얀마의 1,400달러에 이를 정도로 천차만별이었다. 트럼프가 양자협상을 선호하고 아세안 자체의 문제로 인해 그 조직이 변화될 가능성이 없는 상태에서, 전문가들은 트럼프가 계속 더 아세안을 무시하고, 또 트럼프 행정부하 미ㅡ아세안 관계 역시 계속 취약할 것으로 전망했다.[1]

(4) 바이든 행정부의 미-아세안 관계

바이든 대통령은 트럼프 행정부로부터 어렵고 불신의 미ㅡ아세안 관계를 이어받았다. 그러나 미ㅡ아세안 관계의 난관을 야기한 요인 중에서 트럼프 대통령의 일탈적 행동 못지않게 중요한 원인은 아마 경쟁하는 미·중 두 강대국 사이에서 미국의 힘이 상대적으로 하락하고 중국이 그 권력공백을 대체해 나가는 현실이었을 것이다. 다시 말해 만약 아직도 워싱턴이 1990년대의 찬란했던 '국제적 주도권'을 갖고 있고, 또 동시에 베이징이 장쩌민 시대와 같이 아직 취약했다면, 미국의 아세안 운영은 트럼프 시대 또는 2021년 현재보다는 상대적으로 덜 어려웠을 것이다. 물론 트럼프의 일탈적 행동이 큰 문제를 야기하고, 그것이 취약해지는 양측관계를 더 악화시킨 것, 그리고 아세안이 미·중 사이에서 중립성을 유지하려는 정책 역시 미ㅡ아세안 관계를 어렵게 만들었다는 사실은 재론의 여지가 없다. 그렇듯 바이든 행정부는 처음부터 많은 도전에 직면했다. 동남아 국가들이 미국의 보호, 미국과의 경제협력을 선호했지만, 그들은 '아세안 중추성'의 원칙에 근거해 중국에 반대해 무조건 워싱턴의 입장을 옹호하기를 원치 않았다. 그들은 점차 더 중국 쪽으로 편향됐는데, 그 이유는 중국이 지리적으로 인접해 있고, 또 경제관계 심화에서 중국이 미국을 앞섰기 때문이다. 그 상태에서 바이든 행정부가 할 수 있는 일은 트럼프 시기 악화된 관계를 조금이라도 더 개선하고, 가능한 한 더 많은 나라들과 외교, 경제, 군사관계를 강화하는 것이었다. 그리고 그것이 취임 초 바이든 행정부가 미국은 아세안 국가들과의 파트너십을 심화시킬 것이라고 말한 이유였다.

---

1) Joshua Kurlantzick, "US−ASEAN Relations− No Summit, But What's the Status," (March 2, 2020), https://www.cfr.org〉blog〉us−...

바이든은 아세안과 다시 새롭게 유기적, 협력적 관계설정을 원했다. 아세안이 미국의 아태 정책에서 안보, 경제뿐 아니라 민주주의 확산에 중요하고, 미-아세안 관계가 트럼프 시기보다 더 악화된다면, 그것이 미국의 이익에 결정적으로 피해준다는 것은 의심의 여지가 없었다. 처음부터 바이든은 이제 미국은 동남아 동맹들에게 더 많은 관심을 가질 것이라고 말했다. 아세안 역시 미국에서 신행정부가 출범하면서, 그들과의 관계가 어떻게 설정될지, 또 미국으로부터 무엇을 기대할 수 있을지를 자세히 관찰하고 있었다. 아세안 리더들은 거의 모두 바이든의 승리를 축하하고, 역내의 더 강력한 양자관계와 안정에 대한 희망을 표시했다. 미국 내 정권교체는 동남아 국가들에게 워싱턴이 베이징의 증대하는 영향력을 견제해 줄 것에 대한 희망을 갖게 만들었다.

그 시점에 싱가포르 연구소(ISEAS Yusof-Ishak Institute)가 10개 아세안 국가 1천명 이상을 대상으로 매년 초 발표하는 여론조사 결과를 공개했다. 그 조사에서 바이든의 대선 승리 이후, 동남아의 미국에 대한 지지가 증가한 것으로 나타났다. 그에 따르면, 응답자의 61.5%가 어느 한쪽을 선택해야 할 때, 중국보다 미국과 연대하는 것을 선호했다. 그것은 1년 전 2020년 1월 동일한 조사에서 그들이 중국보다 미국을 택한 53.6%에서 7.9% 증가한 수치였다. 또 그들 중 68.6%는 바이든 행정부가 동남아와의 개입을 증대시킬 것으로 예상했고, 미국에 대한 역내 선호도는 그 전해의 30.3%에서 48.3%로 증가했다. 그 보고서는 바이든 행정부에 대한 우호적 전망의 결과로 워싱턴에 대한 동남아의 지지가 증가한 것으로 분석했다. 그러나 동시에 최대 비율 응답자는 미국, 아세안, 그리고 다른 모든 나라를 넘어 중국을 동남아에서 가장 영향력이 큰 나라로 선정했다. 2020년과 비슷하게 76.3%가 중국을 가장 강력한 경제파워로 지목했고, 49.1%는 중국이 가장 강력한 정치, 전략적 파워라고 말했다. 결국, 그 싱크탱크 조사는 미국 내 정권교체로 동남아의 미국에 대한 지지도는 증가했지만, 그 지역이 선호도와 관계없이 정치, 심리, 경제적으로 중국의 영향권에 귀속돼 있음을 입증했다.[1]

말레이시아(University of Malaya)의 국제문제 전문가(Khoo Ying Hooi)는 미국

---

1) Yen nee lee, "ASEAN would choose U.S. over China if forced to pick sides; Survey-CNBC," (February 16, 2021), https://www.cnbc.com〉 asean-…

의 아세안 접근법에 대해 다음과 같이 비판적 시각에서 조언했다. 아세안 회원국들은 바이든 행정부의 동남아 정책이 양측관계 강화와 역내안정 제고에 도움이 될 것이라는 희망에 부풀어있다. 환경분야에서 저탄소 테크놀로지와 연료를 강조하는 바이든의 녹색(green)정책은 동남아 경제를 발전시키는 동시에, 기후변화를 완화하고 자연보호를 도울 것이다. 미국 무역정책에서의 불확실성 감소는 동남아의 인프라 건설과 청정에너지 발전에 긍정적 영향을 미칠 것이다. 바이든이 트럼프의 TPP로부터의 철수, 또 RCEP에 대한 정책을 되돌릴 수 있을지는 큰 관심사이다. 그러나 동남아 정책 시행에서, 미국은 중국의 존재를 무시하지 말아야 한다. 2020년 중국과의 무역규모가 7,319억 달러에 이르면서, 중국은 아세안의 최대 무역파트너가 됐다. 중국의 역내 경제 영향력은 양자 및 다자 파트너십을 통해 견고하게 유지된다. 중국과 캄보디아는 2020년 FTA를 체결하고, 양자관계를 새로운 포괄적 전략파트너십으로 상승시켰다.[1] 최근 수년간 중국의 역내 영향력은 BRI를 통해 크게 강화됐다. 더 나아가 코비드-19 팬데믹 회복에서 중국이 미국보다 더 성공을 거두면서, 경제회복을 우선시하는 아세안은 과거보다 더 베이징의 리더십을 선호하게 됐다. 미·중 모두와 원만한 관계유지를 원하는 아세안은 바이든이 중국과의 관계에서 대항적이기보다는 타협과 협상을 더 중시하는 조심스러운 접근법을 구사하기를 원한다. 미얀마 쿠데타 문제의 경우도 비슷하다. 바이든은 민주주의를 위해서는 어디서든 행동할 것이라고 말했는데, 미얀마와 같은 엄중한 인권침해의 경우 국제적 압력이 필요한 반면, 지구질서가 변하는 상황에서 미국은 인권을 '설교'(preach)하지 말아야 한다.[2] 그들은 코비드-19와 같은

---

1) 그러나 실제 캄보디아와 라오스는 BRI를 환영하지만, 말레이시아와 베트남은 BRI의 투자 조건과 의도를 의심한다. Dolven, "The Association," (Updated June 10, 2020), p. 2.

2) 1948년 영국으로부터 독립한 미얀마는 1962~2011년 기간 군부에 의해 통치됐고, 2011년 이후 민간통치로 전환했다. 그러나 2021년 2월 1일 미얀마 군부는 2020년 11월 총선에서 아웅산 수지가 이끄는 집권여당(NLD: National League for Democracy)이 부정선거를 자행했다는 이유로 군사 쿠데타를 감행하고 또 다시 정치 전면에 나섰다. 민주화를 위해 투쟁한 아웅산 수지는 과거 1989~2010년 감금상태에 있었고, 2015년 미얀마 최초의 공정선거에서 NLD를 승리로 이끈바 있다. 2021년 2월 쿠데타 이후 아웅산 수지는 또다시 기밀법 위반, 불법 워키토키 소지, 그리고 공포를 유발하는 정보 유포를 포함하는 여러 혐의로 감금됐다. 현재 정부를 통제하고 있는 인물은 민주화 이후에도 군부 파워를 유지하면서 막강한 정치적 영향력을 행사하는 군 사령관 Min Aung Hlaing이다. 쿠데타 직후 그는 군부는 국민의 편에 서 있고, 1년간의 비상사태가 해제된 이후 '진정하고 기율있는 민주주의'를 재정립할 것이라고 말했다. 시민들은 (수천 명의 승려가 군사정권에 반대해 봉기한) 2007년 이후 최대 규모로 시위했고, 물대포, 고무총탄, 실탄을 사용한 군부 대응으로 3월

특정상황에서, 서방식 접근법이 자유를 제한하는 중국식 모델보다 항상 더 좋은 결과를 가져오는 것은 아니라는 사실에 주목한다. 실제 2020년도 '동남아 상황보고서'(The State of Southeast Asia Survey Report)는 동남아인들이 일반적으로 미국의 주둔을 선호하는 반면, 응답자의 76.3%가 중국을 가장 영향력 있는 국가로 뽑은 사실을 보여준다. 동남아 리더들은 미국으로부터 더 개입적 접근을 기대할 수 있지만, 아세안은 미·중 무역 갈등의 와중에 더 유연해졌다. 바이든이 관계 재구축을 통해 동남아로부터 신뢰를 얻고, 또 미국의 이미지를 개선하면서 중국과의 추가 대결을 자제할 수 있을까? 중국이 아세안의 최대 무역파트너이고, 여러 아세안 회원국들에게 영향력 있는 원조 공여국인 현실에서, 그것들은 모두 중요한 문제이다. 바이든은 외부에서 뿐 아니라 내부에서도 국내 양극화라는 도전에 직면하는데, 그 어려운 상황에서 미국 신행정부는 아세안에게 기회를 제공한다. 모든 사람들이 바이든 행정부의 아세안 관계 진행을 지켜보고 있다.[1]

    2021년 5월 초 동남아에서 전략적 파트너십에 근거한 협력을 논의하기 위한 제34차 연례 미−아세안 대화가 개최됐다. 그 회의에서 미국 대표 케샵(Atul Keshap) 대사는 아세안과 관련된 워싱턴의 입장을 자세히 설명했다. 가장 핵심적으로 그는 트럼프 시기의 불신을 상쇄하기 위해, 미−아세안 파트너십 활성화, 그리고 '아세안 중추성' 존중에 대한 바이든 행정부의 헌신을 재확인했다. 브루나이, 미얀마, 캄보디아, 인도네시아, 말레이시아, 필리핀 싱가포르, 태국, 베트남 상대역과의 대화는 다양한 지역 현안을 포함했다. 미국 대표는 규칙에 근거한 국제질서의 준수, 분쟁의 평화적 해결, 그리고 인도−태평양에서의 주권 옹호에 관한 미국의 결의를 반복해 강조했다. 그것은 중국의 역내 지배력 강화를 우회적으로 견제하는 발언이었다. 민주주의의 중요성도 거론됐다. 그는 미얀마의 민주주의로의

27일 현재 100명 이상이 사망했다. 미 국무장관 블링컨은 미얀마 군대의 '공포 정치'를 비난했고, 미국, 영국, EU는 미얀마 군사 관리들에게 제재를 부과했다. 중국은 유엔안보리의 쿠데타 비난 성명과 미얀마에 대한 국제간섭에 반대했지만, 아웅산 수지의 석방과 민주주의 규범으로의 복귀 촉구를 지지했다. 동남아 국가들은 위기를 종식시키기 위해 외교 노력을 기울였다. Cuddy, "Myanmar coup," (April 1, 2021), https://www.bbc.com〉news〉worl...; 2021년 12월 미얀마 군사법정은 처음에 아웅산 수지에게 4년 복역을 판결한 이후, 형기를 2년으로 감형시켰다.

1) Khoo Ying Hooi, "Biden and ASEAN: What Can We Expect?" (March 24, 2021), https://th.boell.org〉 2012/03/24〉 b...

복귀를 위한 아세안의 역할에 지지를 표시하고, 군사정권에 의해 부당하게 구금된 인사들의 석방을 촉구했다. 또 4월 아세안 리더들이 미얀마 군사정부 대표와 합의한 위기 처리를 위한 아세안 특사지명을 포함하는 5개 조항을 언급하고, 아세안이 미얀마 군부의 책임을 물을 정치적 필요를 강조했다. 그것들은 모두 미국이 평상시 옹호하는 인권, 법치, 좋은 거버넌스와 연계된 사안이었다.[1] 아세안이 중시하는 무역문제도 당연히 논의됐다. 아세안이 미국의 4번째 큰 무역 파트너라는 사실을 강조하면서, 미국 대표는 무역, 상호투자를 포함하는 양측 경제유대에 관한 워싱턴의 비전을 설명했다. 그 과정에서 그는 아세안 국가들의 보건 및 인도주의 지원을 위해 미국이 1.12억 달러를 지출한 사실을 지적하고, 동남아 지역 코비드-19 퇴치에 가능한 한 많은 지원을 제공할 것을 약속했다. 그는 미국이 코백스(COVAX)에 대한 최대 기여국이라는 사실, 그리고 백신 생산 확대를 위한 미국의 파트너들과의 협력을 추가 언급했다. 그는 또 기후변화가 미 행정부 대외정책에서 차지하는 중요성에 대해 언급했다. 아세안 내 많은 국가들이 기후변화에 취약한데, 그는 2050년까지 '넷 제로'(net zero) 방출에 도달하는 미국의 노력과 아세안이 그 시도에 적극적으로 참여해야 하는 이유에 대해 설명했다. 그는 또 투명성, 주권, 그리고 포용적 성장을 강조하고, 메콩강 유역의 초국경 도전 해결을 돕는 메콩-미국 파트너십의 지속적 활동을 조명했다.[2]

약 3주 후 5월 25일 미 외교장관 블링컨(Antony Blinken)은 그의 상대역들과 미-아세안 외교장관 회담을 하도록 스케줄이 확정됐다. 그러나 바이든 행정부 출범 이후 처음 열리는 그 화상회의에 블링컨은 기술적 이유로 참여할 수 없었다. 10개 아세안 외교장관들은 처음으로 미 국무장관과 만날 준비가 돼 있었지만, 중

---

1) 미국은 오랫동안 아세안 국가 인권에 관해 우려했다. 미국의 시각에서 인도네시아, (두테르테 이전의) 필리핀, 싱가포르는 상대적으로 민주주의를 진전시켰지만, 다른 많은 나라들은 문제를 가진 것으로 보였다. 베트남, 라오스는 일당 국가와 다름없었고, 캄보디아는 정치적 반대파를 억압해 왔으며, 2006년, 2014년 군사 쿠데타가 발생한 태국은 군사당국 보호에 앞장섰다. 두테르테 하의 필리핀 정부는 수천, 수만 건의 초법적 살해를 저질렀으며, 2021년 2월 미얀마 군사쿠데타에서는 2~5월 사이 750명 이상이 살해됐다. 2021년 4월 아세안 리더들은 미얀마 군사정부의 군사대표(Min Aung HIaing)를 만나 위기 처리를 위한 5개항에 합의했다. Ben Dolven, "The Association of Southeast Asian Nations (ASEAN)," CRS IN Focus, IF10348, (Updated May 18, 2021), p. 2.

2) 34th U.S.-ASEAN Dialogue- United States Department of State, (May 6, 2021), https://www.state.gov〉34th-u-s-ase...

동행 비행기에 타고 있던 블링컨과의 회담은 기내통신 결함으로 인해 성사되지 못했다. 블링컨은 이스라엘—하마스 휴전 지속 협상을 위해 중동으로 향하는 중이었다. 미—아세안 외교장관 회담을 위한 새로운 날짜는 정해지지 않았다. 양측 외교장관들은 코비드—19 팬데믹, 미얀마 최근 정치문제, 그리고 중국의 남중국해 주장을 포함해 전반적인 지역 및 국제 이슈를 논의할 것으로 기대됐었다.[1]

미—아세안 외교장관 화상회의 불발에 대해 영국(IISS: International Institute for Strategic Studies)의 전문가(James Crabtree)가 다음과 같이 진단했다. 양측의 첫 번째 화상회의에 블링컨이 참여하지 못한 것은 미국에게는 특히 아쉬운 일이다 그 불참은 동남아 국가들에게는 워싱턴의 관심이 아세안이 아닌 다른 곳에 있다는 것을 상기시킬 뿐이다. 아세안을 실망시키는 일은 이미 여러 번 발생했다. 펜타곤은 인도—태평양을 중시한다고 계속 강조하면서도, 지난 4월 동남아에 주둔하던 단 한척의 항모를 아프간 주둔 미군 이송을 위해 다른 지역으로 이동시켰다. 팔레스타인 관련 유엔회의에 참석한 인도네시아 외교장관은 지속적 요청에도 불구하고 블링컨과 대화 기회를 갖지 못했고, 그것은 자카르타에 수치심을 안겨줬다. 코비드—19가 다시 극성을 부리면서, 오스틴 미 국방장관의 6월 싱가포르 샹그릴라 대화 참석도 취소됐다. 미 국무부 부장관 웬디 셔먼(Wendy Sherman)이 동남아를 방문해 자카르타, 방콕, 프놈펜에서 외교수뇌들과 대화했지만, 그것은 중국의 동남아 중시와는 비교될 수 없었다. 반면, 왕이 외교부장은 6월 중국 충칭에서 '아세안—중국 특별 외교장관 회담'을 초청해 백신외교와 팬데믹 이후 경제회복을 논의하고, 아세안과의 관계를 '포괄적 전략파트너십'으로 상향조정했다. 중국은 인도네시아와는 새로운 '고위급 대화협력 메커니즘'을 시작했다. 아세안을 중시한다는 외교선언과는 달리, 바이든 행정부의 동남아에 대한 관심은 상대적으로 소홀한 것으로 보인다. 대통령은 동남아 리더들과 전화로 충분히 대화하지 않았고, 미얀마 쿠데타와 관련해 외교 리더십을 발휘하지 못했으며, 유럽의 G7, 나토, EU와의 대화에서 보인 성의는 아세안에게는 적용되지 않았다. 지난 오랜 기간 공석으로 남아있던 동남아 여러 대사직도 신속하게 충원되지 않았다. 핵심적으로 워싱턴의 아세안 관련 이슈는 모두 중국과 관련된 3가지 문제로 요약된다. 첫째,

---

1) 2월 1일 미얀마 쿠데타 이후 미국은 아세안과의 회담 개최를 시도했지만, 미얀마를 포함해 일부 회원국들은 조심스런 입장을 취했다. "ASEAN—US meeting postponed, communications glitch cited as reason," (May 25, 2021), http://www.thejakartapost.com〉 seasia

미국은 경제측면에서 아세안을 제대로 이끌지 못하고 있다. 지난 수십 년간 동남아 최대 무역상대국인 동시에 무역체계 건설의 주역이었지만, 이제 미국은 그 두 역할 모두에서 중국에게 밀려나고 있다. 너무 늦지 않게, 팬데믹 이후 그 지역에서의 경제기여 방향, 그리고 CPTPP와 RCEP을 포함해 미국의 아태경제 관련 입장이 무엇인지에 관해 확실히 밝혀야 한다. 둘째, 미국은 동남아에서 중국을 의식해 계속 민주 대 독재의 투쟁을 강조하는데, 그것은 미국의 정체성, 또 태국, 싱가포르, 필리핀 등 동맹, 우방과의 관계에 비추어 필요하지만, 다른 한편 그 지역이 군사독재와 비자유 민주주의로 흐르는 현실을 감안해 그 문제를 적절한 수준에서 논의해야 한다. 셋째, 미국은 그 지역에서 지나치게 미·중 경쟁의 우선성을 주장하지 말아야 한다. 팬데믹 극복, 경제발전, 그리고 안전보장과 강대국 균형에 초점을 맞추는 아세안 국가들에게, 그것은 그들과의 관계에 긴장만을 고조시킬 뿐이다. 그 지역 리더들은 '어리석지' 않다. 워싱턴과 베이징의 경쟁이 오래 지속될 것을 인지하는 상태에서, 그들이 원하는 것은 역내 안보에 있어서의 예측성과 안정성이다. 중국의 백신외교를 견제하기 위해 미국이 쿼드를 동원해 지난 3월 동남아 국가들에게 1억 회분 백신을 배분한 것은 기민한 외교였지만, 그것은 '아세안 중추성'을 중시하는 동남아 국가들에게 그들 자신이 옆으로 밀려나고 초라한 수동적 대상이라는 경계심을 부추겼다. 미국이 쿼드 국가들과 함께 인프라 영역에서 더 큰 역할을 모색하는 것은 그런 우려를 더 악화시킬 것이다. 미국은 한편으로는 중국과의 경쟁, 그리고 다른 한편으로는 아세안을 위한 안보보장에서 적절한 균형을 찾아야 한다. 외교실패로 동남아가 계속 더 '중국 쪽으로 표류'한다면, 그것은 워싱턴에게 큰 낭패가 될 것이다.[1]

(5) 남중국해 분쟁

태평양과 인도양이 교차하는 남중국해 해저에는 엄청난 자원이 매장돼 있다. 그곳에는 멕시코만과 비슷한 최소 110억 배럴의 오일과 190조 큐빅 피트의 천연가스가 매장돼 있고, 또 다양한 어류자원, 산호초, 기타 해양자원이 존재한다. 남중국해는 해상교통의 요지인데, 매년 3.4조 달러 상당의 물동량이 그곳을 통과해

---

1) James Crabtree, "A Confused Biden Team Risks Losing Southeast Asia to China," (June 27, 2021), https://foreignpolicy.com〉 southeas...

아태지역을 포함하는 전 세계로 배분된다. 그 지역은 일본과 한국에 대한 에너지 공급 루트이기도 하다. 그 인근 국가들은 교통 요지인 남중국해에서 상당한 분쟁을 겪어왔는데, 중국의 베트남, 필리핀과의 분쟁이 가장 대표적이다. 남중국해 해안선을 접하는 말레이시아와 브루나이도 중국과의 해양 관련 갈등에 연루돼 있다. 중국과 아세안은 2002년 남중국해에서 분쟁의 자제, 평화적 해결, 그리고 행동규칙 제정을 약속하는 선언(Declaration on the Conduct of Parties in the South China Sea)을 공표했지만, 구속력 없는 그 선언의 실효성은 제한적이었다.

베이징은 후진타오 집권기 2005~2006년을 기점으로 남중국해에서 더 공세적으로 행동하기 시작했는데, 점차 '구단선'(nine dash line)이라는 이해 불가능한 개념을 내세워 남중국해 80% 이상이 중국 영유권에 속한다고 주장했다. 남중국해 북부 지역에서는 파라셀(Paracel) 군도를 중심으로 중국, 대만, 베트남이 주권을 주장하면서 경쟁했는데, 베이징이 1974년 이후 그곳에 지배권을 확립했다. 남중국해 남쪽 부분에서는 스프래틀리(Spratly) 군도 200여 개 섬을 중심으로 중국, 대만, 베트남이 경쟁하고 필리핀, 말레이시아, 브루나이도 일부 영유권을 주장하는데, 그곳에서는 중국이 7개 섬을 통제하는 반면 베트남이 가장 많은 숫자의 섬을 통제했다. 남중국해 동쪽 부분에서는 중국, 대만, 필리핀이 스카보로 모래섬(Scarborough Shoal) 영유권을 주장했지만, 2012년 중국이 필리핀을 몰아내고 그 지역을 장악했다. 인도네시아는 자국 해안의 해상권리에 대한 중국의 주장을 거부했다.[1] 미국은 남중국해에서 주권 관련 어느 특정 국가를 지지하지 않고, 비군사적이고 평화적 방법으로 국제법에 의해 문제를 해결해야 한다는 중립적 입장이지만, 그곳 항해 및 항행의 자유에 대해서는 강경한 입장을 고수했다. 그 이유는 무역과 투자, 그리고 안보를 위해 해양을 통해 움직이는 미국은 남중국해가 어느 특정세력, 특히 중국의 지배하에 귀속되는 것을 막아야 하기 때문이다. 실제 미국에게 남중국해에서의 이동의 자유는 안보, 경제목적상 사활적 안보 이익이다.

그러나 시진핑 정부에 들어와 중국의 남중국해 관련 입장은 더 강요적이고 더 강경하게 바뀌었다. 1990년대 해군력이 취약해 남중국해 남쪽 부분에서 작전

---

1) Ben Dolven, Susan V. Lawrence, Ronald O'Rourke, "South China Sea Disputes: Background and U.S. Policy," CRS IN Focus, IF10607, (Updated February 2, 2021), pp. 1-2.

에 어려움을 겪던 것과는 대조적으로 2010년대까지 항모와 다양한 전함 함대 건설을 통해 중국 해군력이 급속히 증강되면서, 베이징은 스프래틀리에서 군사적으로 더 강경하게 행동하기 시작했다. 2013~2015년 베이징은 스프래틀리 군도 7개 지역 암초를 매립해 3,000 에이커 이상의 영토를 확장하고, 그곳에 민군 겸용의 항구, 레이더 시설, 활주로를 건설했다. 중국은 그 조치가 베트남, 필리핀, 말레이시아, 대만의 그 지역 토지매립과 군사시설 건설에 대한 대응이고, 실제 베트남이 가장 많은 작업을 시행했다고 주장했다. 베이징은 또 그곳에 EEZ를 설정해 다른 나라 어선의 조업을 금지했다. 더 나아가 중국과의 남중국해 분쟁과 관련해 2013년 필리핀 아퀴노(Benigno Aquino) 정부가 국제법정에 제소했을 때, 베이징은 중국의 구단선이 법적 근거가 없고, 스프래틀리 인공섬 주변 EEZ 설정이 국제법에 부합하지 않는다는 2016년 유엔 해양법(UNCLOS: UN Convention on the Law of the Sea) 중재재판소의 판결을 일방적으로 거부했다. 그러나 흥미롭게도, 그 판결 직후 집권한 필리핀의 두테르테(Rodrigo Duterte) 대통령은 국제법정 판결보다는 베이징의 입장을 더 존중하는 것으로 보였다. 2019~2020년 중국은 스프래틀리 제도에서 두 번째로 크고 필리핀이 지배하는 섬 중 가장 큰 티투(Thitu) 섬 인근에 상시적으로 해양순찰선을 배치했다. 미국은 전반적으로 남중국해와 관련된 동남아 국가들의 의견이 서로 엇갈리는데 크게 실망했다. 중국과 남중국해에서 분쟁을 겪는 베트남, 필리핀, 말레이시아, 브루나이가 베이징의 독선에 일정부분 반대하는 반면, 라오스와 캄보디아는 중국에 편향된 상태에서 아세안의 통일된 입장표명에 반대했다.[1]

중국이 남중국해에서 경제뿐 아니라 군사행동을 취하면서, 그곳에서의 미·중 대치는 베이징의 군사 전초기지 설립을 중심으로 맴돌았다. 워싱턴은 시진핑 정부의 강압적 조치를 규탄하고, 남중국해에 해군함정의 지속적 배치와 미 폭격기 임무수행을 포함하는 FONOPs 작전으로 중국에 대항했다. 트럼프 행정부하에서 미국은 베이징에 대한 항의표시로 림팩(RIMPAC) 해상훈련에 중국을 초청하지 않았다. 미국은 또 FOIP 해상안보 구상하에서, 필리핀, 베트남과 '해상영역 인식'(MDA; Maritime Domain Awareness) 프로그램을 운영하고, 쿼드 국가들과 남중국해 공동순찰을 실시하며, 필리핀, 베트남 및 인도네시아 말레이시아, 싱가포르

1) Dolven, "The Association," (Updated June 10, 2020), p. 2.

와 같은 아세안 국가들과 안보협력을 강화했다. 그 상황에서 베이징은 두 방향으로 움직였다. 2018년 이후 한편으로 중국은 대함, 대공 미사일, 전파방해(jamming) 장비를 도입하면서 스프래틀리 일부 지역을 완전한 전진배치 군사기지로 전환시키고, 남중국해에서 미국 군사활동에 반대해 끈질기게 공군 순찰과 군사훈련을 실시했다. 다른 한편 베이징은 아세안 국가들과의 대화를 통해 2021년까지 남중국해 행동원칙에 합의할 것이라고 주장했다. 그러나 그 외교전술은 미국과의 정면대결을 피하고 군사력 증강의 시간을 벌기 위한 임기응변 행동이었다. 동남아와 아세안에 대한 트럼프 행정부의 관심이 저조한 사이, 중국은 계속 남중국해에서 정치, 경제적 영향력, 군사 지배력을 확대해 나갔다. 2020년 펜타곤 보고서는 스프래틀리 지역에서 다른 어느 나라보다도 중국의 군사화가 더 광범위하게 진행됐고, 그것은 PLA의 남중국해 작전능력 증강에 큰 도움을 주었다고 분석했다. 2021년 미 국방장관 오스틴(Lloyd Austin)은 미 의회 청문회에서 중국은 이미 동남아의 '지역 패권국'이 됐고, 더 넓은 차원에서 세계지배를 지향한다고 증언했다.[1]

(6) 미국의 아세안 주요국 관계

트럼프, 바이든을 포함하는 각각의 대통령 성향을 넘어, 미국 정부는 원래 국익차원에서 동남아의 태국과 같은 동맹국, 그리고 싱가포르, 말레이시아, 인도네시아, 캄보디아, 라오스를 포함해 아세안 모든 국가를 중시했다. 또 각 개별국가의 행동을 유심히 관찰하면서 그들과의 관계강화, 조율에 많은 노력을 기울였다. 예를 들어 미 행정부와 의회는 싱가포르에 대해 역사적 기본사실과 함께 시시각각으로 변하는 동향을 자세히 파악했다.[2] 1인당 GDP가 10만 달러를 넘어서는

---

1) Dolven, Lawrence, O'Rourke, "South China Sea Disputes," (Updated February 2, 2021), p. 2.

2) 1959년 영국으로부터 독립한 이후 싱가포르 정치는 인민행동당(PAP: People's Action Party) 리더 리콴유 총리가 이끌었고, 2004년 이후 현재까지 그의 장남(Lee Hsien Loong)이 PAP 리더인 동시에 총리로 재직한다. 그동안 PAP는 눈부신 경제성장, 정치, 사회적 안정을 내세우며 집권했고, 친여 선거제도, 야당의 분열, 그리고 정치적 반대의 억압으로부터 혜택을 보았다. 2020년 7월 총선에서도 PAP는 총 93석 중 83석을 획득했다. 그러나 그 선거에 가장 많은 숫자의 야당이 참여하면서, PAP 득표율은 2015년 70%에서 61%로 하락했다. 그것은 한편에서는 세대교체와 국제적 시각의 증가로 인한 정치적 다원주의로의 전환 조짐으로 인식되지만, 진정한 변화 가능성을 예단하기는 어렵다. 미 국무부는 2020년

싱가포르 경제성장의 성공 사례는 전 세계적으로 널리 알려져 있다. 590만 명의 작은 인구를 갖고 있고 지리적으로 워싱턴 D.C.의 3배에 불과한 싱가포르의 경제 전략은 세계의 관심거리이다. 그 나라는 제조업에서 최고급 전자제품과 의약품 같은 특화상품 생산에 초점을 맞추고, 대외적으로는 무역자유화를 추구하면서 세계금융과 물류의 중심지로서의 역할을 수행한다.[1] 싱가포르의 최대 무역파트너는 중국이고, 최대 해외투자자는 미국이다. 미 - 싱가포르 경제연계는 긴밀하다. 2004년 1월 미국이 아시아에서 최초로 시도한 양국 FTA 효력 발생 이후 2019년 양국 무역량은 916억 달러에 이르고, 미국은 그로부터 183억 달러 흑자를 보았다. 싱가포르는 미국에게 14번째 큰 수출시장이다. 2019년까지 미국의 싱가포르에 대한 FDI는 동남아 전체투자의 80%인 2,880억 달러였다. 미국이 TPP에서 철수한 반면, 싱가포르는 CPTPP와 RCEP에 가입했다. 싱가포르 리더들은 미·중 무역 분쟁이 자국에 미칠 영향을 우려했다. 미 - 싱가포르 군사, 안보관계도 긴밀하다. 미국과 싱가포르는 2005년 '전략프레임 합의'(Strategic Framework Agreement)를 체결했고, 그에 따라 그곳에 기지를 운영하지 않는(places - not - bases) 상태에서 병력을 순환배치했다. 2015년의 국방관계 강화 결정은 양국 군사협력을 더 강화시켰다. 미 해군은 싱가포르에 서태평양 병참사령부를 운영하고, 창이(Changi) 해군기지에는 미 항모가 기항했으며, 그곳 미 함정과 항공기는 남중국해 순찰, 외국군과의 연합 군사훈련, 그리고 재난구조에 참여했다. 미군과의 역할분담에서 싱가포르 병력은 주로 비전투 역할을 담당하지만, 다자 지역군사 훈련과 연례 양자훈련에 참여했다. 싱가포르 군은 미국 본토에 3개 전투기 훈련센터를 운영하고, 최근에는 괌에 4번째 센터 개설에 합의했다. 싱가포르는 또 외교에서도 중요한 역할을 수행한다. 싱가포르는 '하나의 중국' 원칙을 중시하면서도, 대만과 강력한 비공식 관계를 유지한다. 2016년 UNCLOS 국제법정이 중국의 남중국해 주장의 정당성을 거부했을 때, 싱가포르는 그 결정을 지지했다. 또 2021년 2월 미얀마 군사쿠데타와 관련해, 리셴룽 총리는 워싱턴과 비슷한 시각에서 미얀마 군부가 폭력을 중지하고 정치범을 석방할 것을 촉구했다. 그렇게 싱가포르는 동남아에서 미국의 가장 강력한 안보, 경제 파트너 중 하나이고, 워싱턴은 공식동맹이 아닌

인권보고서에서 싱가포르 정부의 권위주의 행태를 비판했는데, 그것은 정당한 사법절차 무시, 영장 없는 셀폰 및 전화감청, 언론 및 집회와 결사의 자유 억압을 포함했다.

1) 싱가포르 2018년 화물 취급량은 6.3억 톤에 달했고, 천연자원 부재에도 불구하고 세계 3대 오일 정유센터를 보유한다.

▲ 리셴룽, japantimes.co.jp

상태에서 양국 협력에 많은 전략적 중요성을 부여한다. 그럼에도 불구하고, 싱가포르는 이웃과의 관계에 매우 조심스럽다. 리 총리는 미얀마 군부에 대한 추가 경제제재, 외교적 고립시도가 반생산적 결과를 가져올 것이라고 말하면서 그에 반대한다. 또 베이징과의 관계훼손을 우려하면서, 중국의 부상을 견제하려는 미국의 정책에 반대한다. 싱가포르는 중국과 대체로 우호관계를 유지하는데, 전문가들은 중국-싱가포르의 긴밀한 경제관계, 지리적 인접성, 아세안 중추성에 대한 강조, 그리고 부분적으로 미국의 철수가능성에 대한 우려가 그 요인이라고 말한다.[1]

▲ 코브라 골드 군사훈련 2018, c7f.navy.mil

미국은 태국에 대해서도 관심을 갖고 그 관계 조율 및 유지에 많은 노력을 기울였다. 그 이유는 그 나라가 필리핀과 더불어 아세안에서 또 하나의 유일한 미국 군사동맹이기 때문이다. 태국은 미국에 많은 이익을 제공했다. 미군은 태국의 우타파오(Utapao) 공군기지를 아프간, 이라크 전쟁 당시 미 항공기 재급유 기지, 또 2004년 인도양 쓰나미와 2015년 네팔 지진 당시 재난구조 활동의 중심센터로 활용했다. 태국 군대와 함께 시행하는 연례 다국적 군사훈련 코브라 골드(Cobra Gold)는 동남아 지역에서 미국의 우방, 파트너 국가들과의 군사적 상호운용성 점검에 중요한 역할을 담당했다. 미-태국 정보교환과 사법공조는 그 지역 마약 네트워크, 인신매매 등 국제범죄 소탕을 도왔다. 양국 간 경제협력도 두 나라 모두에게 도움이 됐다. 인구 6,800만 명의 태국은 2016년 통계로 구매력을 감안할 때 일인당 GDP 17,800달러의 중위권 이상 경제를 운영했는데, 2017년 양국 상품무역 규모는 420억 달러 수준이었다. 미국은 일본, 중국 다음으로 태국의 세 번째 큰 무역파트너였고, 태국은 미국에게 26번째 큰 수출시장으로 미국은 양자 무역에서 200억 달러 적자를 기록했

1) Ben Dolven, Emma Chanlett-Avery, "U.S.-Singapore Relations," CRS IN Focus, IF10228, (Updated April 30, 2021), pp. 1-2

다. 그러나 2014년 태국에서 군사쿠데타가 발생했을 때, 미국은 방콕과의 관계에 약간의 제한을 가했다.[1] 그 군사정변은 태국의 정치, 사회적 혼란 속에서 발생했다. 파퓰리스트로서 지방 빈곤층에서 인기가 있으면서도 분열적(divisive) 인사로 알려지고, 나중에 엄청난 규모의 탈세가 드러난 탁신 친나왓(Thaksin Shinawatra) 총리가 2006년 군사 쿠데타에서 축출된 이후에도, 태국 내 정치와 사회는 혼란으로 일관했다. 그 후임으로 탁신의 여동생(Yingluck Shinawatra)이 총리로 재직하는 사이, 폭력을 동반하는 수많은 시위가 있었고, 광범위한 부패와 선거에서의 매표를 포함하는 정치파벌 간 정쟁이 계속됐으며, 2010년 방콕 시위 당시에는 80명이 사망했다. 그러는 사이 국내혼란으로 인해 태국은 동남아 해상분쟁, 인신매매 방지 등 역내 외교에서 리더십을 발휘하지 못했다. 2014년 쿠데타 이후 육군사령관으로 총리 직을 맡은 쁘라윳(Prayuth)이 이끄는 태국 군사정권은 2015년 4월 계엄령을 해제했지만, 2016년 유권자 승인을 통해 상원의원을 간접적으로 지명하고, 정당의 파워를 제한하며, 군부영향력을 유지하는 신헌법을 도입했다. 군부통치 기간, 반정부 활동과 표현, 결사의 자유에 대한 억압이 있었고, 국제 인권그룹들은 군부의 자의적 구금, 근로자와 난민보호의 결여, 그리고 2004년 이후 지속적 반군활동이 존재하는 남부 무슬림지역에서의 인권침해를 보고했다. 처음에 미국은 2014년 군사쿠데타를 동남아 민주주의 잠식으로 인식하면서, 해외군사재정(FMF: Foreign Military Financing) 프로그램이 제공하는 350만 달러 안보지원과 8만5천 달러 상당의 국제군사교육훈련 자금지원을 중단했다. 그것은 미국 국내법에 따른 조치였다. 그러나 워싱턴은 태국 군부와 약간 축소된 규모로 코브라 골드 다자훈련을 계속하고, 방콕에 미 대사관을 유지하면서 과거 존재하던 지역 프로그램을 계속 운영했다. 2017년 쁘라윳 총리가 워싱턴을 방문했을 때, 트럼프 대통령은 구체적 합의는 하지 않았지만 태국 군사정권과 꾸준한 관계 유지를 희망한다는 의사를 전달했다. 2017년 6월에는 태국정부가 34대의 중국 장갑차를 구매한다고 선언했는데, 그것은 미국으로부터의 군사지원에 대한 의존을 줄이려는 시도로 인식됐다. 일부 전문가들은 미국의 제재가 미-태국 유대를 약화시키고, 중국-태국 연계를 확대시킬 수 있다고 경고했다. 원래 중국-태국 관계는 긴밀했는데, 그 두 나라는 영토분쟁이 없고 2010년 아세안-중국 FTA 체결 이후 방콕의 중국으로부

---

1) 원래 태국 군부는 정치, 사회 혼란 시 정치에 직접개입하고 그 후 병영으로 되돌아가는 것으로 알려져 있는데, 2014년 군사시도는 1932년 이후 12번째 쿠데타였다.

터의 수입이 급증했다. 워싱턴은 동남아 안보 목적상 태국과의 협력 본격화 필요를 재인식했다. 2018년 코브라 골드에 참여하는 미군병력 규모는 더 커졌고, 미국방장관 제임스 매티스는 태국 상대역과 4월과 10월 두 번 만나 양국 군사협력 방안을 논의했다. USAID는 역내 인신매매 방지를 돕기 위해 태국 정부에 1천만 달러를 제공했다.[1]

그렇게 미국은 아세안 모든 국가에 관심을 갖고 관계를 약화시키지 않기 위해, 또 많은 경우 강화시키기 위해 많은 노력을 기울였다. 그것은 실제 모두 중국에 대한 대응을 염두에 둔 행위였다. 말레이시아, 인도네시아 같은 다른 나라들에 대한 관심도 싱가포르나 태국 못지않았다. 그래도 미국의 더 큰 동남아 관심사는 또 다른 역내 동맹국인 필리핀, 그리고 공산주의이면서도 미국과 관계를 강화해온 베트남에 집중되는 것으로 보였다. 그것은 그들이 남중국해에서 중국과의 영유권 분쟁으로 갈등을 빚고 있었기 때문인데, 베트남의 경우는 미국이 쿼드에서 일본이나 호주보다 오히려 인도와의 관계강화에 더 신경 쓰는 것과 비슷한 이치였다. 그러나 안타깝게도 미국의 그 국가들과의 관계는 점차 워싱턴의 의도와는 멀어지는 것으로 보였다.

1) 미-필리핀 관계

미국과 필리핀은 1952년 이후 군사동맹을 맺고 있고, 두 나라는 전략적, 경제적 이익을 공유한다. 필리핀은 미국의 아시아를 위한 해외군사재정(FMF: Foreign Military Financing) 지원의 최대 수혜국인 동시에, 펜타곤 인도-태평양 해상안보구상(Indo-Pacific Maritime Security Initiative)으로부터의 주요 수혜국이다. 양국은 지난 수십 년간 대테러, 연합 군사훈련, 그리고 인도주의 분야에서 협력했다. 예컨대 필리핀 정부는 지난 수십 년간 민다나오 섬의 아부 사야프(ASG; Abu Sayyaf Group) 이슬람 분리주의 테러활동으로부터 도전받았는데, 워싱턴은 1997년 ASG를 테러집단으로 지정하면서 마닐라의 반군 진압노력을 지원했다. 1990년대 중반 1~2천명 규모이던 ASG는 미-필리핀 연합작전에 의해 2010년대 중반

---

1) 2019년 3월 태국 총선에서는 친군부 세력이 승리했고, 군부수장인 쁘라윳이 총리로 재집권했다. Emma Chanlett-Avery, Ben Dolven, Wil Mackey, "Thailand; Background and U.S. Relations," CRS IN Focus, IF10253, (Updated December 13, 2018), pp. 1-2.

까지 400명 수준으로 축소됐다. 미-필리핀 군사협력은 1999년 미군병력 순환배치 협정(VFA: Visiting Forces Agreement) 체결, 양국 군대 상호운용성 제고를 도운 발리카탄(Balikatan: Shoulder-to-Shoulder) 양자 군사훈련, 그리고 2014년 아퀴노가 강력하게 지지하고 필리핀 내 미군병력, 함정, 항공기의 순환배치 증대를 허용한 국방협력 강화조치(EDCA: Enhanced Defense Cooperation Agreement)를 포함했다. 인도주의 지원에서는, 2013년 11월 6천명 사망자와 1천만 명 이상 이재민을 발생시킨 동남아 일대 하이옌 태풍 당시, 미국은 항모와 병력을 파견해 필리핀을 도왔다.[1]

그러나 2015년 아퀴노 정부 당시까지 원만하게 진행되던 미-필리핀 관계는 2016년 두테르테(Rodrigo Duterte) 대통령이 집권하면서 새로운 변화를 보이기 시작했다. 워싱턴은 미국에 대해 수시로 증오를 표시하는 두테르테의 국내외 정책 모두에 대해 우려했다. 필리핀 내에서 그는 코비드-19로 인한 1만 2천명 사망에도 불구하고 대중의 지지를 받았지만, 워싱턴은 그가 '마약

▲ 로드리고 두테르테, bbc.com

과의 전쟁'에서 경찰과 자경단을 동원해 2만 5천명 이상을 재판절차 없이 초법적으로 살해한 것에 대해 인권침해 우려를 표시했다.[2] 대외관계는 더 큰 우려였다. 대중이 일반적으로 미-필리핀 관계를 지지하는 것과는 달리, 두테르테는 미국과의 관계를 축소하면서 최대 무역 및 해외투자 파트너인 중국 쪽으로 기울기 시작했다. 2016년 그는 미-필리핀 남중국해 공동 해상순찰을 유예했다. 그는 또 2020년 2월 처음 미국과의 VFA 종식을 통보한 이후 그해 6월과 11월 두 번 더 6개월씩 그 조치를 유예하고, 동시에 호주, 인도, 일본, 한국, 중국, 러시아로부터 군사지원 확보를 모색했다. 그래도 필리핀은 2019년 미국, 일본, 인도해군과 함께

---

1) Thomas Lum, Ben Dolven, "The Philippines," CRS IN Focus, IF10250, (Updated March 3, 2021), p. 2.

2) 두테르테는 2019년 중간선거에서 의회 양원 모두 크게 승리했다. 필리핀 대통령 직책은 1회에 한정되는데, 다음 대선은 2022년 5월로 예정돼 있다. 필리핀 코비드-19 극복을 위해 중국은 백신을 보냈고, USAID는 필리핀 팬데믹 극복 노력에 2,260만 달러를 지원했다. 2020년 통계로 인구 1.09억 명의 필리핀 GDP와 일인당 GDP는 구매력을 감안할 때 각각 8,770억 달러, 8,400달러이다.

남중국해 해상순찰에 다시 합류했다. 또 미-필리핀은 2019년 3월 7,500명 미군 및 일부 호주 병력과 발리카탄 군사훈련을 실시했다.[1] 미국은 대테러에서 필리핀을 계속 지원했다. 2017년 5월 IS 테러리스트들이 민다나오 수도 마라위(Marawi)를 점령했을 때, 미국은 대테러 작전(OPE-P: Operation Pacific Eagle-Philippines)을 진수해 필리핀군이 그해 10월 그 도시를 재탈환 하는 것을 도왔다.[2] 2018년 미 국무부는 IS-P(Philippines)를 해외테러조직으로 지정했는데, 300~500명 규모의 그 조직은 IS-EA(East Asia)로 명칭을 바꿨다. 미 펜타곤은 2020년 OPE-P에 200명 미군병력과 8,500만 달러 자금을 투입했다. 바이든 행정부 출범 직후, 블링컨 미 국무장관은 필리핀 상대역과의 대화에서 양자동맹의 중요성을 언급하고, 미군이 남중국해, 아태지역 전체에서 외국의 압력에 대항해 필리핀 보호에 앞장설 것이라고 강조했다. 2021년 2월 미 국방장관 오스틴은 필리핀 국방장관과의 전화통화에서 미국의 필리핀 군사보호에 대한 헌신, 그리고 VFA의 중요성을 강조했다. 2021년 현재 미-필리핀 관계는 두테르테의 성향에 크게 영향 받는데, 이미 변화하기 시작한 양국관계가 2022년 그의 퇴임 후 새로운 리더의 등장에 따라 또 어떻게 변할지 더 추이를 지켜보아야 할 것이다.[3]

2) 미-베트남 관계

베트남은 공산당 1당 독재, 권위주의 국가이지만, 아세안에 편입되고 부분적으로 시장경제를 도입하면서 아태지역의 주요 제조업 센터로 성장했다. 인구 9,650만 명을 가진 베트남의 2021년 1인당 GDP는 8,397달러로, 인구 1.03억 명의 필리핀과 거의 비슷한 생활수준으로 발전했다. 그것은 중국의 노동력 인건비가 상승하면서 미국 및 서방선진국 기업들이 동남아로 생산기지를 이전시킨 소위 공급체인의 이동, 10개 아세안 회원국을 중심으로 FTA를 포함하는 지역 무역합의, 그리고 미·중 무역긴장에 따른 결과였다. 베트남이 가장 중시하는 나라는 중국이었다. 과거 1979년 중국과 베트남은 국경분쟁으로 전쟁을 치렀지만, 하노이에게 중국은 최대의 무역파트너이며 투자원천이 됐다. 두 나라는 자유민주주의에

---

[1] 2021년 현재 발리카탄은 코비드-19로 인해 유예됐다.
[2] USAID는 마라위에 재정지원을 위해 6,300만 달러를 할당했다.
[3] Lum, Dolven, "The Philippines," (Updated March 3, 2021), p. 2.

반대하는 동일한 정치체제를 유지하면서 총서기가 지배하는 공산당 간의 소통채
널을 가동하고, 기업에 최대한의 자유를 부여하는 선진 시장경제를 자본주의적 제
국주의로 인식하는 비슷한 세계관에 기초해 협력을 강화했다. 두 나라는 국내에서
경제와 종교에서 대부분의 자유를 허용하면서도, 미등록 종교와 소셜미디어를 포
함해 정부에 도전하는 일체에 대한 통제로 자유민주주의적 요소를 탄압했다.[1]

미국은 국제적 주도권을 향유하는 상태에서 1995년 베트남과 외교관계를 정
상화한 이후, 하노이와의 경제, 전략관계 발전을 추진했다. 자신감에 가득한 워싱
턴은 이제 한 나라라도 더 미국의 영향권으로 불러들여 자유민주주의로 전환시키
기를 원했다. 경제 측면에서 미국은 베트남에게 중국 다음의 두 번째 큰 경제파트
너가 됐고, 베트남 역시 미국에게 중요한 무역상대국이 됐다. 2020년까지 미-베
트남 상품무역 규모는 계속 증가해 약 900억 달러에 달했고, 그해 미국의 베트남
으로부터의 무역적자는 697억 달러를 기록했다. 그래도 미국은 그에 크게 개의치
않았는데, 그것은 노동의 국제적 분화에 따라 베트남이 미국이 필요로 하는 노동
집약적 제조업 상품을 많이 수출했기 때문이다. 달러를 기축통화로 갖고 있는 미
국은 아직 무역적자를 감당할 능력이 충분했고, 다른 한편 그것은 지식기반 산업
과 노동집약적 산업으로 구분되는 냉전 이후 시대에 세계경제를 운영하는 1차적
방법이었다. 베트남은 미국으로부터 주로 전자, 기계류, 신발, 가구를 수입했고, 2
위 규모의 미국 의류 수입국이었다. 과거 월남전 당시 최대 480만 명 인구가 미
군이 살포한 제초제로 인한 다이옥신(dioxin) 피해자임을 감안해, 2007년 이후 미
의회는 그 독성물질 제거와 베트남 피해자 의료서비스를 위해 3.8억 달러를 할당
하면서 베트남과 협력을 강화했다. 그러나 무역적자 축소를 우선시 하는 트럼프
행정부는 베트남을 통화조작국으로 지정하고, 그 나라의 수출이 미국 무역법을
위배하지 않는지를 조사했다. 그에 대해 하노이는 미국 정부의 차별적 무역규정,
그리고 특히 어류 수출에 대한 제한을 비난했다.[2]

한편, 전략측면에서 미국의 베트남과의 관계강화는 핵심적으로 중국의 경제,

---

1) 베트남 공산당은 5년에 한번 개최되는 2021년 당 대회에서 트롱(Nguyen Phu Trong) 총
서기의 3번째 연임을 승인했다. 원래 베트남 당 총서기는 2번까지 연임이 허용되지만, 그
는 중국의 시진핑이 주석 두 번 연임에서 면제되듯 총서기 관련 조항에서 예외가 됐다.

2) Mark E. Manyin, Michael F. Martin, "U.S.-Vietnam Relations," CRS IN Focus, IF10209,
(Updated February 16, 2021), p. 2.

군사적 부상에 대응하는 오바마 행정부의 재균형 전략, 그리고 특히 남중국해에서 중─베트남 갈등에 착안한 측면이 컸다. 중국─베트남 남중국해 긴장은 지난 수년간 지속되어 왔고, 두 나라 간의 의견 불일치는 이데올로기적 우호관계에도 불구하고 축소되지 않았다. 중국과 베트남은 남중국해 북쪽 부분인 파라셀과 남쪽 부분인 스프래틀리 군도 모두의 영유권 분쟁에서 갈등했다. 베이징은 베트남 EEZ에 간섭하면서 베트남 어선을 나포했고, 베트남의 분쟁지역 오일 탐사에 항의하면서 서방 에너지 회사에 하노이와 협력하지 말라고 위협했다. 또 베트남이 남중국해 7개 지역에서 인공섬을 건설하고 무기와 기타 군사장비를 배치하는 것에 반대해 군사력 사용을 위협했다. 하노이는 중국과 정치체제, 대외관계에서 많은 공통점을 갖고 있지만, 중국─인도가 경제, 정치적으로 협력하면서도 영토분쟁에서 갈등하는 것과 마찬가지로 베이징의 요구를 수용하지 않았다. 하노이는 중국의 압도적 군사력에 대항하기 위해 해상능력을 포함하는 남중국해 군사력을 강화하고, 중국 어선을 나포했으며, 에너지 탐사와 개발을 확대했다. 또 하노이는 다른 해양세력과의 협력을 추구했다. 그 과정에서 미국, 일본, 인도가 베트남을 지원했는데, 미─베트남 간 해상 안보협력은 상당부분 중국의 아태지역 세력확대와 남중국해 횡포를 막기 위한 오바마 행정부의 재균형 전략에서 비롯됐다. 2016년까지 미국은 베트남에 무기를 판매하고, 대부분의 군사협력 제한을 해제했다. 오바마와 트럼프 행정부는 베트남 해상지원에 높은 우선순위를 부여했다. 24척의 신형 해양순시선, 드론, 해안 레이더, 그리고 미국의 2척 대형 퇴역 해양경비함 제공이 모두 그런 것이었다. 2017~2021년 트럼프 행정부는 베트남의 군사능력 증강을 지원했다. 2018년 3월에는 미 항모 칼빈슨(Carl Vinson)호가 베트남 전쟁 이후 처음으로 그 나라 항구에 기항했고, 2020년에는 또 다른 미 항모 루스벨트호가 베트남을 방문했다. 그것은 남중국해에서 PLA 해군력에 위협을 가하는 세계 최고 미국 해군력의 과시였다. 실제 중국 해군력은 아직 미국의 적수가 되지 못했다. 비록 PLA가 DF─21, DF─31 등 극초음속 미사일로 미 항모를 위협했지만, 해군력 자체의 수준에서 중국 해군은 미 해군을 추격하기에는 아직 더 시간을 필요로 했다. 그러나 미─베트남 관계개선의 속도와 범위에는 상당한 제한이 존재했다. 그것은 여러 가지 이유에 근거했다. 예컨대 베트남은 미국과의 관계를 구사하는 모든 측면에서 베이징의 의도를 거스르기를 원치 않았다. 그것은 두 나라가 공산주의 정치유대를 갖고 있는 동시에 최대 경제파트너이며, 미래를 함께 해야 한다는 하노이의 심리적 사명감을 의미했다. 베트남 대중이 일반적으로 미국과의 협력을 선호하는 반면, 하노이 당국 자체가 워싱턴이 시장경제 진전과 시민사회 발전을 통해 베트남 공산주의를 붕괴시키려 한다고 믿는 것은 또 다른 원인이었다. 마찬가지로, 워싱턴이 베트남이 공산주의이고 취약한 인권기록을 갖고 있는 것에 실망하는 것도 또 하나의 원인으로 작용했다.[1]

---

1) Ibid., p. 1.

기타 국가 및 지역 관계

미국은 중남미(Latin America) 및 카리브 연안(Caribbean) 국가들과 역사적 관계, 뒷마당으로서의 지리적 인접성, 안보, 경제, 그리고 민주적 거버넌스(governance) 차원에서 밀접한 관계를 유지해 왔다. 19세기 말부터 냉전이 종식될 때까지 미국에게 그들은 서반구에 대한 공격을 막고 파나마 운하와 같이 해외로 팽창하는데 필요한 항로, 산업생산에 필요한 에너지, 농산물, 미네랄과 상품시장, 그리고 민주주의와 정치적 안정의 차원에서 더 이상 중요할 수 없는 지역이었다.[1] 오늘날 중남미, 카리브에는 세계에서 가장 작은 나라인 세인트키츠-네비스

---

[1] 미국의 중남미 및 카리브 연안 국가들과의 관계는 크게 3단계로 나뉜다. 첫 번째 단계에서, 중남미에서 유럽의 영토 확장에 반대하는 먼로 독트린 이후 19세기 말, 20세기 초에 이르러 세계최대의 산업생산력을 구비한 미국은 세계로 진출하기 시작했고, 인접해 있는 중미와 카리브 지역은 그 자연적 대상이 됐다. 시오도르 루스벨트(Theodore Roosevelt) 행정부는 공격적 정책(Big Stick)을 구사하면서 푸에르토리코를 합병하고, 쿠바에 간섭하며, 역내 투자를 포함하는 상업이익을 보호하기 위해 도미니카공화국, 아이티, 니카라과에 해병을 파견, 배치했다. 20세기에 들어와 처음 20년 동안 미국은 재정침투를 겨냥하는 '달러외교'(dollar diplomacy)와 군사력을 동원하는 '전함외교'(gunboat diplomacy)를 통해 역내에 항구, 세관, 세금징수를 보장하기 위한 보호령(protectorate)을 설립했다. 그러나 프랭클린 루스벨트(Franklin Roosevelt)가 제국주의를 거부하는 비간섭주의 정책(Good Neighbor Policy)을 구사하고 역내 미군병력을 모두 철수시키면서 미-중남미 관계는 호전됐고, 제2차 세계대전 당시에는 브라질, 멕시코가 병력을 파견하고 기타 역내 국가들은 특혜가격으로 원료와 전략물자를 제공했다. 두 번째 단계는 냉전시기로, 그 당시 워싱턴의 정책은 자유민주주의, 시장경제 확대와 공산주의 확산방지에 집중됐다. 미국은 1947년 미주지역 전체를 포괄하는 군사동맹 리오협정(Rio Pact)을 체결하고, 1948년 미주기구(OAS: Organization of American States)를 조직했으며, 1954년 베네수엘라의 카라카스(Caracas) 회의에서 역내 공산주의 확산방지를 위한 협약을 체결했다. 미국은 1980년대 엘살바도르 공산주의 게릴라(FMLN: Farabundo Marti National Liberation Front), 과테말

(St. Kitts and Nevis) 같은 나라와 세계 5위 영토와 5위 인구를 가진 브라질을 포함해 인구 6억 4천만 명의 33개국이 존재하는데, 이제 그 지역은 미국에게 그 이외에도 이민을 포함하는 인구문제, 경제적 상호의존, 기후변화, 환경, 마약, 조직범죄, 사이버 영역 보호 등에서의 협력적 해결, 또 인권, 언론의 자유와 같은 공유된 가치 측면에서 더 없이 중요하다.[1] 그러나 트럼프 시기 미국은 이라크, 아프간, 시리아 전쟁을 포함하는 테러와의 전쟁, WMD 비확산, 강대국 경쟁, 대외무역적자 축소, 그리고 그 밖에도 수많은 세계 현안으로 인해 그 지역에 대해 상대적으로 적은 관심을 쏟았다. 그렇지만 워싱턴이 그 지역에 무관심한 것은 아니었다. 트럼프 시대 미국의 역내 관심사는 주로 오늘날의 현안인 불법이민 축소, 마약유통 억지, 그리고 그 지역 민주 거버넌스 하락의 방지에 초점이 맞춰져 있었고, 그 과정에서 워싱턴은 '북부삼각지대'(Northern Triangle)와 '폭정 트로이카'(troika of tyranny)라고 불린 나라들, 그리고 기타 역내 국가들이 제기하는 도전에 대응하기 위해 그 나름대로의 노력을 기울였다. 그래도 트럼프 행정부 정책은 그 이전의 대화, 타협, 지원, 개입을 중시하는 오바마 집권기와는 대조적으로, 주로 제재를 동반하는 대항적, 처벌적 접근법에 의존했다.

라 좌익 게릴라(URNG: Union for Guatemalan National Resistance), 니카라과 산디니스타(Sandinista) 좌파 사회주의 정부와의 투쟁 당시 중남미 최빈국 온두라스를 전략거점으로 활용했고, 공산주의와 좌파정부 확산을 막기 위해 1965년 도미니카공화국, 그리고 1983년 그라나다(Grenada) 침공을 단행했다. 1973년 칠레 아옌데(Salvador Allende) 사회주의 정권에 반대하는 쿠데타 지원 역시 비슷한 취지에서 추진됐다. 중남미는 일부 경우를 제외하면 대체로 워싱턴의 지침을 수용했고, 미국 봉쇄전략의 일부였다. 세 번째 단계는 소련 붕괴에 따른 오늘날의 '냉전 이후 시대'이다. 공산주의 위협이 사라지고 미국이 세계 유일의 초강대국이 되면서, 미국의 중남미에 대한 관심은 상대적으로 적어졌다. 9·11 이후 미국은 테러와의 전쟁에 몰두해야 했다. 콜롬비아 정부의 좌익 반군 게릴라(FARC)와의 투쟁, 마약유통, 그리고 불법이민 억지와 같은 일부사안을 제외하면, 중남미의 나머지 문제는 미국의 중추적 관심사가 아니었다. 전문가들은 이 시대를 전반적으로 '중남미에 대한 미국정책 결여의 시기'라고 불렀다. 그들은 중남미에서 어떤 커다란 변화가 없는 한 미국의 역내 관심은 상대적으로 저조할 것으로 예상했다. Luis Maira Aguirre, "Relations Between Latin America and the United States: Balance and Prospects," (June, 2005), http://biblioteca.clacso.edu.ar〉 …

1) Abraham F. Lowenthal, "Latin America in US Foreign Policy: Changing Interests, Priorities and Policies," http://www.plataformademocratica.org〉 …

1 중남미, 카리브 지역 관계

(1) 클린턴 행정부

1990년대에 이르러 중남미와 카리브 대다수 국가들은 1980년대 초의 좌, 우익 권위주의 독재를 벗어나 자유주의 시장경제와 공정한 선거에 기초한 민주주의로 전환됐다. 1991년 미주기구(OAS: Organization of American States)는 역내 군사쿠데타가 발생하면 즉시 회의를 소집해 그 문제를 해결할 것이라는 결의안을 통과시켰는데, 그런 추세는 민주주의에 대한 중남미, 카리브 국가들의 의지를 입증하는 것으로 보였다. 냉전 종식 이후 미국의 그 지역에 대한 정책은 대체로 냉전시대보다는 관심 집중도가 약했는데, 그 이유는 소련이 붕괴된 상황에서 그 당시만큼 지배적이고 압도적인 안보사안이 없기 때문이었다. 그래도 미국은 이제 민주주의 증진, 역내 경제발전, 그리고 다양한 협력의 필요성을 중심으로 중남미, 카리브 정책을 추진했다. '민주적 평화'(democratic peace) 이론에 근거해 클린턴행정부는 중남미에서 본격적으로 자유민주주의와 신자유주의 시장경제를 확대할때라고 믿었다. 그것은 많은 어려움에도 불구하고 소련과의 경쟁에서 승리한 것에 대한 자부심의 반영이었다. 그런 전제 하에서 클린턴 행정부는 아이티 사태에

▲ 중남미 지역, pinterest.com

개입해 군사쿠데타로 밀려난 아리스티드(Jean-Bertrand Aristide) 대통령의 복귀를 도왔다. 경제적 차원에서는 1994년 멕시코 통화 페소(peso)의 지나친 평가절하로 그 나라 경제가 불안정해졌을 때, 워싱턴은 경제회복을 위해 멕시코 정부에 200억 달러를 대여했다. 멕시코 경제는 이자율 인하, 산업생산성 증진을 추진하면서 국민소득을 늘리고, 인플레이션을 줄였다. 멕시코 정부는 1994년 1월 효력을 발생한 NAFTA를 통한 수출증대에 힘입어 1996년까지 부채를 청산하고 경제성장을 이어갔다. 그러나 이미 1980년대부터 존재하던 멕시코로부터의 마약유입과 불법이민은 계속 양국 간 현안으로 남았다. 콜롬비아 불법 코카인(cocaine)은 베네수엘라, 중미(Central America), 멕시코, 그리고 아이티, 도미니카공화국 같은 카리브 국가들을 거쳐 미국으로 유입됐다. 특히 멕시코 남쪽에 위치한 중미 국가들은 미국으로 유입되는 불법마약의 주요 통로였다. 미 마약단속국(DEA: Drug Enforcement Administration)의 집중적 작전에도 불구하고, 미국 내에 소비수요가 존재하는 한 그 문제는 하루아침에 해결될 수 없었다.[1] 불법이민 문제도 비슷했다. 1990년대 중반 이후 미국의 국경관리가 삼엄해지면서 미국으로의 미승인 입국이 더 어려워졌지만, 그들은 미-멕시코 국경을 넘기 위해 많은 경우 멕시코 조직범죄 집단과 담합하는 외국인 밀수업자(coyotes)들에 의존했다. 그 과정에서 많은 불법 이민자들이 납치, 인신매매, 그리고 기타 남용의 희생자가 됐다.[2]

중남미와의 경제관계에서 클린턴은 그들에게 '워싱턴 합의'(Washington Consensus)에 근거한 신자유주의 경제개혁을 요구했다. 중남미 국가들은 시장경제의 우수성을 입증한 세계화의 시대에 워싱턴의 리더십을 따라 경제발전을 추구하는 것이 더 나은 방법이라고 믿었다. 많은 나라들은 과거의 수입대체로부터 수출지향, 해외투자 유치, 그리고 국영기업의 민영화로 방향전환을 시도했다. 자유무역 확장의 국제환경에서, 1994년 미국은 플로리다 마이애미 제1차 미주정상회담(Summit of the Americas)에서 '미주 자유무역지대'(ALCA: Area de Libre Comercio de las Americas) 창설의 필요성을 역설했고, 중남미 국가들은 2005년까지 그 결

---

1) William Neuman, "In Venezuela, Remote Areas Provide a Drug Trafficking Hub," The New York Times, (July 26, 2012)

2) Mark P. Sullivan, June S. Beittel, Nese F. De Bruyne, Peter J. Meyer, Liana W. Rosen, Clare Ribando Seelke, Maureen Taft-Morales, M. Angels Villarreal, Latin America and the Caribbean: Key Issues and Actions in the 114th Congress, CRS Report 7-5700, R43882, (January 4, 2017), p. 17.

성을 마무리할 것에 합의했다. '미주 자유무역지대' 건설은 나프타가 멕시코의 경제성장을 도왔듯, 쿠바를 제외한 모든 역내 국가들에게 무역장벽을 제거, 축소시키고, 회원국 모두의 상업교류 활성화로 경제성장을 이끌 것이었다. 쿠바는 아직도 미국에게는 예외였는데, 그 이유는 피델 카스트로(Fidel Castro)가 이끄는 아바나(Havana)가 계속 공산주의를 고수하기 때문이었다. 클린턴이 임기 말 제재를 일부 완화했지만, 오래전부터 아바나에 부과되어온 대부분의 경제제재는 그대로 지속됐고, 쿠바로부터 미국으로의 불법이민 역시 아직 미해결 이슈로 남았다.[1]

워싱턴은 중남미, 카리브 국가들과 여러 양자 투자협정(BIT: Bilateral Investment Treaty) 체결을 추진했다. 그것은 무역을 넘어 미국의 해외직접투자(FDI: Foreign Direct Investment), 그리고 아직 덜 발전된 중남미의 산업화를 도울 것이었다. 1989년 그라나다(Grenada)를 시작으로 파나마(1991), 아르헨티나(1994), 트리니다드토바고(1996), 자메이카(1997), 그리고 온두라스와 볼리비아(2001)가 그렇게 미국과 양자 투자협정을 체결했다.[2] 1990년대를 거치면서 미국의 경제력은 GDP 5조 달러에서 8조 달러로 증가했고, 중남미와 카리브 지역 역시 경제적으로 크게 성장했다. 그러나 역설적으로 중남미와 카리브 경제가 '라틴'(Latin) 지역의 자주성을 주장할 만큼 성장하고, IMF, IBRD의 역내 영향력이 감소하며, 더 나아가 역내에서 좌파가 확산되고 자유민주주의, 입헌주의가 부분적으로 붕괴되면서, 2000년대에 들어와 그 새로운 현상은 역내 국가들을 전반적으로 미국으로부터 더 멀어지게 만들었다.[3] 미국은 중남미에서 양자 경제협상을 다자협상보다 더 선호했는데, 그 이유는 전자 방식이 워싱턴의 강력한 파워를 지렛대로 상대방으로

---

1) 클린턴 행정부는 1996년 입법(Cuban Liberty and Democracy Solidarity Act)을 통해 미국 기업의 쿠바와의 무역, 쿠바로의 송금을 금지하고, 여행을 금지시켰다. 쿠바와 무역하는 미국 회사들은 제재 대상이 됐다. 그러나 클린턴은 1999년 인도주의 차원에서 쿠바에 대한 경제제재를 약간 완화하고, 미국 거주 쿠바인들의 본국 송금액 인상과 미-쿠바 사회, 문화교류를 부분적으로 허용했다. Jorge I. Dominguez, "A View from Latin America," Foreign Policy, No. 109, (Winter, 1997-1998), pp. 48-51.

2) 니카라과와 엘살바도르는 처음에 미국과 투자협정에 서명했지만, 나중에 국내에서 그 협정을 비준하지 않았다.

3) 2000년대에 중국이 중남미에서 중요한 무역파트너로 등장했는데, 2000~2008년 기간 중국의 역내 무역은 14배 증가했다. Jorge Dominguez and Rafael Fernandez de Castro, "Contemporary U.S.-Latin American Relations: Cooperation or Conflict in the 21st Century?" (June 28, 2010), https://www.wilsoncenter.org> event

부터 협상의 속도와 범위에서 더 많은 양보를 얻어낼 수 있기 때문이었다. 트럼프 대통령이 대체적으로 다자협상보다 양자협상을 선호한 것도 그런 이유에서 비롯됐다. 그러나 그 양자 협정들은 수시로 비판의 대상이 됐는데, 왜냐하면 그것들이 원칙적으로는 공정하고 평등한 대우를 보장해야 하는 반면, 실제 이행이 그에 미치지 못하는 경우가 많았기 때문이다.[1]

(2) 조지 W. 부시 행정부의 역내관계

2001년 조지 W. 부시 행정부가 출범하면서, 미국의 중남미, 카리브 지역 정책은 신자유주의 경제 확산을 중시하면서도 안보에 더 큰 초점을 부여했다. 그것은 9·11 사태 발생에 비추어 예측 가능한 논리적 귀결이었고, 부시 행정부는 대테러 협력을 위해 1947년 서명된 다자 군사동맹 '리오협정'(Rio Pact: Inter-American Treaty of Reciprocal Assistance/TIAR: Tratado Interamericano de Asistencia Reciproca)을 발동했다. 그 협정은 어느 한 체약국에 대한 공격을 모두에 대한 공격으로 간주했는데, 그 협약 제5조에 따라 역내 다수국가들이 아프간 전쟁에 병력을 파견했다. 그러나 세계적으로 논란의 대상이 된 2003년 이라크 전쟁에는 중남미 소수 국가만이 참여했다.[2] 2006년까지 미국 국가안보전략은 서반구를 미국 테러방위의 주요전선으로 식별했다. 워싱턴은 중남미, 카리브 국가들이 테러 위협에 제대로 대응하고, 정치, 경제발전을 가속화할 수 있도록 미국이 도와야 한다고 주장했다.[3]

---

1) "Latin America: Bilateral Trade Deals Favor U.S. Interests," Stratfor.com, (November 12, 2002)
2) 처음에 2003년 6월, 엘살바도르, 온두라스, 니카라과, 도미니카공화국이 스페인과 함께 이라크 내 1,300명 병력으로 이루어진 군사 여단(Plus Ultra Brigade)을 구성했다. 그러나 그 부대는 2004년 4월 스페인이 이라크로부터 철수하면서 해체됐고, 엘살바도르를 제외한 모든 중남미 국가들이 병력을 철수했다. 엘살바도르는 2007년 7월 이라크 내 병력을 380명에서 280명으로 축소시켰다. 한편 2005년에는 이라크 내에서 활동하는 미국 민간 보안회사(Triple Canopy, Inc.)가 온두라스 내에서 중남미 용병을 훈련시키는 것으로 드러났다. 온두라스는 니카라과 공산주의 산디니스타 정권을 타도하기 위해 레이건 정부 시절 콘트라(Contra) 훈련에 사용된 적이 있다. 약 1,300명 중남미 사람들이 바그다드 그린존(Green Zone)에서 트리플 캐노피를 위해 일했다. 트리플 캐노피는 페루에서도 자회사를 운영했다.
3) 처음 9·11 사태 발발 전, 부시는 중남미에 미국 정책의 최우선 순위를 둘 것이라고 말했다. 그러나 미국은 9·11에 따른 아프간, 이라크 전쟁으로 중남미에 크게 관심을 가질 수

'테러와의 전쟁'과 별개로, 또는 실제 미국이 이슬람 대테러보다 더 중시한 또 다른 공공안보(public security) 사안은 중남미로부터의 불법이민, 불법마약 유입이었다. 실제, 마약 카르텔에 의한 그 흐름은 이미 오래전부터 미국에서 주요 이슈였다. 1989년 미국은 마약과의 전쟁(War on Drugs)을 선포하고 파나마에 침공해 과거 1980년대 남미 좌익에 반대해 CIA를 도운 노리에가(Manuel Noriega) 정부를 전복시킨 바 있었다.[1] 마약유통을 미국 안보를 저해하는 주요사안으로 인식하면서, 부시 행정부는 2000년 입법된 콜롬비아 마약 카르텔 및 콜롬비아 좌익 반군 게릴라(FARC: Revolutionary Armed Forces of Colombia – People's Army)와 싸우는 콜롬비아 플랜(Plan Colombia) 시행에 많은 노력을 기울였다.[2] 그에 따라 워싱턴은 2000~2016년 100억 달러 이상을 보고타(Bogota)에 지원했는데, 부분적으로 그 시도로 인해 콜롬비아 내 코카인 생산이 2001~2012년 72% 감소했고, 세력을 잃은 FARC는 2017년 콜롬비아 정부와 평화협정을 체결했다.[3] 2007년 10월에는 '메리다 구상'(Merida Initiative)이 제안됐고, 그것은 2008년 6월 입법됐다. 그 시도의 공식목표는 멕시코 연방, 주, 지방정부 사법당국을 전문화시키고, 그들의 전문 수사능력을 증진시키는 것이었다. 멕시코 플랜 (Plan Mexico)이라고도 불린 그 구상은 멕시코와 마

▲ FARC, bbc.com

없었다.
1) 노리에가는 1990년에 체포돼 마약유통, 돈세탁 혐의로 마이애미 법정에서 기소됐다. 그는 집권기간, 리비아의 카다피, 그리고 칠레의 피노체트에 버금가는 군사독재를 실시했다.
2) Plan Colombia는 1999년 빌 클린턴과 콜롬비아 대통령 파스트라나(Andres Pastrana)가 고안하고 2000년 미국에서 입법됐는데, 그것은 콜롬비아 마약 카르텔 및 FARC와 싸우기 위한 외교, 군사지원이었다. 그 플랜이 표방한 공식목표는 콜롬비아 군대 및 기타 안보병력을 재정지원, 훈련시키고, 코카(coca) 재배를 근절하는 반 코카인 전략을 수립해 콜롬비아 무장투쟁을 종식시키는 것이었다. 그 플랜은 콜롬비아 정부가 FARC와 평화대화를 추구한 2015년까지 지속됐고, 그 이후 2017년 양측의 평화합의가 시행되면서 '콜롬비아 평화'(Peace Colombia) 프로그램으로 대체됐다. 그 새 계획은 콜롬비아 정부를 위한 지원 제공 목적을 띠었다. Roberta Rampton, "Obama pledges more than $450 million aid to help Colombia peace plan," www.reuters.com, (February 5, 2016)
3) FARC는 냉전시대 마르크스-레닌주의 농민군으로 조직되어 1964년부터 게릴라 투쟁을 전개해 왔고, 빈농 중심의 생존농업과 평등주의를 추구하는 농민중심 사회(agrarianism), 그리고 반제국주의를 표방했다. 그들은 납치, 인질, 불법채광, 착취, 마약 불법재배와 배포를 통해 자금을 마련했다.

약생산 및 배포, 초국가 범죄, 돈세탁 방지를 포함하는 다차원적 양자 협력을 모색했다. 멕시코 정부는 마약과 관련해 미국도 큰 문제라고 주장했는데, 왜냐하면 미국으로부터 멕시코로 흘러들어 가는 마약 대금이 현금으로만 연간 최대 150억 달러에 이르기 때문이었다. 실제 멕시코 마약 카르텔이 미국 소비자로부터 벌어들이는 연간 수입은 230억 달러 수준이었다. 미국은 '메리다 구상'을 통해 멕시코 사법, 안보당국에 정보, 훈련, 그리고 블랙호크 헬리콥터, 수송기, 정찰기, 투시기계 등 첨단장비를 포함해 수십억 달러의 지원을 제공했다. 미국과 멕시코는 불법이민에 관해서도 논의했다. 멕시코 대통령 폭스(Vincent Fox)의 집권기(2000. 12 – 2006. 11) 멕시코로부터 미국으로의 이민은 합법, 불법을 포함해 1.5배 이상 증가했는데, 그것은 미 – 멕시코 국경 관리에 문제를 야기했다. 멕시코 정부는 미국이 이민정책을 수정해 불법이민자들을 초청 근로자로 받아 줄 것을 요청했다. 그것은 불법이민을 줄이고, 미등록 이민자의 권리를 보호하며, 양쪽 국경의 안전을 보호 할 것이었다. 그러나 그 제안은 미 의회의 반대로 무산됐다. 오히려 미 의회는 양국 국경에 700마일 장벽건설을 포함하는 새로운 법안(SBI: Secure Border Initiative)을 통과시켰는데, 그것은 국경안전의 증진, 이민 및 세관 관련 법 시행 강화, 그리고 불법이민자를 위한 임시 근로 프로그램 시행의 3개 목표를 표방했다. 그렇게 두 나라 간 접근방식이 차이를 내면서, 미 – 멕시코 불법이민 문제의 해결 가능성은 요원했다.[1]

2008년에는 중미 지역안보구상(CARSI: Central America Regional Security Initiative)이 진수됐다. 그 계획 역시 콜롬비아 플랜이나 메리다 구상과 비슷한 취지에서 도입됐지만, 그 조치는 중미의 '북부삼각지대'(Norther Triangle)로 불리는 과테말라, 온두라스, 엘살바도르와 관련된 마약유통, 범죄, 그리고 불법이민 방지를 겨냥했다. 중미 지역은 세계 최고수준의 범죄지역에 속했다. 그곳에서는 이미 수십 년 전부터 세계 최고의 살인율을 기록했고, 청년 갱 집단이 거의 모든 경제 영역에 개입해 착취를 일삼았으며, 국내에서 폭력과 범죄는 처벌받지 않았다. 무능력한 국가는 시민을 제대로 보호하지 못했고, 오히려 범죄 네트워크가 국가에 간섭하고 마약부터 인신매매까지 온갖 불법을 자행했다. 그것은 그들이 정치권,

---

1) Carolyn Lochhead, "Give and take across the border/1 in 7 Mexican workers migrates – most send money home," The San Francisco Chronicle, (May 21, 2006)

그리고 경찰, 판사, 검사와 같은 사법당국을 뇌물로 매수한 것을 의미했다. 안데스 지역에서 유래하는 코카인의 80%가 그 지역을 통과했다. 특히 더 문제가 된 것은 최근 그 지역으로부터 부모를 동반하지 않은 어린이들이 미국으로 무조건 진입하는 것이었는데, 미국에 수용된 미성년자의 2/3가 북부삼각지대 출신이었다. 그들이 미국으로 오는 이유는 범죄의 소굴에서 벗어나 더 나은 경제적 삶을 영위하기 위한 것, 또는 일부 경우 이미 미국 내에 거주하는 가족과 상봉하기 위한 것이었다. 국가는 신뢰할 수 있는 대상이 아니었다. CARSI는 북부삼각지대에서 유래하는 도전을 극복하기 위해 고안됐고, 그것은 5가지 공식목표를 지향했다. 그것은 중미 3개국으로부터 범죄자와 밀수품 이동의 방지, 초청국(host country) 시민을 위한 안전한 거리 조성, 효율적이고 강력한 국가의 존재와 안보, 책임 있고 강력한 정부 발전의 지원, 그리고 역내 국가 간 안보, 법치, 협력의 증진이었다. 그 목표를 달성하기 위해 미국은 초청국과 함께 마약 단속을 강화하고, 청년층 위험방지를 위해 범죄예방에 개입하며, 초청국 경찰, 검찰을 포함하는 사법제도 강화를 지원했다. CARSI는 콜롬비아 플랜이나 메리다 구상보다 지리적으로 더 넓은 지역, 또 더 많은 이슈의 해결을 추구했다.[1]

▲ 우고 차베스, britannica.com

그러나 일부 국가들과의 공동 프로젝트 추진에도 불구하고 부시 집권기 미—중남미 간에는 상당한 긴장이 존재했는데, 그 이유는 부시가 특히 초창기에 중남미에 대체로 일방주의 접근을 구사하고, 그에 대해 역내 국가들이 반감을 가졌기 때문이다. 예를 들어 부시는 2000년 대선 캠페인 당시 중남미가 가짜 파퓰리스트 예언자에 의해 위협받는다고 공격적으로 말했는

---

1) CARSI는 일부 영역에서 진전을 이루었다. 과테말라는 조직범죄 전담부서를 설치하고 24시간 특별법정을 개설해 범죄예방에서 진전했고, 온두라스 역시 특별검사 태스크포스를 결성해 청년층의 범죄행동을 축소시켰다. 그러나 동시에 취약점도 있었다. 온두라스의 경우 사법당국 내 관련부서의 난립으로 임무가 중복되면서 오히려 경찰과 검찰능력이 약화됐다. 그러나 그 구상은 전체적으로 북부삼각지대로부터 유래하는 문제에 대한 통합적 접근이 부족했고, 특히 미국으로의 무작정 이주를 시정하는 데 한계를 보였다. Examining the Central America Regional Security Initiative(CARSI), https://www.wilsoncenter.org〉exa...

데, 그것은 1998년 베네수엘라에서 대통령으로 당선된 사회주의 좌파 리더 우고 차베스(Hugo Chavez)를 겨냥한 발언이었다. 미 공화당 역시 부시의 입장을 옹호하면서, 계속해서 반 차베스, 그리고 중남미에서 새로이 확산되는 사회주의 좌파 세력에 대한 강력한 반대 입장을 표방했다. 또 부시 행정부는 2002년 베네수엘라에서 차베스에 반대하는 군사쿠데타를 지원한 것으로 의심받았지만, 그것은 차베스가 결정적 증거를 제시하지 못하면서 계속 논란거리로 남았다.[1] 차베스는 그 이후에도 계속 미국이 본인에 위해를 가하려 했다고 말하면서 역내에서 극도의 반미정서를 부추겼다.[2] 부시 행정부 출범이 오래지 않아 미국과 중남미 국가들과의 관계는 경직되기 시작했다. 특히 2000년대 '분홍빛 물결'(Pink Tide)이라는 용어가 대변하듯 중남미 좌파세력의 집권이 증가하면서, 미국과의 관계는 호전되기 어려웠다. 많은 중남미 리더들은 그 지역이 테러방위의 최전선이 아니고, 워싱턴이 주도하는 이슬람 '테러와의 전쟁' 역시 역내 우선순위가 아니라고 말하면서, 부시 리더십에 반대했다. 그들은 테러와 관련해 워싱턴의 도움을 필요로 하지 않는다고 불만을 토로했다. 미국의 이미지가 중남미 지역 전체에서 급격하게 악화되면서, 조지 W. 부시는 멕시코, 과테말라, 콜롬비아, 브라질, 우루과이 5개국 순방에 나섰다. 그에 반대해 차베스 역시 베네수엘라가 돕고 있는 아르헨티나와 볼리비아를 방문했다.[3]

그 상황에서 중남미 국가들의 미국에 대한 안보, 정치적 대응은 이중전략 형식으로 나타났다. 그것은 한편으로 양측 모두에 필요한 마약 및 불법이민 관련 사안에 협력하고, 다른 한편으로는 부시 행정부와 미 공화당의 고압적 태도에 저항하면서 미국으로부터의 자주(autonomy)를 위해 중남미 자체의 역량을 키우는 것이었다. 예를 들어 미국과의 협력을 거부하기 위해 멕시코 폭스(Fox) 정부는 2004년 리오협정에서 탈퇴했는데, 과거 1982년 영국-아르헨티나 포클랜드 전쟁 당시 미국이 런던에 정보를 제공하고 미주지역 국가를 역외 국가 공격으로부터

1) Natalie Obiko Pearson, "Chavez: Assassination Attempt Foiled," The Washington Post, (September 30, 2006)

2) 차베스는 미국의 거의 모든 정책을 비판했는데, 미국의 이라크, 아이티, 코소보 작전, 그리고 미주지역 FTA까지 비난했다. Simon Romero, "Alleging Coup Plot, Chavez Ousts U.S. Envoy," The New York Times, (September 11, 2008)

3) United States-Latin American Relations/Encyclopedia.com, https://www.encyclopedia.com〉 uni...

보호하지 않은 것이 그 이유 중 하나라고 주장
했다.1) 2005년에는 워싱턴에서 개최된 OAS
사무총장 선거에서 미국이 지지하는 후보가 다
수 국가들에 의해 거부됐다. 그것은 칠레 사회
당 후보(Jose Miguel Insulza)와 전 멕시코 외교
장관(Luis Ernesto Derbez) 간의 경쟁이었는데,
경쟁에서 승리한 전자는 아르헨티나, 우루과이,
칠레 같은 남미 남단(Southern Cone) 국가들과

▲ UNASUR/CELAC, researchgate.net

브라질, 에콰도르, 베네수엘라, 도미니카공화국의 지지를 받았다. 또 그 OAS 회
의에서 미국은 미주지역 내 민주주의를 모니터하는 제도 설치를 추진했는데, 그
역시 실패했다. 중남미 국가들은 워싱턴의 시도를 베네수엘라 정부를 고립시키려
는 의도를 가진 것으로 인식했다.2) 2008년에는 2004년 페루 '쿠스코 선언'(Cusco
Declaration)에서 합의된 남미국가연합(UNASUR: Union of South American Nations)
창설을 위한 입법협정 서명이 있었다. UNASUR는 2011년 3월 실제 활동을 시작
했는데, 그 기구는 이민, 무역, 국방, 인프라 건설을 포함해 정치, 사회, 안보, 경
제의 모든 이슈를 포괄하는 지역통합을 모색했다. 그들은 경제적 측면에서는 '남
부 공동시장'(Mercosur: Southern Common Market) 국가들과 '안데스 공동
체'(Andean Community) 회원국을 하나의 그룹으로 묶어, 2019년까지 모든 교류
상품에 대한 상호관세를 제거할 것이라고 말했다.3) UNASUR는 미국을 배제하는

---

1) 중남미 국가들의 미국에 대한 불만은 그에 한정되지 않았다. 그들은 과거에도 미국이 중
   남미 국가와 상의 없이 일방적으로 행동한 것에 불만을 표시했는데, 그것은 1954년 미국
   의 과테말라 쿠데타 지원, 1961년 쿠바 피그스 만(Bay of Pigs) 침공, 그리고 1965년 도미
   니카공화국 침공과 같은 사례를 포함했다. 그에 대해 미국은 그것이 소련 공산주의에 대
   응하기 위한 불가피한 조치였다고 주장했다. 2012년에는 볼리비아, 에콰도르, 니카라과가
   리오협정에서 탈퇴했다. 베네수엘라는 2013년 탈퇴한 이후 2019년 7월 베네수엘라 의회
   승인과 OAS 비준을 거쳐 재가입한 것으로 간주되지만, 마두로 행정부는 그 회원자격을
   부인한다. 쿠바는 1962년 이후 회원자격이 유예된 상태에 있다. "Venezuela rejoins
   regional defense treaty but Guaido warns it's no magic solution," Reuters, (July 23,
   2019); https://ticotimes.net〉 2019/09/25
2) Joel Brinkley, "Latin Nations Resist Plan for Monitor of Democracy," The New York
   Times, (June 6, 2005)
3) Mercosur는 공식적으로 남부공동시장(Southern Common Market)을 의미하는데, 그것은
   1991년 협정(Treaty of Asuncion)과 1994년 협정(Protocol of Ouro Preto)에 의해 설립된
   남미 무역블록이다. 그 회원국은 아르헨티나, 브라질, 파라과이, 우루과이이다. 베네수엘
   라는 정식 회원국이지만, 2016년 12월 자격이 유예됐다. 준회원(Associate) 국가는 볼리비

반미 성격을 띠었는데, 그들의 궁극적 목표는 국제사회에서 더 단합된 남미국가
들의 정체성을 고양하는 것이었다. 그들은 OAS를 우회하기 원했는데, 역내 사회
주의 좌파들은 OAS를 미국 정책을 진흥하는 수단으로 인식했다.[1] UNASUR에는
베네수엘라, 아르헨티나, 브라질, 칠레, 콜롬비아, 에콰도르, 가이아나(Guyana),
수리남(Surinam), 페루, 볼리비아, 우루과이, 파라과이 12개국이 참여했다.[2] 오바
마 집권기인 2011년에는 '중남미-카리브 국가 공동체'(CELAC: Community of
Latin America and Caribbean States)가 창설됐다. 33개 중남미, 카리브 연안 국가가
미국과 캐나다를 배제하고 결성한 그 기구는 지역통합과 협력을 모색한다고 선언
했다. CELAC은 사무국은 없지만, OAS와 경쟁할 것으로 예상됐다. 2015년 1월
중국은 제1차 중-CELAC 포럼을 초청하고 5년 협력 프로그램에 합의했다. 수일
후 코스타리카가 제3차 CELAC 정상회담, 그리고 2016년 1월에는 에콰도르가 제
4차 정상회담을 초청했다.[3] 2012~2013년에는 미주 '볼리바르 동맹'(ALBA:
Bolivarian Alliance for the Americas) 회원국인 베네수엘라, 니카라과, 볼리비아, 에
콰도르가 리오협정에서 탈퇴했다. 그 행위 역시 미국의 영향력을 거부하기 위한

아, 칠레, 콜롬비아, 에콰도르, 가이아나(Guyana), 페루 수리남(Suriname)이다. 안데스 공
동체(Andean Community/ CAN: Comunidad Andina)는 볼리비아, 콜롬비아, 에콰도르,
페루로 구성되는 관세연합(customs union)을 지향하는 자유무역지대이다.

1) Union of South American Nations(UNASUR)/ Cancilleria, https://www.cancilleria.gov.co〉
uni...; 그러나 2018년 4월 반미 블록인 UNASUR로부터 아르헨티나, 브라질, 칠레, 파라과
이, 페루가 탈퇴했고, 4개월 후 콜롬비아도 철수했다. 2019년 3월 에콰도르도 그 기구에서
철수했다. UNASUR는 베네수엘라 리더 차베스가 옹호하는 좌파 파퓰리즘이 최고로 번성하
던 시기에 창설됐는데, 그 후 그 블록은 여러 나라에서 중도우파 정부가 설립되면서 분열
을 겪고 상당수준 기능을 상실했다. Lisandra Paraguasssu, "Six South American nations
suspend membership of ani-U.S. bloc," (April 20, 2018), https://www.reuters.com〉
article

2) UNASUR는 외교장관위원회(Council of Foreign Affairs Ministers), 국방장관위원회
(Defense Council)를 결성하고, 경제, 에너지, 건강, 마약, 사회발전, 교육 등 관련된 다양
한 위원회를 조직했다. 그러나 내부적 이념 차이를 포함해 회원국 간 견해 차이가 너무 커
작동하는데 많은 어려움이 있었다. 그들은 안데스 지역 콜롬비아, 에콰도르, 페루 간 국경
분쟁 해결에 기여했지만, 다른 이슈에서는 효율성을 발휘하지 못했다. 브라질이 남미 경제
의 60%를 차지하는 것도 회원국들에게는 부담이 됐는데, 그것은 EU 내에서 독일이 차지
하는 위상과 비슷했다. 점차 그 조직의 기능은 대화 위주 공공포럼 역할로 제한됐다.
Nathaniel Parish Flannery, "Explainer: What Is UNASUR?" (November 30, 2012),
https://www.as-coa.org〉 articles〉 e...

3) Sullivan, Beittel, Bruyne, Meyer, Rosen, Seelke, Taft-Morales, Villarreal, <u>Latin America
and the Caribbean</u>, (January 4, 2017), p. 5.

것이었다.[1]

　　미－중남미 경제관계도 안보, 정치와 비슷하게 두 가지 형태로 진행됐다. 한편으로 중남미는 미국과 양측의 상호이익이 존재하는 곳에서 협력했다. 미국과 중남미, 카리브 국가들은 여러 양자 및 다자협정을 체결했다. 미국과 지역 국가 모두 그 조치들이 상업교류를 활성화시켜 새로운 직업을 창출하고, 특히 중남미 국가들은 그 협정들이 테크놀로지 이전을 포함해 다양한 방식으로 역내 경제성장을 도울 것으로 믿었다. 2003년 7월 부시행정부는 칠레 정부와 FTA를 체결했다. 그로 인해 미국의 칠레로의 수출품 90%, 그리고 칠레의 미국 수출 95%가 면세로 지정됐고, 2009년까지 미국의 칠레로의 수출은 2.5배 증가했다.[2] 미국과 과테말라, 온두라스, 엘살바도르, 니카라과, 코스타리카, 도미니카공화국이 참여하는 도미니카－중미 자유무역합의(CAFTA－DR: Dominican Republic－Central America Free Trade Agreement)는 처음에 코스타리카를 제외한 모든 나라가 비준했다. 미 상, 하원 모두 2005년 그 합의를 승인했는데, 그 제도는 2006년 7월 효력을 발생했다.[3] 공식적으로 CAFTA－DR을 가장 먼저 시행한 나라는 2006년 3월 엘살바도르였고, 온두라스, 니카라과는 그해 4월, 과테말라는 5월에 합의 시행에 나섰다. 도미니카공화국은 2007년 3월 그 합의를 시행하기 시작했고, 코스타리카는

---

1)　시몬 볼리바르(Simon Bolivar)는 스페인 제국으로부터 현재의 베네수엘라, 볼리비아, 콜롬비아, 에콰도르, 페루, 파나마를 구성하는 지역을 해방시키고 1830년 사망한 베네수엘라의 정치, 군사 리더이다. 볼리비아는 그의 이름을 따서 나라 이름을 지었다. Simon Bolivar－Accomplishments, Facts & Death－ Biography, (Updated August 26, 2020), https://www.biography.com〉 si...

2)　칠레의 미국으로의 수출은 1.4배 증가했다. 미－칠레는 그 FTA에서 2016년까지 모든 제품에 면세를 적용하기로 합의했다. http://www.ustr.gov/sites/default/files/uploads/reports/2010/NTE/2010_Chile_final.pdf

3)　CAFTA－DR은 원래 CAFTA라 불렸는데, 2004년 도미니카공화국이 협상에 참여하면서 CAFTA－DR로 개칭했다. CAFTA－DR과 NAFTA, 그리고 캐나다－코스타리카 FTA와 같은 활발한 자유무역합의는 미주지역 전체의 FTA(FTAA: Free Trade Area of the Americas) 합의이기보다는 블록 합의이다. CAFTA－DR은 미국과 소수 개도국 간의 최초 FTA를 구성하는데, 2015년 양방향 무역은 530억 달러에 달했다. 그것은 시장개방, 관세제거, 서비스에 대한 장벽 제거 등 더 나은 경제기회 창출을 목표로 창설됐다. 한편 1984년 Caribbean Basin Initiative에 따라, 거의 모든 카리브 연안 국가의 미국으로의 수출은 이미 면세로 진행되고 있었다. "CAFTA－DR(Dominican Republic－Central America FTA," Office of the US Trade Representative; "U.S. Senate: U.S. Senate Roll Call Votes 109th Congress－ 1st Session," www.senate.gov.

2007년 10월 주민투표를 통해 CAFTA-DR을 승인하고 2009년 1월부로 시행을 결정했다.[1] 2006년 미-페루는 FTA를 체결했고, 동시에 미국은 콜롬비아와 추가로 무역진흥합의(U.S.-Colombia Trade Promotion Agreement)를 타결시켰다.[2] 2012년에는 미-파나마 무역진흥합의가 효력을 발생하고 미-콜롬비아 FTA가 비준됐으며, 더 나아가 미국은 2016년 2월 칠레, 멕시코, 페루 같은 남미의 태평양 국가들과 함께 호주, 브루나이, 캐나다. 일본, 말레이시아, 뉴질랜드, 싱가포르, 베트남과 TPP에 서명했다.

▲ 에보 모랄레스, ft.com

그러나 다른 한편, 중남미 국가들은 워싱턴의 시도에 저항하면서 역내 자체적 경제협력 강화를 추진했다. 2003~2004년 볼리비아에서 천연가스 관련 갈등이 폭발했는데, 그것은 반드시 미국과 관련된 사건은 아니었다. 그러나 그것은 상당 수준 일부 서유럽 국가들의 경제지배에 반대하는 볼리비아 민족주의가 작용해 발생한 사건이었고, 그 사태는 반미를 주장하는 에보 모랄레스(Evo Morales)의 집권으로 이어진 이후, 베네수엘라, 쿠바와의 협력을 통해 남미 사회주의 좌파 민족주의 확산에 기여했다. 볼리비아는 남미에서 베네수엘라 다음으로 많은 천연가스 매장량을 가진 나라였다. 그 매장량이 처음 알려진 것보다 최대 12배 더 큰 것으로 드러나면서, 그것은 여러 외국 다국적 오일 회사들의 주요 투자대상이 됐다. 1994년 브라질이 볼리비아와 가스파이프 건설 계약을 체결했고, 1990년대 중반 영국의 다국적 에너지 기업들(BG Group, BP)과 스페인 기업(Respol YPF)이 결성한 컨소시엄(Pacific LNG), 그리고 프랑스 다국적 오일회사(Total)가 그 사업에 참여했다. 그 나라 천연가스 사업은 스페인(Respol YPF), 브라질(Petrobras), 그리고 프랑스(Total) 국적의 3대 기업이 압도적으로 지배했다. 천연가스 탐사, 가공, 판매사업을 외국기업이 담당하면서, 로사다(Gonzalo

---

1) CAFTA-DR을 선호하는 아리아스(Oscar Arias)가 2006년 집권한 이후, 코스타리카 국민들은 주민투표에서 그 자유무역 합의를 60% 투표율에 51.6% 찬성의 작은 차이로 승인했다. Maria Florez-Estrada, "Costa Ricans approve trade pact with the United States in referendum with only 60 percent voter turnout," Latinamerica Press, (May 10, 2008)

2) 미 무역대표부는 2004년 볼리비아를 제외한 나머지 안데스 공동체 국가인 콜롬비아, 에콰도르, 페루와 FTA 협상을 시작했고, 2년 후 미-페루 협정체결에 서명했다. "Senate Approves Peru Trade Deal," The New York Times, (December 5, 2007)

Sanchez de Lozada) 정권하에서 1996년 민영화된 볼리비아 에너지 회사(YPFB)의 수익은 50% 정도로 추산됐다. 2003년 볼리비아 가스전쟁은 로사다 정부의 승인 이후 Pacific LNG가 60억 달러 비용으로 가스파이프를 태평양 해안으로 연결하고, 그곳에서 천연가스를 정제, 액화한 후 칠레 항구를 거쳐 미국 캘리포니아와 멕시코로 수출하려는 계획을 선언한 이후 촉발됐다.[1] 원주민과 노조원이 다수인 시위대는 해외 다국적 기업의 폭리로 인해 국내의 가장 중요한 산업발전이 저해되고, 또 천연가스가 외국에 수출되기 전 국내수요를 먼저 충족시켜야 한다고 주장했다.[2] 그들은 시위하는 동안 미국이 주도하는 ALCA에 반대하고, 친미 성향의 로사다 정권이 워싱턴의 '마약과의 전쟁'에 협력하면서 원주민들에게 (코카인 원료이기보다는) 고산병 치료 목적으로 사용되는 코카(coca) 재배를 말살시키는 것이 부당하다고 주장했다. 시위대가 폭력시위, 파업, 도로봉쇄를 강행할 때, 그에 반대해 정부가 강경진압하면서 60명이 사망해 위기가 증폭됐다. 그 이후 통치연합이 붕괴되고 로사다가 2003년 미국으로 망명하는 상황에서, 모랄레스를 포함하는 시위대는 계속 저항하면서 탄소자원의 완전 국유화를 주장했다. 2005년 여름 볼리비아 수도 라파스(La Paz)로 진입하는 도로가 봉쇄되면서 대통령 권한대행(Carlos Mesa)이 사임했고, 그해 말 치러진 선거에서 좌익정당 '사회주의 운동'(MAS: Movement toward Socialism) 리더 모랄레스가 압도적으로 승리했다. 선거 당시 주장하던 바와 같이, 그는 집권한 후 2006년 5월 가스유전의 완전 국유화를 선언했다. 그러나 그는 그것이 외국기업에 대한 강제적 몰수는 아니라고 조심스럽게 말했는데, 그것은 외국의 군사간섭을 우려한 조치로 이해됐다. 볼리비아 가스 매장량 14%를 통제하는 브라질 기업(Petrobras)을 포함해 외국회사들이 모랄레스 정부의 조치를 비난했지만, 그들은 결국 라파스 정부와 협력하기로 결정했다.[3] 스

---

1) 볼리비아 천연가스 사태는 부분적으로 라파스(La Paz)의 산티아고(Santiago)에 대한 민족주의적 혐오에서 비롯됐는데, 왜냐하면 1879~1884년 전쟁에서 칠레가 볼리비아의 태평양 인근 영토를 빼앗고 태평양 연안 접근 권리를 박탈했기 때문이다.

2) 그 시위 이전에도 볼리비아에서는 일련의 비슷한 시위가 있었다. 2000년 그 나라에서 네 번째 큰 도시인 코차밤바(Cochabamba)에서 발생한 시당국의 식용수 공급회사(SEMAPA) 민영화에 반대하는 시위가 그 중 하나였다. 그것은 미국 회사 벡텔(Bechtel)을 포함하는 사업 민영화로 인해 식용수 가격이 인상되는 것에 반대하는 대중 반란이었다. 그 당시 수만, 수십만 명 시민이 새내로 행진해 경찰과 충돌했다. 볼리비아 중앙정부는 그 민영화 계획을 철회했다. William Finnegan, "Leasing The Rain," The New Yorker, (April 8, 2002)

3) "Bolivia gas under state control," BBC News, (May 2, 2006)

페인 기업(Respol)은 협력의사를 밝혔고, 페트로브라스는 볼리비아 투자 취소 선언을 철회할 것이라고 말했다. 시위 10년 후 2013년 10월 모랄레스는 2003년의 시위가 "신자유주의 모델(neoliberal model)의 종식이고, 볼리비아인들이 자기들 천연자원 회복에서 절정을 이룬 오랜 싸움의 끝"이었다고 회고했다. 2007년 천연가스 사업으로부터의 정부 수입은 7억 8천만 달러였는데, 그것은 2002년에 비해 6배 상승한 액수였다.[1)]

2005년 11월에는 아르헨티나 제4차 미주정상회담(Summit of the Americas)에서 중남미 국가들이 1994년 클린턴 행정부가 주도한 미주지역 자유무역을 추구하는 ALCA 결성을 최종 거부했다. 그 결정 역시 사회주의 좌파세력에 의해 새롭게 확산되는 역내 반 세계화 정서의 산물이었는데, 그들은 특히 거대한 다국적 기업이 다자, 양자 무역합의와 탈규제 재정시장을 통해 무한정의 경제파워, 그리고 그를 통해 정치적 영향력을 확산해 나간다고 성토했다. 많은 나라에서 반미 민족주의 세력은 미국과 서방의 다국적 기업들이 신자유주의 확산을 통해 국경을 넘어 활동하는 각국 시장에서 값싼 임금을 겨냥하는 노동착취와 구조적 시장 확보의 주범이라고 주장했다.

▲ ALBA, telesurenglish.net

중남미 국가들의 자체 경제역량 강화는 여러 형태를 띠었다. 2004년 12월, ALCA에 대한 대안으로 차베스는 '미주 볼리바르 동맹'(ALBA: Bolivarian Alliance for the Americas)을 설립했다. 남미의 천연가스, 석유 주요 생산국인 베네수엘라는 쿠바, 볼리비아, 니카라과와 무역 및 경제협력 합의를 체결했다. 그 기구에는 그 이외에도 도미니카공화국, 그라나다를 포함해 총 10개국이 참여했다. 차베스는 또 2005년 6월 국가적 좌파, 우파 이데올로기에 상관없이 '페트로카리브 동맹'(Petrocaribe Alliance)을 결성했는데, 그해 카리브 공동체(CC: Caribbean Community, CARICOM) 15개국 중 12개국이 그 동맹에 서명했다.[2)] '페트로카리브 동맹'에는 최종 18개 카리브 국가가 참여

---

1) Sue Iamamoto, "Bolivia's 'Gas War' ten years on," (November 26, 2013), https://equaltimes.org〉 bolivia...

2) 1973년 설립된 카리브 공동체는 15개 회원국으로 구성된 정부 간 조직인데, 그 중 14개는

했다. 베네수엘라 지역(Puerto La Cruz)에 본부를 둔 그 동맹에서, 카라카스(Caracas)는 다른 회원국들에게 특별가격으로 오일을 공급했다. 2013년 페트로카리브는 오일무역을 넘어서는 경제협력을 추구하기 위해 ALBA와 연계를 설정했다.[1] 2007년에는 1991년 아르헨티나, 브라질, 파라과이, 우루과이가 합의한 Mercosur이 처음으로 역외에서 이스라엘과 무역협정을 체결했다.[2] Mercosur는 또 안데스 공동체(Andean Community), 이스라엘, 이집트와 합의에 서명한 이후, 2010년 10월 EU와 FTA 협상에 나섰다. Mercosur–EU 협상은 2000년대 정체된 이후 급속히 진전할 것으로 보였지만, 2019년 6월에야 최종 타결됐다. 그러나 '중미 4개국'(CA4: Central America Four)을 구성하는 과테말라, 엘살바도르, 온두라스, 니카라과의 캐나다와의 자유무역합의는 2001~2010년 12차례 협상에도 불구하고 합의에 도달하지 못했다. 캐나다는 코스타리카와 FTA를 체결한 상태에 있었는데, 2011년 8월 캐나다–온두라스 양자 FTA가 타결됐다. 2012년 6월에는 '태평양동맹'(Pacific Alliance)이 창설됐다. 그것은 태평양 연안국가인 멕시코, 콜롬비아, 페루, 칠레 4개국이 서명한 무역블록으로, 그들은 무역장벽 축소를 통한 상품과 서비스의 자유로운 이동, 그리고 지역통합 진전에 관한 명백한 목표를 표방했다. 2016년 봄까지 '태평양 동맹'은 상품무역에서 92% 관세를 제거했고, 나머지 관세는 2020년까지 완전히 제거하기로 합의했다.[3]

그러는 사이 2000년대 초 이후 중남미 정치는 '분홍빛 물결'(Pink Tide)로 대

국민국가이고 나머지 하나는 종속지역(dependency)이다. 그 공동체는 평등한 배분과 대외정책 조율의 목표를 표방하고, 경제통합과 협력을 추구한다. 그들의 주요활동은 경제정책과 발전계획 조율, 저개발국 특별 프로젝트 개발, 회원국 간 지역 단일시장(Caricom Single Market) 운영, 그리고 지역 무역분쟁 해결을 포함한다. Oscar Ramjeet, "CARICOM countries will speak with one voice in meetings with US and Canadian leaders," Caribbean Net News, (April 16, 2009)

1) 2005년 8월 허리케인 카트리나(Katrina)가 플로리다와 루이지애나 주를 강타했을 때, 차베스는 부시 행정부를 무능한 정권으로 폄하하면서 미국 내 가난한 자들에게 오일을 공급할 것을 제안했다. Petrocaribe meets in Venezuela, Links With ALBA, (April 6, 2013), Venezuelanalysis.com

2) Mercosur signs first out of region trade accord with Israel, Mercopress, (December 20, 2007)

3) Canada–Honduras Free Trade Agreement, Foreign Affairs and International Trade Canada, (October 13, 2012); Cynthia J. Arnson, "Mercosur and the Pacific Alliance: Wither the Relationship?" (August 3, 2016), www.wilsoncenter.org

표되는 좌경화로 향했다. 그 이유 중 하나는 기업 위주의 신자유주의 경제를 시행하면서, 그 지역에서 상류층 일부를 제외한 일반 국민 대부분의 생활수준이 더 악화됐기 때문이다. 미국과 중남미 및 카리브 관계는 양측 간에 기능하는 패권과 협력의 그 어느 사이에서 작동하는 것으로 보였다.[1] 신자유주의 경제는 무역 및 투자활성화로 전체적인 국가 경제력 증진, GDP 확대에는 도움이 됐지만, 문제가 된 것은 지나친 엘리트주의 기업정책으로 인해 국내에서 빈곤층이 증가하고 빈부격차가 더 벌어진 것이었다. 2005년 '미주 대화'(Inter-American Dialogue) 보고서는 탁월한 경제성장에도 불구하고 중남미가 광범위한 사회 불평등, 범죄, 정부 부패, 그리고 1990년대의 민주적 약속에 대한 도전으로 고통 받고 있다고 지적했다. 그 보고서는 또 쿠바 이외에도 아이티, 베네수엘라, 니카라과, 볼리비아, 에콰도르에서 반미 정서가 다시 나타나고 있다고 말했다.[2] 유엔 '중남미 경제위원회'(ECLA: Economic Commission for Latin America)에 따르면, 1980년대 역내에서 1.3억 명이 빈곤선 이하에서 생활했지만, 그 숫자는 1990년대에 1.9억 명으로, 그리고 2002년까지 2.1억 명으로 증가했다. 그것은 중남미, 카리브 전체 인구의 44%가 빈곤선 이하에서 살고 있음을 의미했다.[3] 역내 경제 불평등은 눈에 띄게 증가했다. 원래 남미는 개도국 최악의 경제 불평등 오명을 안고 있었는데, IMF 권고에 따라 공적재원을 축소시키면서 그 빈부격차가 더 악화됐다. 여러 나라 중에서도 브라질이 가장 심각했는데, 그 나라에서는 상위 10%가 국민소득의 41%를 차지하는 반면, 하위 10%는 소득 2% 이하에 의존해 생활했다. 역내 각국의 빈부격차 역시 참담했다. 멕시코에서는 생활수준에서 천차만별인 '5개의 서로 다른 멕시코'가 존재한다고 말했고, 브라질에서는 번영하는 중, 남부와 그 이외 지역이 대조를 이루었다. 아르헨티나, 칠레, 콜롬비아, 베네수엘라에서도 비슷한 현

---

1) JP Scarfi, "Cooperation and Hegemony in US-Latin American Relations," (2016), https://link.springer.com〉 chapter

2) United States-Latin American Relations/Encyclopedia.com, https://www.encyclopedia.com〉 uni...

3) 수많은 중남미 사람들이 미국으로 이주하고, 미국 내 중남미 인구가 역동적으로 급증했다. 퓨 히스패닉 센터(Pew Hispanic Center) 보고서에 따르면, 미국 2억 8천만 인구 중 중남미 출신 인구는 2005년 약 4,200만 명이었는데, 그들 중 60%가 미국에서 태어나지 않았다. 1980~2005년 미국으로 이주한 3,520만 명 중 1,900만 명 이상이 중남미와 카리브 지역으로부터 이주해 왔다. 멕시코에서 1,100만 명, 카리브에서 323만 명, 중미에서 264만 명, 그리고 남미에서 225만 명이 왔다. 2005년 미국 내 등록되지 않은 외국인은 1,100~1,300만 명인데, 그들 중 1/3은 멕시코 출신이었다.

상이 벌어졌다. 독재가 사라지고 1990년대에 투명한 선거절차 도입으로 민주정부가 도래했지만, 기업의 자유를 중시하는 신자유주의 경제는 그렇게 국민들에게 정부, 의회, 정당에 대한 신뢰를 잃게 만들었다. 그것은 부분적으로 역내 사회주의 좌파가 득세하는 계기를 제공했다.[1]

1998년 우고 차베스(Hugo Chavez)가 베네수엘라 대선에서 승리하면서, 2000년대 초부터 중남미, 카리브에서 수많은 좌파 정부가 등장했다. 부시 집권기인 2002년 브라질에서 노동운동가 출신으로 가톨릭교회의 지지를 받는 좌파 룰라(Luiz Inacio Lula da Silva), 그리고 2003년에는 아르헨티나에서 키르치너(Nestor Kirchner)가 대통령에 당선됐다. 그 이후 2004년 우루과이에서 좌파

▲ Lula da Silva 2002, nbcnews.com

바스케스(Tabare Vazquez)의 승리에 이어 2005년 볼리비아의 모랄레스가 원주민 농민으로 처음 집권에 성공했고, 2006년 한 해에만도 칠레, 니카라과, 에콰도르에서 좌파가 집권했다. 2009~2014년 기간에도 우루과이, 페루, 코스타리카, 그리고 엘살바도르에서 좌파가 승리했고, 2016년에는 도미니카공화국에서 중도좌파가 승리하고 니카라과에서 오르테가(Daniel Ortega)가 세 번째 연임에 성공했으며, 2018년에는 멕시코에서 온건좌파 정당(MORENA: National Regeneration Movement)의 파퓰리스트 리더 로페즈 오브라도(Andres Manuel Lopez Obrador)가 집권했다.[2] 비록 그 리더들이 미국과 신자유주의 이데올로기에 대해 서로 다르게 반응하고, 또 서로 간에 역사 및 현재 이슈와 관련해 일부 사안에서 의견이 불일치했지만, 그들은 대체로 ALCA에 반대하고 워싱턴의 압박에서 벗어나 자주적 지역통합을 이루어야 한다는 공감대를 가진 것으로 보였다. 우루과이의 바스케스는 쿠바와 외교관계 복원을 주장하고 미국의 신자유주의에 반대해 정부 주도의 사회

---

1) Aguirre, "Relations Between Latin America and the United States," (June, 2005), http://biblioteca.clacso.edu.ar〉 ...

2) 2014년 코스타리카 대통령(2014~2018)으로 선출된 시민행동당(Citizens Action Party) 개혁주의자 솔리스(Luis Guillermo Solis)는 온건 진보정당 소속으로 극좌와는 연계가 없고, 또 미국과는 우호관계를 유지했다. 그럼에도 그의 승리는 워싱턴이 승인하는 신자유주의 정책에 대한 반대로 간주됐다. "Eight Latin American nations condemn Venezuelan violence against civilians," Reuters, (May 4, 2017)

복지 확대를 원했지만, 심한 반미정책을 구사하지는 않았다. 오브라도는 비간섭주의 대외정책을 표방하고 베네수엘라와 관련해 중립적 입장을 취했지만, 마약, 이민 관련 미국의 요구를 수용하면서 워싱턴과의 관계에는 예의를 갖추고 우호적이었다. 차베스와 모랄레스는 반미 이데올로기에서 서로 가까운 반면, 키르치너와 룰라는 상대적으로 중도성향을 나타냈다.[1]

부시 행정부가 임기를 끝내갈 때, 미 외교협회(CFR: Council on Foreign Relations) 전문가들(Julia E. Sweig, James T. Hill, Charlene Barshefsky, Shannon K. O'neil)은 다음과 같은 취지로 말했다. 지금 미국에게 중남미는 그 어느 때보다 더 중요하다. 그 지역은 미국과 여러 측면에서 깊은 관계를 맺고 있다. 예를 들어, 그 지역은 미국에게 주요한 무역파트너, 해외 오일 공급지, 대안 에너지(alternative energy) 개발 파트너, 그리고 불법마약과 합법, 비합법 이민의 최대 공급원이다. 중남미는 그렇게 여러 면에서 미국에 중요하면서도 동시에 많은 우려를 만들어 낸다. 그러나 무엇보다도 강조하고 싶은 것은 워싱턴이 중남미에서 지배적 영향력을 행사하던 시기는 이미 지나갔다는 것이다. 미국이 중동전쟁에 집중하는 사이, 그 지역 국가들은 중국, 인도를 포함하는 수많은 역외 국가들과 관계를 확대하면서 과거 그 어느 때보다 더 활발하게 움직인다. 동시에 민주주의 확산, 경제개방, 도시개발, 인구이동에서의 많은 진전에도 불구하고, 중남미는 빈곤과 불평등, 그리고 범죄로 인한 공공안보(public security)에서 많은 도전적 과제를 안고 있다. 전반적 상황을 볼 때, 미국의 역내 정책이 전통적 관심사인 무역, 민주주의, 마약 유입방지를 강조하는 것이 일리는 있지만, 향후에는 그 지역정부와 시민들이 우선적 관심을 갖는 이슈에 초점을 맞추는 것이 더 바람직할 것이다. 그것은 그들의 가장 시급한 우려인 빈부격차, 사회안전을 포함하는 공공안보, 이주(migration), 그리고 에너지 안보의 4개 영역에 관한 것이다. 또 미국의 정책은 일방적이기보다는 다자제도, 중남미 시민사회 조직, 현지 리더들과의 조율을 거쳐 시행돼야 한다. 워싱턴은 미국의 관심사와 중남미 국가들 자신의 지역적 현안을 균형적으로 고려함으로써 서반구 전체의 안정, 번영, 민주주의 육성이라는 거시적 목표에 한걸음 더 다가갈 수 있을 것이다.[2]

---

1) "South America's leftward sweep," BBC News, (March 2, 2005), www.news.bbc.co.uk
2) Julia E. Sweig, James T. Hill, Charlene Barshefsky, Shannon K. O'neil, U.S-Latin America Relations: A New Direction for a New Reality, (May 2008),

미 아메리칸 대학(American University) 중남미 전문가(William M. Leogrande)는 다음과 같이 가혹하게 평가했다. "조지 W. 부시 집권기 동안 워싱턴의 중남미 관련 도전은 자유무역, 신자유주의 경제를 넘어 새로운 관계를 정의하는 것이었다. 그것은 사회, 경제정의를 주장하는 그 지역의 요구에 긍정적으로 대응하는 관계를 의미했다. 그러나 아프간, 이라크 전쟁에 매몰되어, 부시 행정부는 그 도전에서 실패했다. 대통령은 그의 중남미 정책을 보수적 냉전 사고를 가진 전사들의 손에 맡겨두었는데, 그들은 '신좌파'(new left) 사회주의 및 파퓰리스트 선출에 적대감을 갖고 대하는 사람들이었다. 결과적으로, 워싱턴의 중남미 내 명성과 관계는 극적으로 악화됐다."[1]

(3) 오바마 행정부 시기

오바마 행정부가 출범할 당시 수많은 중남미, 카리브 국가들은 미국으로부터의 자주(autonomy), 그리고 미국과 부분적으로 협력하면서 다른 한편 그들 간의 역내 단합을 강조했다. 사회주의 좌파가 장악한 나라에서 그런 성향이 두드러졌고, 특히 쿠바, 베네수엘라, 볼리비아 같은 나라들이 선봉에 섰다. 그들은 역외 국가들과 경제, 외교유대를 강화하고, 미국을 배제하는 여러 독자적 지역기구를 창설했다. 그래도 미국은 양자, 다자관계를 통해 계속 강력한 개입을 추구했다. 오바마 시기 미국의 역내 정책현안은 부시행정부와 일부 사안을 제외하면 크게 다르지 않았다. 그 역시 대테러, 불법마약 및 불법이민, 경제협력, 그리고 역내 국가 정치, 사회 동향과 관련된 민주 거버넌스를 중심으로 전개됐다. 불법마약과 이민은 미국 국가안보에 영향을 끼치는 사안으로 재인식됐고, 새로 강조된 청정에너지(clean energy) 관련 외교는 급격히 대두되는 지구 온난화, 기후변화에 대비하는 정책이었다.[2] 그러나 오바마 행정부의 접근법은 부시 행정부와 크게 대조됐다.

https://www.cfr.org〉report〉us–lati...

1) William M. Leogrande, "A Poverty of Imagination: George W. Bush's Policy in Latin America," (May 4, 2007), https://www.cambridge.org〉article

2) 오바마 행정부는 출범 당시부터 온실가스 감축, 청정에너지 개발 필요를 강조했다. 그에 따라 미 행정부는 2009년 미주지역 온실가스 감축 및 청정에너지 진흥계획(ECPA: Energy and Climate Partnership of the Americas), 2012년 오염 없는 전력발전(electricity)을 추구하는 미–콜롬비아 협력(Connecting the Americas 2022), 그리고 2014년 중미, 카리브 지역 청정에너지 발전계획(Caribbean Energy Security)을 선언했다. Sullivan, Beittel,

핵심적으로 부시 행정부가 전형적인 공화당 방식의 경쟁적, 일방주의 접근을 선호한 반면, 오바마 행정부는 경제제재와 외교압력을 배제하지 않으면서도 역내 국가들과의 평등한 입장에서 대화와 협력을 중시했다. 더 나아가 오바마 대통령은 역내 국가들과 관계를 개선, 강화하기 위해 다양한 방식으로 지원을 제공하고, 심지어 미국이 실제로 가장 경계하고 혐오하는 쿠바와도 관계개선을 추진했다.[1]

1) 안보관계

중남미, 카리브는 중동, 아프리카, 또는 미국 및 서유럽 등에 비해서는 이슬람 테러의 위험이 상대적으로 적었다. 그래도 그런 위험이 전혀 없는 것은 아니었는데, 왜냐하면 1994년 이란과 헤즈볼라가 부에노스아이레스에서 아르헨티나와 이스라엘인들이 결성한 협회(AMIA: Argentine-Israel Mutual Association)를 폭발물로 공격해 85명을 살해한 적이 있었기 때문이다. 2014년 이후에는 남미, 카리브에서 소수의 개인들이 IS에 가입하기 위해 중동으로 향하고, 또 그들에게 재정지원을 한 것으로 드러났다. 그러나 역내에 더 가까이 위치해있는 안보위협은 콜롬비아에서 반정부 무장투쟁을 벌이고 마약유통에 연계된 좌익 게릴라집단 FARC의 존재였다. 그보다 조직력이 약하지만, 콜롬비아의 또 다른 게릴라 단체(ELN: National Liberation Army), 그리고 페루 게릴라 그룹(SL: Shining Path)도 감시 대상이었다. 오바마 행정부는 다양한 방식으로 대응했다. 워싱턴은 OAS를 통해 다자

Bruyne, Meyer, Rosen, Seelke, Taft-Morales, Villarreal, <u>Latin America and the Caribbean</u>, (January 4, 2017), p. 12.

1) 오바마는 조지 W. 부시로부터 미국의 영향력이 크게 약화된 중남미 관계를 물려받았다. 국내 빈부격차 확대와 지구적 금융 불안정을 포함하는 경제침체에 의해 역내에서 많은 좌익 정부들이 집권한 것, 또 중남미와 중국과의 경제관계가 강화된 것이 중요한 요인을 구성했다. 그래도 미-중남미 관계는 특별한데, 그 이유는 한편으로는 오랜 기간 중남미가 워싱턴의 관심사에서 낮은 위치를 차지한 반면, 미국 내 5,700만 히스패닉의 가족관계, 이민, 송금, 관광, 무역이 양측의 강력한 유대를 유지시키기 때문이었다. 물론, 불법이민, 불법마약 문제, 그리고 일부 안보불안정과 역내 민주주의 역시 양측 관계에서 중요했다. 그러나 오바마는 그의 후임자에게 역내 경제와 정치에서 새로운 출발을 위한 견고한 토대를 물려주었다. 역내에서 상호존중과 평등한 관계를 강조하는 오바마의 정책은 중남미, 카리브에서 크게 환영받았다. 오바마의 미-쿠바 관계정상화 역시 모든 이념적 성향의 중남미 리더들로부터 찬사를 받았는데, 왜냐하면 그들은 미국의 제재와 서반구에서의 쿠바 배척을 반생산적으로 보았기 때문이다. Michael Reid, "Obama and Latin America (A Promising Day in the Neighborhood)," Foreign Affairs, Vol. 94, No. 5 (September/October 2015), pp. 45-53.

협력을 강화하고, 다른 한편 해외테러조직으로 지정
된 단체를 제재하면서 각국 정부에 대테러 지원과
훈련, 사법시행 관련 협력을 제공했다. 미 행정부는
또 헤즈볼라와 관련된 몇몇 국가의 개인과 단체에
제재를 가하고, 대테러 협력 부족을 이유로 베네수
엘라에 무기금수 조치와 함께 FARC를 돕는 것으로
지목된 일부 전, 현직 관리들에게 제재를 부과했다.

▲ OAS, trtworld.com

그 과정에서 2013년까지 이란의 역내 침투 가능성은 축소됐다. 콜롬비아 FARC
문제해결을 돕기 위해, 미 행정부는 콜롬비아 플랜을 강력 시행하는 동시에 특사
를 임명해 보고타와 FARC의 평화협상을 지원했다. FARC가 미 국무부 해외테러
조직(FTO) 명단에 등록돼 있는 것을 이유로 미 공화당이 워싱턴의 개입을 비판했
지만, 오바마 대통령과 민주당 행정부는 그에 개의치 않았다. 그 노력에 부분적으
로 힘입어 산토스(Juan Manuel Santos, 2010~2018) 대통령이 이끄는 보고타는
FARC와 2012년부터 협상에 들어가고, 2016년 9월 평화협정에 서명했다. 1만 3
천 명 이상의 FARC 대원이 무장해제 되면서 콜롬비아는 납치, 살인, 경제와 관련
된 다양한 국내분야에서 큰 진전을 이루었고, 오바마 행정부는 평화협정 타결 이
후에도 보고타에 대한 재정지원 지속을 약속했다. 콜롬비아 정부의 ELN과의 대
화는 제대로 진전되지 않았지만, 그것은 보고타가 자체 처리할 수 있을 것으로 보
였다. 페루의 SL은 리마(Lima)의 노력으로 대부분 진압됐다.[1]

오바마 행정부의 역내 안보사안에서 또 다른 시급한 현안은 불법마약 문제
였다. 그 이유는 그 불법유통이 폭력, 조직범죄를 포함해 계속 미국시민의 안전을
위협했기 때문이다. 중남미, 카리브는 미국 반마약 정책의 핵심이었는데, 그 이유
는 그 지역이 코카인, 마리화나, 메스암페타민(methamphetamine, philopon), 그리
고 (식물에서 추출한) 마약성 아편제(opiates) 등 마약의 주요 생산지인 동시에 미국
으로 향하는 필수 통과지역이기 때문이었다. 근래에는 헤로인 남용과 합성마약
(opioid) 관련 사망이 더 증가했고, 멕시코에서는 아편작물 재배와 헤로인 생산이
증가하고 있었다. 오바마 행정부는 마약 억지와 관련된 정책인 콜롬비아 플랜, 메

---

1) Sullivan, Beittel, Bruyne, Meyer, Rosen, Seelke, Taft–Morales, Villarreal, Latin America and the Caribbean, (January 4, 2017), p. 22.

리다 구상, CARSI, 그리고 2009년 카리브 지원을 위한 다차원 프로그램으로 고안된 '카리브 연안 안보구상'(CBSI: Cribbean Basin Security Initiative) 시행에 많은 노력을 기울였다. 2010년에는 CBSI의 광범위한 행동계획과 더 철저한 시행을 위해 '카리브—미 안보협력 대화'(Caribbean—U.S. Security Cooperation Dialogue)가 창설됐다.[1] 그 결과 콜롬비아 코카인 생산 감소를 포함해 상당한 성과가 있었다. 그러나 일부 국가에서는 마약 억지와 관련해 새로운 대안을 시도했다. 몇몇 국가들은 마약 소지, 소비, 공급과 관련된 사안을 처벌 축소를 포함해 덜 범죄시하는 방향으로 국내 마약 관련법을 수정했다. 예를 들어, 우루과이는 2013년 대마초(cannabis) 소비를 법적으로 허용하고, 볼리비아는 미국의 반마약 지원 중단을 요구하면서 코카 잎 관련 일부 행위를 범죄조항에서 면제시켰으며, 콜롬비아는 2015년 살초제가 인간에게 암을 일으킬 수 있다는 WHO 선언 이후 미국 정부가 1990년대부터 독려해 오던 살초제 공중살포를 종식했다. 워싱턴은 그 조치들이 마약 관련 행동을 활성화시킬 것을 우려했다.[2]

또 다른 주요 안보사안은 불법이민 문제였다. 중남미, 카리브는 미국으로의 합법, 불법이민의 주요 원천이었다.[3] 특히 중미(Central America)로부터의 이민이 가장 많았다. 그들이 미국을 찾는 이유는 여러 가지인데, 본국의 빈곤과 실업, 정부의 무능과 부패, 폭력과 범죄의 사회 불안정, 천연재해, 그리고 미국 내 가족과의 재결합을 포함했다. 특히 미국이 경제적으로 부유하고 지리적으로 인접해 있는 것이 중요 요소였다. 미국의 이민법 개정으로 불법이민자 위상이 개선되기를 바라는 역내 국가 소망이 쉽사리 이루어지지 않는 현실에 직면해, 2012년 6월 오바마 대통령은 미국에 당도하는 어린이들을 추방으로부터 면제해주는 '아동 추방유예'(DACA: Deferred Action for Childhood Arrivals) 행정명령을 내렸다. 당사국 정부들은 그 조치를 환영했다. 더 나아가 온두라스, 엘살바도르, 니카라과, 아이티는 1990년 이민법의 일부로 처음 도입되고 2002년 국토안보법(Homeland Security

---

1) Mark P. Sullivan, "Caribbean Basin Security Initiative," CRS IN Focus, IF10789, (Updated January 15, 2021), p. 1.

2) Sullivan, Beittel, Bruyne, Meyer, Rosen, Seelke, Taft—Morales, Villarreal, Latin America and the Caribbean, (January 4, 2017), p. 21.

3) 미국 인구 중 외국에서 태어난 사람이 가장 많은 나라 10개국에는 멕시코, 엘살바도르, 쿠바, 과테말라, 도미니카공화국이 포함돼 있었다.

Act)에서 재확인, 재규정된 '임시보호위상'(TPS: temporary protected status) 연장을 희망했고, 과테말라는 그 프로그램에 포함되기를 원했다. TPS는 불법이민자들이 지속적 무장갈등, 천연재해, 또는 기타 이유로 본국으로 안전하게 돌아갈 수 없을 경우 국토안보부(DHS: Department of Homeland Security) 판단에 따라 일시적으로 부여되는 인도주의 목적의 제도였다. 일단 TPS 자격이 주어지면, 그들은 미국에서 추방되지 않고, 고용과 여행이 허용됐다.[1] TPS 자격은 아이티에 대해서는 2017년 7월, 온두라스와 니카라과는 2018년 1월, 그리고 엘살바도르는 2018년 3월 시효만료 예정이었다. 그 상황에서 2014년 중반 이후 가족, 그리고 부모를 동반하지 않은 어린이의 불법이민이 급증했고, 오바마 행정부는 불가피하게 23만 6천 명을 추방했다. 그들 중 94%는 멕시코와 북부삼각지대로 송환됐는데, 귀환자의 범죄경력과 사회 재정착시 여러 어려움에 관한 당사국 정부의 호소에 대응해, 워싱턴은 일부 관련 정보를 제공하는 동시에 USAID를 통해 필요한 사회 재통합 지원을 제공했다. 당사국 정부들은 미국 거주 자국민을 위한 영사 서비스의 일환으로 추방에 직면한 사람들에게 법률 서비스를 제공했다. 2015년 미국 정부의 규제강화로 멕시코로부터의 이주물결이 잠시 잠잠해졌지만, 2016년에는 다시 불법이민이 솟구쳤다. 미국 서남부 국경을 통해 육로로 진입하는 쿠바로부터의 밀입국도 증가했다. 그것은 2013년 아바나의 출국규제 완화, 그리고 미국 이민법 개정 가능성 관련 우려에서 비롯됐다. 2016년 그들 중 수천 명이 멕시코와 중미 지역에 억류됐는데, 그것은 그 지역 국가들의 이민정책 변화와 법 개정에 따른 것이었다. 쿠바 정부는 그와 관련해 멕시코, 중미 지역 정부들과 협상했다. 오바마 행정부는 역내 국가와 협력해 추방에서의 투명성을 유지하고, 동시에 자격이 있는 모든 사람들에게 이민자 정규화와 귀화를 포함해 가능한 한 많은 혜택이 부여되도록 노력했다. 많은 전문가들은 불법이민자 당사국의 사회, 경제, 정치적 여건이 개선되지 않는 한 불법이민이 중단되기 어려울 것이라고 말했다.[2]

한편 오바마 행정부가 안보와 관련해 취한 특별한 행동은 쿠바와의 2015년

---

1) "Pub. L. 101–649 Immigration Act of 1990," United States Department of Justice, (March 4, 2009); "Temporary Protected Status," U.S. Citizenship and Immigration Services, (January 17, 2020), www.uscis.gov

2) Sullivan, Beittel, Bruyne, Meyer, Rosen, Seelke, Taft–Morales, Villarreal, <u>Latin America and the Caribbean</u>, (January 4, 2017), pp. 3–4. 17–18.

관계정상화였다. 실제 오바마의 미－쿠바 관계개선 노력은 그가 취임한 2009년부터 시작됐다. 원래 클린턴 행정부 시기 미－쿠바 관계는 대체로 경직된 상태에서 그 임기 말 약간 개선됐는데, 그것은 조지 W. 부시 행정부에 들어와 다시 악화됐다. 부시 행정부는 여행제한을 확대하고, 쿠바 리더들의 리비아, 이란, 시리아 방문에 반대해 제재를 강화하면서 쿠바 체제변화를 위해 아바나 미국 이익대표부, USAID, 그리고 기타 위원회 활동을 통한 자유 민주주의 확산을 시도했다.[1] 그러나 오바마는 2009년 취임하면서 처음부터 행정명령으로 미국인의 쿠바 여행 제한을 일부 해제하고 쿠바 인터넷 접속을 허용하면서, 아바나와의 관계개선 의지를 내비쳤다. 2012년(6년 전 피델 카스트로로부터 권력을 이양받은) 쿠바 대통령 라울 카스트로(Raul Castro)는 미국과의 대화를 원했고, 2013년 캐나다와 바티칸에서의 미－쿠바 비밀대화 이후 2014년 12월에 이르러 오바마는 공개적으로 아바나와의 관계개선 의지를 선언했다. 오바마는 아직 공산당 1당 체제인 그 나라에 민주, 인권 관련 우려를 제기할 필요가 있다고 말하면서도, 양국 외교관계는 복원되는 것이 더 바람직하다고 주장했다.[2] 곧이어 미국과 쿠바는 양국에 억류돼 있는 정보 관리들을 석방했고, 2015년 1월 미 행정부는 쿠바여행 제한을 추가 완화하고, 컴퓨터를 포함하는 일부 미국제품의 수출과 쿠바 상품 수입을 허용했다. 그해 5월 미국은 쿠바의 국제 테러리즘 지원국 지정을 취소했고, 7월 양측이 대사관 개설에 합의하면서 미－쿠바 관계정상화가 이루어졌다. 미 행정부는 쿠바에 대한 여행, 경제, 정보교류 관련 일부제재를 해제했지만, 쿠바가 완전한 자유선거를 실시할 때까지 전반적인 경제제재는 유지한다는 방침을 밝혔다. 2016년 3월 오바마는 미국 대통령으로서는 90년 만에 처음 3일 간 쿠바를 방문했고, 8월에는 미－쿠바 민항기 운항을 허용했다.[3]

▲ 오바마 쿠바 방문 2016, economist.com

1) Nick Caistor, "Planning for a Cuba without Castro," BBC News, (April 11, 2006)

2) "Obama offers Cuba 'new beginning'," BBC News, (April 18, 2009); "U.S., Cuba restore ties after 50 years," Reuters, (December 17, 2014)

3) 2016년 4월 공산당 전당대회에서 쿠바 정부는 그 나라에서 지난 수년간 지속되어 온 점진적 경제개혁 지속은 승인했지만, 그 나라의 정치적 통제는 그대로 유지했다. Dan Roberts, "Obama lands in Cubas as first US president to visit in nearly a century," The Guardian, (March 21, 2016)

2) 역내 경제협력

　오바마 행정부 출범 당시 미국에서 시작된 지구적 경기 대침체(Great
Recession)는 중남미, 카리브 지역에도 부정적 영향을 미치고 있었다. 2009년 중
남미 지역은 GDP 1.3% 하락을 기록했고, 멕시코와 같이 NAFTA를 통해 미국과
더 깊게 연계된 나라는 더 큰 타격을 입었다. 오바마 행정부의 경기부양책 시행
이후 역내 경제는 약간의 성장과 하락을 반복했다. 2010년 지역경제는 6.1%,
2011년 4.9% 성장했지만, 그것은 2014~2015년 오일가격 하락으로 또다시
1~0% 성장으로 뒷걸음질 쳤다. 그 당시 브라질의 3.8% 경제축소와 베네수엘라
GDP의 6.2% 하락이 역내 성장률의 전반적 저하에 가장 큰 영향을 미쳤다. 에콰
도르 역시 오일가격 하락으로 심하게 타격 입은 나라 중 하나로, 2016~2017년
각각 2.3%와 2.7% 경제규모 축소를 경험했다. 그 과정에서 역내 빈곤층 비율 역
시 등락을 경험했다. 2002년 역내 인구 44%에 달하던 빈곤층은 2012년까지 인구
의 28%인 1억 6천 4백만 명으로 축소됐지만, 2014년 28.2%인 1억 6천 9백만 명
을 거쳐 2015년 29.6%인 1억 7천 5백만 명으로 증가했다. 그런 전반적 환경 속
에서 오바마 행정부 시기의 미국은 11개 중남미, 카리브 국가가 포함된 6개 FTA
에 개입해 있었고, 여러 긴장에도 불구하고 강력한 역내 경제관계를 유지했다.[1]
미국은 중남미, 카리브에서 그 지역 수출의 약 30%, 그리고 수입의 약 40%를 담
당했다. 미국의 역내 무역은 페루, 칠레, 그리고 기타 국가들과 FTA가 체결돼 있
었지만, NAFTA를 통해 주로 멕시코와 이루어졌다. 2015년 미국 역내 수입 중
72%, 수출의 61%가 멕시코와 연계됐다. 그해 미국의 역내 총수출은 3,888억 달
러, 수입은 4,123억 달러에 달했다. 또 미국은 미주지역 수출입 진작을 위해 일부
국가들에게 무역특혜를 제공했다. '카리브 연안 무역파트너십'(CBTPA: Caribbean
Basin Trade Partnership Act), 그리고 개도국에 주어지는 면세혜택인 '일반 특혜체
계'(GSP: Generalized System of Preferences)가 그런 것들이었다. GSP는 2015년 6
월 갱신돼 2017년 12월까지 유효했다. 오바마 행정부는 역내 자유무역 확대를 겨
냥해 2016년 2월 TPP에 서명했다. TPP는 기존의 NAFTA 규정을 지적재산권 보
호, 투자, 서비스 무역, 근로자 권리, 환경 등 여러 분야에서 더 현실에 맞게 조정

---

1) 미국과 FTA를 체결한 국가는 멕시코, 북부삼각지대 국가, 니카라과, 코스타리카, 파나마,
　도미니카공화국, 콜롬비아, 페루, 칠레였다.

할 것으로 예상됐다. 중미 및 기타 일부 국가들은 TPP로 인해 그들의 의류, 직물 산업이 타격 입을 것을 우려했다(그 시도는 트럼프의 TPP 철수와 NAFTA 개정으로 인해 원점으로 복귀했다). 그러나 다른 한편 아르헨티나, 브라질, 베네수엘라와 같은 일부 남미 최대경제가 미국과의 FTA를 원치 않는 상태에서, 역내 많은 국가들은 미국을 배제하는 수많은 양자, 소수국가 다자(plurilateral) 무역협정을 체결해 나가고 있었다. 전문가들은 미국이 역내 공급네트워크 확대 등 지역 경제협력을 더 확대시킬 것을 권고했다.[1]

3) 민주 거버넌스 협력

2010년대 중남미, 카리브 지역 국내정치는 수많은 좌파세력의 집권 이외에도, 여러 정부들이 책임성과 투명성이 결여되고, 법치, 시민안전과 관련해 공공서비스를 제대로 제공하지 못하는 것으로 나타났다. 몇몇 국가 수뇌들은 자신의 전제주의 행태로 인해 축출되거나 사임했는데, 과테말라 대통령 페레스(Otto Perez Molina)는 2015년 9월 부패혐의로 사임했다. 브라질 대통령 호세프(Dilma Rousseff)의 2016년 4월 퇴진은 그 나라의 광범위한 부패와 급격한 경제하락에서 기인했는데, 그녀는 4개월 후 연방상원에서 탄핵됐다. 지난 수년간 여러 나라에서 미국이 중시하는 자유민주주의의 질이 하락하는 것은 여러 요인에 근거했다. 베네수엘라는 대통령을 중심으로 하는 행정부의 권력남용과 파퓰리스트 형태의 권위주의 독재가 관건이었는데, 2013년 차베스 사망 이후 집권한 니콜라스 마두로

▲ 니콜라스 마두로 2013, britannica.com

(Nicolas Maduro)의 행동은 그의 전임자 못지않게 큰 문제였다. 마두로는 2014~2015년 야당인사 투옥, 대법원을 포함하는 사법부 장악, 그리고 시위를 폭력적으로 진압해 40명 이상의 시민을 사망에 이르게 했다. 2016년 그는 야당의 대통령 탄핵 추진에 대해 주민투표의 무기한 연기로 대응하고, 프란치스코 교황(Pope Francis)과 일부 역내 국가들의 대화 중재 시도에 대해서는 지연작전으로 일관했다. 반면 멕시코의

---

1) Sullivan, Beittel, Bruyne, Meyer, Rosen, Seelke, Taft−Morales, Villarreal, <u>Latin America and the Caribbean</u>, (January 4, 2017), p. 18.

경우는 조직범죄 증가가 민주 거버넌스에 문제를 야기하는 하나의 원인이었다. 그것은 그 집단이 마약유통에 개입해 폭력을 행사해 시민 삶의 질을 하락시키고, 불법적 정치연계를 통해 국가와 사회전체에 부패를 확산시켰기 때문이다. 또 몇 몇 국가에서는 정부가 비판적 언론에 재갈을 물리려 시도하면서, 미디어 자유가 하락했다. 국제 인권단체 프리덤 하우스(Freedom House)는 2015~2016년 역내 정치적 권리, 시민자유 평가에서 가장 제약이 많은 나라로 쿠바를 지목했다. 부분 적 자유를 보유한 것으로 간주되는 11개 국가는 멕시코, 과테말라, 온두라스, 니 카라과, 아이티, 도미니카공화국, 콜롬비아, 베네수엘라, 에콰도르, 볼리비아, 파 라과이였다. 나머지 국가들은 자유민주주의로 분류됐다. 프리덤 하우스는 중미 (Central America)의 민주 관련 위협은 정치폭력, 부패, 범죄 집단에서 유래한다고 지적하고, 베네수엘라가 마두로 대통령의 야당 탄압에 비추어 역내 주요도전이며 특별 감시대상이라고 말했다.[1]

한편, 일부 전문가들은 새로운 추세로 2015년 중반 이후 중남미에서 좌파 확 산이 퇴조하고 있다고 말했다. 일각에서는 그것을 우파세력의 부상을 뜻하는 의 미에서 '푸른 물결'(Blue Tide)이라고 불렀다. 그들은 아르헨티나에서 2015년 11 월 중도 우파 마크리(Mauricio Macri, 2015~2019) 정부의 출범, 2015년 12월 베네 수엘라 야당의 의회선거 승리, 그리고 2019년 볼리비아 대통령 모랄레스(2006. 1~2019. 11)의 4연임 실패를 그 예로 들었다.[2] 그러나 베네수엘라 정치는 마두로

---

1) Ibid., pp. 2-3, 42.
2) 남미정치는 1930년 브라질의 바르가스(Getulio Vargas)에서부터 2006년 볼리비아의 모랄 레스에서 나타나듯 파퓰리즘으로 특징지어진다. 파퓰리스트 정치체제의 가장 큰 특징은 소외된 사람들에게 호소력이 있는 것인데, 경제 불평등이 세계적으로 유명한 남미에서 파 퓰리스트 리더들은 1980년대 잃어버린 10년을 이용해 집권했다. 그러나 그들은 소외된 다 수에 의해 집권하지만 하향식(top-down) 통치를 선호하고, 그 경제는 보통 정부지출 확 대, 부채증가, 인플레이션, 기업의 위축으로 이어진다. 그러나 우파 파퓰리즘도 존재하는 데, 1990년대 페루의 후지모리(Alberto Fujimori), 아르헨티나의 메넴(Carlos Menem)은 친시장, 신자유주의를 추진하면서도, 헌법 개정을 포함해 모든 정치적 차원의 행동을 집권 자에게 유리하도록 조작했다. 파퓰리스트 정치의 결과는 거의 민주제도의 약화로 귀결된 다. 그 리더들은 시민 정치참여 확대의 제스처를 통해 결국에는 행정칙령 등을 이용해 의 회, 사법부, 자유언론을 우회하고 독재권력을 집중시킨다. 베네수엘라의 차베스, 아르헨티 나의 키르치너 부부는 유명한 파퓰리스트였다. 그러나 이제 20년 전 시작된 남미 파퓰리 즘은 퇴조하고 있다. 크리스티나 키르치너는 퇴임 후 부패 스캔들에 시달리고, 에콰도르에 서 코레아(Rafael Correa)는 지지율 하락으로 2017년 대선출마를 포기했으며, 브라질 사 람들은 룰라와 호세프의 부패를 규탄한다. 과테말라에서는 2015년 페레스(Otto Perez

의 좌파 권위주의 독재를 넘어서지 못했고, 볼리비아에서는 모랄레스 이후 잠시 아녜스(Jeanine Anez) 권한대행을 거쳐 2020년 11월 사회주의자 아르세(Luis Arce)가 집권했으며, 아르헨티나에서는 페론주의자 키르치너(Cristina Fernandez de Kirchner)에 뒤이은 마크리(Macri) 이후, 2019년 12월 또다시 페론주의 좌파 페르난데스(Alberto Fernandez)가 권력을 장악했다. 페루에서는 좌파 우말라(Ollanta Humala)에 뒤이어 집권한 보수 경제전문가 쿠친스키(Pedro Pablo Kuczynski, 2016~2018)가 부패, 돈세탁, 뇌물혐의로 탄핵됐고, 그 이후 잠시 3명의 후임 대통령을 거쳐 2021년 7월 대선에서 유명한 파업리더이며 좌익 자유페루(Free Peru)당 출신 카스티요(Perdo Castillo)가 집권했다.[1] 칠레에서는 과거 대통령(2010~2014)으로 재직한 바 있는 보수주의 피녜라(Sebastian Pinera)가 2018년 사회주의자 바첼레트(Michelle Bachelet)를 대체했지만, 2019년 발생한 사회 불안으로 피녜라의 통치능력이 거의 무력화된 상태에서 그 나라는 거의 의회에 의해 움직였다.[2] 다만 브라질의 경우는 부통령 테메르(Michel Temer)가 호세프의 잔여임기(2016.

Molina)의 하야를 요구하는 시위가 수주째 진행되고, 온두라스에서는 에르난데스(Juan orlando Hernandez)의 사임을 촉구한다. 반면, 페루는 전 파퓰리스트 후지모리의 딸을 거부하고 전 투자은행가 쿠친스키(Pedro Pablo Kuczynski)를 대통령으로 선출했고, 아르헨티나에서는 마크리가 선거에 승리했다. 그러나 온건 리더들이 국가제도 재건에 성공할지는 미지수이고, 아직도 새로운 파퓰리스트들이 남미의 부패에 대한 분노를 이용해 정치에 도전할 가능성은 상존한다. 예컨대 과테말라에서는 또다시 부패문제를 내걸고 전 코미디언 지미 모랄레스(Jimmy Morales)가 2015년 대선에서 승리했고, 멕시코에서는 로페즈 오브라도(Andres Manuel Lopez Obrador)가 현 정부 부패 스캔들에 대한 거부를 이용하려 시도하고 있다. 남미 파퓰리즘은 많은 것을 보여주는데, 장기적 경제성장을 제한하고 그 나쁜 유산은 언제든 다시 나타날 수 있다. Shannon K. O'Neil, "Latin Americ's Populist Hangover (What to Do When the People's Party Ends)," Foreign Affairs, Vol. 95, No. 6 (November/December 2016), p. 31－38.

1) "We are back: Alberto Fernandez sworn in as Argentina shifts to the left," The Guardian, (December 10, 2019); Dan Collyns, "Peru elections; Fujimori's fraud claims criticised as rival's narrow lead widens," The Guardian, (June 8, 2021)

2) 2021년 12월 칠레 대선에서 좌파 가브리엘 보리치(Gabriel Boric)가 대통령에 당선됐다. 과거 학생 시위 리더이며 역대 최연소로 35세인 보리치는 극우(far－right) 상대후보(Jose Antonio Kast)에 12% 차이로 승리했다. 그는 지지자들에게 민주주의를 옹호하기 위해 칠레의 신자유주의 시장경제(neoliberal market economy) 확산을 방지할 것이라고 말했다. 칠레는 최근 수년간 불평등과 부패에 반대하는 대중 시위로 커다란 사회 불안정에 시달렸는데, 보리치는 "소수의 특권에 반대해 결연하게 싸울 것"이라고 주장했다. 칠레에서는 상위 1%가 부의 25%를 소유하는데, 보리치는 연금과 건강보험을 개혁하고 주당 근로시간을 45시간에서 40시간으로 줄일 것을 약속했다. "Leftist Gabriel Boric to become Chile's youngest ever president," (December 19, 2021), https://www.bbc.com〉 news〉 worl...

8-2018. 12)를 채우면서 잠시 부상했지만, 잘 알려졌듯이 2019년 1월 이후 극우 파퓰리스트 보우소나루(Jair Bolsonaro)에 의해 지배됐다. 에콰도르에서는 14년 만에 처음으로 2021년 대선에서 중도우파 라소(Guillermo Lasso)가 집권했다.[1]

그 상황에서 오바마 행정부는 중남미, 카리브 지역 민주주의 고양을 위해 많은 노력을 기울였다. 워싱턴은 역내 민주주의의 다양한 요소에 관심을 가졌는데, 그것은 지역 국가들의 법치, 정치적 경쟁, 공정하고 자유로운 선거, 시민요구에 대한 정부의 책임성, 시민사회, 언론자유, 반부패, 그리고 인권에서는 특히 레즈비언, 게이(gay), 성전환자와 같은 소수권리(minority rights)를 포함했다. 오바마 대통령은 특히 부패가 어린이 급식, 학교, 인프라 건설에 필요한 수십억 달러를 횡령하고, 경제발전을 저해하며, 불평등, 인권남용, 그리고 조직범죄와 사회 불안정을 조장한다는 점을 지적했다. 민주주의 관점에서 가장 우려되는 국가는 공식적으로 사회주의를 표방하면서 권위주의를 시행하는 쿠바, 베네수엘라, 니카라과였는데, 워싱턴은 그들 국가에 많은 제재와 압력을 가하는 동시에, 계속해서 자유민주주의가 추구하는 정치적 권리, 시민적 자유와 같은 보편적 개념을 중시할 것을 촉구했다.

베네수엘라는 일찍이 차베스 대통령(1999~2013) 시절부터 미국에게 큰 골칫거리였다. 차베스는 자유민주주의를 부정하면서 역내 사회주의 확산을 적극 추진했다. 역사적으로 유럽과 미국의 제국주의에 중남미가 착취당했다고 인식하는 그에게 자유민주주의의 공정한 경쟁, 자유, 인권은 부르주아 시장경제에서 유래하는 부질없는 개념일 뿐이었고, 그는 사회주의만이 국민을 위한 진정한 정치체제라고 믿었다. 1998년 대선에 승리한 직후, 그는 중남미 국가의 오일 주권을 주장하고 민영화된 국영 석유회사(PDVSA)를 재국유화하면서, 외국기업 특허 사용료를 인상시켜 세계 오일가격 상승을 야기했다. 또 그의 쿠바 피델 카스트로와의 친분은 워싱턴의 쿠바 고립작전을 잠식했다. 2001년 조지 W. 부시가 미국 대통령으로 취임하면서, 두 강경파에 의해 양국관계는 부시 퇴임 시까지 계속 적대상태로 남았다. 부시는 차베스를 중남미의 대표적인 부정적 인물로 묘사하고, 대테러 협력 부

---

1) "Lasso inaugurated as first right-wing Ecuador president in 14 years," France 24, (May 24, 2021)

족을 이유로 베네수엘라 외교관을 추방했다. 또 카라카스의 러시아제 무기 도입을 비난하면서 베네수엘라를 해외 테러지원국 목록에 추가했다.[1] 차베스는 부시 대통령에게 한 치도 양보하려 하지 않았다. 부시를 비겁하고 '악취'가 나는 (stench) 인물이라고 말하면서, 차베스는 FARC 및 마약과 투쟁하기 위한 워싱턴의 보고타 지원에 반대했다. 또 부시 행정부의 2002년 베네수엘라 쿠데타 개입 가능성을 주장하고, 베네수엘라 내에서 콜롬비아 코카인 억지작전을 수행하는 미국 DEA 요원, 미국 고위 장성, 그리고 베네수엘라 정부 전복 음모 혐의로 미국대사를 추방했다. 그러는 사이, 차베스는 국내에서 2000년대 오일가격 상승에 편승해 주택, 보건, 교육을 포함하는 수많은 사회복지 프로그램 시행으로 빈민층을 도왔다. 그러나 그 나라 내의 심각한 부의 불균형은 시정되지 않았고, 2000년대 말 지구적 경기대침체 이후 오일가격이 하락하면서 생산성이 낮고 국제경쟁력이 부족한 베네수엘라 경제는 국가부채 급증, 인플레이션을 포함해 유지 불가능한 상태에 이르렀다. 미국과 서방은 그가 과대선전으로 나라를 사회주의 방향으로 인도하고, 반면 자유민주주의가 중시하는 언론의 자유를 억압하고 선거법을 조작하며, 정부 비판자들을 추방한 것으로 평가했다. 그의 임기 중 정부부처, 특히 경찰의 부패와 살인율이 크게 증가했다.[2]

　그래도 오바마는 베네수엘라와의 대화를 원했다. 2007년 대선 후보시절, 그는 전제조건 없이 차베스와 만날 것이라고 말했다. 그것은 8년에 걸친 그의 임기 내내 대내외 정책에서 나타난 '민주적 세계관'에서 비롯된 발언이었다. 카라카스는 오바마의 등장을 미국에서 보기 드문 훌륭한 리더가 출현하는 역사적 순간으로 묘사했고, 차베스는 워싱턴과의 대화에 대한 희망을 표시했다. 그러나 두 사람이 리더로 기능하는 동안 미-베네수엘라 관계가 나아진 것은 없었다. 오바마가 카라카스가 콜롬비아의 FARC를 지원하고 있다고 말했을 때, 차베스는 오바마가 부시와 똑같이 '악취 나는' 사람이라고 비난했다. 취임 3개월 후 2009년 4월 오바마가 트리니다드토바고 미주정상회담에서 차베스와 회동하고 미국은 베네수엘라

1) "Venezuela dares U.S. to put it on terror list," CNN, (March 14, 2008)
2) "Chavez tells UN Bush is 'devil'," BBC News, (September 20, 2006); Venezuela's economy: Medieval policies," The Economist, (August 20, 2011); Will Grant, "Venezuela bans unauthorised use of Hugo Chavez's image," BBC News, (November 23, 2010); "Venezuela murder-rate quadrupled under Chavez: NGO," Reuters, (March 11, 2010)

와 평등한 파트너십을 원한다고 말했을 때, 차베스는 오바마를 좋은 인품을 가진 리더로 평가했다. 그럼에도 그는 자신의 관점에 집중하면서, 그 당시 지구적 경기 대침체에서 벗어나는 유일한 방법은 '21세기 민주적 사회주의'라고 주장했다. 나중에 차베스는 모스크바 어느 대학 연설에서 미국을 세계 최대의 테러국가로 묘사했고, 베네수엘라 내 미국 대사직은 아직 공석이었다. 오바마가 베네수엘라의 쿠바 및 이란과의 유대를 비민주 국가 연합이라고 비판했을 때, 차베스는 오바마를 광대, 수치스러운 사람으로 표현했다. 차베스 사후 그 전임자 못지않게 파퓰리스트 권위주의 좌파 독재를 옹호하는 마두로가 집권하면서, 미-베네수엘라 관계가 더 우호적인 상태로 진입할 이유는 없었다. 오히려 그것은 마두로의 잔인한 행동으로 인해 더 악화됐다. 국가경제 파탄에는 아랑곳없이 정치탄압, 시위의 폭력적 진압을 포함해 모든 수단을 동원해 권력유지에 매몰하는 마두로는 워싱턴의 혐오대상이 됐다. 2014년 미 상, 하원은 '베네수엘라 인권 및 민주주의 보호법', 그리고 '베네수엘라 인권 및 시민사회법'(Venezuela defense of Human Rights and Civil Society Act)을 연거푸 제정했고, 미 국무부는 카라카스의 인권남용, 정치부패 관련자와 그 가족들에게 비자제한을 포함하는 여러 제재를 부과했다. 오바마 대통령은 베네수엘라를 '미국 국가안보에 위협을 제기'하는 나라로 규정하면서, 별도의 행정명령으로 인권, 언론자유 말살, 정부폭력, 공적부패 관련자들에게 여행금지, 자산동결의 제재를 부과했다.[1] 차베스와 마찬가지로 마두로는 저항과 도전으로 일관했다. 그는 미국의 무례한 행동은 수용불가하고, 그 어느 누구도 베네수엘라 주권에 명령할 권한은 없다고 주장했다. 또 카라카스는 워싱턴의 제재를 베네수엘라 사회주의 전복 시도라고 비난했는데, 33개 중남미, 카리브 국가 모임인 CELAC, 그리고 UNASUR도 국제법에 어긋나고 베네수엘라 내정에 간섭하는 미국의 비민주적 조치를 거부한다는 성명을 발표했다.[2]

한편 오바마 행정부의 니카라과와의 관계는 베네수엘라와는 약간 달랐는데, 그 이유는 마나과(Managua)의 행동이 독특했기 때문이다. 원래 니카라과는 1979

---

1) Juan Forero, "Obama and Chavez Start Sparring Early," The Washington Post, (January 19, 2009); "Venezuela to investigate Chavez murder allegations," BBC News, (March 12, 2013); "U.S. Slaps visa restrictions on current, former Venezuelan officials," Reuters, (February 2, 2015)

2) Aditya Tejas, "Venezuela president Nicolas Maduro Granted Special Powers Designed To Counter 'imperialism'," International Business Times, (March 13, 2015)

▲ 다니엘 오르테가 2010, bbc.com

년 그 나라의 소모사(Anastasio Somoza) 독재정권을 무너뜨린 좌익 게릴라집단 산디니스타(FSLN: Sandinista National Liberation Front) 리더 다니엘 오르테가(Daniel Ortega)에 의해 오랫동안 통치돼 왔다. 그는 1984~1990년 처음 대통령으로 재직한 이후 1990~2005년에는 의회에서 야당 리더로 활약했고, 2006년, 2011년, 2016년 세 번 더 연속해서 대선에서 승리했다. 그가 그렇게 여러 번 국가수뇌 역할을 맡을 수 있었던 것은 재임기간 부분적으로 시장경제를 수용하면서 수많은 사회복지 프로그램으로 빈민층을 지원하고 빈곤을 축소시킨 것이 가장 중요한 배경이었다.[1] 전문가들은 한마디로 그의 파퓰리스트로서의 업적과 성과가 국민들에게 더 이상 그의 권위주의 행태를 비판하지 않게 만들었다고 말했다. 더구나 오르테가는 국제적으로도 덜 비난의 대상이 됐는데, 그것은 그가 국제사회에서 실용적으로 행동했기 때문이다. 예를 들어 오르테가는 공식적으로 니카라과 사회주의를 표방하면서도 미국, EU, 다자 재정기구와 지구적 경제운영, 또 자유무역, 마약 퇴치를 포함하는 상호 관심사에서 협력적 태도를 취했다. 또 마나과는 국정운영에서 덜 폭력적이고, 그 나라 사회는 다른 지역 국가에 비해 상대적으로 더 안정되어 있었다. 반면 무기력한 야당은 분열된 채 국정운영의 비전을 제시하지 못했다. 니카라과 사람들뿐 아니라 외국에서도 니카라과에서는 오르테가 이외에는 대안이 없다고 말했다. 그러나 2006년 이후 점차 더 니카라과 국정 전반을 장악한 산디니스타는 사법부 동원을 포함하는 다양한 방법으로 2016년 대선에서 야당의 정치적 도전을 원천봉쇄했고, 그로 인해 그 선거에서 대통령의 부인(Rosario Murillo)이 러닝메이트로 지명되고 부통령에 당선되는 희귀한 현상이 발생했다. OAS, 국제 선거감시단, 니카라과 야당은 그 선거를 완전한 불공정 선거로 규정했다. 또 오르테가 정부는 베이징의 요청을 받아들여 중국회사의 니카라과 운하건설과 100년 기간 조차(lease)를 허용했고, 그것은 2014년 이후 시민사회의 시위를 촉발했다. 환경 영향평가 결과의 공개도 없이 진행된 그 프로젝트는 나중에는 중국회사의 재정문제로 중단됐다. 그동안 오바마 행정부는 니카라과의 투표권리 제한, 언론자유 및 시민사회 탄압, 군과 경찰의 자의적 체포를 이

---

1) 니카라과는 아직도 서반구에서 아이티 다음으로 가난했지만, 국민들은 지난 수년 간 역내 평균 이상 성장률을 유지한 오르테가의 리더십을 마다하지 않았다.

유로 마나과를 비난하고 제재를 가하면서도, 많은 경우 비판의 수위를 조절해왔다. 그러나 2016년 11월 대선과 의회 선거 전 정치공작을 시도하는 니카라과 정부와 대법원의 행동에 대해서는 더 공개적으로 우려를 표시하고, 공정선거와 야당의 독자적 활동보장을 촉구했다.[1]

그러나 다른 한편, 오바마 행정부의 중남미, 카리브 지역 민주 거버넌스 관련 행동은 문제점 지적, 비판, 일부 제재에 그치지 않고, 민주주의 증진을 위해 지역 국가들에 지원을 제공하는 다양한 프로그램을 포함했다. 우선은 2008년 처음 진수된 프로그램(Pathway to Prosperity Initiative)에 더 많은 노력을 투입했다. 그 프로젝트는 바람직한 사업관행과 포용적 노동인력 구축 형태로 역내 중소기업 활성화를 겨냥했다. 2009년에는 OAS 회의에서 그 기구가 중남미 사회 불평등과 극단적 빈곤 축소에 적극 나서야 한다고 강조하면서, 그와 관련된 계획(OAS Inter-American Social Protection Network)을 선언했다. 2011년에는 미국과 중남미, 카리브 간 문화 교차이해를 위해 10만 명 유학생을 교환하는 계획(100,000 Strong in the Americas), 그리고 과테말라, 온두라스, 아이티 시골지역 기아와 빈곤 탈출을 도울 목적으로 특정분야에 자금을 제공하는 프로그램(Feed the Future Initiative)을 시작했다. 2012년 콜롬비아에서 개최된 제6차 미주정상회담에서, 오바마 대통령은 또다시 경제, 사회기회 확대를 위한 다양한 구상을 선언했다. 그것은 중소기업 네트워크를 결성해 각국 중소기업의 국제무역 참여를 돕는 계획(SBNA: Small Business Network of the Americas), 여성의 경제참여를 독려하는 민관 파트너십(WEAmericas: Women's Entrepreneurship in the Americas), 그리고 USAID 주도로 발전 관련 도전 시정을 위한 구상(The Innovation Fund of the Americas)이었다. 오바마의 협력 위주 행동은 역내 많은 국가들의 워싱턴에 대한 이미지를 개선시켰고, 그 다양한 프로그램은 부분적으로 중남미, 카리브 빈곤 완화에 기여했다. 2002년 44%이던 역내 빈곤층은 2015년 지역인구의 29.2%인 1억 7천 5백만 명, 그리고 극단적 빈곤층은 인구 12.5%인 7,500만 명으로 감소했다. 그 과정에서 해외지원은 중요한 역할을 담당했다. 실제, 해외지원은 미국 우선순위 진전의 중요한 도구였는데, 그것은 역내 안보문제 해결, 시장경제 진흥, 그리

---

1) Maureen Taft-Morales, <u>Nicaragua: In Brief</u>, CRS Report, 7-5700, R44560, (September 14, 2016), pp. summary, 6-10.

고 지역국가 법치, 선거, 시민사회, 교육, 언론, 문맹, 범죄억지와 같은 민주 거버넌스 향상을 포함하는 모든 노력과 깊이 연계돼 있었다. 2008~2009년 국내 경기 대침체를 극복해 가는 상황에서, 워싱턴의 해외지원 액수는 2011년 18억 6천 달러에서 2014년까지 14억 6천 달러로 감소했지만, 2015년 15억 8천만 달러로 다시 증가해 2016~2017년 계속 17억 4천만 달러 수준에 머물렀다. 미 국무부, USAID, 펜타곤, 그리고 미주재단(Inter-American Foundation) 등을 통해 제공되는 그 지원은 주로 워싱턴의 중미 개입전략과 기존 콜롬비아, 멕시코 프로그램을 위한 것이지만, 동시에 그것들은 안보능력 강화, 반마약 정책, 민주주의 고양, 경제개혁, 보건 및 환경개선을 포함하는 각 수혜국의 요구를 반영했다.[1]

오바마 대통령이 임기를 마친 직후 미국 노스캐롤라이나 대학(University of North Carolina)의 중남미 전문가(Gregory Weeks)가 오바마 행정부의 역내 정책에 대해 다음과 같이 평가했다. 2009년 미 신행정부가 처음 출범했을 때, 미국의 중남미, 카리브 관계는 모든 면에서 혼란스러웠고, 그의 집권기에도 역내에서 몇몇 사회주의 좌파정권이 탄생했다. 그래도 그는 대선 후보 당시, 쿠바, 베네수엘라와 같은 적대 경쟁국 리더들과 전제조건 없이 만날 것이고, 역내 갈등해소와 더 나은 관계형성을 위해 미국이 일방적 요구보다 공유된 이익을 강조하는 개입(engagement)에 근거한 새로운 중남미 정책을 시행해야 한다고 주장했다. 그것은 전임자 조지 W. 부시의 정책과 크게 대조되는 입장이었다. 대화, 상호존중, 신뢰를 중시하는 그의 온건한 정책은 투명성, 교류, 민주, 인권을 강조했고, 그것은 미-중남미 관계를 개선하고 역내 긴장을 완화시키는데 크게 기여했다. FARC와 관련된 콜롬비아 평화과정에 대한 지원은 그 나라에서 테러활동을 축소시켰고, 베네수엘라 여당, 야당 모두와의 대화는 카라카스의 미국에 대한 적대감을 감소시켰으며, 쿠바와의 관계개선은 중남미 국가들의 미국 비난을 완화시켰다. 특히 오바마의 아바나와의 관계개선은 인상적이었는데, 그때 그는 임무완수를 위해 프란치스코 교황의 협력을 이끌어 내는 탁월한 외교수완을 발휘했다. 미국 내 반대파들은 오바마가 목표를 이룰 수 없는 상태에서 유화(appeasement)에만 의존한다고 비판했지만, 그가 대화에만 의존한 것은 아니었다.[2] 베네수엘라와의 관계에서,

---

1) Sullivan, Beittel, Bruyne, Meyer, Rosen, Seelke, Taft-Morales, Villarreal, <u>Latin America and the Caribbean</u>, (January 4, 2017), pp. 9-11, 15.

2) 힐러리 클린턴은 2007년 대선 캠페인 당시 오바마가 쿠바 리더와 조건 없이 만날 것이라

그는 그 나라 일부 분야에 제재를 가하면서 동시에 대화를 통해 관계를 개선했다. 마약, 인신매매, 폭력, 범죄 네트워크가 중미와 멕시코를 휩쓸고 미국 내 국민보건, 인권, 안보를 위협할 때, 오바마 행정부는 강경책을 동원했다. 오바마의 지시에 따라 미 남부사령부(U.S. Southern Command)는 일부 역내 병사들을 훈련시키고, 중남미 상대역과 정보를 교환하면서 범죄억지를 시도했다. 물론 모든 정책이 완벽한 것은 아니었고, 일부 문제는 존재했다. 온두라스 대통령 셀라야(Jose Manuel Zelaya)가 2009년 쿠데타로 추방당해 정치위기가 발생했을 때, 워싱턴의 정책은 일관성을 결여했다.[1] 2014년 멕시코에서 40명 이상의 학생들이 납치, 살해되는 인권침해에 워싱턴은 상대적으로 조용했다. 중남미 국가들은 워싱턴이 마약문제의 근원인 미국 내 소비는 제쳐두고 이웃나라만 범죄 집단으로 몰아간다고 비난했다. 오바마는 또 어느 미국 대통령보다도 더 많은 중남미인들을 추방했다. 그럼에도 불구하고 전체적으로, 또 조지 W. 부시 시대에 비해, 오바마 행정부의 중남미, 카리브 전략과 그 시행결과는 비교할 수 없이 양호했다. 오바마 퇴임 시 중남미 내 미국 이미지는 훨씬 우호적으로 바뀌었고, 오바마에 대한 비판은 없었다. 조지 W. 부시 행정부의 고압적 태도는 중남미 리더들에게 아픈 역사에 대한 기억을 상기시켰다. "중남미는 원래 미국을 진정한 파트너로 여긴 적이 거의 없었는데, 그 이유는 먼로독트린 이후 군사력 사용을 포함하는 강압적 방법이 미국의 사실상의 규범이었기 때문이다. 특히 중남미 좌파 리더들은 미국의 지속적 침공, 비밀작전, 위협을 혐오했는데, 이제 부시 행정부가 또다시 하드 파워(hard power)를 동원하면서 그들 역시 또다시 미국을 의심하게 됐다. 그 악순환을 깨뜨린 것이 오바마였다."[2]

고 말한 것에 대해, 그가 사태를 너무 안이하게 보고 있다고 비판했다. 존 매케인을 포함해 일부 공화당 상원의원들 역시 2014년 오바마의 방법이 폭정의 독재자들에 대한 '지나치게 부드러운 유화'라고 비난했다.

1) 민주적으로 선출된 대통령을 축출한 온두라스 쿠데타와 미첼레티(Roberto Micheletti) 과도정부 수립은 서반구 전체에서 큰 반작용을 유발했다. 오바마 행정부는 처음에는 그 행동을 비난했지만, 미 상원 공화당 압력에 의해 더 이상 비난을 자제했다. 일부 역내 국가들은 그 입장전환을 오바마 행정부 초기 입장인 다자주의보다는 미국의 오랜 관행인 일방주의에 근거한 결정으로 (부정적으로) 인식했다. 또 오바마 행정부가 역내 국가들과 협의 없이 비밀리에 보고타 정부와 협의해 불법마약 유통 및 현지 반군과 싸우기 위해 콜롬비아 7개 군사기지에 미군 주둔 권리를 확보한 것 역시 다자주의에 어긋나는 것으로 비판받았다. Sikhumbuzo Zondi, "Obama's Foreign Policy Legacy in Latin America: A Score Card," https://www.igd.org.za〉 inFocus

2) Gregory Weeks, "The Future of U.S. Policy Toward Latin America—Georgetown

(4) 트럼프 시대

트럼프 행정부의 역내 정책 관심사 역시 지난 행정부들이 추구해 오던 사안과 대동소이했다. 미 국무부는 그것이 안보, 경제, 그리고 역내 민주 거버넌스를 중심으로 작동한다고 말했다. 그러나 신행정부의 이슈와 접근법은 과거 행정부들과 상당한 차이를 보였다. 그것은 상당부분 대통령의 독특한 개인적 성향이 반영된 결과였다. 경제이슈에서 클린턴, 부시, 오바마 행정부가 중남미, 카리브와 협력 강화를 위한 무역, 투자협정 체결을 추구한 반면, 트럼프는 TPP에서의 탈퇴와 NAFTA 수정을 시도했다. 역내 외교에서 클린턴과 오바마가 타협, 합의, 개입을 추구한 것에 비해, 트럼프는 제재로 일관했다. 해외지원에서도, 오바마가 지원을 증대시킨 반면, 트럼프는 그것을 축소시키기 원했다.[1] 불법이민, 불법마약과 관련해 트럼프는 억지와 대화를 혼용하기보다는 처벌을 선호했고, 몇몇 반미, 반서방 국가와의 외교관계에서도 그런 성향이 두드러졌다. 트럼프는 냉전 이후 시대 중남미, 카리브에서 가장 많이 비난받은 미국 정치리더였다.[2]

Journal of...," (August 16, 2017), https://www.georgetownjournalofinternationalaffairs...

1) 그러나 실제 해외지원 액수는 트럼프 행정부 요청에 대한 미 의회의 반대로 축소되지는 않았다.

2) 트럼프의 대선후보 시절 발언과 취임 이후 행동에 비추어 미 외교협회(CFR)의 널리 알려진 중남미 전문가가 미-멕시코 관계에 대해 다음과 같이 관찰, 조언했다. 20세기 대부분 미-멕시코 관계는 별로 좋지 않았는데, 그 이유 중 하나는 미국이 멕시코를 낮춰 보았기 때문이다. 그러나 1990년대 초 조지 H. W. 부시 시절, 양국은 경제적 상호이익에 착안해 캐나다와 함께 나프타를 결성하기로 합의했다. 비록 조지 W. 부시가 멕시코인 이민에 부정적이었지만, 클린턴, 부시, 오바마 모두는 미-멕시코 관계를 중시했다. 양국은 국가 레벨뿐 아니라, 주, 현지 수준에서 사회, 경제교류를 크게 확대했다. 그러나 우호적이던 미-멕시코 관계는 트럼프의 모욕적 태도로 인해 흔들리고 있다. 트럼프는 나프타가 "경제적으로 미국을 죽이고 있다"고 말하고, 멕시코 이민자를 범죄자, 성폭행범으로 묘사하며, '소가 우는 것 같은 큰 목소리'(bellow)로 멕시코 국경장벽 설치를 위협했다. 그것은 그의 지지자들로부터 환호를 이끌어냈다. 그러나 멕시코는 미국에게 아주 중요한 존재이다. 양측 무역은 인플레이션을 조정한 수치로 1993년 1,350억 달러에서 2016년 5,200억 달러로 증가했고, 멕시코 기업이 미국에서 수입하는 40%에 달하는 원자재 비율은 캐나다로부터의 25%, 브라질, 중국, EU의 5%을 훨씬 넘어선다. 양국의 개인 간 유대는 엄청난데, 미국 내에는 멕시코계 미국인 2,500만 명과 멕시코인 1,100만 명이 거주하고, 1백만 명 미국인이 멕시코에 거주한다. 그러는 사이 트럼프로 인해 멕시코 내 반미 감정은 3배 증가하고, 퓨 리서치 조사 대상 37개국 중 멕시코에서 트럼프 지지자 비율은 17%로 최하였다. 일부 멕시코 정치인들은 반미 파퓰리즘 성향을 보이는데, 최대 정치 수혜자는 2018년 대선에 나갈 좌파 파퓰리스트 로페즈 오브라도(Andres Manuel Lopez Obrador)이다. 멕시코는 어떻게 대응해야 하는가? 워싱턴의 안면몰수(about-face)에 대비하는 옵션이 거의 없는

1) 안보

중남미, 카리브로부터의 불법마약, 불법이민 유입 억지는 트럼프 행정부 안보 관심사 중 거의 최고 우선순위를 차지했다. 그것은 당연한 선택이었는데, 왜냐하면 트럼프는 처음부터 불법이민을 막아 미국 내 근로계층 보호를 원하고, 또 마약 유입은 미국 시민 전체의 대중보건을 해치는 위험한 행위이기 때문이었다. 중남미와 카리브에서는 (앞에 언급한 바와 같이) 다양한 마약이 생산되고 미국으로 유입됐는데, 미 관계당국은 미국 내 헤로인과 합성 마약(opioid) 관련 사망이 전염병 수준에 도달해 있고, 메스암페타민과 코카인 과다사용이 증가세에 있다고 확인했다. 멕시코에서는 헤로인, 펜타닐(fentanyl), 그리고 메스암페타민이 생산됐고, 미국으로 수입되는 헤로인의 90% 이상이 멕시코로부터 유입됐다. 콜롬비아에서는 코카 재배를 통해 코카인이 생산되는데, 2017~2018년 미국으로 수입되는 코카인의 89%가 그곳에서 유래했다. 2018년 남미 코카인의 93%는 중미와 멕시코를 통해 미국으로 유입됐고, 멕시코에서 생산되는 마약은 미-멕시코 국경을 거쳤다.[1] 트럼프 행정부의 반 마약정책은 지난 행정부들이 추진해 온 정책의 연장선

상태에서, 멕시코는 트럼프의 안하무인 행동을 무시하고 워싱턴을 우회해 미국 내에서 멕시코에 우호적인 풀뿌리 세력과의 관계강화를 모색해야 한다. 멕시코 대통령 니에토는 2017년 1월 예정된 트럼프와의 정상회담을 취소하고, 미국 내 50개 영사관과 멕시코 기업의 도움을 받아 멕시코와 큰 경제관계를 유지하는 23개 주의 지사, 선출직 관리, 또 매년 멕시코에 180억 달러 상당 농산물을 판매하는 수십만 명 미국 농민, 미 중소 수출업자, 그리고 거대 다국적 기업들과의 협력을 추구했는데, 미국 내에서 많은 상하원 의원, 주지사, 그리고 대기업 CEO들이 멕시코를 옹호, 지원했다. 또 멕시코는 TPP에 잔류하는 10개국에 무역사절단을 파견하고, EU와 2000년 체결한 FTA를 상향조정하며, 남미, 중국, 중동 국가들과 상업유대 확대를 추진한다. 이제 미국과 멕시코 모두 크게 생각해야 한다. 미국은 멕시코 장벽의 환상에서 깨어나야 하고, 멕시코는 트럼프에 대한 분노를 넘어 민족주의적으로 행동하지 말아야 한다. 그럴 때에만 양국은 상품, 서비스, 인적교류를 활성화할 수 있고, 또 힘을 합쳐 마약, 조직범죄, 테러, 천연재해, 전염병과 같은 공통 관심사를 해결할 수 있을 것이다. "멕시코 리더들은 트럼프의 자질구레한 모욕을 무시하고, 똑같이 행동하는 유혹에 저항하며, 미국의 더 수용적 청중에게 긍정적 어젠다를 제시해야 한다." Shannon K. O'Neal, "The Mexican Standoff (Trump and the Art of Workaround)," Foreign Affairs, Vol. 96, No. 5 (September/October 2017), pp. 43-49.

1) 멕시코 마약조직은 중남미 마약유통에서 가장 큰 영향력을 행사한다. 2006년 멕시코 마약조직은 4개가 압도적이었지만, 2020년까지 9개 조직으로 분화됐다. 그들은 초국경 범죄조직으로 그 공급체인은 서반구와 전 세계에 걸쳐 있는데, 그들은 합성마약뿐 아니라 남미에서 생산되는 코카인도 취급한다. 2019년 중반 압도적 마약 카르텔(Sinol Cartel)의 리더(Joaquin 'El Chapo' Guzman)가 미국 법정에서 무기징역형을 선고받았다. June S. Beittel, Mexico: Organized Crime and Drug Trafficking Organizations, CRS Report,

상에서 시도됐다. FARC가 콜롬비아 정부와 평화협정을 체결한 이후, 워싱턴 당국은 '콜롬비아 평화'(Peace Colombia) 작전을 통해 그 나라를 계속 지원했고, 2018년 8월 취임한 콜롬비아 대통령 두케(Ivan Duque, 2018~2022)는 코카 재배를 줄이기 위해 한동안 금지되던 공중살포제 살포를 재개하고 수작업도 진행했다. 두케는 또 2019년 코카 작물과 코카인 생산을 2023년까지 50% 축소하기로 한 미 국무장관 폼페이와의 합의를 재확인했다. 마찬가지로 미국은 오바마 행정부가 멕시코를 대상으로 시행한 '메리다 구상', 중미에 초점을 맞춘 CARSI, 그리고 '카리브 연안 안보구상'(CBSI: Caribbean Basin Security Initiative)을 계속 시행했다.[1] 그러나 그 정책들이 마약퇴치, 폭력방지, 법치지원, 그리고 부분적으로 상대국의 경제발전까지 포괄한 성격이 있는 반면, 트럼프 행정부는 그 정책 시행에서 마약 유통 및 범죄 집단과의 투쟁, 처벌적 측면에 더 초점을 맞췄다. 트럼프 행정부는 캘리포니아 남부에 근거지를 둔 마약 관련 범죄조직 분쇄에 많은 노력을 기울였는데, 미 사법 당국은 캘리포니아 남부에 근거지를 둔 범죄 집단(MS-13) 조직원 수천 명을 체포해 기소했다.[2] 또 트럼프 행정부는 2020년 4월 수십 년 만에 처음으로 마약유통을 막기 위해 카리브 해상에 미군을 배치할 것이라고 선언했다. 미 행정부는 마약문제에서 그렇게 약간의 진전을 거두었다. 그러나 미국 내 소비가 계속되는 한, 불법마약 유통의 근본적 해결은 어려웠다.[3]

41576, (Updated July 28, 2020), p. summary; 미 캘리포니아 남부에도 마약유통에 연계되어 있는 갱단(MS-13: Mara Salvatruchar과 18th Street gang)이 있다.

1) 트럼프 행정부는 2020년 10월 멕시코 전 국방장관을 마약유통 혐의로 체포해 멕시코인들을 분노케 했는데, 멕시코 의회는 그에 반발해 미국 DEA의 멕시코 내 사법 활동을 제한하고 양국 정보공유를 제한하는 법안을 통과시켰다. 그 후 메리다 구상은 멕시코 주와 현지레벨에서는 시행됐지만, 연방수준에서는 그 집행이 중단됐다.

2) 미 사법당국은 2020년 3월 콜롬비아 FARC와 공모해 마약 카르텔(Cartel of the Suns)에 가담한 혐의로 베네수엘라 마두로(Nicolas Maduro) 대통령을 기소했다.

3) CBSI는 2009년 제5차 미주정상회담에서 오바마 행정부가 선언한 정책으로, 카리브 지역의 다양한 사안을 위한 해외지원 프로그램이다. 카리브 지역에는 13개 섬 나라를 포함해 16개 독립국과 18개 해외영토(oversea territories)가 존재한다. 미국은 2010~2020년 그 프로그램에 6억7천7백만 달러를 할당했다. 그 프로젝트는 해상 및 공중안보협력, 법 시행 능력 구축, 국경 및 항구 안보와 무기 압수, 사법영역 개혁, 범죄예방의 5개 영역 증진을 의도했다. Mark P. Sullivan, June S. Beittel, Nese F. DeBruyne, Peter J. Meyer, Clare Ribando Seelke, Maureen Taft-Morales, M. Angeles Villarreal, Latin America and the Caribbean: U.S. Policy and Issues in the 116th Congress, CRS Report, R46258, (May 21, 2020), pp. 19-20. 27, 45.

트럼프 행정부는 불법이민 제어에서도 일부 성과를 거두었다. 미국으로 진입하는 압도적 숫자의 합법, 불법이민자, 망명신청자(asylum seeker)는 중미와 카리브 지역으로부터 왔다. 불법이민자와 관련한 정책에서 트럼프 행정부는 그 이전 오바마 행정부와 달리 강경책을 구사했는데, 그것은 2017~2018년 아이티, 온두라스, 엘살바도르, 니카라과에 대한 '임시보호위상'(TPS) 종식, 2017년 9월 '아동 추방유예'(DACA) 취소, 그리고 미국 내 피난처 제공 제한을 포함했다. DACA는 미국에 도착한 수십만 명 어린이를 구제하기 위해 오바마 행정부가 2012년 시작한 프로그램이었고, TPS 역시 비슷한 취지에서 이민자를 일시 보호하기 위한 조치였다. 2019년 1월 미 행정부는 또 '이주자 보호규약'(MPP: Migrant Protection Protocol)을 진수했는데, 그것은 이민자와 망명 신청자들을 멕시코에 강제 대기시키는 제도였다. 그것은 '멕시코 대기'(Remain in Mexico) 프로그램이라고도 불렸다. 미국은 또 북부삼각지대 국가들과 '망명처 협력합의'(ACAs: Asylum Cooperative Agreements)를 체결했는데, 그것은 미 국경에 당도한 이민, 망명을 원하는 사람들이 그 3개국 중 한 곳에서 미국으로의 피난처를 신청하도록 강제하는 조치였다. 그 합의는 '안전한 제3국'(safe third country) 합의라고도 불렸다. 그 강경책들은 관련국들을 우려케 했다. 2019년 3월 트럼프 행정부는 불법이민 방지에 압력을 가할 목적으로 중미와 관련된 안보 및 기타 재정지원 프로그램을 축소, 유보하고, 4억 달러 상당의 예산을 다른 프로젝트에 사용했다. 미국이 관련 국가에 대한 해외지원 삭감, 관세부과 위협을 가하면서 강경조치를 밀어붙였을 때, 상대방 국가들은 워싱턴의 요구를 거부할 수 없었다. 멕시코 대통령 오브라도는 2019년 6월 자국 내에서 대기하는 이민자들에게 대피 목적의 보호소를 제공하고, 멕시코 내 MPP 제도를 확대하며, 이민법을 강화할 것이라고 약속했다.[1] 그것은 불법이민 문제를 해결하려는 오브라도 자신의 의지뿐 아니라, 2019년 5월 트럼프가 멕시코 정부가 협력하지 않으면 그 나라로부터의 자동

▲ 로페즈 오브라도 2019, dw.com

---

1) 2018년 12월 6년 임기로 취임한 온건 좌파인 오브라도는 국내에서 부패척결, 시민안보 강화, 남부 멕시코 인프라 구축, 국영 오일회사 생산성 증대에 많은 노력을 기울이고, 최저임금 인상을 단행했다. 2019년 경제성장 0%, 그리고 2020년에 들어와 코비드-19로 인한 경제규모 6.6% 축소, 역대 최고수준의 살인율, 조직범죄 증가, 팬데믹 사망자 26만 명에도 불구하고, 그의 2021년 6월 현재 지지율은 60% 수준이었다. 그러나 멕시코 일각에서는 그의 언론자유 및 사법부 독립 침해, 인프라 건설 이외의 지나친 긴축을 비판했다.

차 수입에 관세를 부과할 것이라고 위협한 것이 부분적으로 효과를 나타낸 경우였다. 2019년 11월 과테말라는 워싱턴의 요구대로 자국 내에 미국이 송환한 온두라스인과 엘살바도르인 1천 명을 수용하면서 합의를 시행하기 시작했지만, 2020년 3월 코비드-19로 인해 그 조치를 중단했다. 온두라스와 엘살바도르는 팬데믹 우려로 2020년 5월 아직 그 합의를 보류하고 있었다. 멕시코와 북부삼각지대 국가들은 2019년 미국이 거부한 약 27만 명 중 91%를 수용했는데, 그들은 그 중에 코비드-19 감염자, 범죄자가 포함된 것, 그리고 자국 정부의 이민 대기자 수용 능력을 우려했다. 한편 트럼프 행정부는 불법 이주자 체포 작전을 강화했다. 2019년 미 사법당국은 98만 명 불법 이주자를 체포했는데, 그것은 2018년의 46만 명보다 두 배 이상 더 큰 숫자였다. 그들 중 약 61만 명이 북부삼각지대 출신이었는데, 그 중 또 81%는 부모를 동반하지 않은 아동과 가족이었다. 중미는 최근 미국으로 오는 불법이민의 최대 원천으로 멕시코를 넘어섰다. 2011~2018년 북부삼각지대 출신 체포자는 10만 명 이하였지만, 2019년에는 과테말라 한 나라에서 온 사람들만도 거의 30만 명에 달했다.[1] 2020년에는 체포자 수가 2019년에 비해 절반으로 하락했는데, 그것은 코비드-19로 인한 이동제한, 그리고 미국 정부가 팬데믹 상황에서 필수적이지 않은 여행과 피난처 수속을 유예하는 등 질병을 막기 위해 국경을 부분적으로 폐쇄했기 때문이다. 증명서가 없는 이민자들은 멕시코와 '안전한 제3국'으로 보내졌다.[2]

그러나 불법이민자 체포, 구금과 관련해 하나 지적할 것은 그것이 트럼프 시대에만 유독 강화된 것은 아니라는 것이다. 실제 미-멕시코 국경에 구금된 사람 숫자는 클린턴 임기 마지막 해인 2000년 160만 명을 넘었고, 조지 W. 부시가 취임한 2001년 120만 명 수준이었으며, 그 후 약간의 등락을 반복하면서 부시 임기 말인 2008년 65만 명을 웃돌았다. 그 후 2009년 오바마 취임 이후 그 숫자는 대체로 40만 명 이하를 유지했고, 트럼프 취임 둘째 해인 2018년에도 그 숫자는 46만 명이었다. 그러면 트럼프 시대 불법이민과 관련돼 많은 논란을 빚은 멕시코 국경 장벽(wall) 건설의 현실은 무엇일까? 트럼프는 대선 캠페인 시절부터 그 장벽

---

1) Peter J. Meyer, "U.S. Strategy for Engagement in Central America: Overview," CRS IN Focus, IF10371, (Updated June 30, 2020), p. 1.

2) Sullivan, Beittel, DeBruyne, Meyer, Seelke, Taft-Morales, M. Villarreal, Latin America and the Caribbean, (May 21, 2020), pp. 14, 25-26, 35.

설립을 옹호했고, 2017년 1월 행정명령으로 그 건설을
지시했다. 그 프로젝트는 2019년 초 실제 추진되기 시작
했는데, 그의 퇴임 시까지 캘리포니아, 아리조나, 뉴멕시
코, 텍사스 주와 인접한 총 1,954마일의 미-멕시코 국
경을 따라 450마일의 장벽이 설치됐다. 그 중에서 과거
장벽이 없던 국경에 새로 추가된 장벽의 길이는 80마일
에 불과했는데, 왜냐하면 그 450마일 중 대부분은 기존

▲ 미-멕시코 국경 장벽, pbs.org

에 존재하던 654마일의 장벽 일부를 수리하거나, 또는 2017년 이전에 건설된 기
존 1차 장벽(primary wall) 뒤쪽으로 월담을 막는 추가 장애물로서의 2차 장벽
(secondary wall)을 건설했기 때문이다. 그 기존의 654마일 장벽 중 354마일은 보
행자를 막는 바리케이드(barricade)였고, 나머지 300마일은 차량 통과를 막는 울
타리(fence)였다. 트럼프가 건설한 장벽도 1차 장벽은 47마일이고 33마일은 2차
장벽이었다. 또 그 장벽은 그가 캠페인 당시 말한 콘크리트 구조물이 아니고, 장
벽의 양측에서 감시당국과 불법이민자가 서로를 확인할 수 있도록 틈이 벌어져있
는 철강(steel) 막대로 연결된 벽이었다. 장벽 높이는 18~30피트(feet) 수준이었다.
그 장벽은 비용과 관련해서도 관심의 대상이었다. 2016년 대선 캠페인 당시 트럼
프는 멕시코로 하여금 그 비용을 부담하게 할 것이라고 말했지만, 멕시코 정부는
그 요구를 거부했다. 2018년 1월 미 행정부는 초기 공사 목적으로 의회에 10년
기간 180억 달러를 요청했는데, 그 역시 의회로부터 거부됐다. 그러나 2018년 의
회가 일부 재원을 할당하는 상태에서, 2019년 트럼프는 국가 비상사태(national
emergency) 파워를 발동해 국방부 자금을 전용해 프로젝트를 시작했다. 그 후에
는 국토안보, 재무부, 국방부 자금을 사용해 2021년 1월까지 150억 달러를 지
출했다. 원래 그 전체비용은 120~400억 달러로 예상됐다. 2020년 11월 바이든
과의 대선 경쟁 당시에도 트럼프는 멕시코가 그 비용을 지불하고 있다고 말했지
만, 그것은 사실이 아니었다. 또 그는 과거에도 USMCA에서 절약된 자금이 장벽
건설에 쓰일 수 있다고 말한 바 있다.[1] 전체적으로, 비록 그렇게 다소 강제적이
고 무리한 방법을 동원했지만, 트럼프는 불법이민 억지에 있어서 소기의 성과를

---

1) Christopher Giles, "Trump's wall: How much has been built during his term?"
   (Updated January 12, 2021), https://www.bbc.com〉 news; Lucy Rodgers and Dominic
   Bailey, "Trump wall: How much has he actually built?" (Updated October 31, 2020),
   https://www.bbc.com〉 news

거두었다. 그러나 전문가들은 중남미, 카리브의 전반적인 사회, 경제, 정치적 상황이 호전되지 않는 한 그 불법이민 흐름은 막기 어려울 것으로 판단했다. 그들은 또 미국 거주를 원하는 사람들이 불법적으로 사용하는 다양한 방법을 거론했는데, 그것은 장벽 월담 또는 장벽 밑 터널을 통한 밀입국, 밀입국 알선업자들이 사용하는 가짜 증명서를 통한 합법적 입국, 선박을 통한 밀입국, 그리고 여행비자 기간을 넘는 불법체류 등을 포함했다.[1]

2) 경제사안

출범 당시 중남미, 카리브와 관련된 트럼프 행정부의 가장 중요한 경제 이슈는 일부 역내 국가가 포함된 TPP, 그리고 멕시코가 관련된 NAFTA였다. 그러나 익히 알려졌듯이 트럼프 행정부는 2017년 1월 TPP에서 철수하고, NAFTA는 2018년 8월 멕시코와 수정에 합의하고 9월까지 캐나다를 포함해 USMCA로의 변경이 완료됐다.

그 이외에 트럼프 경제팀은 약간의 역내 추가 경제조치를 취했는데, 그것은 대부분 강요적 성격을 띠었다. 2018년 5월 아직 NAFTA 협상 완료 전, 미 행정부는 멕시코에 다른 역외 국가에도 시행 중인 철강 25% 관세와 알루미늄 10% 관세를 부과했다. 멕시코는 USMCA가 2020년 7월 효력을 발생하는 점을 감안해 37억 달러 상당의 71개 미국 제품에 보복관세를 부과했는데, 2019년 5월에 이르러 양측은 상호 보복관세를 폐지하기로 합의했다. 같은 시기 미국은 또 아르헨티나와 브라질에 쿼터를 대가로 그들에 대한 철강 및 알루미늄 관세를 면제해 주었지만, 2019년 2월 또다시 관세 부과를 위협했다. 아이티 의류제품에 제공되는 혜택이 2025년 시효 만료되는 상태에서, '카리브연안 무역파트너십'(CBTPA: Caribbean Basin Trade Partnership), 그리고 120개 개도국을 대상으로 면세를 제공하는 '일반특혜체계'(GSP)를 통해 중남미, 카리브 국가들에게 제공되던 일부 제품에 대한 약간의 혜택은 2020년 말까지 폐지됐다. 그 상황에서 미국의 역내 경제관계는 무역 규모를 포함하는 일부분에서 약간의 수치 및 비율에서의 등락은 있었지만, 오바

---

1) Josh Gabbatiss, "Trump's border wall will not work no matter how high, scientists warn," The Independent, (February 17, 2019)

마 시기와 거의 동일한 추세를 유지했다. 2019년 미국의 역내 상품 수출은 4,189억 달러, 그리고 수입은 4,670억 달러에 달했다. 중남미, 카리브 국가들에게는 수출의 44%와 수입의 31%가 미국과 진행됐다. 미국에게 역내에서 가장 중요한 무역 파트너는 계속 멕시코였고, 미국의 역내 국가로부터의 수입, 수출의 60% 이상이 멕시코와 이루어졌다. 2020년 현재 FTA 현황도 과거와 마찬가지로 미국은 중미의 멕시코, 과테말라, 온두라스, 엘살바도르, 니카라과, 코스타리카, 파나마, 또 카리브 지역의 도미니카공화국, 그리고 남미의 콜롬비아, 페루, 칠레를 포함하는 11개 국가와 6개 FTA를 체결하고 있었다. 과거의 몇몇 우려사항도 마찬가지 상태로 남아 있었다. 남미 최대 경제인 아르헨티나, 브라질, 베네수엘라를 포함해 일부 국가들은 아직도 미국과의 FTA에 반대했다. 그래도 2019년 9월 미국이 브라질과의 자유무역합의를 시도한 것에 대해 보우소나루 정부가 USMCA와 비슷한 협상의 준비가 돼 있다고 말한 것은 워싱턴에게는 반가운 소식이었다.[1] 미국을 배제하는 역내 경제통합도 계속됐다. '태평양동맹'은 Mercosur와 경제관계 강화를 위한 무역절차를 논의했고, 2019년 6월 Mercosur는 20년에 걸친 협상 끝에 EU와 무역합의를 타결시켰으며, 2020년 4월 멕시코는 대부분의 남아있는 무역장벽을 제거하면서 EU와의 FTA를 한 단계 더 진전시켰다.[2]

---

1) 보우소나루는 트럼프 대통령 못지않게 독특한 행동으로 지구적 차원에서 많은 비난을 받았다. 2019년 1월 집권한 그는 사회, 문화적 보수로서 범죄와 폭력 축소에 강경책을 동원하고, 무기규제 완화와 아마존 개발을 제안했다. 경제에서는 재정개혁을 통해 국내기업과 국제투자자들의 지지를 받았다. 그러나 정치적으로 그는 군대에 의존하고, 법 시행에 간섭하며, 언론, 비정부기구, 그리고 입법부에 적대적으로 행동해 민주주의를 약화시켰다는 비난을 받았다. 브라질에서 코비드-19 사망자 숫자가 2021년 9월 현재 미국 다음으로 많은 58만 명을 넘으면서, 팬데믹의 위험성과 마스크 착용 및 사회적 거리두기 등 대응조치를 무시한 그에 행동은 세계적 비난의 대상이 됐다. 그래도 그의 집권시 미-브라질 관계는 원만했다. 보우소나루는 브라질의 전통적 대외관계 접근방식인 자주(autonomy)보다는 미국과의 관계강화를 추구하고, 베네수엘라와 쿠바에 대한 경제제재 지지를 포함해 워싱턴과 여러 사안에서 긴밀하게 협력했다. 트럼프는 보우소나루를 환영하고 미-브라질 관계 강화를 추진했다. 2019년 3월 보우소나루의 미국 방문시, 트럼프는 브라질을 주요 비 나토 동맹(non-NATO ally)으로 지정해 미국 국방산업에 대한 특혜적 접근을 허용했다. 또 트럼프는 반마약, 대테러에서 브라질과 양자협력을 강화하고, 무역과 세관행정을 용이하게 하는 2020년 무역규정 및 투명성 협약(Protocol on Trade Rules and Transparency)을 포함해 여러 무역 및 투자 조치에 합의했다. Mark P. Sullivan, June S. Beittel, Peter J. Meyer, Clare Ribando Seelke, Maureen Taft-Morales, M. Angeles Villarreal, Carla Y. Davis-Castro, Latin America and the Caribbean: U.S. Policy and Key Issues in the 116th Congress, CRS Report, R46781, (Updated September 2, 2021), p. 45.

2) Sullivan, Beittel, DeBruyne, Meyer, Seelke, Taft-Morales, Villarreal, Latin America and

3) 민주 거버넌스

트럼프 행정부는 역내 민주주의가 하락하는 것을 크게 우려했는데, 그 중에서도 가장 문제시 한 나라는 오바마 시기와 비슷하게 자유 민주주의를 노골적으로 비판하면서 특히 미국에 오랫동안 대항, 반대해 온 좌파 사회주의 국가 쿠바, 베네수엘라였고, 니카라과도 점차 더 직접적 대상에 포함됐다. 미 국가안보 보좌관 존 볼턴은 그 3개국을 '폭정 트로이카'로 규정했고, 트럼프 행정부는 그들에 대해 강력한 제재를 부과했다. 심지어 2019년 3월 볼턴은 트럼프 행정부의 미주 지역 정책을 설명하면서 먼로 독트린을 거론했다. 그는 민주적 서반구 유지는 미국 역대 대통령들의 목표였고, 트럼프 행정부는 먼로 독트린이라는 단어 사용을 두려워하지 않는다고 강조했다.[1]

'폭정 트로이카' 3개국에 대한 트럼프 행정부의 정책은 오바마 시대로부터의 큰 반전을 기록했다. 미국은 1959년 쿠바 혁명 이후 아바나(Havana)에 경제제재를 부과해 왔지만, 오바마 행정부는 쿠바와 외교관계 정상화를 허용했다. 그러나 2017년 6~11월 트럼프 행정부는 미 대사관 직원 숫자를 2/3 축소시키면서, 개인 여행을 제한하고 군부가 통제하는 일부 쿠바 기업에 새로이 제재를 부과했다. 그 이유는 비록 아바나가 2010년대 이후 부분적으로 시장경제를 지향하지만, 쿠바의 변화가 충분치 않다고 판단했기 때문이다.[2] 트럼프 행정부에게는 쿠바의 여러 양상이 아직 불만스러웠다. 2018년 디아스카넬(Miguel Diaz-Canel Bermudez)이 대통령 직위(President of the Council of State)를 승계했지만, 라울 카스트로(Raul Castro)는 아직도 그 나라 공산당 제1서기(당 대표) 위상을 유지하면서 2021년 4월까지 정부정책에 계속 영향력을 행사하게 되어 있었다.[3] 또 2019년 신헌법 발표

---

the Caribbean, (May 21, 2020), pp. 21-24.

1) "What is the Monroe Doctrine? John Bolton's justification for Trump's push against Maduro," The Washington Post, (March 4, 2019)

2) 라울 카스트로는 무역 다변화, 해외투자, 민간영역 확대를 추진했고, 2017년 말까지 전체 노동력의 12%인 58만 명이 민간분야에서 일하고 있었다. 또 셀폰, 인터넷 사용으로 정보 접근을 가능케 하면서 개인의 자유를 약간 확대시켰다. 그러나 경제개혁의 속도는 느렸고, 2016년 경제성장률은 0.5%에 불과했다. 또 인플레 및 사회에 대한 부정적 영향을 우려해 이중 통화(dual-currency) 사용 종식 약속은 지연됐다. Mark P. Sullivan, "Cuba After the Castro," CRS Insight, IN10885, (May 2, 2018), p. 2.

3) 디아스카넬의 대통령 취임은 세대교체의 큰 의미를 갖는다. 그는 2003년 당 정치국 임원

이후 약간의 정치, 경제개혁이 있었지만, 유일 정당인 공산당의 압도적 역할은 그대로 유지됐다. 2019년 미 행정부는 쿠바에 대한 경제제재를 훨씬 더 강화했다. 그것은 그 나라 인권기록이 취약하고, 또 아바나가 워싱턴이 대통령으로 인정하지 않는 니콜라스 마두로(Nicolas Maduro)의 베네수엘라로부터 하루에 4~5만 배럴의 오일을 수입해 사실상 카라카스에 경제적 도움을 주기 때문이었다.[1] 워싱턴의 조치는 크루즈, 항공편과 같은 여행제한, 베네수엘라로부터의 오일 수입을 겨냥하는 추가제재, 그리고 무역, 송금 및 은행거래를 포함하는 재정과 관련된 전반적 경제영역 제재 부과를 포함했다. 미 행정부는 또 미국인들에게 쿠바 정부로부터 몰수된 자산을 유통하는 회사나 개인에 대해 소송할 권리를 인정했다. 그 조치는 자국 회사와 개인을 보호하기 원하는 EU와 캐나다로부터 비난받았지만, 엑슨모빌은 쿠바 국영 오일회사에 소송을 제기했고, 과거 쿠바에 항구시설을 소유하고 있던 가족의 후손들은 마이애미에서 사업하는 회사(Carnival Corporation)에 소송을 제기했다.[2]

니카라과에 대한 정책 역시 오바마 시대와는 상당한 대조를 이루었다. 2017년 트럼프 행정부가 출범했을 때, 니카라과는 2007년 대통령으로 재취임 한 오르테가(Daniel Ortega)에 의해 통치되고 있었다. 그는 집권기간 시행한 수많은 파퓰리스트 사회복지 프로그램으로 권위주의에도 불구하고 많은 국민의 지지를 받았지만, 2016년 대선을 포함해 불공정 선거, 또 중국회사의 운하개발 요청을 허용해 국내외로부터 비난받는 상태에 있었다. 2018년에는 마나과(Managua)가 세금을 인상하고 복지를 축소하는 사회보장 개혁을 시도했는데, 그에 대해 국내에서 오르테가 리더십 등장 이후 사상 최대 규모의 시위, 시민갈등이 발생했다. 그때 오르테가 정부는 인권 범죄로 간주될 수 있는 강경조치를 취했다.[3] 트럼프 행정

___

이 됐고, 교육장관으로 재직했다. 그는 엔지니어 출신이지만 정치적 성향은 심각한 좌익으로 보인다. 그는 2017년 반체제 활동을 강력히 비난하고, 민간분야 확대에 반대했으며, 오바마의 관계정상화가 쿠바 공산주의를 붕괴시키려는 의도를 가진 것이라고 비난했다.

1) 쿠바가 베네수엘라로부터 수입하는 4~5만 배럴의 오일은 하루 필요량의 1/3인데, 그것은 수년 전 수입하던 9~10만 배럴에 비해 절반으로 하락한 양이었다. 쿠바는 그 수입에 대해 대체 의료 인력을 제공하는 등 현금이 아닌 물건으로 지불했다.

2) Mark P. Sullivan, "Cuba; Trump Administration Expands Sanctions," CRS Insight, IN11120, (Updated June 24, 2019), pp. 1－2.

3) Christopher Sherman, "Fear, uncertain future for Nicaragua's student protesters," Associated Press, (August 26, 2018)

부는 그 사태를 간과하기 원치 않았고, 워싱턴은 제재를 부과했다. 미국은 '2018 니카라과 인권 및 반부패법' 제정을 통해 그 나라에 대한 다자대출을 제한하고, 부통령(Rosario Murillo)을 포함해 그 행정부 일부 관리들에게 제재를 부과했다. 니카라과 정부와 야당 대화가 붕괴되고 시민사회와의 충돌이 증가하면서, 2018년 미주인권위원회(Inter—American Commission on Human Rights), 그리고 2019년 11월 OAS는 오르테가 정부의 권위주의가 그 나라 민주주의를 질식시키고 있다고 경고했다. 2020년 초 마나과는 또 다시 대중소요를 강압적 방법으로 진압했는데, 그것은 최대 600명 시위자의 초법적 살인, 고문, 언론탄압, 그리고 수천 명 망명사태로 이어지는 위기를 촉발했다. 오르테가 정부는 또 러시아, 중국과 비슷하게 입법부를 동원해 외국으로부터 자금지원을 받는 개인과 단체를 외국기관(foreign agent)으로 등록하도록 강요하고, 해당 개인의 공직출마를 금지하는 법안을 통과시켰다. 미국은 2020년 3월 니카라과 경찰에 인권남용 혐의로 제재를 부과했다. 2019년 니카라과 GDP는 4% 축소됐고, 2020년 추정치는 6% 축소였다. 마나과는 코비드—19 사태에도 격리정책은 시행하지 않았는데, 전문가들은 그 정부가 정확한 발병 및 사망자 숫자를 숨기는 것으로 판단했다.[1]

미국이 가장 혐오하는 베네수엘라에 대한 트럼프 행정부의 정책은 어땠을까? 트럼프 행정부 출범 당시 베네수엘라에서는 차베스 시절 부통령 직책을 포함해 여러 정부요직을 거친 니콜라스 마두로(Nicolas Maduro)가 대통령으로 재직하고 있었다. 마두로의 첫 번째 대통령 임기는 2013년에 시작됐고, 2018년 5월 조기대선에서 48% 투표율 중 67.7%를 득표로 승리하면서 2019년 1월 이후 두 번째 6년 임기가 시작됐다. 그러나 그의 국정운영은 처음부터 수많은 오점으로 점철됐다. 일찍이 2014년 경제정책 실패로 생활수준이 하락하고 전국에서 매일 시위가 벌어질 때, 그는 반대파를 탄압, 비판자를 추방하고 시위대를 무력으로 진압해 큰 인도주의 위기를 유발했다.[2] 2015년 야당이 주도하는 의회가 마두로를 소환할 움직임을 보였지만, 그 시도는 그가 장악한 대법원과 군대에 의해 무력화됐다. 2018년 5월 조기대선 역시 야당 리더 투옥과 출마금지, 국영 미디어의 편파적 선

1) Sullivan, Beittel, DeBruyne, Meyer, Seelke, Taft—Morales, Villarreal, <u>Latin America and the Caribbean</u>, (May 21, 2020), pp. 37—39.

2) Javier Faria, "Venezuelan teen dies after being shot at anti—Maduro protest," Reuters, (February 25, 2015)

전을 포함하는 불공정 선거, 그리고 국제감시단 불인정으로 인해 국내외 모두에서 비판의 대상이 됐다.[1] 마두로 정부에 대한 국제사회의 인식은 차베스 시기보다 오히려 더 나빠졌다. 트럼프 행정부는 처음부터 강경책을 구사했다. 2017년 4월 카라카스가 베네수엘라 내 미국 자동차 공장을 폐쇄한 것에 분개해, 트럼프 대통령은 마두로의 독재행태에 '군사옵션'을 배제하지 않을 것이라고 경고했다. 그에 대해 베네수엘라 정부 여러 고위직 인사들은 트럼프의 발언이 '국가주권'에 대한 위협이라고 반발했다. 2018년 봄 트럼프 행정부는 캐나다, 파나마 정부와 함께 카라카스(Caracas) 독재정부에 제재를 가했고, 그것은 마두로의 불법행위에 가담한 약 80명의 인사를 겨냥했다. 또 국제형사재판소(ICC: International Criminal Court)가 그의 반인류 범죄를 조사했으며, OAS는 마두로의 임기 중 심각한 범죄가 있었다고 결론내렸다.[2]

2019년 1월 마두로 정부가 두 번째 공식 임기를 시작하고 그에 반대해 야당 출신 국회의장 후안 과이도(Juan Guaido)가 국민의 지지에 따른 과도(interim) 대통령임을 선포했을 때, 미국, 캐나다, 서유럽, 그리고 남미 일부를 포함해 58개 국가들이 과이도를 지지했다. 트럼프 행정부는 2019년 1월 니콜라스 마두로가 더 이상 베네수엘라의 정통성 있는 대통령이 아니라고 선언하

▲ 후안 과이도 2019, dw.com

고, 동맹, 파트너 국가들과 함께 카라카스에 가능한 한 많은 제재를 시도했다. 그조치는 마두로 정부, 베네수엘라 정부의 주요 소득원인 국영 오일회사(PDVSA)와 원자재 산업, 중앙은행을 표적으로 지정하고, 러시아 로스네프트 자회사와 같이 카라카스에 협력한 일부 기업들에 대한 2차 제재(secondary sanctions)를 포함했

---

1) 2018년 5월 베네수엘라 대선에서 마두로 대통령과 그가 소속된 여당(PSUV: United Socialist Party of Venezuela), 선거관리위원회, 법원은 주요 경쟁자(Henry Falcon)의 캠페인을 방해했다. 또 정부는 식량지원 카드 분배센터를 투표소 옆에 설치하고 근로자들에게 투표를 강요했다. Clare Ribando Seelke, "Venezuela's 2018 Presidential Elections," CRS Insight, IN10902, (May 24, 2018), p. 1.

2) "Trump won't rule out a military option in Venezuela," The Washington Post, (August 11, 2017); Mike Corder, "ICC to open preliminary probes in Philippines, Venezuela," ABC News, (February 8, 2018)

다.[1] 그에 대해 카라카스는 미국과의 유대를 공식 파기한다고 선언하면서 미 외교임무 폐쇄를 명령했고, 2019년 3월 중순까지 베네수엘라 내 모든 미 외교인력이 철수하면서 양국은 외교 단절 상태에 들어갔다. 워싱턴은 또다시 강경하게 행동했다. 2019년 4월까지 미국은 마두로와 연계된 700명 이상 개인의 비자를 취소하고, 150개 이상의 기업, 선박, 개인을 대상으로 제재를 부과했다.[2] 그것은 마두로 축출을 기도하는 가능한 모든 외교, 경제수단을 동원하는 '최대압력'의 행사였다. 그런 가운데 2019년 4월 베네수엘라 내 군사반란이 발생했다. 그러나 그것은 실패로 돌아갔는데, 군대의 충성심을 돌리려는 과이도의 시도에도 불구하고 군부 주요 인사들이 대체로 마두로에 충성했기 때문이다. 위기가 더 고조되면서 마두로와 과이도는 협상에 들어갔지만, 그것은 아무 결론에 이르지 못했다. 트럼프 행정부는 계속 과이도 정부 지지를 표시했다. 2019년 10월 미국은 과이도 세력과 1억 달러 발전자금 지원에 합의하고, 2020년 3월 마두로와 그의 측근들을 기소하면서 그의 체포를 돕는 정보제공에 1,500만 달러 현상금을 지불할 것이라고 말했다.[3] 그러나 마두로는 트럼프를 '인종주의 카우보이'(racist cowboy)라고 부르면서, 모든 것이 워싱턴의 음모라고 주장했다.[4] 또 그는 국내 동맹세력에 금광 채굴, 마약유통, 기타 불법 활동으로 획득한 수입을 배분하고, 러시아, 중국, 이란으로부터의 경제지원을 토대로 국제 경제제재의 부정적 여파를 최소화했다.[5] 해외에서는 반미 성향의 쿠바, 시리아, 이란, 중국, 러시아, 그리고 중동 시아파 벨트와 중국, 러시아로 기울어지는 터키가 마두로 정부에 대한 지지를 표시했다. 그런 가운데 2,500%의 초고도 인플레이션, 필수품과 의약품 부족, 전력난, 그리

1) Sullivan, Beittel, DeBruyne, Meyer, Seelke, Taft – Morales, Villarreal, <u>Latin America and the Caribbean</u>, (May 21, 2020), pp. 46 – 47.

2) Manue Rueda, Edith M. Lederer, "Venezuela backtracks on order to expel US diplomats," Associated Press, (January 27, 2019); "Treasury sanctions Venezuelan business to isolate Maduro," AP News, (April 12, 2019)

3) Katie Benner, William K. Rashbaum, Benjamin Weiser, "Venezuelan President Is Charged in the U.S. With Drug Trafficking," The New York Times, (March 26, 2020); "Department of State Offers Rewards for Information to Bring Venezuelan Drug Traffickers to Justice," www.state.gov, (March 26, 2020)

4) "Venezuelan President Nicolas Maduro threatens Trump in face of drug charges," New York Post, (March 27, 2020)

5) Clare Ribando Seelke, "Venezuela; Political Crisis and U.S. Policy," CRS In Focus, IF10230, (Updated September 15, 2020), p. 1.

고 코비드 — 19 팬데믹으로 인해 베네수엘라 경제는 붕괴상태에 처했다.[1] 유엔은 9천명 시민이 초법적으로 살해되고, 510만 명 베네수엘라 국민이 식량과 직업, 피난처를 찾아 그 나라를 떠난 것으로 추정했다. 피난민 중 430만 명은 중남미와 카리브 국가에 수용됐다.[2] 2020년 3월 워싱턴은 마두로가 과도정부 수립을 의미하는 과이도의 '민주적 제안'을 수용하면, 베네수엘라에 대한 제재를 중단할 것이라고 제안했다. 그러나 마두로는 그 요청을 거부했다. 마두로는 자신만이 합법적인 대통령이고, 계속 그렇게 남을 것이라고 말했다. 광범위한 국제적 지지에도 불구하고 과이도는 국내에서 실질적 파워를 행사하지 못했다. 미국의 지지를 기반으로 마두로를 축출하려는 야당 리더 과이도의 시도는 실패했다. 미국과 국제사회의 제재 역시 마두로를 권좌에서 몰아내기에는 역부족이었다. 2020년 12월 의회선거

---

1) 1920년대부터 오일이 생산되기 시작한 베네수엘라는 지속적 경제성장으로 1980년대 초 남미 최대의 부국이고, 일인당 GDP가 영국보다 13% 작지만 이스라엘, 스페인, 그리스보다 더 높은 상태에서 세계에서 가장 부유한 20개국 중 하나에 속했다. 그러나 그 이후 1인당 GDP가 1978년 최고치에서 2003년까지 37% 감소하면서 공공지출과 사회보장은 축소됐고, 통화가치 절하로 인플레이션은 1989년 85%, 1996년 99%를 기록했다. 그 맥락에서 차베스가 집권(1999~2013)했는데, 그는 외국기업이 소유한 오일, 정보통신, 철강, 광산, 항공 산업을 국유화하고, 토지개혁으로 많은 농지를 농협으로 이전했다. 불평등, 소외, 가난, 부패 추방을 약속한 차베스는 2004년 오일가격 상승과 중국으로부터의 자금대여로 경제가 활성화되면서 국내에서 최고의 인기를 누렸고, 부시의 이라크 침공을 공개적으로 비난해 반미의 아이콘, 그리고 세계적 반미 리더로 각인됐다. 그러나 2014년 오일가격이 하락하면서, 그 동안 쿠바를 모델로 사회주의 경제정책을 실시해 점차 경제효율성, 경쟁력이 약화된 베네수엘라는 중국을 포함해 여러 나라로부터 부채의 덫에 빠졌고, 쿠바에서 암 치료를 받던 차베스는 부통령 마두로를 후계자로 추천하고 2013년 5월 사망했다. 2013년 선거에서 승리한 마두로는 노조출신으로 10대 당시 맑시스트 정당에 가입하고 20대에 쿠바에서 학교를 다니면서 혁명가로 성장했다. 외교장관 시절 쿠바에 충성을 약속한 그는 아바나의 조언을 따라 통화량을 급격히 늘렸고, 그 결과는 1년에 1천% 인플레이션과 극단적 빈곤이었다. 그는 정치적으로도 쿠바의 조언을 따랐는데, 그것은 국내에서 수만 명 체포, 정적 투옥, 고문의 정치탄압과 사기선거였고, 대외적으로는 워싱턴과의 관계단절, 러시아, 중국, 이란, 벨라루스 같은 반미국가들과의 관계강화로 이어졌다. 오바마와 트럼프 시기, 미국, EU, 캐나다가 자산동결, 여행금지 등의 경제제재를 부과했지만, 카라카스는 러시아, 중국, 이란의 지원에 의존해 그에 저항했다. 오바마의 협상은 성과를 내지 못했고, 트럼프의 군사개입 의도에는 국방장관 제임스 매티스가 반대했다. 베네수엘라는 2017년 OAS에서 탈퇴했고, 이웃국가들은 베네수엘라로부터의 난민 유입을 우려했다. 결과적으로 차베스와 마두로의 사회주의, 전제주의 유산, 그리고 정치, 경제를 포함하는 모든 차원에서의 쿠바의 영향이 베네수엘라 문제의 근원이었다. Moises Naim and Francisco Toro, "Venezuela's Suicide (Lessons from a Failed State)," Foreign Affairs, Vol. 97, No. 6 (November/December 2018), pp. 126 – 138.

2) Nick Cumming – Bruce, "Venezuelan 'death squads' killed thousands and covered it up, UN says," The Independent, (July 5, 2019)

에서 야당은 승리하지 못했고, 그것은 과이도의 야권 리더로서의 자격이 잠식되고 있음을 의미했다.[1]

그러면 미국이 부분적으로 역내 민주 거버넌스 증진을 위해 할당하는 해외 지원은 어떤 상태에 있었을까? 오바마 행정부까지의 해외지원과 관련된 초국경 범죄 및 비정규 이민과의 투쟁, 역내 시장개방, 그리고 민주주의 확산에 대한 관심은 트럼프 행정부에 이르러 불법마약, 불법이민 방지로 초점이 더 좁혀졌다. 또 트럼프 행정부는 자발적으로 해외지원 예산을 감축했다. 2018~2019년 예산은 역내에 제공되던 지원의 1/3을 축소시켰다. 2019년 3월 미 행정부는 중미에 대한 대부분 지원을 유예했는데, 그것은 그 지역으로부터 미국으로의 불법 이주와 피난처 행렬이 지속되는 것에 압력을 가하는 목적을 띠었다. 2019년이 지나가면서 행정부는 예산 중 4억 5백만 달러 지출을 유보하고, 그것을 역외를 포함해 다른 프로젝트에 투입했다. 더 나아가 행정부는 2020년 12억 달러를 요청했는데, 그것은 미 의회가 2019년 할당한 예산 17억 달러에 비해 30% 축소된 액수였다. 2020년에는 다음 해 예산으로 14억 달러를 신청했는데, 그것은 2019년 예산에 비해 18% 삭감된 규모였다. 그 과정에서 트럼프 행정부는 중남미 민주주의 발전에 기여하는 '미주재단'(Inter-American Foundation) 폐지를 제안했다.[2]

4) 중남미, 카리브 정치사회, 경제현실

트럼프 대통령이 퇴임할 때까지, 중남미와 카리브 지역 정치, 사회, 경제를 포함하는 역내 현실은 많은 문제를 내포한 것으로 평가됐다. 원래 중남미, 카리브는 1980년대 초 16개 좌, 우파 권위주의 정권이 존재했지만, 그 이후 정치적 권리와 시민자유가 대부분 개선된 것으로 평가됐다. 그럼에도 아직 상당한 도전이 존재했는데, 과테말라(2015), 브라질(2016), 페루(2018)에서 대통령이 독재와 부패 스캔들로 사임, 축출된 것이 그런 사례였다. 또 2019년 아르헨티나, 도미니카 공화국, 엘살바도르, 파나마, 우루과이, 그리고 2020년 자메이카, 그라나다, 트리니

---

1) "For Maduro, Venezuela, Politics Has Become Crisis Management," (August 19, 2021), https://www.worldpoliticsreview.com⟩ ...

2) Sullivan, Beittel, DeBruyne, Meyer, Seelke, Taft-Morales, Villarreal, Latin America and the Caribbean, (May 21, 2020), pp. 14, 17, 36.

다드토바고를 포함하는 8개 카리브 국가에서 자유, 공정선거가 성공적으로 진행됐음에도 불구하고, 몇몇 나라에서는 아직도 선거가 논란의 대상이 됐다.[1] 과테말라는 2019년 6월과 8월 대선을 두 번 치르면서 일부 후보의 자격 시비가 일었고, 볼리비아의 모랄레스는 2019년 10월 네 번째 임기를 시도하는 대선에서 선거부정으로 사임했으며, 2020년 3월 가이아나(Guyana) 의회선거는 사기주장으로 얼룩졌다.[2] 그러는 사이 지난 수년간 역내 민주주의는 일부 부식됐는데, 그 이유는 2017년 이후 민주관행이 계속 하락했기 때문이다. 공산주의 일당 독재를 고수하는 쿠바를 제쳐 두고라도, 마두로 정권 출범 이후 베네수엘라 정부의 무자비한 반대세력 억압, 과테말라의 반부패 국제기구 추방, 니카라과의 2016년 이후 독재, 그리고 2020년 이후 칙령으로 통치하는 아이티 모이즈(Jovenel Moise) 대통령에 의한 광범위한 부패와 그에 따른 시위, 폭력이 모두 그런 경향을 대표했다.[3] 2020년 2월에는 엘살바도르 대통령 부켈레(Nayib Bukele)가 반범죄(anti-crime)

---

1) 트럼프와 아르헨티나 대통령 마크리(Macri)의 임기가 겹치는 시절 미-아르헨티나 관계는 특별히 강력했다. 트럼프 행정부는 부에노스아이레스에 2018~2019년 약 2천만 달러 경제지원, 또 수년 간 국제 군사교육과 훈련을 제공했고, 마크리는 다각도로 트럼프의 정책을 지지했다. 마크리는 마두로 정권의 반민주 행동에 비판적이었고, 2017년 다른 지역 국가들과 협력해 역내 민주주의 진작을 위한 리마 그룹(Lima Group)을 결성하고 과이도를 임시 대통령으로 승인했다. 마크리 정부는 또 통화규제 완화, 수출과세 축소, 그리고 전기, 난방 지원 축소 등 시장경제 위주의 정책을 시행하고, 국제 자본시장 접근에 유리한 조건을 창출해 2016~2018년 560억 달러 상당의 외채를 발행했다. 그러나 급격한 부채증가, 경제규모 축소, 통화가치 하락의 경제난에 직면해 아르헨티나는 2018년 9월 IMF의 570억 달러 구제금융에 처했고, 마크리는 2019년 10월 대선에서 페론주의 중도 좌파 페르난데스(Alberto Fernandez)에 패배했다. 그러나 코비드-19 상황에서 페르난데스 정부가 공공부채 축소, 조세인상 등의 경제개혁에도 불구하고 2020년 달러 채권 5억 달러를 갚지 못하면서, 아르헨티나는 역사상 9번째 국가부도에 처했다. 부에노스아이레스의 이자 지불은 이미 2017년 GDP의 6.4%에 달하고 있었다. 그 후 페르난데스 정부는 국내외 채권자와 해외부채 660억 달러, 국내부채 420억 달러에 대한 만기연장을 시도했고, 그 재구조화(restructuring) 협상은 2020년 9월까지 타결됐다. 그러나 부에노스아이레스는 아직도 마크리 정부가 서명한 440억 달러에 대해 IMF와 더 나은 조건을 위한 협상을 원하고 있었다. 한편 트럼프 행정부는 페르난데스 정부에 약간 실망했는데, 왜냐하면 그들이 마두로를 일부 비판하면서도 워싱턴의 정책과는 달리 과이도를 베네수엘라 임시 대통령으로 인정하기를 거부했기 때문이다. Rebecca M. Nelson, "Argentina's Economic Crisis and Default," CRS IN Focus, IF10991, (Updated June 15, 2020), pp. 1-2; Mark P. Sullivan, "Argentina: An Overview," CRS IN Focus, IF10932, (Updated October 2, 2020), p. 1.

2) 가이아나에서는 2020년 8월 야당에 의한 신정부가 출범했다.

3) 2017년 2월 취임한 아이티의 모이즈 대통령은 재임 중 2021년 7월 암살됐다.

법안을 통과시키기 위해 군대를 동원해 의회를 협박했고, 그 행동은 국내외의 강력한 비판 대상이 됐다. 여론조사 기관(AmericasBarometer)의 평가에 따르면, 2019년 현재 민주주의 작동에 관한 역내 시민평가는 2004년 이후 최하였는데, 18개 조사 대상국에서 39.6%의 지지율을 보였다. 전반적으로 그렇게 민주제도가 취약한 상태에서 중남미, 카리브 지역에 권위주의 관행이 존재하고, 일부 사법부가 정치화되며, 폭력과 범죄수준이 높았다. 특히 조직범죄는 국가에까지 침투해 정치, 사회 전체에 부정적 영향을 미쳤다.[1]

경제도 정치, 사회 못지않게 많은 문제를 노정시켰다. 경제는 2015년 이후 1차 상품가격의 지구적 하락이 역내에 부정적 영향력을 미쳤다. 중요한 이유 중 하나는 그해 중국의 경제둔화와 함께 베이징이 중남미 원료와 제품을 덜 수입했기 때문이다. 2016년 경제는 아르헨티나와 브라질이 불경기를 겪고 오일가격 하락으로 베네수엘라 경기가 위축되면서 0.6% 축소됐다. 2017~2019년에는 아주 작은 성장세만이 있었는데, 2019년 그것은 0.1% 성장을 기록했다. 2019년 지역성장이 억압된 것은 베네수엘라 경제가 35% 축소로 붕괴되고, 아르헨티나도 지속적 불경기로 GDP가 2.2% 감소됐기 때문이다. 2020년 코비드-19가 심각한 영향을 미치고, 또 그 과정에서 2020년 2월 이후 오일가격이 전례 없이 하락하면서, 석유자원에 크게 의존하는 베네수엘라와 에콰도르가 심한 타격을 입었고, 더 적은 범위에서 브라질, 콜롬비아, 멕시코 경제도 타격받았다. 2020년 IMF는 지역경제 하락을 7%로 추정했는데, 역내 거의 모든 나라가 불경기에 직면했다. 여행과 관광에 의존하는 카리브 일부 국가들이 15% 이상 경제하락, 그리고 여러 남미 국가들은 10% 이상 경제하락을 경험했다. 동시에 세계 최고수준인 역내 빈곤과 경제 불평등도 더 악화됐다. 2002~2013년 축소되던 지역빈곤은 2015년부터 다시 증가했는데, 2014년 28.2%이던 빈곤계층 비율은 2019년까지 30.5%에 이르렀고 팬데믹 영향이 최고조에 달한 2020년에는 2억 9백만 명인 33.7%에 도달할 것이었다. 2020년 빈곤계층 인구수는 2019년에 비해 2,200만 명이 증가한 수치였다. 그들보다 더 가난한 극단적 빈곤층도 증가했는데, 2019년 인구의 11.3%이던 것이 2020년에는 800만 명이 더 증가해 총 인구의 12.5%인 7,800만 명에 달했다. 극

---

1) Sullivan, Beittel, Meyer, Seelke, Taft-Morales, Villarreal, Davis-Castro, Latin America and the Caribbean, (Updated September 2, 2021), pp. 6-7, 40.

빈층은 주로 시골지역, 근로연령 여성, 원주민, 아프리카계 후손, 저학력, 편부모 계층에 몰려 있었다. 해외, 특히 미국으로부터의 역내 송금은 2019년 760억 달러 이던 것이 2020년 700억 달러로 감소했는데, 그것은 그에 크게 의존하는 중미, 카리브 경제에 더 부정적 영향을 미쳤다. 지난 수년 간 그렇게 역내 경제는 하락 하거나 정체됐고, 높은 수준의 빈부격차, 빈곤의 증대, 사회 안전망 부실은 코비 드-19로 더 악화됐다. 코비드-19에 대응해 IBRD는 2020년 5월 현재 역내 15개국에 12억 달러를 제공하고, IMF는 12개국에 40억 달러 자금지원을 승인했으 며, 미주개발은행(IDB: Inter-American Development Bank)은 최대 120억 달러를 지원할 것이라고 말했다. IMF는 역내 최대 2개 경제인 브라질과 멕시코 성장에 의해 2021년 지역 경제가 5.8% 성장하고, 대부분 국가가 경제회복에 들어갈 것 으로 전망했다.[1]

(5) 미-중남미 관계 관련 전문가 의견

2019년 봄 미국 대외관계 관련 단체(ACFR: American Committee on Foreign Relations) 워싱턴 D.C. 연례모임 기조연설에서, 전 베네수엘라 미국 대사(Patrick Duddy)는 미-중남미 관계에 대해 다음과 같이 말했다. 미국이 중남미, 카리브와 상호작용하는 방식은 전반적으로 변화하고 있고, 워싱턴은 지금 그들과의 관계에 서 지침이 되는 중심적 원칙을 모색 중이다. 그것은 바람직한 일인데, 그 미래가 무엇일지에 관해 많은 관심이 요구된다. 중남미에 대한 미국의 이익은 불법이민 과 마약을 포함하는 초국가 범죄, 더 많은 국가들과의 무역 및 투자관계, 역내 민 주주의 현실, 중국-중남미 안보협력의 실체, 그리고 새로이 드러나는 러시아의 역내 진입에 이를 정도로 광범위하다. 거시적인 정책적 질문의 초점은 어떤 프레 임과 신념체계가 미래 그 지역에 대한 워싱턴의 정책을 인도해야 하는가에 맞춰 져야 한다. 오늘날 중남미는 모든 미국 상품의 43%를 구매하는데, 그 심화된 경 제유대 이외에도 미국의 그 지역과의 관계는 아주 특별하다. 한때 양측관계는 안 보가 전부였지만, 지금 미국과 중남미는 상품과 서비스, 문화, 역사, 그리고 수시 로 시민적 열망을 교환한다. 제임스 먼로 대통령이 유럽의 침입을 막기 위해 선언

---

1) Ibid., pp. 9-10; Sullivan, Beittel, DeBruyne, Meyer, Seelke, Taft-Morales, Villarreal, <u>Latin America and the Caribbean</u>, (May 21, 2020), pp. 5-9.

한 먼로 독트린에 갇혀, 미국은 오랫동안 서반구의 남쪽 절반을 그 자신의 뒷마당
으로 보았다. 그러나 이제 다극화된 세계에서 중남미 국가들은 그들 문제해결을
위해 세계의 다른 여러 나라들과 함께 일할 수 있는 지구적 차원의 옵션을 갖고
있다. 중남미에 대한 미국의 위상은 한때 대체로 워싱턴의 특권이었지만, 그들은
자기 자신의 운명을 개척하고 미래를 계획한다. 미국과 남쪽 이웃의 관계는 세계
사적으로 이제 특별한 시점에 당도해 있다. 미국은 다음 세대 서반구 문제를 위
해, 남쪽 이웃과의 관계를 다시 생각할 기회를 맞이하고 있다.[1]

(6) 바이든 행정부의 중남미, 카리브 관계

미 상원 외교위원회에서 오래 활동한 바이든은 원래부터 지리적으로 인접해
있는 중남미와 카리브 지역을 중요하게 인식했다. 오바마 행정부 당시 부통령 재
직 시에도, 그는 미국이 러시아, 중동전쟁, 북핵 문제에만 매몰되지 말고, 인접한
남쪽 지역의 폭력, 빈곤, 그리고 그로부터 도피해 미국으로 오는 수많은 어린이를
포함한 거대한 불법이민 시정에 더 많은 노력을 경주해야 한다고 주장했다. 그는
역내 많은 리더들과 관계를 구축하고 2015년 7.5억 달러 지원 패키지 통과를 주
도하면서, 중남미 지역문제 해결이 가능하다는 신념을 포기하지 않았다. 2020년
대선 캠페인 당시, 바이든 후보는 그가 집권할 경우 미국의 중남미, 카리브 정책
은 트럼프 시기와는 전혀 다른 형태를 띨 것이라고 말했다. 그는 트럼프 식의 배
타적이고 강요적, 일방적 방식이 아닌 민주주의, 인권, 법치에 근거해 지역 국가
들과의 유대를 구축하고, 평등하고 상호호혜적인 입장에서 함께 당면한 문제를
해결하는 협력적 입장을 강조했다. 설리번(Jake Sullivan), 곤잘레스(Juan Gonzales)
를 포함하는 그의 외교안보 보좌역들 역시 누구를 막론하고 트럼프식의 강경 일
변도 접근법에 반대했다. 트럼프 행정부의 지역 정책은 오로지 강요, 경제고통 위
협을 통한 억지만을 추구했다. 가장 논란이 된 것은 불법 이민자 부모와 자녀들을
미-멕시코 국경에서 강제로 분리시킨 것인데, 그로 인해 공식적으로 약 550명의
어린이들이 나중에도 부모와 생이별 했다. 그것은 세계적으로 민주주의, 인권을
표방하는 미국에게 수치로 간주됐다. 트럼프 행정부는 오바마의 양보적이고 수동

---

1) Colin Colter, "Patrick Duddy, US Looking For A New Direction In US-Latin American
   Relations, Key Note at annual D.C. gathering," (April 29, 2019), https://today.duke.edu〉
   2019/04

적 정책으로 인해 중국이 안보, 경제, 국내정치에서 그 공백을 파고들었다고 말하면서, 그 대안으로 2018년 '미주 성장'(Growth in the Americas) 정책을 진수한 바 있다. 그러나 미국기업의 역내 투자증대를 겨냥한 그 시도는 추가투자가 이루어지지 않으면서 실패했다. 트럼프 정책은 중남미, 카리브 지역을 불법이민의 원천, 또는 그 지역 출신 플로리다 유권자를 겨냥하는 선거전략의 관점에서만 바라보았다. 과테말라는 워싱턴의 압력이 사라지면서 2018년 과거 합의한 정치, 사회 관련 반부패 의무를 폐지했고, 트럼프는 2019년 과거 바이든이 헌신해 도입한 중미지원 대부분을 중단했다. 그들은 지역 내 부패, 폭력, 빈곤의 시정 등 문제해결을 위한 근본원인의 시정에는 외면으로 일관했다. 그 밖에도 정책실패의 사례는 끝이 없었다. NSC 보좌관 볼턴은 베네수엘라를 쿠바, 니카라과와 연계시켜 '폭정트로이카'라고 부르면서, 그 나라들에서 정권교체(regime change)를 시도했다. 그러나 베네수엘라에서 과이도와 연계해 마두로를 축출하려는 시도는 실패했다.[1]

출범 당시 바이든 외교안보 팀은 신행정부는 모범(example)과 합의에 근거한 리더십을 추구할 것이라고 말했다. 바이든 행정부는 폭넓은 지역 접근법을 추진할 것이라고 말했는데, 그것은 당면현안인 불법이민, 불법마약 유입과 관련해 그 근본원인의 시정을 위한 역내정부 및 사회 내 부패근절, 직업창출을 통한 폭력과 빈곤의 추방을 포함했다. 민주 거버넌스 회복을 위해 바이든 행정부는 오바마 당시의 반부패 캠페인을 다시 시작할 것이다. 바이든은 이미 중미지역 문제 해결을 돕기 위해 40억 달러 패키지를 제안했다. 중남미는 미국을 힘으로 위협하는 국가(bully)로 인식하는데, 바이든 행정부는 배타적 권리를 주장하는 먼로 독트린 형태의 행동과는 결별하고, 상호존중과 공유된 책임감, 그리고 강요보다는 설득을 통해 지역국가들과 협력할 것이다. 베네수엘라의 마두로에 대해서는 공정선거를 압박하면서 협상하고, 쿠바와는 공통분모에 근거해 트럼프가 재부과한 여행 및 송금제한 철폐를 포함하는 관계정상화 복원을 모색할 것이다. 트럼프와 가까운 브라질의 보우소나루는 모든 국제적 압력을 거부하면서 "브라질의 주권은 타협불가하다"고 말하는데, 바이든은 그 나라의 부패, 환경악화에 도전하면서 기후변화 문제해결을 위한 노력을 경주할 것이다.[2] 대선 당시에 이미 그렇게 바이든 팀은 중

---

1) Ernesto Londono, "Biden's Plans for Latin America: End Bully Dictating Policy," (Updated January 20, 2021), https://www.nytimes.com〉 world

2) 바이든은 비록 보우소나루가 민주주의자이기보다는 극우 파퓰리스트이고 그의 국내정치

남미, 카리브에서 상호협력을 통해 불법이민, 마약유입을 통제하고, 안보, 지역국가 발전, 민주 거버넌스를 증진시킬 것이라는 포부를 밝혔다.[1]

실제 취임 첫날부터 바이든 대통령은 일련의 행정명령과 이미 제안된 이민개혁법안을 통해 이민정책 영역에서 트럼프 시기와 완전히 다른 방향으로 선회하고 있음을 분명히 보여주었다. 신행정부는 임무 개시 첫날 멕시코 국경장벽 건설을 중단하고, 이민자와 망명 신청자를 멕시코에 강제 대기시키는 MPP(Remain in Mexico) 프로그램 등록을 유예했다. 그러나 대통령의 행정명령이 충분한 근거 없이 발동됐다는 대법원 판결에 의해 그 MPP 프로그램은 2021년 8월 재개됐다. 그에 따라 법정에서 난민심사가 진행되는 중 바이든 행정부는 또다시 그들을 미국 영토 밖으로 내보내기 위해 멕시코 정부와 어색한 대화를 시작해야 했다. 그래도 그 프로그램 시행규모는 트럼프 시대에 비해 작을 것으로 예상됐다.[2]

행동이 미국 민주당 관점에서 약간 문제가 있지만, 지구적, 지역적 차원에서의 브라질 위상을 중시해 그와 협력하기로 결정했다. 그것은 바이든 개인의 선호를 넘는 국가안보 차원에서의 합리적 결정이었다. 바이든은 2021년 4월 보우소나루를 기후변화 정상회담(Leaders' Summit on Climate)에 초청했는데, 그때 보우소나루는 환경보존 노력에 두 배 예산을 지출하고, 2030년까지 불법벌목을 금지하며, 원래 계획을 10년 앞당겨 2050년까지 온실가스 방출 네트제로(net zero)를 달성할 것이라고 약속했다. 바이든은 아마존 원시림 유지 목적으로 1,700만 달러 예산을 요청하고, 브라질리아가 환경서약을 성실히 이행할 경우 광범위한 추가 재정지원을 제공할 것이라고 화답했다. 트럼프와 마찬가지로 바이든 역시 브라질에 대한 나토 파트너 위상 부여를 지지했다. 그러나 보우소나루가 실용적 차원에서 중국과의 상업유대 유지를 고수할 때, 바이든은 브라질리아의 중국 정보통신 인프라 사용에서의 문제점과 우려를 전달했다. Sullivan, Beittel, Meyer, Clare Seelke, Taft-Morales, Villarreal, Davis-Castro, Latin America and the Caribbean, (Updated September 2, 2021), p. 45.

1) Londono, "Biden's Plans for Latin America," (Updated January 20, 2021), https://www.nytimes.com〉 world

2) 바이든은 취임 이틀 후 2021년 1. 22일 백악관 집무실에서 중남미에서 가장 긴밀한 경제관계를 유지하고 콜롬비아와 더불어 미국에게 가장 협력하는 나라 중 하나인 멕시코의 대통령 오브라도(Lopez Obrador)와 전화로 통화했다. 바이든은 처음부터 멕시코와의 관계에 특별히 관심을 기울였다. 미-멕시코 관계는 가까우면서도 복잡(close but complicated)했는데, 그 이유는 미국의 역사적, 구조적인 외교, 군사간섭과 양국 관계의 비대칭성 이외에도, 트럼프 대통령이 지난 수년간 멕시코를 몰아붙여 그 국민감정에 크게 상처를 주고 양국 관계를 긴장시켰기 때문이다. 첫 대화에서 바이든과 오브라도는 양국 현안 중 하나인 불법이민에 관해 상당히 깊은 대화를 나누었는데, 그들은 그 근본적 원인의 해결, 국경에 구금된 이민자의 처우개선, 합법적 이민을 위한 대책 마련, 그리고 난민과 이민자 재정착 지원방안 등에 관해 의견을 교환했다. 그들은 또 양국 간 전반적 안보관계, 코비드-19 관련 대응을 논의했다. 오브라도는 바이든과의 대화를 '유쾌하고 존경스러운 것'으로 평가하

바이든 행정부는 또 오바마 시기의 '중미 아동난민 가석방 프로그램'(Central American Minors Refugee/Parole Program)을 부활시켰다. 2014년 국토안보부(DHS)가 시작한 그 프로그램은 부모가 합법적으로 미국에 거주하는 과테말라, 온두라스, 엘살바도르 출신 어린이들에게 그들 나라에서 미국 난민(refugee) 지위 신청을 허락하는 제도였다. 또 미국 내 난민자격이 없는 어린이들은 가족과 재회하기 위해 가석방의 특별배려가 주어졌다. 그러나 2017년 8월 트럼프 행정부는 그 프로그램을 취소했다. 그 조치는 취약한 중미지역 어린이들을 더 큰 위험에 노출시키고, 그들을 계속 가족과 분리시킬 것이었다. 그 아이들에 대한 자동적 가석방 고려 종식, 그리고 조건부로 가석방이 승인됐지만, 아직 미국에 오지 않은 아이들의 법정심사를 취소하는 것은 그들을 그들 모국의 만성적 폭력의 위험에 노출시킬 것이었다. 그들은 이제 모국의 폭력, 빈곤에서 벗어나기 위해 오히려 멕시코를 통해 위험한 여행을 선택하도록 강요됐다. 그동안 그 프로그램은 거의 1,500명 어린이들에게 가석방을 부여했고, 적어도 2년 동안 그들은 미국에 체류할 수 있었다. 멕시코를 통한 여행은 또 위험으로 가득 찼는데, 절도, 착취, 납치, 성폭행을 포함했다. 그러나 바이든 행정부의 시도로 그 어린이들은 새로운 희망을 찾을 수 있었다.[1]

신행정부는 또 출범 첫날 이민세관당국(ICE: Immigration and Customs Enforcement)의 불법 또는 불법으로 의심받는 이민자에 대한 체포를 제한하고, 100일 간 추방을 동결시켰다. 그 체포는 2017년 초 트럼프 대통령의 행정명령에 의해 시행됐는데, 그로 인해 그해 4월까지 체포자 수는 거의 40% 증가했다. 바이

고, 미-멕시코 관계가 더 증진될 것에 대한 희망을 표시했다. 바이든은 2021년 3월 1일 오브라도와 화상으로 양자회담을 가졌고, 6월에는 카말라 해리스(Kamala Harris) 부통령이 오브라도 대통령을 방문했으며, 8월에는 NSC 보좌관 설리번을 비롯해 미 안보당국 고위관계자들이 멕시코 상대역과 회동했다. 2021년 8월 미 대법원이 MPP 재개 명령을 내리면서, 양측은 정책 논의를 이어갔다. 바이든 행정부는 멕시코에 580만회분 백신을 제공했다. "Readout of president Joe Biden Call with President Andres Manuel Lopez Obrador of Mexico," The White House, (January 23, 2021); Nick Miroff and Mary Beth Sheridan, "For U.S. and Mexico, awkward first steps to restart Trump's 'Remain in Mexico'," (August 31, 2021), https://www.washington.com〉...; Sullivan, Beittel, Meyer, Clare Seelke, Taft-Morales, Villarreal, Davis-Castro, <u>Latin America and the Caribbean</u>, (Updated September 2, 2021), pp. 36-37.

1) "DHS Announces End to a Program Which Gave Central American Children a Safe and Legal Way to Enter the U.S." (August 16, 2017), www.wola.org

든의 백악관은 또 '포괄적 이민개혁'(comprehensive immigration reform) 법안을 도
입했는데, 그것은 DACA, TPS 수혜자를 포함해 시민권에 대한 새로운 방법을 제
공하는 동시에, 무슬림 국가로부터의 이민금지를 폐지하고 이민의 근본원인 시정
을 추구했다. '포괄적 이민개혁' 법안은 3가지 사항으로 구성됐다. 첫 번째는 시민
권 획득 방법의 제공과 노동보호의 강화였는데, 그것을 위해서는 미등록 개인을
위한 시민권 로드맵 창출, 가족 재회, 다양성 수용, 이민 및 난민통합과 시민권
진흥, 경제성장, 그리고 고용 증진과 착취로부터의 근로자 보호가 강조됐다. 두
번째는 스마트 국경통제(smart border controls)에 대한 우선순위 부여였다. 그것은
테크놀로지와 인프라를 통한 기존 국경재원의 보완, 국경운영 및 관련 공동체 보
호, 그리고 범죄조직 일망타진을 겨냥했다. 세 번째는 이주의 근원적 원인 시정에
관한 것으로, 그것은 문제의 근원에 관한 인식으로부터의 시작, 이민법정 개선과
취약한 개인의 보호, 그리고 난민 및 기타 취약인구 지원을 포함했다.[1] 워싱턴에
상주, 활동하는 미주지역 인권옹호기구(WOLA: Washington Office on Latin
America)는 바이든의 조치들을 환영받는 첫 번째 절차로 규정하면서, 트럼프 행정
부가 가한 피해가 너무 깊은 상처를 낸 이유로 그것을 되돌리고 치유하는 데는
오랜 시간이 걸릴 것이라고 말했다.[2]

　　　바이든 정권 출범 초기 워싱턴의 중남미, 카리브 관련 관심이 대부분 이민문
제와 중미지역에 집중되는 가운데, 중남미, 카리브 관련 미국 신행정부 공식입장
은 2021년 3월 발간된 임시 국가안보전략지침(Interim National Security Strategy
Guidance)에서 체계적으로 선언됐다. 미 행정부의 대외정책을 설명하면서 그 문
서는 워싱턴이 서반구 전체에서 미국의 개입과 파트너십을 확대할 것이라고 말했
다. 안보, 상호존중, 경제번영, 평등, 인권을 강조하면서, 그 문서는 역내문제의
근본원인인 지역정부와 사회 내 부패, 빈곤, 범죄, 폭력을 시정하고, 민주 거버넌
스 증진의 목표를 위해 중미에 4년간 40억 달러를 지원할 것이라고 강조했다. 워
싱턴은 또 지역 주요 관심사에 기후변화 문제를 포함시켰다. 바이든 행정부의 중

1) Fact Sheet: President Biden Sends Immigration Bill to Congress as Part of His
   Commitment to Modernize our Immigration System, (January 20, 2021),
   www.cdn.vox-cdn.com
2) "To Reverse Trump's Disastrous Legacy in Latin America, Here Are Key Actions the
   Biden Administration Should Take in its First Year," (January 22, 2021),
   www.wola.org

남미, 카리브 관련 구상은 블링컨 미 국무장관의 3월 대외정책 연설에서도 제시됐다. 그때 블링컨은 미국이 동맹, 파트너 국가와의 유대를 활성화시키고, 이민의 근본원인 시정을 통해 인도주의적 이민체계를 확립하며, 코비드-19 확산방지를 통한 지구적 보건 안보를 확보하는 노력을 경주할 것이라고 강조했다. 그는 또 미국이 포용적(inclusive) 지구경제를 통해 경제위기 전환을 모색하고, 기후위기를 극복하기 위해 녹색에너지 혁명을 추구하며, 민족주의적 권위주의 부상에 대항해 민주 거버넌스를 증진시킬 것이라고 말했다. 바이든 행정부의 중남미, 카리브 정책에서 특기할 것은 그것이 기후변화 문제를 주요 테마로 포함시킨 것이었다. 트럼프는 '파리 기후합의'에서 탈퇴하면서 지구적 차원의 이익과 인류의 미래보다는 자국 산업의 이익에만 치중하다고 비난 받았는데, 그것을 미국의 '민주' 이미지 훼손으로 인식하는 바이든 행정부는 또다시 그 문제에서 리더십을 발휘하기로 결정했다. 그 연장선상에서 워싱턴은 7개 역내 정부 수뇌를 2021년 4월 기후관련 회의(Leaders' Summit on Climate)에 초청했다.[1]

    바이든 행정부의 정책에 대해 역내 국가들은 어떤 생각을 가졌을까? 신행정부 출범 100일이 지난 시점에 미주지역과 관련해 널리 알려진 비정부기구(Inter-American Dialogue)가 다음과 같이 그들의 평가를 제시했다. 팬데믹으로 인한 어려움 속에서, 바이든 행정부의 중남미 정책은 포괄적이기보다는 북부삼각지대로부터의 이민에 불균형적으로 큰 초점이 맞춰져 있다. 비민주 권위주의, 광범위한 부패, 범죄를 포함하는 중남미 문제의 근본원인 시정의 책임이 카말라 해리스(Kamala Harris) 부통령에게 주어졌지만, 지금 역내 현실은 과거 바이든이 오바마 대통령의 중남미 특사로 활동할 때보다 더 악화돼 있다. 트럼프로 인한 중남미, 카리브와의 긴장된 관계를 해소하고 미국에 대한 역내 신뢰를 회복하기 위해서는, 이민에 대한 관심사를 넘어서는 더 넓은 접근법을 택해야 한다. 그동안 트럼프의 중남미 정책은 미국의 가치와 이익을 반영하지 못하고,

▲ 카말라 해리스 부통령, whitehouse.gov

1) Sullivan, Beittel, Meyer, Clare Seelke, Taft-Morales, Villarreal, Davis-Castro, <u>Latin America and the Caribbean</u>, (Updated September 2, 2021), pp. 13-14.

또 그 지역의 미래발전에 도움이 되지 않았다. 트럼프는 오브라도 대통령이 워싱턴의 이민, 무역 관련 요구를 수용하는 대가로 멕시코의 인권침해를 외면했고, 엘살바도르 부켈레 대통령의 권위주의, 그리고 온두라스 대통령 에르난데스(Juan Orlando Hernandez)의 마약유통 의혹에 눈을 감았다. 민주주의, 인권, 반부패를 포함해 선진적 '가치'를 중시하는 바이든 행정부의 원칙은 신선한 새 출발이다. OAS와 미주정상회담을 통해 상호존중과 공유된 이익의 합의를 도출하고, 중남미 자체의 역량을 강화해 민주주의를 증진시키고 부패를 척결하는 더 나은 역내 발전을 추구하는 비전 실현을 위해, 신행정부는 인내심을 갖고 지속적, 헌신적 리더십을 발휘해야 한다. 불법이민 문제 해결을 위해서는 일차적으로 멕시코와 협력해야 하지만, 워싱턴은 더 많은 현안을 처리해야 한다. 마두로의 실정으로 인해 이웃국가에 분산돼 있는 550만 명의 베네수엘라 난민은 처참한 상태에 처해 있는데, 베네수엘라 민주화가 요원한 상태에서 워싱턴은 우선적으로 그들을 도와야 한다. 미국 내 약 30만 명 베네수엘라 난민에 대한 TPS 허용과 세계식량기구(WFP: World Food Program)를 통한 지원은 바람직한 출발점이다. 코비드－19 팬데믹에 대응하는 역내 백신제공은 또 다른 중요한 책무인데, 중남미 인구는 세계의 8%이지만 사망자 수는 전 세계의 35%를 차지한다. 러시아, 중국은 백신공급에서 미국을 훨씬 앞서고 있다. 전체적으로 라틴 국가들은 마약유통, 조직범죄, 기후변화, 권위주의 국가들의 정치억압, 경제적 정체, 빈부격차 확대, 그리고 중국의 영향력 증대에 관한 신행정부의 정책이 무엇인지에 대해 큰 관심을 갖고 있는데, 미국은 리더십을 발휘해 파트너 국가들과 함께 적극적으로 움직여야 한다.[1]

한편, 지난 3월 바이든 대통령으로부터 중미와 멕시코 임무를 부여받은 해리스 부통령은 6월 멕시코, 미－멕시코 서남부 국경, 그리고 과테말라를 방문했다. 과테말라에서 해리스는 그 나라 대통령 잠마테이(Alejandro Giammattei)와 공동 기자회견을 했는데, 그때 그녀는 잠재적 이민자들에게 그 위험한 여행을 절대적으로 자제할 것을 호소했다. 그녀는 그들에게 "제발 미국으로 오지 말라"고 당부했는데, 일각에서는 그 발언을 다소 무례한 행동으로 인식했다.[2] 또 중남미, 카리브를 위

---

1) "Biden's First 100 Days and Latin America Policy－The Dialogue,"(April 29, 2021), https://www.thedialogue.org〉blogs

2) Sabrina Rodriguez, "Harris's blunt message in Guatemala: 'Do not come' to U.S.," Politico, (June 7, 2021)

해 바이든 행정부는 많은 지원을 시행, 계획했다. 코비드-19 팬데믹 대응을 돕기 위해 행정부는 2.18억 달러를 지원하고, 콜롬비아, 멕시코, 과테말라를 포함하는 26개국에 4천만회분 백신을 지급했다. 더 나아가 지구적 차원에서 2022년 중반까지 다자, 양자 방식으로 백신 5.8억회분 제공을 약속했는데, 중남미, 카리브는 당연히 그 수혜 대상에 포함됐다. 2022년 중남미, 카리브를 위해 행정부가 요청한 예산은 21억 달러인데, 그것은 2021년에 비해 16% 증가한 액수이다. 그 중 8.6억 달러는 비정규 이민 근본원인의 시정 목적으로 중미 지역에 할당됐다.

1) 안보 관심사

바이든 행정부의 역내 최고 안보 관심사는 국경 남쪽으로부터 미국으로의 불법이민이었다. 미국으로의 이주는 바이든 행정부 출범 이후 오히려 더 증가하는 것으로 보였는데, 2021년 9월까지 미국 국경에 당도한 사람 숫자는 55만 명에 달했다. 2021년 불법이민자 체포와 추방 모두 증가세를 기록했는데, DHS는 20년 만에 그 수준이 최고일 수 있다고 경고했다. 바이든 행정부는 불가피하게 수십만 명 추방을 단행했지만, 2021년 7월 행정명령(Executive Order 14010)을 통해 포괄적 성격의 2개 전략을 공개했다. 그것들은 모두 바이든의 평소 신념을 반영하고 그가 캠페인 과정에서 계속 강조하던 것으로, 하나는 중미지역 이주의 기저원인 시정을 추구하는 전략(U.S. Strategy for Addressing the Root Causes of Migration in Central America)이고, 다른 하나는 이민의 협력적 운영(Collaborative Management Migration Strategy)을 도모하는 성격의 전략이었다. 북부삼각지대로부터의 불법이주를 막기 위해서, 그 나라들의 경제, 법치, 폭력 축소, 그리고 전반적인 민주 거버넌스를 증진시키는 것이 절대적으로 필요했다. 그들 나라의 범죄가 줄어들고 삶의 질이 나아지지 않는 한 미국으로의 이주는 계속될 것이었다. 이민의 협력적 운영은 이민을 원하는 사람들에게 안전하고, 질서 있으며, 인간다운 방식으로 이주할 수 있는 지역 네트워크를 구축하는 목적을 띠었다. 그것은 트럼프식의 강제적 방법보다는 관련국들이 중지를 모아 함께 문제를 해결한다는 취지에서 비롯된 것으로, 일방적 방식보다는 더 민주적이고, 합리적일 것이었다. 그리고 바이든 행정부가 제안한 '포괄적 이민개혁' 법안은 특정 행정부의 정책과 전략을 넘어 미국을 이민과 관련된 모든 문제의 해결에서 인도주의, 민주주의, 그리고 편협하기보다는 다차원적 방식을 고려, 채택하도록 만들 것이었다. 2021년 8월 행정부는 중미, 멕시코 6천명 비농업 근로자 비자발급을 허용하고, 취약계층 지원을 위해 2.5억 달러를 할당했다.[1]

　　바이든 행정부는 또 다른 주요 안보사안인 불법마약 유통에도 관심을 기울였다. 그것에 불법이민만큼의 우선순위는 주어지지 않았지만, 그 문제는 아직도 중요했다. 2020년 3월 미-멕시코 국경안보를 책임지는 미 남부사령부는 마약유통과 관련된 초국가 범죄조직(TCOs: Transnational Criminal Organizations)이 미 남부지역 국가안보를 위협한다고 공개적으로 경고했다. 미국이 지난 수십 년간 마약 관련 국내외의 여러 범죄조직을 분쇄하고 관련국 법치, 사법당국 효율성 증대의 노력을 기울였지만, 아직 그 조직이 근절된 것은 아니었다. 미국 내 소비가 존재하고 중남미 경제, 사회여건이 개선되지 않는 한, 마약 생산과 유통, 그리고 그로부터 이익을 착취하는 조직이 쉽게 사라지기 어렵기 때문이었다. 또 콜롬비아 플랜으로 콜롬비아에서 FARC가 약화되고 보고타와 평화협정이 체결됐지만, 그 협정의 일부사안은 이행되지 않고 있었다. 더구나 2019년 8월 3천 명 규모의 FARC 탈주파벌이 무장투쟁으로의 복귀를 선언하면서 미국으로의 코카인 유입 증가 가능성은 더 커졌다. 2021년 4월 미 행정부는 1차년도 마약정책의 우선순위를 발표했다. 그것은 두 방향으로 설정됐다. 첫째는 멕시코, 콜롬비아, 중국과 같은 지구적 핵심 파트너들과 협력해 불법마약 생산과 유통을 축소, 근절시키는 것이었다. 두 번째는 국내문제를 처리하고 피해를 최소화하는 것이었다. 그동안 전문가들은 코카인, 헤로인, 펜타닐, 메스암페타민을 포함하는 다양한 마약의 미국 내 소비에 100억 달러 이상이 지출되는 현실이 문제해결의 또 다른 장애라고 말했는데, 바이든 행정부의 정책은 그런 측면을 겨냥했다. 그것은 국내법의 철저한 시행, 그리고 국내 마약 유통조직 분쇄와 깊이 관련돼 있었다. 2021년 여름까지도 미국의 마약과의 전쟁은 계속 미해결 상태로 남았다. 멕시코 미 대사관은 막대한 예산 지출에도 불구하고 2021년 현재까지 멕시코 마약 문제를 시정하려는 미국 정부의 노력은 기대하는 만큼의 효과를 달성하는 데 한계가 있었다고 말했다. 미국 언론도 워싱턴이 멕시코의 마약전쟁에 수십억 달러를 퍼부었지만, 그것은 제대로 작동하고 있지 않다고 말했다.[2]

---

1) Sullivan, Beittel, Meyer, Clare Seelke, Taft-Morales, Villarreal, Davis-Castro, <u>Latin America and the Caribbean</u>, (Updated September 2, 2021), pp. 19-21, 38-40.

2) The Merida Initiative- U.S. Embassy & Consulates in Mexico, (September 7, 2021),

2) 경제

신행정부가 출범한 첫해, 미국의 역내 경제관계에는 큰 변화가 없었다. 미국은 지난 행정부와 마찬가지로 11개국과 6개 FTA를 체결한 상태에 있었고, 역내 최대 무역상대국은 계속 멕시코였다. 그래도 미세한 변화는 있었는데, 그것은 2020년 미국의 역내 무역규모가 2019년에 비해 14% 감소한 것이다. 그것은 코비드-19로 인한 불가피한 변화로서, 2020년 미국의 역내 상품수출은 3,367억 달러, 그리고 수입은 4,160억 달러로 하락했다. 또 다른 변화는 미국의 멕시코와의 무역관계에서 2019년 멕시코로부터의 수입이 70% 이하 수준에서 2020년 78%로 증가한 것인데, 그것은 특별한 의미를 지닐 정도로 중요하지는 않았다. 중남미 전체의 미국으로의 상품수출은 1% 증가했다. 또 콜롬비아는 향후 CPTPP에 가입할 의사를 표시했다. 불법이민에 가장 큰 우선순위를 부여한 바이든 행정부는 역내 경제관계에 상대적으로 덜 관심을 가졌지만, 계속해서 지역 국가들과 강력한 관계를 유지, 진작시킨다는 방침을 표방했다.[1]

3) 민주 거버넌스

민주 거버넌스의 경우도 경제관계와 비슷하게 역내 상황에서의 큰 변화는 없었다. 바이든 행정부가 직면하는 일부 도전은 트럼프 시기와 마찬가지로 과테말라, 볼리비아, 가이아나 국가수뇌 선거에서 나타나듯 일부 국가에서 부정선거가 존재하는 것이었다. 또 2021년 진행된 선거에서는, 2월 에콰도르 대선에서 중도우파, 6월 페루 대선에서 극좌 성향의 카스티요, 그리고 7월 세인트루시아(St. Lucia) 의회 총선에서 좌파가 승리했고, 2021년 말까지 아이티, 니카라과, 칠레, 온두라스 선거가 예정돼 있었다. 바이든 행정부는 야당을 탄압하는 다니엘 오르테가가 대통령 4연임을 시도하는 것, 칠레에서 피녜라 대통령 리더십이 무력화된 상황, 그리고 온두라스에서 정치폭력이 증가하는 현실을 예의 주시했다.[2] 한편,

---

https://mx.usembassy.gov〉 the-meri...; "The U.S. has spent billions trying to fix Mexico's drug war. It's not working," (March 15, 2021), https://www.washingtonpost.com〉 ...

1) Sullivan, Beittel, Meyer, Clare Seelke, Taft-Morales, Villarreal, Davis-Castro, <u>Latin America and the Caribbean</u>, (Updated September 2, 2021), p. 9.

2) 1990년대 초 민주화된 이후 칠레는 원래 20년 간 중도좌파 연합에 의해 통치됐다. 2010~2014년에는 보수주의자 피녜라가 대통령으로 재직했고, 그는 2014~2018년 집권한

법치, 정부의 책임성, 시민안전, 반부패를 포함해 역내의 전반적인 민주주의 질은 계속 하락하는 것으로 나타났다. 영국 이코노미스트지 경제정보(EIU: Economic Intelligence Unit)는 2017년 이후 베네수엘라와 니카라과가 권위주의에 포함되고, 엘살바도르, 과테말라, 아이티에서 민주관행이 퇴조하며, 2020년 코비드-19에 대한 대응에서 시민자유가 억압되면서, 지역 민주주의 지표가 2021년까지 계속 하락했다고 말했다.[1] 미국의 프리덤 하우스는 2021년 정치적 권리, 시민 자유 측면에서 쿠바, 니카라과, 베네수엘라를 비자유주의 국가로 지목하고, 페루 입법부의 대통령 탄핵은 부패와 투쟁하는 대통령에 저항하는 의회의 행동이며, 멕시코에서는 법치부족, 조직범죄, 공적 부패, 그리고 인권남용이 목격된다고 지적했다. 바이든 행정부는 계속해서 민주주의 증진을 위해 노력할 것을 서약했다. 민주 거버넌스와 관련해 신행정부의 가장 큰 우려는 지난 수년간과 비슷하게 쿠바, 베네수엘라, 니카라과였는데, 대화, 협상, 관계개선을 통해 민주주의 고양을 선호하는 워싱턴의 정책은 그 여건이 조성되지 않는 상태에서 외교 압박에 더 무게가 실렸다. 그래도 트럼프 행정부와 달리, 바이든 행정부의 정책은 그 세 나라 시민사회를 돕기 위한 최소한의 지원조치를 포함했다.[2]

사회주의자 바첼레트를 제치고 2018년 다시 재선됐다. 피녜라는 과거 재임시 5.3% 경제성장 실적을 강조하면서, 기업 친화적 노동개혁을 추진할 것이라고 말했다. 그러나 첫 번째 임기 당시와 비슷하게 그는 의회에서 법안을 승인받는데 수많은 어려움에 처했는데, 그 이유는 그의 소속 정당(Let's Go Chile)이 의회 상, 하원 모두에서 소수파이기 때문이었다. 그런 가운데 2019년 10월 경제난으로 수백만 시민이 참여해 최저임금 인상, 의료비 인하 등을 요구하는 시위가 발생했고, 칠레정부는 안보병력 배치로 맞섰다. 그 후 코비드-19 상황에서 경제가 4.5% 축소되고 이동이 제한되면서, 국민 불만은 더 커졌다. 미-칠레 관계는 산티아고의 민주화 이후 안보, 경제관계에서 우호적이었고, 트럼프 대통령과 피녜라는 '지속적 전략파트너십'을 통해 양자관계를 강화했다. 그러나 동시에 칠레는 2018년 11월 중국 BRI 참여를 선언하고, 2019년에는 중-칠레 FTA를 상향조정했다. 칠레인들의 75%는 트럼프 대통령에 대해 부정적 감정을 갖고 있었다. Peter J. Meyer, "Chile: An Overview," CRS IN Focus, IF10880, (Updated June 3, 2020), pp. 1-2.

1) 그래도 EIU는 중남미, 카리브 인구의 80%가 민주주의 하에서 살고 있고, 그 민주주의의 질은 단지 북미와 서유럽에 비해서만 뒤처진다고 평가했다. 한편, 2021년 7월 모이즈 대통령 암살 이후 워싱턴은 아이티 당국의 모이즈의 부패 혐의와 살해과정을 포함해 다차원적 조사를 지지한다고 말하고, 안보, 선거, 보건, 인도주의 관련 지원 의사를 밝혔다. 아이티 신임총리(Arie Henry)와의 통화에서, 블링컨은 빠른 시일 내 그 나라가 자유, 공정에 근거한 의회 및 대통령 선거를 치를 것을 촉구했다. 약 2,300명이 사망한 8월 아이티 지진에 대한 지원에서, USAID는 재난구조팀, 미군 수송 수단, 그리고 3,200만 달러 인도주의 지원을 제공했다.

2) Sullivan, Beittel, Meyer, Clare Seelke, Taft-Morales, Villarreal, Davis-Castro, Latin America and the Caribbean, (Updated September 2, 2021), pp. 6-7, 15.

4) 좌파 사회주의 독재국가 관계

바이든 행정부가 출범한 이후에도 쿠바에서는 큰 변화가 없었다. 2021년 1월 아바나가 이중 통화(dual-currency)제도를 폐지해 장기적인 생산성 증대를 모색하고, 4월 카스트로가 당 대표직에서 퇴임하면서 대통령 디아스카넬이 그 직책을 승계했지만, 국가가 경제를 주도하고, 당의 정치적 역할이 압도적인 쿠바 정치, 경제의 기본구조는 변함이 없었다. 7월에는 식량 및 코비드-19 백신, 의약품 부족, 그리고 전반적인 자유의 억압에 반대해 아바나와 전국에서 수만 명이 참여하는 시위가 발생했다. 처음에 바이든 행정부는 트럼프 시기 정책을 재검토하고 폐기할 의사를 표시했는데, 쿠바를 테러지원국으로 재지정하고 그 나라에 강력한 경제제재를 재부과한 그 정책이 쿠바 국민에게 피해를 주고, 동시에 아바나 민주주의와 인권진전에 기여하지 못했다는 것이 대표적 이유였다. 트럼프 쿠바 정책 재검토 후, 신행정부는 아바나에 압박을 가하면서, 다른 한편 시민사회를 지원하는 두 가지 방향의 대책을 준비했다. 그것은 압박 일변도 트럼프 정책으로부터의 부분적 전환이었다. 예를 들어 5~7월, 미 행정부는 쿠바를 미국의 대테러 작전에 충분히 협력하지 않는 국가로 재지정했다. 7~8월 쿠바 소요 이후에는, 그 나라 시위자들과의 유대를 표시하고, 그 시위를 무력 진압한 안보집단에 대한 재정제재를 부과하며, 20개 국가와 연대해 아바나의 시민구금을 비난했다. 그러나 다른 한편, 미 행정부는 아바나 미 대사관 직원 충원과 더불어, 쿠바 시민사회 지원 계획을 추진했다. 그것은 미국으로부터의 해외송금이 쿠바 시민에게 직접 도달하고, 쿠바 시민들이 더 용이하게 미국 인터넷에 접근하는 것을 도울 것이었다.[1]

니카라과의 경우도 비슷했다. 2021년 초 이후에도 예전과 마찬가지로 오르테가 정부의 국내 정치, 사회억압은 계속되고 있었다. 그때 바이든 행정부의 니카라과 정책은 맞춤형에서 두 방향을 겨냥했다. 그것은 한편으로는 오르테가 정부에 압력을 가하고, 다른 한편에서는 그 나라의 민주주의로의 전환을 유도하기 위해 지원을 제공하는 것이었다. 처음에 미 국무부는 마나과가 표현, 집회, 결사의 자유를 제한한다고 말하면서, 니카라과 권위주의 독재행태를 강력하게 비판했다. 2021년 6월 유엔인권위원회(HRC: Human Rights Council)에서 약 60개의 국가, 그

---

1) Ibid., pp. 31-33.

리고 미주지역 대표기구인 OAS가 구금된 대선후보와 반체제 인사 석방, 민주주의 회복을 촉구하면서, 미국의 리더십은 더 탄력을 받았다. 미 국무부는 니카라과 인권침해의 주범으로 간주되는 오르테가 대통령과 그의 부인인 부통령, 그리고 입법부와 사법부 100명 인사에 대해 비자제한의 제재를 부과했다. 여당인 FSLN 71명과 야당 21명의 총 92명 의원으로 구성된 니카라과 의회 여당의원 상당수가 제재 대상이 됐고, 대체로 FSLN의 추천을 받아 의회가 임명하는 16명 대법관으로 구성된 대법원이 통제하는 무기력한 사법부 인사 상당수도 마찬가지의 제재를 받았다.[1] 그런 가운데 6~8월 2021년 11월로 예정된 대선과 의회 동시선거에 대비해, 니카라과 정부가 야당인사를 체포하거나 선거에 출마하지 못하도록 탄압하는 사태가 발생했다. 오르테가는 부통령 후보인 그의 부인과 함께 네 번째 연임을 위해 출마했는데, 대통령 후보 7명이 체포되고 두 명은 체포 직전에 망명했다. 또 다른 어느 부통령 후보는 가택연금에 처해지고, 그 후보의 정당과 대통령 후보는 선거관리위원회에 의해 자격이 유예됐다.[2] 지속적 권위주의에 대항해 미 국무부는 8월 또다시 니카라과 정권의 핵심인사 가족을 포함하는 추가 50명에게 비자 제한을 가했다. 미국은 IBRD와 미주개발은행(Inter-American Development Bank)이 마나과에 자금을 대출하지 않도록 추가조치를 취했다. 그러나 다른 한편, 바이든 행정부는 2022년 니카라과 관련 예산을 신청하면서, 1,500만 달러를 니카라과 시민사회 강화와 인권지원 목적에 할당했다. 그 지원은 압박 외교의 효율성을 높이는 보완적 성격을 띠었지만, 장기적 차원에서는 그 사회를 민주화시키는 소프트파워 진작 목적을 띠었다. 그러나 당분간 니카라과가 미국이나 국제사회 압력에 직면해 민주주의로 회귀할 것을 기대하기는 어려웠다.[3]

베네수엘라의 경우도 크게 다르지 않았다. 초고도 인플레이션과 식량 및 의약품 부족으로 경제 붕괴상태에서, 마두로 정부는 부분적으로 러시아, 중국 등 반

1) Antony Blinken, "The United States Restricts Visas of 100 Nicaraguans Affiliated with Ortega-Murillo Regime," Washington, D.C.: United States Department of State, (July 12, 2021)
2) 2021년 9월 현재 니카라과 의회는 여당인 FSLN 71명, 그리고 여러 야당 의원 21명으로 구성돼 있다.
3) "Nicaragua opposition party barred from elections," BBC News, (August 7, 2021); Lara Jakes, "Latin America Forces Biden to Confront Challenges to Democracy Close to Home," The New York Times, (July 12, 2021)

미진영의 경제지원에 의존해 반정부 세력을 분쇄하고 안보병력에 특혜를 제공하면서 계속 권력을 유지하고 있었다. 바이든 행정부는 처음부터 마두로를 대화상대로 인정하지 않을 것이고, 과이도를 계속 대통령으로 인정하며, 베네수엘라 정부가 야권과 진지하게 대화하지 않는 한 제재를 해제하지 않을 것이라고 말했다. 그러나 마두로 정부의 탄압과 경제 붕괴에 직면해 미국으로 도피한 사람들에게는 18개월 유효한 TPS를 부여했는데, 그것은 대부분 경우에 그렇듯 독재정부에 반대하면서 그 나라 개인 또는 시민사회를 돕는 목적을 띠었다.[1] 그러는 사이 과이도에 대한 국제적 지지는 사라지고, 마두로와 야당 세력은 2021년 9월 멕시코에서 노르웨이가 중재하는 선거, 인권을 포함하는 정치협상 재개에 합의했다. 미 신행정부의 가장 큰 목표는 카라카스로 하여금 자유, 공정선거 실시하게 만드는 것이었고, 그 정책수단은 마두로 정부에 경제제재를 포함해 계속 압력을 가하는 반면, 베네수엘라 국민들을 위한 인도주의 지원을 제공하는 것이었다. 그럼에도 2021년 9월 현재 안보병력은 마두로 정부로부터 빈번한 급여인상, 핵심요직 및 산업계 배치의 혜택을 받으면서, 그에게 충성하고 있었다. 마두로는 대통령 궁에 머물고 있었고, 일부 베네수엘라 국민들은 그의 정적을 파워에서 몰아내려는 과이도 시도의 환상에서 깨어나고 있었다.[2] 아직도 베네수엘라를 압도하는 정치, 인도주의 위기의 끝은 보이지 않았다. 전문가들은 베네수엘라 내 국가통치를 위한 정치권의 오랜 싸움은 시민들에게 고통만 안겨주고 있다고 평가했다.[3]

2 미국의 아프리카 관계

수많은 현안으로 가득 찬 트럼프 행정부는 다른 여러 곳에서와 마찬가지로 49개국 11억 7천만 인구로 이루어진 사하라 사막 이남 아프리카(sub–Saharan Africa) 지역에 상대적으로 관심을 덜 쏟았다. 실제 정책실행과 별개로, 트럼프 행

---

1) Nicole Narea, "Biden will allow Venezuelans who fled the Maduro regime to live and work in the US," Vox, (March 8, 2021)

2) "Venezuela crisis: How the political situation escalated," (August 12, 2021), https://www.bbc.com〉 news

3) "For Maduro, Venezuela, Politics Has Become Crisis Management," (August 19, 2021), https://www.worldpoliticsreview.com〉 ...

▲ 아프리카 지역, researchgate.net

정부는 미국 안보의 더 큰 초점은 알카에다(AQ), 이슬람국가(IS)에 대한 대테러 차원의 작전으로부터 중국과 러시아의 아프리카 대륙 진출에 대한 우려로 이동했다고 말했다. 트럼프 행정부의 아프리카 안보, 경제, 그리고 그 지역 내 정치, 사회관련 관심 역시 일부 지엽적 사안에 맞춰져 있었다.

(1) 클린턴 시기

클린턴 대통령 시기 아프리카 담당 미 국무차관보 수전 라이스(Susan Rice)에 따르면, 미국의 아프리카 관계는 두 개 차원에서 진행됐다. 그중 하나는 이슬람 극단주의 테러리즘 관련 대테러 및 역내 무장갈등(armed conflict) 해소를 포함해 안보와 관계된 것이고, 다른 하나는 아프리카 경제성장과 민주주의 진흥을 그 목표로 간주했다.

1) 안보관계

클린턴 행정부 당시 미국의 아프리카 안보전략은 두 방향에서 전개됐는데, 그것은 한편으로는 이슬람 무장 테러집단 알카에다(AQ)의 도전에 대한 대응과 반

격, 그리고 다른 한편으로는 아프리카 국가 간 분쟁, 또는 각국 내부의 내란에서
비롯되는 인도주의 위기 해결을 돕기 위한 평화유지 작전과 위기국가 지원이었
다. 클린턴 행정부 시기 미국의 이슬람 대테러와 관련된 주요 사건 중 하나는 AQ
의 케냐(Kenya) 및 탄자니아(Tanzania) 미 대사관 폭파였다. 그것은 1998년 8월
오사마 빈 라덴 수하의 알카에다 테러리스트들이 케냐와 탄자니아 내 미국 대사
관을 폭파해 257명을 사망케 하고 4천여 명 이상의 부상을 초래한 사건이었다.
그 당시 미 대사관 요원들과 인근 주민들이 폭탄공격을 받아 유혈이 낭자한 모습
이 미디어를 통해 전 세계에 방영됐고, 미국인뿐 아니라 전 세계 시민들이 경악했
다. 클린턴 대통령은 그에 대한 보복으로 AQ 근거지 중 하나인 아프가니스탄 호
라산(Khorasan) 주, 그리고 수단(Sudan) 수도 카르툼(Khartoum)에 위치해 있고 테
러물질을 생산하는 것으로 식별된 의약품 공장을 미사일로 공격했다. 그 당시 미
국에게 그 행위는 정당방위로 인식됐지만, 나중에 카르툼의 의약품 공장은 테러
리스트를 위한 화학물질을 생산과는 관계가 없는 것으로 알려졌다.[1]

한편, 아프리카 내 수많은 국가들은 그들만의 끝없는 갈등, 내란, 인도주의 위
기에 휩싸여 있었고, 그들의 평화와 안정을 위해, 또 부분적으로는 대테러 목적을
위해 클린턴 행정부는 다양한 노력을 투입했다. 아직 알카에다의 활동이 조지 W.
부시 대통령 시기 9·11과 같은 거대한 사건이 발생하지 않은 상태에서, 클린턴 행
정부의 안보 관심사는 아프리카 대륙 내 갈등해소를 더 중시하는 것으로 보였다.
클린턴 대통령이 취임 후 가장 먼저 취한 행동은 소말리아(Somalia) 내란 개입이었
다. 실제 미국은 1993년 1월 클린턴 취임 전 이미 조지 H. W. 부시 대통령 당시
유엔안보리 결의안 794호에 따라 소말리아 전투에 개입해 있었는데, 그것은 그 나
라 군벌들이 연루된 내란으로부터 시민들을 보호하기 위
한 인도주의 작전이었다. 그 상황을 인계받은 클린턴은
유엔 병력과 함께 군벌을 진압하고 평화를 회복하기 위
해 소말리아 작전을 계속했다. 그러나 1993년 10월 모가
디슈(Mogadishu) 전투에서 미군 19명이 사망하는 사건
이 발생했다. 미디어를 통해 전 세계에 방영된 그 전투
에서 미 헬리콥터(Black Hawk UH-60)가 추락하고, 여

▲ 모가디슈 전투 1993, pinterest.com

---

1) "U.S. missiles pound targets in Afghanistan, Sudan," CNN, (August 20, 1998)

러 미 해병이 낙하하는 도중 지상 총격에 의해 사망하며, 거리에서 미군 시신이
훼손당하는 장면은 미국인들을 분노, 실망케 했고, 그에 따라 클린턴은 1994년 3
월까지 모든 미군병력을 철수할 것이라고 선언했다.[1]

클린턴 행정부는 르완다(Rwanda)의 인도주의 위기와도 관련됐다. 르완다에서
1994년 4월 후투(Hutu) 부족이 지배하는 정부가 100일에 걸쳐 투치(Tutsi) 부족
80만 명을 살해하는 사건이 발생했다. 그러나 클린턴 행정부는 그 대학살 문제에
관여하지 않았는데, 그 이유는 그 이전 소말리아 사태에서 자국 병사들이 살해되
는 것을 목격한 미국인들이 그 사태 개입에 적극 반대했기 때문이다. 그래도 그해
7월 투치족이 정권을 재장악하고 후투족을 탄압해 그들이 이웃나라 난민으로 전
락했을 때, 클린턴은 인도주의 목적으로 비전투 병력 일부를 파견하고 구호물자를
제공했다. 3개월 후 10월까지 미군은 모든 작전을 종결하고 철수했는데, 수년 후
국제사회의 비판에 직면해 클린턴은 맨 처음 투치족이 대량학살되던 시점에 워싱
턴이 단호하게 개입하지 않은 것은 최대의 정책적 판단 착오였다고 회고했다.[2]

그러는 사이 미국은 유엔 및 아프리카 지역 다자기구와 함께 아프리카 갈등
해결 및 평화와 안정유지, 또 반범죄(anti-crime), 반마약(anti-narcotics) 작전에
개입했다.[3] 1994년 미국은 갈등완화 목적의 유엔 모잠비크작전(UNOMOZ: UN

---

1) Somali fast Facts-CNN.com; Somalia, 1992-1993-Office of the Historian-Department of State, https://www.history.state.gov
2) 후투족은 지난 수백 년간 르완다 인구의 14%를 구성하는 소수부족 투치가 지배하는 왕정에서 피지배 부족으로 생존해 왔지만, 1959년 내란에서 투치 부족을 축출하고 1962년 공화국을 수립했다. 그 이후 이웃 여러 나라로 도피한 30만 명 이상의 투치족이 수많은 반군단체를 조직해 국가탈환을 시도하는 것에 대항해, 1994년 4월 이후 후투 정부군, 경찰, 그리고 일부 강경세력이 80만 명 투치족 살해를 포함해 르완다 내 투치 말살을 부추겼다. 그러나 이웃 아프리카 국가들과 프랑스, 벨기에 등 외세가 개입된 복잡한 과정에서 여러 반전을 거쳐 투치가 1994년 7월 르완다를 재장악했다. 그곳에 주둔해 있던 5천 명 규모 유엔 병력은 무기력했다. 과거 게릴라 반군단체(RPF: Rwandan Patriotic Front) 리더 카가메(Paul Kagame)가 이끄는 투치 정부는 후투와 화해를 추진했지만, 다른 한편 자이르(Zaire)로 도피한 후투족의 재결집을 우려해 1996년 그들을 공격했다. 2021년 현재, 카가메 대통령의 투치 정부가 르완다를 지배하고 있다. "Violence erupts in Rwanda, foreshadowing genocide," https://ww.history.com〉civil-...
3) 1999년 7월 미국이 보츠와나(Botswana)에 법집행 관련 학원(ILEA: International Law Enforcement Academy)을 설립한 것은 반범죄, 반마약 활동의 일환이었다. "Senior U.S. Official Reviews Clinton Admin. Record on Africa," (September 19, 2000),

Operations in Mozambique)을 지원했다. 모잠비크 갈등은 오랜 역사를 갖고 있었다. 그것은 1975년 포르투갈로부터 독립한 이후, 1977~1992년 기간 진행된 모잠비크 집권 공산주의 세력(FRELIMO: Front for the Liberation of Mozambique), 그리고 좌익 일당체제에 반대하는 반군(RENAMO: Mozambican National Resistance) 간의 내란이었는데, 그 갈등은 소련 공산주의가 사라지면서 유엔과 이탈리아 정부의 도움으로 1992년까지 다당제 정치체제와 신헌법 도입을 규정한 로마 평화협정(Rome General Peace Accords) 체결로 이어졌다. 1992년 유엔안보리는 '모잠비크 유엔임무단'(UNOMOZ) 창설을 규정하고, 7,500명 규모의 유엔평화유지 병력을 배치해 2년간 평화협정 이행과 갈등종식을 감시하고, 모잠비크 전후재건, 인도주의 지원을 제공하도록 결의했다. 1994년 10월의 선거에서도 공산, 사회주의를 추구하는 FRELIMO가 승리했고, 평화가 정착되면서 UNOMOZ는 1995년 초까지 모두 철수했다.[1]

1996년 이후 미국의 아프리카 유엔평화유지임무 능력증대를 위한 시도는 다양화됐다. 1996년 워싱턴은 아프리카 위기대응구상(ACRI: African Crisis Response Initiative)을 선언했다. 미 국무부는 그해 7월 ACRI의 최초 절차로 120명의 미국 평화유지임무 훈련관들을 세네갈과 우간다에 파견할 것이라고 말했다. 그들은 주로 노스캐롤라이나 부대(Ft. Bragg) 출신으로, 그들에게는 인도주의 위기와 통상적인 평화유지 작전에서 아프리카 국가들이 서로 협력적, 효율적으로, 또 신속하게 부대를 배치하는 능력을 증진시키는 임무가 주어졌다. 그 과정에서 미국은 7개 국가 6천명 이상의 병력에 훈련과 장비를 제공했다.[2] ACRI는 2004년 '아프리카 위기활동 훈련 및 지원'(ACOTA: African Contingency Operations Training and Assistance) 프로그램으로 대체됐는데, 그 조치는 ACRI보다 관심 영역을 더 확대

---

https://reliefweb.int〉 report〉 senior...

1) 모잠비크 내란에서 1,500만 명 인구 중 1백만 명 이상이 사망하고, 550만 명 이상이 집을 잃었으며, 170만 명의 난민이 발생했다. RENAMO는 남아프리카 공화국으로부터 지원받았다. 탄자니아, 짐바브웨, 말라위도 자국 경제이익 보호를 위해 모잠비크에 병력을 배치했다. "Mozambique." State.gov., (November 4, 2011); 그러나 2013~2018년 FRELIMO와 RENAMO 간에 갈등이 재발했지만, 그것은 2019년 평화협정으로 일단 종식됐다. "Mozambique President, Opposition Leader Sign Peace Agreement/Voice of America," (August 1, 2019), www.voanews.com

2) U.S. Department of State, Great Seal Office of the Spokesman, African Crisis Response Initiative(ACRI), (July 17, 1996), https://1997−2001.state.gov〉 statem...

해 아프리카 군대의 인권, 민군관계, 국제법, 군사기술 분야에서의 능력증진을 모색했다.[1]

1997년 미국은 아프리카 최대의 유혈 갈등 중 하나인 라이베리아(Liberia) 내란 해결을 위한 유엔평화유지임무를 지원했다. 라이베리아 내란은 1989~1996년 지속됐는데, 그 기간 끊임없이 전투와 휴전을 반복한 그 사태는 전 인구 320만 명 중 20만 명 이상의 사망자를 발생시키고 1백만 명 이상의 난민으로 하여금 이웃국가에서 피난처를 찾게 만들었다. 그 내란은 라이베리아 부족 간 반목에서 유래하고 국가권력을 장악하기 위한 갈등으로, 3개 부족집단이 두 파벌(Khran vs Gio, Mano)로 나뉘고, 또 (Samuel Doe) 집권정부에 반대하는 하나의 반군(NPFL: National Patriotic Front of Liberia) 내에서도 찰스 테일러(Charles Taylor)와 프린스 존슨(Prince Johnson)의 새로운 2개 파벌로 나뉘어 8년에 걸쳐 싸운 무장투쟁이었다. 그 분쟁은 1990년 나이지리아, 가나(Ghana), 시에라리온(Sierra Leone), 기니 (Guinea)를 포함하는 16개국으로 구성된 서아프리카 국가 경제공동체(ECOWAS: Economic Community of West African States)의 4천명 규모 '경제공동체 모니터링 그룹'(ECOMOG: Economic Community Monitoring Group) 병력의 집단적 군사개입, 유엔안보리 결의로 결성된 '유엔감시임무'(UNOMIL: UN Observer Mission in Liberia)의 1994년 라이베리아 배치, 그리고 1995년 유엔, EU, 아프리카 통합기구(OAU: Organization of African Unity), 미국의 개입을 매개로 한 1996년(나이지리아) 아부자(Abuja) 협정으로 1997년까지 무장해제와 대선 및 총선 개최를 포함해 간신히 평화정착의 실마리를 찾았다.[2] 그 과

▲ ECOWAS, youtube.com

---

1) ACRI 프로그램은 5년 기간에 걸쳐 4만 명 이상의 군인들을 훈련시키도록 고안되어 있었다. "Fact Sheet; United States and G8 Renew Strong Commitment to Africa," July 8, 2005), www.whitehouse.archives.gov

2) 아프리카 국가 단결을 추구하는 OAU는 1963년 회원국 정치, 경제통합, 식민주의 청산 등을 목표로 창설됐다. 그들은 회원국 간 내정 불간섭을 원칙으로 했는데, 그 기구의 제도적 차원에서 통합군이 없는 까닭에 회원국 결정을 강제할 수 있는 수단이 결여됐다. 그 후 1999년 9월 OAU를 대체할 목적으로 시르테 선언(Sirte Declaration)에서 아프리카 연합 (AU: African Union) 설립이 촉구됐고, 2002년 7월 OAU를 대체해 AU가 새로이 출범했다. 그 이전까지 존재하던 OAU는 2002년 7월 그 시점에 해체됐다.

정에서 클린턴 행정부는 유엔임무 지원을 위해 많
은 물적, 정치적 노력을 제공하는 리더십을 발휘했
다. 그러나 1997년 7월 대선 이후 잠시 조용하던
정치, 사회 상황은 한편으로는 75%의 압도적 득표
로 승리한 전 파벌 리더 테일러 대통령이 이끄는
신정부의 언론사 폐쇄, 인권탄압을 포함하는 권력
남용, 또 이웃 시에라리온 정부와 싸우는 시에라리

▲ 찰스 테일러, guardian.ng

온 반군(RUF; Revolutionary United Front)에 대한 군사지원, 그리고 다른 한편으로
는 과거 라이베리아(Taylor 이전 Doe) 집권정부 파벌(ULIMO: United Liberation
Movement of Liberia for Democracy)로부터 재편된 반정부 그룹(LURD: Liberians
United for Reconciliation and Democracy)의 시민착취와 반정부 활동을 포함해 수
시로 발생하는 폭력을 목격했다. 특히 테일러 정부가 다이아몬드를 수령하는 대
가로 시에라리온 반군그룹 RUF에 군사지원을 제공하는 사실에 주목한 미국은 그
불안정한 행동에 대항하기 위해 유엔안보리에서 일련의 결의안 통과를 지원했다.
또 미국은 테일러 정부에 독자제재를 부과했다. 그러나 부패와 권력남용, 취약한
정치 및 인권상황, 그리고 아직 잔존하는 내란에 대한 증오와 경쟁심은 또 다른
일련의 갈등을 야기했고, 그것은 라이베리아를 1999년 제2차 내란으로 몰아갔다.
그 두 번째 내란은 5만 명의 추가 사망자를 발생시킨 이후, 다시 한 번 ECOWAS
의 개입으로 2003년 8월 일단 종식됐다. 테일러(Charles Taylor)는 2003년 미국
조지 W. 부시 행정부 주도 하에 헤이그 특별법정(Special Court)에서 반인류 및
전쟁범죄로 50년 형을 선고받았고, 2006년 1월 라이베리아에서 새로운 민주적
대통령제가 출범했다.[1]

한편 1998년 4월 미국은 8개 아프리카 국가를 위한 '항공 및 공항안전 관련
구상'(Safe Skies for Africa Initiative)을 추진했다. 미 국무부와 교통부가 120만 달
러 자금을 지원한 그 프로그램은 다양한 목표를 지향했다. 그것은 안전운항을 위
한 국제민간항공기구(ICAO: International Civil Aviation Organization) 기준을 충족
시키는 아프리카 국가 숫자를 늘리고, 3년 이내 그 지역 8~12개 공항의 안전을

---

1) Liberia: 1989-1997 Civil War, Post-War Developments, an U.S. Relations, CRS Report,
   RL30933, (Updated December 31, 2003), pp. 1-31, https://www.everycrsreport.com〉
   re...

증진시키며, 현대 위성항법 지원과 현대적 통신 테크놀로지 사용을 통해 지역 항
공서비스를 증진시키는 사업이었다. 워싱턴은 그 구상이 몇몇 국가에서의 안전평
가, 그리고 세계기준에 맞는 항공안전과 안전관행을 유도하기 위해 아프리카 민간
항공당국과 함께 행동계획을 작성하는데 초점을 맞출 것이라고 말했다. 그 프
로그램은 첫해에 아프리카 공항 관련 필요를 논의하기 위해 몇몇 선별국가 민간
항공(civil aviation) 대표들과 수차례 지역회의를 개최하고, 또 1997년 코트디부아
르(Cote d'Ivoire), 에티오피아(Ethiopia), 짐바브웨(Zimbabwe) 회담내용에 기초하고
안전평가가 뒤따르도록 계획되어 있었다. 안전한 항공여행과 안전한 공항은 무역
증대, 투자유치, 관광확대, 그리고 더 현대적인 사회발전에 필수불가결한 요소였
다. 그것은 전 세계 상업의 거의 절반이 항공으로 진행되기 때문이었다.[1] 그러나
나중에 2019년 8월 트럼프 행정부에 들어와 미국은 나이지리아 및 기타 국가들
을 위한 항공안전 구상을 취소했는데, 그것은 그 지역 항공여행 안전에 대한 우려
를 새로이 증폭시켰다. 나이지리아는 지난 3년 간 민항기 운영에서 단 한 번의 치
명적 사고도 없었는데, 전문가들은 지속적인 안전인식 캠페인, 현대 항공역학 관
련 조사관과 운영자의 재훈련이 취소될 경우 새로운 역경이 도래할 것을 우려했
다. 그 과정에서 나이지리아 사고조사국(AIB: Accident Investigation Bureau)은 다
국적 아프리카 개발은행(AfDB; African Development Bank)과 같은 다자기구에
ICAO를 통한 그 프로그램 지속의 지원을 호소했다. 외국에 대한 지원을 낭비로
인식하는 트럼프 행정부는 '아프리카 안전운항' 자금이 포함된 약 40억 달러 해외
지원을 삭감하고, 미국정책에 대한 지지를 모든 지원의 조건으로 내걸었다.[2]

1999년 워싱턴의 평화유지 관련 활동은 더 증가했다. 그해 5월 미국은 시에
라리온(Sierra Leone) 내란에서의 잔악행위와 적대행위 중재를 시도했다. 5만 명
이상이 사망한 그 내란은 1991~2002년 기간 (앞에 언급한) 라이베리아 테일러 주
도의 NPFL이 지원하는 시에라리온 반군집단(RUF: Revolutionary United Front)이
그 나라 모마(Joseph Momah) 집권정부 전복을 시도하면서 시작됐다. 실제 그 내
란에서 시에라리온의 많은 청년들은 RUF를 지지했는데, 그 이유는 과거 집권하

---

1) The White House Office of the Press Secretary(Dakar, Senegal), Fact Sheet: Safe Skies
   for Africa Initiatives, (April 1, 1998), https://clintonwhitehouse4.archives.gov〉 ...

2) Wole Oyebade, "Worries as Trump cancels aviation safety initiative for Nigeria,
   others," (August 20, 2019), https://m.guardian.ng〉 amp

던 스티븐스(Siaka Stevens) 정부와 1985년 그를 이어받은 모마 정부의 독재와 실정으로 정치권, 사법부, 사회전반에 뇌물을 포함해 광범위한 부패가 존재하는 반면, 일반인은 가난을 면치 못했기 때문이다. 1991년 3월 처음 내란 발발시, RUF는 다이아몬드 광산이 밀집해 있는 동남부 지역을 장악해 세력을 확대했다. 1992년 2월에는 집권정부 내에서 군사쿠데타를 통해 새로운 파벌(NPRC: National Provisional Ruling Council)이 등장하고, 1993년에 3월 서아프리카 국가 그룹의 ECOMOG가 주로 나이지리아 군으로 구성된 병력을 시에라리온 수도 프리타운(Freetown)으로 파견하면서, 정부군은 RUF를 시에라리온－라이베리아 국경 인근으로 몰아냈다. 이제 그 내란은 국제전 성격을 띠게 됐는데, 왜냐하면 시에라리온 정부를 위해서 ECOMOG, 미국, 영국, 기니(Guinea)가 개입하는 반면, 리비아, 부르키나파소(Burkina Faso), (테일러의) 라이베리아가 RUF를 지원했기 때문이다. 1995년 3월, 시에라리온은 RUF와의 투쟁을 위해 남아공의 민간 용병회사를 고용했다. 1996년 3월까지 시에라리온은 선출된 시민정부를 수립했고, 수세에 몰린 RUF는 평화협정(Abidjan Peace Accord)에 서명했다. 그러나 내란의 여진이 남아 있는 상태에서, 1997년 또다시 군사쿠데타가 발생했다. 그 군부 인사들은 새 기구(AFRC: Armed Forces Revolutionary Council)를 설립해 신정부 위상을 주장하면서, RUF와 연합해 프리타운을 장악하고 내란 종식을 선언했다. 그러나 코모라(Johnny Paul Komora)가 이끄는 신정부 출범 이후 약탈, 살인, 성폭행을 포함하는 사회불안이 그치지 않았는데, 그것은 주로 RUF에 의한 것이었다. 코모라 정부를 위해 다시 돌아온 ECOMOG 병력이 시에라리온 내전에 개입해 수도를 재탈환했지만, 외곽지역이 통제 밖인 상태에서 RUF에 의한 내란이 재개됐다. 1999년 1월 세계 리더들이 정부－RUF 협상을 위해 개입했고, 그해 7월 미국, 영국, 유엔, OAU가 중재한 로메 평화합의(Lome Peace Agreement)가 성사됐다.[1] 그 협정을 통해 휴전이 성사되고, 무장해제 감시 목적으로 유엔평화유지군(UNAMSIL: United Nations Mission in Sierra Leone) 배치가 선언됐으며, RUF 리더(Foday Sankoh)에게 부통령 직책과 다이아몬드 광산 통제권이 부여됐다. 미국은 그곳에 배치된 유엔 평화유지군 능력증강을 위해 서아프리카 병력 7개 대대에 훈련과 장비를 제공했다. 그러나 그 평화협정은 1년 6개월의 잔악행위 중단, 폐쇄지역 개방, 그리고 2만 명 이상 병력의 무장해제 성과를 이루었지만, 완전한 평화를 보장하지는 못했

---

1) Lome는 토고(Togo)의 수도이다.

다. 그것은 RUF가 무장해제를 미루고, 수도 프리타운으로 진격해 또 다시 내란이 재발했기 때문이다. 그때 영국이 과거 식민지이며 영연방 일원인 시에라리온의 카바(Ahmad Tejan Kabbah) 정부를 위해 군사 개입해 RUF를 패퇴시키면서 새로이 평화가 이루어졌다. 2002년 1월 시에라리온 정부는 내란종식을 선언하고, 반군 리더(Foday Sankoh)를 체포해 투옥시켰다. 미국 부시 행정부는 유엔에서 반군 리더들의 반인류 범죄를 처벌하기 위한 시에라리온 특별법정 설립을 주도했다.[1]

미국은 또 1999년 7월 콩고민주공화국(DRC: Democratic Republic of Congo)에 평화를 도입하기 위한 루사카(Lusaka) 협정 체결을 지원하고, 그해 11월 펜타곤은 갈등해결과 민군관계 개선을 위해 세네갈 수도 다카르(Dakar)에 아프리카 전략연구센터(African Center for Strategic Studies)를 설립했다. 미국이 개입한 그 DRC 사태는 제2차 콩고전쟁(Second Congo War, 1998~2003)이라 불렸는데, 그것은 제1차 콩고 전쟁의 연장선상에서 발생한 갈등이었다. 1996년 그 당시 자이르(Zaire)라는 국호를 갖고 있던 콩고에서 모부투(Mobutu Sese Seko) 집권정부에 반대하는 반군 게릴라 리더 로랑데지레 카빌라(Laurent-Desire Kabila) 주도의 제1차 내란(1996~1997)이 발생했다. 그 사태는 콩고와 접경한 르완다의 카가메(Paul Kagame) 정부가 1994년 후투족의 투치족 대학살 이후 콩고 동부지역으로 도피한 후투가 르완다 침공을 계획하고 있다고 주장하면서 시작됐다.[2] 콩고 모부투(Mobutu)

▲ 로랑-데지레 카빌라 1997, blackpast.org

정부의 부인에도 불구하고, 키갈리(Kigali)는 콩고 동부지역 남키부(South Kivu)에 거주하는 투치 공동체(Banyamulenge)를 무장시키기 시작했고, 1997년 3월 카빌라는 주로 투치족을 동원하고 르완다, 우간다, 앙골라의 지원을 받으면서 2개월 후 콩고 수도 킨샤사(Kinshasa)를 장악했

---

1) 시에라리온 내란은 특히 폭력적이고 장기적이었는데, RUF와 시에라리온 정부는 노예노동을 착취한 '피 묻은 다이아몬드'(blood diamonds)에 의해 재정 지원받았다. Samuel Momodu, "The Sierra Leone Civil War (1991-2002)," (January 16, 2017), https://www.blackpast.org〉sierra-le...

2) 르완다 인구는 2020년 현재 1,300만 명이고, 수도는 키갈리(Kigali)이다. 인구 구성은 투치 15%, 후투 84%이다. 종교는 가톨릭 44%, 기독교 50%, 이슬람 2%이다.

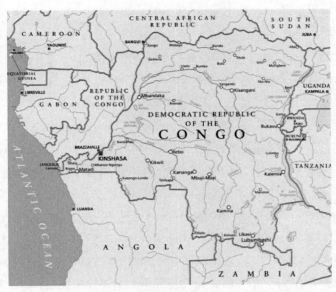

▲ 콩고민주공화국(DRC), researchgate.net

다.[1] 마르크스주의자임을 공개 선언한 카빌라는 1997년 5월 대통령에 취임한 이후 국가 명칭을 자이르에서 콩고민주공화국(DRC)으로 바꿨는데, 그는 국정운영에서 많은 난관에 부딪쳤다. 그것은 국내 여러 파벌의 상호의심과 권력투쟁, 대외부채 이외에도, 모부투 정권 타도에서 그를 돕던 해외 지원세력이 계속 콩고에 주둔하면서 킨샤사에 대해 과도한 영향력을 행사하려 했기 때문이다.[2]

이제 카빌라가 콩고 내에 주둔하는 르완다와 우간다 군대의 철수와 영향력 배제를 시도하고, 그에 콩고 남키부(South Kivu)에 거주하고 르완다와 연계를 유지하는 투치 공동체가 반발하면서, 제2차 콩고 내란이 시작됐다.[3] 1998년 8월 초 최대 7만 명에 이르는 투치 공동체는 르완다와 우간다 지원을 받으면서 반군단체(RCD: Rally for Congolese Democracy)를 결성해 제2차 내란을 시작했다. 키갈

---

1) 투치족은 콩고 전체 인구의 0.4%를 구성한다. 수도 킨샤사로 진군하는 과정에서 카빌라가 이끈 반군집단(ADFLC: Alliance of Democratic Forces for the Liberation of Congo)은 6만 명 민간인을 살해한 것으로 알려졌다.
2) 외국 영향력의 심각성은 콩고 국민 60% 이상이 카빌라를 르완다와 우간다의 꼭두각시로 인식한데서 잘 나타났다.
3) 콩고 인구는 8,680만 명이고, 종교는 가톨릭 50%, 기독교 20%, 이슬람교 10%이다.

리는 콩고 동부지역이 원래 르완다 영토라고 주장했고, 우간다는 1999년 2월 자체적으로 콩고 내에 반군그룹(MLC: Movement for the Liberation of Congo)을 조직했다.[1] 북키부(North Kivu) 고마(Goma)에 근거지를 두고 천연자원이 풍부한 동부지역을 지배하면서, RCD는 콩고 전국에서 전투를 벌였다. 그러나 1개월 내에 수도 킨샤사가 함락될 것으로 보이는 상황에서, 16개국으로 구성된 '남부 아프리카 발전공동체'(SADC: Southern African Development Community)가 콩고 지원에 나서면서 그 내란은 다자전쟁으로 전환됐다.[2] 나미비아, 짐바브웨, 앙골라, 그리고 차드, 수단, 리비아까지 콩고정부를 지원해 전투에 개입하면서 킨샤사를 지원하는 여러 나라들이 RCD뿐 아니라 르완다, 우간다와 전면적으로 충돌할 위험이 커졌는데, 그 위기에서 남아공의 중재로 1999년 1월 앙골라, 나미비아, 짐바브웨 동맹, 그리고 다른 편의 르완다, 우간다 동맹 간에 휴전이 성사됐다. 그 휴전에 반대한 RCD는 자체 내 파벌 균열로 세력이 약화됐고, 리비아 카다피 대통령의 중재로 콩고와 우간다는 휴전(Sirte Agreement)에 합의했다. RCD와 르완다는 계속 대화를 거부했지만, 1999년 7월 유엔안보리 개입으로 전쟁 당사국 간에 잠비아(Zambia) 수도 루사카(Lusaka)에서 휴전합의(Lusaka Ceasefire Agreement)가 이루어졌다. 클린턴 행정부는 리더십을 발휘해 그 루사카 협정을 성사시켰다. 한편에서 콩고, 앙골라, 나미비아, 잠비아, 짐바브웨, 그리고 다른 한편에서 르완다, 우간다 6개국이 서명한 그 합의는 포로석방과 유엔평화유지군 파견을 규정했다.[3] 곧이어 UN, SADC, OAU가 루사카에서 회동해 휴전 초안을 작성했고, 유엔안보리는 휴전을 지원하기 위해 콩고에 90명 연락관을 파견했다. 그러나 수개월 내 모든 당사자들이 상대방의 협정위반을 주장하면서 또 다시 전투가 재개됐는데, 이번에는 과거 동맹이던 우간다와 르완다가 서로 군사적으로 충돌했다. 그해 11월 RCD와 르완다는 또 다시 킨샤사 공격을 시도했지만, 그 시도는 동맹군의 지원을 받아 새로이 재건된 콩고 정부병력의 방어에 의해 실패로 돌아갔다. 2000년

---

1) "DR Congo: The Bemba Earthquake," (June 15, 2018), www.crisisgroup.org

2) SADC는 아프리카 지역의 경제, 정치사회적 협력과 통합을 추구하는 기구이다. 그 회원국은 보츠와나, 앙골라, 콩고(DRC), 레소토(Lesotho), 모리셔스, 모잠비크, 나미비아, 남아공, 탄자니아, 짐바브웨 등 16개국을 포함한다. "Hate messages on East Congolese radio," BBC News, (August 12, 1998), www.news.bbc.co.uk

3) "Secretary－General Welcomes RCD Signing of Lusaka Ceasefire Agreement on Democratic Republic of Congo－ Meetings Coverage and Press Releases," (August 31, 1999), www.un.org

2월 유엔이 약 5,500명 평화유지군(MONUSCO: United Nations Organization Stabilization Mission in the Democratic Republic of Congo) 파병을 승인한 상태에서, 콩고 정부군과 RCD, 그리고 또 우간다와 르완다 병력 간에 전투가 계속되면서, 콩고 전국이 전쟁의 도가니에서 빠져나오지 못했다. 그러나 그해 말까지도 진전을 이루지 못하던 유엔, OAU, SADC 주도의 평화는 2001년 1월 카빌라가 대통령 궁에서 경호원에게 암살되면서 새로운 전기가 마련됐다.[1]

콩고의 새로운 대통령으로 취임한 (로랑데지레 카빌라의 아들) 조셉 카빌라(Joseph Kabila)는 2001년 2월 아직 9·11이 발생하기 이전 조지 W. 부시 행정부 개입으로 워싱턴에서 르완다 대통령 카가메와 회동해 평화의 단초를 마련했고, 르완다와 우간다 역시 콩고로부터의 병력철수와 상호휴전에 합의했다.[2]

▲ 조셉 카빌라, news.bbc.co.uk

2002년 초 이번에는 놀랍게도 콩고 내 투치 공동체가 카가메 정부 결정에 반대해 르완다 병력과 콩고 동부에서 전투를 벌였지만, 콩고 서부지역은 조셉 카빌라 리더십하에서 점차 안정을 찾아갔다. 서방에서 교육받은 젊은 카빌라는 그의 부친보다 더 실용적 사고를 가진 것으로 보였다.[3] 그해 4월에는 남아공 주도의 새로운 평화합의(Sun City Agreement)에서 다당제 단일정부와 민주선거 계획이 공식화됐고, 7월에는 콩고와 르완다 간에 남아공에서 평화협정(Pretoria Accord)이 체결됐으며, 그해 말까지 상황은 더 안정되어 갔다. 르완다는 콩고로부터 2만 명 병력철수를 약속했고, 그 작업은 10월까지 완료됐다.[4] 1994년 르완다 투치족 대학살의 주요 공범이고 콩고 동부로 도피해 거주하는 후투 민병대(Interahamwe)도 해체하기로 약속됐다. 2002년 9월에는 우간다가 콩고로부터 병력을 철수시키기로 결정하면서, 콩고와 우간다 간에 평화협정(Luanda Agreement)이 체결됐다. 콩고 전쟁에서 킨샤사를 가장 많이 도운 짐바브웨는 조셉 카빌라 대통령 보호 목적의

1) "CNN.com—Congo's president Kabila is dead— January 18, 2001), (January 18, 2001), www.cnn.com

2) "Democratic Republic of Congo 1998−2003/ Mass Atrocity Endings," (September 18, 2015), https://sites.tufts.edu〉2015/09/18

3) Karl Vick, "The Ascendant Son in Congo," The Washington Post, (January 23, 2001)

4) "Rwandan Patriotic Army completes troops withdrawal from DR of Congo−UN," UN News, (October 7, 2002)

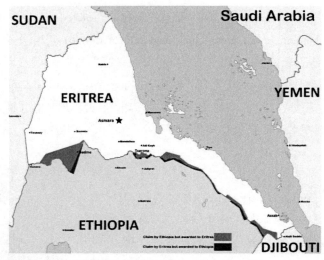

▲ 에티오피아-에리트레아 국경, opiniorator.blogs.nytimes.com

소수인원을 제외하고 1만 2천 명 병력 모두를 철수시켰다. 2002년 말 콩고 내 여러 정파가 2년 이내 대선과 총선 계획을 선언하고 2003년 7월 과도정부(transitional government)가 수립되면서, 모든 분쟁은 공식 종식됐다.[1] 그 과도정부에는 무장해제와 선거 개최를 포함해 모든 국내 통합추진의 임무가 주어졌지만, 그 이후에도 콩고 동부지역에서 후투족과 투치족의 반목과 갈등이 계속되고 공식선거는 2006년으로 연기됐다.[2] 그럼에도 점차 콩고는 안정돼 갔다. 2006년 대선에서 조셉 카빌라는 대통령으로 재선임됐고, 그 후 그는 외부세력의 콩고 내 무장갈등 지원, 그리고 정치탄압에서 유래하는 시위와 폭력을 포함하는 사회 불안정에도 불구하고 2019년까지 계속 대통령으로 재직했다. 그 과정에서 그는 온갖 부정한 수단을 동원했는데, 2021년 현재 콩고헌법에 따라 종신 상원의원으로 재직하고 있다. 그렇게 제2차 콩고전쟁은 제2차 세계대전 이후 최악의 전쟁 중

---

1) Samuel Momodu, "Third Congo Civil War (1998–2003)," (March 20, 2018), https://www.blackpast.org〉 third–co...

2) 콩고 내전에서 우간다의 지원을 받고 2002년 Luanda 합의에서 부통령이 된 인물(Jena–Pierre Bemba)이 이끄는 반군 집단이며 나중에 정당으로 변신한 MLC는 2002년 말과 2003년 초 사이 6만 여명의 피그미 민간인과 1만 명 전사를 살해한 인종청소(ethnic cleansing)의 주범으로 알려졌다. Basildon Peta, "Rebels 'eating Pygmies' as mass slaughter continues in Congo despite peace agreement," The Independent, (January 9, 2003)

하나로 불렸는데, 그 과정에서 질병, 기아를 포함해 540만 명이 사망하고 두 배 이상 많은 사람들이 거처를 잃었으며, 200만 명이 이웃국가에서 망명처를 추구했다. 콩고는 서유럽과 비슷한 크기의 엄청난 영토를 보유하고 다이아몬드, 금, 구리, 코발트 같은 자원이 풍부한 나라였는데, 제2차 콩고 전쟁에서의 모든 피해는 전부 주민의 몫으로 돌아갔다. 그 전쟁은 콩고 내 집권정부에 반대하는 제1차 국내 반목에 외국정부가 개입해 제2차 국제분쟁으로 비화한 비극이었다.[1]

클린턴 행정부 임기 마지막 해인 2000년 미국은 1998년부터 진행되던 에티오피아－에리트레아 전쟁(1998. 5~2000. 6) 해결을 위해 OAU와 함께 새로운 노력을 투입했다. 과거 하나의 연방에 속했던 에티오피아와 에리트레아 두 나라 간의 분쟁은 국경과 관련된 갈등이었는데, 그 사건 역시 복잡한 역사 속에서 발생했다. 원래 에티오피아는 아프리카에서 가장 오래된 왕정으로 셀라시에(Haile Selassie) 황제에 의해 통치됐지만, 공산주의 집단(PMAC: Provisional Military Administrative Council)이 기존정부를 전복시키고 쿠데타로 새로운 정부를 설립했다.[2] 집권 후 PMAC는 '붉은 테러'(Red Terror) 독재를 통해 반체제 인사들을 숙청했고, 그 과정에서 많은 청년들이 사망, 해외도피, 또는 반대파 무장그룹에 합류했다.[3] PMAC 정부에 반대하는 에티오피아 반군(TPLF: Tigrayan People's Liberation Front)은 다른 인종그룹을 포함해 세력을 확대시킨 총괄조직(EPRDF: Ethiopian People's Revolutionary Democratic Front)을 결성했고, 그 당시 에티오피아의 일부였던 에리트레아도 반군단체(EPLF: Eritrean People's Liberation Front)를 조직해 TPLF와 협력하면서 공산주의 정부와 투쟁했다. 이제 소련 공산주의가 멸망하면서 PMAC 정부는 자연히 소멸됐고, TPLF는 아디스아바바(Adis Ababa)에 과도정부를 수립했으며, 유엔 권위하에서 시행된 주민투표에서 에리트레아 국민

---

1) Joe Bavier, "Congo war－driven crisis kills 45,000 a month: study," Reuters, (January 22, 2008); "DR Congo Pygmies appeal to UN," BBC News, (May 23, 2003); "Q&A: DR Congo conflict," BBC News, (August 27, 2010), https://www.bbc.com〉 news

2) PMAC는 에티오피아어로는 Derg라고 불렸다.

3) 에리트레아는 1869~1941년 이탈리아 식민지였으나, 제2차 세계대전에서 이탈리아의 패전 이후 유엔은 그 나라를 에티오피아에 포함시키기로 결의했다. 에리트레아에게는 연방의 일원으로 자체 법률과 국기를 포함해 자주(autonomy)가 부여됐지만, 1961년 에티오피아의 셀라시에는 그 나라를 하나의 주로 편입시켰다. 그 결정에 반대해 에리트레아인들이 1970년대와 1980년대 에티오피아로부터 독립하려는 무장투쟁을 전개했다. Sandra F. Joireman, "Ethiopia and Eritrea; Border War－Core,"(2000), pp. 1－7, https://core.ac.uk〉 pdf

들은 1993년 4월 에티오피아로부터 독립을 쟁취했다.[1] 그러나 TPLF와 EPLF가
에리트레아 독립 관련 문제를 다룰 목적으로 2년 전 구성한 위원회가 제대로 가
동되지 않으면서 양국관계가 악화됐는데, 가장 큰 문제는 국경선 책정이었다. 에
리트레아 대통령(Isaias Afewerk)은 양측 국경선 관련 정확한 규정이 없는 상태에
서 일방적으로 바드메(Badme) 지역을 합병했고, 아디스아바바(Addis Ababa)는 바
드메가 에티오피아가 중시하는 북쪽 티그레이 주(Tigray Province)의 일부라는 이
유로 군사적 수단으로 대응하기로 결정했다.[2]

1998년 5월 에리트레아가 기갑병력을 바드메에 진입시키고 에티오피아가 전
면전을 선언하면서, 양측은 6월까지 4주에 걸쳐 3개 전선에서 치열한 지상, 공중
전에 돌입했다.[3] 양국 국경에는 20만 명 이상의 병력이 배치됐고, 그 당시 유난
히 많은 지뢰 사용으로 수많은 군인과 민간인이 희생됐다. 바드메는 오일이나 다
이아몬드도 생산되지 않고 전략적으로 특별히 중요한 지역도 아니었다. 그러나
그런 초라한 시장 마을(market town)로 인해 두 나라가 전쟁을 벌이는 것에 대해
일부에서는 그 사태를 "두 대머리 남자가 머리빗을 놓고 싸우는 것"(two bald
men fighting over a comb)에 비유했다. 그것은 어떤 경제 이익보다는 일종의 국가
적 자존심 및 주권과 관련된 문제였다. 전쟁이 확대되면서 거처를 잃은 난민이 증
가했고, 그 전쟁은 양측 모두의 가정을 파괴했다. 국경 인근 양측의 상업활동은
완전히 중단됐다.[4] 아프리카 대륙 전체에서 벌어지는 수없이 많은 내란, 분쟁을
우려하는 유엔안보리가 결의안 1177호를 통해 휴전을 시도했지만, 양국, 특히 에
리트레아는 국경선에 참호(trench)를 준비하면서 장기전 태세에 진입했다. 1998년
11월 OAU가 유엔, EU, 미국의 지지를 받아 1998년 6월 이전 국경으로의 철수를
포함하는 평화안을 제시해 에티오피아의 승인을 받아냈지만, 에리트레아는 그 제

---

1) 에리트레아는 과거 식민시절 이탈리아 지도에 바드메가 자국 영토로 표시되어 있다고 주
   장했다. "Eritrea profile: A chronology of key events," BBC, (May 4, 2016)
2) 에티오피아에서는 바드메가 속한 티그레이 주가 많은 유명인사를 배출한 지역이기 때문
   에, 그 상징성을 생각해 그 마을을 포기하지 말아야 한다는 의견이 많았다. Richard
   Dowden, "There are no winners in this insane and destructive war," The
   Independent, (June 2, 2000)
3) "World: Africa Eritrea: Ethiopia pursues total war" BBC News, (June 6, 1998)
4) Tesfalem Araia, "Remembering Eritrea−Ethiopia border war; Africa's unfinished
   conflict," (May 6, 2018), https://www.bbc.com〉 news

안을 거부하면서 그 대신 분쟁지역의 비무장화, 중립기구에 의한 감독, 또 당사자 간 직접대화를 요구했다.[1]

에리트레아의 지연작전에 분노한 에티오피아는 1999년 2월 바드메 탈환을 위해 전투기와 집중포화를 동원하는 전면공격을 실시했고, 10일 간의 전투 후 에리트레아 영토 내 깊숙이 진군해 거의 그 나라 군대를 패퇴시켰다. 에리트레아 영토의 크기는 에티오피아에 비해 20% 이하에 불과했다. 패색이 짙어지면서 에리트레아가 이제 새롭게 OAU의 평화안 수용 의사를 밝혔지만, 아디스아바바는 그동안 에리트레아가 점령한 모든 지역을 반환할 것을 요구하면서 참호전쟁(trench warfare)에서 수만 명 에리트레아 군을 살해했다. 에리트레아 병력의 1/4은 여성이었다.[2] 유엔안보리는 1999년 2월 결의안 1227호를 통과시키고 양측에 무기금수를 명령했다. OAU, 유엔 결의에도 불구하고, 그해 5월 에티오피아 군은 에리트레아 수도 아스마라(Asmara) 60마일 남쪽 지역(Zalambassa)을 장악하면서 계속 성공적으로 전투를 이어갔다. 전투와 휴전을 반복하는 가운데 2000년 5월 에티오피아는 또 다시 여러 전선에서 수십 개의 보병 및 기갑사단, 야포, 전투기를 동원해 동시다발적으로 에리트레아 군을 공격하고, 적 서부병력의 공급선을 끊었다.[3] 그때 미국이 유엔안보리에서 결의안 1298호 통과를 주도하고 양측에 무기금수를 부과하면서 강력하게 휴전을 촉구했다. 안보리는 국경지역 휴전감시를 위해 유엔평화유지군 파견을 결정했다.[4] 에티오피아가 대부분의 분쟁영토를 재확보하고 에리트

---

1) OAU 중재안이 해결에 이르지 못하면서, 에티오피아-에리트레아 전쟁은 인근 국가에도 영향을 미쳤다. 아스마라(Asmara)는 에티오피아를 불안정화시킬 목적으로 그 나라 정부에 반대하는 남부지역 반군그룹(OLF: Oromo Liberation Front)에 자금과 무기를 공급했다. 아스마라는 또 에티오피아의 오가덴(Ogaden) 지역 분리를 요구하는 이슬람 그룹(Al-Ithad Al-Islami)도 지원했다. 에티오피아 군은 OLF 반군을 추적해 케냐와 소말리아로 진입했고, 그 과정에서 소말리아 국경 내에서 에리트레아와 동맹관계를 유지하는 소말리아 군벌 아이디드(Husain Aideed) 병력도 공격했다. 소말리아 정부는 에티오피아의 도발과 관련해 OAU와 유엔안보리에 문제를 제기했지만, 아디스아바바는 작전을 중단하지 않았다. 에티오피아의 지부티와의 관계는 돈독했는데, 에티오피아 제품이 지부티 항구를 통해 수출되기 때문이었다. Joireman, "Ethiopia and Eritrea," (2000), pp. 8-9, https://core.ac.uk〉 pdf
2) Cathy Jenkins, "Eritrea's women fighters: A quarter of Eritrean soldiers are women," BBC News, (July 22, 1999)
3) Peter Biles, "Ethiopia's push north," BBC News, (May 20, 2000)
4) "UN SC Resolution 1298," United Nations, (May 17, 2000)

레아가 OAU를 통해 모든 점령 영토로부터 철수할 뜻을 전달하면서, 아디스아바바는 그 전쟁의 종식을 선언했다. 종전 선언 당시, 월등히 우월한 전쟁능력을 갖고 있던 에티오피아는 에리트레아 영토의 1/4을 점령한 상태였다. 국제법을 어기면서 시작한 그 전쟁에서 에리트레아는 처참하게 패배했다. 그 전쟁에서 7~10만 명이 사망했고, 에티오피아가 7만 7천 명 에리트레아인을 추방하면서 난민문제가 가중됐으며, 에리트레아는 자국 내 에티오피아인 7,500명을 수용소에 감금하고 일부는 추방했다. 전쟁의 과정에서 고문, 성폭행, 기타 수많은 인권남용이 있었다.[1]

그러나 에티오피아-에리트레아 국경분쟁이 일단락 났음에도 불구하고, 전후 처리를 포함해 공식적인 최종해결까지는 또 다른 우여곡절이 존재했다. 2000년 6월 전쟁 당사자들은 평화에 합의하고, 사후처리를 알제리 합의(Algiers Agreement)의 중재에 맡기고 그 결정에 저항하지 않을 것을 약속했다. 그해 7월 유엔안보리는 결의안 1312호에서 에리트레아 내 25Km 임시안보구역(TSZ; Temporary Security Zone) 설정과 60개국으로 구성된 유엔임무(UNIMEE: UN Mission in Ethiopia and Eritrea)의 감시, 순찰을 규정했고, 12월 두 나라 정부는 평화합의에 서명했다. 2002년 4월에는 알제리 합의하에 설립된 에리트레아-에티오피아 국경위원회(Eritrea-Ethiopia Boundary Commission)가 헤이그 중재재판소(Permanent Court of Arbitration)와 협력해 '최종적이고 구속력 있는'(final and binding) 판결을 내렸는데, 그때 양측 모두가 일부 영토를 획득하면서도 전쟁 시발점으로서의 정치적 상징성을 갖고 있는 바드메는 에리트레아에 주어졌다.[2] 에리트레아는 전쟁 패배에도 불구하고 승리감에 도취되고 에티오피아는 실망을 감추지 못했지만, 그해 11월 아디스아바바는 원칙적으로 그 판결 수용의사를 밝히고 그 다음 달 국경으로부터 일부 병력철수를 선언했다. 유엔도 에리트레아에서 평화유지군을 철수시키기 시작했다. 그러나 2005년 12월 헤이그 중재재판소가 1998년 에리트레아의 바드메 점령이 국제법 위반이었다고 추가 판결하면서, 에티오피아와 에리트레아가 국경에 병력을 재배치해 잠시 또다시 긴장이 고조됐다.[3] 그렇지만 새로운 충돌

---

1) Andrew England, "500,000 flee as Ethiopian troops storm Eritrea," Associated Press, (May 18, 2000)

2) "Horn peace deal: Full Text," BBC News, (December 11, 2000); Damian Zane, "Ethiopia regrets Badme ruling," BBC, (April 3, 2003)

3) James Astill, "Ethiopia and Eritrea claim border victory," The Guardian, (April 15,

가능성과 양측 모두의 자제가 공존하는 가운데, 2018년 6월 에티오피아의 신임 총리 아비(Abiy Ahmed)가 그동안 내려진 모든 판결과 합의를 수용할 것이라고 선언했다. 그것은 놀라운 진전이었는데, 두 나라 국민이 더 이상의 분쟁을 원치 않는 상태에서 미국의 중재가 큰 역할을 한 것으로 알려졌다.[1] 그 다음 달 7월 에티오피아와 에리트레아 정상이 다시 한 번 공동으로 공식 종전선언에 서명하면서, 에티오피아－에리트레아 항공노선이 재개됐다. 에티오피아 아비 총리는 2019년 노벨평화상을 수상했다.[2]

▲ 아비 아메드

2) 아프리카 경제발전 및 민주주의 진흥

미－아프리카 경제관계 확대와 아프리카 경제발전을 위해 클린턴 대통령은 1993년 '경제성장 기회 파트너십'(Partnership for Economic Growth and Opportunity) 구상을 발표했다. 그것은 아프리카 대륙을 미국 주도의 세계경제에 접목시키는 동시에 아프리카 국가들의 지속적 성장과 발전을 이루는 동시적 목표를 겨냥한 정책이었다. 워싱턴은 그 시도가 미국과 아프리카 기업 모두의 무역과 투자기회를 확대시킬 것으로 기대했고, 그를 위해 해외민간투자공사(OPIC: Overseas Private Investment Corporation), 수출입은행(Export－Import Bank), 무역발전처(TDA: Trade and Development Agency)가 재정을 지원했다.[3] 1996년 6.4억 달러이던 미국의 아프리카 지역 해외지원 액수는 2000년까지 8억 달러로 증가했고, 미 행정부는 2001년 예산을 위해 9.4억 달러를 요청했다.

2002); "International commission: Eritrea triggered the border war with Ethiopia," BBC News, (December 21, 2005)

1) 미 국무부 차관보 대행(Donald Yamamoto)은 에티오피아와 에리트레아를 오가면서 중재에 나섰다. Araia, "Remembering Eritrea－Ethiopia border war," (May 6, 2018), https://www.bbc.com〉 news

2) Aaron Maasho, "Flags, flowers greet first Ethiopia－Eritrea flight in 20 years," Reuters, (July 18, 2018)

3) US TDA는 미국 회사들이 신흥경제의 주요 인프라 프로젝트에 참여해 미국 직업을 창출하는 것을 돕는다. 그 기구는 미국 사업체들에게 수출 및 투자 기회를 연결시켜 주는데, 그 작업은 그들의 신흥시장 프로젝트 준비와 파트너십 구축 활동에 자금을 지원하는 방식으로 진행된다. USTDA, https://ustda.gov

2000년 5월에는 아프리카 성장기회법(AGOA: African Growth and Opportunity Act)이 통과됐다. AGOA는 사하라 사막 이남 아프리카에 대한 미국 무역정책의 초석으로 작동하고, 양측 무역과 투자를 진흥시켜 미국과 아프리카 모두의 혜택을 가져올 것으로 기대됐다. 그것은 자격이 충족되는 아프리카 국가들에게 미국 시장에 면세접근을 부여하는 미국의 비상호적 무역특혜였다. 특혜적 시장 접근 이외에, 그 법은 AGOA 포럼으로 알려진 연례(annual) 포럼 개최를 규정했다. 그 회의에서 미국과 AGOA 국가 관리들은 무역 관련 문제를 논의했다. 또 AGOA는 미 정부 부처들을 위해 그 지역 내 무역 및 투자지원과 관련해 방향을 제시했다. AGOA하에서 49개 모든 아프리카 국가들은 혜택을 받을 수 있었다. 그렇지만 그 나라들이 혜택을 부여받기 위해서는 일정한 조건을 충족시켜야 했는데, 그것은 그들의 무역 및 투자정책, 근로자 권리, 그리고 거버넌스, 인권과 관계됐다. 대통령은 매년 각 수혜국의 자격을 검토, 결정했다. AGOA의 주요 요소는 수혜국 특정상품의 미국 수입에서의 면세 대우였다. 그 관세 면제는 AGOA 수출업자들이 중국, 러시아, 일본과 같이 정부지원을 받는 다른 나라의 저비용 생산자들과 경쟁하는 것을 도울 수 있었다. AGOA는 미국이 수많은 나라에 적용하는 또 다른 무역특혜 제도인 GSP(Generalized Systems of preferences)와는 구분되는데, 전자가 특정지역을 겨냥하는 반면, 후자는 지역에 근거한 것이 아니었다. AGOA 특혜는 GSP에 해당되는 모든 상품, 그리고 자동차와 특정형태 직물 및 의류와 같이 GSP에서 제외되는 일부 상품에도 적용됐다.[1]

한편 클린턴 행정부는 아프리카의 민주주의 진작을 위해 여러 노력을 경주했다. 1994년 4월 미국은 아프리카 대륙 최초의 민주선거인 남아프리카공화국(South African Republic) 선거를 도왔다. 모든 인종의 시민들이 참여한 그 선거는 독립적 선거위원회 감독 하에 남아공 백인 소수정권의 다수 흑인 인종차별(apartheid)을 종식시킨 역사적 총선으로 기록됐다. 예상대로 넬슨 만델라(Nelson Mandela)가 대표하는 아프리카 국민회의(ANC; African National Congress)가 62%의 득표로 승리했는데, ANC는 다른 두 당과 함께 국민통합 정부를 구성했다. 미 의회의 1986년 '반 인종차별법'(Comprehensive Anti－Apartheid Act) 통과에서 나

---

1) Brock R. Williams, "African Growth and Opportunity Act(AGOA)," CRS IN Focus, IF10149, (Updated May 3, 2021), pp. 1－2.

타나듯 그동안 미국은 남아공이 민주주의로 전환할 것을
촉구하면서 그 나라에 제재를 부과했는데, 워싱턴은 케이
프타운(Cape Town)의 민주체제로의 전환을 크게 환영했
다. 남아공 총선 후 1994년 10월 클린턴은 만델라 대통령
의 최초 국빈방문을 성대하게 영접하고, 1995년 미-남아
공 양자위원회를 진수해 남아공 재건을 지원했다. 클린턴
은 1998년 남아공을 방문했다. 두 나라는 계속해서 시민

▲ 넬슨 만델라, cbsnews.com

유대, 심도있는 경제 및 정치이익, 그리고 아프리카 전체를 대상으로 하는 공통의
발전목표를 공유했다. 강력한 민주주의이고 사하라 이남 아프리카 최대 경제 주
체로서, 남아공은 아프리카 대륙에서 핵심적인 경제, 정치역할을 수행했다.[1]

　　그 해 미국은 또 르완다 인권을 위해 기여했다. 비록 르완다 대학살 사건에
서의 역할은 극히 제한적이었지만, 그래도 클린턴 행정부는 르완다에서의 국제법
위반 관련 범죄자 처벌 목적으로 1994년 11월 유엔안보리에서 결의안 제955호를
통해 국제범죄법정(ICTR: International Criminal Tribunal for Rwanda) 설립을 주도
했다. 그 결과 85명의 개인이 그 법정에서 기소됐다. 또 워싱턴은 그 법정의 증인
보호 프로그램 설립, 그리고 유엔 인권고등판무관(UN High Commissioner for
Human Rights)의 현지활동을 지원했다.[2] 더 나아가 그해 미국은 나이지리아의 군
사독재를 비난하고, 인권남용 금지와 민주주의 복원을 압박하면서 아부자(Abuja)
에 제재를 부과했다. 이미 여러 번의 군사쿠데타를 겪은 나이지리아는 1994년 당
시에는 그 1년 전 쿠데타로 집권한 사니 아바차(Sani Abacha) 정권의 독재, 무능,
그리고 수억 달러를 스위스, 프랑스, 룩셈부르크, 독일 해외계좌로 빼돌리는 자금
횡령과 부패로 어려움을 겪고 있었다.[3]

---

1) U.S. Department of State, "U.S. Relations With South Africa- Bilateral Relations Fact
Sheet," (January 14, 2020), https://state.gov〉u-s-relations...
2) United Nations Security Council Resolution 955. S/RES/955(1994), (November 8, 1994)
3) 1960년 영국으로부터 독립한 나이지리아는 1966년 처음 군사쿠데타를 경험했고, 1967년
동부지역이 비아프라 공화국(Republic of Biafra) 설립을 선언하고 독립을 시도하면서
1970년까지 내란을 겪었다. 그 내란에서 영국, 소련, 이집트, 콩고가 나이지리아 정부를
지원한 반면 프랑스와 이스라엘은 비아프라를 지원했는데, 비아프라 독립은 성공하지 못
했다. 그 당시 사망자는 최대 3백만 명으로 추산됐다. OPEC 가입과 1970년대 엄청난 오
일생산에도 불구하고, 나이지리아 군사정권은 경제발전을 이루지 못한 채 계속 쿠데타에
휘말렸다. 1975년, 1976년 계속 쿠데타가 발생하는 가운데 국가수뇌로 추대된 오바산조

1998년 미국은 아프리카 발전 및 민주주의 교육구상(EDDI: Education for Development and Democracy Initiative) 프로그램을 진수했다. 그것은 1.2억 달러를 투자해 아프리카가 자유시장 민주주의 세계 공동체에 통합되는 것을 돕기 위해 그 대륙의 21세기 교육의 질과 테크놀로지를 향상시키는 목표를 추구했다. 그 시도는 클린턴의 1998년 3월 아프리카 방문의 결과였고, 교육제도와 민주적 원칙을 강화하는 클린턴의 헌신을 반영했다. 그것은 또 미국과 아프리카 간의 사활적 발전파트너십을 확대하도록 구상됐다. NSC 차원에서 조율되는 EDDI에서는 국무부, USAID, 평화봉사단, 농무부, 국방부, 교육부, 노동부, 그리고 환경보호청이 지원역할을 수행했다. 그 프로그램은 처음에는 나미비아, 르완다, 보츠와나, 남아공, 우간다를 포함해 주로 아프리카 남부지역 8개국을 대상으로 했지만, 그 이후 행정부에서는 대상이 확대되어 가나, 세네갈, 말리, 그리고 다른 나라들이 포함됐다. EDDI가 자금을 지원하는 사업은 재원센터(Resource Center) 건립, 학교 대 학교 파트너십, 대학 파트너십, 민주주의 파트너십, 테크놀로지 파트너십, 청년사업가 훈련, 여성 교육 네트워크, 그리고 여성 장학금 제도 같은 것들이었다.[1]

1999년에는 '광역호수 사법정의 구상'(GLJI: Great Lake Justice Initiative)을 추진했는데, 그것은 부룬디(Burundi)를 포함해 중부(Central) 아프리카 지역 국가들의 사법체계 확립의 목적을 띤 사업이었다. 워싱턴은 3천만 달러 재정규모의 그 시도가 아프리카 중부 국가들의 공정하고 신뢰받을 수 있으며, 효율적인 사법행정 도입 노력을 도울 것을 희망했다. 대량학살, 무장반란, 지속적 내부갈등, 그리고 거대한 인구가 가정과 거처를 잃는 역사 속에서, 광역호수 지역은 아프리카 대륙에서 가장 위기에 취약했다. 르완다 대학살의 경우에서 나타나듯, 정치, 사회경제적 정의의 결여는 그 지역 위기의 핵심요소였다. 사법정의가 없이, 지속적 평

(Olusegun Obasanjo) 장군이 정당 허용, 언론탄압 중단, 공정경쟁을 포함해 민주적 정권 이양의 길을 열었다. 그러나 오바산조 대통령(1976~1979) 이후 새로 집권한 최초의 민주정부는 정책적으로 실패하고 부패했지만, 폭력, 부정투표 등의 방법으로 1983년 선거에서 또 다시 승리했다. 그 이후 1983년, 1985년, 1990년, 1993년 계속 쿠데타가 발생했고, 그 나라는 1999년까지 군사통치하에 있었다. Michael Holman, "Nigeria, Politics; Religious Differences Intensify," Financial Times, (February 24, 1986); "Nigerian Lawyer: Abacha accounts apparently in Switzerland, Luxembourg, France, and Germany," AP Press, (January 10, 2000)

1) Education for Development and Democracy Initiative(EDDI), https://catalog.archives. gov〉 ...

화, 경제발전, 그리고 포괄적 거버넌스의 전망은 밝지 못했다. 클린턴 행정부는 GLJI가 르완다 전범재판을 지원하는 지속적 노력을 보완한다고 말했다. 그 구상이 겨냥하는 것은 법무부와 내무부 같은 사법제도 강화, 법정체계, 검찰, 경찰 및 구금체계 개선, 행정 및 정보체계 운영증진을 위한 기술, 재정지원, 법원 운영체계 증진, 군부 인권남용 방지 훈련과 같은 것들이었다. 그 프로그램은 또 그 구상에 참여하기를 원하는 콩고, 르완다, 부룬디 같은 나라들과 협의해 아프리카 NGO에 대한 제도적 지원, 북부 우간다 재활지원을 추구할 것이라고 말했다.[1]

그해 5월 워싱턴은 나이지리아의 민주선거를 재정지원하고, 10월 그 나라 신임 대통령에 대한 지지 의사를 표시할 목적으로 올루세군 오바산조(Olusegun Obasanjo)를 백악관으로 초청했다. 1966~1999년 30년 이상 나이지리아는 수시로 발생한 군사쿠데타와 군사독재에서 신음했는데, 과거 대통령으로 재직할(1976~1979) 당시 민주적 정권이양에 앞장선 오바산조가 민주선거에서 재선된 것이

▲ 올루세군 오바산조, concordia.net

나이지리아 민주주의에서의 큰 진전을 의미했기 때문이다. 나이지리아 대통령과의 공동회견에서, 클린턴은 오바산조의 선거 승리가 1억 1천만 인구의 나이지리아 역사와 미래를 위한 한층 더 큰 전환점을 장식한다고 강조하면서 다음과 같이 말했다. "나이지리아의 성공은 미국에게 아주 큰 이익이고, 그래서 워싱턴은 아부자(Abuja)의 성공을 기원해야 한다. 워싱턴은 사법협력을 확대하고, 무역 및 투자를 활성화하기 위한 합의를 위해 미국의 지원을 확대할 것이다. 워싱턴은 나이지리아 정부가 과거 정권이 약탈한 자산을 되찾도록 모든 도움을 제공할 것이다." 나이지리아와 아프리카를 위한 이 순간의 약속을 실현하기 위해 미국은 더 많은 일을 해야 한다고 말하면서, 클린턴은 세 가지 사항을 강조했다. 첫째, 무역장벽은 지구경제 속에서 발전을 위해 열심히 일하는 아프리카인들, 그리고 그들과 함께 일하기 원하는 미국인들의 기회에 대한 장벽이다. 둘째, 미국과 세계는 개도국들의 자립 노력을 어렵게 만드는 부채부담을 줄이도록 도와야 한다. 나이지리아와 같은 새로운 민주국가가 과거 잘못된 통치의 유산을 극복하려 노력할 때, 외부

---

1) Issues—The White House, https://clintonwhitehouse3.archives.gov〉 …; Great Lakes Initiative for Human Rights Development, https://www.up2europe.eu〉 partners

에서 그들이 제한된 재원을 부채이자에 사용할지 아니면 그 나라 보건, 교육에 사용해야 할지를 선택해야 한다고 말하는 것은 도덕적으로나 경제적으로나 건전하지 않다. 나이지리아가 개혁을 선택할 때, 워싱턴은 파리클럽(Paris Club)을 통해 부채 재구조화(restructuring)를 지원하고, 다른 나라들이 추가절차를 밟도록 독려할 것이다. 셋째, 미국과 세계는 아프리카의 잔존하는 갈등을 종식시키기 위한 역할을 마다하지 말아야 한다. 나이지리아는 시에라리온과 라이베리아의 내란을 종식시키기 위해 수억 달러를 지출했는데, 전 세계는 그에 대해 빚을 지고 있다. 이제, 시에라리온과 콩고, 그리고 아마도 곧 에리트레아, 에티오피아에서 미국과 세계는 그곳 평화가 지속되도록 아프리카인들과 함께 일할 귀중한 기회를 갖게 될 것이다. 그들은 세계가 유엔 및 아프리카 지역기구를 통해 그들 노력을 지원하기를 원한다. 미국은 그들이 실망하도록 방치하지 말아야 한다.[1]

2000년 8월에는 클린턴 대통령이 나이지리아와 탄자니아를 방문했다. 그때 대통령은 또다시 나이지리아 민주제도 건설 지원 의지를 강조했다. 그때까지 1998년 7백만 달러이던 미국의 나이지리아 지원금은 1.1억 달러로 증가했다. 대통령은 또 시에라리온 평화유지활동 지원 목적으로 나이지리아 PKO 병력에 훈련과 장비 제공을 위해 4,200만 달러 지원을 선언했다. 전체적으로 미국은 40개 이상 국가들에서 민주주의 육성 프로그램을 운영했는데, 그것은 그들의 선거절차를 더 효율화시키고 활력적 시민사회 건설을 돕기 위한 것이었다.

그러나 클린턴 행정부는 수단(Sudan)의 인도주의 비극이 수십 년간 지속되는 것을 우려했다. 사하라 이남 아프리카에서 대표적으로 큰 영토를 가진 나라인 수단은 아프리카 어느 다른 나라 못지않게 큰 위기에 휩싸여 있었다.[2] 1956년 영국에서 독립하고 4,500만 인구 중 39%가 아랍인, 52%가 흑인이며, 70%가 무슬림인 수단은 두 가지 문제를 갖고 있었다.[3] 그 중 하나는 아랍 무슬림 중심 북부

---

1) Administration of William J. Clinton, "The President's News Conference With President Olusegun...," (October 28, 1999), https://www.gpo.gov〉 pkg〉 pdf
2) 수단은 이집트, 차드, 케냐, 에티오피아를 포함해 9개국과 접경한다.
3) 수단은 아랍어로 '흑인의 땅'(land of the blacks)을 뜻한다. 무슬림이 아닌 기독교도, 그리고 모든 것의 영적존재를 믿는 애니미즘(animism)을 신봉하는 사람들은 주로 수단 남쪽 지역에 거주하고, 인구의 30%를 구성했다. 수단에서 '아랍'은 인종, 문화적 용어로, 그곳 아랍인 조상은 주로 아라비아 반도에서 온 사람들이고 아랍어를 사용했다. 반면 '무슬림'

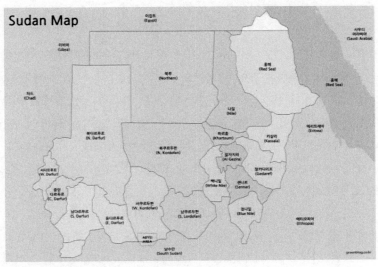

▲ 수단 지도, bbc.com

지역 집권정부의 기독교 비아랍에 대한 종교 및 인종 탄압, 그리고 다른 하나는 경제발전에 실패하면서도 수많은 인권남용을 불러온 그 나라의 오랜 군사독재였다. 수단 내란은 매우 복잡했다. 그 중 하나는 2011년 남수단 독립으로 이어진 북부지역 중앙정부의 수단 남부지역과의 내란, 그리고 또 다른 하나는 2003년 시작되고 2020년 간신히 종식된 중앙정부와 수단 내 서부지역에 위치한 다르푸르(Darfur)와의 내란이었다. 중앙정부와 남부지역 간의 내란은 두 번에 걸쳐 발생했는데, 제1차 내란(1955~1972)은 이미 독립 1년 전부터 1972년까지 지속됐다. 그것은 정권을 장악한 아랍 무슬림 정부가 비아랍, 기독교도 남부지역의 정치적 대표성과 자치를 인정하지 않는 것에서 비롯된 것으로, 남부는 여러 게릴라 조직(Anya Nya)을 결성하고 무장투쟁을 통해 맹렬히 저항했다. 그 게릴라 단체들은 1971년 단일조직(SSLM: South Sudan Liberation Movement)으로 통합됐다. 15년 이상 지속된 그 내란에서 50~100만 명이 사망하고 수많은 인권남용이 있었는데, 1972년의 아디스아바바(Addis Ababa) 평화합의에서 북부가 남수단의 상대적 자주를 허용하면서 그 사태는 일단 진정됐다. 그 합의로 수단 남부는 군대는 허용되지 않았지만, 자체적 행정위원회와 의회를 가진 남부 지역정부(Southern Regional

은 이슬람 종교를 믿는 모든 사람들로서, 수단 내 많은 흑인들은 무슬림이었다. Frontline/ World. Sudan—The Quick and the Terrible. Facts... — PBS, https://www.pbs.org〉stories〉 facts

Government)를 구성할 수 있었다.[1]

　　그러나 일부 화해에도 불구하고 지난 정치적 갈등과 역학이 완전히 제거되지 않는 상태에서, 1983년 동일한 성격의 제2차 내란(1983~2005)이 발생했다. 그것 역시 제1차 내란의 연장선상에서 전개된 북부 무슬림 중앙정부와 비무슬림 남부간의 종교, 인종, 정치, 그리고 부분적으로는 경제적 권리를 둘러싼 투쟁이었다. 그 전투는 수단 남부에서 시작됐지만, 누바 산악지대(Nuba mountains)와 블루 나일(Blue Nile) 주를 포함해 다른 지역으로 확산됐다. 1983년 카르툼 중앙정부는 일방적으로 1972년 합의를 파기하면서 전국에 이슬람 율법(Sharia Law)을 부과하고, 기독교도 남수단 자치권리를 종식시켰다.[2] 더 나아가 중앙정부는 1978년 새로이 발견된 북부와 남부 국경 인근의 오일유전을 독차지하려 시도했다.[3] 수단 남부는 1983년 반군그룹(SPLA: Sudan People's Liberation Army)을 결성해 저항했는데, 정부군보다 더 많이 어린이들을 군인(child soldier)으로 동원했다.[4] 1985년 수단에서 또 다른 무혈 군사간섭 이후 1986년 선거를 통해 설립된 민간정부가 에티오피아에서 정부-반군 대화에 따른 '코카 댐'(Koka Dam) 선언을 포함해 평화협상을 진행했지만, 1988년까지 내란은 오히려 더 격화됐다.[5] 그러는 가운데 카르툼 중앙정부에서 1989년 알-바시르(Omar Hasan Ahmad al-Bashir) 준장의 무혈 쿠데타로 혁명정권(RCC: Revolutionary Command Council for National Salvation)

---

1)　수단 남부지역은 이미 1956년 독립 이전부터 북부지역에 대해 반감을 갖고 있었다. 1958년 당파 정쟁으로 물든 의회정부와 정당체계에 반대해 1958년 군사쿠데타를 통해 등장한 아부드(Ibrahim Abboud) 정권은 국민통합 명분으로 모든 요직을 아랍계에 배분하면서 전국에 이슬람 종교와 아랍어를 확산시켰는데, 그 조치는 기독교도이며 다수가 흑인인 남부의 반감을 더 자극했다. 1962년 10월 남부 학교에서의 광범위한 파업은 반정부 시위, 그리고 1963년 남부 게릴라 조직(Anya Nya)에 의한 반란으로 격화됐다. 1965년 민간정부가 설립됐지만 그 역시 파벌정쟁으로 일관했고, 1969년 또 다른 군사쿠데타로 집권한 니메이리(Gaafar Mohamed el-Nimeiri) 정권은 1971년 공산주의 세력의 (실패한) 쿠데타에 자극받아 남부 지역과의 내란을 해결하기로 결정했다. 그 과정에서 1972년 아디스아바바 평화안 합의가 이루어졌다. South Sudan-Sudanese independence and civil war, https://www.britannica.com〉 place

2)　1970년대와 1980년대에 걸쳐 수단에서 무슬림 근본주의가 더 확산됐고, 중동, 북아프리카에서 활동하는 종교-정치 조직인 무슬림형제단(Muslim Brotherhood)과 기타 이슬람 파벌이 수단 내 군부, 관료조직, 그리고 학교에서 더 강력하게 뿌리를 내렸다.

3)　수단의 오일 자원은 북부와 남부 간 국경, 그리고 주로 수단 남부지역에 존재했다.

4)　SPLA의 정치부서(SPLM: Sudan People's Liberation Movement)도 설립됐다.

5)　코카 댐 선언은 나라 전체에서 샤리아 폐지와 헌법회의 소집을 촉구했다.

이 출범했다. 바시르는 그 이후 3차례 대선을 거쳐 30년
(1989~2019) 동안 수단을 통치했는데, 그는 정당 및 집회금
지, 정치인과 언론인 구금, 이슬람 율법통치, 그리고 군부,
경찰, 검찰, 사법부 숙청으로 무소불위의 중앙집권화를 달성
하고, 1996년 행정부, 의회권력을 독점하면서 수단을 유일
정당(NPC: National Congress Party) 체제로 전환시켰다.[1] 이
슬람 근본주의에 기초한 그 정권은 수단 남부지역에 대해

▲ 오마르 알-바시르 1989,
globalsecurity.org

강경일변도로 대응했다. 1991년 제정된 형법(Criminal Act)
은 신체절단(amputation)과 죄인이 사망할 때까지 돌을 던지는 처벌(stoning)을 포
함했는데, 남부인들은 그에 대해 많은 두려움을 느꼈다. 1992년 중앙정부는 정부
군과 민병대(PDF: People's Defense Forces)를 동원해 남부지역을 공격하고 SPLA
본부를 점령했다.[2] 1993년 정부는 남수단을 겨냥해 공공질서 회복을 명분으로 내
건 특수경찰(Public Order Police)을 설치해 이슬람 율법인 샤리아(Sharia)에 저항하
는 사람들을 체포하고, 남부 비무슬림 판사들을 무슬림으로 교체했다.[3] 수단 정부
군은 잔인했는데, 반군 성향이 있는 것으로 보이는 민간인들을 수없이 체포, 투옥,
고문, 처형했다. SPLA도 마찬가지로 잔인해졌는데, 모든 적뿐 아니라 반군 내부
비판세력까지도 공격하면서 새로운 분파가 생겨나는 내부적 균열을 겪었다.[4] 그
즈음 주로 남수단에 우호적인 에티오피아, 우간다, 케냐가 (수단이 회원국으로 소속
되어 있는) 지역기구 '정부 간 발전기구'(IGAD: Inter-governmental Authority on
Development)를 중심으로 종교문제 및 권력분점 방안을 제시하면서 수단 정부와
남부지역 간의 평화를 시도했다. 그렇지만 수단이 수년 간 그 제안을 거부하면서,
에티오피아, 우간다는 SPLA를 위해 병력을 파견했다. 그러나 1997년 수단 정부
군이 SPLA에 대패하면서, 카르툼은 SPLA와 타협을 추구하기 시작했다. 그 당시
SPLA의 군사활동은 계속 성공을 거두고 있었다. 2000년에는 수단 정부에 우호적
인 리비아와 이집트가 카르툼과 남부지역의 평화를 위해 과도정부 설립, 권력분

---

1) Peter Walker, "Profile: Omar al-Bashir," The Guardian, (July 14, 2008)
2) 정부 측 민병대는 전통적인 아프리카계 경쟁부족(Dinka)을 주로 공격했다.
3) U.S. Department of State, "Sudan Human Rights Practices, 1994, Section 1b, Paragraph
4," (October 6, 2011)
4) SPLA의 내분 이후 SPLA-Nasir, Nuer White Army, 그리고 또 다른 제2, 제3의 반군그룹
이 결성됐다. 1993년 SPLA를 제외한 다른 반군그룹들은 케냐 나이로비에서 SPLA United
를 결성한다고 선언했다.

점, 선거개최를 포함하는 평화안(Joint Initiative on Sudan)을 제시했지만, 남부 반군은 그 계획이 종교-국가 관계, 남부 자결권 관련 해결방안을 결여했다는 이유로 그 제안을 거부했다.[1]

그런 전반적인 상황에서 미국 클린턴 행정부는 수단 바시르 정부에 상당한 강경책을 구사했다. 제1차 걸프전 당시 카르툼이 이라크의 사담 후세인 정부를 지원했을 때, 클린턴 행정부는 수단에 대한 투자를 금지했다. 수단 정부가 오사마 빈라덴 입국을 허용한 사실을 발견했을 때에는, 카르툼에 압력을 가해 1996년 빈 라덴 축출을 유도했다.[2] 시간이 가면서 수단이 이집트 지하드(Jihad)를 포함해 이슬람 국제테러리즘과 광범위하게 연계된 것으로 파악되면서, 클린턴 행정부는 그 나라를 '테러지원국'(state sponsor of terrorism)으로 지정했다. 테러리스트들이 위협을 가했을 때, 워싱턴은 수단 주재 미 대사를 본국으로 소환하고 그 직책을 계속 공석으로 남겨두었다. 1997년에는 수단에 경제제재를 부과하면서 다시 한 번 더 넓은 차원에서 미국기업의 수단과의 무역 및 투자를 금지했다. 또 미국 내 수단정부 자산동결을 선언했는데, 그로써 워싱턴은 수단을 이란, 미얀마, 쿠바와 같은 미국이 거래하지 않는 국가군에 귀속시켰다. 올브라이트 미 국무장관은 대통령이 카르툼에 대해 강경하게 행동하는 이유는 수단이 국제테러를 계속 지원하고, 이웃국가를 불안정화하며, 종교박해를 포함해 인권과 관련해 처참한 기록을 갖고 있기 때문이라고 말했다. 1998년 AQ의 케냐, 탄자니아 미 대사관 폭파사건 당시에는 (앞에 언급한 바와 같이 비록 오인에 의한 것이었지만) 카르툼 의약품 공장을 미사일로 공격했다. 그러나 그와 동시에 클린턴 행정부는 수단 특사(Harry Johnson)를 임명해 내란 당사자 양측 모두가 협상하도록 압력을 가하고, 평화과정이 성공해야 한다고 계속 강조했다. 미 행정부는 또 수단 정부에 이슬람 테러지원, 노예를 포함하는 인권남용, 그리고 이웃국가 불안정화 노력을 중단할 것을 촉구했다.[3]

1) IGAD는 아프리카 내 8개 회원국으로 구성된 무역블록이다. 그 회원국은 (Horn of Africa의 지부티, 에티오피아, 에리트레아, 소말리아, 수단, (2011년 독립 이후의) 남수단, 우간다이다. IGAD는 2008년 이후 회원국 간 무역, 투자 증진을 위해 활동을 확대했다. Intergovernmental Authority for Development(IGAD)/ African Union, https://au.int〉recs〉igad
2) 수단 국회의장(Hassan al-Turabi)이 오사마 빈 라덴을 수단으로 초청한 것으로 알려졌다. Frontline/World. Sudan, https://www.pbs.org〉stories〉facts
3) Thomas W. Lippmann, "Clinton Imposes Sanctions on Sudan, Freezes Assets,"

그러는 사이 비록 수단 남부지역에서 매복공격이 진행됐지만, 2002년 케냐에서의 합의(Machakos Protocol)를 거쳐 2003~2004년 수단 중앙정부와 남부 반군 간에 평화대화가 진전됐다. 2005년에 이르러 미국 부시 행정부가 리더십을 발휘하고 IGAD와 일부 서방국가를 포함하는 국제공동체 중재로 수단정부와 남부 반군단체 SPLA 간에 케냐 나이로비에서 제2차 수단 내란종식을 위한 평화합의(CPA: Comprehensive Peace Agreement)가 서명됐다. 그 평화안은 남수단에 2011년 독립을 위한 주민투표 시까지 6년간의 자치를 허용하고, 6년의 남수단 자치기간 오일 수입을 균등하게 분배하며, 중앙정부 권력배분에서 일정 비율로 직책을 할당할 것을 약속했다. 결국 2011년 오바마 행정부 시기 수단 남부는 주민투표를 통해 남수단(South Sudan)으로 독립했다. 제2차 수단 내란에서는 2백만 명이 사망하고, 남부에서 4백만 명의 난민이 발생했으며, 수많은 대량학살과 노예화를 포함하는 인권남용이 있었다.[1]

그러나 수단 바시르 정부의 내란은 수단 남부지역만과 관련된 것이 아니었다. 수단 정부는 남부반군 SPLA와 투쟁하면서, 동시에 2003년 수단 서부 다르푸르(Darfur) 지역에서 또 다른 내란에 개입했다.[2] 수단 남부지역의 경우와는 약간 달리, 다르푸르 내란은 중앙정부의 다르푸르 비아랍계 인종차별에 대한 주민 저항에서 비롯됐다. 그것이 종교차별이 아닌 인종차별인 이유는 다르푸르 주민이 대부분 무슬림 흑인이기 때문이었다. 수단에서 아랍인들은 권력을 독점하고 흑인들을 배제했는데, 그것은 민주화 이전의 남아공과 비슷하게 아랍의 인종분리(apartheid) 성격을 띠었다. 바시르 정부는 군, 경찰, 그리고 아랍계 유목민 민병대(Janjaweed)를 동원해 전쟁을 치렀고, 다르푸르는 반군단체 '수단해방운동'(SLM/A: Sudan Liberation Movement/Army)과 '정의평등운동'(JEM: Justice and Equality

---

(November 5, 1997), https://www.washingtonpost.com〉 c...

1) Samuel Momodu, "Second Sudanese Civil War(1983~2005), (December 23, 2018), https://www.blackpast.org〉 second−...

2) 다르푸르는 미국 텍사스 주 정도의 영토를 가진 수단 서부지역으로, 차드, 중앙아프리카공화국(CAR: Central African Republic)과 인접해 있다. 인구는 600만 명이고, 대다수가 무슬림이다. 그 지역 3개 최대부족은 Fur, Masalit, Zaghawa이다. 다르푸르의 아프리카계 후손 대부분은 농민이고, 아랍계 후손들은 가축을 기르는 유목업(nomadic herder)에 종사한다. 그러나 1987~1989년 아랍계 목축업자들과 흑인 농민들 간에 토지를 놓고 심각한 폭력이 발생했는데, 그 경쟁이 2003년 시작된 오늘날의 다르푸르 갈등을 부채질했다.

Movement)을 조직해 수단 정부에 맞섰다.[1] 아랍 수단정부를 위해서는 리비아, 러시아, 벨라루스(Belarus), 중국이 지원을 제공했고, 다르푸르는 수단 남부의 SPLA, 차드(Chad), 에리트레아, 우간다(Uganda)로부터 지원받았다. 정부군 공격은 일정한 패턴이 있었다. 그것은 정부군 항공기가 다르푸르 마을을 폭격하고, 그 수 시간 내 말이나 낙타를 탄 아랍 민병대가 가옥을 약탈하고 민간인을 성폭행, 살해하는 것이었다. 바시르 정부는 남수단 내란에서와 마찬가지로 잔인했는데, 다르푸르 전쟁은 정부군과 민병대의 비아랍 인종청소(ethnic cleansing)로 악명이 높았다. 정부가 지원하는 우수한 무기로 무장한 아랍 민병대는 반군과 비교해 쉽사리 우위를 점했는데, 2004년 봄까지 그들은 수만 명을 학살하고 거의 1백만 명 난민을 양산했다.[2] 2004년 휴전합의와 (2002년 OAU를 대체해 새로 설립된) 아프리카 연합(AU: African Union)의 병력주둔에도 불

▲ 아프리카 연합(AU), dw.com

구하고, 민병대는 민간인을 대량학살 했을 뿐 아니라 국제기구가 전달하는 식량과 의약품 전달을 방해했다.[3] 또 수단 정부군과 민병대가 이웃 차드로 도피하는 10만 명 난민을 추적하면서, 2004년 4월 수단－차드 국경에서의 충돌로 양측 군인 약 1백 명이 사망했다. 2007년 유엔안보리가 결의안 1769호에서 AU 임무를 대체하는 UN－AU 공동평화유지임무(UNAMID: United Nations－African Union Mission in Darfur)를 승인했지만, 병력은 2008년까지 파견되지 않았다. 그들의 임무는 다르푸르 내란 최종 타결을 위한 평화대화가 진행되는 동안 전쟁으로 폐허가 된 그 지역의 안정을 유지하는 것이었다. 유엔 추산에 따르면 그 전쟁에서 30만 명이 살해되고, 최대 3백만 명 난민이 발생했다. 2008~2009년 헤이그 국제형

---

1) "Q&A: Sudan's Darfur Conflict," BBC News, (February 8, 2010); Scott Straus, "Darfur and the Genocide debate," Foreign Affairs, Vol. 84, No. 1, (January/February), pp. 123－133.

2) "Rights Group Says Sudan's Government Aided Militias," The Washington Post, (July 20, 2004)

3) 앞에 언급한 바와 같이 AU는 OAU 대체기구로 2002년 7월 설립됐다. 55개 아프리카 국가로 구성된 그 기구의 목표는 아프리카 국가 간 단결과 유대, 영토통합과 주권의 방어, 그리고 대륙 내 정치 및 사회경제적 통합 가속화를 포함한다. Conflict in Darfur－ Sudan－ Britannica, https://www.britannica.com〉 place

사재판소(ICC: International Criminal Court)는 비록 수단이 로마협정(Rome Statute) 당사국이 아님에도 불구하고 2005년 유엔안보리 결의안 1593호에 따라 인종청소를 자행한 주범 바시르의 범죄를 조사하고, 그에게 두 차례 체포영장을 발부, 그리고 전쟁범죄, 반인류 범죄, 대량학살 죄목으로 기소했다.[1]

그런 가운데 2011년 7월 카타르 도하(Doha)에서 수단 정부와 다르푸르 일부 반군그룹(LJM: Liberation and Justice Movement) 간에 휴전에 관한 잠정합의 (DDPD: Doha Document for Peace in Darfur)가 있었고, 여러 반군집단은 수단 남부지역이 한때 누리던 일정수준의 자치에 대한 희망을 가졌다.[2] 그러나 정부군이 또다시 휴전합의를 어기고 다르푸르 마을에 공습과 습격을 가하면서, 반군세력은 추가 협상을 거부했다.[3] 그렇지만 남수단이 독립하고 다르푸르 내란이 계속되는 가운데, 2019년 4월 과도군사위원회(TMC; Transitional Military Council)가 수단 국민의 뜻을 반영해 바시르를 체포하고 민주주의로의 전환을 추진하면서, 4개월 후 수단 민간, 군부 대표들이 2019년 8월 헌법초안(Draft Constitutional Declaration)에서 다르푸르 평화회복의 필요성을 조명했다. 그 헌법안은 39개월 내 민선정부로의 권력이양을 규정했고, 2020년 8월 수단 정부와 다르푸르 반군 간 갈등을 종식시키는 평화합의(Comprehensive Peace Agrement)가 서명됐다.[4] 유엔-AU 공동 평화유지임무인 UNAMID는 2020년 12월 임무를 마감했다.[5] UNAMID에 배치된 6천 명 병력과 경찰은 작전 만료일인 2021년 6월 말 이전 철수했고, 2021년 7월 현재 남아 있는 1,200명 민간인 요원들은 철수를 기다리고 있었다.[6]

---

1) Darfur, Sudan- the International Criminal Court, https://ww.icc-cpi.int⟩ darfur
2) LJM은 다르푸르 내 다른 반군그룹도 도하 합의를 준수할 것을 촉구했다. 도하 합의는 다르푸르 출신 인사의 부통령 임명을 포함하는 중앙정부 정치권력 배분, 수단 내 정치위상 결정 목적의 주민투표 시까지 요구되는 다르푸르 지역당국(regional authority) 설립, 그리고 다르푸르 갈등 희생자 보상을 규정했다. Darfur peace partners vow full implementation of Doha agreement, https://reliefwe.int⟩ report⟩ sudan
3) "Jem Darfur rebels snub Sudan peace talks over 'attacks'," BBC News, (May 4, 2010)
4) 수단 민병대(Janjaweed) 군사리더(Ali Kushayb)는 국제형사재판소에서 반 인류범죄, 전쟁범죄 관련 51개 죄목으로 기소된 지 13년이 지난 2020년 6월 중앙아프리카공화국에서 체포됐다.
5) Denis Dumo, "Sudan signs peace deal with key rebel groups, some hold out," (August 31, 2020), www.reuters.com
6) UN-African Union Mission in Darfur in final shutdown phase/ UN News, (July 27, 2021), https://news.un.org⟩ story⟩ 2021/07; 그러나 정부-다르푸르 평화합의 이후, 다

한편 클린턴 행정부의 아프리카 인권, 민주주의 관련 기여는 에이즈(AIDS) 질병 완화를 위한 지원을 포함했다. 미국은 그 질병을 아프리카의 재앙으로 인식했는데, 1999년 3월 미 국무부는 미국 대사, 고위관리들을 동원해 아프리카 리더들에게 질병과의 투쟁 강도를 높일 것을 촉구했다. 그 기치를 위해 워싱턴은 1999년 7월 추가 1억 달러 규모의 AIDS 관련 프로그램(LIFE: Leadership and Investment in Fighting an Epidemic)을 추진했다. 그에 따라 미 질병예방센터(CDC: Centers for Disease Control and Prevention)가 사하라 이남의 14개 아프리카 국가와 인도를 포함하는 총 15개 국가 지원을 위한 2000년 회계연도 재정이 확보됐다고 선언했다. 미 행정부는 향후 5년 간 그 추가자금이 유엔 AIDS 관련 프로그램(UNAIDS: UN Program on AIDS), USAID, 그리고 기타 양자 및 다자 파트너들이 공동으로 설정한 지구적 목표 달성에 기여하기를 희망했다.[1] 유엔 보고에 따르면, 1999년 말 현재 아프리카 내 HIV 감염자는 2,450만 명, 그리고 그 한 해 감염자만도 4백만 명에 달했고, 그해 아프리카에서 AIDS로 사망한 사람 수는 1,480만 명이었다. LIFE 프로그램은 4개 요소로 구성됐다. 그것은 일차적 예방, 공동체에 기초한 간호와 치료 증진, AIDS에 감염된 아동보호, 그리고 질병 관련 역량 및 인프라 개발이었다.[2] 2000년에는 미국이 처음으로 유엔안보리에서 HIV/AIDS 관련 회의를 주재하고, 향후 2년에 걸쳐 그 극복을 돕기 위해 3.25억 달러를 지원할 것이라고 선언했다. 대통령은 또 아프리카에 의약품, 의료 테크놀로지를 제공하는 행정명령에 서명했다. 미 행정부는 그해 5월 사상 처음으로 AIDS를 국가안보(national security)에 대한 위협으로 식별했는데, 그것은 그만큼 그 질병이 아프리카뿐 아니라 미국을 포함하는 전 세계에 대한 위험한 도전이라는 의미를 띠었다. 2000년 6월 유엔 보고서는 지난 6개월 간 AIDS 사망자가 220만 명이고, 남부 아프리카 7개국 성인 감염률은 20% 이상이라고 말했다. 2020년 8월 클린턴 대통령은 또다시 '지구적 에이즈 및 결핵구제법'(GATRA: Global AIDS

르푸르 내에서는 그 지역 부족들 간 폭력이 그치지 않았다. 2021년 7월 다르푸르 최대 공동체(Masalit)와 아랍계 간에 벌어진 큰 전투로 인해 주민들이 공포에 떠는 것은 한 가지 예에 불과했다. Reha Kansara, "Sudan's Darfur conflict's latest surge in violence displaces thousands," (July 21, 2021), https://www.bbc.com〉 news

1) Leadership and Investment in Fighting an Epidemic (LIFE) Global AIDS..., (July 11, 2000), https://www.federalregister.gov〉 lea...
2) Leadership and Investment In Fighting An Epidemic (LIFE) A..., https://clintonwhitehouse4archives.gov〉 ...

and Tuberculous Relief Act)에 서명해 세계 여러 대륙에서 그로부터 고통 받는 사람들을 지원하기를 원했는데, 그 과정에서 AIDS 방지, 치료, 교육, 기타 프로젝트를 위해 IBRD의 1.5억 달러 지출을 승인했다. 그 일련의 노력은 미국을 세계 최대의 HIV/AIDS 지원국가로 자리매김하게 만들었다.[1]

3) 클린턴 행정부 자체평가

2000년 클린턴 행정부가 임기를 마치기 4개월 전, 아프리카 담당 미 국무차관보 수전 라이스(Susan Rice)는 미국의 아프리카 정책 성과와 관련해 의회에서 다음과 같이 보고했다. "클린턴 행정부는 역대 어느 정부보다 아프리카 대륙에 더 많은 노력을 투입했다. 클린턴 행정부는 아프리카에서 개입을 확대하고, 냉전시대의 후견－피후견 관계를 벗어나 상호존중과 상호이익에 기초한 평등한 관계 설정을 시도했다. 워싱턴의 정책은 테러, 범죄, 마약, 무기확산, 환경악화와 질병을 포함하는 초국가 안보위협과의 투쟁, 그리고 경제발전 및 민주주의 고양의 두 가지 목표를 추구했다. 그 목표는 다양한 형태로 추구됐다. 1994년 미국은 최초로 아프리카 관련 백악관 회의를 개최하고, 미－남아공 양자위원회를 설립했으며, 미－나이지리아 공동경제파트너십 위원회(Joint Economic Partnership Commission)을 설립했다. 또 그해 미－앙골라 양자협의위원회, 그리고 미－남부 아프리카 발전공동체(U.S.－Southern African Development Community) 포럼을 창설했다. 1999년에는 미－아프리카 장관급 회담을 초청했는데, 사하라 이남 46개 국가가 참여한 그 회의는 미국과 그 대륙 파트너십 고양의 목표를 추구했다. 클린턴 행정부의 아프리카 활동기록은 인상적이고, 미국은 모든 면에서 아프리카 개입을 지속해야 한다. 2000년 10월 올브라이트 미 국무장관은 아프리카를 7번째 방문할 것이다. 그녀는 1999년 독일 쾰른 G－8 정상회담에서 부채가 많은 빈곤국(HIPC: Heavily Indebted Poor Country)을 돕기 위한 구상을 진수했는데, 그 노력을 통해 긍정적으로 개혁을 추진하는 아프리카 국가들에게 700억 달러 상당의 부채 면제가 부여될

---

[1] '지구적 에이즈 및 결핵 구제법'은 '지구적 에이즈 연구 및 구제법'(Global AIDS Research and Relief Act)이라고도 불렸다. 그 법안은 IBRD와 국제발전협회(IDA: International Development Association)로 하여금 지구적 전염병 관리를 위한 재정펀드를 관리하도록 규정했다. Global AIDS and Tuberculosis Relief Act of 2000, (1999－2000), https://www.congress.gov〉 house－bill

것이다. 2000년 미 행정부는 HIPC를 위해 의회에 4.35억 달러, 그리고 2002~2003년 예산으로 8.1억 달러를 요청했다. 아마도 최대 33개 아프리카 국가들이 해외부채의 70%를 면제받을 수 있을 것이고, 연례 해외 부채서비스 지불도 절반으로 줄일 수 있을 것이다. 현재 커다란 홍수 피해를 본 모잠비크를 포함해 9개국이 그 자격을 인정받은 상태인데, 그들의 수출 대비 부채서비스는 1998년 20%에서 2000년 2.5%로 줄어들 것이다. 탄자니아는 향후 수년간 연간 1억 달러 상당의 부채 서비스 비용을 줄일 수 있을 것이다."[1]

그러나 많은 역내 안보위기 극복을 다양한 방법으로 도우면서도, 클린턴 행정부는 임기 종료시 르완다, 시에라리온, 라이베리아, 콩고, 모잠비크, 에티오피아-에리트레아 갈등 해결에는 수많은 장애가 존재했다고 회고했다. 실제 클린턴 행정부와 국제공동체가 아프리카 분쟁 해결에 기울인 노력이 소중한 반면, 그 시도는 범위와 강도에서 제한적이었고, 모든 것은 자체 발전을 이루지 못하고, 상호 갈등을 자제, 해결하지 못하며, 수백만 명 살상을 마다하지 않는 아프리카 사람들의 비극으로 귀결될 뿐이었다.

(2) 조지 W. 부시 시기

부시 행정부 시기 미국의 아프리카 전략은 대체로 클린턴 시대와 비슷하게 진행됐다. 그것은 사헬(Sahel)지역에서 본격적으로 등장하는 알카에다(AQ) 이슬람 극단주의 테러리즘을 억지하고 역내 내란 상황에 대비하는 안보, 미-아프리카 경제협력 및 아프리카 대륙의 경제성장 지원, 그리고 아프리카 민주 거버넌스와 인권증진을 위한 식량, 질병, 교육 관련 다양한 지원을 포함했다.

---

1) 수전 라이스는 아프리카와 관련해 다음과 같이 미국 국내에서도 많은 제도 개혁이 있었다고 말했다. 1993년 행정부 출범 초, 미 국무부의 아프리카 담당부서와 USAID만이 아프리카 문제를 취급했다. 그러나 이제 펜타곤, 농무부, 노동부, 미 무역대표부를 포함해 국내 거의 모든 부처가 그 지역 문제에 연계됐다. 그것은 그만큼 아프리카에 대한 미국의 관심과 활동범위가 넓어졌음을 의미했다. 행정부 고위관리들의 아프리카에 관한 인식도 달라졌다. 앨 고어 부통령과 수많은 각료가 수시로 아프리카를 방문했고, 올브라이트 국무장관은 거의 매해 그 지역을 방문했다. 클린턴 대통령은 현직으로서는 처음으로 1998년 3월 아프리카를 방문하고, 2000년 8월 두 번째로 나이지리아와 탄자니아를 방문했다. Senior U.S. Official Reviews Clinton Admin. Record on Africa, (September 19, 2000), https://reliefweb.int〉 report〉 senior...

1) 안보관계

부시 행정부의 아프리카 안보전략은 두개 방향으로 진행됐는데, 그 하나는 9·11 이후 본격적으로 등장하는 AQ와의 투쟁, 그리고 다른 하나는 클린턴 시기와 마찬가지로 아프리카 각국의 갈등종식과 평화증진을 돕는 것이었다. (제3장에서 논의한 바와 같이) 부시 행정부의 대테러 전략은 북, 서아프리카 말리 인근의 AQIM, 그리고 소말리아 지역의 동아프리카 AQ 알샤바브에 대항하는 미국의 대테러 노력을 포함했다. 나이지리아(Nigeria) IS-WA 및 광역 사하라 IS와의 투쟁은 오바마 시기에 이를 때까지 아직 잠재된 상태였다. 그렇지만 미 행정부의 사하라 사막 일대 사헬(Sahel)지역 AQ와의 투쟁은 아프간, 이라크 상황과는 달리 연합군과 함께 작전하는 일부 직접교전에도 불구하고, 대체로 유엔평화유지군이나 아프리카 다자기구 병력, 그리고 각 관련 개별국가 군사지원에 더 초점을 맞추었다. 그것은 아프간, 이라크 전쟁을 포함해 지구적 차원에서 '테러와의 전쟁'을 진행하는 미국이 아프리카에서까지 대규모 직접 전투에 개입하는 것에는 한계가 있었기 때문이다.[1]

말리(Mali) 인근 이슬람 마그레브 알카에다(AQIM)와의 투쟁에서, 부시 행정부는 아프간 전쟁을 위해 고안된 '항구적 평화작전'(OEF-HA, OEF-Horn of Africa)의 일환으로 2002년 서방 연합군과 함께 그 지역 테러 억지에 처음 개입했다. 그 이후, 미 행정부는 2007년 OEF 사하라 작전(OEF-TS)을 시행하고 그곳에 파견된 유엔평화유지 병력을 지원하면서 계속 그 테러집단을 견제했다. 나중에 오바마와 트럼프 시기 AQIM을 억지하는 미국의 전략은 2013년 말리 정부 초청으로 그곳에 파견된 프랑스 병력 및 유엔평화유지임무를 지원하는 형태로 계속됐다. 부시 행정부의 소말리아 AQ와의 투쟁 역시 비슷했다. 미국은 2002년 OEF-HA를 통해 서방 연합군과 함께 알샤바브를 공격했고, 2007년 이후에는 주로 유엔안보리 승인에 따라 결성된 AMISOM에 대한 재정, 병참, 정보 지원을 통해 그 테러집단 억지 노력을 계속했다. 그 과정에서 미국은 전 세계 유엔평화유지 병력의 80% 이상을 훈련시켰는데, 아프리카에서는 2005년 이후 20개국 3만 9

---

1) 직접 교전보다 지원역할에 대한 강조 경향은 오바마 행정부 시기에도 계속됐고, 익히 알려졌듯이 아프리카 이슬람 극단주의 무장단체 테러는 2021년 오늘날까지도 위협적 상태로 남아 있다.

천 명 이상의 평화유지병력이 미군의 훈련을 받았다. 그래도 워싱턴의 아프리카 테러 진압노력은 제한적 성과만을 달성했다.

　　다른 한편 클린턴 행정부가 그랬듯, 부시 행정부는 역내 내란억지, 위기진정, 평화도입에 관심을 가졌다. 워싱턴은 동맹, 지역 리더, 아프리카 지역기구와의 파트너십을 통해 아직 완전히 진정되지 않은 여러 전쟁을 종식시키는 데 기여했다. 그 노력의 대상은 클린턴 시대 갈등에 휘말리던 거의 모든 국가를 포함했다. 부시 행정부는 라이베리아에서는 2003년까지 그 나라 제2차 내란을 종식시키는 데 힘을 더했고, 시에라리온에서는 반군 RUF 리더들을 처벌하는 특별법정 설립을 도왔다.[1] 수단－남수단 내란에서는 2001년 그 내란을 종식시키고 인도주의 지원을 증대시킬 방안을 찾기 위해 전 상원의원(John Danforth)을 수단 평화특사로 임명하는 한편, 2002년에는 카르툼의 민간인 살상을 대량학살로 규정하는 법안(Sudan Peace Act)을 도입해 수단 내 인권증진을 의도했다. 2005년에는 리더십을 발휘해 IGAD, 영국, 노르웨이, 이탈리아와 함께 수단－남수단 평화합의안(CPA) 서명을 도왔는데, 그것은 거의 20년에 걸친 갈등의 종식과 평화협상의 극치를 장식했다.[2] 콩고(DRC) 전쟁에서는 르완다, 우간다, 짐바브웨를 포함해 그 갈등에 개입

---

1) 부시 행정부는 1999년 이후 진행되던 라이베리아 제2차 내란 종식을 위해 일부 노력을 기울였다. 부시 행정부는 처음에는 라이베리아 내란에 상대적으로 적은 관심을 가졌는데, 왜냐하면 그 나라는 미국에 전략적 가치가 별로 없고 또 워싱턴이 반감을 갖고 있는 테일러 정권 관련 사태에 개입하기 원치 않았기 때문이다. 그러나 내란의 격화로 수많은 민간인이 살해되고 ECOWAS, AU, EU, 유엔, 그리고 미국 내 라이베리아 출신 이주자들이 압력을 가하면서, 미국은 그 사태에 재개입하기로 결정했다. 미국은 라이베리아 반군 LURD에 대한 주요 지원국인 기니(Guinea)에 군사, 재정지원을 제공하고, 영국과 함께 먼로비아(Monrovia)에 재정재제를 부과했다. 2003년 여름 라이베리아 집권정부가 반군의 공격에서 완전히 수세에 몰리고 ECOWAS가 내란 당사자 간 평화대화를 추진할 때, 미국은 해군 전함 3척을 서아프리카 해안에 배치하고 미 대사관 보호 목적으로 먼로비아에 소수 병력을 파견하면서 2003년 8월 가나(Ghana) 수도 아크라(Accra)에서의 평화합의(CPA: Accra Comprehensive Peace Agreement) 서명을 통한 내란 종식에 일부 기여했다. George Klay Kieh, Jr., "United States Foreign Policy and the Second Liberian Civil War," African Journal of International Affairs, Vol. 13, No. 1&2, (2010), pp. 121－144; Sarah Left, "War in Liberia," (August 4, 2003), https://www.theguardian.com〉 ...

2) 그 CPA는 지난 2년 간 협상하고 서명된 문서를 포괄했다. 그것에는 2002년 7월의 마차코스 협정(Marchakos Protocol), 2003년 9월의 안보절차(Agreement on Security Arrangements), 2004년 1월 부의 분배(Agreement on Wealth Sharing), 그리고 2004년 5월의 권력배분(Protocol on Power Sharing), 상당수 주민이 수단남부 반군에 합류한 남쿠르두판 및 블루나일 주 갈등해결(Protocol on the Resolution of Conflict in Southern

한 수많은 관련국 타협을 유도해 갈등을 종식시켰다. 부룬디와 앙골라에서도 미 행정부는 갈등종식을 위해 강력한 리더십을 발휘했다.

　　부시 행정부는 아직 존재하는 다른 안보도전 시정을 위해서도 현지 파트너들과 긴밀히 협력했다. 그의 임기 중 수단에서 다르푸르 내란이 새롭게 발생했을 때, 부시 대통령은 유엔안보리 결의를 통해 UN－AU 공동평화유지 임무를 출범시키고, 그 사태를 대량학살로 규정하면서 유엔안보리 결의를 통한 ICC 범죄조사에서 알－바시르를 기소하도록 도왔다. 또 수단정부, 반군 리더, 그리고 기타 관련 책임자들에게 제재를 부과하고, 그와 동시에 다르푸르 민간인을 위한 인도주의 지원을 계속했다. 콩고 동부지역에서는 평화합의에도 불구하고 르완다 후투족 민병대, 투치족 공동체를 포함해 아직도 계속 극단적 폭력에 개입하는 일부 무장그룹의 해체를 중재했다. 케냐에서도 부시 행정부는 토지 및 가축 소유, 부족 간 정치적 영향력 등 여러 이유로 발생하는 인종 및 종족갈등 해결을 위해 노력했다. 케냐는 아프리카 다른 나라와는 달리 극심한 군사독재나 주요 내란을 겪지는 않았지만, 여러 다른 지리적 지역으로부터 유래하는 다양한 종족, 부족 간 갈등으로부터 자유로운 것은 아니었다. 1990년대에 그랬듯이 2000년대 이후에도 케냐의 종족갈등은 전국 여러 곳에서 수시로 발생했는데, 미 행정부는 종족분쟁에서의 즉각적인 폭력중단과 민주주의로의 복귀를 종용하고, 인권남용 희생자를 위한 정의를 추진했다.[1] 또 부시행정부는 아프리카 전역의 폭정 치하에서 고통받는 시민들과 함께 일어설 것이라고 선언했다. 그 과정에서 부시 행정부는 실업, 식량결핍, 초고도 인플레이션, 극심한 언론 및 인권침해, 그리고 부정선거와 야당에 대

Kordofan and Blue Nile States), 그리고 아브예이 지역 갈등해결(Protocol on the Resolution of Conflict in the Abyei Area)과 관련된 협정과 합의가 모두 포함됐다. 핵심적으로, 그 250 페이지에 달하는 합의는 북과 남 사이의 권력 및 오일수입의 균등한 배분을 위한 정치, 경제체계를 창출했다. Marina Ottaway, AMR Hamzawy, "The Comprehensive Peace Agreement," (January 4, 2011), https://carnegieendowment.org〉 co...

[1] Mwangi S. Kimenyi an Njuguna S. Ndung'U, "Sporadic Ethnic Violence－IGAD Land Governance Portal," https://land.igad.int〉 file; 케냐 종족충돌은 주로 매복 공격의 형태를 띠었는데, 2007년 대선에서 촉발되고 2008년까지 전국적으로 확산된 갈등은 케냐에서 나이로비, 몸바사(Mombasa) 다음으로 큰 도시(Kimusu)에 거주하는 인도계 주민 약 800명을 인도 본국으로 귀환하게 만들었다. William Wallis, "Analysis: Kenya falls under machete's rule," Financial Times, (February 22, 2008)

▲ 로버트 무가베,
theconversation.com

한 정치탄압으로 고통 받는 무가베(Robert Mugabe) 대통령 치하의 짐바브웨가 개혁할 수 있도록 남아공을 포함하는 그 이웃국가들에게 함께 협력할 것을 촉구했다. 미국이 영국과 함께 유엔 안보리에서 추진한 짐바브웨 경제제재는 러시아와 중국에 의해 비토 됐지만, 그 시도는 2004~2008년 무가베와 짐바브웨 일부 관리들에게 여행금지와 자산동결을 부과한 EU의 독자제재에 의해 일부 보완됐다.[1]

2) 경제협력 및 경제성장 지원

부시 행정부 출범 시 미국의 사하라 이남 아프리카 국가들과의 무역 및 투자정책의 초석은 지난 정부에서 도입된 AGOA였다. 그 정책의 목표는 미-아프리카 무역 및 투자확대, 아프리카 역내 자유시장, 경제성장, 경제통합의 촉진, 그리고 아프리카 경제의 세계경제로의 통합을 포함했다. 2007년 아프리카 국가들의

---

1) 무가베는 1980~1987년 짐바브웨 총리, 그리고 1987~2017년 대통령으로 재직했다. 영국 식민통치에 반대하는 두 개 민족주의 게릴라 집단 중 하나(ZANU: Zimbabwe African National Union)를 이끌고 1980년 독립을 성취한 전직 교사이며 독립운동가인 그는 엄청난 정당성을 갖고 1980년 총선에서 승리했다. 아프리카 식민통치 해방운동의 상징인 그는 좌파 민족주의에 따라 냉전시대에는 공산주의를 신봉했지만, 소련 붕괴 이후 1990년 초에는 IMF의 민영화, 근로자 임금인하, 무역활성화를 포함하는 시장우선 경제개혁 프로그램을 일부 수용했다. 그러나 짐바브웨 인구 5%를 차지하는 소수 백인 공동체 경제파워 파괴를 원하는 그가 백인 농지의 무상몰수를 부추겨 서방의 제재 대상이 되면서, 1990년대 짐바브웨 경제는 실업률 50%를 기록할 정도로 하락을 면치 못했다. 제2차 콩고 내란에 대한 병력파견은 짐바브웨 국민경제와 열악한 재정을 더욱 악화시켰다. 2000년대에 들어와 무가베 정부의 행동은 모든 측면에서 서방의 자유민주주의 원칙에 역행했다. 무가베 정부는 장기집권을 위해 주요 야당(MDC: Movement for Democratic Change)과 민주 인사들을 살해, 납치, 무력화하고, 대법원을 포함해 사법부를 탄압했으며, 새로운 입법으로 백인 소유 농장의 절반 이상을 몰수했다. 경제는 최고로 악화됐다. GDP는 계속 하락해 2005년 34억 달러에 불과했고, 2005년 실업률은 80%에 달했으며, 인플레이션은 2008년 10만%를 넘어섰다. 비료부족, 백인 배척으로 인한 농업지식 부족, 그리고 가뭄에 의해 2009년 국민의 3/4이 외부로부터의 식량원조에 의존해야 했고, 젊은층의 HIV/AIDS 감염률은 15%를 넘어섰으며, 2008~2009년 콜레라 발생은 10만 건을 넘어섰다. 그의 독재는 2017년 군부 쿠데타로 가택 연금될 때까지 계속됐다. 그럼에도 남아공 대통령(Thabo Mbeki)은 조용한 외교를 주장하면서 AU가 무가베 정부에 제재를 부과하는 것에 반대했다. 2009년 SADC는 서방국가들에게 무가베와 짐바브웨 정부에 대한 제재해제를 요구했다. 가택연금과 병원치료를 오가던 무가베는 2019년 9월 싱가포르에서 95세 나이로 사망했다. Robert Mugabe/ Biography, Death, & Facts/ Britannica, (September 2, 2021), https://www.britannica.com〉 Robert...; The Rise and Fall of Robert Mugabe, Zimbabwe's Longtime Dictator, (November 15, 2017), https://www.history.com〉 news

AGOA를 통한 미국으로의 수출은 500억 달러 수준이었는데, 그것은 2001년 대비 6배 증가한 수치였다. 2001~2007년 기간 미국의 아프리카 수출은 2배 이상 증가해 140억 달러에 이르렀다. 그러나 부시 대통령은 아프리카의 너무 많은 나라들이 아직 저성장, 빈곤, 부채, 그리고 HIV/AIDS와 말라리아를 포함하는 질병에 고통받고 있는 현실을 직시했다. 부시 행정부는 아프리카 국가들이 더 적극적으로 시장경제를 지향하고 더 빠른 경제성장을 통해 빈곤과 질병을 극복할 수 있기를 기원했고, 그 노력의 일환으로 첫 번째 임기 중 아프리카 발전지원을 두 배 이상 증대시켰다. 부시 대통령은 두 번째 임기 중 또다시 2010년까지 다자 및 양자지원을 통해 2004년 지원 수준의 두 배인 87억 달러까지 지원을 확대할 것을 서약했다.[1]

    미국은 다양한 정책을 구사했다. 2002년 3월 부시 행정부는 아프리카를 포함하는 지구적 차원에서 정치, 경제개혁을 수용하는 나라에 무상지원 형태의 발전자금을 제공하는 재정지원계정(MCA: Millennium Challenge Account)을 설립했다. 그 3개월 후 워싱턴은 MCA 자금을 신청할 수 있는 16개국을 선정, 발표했는데, 그 자금은 서방이 선호하는 경쟁 중심적 시장경제 조치를 입법하고 부패를 척결하며 투명한 사업관행을 독려하는 나라에게 지원될 것이었다. 또 수혜 대상 정부들은 시민건강과 교육에 투자해야 했다. MCA의 가장 중요한 목표는 자유주의 시장경제와 민주정부 설립을 독려하는 것이었다. 그 과정에서 2004년 MCA를 관리하는 기구(MCC: Millennium Challenge Corporation)가 설립되고, 2008년까지 7개 아프리카 국가가 24억 달러 상당의 지원을 받았다.[2] 2005년 6월에는 미국을 포함하는 G8 국가들에 의해 다자부채구제(MDRI: Multilateral Debt Relief Initiative) 프로그램이 시작됐다. 서방이 원하는 일련의 경제, 사회개혁 기준을 달성한 최빈

---

1) 부시 행정부는 아프리카 발전을 돕기 위해 2001~2003년 지원액을 30% 증가시켰다. 2003년의 아프리카 공적 발전지원(ODA: Official Development Assistance) 금액은 10억 달러 이상으로 역대 최고 수준이었다. President Bush's Africa Accomplishments and Initiatives, https://georgewbush－whitehouse.archives.gov〉 ...

2) MCA 설립 당시 대통령은 2004년 10억 달러, 2005년 25억 달러, 그리고 2006년 50억 달러를 투입해 향후 수년 간 해외지원 액수를 크게 늘릴 것이라고 말했다. USAID에 따르면, 그 지원액은 2004년 현재 이미 시행 중인 126억 달러 해외지원에 추가될 것이었다. Esther Pan, "Foreign Aid; Millennium Challenge Account," (February 7, 2005), https://www.cfr.org〉 foreign－ai...; The Millennium Challenge Account－Bush White House Archives, https://georgewbush－whitehouse.archives.gov〉 ...

국, 또는 최대 규모 부채를 가진 국가들은 IMF, 국제발전협회(IDA: International Development Association), 그리고 아프리카 개발은행(AfDB: African Development Bank)으로부터 부채 전액 또는 상당부분을 구제받을 수 있었다.[1] 그 프로그램은 아프가니스탄, 볼리비아, 온두라스, 니카라과를 포함하는 37개 국가에 대해 2008 년까지 총 420억 달러 부채축소를 의도했는데, 그 중 340억 달러 부채구제 혜택 이 베냉(Benin), 부르키나파소, 카메룬, 에티오피아, 르완다, 감비아와 같은 19개 아프리카 국가에 부여됐다.[2]

2005년 7월 부시 대통령은 아프리카 국가들의 경쟁력 증진(AGCI: African Global Competitiveness Initiative) 프로그램을 시작했다. 그때 대통령은 다음과 같 이 말했다. "많은 아프리카인들이 발견한 것 중 하나는 원조, 지원보다는 무역을 통해 그들이 더 희망찬 사회를 발전시킬 수 있다는 것이다. 그들이 기업가와 소상 공인들에게 시장을 개방할 때, 그것은 부(wealth)의 확산을 도울 것이다. 그리고 그것이 결국 우리가 달성하기 원하는 것이다." AGCI는 향후 5년 간 2억 달러 자 금 제공을 약속했는데, 그 새로운 기치에서 USAID는 기존의 가나, 남아공, 케냐 의 3개 지역 무역허브(Regional Trade Hub)에 이어 세네갈에 네 번째 새로운 무역 허브를 개설해 아프리카 국가들의 무역역량을 크게 증대시킬 것이었다. 아프리카 경제는 지역 및 지구적 시장에 더 잘 통합되고, AGOA의 무역기회 이점을 토대 로 경쟁력을 더 강화시킬 것으로 기대됐다. AGCI는 여러 영역에서 무역역량구축

---

1) IDA는 IBRD의 일부로, 세계에서 가장 가난한 최빈국에게 저렴한 이자의 특혜대출과 무상 지원을 제공하는 국제 재정기구이다. 그 기구는 IBRD를 도와 최하 국민소득이나 부채로 인해 국제자금 조달이 어려운 나라들에 대출을 제공할 목적으로 설립됐다. IBRD와 IDA는 통상 두 개를 합쳐 세계은행(World Bank)으로 알려져 있다. 1963년 설립된 AfDB는 2014 년 이후 아이보리코스트(Ivory Coast)에 본부를 둔 다자 지역발전 재정기구이다. 그 기구 는 지역회원국에 투자하는 아프리카 정부와 민간기업에 재정을 지원한다.

2) 1996년 World Bank와 IMF는 냉전시기 유지 불가능한 부채를 진 개도국을 구제하기 위한 프로그램(HIPC: Heavily Indebted Poor Countries)을 시작했는데, 그것은 모든 채권자들 의 자발적 부채구제를 촉구하고 개혁에 성공한 자격 있는 개도국들이 지나친 부채로부터 받는 고통을 경감해주는 목적을 띠었다. 그러나 개혁에도 불구하고 유엔의 천년발전 목표 (MDGs: Millennium Development Goals)를 달성하기 어려운 나라들을 위해, 부채구제의 두 번째 단계로 2006년 MDRI가 진수됐다. Debt Relief: Development news, research, data- World Bank Group, https://www.worldbank.org〉 topic; Martin Weiss, The Multilateral Debt Relief Initiative, CRS Report 7-5700, RS 22534. (June 11, 2012), p. summary.

(TCB: Trade Capacity Building)을 강조했는데, 그것은 민간기업의 투자분위기 증진, AGOA 무역 및 아프리카 내 무역확대, 수출 다양화, 인프라 투자 용이화와 같은 사항을 포함했다. AGCI는 무역 및 국제투자 개방이 아프리카가 경제성장을 이루는 가장 확실하고 가장 빠른 길 중의 하나로 확신했다. 전체적으로 미국은 2001－2007년 기간 아프리카에 16억 달러 상당의 무역역량구축(TCB) 관련 지원을 제공했다.[1] 더 나아가 2007년 5월, 부시 행정부는 아프리카 재정분야 계획(AFSI: African Financial Sector Initiative)을 추진하기 시작했다. 그 구상은 7개의 새로운 투자펀드(investment funds)를 창설해 해외민간투자공사(OPIC)를 통해 16억 달러 이상을 지원하도록 설계됐다. 그 시도는 재정시장을 강화하고, 국내외 투자를 동원하며, 직업창출과 경제성장을 도왔는데, 2008년까지 OPIC은 아프리카 대륙 민간투자에서 13억 달러를 동원한 여러 투자펀드를 지원했다.

3) 민주 거버넌스 및 인권

부시 대통령은 아프리카가 기아를 완화시키고, 교육을 확대하며, 질병과 싸울 수 있기를 희망했다. 워싱턴은 그런 기초생활의 안정이 아프리카인들의 인권 증진과 민주 거버넌스를 도울 것으로 인식했는데, 왜냐하면 인간으로서의 최저생활 수준과 안전이 보장되지 않는 상태에서 서방이 선호하는 정치적 경쟁과 시장경제로의 전환은 더 오랜 시간이 걸리기 때문이었다. 출범 다음 해인 2002년 부시 행정부는 아프리카 교육구상(AEI: African Education Initiative)을 진수했다. 향후 8년 간 6억 달러 예산으로 추진된 그 시도에서, 미국은 1백만 명 교사양성, 55만 명 여학생에 대한 장학금 지급, 그리고 1,500만 권 교재배포를 통해 아프리카 내 여러 국가의 기본교육 신장에 기여했다. 그 과정에서 많은 아프리카 청소년들이 자유민주주의의 기본개념과 원리, 상대방에 대한 존중의 필요성, 종교, 언론의 자유, 범죄의 문제와 사법제도의 필요성, 그리고 시장경제가 가져오는 혜택에 대해 학습했다. 2007년 부시 대통령은 5년에 걸쳐 아프리카를 포함하는 지구적 차원에서 가장 가난한 상황에 처해있는 어린이 교육에 5.25억 달러를 추가 지원할 것을 서약했다. 그로써 6개국 4백만 명 아동이 기초교육과 방과 후 기술발전 프로그램

---

1) African Global Competitiveness Initiative－US Department of State..., (July 19, 2005), https://2001－2009.state.gov〉rls

의 수혜 대상이 됐는데, 그 구상으로부터 에티오피아, 라이베리아, 말리, 가나를 포함하는 아프리카 4개국 어린이들이 혜택 받았다. 그러나 부시 행정부 당시, 그리고 오늘날까지도 세계에 가장 널리 알려진 미국의 아프리카 인도주의 지원 프로그램은 에이즈 구제 비상계획(PEPFAR: President's Emergency Plan for AIDS Relief)이었다. 2003년 워싱턴은 아프리카를 포함하는 지구적 차원에서 향후 5년 간 150억 달러를 지출해 HIV/AIDS와 싸울 것이라고 선언했다. 그것은 단일 질병에 대처하는 역사상 최대의 국제 보건구상이었는데, 워싱턴은 그 프로젝트에서 현지 아프리카 공동체 및 조직과 파트너십을 형성해 HIV/AIDS 예방과 치료, 그리고 환자보호를 의도했다. 아프리카의 PEPFAR 수혜자는 2003년 5만 명에서 2008년까지 130만 명으로 증가했고, 그로 인해 수많은 사람이 그 질병으로 인한 사망에서 벗어날 수 있었다. 2007년 5월 부시 대통령은 향후 5년 간 초기 자금의 두 배인 300억 달러를 추가 지출해 질병으로부터의 해방을 도울 것이라고 선언했다. 2005년 미 행정부는 말라리아 구상(PMI: President's Malaria Initiative)을 선포하면서, 아프리카에 만연한 또 다른 위험한 질병과의 투쟁을 선언했다. 그 계획은 5년 간 12억 달러 지출을 확인했는데, 15개 아프리카 국가에서 사망자를 50% 축소시키는 목표를 설정했다. PMI가 이미 2,500만 명 주민에게 혜택을 주는 상황에서, 부시 대통령은 미국의 민간분야가 아프리카 말라리아 퇴치에 더 많이 참여할 것을 독려했다. 미국은 그렇게 HIV/AIDS, 말라리아, 결핵 퇴치를 위한 세계펀드의 최대 기여국으로 공헌했고, 부시 대통령의 독려에 힘입어 미국의 수많은 자발적 기구들이 아프리카 공동체 그룹과 함께 건강, 교육, 발전에 봉사했다. 더 나아가 2006년 미 행정부는 아프리카 연합(AU)의 농업발전(Comprehensive African Agricultural Development) 프로그램을 지원하기 위한 5년 기간 프로젝트를 출범시켰다. 그 사업은 아프리카의 기아, 빈곤, 식량불안을 축소시키고 역내 농업발전 진흥에 기여하는 목표를 설정했고, 부시 행정부는 프로젝트 시작 첫해인 2006년 1.95억 달러 지원을 선언했다. 또 대통령은 미국과 선진국들이 아프리카 농민들에게 식량을 원조형태로 지원하기보다는, 그들로부터 직접 구매해 농촌 공동체의 자립을 도울 것을 촉구했다.[1]

▲ PEPFAR, pepfarsolution.org

---

1) Africa Policy—Bush White House Archives, https://georgewbush—whitehouse.archives.

(3) 오바마 시기

오바마 집권기에도 미국의 아프리카 정책(U.S. Strategy Toward Sub-Saharan Africa) 양상은 과거 행정부들과 크게 다르지 않았다. 그것은 안보, 미-아프리카 경제협력 및 역내 경제지원, 민주주의 및 인권신장 독려, 그리고 경제 및 인도주의를 위한 지원을 중심으로 추진됐다. 취임 수개월이 지난 2009년 7월, 오바마 대통령은 아프리카와 관련해 다음과 같이 말했다. "나는 아프리카를 상호 연결된 세계의 근본적 일부로, 또 우리가 자녀에게 물려주기 원하는 미래를 위한 미국의 파트너로 간주한다. 그 파트너십은 상호책임과 상호존중에 근거해야 한다."[1]

1) 안보 및 평화

오바마 행정부 집권기에도 아프리카 안보는 매우 불안정했는데, 오히려 조지 W. 부시 시대에 비해 초국가 위협은 더 커지는 것으로 보였다. (앞에 언급한 바와 같이) 2011년 이후 아랍의 봄 과정에서 북, 서아프리카에 위치한 AQIM은 새로운 충원을 통해 세력을 더 확대했고, 2013년 이후에는 사하라 이남에서 테러리스트를 모집할 정도로 활동범위를 넓혔다. 오바마 행정부는 국제사회의 결의를 모아 말리에 유엔평화유지 병력 배치를 주도하고, 2013년 말리(Mali) 정부의 요청으로 파병된 4천명 프랑스군 작전을 지원했다. 그러나 말리는 프랑스군과 유엔평화유지 병력의 도움으로 2015년 북부 반군집단 AQIM과 평화협정을 체결했음에도 불구하고, 실제 그 안보조건은 계속 더 열악해졌다. 말리와 국제안보병력은 계속 AQIM의 비대칭적 테러공격에 노출됐고, 미국과 국제사회의 노력은 한계가 있었다. 미 아프리카사령부(AFRICOM: Africa Command) 사령관 월드하우저(Thomas D. Waldhauser) 장군은 2017~2019년에도 말리 인근 안보는 아직 위험하다고 말했다.[2]

▲ 아프리카 사령부(AFRICOM), africacgtn.com

---

gov〉 ...

1) The White House, Fact Sheet: Obama Administration Accomplishments in Sub-Saharan.., (June 14, 2012), https://obamawhitehouse.archives.gov〉 ...

2) 미 AFRICOM은 2007년 창설됐고, 그 본부는 독일 슈투트가르트(Stuttgart)에 위치해 있다.

나이지리아 인근에서 한동안 위축돼 있던 보코하람(Boko Haram)은 2010년 이후 활동을 재개하고, 그 다음 해부터 더 맹렬하게 테러행위에 개입했다. 그들은 차드호수 연안(Lake Chad Basin) 국가인 나이지리아, 니제르, 카메룬(Cameroon), 차드에서 수만 명을 살해하고, 260만 명 이상을 난민으로 전락시켰다. 이슬람 국가(IS) 조직이 중동, 아프리카를 포함하는 세계 여러 곳으로 확산되면서, 2015년 보코하람에서 분리돼 생성된 테러그룹 IS-WA, 그리고 또 같은 시기 새로 결성된 광역 사하라 테러그룹(IS-GS)은 북서부, 중부 아프리카에서 서방 병력과 민간인 살상, 인신매매, 납치를 자행했다. 보코하람과 관련해 오바마 행정부는 일부 미군 병력배치와 AU 임무단(MNJTF) 결성 및 병참, 자문, 정보수집 활동을 지원했다. 그럼에도 보코하람과 IS-WA, IS-GS의 테러리즘 억지에는 더 많은 노력이 필요했다.

소말리아 알샤바브 역시 오바마 행정부 내내 계속 위협적 상태로 남아있었다. 그들은 AMISOM에 병력을 기여한 국가에 대한 보복으로 케냐, 소말리아에서 민간인 살해, 자살폭탄 테러, 암살로 1천 명에 달하는 인명을 살상했다. 그곳에서 오바마 행정부는 유엔안보리 승인에 따라 파병된 AMISOM(African Union Mission in Somalia)의 대테러 및 평화유지 작전에 다양한 지원을 제공했다. 미국은 AMISOM이 병력을 1만 2천 명에서 1만 8천명으로 증강시키는 것을 재정지원하고, 그들에게 기본적이면서 동시에 전문적인 군사훈련을 제공했다. AMISOM이 소말리아 과도연방정부(Transitional Federal Government)의 관할범위를 계속 확대

처음에 그 본부를 독일에 설치한 이유는 그 시설이 아프리카에 위치할 경우 그것이 신식민주의(neo-colonialism) 활동으로 오해받을 것을 우려했기 때문이다. 그 위치이동 필요성에 대해 미 의회는 반대했고, 2013년 펜타곤은 다른 잠재 후보지역 검토 후 계속 독일에 본부를 유지하기로 재결정했다. 그 당시 펜타곤은 독일이 아프리카 임무의 작전 필요성을 가장 잘 충족시킨다고 말했다. 트럼프 대통령은 독일이 나토 비용을 충분히 지불하지 않는 것에 불만을 갖고 독일로부터 그 본부를 이전시킬 것을 지시했지만, 그것은 실현되지 않았다. 한편 2021년 5월 나이지리아 대통령(Muhammadu Buhari)은 미 국무장관 블링컨과의 영상회의에서 AFRICOM 본부의 아프리카로의 이전을 강력 권고했다. 그는 중, 서부 아프리카, 기니 만(Gulf of Guinea), 차드호수, 사헬에서의 증대하는 안보도전을 고려할 때, 미국이 AFRICOM 본부를 아프리카 작전지역 인근으로 이동시킬 것을 검토할 필요가 있다고 주장했다. 그에 대해 블링컨은 미-나이지리아 안보협력의 중요성을 강조하면서, 그와 관련해 직답을 피했다. Steve Balestrieri, "Moving AFRICOM Headquarters to Africa Makes Sense. Here's Why," (May 2, 2021), https://sofrep.com〉news〉 moving...; https://www.africom.mil〉about-the...

시킬 때, 미국은 소말리아가 평화와 안정을 회복하도록 그 병력의 작전, 안보, 인도주의 도전에 대한 대응을 도왔다. 소말리아는 2012년 8월 연방정부(FGS; Federal Government of Somalia)를 건설하고 국제사회와 AMISOM의 도움으로 평화와 안정을 추구했지만, 알샤바브의 테러는 중단되지 않았다. 알샤바브가 제기하는 소말리아에서의 이슬람 테러위협은 심각했는데, 그 테러로 인해 국제공동체가 인도주의 지원을 제공하지 못하면서 가뭄으로 인한 식량위기는 더 악화됐다. 2017년 소말리아 일부 지역은 기아에 직면했고, 120만 명의 주민이 거처를 상실하고 90만 명이 이웃국가와 예멘에서 난민으로 전락했다.[1]

그 이외에도, 여러 종류의 안보위협이 존재했다. 유럽으로 향하는 중남미 코카인과 세계 도처로 가는 서남아 헤로인을 유통시키는 아프리카 마약 유통조직과 역내 테러집단의 연계는 큰 의심의 대상이었고, 무장 극단주의 반군그룹과 야생동물 유통조직 간의 연계는 새로이 등장하는 위협이었다. 기니만(Gulf of Guinea), 아덴만, 그리고 서인도양을 포함하는 아프리카 해안은 불법조업, 인신매매, 마약유통, 해적행위에 취약했다. 범죄조직들은 치안부재를 틈타 인간, 마약, 무기를 밀수입하고 유해물질의 무단투기를 자행했으며, 해상무역은 절도, 배상금을 위한 인질 나포의 표적이 됐다. 기니(Guinea) 해안은 세계에서 가장 위험한 해적행위 발생지역이 됐고, 지난 수년 간 국제사회의 강력한 대해적 작전으로 크게 축소된 소말리아 해적활동은 2017년 3월 유조선 납치에서 입증되듯 언제든지 다시 재개될 수 있었다.[2]

그와 동시에 아프리카 전역에서 아직 지속되거나, 또는 새로이 발생하는 개별국가 내란, 분쟁으로 인해 관련국 시민들은 무장갈등, 폭력의 위협에서 벗어나지 못했다. 아프리카 중부 내륙에 위치한 중앙아프리카공화국(CAR: Central African

---

1) 소말리아 과도 연방정부는 1991년 바레(Siad Barre) 정권의 붕괴와 그 이후의 내란으로부터 국가제도를 재설정하기 위해 설립된 두 번째 임시정부였다. 알샤바브는 동아프리카에서 테러공격을 늦추지 않았는데, 특히 2011년 이후 케냐에서 그들의 공격이 증대했다. AMISOM에 병력을 파견한 에티오피아, 시에라리온, 지부티, 우간다 역시 그들의 공격 대상이었다. Ibid.

2) Nicolas Cook, Alexis Arieff, Lauren Ploch Blanchard, Brock R. Williams, Tomas F. Husted, Sub-Saharan Africa: Key Issues, Challenges, and U.S. Responses, CRS Report 7-5700, R44793, (March 21, 2017), p. 13.

Republic)에서는 2004~2007년 제1차 내란을 종식시키는 2007년 평화합의 서명에도 불구하고, 2012년 또다시 제2차 내란이 발발했다.[1] 제1차 내란의 연장선상에서 재발한 제2차 내란은 정부, 셀레카 연맹(Seleka coalition), 그리고 반-발라카(anti-balaka) 민병대 간의 전쟁이었다. 그 전쟁은 제1차 내란 당시 존재하던 여러 반군그룹이 새로이 결성한 셀레카 연맹이 정부가 약속한 진전이 이루어지지 않았다고 비난하면서 시작됐고, 셀레카는 2013년 3월 CAR 수도를 장악하고 정권을 교체했다.[2] 그러나 주로 유목민 무슬림 반군그룹 연맹이던 셀레카의 정권장악에 반대해 새로운 반군그룹(anti-balaka)이 결성되고, 셀레카와 기독교 농민집단 중심의 반-발라카 간에 또다시 새로운 전투가 시작됐다.[3] 불안정이 증대되면서, 미국을 포함하는 국제사회는 CAR 평화를 위해 신속하게 움직여야 한다고 판단했다. 2013년 말 프랑스가 평화유지병력(Operation Sangaris)을 파견하고, 유엔안보리 승인에 따라 AU 주도 6천 명 병력(MISCA)이 파견됐으며, EU도 소수병력을 파견했다.[4] 오바마 행정부는 국제사회가 더 적극적으로 행동할 것을 촉구했고, 그에 따라 2014년 4월 안보리는 MISCA를 흡수하는 유엔평화임무(MINUSCA: United Nations Multidimensional Integrated Stabilization Mission in the Central African Republic) 결성과 활동을 승인했다. 그 3개월 후 2014년 7월 국제공동체와 콩고 조셉 카빌라 대통령의 중재로 셀레카와 반-발라카 간에 휴전이 합의됐지만, CAR은 영토 북, 동부는 전자가 통치하고 남, 서부는 후자가 통제하면서 사실상 영토분할 상태에 들어갔다. 2016년 새로운 민주선거로 신정부가 수립된 이후에도, 아직 무장그룹이 계속 활동하는 상태에서 국내정세는 안정을 찾지 못했다. 2017년 유엔은 MINUSCA 임무를 연장하고 병력증원을 승인했다. 2021년 현재에도 CAR에는 반군그룹의 병력해체, 무장해제, 그리고 민간인 인도주의 및 인권 지원 목적으로 1만 5천 명 규모의 유엔평화유지임무가 주둔해 있다.[5]

---

1) 중앙아프리카 공화국은 1960년 프랑스로부터 독립했고, 그 수도는 방구이(Bangui)이다. 빈번한 외세 개입 및 국내 파워 엘리트 간 싸움 및 동맹전환으로 인해, 그 나라 국민들은 "코끼리가 싸울 때 잔디가 고통 받고 코끼리가 서로 사랑할 때도 잔디는 고통 받는다"는 속담을 자주 인용한다.

2) CAR 정부 대통령(Francois Bozize)은 2013년 해외로 도피하고, 셀레카 리더(Michel Djotodia)는 대통령직 인수를 선포했다.

3) CAR 인구의 4/5는 기독교도이다. 수니 무슬림 숫자는 증가추세이다.

4) Operation Sangaris는 2016년 임무를 종식하고 CAR을 떠났다.

5) 2016년 대통령 당선자(Faustin-Archange Touadera)가 2020년 재선됐지만, 그 선거에 반

콩고(DRC)는 지난 조지 W. 부시 행정부와 유엔평화임무 병력의 민병대 무장해제 노력에도 불구하고 아직도 지역안보 불안정에 시달렸다. 2012년 유엔 보고서는 르완다 군부 고위관계자가 콩고 내 폭력의 가장 큰 책임이 있는 M23 민병대 리더라고 밝혔고, 그 집단은 아직도 체계적인 방식으로 콩고 공동체 및 가정 파괴, 여성에 대한 성폭행을 일삼고 있었다. 또 수천 명 민간인 납치와 살해 책임을 갖고 우간다에 근거지를 둔 작은 무장그룹(LRA: Lord's Resistance Army)의 위협은 미국, 우간다 정부, 그리고 국제공동체의 다자협력에 의해 일정부분 축소됐지만, 시골지역에서는 아직 민간인에 대한 테러공격을 계속했다. 그러나 DRC 혼란에서 천연자원을 포함해 획득할 재정이익이 많은 키갈리(Kigali)는 폭력행위를 멈출 기색이 없었고, 조셉 카빌라 정부는 폭력을 중단시키고 상황을 반전시키기에는 너무 무능, 취약했다. 동시에 콩고는 국내적으로 많은 문제에 휩싸여 있었는데, 집권세력의 선거연기 논란, 일부 야당인사에 대한 제한, 그리고 대통령 임기 연장 시도에서 야기된 시위 진압과정에서 수시로 수많은 사람이 사망했다. 카빌라의 정통성은 심하게 도전받았지만, 그는 정치공작과 무력사용을 포함하는 다양한 방법으로 계속 권력을 유지했다. 오바마 행정부는 여러 조치를 취했다. 미국 정부의 지속적인 유엔임무(MONUSCO: United Nations Organization Stabilization on Mission in the Democratic Republic of Congo) 지원을 넘어, 존 케리(John Kerry) 미 국무장관은 콩코 문제 해결을 위해 유엔안보리 회의를 주재했다. 또 미국 정부는 콩고 평화를 위한 특사를 임명해 사태 해결을 도왔고, 오바마 대통령은 개인적으로 르완다 대통령 카가메(Paul Kagame)에게 무장반군 지원 중단을 종용했다.[1] 2013년 1월 오바마는 그 어느 대통령보다 DRC에 더 큰 관심을 표하면서, 그 시

대해 전 대통령(Bozize)이 조종하는 새로운 반군그룹(Coalition of Patriots for Change)이 결성됐다. CAR 내란은 주로 인종, 부족 간 차이에서 발생하고 부분적으로는 다이아몬드, 금, 우라늄, 구리를 포함하는 국내 천연자원 통제 목적에 의해 영향 받았는데, 그 과정에서 인구 5백만 명 중 1백만 명 이상이 해외로 도피했다. 그 분쟁의 배후에는 종교, 부족갈등을 착취하는 정치 엘리트 간의 파워투쟁이 근거하고 있었다. Central African Republic/ Culture, History & people/Britannica, https://www.britannica.com〉 place; Abdurrahim Siradag, "Explaining the Conflict in Central African Republic: Causes and Dynamics," https://core.ac.uk

1) 오바마는 상원의원 시절 콩고 관련 법안 통과를 주도했다. 그 법안에는 갈등의 원인이 되는 광물자원과 성폭력, 무장그룹과 그 지원국가에 대한 제재, 그리고 민주주의 지원에 관한 조항을 포함하고 있었다. Mvemba Phezo Dizolele, "Hope But No Change," (July 16, 2012), https://foreignpolicy.com〉 hope−bu...

각에도 수만 명이 살해되고 있는 콩고 갈등 종식의 필요성을 강조했다.[1]

콩고와 인접한 부룬디에서는 대통령(Pierre Nkurunziza)이 헌법과 평화협정을 위반하고 2015년 세 번째 연임 선거를 시도해 엄청난 폭력사태와 주변국의 내정간섭 가능성을 촉발했다. 대선계획이 알려지면서 일부 반대세력은 5월 쿠데타를 시도했는데, 7월 현직 대통령의 선거 승리 이후 집권세력은 반대진영으로부터 엄청난 시위에 직면했다. 집권정부는 안보병력을 동원한 정치탄압, 시위자에 대한 자의적 체포, 고문, 표적살인, 그리고 친 여권 청년 민병대를 동원하는 폭력과 남용으로 일관했다. 또 정부 관리들의 발언은 반대세력에게 공포, 위험, 폭력을 자극했다. 반대세력 역시 시위과정에서 폭력을 사용했고, 그 충돌에서 양측이 살인, 수류탄 공격을 감행하면서 21만 명 이상의 주민이 이웃국가로 도피했다. 오바마 대통령은 그 사태를 '인도주의, 경제, 안보위기'로 명명하고, 그 선거의 신뢰성을 거부한다고 선언했다. 그는 또 부룬디 국민들 모두에게 직접적으로 폭력을 자제하고 평화적이고 정치적 해결을 모색할 것을 촉구했다. 미 행정부는 그 사태에 관련된 4명의 전, 현직 관리에 비자금지 및 미국 내 자산동결 제재를 부과하고, 추가 조사를 통해 관련자 모두에 제재조치를 취할 것이라고 말했다. 현직 공안장관과 경찰 책임자에게는 반대세력에게 침묵하도록 협박하고 평화시위에 지나친 무력을 사용, 진압한 책임이 주어졌고, 전 정보국장과 전 국방장관은 5월 쿠데타 계획으로 제재대상이 됐다.[2]

콩고공화국(브라자빌콩고, Republic of the Congo, Congo-Brazzaville)에서도 장기 집권한 현직 대통령(Denis Sassou Nguesso)이 대선에서 또다시 당선되면서 반군활동 재개 가능성이 증가했다. 실제 그 선거로 인해 브라자빌 콩고에서 총격전이 난무했다. 그 선거 관련 위기는 2015년 10월 현직 대통령이 연임을 위해 임

---

1) 일부 전문가들은 미국이 유엔임무를 강화해 콩고에 개입하는 반군집단을 척결하고, 카빌라를 배제하는 국민통합 정부를 건설하도록 압력을 가하며, 콩고와 관련해 국제범죄 법정을 설립해야 한다고 주장했다. Vava Tampa, "Obama can end the violence in the DRC-if he has the will," (August 6, 2014), https://www.theguardian.com〉 ...

2) Maya Rhodan, "President Obama Imposes Sanctions on Brundi Officials," (November 23, 2015), https://time.com〉 brundi-sanct...; "Obama hits Brundi security officials with sanctions over continuing violence," (November 23, 2015), https://www.theguardian.com〉 ...

기 및 연령제한을 폐지하는 개헌 주민투표를 통해 재출마하고, 2016년 3월 대선에서 승리하면서 시작됐다. 대통령은 그동안 1992년 대선에서 패배한 5년을 제외하고 1979년 이후 2016년까지 계속 집권해 있는 상태였다. 그는 그 오일생산국의 지난 37년 역사 중 32년을 통치했는데, 그 자신을 '탁류의 아프리카에서 국가수호의 방파제'로 제시해 왔다. 2016년 선거에서 그는 60%의 득표로 15%를 획득한 야권 후보에 압도적으로 승리했다. 그러나 야권은 그 선거를 거대한 사기극으로 규정하고, 시민 불복종 운동을 전개했다. 야권이 그렇게 주장한 이유는 그 선거 당시 전화, 문자, 인터넷을 포함하는 모든 통신수단이 두절됐기 때문이다. 실제 정부 측에서 선거감시를 방해하기 위해 대선 전날 모든 통신부서에 그렇게 지시한 것으로 알려졌다. 선거 수일 후, 야권 활동가들이 부정행위를 주장하면서 시위에 나섰을 때, 경찰은 그들에게 최루가스를 발포했다. 그 다음 달 4월에는 수도 브라자빌에서 1997년 내란 당시 현 대통령과 싸운 민병대 '닌자'(Ninja)의 일부 전사들이 바리케이드를 설치하고 군, 경찰과 기관총 사격을 포함하는 전투를 벌였지만, 안보병력이 무장괴한들과 시위대의 브라자빌 남부지역 접근을 막으면서 그 공격은 봉쇄됐다. 1997년 내란 이후 최악의 폭력이었던 그 전투에서 수십 명이 사망하고 수만 명 주민이 도시 북쪽으로 이동했는데, 정부가 선거 패배자들이 폭동을 조장하는 것으로 의심하면서 많은 사람들이 내란 재발을 우려했다. 야권 지지자들이 현 대통령의 계속적 집권에 좌절하는 가운데, 헌법재판소는 국영방송을 통해 현 대통령의 승리를 재확인했다. 미 국무부는 선거부정 사례를 여러 차례 보고 받았다고 말하고, 수일 간 모든 통신수단이 중단된 것을 비판했다. 아프리카 전역의 여러 장기집권 통치자들은 그 사태를 유심히 관찰하고 있었다.[1]

더 나아가 오바마 행정부는 중부 아프리카 개별 국가를 넘어 그 지역 전체에서 LRA(Lord's Resistance Army)에 의해 피해받은 공동체를 돕는 노력을 지원했다. 미국은 유엔, AU와 더불어 아프리카 중부 여러 정부와 주민을 돕는 포괄적 전략

---

[1] 그 선거에서 2등 한 야권 리더가 이번 폭력에 직접 개입했다는 증거는 없었고, 주민들은 무장괴한들이 과거 '닌자'인지는 알 수 없다고 말했다. 그 후보의 부친은 내전 당시 '닌자' 민병대 리더였지만, 정부와 간헐적 충돌 이후 2003년 평화협정에 서명했다. 그래도 그 나라에서 지역, 종족별로 경쟁관계는 계속되고 있었다. Christian Elion, "Gunbattles rock Brazzaville in wake of disputed Congo election," (April 4, 2016), https://www.reuters.com〉 article; "Congo President Denis Sassou Nguesso wins landslide third term," (March 24, 2016), https://www.bbc.com〉 news

을 계속 추구했다. LRA 위협을 단절하고 현지주민을 보호하기 위해, 미국은 그 조직의 포악성을 알리면서 그로부터의 이탈을 독려하고, LRA 지휘관을 추적하는 지역 군대에 자문을 제공하기 위해 작은 숫자의 병력을 배치했다.[1]

동아프리카 역시 내란에서 자유롭지 못했다. 2011년 수단으로부터 독립해 새로운 나라로 출발한 남수단은 평화와 안정이 정착될 것으로 보였지만, 2013년 12월 이후 국내에서 정치 관련 부족갈등에 휘말렸다. 그때 분쟁 당사자 간 상대 부족 대학살을 포함하는 수많은 인권남용이 발생했는데, 그것은 모든 아프리카 내란이 그렇듯 대륙 전체에서 목격되는 서로 얽혀있는 내부 권력투쟁, (종교 및) 종족분쟁이 신생국 국내에서 또다시 폭발한 경우였다.[2] 남수단 독립의 주요 지원 자인 오바마 대통령은 그 현실에 크게 실망했다. 오바마는 취임 직후 2005년 CPA에 근거해 수단과 남수단 당사자들이 계속 평화를 유지하도록 다자노력을 기 울여왔고, 결국 평화적 주민투표를 통해 그것은 남수단 독립으로 이어졌다. 오바 마는 또 2011년 7월 남수단을 방문해 미국과 그 나라의 외교관계 설정을 승인한 다고 자랑스럽게 말하고, 12월에는 남수단 발전계획과 투자를 독려하는 목적의 국제회의를 소집한 바 있었다. 그 사태는 대통령(Salva Kiir)이 그의 최측근 마차르 (Riek Machar) 일파가 쿠데타를 계획한다고 비난하면서 시작됐고, 그로 인해 정부 군을 구성하는 SPLM, 그리고 마차르가 조직한 반군(SPLM-IO: In Opposition) 간 에 전투, 내란이 발생한 것이었다. 그것은 양대 세력 간의 권력투쟁인 동시에 종 족투쟁이었는데, 왜냐하면 대통령과 반대파는 서로 각각 다른 부족(Dinka vs. Nuer)의 지지를 받았기 때문이다. 분쟁 당사자 파벌 간에 수차례 휴전협상이 진행 되는 가운데 미국은 유엔, AU, IGAD, EU와 함께 평화복구를 시도했고, 유엔은 남수단에 평화유지군(UNMISS: United Nations Mission in South Sudan)을 파견했다. 2015년 7월 오바마는 아디스아바바 AU 회의에 참여해, 남수단 내 인도주의 재앙 은 뻔뻔스러운 정치 리더들이 종족갈등을 이용, 착취하는 것이 그 원인이라고 목 소리를 높였다. 국제공동체가 분쟁중재를 시도하는 가운데, 그 다음 달 2015년 8 월 에티오피아에서 마차르가 부통령으로 복귀하는 타협적 평화(CPA: Compromise

---

1) The White House, Fact Sheet: Obama Administration Accomplishments in Sub-Saharan.., (June 14, 2012), https://obamawhitehouse.archives.gov〉 ...

2) Lauren Ploch Blanchard, "South Sudan," CRS IN Focus, IF10218, (Update December 28, 2018), pp. 1-2.

Peace Agreement)가 중재됐다.[1] 그러나 2016년 7월 또 다시 두 번째 전투가 발생했는데, 이번에는 정부군 내에서, 그리고 대통령의 반군 분열공작에 의해 반군 내에서도 서로 전투가 벌어졌다. 그 후 미국, 유엔, 그리고 수단, 우간다를 포함하는 일부 외부세력의 압력하에 2018년 8월 또 다른 권력분점 합의로 평화가 도래했고, 2020년 2월 대통령과 반대파는 연립정부를 구성하기로 합의했다. 그렇지만 2021년에도 공동체간 폭력과 공격, 평화에 대한 위협, 그리고 심각한 인도주의 위기가 모두 해소된 것은 아니었다.[2] 그 내란 과정에서 거의 40만 명이 사망하고, 6백만 명이 기아에 처했으며, 230만 명이 우간다를 포함해 이웃국가로 도피했다. 2014년 4월에는 남수단 북부마을(Bentiu)에서 반군이 친정부 부족(Dinka) 4백 명을 학살하는 사건이 있었다.[3] 남수단 내란은 아프리카 최대 난민위기 중 하나였는데, 미국은 2013년 내란 발발 이후 10억 달러 이상을 제공한 인도주의 최대 지원국이었다.[4]

비슷하게 수단 역시 안보 불안정에 노출됐다. 그것은 일단 봉합됐던 기존의 다르푸르, 수단－남수단 국경 인근에 위치하고 오일이 풍부한 남쿠르두판(Southern Kordofan) 주, 그리고 블루나일(Blue Nile) 주에서 갈등이 재발한 것인데, 다르푸르는 2016년에 이르러 또다시 높은 수준의 폭력으로 회귀했다. 미국과 국제사회가 지원하는 UNAMID 병력의 주둔에도 불구하고 다르푸르 갈등은 진정되지 않았다. 수단 정부군은 오바마 행정부와 UNAMID가 지원한 2011년 도하 평화합의(DDPD) 이후에도 수시로 다르푸르 마을을 공격하고, 2013년 말 이후 국

---

1) 유엔은 민간인 보호를 위한 거대한 캠프를 건설했는데, 2020년 가을 그 규모를 축소시키기 시작했다. 2021년 4월 현재 코비드－19로 인한 보건위기와 재원부족으로 인해 7백만 명 이상의 주민이 심각한 식량위기에 처해있고, 남수단 내 안보 불안정은 인도주의 공급에 계속 부정적 영향을 미친다.

2) 연립정부 구성 이후에도 계속되는 분쟁은 2022년 선거 시까지 폭력이 중단될 것인지 의문시하게 만든다. 남수단 남쪽지역의 시릴로(Thomas Cirillo)가 이끄는 무장반군(NSF; National Salvation Front) 활동은 평화과정에 대한 심각한 위협을 제기하는데, 남수단 두 명의 최고 리더인 Kiir와 Machar 간 평화는 언제 깨질지 알 수 없다. Civil War in South Sudan/ Global Conflict Tracker, https://www.cfr.org〉 civil－war－sout...

3) "South Sudan rebel chief Riek Machar sworn in as vice－president," (April 26, 2016), www.bbc.com; "A new report estimates that more than 380,000 people have died in South Sudan's civil war," Washington Post, (September 26, 2018)

4) John Campbell, "President Obama Discusses South Sudan in Addis," (July 28, 2015), https://www.cfr.org〉 blog〉 preside...

▲ 아랍 민병대(잔자위드), middleeasteye.net

내 모든 반군을 진압한다는 명목으로 군사작전 (Decisive Summer)을 실시했다.[1] 다르푸르에서 그 전투를 주도한 부대인 '신속지원군'(RSF: Rapid Support Force)은 상당부분 과거 인종청소로 악명 높았던 아랍 민병대(Janjaweed) 출신으로 구성됐는데, 그들은 과거의 잔악행위를 그대로 재현했다. 2014년 유엔은 수단 정부군 만행으로 3천개 이상의 다르푸르 마을이 불타고, 광범위한 성폭행을 포함하는 인권유린이 있었다고 보고했다. 카르툼은 2016년 중반 적대행위 종식을 선언했지만, 간헐적 매복, 공동체간 폭력, 그리고 평화유지군, 지원 작업자, 또 민간인에 대한 공격은 계속됐다.[2] 그로써 320만 명 이상이 거처를 잃었고, 50만 명 이상이 인근국가 난민이 됐다.[3] 한편, 남쿠르두판과 블루나일 갈등의 원인은 2011년 남수단 독립시 수단과 남수단이 그 지역 주민투표 대상자 자격 관련 이견으로 인해 그 2개 주가 어느 쪽에 귀속될 지를 결정하지 않았기 때문이다. 수단, 남수단 모두 남쿠르두판 주를 포기하지 않는 이유는 그곳이 많은 오일을 생산하는 지역인 반면, 그곳 주민 상당수가 내란 당시 남수단을 도왔기 때문이다. 이미 남수단 독립 전에도 그곳에서는 정부군과 (남측을 선호하는) 그 지역 반군 간에 많은 전투가 있었다. 2011년 양측은 그 주의 위상을 다시 논의하기로 합의했고, 그 결정은 그 옆의 블루나일 주에도 적용됐다. 그러나 남쿠르두판과 블루나일 관련 합의가 이루어지지 않은 상태에서, 수단 병력이 남수단 국경 인근을 폭격하고 남수단이 반격하는 형태의 갈등이 수시로 반복됐다. 2015년 수단은 다르푸르, 남쿠르두판, 블루나일에서 지속적인 반군활동으로 도전받았는데, 수단 정부군은 저항을 진압하기 위해 공중폭격과 탱크를 동원하고 잔인한 작전을 실시했다.[4]

그러나 남수단과 수단에서의 극심한 인권남용, 대량학살, 부패를 포함하는

---

1) UNAMID는 지난 2년 반 동안 도하 합의에 요구되는 기술적 사안과 관련해 많은 도움을 제공했다.

2) 2018년에도 유엔감시단은 수단 정부 병력과 다르푸르 반군 일부 파벌 간에 심각한 충돌이 있었다고 보고했다.

3) Conflict in Darfu－Sudan－Britannica, https://www.britannica.com〉 place

4) Darfur/historical region and former province, Sudan/Britannica, https://www.britannica.com〉 place

수많은 부당행위에도 불구하고, 오바마 행정부는 2016년 말과 2017년 초에 걸쳐 그 두 나라에 부과된 일부 제재를 해제했다. 2016년 10월 백악관은 '아동병사 충원금지법'(CSPA: Child Soldiers Prevention Act)하에서 안보지원 금지를 면제받는 국가 중에 남수단을 포함시켰다. 인권에 민감한 전문가들은 그 결정이 어린 소년, 소녀들로부터 정의를 박탈한 사악한 남수단 리더십에게 책임을 묻는 마지막 기회를 상실하는 처사라고 비난했다. 2008년 통과된 CSPA는 어린이를 군인으로 충원하는 나라에 제재를 하도록 규정했지만, 국익에 비춘 판단에 따라 대통령에게는 그 면제를 허용할 권한이 주어졌다. 오바마의 결정이 바로 그런 경우였지만, 남수단 정부는 어린이 착취금지에서 비극적으로 실패한 국가였다. 2010년 이후 미국은 실제 CSPA에 해당되는 국가들에게 10억 달러 이상의 군사지원을 제공해 왔는데, 그때 워싱턴은 그것이 전쟁 당사자 간 휴전을 지원하기 위한 노력의 일부라고 정당화했다. 그러나 2013년 말 남수단 내란 재발이후 정부군에 의한 아동병사 충원이 2015년 한해에 2,500명에 달할 정도로 급증하는 상황에서, 또 어린이 병사 충원을 위해 그 가족에 대한 협박이 횡행하는 상황에서, 오바마 행정부의 주장은 논리적으로 맞지 않는 것으로 보였다. 남수단은 2012년 이후 CSPA에 귀속됐지만, 워싱턴은 그 나라 정부에도 9,900만 달러 상당의 지원을 제공했다. 일부 전문가들은 어린이 병사와 관련된 오바마 행정부의 남수단 정책은 완전한 실패로 평가받을 것이라고 주장했다.[1]

워싱턴은 수단 정부에도 비슷한 조치를 취했다. 오바마 대통령은 2017년 1월 과거 클린턴 행정부 당시 수단에 부과된 무역 및 재정제재를 일부 해제하는 행정명령에 서명했다. 백악관은 6개월 후에 시행될 미국의 제재해제는 수단 정부가 국내 갈등을 줄이고, 긴급한 지원을 필요로 하는 사람들에게 인도주의 접근을 허용하며, 테러리즘을 축소시켰기 때문이라고 밝혔다. 오바마는 의회에 보내는 서신에서 지난 6개월 간 수단 정부가 긍정적으로 행동했다고 말했고, 향후 6개월 간 제재해제를 유보, 지연시키는 이유는 카르툼이 다시 잘못된 행동으로 돌아가지 못하도록 견제하고 동시에 개혁을 더 추진하도록 유도하기 위한 것으로 알려졌다. 그러는 사이 미 재무부는 미국인들의 수단 내 사업과 제품수출을 승인하고, 미국 내 수단 자산

---

1) Geoffrey Duke, "Obama's failed policy on South Sudan – Politico," (October 6, 2016), https://www.politico.com〉 2016/10

동결을 해제했다. 파이프라인이나 유전 서비스 같은 수단 내 오일 및 가스사업은 이제 허용됐다. 미 재정기관은 수단과 다른 나라들 간의 거래를 도울 수 있게 됐다. 미국 관리들은 그 제재 완화로 미국의 농산물 및 기계류, 의료제품과 교통 및 컴퓨터 장비 수출이 증가할 것으로 전망했다. 그 결정은 지난 1년 간 수단 정부와 미국이 중시하는 5개 영역에서의 협력을 증대시키는 목적의 대화 이후 이루어진 것인데, 그것은 대테러, 인도주의 지원 접근 허용, 다르푸르 갈등 종식, 남수단 반군에 대한 피난처 제거, 그리고 워싱턴이 혐오하는 LRA(Lord's Resistance Army)와의 투쟁을 포함했다. 수단 경제는 2011년 남수단 독립 이후 오일 수입 중단으로 추락했는데, 그것이 카르툼이 서방과 더 긴밀하게 협력하기 원하는 이유일 수 있었다.[1] 그래도 '테러지원국' 지정과 연계돼 미국 무기판매를 금지하고 특정 종류의 지원을 제한하는 일부 제재는 그대로 유지됐고, 수단이 잘못된 행동으로 돌아갈 경우 워싱턴은 다시 제재를 재부과할 수 있었다.[2] 그러나 미국 내 도처에서는 오바마의 수단 관련 결정에 대해 많은 비판을 쏟아냈다. 많은 인권운동가들은 수단의 현존하는 전쟁범죄와 반인류 범죄를 비난하면서 오바마의 결정은 설명이 불가능하다고 주장했다. "오바마 행정부는 수단과 기타 억압적 정부에 최악의 메시지를 보내는 것이다. 그것은 당신들이 대테러에 협력하면, 모든 남용은 면죄부가 주어질 것이라고 말하는 것과 같다." 미 국무부 내의 의견도 약간 차이가 있었는데, 일부는 대량학살을 자행한 바시르 정권에 면죄부를 주는 것이 도덕적으로 잘못됐다고 주장했고, 다른 일부는 수단 정부의 행동변화뿐 아니라 외교개입을 위해서 그 조치가 필요하다고 말했다. 오바마의 결정을 지지하는 사람들은 지난 수십 년간 미국의 제재로 인해 수단이 사실상 변한 것이 없고, 또 정치인보다는 오히려 그 나라 일반주민이 더 큰 타격을 입었다고 강조했다. 일부 보수주의자들은 오바마의 수단, 남수단에 대한 제재해제가 쿠바, 이란, 미얀마를 포함해 불량국가나 적대국가와의 관계개선을 추구하는 오바마의 일반적 외교 패턴과 일치한다고 비난했다.[3]

---

1) 수단은 남수단 분리로 인해 오일 생산의 75%, 수출 소득의 2/3, 그리고 재정수입의 절반 이상을 잃었다. 안보예산 증가, 그릇된 국정운영, 부패는 모두 수단의 경제문제를 복잡하게 만들었다. IMF는 미국의 과거 오랜 제재 역시 수단 경제성장을 잠식했다고 평가했다. Lauren Ploch Blanchard, "Sudan," CRS IN Focus, IF10182, (Updated August 21, 2019), p. 1.

2) "Obama signs order to ease sanctions against Sudan," (January 13, 2017), https://www.bbc.com〉 news〉 worl...

3) Josh Lederman, Matthew Lee, "Obama ends U.S. economic embargo on Sudan,"

아프리카 남부지역도 대륙 내 다른 지역과 마찬가지로 갈등에서 예외가 아니었다.[1] 모잠비크는 1994년 다당제 총선에서 승리한 사회주의 정당(FRELIMO: Front for the Liberation of Mozambique)이 거의 20년 간 계속 집권하면서 평화를 이루었지만, 2013년에 접어들면서 점차 정치, 사회적으로 낮은 수준의 내란국면에 진입했다.[2] 그것은 과거 반공산주의 반군활동을 하던 야당(RENAMO: Mozambican National Resistance)이 FRELIMO 집권정부의 부패를 비난하고, 중앙집권화 완화, 선거개혁, 지역자치를 요구하면서 모잠비크 중, 북부지역에서 저강도 무장활동을 시작했기 때문이었다. 2013년 중반 이후 양측은 무장투쟁에 돌입했다. 정부 안보병력은 야당 지역본부를 공격했고, RENAMO는 경찰서 공격, 철도노선의 특정구간을 봉쇄하는 자체 안보구역 설정, 그리고 지방선거 거부로 맞섰다.[3] 수없이 많은 무장충돌이 발생하는 가운데, 2014년 9월 양측은 휴전협정에 서명하고 그 다음 달 선거 개최에 합의했다. 그 당시 오바마 행정부는 휴전이행을 모니터하기 위한 군사감시단 파견을 계획했지만, RENAMO가 무장해제를 거부하면서 그 방침을 포기했다. 그 대신 미국은 2009~2013년 기간 시행해 오던 MCC(Millennium Challenge Corporation) 협정에서 규정된 인도주의, 경제발전 지원의 성공적 완수에 집중했다. 그 프로젝트로부터 모잠비크는 위생, 교통, 농업생산 및 기타 인프라 발전과 관련해 많은 도움을 받았다. 오바마 행정부의 결정은 이라크, 시리아, 아프간 전쟁, 사하라 사헬지역 AQ, IS와의 대테러를 포함하는 수많은 군사갈등, 그리고 유엔평화유지임무 및 기타 여러 다자, 양자협력을 운영해야 하는 복잡하고 위험한 현실을 감안한 처사였다. 그러나 10월 대선에서 집권여당 후보(Filipe Nyusi)가 승리했을 때, RENAMO 리더(Afonso Dhlakama)는 야당탄압, 선거사기를

(January 13, 2017), https://www.pbs.org〉 world〉 o...

1) 앙골라에서는 (DRC에 의해 앙골라와 분리된) 오일이 풍부한 작은 크기의 카빈다(Cabinda) 주에서 반군단체(FLEC: Front for the Liberation of the Enclave of Cabinda)가 간헐적이고 장기적인 무장반란을 일으키고 있었다.

2) FRELIMO는 1994년 대선과 의회선거에서 승리한 이후 1999년 말 두 번째 선거에서 또 승리했다. 그때 RENAMO가 여당의 선거사기를 주장해 한때 긴장이 조성됐지만, 대법원이 선거에 문제가 없었다고 판결한 이후 긴장은 가라앉았다. 2004년의 대선과 총선에서도 FRELIMO는 압도적으로 승리했고, 그때 취임한 여당 대통령(Armando Guebuza)은 2015년 1월까지 두 번의 5년 임기를 수행했다.

3) RENAMO가 지방선거를 거부하면서 중, 북부지역 4개 시장 직책은 또 다른 야당(MDM: Democratic movement of mozambique)에게로 돌아갔다. MDM은 지방의회 의석 30%도 차지하는 어부지리를 얻었다.

주장하면서 또다시 갈등으로의 복귀를 위협했다. 2015~2016년 양측은 무장충돌, 협상 및 대화를 반복했다. 여당과 야당이 정치권력 배분을 위해 특정지역의 준 독립적 자치권, 지방자치 선거법 개정을 포함하는 다양한 방안을 제시하는 가운데 무장갈등은 계속됐고, 긴장이 증가하면서 여러 관련 인사들이 살해되고 1만 2천 명 주민이 이웃 말라위(Malawi)로 도피했다. UNHCR, 국제인권감시기구(HRW: Human Rights Watch), 국경없는 의사회를 포함하는 인권단체 보고에 따르면, 정부군과 반군 모두 마을을 불태우고 무고한 주민을 처형, 성폭행했다. 1차 상품 가격하락으로 인한 경기침체와 재정위기는 국가경제와 시민의 삶을 더 악화시켰다. 정부는 2개 해외은행으로부터 비밀리에 20억 달러 차입금을 도입해 국영기업에 지원한 것으로 드러났는데, 국제사회와의 협력에서 그 사실을 숨긴 모잠비크 정부는 IMF의 경제제재와 여러 외국정부로부터의 자금지원 유예대상이 됐다.[1] 2016년 말 RENAMO가 일방적으로 휴전을 선언하면서 2017년에 들어와 양측은

▲ 카보 델가도, africa.org

타협, 평화의 실마리를 찾았고, 미국, EU, 영국, 스위스, 노르웨이, 보츠와나, 중국을 포함하는 국제공동체(Contact Group)의 중재에 힘입어 헌법개정과 권력분산을 약속하는 평화가 합의됐다. 그런 가운데 2017년 말에는 모잠비크 북동부 천연가스 생산지역인 카보 델가도(Cabo Delgado) 주에서 처음으로 이슬람 극단주의 무장그룹에 의한 테러가 발생했다. 보코하람 일파이고 알순나(ASWJ: Al Sunnah wa Jama'ah)로 알려진 그 그룹은 그곳 경찰서 여러 곳을 습격하고 참수(beheading)를 포함해 수백 명 주민을 살해하면서 지역평화를 위협했는데, 그것은 북 모잠비크에 이슬람 무장그룹의 새로운 등장을 예고했다. 2018년 2월 여야 수뇌회동과 5월 의회의 헌법개정 승인을 거쳐, 8월에는 FRELIMO와 RENAMO 양당이 분쟁 종식을 위한 정치, 군사합의에 서명했다. 1년 후 2019년 8월에는 정부와 야당 사이에 지난 수년의 내란 기간 정부군과 RENAMO 병력이 저지른 범죄의 사면, RENAMO 병력 무장해제와 해체 및 정부군 편입을 포함하는 영구휴전(permanent cease-fire), 그리고 포괄적 평화협정(Peace and Reconciliation Accord)이 서명됐다. 2개월 후 2019년 10월 평화적 대선과 의회선거에서 FRELIMO 후보

---

1) 모잠비크 정부의 비밀 해외부채 관련 사태는 'hidden debt affair'라고 불렸다.

는 73%, 그리고 집권여당 FRELIMO는 의석 2/3 이상의 압승을 거두었다. 미국과 EU는 그 선거에서 부정행위가 있었다고 주장했지만, AU는 그것이 공정선거였다고 말했다. 이슬람 극단주의 '알순나' 무장그룹은 주민들에게 테러를 가하면서 선거를 방해했다. 기독교도가 60%이고 무슬림이 19%인 모잠비크에서 지난 수년간 진행된 내란은 종교, 종족분쟁과는 거리가 멀었고, 국민의 압도적 지지를 받는 FRELIMO의 지속적 집권과 일부 부패를 포함하는 국정운영에 대해 RENAMO가 불만과 문제를 제기해 발생한 정치권력 다툼이었다.[1]

2) 오바마 행정부 안보전략의 구조

2015년에 이르러 미 국가안보전략(NSS: National Security Strategy)은 아프리카 이슬람 대테러 세부전략의 목표를 역내 '알카에다 및 그 연계단체와 추종세력의 파탄, 해체, 그리고 궁극적 패퇴'로 규정했다. 그 아프리카 세부전략의 구체방안은 지역정보 공유, 사법역량 구축, 항공, 항구, 국경안보 강화, 테러재정 차단, 그리고 극단주의 이데올로기 확산방지를 포함했다. 또 그 전략은 대테러 파트너십을 통해 테러분자에 대한 피난처, 작전기지, 충원기회를 박탈한다는 방침을 표방했다. 미국이 지원하는 전반적인 거버넌스, 지역발전, 법집행은 이슬람 극단주의에 대항하는 민간역량을 강화시킬 것으로 기대됐다. 2015년 현재 미 안보 당국은 국무부, USAID, 국방부가 협력하는 대테러를 위한 두 개의 작전을 운영했다. 그것은 '사하라일대 대테러파트너십'(TSCTP: Trans-Sahara Counter-Terrorism Partnership)과 '동아프리카 대테러파트너십'(PREACT: Partnership for Regional East Africa Counter-Terrorism)이었다. TSCTP는 2005년 부시 행정부 당시 시작된 시도로, 그것은 아프리카 군대와 경찰 훈련 및 장비제공, 국경안보 강화, 사법분야 지원, 반 급진화 프로그램, 그리고 공공외교를 추구했다. 그 시도는 보코하람의 위협에 대항해 점차 '차드호수 연안'(Lake Chad Basin) 국가 지원에 초점을 맞췄다. PREACT는 2009년 TSCTP를 모델로 오바마 행정부에서 시작된 작전으로, 그것은 대부분 양자 군사, 재정지원을 의도했다. 그 두 작전 모두 지역국가 간 협력을 독려하면서 다국적 훈련과 양자훈련을 병행했다. 더 세부적인 군사작전 차원

---

1) Nicolas Cook, <u>Mozambique: Politics, Economy, and U.S. Relations</u>, CRS Report R45817, (Updated September 12, 2019), pp. summary, 1-3, 19-20; PC Mukwakwa, "Mozambique Conflict Insights vol 1-Africa Portal," (2020), https://media.africaportal.org⟩ ...

에서, 미 AFRICOM은 2016~2020년 기간 현지 전투계획에서 5개 목표를 식별했다. 그것은 사헬-마그레브 극단주의(와 리비아 내 불안정) 봉쇄, 보코하람 진압, 알샤바브 억지와 AMISOM 임무의 소말리아 정부로의 이전, 기니만 및 중부 아프리카 불법행동 차단, 그리고 전반적인 아프리카 평화유지, 인도주의 지원, 재난대응 능력 구축으로 규정됐다. 대테러 작전에서 미군은 일부 소수병력을 유엔평화유지 임무에 배치하고 가끔은 직접 전투에 개입했지만, 대체로 그 활동은 자문 및 지원을 지향했다. 미군은 AQIM, 보코하람, 알샤바브에 공중 및 지상공격을 가하고 일부 테러리스트들을 체포했지만, 소말리아에서는 전투병력을 배치하지 않은 상태에서 그 나라 군대에 군사자문과 병참지원을 제공했다. 북, 서아프리카의 프랑스 대테러 군사작전에서도 2013년 이후 주로 정보와 병참지원을 제공했다.[1]

오바마 행정부의 아프리카 개별국가 내란 및 정치, 사회불안 억지 대책 역시 다국적 협력, 그리고 직접적 전투보다는 개별국가에 대한 지원역할을 강조했다. 아프리카 안보와 안정 목적으로 미국은 유엔의 8개 평화유지 임무시행에 개입해 있었다. 그것은 수단 2개 지역, 남수단, 라이베리아, 콩고민주공화국(DRC), 말리, 코트디부아르(Cote d'Ivoire), 중앙아프리카공화국(CAR: Central African Republic) 평화유지 작전을 포함했다. 미국은 유엔평화유지임무 비용의 1/4 이상을 지불하는 최대 재정지원 국가이면서, 동시에 양자 안보지원 및 여러 갈등예방과 중재를 포함해 아프리카 지역안정에 대한 최대 기여국 역할을 수행했다. 개별국가 지원은 2011년 이후 우간다에 LRA와의 전투를 위한 병참 및 군사자문 지원, 2013년 이후 최대 350명 병력과 감시자산의 니제르 배치, 2015년 이후 최대 300명 규모 병력과 감시항공기의 카메룬 배치, 그리고 라이베리아와 콩고(DRC) 안보분야 개혁지원을 포함했다. 아프리카 병력과의 연합 군사훈련, 재난 및 인도주의 위기협력, 대해적 해상안보, 대테러 기술공유는 아프리카 전역에 적용되는 국가안보를 돕기 위한 일반적 작전요소였다. 2001년 초기 이슬람 테러리즘 발생 이후 미국이 지난 오랜 기간 시행해 오던 '항구적 평화작전'(OEF-Trans-Sahara, OEF-Horn of Africa)은 한편으로는 TSCTP, 미군의 유일한 지부티 상설기지 활동, 또 HOA 지역의 특수작전사령부 활동과 같은 구체적 대테러 작전을 도우면서, 다른 한편

---

1) Cook, Arieff, Blanchard, Williams, Husted, Sub-Saharan Africa, (March 21, 2017), p. 22.

더 넓은 차원에서 아프리카 전체의 정보, 감시, 정찰을 포함하는 포괄적 안보협력을 추구했다. 그와 동시에 오바마 행정부의 아프리카 안보 관련 정책은 몇몇 지원 프로그램을 포함했다. 2014년 추진된 '아프리카 평화유지 신속대응파트너십'(APRRP: African Peacekeeping Rapid Response Partnership)은 유엔과 AU의 평화유지임무 활동에 요구되는 배치 가능한 아프리카 병력의 확대를 추구했다. 그 목표를 위해 미국은 2015년 이후 연간 1.1억 달러 예산을 지출하면서, 에티오피아, 르완다, 세네갈, 우간다. 탄자니아, 가나 6개국에게 군사장비, 병참, 수송, 야전병원 관련 지원을 제공했다. 2014년 거의 동시에 시작된 '안보 거버넌스 구상'(SGI: Security Governance Initiative)은 말리, 나이지리아, 니제르, 가나, 케냐, 튀니지 6개 아프리카 국가의 안보역량을 강화시키는 목적을 띠었다. 미국의 계획과 목표는 국가별로 달랐는데, 일부 국가에서는 사법분야를 포함하는 안보제도 강화, 그리고 다른 나라에서는 국경통제를 포함해 더 나은 전략형성을 기도했다.[1]

3) 오바마 행정부 안보정책 평가

미국 코넬 대학의 아프리카 전문가(Nicolas de Walle)는 오바마 행정부의 아프리카 안보정책을 다음과 같은 취지로 평가했다. 오바마가 2008년 말 처음 대통령에 당선됐을 때, 아프리카와 미국을 포함해 세계적으로 그 지역에 관심을 가진 사람들은 케냐인 부친을 가진 그의 미국 정치 최고 리더로서의 등장을 환영했다. 그는 아프리카와 관련해 새로운 분수령을 만들 것으로 기대됐다. 전임 부시 대통령은 임기 중 PEPFAR, MCC 등을 통해 예산지원을 6배 증대시켜 아프리카 관련 리더십을 인정받으면서도 다른 한편 일방주의로 인해 그 지역에서 반미정서를 야기했는데, 아프리카 리더, 주민과 그 지역 관련 인사, 단체들은 오바마 행정부의 정책이 어떤 새로운 양상을 드러낼지에 많은 관심을 표시했다. 그들은 아프리카가 더 높은 전략적 우선순위와 더 많은 재원을 할당받을 것으로 생각했다. 그러나 오바마 행정부의 성적표는 기대에 미치지 못했다. 비록 오바마 행정부 집권기 미국이 아프리카 대륙에서 경제, 민주 및 인도주의, 안보를 위해 많은 헌신을 마다하지 않았지만, 그것은 제한된 범위를 벗어나지 못했다. 이라크, 아프간에서의 전쟁, 시리아, 리비아 군사개입, 기타 중동, 아프리카, 아시아 일부지역에서의 이슬

---

1) Ibid., pp. 21, 23−24.

람 테러집단의 도전으로 인한 안보부담과 전쟁비용, 그리고 미국 내 경기 대침체로 인한 경제역경의 상황에서, 아프리카를 위한 미국 정책은 현실적 한계에 직면했다. 예산 압박의 상황에서 오바마 행정부는 부시 집권기에 비해 오히려 아프리카에 대한 재정지원을 수십억 달러 감축했다. 비록 오바마 두 번째 임기 초까지 미국 국내경제가 상당수준 원상 복귀됐지만, 그 상황에서도 미국의 아프리카 정책은 제한적이었다. 그것은 단지 경제만의 문제가 아니라 우선순위의 문제였고, 미국에게는 아직 시급한 처리를 요구하는 전략적 사안이 수없이 많이 존재했다. 워싱턴은 거시적 목표보다는 순간적 대응에 초점을 맞추고, 직접 개입보다는 동맹국과 현지 파트너를 동원해 정책을 수행하는 차선책을 택했다. 그것은 비용 대 효과를 감안하는 합리적 선택이었지만, 부분적으로는 미국인들이 1993년 소말리아 개입에 반대한 이후 존재하는 어떤 전반적인 추세를 반영했다. 그렇게 아프리카 이슈들은 다른 곳에서의 더 시급한 위기에 의해 워싱턴의 어젠다에서 밀려났다.[1] 비록 오바마 행정부가 일부 경제 관련 부처의 아프리카 활동을 확대했지만, 전반적으로 외교, 정보 주둔(presence)은 우려스러울 정도로 제한적이었다. 2012년 이후 북, 서아프리카의 나이지리아, 니제르, 그리고 중부 아프리카의 중앙아공화국 대사관이 한동안 폐지됐듯이, 대륙 내 미 대사관 직책의 25%가 공석이거나 경험이 부족한 신참들로 채워졌다.[2]

4) 미-아프리카 무역 및 투자 관계

지구적 차원에서 낮은 발전단계에 처해 있던 아프리카의 국가들은 2000~2011년 평균 4.7%의 연례 성장률을 토대로 인프라 건설, 중산층 확대를 포함하는 경제성장을 이룩했다. 아프리카의 경제반등은 미국 주도의 부채구제(debt relief)를 포함하는 외부지원, 2008년 이전의 지구경제 활성화, 그리고 높은 1차 상품가격에 도움 받았지만, 여러 나라들의 거시적 경제정책 실시가 가장 중요한 요소였다. 냉전 종식으로 미국과 소련의 아프리카 지원이 줄어들면서 전제정권은 권력유지가 어려웠고, 그래서 나이지리아, 우간다, 탄자니아 같은 국가들

1) 미국의 아프리카 비군사 지출액은 1960년대 연방예산 5%에서 2010년대 1%까지 하락했다.
2) Nicolas de Walle, "Obama and Africa (Lots of Hope, Not Much Change)," Foreign Affairs, Vol. 94, No. 5 (September/October 2015), pp. 54-55.

에서는 경쟁선거의 정치적 자유화가 도입돼 능력 있는 리더가 발탁되고 선진국에
서 훈련받은 관료가 선발돼 경제발전이 도움받았다. 그들은 선거를 위해, 또 많은
가난한 사람들을 위한 정책을 실시했는데, 농민을 위한 환율 평가절가 그런 것이
었다. 잠비아(Zambia)의 옥수수 관련 개혁에서 나타나듯, 특정정책 시행 이전에
대상자를 포함해 다양한 그룹과 논의하는 정책결정의 민주화도 경제성장에 도움
을 제공했다. 다른 요인들도 경제성장에 도움이 됐다. 인구변화에서는 출산율, 유
아 사망률이 저하되면서, 근로연령 청년층이 많아져 국민 각 개인에게 더 많은 수
익이 돌아갔다. 도시화가 급속히 진행되면서 2033년까지 아프리카인들은 많은 경
우 도시에게 살게 될 것인데, 기업들은 도시화를 활용해 규모의 경제를 추구했다.
기술진전은 모든 분야에 도움이 됐는데, 케냐, 탄자니아에서 보듯 그것은 모바일
폰의 도입을 가능케 했고, 케냐의 경우 이동통신은 GDP의 5%를 차지했다.[1]

　　그럼에도 많은 국가들의 경제성장은 빈곤축소를 포함해 다른 개도국 지역에
비해 상대적으로 취약했고, 그것은 유엔이 지정한 2015년까지의 발전목표(U.N.
Millennium Development Goals)에 도달하기에는 턱없이 부족했다. 또 2015년 이
후 1차 상품가격이 하락하면서 아프리카 주요 오일 수출국이고 최대 경제인 나이
지리아의 불경기(recession)가 입증하듯, 역내 국가들은 큰 경제역풍에 직면했다.
'아프리카의 뿔'(Horn of Africa)이라고 불리는 지역과 남부지역 일부 국가들은 엘
니뇨(El Nino) 기후변화에서 비롯된 가뭄으로 인해 식량위기를 겪었다. IBRD는
세이셸(Seychelles)을 고소득 국가, 그리고 앙골라, 보츠와나, 적도 기니(Equatorial
Guinea), 가봉(Gabon), 모리셔스(Mauritius), 나미비아, 남아공을 중상층 소득
(upper-middle income) 국가로 분류했지만, 그 국가들의 복지를 포함하는 전반적
인 생활수준은 매우 낮았다. 나머지 대부분 국가들은 저소득 국가로 분류됐는데,
실제 아프리카는 세계에서 가장 가난한 대륙이었다. 2015년 유엔 데이터에 따르
면, 41%의 아프리카 사람들은 하루에 1.25 달러 이하 소득으로 생존을 이어갔고,
지구적 산모사망의 2/3, HIV/AIDS 최고 사망률, 그리고 오염된 식수로 인한 사
망의 45%가 아프리카에서 발생했다.[2]

---

1) Shantayanan Devarajan and Wolfgang Fengler, "Africa's Economic Boom (Why the
　　Pessimists and the Optimists are both Right)," Foreign Affairs, Vol. 92, No. 3
　　(May/June 2013), pp. 68-73.
2) Cook, Arieff, Blanchard, Williams, Husted, <u>Sub-Saharan Africa</u>, (March 21, 2017), pp.

아프리카 대륙과의 경제교류를 확대하고 그 지역 경제발전을 돕기 위해, 오바마 행정부는 여러 조치를 취했다. 2008년 이후 추세를 계속해, 미 상무부는 앙골라, 탄자니아, 에티오피아, 모잠비크에 사무소를 개설하고 가나에 새로이 진출하면서, 아프리카 대륙 주둔(presence)을 두 배로 확대했다. 미 무역발전처(TDA)는 나이지리아와 케냐에서 활동을 시작하고, 해외민간투자공사(OPIC)는 케냐, 남아공, 코트디부아르에 새로이 임무단을 개설했다. USAID는 아프리카 전기(electricity) 생산증대 사업(Power Africa)과 에너지 분야 민간투자를 지원하기 위해 40명 이상의 자문단을 현지에 배치했다. 미 아프리카 발전재단(ADF: African Development Foundation)은 아프리카 8개국 정부들이 주도하는 성장 프로그램을 위한 사무소를 개설하고, 그들의 2,500만 달러 프로젝트 운영을 도왔다.

2009년 이후 미국의 발전지원기구 활동은 계속 강화됐다. OPIC은 아프리카에서 사업범위를 3배 확대했는데, 그 기구 전체사업의 1/3이 아프리카에 집중됐다. 그 과정에서 OPIC은 프로젝트 재정과 보험을 위해 70억 달러 이상을 지원했고, 그 노력은 청정에너지, 정보통신, 보건분야에 140억 달러 상당의 투자를 이끌어냈다. TDA는 아프리카 사업을 두 배 이상 늘리고, 2008~2016년 14개국에서 135개 프로젝트를 지원했다. 미 수출입은행(EX-IM Bank)은 2009~2016년 부시 대통령 시기에 비해 아프리카와 관련해 두 배 이상의 지원을 제공했다. 2011년 EX-IM Bank는 미국기업의 수출지원 목적으로 10억 달러 이상의 자금을 승인했는데, 그 9개 대상국 중 2개국은 아프리카의 나이지리아와 남아공이었다. 2011~2016년 기간 그 은행이 아프리카와 관련해 지출한 총액은 63억 달러 이상이었다. MCC(Millennium Challenge Corporation)가 체결한 여러 계약 중 20건은 아프리카 국가와 진행됐고, 총 79억 달러에 달하는 그 사업은 전체 지원의 68%를 차지했다.[1] 한편, 2011년 오바마 행정부는 지구무역 네트워크를 통한 세계 최고 저개발국(LDCs; Least Developed Countries) 경제발전 구상을 선언했고, 그 대상에는 수많은 아프리카 국가들이 포함됐다. 아프리카 LDC 국가지원을 위해, 미 행정부는 USAID 발전기금(Development Credit Authority)의 사업보장과 민관 파트너십을 활용해 민간부채를 투자펀드로 전환하고, 그 부채와 자본을 서아프리카 농

2-3.

1) The White House, <u>Fact Sheet: Obama Administration Accomplishments in Sub-Saharan</u>.., (September 21, 2016), https://obamawhitehouse.archives.gov〉 …

업 활성화에 기여하는 중소기업에 투자하게 만든다는 방침을 표방했다. LDC와 관련된 또 다른 새로운 구상(ACTE; African Competitiveness and Trade Expansion) 은 아프리카에서 부가가치가 있는 제품의 생산과 수출을 증진시키기 위해 향후 4 년 간 1.2억 달러 지원을 계획했다.[1]

    2012년 오바마 대통령은 아프리카 40개 국가가 AGOA 혜택을 받을 자격이 있다고 선언했다. 2000년 맨 처음 승인된 AGOA 시효는 2015년 법안(Trade Preferences Extension Act)을 통해 2025년까지 연장됐고, 그 메커니즘 하에서 미 행정부는 아프리카 국가들의 무역 및 투자 관련법과 제도 개선, 개별국가 경제의 지역적 통합, 그리고 역내 국가들의 세계시장 접근증대를 추진했다. 미-아프리 카 경제관계는 정부 간 대화 포럼 형태의 다자합의(TIFA: Trade and Investment Framework Agreements)를 통해 강화됐다. 무역, 투자 관련 정부 간 대화의 전략적 틀과 원칙을 제공하는 그 TIFA에는 앙골라, 가나, 라이베리아, 모리셔스, 모잠비 크, 나이지리아, 르완다, 남아공, 그리고 여러 아프리카 다자경제기구(Common Market for Eastern and Southern Africa, East African Community, West African Economic and Monetary Union)를 포함해 11개 국가 및 지역 경제공동체가 포함됐 다. 아프리카와의 사업을 독려하는 2012년 미 행정부 캠페인(DBIA: Doing Business with Africa)은 미-아프리카 경제 연계와 사업 강화 필요성을 명시적으 로 강조하기 위한 목적을 띠었다. 2014년 포럼에서 오바마는 DBIA 자문위원회 결성을 선언했고, 그에 따라 미 상무부는 아프리카로의 수출을 원하는 1,500개 이상 미국기업에 정보, 분석, 정책을 제공했다. 2008년 이후 아프리카 수출 1.35 억 달러 이상을 창출하면서, OPIC은 사업기회 식별과 투자 독려 목적으로 미 기 업 대표단을 라이베리아, 시에라리온, 코트디부아르, 세네갈로 인도했고, MCC(Millennium Challenge Corporation)는 탄자니아와 말라위에서 처음 투자 관 련 임무를 시행했다. 그 DBIA 연장선상에서, 미 행정부는 2013년 아프리카 무 역구상(Trade Africa Initiative)을 진수했다. 그 사업은 미국 내 여러 경제 관련 부 서 합동으로 진행됐는데, 주요목표는 미국 민간기업이 아프리카에서 무역과 투자 활동을 증대시키고, 아프리카 국가들이 경제장벽 제거를 통해 서로 간에 시장경

---

1) The White House, Fact Sheet: Obama Administration Accomplishments in Sub-Saharan.., (June 14, 2012), https://obamawhitehouse.archives.gov〉 ...

제 형태의 상호무역과 투자를 증대하도록 독려하는 것이었다. 그것은 미국기업의 아프리카 진출을 도와 상품 및 서비스 시장과 저렴한 노동력 확보를 돕는 동시에, 아프리카 국가들을 시장경제로 전환시켜 미국이 주도하는 세계무역 체제를 강화시킬 것이었다. 그 구상의 초기 초점은 미국의 역내 무역 및 투자 중심센터를 조성할 목적으로 케냐, 탄자니아, 우간다, 르완다, 부룬디를 포함하는 동아프리카 공동체(EAC: East African Community)에 맞춰졌고, 그 후 그 대상은 점차 코트디부아르, 가나, 모잠비크, 세네갈, 잠비아 5개 국가를 포함하도록 추가 확대됐다. 조지 W. 부시 당시 미국 기업의 아프리카 수출 활성화를 위해 시도된 가나, 케냐, 남아공에 위치한 3개 아프리카 무역 허브(hub)의 쌍방향 양자무역 및 투자 센터로의 전환, 역내무역 및 경제통합, 그리고 미국으로의 수출 증대 시도 역시 미–아프리카 경제관계 확대와 아프리카 대륙 경제발전을 목표로 했다.[1] 그 사업을 위해 미국 내 경제관련 부처들은 아프리카 국가들 상호 간 무역협상 증대와 합의이행, 물리적, 제도적 능력 확대, 그리고 그 국가들의 WTO 가입 및 규정 수용을 촉구하는 역내국가 무역역량구축(TCB: Trade Capacity Building)을 추진했다.[2] 2013년 미 행정부가 새로이 시도한 프로젝트는 '파워 아프리카'(Power Africa)였다. 그것은 미 정부와 130개 이상 민관파트너 연맹이 협력해 아프리카 국가들의 전력(electricity) 공급을 두 배 늘리는 사업이었다. 그 사업에는 IBRD, AfDB, EU, 영국, 캐나다, 스웨덴, 노르웨이, 일본이 참여했는데, 2014년 대통령은 '미 아프리카 발전재단'(USADF: U.S. African Development Foundation) 연설에서 Power Africa 프로젝트가 아프리카 전역으로 확대될 수 있도록 자금을 추가 지원하고 3만 MW 전력발전을 통해 6천만 명이 혜택을 볼 수 있도록 노력할 것이라고 말했다.[3]

그런 가운데 오바마 행정부 시기 미국의 아프리카 전체 무역의 절반은 그 이

---

1) 부시 행정부 시기부터 미국은 아프리카에 3개 무역, 투자 허브를 운영하고 있었는데, 그 제도는 2014년 이후 미국의 1.4억 달러 상당의 아프리카 투자와 아프리카 국가들의 2.83억 달러 이상의 미국 수출을 도왔다. 동아프리카 허브는 2013~2015년 역내에서 2만 9천개 새 직업을 창출하고, 그들의 미국 수출 36% 증가에 기여했다.

2) The White House, Fact Sheet, (June 14, 2012), https://obamawhitehouse.archives.gov〉 …

3) 2016년까지 Power Africa는 초기 70억 달러 이외에 추가 520억 달러 자금을 확보했고, 2030년까지의 목표달성을 향해 계속 노력을 경주하고 있다. The White House, Fact Sheet, (September 21, 2016), https://obamawhitehouse.archives.gov〉 …

전과 마찬가지로 그 대륙 최대 경제인 나이지리아, 남아공과 이루어졌다. 2016년 미-아프리카 상품무역에서 미국은 65억 달러 적자를 기록했는데, 그것은 201억 달러에 달하는 오일, 금속, 자동차 수입과 136억 달러에 달하는 기계류, 자동차, 항공기와 같은 제품수출의 차이에서 비롯됐다. 그 해 미국은 아프리카 국가들로부터의 201억 달러 수입 중 106억 달러 상당의 제품 수입에 AGOA에서 규정된 비상호적 특혜를 부여했는데, 그 과정에서 미국이 가장 많이 수입한 제품은 에너지였다. 에너지 수입액은 2001년 150억 달러 수준이었는데, 그것은 2008년 720억 달러를 거쳐 미국 내 에너지 생산 증대로 인해 2016년 80억 달러까지 하락했다. 그럼에도 2016년 미국의 아프리카 수입 중 62%는 아직 원유 수입에 집중돼 있었다. 나머지 비에너지 수입 42억 달러 중 28억 달러는 남아공으로부터의 차량을 포함하는 몇몇 상품 수입이었고, 케냐, 레조토(Lesotho), 모리셔스로부터의 의류제품 수입이 약 9억 달러, 그리고 나머지 국가로부터의 수입이 10%인 4.3억 달러를 차지했다. 미국의 아프리카 해외투자 총액은 모리셔스에 대한 69억 달러 투자에서부터 남아공, 나이지리아, 42억 달러 상당의 적도 기니 순으로 이루어졌고, 아프리카 국가들의 미국 투자는 라이베리아 5억 달러, 모리셔스 3.85억 달러, 앙골라 2.07억 달러가 큰 맥락을 이룰 정도로 미미했다. 그러나 아프리카가 오일, 미네랄, 금속과 같은 중요 천연자원의 핵심 공급처였음에도 불구하고, 미국 기업들은 아프리카와 교역, 투자하기를 상대적으로 꺼렸다. 북아프리카에서는 유일하게 모로코와 FTA를 체결했고, 사하라 이남 국가와는 어떤 FTA도 체결되지 않았다. 2003년 시작된 미-남아프리카 관세연합(U.S.-Southern African Customs Union) FTA 협상은 2006년 결렬됐다.[1]

미국 기업의 입장에서 볼 때, 미-아프리카 경제관계 제약은 모두 그 대륙 내의 끝없는 내란과 정치, 사회적 갈등으로 인한 소유권 불안, 도로 및 철로, 전력, 항만과 같은 인프라 부족으로 인해 지출되는 과다비용, 그리고 숙련노동자 부족과 같은 이유에서 비롯됐다. 미 조지타운 대학과 세계은행(World Bank) 전문가들(Shantayanan Devarajan, Wolfgang Fengler)은 아프리카 경제는 일부 고성장에도 불구하고 많은 도전에 직면해 있다면서 다음과 같이 말했다. 아프리카 대륙의 경

---

1) Cook, Arieff, Blanchard, Williams, Husted, <u>Sub-Saharan Africa</u>, (March 21, 2017), pp. 2-3, 5-10.

제는 여러 가지 요인이 복합적으로 작용해 발전이 지연되고 있다. 첫째, 어느 한 나라나 지역이 발전하기 위해서는 생산성이 낮은 농업으로부터 제조업과 서비스 산업으로의 구조적 전환이 필요하고, 또 그것은 세계경제와 연계돼야 한다. 그러나 그를 위해서는 도로, 철도, 교통, 수송, 수도, 전기 등의 인프라가 필요한데, 아프리카에서는 정치적 부패가 그 기반시설 건설을 막는다. 예를 들어 기득권을 가진 트럭회사가 정치권과 결탁해 경쟁사의 시장 진입을 막고, 그로 인해 수송비용이 턱없이 비싸진다. 수도, 전기 인프라도 비슷한 현실에 처해 있는데, 그것 역시 정치인들이 그 시설을 필요로 하는 지역보다 특정지역에 배치하도록 압력을 가하기 때문이다. 일부 부자는 개인 식수탱크, 개인 발전기를 보유하지만, 2000년 이후 거의 모든 아프리카 도시에서 수도에 접근 가능한 가계 비율은 하락했다. 세계적으로 가장 복잡한 아프리카의 사업 규정도 산업의 구조적 전환과 인프라 발전을 저해하는데, 그것 역시 자연발생적인 것이 아니라 모두 특정그룹이 자기들 이익을 위해 개혁을 방해하기 때문이다. 두 번째는 일부 경제성장에도 불구하고 빈곤율이 축소되지 않는 것이다. 아프리카에서는 90%가 농업과 가계산업에 종사하는데, 그 분야는 생산성과 기술진전이 느려 소득증대가 이루어지지 않는 반면, 일부 도, 소매업, 공공행정, 정보통신 등만 부유해진다. 그 격차를 줄이기 위해서는 정부가 복지에 투자해야 하지만, 나이지리아, 앙골라, 가봉 같은 오일생산국, 또 부르키나파소, 모잠비크, 탄자니아 같은 오일 비생산국 모두 7% 이상의 경제성장률에도 불구하고 복지와 인프라에 투자하지 않는다. 또 농업을 위한 지원도 탄자니아의 경우에서 나타나듯, 비료를 위한 쿠폰(voucher)은 현지 관리들이 가로채면서 필요한 사람들에게 전달되지 않는다. 세 번째는 인적자원이 부족한 것으로, 그것 역시 부패와 다름없다. 예를 들어 정부가 지출하는 재원은 임금을 제외하면 학교나 학교 클리닉에 전달되지 않는다. 우간다에서는 비임금 재원의 13%만이 초등학교에 도달하고, 차드에서는 1%만이 초등학교 클리닉에 전달된다. 또 교사나 의사는 자기 직분을 충실히 수행하지 않는다. 세네갈과 탄자니아 위생 관련 종사자는 20%가 결근하고, 탄자니아 의사가 환자를 진료하는 시간은 하루 평균 29분이며, 우간다와 탄자니아 교사는 수업시간의 20%만 교육에 할애한다. 교사 결근을 시정하기 위한 노력은 많은 경우 교원 노조의 대정부 로비와 압력에 의해 무산된다. 아프리카의 미래를 낙관하기에는 너무 많은 장애가 존재한다. 거시경제의 시정과 기타 요소의 변화가 일정수준의 성장을 가져왔지만, 아프리카는 변화의

기로에 서있는 것으로 보인다.[1]

5) 민주제도 강화

오바마 행정부는 아프리카 민주주의 진흥에 많은 관심을 가졌다. 그것은 오바마와 같이 민주주의를 특히 중시하는 리더에게는 당연한 일이었지만, 민주주의 확산은 미국의 오랜 의도적 정책이기도 했다. 미국은 사하라 이남의 아프리카 49개국들이 민주주의 발전에 있어서 각기 다른 단계에 있다는 점을 인식하면서, 그 나라들의 민주주의 현실을 평가하고 그 발전을 위한 노력을 투입했다.

아프리카에서는 1990년 대 초 이후 많은 민주적 진전이 있었다. 비록 아직 많은 나라에서 수많은 비민주적 행태가 진행되고 있지만, 대륙 전체 차원에서 과거에 비해 더 많은 정기선거와 민주적 정권이양이 있었다. 세네갈, 카보베르데(Cabo Verde), 가나에서는 여러 차례 선거를 통한 민주적 권력이양이 있었고, 2014년 부르키나파소(Burkina Faso), 2017년 감비아(Gambia), 그리고 나이지리아의 2015년 대선 및 총선 역시 모두 평화적 정권교체의 예였다. 민주주의 이론에서 중시하는 제도적 차원(institutionalization)의 진전도 있었는데, 나미비아, 보츠와나, 남아공의 경우는 식민통치나 백인 소수정권에 반대해 해방운동을 주도한 단일정당의 지배가 계속되는 가운데에서도 과거에 비해 국민의사를 반영하고 국가제도의 세분화를 통해 국민의 의견을 조금이라도 더 수용하려는 노력이 존재했다.[2]

그렇지만 아프리카에 아직 민주주의와 관련해 많은 한계가 존재하는 것을 부인하기는 어려웠다. 수많은 나라에서 내란이 발발하고, 그 과정에서 수백만, 수십만 인명이 살상되는 현실은 전 세계에서 최악이었다. 그런 근본적인 양상을 넘어 좁은 의미의 정치적 민주화에서도 아프리카 국가들은 선진적이고 책임 있는(accountable) 민주제도 발전에 도달하기에는 요원한 상태에 머물러 있었다. 아프리카에서는 유독 군사쿠데타가 많이 발발했다. 전 세계적으로 1960년대에는 전 세계의 제3세계 국가들 중 쿠데타를 겪지 않은 나라가 없을 정도였지만, 냉전종

---

1) Devarajan and Fengler, "Africa's Economic Boom," (May/June 2013), pp. 74–81.
2) Cook, Arieff, Blanchard, Williams, Husted, Sub–Saharan Africa, (March 21, 2017), p. 10.

식 이후의 쿠데타는 아프리카를 제외하면 소수의 국가에서만 발생했다. 쿠데타와 관련해 정치학자들은 그 지역 군사쿠데타는 군부 이데올로기로 인한 남미, 또는 다른 지역의 체계적(systemic) 이유로 인한 정변과는 달리 특히 개인적 야심이 더 큰 요인이라고 말했는데, 아직도 말리, 모리타니, 부르키나파소, 기니비사우(Guinea－Bissau)를 포함해 수많은 나라에서 군사쿠데타로 인해 민선정부가 축출되는 현상이 발생했다.[1] 그 나라들에서는 냉전시대 수많은 제3세계 국가에서 그랬듯이 대체로 행정부가 의회를 지배했고, 선진국 정치체계에서 당연한 것으로 받아들여지는 의회의 감독권한이 취약했다. 오늘날 루카셴코가 이끄는 벨라루스(Belarus)와 같은 일부 국가에서 나타나듯, 선거가 진행되는 과정에서의 사기, 폭력, 또 지배정당에 유리한 반칙은 흔한 현상이었다. 보통 두 번에 제한된 대통령 임기를 세 번으로 연장하거나, 또는 중부 아프리카의 르완다, 우간다. 부룬디, 콩고민주공화국(DRC)에서와 같이 제도변경을 통해 영구집권을 기도하는 경우도 수없이 많았는데, 아프리카에서는 7명의 리더가 30년 이상 집권했다. 짐바브웨의 93세 무가베(Robert Mugabe) 대통령 역시 장기 집권한 경우인데, 그 나라는 승계 과정이 불안정한 것으로 보였다. 중앙정부가 독재를 시행할 경우 에티오피아, 에리트레아, 르완다, 수단에서 관찰되듯, 그 나라에서 공정한 경쟁과 시민사회가 취약한 것은 논리적으로 당연한 귀결이었다. 그 밖에도 더 수준 높은 단계로 나아가기 위해 요구되는 선진 민주제도 발전을 위한 또 다른 많은 제한적 요소가 존재했다. 권력집단의 정치적 영향력과 물질적 부패에 따른 사법부 지배는 법 집행에 대한 신뢰를 붕괴시켰고, 집권정부는 정책과 예산할당에서 여당과 특수 이해집단에 부당하게 많은 혜택을 부여했다. 정부제도는 수시로 인도주의 및 재정역량의 결여, 부패, 그리고 그릇된 운영으로 시민의 필요에 제대로 대응하지 못했다. 일부 정부들은 정치, 미디어 자유를 제한하기 위해 억압적 법률을 사용했는데, 적도기니, 에티오피아, 에리트레아, 르완다, 수단 같은 나라에서는 민주적 경쟁이나 독자적 시민사회 활동이 아주 제한적이었다. 나이지리아, 케냐, 라이베리아, 말라위(Malawi), 말리는 만성적 부패에 시달렸고, 소말리아, 수단, 남수단, 기니비사우,

---

1) 군사쿠데타 이론은 보통 3가지 차원에서 논의되는데, 드칼로(Samuel Decalo)는 아프리카 쿠데타는 개인의 야심이 가장 큰 요인이고, 스테판(Alfred Stepan)은 남미의 쿠데타는 주로 국내적 위협을 외부로부터의 위협 못지않게 중시하는 군부 이데올로기에 의한 것이라고 주장했다. 반면 헌팅턴은 쿠데타는 불충분한 제도화로 인해 정부가 국민의 요구를 제대로 수용하지 못할 때 발생한다고 분석했다.

에리트레아, 짐바브웨, 부룬디는 국제투명성 기구의 부패인식 지수에서 최하위를 기록했다. 소말리아, 중앙아프리카공화국(CAR: Central African Republic), 남수단에서는 폭력적 갈등으로 인해 국가의 공공 서비스 제공이 방해받았다.[1]

오바마 행정부는 여러 방법으로 아프리카의 민주발전, 인권고양을 지원했다. 오바마 시기 특별했던 것은 '아프리카 청년리더 구상'(YALI: Young African Leaders Initiative)이었다. 2010년 진수된 YALI는 각자의 공동체에서 적극적으로 변화를 추구하는 젊은 아프리카 리더들과 개입하는 장기적 차원의 프로그램이었다. 그 개입은 2010년 대통령이 아프리카 청년 리더들과 만나는 포럼(President's Forum with Young African Leaders)에서 시작됐다. 2011년 6월에는 남아공에서 오바마 영부인 미셸 오마바(Michelle Obama)가 주최하는 젊은 아프리카 여성 리더를 위한 포럼(Young African Women Leaders Forum)이 개최됐고, 1년 후 미 국무부는 아프리카 청년 리더들을 미국 내 멘토(mentor)와 연결시키는 프로그램(Young African Leaders Innovation Summit and Mentoring Partnership)을 시행했다. 구체적으로, 또 확대된 차원에서, 그것은 국무부, USAID 주도로 아프리카에서 기업, 시민, 공공운영 리더를 육성하는 프로그램이었다. 그 프로젝트를 통해 미국은 역내 청년들에게 장학금을 제공하고, 그들을 미국 대학과 교육기관에 초청해 6주 간 시장경제, 인권, 법치, 집회, 결사의 자유를 포함하는 자유민주주의 훈련을 제공했다. 비록 그 교육이 단기적이고 가까운 시일 내에 효과를 볼 수 있는 방법은 아니었지만, 그것은 한편으로는 아프리카 청년들에게 미국을 방문하고 자유민주주의의 소프트파워가 무엇인지 인식시키는 먼 미래를 내다보는 노력이었다.[2]

미국 정부의 아프리카 민주, 인권발전을 위한 정책수단은 보통 외교, 경제, 사법적 차원을 망라했다. 외교차원에서는 고위급 개입을 통해 아프리카 입법부, 사법부, 미디어, 시민사회 역량을 발전시킬 것을 의도했고, 그것은 비록 느리지만 궁극적으로 그 대륙의 민주주의 강화와 제도구축으로 연결될 것이었다. 그런 의도 하에, 미 외교관들은 아프리카 내 비민주 행동과 인권위반을 공개적으로 비판하고, 아프리카 정치리더들과의 회담 시 직접적으로 인권우려를 제기했다. 또 미

---

1) Cook, Arieff, Blanchard, Williams, Husted, Sub-Saharan Africa, (March 21, 2017), pp. 10-11.

2) The White House, Fact Sheet, (June 14, 2012), https://obamawhitehouse.archives.gov〉 ...

국무부는 각국 선거의 상대적 신뢰성을 평가하는 국제적, 지역적 감시단을 재정지원하고, 인권, 종교, 인신매매와 관련된 연례보고서를 발간했다. 그렇게 미 행정부는 아프리카 각국이 민주적 원칙에 헌신하고, 보편적 인권 규범하의 의무에 책임지도록 촉구, 종용했다. 또 민주과정이 전복됐을 때에는, 그에 상응하는 비판적 목소리를 냈다.[1] 민주증진을 위한 경제적 차원은 해외지원(foreign aid)과 관련됐는데, 그 정책수단은 독려와 불이익의 두 가지 상반되는 형태로 사용됐다. 미국은 민주와 인권의 고양을 위해 아프리카 선거제도 전환에 자금을 지원하고, 역내 정당, 언론, 시민사회에 민주주의 관련 교육과 훈련을 실시했다. 사법행정 역량강화를 위한 재정지원은 법치 진전을 위한 것이었고, 안보병력의 인권인식을 제고시키기 위한 법적, 경제적 지원도 시행됐다. 민주 및 인권 기준에 미치지 못하는 나라들에는 재정지원을 제한, 삭감, 거부했다. 과학발전 및 직업창출 능력 결여, 무

▲ 아동 병사, aa.com.tr

역제한, 농산물 생산부족으로 인한 산업 및 재정제약에 직면한 나라들에게 경제지원 중단은 그들을 새로운 방향으로 유도하기 위한 효율적 수단이었다. 수단, 에리트레아는 종교자유 결여로 인해, 그리고 수단, 남수단, 르완다, 소말리아, 나이지리아, DRC는 아동병사(child soldiers) 착취 이유로 2016년 미국의 재정지원 제한대상이 됐다. 부룬디, CAR, 코모로(Comoros), 지부티(Djibouti), 적도기니, 에리트레아, 감비아, 기니비사우, 모리타니, 남수단, 수단, 짐바브웨는 2016년 인신매매(TIP: trafficking in persons)로 해외원조 삭감 대상이 된 경우였다. 제재(sanctions)는 외교제한과 경제제재를 복합적으로 사용하는 정책이었다. 그 조치는 주로 미 의회 입법 및 예산할당 조정, 그리고 대통령 행정명령(EO: Executive Order) 형태로 진행됐는데, 워싱턴은 에티오피아, 소말리아, 수단, 남수단, 짐바브웨, 부룬디, CAR, DRC에 민주, 인권위반, 평화과정 잠식 이유로 관련 개인을 겨냥하는 외교, 경제제재를 부과했다. 그것은 보통 비자발급 제한, 특정 항목 리스트 귀속, 그리고 자산동결의 형태를 띠었다. 그렇지만 임기 말 오바마 행정부는 대테러 및 지역안보 협력을 근거로 남수단과 수단 정부에 부과된 일부 제재를 해제했다. 미국이 마지막으로 동원하는 가장 강력한 정책수단은 처벌을 추구

---

1) Ibid.

하는 기소(prosecutions)였다. 미국은 ICC 당사국이 아님에도 불구하고 시에라리온, 르완다, 차드를 위한 특별법정 설립을 지지해 재정을 지원하고, 일부 ICC 기소를 위해 정보, 병참지원을 제공했으며, 남수단 인권남용 조사를 위한 AU 법정설립을 지원했다. 또 미국 내 법정 내에서 아프리카 인권남용과 관련해 몇몇 개인을 심판했다.[1]

6) 경제성장, 민주, 인도주의 지원

오바마 행정부는 지속가능 경제성장, 식량안보 증진, 질병 및 보건체계 구축, 그리고 기후변화와 투쟁하기 위해 아프리카에 다양한 프로그램을 통해 인도주의, 발전지원을 제공했다. 일부는 아프리카만을 위한 프로그램이었지만, 많은 것은 지구적 차원의 지원이 목표인 상황에서 아프리카 지역이 파생적으로 혜택을 받은 경우였다. 예를 들어 G－8의 식량안보 기치 하에서 2009년 USAID가 시작한 식량 관련 프로그램(FtF; Feed the Future)은 전 세계 농업생산 증대와 식량안보를 통해 가난, 영양실조를 축소하는 노력이었는데, 그 19개 대상국 중 12개국이 아프리카 국가였다. FtF는 그 12개 국가의 기아와 빈곤을 시정하고 농업 주도 성장을 독려하기 위해 농업생산성 증대, 시장과 무역확대, 그리고 취약한 지방공동체의 유연성 증대를 의도했고, 그를 통한 농업발전 프로그램에 대한 포괄적 지원은 아프리카 소규모 농산물 생산업자들에게 많은 도움을 주었다.[2]

아프리카는 오바마 행정부의 2009년 '지구적 보건구상'(GHI: Global Health Initiative)으로부터도 혜택 받았다. GHI는 조지 W. 부시 행정부 당시 세계를 대상으로 시작한 3개 보건 프로젝트(PEPFAR: President's Emergency Plan; PM: President's Malaria Initiative; NTD: Neglected Tropical Disease)를 하나로 통합한 것이었다. 그 프로그램은 파트너 국가들과 함께 더 통합적이고 유지 가능한 보건체계 구축을 의도했는데, 미국의 HIV/AIDS, 말라리아, 그리고 산모 및 어린이 건강

---

1) Cook, Arieff, Blanchard, Williams, Husted, <u>Sub－Saharan Africa</u>, (March 21, 2017), pp. 11－12.

2) FtF에 힘입어 2012년 미국 리더십 하에서 G－8, 아프리카 정부, AU, 국제파트너, 민간투자자, 시민사회가 진수한 식량안보 및 영양 프로그램(New Alliance for Food Security and Nutrition)은 아프리카 농업성장 가속화에 기여했다.

관련 투자는 압도적으로 아프리카에 집중됐다. GHI의 과거 PEPFAR 요소는 예방 노력을 주도하고 아프리카에서 380만 명 이상을 치료하면서, HIV 감염을 크게 줄이고 기대수명을 연장시켰다. 2013년까지 그 프로그램으로부터 600만 명 이상이 HIV/AIDS 질병 관련 혜택을 받았다. 말라리아와 어린이 생존을 위한 프로그램은 세네갈, 르완다, 케냐, 그리고 기타 국가에서 아동 치사율 감소에 크게 기여했다. 환경보존을 추구하는 '지구적 기후변화구상'(GCCI: Global Climate Change Initiative)도 마찬가지로 지구적 차원의 미국 지원이 아프리카로 확대된 경우였다. 극단적 기후에 대비하는 그 프로그램에서 미국은 아프리카 콩고 연안(basin) 및 기타 지역의 삼림훼손(deforestation) 축소, 그리고 깨끗하고 저렴한 에너지시스템 개발을 의도했다. 한편 '성장주도 파트너십'(PFG; Partnership for Growth)은 지구적 차원에서 유지가능하고 광범위한 기초 위의 경제성장을 고양하고, 각자의 발전 진전에 헌신하는 나라들과 연대하며, 차세대 신흥시장에 투자한다는 방침을 표방했다. PFG가 대상으로 하는 4개국 가운데에는 가나와 탄자니아 2개 아프리카 국가가 포함돼 있었다. 전체적으로 오바마 대통령 시기 지구적 차원 양자지원의 20~25%가 아프리카로 향했는데, 대부분은 보건 프로그램이 그 대상이었다. 미국은 또 유엔과 국제재정기구를 통해 아프리카에 많은 자금을 지원했다. 2002년 11억 달러이던 미국의 아프리카 지원은 부시 집권기에 급속히 증가했고, 오바마 행정부에서는 2012년 이후 예산제한으로 인해 대체로 75~80억 달러 수준에 머물렀다. 2015년 3억 달러 이상 미국 지원을 받은 나라는 나이지리아, 우간다. 에티오피아, 남수단, 소말리아, 콩고, 케냐, 잠비아, 탄자니아, 그리고 남아공을 포함했다.[1]

(4) 트럼프 시기 미-아프리카 관계

트럼프 대통령은 취임 첫해 아프리카에 대한 무관심을 넘어 그 대륙의 무질서와 불법 이민자 송출을 공개적으로 비하한 것으로 알려져 많은 비난의 대상이 됐다. 또 아프리카를 담당하는 미 국무부와 국방부의 차관보, 부차관보를 포함하는 일부 고위직은 취임 첫해인 2017년 가을까지 공석으로 남아있었고, 미국의 사

---

1) The White House, Fact Sheet, (June 14, 2012), https://obamawhitehouse.archives.gov〉 ...; Cook, Arieff, Blanchard, Williams, Husted, Sub−Saharan Africa, (March 21, 2017), pp. summary, 7−8, 18−19.

헬지역 대테러와 기타 안보 관련 작전에도 불구하고 2017년 말까지 미 AFRICOM의 목표는 아직 공식 선언되지 않았다.[1]

1) 안보문제

트럼프 시기 미국의 아프리카 관계에서 가장 큰 주안점은 경제, 또는 아프리카 역내 국가 정치, 사회문제보다는 안보이슈에 주어졌다. 우선 대테러에 있어서, 미국은 지난 행정부가 AQ와 IS 진압을 위해 말리, 니제르, 차드, 수단, 소말리아, 에티오피아, 지부티(Djibouti)를 포함하는 사하라 사막 사헬 서북부, 중부, 동부 전 지역에서 파트너 국가 군대와 공동으로 전개해 오던 대테러 작전을 계속했다.[2] 그 이유는 수많은 테러집단들이 아직도 왕성하게 활동하면서 역내정부를 위협하고 무고한 시민들에게 살해, 배상금을 위한 인질, 납치와 같은 테러를 가하기 때문이었다. 그래도 미 행정부는 점차 아프리카 내 작전의 초점을 중국 및 러시아의 도전에 대한 대항으로 이동시킬 것이라고 말했다. 그것은 트럼프 행정부가 미국의 지구적 차원 국방전략(National Defense Strategy)이 '테러리즘'과의 투쟁보다는 강대국 간 경쟁에 초점을 맞출 것이라고 말하는 것과 동일한 궤도에 위치하는 선언이었다. 그럼에도 일부 전략조정을 포함한 그 조치는 중, 러에 대

---

1) Alice H. Friend, "Trump wrongly ignores Africa," The Hill, (October 25, 2017)
2) 세계에서 가장 분주한 만데브(Bab el Mandeb Straits) 해협에 위치해 있는 지부티는 점차 외국군의 아프리카 주둔 허브(hub)가 되어가고 있다. 과거 프랑스 식민지이던 지부티에는 그 나라 초청으로 상당규모의 프랑스 병력이 주둔해 있고, 2015년 나토는 다국적 대해적 작전을 위해 그곳에 연락사무소를 개설했다. 일본과 중국은 각각 2011년과 2017년 지부티에 처음으로 해외군사기지를 설립했다. 이탈리아도 지부티에 군사시설을 유지한다. 특히 중국은 지부티 인프라에 투자하면서 그 나라를 BRI 루트로 활용한다. 지부티의 해외부채 대부분은 중국에서 유래한 것인데, 에티오피아-지부티 철도는 베이징의 지원으로 건설됐다. 에티오피아 수출의 90%는 지부티 항구를 통해 이루어진다. 미국은 지부티에 2002년 처음 병력을 배치한 이후 그 나라를 아프리카 군사임무(CCJTF-HOA: Command's Combined Joint Task Force-Horn of Africa) 근거지로 사용하고, 2015년 이후 그곳 레모니어(Lemonnier) 캠프를 유일한 상설 군사시설로 유지한다. 미국의 동아프리카 지역 대테러, 대해적 거점인 레모니어 기지에는 4천 명 미군과 민간인이 주둔하고, 워싱턴은 지부티에 연간 수천만 달러의 조차(lease)비용을 지불한다. 또 국무부, 국방부, USAID 프로그램을 통해 상당수준의 안보지원을 제공한다. 미국은 아직도 소말리아 알샤바브, 예멘의 AQAP, 또 아프리카 내 IS 활동을 우려하고, 만데브 해협의 안전과 인도주의 비상사태에 대비한다. Lauren Ploch Blanchard, Sarah R. Collins, "Djibouti," CRS In Focus, IF11303, (September 4, 2019), pp. 1-2.

▲ 만데브 해협, *egypttoday.com*

한 완전히 노골적인 대항보다는 아직은 워싱턴의 정책방향을 선언하는 성격이
더 강했다.

아프리카 관련 미국의 정책변화는 2018년 미 NSC 보좌관 존 볼턴의 발언에
서 그 윤곽이 드러났다. 미국의 아프리카 정책을 설명하면서, 볼턴은 중국과 러시
아의 아프리카 침투에 대해 커다란 우려를 표시했다. 그는 우선 베이징 정부의 지
원을 받는 중국 국유기업들이 다양한 방식으로 아프리카의 경제를 장악해 가고,
그 과정에서 정치, 군사적 영향력을 증대시키고 있다고 강조했다. 그것은 객관적
현실에 기초하고, 미국의 대륙 내 영향력 감소 우려를 반영하는 발언이었다. 지난
수십 년간 미국은 자유 민주주의 정치체제와 미국식 시장경제 모델 수출, 그리고
해외지원을 통해 세계적인 영향력을 확보했는데, 이제 중국의 경제침투로 인해
그에 제동이 걸리면서 새로운 전략으로의 이동이 불가피했다. 아직 남아 있는 아
프리카 내 이슬람 테러는 중, 러의 도전에 비하면 중요성이 떨어졌고, 워싱턴은
대륙 전체를 포괄하는 거시적 차원의 전략에 집중해야 했다. 실제 중국의 영향력
은 유라시아, 중남미 대륙을 포함한 세계 곳곳에서 증가하고 있었고, 엄청난 자원
과 값싼 노동력이 존재하는 아프리카에서도 예외가 아니었다. 2009년 중국은 아
프리카 최대 무역 파트너로서 미국을 넘어섰고, 베이징 정부로부터 무한정의 지원
을 받는 중국 국유기업들의 BRI를 통한 아프리카 침투는 커다란 우려의 대상이었

다. 중국 기업들은 재정재원이 부족한 국가들에게 도로, 교량, 학교, 병원을 포함하는 다양한 핵심 인프라를 저렴한 가격으로 건설해 주고, 또 필요한 국가들에게 저리로 자금을 대출을 해주면서, 아프리카 여러 나라로부터 경제, 정치적 지지를 확보했다. 미국은 필수정보 누수를 막기 위해 우방과 파트너 국가들에게 화웨이를 포함해 중국 정보통신기술 사용 자제를 촉구했지만, 중국 감시기술(surveillance technology)을 사용하는 국가가 늘어나면서 이제 아프리카에서 그것은 미국이 막아내기 어려운 현실이 됐다. 일부 아프리카 국가들은 나중에 가끔 베이징 정부와 중국 국영기업이 합작한 '부채의 덫'(debt trap)에 걸렸다고 불평했지만, 많은 나라들은 저렴한 이자율과 아프리카 국가에 대한 내정간섭을 자제하는 베이징의 접근방식을 뿌리치는 데 한계를 느꼈다.

미국 군부도 마찬가지의 우려를 표시했다. 2019년 미 AFRICOM 사령관 월드하우저 장군은 미 의회에서 중국이 역내 군사, 경제발전, 문화 확산에 투자하면서 영향력을 증대시키고, 미－아프리카 유대를 잠식하고 있다고 증언했다. 중국은 2017년 처음으로 지부티에 군사기지를 설립했는데, 그곳은 미국이 아프리카 내에서 유일하게 상설 군사기지를 운영하는 곳이었다. 그러나 베이징의 군사 영향력 확대는 더 큰 차원으로 진화하고 있었는데, 아프리카 연합(AU: African Union)에 PKO를 위한 1.8억 달러 재정지원 약속, 그리고 지난 10년 간 점차 증대해 온 역내 무기판매가 그런 것들이었다. 러시아의 영향력 확대도 무시할 수 없었다. 경제보다는 군사력에서 월등한 러시아는 부분적으로는 우라늄, 백금과 같은 일부 천연자원 확보를 모색하면서, 주로 무기를 판매하고 군사훈련을 제공했다. 그 과정에서 러시아는 여러 국가들과 군사협정을 체결했는데, 2020년 말 푸틴 정부가 수단 정부와 해군 병참기지 설립에 합의한 것이 그런 경우였다. 그것은 냉전종식 이후 러시아가 처음으로 아프리카 대륙에 해군기지를 설립하는 계기를 장식했다. 또 모스크바 당국과 친밀관계를 유지하고 때로는 지시를 받는 러시아의 민간 군사계약업체(PMCs: Private Military Companies)들이 수단, 중앙아프리카공화국, 모잠비크 등지에서 군사, 정보활동을 확대했다.[1] 2020년 신임 국방장관 에스퍼

---

1) PMCs는 1990년대 러시아 국내 치안부재 상황에서 과거 군사, 정보, 안보분야 종사자들에 의해 민간보호 목적으로 설립됐다. 대부분의 PMCs는 설립자 출신배경으로 인해 러시아 군, 안보당국과 자연적으로 친밀한 관계를 유지하고, 해외에서는 처음에는 러시아 국영오일, 가스회사 보호 등 주로 상업 서비스를 제공했다. 그러나 점차 그들은 해외 현지병력의

(Mark Esper)가 AFRICOM의 임무를 재검토하고, 아프리카 역외에 '안보지원 여단'(FSAB: Security Force Assistance Brigade)을 창설해 역내 국가에 군사훈련, 자문, 지원을 제공할 것이라고 선언한 것은 모두 중, 러를 견제하는 목적을 띠는 발언이었다. 그런 맥락에서 2018년 그 당시 미 국방장관 매티스(James Mattis)는 아프리카 내 미국 대테러 임무를 축소시킬 것이라고 선언한 바 있었다. 2018년 말 펜타곤은 향후 수년에 걸쳐 AFRICOM에 근무하는 7,200명 미군 중 10% 감축계획을 발표했고, 곧이어 2020년 6월까지 카메룬, 니제르로부터 300명 미군을 미국으로 귀환시키는 계획이 확정됐다. 미 펜타곤은 주로 서아프리카로부터 미군을 철수시키지만, 사헬지역의 프랑스 대테러 작전(Operation Barkhane)은 계속 지원할 것이라고 말했다. 니제르 미 공군기지(Agadez)도 그대로 유지됐다. 2020년 12월 트럼프는 소말리아로부터 미군철수를 지시했는데, 그곳에서는 미군 650~800명이 아직 작전 중이었다.[1]

훈련뿐 아니라 직접 전투에도 참여했는데, 그 중에서도 가장 유명한 회사는 크렘린과 긴밀하게 연계된 프리고진(Yevgeny Prigozhin)이 설립하고 특수부대(Spestnaz) 인근에 훈련캠프를 갖고 있는 와그너(Wagner) 그룹이었다. 러시아에게 PMCs는 매우 유용했는데, 왜냐하면 해외 힘의 투사에 은밀하게 그들을 활용할 수 있기 때문이었다. PMCS가 제공하는 장점은 다양했다. PMCs가 문제를 일으킬 경우 모스크바는 그들과의 연계를 부인할 수 있고, 정규군 병력손실과 군사비용을 줄이고 국내의 반대를 무마하며, 단기통보 후 병력의 투입과 철수가 가능한 것이 그런 것들이었다. 러시아의 우크라이나 침공 당시 여러 PMCs가 개입했는데, 그중에서도 그때 처음 등장한 와그너(Wagner) 그룹이 반군 훈련과 직접전투에서 최고의 숙련도를 입증해 널리 이름을 알렸다. 시리아에서 PMCs는 두 가지 종류 활동에 개입했는데, 기술수준이 낮은 회사는 유전보호와 같은 상업 활동을 중심으로 움직였고, 고난도 기술을 가진 회사는 미군과의 직접교전을 포함해 전투에 개입했다. 미국은 우크라이나와 시리아 군사개입을 이유로 와그너 그룹과 프리고진에 제재를 부과했고, 워싱턴은 그 그룹을 "러시아 국방부 프락치"로 규정했다. 와그너 그룹은 2018년 이후 리비아에서도 활동했는데, 그때 그들은 미국을 포함해 국제사회가 지원하는 '국민합의 정부'(GNA)에 반대하는 칼리파 하프타(Khalifa Haftar)의 리비아 국민군(LNA)을 훈련, 자문하고, 직접교전에 참여했다. 러시아 PMCs는 사하라 이남 아프리카에서는 주로 2018년 이후 활동했다. 중앙아프리카공화국(CAR)에서는 CAR 정부를 위해 군사훈련, 안보서비스를 제공하는 한편, 그곳에서 석탄, 다이아몬드 광산 사업을 하는 러시아 회사 보안임무를 맡았다. 수단에서는 2018년 이후 와그너 그룹이 현지 안보병력을 훈련시키고, 그곳 금광에 투자하는 러시아 회사를 보호했다. 2019년 와그너 그룹은 모잠비크 북부 카보 델가도(Cabo Delgado) 주에서 정부군의 '알순나' 이슬람 테러리즘 진압을 돕기 위해 훈련과 지원을 제공했다. 그러나 그곳에서는 손실을 보고, 2020년 가을까지 작전을 중단한 것으로 알려졌다. Andrew S. Bowen, "Russian Private Military Companies(PMCs)," CRS IN Focus, (September 16, 2020), pp. 1~4.

1) 한편 트럼프 행정부는 대테러, 범죄 가능성, 개인 정보결여 등 여러 이유로 아프리카 일부 국가 시민들의 미국 입국을 금지, 또는 제한했다. 2017년에는 차드, 소말리아, 수단 국민

2) 경제관계

그동안 과거 여러 미 행정부의 경제관계 확대 추진에도 불구하고 2019년 미－아프리카 무역은 지구적 차원 미국 무역의 1.4%만을 차지할 뿐이었고, 그해 미국은 201억 달러 상당의 상품과 서비스를 수입하고 158억 달러를 수출하면서 53억 달러 적자를 기록했다. 2019년 미국의 아프리카에 대한 해외직접투자(FDI)는 미국 전체 FDI의 0.7%에 불과했다. 10년 전에 비해 미－아프리카 경제관계가 후퇴하는 상황에서, 트럼프 행정부는 아프리카 경제에 큰 관심을 갖지 않았다. 미국의 아프리카 경제 관련 행동은 아주 미미했는데, 그것은 몇몇 일부 조치에 국한됐다.

2018년 말 존 볼턴은 미국의 아프리카 전략을 설명하면서 '아프리카 번영'(Prosper Africa) 개념을 거론했는데, 그때 그는 미－아프리카 상호 무역 및 투자증대를 통한 경제유대 강화, 아프리카 중산층 확대, 그리고 아프리카 대륙 내 투명한 시장과 민간기업 발전을 추구하는 새로운 기업풍토 고양의 필요성에 관해 말했다. 그것은 경제교류 활성화를 통해 미국과 아프리카 모두 더 많은 공동이익을 추구해야 한다는 메시지였지만, 볼턴은 그것이 특히 중국과 러시아의 약탈적 재정과 정치적 침투에 대항하는 성격을 띤다고 강조했다. 그에 따라 2019년 모잠비크 '미－아프리카 기업정상회의'(Africa's U.S.－African Business Summit)에서 '아프리카 번영구상'(Prosper Africa Initiative)이 공식 선언됐다. 그 구상은 과거 모든 미 행정부가 그랬듯, 미국의 아프리카와의 무역, 투자관계 확대를 통해 미국의 수출증대, 아프리카의 경제성장, 그리고 아프리카 내에 서방이 선호하는 시장경제구조 확립을 추구하는 시도였다. 그 과정에서 미국은 미 기업의 사업거래 용이화, 그리고 투자위험 축소를 위한 규제혁파와 정책개혁을 모색했다. 그 사업을 위해 미 행정부는 2020년 5천만 달러 예산을 할당받고, 2021년 예산으로 의회에 7,500만 달러를 신청했다. 그러나 실제 '아프리카 번영구상'은 새로운 해외지원

이 입국금지에 처해졌고, 2018년 앞의 두 나라는 부분적 해제, 그리고 수단은 아직 완전금지에서 해제되지 않았다. 2020년 워싱턴은 또다시 에리트레아(Eritrea), 나이지리아, 탄자니아 국적자에게 입국제한을 부과했다. 그러나 그 제한조치는 2021년 1월 바이든 행정부 출범과 함께 모두 해제됐다. Thomas F. Husted, Alexis Arieff, Lauren Ploch Blanchard, Nicolas Cook, Brock R. Williams, <u>Sub－Saharan Africa: Key Issues and U.S. Engagement</u>, CRS Report, R45428, (Updated February 17, 2021), pp. 24－29.

프로그램이 아니었다. 그것은 과거 미국의 해외 경제활동에 연계된 미 정부부처 및 관계기관 17개 조직의 기존 프로그램을 더 조율된 형태로 통합해 미─아프리카 경제관계를 확대하는 시도였다. 국제 '발전재정공사(DFC: Development Finance Corporation), USAID, EX─IM Bank, TDA, USTR, MCC, 그리고 미 상무부, 국무부, 재무부 등 모든 관계기관이 양측 경제교류를 돕기 위해 동원됐다. 또 아프리카 내 여러 미 대사관에 담당 팀(Deal Team)이 설치됐는데, 그들에게는 미국기업과 아프리카 상대기업 및 분야가 서로 기회를 찾도록 돕는 역할이 주어졌다. 2020년 11월까지 그 구상은 30개 이상의 국가에서 인프라, 에너지, 농산물산업, 재정서비스 분야에서 220억 달러 상당의 거래를 도왔다고 말했다.[1]

Prosper Africa 프로젝트를 관리하는 거시적 책임은 DFC에 주어졌는데, 그것은 지구적 차원에서 신흥시장 내 미국 민간투자를 위한 재정, 기술지원, 정치적 위험 관련 보험을 제공할 목적으로 과거 해외민간투자공사(OPIC: Overseas private Investment Corporation)와 USAID 발전기금(Development Credit Authority)을 통합한 기구였다. DFC는 최대 600억 달러까지 재정지원이 가능했는데, 그 기구의 2020년 활동 중 27%가 아프리카에서 진행됐다. 중국의 시진핑 주석은 2018년 중─아프리카 정상회담에서 역내에 향후 3년간 500억 달러 지원을 서약했는데, 워싱턴은 DFC를 중국의 경제침투를 제어하는 주요기구로 간주했다. 또 트럼프 행정부는 '무역역량구축'(TCB) 명목으로 아프리카 북부지역에 미국의 새로운 무역허브 창출을 의도했다. 원래 미국은 아프리카에서 가나 중심의 중부 무역허브, 남아공 중심의 남부 무역허브, 그리고 동부 무역허브 3개를 운영했는데, 트럼프는 '아프리카 번영' 프로젝트의 지원을 아프리카 동부지역에 집중시키는 반면, 새로운 북부허브를 조성하기 원했다. 그러나 그 계획은 단기간에 성과를 이룰 수 없었고, 그 시도 추진 여부는 바이든 행정부의 몫으로 넘겨졌다. 동시에 2020년 7월 미국은 케냐와 FTA 양자협상을 시작했다. 그러나 5개월 후 대통령 퇴임 시까지 진전된 것은 거의 없었고, 오히려 케냐를 포함해 많은 아프리카 국가들은 미국과 FTA를 체결할 경우 워싱턴이 관세면제의 범위, 지적재산권 보호, 정부의 기업지원을 포함해 여러 사안에서 다양한 요구를 제기할 것을 우려하는 것으로 보였다. 다른

---

1) '아프리카 번영구상'의 거시적 책임은 DFC에 주어졌고, 매일 매일의 시행과 조율은 USAID가 맡았다. Nicolas Cook, Brock R. Williams, "The Trump Administration's Prosper Africa Initiative," CRS IN Focus, IF11384, (November 17, 2020), pp. 1─2.

한편, 트럼프 행정부는 몇몇 아프리카 국가들을 상대로 경제압박을 가했다. 남아 프리카공화국에 대해 미국은 세계 수많은 나라들을 대상으로 추진한 철강 25%, 알루미늄 10% 관세부과를 결정했다, 그렇지만 나중에 미국은 그 수입 일부 분량 에 대해 면세를 부여했다. 남아공 지적재산권과 관련해 시작한 '일반특혜체계'(GSP) 자격 취소 검토는 행정부 임기 말까지 결론이 나지 않았다. 또 미국은 카메룬, 모리타니(Mauritania)에 대해서는 노동권리 및 인권침해를 포함하는 몇몇 이유를 근거로 면세부여를 규정하는 '아프리카 성장 및 기회 법'(AGOA) 자격을 취소하고, 르완다에 대해서는 그 자격을 일부 제한했다.[1]

3) 정치, 사회관계

경제관계와 비슷하게, 트럼프 행정부의 아프리카 국가들에 대한 정치, 사회 관계 역시 일부 사안에 제한됐다. 2017년 10월 워싱턴은 9개월 전 오바마 행정부 의 수단 제재 해제 당시 관건이던 5개 분야에서 카르툼이 긍정적 행동을 했다고 말하면서, 그 나라에 대한 일부 제재를 영구 취소했다. 약 1년 후 2018년 11월에 는 카르툼의 일부 영역에서의 후퇴와 관계없이 양자개입 관련 '제2국면'(Phase II) 을 선언하고, 그 프레임 하에서 만약 수단이 5개 분야, 그리고 인권, 종교자유, 테 러리즘, 북한과의 관계를 포함하는 미국의 우려에서 추가진전을 이루면 수단의 '테러지원국' 지정 철회를 고려할 것이라고 말했다. 2019년 4월 수단에서 군사쿠 데타에 의해 알-바시르(Omar al-Bashir) 대통령이 축출되면서 미국은 '제2국면' 논의를 유예하고 잠시 제재해제 조건을 저울질했지만, 곧 카르툼에 정치개혁을 위한 특사를 파견하고 2020년 말 '테러지원국' 지정을 해제하면서 해외지원을 재 개했다.[2]

---

1) 2020년 AGOA 자격이 부여된 아프리카 국가는 38개국이었다. Husted, Arieff, Blanchard, Cook, Williams, <u>Sub-Saharan Africa</u>, (Updated February 17, 2021), pp. 21-23, 30.
2) 2018년 12월 이후 바시르 정부의 생필품 가격인상, 지나친 긴축, 권위주의 독재와 부패에 반대하는 전국적 시위와 시민 불복종이 전개됐고, 그 상황에서 2019년 4월 바시르 정권을 종식시키는 군사쿠데타가 발생했다. 그러나 새로이 구성된 '과도군사위원회'(TMC: Transitional Military Council)가 권력을 장악한 이후에도 2개월 간 대중시위는 계속됐고, 그 과정에서 100여 명의 시민이 사망했다. 6월에는 AU와 에티오피아 중재로 TMC와 (야 당, 시민사회, 전문가 연합인) '자유와 변화세력'(FCC: Forces for Freedom and Change) 간에 협상이 있었고, 7월 양측은 시민통치와 2022년 선거를 규정하는 3년간의 권력분점 절차에 합의했다. 그 후 TMC는 군부와 민간인 공동주권위원회(Sovereign Council)에 의

▲ 티그레이 내란, theguardian.com

미국은 에티오피아에서도 관계개선을 추구했다. 그 시도는 에리트레아와의 20년간 지속된 영토분쟁 종전협상을 주도한 아비(Abiy Ahmed) 총리의 2019년 정치개혁을 계기로 시작됐지만, 그 노력은 아비 정부가 2020년 11월 티그레이(Tigray) 지역과 내전에 휘말리고, 이집트가 반대하는 댐(Grand Ethiopian Renaissance Dam)을 건설하면서 원점으로 돌아갔다.[1] 미국은 또 사헬지역의 극단적 폭력을 관찰, 감시, 대응하기 위한 목적

해 대체되고, FCC가 지명한 총리(Abdalla Hamdok)가 민간내각을 이끌었다. 수단은 계속 극심한 인플레이션, 외화부족, 외채에 시달렸고, IMF에 대한 13억 달러 연체로 인해 국제 재정접근이 제한받았다. 민간 당국이 집권하면서, 미국과 서방은 수단에 대한 제재해제를 검토했고, 워싱턴은 2019년 인도주의 명목으로 수단에 3.4억 달러를 지원했다. 2019년 4월 TMC가 등장했을 때, 사우디아라비아와 UAE는 TMC에 30억 달러 재정지원을 제공했다. Blanchard, "Sudan," (Updated August 21, 2019), p. 2; 바시르가 축출됐을 때, 미 국무부는 부차관보(Makila James)를 파견해 수단 각 파벌과 대화를 나누었다. The Trump Administration and U.S. Africa Policy: What has been ..., (September 9 2021), https://www.wilsoncenter.org〉 event

1) 티그레이 내전은 2020년 11월 처음 발발해 2021년 10월 현재에도 진행되고 있는 에티오피아 아비 정부와 티그레이 지방정부 간의 지역, 인종이 관련된 국내 권력투쟁 성격을 띠는 전쟁이다. 그 전쟁은 에티오피아 최북단에 위치한 티그레이의 지배적 정치세력인 TPLF가 아비 총리의 신정당 합류를 거부하면서 발생했다. 2019년 12월 아비는 인종과 지역에 기초한 에티오피아 4개 정당연합(EPRDF)과 몇몇 야당을 하나의 정당(Prosperity Party)으로 통합했다. 그러나 EPRDF의 주요세력으로 지난 27년 간 에티오피아를 지배하고 2018년 국내 지지상실로 연방정부 구성에서 제외된 이후 티그레이 지역에 재정착한 TPLF는 아비의 신정당 창설을 연방제 파괴와 중앙집권화 시도로 인식하고, 코비드-19를 구실로 한 2020년 총선의 2021년으로의 연기가 불법적 정권연장 시도라고 주장하면서 그 참여를 거부했다. 전체 인구의 6%를 차지하지만 상대적으로 큰 영향력을 행사하던 티그레이는 2020년 9월 중앙정부의 승인 없이 지방선거를 실시했다. 아비정부는 그 지방선거가 불법이라고 선언했고, 그에 반발해 티그레이의 중무장 병력이 2020년 11월 초 티그레이 내 연방정부군 본부를 공격해 전쟁이 시작됐다. 에리트레아의 지원을 받는 에티오피아 연합병력이 티그레이 수도(Mekelle)를 순식간에 장악하고 2021년 6월 티그레이가 그 도시를 재탈환하는 가운데, 2021년 10월 현재까지 에티오피아 공군은 티그레이 병력에 공습을 계속하고 있다. 전쟁 발발 이후 AU, IGAD를 중심으로 아프리카 국가들이 중재에 나섰지만, 양측 입장 차이로 평화협상은 제대로 진전되지 않고 있다. 수단도 중재를 자처했지만, 에티오피아는 현재 진행 중인 양국 국경분쟁을 이유로 카르툼의 제안을 거부했다. 유엔안보리와 에티오피아 주재 미 대사(Geeta Psi)는 분쟁 종식과 인도주의 활동 허용을 촉구했다. 그 내전에서 약 9천 명이 사망하고, 7천 명이 부상당했다. 또 35만 명이 기아에서 허덕이고, 2백만 명 이상이 거처를 잃었다. 전쟁에 개입한 모든 병력은 일상적 성폭행을 포함해 심각한 전쟁범죄와 인도주의 위기를 초래했다. Martina Schwikowski, "The conflict in Tigray, Ethiopia," (August 17, 2021), www.amp.dw.com; Scott Neuman, "9 Things To Know About The Unfolding Crisis in Ethiopia's Tigray Region," (March 5, 2021),

의 특사를 임명하고, 인권개선 및 정치발전을 돕기 위해 콩고(DRC), 카메룬, 소말
리아, 남수단, 짐바브웨, 케냐, 르완다, 탄자니아, 우간다에 일부 관심을 표명했
다.[1] 트럼프 행정부는 또 역내 재정지원을 위해 여성 경제력 향상을 위한 프로그
램(W-GDP: Women's Global Development and Prosperity)을 새로이 진수하는 반
면, 다른 한편으로는 기존 여러 지원에 관해 의구심을 표시했다. 동시에 미 행정
부는 역내 일부 활동은 확대했는데, 니제르 내 USAID의 임무 상향조정, 카메룬
사무소 개설, 사헬지역을 위한 새로운 발전지원(Sahel Development Partnership),
그리고 부르키나파소와 코트디부아르를 위한 새로운 해외지원이 그런 것들이었
다. 비록 지난 행정부들에 비해 트럼프 행정부의 아프리카 역내 정치, 경제, 사회
활동이 상대적으로 제한적, 소극적이었지만, 행정부의 해외지원 축소 제안에 미
의회가 반대하면서 미국의 전체적인 아프리카 지원 규모는 과거에 비해 감소되지
않았다. 한편, 트럼프 행정부는 미국 내에서 아프리카 이민자 관련 일부조치를 시
행했다. 미 행정부는 기니(Guinea), 라이베리아(Liberia), 시에라리온(Sierra Leone)
국적자에 대해 추방을 일시 유예해 주는 '임시보호위상'(TPS) 조치를 종식시키는
반면, 소말리아, 남수단인들에게는 그 나라에서 진행되는 무장갈등을 고려해 그
조치 연장을 허용했다. 또 트럼프 행정부는 미국의 이민정책에 협력하지 않는 나
라들에 대해서 비자제한을 위협했다. 2020년 말 워싱턴은 추가로 미국 내 과체류
(overstay) 비율이 10% 이상인 14개국 국민들에게는 미국 비자 신청시 사전 서면
합의를 요구하는 파일럿 프로그램을 시작했다.[2]

4) 트럼프 행정부 아프리카 정책 평가

트럼프 행정부의 아프리카 정책은 대체로 긍정적 평가를 받지 못했다. 무엇
보다도 대통령 자신이 아프리카 자체에 관심이 없었고, 심지어 공개적으로 그 대

---

www.npr.org; Adam Taylor and Siobhan O'Grady, "What's behind the renewed conflict in Ethiopia's Tigray region?" (June 30, 2021), www.washingtonpost.com

1) 미국은 조셉 카빌라 대통령이 선거와 권력이양을 허용하도록 설득하기 위해 전 유엔 대사 니키 헤일리(Nikki Haley)를 콩고에 파견했다. 카메룬에 대해서는 인권남용과 관련해 제재를 부과했다. Herman Cohen, "What analysts are missing about Trump's Africa policy," (April 17, 2020), https://thehill.com〉 international

2) Husted, Arieff, Blanchard, Cook, Williams, Sub-Saharan Africa, (Updated February 17, 2021), pp. 25, 28, 31.

륙을 인종차별적 용어(shit-hole)를 사용해 지칭한 것에 대해 아프리카인들은 물론이고 전 세계의 많은 사람들이 부정적 감정을 드러냈다. 또 미국이 아프리카를 중국과의 경쟁이라는 강대국 경쟁의 프레임으로 바라보는 시각에 대해, 아프리카 여러 정부가 반감을 표시했다. 그들은 아프리카는 두 강대국 사이에서 어느 한 나라를 선택해야 하는 인질(pawn)로서의 객체가 아니라, 수많은 문제에도 불구하고 자기들 운명을 책임지는 주체로 인식돼야 한다고 주장했다. 그들은 또 어느 국가와의 협력을 선호하든, 그것은 그들의 권리라는 점을 강조했다.[1]

아이오와 대학(Iowa State University)과 트리니티 대학(Trinity College)의 아프리카 전문가들(Francis Owusu, Padraig Carmody, Ricardo Reboredo)은 트럼프 행정부의 아프리카 정책과 관련해 다음과 같이 비판했다. 역사적으로 아프리카는 미국에게 특별한 의미를 갖기보다는, 대체로 덜 중요한(benign neglect) 지역이었다. 워싱턴은 제2차 세계대전 이전에는 아프리카에 별 관심이 없었고, 냉전시대에는 소련 공산주의의 대륙 침투에 대항해 일부 개별국가와 관계를 맺었다. 아프리카에 대한 상대적으로 지속적인 관심은 빌 클린턴 집권기에 비로소 시작됐고, 그 추세는 조지 W. 부시와 버락 오바마 시기까지 이어졌다. 그러나 그 작은 관심마저도 트럼프 시대에는 더 축소됐다. 그것은 어느 의미에서는 미국의 아프리카 정책에 있어서 '과거로부터의 단절'이었다. 트럼프는 처음부터 세계화에 반대해 '미국 우선'의 시각을 갖고 집권했고, 모든 것을 경제이익과 연계해 계산하는 지구적 차

---

1) 트럼프는 임기 중 단 한 차례도 아프리카를 방문한 적이 없고, 그의 집무실에서 역대 대통령 중 최소 숫자인 단 두 명의 아프리카 수뇌만을 만났을 뿐이다. 아프리카인들은 또 트럼프가 이민을 금지하고 해외지원 프로그램을 심하게 삭감한 것을 잘 기억하고 있었다. 케냐 대통령(Uhuru Kenyatta)은 2020년 초 워싱턴 D.C. 행사에서 서방 국가들과 그들의 아시아, 중동 파트너들이 아프리카를 마치 획득해야 할 대상인 것처럼 행동한다고 비판했다. 그러나 트럼프 행정부를 위해 일한 미국 관리들은 워싱턴이 아프리카를 중시한다고 말하고, 과거보다는 양측 관계를 더 미래지향적 시각에서 볼 것을 주문했다. 예를 들어 미 국무부 아프리카 담당 차관보(Tibor Nagy)는 미국이 아프리카의 5개 핵심 분야에 관심을 갖고 있다고 말했다. 그것은 아프리카 청년의 잠재력 고양, 미국 기업의 아프리카 투자 독려와 미 기업이 그곳에서 공정하게 경쟁할 수 있는 환경조성, 거버넌스 개선지원, 중국에 대한 견제, 그리고 아프리카 출신 이주자 공동체(diaspora)와의 개입증대였다. 그래도 많은 전문가들은 미국의 정책이 내부지향적이고 지구적 파워경쟁에 초점을 맞추고 있는 것으로 보이는 상황에서, 미국의 정책은 일부 긍정적 조치에도 불구하고 워싱턴의 아프리카 비전이라는 측면에서 더 많은 행동과 더 많은 명료성을 필요로 한다고 강조했다. Adva Saldinger, "Taking stock of the Trump administration's Africa Policy," (June 4, 2020), https://www.devex.com〉 news〉 tak...

원의 미국 정책은 아프리카 대륙에도 그대로 적용됐다. 조금이라도 피해가 있을 경우 무역과 이민을 제한하는 트럼프 행정부에게 아프리카는 미국의 일방적 이익을 증대시키거나, 아니면 무관심, 또는 처벌의 대상일 뿐이었다. 트럼프 행정부의 정책은 많은 부작용을 양산했다.[1) 미-아프리카 무역규모는 2008년 1천억 달러에서 2018년까지 50% 이상 감소한 410억 달러로 축소됐고, 미국의 아프리카 FDI는 2017~2019년 3년 간 504억 달러에서 432억 달러로 14% 감소했다. 워싱턴의 무역, 투자정책이 미국 상품과 서비스 수출을 위한 아프리카 시장 확보에 초점을 맞추면서, 미국 기업의 관심에서 벗어난 국가들의 경제성장, 정치발전은 더 지연됐다. 그곳에서 대학살, 내란, 부패는 끊이지 않았고, 주민들은 정치적 억압과 기아에 시달렸다. 또 미국 내 관련업체 로비에 따라 미 행정부가 면세 혜택을 제외하면서, 르완다의 미국으로의 중고(second hand) 의류 무역이 입증하듯 많은 나라들이 수출 경쟁력을 상실했다. 그것은 2000년 도입된 AGOA가 아프리카 39개국 6,900개 제품에 면세대우를 제공한 것과 큰 대조를 이루었다. 대통령이 관련 직책 임명을 미루면서, 미 국무부와 해외지원 관련 부서들의 능력도 약화됐다. 또 트럼프의 무슬림 미국 여행금지는 여러 아프리카 국가를 포함했는데, 그것은 그 대륙을 안보불안과 위험의 부정적 상징으로 부각시켰다. 역설적인 것은 중국의 아프리카 BRI 확대 위험에 대한 트럼프의 강조에도 불구하고, 워싱턴의 정책 자체가 미국의 역내 영향력을 약화시키고 베이징에 더 넓은 활동공간을 제공한 것이다. 그것은 아프리카 FDI 원천의 다양화, 핵심 무역파트너 변화, 그리고 중국, 러시아를 포함하는 경쟁국들의 역내 경제, 정치, 군사적 영향력 증대에서 확연하게 드러났다. 안타깝게도 트럼프의 'Prosper Africa'가 중국의 BRI에 대항해 미-아프리카 무역과 투자 2배 증대를 의도했지만, 필요한 재원이 결여된 그 시도는 결과적으로 미 관료제의 조율과 통합에 불과했다.[2)

그래도 미 외교협회(CFR) 전문가(John Campbell)는 비록 대통령 자신이 아프

---

1) 2003년 PEPFAR를 포함해 일부 아프리카 발전, 안보지원이 증가하고, 오바마하에서 미국의 지원이 연 70~80억 달러를 유지했지만, 미국 해외지원 예산에서 아프리카가 차지하는 비율은 지속적으로 감소했다. 트럼프 행정부가 처음 3년 계속 아프리카 관련 예산 70억 달러를 받은 것은 미 의회가 행정부의 대폭적 예산삭감 제안에 반대했기 때문이다.

2) Francis Owusu, Padraig Carmody, Ricardo Reboredo, "Trump's legacy in Africa and what to expect from Biden—The Conversation," (November 25, 2020), https://theconversation.com〉 trump...

리카 정책에 관심이 없던 것은 문제이지만, 트럼프 행정부의 정책 시행과 결과는
경험 많은 직업 외교관들과 미 의회의 건설적 역할로 인해 알려진 것만큼 부실하
지는 않았다고 분석했다. 대통령 자신이 아프리카에 관심이 없었던 것은 사실이
지만, 그의 행정부는 전임 대통령들이 기초를 닦아 놓은 여러 건설적 정책을 수행
했다. 워싱턴이 더 활력적이었다면 더 좋았겠지만, 그래도 그 정도의 정책결과가
만들어진 것은 의회의 초당적 합의와 능력 있는 외교 관리들의 책임감에 의한 것
이었다. 전임 대통령들은 모두 그들의 대표적 정책(signature policy)을 갖고 있었
는데, 트럼프에게는 미 기업의 아프리카 사업을 지원하기 위해 DFC가 주도한
Prosper Africa가 바로 그런 정책이었다.[1] 내각의 최고위 외교수장들은 교체됐지
만, 2017년 8월 이후 USAID 책임자(Mark Green)와 2018년 7월 이후 미 국무부
아프리카 담당 차관보(Tibor Nagy)를 위시해 헌신적 외교관들이 역내 정치 리더들
과 긴밀한 관계를 유지하면서, 과거 행정부에서 시작된 건설적 해외지원 프로그
램을 계속했다. 내각의 최고위 외교수장들은 교체됐지만, 2017년 8월 이후
USAID 책임자(Mark Green)와 2018년 7월 이후 미 국무부 아프리카 담당 차관보
(Tibor Nagy)를 위시해 헌신적 외교관들이 역내 정치 리더들과 긴밀한 관계를 유
지하면서, 과거 행정부에서 시작된 건설적 해외지원 프로그램을 계속했다. 또 비
록 논란은 있지만, 트럼프 행정부는 조셉 카빌라 퇴진을 독려하면서 콩고에서 민
주기회를 증진시켰고, 카메룬에서 내란 종식 시도를 지원했으며, 수단에서는 바시
르 정권 퇴진 이후 카르툼의 민주주의를 지원했다. 국익을 고려하는 미 의회는 양
당 합의를 통해 트럼프 행정부의 해외지원 대폭 삭감 제안에 반대하고, 이미 소규
모인 아프리카 주둔 미군병력 추가 축소 제안을 거부했다. 사실, 폭발적 인구증
가, 도시화 가속화, 경제 잠재력, 그리고 여러 안보위협에 비추어 트럼프 대통령
은 아프리카에 더 많은 관심을 가져야 했다. 그 대륙에서 지하드 극단주의 그룹이
아직 잔존하고, 코로나-19 팬데믹이 이미 취약한 그 국가들을 전복시킬 잠재력
을 보유하는 오늘날, 아프리카는 미국 안보에 큰 위협을 제기한다. 특히 우려되는
것은 트럼프 행정부 자신이 지적했듯, 중국과 러시아, 그리고 기타 국가들의 영향

---

1) 레이건 대통령은 남아공이 인종차별 정책(apartheid)을 종식하도록 '건설적 개입'을 시도
했고, 조지 H. W. 부시는 앙골라, 에티오피아, 모잠비크, 소말리아 내란 종식을 위해 힘썼
다. 빌 클린턴은 미-아프리카 무역, 투자를 위해 AGOA를 지원했고, 조지 W. 부시는
PEPFAR, 말라리아 퇴치 구상, 여학생 교육, 그리고 아프리카 인프라 개선 목적으로 MCC
를 지원했다. 오바마는 Power Africa와 Feed the Future에서 만성적 전기부족과 식량부족
완화를 추진했고, 그의 YALI는 대륙 내 리더십 고양을 의도했다.

력 확대가 미-아프리카 관계에 어두운 그림자를 드리우는 것이다. 트럼프 행정부가 그 대륙에서 미국의 경제이익을 증대시키고 새로이 부상하는 지정학적 국가안보 도전에 대비하는 장기적 전략을 준비했다면, 그것은 더 좋은 결과를 가져왔을 것이다.[1]

(5) 바이든 행정부 아프리카 정책

바이든은 트럼프 외교의 과도한 측면에 대한 시정을 원했다. 실제 바이든 팀은 트럼프 행정부에 외교 자체가 있었는지 의구심을 가졌다. 아마도 바이든이 처음부터 "미국이 돌아왔고, 외교가 돌아왔다"(America is back, diplomacy is back)라고 말한 것은 그런 인식에서 비롯됐을 것이다. 트럼프의 아프리카 유산은 수사적 적대감과 정책적 실수로 점철됐다. 대통령 자신은 아프리카를 인종주의적, 경멸적 단어로 묘사하고, 그 대륙 자체를 관심의 대상이기보다는 부담으로 여겼다. 무슬림의 미국 여행금지를 포함하는 그의 정책은 아프리카에서 배척받았고, 행정부의 대륙에 관한 약간의 관심은 대테러 무장투쟁에 국한돼 있었다.[2] 트럼프 행정부는 임기 후반에는 약간의 결실을 가져온 Prosper Africa 정책을 시행했지만, 중국 BRI에 대항하기 위해 볼턴(Bolton)이 제안한 그 뒤늦은 전략은 미-아프리카 관계하락을 막지 못했다. 많은 아프리카인들에게 트럼프의 혼란스러웠던 4년 임기는 양측 관계에서의 최저점이었다.[3]

대조적으로, 2021년 1월 바이든 대통령은 국제공동체에 좋은 인상을 주면서 임기를 시작했다. 그것은 신선한 출발이었다. 그는 트럼프의 우방 및 파트너 국가들과의 긴장관계를 해소하고, 아프리카 국가들과 관계를 재정비, 재설정할 것을 약속했다. 남아공, 나이지리아, 케냐 정부 수뇌 또는 외교장관들과의 통화는 외교

---

1) John Campbell, "Trump's Africa Policy Is Better Than It Look," (April 6, 2020), https://www.cfr.org〉in-brief〉tru...
2) 트럼프는 무슬림의 미국 여행금지 국가 목록에서 차드를 제외했다. 그것은 나이지리아 일대에서 활동하는 보코하람과 투쟁하는 데 필요한 안보협력을 유지하기 위한 조치였다. Philippe Sandner, "US-Africa policy: President Joe Biden seeks to turn a new leaf," (April 29, 2021), https://www.dw.com〉us-africa-poli...
3) Marcel Plichta, "Biden's Africa Policy is Kinder Than Trump's, but Not Transformative," (September 28, 2021), https://www.worldpoliticsreview.com〉...

개입 복구를 위한 헌신을 입증했다. 바이든은 처음부터 아프리카 인도주의 지원과 민주 거버넌스 고양에 초점을 맞췄다. 취임 첫날 바이든은 리비아, 소말리아, 에리트레아, 탄자니아, 나이지리아, 수단을 포함하는 아프리카 무슬림의 미국 여행금지를 해제하고, 미 국무부에 메모를 보내 라이베리아인 추방 유예를 지시했다. 그 이후 미 국무부는 수개월에 걸쳐 인종청소 양상을 띠는 에티오피아의 티그레이 갈등과 인도주의 위기 시정을 촉구하고, 우간다 대통령(Yoweri Museveni)의 유혈선거를 비판하는 강력한 입장을 표명했다.[1] 가까운 우방에 대한 흔치 않은 움직임에서, 미국은 이집트 정부의 표현 및 집회의 자유 억압 종식을 촉구하는 유엔인권이사회(UNHRC: UN Human Rights Council) 공동성명에 서명하고, 짐바브웨에 대해서는 그 안보병력이 대통령(Emmerson Mnangagwa)의 묵시적 승인하에 인권을 침해했다고 비판했으며, 카메룬의 인권침해에 대해 강력한 언어로 비난했다. 7월에는 USAID 책임자(Samantha Power)가 카르툼을 방문해 수단의 민주주의와 인도주의 지원을 논의했다. 3개월 후 10월 수단에서 예상치 못한 가운데 2022년 민주선거를 관리할 민간 과도정부에 반대해 또다시 군사쿠데타가 발생한 것에 대해, 워싱턴은 그 정치간섭을 용인하지 않을 것이라는 강력한 비난성명을 발표했다. 그것은 모두 트럼프 하에서 결여된 민주 거버넌스와 인권 초점의 부활을 의미했다.[2]

2021년 2월 바이든의 아디스아바바 AU 정상회의 화상연설은 아프리카인들에게 많은 희망을 주었다. 취임 후 첫 번째 국제기구 연설이던 그 계기에, 바이든은 "미국은 여러분과 파트너가 될 준비가 돼 있다"고 말하면서 '공유된 비전'(shared vision)에 관해 설명했다. 그때 그는 평화, 안보를 증진시키는 무역, 투자 증대와 함께 더 나은 미래에 관해 설파했는데, 그것은 미－아프리카 관계를

---

1) 바이든 행정부는 티그레이 상황을 '심화되는 인도주의 위기'로 묘사했다. 블링컨은 아디스아바바에 갈등 종식, 난민을 포함하는 민간인 보호, 그리고 추가 폭력방지를 위한 구체적 조치를 종용하고, 에티오피아와 에리트레아 일부 관리들에게 제재를 부과했다. 미 행정부는 또 지속적으로 에리트레아 병력의 철수와 AU의 위기해결을 촉구했다. EU는 에티오피아 정부에 대한 재정지원을 유예했다. Neuman, "9 Things To Know," (March 5, 2021), www.npr.org; Yoweri Museveni 우간다 대통령은 유혈선거를 통해 6번째 임기를 획득한 인물로, 미국에게는 강력한 동맹이었다.

2) Zainab Usman, "How Biden Can Build U.S.－Africa Relations Back Better," (April 27, 2021), https://carnegieendownment.org〉 ho...

과거 양측이 수용한 공통적 가치로 복귀시키는 우호적
행동이었다. 동시에 그 연설에서 바이든은 코비드—19,
기후변화, 그리고 기타 갈등 해결에 지역기구와 함께
일한다고 말했고, 그것은 코로나 퇴치를 포함해
미국과의 더 긴밀한 관계와 미국 리더십을 원하는 아프
리카인들에게 트럼프 시기 관심부재 이후의 반가운 소
식이었다. AU 의장은 바이든을 환영하면서, AU—미국

▲ 바이든 AU 정상회담 2021,
usau.usmission.gov

간에 새로운 파트너십이 새로이 설정되기를 기대한다
고 화답했다. 그것은 상호존중의 관계와 파트너십에 근거한 새로운 출발의 시작을
알렸다. 그것은 폭력적 극단주의와의 투쟁, 중국과의 경쟁 프레임에 치중하는 트
럼프 아프리카 정책으로부터의 커다란 반전이었다. 바이든은 AU 연설에서 이슬람
테러나 중국은 언급하지 않은 채 아프리카인들과 그 대륙 자체에 초점을 맞췄는
데, 실제 그것은 중국과 경쟁하는 더 효율적 방법이었다. 그렇게 바이든 행정부의
정책은 AU를 포함해 다자주의적 개입으로 복귀했다. 워싱턴은 저소득 국가들의
코로나 백신 접근을 돕는 코벡스(COVAX), 그리고 파리 기후협약에 재가입했는데,
그것은 트럼프의 미국 우선, 양자 중심 정책과는 다른 동맹 및 파트너 국가들에
대한 재투자의 서약이었다. 그것은 또 안보, 대테러만이 아니라 발전, 지원, 보건,
인권을 포함하는 여러 양상(multifaceted)을 포괄하는 정책이었다. 바이든 행정부는
트럼프 식으로 모든 것을 대테러 프리즘으로 바라보는 오류를 피해가기 원했다.[1]

　　그럼에도 불구하고 바이든 행정부를 포함해 미국의 어느 행정부에서도 현실
주의 요소의 중요성은 간과될 수 없었다. 2021년 1월 소말리아에 잔류하는 소수
의 미군은 소말리아 병력에 훈련을 실시했고, 4월 미 국무부는 베테랑 외교관
(Jeffrey Feltman)을 HOA 특사로 임명하고 그 지역 위기에 대응하는 외교 및 군사
지원을 제공했으며, 6월에는 행정부 출범 이후 미 공군이 처음으로 알샤바브에
직접 공습을 가했다.[2] 3~4월에는 모잠비크 '알순나'와 DRC 무장단체를 '지구적
테러그룹'으로 지정하고, 이슬람 테러에 대항해 모잠비크 카보 델가도(Cabo

---

1) Pasty Widakuswara, "Biden Signals New Tone on US—Africa Relations," (February 6,
    2021), https://www.voanews.com〉 africa_...

2) 미국에게 에티오피아는 HOA '안정의 주춧돌'이지만, 동시에 티그레이 위기는 '안정에 대
    한 위협'이었다.

Delgado) 주에 군사자문단을 배치했다. 4월 바이든은 아프리카를 포함해 세계 곳곳의 테러위협에 대응하기 위한 국가전략을 준비하는 중이라고 말하면서 문제지역에 계속 미군주둔을 시사했는데, 그것은 '잃어버린 영광과 영향력 경쟁'을 위한 조치였다. 누가 대통령이 되든지 안보는 '상수'(constant)로 존재하고, 병력축소와 관계없이 아프리카 내 미국 프로그램의 핵심양상은 그대로 남을 것이었다. 또 2021년 7월 NSC 아프리카 책임자(Dana Banks)는 워싱턴의 아프리카 경제개입의 중추로 트럼프 시대 Prosper Africa 시행을 지속할 것이라고 말했고, 행정부는 의회에 8천만 달러 예산을 신청했다.[1]

바이든 행정부 정책은 그렇게 새로운 요소를 강조하면서도, 트럼프 시대를 포함해 과거 정부와의 연속성을 내포했다. 그러나 카네기재단(Carnegie Endowment for International Peace)의 아프리카 전문가(Zainab Usman)는 기존의 안보와 더불어 워싱턴의 인권, 민주에 대한 강조에도 불구하고 아프리카는 계속 워싱턴 관심의 주변부에 머물러 있고, 미국 아프리카 정책에서의 근본적인 정책이동은 아직 없다고 지적했다. 그녀는 미국이 기존의 틀을 깨고 더 광범위한 전략 어젠다를 추구해야 한다고 말하면서, 다양한 조언을 제시했다.[2] 워싱턴은 미국이 아프리카에 그 대륙을 '강대국 경쟁 장기판'(chessboard)으로서의 무기력한 작은 존재가 아니라, 그 자체로서 중요한 주체로 인식하고 있다는 것을 보여주어야 한다. 미래를 함께하는 파트너로 아프리카를 인식한다는 관점의 변화를 입증하기 위해, 미국은 대륙 전체를 포괄하는 자유무역지대(Africa Continental Free Trade Area)와 연계할 영역을 찾고, 초국가적 기후변화, 팬데믹, 경제, 안보, 기타 문제의 복잡성에 비추어 일부 지역이 아닌 대륙 전체를 아우르는 정책적 관점을 정립해야 한다. 바이든 대통령이 선호하는 기후변화 문제는 논의를 위한 훌륭한 이슈가 될 것이고, 비록 중국과 러시아에 비해 수개월 뒤쳐졌지만 백신 지원은 양측 유대관계 강화를 도울 것이다. 바이든은 '중산층을 위한 대외정책'(foreign policy for the middle class)이라는 어구를 사용했는데, 실업이 대부분 모든 사람들의 일차적 우려임에 비추

---

1) 그러나 그 8천만 달러 예산은 지난 10년 간 연 3.5% 성장을 이루고, 2050년까지 청년인구가 20억 명을 넘을 것으로 예상되는 아프리카 대륙과의 경제심화를 위해서는 부족한 것으로 보였다. Sandner, "US-Africa policy," (April 29, 2021), https://www.dw.com〉us-africa-poli...

2) 대선후보로서 대외정책 비전을 제시할 때, 바이든은 2020년 3월 포린 어페어즈 논문에서 아프리카를 한 번 밖에 언급하지 않았다.

어 워싱턴은 아프리카의 직업 및 기타 경제기회 창출 구상에 초점을 맞춰야 한다. 또 외교적 예의 차원에서도 대통령과 부통령, 국무장관이 아프리카를 더 자주 방문해야 하고, 중국, 러시아, 프랑스, 영국, 일본의 대륙 접근이 가속화되는 현실에서 워싱턴은 신속하게 미-아프리카 정상회담을 개최해야 한다.[1]

  중, 러 및 기타 국가와의 경쟁, 또는 이슬람 테러그룹이 제기하는 위협에서는 어떻게 대응하는 것이 더 효율적일까? 전 펜타곤 분석관(Marcel Plichta)은 다음과 같이 말했다. 오늘날 중-아프리카 무역은 미-아프리카 무역의 4배에 달하고, 중국은 역내 최대 무역파트너가 됐다. 전자제품과 하이테크 군사장비에 필요한 희토류 개발사업에서 중국 기업들은 압도적 우위를 점하고, 아프리카에 거주하는 200만 중국인을 지원하기 위해 중국 정부와 연계된 민간 보안업체들이 활동영역을 넓힌다. 러시아는 취약한 경제투자에도 불구하고 아프리카에서 영향력을 확대하고 있다. 푸틴은 2019년 러-아프리카 정상회담을 개최하고, 수단과 해군 배치를 위한 군사협정을 체결했으며, 러시아 정부와 연계된 많은 민간 군사업체들이 대륙 내 여러 안보갈등에 개입한다. 인도는 역내무역 활성화를 모색하고, 아프리카 전체에 퍼져있는 터키의 대사관, 학교, 병원들은 대륙 내에서 역할 증대를 시도한다. 또 AQ, IS를 비롯한 폭력적 극단주의 집단은 사헬, 모잠비크, 콩고를 포함해 여러 곳에서 세력을 확대한다. 중국에 대한 강경책에서 미 국무부는 아프리카 대륙을 강대국 경쟁의 장(arena)으로 묘사하고, 바이든은 미국 주도 인프라 계획을 중국 BRI에 대항하는 대안으로 제시하는데, 미-아프리카 경제관계 심화는 불필요한 직접 충돌을 피하는 상태에서 중국 및 러시아와의 경쟁을 도울 것이다. 지난 10년간 미-아프리카 무역이 50% 감소한 것에 비추어, 워싱턴은 아프리카와 더 큰 경제개입을 추구해야 한다. 트럼프 식의 대테러와 안보지원에 대한 지나치게 편협한 초점은 피하는 것이 좋은데, 왜냐하면 그런 접근법은 아프리카 폭력의 사회, 경제적 근원해결에 한계가 있고, 또 카메룬, 차드, 나이지리아 정부 병력의 인권남용에서 입증되듯 민주 거버넌스, 인권증진 노력에 역행할 수 있기 때문이다. 더 큰 틀에서, 미국은 친절한 수사 이상의 노력을 필요로 한다. 그것은 합리적 수준의 안보개입, 그리고 경제 및 인권, 민주주의에 관한 균형적이고 심화

---

1) Zainab Usman, "How Biden Can Build," (April 27, 2021), https://carnegieendownment. org〉 ho...

된 개입으로 요약된다. 워싱턴은 아프리카를 주변에 머물게 하지 말고 더 중요한 행위자로 대우해야 한다. 점점 더 다극화 되어가는 세계에서 미 - 아프리카 관계를 올바른 위치에 재정립시키기 위해, 워싱턴은 그 대륙의 주요 이슈에 더 많이 개입해야 한다. 바이든 행정부는 미 - 아프리카 관계에 관해 도움이 되는 모든 이론적 요소를 제시했는데, 진정한 진전을 이루려면 젊고 열정적인 아프리카 대륙을 위한 더 많은 투자가 필요하다.[1]

1) Plichta, "Biden's Africa Policy," (September 28, 2021), https://www.worldpoliticsreview. com〉 …

결언

　　트럼프 대통령 집권기를 미국 대외정책의 역사에서 성공적 시기로 보기는 어려울 것이다. 오히려 그 시기 미국은 러시아, 일본, 인도를 포함하는 소수 국가를 제외하면 전 세계 거의 모든 나라들로부터 비난의 대상이 됐다. 심지어 미국의 가장 가까운 우방이면서 동일한 가치를 공유하는 서유럽과 EU 국가들조차도 워싱턴을 비난했다. 가장 결정적으로 일부 대테러 전쟁의 종식과 미국으로의 약간의 불법이민 제어를 제외하면, 트럼프의 행동이 미국의 이익을 증대시킨 것은 거의 없다. 그나마 이라크, 시리아, 아프간 전쟁의 부분적 종식과 불법이민 억지도 많은 부작용을 동반하고, 과도한 방식으로 인해 미국 대통령의 자격, 그리고 인도주의 국가로서의 미국의 이미지를 실추시켰다.[1] 국내적으로도 그의 정책과 행동

---

1) 트럼프 취임 약 1년 후 미국 존스홉킨스 대학의 전문가가 다음과 같이 트럼프를 비판했다. 퓨 리서치(Pew Research) 여론조사에 따르면, 트럼프는 세계 곳곳에서 나쁜 명성을 얻는 것으로 나타났다. 스웨덴에서는 여론조사 응답자의 10%만이 트럼프를 신뢰한다고 말했는데, 그것은 영국, 독일, 캐나다 조사 결과와 비슷한 비율이다. 그것은 오바마에 대한 신뢰도 93%와 크게 대비된다. 트럼프는 후보 때나 대통령이 되어서나 비정상이다. 후보시절 그는 푸틴과 같은 해외 강자들에게 편향적으로 우호적이었고, 미 동맹들을 무임승차자로 조소하며, 무슬림 입국금지를 명령했다. 또 멕시코인들을 비웃고, 나프타, TPP 같은 다자 무역합의를 거부했다. 집권 후에도 그는 계속 외국 리더들을 트위터에서 모욕하고, 이집트 엘시시와 필리핀 두테르테 대통령 같은 독재자는 칭찬했으며, 브뤼셀 나토 본부에서는 나토 헌장 제5조 거론을 거부했다. 그의 비정상에도 불구하고 운 좋게 그는 아직 폭발적 사건에 직면하지 않았는데, 그것은 그의 경험 많은 보좌역들이 합리적으로 판단한 결과이다. 그의 등장이후 그의 노력에 의해 세계가 더 나아진 것은 없는데, 향후 그의 행운이 바닥나면 그의 판단이 얼마나 미숙했는지 드러날 것이다. Eliot A. Cohen, "Trump's Lucky Year (Why the Chaos Can't Last)," Foreign Affairs, Vol. 97, No. 2 (March/April 2018), pp. 2-9.

이 미국에 도움이 됐다고 말할 수는 없을 것이다. 그는 미국인을 인종, 계층별로 완전히 분열시켰고, 그가 스스로 찬양하는 미국 경제이익 증대와 미국인 삶의 질 향상 역시 실제 성과가 대단치 않았을 뿐 아니라, 그 역시 대부분 오바마의 치적에 바탕을 둔 것이었다. 모든 비정상은 대통령의 무모한 발언을 포함하는 특이한 스타일, 국제관계와 역사에 대한 이해부족, 그리고 국가수뇌의 뜻을 추종하는 일부 미 행정부 고위 관리들의 비합리적 행동에 따른 결과였다. 트럼프는 처음부터 자기 자신을 민족주의자로 묘사하면서 세계에 대한 고립주의, 비간섭주의, 보호주의 견해를 표방하고, 개인적으로는 몇몇 파퓰리스트, 비자유주의, 권위주의 정부에 우호적 견해를 표시하고 다른 정부에 대해 적대적으로 행동했는데, 그 당시 미국의 대외정책은 전반적으로 예측불가능성, 그리고 동맹 및 파트너 국가 관계에서의 불협화음으로 특징지어졌다. 그 모든 것은 미국의 국익에 도움이 되지 않았고, 더 중요하게 앞으로도 그런 행동은 미국을 더 큰 곤경에 빠뜨릴 것이다.[1]

1 트럼프 연설

그의 여러 연설은 수많은 전문가와 세계 주요 언론이 평가했듯이 유례를 찾아보기 어려울 정도로 특이했다. 그 내용은 미국 역사에 대한 부정이면서, 여러 면에서 사실과도 부합하지 않았다. 그의 말대로 만약 모든 전임 대통령들이 국정을 잘못 운영했다면, 어떻게 트럼프 집권 당시 아직 미국이 세계 최고의 위상을 유지할 수 있었을까? 냉전 당시 소련에 대한 승리를 제쳐두고라도, 냉전 이후 시대 빌 클린턴 시기에 확보한 미국의 '도전받지 않는 국제적 주도권'은 무엇인가? 조지 W. 부시 시대 9·11에 대한 대항에서 비롯된 수많은 전쟁과 경기 대침체로부터 미국을 정상궤도로 원위치 시킨 오바마의 노력과 공적은 무엇인가? 그의 연설 내용은 지나치게 감정적인 말투, 사실적 오류뿐 아니라, 국제관계의 역사와 원리를 떠나 비좁은 입장만을 주장하고 미래결과에 대한 고려가 부족한 단편적 사고로 가득 찼다.

---

1) Thomas Carothers, Frances Z. Brown, "Can U.S. Democracy Policy Survive Trump?" Carnegie Endowment for International Peace, (October 1, 2019)

예를 들어 EU의 군사비 지출이 미국보다 적은 것에 분개해, 그는 세계 여러 나라가 미국을 이용하고, 미국 정치인들이 미국시민 보호보다 외국의 입장을 더 중시한다고 주장했다. 그러나 아마 그렇게 생각하는 사람은 미국 내 트럼프 지지자를 제외하면 아무도 없을 것인데, 왜냐하면 미국이 다른 나라에 이용당할 정도로 허술한 나라였다면 소련에 승리하거나 '단극체제' 또는 유리한 세력균형을 유지할 수 없었을 것이고, 미국 정치인뿐 아니라 전 세계 어느 나라 정치인도 자기 나라보다 외국을 더 중시하는 경우는 없기 때문이다. 또 원래 EU는 2024년까지 GDP 2%를 지출하도록 합의돼 있었다. 더 나아가 EU가 더 많은 군사비를 지출하면 워싱턴이 국방비를 일부 절약할 수 있겠지만, 더 큰 국방비 지출로 인해 미국이 나토에서 동맹국에 대해 정치, 군사적으로 더 큰 리더십을 발휘할 수 있었다는 것도 잊지 말아야 한다. 그는 또 핵무기 사용 옵션이 유지돼야 하고 동맹국의 핵무기 보유가 용인돼야 한다고 말했는데, 재래식 전력이 월등하게 우월한 미국에게 그보다 더 손해되는 견해는 없을 것이다. 그 이유는 미국이 핵무기를 사용할 경우 러시아, 중국, 인도, 북한, 파키스탄, 이란을 포함하는 수많은 다른 경쟁 적 대국의 맞대응으로 인해 전 세계가 핵전쟁의 참화에 휘말릴 것이고, 동맹국으로의 핵 확산이 위험한 이유는 역사가 보여주듯 오늘의 우방이 내일의 적이 될 수 있기 때문이다. 핵심적으로 미국뿐 아니라 몇몇 강대국들이 NPT, MTCR, CWC 등 수많은 군축기제를 통해서 사실상 소수 국가의 WMD 독점인 비확산을 주장하는 것은 세계평화에 앞서 그들 자신을 위한 것이라는 것이 기억되어야 한다.

그는 또 WTO에서 중국의 행태를 이유로 대외무역에서도 미국이 이용당하지 말아야 한다고 말했는데, 그 견해 역시 비슷한 이유로 타당성을 결여한다. 트럼프가 베이징의 WTO 규정 준수를 요구하는 것은 신중상주의 방식을 동원해 엄청난 무역흑자를 확보하는 중국의 일탈적 경제행위에 비추어 일견 이해가 간다. 베이징이 정부의 기업지원과 외국기업의 기술이전을 최소화하는 WTO의 원래 규정을 모두 지킨다면, 그것은 중국과 정부-기업 관계가 전혀 다르고 테크놀로지에서 압도적으로 우월한 미국에게는 큰 이익이 될 것이다. 그러나 클린턴 시기 미국은 처음에 베이징의 규정 불이행 가능성을 확실하게 인지하는 상태에서 중국을 WTO에 가입시켰는데, 그 이유는 그 당시 미 행정부가 전 세계 인구의 1/5을 차지하는 중국이 참여하지 않는 세계경제는 진정한 의미를 결여한다고 인식했기 때문이다. 다시 말해 워싱턴은 베이징의 일탈 가능성에도 불구하고 중국을 포함해야 14억 인구의 값싼 노동력과 시장에 비추어 미국에게 상대적으로 더 큰 이익이 돌아온다고 계산한 것이다. 반면 공산주의를 고수하는 베이징은 수많은 좌파 이론이 말하듯 WTO 가입이 무엇을 의미하는지 잘 알고 있었다. 그러나 그에 참여한 것은 세계경제, 종속이론이 말하듯 세계경제의 주변부에서 준 주변부를 거쳐 핵심으로 들어가기 위한 전술에서 비롯됐다. 값싼 노동력 이외에 아무것도 없는 중국이 WTO에 가입한 것은 과거 한국, 대만과 같은 제3세계 국가들이 값싼 노동력을 토대로 자본을 축적해 준 주변부를 거쳐 OECD에 들어간 것을 벤치마킹한 결정이었다. 그 과정에서 중국은 G2로 인식됐고, 오늘날 시진핑 정부의 BRI, BRICS를 포함하는 수많은 상업전략 역시 미국 주도의 세계경제 속에서 미국을 제치고 세계 최고의 경제위상을 확보하기 위한 투쟁일 뿐이다.

트럼프는 또 미국 근로자 직업상실의 주요 원인이 중국의 사회주의 시장경제 때문이라고 말했는데, 그 역시 단편적으로는 맞지만 근원적으로는 올바른 이해가 아니다. 그 이유는 중국으로부터의 저렴한 제조품 수입이나 WTO 규정위반보다 더 원천적인 원인은 높은 임금수준을 포함하는 여러 최고 근로조건을 가진 미국경제가 모든 열악한 조건을 수용하는 중국에 비해 생산성이 떨어지기 때문이다. 만약 트럼프의 주장이 맞다면 미·중 무역규모 축소로 인해 미국의 무역적자가 줄어들어야 했다. 그러나 오히려 미·중 무역축소를 만회하기 위한 미−EU, 미−멕시코 무역에서 미국의 무역적자가 해가 갈수록 커지고, 그의 임기 마지막 해에 9천억 달러를 넘는 미국 역사상 최고수준의 무역적자를 기록한 것은 그의 주장이 사리에 맞지 않음을 입증한다. 그것은 모두 미국 기업의 생산성이 악조건을 마다하지 않는 경쟁국 경제에 비해 뒤지고 있다는 것을 의미하고, 그것이 전문가들이 미국 기업들이 생산성을 높여야 한다고 말하는 이유이다. 동시에 미국은 기술수준이 최고이고 생산성이 높았을 때 WTO와 그 이전의 GATT를 통한 값싼 제조품 수입으로 그 국민들이 전 세계에서 가장 윤택한 생활수준을 누렸다는 것을 부인할 수 없을 것이다. 또 많은 전문가들이 지적하듯 산업 자동화 역시 미국에서 직업 수가 줄어드는 주요원인 중 하나이다.

트럼프는 또 미국 경제는 미국인을 위한 것이고, 해외로 이주하는 미국기업은 불이익에 처할 것이라고 말했다. 그의 견해는 미국이 지난 수십 년간 우월한 생산성을 가졌을 당시 주도한 수출 지향적 경제에서 수입대체 이론 쪽으로 전환하는 것 같은 뉘앙스를 풍기는데, 실제 워싱턴이 그런 정책을 고수한다면 그 결과는 미국기업과 미국 시민 모두에게 큰 손해로 귀결될 것이다. 그 이유는 해외의 값싼 노동력과 해외시장 개척에서 제한받는 미국 기업이 지구적 차원의 경쟁력 상실로 중국, 인도, 일본, 한국 기업의 도전에 직면할 것이고, 미국 시민들은 소비재 가격 인상으로 인해 삶의 질이 하락할 것이기 때문이다. 역사적으로 미국이 창안한 다국적 기업이 무역장벽을 넘어 저렴한 노동력과 시장을 확보하기 위해 고안됐다는 사실을 기억한다면, 장기적으로 그 견해가 미국에 대한 손실로 돌아올 것이라는 것은 자명할 것이다.

그 이외에도 트럼프의 연설 내용은 수많은 이견에 직면할 것이다. 그가 거론한 해외에서 굴욕 속에서 살아가는 미국인, 라틴계와 흑인들의 곤경, 제3세계 수준의 미국 인프라, 오바마 케어의 폐지, 민주당 행정부의 범죄, 교육, 직업에서의 실패, 엘리트 미디어의 신화, 지식을 박탈당하는 학생, 미국의 대학살, 미국 산업의 희생, 하나의 영광된 운명, 미국 군대의 고갈, 중산층 가정이 빼앗긴 부, 취약한 국경보호, 세계 여러 나라와의 우정, 미국방식을 본받을 모범, 동맹의 강화 등의 표현은 기존 현실, 그리고 그의 생각과 행동에 비추어 많은 실소를 자아내게 한다. 무엇보다도 '미국 우선'주의는 거론할 필요조차 없는데, 왜냐하면 어느 나라건 자국 우선주의는 당연한 것이기 때문이다. 그런 미시적 차원에서 미국의 공영방송(NPR: National Public Radio)은 다른 국내외 언론과는 약간 다른 각도에서 트럼프의 취임연설을 평가했다. 대부분 매체와 언론인들이 그 연설의 주요내용에 대한 그들의 인상을 말한 반면, NPR은 그 연설의 일부 특징적 양상 또는 관련사항을 말하면서 트럼프의 발언이 역사적으로 어떤 의미를 갖는지, 또 세부사항에서 어느 면이 사실과 부합하는지, 아니면 부합하지 않는지를 분석했다. 그 분석은 연설의 일부 긍정적 측면을 거론했지만, 다음과 같이 대체로 왜 그것이 문제인지를 설명했다.

연설의 첫머리에서 트럼프는 미국인들이 미국을 재건하고 모두를 위한 약속을 복원하기 위해 취임식에 모였다고 말했다. 그러나 그 말은 과장된 것인데, 왜냐하면 오늘날 미국은 오바마가 처음 취임했을 때보다 훨씬 더 풍요롭게 생활하기 때문이다. 2008년 당시 미국은 경제적으로 대공황의 위험에 직면했고, 10만 명 이상의 미군병력이 두 개의 전쟁에 개입해 있었다. 그러나 이제 대부분의 병력은 철수했고, 5% 이하의 실업률이 입증하듯 경제는 크게 회복됐다. 물론 조지 W. 부시 임기 말 시작된 일부 피해는 아직 존재한다. 많은 퇴직 프로그램이 사라지고, 일부 근로계층은 더 적은 수입을 위해 원치 않는 직업을 선택하며, 오바마 케어(Obamacare)의 비용과 그를 위한 관료주의가 오바마 대통령과 민주당에 부정적 영향을 미쳤다. 그래도 지금의 미국은 그 어느 때보다 더 잘산다.[1]

트럼프는 본인의 취임식이 국민에게로의 권력이양의 순간이라고 강조했다. 그런 파퓰리스트적이고 반 기득권적 구상은 상당수 국민들에게 호응을 얻어 그의 당선에 결정적 역할을 했다. 실제 미국인들은 정치권을 제1의 불신대상으로 여기는데, 정치 엘리트들이 시민에 대한 봉사보다 자기들 이익을 더 중시한다는 그의 말은 많은 유권자들의 정서와 공감했다. 그런 주장은 '부동산 개발업자이면서 정치적 경험이 없는 연예계 거물(mogul) 트럼프'가 미국의 최고위 공직에 선출되는 데 중요한 역할을 했다. 그렇듯 트럼프 연설은 몇 가지 독특한 특성을 드러낸다. 그의 연설 첫 부분은 캘리포니아 주지사로 워싱턴 정치에는 아직 낯설었던 로널드 레이건을 연상시킨다. 레이건은 1981년 취임연설에서 정치 엘리트에 의해 통치돼야 한다는 말에 세뇌된 시민보다 사실은 정부가 문제라고 말했다.[2] 레이건의 발언과 트럼프의 사고는 일맥상통하는 바가 있는데, 트럼프의 그런 연설은 그 취임식 행사에 참여해 앉아 있는 많은 워싱턴 엘리트들에게 어느 의미로든 많은 것을 느끼게 했을 것이다. 또 트럼프는 정치권, 기득권층은 번영하는 반면 일반시민과 고통받는 가족이 누릴 수 있는 것은 없었다고 말했는데, 당적을 막론하고 정치권을 공격하는 것은 트럼프 캠페인의 전형적 특징이었다. 그는 수시로 국가 리더들을 '어리석은 사람'(stupid people)으로 묘사하고, 새로운 직업을 창출하고, 더 유리한 무역타결을 협상하며, 의료체계를 개혁하고, 그리고 국경안보를 강화하는 것은 '아주 쉬울 것'이라고 약속했다. 그리고 '잊혀진 남녀'라는 용어는 공화당 대통령들에게 친숙한 형태의 억양과 어구로 돌아가는 것 같이 보인다. 그것은 리처드 닉슨이 만들어 내고 레이건이 많이 사용한 '조용한 다수'(silent majority)와 비슷하다.

---

1) Domenico Montanaro, NPR Political Editor, Transcript And Analysis: President Trump's Inauguration Speech: NPR, www.npr.org〉 2017/01/20〉 watch...
2) 레이건은 미국인이 스스로를 통치할 수 없다면, 마찬가지 원리에 의해 어느 누구도 다른 사람을 통치할 수 없다고 덧붙였다.

그러나 트럼프가 자기들 이익만 생각하는 정치권 엘리트들로부터 부를 공유하지 못하고 직업을 상실하고 고통받는 시민들에게 권력을 이양하겠다고 반복해서 말했음에도 불구하고, 그의 내각이 미국 내 최고 부유층 사람들로 채워져 있다는 사실은 많은 아이러니를 자아낸다. 물론 부유한 사람이 청렴한 정책을 시행하지 못할 이유는 없지만, 그래도 그런 현상은 캠페인 동안 '부패를 뿌리 뽑겠다'(drain the swamp)는 트럼프의 약속과는 어울리지 않는 것으로 보인다.1) 또 실제 미국 내에서 공장이 폐쇄되고 일부 근로자가 실업에 처하게 되는 더 큰 이유는 퇴임하는 존 케리 국무장관이 말했듯이 미국 리더십의 오류, 또는 무역적자보다는 자동화를 포함하는 테크놀로지의 변화가 더 큰 원인이다. 미국에서 사라진 직업의 85%는 테크놀로지 변화에 의한 것인데, 앞으로도 인공지능, 또 기타 새로 생겨나는 기술진전으로 인해 직업변화와 상실은 더 가속화될 것이다. 미국 중산층 가정이 빼앗긴 부가 전 세계로 재분배 됐다는 트럼프의 주장도 사실과는 거리가 멀다. 퓨 리서치(Pew Research) 조사에 따르면, 2015년 초 미국의 계층분포는 1억2천만 명이 중산층이었다. 중산층 계급이동의 상황에서 그들 중 1/3은 소득이 하락했지만 2/3는 상층부로 이동했는데, 그것은 중산층 숫자는 줄어들었지만 실제 미국인들은 과거보다 더 잘살게 됐다는 것을 의미한다.

트럼프 연설의 또 다른 부분도 사실에 부합하지 않는다. 그는 '미국의 대학살'을 말하면서 황폐화된 제조업, 범죄, 그리고 학교교육의 일부 문제를 거론했는데, 특히 미국에서의 폭력적 범죄는 일부 도시에서는 증가했지만 전체적으로는 지난 수십 년간 지속적으로 하락했다. 미국군대가 고갈됐다는 언급도 전혀 사실에 부합하지 않는다. 이라크 전쟁 절정기에 비해 '군사적 피로감'은 있을 수 있지만, 미국군대는 아직도 지구상에서 압도적으로 강력하다. 또 정부가 미국 국경방어에 소홀했다는 말도 사실이 아니다. 2015년 국경순찰에 배치된 요원 2만 명 중 1만 7천 5백 명은 서남부 국경에 할당됐다. 국경 관련 예산도 1990년 이후 계속 증가했는데, 2017년 국경방어에 사용될 45억 달러는 2016년보다 2.5% 증가한 예산이

---

1) 트럼프 내각 지명자들은 여러 억만장자, 워싱턴 및 월스트리트의 내부자들로 채워져 있었다. 교육부장관 후보인 억만장자 엘리자베스 디보스(Elizabeth Bestsy DeVos), 재무장관 후보인 전 골드만 삭스 최고책임자 스티브 므누신(Steve Mnuchin), 국무장관후보인 전 엑슨 모빌 회장 렉스 틸러슨(Rex Tillerson), 그리고 후보로 지명된 수많은 유명한 전, 현직 선출직 관리들이 그들이었다.

다.[1] 트럼프는 또 미국 정부가 해외에 수조 달러를 사용하면서 국내 인프라를 피폐시켰다고 말했는데, 그가 생각하는 아프간, 이라크 전쟁과 관련되어 지출된 전쟁 및 재건 비용, 그리고 퇴역군인 서비스를 위한 총 3~5조 달러 추정치는 올바른 수치가 아니다. 그 전체 비용, 그리고 그 이후에 대한 미국 정부의 공식 추정치는 존재하지 않는다.[2]

한편 그 연설과 관련해 몇 가지 지적할 사항이 있다. 트럼프는 이제부터 모든 것이 오로지 '미국 우선'이 될 것이라고 말했는데, 그 용어는 오늘날 미국 정치, 사회에서 문제시 되는 표현이다. 그 이유는 그 용어의 제2차 세계대전 당시 미국의 참전을 막으려 애쓴 '미국 우선 위원회'(AFC: America First Committee)와의 개념적 연계 논란 때문이다.[3] 그 당시 미국의 수많은 유명인사가 포함됐던 AFC는 전쟁 개입에 극구 반대했지만, 진주만 공격 이후에는 입장을 바꿔야했다. 정부 내의 일부 AFC 리더들 역시 유엔, 그리고 기타 더 많은 국제적 개입을 지지하는 형태로 탈바꿈했다. 트럼프의 '미국 우선' 형식의 고립주의 주장 역시 불가피한 일이 생기면 오히려 생각을 바꾸어 국제개입을 선호하게 될 것이다. 트럼프는 또 지구상에서 급진적 이슬람 테러리즘을 완전히 근절시킬 것이라고 말했는데, 그것은 오바마가 추구한 오랜 기간에 걸친 지속 가능한 기초 위에서의 투쟁과 큰 대조를 이룬다. 트럼프는 조지 W. 부시 시대로 돌아간 느낌을 주는데, 그의 소망은 많은 노력을 요구할 것이다. 트럼프가 검찰총장으로 선정한 제프 세션스(Jeff Sessions) 상원의원은 위험한 이념을 가진 이민자를 막기 위한 철저한 사전검증을 강조하지만, 다른 사람들의 신념체계를 변화시키는 것이 쉬운 일은 아니다. 그러나 트럼프가 취임연설과 과거 캠페인에서 미국인이 여러 불확실성에 대해 두려워하지 말아야 한다고 말한 것은 많은 긍정적 효과를 가져왔다. 그는 미국인은 군대와 법 시행에 의해 보호될 것이라고 말했는데, 그것은 테러리즘, 경제, 이민과 관련해 우려하는 유권자와 시민들에게 상당한 자신감을 심어주었다. 그가 미국 군

---

1) Richard Gonzales, NPR National Defense Correspondent, Ibid.

2) Phil Ewing, NPR National Security Editor, Ibid.

3) 유럽에서 전쟁이 발발한 이후 형성된 그 AFC는 많은 유명한 미국인들을 포함했다. 가장 널리 알려진 사람은 조종사(aviator)이면서 국가적 영웅인 찰스 린드버그(Charles Lindbergh)인데, 그는 1930년대 말 나치 독일을 방문하고 그 공군력에 대한 존경을 표시한 바 있다. 여러 연설에서, 린드버그는 미국에서 가장 전쟁을 원하는 사람은 영국에 동조하는 사람들과 유태인들이라고 말했다.

사력의 증강, 멕시코 국경의 장벽설치, 그리고 무슬림의 미국 진입금지를 약속했을 때, 비록 그것이 많은 논란을 야기했지만 동시에 그것은 상당수 많은 시민들의 호응을 불러 일으켰다. 마지막으로 하나 더 지적하면, 트럼프는 교량, 공항, 고속도로, 철도를 포함하는 인프라를 건설할 것이라고 말했지만, 그 재원조달에 관해서는 제대로 설명하지 않았다. 캠페인 당시 트럼프는 미국의 인프라가 '제3세계' 수준이라고 주장했는데, 그는 적어도 1조 달러가 소요되는 그 자금을 세금감면을 통해 충당할 것이라고 시사했다. 그렇지만 그 프로젝트와 관련된 각료 지명자들은 민간펀드를 넘어 정부의 공공지출이 요구될 것이라고 말했다.[1]

(1) 트럼프의 경제정책과 실적

트럼프 대통령은 발언의 기회가 주어질 때마다 그가 미국 경제를 최고의 상태에 도달하게 만드는 역사적 성과를 달성했다고 주장했다. 과연 그의 경제정책은 어떤 것이었고, 그의 경제실적의 실상은 무엇인가? 2017년 처음 출범 당시부터, 트럼프 행정부는 오바마로부터 최고로 양호한 경제를 물려받았다. 주식시장은 호황이었고, 인플레이션은 낮았으며, 실질 가계소득 평균치는 충분히 양호했다. 실업률도 거의 완전고용 수준인 4.7%로 아주 낮았다.[2] 미국 경제는 그렇게 오바마가 2007년 말 2008년 초 시작된 재정위기 극복을 위해 8천억 달러 수준의 자금을 방출하면서 2009년 6월 이후 확대되기 시작했고, 지속적 경제성장과 고용증가를 포함하는 그 추세는 트럼프가 퇴임하는 2020년 2월 코비드-19 팬데믹으로 인한 불경기 진입 직전까지 계속됐다.[3] 그럼에도 불구하고 트럼프 시기의 호경기는 대부분 오바마 당시 추세의 연장선상에서 이루어진 것으로, 실제 트럼프 행정부 자체의 업적은 대통령의 말처럼 대단한 것은 아니었다. 오히려 대외 무역적자는 최악으로 향했는데, 그것은 2019년 그 전해에 비해 (서비스와 상품무역을 포함하는) 전체 무역적자 116억 달러, 상품무역 적자 177억 달러라는 극히 작은 적

1) David Schaper, NPR Transportation Correspondent, Ibid.
2) "Households and Nonprofit Organizations; Net Worth, Level," fred.stlouisfed.org; "President Obama Is Handing a Strong Economy to His Successor," (december 2, 2016), www.nytimes.com
3) "Determination of the February 2020 Peak In US Economic Activity," (June 8, 2020), NBER News, www.nber.org

자축소를 제외하면, 2020년 전체 무역적자 6,790억 달러와 상품무역 적자 9,160억 달러를 기록할 때까지 2017~2020년 트럼프 집권기 내내 계속, 또 사상최대로 증가했다. 트럼프가 특히 중시하던 미·중 무역적자 축소도 특별한 의미를 부여할 수 없는데, 왜냐하면 그 축소 자체가 의도적 무역전쟁으로 미국 산업이 피해를 감수하면서 양국 수출입 규모가 특별히 줄어든 상태에서의 성과인 동시에, 그 양자 무역 감소를 대체, 보완하기 위한 EU, 멕시코와의 무역에서 미국의 적자가 사상 최대치를 돌파해 미국 전체 무역적자와 상품무역 적자 역시 사상 최대치로 증폭됐기 때문이다.[1]

　　트럼프의 무역적자 축소 시도와 그 실패에 대해 미 의회연구소(CRS: Congressional Research Service) 전문가(James K. Jackson)는 다음과 같이 지적, 조언했다. 트럼프 식의 상품무역 적자 축소에 대한 지나친 집착과 관세조치를 통한 적자 축소 시도는 문제가 있다. 무역수지는 국가경제, 또는 국가 간 경제관계에 대해 일부분만을 설명한다. 무역수지는 여러 요인에 의해 영향을 받는데, 관련 국가들의 경제정책, 비공식 무역장벽, 경제발전 수준, 경제 성장률, 기술 수준, 천연자원의 양, 공급체인의 형태가 그런 것들이다. 거시경제 정책, 그리고 예금과 투자 간의 차이 같은 기저의 경제 불균형을 시정하지 않은 채 무역적자 축소에만 매달리는 것은 오히려 성장률 하락과 생산성 저하 같은 부정적 영향을 불러온다. 비록 미국이 커다란 무역적자에 처해 있고 그로 인한 일부 비용과 손실이 발생하지만, 미국의 대외무역은 궁극적으로 미국 경제에 수많은 긍정적 영향을 미친다. 마찬가지 이치로 트럼프가 말하는 것과는 달리, 비록 특정분야 무역관계로 인해 일부 기업, 근로자가 집중적으로 영향을 받을 수는 있지만, 무역적자는 직업상실의 주요 원인이 아니다.[2] 일각에서는 수입대체를 통해 더 많은 직업을 창출할 수

---

1) 트럼프 시기의 무역적자 확대비율도 오바마 시대에 비해 더 컸다. 미국 경제가 완전히 회복된 오바마 두 번째 임기 마지막 3년(2014~2016) 전체 해외무역 수지 적자가 매년 한자리 수로 증가한 반면, 그것은 2017년 5,500억 달러로 2016년에 비해 10%, 그리고 2018년에는 6,280억 달러로 13% 증가했다. 트럼프의 주요 관심사는 (서비스를 제외한) 상품무역 적자였는데, 그것 역시 2017년 8% 증가하고, 2018년에는 10% 증가해 사상 최고치인 8.720억 달러에 달했다. 또 무역전쟁은 해외공장을 본국으로 불러오지 못했고, 제조업의 부활로 이어지지 않았다. U.S. Census Bureau, Foreign Trade Division, "Trade in Goods with China," (September 31, 2020), www.census.gov

2) 2016년 미국의 상품 및 서비스 수출은 미국 노동력의 8%인 1,170만 명의 고용을 도왔다.

있다고 말하지만, 어떤 경우에는 그 대체가 불가능할 수 있고, 또 그 비용이 훨씬 더 클 수도 있다. 수입이 일부 실업을 야기할 수 있는 반면, 그것은 대부분 수송, 판매, 보험을 포함하는 다른 광범위한 서비스 분야를 돕는다. 한 나라 안의 경제에서 무역과 무역적자가 차지하는 비중은 보통 일부분이고, 무역적자와 실업은 간접적으로만 연계돼 있다. 단적인 예로 2006년 미국의 상품무역 적자는 8천억 달러 이상이었지만, 경제는 연 2.7% 성장하고 실업률은 4%로 하락했다. 2009년 재정위기 당시 미국의 상품무역 적자는 5,100억 달러로 하락했지만, 경제성장률은 -3.0%, 실업률은 9.9%로 증가했다. 무엇보다도 미국의 달러가 지불준비통화(reserve currency), 기축통화로 작동하는 것은 다른 나라들에 비해 미국의 무역과 무역적자를 용이하게 운영하는데 있어서 결정적 이점을 제공한다.[1]

그러면 트럼프의 국내경제 실적은 어땠을까? 트럼프는 대선 후보 시절에는 부유층과 저소득층을 포함하는 모든 국민을 위한 경제정책을 제시했다. 그것은 기업 법인세와 개인 소득세 감면, 탈규제, 인프라 투자확대, 사회안전망 보존과 확충, 이민축소, 보호무역주의와 같은 것들이었다. 그러나 당선된 후 그의 핵심 경제정책은 정부지출 확대, 이자율 인하, 세금감면을 통한 경제 활성화로 나타났고, 그 구상을 뒷받침하기 위한 2018년의 향후 10년 예산안은 법인세와 소득세 1조 달러 감면, 저소득층 의료보험(Medicade) 지출 2조 달러 축소, 국방비 3천억 달러 축소, 인프라 투자 3천억 달러 중 1/3 축소를 포함했다. 그것은 그의 원래 공약과는 배치되는 고소득층 위주 일변도의 전략이었다. 기업 활동 강화를 위한 탈규제는 파리 기후변화협약 탈퇴(2017. 6), 경기 대침체를 야기한 부실주택 사태 직후 제정됐던 금융 분야 도드-프랑크법(Dod-Frank Act) 약화(2017), 통신망 중립성 규정폐지와 규제축소를 포함했다.[2]

트럼프 시대의 미국 경제는 2020년 2월 코비드-19가 발생하기 전까지 계속 성장했다. 인플레이션을 조정한 실질 GDP는 2016년 말 17.9조 달러에서

1) 2012년 미국의 양자 및 지역 자유무역합의는 미국 전체 무역의 3%, 양자무역의 26.3%, 그리고 미국의 실질 GDP와 고용을 1% 약간 못 미치는 수준에서 증가시켰다. James K. Jackson, "The U.S. Trade Deficit: An Overview," CRS IN Focus, (Updated December 16, 2019), pp. 1-2.
2) Steven Rattner, "2017: The Year in Charts," (December 29, 2017), www.nytimes.com

2019년 말 사상 최고치 19.3조 달러로 성장했고, 법인세를 35%에서 21%로 하향 조정하면서 2017~2019년 S&P 500 주식시장은 45% 상승했다.[1] 자산에서 부채를 제외한 평균 가정의 자산 순수가치는 2009년 주택담보 부실대출 영향으로 2013년까지 지속적으로 하락한 이후 2019년까지 부분적으로 회복 중이었는데, 중산층 구매력의 척도인 실질 가계소득은 2016년 62,898 달러에서 2019년 68,703달러까지 계속 증가했다.[2] 2020년 1월까지 노동시장에 660만개의 새로운 직업이 추가되면서, 실업률은 트럼프 취임시 4.7%에서 2019년 말 3.5%까지 더 내려갔다. 미국의 빈곤율(poverty rate)은 2016년 12.7%에서 2017년 12.3%, 2018년 11.8%, 2019년 10.5%로 저하됐다.[3] 모든 경제지표에서 2020년 2월 이후는 한동안 예외인데, 왜냐하면 그 천연재앙으로 인해 불가피하게 경제 전체가 크게 위축됐기 때문이다. 전문가들은 2022년 너머까지도 코비드-19 후유증이 계속될 수 있을 것으로 보았다.[4]

그러나 동시에 트럼프의 경제는 많은 부작용을 동반했다. 정부의 커다란 정부지출 확대와 세금감면으로 인해 연방적자와 전체적인 국가부채가 급속히 증가했다. 일반적으로 지난 50년간 미국의 평균 예산적자가 GDP 대비 1.5%인 데 비해 2019년 예산적자는 4.6%였는데, 그의 임기 중 국가부채는 33%가 증가해 6.7조 달러가 더 늘어났다.[5] 감세법안은 경제규모를 증대시키고 직업창출을 도왔지만, 기업과 고소득자에게 유리하고 저소득 그룹에 대한 혜택이 적어 빈부격차 확대와 사회 불평등 악화의 원인이 됐다. 1970년대 법인세율은 평균 48%인 반면

1) 명목상 GDP는 2016년 18조 7,150억 달러였고, 2019년 21조 4,390억 달러였다.
2) 일인당 GDP는 2016년 57,878달러에서 2019년 64,674달러에 이를 때까지 계속 증가했다. "The Budget and Economic Outlook," CBO, (January 24, 2017), www.cbo.gov
3) Jessica Semega, Melissa Kollar, Emily A. Shrider, and John Creamer, "Income and Poverty in the United States: 2019," (September 15, 2020), www.census.gov
4) "Interim economic projections for 2020 and 2021," CBO(Congressional Budget Office) Report, (May 19, 2020); www.cbo.gov
5) 트럼프 행정부는 경제자극, 활성화를 위해 2018년 7,790억 달러, 2019년 9,840억 달러의 예산적자를 감수했고, 세금감면과 2020년 코비드-19 극복을 위한 재정지출은 국가부채 증가의 주요 요인이었다. Kimberly Amadeo, "US Debt by President by Dollar and Percentage," (Updated April 06, 2021), www.thebalance.com; 2019년 2월 미국 국가부채는 22조 달러를 넘어섰고 2021년 현재 28조 달러에 달한다. Jeff Cox, "That $22 trillion national debt number is huge, but here's what it really means," (Updated February 13, 2019), www.cnbc.com

트럼프 시대에는 21% 수준으로 감소했고, 1970년대 70%이던 최고 개인세율은 37%로 내려갔다. 그러나 그로 인해 최상위 1%의 소득비율은 1970년대 10%에서 트럼프 시기 20%로 증가했고, 그들이 소유하는 부의 비율은 25%에서 42%로 증가했다. 최상위 1%는 주식의 40%를 보유했고, 하위 80%는 주식 7%만을 보유했다. 소득 상위 1% 개인이 3만4천 달러 감세혜택을 받을 때, 하위 10%는 50달러의 세금을 감면받았다. 연간 최소 60만 7천 달러 소득의 최상위 1%가 받는 1,100억 달러의 세금혜택은 금액상으로 하위 60%가 받는 전체 혜택을 넘어섰다.[1] 건강보험 정책은 '오바마 케어'(ACA: Affordable Care Act) 폐지로 대표됐는데, 그로 인해 2017년 1월 이후 3년에 걸쳐 65세 이하 무보험자가 2,820만 명에서 3,280만 명으로 16% 증가했다.[2] 중국과 기타 여러 나라를 대상으로 한 고율 관세인상은 수입부족으로 인해 일인당 연간 580~1,280달러 상당의 생필품 가격 인상을 가져왔고, 동시에 GDP와 소득성장을 둔화시켰다. 합법 및 불법 이민 모두에 대한 규제는 그동안 전형적으로 연평균 1백만 명이던 이민자 숫자를 2018년 20만 명 수준으로 축소시켰는데, 그것은 노동인구 부족을 야기하고 GDP 성장에 부정적 영향을 미쳤다.[3]

트럼프 시기 3년(2017–2019) 간의 경제성과가 일부 문제에도 불구하고 양호했다면, 트럼프 처음 3년과 오바마 마지막 3년(2014~2016) 기간의 상대적 경제지표는 어떻게 비교될까? S&P 주식시장 상승률은 트럼프 당시 14%로, 그것은 오바

---

1) Paul Krugman, "Opinion－Tax－Cuts Santa is Coming to Town," (December 21, 2017), www.nytimes.com; Binyamin Applebaum, "Trump Tax Plan Benefits Wealthy, Including Trump," (September 27, 2017), www.nytimes.com

2) '오바마 케어' 제도는 전 국민에게 보험을 제공할 목적으로 모든 시민에게 의료보험을 구매하거나, 또는 비구매시 벌금을 내도록 강제했는데, 트럼프는 그 규정을 폐지했다. 트럼프 하에서 건강보험 가입이 줄어든 이유는 건강보험 의무가입 규정의 폐지, 보험 등록지원 자금 축소, 비용분담의 제거, 마케팅 및 등록기간 축소를 포함했다. 트럼프의 조치에서, 고소득자보다는 비보험율이 더 높은 저소득층, 그리고 동부와 북부보다는 남부와 서부가 더 많이 영향 받았다. 메디케이드를 확대하지 않은 18개 주에서 비보험율이 더 높았다. "CDC National Health Interview Survey Early Release Program," www.cdc.gov; "CDC Health Insurance Coverage," www.cdc.gov; "Gallup－U.S. Uninsured Rate Steady at 12.2% in Q4 2017," (January 16, 2018), www.news.gallup.com

3) "The Budget and Economic Outlook: 2020 to 2030," (January 28, 2020－), www.cbo.gov; "Immigration to America is down, Wages are up," (February 13, 2020), www.economist.com

마 시기 연평균 6.7%의 두 배를 넘었다. 실업률 평균은 트럼프 시대에 지난 50년 만에 최저치인 3.9%인 반면, 오바마 시기에는 5.1%였다.[1] 가계 실질소득 평균은 트럼프 3년간 65,596달러였고, 오바마 시기에는 60,284달러였다. 빈곤율 평균은 트럼프가 11.5%인 반면, 오바마는 14%였다. 건강보험료 인상률은 오바마 당시 '오바마 케어' 입법으로 3.5% 증가한 반면, 트럼프 시기에는 그 폐지로 인해 2% 증가했다. 그러나 그 모든 실적은 (앞에 언급했듯이) 오바마 시대 호황경제의 연장 선상에서 이루어진 것인 동시에, 많은 약점을 수반했다. 예컨대 국가부채 총액은 오바마 시기에 더 많이 발생했지만, 실질 연방부채 비율은 오바마 시기 GDP 대비 4.2%에서 트럼프 시기 4.4%로 증가했다. 인플레이션은 오바마 시기 1%였던 것이 트럼프 시기 2.1%로 증가했고, 실질 임금성장률은 오바마가 1.3%, 트럼프는 0.8%를 기록했다.[2] 직업창출은 오바마 행정부하에서 총 810만개였지만, 트럼프 시기에는 660만개였다.[3] 또 오바마의 실질 GDP 평균 성장률 2.4%는 트럼프 시기의 2.5%와 큰 차이가 없었다. 건강보험료 인상률이 '오바마 케어'로 인해 오바마 당시 3.5%로 증가하고 트럼프 때는 그 폐지로 인해 2% 증가했지만, 그것은 (일부 미국인들의 반대에도 불구하고) 오바마 시기 더 많은 국민에게 보험을 제공하기 위한 '선의의 조치'로 인한 결과였다. 결과적으로 국가 및 국민경제 전체차원에서 트럼프 3년이 오바마의 두 번째 임기 마지막 3년(2014~2016)보다 특별히 더 나은 것은 아니었다.[4]

한편 2020년의 경제실적은 코비드-19로 인해 참담했다. 2020년 2월 코비

1) "S&P 500," (April 30, 2021), www.fred.stlouisfed.org; U.S. Bureau of Labor Statistics, "Civilian Unimplyoyment Rate," FRED, Federal Reserve Bank of St. Louis, (June 4, 2019), www.fred.stlouisfed.org; U.S. Census Bureau, "Income and Poverty in the United States 2018," (September 10, 2019), www.census.gov

2) U.S. Bureau of Labor Statistics, Average Hourly Earnings of All Employees, Total Private, Federal Reserve Bank of St. Louis, https://fred.stlouisfed.org/series/CES0500000003, (November 27, 2020)

3) 고용은 월별로 계산하면 오바마 하에서는 월평균 22만 4천개가 획득된 반면, 트럼프 하에서는 18만 2천개가 창출됐다. "All Employees; Total Nonfarm Payrolls," (December 8, 2017), www.stlouisfed.org

4) 그래도 오바마가 국가부채를 8.59조 달러 증가시켰을 때, 트럼프가 그것을 6.7조 달러로 제한한 것은 그의 상대적 업적일 것이다. "Real Gross Domestic Product," (February 2, 2020), www.fred.stlouisfed.org

드-19가 발생해 사업체가 폐쇄되고 직원이 해고되면서, 3월 초 700만 명을 상회하던 실업자 수는 4월 말까지 2,300만 명 수준으로 증가했다. 실업률이 4.4%에서 15%로 증가하면서, 3월 중순 이후 5월 말까지 4천만 명이 실업보험을 신청했다.[1] 노동부는 실업률이 대공황 이후 볼 수 없었던 수준인 19.7%까지 도달할 수 있다고 말했다. 긴급대응 목적으로 4월 트럼프 행정부는 2조 달러 상당의 '코로나바이러스 지원법'(CARES: Coronavirus Aid, Relief, and Economic Security Act)을 통과시켜 기업 대출 및 무상지원, 실업보험 확대, 실업자 개인에 대한 직접지원을 시도했다. 경제 붕괴가 우려되는 가운데 연방예산 적자는 급속히 늘어났고, 수많은 기업과 개인이 피해 입는 가운데 사회적 거리두기(social distancing)가 필요한 교육, 소매업, 의료서비스, 여행, 관광과 같은 직종이 더 많이 타격받았다.[2] IMF는 2019. 10월~2020. 6월 사이 지구적 경제성장 전망을 3.4%에서 -4.9%로 낮췄고, 세계은행(World Bank)은 동기간 전망을 2.5%에서 -5.2%로, 그리고 OECD는 2.9%에서 -6.0%로 하향조정했다.[3]

실질 GDP는 2019년 4사분기 19.3조 달러 정점에서 2020년 2사분기까지 17.3조 달러로 거의 10% 축소됐다. 그것은 1년 기준으로 계산할 때 30% 이상의 하락으로, 조지 W. 부시 말 임기 말 경기 대침체기 당시에 비해 2배 이상의 낙폭이었다. 8월 실업률은 8.4%까지 호전됐지만, 9월 현재 아직도 1,360만 명의 근로자들이 실업상태에 남아 있었다. 민주당 대선후보 조 바이든은 트럼프가 코비드-19를 제대로만 다루었어도 나라가 그렇게 엉망이 되지는 않았을 것이라고 말했다.[4] 실질 GDP는 2022년 혹은 그 이후까지 2019년 4분기 수준을 회복하지 못할 것으로 예측됐다. 그러나 3천만 명 이상에 대한 CARES Act의 경제 혜택 효과가 발생하면서, 2020년 3사분기 GDP는 2사분기 대비 7% 증가한 18.6조 달러

---

1) 파트타임과 같은 부분실업을 포함할 경우, 실업 비율은 8.7%에서 22.8%로 증가했다. "BLS-Employment Situation Summary for April 2020," U.S. Bureau of Labor Statistics, (May 8, 2020), www.bls.gov

2) 4월 미 의회예산처(CBO: Congressional Budget Office)는 2020년 4월의 CARES Act가 2020-2030년 연방적자를 약 1.8조 달러 증가시킬 것으로 예측했다. Penn Wharton Budget Model-Short Run Economic Effects of the CARES Act-April 8, 2020.

3) James K. Jackson, "Global Economic Growth Forecast; Impact of COVID-19," CRS Insight, IN11493, (September 1, 2020), p. 1.

4) Heather Long, "The Trump vs. Obama economy-in 16 charts, (September 5, 2020), www.washingtonpost.com

로 올라섰다. 그럼에도 불구하고 부자에게 불경기는 지나갔지만, 근로계층의 회복
은 아직 멀리 있었다. 결과적으로 2016년 4사분기부터 2020년 3사분기까지 GDP
는 연평균 1% 증가한 형상이 됐는데, 그것은 지난 수십 년 기간 중 가장 느린 성
장이었다.[1]

여러 경제 칼럼니스트(Steven Rattner, Scott Horsely, John Cassidy, Louis
Jackson)들은 오바마와 트럼프 3년 시기 경제에 대해 다음과 같이 비교, 평가했다.
트럼프 시대의 경제가 확대된 것은 좋은 일이다. 그러나 그의 정책이 그가 말한
식으로 '잊혀진 미국인'의 운명을 증진시켰다거나, 또는 특별히 잘한 것은 아니다.
중요한 사실은 그의 경제가 오마마의 최고 호황 경제현실의 토대 위에 건설됐다
는 것이다. 그것은 오바마 시대 추세의 연장이지만, 오히려 트럼프는 이전 행정부
업적을 왜곡해 말했다. 기껏해야 그의 경제성과는 혼합적이고, 오바마 두 번째 임
기와 비슷하거나 오히려 못한 측면이 있다. 2020년을 예외로 하더라도, 경제성장
속도는 오바마의 마지막 3년과 비슷하다. 오바마 집권기 인플레이션을 조정한 실
질 GDP는 누적적으로 7.5% 상승했고, 트럼프하에서는 7.2% 성장했다. 법인세가
35%에서 21%로 축소되면서, 세금감면 혜택의 84%는 인프라 투자, 재생가능 에
너지원, 또는 기타 장기적 이익 대신 기업과 7만 5천 달러 이상 고소득자에게로
돌아갔고, 그 결과는 불평등의 심화였다.[2] 실업률은 오바마보다 트럼프 시대에
더 낮지만, 그것은 2011년 이후의 장기적 추세이다.[3] 전체 직업 숫자는 오바마
당시 5.3% 증가했고, 트럼프 시기 4.3% 상승했다. 트럼프는 4~6%의 실질 소득
성장을 약속했지만, 2018년 그것은 2015년 수준인 2.9%에 그쳤다. 세금감면, 정
부지출 증대는 2019년 1조 달러 예산적자를 증가시켰고, 중산층을 위한 세금감면
은 에너지 가격 인상을 포함하는 인플레이션으로 거의 절반이 상쇄됐다. 의료 무

---

1) Analysis, U.S. Department of Commerce, BEA(Bureau of Economic Analysis, "Gross
   Domestic Product," (November 25, 2020), www.bea.gov; The American Economy Was
   Hit by a Bus. It's Healing, but Slowly," (October 29, 2020), www.nytimes.com

2) Steven Rattner, "Opinion – Trump's Economic Claims Are Overblown," (August 3,
   2018), www.nytimes.com

3) 미국의 역사적 평균 실업률은 5.6%이다. "FactChecking the State of Union," (February
   5, 2020), www.factcheck.org; 오바마 두 번째 임기 시작 이후 경기는 특히 호황이었는데,
   2014~2017년 장애등록을 포기하고 직업을 찾는 장애인 수는 계속 증가했다. 2019년 당시
   에도 미국 회사들은 피고용자를 찾는데 어려울 만큼 경기가 호황이었다. Scott Horsely,
   "Many Are Replacing Disability Checks With Paycheck," (May 22, 2019), www.npr.org

보험자 숫자, 무역적자는 트럼프 시대에 악화됐다. "트럼프 대통령은 2020년 2월 국정연설에서 만약 우리가 전 행정부의 실패한 경제정책을 되돌리지 않았다면, 세계는 지금 이 거대한 경제성공을 목격하지 못했을 것이라고 말했는데, 그보다 더 진실과 동떨어진 말은 없을 것이다. 그는 사실과 반대되는 것을 자기에게 유리하도록 수백 번 달리 말했다. 그는 새로운 것을 구축한 것이 아니라, 아주 좋은 상황을 승계했을 뿐이다."[1]

2 미국의 전쟁 현안

트럼프 행정부는 지난 수십 년간 미국의 가장 큰 우려사안이던 이라크, 시리아, 아프간 전쟁을 마무리짓는 데 있어서 중요한 역할을 수행했다. 비록 그 성과가 대부분 오바마의 업적을 이어받아 이루어진 것이고, 또 대통령 자신이 그 과정에서 수많은 정책적 오류를 범했지만, 불가피하게 시작된 그 전쟁의 상당수준 종식은 결과적으로 미국인들을 지난 수십 년에 걸친 인적, 물적, 심리적 피해로부터 해방시켰다.

(1) 이라크 전쟁

트럼프 행정부는 이라크 전쟁을 승리로 이끌었다. 미군은 OIR 전략에 의거해 수많은 공습을 단행했고, 그 결과 2017년 말까지 이라크와 시리아 내 IS를 이라크 영토로부터 거의 완전히 축출했다. 그러나 2020년 초 이란 카셈 솔레이마니를 사살하라는 대통령의 지시는 미-이라크, 미-이란 관계를 극적으로 악화시켰고, 그것은 바그다드로 하여금 미군 철수를 요구하고 그에 따라 미군과 연합군이 이라크로부터 철수하는 계기가 됐다. IS 잔존세력의 테러가 다시 증가하고 이란의 영향력이 증대하는 가운데 미군은 일정기간 더 주둔할 필요를 느꼈고, 또 나중에

1) John Cassidy, "New reports show that Trump's economic promises were empty," The New Yorker, (January 31, 2020), www.newyorker.com; Louis Jackson, "No, the economy didn't suddenly get strong under Donald Trump," (February 4, 2020), www.factcheck.org

이라크 정부도 원래 입장을 변경해 미군의 추가 주둔을 원했지만, 이라크 의회를 포함해 여러 반미세력이 미군철수를 요구하면서 미군은 그곳에 무한정 주둔할 수 없었다. 트럼프 행정부 임기 말 미군과 연합군은 철수하기 시작했고, 이라크 내 친이란 민병대를 포함하는 반미세력이 미군과 미국 이익을 공격하고 미군이 그에 반격하는 맥락에서 바이든 행정부는 이라크로부터 미군병력을 완전히 철수시킬 것이라고 선언했다. 트럼프와 바이든 모두에게 그것은 현명한 결정이었다. 비록 미군의 이라크 철수가 트럼프의 무모한 시도에서 비롯됐지만, 미군 철수는 언젠 가는, 또 가능한 한 신속하게 시행되어야 할 과제였다. 2003년에 시작된 전쟁이 잠시 동안의 철군 이후 또다시 2021년까지 계속된 것은 미국 정부와 국민 모두에 게 지나친 부담이었다. 어차피 이라크 전쟁은 조지 W. 부시의 억지주장에 의해 발생한 무의미한 침략전쟁으로, 이제 그것은 종식돼야 했다. 비록 트럼프가 일부 정책적 과오를 범했지만, 그럼에도 불구하고 오바마 전략을 이어받아 그 전쟁을 끝까지 마무리한 것은 워싱턴이 그 전쟁을 끝내는 데 기여했다. 이라크와 시리아 에서 IS가 일부 활동을 재개했지만, 그들은 이라크, 시리아, 이란의 위협 억지를 위한 협력을 넘어서지 못할 것이다. 이라크와 시리아 내 일부 IS가 또다시 미국에 직접적 위협을 가하는 상황 역시 아마 드물 것이다. 향후 바이든 집권기 미국의 이라크에서의 역할은 바그다드와의 협의하에 진행될 것이지만, 미―이라크 협력 범위는 이라크―이란 간 시아파 종교 정체성에 근거한 긴밀한 관계, 그리고 시아 파 벨트 국가인 이라크, 이란, 시리아, 레바논과 이웃 강대국 러시아의 관계강화 에 비추어 극히 제한될 것이다. 그러나 미국의 '역외 균형자'(offshore balancer) 역 할이 설득력 있는 대안으로 제안되는 현실에서, 워싱턴이 이라크에 더 이상 큰 미 련을 가질 필요는 없을 것이다.1) 지난 18년을 뒤돌아보면, 결과적으로 미국은 그

---

1) 존 머샤이어와 스테펜 월트가 공동으로 주장하는 '역외 균형자' 논리는 다음과 같다. 지난 4반세기 미국의 대외정책은 전 세계적으로 실효를 거두지 못했다. 유럽, 중동, 아시아 모 두에서 미국의 정책은 실패했고, 자유민주주의는 세계차원에서 후퇴하고 있다. 이 난관은 모두 미국이 잘못된 대전략인 자유주의 패권(liberal hegemony)을 추구한 결과인데, 그 접근법이 주장하는 것은 미국은 지구적 문제를 풀기 위해 힘을 사용해야 할 뿐 아니라, 국 제제도, 대의정부, 개방시장, 그리고 인권에 기초한 세계질서를 증진시켜야 한다는 것이 다. 그러나 이제 미국은 해외균형자 역할로 전략을 전환해야 한다. 해외균형은 미국이 서 반구에 남아 있으면서, 현재로서는 유럽, 걸프, 아시아 3개 핵심지역에서 패권국이 등장하 기 못하도록 필요시에만 개입하는 전략이다. 그것은 현실주의 전략이고, 자유주의 패권전 략에 비해 훨씬 제한적인 목표를 갖는다. 평화증진, 대량학살 방지 등은 미국이 필요하면 언제든 그를 위해 작전을 시행할 수 있지만, 그것들은 해외균형 전략의 주요목표는 아니 다. 해외균형 전략은 지역 국가들 서로가 세력균형을 유지하게 하고, 패권국이 나타날 때

전쟁에서 아무 것도 얻은 것이 없이 수천 명의 미국인 인명, 재정자원, 국력을 소모했고, 미국의 이미지에 먹칠을 했을 뿐이다. 그것은 사담 후세인을 혐오하는 조지 W. 부시 대통령의 무책임한 결정으로 인해, 미국뿐 아니라 특히 이라크 국민들에게 돌이킬 수 없는 피해를 준 불필요하고 비극적인 전쟁이었다.

(2) 시리아 전쟁

트럼프의 시리아 전쟁 역시 결과적으로 성공으로 귀결됐다. 미군이 시리아 반정부 세력보다 IS 진압에 초점을 맞춘 것은 현명한 전략이었고, 알—아사드 정부군의 WMD 사용에 반대해 그들의 일부 거점을 공격한 것은 세계 여러 곳으로부터 인도주의 처사로 인정받았다. 오바마 시기와 마찬가지로 집중적 공습과 반군 지원 위주의 작전은 미군의 희생을 최소한으로 줄였고, 시리아 정부군을 공격할 당시 러시아 군에 사전 통보해 그들과의 직접 충돌을 피한 것은 신중하고 기민한 처사였다. 비록 시리아 내전 자체가 미국보다는 시리아 정부, 이란, 러시아에 유리하게 진행됐지만, 그것은 지정학적 요인과 전쟁에 개입된 각국의 성향에 비추어 어쩔 수 없는 결과였다. 그러나 트럼프 대통령이 전쟁을 직접 지휘하는 고위 군사관리들과 아무 상의 없이 일방적으로 미군철수를 지시한 것은 IS 재부상과 친이란 민병대 세력 확대의 위험을 포함하는 여러 전략현실에 비추어 미 국방장관 매티스와 미국 시리아 특별대표 맥커크의 사임을 유도할 정도로 무모한 결정이었다. 그러나 그 이후에도 트럼프의 결정은 많은 문제를 일으켰다. 비록 2019년 2월 대통령이 군 지휘부 의견을 수용해 소수 미군 병력의 시리아 잔류를 승인한 것은 다행이었지만, 앙카라 에르도안 정부와의 담합을 통해 터키군의 쿠

에만 개입해 그 나라의 부상을 방지하는 것이다. 미국은 제1, 2차 세계대전 때에도 독일이 잠재 패권국으로 부상하기 전까지는 유럽에 개입하지 않았다. 해외균형자 전략은 많은 장점을 갖는데, 미군병력의 생명보호, 군비지출 축소, 또 동맹국들의 안보 무임승차를 줄인다. 그것은 또 미국의 직접적 군사간섭과 주둔을 축소시켜 현지 국가들의 민족주의적 증오를 줄이고, 그들이 미국에 테러를 가하려는 경향도 줄일 수 있다. 역사적으로, 미국은 19세기와 냉전시대 모두 (약간의 경우를 예외로) 해외균형자 전략을 추구했는데, 냉전종식 이후에는 이로부터 이탈해 모두 값비싼 실패의 대가를 치렀다. 그동안 미국이 시행한 자유주의 패권전략과의 비교에서 해외균형자 전략의 장점은 훨씬 두드러지는데, 무엇보다도 자유주의 패권전략은 핵 확산 방지, 민주주의와 인권확산 등 모두에서 실패했다. John Mearsheimer and Stephen M. Walt, "The Case for Offshore Balancing (A Superior U.S. Grand Strategy)," Foreign Affairs, Vol. 95, No. 4 (July/August 2016), pp. 70-83.

르드 SDF 공격을 용인한 것은 전략적으로 가장 중요한 동맹에 대한 결정적 배반이었다. 그 조치는 전 세계에서뿐 아니라 미 의회와 펜타곤에서조차 비난받았다. 트럼프는 또 동부에 미군 병력을 재배치하면서, 그 목적이 미국의 시리아 유전 장악을 위한 것이라는 뉘앙스로 말했는데, 그의 경솔하고 무책임한 발언은 늘 세계적인 비난의 대상이 되고 지구적 리더로서의 미국의 이미지를 훼손했다. 그런 가운데, IS가 시리아 내 마지막 거점을 잃고 IS 리더 알—바그다디가 제거돼 시리아 전쟁이 끝나 가면서, 그곳 미군 철수도 미 정책자들 사이에서 본격적으로 논의되기 시작했다. 현재 바이든 행정부는 친이란 민병대의 간헐적 공격에 방어적으로 반격하고, 나머지 일부 AQ, IS 세력의 소생 가능성을 감시, 견제하는 가운데, 주로 외교해법에 의존해 시리아 갈등 문제에 대한 접근을 유지하고 있다. 미국 신행정부는 트럼프 시기와는 달리 러시아, 이란과 대화하고 시리아 정부에 지원을 제공하면서 소수 미군병력의 시리아 주둔 및 기타 작은 범위의 목표 달성을 원하지만, 종국적으로 그것들은 워싱턴의 주요 관심사에서 멀어질 것이다. 점점 더 다극화되어 가는 세계 속에서, 시간이 가면서 아마 미국은 이라크, 아프가니스탄에서와 마찬가지로 미군을 모두 철수시키고 이란과의 JCPOA 재협상을 중시하면서 중동의 다른 핵심동맹인 이스라엘, 걸프 국가들과의 관계강화에 치중할 것이다. 시아파 벨트 내에서, 또 시리아 정부가 원치 않는 상황에서 수백 명 미군이 그곳에 잔류하는 것은 아무 의미가 없고, 오히려 불필요하게 갈등에 휩쓸릴 위험만 증대시킬 것이기 때문이다.

(3) 아프간 전쟁

아프가니스탄에서 트럼프는 20년에 걸친 미국 역사상 가장 오랜 전쟁을 종식시키는 중요한 성과를 거두었다. 비록 그것이 전쟁에서의 승리 가능성이 없는 것을 고려한 결정이었지만, 그래도 그로 인해 미국은 더 이상 불필요한 미군의 희생과 천문학적 전쟁비용 지출을 막을 수 있었다. 미—아프간 전쟁 종식은 2020년 2월 양측이 평화협정에 서명하면서 최종 확정됐다. 처음부터 트럼프 행정부가 평화협정을 구상한 것은 아니었다. 출범 첫해, 미 행정부는 탈레반과 IS에 강력하게 대응했다. 아직 미국은 탈레반에 대한 승리가 가능하다고 믿기 원했다. 2017년 미 공군은 수백 차례에 걸친 공습과 엄청난 폭탄 투하로 아프가니스탄에 새로이 세력을 설립, 확장하는 IS—KP에 치명타를 가했다. 트럼프의 4천 명 미군병력 증원, 그리고 새로이 승인된 미군의 선제적 군사공격은 탈레반의 진격을 둔화시키는데 중요한 역할을 담당했다. 탈레반, IS, AQ를 비호하는 이슬라마바드에 대한 경고는 연합군과 카불 정부의 사기를 높였다. 2018년에도 미군은 수천 개 폭탄 투하로 반군진압을 시도하고 계속 탈레반에 대한 공격을 이어갔다. 그러나 탈레반이 죽음을 순교로 인식해 끝까지 투쟁하고 영토장악을 계속 확대해 나가는 상황에서, 트럼프 행정부는 더 이상의 군사갈등에서 승리할 가능성이 없다고 판단했다. 2018년 여름까지 탈레반 세력은 전 국토의 70%를 장악할 정도로 확대됐는데, 그것은 2014년 오바마 행정부의 미군 철수 이후 점차 가속화되는 거스를 수 없는 추세였다. 무엇보다 우려되는 것은 탈레반의 자살폭탄과 도로 및 가옥에 매설한 사제폭탄(IED) 사용으로 수많은 무고한 시민들이 희생되는 것이었다. 또 카불 정부와 약 30만 명에 달하는 안보병력은 미국의 엄청난 군사, 재정지원에도 불구하고 부패와 군사 무능력으로 인해 전반적인 자생능력이 결여됐다. 미국으로서는 더 이상 무조건적으로 아프가니스탄에 주둔하면서 카불 정부를 지원할 필요를 못 느꼈다. 오바마가 미군 철수 당시 말했듯이 미국은 9·11 주범인 오사마 빈라덴을 사살해 최소한의 정의를 실현했고, IS와 AQ의 세력이 거의 완전히 진압된 상태에서 미국이 출구전략(exit strategy)을 모색하는 것은 합리적 선택이었다. 이제 기본목표가 달성된 상태에서, 워싱턴은 탈레반이 이슬람 테러리스트들을 더 이상 수용하지 않는 것을 조건으로 아프간 사람들의 미래를 그들 자신의 결정과 합의에 내어줄 때가 됐다고 생각했다. 그런 맥락에서 2018년 7월 시작된 미－탈레반 평화협상은 8개월 후 양측의 초안합의를 거쳐 2020년 2월까지 마무리됐다. 양측 평화협정 이행은 상대적으로 순조롭게 진행됐다. 트럼프 행정부는 카불 정부와 탈레반 간의 협상도 지원했는데, 그 이유는 그들 간의 평화가 없이 아프가니스탄이 정상상태로 돌아갈 수 없기 때문이었다. 그러나 그 당시 미국의 행동은 약간의 문제를 내포했는데, 왜냐하면 워싱턴이 카불 정부의 의사를 무시하고 상당 부분 그 합의를 강요했기 때문이다. 그 당시 카불 정부는 탈레반이 향후 합의를 위반할 것으로 인식하고 또 탈레반에게 정복당할 위험이 있는 것으로 판단했지만, 워싱턴은 사실 그 가능성을 의도적으로 외면했다. 그것은 그렇지 않으면 미국이 아프가니스탄을 떠날 수 없기 때문이었다.

카불 정부의 몰락, 탈레반의 아프가니스탄 장악, 그리고 미군 철수시 공항테러를 포함해 바이든 행정부의 전반적인 아프간 운영을 어떻게 평가해야 할까? 미 행정부는 아프간 현실이 그렇게 급변하리라고는 생각지 않았던 것으로 보인다. 예컨대 미 합참의장 마크 밀리(Mark Milley) 장군을 포함해 미 군사, 정보당국은 의회증언에서 탈레반의 진격에 카불 정부군이 그렇게 쉽게 무너지리라고는 생각하지 않았다고 말했다. 또 바이든의 연설에서 나타나듯, 미국은 계속해서 카불 정부를 돕고, 그들과 일정수준의 외교, 안보관계를 유지하려는 의도를 갖고 있었다. 그러나 워싱턴이 카불 정부의 운명에 무한책임을 져야 하는지는 의문이다. 그 이유는 9·11로 인해 그 전쟁에 불가피하게 개입한 이후, 미국은 카불 정부를 위해 사상 최장기간, 최대범위의 군사, 재정지원을 제공했기 때문이다. 실제 수십만 병력과 미국이 제공한 수많은 군사장비에도 불구하고 그 숫자가 20%에 불과한 탈레반 전사들의 공격에 카불 정부가 무너진 것은 단지 탈레반의 국가 탈취 의지에 비해 카불 정부와 안보병력이 자기들 나라를 지키겠다는 사명감이 부족한 것으로밖에 해석할 수 없을 것이다. 도덕적으로도 미국의 책임은 면제되는데, 왜냐하면 미국의 아프간 침공은 탈레반이 9·11을 자행한 알카에다를 포함해 반미, 반서방 테러리스트들에게 은신처를 제공해 미국의 국익에 직접적 위해를 가한 것에서 비롯됐기 때문이다. 탈레반이 빈 라덴을 인도하라는 부시 행정부의 초기 요구를 수용했다면, 아마 미국의 아프간 침공은 필요 없었을 것이다. 그 당시에도 워싱턴은 탈레반의 긍정적 답변을 오랜 시간 기다렸다. 미국과 탈레반 정부의 전쟁은 서로 다른 이익을 추구하는 서로 다른 경쟁자 간의 갈등이었고, 그것은 제국주의 전쟁이 아니었다. 한 가지 덧붙이면, 아마 워싱턴은 종국적으로 탈레반이 아프가니스탄을 장악할 가능성을 배제하지 않았을 것이다. 이미 트럼프 시기 워싱턴은 그 엄청난 공습에도 불구하고 탈레반의 세력이 확대되는 현실을 정확하게 인지하고 있었고, 실제 그것이 탈레반과의 평화협상을 진행한 핵심 이유였다. 바이든도 미군이 최소인원만 남아 있는 상태에서 탈레반 전력이 2001년 이후 최고치에 도달해 있다고 말했는데, 그 발언 역시 그런 개연성을 암시했다. 그 상태에서 미국으로서는 아프가니스탄에 무한정 병력을 주둔시키고, 카불 정부에 무한정의 노력을 퍼부을 이유가 없었을 것이다. 미국은 또 오랜 기간 아프간 정치체제를 서구민주주의로 전환시키기 원했지만, 그것은 이제 불가능한 것으로 판명났다. 더 나아가 미국은 바이든의 말처럼 중국, 러시아에 대한 경쟁력 확보, 코비드-19와 기후변화를 포함해 수많은 지구적 차원의 더 시급한 현안을 갖고 있었다. 바이든은 트럼프가 합의해 놓은 평화협정의 미군 철수기한을 수개월 더 연장하면서 신중을 기했는데, 마지막 순간의 IS-KP 자살공격은 약간의 불행한 예외였다. 그리고 바이든의 말처럼 아프가니스탄의 미래를 결정하는 것이 아프간 사람들의 고유권한이라는 것은 부정할 수 없는 사실일 것이다.

3 국제테러리즘 억지

시리아, 이라크, 아프간 전쟁을 마무리하는 과정에서 IS와의 전쟁과 더불어, 트럼프 행정부는 다른 중동, 아프리카 국가들, 그리고 일부 아시아 국가의 AQ와 IS 세력 억지에도 일정수준의 노력을 기울였다. 비록 트럼프 행정부 집권기 미국의 지구적 차원 안보전략의 초점이 이슬람 대테러에서 경쟁적 적대 강대국인 중국 및 러시아에 대한 견제로 이동했지만, 그래도 테러 위협이 상존하는 현실에서 AQ, IS에 대한 워싱턴의 관심이 완전히 멀어진 것은 아니었다. 아직 세계 여러 곳에 이슬람 극단주의 테러집단이 존재하는 상황에서, 트럼프 행정부는 그들의 행동을 면밀하게 관찰하고, 필요한 범위 내에서 적절한 방법, 특히 단독 공격을 배제하지 않는 가운데 대체로 우방 및 파트너 국가, 그리고 유엔평화유지 임무에 대한 지원을 통해 그 위협을 억지하는 방식으로 대처했다.

이라크 알카에다(AQI)는 바그다디 리더십하에서 이슬람국가(IS)로 전환해 세력을 확대하던 중 2017~2018년 이라크, 시리아에서 축출됐지만, AQ는 아직 예멘, 시리아, 그리고 아프리카의 말리 인근과 소말리아에서 활발히 움직이고 있었다. 트럼프 행정부 군사관리들은 AQ가 제기하는 위협을 간과하지 말아야 한다고 강조했다. 미국에 대해 상대적으로 큰 위협은 예멘에 근거지를 둔 AQAP가 제기했는데, 그에 대해 미 안보당국은 미국 내 공항감시 강화와 테러범 추적, 예멘 내 AQAP 전사에 대한 드론 공격, 그리고 예멘 만수르 하디(Mansur Hadi) 정부 지원을 통해 그 위협에 대응했다. 시리아에서도 미국의 더 큰 표적은 AQ보다는 IS였지만, 서부 지역에 주둔하는 NF는 아프간-파키스탄 AQ 본부와의 연계에 비추어 미국에게 위협이 될 수 있었다. 그러나 NF가 미국 및 서방에 대한 공격보다는 주로 아사드 정부에 대한 반군활동에 치중하는 것을 감안해, 미 행정부의 대응은 NF에 대한 직접공격보다는 그들의 행동에 대한 감시와 테러행태 분석의 형태를 띠었다. 한편 아프리카의 AQ는 말리(Mali) 인근의 이슬람 마그레브 AQ(AQIM)와 소말리아의 알샤바브였다. 미국과 서방 이익, 그리고 아프리카 미 동맹국에 직접 공격하는 그들에 대해, 트럼프 행정부는 다양한 방식으로 대응했다. 말리 인근에 소수 병력을 유지하는 미 AFRICOM은 간헐적으로 AQIM에 직접 공격을 가했지만, 대부분은 그곳에 주둔하는 수천 명 프랑스 병력과 유엔평화유지임무, 그리고 말리 정부군에 대한 지원을 더 선호했다. 그것은 정보공유, 군사자문 및 무기제공, 그리고 재정지원을 포함했다. 소말리아에서도 트럼프 행정부는 비슷하게 행동했다. 미국 안보당국이 광범위한 방식으로 2002년 진수된 OEF−HOA를 계속하는 가운데, 미 AFRICOM은 필요한 경우 일부 직접 공격과 더불어 AU가 설립해 알샤바브와 싸우는 AMISOM, 그리고 역내 정부에 대한 군사, 재정지원을 추진했다.

　　IS 위협에 대한 트럼프 행정부의 대책은 이라크, 시리아, 아프가니스탄의 경우는 연합군 전력과 함께 하는 엄청난 양의 공중폭격 및 미사일 공격, 그리고 병력증원을 통한 미군의 단독 및 연합 전투능력 향상을 포함했다. 그것은 미국이 이라크, 시리아 IS와의 전쟁에서 확실하게 승리하고, 아프가니스탄 IS−KP와 소수 AQ를 거의 완전히 진압하는 성과로 이어졌다. 그래도 IS 잔당이 시골지역으로 도피하면서, 미 안보당국은 그 일대의 IS는 기회가 주어지면 언제든 소생할 수 있다고 경고했다. 한편 다른 지역의 IS는 세계 곳곳에 포진해 있었다. IS 세력은 중동에서 사우디아라비아와 예멘, 북아프리카에서는 리비아와 이집트, 사하라 일대에서는 광역 사하라와 나이지리아, 그리고 러시아 남부의 코카서스와 동남아의 필리핀에 지파가 존재했다. 트럼프 집권기 사우디아라비아에 근거지를 둔 IS−AP는 사우디 정부와 미국 시민, 외교관, 외교시설을 공격했고, 미 행정부는 리야드와의 공조를 통해 테러방지를 시도했다. 트럼프 행정부는 예멘 IS(IS−Y)에 대해서는 더 강경하게 대처했다. 2017년 미 중부사령부(CENTCOM) 지휘하의 미군이 IS−Y를 여러 차례 직접 공격했고, IS−Y는 2020년 말까지 미군의 지원을 받는 사우디 연합군과 시아파 후티(Houthi) 반군의 공격에 의해 거의 전멸했다. 그러나 리비아 IS에 대한 트럼프 행정부의 군사작전은 별로 성공적이지 못했다. 원래 트럼프가 리비아 상황을 물려받을 당시 그곳 IS는 오바마 행정부의 전투기, 폭격기, 무인드론, 공격헬기, 미사일을 동원한 수백 차례의 공격으로 거의 전멸상태에 있었다. 트럼프 행정부는 간헐적으로 리비아 IS를 공격하고, 그 세력이 확대되지 못하도록 관심을 기울였다. 그러나 미 행정부가 이라크, 시리아 IS와의 전투에 몰두하는 사이 리비아 IS가 급속히 소생할 때, 워싱턴은 그곳 내란 격화의 상황에서 미 지상군을 철수시키고 약간의 폭격, 정찰 및 감시를 포함하는 최소한의 억지전략만을 시행했다. 그 사이 리비아 IS는 완전히 부활했다. 워싱턴은 이집트 IS(IS-SP)에 대해서는 상대적으로 관심이 적었는데, 그 이유는 그들의 테러 대상이 미국인이나 미국 이익보다는 주로 이집트 정부, 시아파 집단, 그리고 러시아, 요르단, 이스라엘을 포함하는 일부 해외이익이었기 때문이다. IS-SP에 대한 트럼프 행정부 정책은 이스라엘 등 역내 우방과의 협력을 통한 감시, 정찰, 정보교환 형태를 띠었다.

트럼프 행정부의 사하라 사헬지역 IS에 대한 대응은 AFRICOM의 AQ에 대한 대응과 동일한 맥락에서 추진됐다. 광역 사하라 IS(IS-GS)는 2016년 이후 북, 서 사하라 일대에서 말리, 니제르, 부르키나파소를 포함하는 여러 나라 정부군, 그리고 그 지역 평화유지를 위해 주둔하는 유엔임무병력과 프랑스 군에 공격을 가했다. 병력이 수백 명에 불과한 그 테러집단은 2017년 이후에도 마찬가지로 무차별적 테러행위에 개입했는데, AFRICOM은 오바마 시기와 비슷하게 가끔은 직접 교전에 나서지만, 주로 프랑스 병력, 파트너 정부군. 그리고 유엔평화유지임무에 대한 군사, 재정지원으로 대처했다. 나이지리아의 IS(IS-WA)와 보코하람에 대한 미국의 대응도 직접 전투보다는 간접지원의 성격이 더 강했다. AFRICOM의 활동이 축소되는 상황에서, 트럼프 행정부의 대응은 IS에 반대해 나이지리아 정부에 전투기를 판매한 것이 전부였다. 나머지 지역인 코카서스와 필리핀 IS에 대한 워싱턴의 대응은 어땠나? 러시아로부터 독립하고 이슬람공화국을 건설하는 것이 최고목표인 코카서스 IS(IS-WK)는 주로 러시아 정부기구와 관련 시설, 요인을 공격했고, 특별히 미국이나 서방이익을 공격한 것은 아니었다. 그럼에도 원칙적으로 이슬람 극단주의 테러에 반대하는 대원칙에 따라, 트럼프 시기 미 국무부와 재무부는 그 단체와 조직원들을 테러집단(FTO, SDGT)으로 지정하고 그에 비례하는 제재를 부과했다. 필리핀 IS(IS-P)에 대해 트럼프 행정부는 코카서스 경우보다는 잠시 더 강력하게 대처했다. IS-P는 필리핀 세속정부에 반대해 이슬람 분리주의를 추구하는 과정에서 수많은 테러, 민간인 약탈을 자행했는데, 2017년 미 행정부는 그에 반대해 필리핀 정부군의 IS-P 격멸 시도를 지원하기 위한 특별 군사작전(OPE-P)을 실시했다. 그러나 IS-P가 새로이 전사를 충원하고 다시 세력을 확장할 때 미 행정부의 그 테러집단에 대한 관심은 점차 약화됐는데, 그 이유는 미국의 안보정책 자체가 테러보다는 강대국과의 경쟁을 더 중시했기 때문이다.

오늘날 AQ와 IS의 세력은 어떤 상태이고, 전체적으로 트럼프 행정부의 AQ, IS에 대한 대응을 어떻게 평가해야 하나? 중동에서 예멘의 AQ와 IS는 이미 전멸 상태이고, 앞으로도 만수르 하디 정부, 후티 반군의 공격과 사우디의 군사간섭 앞에서 재기하지 못할 것이다. 사우디 IS 역시 리야드의 공격과 미국의 지원으로 인해 세력 확대는 불가능할 것이다. 시리아의 NF는 AQ 수뇌부 자체가 아직 무능력한 상태에서, 아사드 정부군, 이란 및 러시아의 다마스커스 지원을 감당해 낼 수 없다. 코카서스 IS가 푸틴 정부의 집념에 대항하는 것은 모스크바의 전략과 능력에 비추어 무의미한 행동이다. 필리핀 IS는 두테르테 정부의 공격에도 불구하고 일정수준의 능력을 구비하겠지만, 역외활동은 불가능하고 지구적 차원의 위협을 제기하지는 못한다. 그렇지만 아프리카의 AQ와 IS는 앞으로도 역내에서 위협을 제기할 것이다. 말리의 AQIM과 소말리아 알샤바브는 세력이 건재하고, 리비아 IS는 그 나라 내전 중에 다시 생존의 단초를 찾은 후 상당수준 부활했다. 그러나 그들의 행동은 지구적이기보다는 지역적 차원의 위협이고, 미국에 대한 직접적 위해가 부분적인 한 워싱턴이 모든 사안을 책임질 이유는 없다. 그 문제의 일차적 책임은 아프리카 정부들 소관이기 때문이다. 이집트 IS는 엘시시 정부와 이스라엘의 강경책에 의해 큰 힘을 발휘하지 못할 것이다. 큰 틀에서 아프리카 사하라 일부를 제외하면 이슬람 극단주의 테러리즘은 9 · 11 당시에 비해 현저하게 약화됐고, 그 테러그룹은 지난 수십 년과 같은 극단적 행동을 취하기에는 절대적으로 취약하다. 트럼프 행정부가 미국의 안보 초점을 중국과 러시아에 대한 경쟁으로 이동시킨 것은 이슬람 무장 테러리즘이 제기하는 위협과 강대국 경쟁 간의 시급성과 심각성을 비교해 내린 현명한 결정이었다. 트럼프 시기 미국의 대테러 전략은 합리적으로 추진됐다. 미국의 강경책은 전 세계적 차원의 이슬람 극단주의 무장위협이 감소하는 정도에 맞춰 비례적으로 완화됐고, 그것이 워싱턴이 유엔평화유지임무, 프랑스 병력, 그리고 역내 우방에 지원을 제공하는 간접방식으로 정책을 더 전환한 이유였다.

바이든 대통령과 그 행정부의 대테러 전략은 어떤 성격을 갖는가? 바이든 대통령의 대테러 전략은 몇 가지 특성을 갖고 있다. 첫째, 처음 이슬람 극단주의 테러위협이 제기되는 상황에서 그는 대테러 관련 연방권한 확대를 지지했다. 1995년 그는 정부의 감시파워를 확대하는 법안도입 시도에서 성공하지 못했지만, 그 이후 그 대부분은 2001년 부시 행정부 시절 상원의원으로서 그가 지원한 미 의회의 '애국법'(Patriot Act) 입법에 포함됐다. 그러나 동시에 그는 과도한 연방 감시조치에 대해서는 비판적 태도를 취했다. 2007~2008년 미국 시민의 이메일 수집, 각 개인의 배경조사, 그리고 기타 개인 데이터 수집을 승인하는 '해외정보감시 법안'(FISA: Foreign Intelligence Surveillance Act)에 반대한 것이 그런 예였다. 둘째, 오바마 행정부 부통령으로서 2015년 그는 '미국 자유법'(USA Freedom Act) 통과를 승인했는데, 그것은 부시 행정부 당시 입법된 애국법에서 규정된 감시에 대해 일부 새로운 제한을 가하는 법안이었다. 셋째, 그는 부통령 시절 오바마 대통령과 함께 쿠바 관타나모 시설 폐쇄를 옹호했다. 그러나 그 완전폐쇄는 트럼프 대통령이 그 기지를 계속 대테러 목적으로 사용하고, 미 의회 일각에서 반대하면서 무산됐다. 넷째, 그는 테러 가능성을 사전에 차단한다는 이유로 무슬림 다수국가로부터의 미국 입국을 제한하는 트럼프의 행정명령에 반대했다. 다섯째, 그는 해외에서 '대테러 플러스'(Counterterrorism Plus) 전략을 옹호했다. 그것은 대규모 미군병력을 동원하기보다는 효율적인 소규모 미 특수부대와 공중공습을 통한 테러리스트 공격과 억지에 초점을 맞추는 것이었다. 그것은 오바마 행정부가 지하드 및 무장 민병대에 사용하던 전략으로, 주로 아프가니스탄, 파키스탄, 이라크, 서아프리카, 그리고 예멘에서 미국 드론 공격이 급증하던 것과 일맥상통했다.[1]

부통령 시절 그랬듯이 대선 당선자 신분으로, 바이든은 계속해서 AQ와 IS가 소생하는 것을 방지하기 위해 그 뿌리를 뽑을 것이라고 말했다. 테러집단이 다시 부활한다면 미국의 국익은 크게 손상을 입을 것이다. 그는 이라크, 시리아, 아프가니스탄 전쟁에서 피해입은 수많은 인명, 경제이익, 그리고 다른 중요한 일로 초점을 옮기는 것을 방해하는 테러그룹의 소생은 워싱턴으로서는 절대 용납하지 않을 것이라고 강조했다. 이제 집권 직후, 바이든 행정부는 리비아, 소말리아 등지에서와 같이 시급한 전쟁지역이 아닌 곳에서의 특수부대 공격과 드론 사용에 더 엄격한 기준을 부과할 것이라고 선언했다. 그것은 과거 오바마 당시 워싱턴의 정책이 미국인에 대한 '지속적이고 시급한'(continuing and imminent) 위협이 확실할 경우에 한해서, 또 정보보고가 민간인 사상자가 최소이고 역풍이 없다고 판단했을 때에만 드론 공격을 시행하도록 허락한 것과 비슷한 형태를 띠었다. 그것은 민간인 사상자를 최소한으로 줄이기 위한 인도주의 조치의 일환이었다. 바이든의

---

1) "President-Elect Biden," (November 7, 2020), https://www.cfr.org〉election2020

지시는 트럼프 시기 백악관의 감독 없이 미군 지휘관 재량에 따라 대테러 공격을 허락하던 관행을 일단 중지시켰다. 그 지시는 바이든 행정부가 드론 정책에 관한 정부 간 검토를 시행하는 동안 일시적으로 취해졌다. 바이든 안보 팀은 여러 사안에 관해 검토했다. 그것은 오바마 시기와 같이 워싱턴의 허락 하에서만 드론 공격을 할 수 있는지, 또 그로 인한 테러리스트 숫자와 민간인 사상자 숫자의 연례 보고서를 발간할 것이지, 또는 트럼프가 2019년 폐지했듯이 전장의 군인들과 CIA가 자체 판단으로 군사공격을 실시하면서 연례보고서 발간을 중지할 것인지에 관한 것이었다.[1]

4 대량살상무기 비확산

트럼프 대통령의 이란 및 북한 WMD 접근법은 수많은 문제를 내포했다. 워싱턴의 잘못된 결정으로 인해 이란 핵문제는 오히려 더 악화됐고, 현재 바이든 행정부가 그 해결을 위해 테헤란과 새로이 협상하고 있지만 새로운 국면에서의 새로운 타결은 많은 장애를 극복해야 하는 어려운 입장에 처해 있다. 무엇보다도 트럼프가 JCPOA로부터 미국을 탈퇴시킨 것이 결정적 패착의 시작이었다. 그는 대선후보 시절부터, 또 집권한 이후에도 계속해서 이란이 핵개발 중이고, 테헤란이 JCPOA 시효만료 후 또다시 핵개발을 추진할 것이며, 그 협정에서 이란의 핵종식이 확인되지 않는다고 말했다. 그러나 그 발언은 오류투성이인데, 왜냐하면 IAEA가 강제사찰에서 확인했듯 JCPOA로 인해 이란의 핵개발은 완전히 중단됐기 때문이다. 나중에 그 협정의 유효기간이 지나 테헤란이 핵개발을 또다시 시도하려 한다면 그때 미국과 관련국들이 다시 새로운 대책으로 대항하면 될 것인데, 왜냐하면 국제정치의 근본현실 속에서 어느 협정도 무기한의 완전한 구속력을 갖는 것이 아니기 때문이다. 오히려 제1차 세계대전 이후 베르사이유 평화조약의 경우가 보여주듯, 적대국에 대해 지나친 부담을 지우면 그것이 상대방의 반감을 초래

---

1) Ellen Nakashima & Missy Ryan, "Biden orders temporary limits on drone strikes outside war zones," (March 4, 2021), https://www.washingtonpost.com/national−security/biden−counterterrorism−drone−strike−policy/2021/03/04/f7fedcc−7d01−11eb−85ce−967fa90c8873_stroy.html

하고 결국 모두에게 재앙으로 연결될 수 있다는 점을 염두에 두어야 할 것이다. 또 트럼프는 계속해서 이란의 행동이 '사악'한(malign) 의도를 갖고 있는 것으로 묘사했는데, 미국만이 정의롭다고 말하면서 상대방을 그렇게 몰아붙이는 것이 정당한지도 의문이다. 서구세계, 특히 서유럽 국가들의 지구적 부상 역사에 비추어 트럼프는 아마 발언에 더 신중을 기해야 했을 것이다. 트럼프는 그 밖에도 많은 문제를 야기했다. 그는 JCPOA 합의에 참여한 핵심동맹들, 그리고 일본 및 기타 EU 우방의 반대에 전혀 귀를 기울이지 않았다. 그들과 IAEA가 테헤란이 아직도 JCPOA 합의를 충실히 이행하고 있다고 말하면서 트럼프의 결정에 계속 반대했지만, 워싱턴은 그 견해를 일방적으로 배척했다. 이란도 로하니 대통령, 이란 외교장관, 그리고 하메네이의 발언에서 나타나듯 여러 차례에 걸쳐 워싱턴의 행동에 반대했지만, 트럼프는 그 항의에도 일절 관심을 기울이지 않았다. 그러나 중요한 것은 정책의 결과인데, 그러면 과연 그 결과가 긍정적이었나? 그 대답은 분명 부정적이다. 미국은 동맹국들을 동원해 이란에 대해 최대압력을 시도했지만, 그것은 테헤란을 물러서게 만들지 못했다. 오히려 양측 간에 외교, 군사적 충돌이 가속화되고, 개입한 행위자들에게 피해만 돌아갔을 뿐이다. MESA에서의 외교 실패는 워싱턴에게 아마 가장 충격적인 결말이었을 것이다. 앞으로도 미국이 워싱턴이 원하는 대로 미래협상을 이끌어 가기는 어려울 것인데, 왜냐하면 이미 세계 안보지형이 완전히 바뀌었기 때문이다. 결정적으로, 이란이 러시아와 중국의 절대적 지지를 받고 있고, 중동에서 강력한 시아파 벨트를 형성해 미국과 사우디를 포함하는 수니파 국가들에게 대항하기에 충분한 여건이 조성됐기 때문이다.[1] GCC

---

[1] 워싱턴 D.C. 윌슨센터(Wilson Center)의 중동 전문가는 이란 민주주의에 대해 다음과 같이 말했다. 이란에서 서방식 자유민주주의가 수용될 가능성은 전무하고, 이란은 '권력의 분산'이라는 의미의 민주체제도 아니다. 이란에서는 3번의 주요 정치변혁이 있었다. 일찍이 이란 군주(Shah)를 중심으로 1905년 의회를 창설했을 때, 두 번째는 Shah하에서 모사데크가 추진한 의회주의 개혁이 미국, 영국 정보기관이 주도한 쿠데타에 의해 무산됐을 때, 그리고 세 번째는 1978~1979년 이슬람 혁명을 통해서 이슬람 공화국이 탄생했을 때이다. 호메이니의 혁명에는 사회 모든 그룹이 동참했는데, 그 당시 호메이니를 중심으로 성직자들이 정치에 참여하는 신정정치(theocracy)를 하리라는 조짐은 별로 없었다. 그러나 결과적으로 호메이니는 가장 강력한 그룹으로서의 성직자 집단이 운영하는 이슬람 국가를 만들어냈다. 그들은 종교경찰인 이슬람 혁명수비대와 헤즈볼라를 동원해 반대파를 무자비하게 탄압하고, 언론을 폐쇄했으며, 수천 명의 쿠르드인들을 매복, 살해하거나 반란 등 온갖 죄목으로 기소, 처형했다. 또 그들은 좌익 무자히딘 등 과거 동맹군도 탄압했는데, 혁명 이후 초대 대통령 바니-사드르를 탄핵하고 그의 추종자들을 정치범으로 몰아 2,500명 이상을 처형했다. 1997년 민주, 통제완화, 시장경제 성향의 하타미가 대통령에 당

내의 분열 역시 이란에게는 유리한 조건일 뿐이다. 최근 수니파 종주국 사우디아라비아가 중동 최대의 적대 경쟁국인 시아파 우두머리 이란과 관계개선을 시도하는 것은 지구적 차원의 국제질서와 중동의 안보역학이 어떻게 변해가고 있는지를 보여주는 대표적 사례일 것이다.

　　반면, 현 상황에서 바이든 행정부가 어떻게든 JCPOA를 되살리려는 노력은 바람직 한 것으로 보인다. 그렇지 않고서는 세계 핵 확산이 더 가속화되고, 그것은 나중에 미국에게 회복하기 어려운 손실로 돌아올 것이기 때문이다. 미래의 미－이란 핵협상에서도 워싱턴은 트럼프와 같이 무소불위 행동은 하지 않을 것인데, 왜냐하면 바이든 행정부 자체가 상대적으로 평등주의적 사고를 갖고 있고, 또 오늘날의 세계질서가 지난 10년 전과 비교해 완전히 변했기 때문이다. 미국으로서는 조금이라도 더 유리한 조건을 관철시키고 싶겠지만, 무정부상태(anarchy)로 일컬어지는 국제정치에서 나의 절대적 안보(absolute security)는 상대방의 절대적 비안보(absolute insecurity)라는 사실을 잊지 말아야 한다. 그것이 세계 각국이 패권과 생존의 양극단에서 상대적으로 유리한 세력균형(favorable balance of power)을 추구하는 이유이다. 중동의 이슬람 세계 속에서 생존해야 하는 이스라엘은 약간 불만이 있을 수 있지만, 그 자체의 핵무기 보유와 미국의 절대적 지지로 인해 큰 위험이 없음에 비추어 중동정세 안정에 협력하고 원래 국제사회의 기조인 이스라엘－팔레스타인 두 나라 공존을 수용하는 것이 장기적으로 더 현명할 것이다.[1]

선뵀지만, 그의 개혁은 곧 중단되고 그를 지지하는 온건파들은 살해와 보복위협에 시달렸다. 독재에 반대하는 반체제, 민주세력에 대한 일망타진은 하타미 임기 마지막 해인 2005년까지 계속됐다. 2005년 혁명수비대 사령관을 포함해 이슬람 핵심세력의 지지를 받는 아마디네자드의 대통령 취임은 더 억압적인 독재의 시작을 알렸다. 아마디네자드의 두 번째 대선에서의 부정선거에 반대하는 녹색운동(Green Movement)은 1978~1979년 당시와 비슷한 큰 규모였지만, 그것은 모든 계층이 참여한 것이 아니고 또 야당 리더들이 혁명보다 개혁을 선호하는 가운데 보안당국에 의해 진압돼 민주혁명으로 이어지지 않았다. 통치 성직자 집단과 그와 연계된 군부세력은 민주화에 관심이 없다. 오늘날 통치 성직자와 이슬람 혁명수비대 중심의 군부가 이란의 실제 억압적 통치세력이고, 정치인들의 파워는 미약하다. 아랍의 봄에서 무질서를 목격하고, 2013년 이후 온건 개혁주의자 로하니가 대통령으로 일하면서, 이란은 혁명보다는 개혁을 통한 민주화를 선호하는 상태에 머물러 있다. Haleh Esfandiari, "Reform or Revolution? (Iran's Path to Democracy)," Foreign Affairs, Vol. 97, No. 1 (January/February 2018), pp. 143－149.

1) 2021년 12월 중순 베네트(Naftali Bennett) 이스라엘 신임총리가 UAE를 방문해 이란의

그러면 북한 핵과 관련한 워싱턴의 정책은 어떻게 평가해야 할까? 트럼프는 중국 활용, 최대압력, 화염과 분노, 북한체제 붕괴 거론에서 나타나듯 모든 수단을 동원해 북한 핵을 폐기하기 원했다. 그것은 지난 수십 년간 국제공동체의 모든 노력에도 불구하고 평양의 핵개발을 막지 못한 것에 비추어 워싱턴으로서는 충분히 고려할 수 있는 입장이었다. 트럼프의 특별히 공격적인 성향은 평양에 심리적 타격을 주었던 것으로 보이는데, 그것은 제6차 핵실험과 장거리미사일 시험발사를 통해 워싱턴에 강경하게 저항하면서도 2018년 초 김정은이 그 위기 완화를 위해 한국정부의 개입을 유도하는 지략을 사용한 것에서 드러난다. 그러나 트럼프가 김정은과의 직접 담판을 통해 중차대한 안보문제를 해결할 수 있다고 믿었다면, 그것은 아마 과도한 희망이었을 것이다. 그 이유는 비록 정상회담이 유용할 수는 있지만, 국가 간 협상의 결과는 합리적 행위자로 간주되는 국가의 (집단적) 이성(reason of the state)에 의해 결정되기 때문이다. 나토와 MD의 동유럽 확산 당시 러시아의 메드베데프와 푸틴이 아무리 사정해도 오바마와 EU가 그 호소에 귀를 기울이지 않은 것, 또 박근혜 대통령이 시진핑과의 관계형성을 통해 남북관계에서의 전략적 우위를 달성하려던 시도가 성공하지 못한 것이 모두 그런 최근의 사례이다. 그렇듯 싱가포르 미·북 정상회담에서 이루어진 양측 수뇌의 합의는 8개월 후 하노이 정상회담에서 모두 파탄났다. 비록 트럼프와 김정은이 싱가포르에서 긍정적 미래를 위한 원칙에 합의했지만, 그들은 하노이 회담에서 전혀 의견 접근을 이룰 수 없었다. 처음부터 트럼프와 김정은이 만난 것 자체가 서로의 입장을 확인하고 자국 이익을 관철시키기 위한 외교협상의 시작이었고, 하노이의 실제 현안 논의에서 두 리더가 각자에 유리한 핵심요구를 제시할 때 상대방은 그것을 수용할 수 없었을 뿐이다. 그 이후 트럼프와 김정은이 양국 최고 리더로서 또다시 DMZ에서 만났지만, 그로 인해 해결될 수 있는 것은 없었다. 협상과정에서 두 리더가 상대방에 대해 호의적으로 말하고, 또 실제 미·북 모두 궁극적 협상 타결을 위해 상대방을 배려하는 여러 행동을 취했지만, 그것은 아무 긍정적 결과를 도출하지 못했다. 스톡홀름 미·북 실무대화에서 현안관철을 위한 미국 측의 유인요인 제시에도 불구하고 북한은 자국에 유리한 입장에서 한발도 물러나지 않았고, 그 이후 평양은 완전히 대화의 문을 닫았다. 미국 정부가 할 수 있는 일은 없었고, 트럼프 개인의 시도는 모두 물거품으로 돌아갔다. 그 과정에서 미·북 관

JCPOA를 포함해 중동 안보 관련 양국 협력을 모색했다.

계개선을 위한 한국 정부 노력의 대가로 몇몇 운용적 군비통제를 포함해 남북한 간에 약간의 관계진전이 있었지만, 미·북 대화 붕괴 이후 그 모든 것은 남북한 통신채널 차단, 남북연락사무소 폭파를 포함해 원점으로 돌아갔다. 처음부터 그것 역시 평양의 일방적 조치에 의해 언제든 깨질 수 있는 취약한 관계였다. 미·북 협상에서 나타난 북한의 행태와 남북관계 진전 및 파탄은 1990년대 이후 평양이 시행하던 벼랑외교가 김정은 정권에 의해 언제든 다시 재현될 수 있는 가능성을 보여주었다.

5 대외경제 및 무역전쟁

트럼프는 미국의 대외경제가 미국에 피해를 준다는 인식 하에서 국제경제제도와 중국 및 기타 국가들과의 경제관계 변화를 시도했다. 그러나 그 시도에서 NAFTA에 있어서의 미미한 외형상의 진전을 제외하면, 사실상 모든 것은 미국의 이익에 전혀 도움이 되지 않았다. 그것들은 오히려 미국에 손실만 안겨주었다.

(1) 나프타의 USMCA로의 개정

NAFTA의 경우 트럼프는 대선후보 시절, 그리고 집권 후에도 계속해서 그 제도가 미국이 체결한 최악의 무역협상이라고 주장했다. 1994년 발효된 나프타로 인해 미국 내 자동차 업계를 포함하는 일부 산업의 근로자들이 피해를 본 것은 사실이었는데, 트럼프는 나라 전체보다는 오히려 그들의 입장을 대변하는 것으로 보였다. 노조와 근로자들은 나프타로 인해 미국 제조업 전반에서 직업 숫자가 감소했다고 말했고, 자동차 노조 리더들은 미국 자동차 관련 1/3에 해당하는 35만 개 직업이 사라진 반면, 멕시코 자동차 분야 고용은 12만개에서 55만개로 증가했다고 주장했다. 그래도 나프타로 인해 클린턴 시대 이후 국가차원에서 미국 경제가 엄청난 이익을 본 것은 부정할 수 없는 사실이었다. 예를 들어 미국에서 2014년 직업의 경우, 자동차 포함 일부 산업에서 1만 5천개 일자리가 사라진 반면, 45만개의 새로운 직업이 창출됐다. 소비자는 제품의 질이 상승하고 차량가격 하락으로 큰 이익을 보았다. 전문가들은 대외무역에서 국민 전체에게는 이익이어도 일부 산업이 피해를 입는 것은 불가피하게 발생하는 현상이며, 오늘날의 미 제조업은 이미 나프타 이전부터 문제였다고 말했다. "미 제조업 문제는 나프타와는 무관하다. 2001년 이후 미국의 직업 상실은 나프타보다는 상대적으로 WTO 가입 이후 중국에 의한 경쟁이 더 큰 원인을 제공했고, 기저의 기술변화에도 크게 영향 받았다. 오히려 나프타는 초국경 공급망 발전을 통해 미국 자동차 업계가 중국과 경쟁하는 것을 도왔다. 나프타는 생산성 증대, 가격인하의 기제로 미국의 경쟁력 상승에 기여했다. 일부 직업이 멕시코로 갔지만, 나프타가 아니었으면 더 많은 직업 상실이 있었을 것이다. 멕시코의 지리적 인접성으로 인해 지역 산업단지가 형성됐고, 상품이동이 원활했으며, 3개국 제조업이 고도로 통합될 수 있었다. 그 연계는 나프타의 관세축소가 없이는 불가능했다. 한편 멕시코 경제가 나프타로 인해 급성장의 혜택을 본 것을 말할 필요도 없다."[1]

그러나 나프타와 트럼프 발언의 진실 여부를 떠나, 그 협정의 USMCA로의 개정은 미국 내에서 많이 환영받았다. 그것은 USMCA가 미국 자동차 산업 관련 직업을 증대시키고, 또 전자상거래 및 서비스 산업 수출 활성화, 지적재산권 보호, 미국의 해외투자를 도울 것으로 여겨졌기 때문이다. 관심의 초점이던 자동차 분야에는 새로운 투자 동기가 부여됐다. 그 관계자들은 미국에서 생산되는 자동차 부품이 추가 구매되고, 자동차 분야에서 고임금 직업이 생성되며, 연구개발에서의 리더십 진전에 의해 향후 전기 및 자동(autonomous) 차량의 미래생산이 미국 내에 위치할 것이라고 말했다.[2] 트럼프뿐 아니라 미국 민주당과 노동계, 특히 AFL-CIO가 USMCA를 지지했다. 트럼프는 미국 경제에 긍정적 조치를 도입하는 동시에, USMCA 성사에 힘입어 중국과의 무역전쟁에서 더 역동성을 가질 수 있었다. 민주당 출신 미 하원의장 낸시 펠로시(Nancy Pelosi)는 협정비준 최종타결에서 트럼프와 멕시코를 밀어붙여 엄격한 노동권리를 확보했고, 노조는 미국직업을 멕시코에 뺏기지 않도록 유리한 조항을 강요할 수 있었다. 미국 업계 리더들은 나프타로부터 철수하지 않은 것에 안도하면서, 그로 인해 약간의 확실성을 갖게 됐다. 캐

---

1) 그 전문가들은 2001~2010년 미국 내에서 사라진 최대 1,700만 개 직업 상실이 주로 중국과 관계됐다고 주장했다. Andrew Chatzky, James McBride and Mohammed Aly Sergie, "NAFTA and the USMCA: Weighing the Impact of North American Trade," (Last updated July 1, 2020), https://www.cfr.org〉backgrounder

2) USMCA Auto Report-International Trade Administration,, https://www.trade.gov〉usmca-auto...

나다는 낙농시장의 일부 개방에도 불구하고 '챕터 19'의 분쟁해결 기제를 유지해 무역이슈에서 미국법원의 판결을 피할 수 있게 됐고, 캐나다 근로자들은 자동차 내용물의 거의 절반 가까이가 시간당 16달러 이상을 받는 작업자에 의해 생산돼야 한다는 엄격한 노동규정에서 혜택을 보게 됐다. 반면, 최대 피해는 현재 불경기를 겪고 있는 멕시코에 돌아갔다. 미국과 캐나다에서 사업하는 멕시코 기업들은 폐쇄할 가능성이 높아졌는데, 높은 노동가격에 비추어 멕시코로 이전해야 하기 때문이었다. 중국 역시 USMCA로부터 손해를 겪게 됐는데, 그들의 값싼 부품수출이 제한되기 때문이었다. 의약품 산업은 의회 감독에 의해 더 높은 가격책정이 어려워졌고, 미국 시민들은 멕시코에서 생산되는 소형차 수입이 줄어들어 차종에서의 혜택이 줄어들고 자동차 가격인상의 손해를 보게 됐다. 농민들은 캐나다와 멕시코에 농산물 판매를 계속 유지하고, 낙농업자들은 분유부터 아이스크림까지의 우유 제품, 계란, 칠면조를 더 많이 팔도록 허용됐지만, 그것은 큰 혜택은 아니었다.[1]

그래도 전체적으로 전문가들은 나프타 조항의 85~90%를 그대로 보유하는 USMCA의 미국 경제 전반에 대한 실질적 영향은 그리 크지 않을 것으로 전망했다. 워싱턴의 무역 관련 싱크탱크(Trade Partnership Worldwide) 전문가(Doug Palmer)는 그 협정으로 인한 미국의 GDP 증가가 0.1% 수준에 머무를 것으로 추정했다.[2] 독립기구인 미 국제무역위원회(ITA: International Trade Commission)는 향후 6년간 USMCA로 인해 미국에서 17만 6천개 직업이 창출되고, 미국 GDP가 0.35% 규모인 680억 달러 증가할 것으로 전망했다. ITA는 USMCA의 사실상의 긍정적 효과는 미미(modest)하다고 말했는데, 참고로 2019년 11월 한 달간 미국 내에서 창출된 직업은 26만개에 달했다.[3] 트럼프는 USMCA가 역사상 최고의 무역협상이라고 말했지만, 그것은 22조 달러 규모와 1억 5천 2백만 개 비농업 직업을 가진 미국 경제에 특별한 의미가 없는 작은(blips) 성과였다.[4]

---

1) Heather Long, "Winners and Losers in the final USMCA deal – The Washington Post," (December 10, 2019), https://www.washingtonpost.com

2) Doug Palmer, "Crucial analysis of new NAFTA won't help Trump sell the deal," (Updated March 26, 2019), https://www.politico.com〉 story〉 a...

3) Katie Lobosco, Brian Fung and Tami Luhby, "6 Key differences between NAFTA and the USMCA deal that replaces it," (Updated December 17, 2019), https://www.cnn.com〉 politics〉 naf...

4) Paul Wiseman, "What Trump's new North American trade deal actually does,"

(2) TPP 및 WTO 관련 행동

TPP 탈퇴는 미국에게 전혀 도움이 되지 못하고, CPTPP 11개 국가들과의 무역에서 예상되는 부작용은 모든 면에서 미국 이익에 피해를 끼칠 것이 자명했다. TPP는 최근의 경제추세를 반영하고 미국에게 유리한 수많은 조항을 포함했는데, 그로부터의 탈퇴는 미국에 큰 손해를 끼쳤다. 첫 번째 이유는 미국의 주요 무역상대국들이 서로 거의 무관세로 상업거래를 하는 반면, 고관세를 지불해야 하는 미국 기업들이 그들 시장에 대한 접근에서 심하게 제한받았기 때문이다. 또 TPP 철수는 미국이 비교우위를 점하는 법률, 재정서비스를 최혜국 대우를 받으면서 수출할 기회, 전자상거래 확대, 해외투자 확대, 미국 투자자 보호, 디지털경제 발전의 기회를 봉쇄했다. 그 이외에도 그 과정에서 지적재산권 보호, 비시장 경제에 대항하는 사기업과 시장 중심의 민간경제 확산, 그리고 덤핑 및 과도한 무역구제조치 등 비관세 장벽 제거와 공정무역 질서를 강조하는 미국의 지구적 경제 리더십은 계속 도전받을 것이었다. 시진핑의 BRI가 아태지역 전반과 중동, 아프리카를 포함해 그 인근 일대 모두를 포괄하는 상태에서, 미국의 TPP 철수는 어느 의미에서나 미국에게 손해였다. 뒤늦게 트럼프 행정부가 CPTPP 재가입을 고려했지만, 오바마 행정부가 제안해 포함됐던 미국에 유리한 모든 조항이 삭제된 상태에서 미국의 재가입은 상대적으로 그 의미가 저하됐다. 워싱턴은 이러지도 저러지도 못하는 불리한 입장에 처했는데, TPP 상당수 국가가 중국이 참여하는 RCEP 회원국임에 비추어 미국의 아태지역 경제이익은 계속 더 침해당할 것이다. 더구나 최근 중국이 신청한 CPTPP 가입이 허용된다면, 그것은 미국에게 더 큰 타격이 될 것이다.

미국의 WTO 탈퇴 위협은 더 이해할 수 없는 행동이었다. 미국은 트럼프의 말대로 WTO에 불만을 가질 수 있었다. 무역자유화가 한계에 부딪치고 합의가 도출되지 않으며 중국, 인도, 브라질 등 신흥 경제 강국이 개도국 지위를 이용해 계속 부당이득을 취할 때, 미국이 그에 분노하는 것은 일견 이해가 간다. 그러나 WTO가 미국에 '재앙'이라는 트럼프의 말은 아마 어느 누구에게도 비정상으로 들렸을 것이다. 그 이유는 그 제도가 미국이 주도하는 서방 자유주의 세계의 경제이

(January 30, 2020), https://apnews.com〉 article

익을 보존, 확대하는 기본 메커니즘이고, 그에 기초한 경제력 강화가 없이 미국이 정치적인 국제적 주도권을 유지할 수 없기 때문이다. 경제 측면 하나만 보더라도 WTO가 없이는 미국이 자유무역을 확대할 수 없는데, 왜냐하면 그로부터 유래하는 관세, 비관세 장벽을 제거하는 능력, 그리고 또 수많은 미국과 서방에 유리한 규정 제정과 촉구 역량이 크게 위축되기 때문이다. WTO는 서방이 추구하고 옹호하는 정부의 간섭을 배제하는 GATT의 자유주의 시장경제 기준을 미국 주도로 세계에 더 확대, 적용시킨 것이라는 것을 기억해야 한다.

트럼프가 말하는 바와 같이, 미국은 양자협상을 통해 부분적으로 경제이익을 보존할 수 있을 것이다. 그러나 그것은 단지 부분적 타결만을 가져오고 나중에는 큰 어려움에 봉착할 것인데, 왜냐하면 제3세계의 수많은 나라들이 나날이 경제력을 강화시키고 엄청난 천연자원을 보유한 중국, 러시아, 신흥개도국과의 관계에서 미국이 제시하는 것보다 더 좋은 조건을 찾지 못할 이유가 없기 때문이다. 미국은 또 몇몇 지역협력 기구를 통해 이익증대를 도모할 수 있을 것이다. 그러나 이미 트럼프는 TPP에서 탈퇴했고, 처음에는 NAFTA에서도 그 개정협상이 불만족스러울 경우 탈퇴할 수 있다고 위협한 바 있다. WTO는 NAFTA나 TPP 보다 훨씬 더 중요한데, 그 이유는 그것이 지역차원의 경제협력을 넘어 지구적 차원의 조건을 조성하고 세계적 규범을 제시하는 유일한 제도이기 때문이다. 이제 바이든 행정부가 출범해 상황이 바뀌었지만, 그것이 미국과 서방의 수많은 전문가들이 트럼프의 경제 접근법에 반대했던 이유였다.

만약 워싱턴이 실제 WTO로부터도 철수했다면, 미국의 홀로서기는 그 규모에도 불구하고 미국경제를 고립무원에 빠뜨렸을 것이다. 그것은 미국이 스스로 자국에 경제제재를 가하는 것과 동일하기 때문이다. 워싱턴이 이란, 러시아, 북한 등 수많은 적대 경쟁국에 경제제재를 가하는 이유가 그들을 경제적으로 고립시켜 미국이 원하는 결과를 얻기 위한 조치라는 것을 인정한다면, 그런 발상이 얼마나 위험한지 자명해진다. 물론 트럼프의 발언은 실행해 옮기기보다는 위협 성격이 더 강했을 것으로 보이지만, 그런 위협을 제기하는 것 자체가 세계 리더로서의 미국의 자격에 오점을 남기는 행위일 것이다. 오늘날 영국이 EU에서 탈퇴해 겪는 어려움은 미국의 WTO 탈퇴와는 비교도 되지 않을 것이다. 냉전종식 직후 한때 미국이 고립주의로 돌아가야 한다는 국내여론이 존재했지만, 그것은 트럼프가 주장하는 형태는 아니었다. 그것은 오늘날 국제정치 전문가들이 말하는 역외균형자 (offshore balancer)와 비슷한 개념이었다. 그러나 실제 해외균형자 역시 미국의 파워가 1990년대에 비해 상대적으로 하락했기 때문에 새로이 제기된 개념이라는 것을 인정한다면, 미국은 '원하던 원치 않던 경쟁해야 하는 국제체제의 구조'(built-in structures of competition) 속에서 어떻게든 그 능력 증진을 도모해야 한다고 생각했어야 할 것이다. 그것은 정부지출 축소, 소비절약과 저축증대, 자본 및 노동생산성 증진에 기초하고, 미 달러화의 기축통화 위상에도 불구하고 재무건전성 증진을 포함할 것이다. 동시에 미국의 국내외적인 경제노력은 미국의 동맹 및 파트너 국가들과의 외교, 안보관계에 의해 도움 받을 것이라는 것을 잊지 말아야 한다. 외교, 안보, 경제, 그리고 국내적 합의는 국제사회 속에서 나라를 이끄는 서로 연계된 변수이기 때문이다.

(3) 미·중 무역 전쟁

미·중 무역전쟁은 어떻게 보아야 하나? 미국은 2018. 7월~2019. 8월 중국의 5천 5백억 달러 상당의 제품에 관세를 부과하고, 베이징은 같은 기간 1,850억 불에 대한 보복관세로 대항했다. 그리고 양측의 피해를 줄이기 위해, 두 나라는 2020년 1월 제1단계 무역합의를 타결시켰다. 트럼프는 그때 1단계 협상을 크게 칭찬하면서 무역전쟁은 쉬웠고, 쉽게 승리했으며, 미국의 근로자, 농민, 가족들이 많은 혜택을 받게 될 것이라고 말했다. 그러나 중국은 2020년 전반기까지 미국과 합의했던 목표의 23%만을 구매했고, 그 해 말까지도 약속했던 것의 절반 이하를 구매했다. 2020년 미국은 중국에 대해 1천 8백억 달러 수준으로 수출할 수 있어야 하지만, 실제 현실은 2017년보다 훨씬 뒤처지는 상태에 있었다.[1] 그것이 코비드-19의 영향일 수 있지만, 처음부터 중국이 말한 약속을 지킬 의지가 있었는지, 또 합의의 이행 가능성이 있었는지가 의문이다. 약간 과장하면, 제1단계 미·중 협상 타결에서 워싱턴이 얻은 것은 없었다. 트럼프는 승리를 말하면서 실제로는 후퇴했고, 오히려 중국인들은 자기들이 강경협상에서 미국을 이긴 것에 흥분해 있었다.[2]

---

[1] Ryan Hass and Abraham Denmark, More pain than gain: How the US-China trade war hurt America, (August 7, 2020), https:/www.brookings.edu

[2] Paul Krugman: How Trump lost his trade war (December 20, 2019),

　　미·중 무역전쟁은 미국의 대중국 무역적자 일부 축소에도 불구하고 중국에 대한 수출하락과 지구적 차원 무역적자 증가의 역효과를 가져왔는데, 여기서 중요한 것은 과연 그 무역전쟁이 싸울 가치가 있었는가 하는 것이다. 미·중 무역전쟁은 미국과 중국 모두에게 고통을 안겨줬지만, 중국보다는 오히려 미국 제조업과 농업에 더 큰 타격을 주었다.[1] 2016~2017년 미국의 대중국 수출은 증가했지만, 2018년 초 워싱턴이 무역전쟁을 시작하면서 미국의 대중국 수출은 하락하기 시작했다. 미국의 2018년 중국에 대한 수출량은 2013년, 2014년, 2017년 당시보다 더 작았다. 또 상품과 서비스를 포함하는 미국의 전체 무역은 2019년 교역량 감소로 2016년 수준으로 후퇴했고, 교역상대국 변화에 따라 대중국 상품무역 적자는 약간 축소됐지만 전체적자는 2019년 한 해 약간을 제외하고는 계속 증가했다. 미국이 중국에 대해 가장 우려하던 구조적 문제에서, 베이징 당국의 국영기업 지원을 포함하는 산업정책의 문제점은 논의되지 않았다. 강제 테크놀로지 이전이 중단됐다는 증거는 없었고, 중국은 그것이 합의에 따른 이전이라고 주장했다. 통화조작 방지를 위한 구체적 계획도 제시되지 않았다. 미국의 중국시장에 대한 접근은 재정분야 약간 이외에는 별로 증진되지 않았다. 미국은 거시적 차원에서는 트럼프의 무역책사 피터 나바로(Peter Navarro)가 2018년 "중국이 미래를 훔치려 한다"고 말한 바와 같이 중국의 경제부상에 제동을 가하려는 의도를 갖고 있었지만, 그것은 성공하지 못했다.[2]

　　그러면 중국의 무역 손익은 어떻게 진행됐나? 중국은 대미수출이 감소하면서 미국에 대한 의존을 줄이고 다른 무역 파트너들에 대한 관세인하로 무역량을 증대시키는 기지를 발휘했다. 그에 따라 중국의 호주, 아르헨티나, 브라질과의 무역량이 계속 증가했고, 중국의 수입량은 2018년 최고치를 기록했다. 2019년에도 그 추세는 그대로 유지됐고, 중국은 미국 대신 베트남, 대만, 일본, 한국, EU와의 무역량을 늘렸다.[3] 중국과 다른 많은 나라들은 고관세를 부과하는 미국으로부터 단

https://www.registerguard.com〉 ...

1) Hudson Lockett, "US manufacturers hit harder than China's in trade war," Financial Times, (November 13, 2019)

2) Jill Disis, "Trump promised to win the trade war with China. He failed— CNN," (October 25, 2020), https://www.cnn.com〉 economy

3) Doug Palmer, "Why Trump lost his battle against the trade deficit," (October 06, 2020), https://www.politico.com〉 news〉 tr...

순히 무역 파트너를 교체했을 뿐이다. 미국 경제가 둔화되면서 중국 역시 타격을 입었지만, 중국경제는 지구적 수출이 증가하면서 미국에 비해 상대적인 성공을 기록했다.[1] 중국은 팬데믹에서 벗어나는 주요 경제국이었고, 2019년에 비해 2020년 2사분기 GDP는 4.9% 확대됐다.[2] 미·중 무역분쟁 동안 다른 나라들도 부정적 영향을 받았다. 캐나다, 영국, 독일, 일본, 한국 모두 2019년 현재 취약한 제조업 실적을 보였다.[3] 그래도 일부 국가들은 미·중 무역전쟁에서 부분적으로 이득을 보았는데, 왜냐하면 미국과 중국 모두 양국 간 무역축소를 보완하기 위해 다른 나라들과의 경제관계를 확대했기 때문이다. 멕시코는 자동차, 한국은 전자제품, 브라질은 농산물 수출로 혜택을 보았고, 호주의 2019년 수출은 최고치를 기록했다. 대만도 수출이 증가했고, 베트남은 미국 테크놀로지 기업의 이전에서 혜택을 입었다. 미국의 수출실적은 36개 OECD 국가들과의 수출 데이터 비교에서 명확하게 나타났다. 많은 선진산업국들은 수출에서 비교적 선전했다. 2018년 이후 OECD 36개국 중 29개국이 12%, 9개국이 35% 이상 수출을 신장시켰다. 미국의 수출 신장률이 36개국 중 밑에서 7번째인 9.18%를 달성했을 때, OECD 평균은 22.9%였다.[4]

　더 나아가 트럼프 행정부의 무역전쟁은 오히려 미국 국내에서 많은 부정적 영향을 가져왔다. 고관세 부과로 인해 주식가치는 1.7조 달러 축소됐고, 수출이 감소하면서 결과적으로 미국기업이 대신 지불한 관세는 460억 달러에 달했다. 실질 GDP가 0.3~0.7% 감소하는 수준으로 경제성장은 둔화됐고, 그 비용은 2020년까지 3,160억 달러에 달했다. 기업투자가 동결되면서, 고용에서는 해고가 많아지거나 새로운 채용이 연기됐다. 2019년 8월까지 미국에서는 30만 개의 직업이 사라졌다.[5] 제조업, 창고, 화물운송 실적은 최저치에 도달했다. 특히 농민 파산이

1) Richard Partington, "Global markets take fright as Trump ramps up US－China trade war," (August 2, 2019), www.theguardian.com

2) Disis, "Trump promised," (October 25, 2020), https://www.cnn.com〉 economy

3) "China－US trade talks to resume in early October amid dim growth outlook," South China Morning Post, (September 5, 2019)

4) Sintia Radu, "These Economies Are Benefiting From the U.S.－China Trade War," (August 23, 2019), www.usnews.com; Alan Austin, "How Trump lost the trade wars in 16 cool charts－Michael West," (January 22, 2020), https://www.michaelwest.com.au〉 h...

5) Hass and Denmark, "More pain than gain," (August 7, 2020),

많았고 농기구 업체가 큰 타격을 입었다. 반면 2019년 캐나다의 중국으로의 밀(wheat) 수출은 60% 증가했다. 미국 농민단체는 2014년 240억 달러에 달하던 중국 농산물 시장이 2018년 91억 달러로 축소됐다고 말했다.[1] 그것이 트럼프가 농업분야에 구제금융을 제공한 이유였다. 실제 처음부터 트럼프 자신이 농민들에게 관심이 있었는지 의문이다. 2018년 여름 그는 미국의 일본에 대한 농산물 수출이 별 것 아니라고 말한 적이 있고, 농민에 대한 관심은 선거에서 표를 얻기 위한 것이었다는 의구심이 팽배했다. 그래도 2019년 7월 여론조사에서 농민의 78%는 트럼프의 계획이 그들을 잘살게 할 것으로 믿었다.[2]

경제 전문가들은 2020년 코비드-19로 인해 대공황 이후 최악의 상태에서 과연 무역전쟁의 비용이 수백억 달러, 수십만 개 직업상실, 제조업 정체, 그리고 농민 파탄의 가치가 있는 것인지를 물었다. 그들은 무역전쟁이 국내경제에 많은 피해를 주었고, 미·중 제1단계 합의가 구조적 문제를 해결하지 못했다고 말했다. 실제 미국의 무역전쟁은 목표 달성에 실패했다. 그것은 고관세로 인해 순손실을 야기했고, 트럼프가 말하던 상징적 목표인 제조업을 부활시키지 못했으며, 해외에 나가있는 미국기업과 공장을 국내로 불러오지 못했다. 널리 알려진 경제학자 폴 크루그먼(Paul Krugman)은 다음과 같이 말했다. "미국이 파트너 선진경제와 협력하지 않는 한, 양자 대결을 통해 중국과 같이 거대하고 자부심을 가진 나라와의 무역전쟁에서 성공할 수는 없을 것이다. 무역전쟁의 시작은 쉽지만, 승리는 어렵다. 트럼프의 무역에 관한 어리석은 행동은 미국의 명성에 피해를 주었다. 미국이 갑자기 캐나다를 공격하면서 미 동맹들은 미국을 믿지 않게 됐고, 미국의 경쟁자들은 미국을 두려워하지 않는 것을 배웠다. 그들은 트럼프가 말로는 크게 떠들지만, 실천력은 약하고 그를 정치적으로 상처줄 때 물러선다는 것을 알게 됐다. 트럼프의 무역전쟁은 아무 목표도 달성하지 못하면서, 오히려 미국 국력을 약화시켰다."[3]

---

https:/www.brookings.edu

1) Alan Rappeport, "Framers' Frustrating With Trump Grows as U.S. Escalates China Fight," The New York Times, (August 27, 2019), www.nytimes.com

2) "US-China trade war is hurting farmers, but they're sticking with Trump," CNBC, (August 8, 2019)

3) Krugman: How Trump lost, (December 20, 2019), https://www.registerguard.com〉 ...

6 국제기구 및 다자제도 관련 행동

트럼프 대통령은 '미국 우선'의 이름으로 무차별적으로 국제기구와 다자제도의 중요성을 폄하했다. 그는 미국이 무역에서 적자를 발생시키는 이유가 NAFTA, WTO 때문이라고 말했고, 그래서 그 제도들로부터의 탈퇴 또는 개정을 원했다. 또 미국이 TPP에 가입할 경우 또 다른 적자가 날 것으로 생각해 그로부터 철수했다. UN에서는 안보리가 시리아, 이란 등의 문제에서 합의하지 못하고, 총회와 여러 위원회에서 이스라엘에 대한 편견이 가득하며, 가장 많은 분담금을 지불하면서도 원하는 만큼의 협력을 얻지 못하는 것에 분개했다. 그래서 그는 유엔을 비난하면서 그 산하기구에서 탈퇴하거나, 또는 자금지원을 중단했다. 나토의 경우, 그는 27개국으로 구성된 EU가 2020년 명목상 GDP 15.2조 달러, 구매력 감안 19.7조 달러를 갖고 있는 거대경제로서 미국에 대해 엄청난 무역흑자를 보면서도 GDP 2%의 국방비 지출을 꺼리는 국가가 다수인 상태에서, 나토 전체 방위비의 71%를 미국이 부담한다는 사실에 분노했다.[1] 그래서 EU를 미국경제를 착취하는 집단으로 비난하고, 나토에 대한 헌신에 의구심을 표시했다.[2]

그러나 트럼프의 그런 인식과 비난이 일리가 있는지 의문이다. (앞에 언급한 바와 같이) 미국이 NAFTA, WTO 국가들과의 교역에서 적자를 보는 이유는 정부가 국영기업을 지원하는 중국의 경우를 예외로, 미국에 비해 다른 나라의 임금이 낮고 긴 노동시간에 의해 싼 값으로 생산된 제품이 미국으로 수입되기 때문이다. 그것은 미국이 적자를 보는 대신 그만큼 그 국민이 풍요로운 생활을 누린다는 것을 의미하기 때문에, 사실상 미국이 불평할 이유가 없을 것이다. 더 나아가 미국은 WTO에서 베이징의 규칙위반, 덤핑, 지적재산권 침해, 정부의 기업지원 등 수많은 이슈에 관해 반중국 동맹을 구축하는 노력을 시도해 볼 수 있었을 것이다. 그러나 그 대신 미국은 우방에 철강, 알루미늄 관세를 부과하고 자동차 관세로 위협했다. 또 WTO 분쟁해결 제도를 마비시켜 동맹과 가입국들을 분노하게 만들었

---

1) "World Economic Outlook database: April 2021," International Monetary Fund, www.imf.org; "US pressure brings about rise in NATO defence spending, despite...," (March 16, 2021), https://www.euactiv.com〉 news

2) 한때 존 볼턴은 트럼프 행정부의 미국이 나토에서 탈퇴할 수도 있다는 견해를 내비쳤다.

다. 트럼프의 고관세 부과는 미국 기업과 미국인 가정에 손실로 돌아왔을 뿐이다.

유엔에서의 불만도 비슷하다. 트럼프 행정부는 미국이 세계 최대의 파워 기반을 보유하고 가장 많은 비용을 지불함에도 불구하고 워싱턴의 정책과 의견이 수시로 견제되는 것에 불만을 가졌다. 그 인식이 완전히 잘못된 것은 아닌데, 왜냐하면 기여하는 만큼 돌려받는 것이 원칙이기 때문이다. 그러나 미국은 재정기여로 인해 다른 방식으로 보상받았는데, 그것은 세계 최대의 리더십, 국제적 주도권, 정치적 명예, 세계 곳곳의 시장개방과 미군 전진배치, 그리고 미국인들이 세계에서 받는 선진강대국 국민으로서의 특별한 대우를 포함했다. 특히 유엔이 쓸모없는 사교클럽이라고 말하는 트럼프의 인식에 동의하는 사람은 없었을 것이다. 강자가 많은 권한을 가진 것은 사실이지만, 국제정치의 유동적 상황에서 세력균형을 위해 모두가 투쟁하는 상태에서 어느 한편이 항상 승리하고 모든 경우에 유리할 수는 없기 때문이다. 특히 트럼프 대통령이 안하무인으로 모든 외부세력을 폄하하는 것은 상대방으로부터의 반감을 유발시킨다는 점에서 전혀 적절치 못했다.

EU와 나토에 대한 트럼프의 정책은 어떤가? 트럼프는 2018년 4월 백악관에서 프랑스 대통령과 에마뉘엘 마크롱과 대화하던 중 프랑스가 EU를 탈퇴하면 미국이 더 좋은 조건으로 양자 무역협정을 체결할 수 있다고 말했다. 그것은 미국 정부의 공식정책에 위배되고 자유주의 경제질서를 뒤흔드는 발언으로, 미국 대통령이 가장 가까운 동맹의 조직해체를 부추기는 모양새가 됐다. 2개월 후 6월 캐나다 G7 정상회담 장외에서 트럼프의 발언은 누구에게나 상상을 초월했다. 그는 독일 총리 메르켈에게 나토가 미국에 큰 비용을 초래하기 때문에 NAFTA만큼 나쁘다고 말하고, EU, WTO도 마찬가지로 나쁜 제도라고 비난했다. 그는 스웨덴 총리에게 미국은 나토를 떠나는 것이 그 이익에 부합한다는 취지로 암시했고, EU가 미국 희생의 대가로 경제를 유지한다고 말했다. 자국 대통령의 믿을 수 없는 발언에 반발하고 무한한 수치심을 느낀 이후, 직업외교관인 주 에스토니아 미국 대사는 자진 사임했다. 그는 더 이상 자격 없는 대통령 밑에서 조국에 봉사하고 싶지 않다는 의사를 우회적으로 표현했다. 유럽 리더들은 이제 제2차 세계대전 이후 처음으로 자유주의 서방 세계 리더의 역할을 포기하고 국수주의적 민족주의로 돌아선 미국의 대통령을 상대하고 있다는 우려에 빠졌다. 트럼프 대통령의 동맹 혐오는 개인적 차원을 떠나 국가정책의 형태로 나타나고 있었다. 트럼프는 국제기구, 다자협력에 대한 헌신과 미국의 작은 경제이익을 맞바꿀 준비가 되어 있었다. 그에게 국가 간 협력, 동일하고 숭고한 이념, 법치, 인권, 공정한 경쟁, 그리고 미래를 향한 동질성에 대한 인식은 존재하지 않았다. 그러나 미국의 나토에 대한 무관심, 적대감은 그 기구의 약화로 이어지고, 그것은 미국 국민 모두에게 돌이킬 수 없는 손실로 돌아오게 되어 있었다. 유럽 내 군사적 전진배치가 사라질 경우 미국의 유라시아 대륙에서의 군사력 투사는 불가능하고, 그것은 일단 유사시 미국의 정치, 경제이익을 보호하지 못하게 할 것이다. 유라시아 대륙에서 배척받는 미국은 그곳의 거대한 시장을 잃고, 러시아나 중국과의 지정학적 경쟁에서 완연하게 불리한 상황에 처하게 될 것이다. 유럽이 없이, 자유주의 이데올로기는 지난 오랜 기간 누렸던 정신적, 사상적 영광을 잃게 될 것이다. 미-EU 분쟁이 계속될 때, 세계경제의 최대 수혜자였던 미국의 거대한 다국적 기업들은 지구적 경쟁에서 배제되고 일류기업의 지위를 잃을 것이다. 그동안 미국이 WTO, NAFTA, EU, 나토를 창설, 지지한 것은 그것들이 파트너 국가의 이익에 앞서 우선적으로 미국의 이익을 증진시키기 때문이었다. 그것들은 미국의 경제번영, 군사력의 기초였지만, 트럼프의 정책은 이제 미국, 유럽 모두를 피해와 불안정에 휩싸이게 만들었다. 트럼프가 그렇게 EU, 서방을 공격하면서, 유럽인들은 트럼프에 대한 신뢰를 거둬들였다.[1]

그 며칠 후 트럼프는 노스다코타(North Dakota) 집회에서 또다시 EU가 미국을 착취하기 위해 설립된 국제기구라고 비난하고, EU와의 무역에서 미국이 1,500억 달러의 손실을 본다고 불평했다. 폼페이오 국무장관은 트럼프가 자유주의 세계질서를 재설정하고 미국 이익을 증대시키기 위해 다소 과격하게 말하는 것뿐이라고 두둔했지만, 유럽 리더들의 트럼프에 대한 불신은 줄어들지 않았다. 유럽인들은 트럼프 집권기 동맹의 미래를 우려했고, 대서양 유대가 위기에 처했다고 한탄했으며, 유럽은 경계태세에 돌입했다. 토니 블레어 전 영국 총리는 트럼프의 비합리적 정책으로 인해 서구세계 전체가 위협받고 있고, 서방이 단결하지 못하면 수십 개의 개별 유럽국가들이 생존의 우려로 인해 과거 지정학적 경쟁으로 회귀하는 동시에 다른 강대국들의 영향력에 귀속될 것이라고 경고했다. 더구나 트럼

---

1) Anne Applebaum, Opinion/Trump hates the international organizations that are..., (July 2, 2018), https//www.washingtonpost.com〉 ...

프는 서방이 가장 우려하는 러시아의 푸틴 대통령을 지지했다. 크리미아와 우크라이나 사태, 그리고 미국에 대한 선거 간섭 모두에서 그는 모스크바의 편에 섰다. 2018년 7월 핀란드에서의 트럼프－푸틴 정상회담에서, 트럼프는 러시아의 미 대선개입을 부정하면서 푸틴을 옹호했다. 회담이 수일 지나도록 트럼프는 미 행정부 관리들에게 푸틴과의 회담내용을 전달하지 않아 미국인들은 무소식에 난감해 했다. 배석자가 없고 또 대화 녹취록이 없이 두 정상은 2시간 반 동안 단독 정상회담을 했다. 반면, 푸틴은 두 사람의 회담은 생산적이었고, 대부분의 논의는 시리아, 우크라이나에 시간을 할애했다고 말했다. 트럼프는 또 그 정상회담에서 푸틴을 그해 가을 미국으로 초청했다. 미 정보수장 국가정보국장(DNI: Director of National Intelligence) 댄 코츠(Dan Coats)는 그 소식을 듣고 당황해 하면서도, 러시아의 미국 선거개입은 확실하다고 재확인했다. 정상회담 이후 트럼프는 미국 내에서 커다란 비난의 대상이 됐지만, 그는 그것을 언론의 헐뜯기로 일축했다. 트럼프는 그렇게 EU와 나토 모두를 불신하고 나쁘게 말했다. 미－유럽 균열은 치유될 수 있겠지만, 트럼프는 불필요한 피해를 가했다.[1]

트럼프의 나토 방위비 분담 주장은 어떻게 보아야 할까? 그의 주장은 부분적으로 일리가 있고, 그래서 이미 2014년 웨일즈(Wales) 나토 정상회담에서 미－EU는 유럽 각국이 2024년까지 GDP의 2%까지 방위비를 증대시키기로 합의한 바 있다. 그리고 그 이후 계속 그 기준을 맞추는 나라 숫자는 증가하고 있었다. 실제 그 합의 자체도 오바마 행정부가 유도해 달성한 것이었고, 그는 그것을 더 가속화시키기 위해 압박을 가했을 뿐이다. 그렇지만 그 경우에도 그는 나토 회원국들에게 지나치게 무례한 언사로 행동해 유럽 및 캐나다로부터 많은 불만의 대상이 됐고, 마크롱의 '나토 뇌사' 발언이 입증하듯 대서양관계를 불안정화 시켰다. 단지 약간의 국방비 증액을 위해 70년 간 유럽의 안보와 평화에 필수불가결한 역할을 해 온 나토를 트럼프가 그렇게 폄하한 것을 잘한 일이라고 생각하는 전문가는 아마 전 세계에 단 한명도 없을 것이다. 바이든 행정부가 출범해 망가진 미－유럽 관계를 정상궤도로 원위치 시키겠다고 말하는 것은 트럼프 행정부의 처사가 얼마나 잘못됐었던 것인지를 반증한다.

---

1) Josh Rogin, "Trump is trying to destabilize the European Union," (June 29, 2018), Opinion/Trump hates the international organizations that are…, https//www.washingtonpost.com〉 …

　　그러는 사이, 많은 국제적 이익이 미국의 최대의 경쟁국이고 트럼프가 가장 견제하기를 원하는 중국에게로 돌아갔다. 2019년 6월 중국인이 유엔식량농업기구(FAO: Food and Agriculture Organization) 사무총장으로 등장하고, 2020년 4월까지 국제민간항공기구(ICAO: International Civil Aviation Organization), 유엔산업개발기구(UNIDO: United Nations Industrial Development Organization), 국제정보통신연합(ITU: International Telecommunication Union) 리더십이 중국에 귀속됐다. FAO에서의 승리는 그동안 중국이 투자를 확대해 온 중남미와 아프리카 국가들의 지지에 의해 가능했다. 중국 대표는 194개국 중 108표를 확보해 EU 지지를 받은 프랑스 후보와 커다란 격차를 벌렸고, 미국 후보는 12표를 얻는데 그쳤다. ITU는 화웨이의 5G 기술 확산을 도왔고, 2020년 9월 유엔 총회에서는 중국의 텐센트(Tencent) 소프트웨어가 사용됐다. 트럼프가 중국 편향을 이유로 철수한 WHO의 사무총장 선거에서도 베이징이 지원하는 나이지리아 후보가 당선됐다. 트럼프 행정부는 WHO에서 리더십을 발휘해 코비드-19 팬데믹 확산 저지 노력을 이끌기 보다는 그 바이러스의 원산지가 중국이라고 비난하기에 바빴고, 그 과정에서 WHO뿐 아니라 안보리까지 무대응으로 일관해 전 세계가 공포에 빠졌다. 미국 정부는 안보리와 WHO에서 중국에 대항하는 외교를 펼쳤지만, 바이러스와 관련해 중국을 비난하는 결의안 통과는 베이징에 의해 봉쇄됐다. 중국은 또 아프리카 광역호수(Great Lake) 지역 유엔특사 직책도 확보했다. 또 2020년 6월 중국은 이란과 25년 기간의 경제 파트너십에 합의했다. 미국에 반대하는 성향의 두 나라는 점점 더 관계를 강화하는데, 2019년 12월에는 인도양과 오만 걸프에서 연합 군사훈련을 실시했다. 미국의 JCPOA 탈퇴는 이란-중국 유대를 강화시키는 것으로 보였다. 트럼프가 유엔 회비를 연체하고 산하기구 자금지원을 삭감, 중단하는 사이, 중국은 분담금을 정시에 납부하고 PKO, 지구적 의료, 유지가능발전에 수천만 달러를 기여하면서 더 많은 회원국의 지지를 확보했다. 그것은 베이징의 신장 탄압, 홍콩 민주화 일망타진의 부정적 여파를 완화시켰다. 미국이 베이징을 견제하기 위해 국무부에 중국의 지구적 영향력 확대를 막는 직책을 신설했지만, 그것이 얼마나 효과를 낼 수 있을지는 미지수였다.[1]

---

1)　Colum Lynch, "How Trump's Assault on International Organizations Benefits Beijing," Foreign Policy, (December 28, 2020), https://foreignpolicy.com〉 how-tru...

  그렇듯 트럼프의 견해는 근시안적이었다. 트럼프 대통령은 그 모든 과정의 하향적 측면에만 집중했고, 그래서 미국을 고립주의 형태 외교로 몰아갔다. 그는 국제협력을 나약함으로 인식했고, 미국이 건설한 다자제도를 파괴, 피해를 주었다. 물론 지구적 차원에서 미국의 국제적 우위가 희석되고, 중국, 러시아로 파워가 이동하며, 미국의 어젠다 형성과 추진능력이 감소된 것은 사실이다. 또 다자제도가 WMD 비확산, 이란, 시리아, 크리미아, 북한, 사이버 안보와 같은 핵심적 도전을 제대로 다루지 못하는 것도 사실이다. 그렇지만 강대국 경쟁이 지속되는 가운데에서도 WMD, COVID−19 팬데믹, 기후변화와 같은 실존적 위협을 다루기 위해서는 국제기구와 다자제도를 통한 강대국 협력이 절대적으로 필요했다.[1]

  유럽 포츠담 대학(Potsdam University)과 마스트리히트 대학(Maastricht University) 전문가들(Maria Debre, Hylke Dijkstra)은 다음과 같이 말했다. "미국 우선주의에 근거해 트럼프는 국제기구, 다자제도를 공격하거나 그로부터 철수했다. 그것은 냉전 시작 이후, 또 냉전 종식 이후 자유주의 질서에 대한 최대 공격이었다. 그러나 비록 영국이 EU에서 탈퇴하고, 부룬디가 ICC에서 철수하며, 폴란드, 헝가리, 루마니아, 불가리아가 EU의 자유주의 규범에 도전하지만, 역사적으로 국제기구와 다자제도는 유연한 적응력을 보여준다. 지난 200년간 국제기구는 많은 도전에서 생존했다. 1815년 이후 국제기구의 39%가 해체되고, 국제연맹, 바르샤바 조약기구, 국제난민기구 등이 사라졌지만, 그것은 주요 정치충격의 결과였다. 국제기구는 협정수정, 탈퇴 등 외부충격과 미래 불확실성에 대비해 유연성 조항을 내포한다. 수천 명 직원을 갖고 경험, 기술이 있는 스태프들을 보유하고 있는 큰 국제기구는 쉽게 해체되지 않는다. 회원국들은 지식을 구비하고, 거버넌스 기능을 수행하며, 국가 간 협력의 기술을 보유한 그런 조직의 해체를 원치 않는다. 또 일부는 GATT가 WTO, 또 OAS가 AU로 대체됐듯, 다른 다자제도로 전환, 진화한다. 트럼프로부터의 국제제도에 대한 피해는 복구가 가능하다. 국제기구들은 4년간의 '미국 우선'에서 살아남았다. UN, WTO 제도는 폐지하기 어렵고, EU, NATO 역시 여러 난관에도 불구하고 생존할 것이다. 그 기구들은 투명성, 상호주의를 증대시키고, 전문성에 근거해 정책을 작성한다. 미국의 유네스코 재가입은

---

1) Alex Pascal, (September 23, 2019), "Against Washington's Great Power Obsession," America Is Abandoning Multilateralism at its Great Peril—The Atlantic, https://www.theatlantic.com〉 m...

이스라엘 차별을 금지하는 미 의회 규정상 쉽지 않지만, 바이든은 WTO, 그리고 기타 국제기구에 관한 자신의 구상이 있을 것이다. 바이든 행정부하에서 국제기구의 미래전망은 더 밝다."[1]

7 경쟁 강대국 관계

(1) 미·러 관계

트럼프 행정부 당시 미·러 관계는 상당수준 비정상적 형태로 진행됐다. 그 이유는 대통령과 그를 따르는 일부 참모들의 소망, 의지와 국가 차원에서 행정부 및 의회가 실제 추구한 정책 사이에 큰 괴리가 있었기 때문이다. 대통령은 푸틴의 입장을 옹호하기에 바빴고, 지나칠 정도로 미·러 협력을 선호했다. 그가 임기 중 여러 차례 러시아를 제재하는 법안에 서명하고 러시아에 대한 비난성명을 발표하며 우크라이나에 무기를 판매해 모스크바의 반발을 샀지만, 그것은 국가 행정수반으로서의 피할 수 없는 업무수행, 또는 많은 경우 의회의 압도적 지지로 통과된 결의안을 거부할 수 없었기 때문이다. 러시아에 대한 트럼프의 우호적 태도는 가장 가까운 나토 동맹국들에게 고자세, 억압, 폄하로 대하는 것과 크게 대비됐다. 동맹들은 우방을 멀리하고 적대 경쟁국을 가까이 하는 대통령의 의중을 이해할 수 없었다. 그가 왜 푸틴과 러시아에 특별히 친절하고 유화적으로 대하는지에 대해서는 구체적으로 알려진 것이 없는데, 그가 그와 관련해 말한 적이 없기 때문이다. 반면, 대통령을 어쩔 수 없이 따르는 일부 참모를 제외한 나머지 행정부서와 의회는 러시아 정부, 단체, 기업, 그리고 일부 개인에 대한 수많은 제재부과를 당연시했다. 미국의 러시아에 대한 제재는 이란에 대한 제재와 비슷하게 끝이 없을 정도로 많았다. 그것은 지난 오랜 기간, 특히 러시아의 크리미아 점령 이후 소위 경험 많은 '어른들의 축'과 민주, 공화 양당 공통의 러시아에 대한 반감이 반영된 결과였다. 그러나 그 역시 외교가 없이 제재를 너무 많이 남용한다는 인상을 주었다.

---

1) Maria Debre and Hylke Dijkstra, "Trump's 'America First' approach has targeted international institutions…," (November 25, 2020), https://theloop.ecpr.eu〉 trumps－ame…

대통령의 사고 및 행동과 일부 정부부처 및 의회의 정책적 결정이 그렇게 상반된 형태로 진행된 것은 비정상적 조합인 동시에 정책적 비일관성을 야기했다. 대통령은 모스크바와의 관계진전을 원했지만 실제 정부 정책이 강경한 상황에서 미·러 관계는 많은 장애에 부딪쳤고, 대테러, 뉴 스타트, 핵 비확산, 우주 관련 대화를 포함하는 일부 핵심 안보사안에서의 협력을 제외하면 더 이상의 진전은 불가능했다. 미국의 러시아 정책은 거시적 전략 프레임 없이 모스크바의 행동에 제재를 무기로 순간적으로 반작용하는 단순형태를 띠었다. 많은 국민과 관찰자들은 문제의 근원이 대통령 자신에게 있는 것으로 인식했다. 그것은 그가 대외적으로 즉흥적으로 행동하고, 정책능력이 부족하며, 특히 가장 큰 약점은 외교안보 문외한인 그가 큰 그림을 볼 능력이 없다는 것이었다. 실제 그런 측면이 두드러졌다. 대통령은 국가이익을 우선시하는 참모들의 말을 듣지 않고, 오히려 그들을 트위터로 경질하면서 사후 부작용에 대한 고려 없이 본인 생각대로 말하고 행동했다. 나토 동맹과 EU를 폄하하는 대통령의 외교, 안보행태는 누구에게도 신뢰를 주지 못했다. 만약 그에게 미·러 관계를 본인 의지대로 수행할 수 있는 권한이 주어졌다면, 그 결과가 어디로 향할지, 어떤 재앙을 가져올지 아무도 장담할 수 없었을 것이다. 러시아 관련 그의 입장과 행동은 미국의 정당한 지정학적 이익을 찾을 수 없게 만들 것 같았고, 상대적으로 모스크바에게 너무 많은 지분을 이양할 것으로 우려됐다. 결과적으로 일부 안보합의를 제외하면 러시아와 관련해 미국의 이익에 도움이 된 것은 없었고, 시간이 가면서 양국 간 대치는 전혀 완화되지 않았다. 많은 전문가들은 미·러 관계가 트럼프 행정부에 들어와 오히려 더 악화됐다고 말했다. 라브로프 러시아 외교장관은 푸틴 정부가 처음에 트럼프를 지지했지만, 모스크바는 워싱턴으로부터 아무 이익도 얻을 수 없었다고 불만을 표출했다.

그러나 다행인 것은 보수, 진보 구분을 넘어서는 학자집단과 수많은 전, 현직 고위 외교관을 포함하는 전문가들이 미·러 관계가 지나친 대결로 향하는 것에 반대한 것이다. 그들은 이구동성으로 몇 가지 주요 관점을 제시했다. 핵심적으로, 그들은 워싱턴이 모스크바의 미국 내 사이버 해킹과 선거개입 같은 부당행위에는 강력하게 반대, 제어해야 하지만, 미래 세계운영을 위해 러시아와 대화해야 한다고 말했다. 또 제재의 남발에 반대하면서, 견제와 협력이 균형을 이루어야 한다고 강조했다. 그들은 특히 미국의 국가안보전략과 국방전략이 식별했듯, 미국의

최대 위협으로 등장하는 러시아와 중국의 밀착을 막기 위해 그 두 나라와 개별적
으로 대화하고 적정선에서 타협해야 한다고 암시했다. 더 나아가 그들은 러시아
인들이 엘리트, 대중을 막론하고 자국 민족주의를 지지한다고 말하면서, 모스크바
를 워싱턴이 원하는 방향으로 전환시키려 시도하기보다는 현실 그대로 다루어야
한다는 견해를 피력했다. 전문가들이 그렇게 권고한 이유는 그것이 현재 상황에
서 가장 합리적인 정책방향이기 때문이다. 실제 미국이 제재를 통해 모스크바의
입장을 변화시킬 가능성은 거의 전무하다. 그것은 수천 개의 핵탄두, 미국 MD를
피할 수 있는 최첨단 미사일, 그리고 선진 재래식 무기로 무장하고, 엄청난 천연
가스와 오일을 토대로 수많은 구소련공화국, BRICS 기타 회원국, 중동, 그리고
유럽과 경제적으로 연결된 러시아가 워싱턴의 일방적 압력을 수용할 이유가 없기
때문이다. 더구나 1990년 대 후반 이후 미국의 국제적 주도권에 반대해 시작된
중·러 협력이 하루가 다르게 강화되는 상황에서, 미·러 간의 반목은 중·러 두 나
라의 협력을 더 가속화시킬 뿐이다. 그리고 워싱턴이 중·러 연합세력과 대결하려
한다면, EU와 수많은 미 우방이 러시아, 중국과의 반목을 원치 않는 상태에서, 오
히려 그것은 미국에게 더 큰 역경을 초래할 것이다. 더 세부적으로 말하면, 미국
이 중·러의 밀착을 이완시키는 작업도 쉽지 않을 것이다. 그 이유는 그 두 나라가
역사적 이유로, 또 1990년대 이후 미국의 국제적 주도권에 반대해 반미, 반서방
가치를 중심으로 거의 모든 측면에서 유기적으로 결합돼 있기 때문이다. 그 상황
에서 워싱턴에 가장 바람직한 옵션은 전문가들이 권고하듯, 개별 영향권 설정을
통한 상대방 영향권의 인정, 해외균형자로서의 역할, 그리고 그들과의 타협을 위
한 대화를 배제하지 않는 것이다.

흥미롭게도 오늘날의 전문가 조언은 모든 국가가 그 역량에 맞게 행동해야
한다는 한스 모겐소(Hans Morgenthau)의 교훈을 상기시킨다. 간단히 말하면, 그들
은 전 세계의 모든 나라가 약소, 중견국가를 넘어 심지어 미국, 러시아, 중국 같
은 강대국까지도 일정한 능력을 갖고 있을 뿐이고, 그 범위와 수준을 넘어 행동할
경우 누구를 막론하고 그것이 재앙으로 연결된다는 점을 강조하는 것이다. 만약
현 시점이 미국이 국제적 주도권을 갖고 있고 러시아가 방황하던 1990년대라면,
아마 그들도 그렇게 말하지 않았을 것이다. 그 당시 수많은 전문가들이 말하고,
실제 워싱턴이 그렇게 행동했듯이, 그들도 아마 러시아에 대해 조금이라도 더 우
월한 한 치의 안보 여지를 창출하기 위해 나토의 동진과 동유럽 MD 설치에 동의

했을 수 있다. 그러나 이미 그 당시에도 월츠(Kenneth Waltz)와 레인(Christopher Layne) 같은 객관적 시각을 가진 학자들은 20년 후의 국제질서가 미국의 국제적 주도권에서 다극체제로 변화해 있을 것이라고 예측했다. 오늘날의 국제질서가 미국, 러시아, 중국 3개 강대국 분할형태의 세력구조로 규정되는 상황에서, 전문가들의 견해는 객관적 현실에 근거한 냉철하고 현명한 식견임을 부인하기 어렵다.

한편 향후 미·러 관계에서 중요한 것은 바이든 대통령과 미 행정부의 태도인데, 그것은 전문가들의 현실주의 판단과 일치하는 것으로 보인다. 취임 이후 바이든은 행정당국에 러시아의 부당행위 조사를 지시하고, 모스크바에 여러 제재를 부과하며, 러시아가 제기하는 위협에 대해 수차례 언급, 강조했다. 그러나 동시에 우크라이나 대통령의 나토가입 가능성 거론에 관한 확실한 부인에서 나타나듯, 워싱턴은 모스크바의 불필요한 오해와 반목을 야기하지 않도록 뚜렷한 입장을 투명성 있게 개진했다. 바이든 대통령의 사려 깊은 판단은 2021년 6월 제네바 미·러 정상회담 당시에도 선명하게 드러났다. 바이든은 워싱턴이 중시하는 모든 관점을 언급하고, 푸틴 역시 가감 없이 그의 견해를 모두 말했지만, 두 리더는 충돌보다 미래진전을 위한 협력을 선택했다. 그 두 정상 모두 완연한 개인적 신념차이에도 불구하고 국제협력의 중요성을 확실하게 인지한 것이다. 개인적으로 바이든은 자유민주주의에 대한 신념을 포기할 생각이 없고, 또 그를 위해 유럽과 전 세계에 대한 안보지원을 계속할 것이지만, 그것이 지나칠 때 부작용을 가져온다는 것을 누구보다도 더 잘 이해했다. 러시아에 반대하면서도 모스크바와 일정수준의 협력이 필요하다는 그의 생각은 EU의 입장을 포함해 국제질서의 '새로운 정상'(new normal)을 인정하고, 동시에 현실과 이상을 병행 추구하는 경험 많은 정치인의 태도를 대표했다. 대화와 협력에 개방돼 있고 대치와 개입의 균형을 추구하는 바이든 행정부하에서, 미·러 관계의 미래와 지구적 차원의 국제질서는 더 큰 안정을 찾아갈 것이다. 비록 미·러 두 나라가 경쟁을 계속하고 상대를 지속적으로 견제하면서 가끔 분쟁이 발생하겠지만, 그것은 협력을 배제하지 않는 제한된 범위 내의 성숙한 경쟁일 것이다.[1]

---

1) 2021년 후반기 러시아는 우크라이나 국경에 병력을 집결시키는 것으로 드러났고, 일부 전문가들은 모스크바가 또다시 우크라이나 동부지역을 침공할 수 있다고 경고했다. 그 가능성을 우려해 2021년 12월 푸틴 대통령과의 화상 대화에서, 바이든은 모스크바가 군사행동을 취할 경우 러시아는 미국과 자유세계의 강력한 경제제재에 직면할 것이라고 경고했다.

(2) 미·중 관계

　　트럼프 대통령은 러시아와는 달리 중국에 대해 처음부터 적대감을 갖고 있었고, 미국은 행정부, 의회를 막론하고 모두 일치단결해서 베이징을 압박했다. 러시아와 더불어 중국을 미국에 대한 최대 경쟁 적대국으로 인식하는 워싱턴은 비록 미·중 간의 직접적 군사충돌 가능성은 배제했지만, 베이징에 압력을 가하기 위한 그 이외의 모든 수단을 동원했다. 트럼프와 펜스 부통령의 중국 대외행동과 국내질서에 대한 노골적 비난, 캐나다 정부를 동원한 화웨이 재정책임자 밍완저 체포, 대만 여행법 제정과 미－대만 고위 안보관리 회동, 그리고 차이잉원의 미국방문 허용은 모두 중국을 자극, 압박하기 위한 외교조치였다. 림팩 다국적 해상훈련으로부터의 중국 배제, 미국 내 일부 중국 외교시설 폐쇄, PLA를 포함하는 여러 정부부처, 기업, 단체, 개인에 대한 제재 역시 마찬가지 성격의 행위였다. 군사적으로는 오바마 시기의 재균형, 피봇(pivot)을 넘어, 지리적 범위가 더 명시된 인도－태평양 전략(FOIP)과 안보초점이 더 뚜렷한 쿼드(Quad) 협력을 도입했는데, 그것은 모두 중국을 더 적극적으로 견제하기 위해 인도를 끌어들이는 목적을 띠었다. 중·인 간의 미래 지정학적 경쟁 가능성과 양국 국경분쟁의 문제점에 착안한 워싱턴이 뉴델리를 미국에 협력하도록 유도하는 것이 미·중 경쟁에서 결정적 이점을 제공할 것이라고 인식한 것이다. 사실 인도에 대한 구애는 이미 오래전 조지 W. 부시 행정부 당시 미국의 인도로의 핵기술 이전에 관한 국제적 비난을 감수하면서 시작된 시도였다. 그래도 트럼프 시기 미·중 경쟁에서 가장 대표적인 양상은 양국 간의 무역전쟁이었다. 워싱턴은 고관세로 중국의 대미수출을 제한하고, 베이징의 미국기업 사냥 방지와 5G 네트워크에 대한 화웨이 장비 사용금지 등을 통해 중국경제의 미국 내 침투를 방지하기 원했다. 그러나 트럼프 행정부 임기가 끝난 현시점에, 그 당시 외교, 안보, 경제를 포함하는 모든 차원의 조치를 망라한 워싱턴의 대중국 압박이 성공했다고 생각하는 견해는 거의 없다. 특히 미·중 무역전쟁은 미국에게 더 큰 타격으로 돌아왔다. 그리고 그것은 워싱턴이 베이징의

그렇지만 모스크바의 우크라이나 재침공 여부를 떠나, 서방의 러시아에 대한 경제제재가 큰 효과를 발휘하지 못한다는 것은 이미 여러 차례 입증된 바 있다. 그래도 바이든이 그렇게 말한 것은 나토를 동원해 러시아와 군사충돌을 감수할 수 없는 상황에서 키예프를 조금이라도 더 보호하기 위한 목적을 띤 '최소이면서 최대한'(mini－max)의 성격을 띤 방어조치였다. 한편 그 수일 후 모스크바는 서방이 우크라이나를 나토에 가입시키지 않을 것을 보장하라고 요구했는데, 나토 사무총장 스톨텐베르그는 그 요청을 거부했다.

세계 곳곳에 대한 경제, 정치 침투의 선봉으로 우려하는 BRI의 확대를 막지 못했다. BRI가 아시아, 중동, 아프리카는 물론이고, 이탈리아, 포르투갈, 그리스, 헝가리와 같은 유럽 국가를 포함해 더 넓은 세계로 확산됐기 때문이다.

한편 어느 분야에서나 그렇듯, 미·중 관계를 위한 전문가 개인의 견해가 다른 것은 당연하다. 그러나 만약 워싱턴이 계속 트럼프 식으로 중국에 강경책으로 일관한다면, 그것은 결과적으로 미국에 회복하기 어려운 손해로 돌아올 것이다. 바로 앞에 언급한 미·러 관련 전문가 견해에서, 그들이 모두 중·러 밀착을 막기 위해 워싱턴이 모스크바, 베이징과 개별적으로 대화, 타협해야 한다고 말하는 것이 적대적 경쟁 일변도가 아닌 미·중 대화의 필요성을 정당화시킨다. 그렇지만 또 다시 말하지만, 그것이 미·중 경쟁을 배제해야 한다는 의미는 아니다. 미·중 경쟁은 미·러 경쟁과 마찬가지로, 국가 간 관계의 속성상 무정부 상태의 국제체제 속에서 배제될 수가 없다. 그것은 두 나라 중 어느 한편이 경쟁이 불가능할 정도로 약화돼 더 이상 경쟁상대가 되지 않는 한, 영원히 지속될 것이다. 다만 전문가들이 조언하는 것은 그 경쟁이 제한된 범위 내에서 제한된 형식으로 전개되어야 한다는 것이다. 강대국들의 직, 간접 군사충돌의 경우에도 그들은 자제해야 하는데, 예컨대 핵전쟁을 배제한 재래식 방식에 의존하는 것이 그런 대표적인 예다. 트럼프 시기 미군이 알−아사드 정부의 화학무기 사용을 처벌하기 위해 시리아 기지를 미사일로 공격했을 때, 러시아 군과의 직접적 충돌을 방지하기 위해 사전에 통보한 것은 또 다른 작은 합리적 사례이다.

바이든 행정부는 미·러 관계에서와 마찬가지로 미·중 관계에서도 전문가들의 조언과 동일한 형태로 행동하는 것으로 보인다. 바이든 행정부 인사들은 중국이 안보, 경제관계, 민주주의 및 인권에서 미국의 최대 경쟁자이고, 또 그 도전에 준비해야 한다고 믿는데, 그것은 정확한 판단이고 올바른 자세이다. 그에 대비하기 위한 방법 역시 더 이상 합리적일 수 없다. 그것은 경쟁을 위한 국력의 원천적 기반인 외교, 군사, 경제력을 강화하는 동시에, 베이징과 불필요한 반목을 피하고 이익의 조화(harmony of interests)를 추구해 미국의 이익, 파워, 안보, 그리고 평화를 보장하는 양면전략이다. 국력증진을 위해 요구되는 것은 오늘날 미 행정부가 새롭게 추구하는 유엔 및 기타 국제기구에서의 다자외교를 통한 외교 리더십 회복, 동맹 및 파트너 국가들과의 군사협력 증대를 위한 관계 강화, 군사력과 경제력의 기초를 제공하는 테크놀로지 및 인프라 혁신에 대한 투자, 그리고 정체성 강화를 위한 자유민주주의 국가들과의 유대증진을 포함한다. 반면 견제와 협력에서의 균형점 모색, 또 베이징과의 대화 중시는 국가관계의 기본원칙에 충실하면서, 미·중 국력차이에 대한 객관적 산정과 외교 현실을 고려하는 현명한 처사이다. 제이크 설리번(Jake Sullivan) NSC 보좌관은 EU와 아시아 국가들을 반중국 유대에 동원하는데 많은 어려움이 존재한다고 말했는데, 그것은 솔직하면서도 탁월한 관찰이다. 그것은 실제 EU와 아세안(ASEAN)을 포함하는 대부분 아시아 국가들이 지정학적, 경제적 이유로 중국과의 관계악화를 원치 않기 때문이다. 심지어 미국과 정보공동체(Five Eyes)에서 협력하는 아시아의 맹방 호주, 그리고 북한의 위협을 목전에 둔 한국까지도 베이징과의 관계악화를 경계하는 상황에서, 워싱턴의 반중국 동맹형성은 일정한 한계 내에서 진행될 수밖에 없다. 특히 미국이 가장 중시하는 인도가 미, 중, 러 사이에서 어느 한쪽에 치우치지 않고, 모두로부터 혜택을 획득하는 현실주의적인 외교를 추구한다는 것은 잘 알려져 있다. 더 정확하게 말하면, 뉴델리는 미국보다는 러시아와 중국 쪽으로 더 편향돼 있다.

　　그래도 긍정적인 것은 베이징이 미국이 트럼프 방식에서 벗어나 중국과 협력하기를 원하는 것이다. 과거에 계속 그랬듯이, 2021년 11월 미 신행정부 출범 이후 처음 미·중 정상 간 화상회의가 개최됐을 때에도, 3시간 넘는 그 대화에서 시진핑은 대만, 국내 내정에 관해서는 간섭을 배제하는 강경한 입장을 보이면서도 미국과의 협력을 강조했다. 바이든과 마찬가지로 시진핑 역시 미·중 관계에서 불가피한 견제에도 불구하고 미국과 협력할 의사가 있음을 확실하게 밝힌 것이다. 워싱턴이 중국이 핵심이익으로 규정하는 대만문제와 국내 내정간섭을 포함하는 몇몇 사안에서 합리적으로 행동하면, 베이징은 미국의 이익에 대한 도전에서 일정한 한계를 지킬 것이다. 미국은 자유민주주의로서의 정체성에 비추어 필요시 비민주 국가 내정의 문제점을 지적할 수 있지만, 그것은 상대방이 완전히 잘못됐다고 밀어붙이는 형태가 되지 말아야 한다. 오히려 자유민주주의의 정당성에 확고한 신념을 가진 미국은 비자유 국가 내정에 '간섭'할 의무가 있다고 생각할지 모르지만, 그것은 부분적으로만 옳은 견해이다. 그것은 오늘날의 국제규범이 특정 문명과 특정국가의 우월성이 아니라, 각 문명의 특수성, 각 국가의 주권, 민족자결을 옹호하기 때문이다. 앞에 논의한 러시아 관련 전문가들 역시 러시아인들이 소수의 반체제 인사를 제외하면 대다수가 자국 정부와 그들의 고유한 정치, 문화체제를 지지한다는 것을 강조했다. 그것은 중국에게도 마찬가지인데, 중국 내에서 소수 반체제를 제외하면 대다수의 국민은 19세기 서방에 당한 치욕, 그리고 오늘날의 발전상을 포함하는 여러 이유에서 중국식 정치발전을 지지하기 때문이다. 입장을 바꿔, 러시아나 중국이 상대적으로 더 큰 힘을 구비한 상태에서 서방의 자유민주주의가 부당한 정치체제라고 비난할 때, 워싱턴, 런던, 파리가 그것을 용납할 수 있을까? 서방은 그 주장을 절대 수용하지 않을 것이다. 각 문명, 각 국가는 그들 모두가 옹호하는 수백 년의 역사와 독특한 정체성을 갖고 있고, 새뮤얼 헌팅턴(Samuel Huntington)은 '문명의 충돌'에서 그에 대해 자세히 설명한 바 있다. 오늘날 워싱턴이 타국의 내정에 대해 '간섭'할 수 있고, 또 타국의 정치체제를 전환시키려는 시도에 미련을 갖는 것은 자유민주주의에 대한 자부심을 넘어, 아직도 그 만큼 그 국력이 강하기 때문이다. 국력이 약한 나라가 이웃국가의 체제전환을 시도하는 경우는 없는데, 어느 한 나라의 타국 내정 개입은 그보다 약한 대상에 대해서만 가능하기 때문이다. 19세기 아편전쟁 이전 중국이 중화제국(Middle Kingdom) 중심의 국제질서를 내세우면서 주변 약소국에 정치적 복종을 포함하는 조공(tributes)을 요구한 것이 그 대표적인 예일 것이다.

　　지난 수천 년의 역사는 펠로폰네소스 전쟁에서부터 제2차 세계대전까지 강대국 간의 전쟁과 평화에 대해 많은 것을 알려주는데, 미국은 조지 리스카(George Liska)가 말하듯 (미, 러, 중 전략적 삼각관계의 원만한 유지를 통해) 개별 영향권을 유지하면서 강대국 협조체제(great power concert)를 통해 우월하고 영광스러운 지위를 누리고, 동시에 지구적 평화를 달성하는 것이 최상의 옵션일 것이다. 그리고 필요할 경우에는 머샤이머(John Mearsheimer)와 월트(Stephen Walt)가 말하듯 미국은 역외균형자로서 해외문제에 개입하면 될 것이다. 키신저(Henry Kissinger)와 같은 여러 전문가들 역시 19세기 유럽이 제1차 세계대전 발생 이전 상대적으로 내부갈등이 적었던 이유는 (식민지 쟁탈을 위해 외부로 진출한 것 이외에도) 비인회의에서 형성된 역내 5개 강대국(Big Five) 협력체제가 중요한 이유였다고 말했다. 패권국이 되기 위해 강대국들이 다투는 것은 당사국 모두에게 최악의 피해를 가져오는데, 19세기 세계 제1의 파워 영국이 제2의 부상하는 파워 독일의 도전을 막기 위한 시도에서 제1차 세계대전, 그리고 그 연장인 제2차 세계대전에서 상상할 수 없는 참화를 경험하고, 그 이후 두 나라 모두 미국과 소련에게 패권을 내어준 것이 좋은 예다. 가장 최근의 사례로는 빌 클린턴 이후 워싱턴이 러시아에 대한

1인치의 안보 여지를 위해 나토와 MD를 동유럽으로 확대하는 과정에서 미·러 관계를 악화시키고, 그로써 미국의 패권에 반대하는 중국과 러시아를 밀착시켜 오늘의 현실에 이른 것을 들 수 있을 것이다. 그래도 미국은 중국의 무한정의 부상을 우려할 필요는 없을 것이다. 최악의 경우 30년 후 중국이 1990년대 미국과 같은 지구적 위상을 차지하게 된다면, 그것은 국가의 속성상 분명 베이징의 패권주의로 이어지고 아마도 중국이 감당할 수 없는 미·러 협력의 동기를 부여하게 될 것이기 때문이다. 그것이 국제정치의 역사이고 원리이다. 그러나 그것은 먼 미래를 위한 가설이고, 후쿠야마(Francis Fukuyama)가 말하듯 탁월하고 타의 추종을 불허하는 과학적 창의성과 테크놀로지, 세계 최고수준의 대학교육으로 무장한 미국의 세계적 정치위상과 군사, 경제적 영향력은 충분히 오래 지속될 것이다. 그리고 미국은 오랫동안 서방과 함께 서구문명에 독특한 개인의 자유와 인권에 대한 우월감과 자부심, 충분히 많은 숫자의 파트너 국가들과의 군사, 경제협력, 그리고 광대한 영토로 인해 충분한 외교, 경제적 번영을 누릴 수 있을 것이다.[1]

8 동맹 및 우호국가 관계

(1) 미·일 관계

트럼프 대통령이 처음 취임했을 때 그의 특별한 성향으로 인해 미·일 관계에 관한 우려가 제기됐지만, 그것은 아베 총리의 기민한 외교로 파탄을 피해갔다. 대선 후보 당시, 또 취임 후 수개월 간 트럼프는 미·일 방위비 분담과 양국 무역적자 해소 해결에 많은 관심을 기울였지만, 그 시도는 모두 도쿄의 외교에 의해 중화됐다. 트럼프 시기의 미·일 관계에서 이변은 없었고, 그것은 미국보다는 일

---

[1] 2021년 12월 바이든은 중국 내 권위주의를 견제할 목적으로 110여 개 국가들과 함께 화상회의에서 지구적 차원의 민주주의 중요성을 강조했다. 또 G7 국가들도 그 취지에 동감하는 성명을 발표했다. 그러나 그에 대해 시진핑은 서방식 자유민주주의만이 민주주의는 아니라고 반박했다. 또 흥미롭게도 그 며칠 후 시진핑과 푸틴은 1시간에 걸친 화상대화에서 서방의 내정간섭에 대한 반대, 그리고 대만, 우크라이나를 포함하는 지정학적 이익에서 협력할 의사를 재확인했다. 미국과 서방 자유주의 국가들이 베이징 동계 올림픽에 정부 대표단 파견을 거부한 것에 대해, 푸틴은 스포츠와 정치는 별개라고 말하면서 대표단을 파견할 것이라고 강조했다. 두 리더는 지난 20년 이상 추진해 오던 전반적인 군사, 경제협력 지속 의사도 재확인했다.

본에게 더 나은 결과를 가져왔다. 일본의 핵무장은 대통령의 신중하지 못한 발언으로 야기된 하나의 에피소드로 끝났고, 도쿄는 워싱턴의 일본시장 추가개방과 일본 제품의 미국 내 수출제한 압력에서 성공적으로 벗어났다. 수년간의 수차례에 걸친 양국 무역협상에서는 현안과 관련된 작은 조정만이 있었고, 주요변화는 발생하지 않았다. 미국은 약간의 원하는 결과는 얻었지만, 그것이 주요 돌파구는 아니었다. 미국이 자국 농산물, 그리고 보험을 포함하는 서비스 분야의 일본시장 접근에서 작은 이익을 획득한 반면, 일본은 가장 핵심적으로 수백억 달러 무역흑자를 획득하는 상태에서 미국 내 일본 자동차 수출에 대한 국가안보 명목의 고관세를 피할 수 있었다. 또 미국이 시장개방, 관세와 관련해 다양한 추가방안을 제시할 때, 일본은 미국의 TPP로부터의 탈퇴가 모든 문제의 근원임을 상기시키면서 자국입장을 합리적으로 방어했다. 실제 도쿄가 말하듯 미국이 TPP로부터 탈퇴하지 않았다면, 워싱턴은 트럼프 행정부가 제안하는 시장개방, 관세와 관련된 모든 옵션을 확보할 수 있었을 것이다. 그래도 미국은 현상유지에 크게 불만을 갖지 않았는데, 동아시아 안보인식에서 워싱턴과 완전히 일치하는 도쿄가 이미 미·일 방위비 분담에서 충분히 많은 지원을 제공하고 있었고, 또 트럼프 대통령이 두 나라 경제관계보다 중국, 멕시코, EU와의 무역적자 시정을 더 중시했기 때문이다. 또 워싱턴은 일본인들의 미국이라는 나라 자체에 대한 지지도가 높은 것에 커다란 만족감을 느꼈다. 전체적으로, 트럼프 시기 미·일 관계는 순항했다. 그것은 가장 핵심적으로 아베 총리 외교 노력의 결과였다. 국제정치 이론은 국가 간의 구조적 관계뿐 아니라 한 나라의 정치 리더 역시 중요하다고 말하는데, 아베의 행동은 트럼프 시기 미·일 관계에서 그 이론적 관점의 타당성을 입증하는 것으로 보였다. 트럼프는 본인에게 극진한 예의를 갖춰 대우하는 아베에게 특별히 친절로 대했는데, 그것은 아베와는 기질이 전혀 다른 푸틴과의 관계에서도 드러나는 트럼프의 독특한 개인적 성향이었을 것이다.[1]

---

1) 미국 컬럼비아 대학의 일본 전문가는 2017년 가을 트럼프와 아베, 그리고 그 시기 미·일 관계에 관해 다음과 같이 말했다. 트럼프와 아베는 서로 스타일이 잘 맞는 것으로 보이지만, 그것은 아베의 단순한 친근감이기보다는 두 가지 기본전략을 통해 트럼프를 공략하는 세심하게 계산된 시도이다. 첫 번째는 예의 바르게 행동하면서 대화에서 민감한 주제를 피해 트럼프를 무장해제(disarm)시키는 것이다. 두 번째 전략은 트럼프를 핵심 정책문제로부터 분리시키는(disengage) 것으로, 안보와 경제를 합쳐서 이야기하는 것을 방지하기 위해 그 두 주제를 서로 다른 패널에서 논의하도록 유도하는 것이다. 그 전략은 성공을 거두었다. 매티스 국방장관은 일본 방문 시 미국의 센카쿠 열도 보호 의지를 재확인하면서 주일미군에 대한 도쿄의 방위비 지출 증가노력이 비용분담의 모델이라고 칭찬했고, 약간

　　향후 바이든 시대의 미·일 관계도 순항하지 못할 이유가 없을 것이다. 바이든은 취임 일주일 후 스가 요시히데(Yoshihide Suga) 일본 총리와의 전화통화에서 워싱턴의 미·일 동맹에 대한 헌신을 재확인했다. 그때 그는 일본의 최대 주요현안인 센카쿠 열도 문제와 관련해 미국이 미·일 방위조약 제5조에 근거해 그 방어를 위해 최선을 다할 것이라고 말했다. 베이징의 날로 부상하는 파워와 대만, 동중국해에서의 공세에 대한 두 리더의 공동대응 서약은 도쿄에 큰 위안을 제공했다. 3월에는 미 국무장관 블링컨과 일본 상대역 간의 회담이 있었다. 그때 두 외교수장은 미·일 두 나라가 중국의 인권남용과 기타 모든 공세에 적극 대응할 것이라고 말했는데, 블링컨은 중국이 "강요, 공세를 사용할 때, 그에 강력한 반격(push back)을 가할 것"이라고 강조했다. 2021년 4월에는 스가 총리가 워싱턴을 방문해 바이든과 회동했고, 그때 그들은 양국 안보, 경제와 관련해 더 자세한 논의를 이어갔다. 그 만남은 바이든 취임 이후 워싱턴의 첫 번째 외국 국빈방문 초청에 의해 성사됐고, 그것은 미국이 미·일 관계와 중국의 부상과 공세에 얼마나 많은 관심을 쏟는지를 입증했다. 백악관 대변인은 "이것은 바이든－해리스 행정부에서 외국 리더의 첫 번째 직접 방문인데, 그것은 미국이 일본과의 양자관계,

---

더 복잡했던 경제문제는 아소 총리와 펜스 부통령이 거시경제, 인프라와 에너지 협력, 양자 자유무역 문제를 논의하면서 그런대로 순항했다. 일본은 안보, 경제 관련 미·일 회담 결과에 만족하면서도, 정치리더, 언론, 대중 모두 미국의 심기를 건드리지 않기 위해 조심했다. 원래 일본에서는 트럼프에 대해 많은 우려가 존재했다. 트럼프 당선 후 2016년 12월 여론조사에서 61%는 트럼프 치하의 미·일 관계를 우려했고, 그의 취임 직후 여론조사에서는 84%가 트럼프 시대에 세계가 덜 안정적일 것으로 보았다. 퓨 리서치센터 조사에 따르면, 미국 리더십에 대한 일본의 신뢰도는 오바마 퇴임부터 트럼프 취임 초 사이 78%에서 24%로 하락했고, 80%는 트럼프가 거만하고 56%는 그가 위험하다고 응답했다. 그것은 오바마 임기 말 일본의 미국 지지도에서 친근감을 느낀 사람이 84%, 그리고 95%가 미래 미·일 관계발전이 아태지역, 또는 양국관계에 중요하다고 응답한 것과 큰 대조를 이루었다. 2017년 가을까지 일본에서 트럼프 쇼크는 없었지만, 나중에도 일본인들은 생각과 태도가 하루아침에 돌변하는 트럼프의 성향, 그리고 미국이 근본적으로 국제사회에서 철수하는 것을 우려했다. 그것은 일본이 중국, 북한과 같은 적대국가에 둘러싸여 있기 때문인데, 일본 집권 자민당 안보연구위원회는 2019~2023년 방위계획 권고안에서 나토 수준의 GDP 2% 국방비 지출, 그리고 새로운 지상배치 MD와 순항미사일을 포함하는 무기체계, 전력증강을 권고했다. 또 처음에 일본은 중국의 AIIB, 일대일로에 반대했지만, 미국이 TPP를 떠나면서 2017년 6월 일대일로에 협력하기로 결정했다. 물론 이것은 일본이 미국으로부터 돌아서는 것은 아니다. 일본은 자체적으로 지역과 세계에서 더 큰 역할을 모색해야 하지만, 도쿄는 워싱턴의 TPP 재가입, 파리 기후합의 재가입을 포함해 미국이 자유주의 세계질서에서 더 큰 역할을 하도록 견인해야 한다. Takako Hikotani, "Trump's Gift to Japan (Time for Tokyo to Invest in the Liberal Order)," Foreign Affairs, Vol. 96, No. 5 (September/October 2017), pp. 21－27.

그리고 일본 국민과의 우애와 파트너십에 미국이 부여하는 중요성을 반영한다"고 말했다.[1)]

　　워싱턴으로서는 일본이 평화헌법의 제한으로 인해 중국 견제에서 더 큰 역할을 수행하지 못하는 것이 원천적 불만이지만, 바이든 행정부는 도쿄와의 긴밀한 논의를 통해 인도-태평양 안보에 최선을 다할 것이다. 미 행정부는 도쿄를 압박하기보다는 더 큰 인내심을 갖고 기다릴 것인데, 왜냐하면 워싱턴은 헌법 개정에 대한 작은 차이로 찬성을 앞서는 일본국민의 반대가 또다시 제2차 세계대전과 같은 참화를 원치 않는 염원에서 비롯됐다는 것을 잘 알고 있기 때문이다. 다른 한편, 머지않은 미래에 만약 중국이 급속도로 확대되는 파워를 기반으로 대만, 동, 남중국해에서 패권주의 행태를 보인다면, 일본의 안보정책이 평화헌법의 개정과 핵무장으로 바뀔 가능성을 배제할 수 없을 것이다. 월츠는 20년 전 안보환경이 바뀌고 일본이 위협을 느낄 때 도쿄가 핵무장을 할 가능성이 높을 것으로 전망했는데, 그때 그는 그 이유를 어느 나라를 막론하고 "국가적 자존심은 국적이 없다"는 말로 대신했다. 그것은 국제사회에서 일본이 중국, 북한을 포함해 적대국이 제기하는 위협으로 계속 압박받을 경우, 과거 제2차 세계대전 당시 여러 척의 경항공모함과 최신예 전투기를 보유했고, 아직도 세계 3위의 경제력과 높은 수준의 과학기술, 테크놀로지를 보유한 일본이 또다시 군비증강에 나서질 않을 이유가 없음을 의미한다. 더구나 근본적으로 우파 사회인 일본이 중국의 공산주의와 결탁할 가능성이 희박한 상황에서, 미·일 두 나라는 앞으로도 오랫동안 아태 지역을 넘어 지구적 차원에서 주요 맹방으로 남을 것이다. 도쿄가 일본의 BRI 참여 가능성을 거론하는 것이 워싱턴에 약간의 불만을 제기할 수 있지만, 여러 국제현실에 비추어 미·일 두 나라는 많은 사안을 논의해 가면서 거시적 차원에서 국제관계를 현명하게 운영해 나갈 것이다.

(2) 미-호주 관계

　　트럼프 시기의 미-호주 관계 역시 처음에는 대통령의 정제되지 않은 언어

---

1) Demetri Sevastopulo, "Joe Biden reaffirms commitment to defending Senkaku Islands," Financial Times, (January 27, 2021); Dominick Mastrangelo, "Biden to host Japanese prime minister for talks on April 16," (April 2, 2012), The Hill

사용으로 긴장됐지만, 그것은 점차 안정을 찾아 갔다. 호주와의 양자 상품 및 서비스 무역에서 드물게 흑자를 기록하는 워싱턴은 몇몇 사소한 경우를 제외하면 그 나라에 특별한 불만이 없었고, 중국에 반대하는 인도－태평양 전략(FOIP)과 쿼드 4자 대화에서의 호주의 중요성은 미국으로 하여금 캔버라를 더욱 중시하게 만들었다. 초기에 트럼프의 고압적 태도에 약간의 우려를 가졌지만, 호주는 미 행정부의 인도－태평양 전략과 쿼드에 적극 협력했다. 원래 캔버라는 지정학적, 경제적 이유로 중국과의 관계가 지나치게 악화되지 않도록 조심했는데, 트럼프 시대의 호주는 베이징의 정치, 군사, 경제파워 남용이 갈수록 심해지는 현실에 직면해, 그 견제의 필요성을 점차 더 크게 느끼는 것으로 보였다. 미－호주 두 나라는 2＋2 형태의 안보대화(AUSMIN)를 매년 개최하고, 인도－태평양의 안보상황에 대비하는 준비를 이어갔으며, 캔버라는 워싱턴을 중심으로 추진되는 일본, 인도와의 안보관계 강화에 더 적극적으로 참여했다. 그러나 그것이 캔버라가 중국과의 반목으로 돌아서는 것을 의미하지는 않았다. 그것은 더 복잡한 국익과 전반적 국제관계의 맥락에서 계산될 문제였고, 호주 내각의 성향에 따라 약간의 변동이 있을 수 있을 수 있었다. 그렇듯 트럼프 시대의 미－호주 관계는 EU를 포함하는 미국의 많은 다른 우방과의 관계보다 오히려 더 원만하게 진행됐다. 그래도 호주 대중의 트럼프 대통령에 대한 우호적 인식은 그 나라 사람들이 미국에 부여하는 중요도와는 별개로 그의 집권기 내내 최저상태에 머물렀다.[1]

바이든 행정부 출범 이후 미－호주 관계는 순항했다. 트럼프 시대와 달리 미 신행정부는 중국의 지구적 세력확대, 동, 남중국해에서의 공세, 불공정 경제행위, 그리고 국내 민주주의 탄압에는 적극 반대, 견제하지만 베이징과 대화를 배제하지 않는다는 입장을 제시했고, 호주는 그에 부응하는 이해를 표명했다. 캔버라의 미－호주 관계와 중국 관련 입장은 2021년 4월 주미 호주대사 아서 시노디노스(Arthur Sinodinos)가 밝힌 다음과 같은 '상대적으로 온건'한 견해에 잘 나타나 있었다. 바이든 행정부 전략은 EU를 포함해 트럼프 시기 훼손된 동맹, 파트너 국가들과의 관계를 원상회복하고, 베이징과 협상하기 전 그들과의 협력을 구축하는 것이다. 미국 신행정부는 오바마, 트럼프 당시의 시각을 넘어, 세계를 객관적 현

---

1) 원래 미국은 호주에 불만을 가질 이유가 없었는데, 왜냐하면 그들은 앵글로색슨의 정체성 이외에도 냉전시대부터 계속 최상의 동맹이고, 특히 캔버라가 9·11 이후 워싱턴의 기치에 적극 협력했기 때문이다.

실 그대로 인정해 그에 맞는 대외정책을 구사하려는 생각을 갖고 있다. 지난 수년
간의 지구정치와 지정학, 중국의 과다팽창, 그리고 베이징이 힘을 행사하는 방식
을 잘 이해하는 워싱턴은 동맹, 파트너 국가들과 함께 인도—태평양을 포함하는
세계 곳곳에서 베이징이 중국 중심의 질서구축보다는 기존의 규칙에 근거한 질서
를 수용하도록 독려한다는 방침을 표방한다. 미국은 중국에 대해 견제와 협력을
병행할 것이다. 워싱턴은 테크놀로지 경쟁과 인권문제에서는 물러서지 않지만,
WMD 비확산, 코비드—19, 기후변화 같은 모두에게 이익이 되는 공통사안에서는
협력하기를 원한다. 바이든은 시진핑과의 전화통화에서 서로의 입장을 교환했고,
그 이후 순차적으로 앵커리지 고위급 회담이 개최됐다. 여기서 중요한 것은 미국
이 반드시 중국을 봉쇄하려는 것이 아니라는 점이다. 중국의 파워는 수년 전에 비
해 훨씬 강력해졌고, 베이징 역시 새로운 방식으로 정치, 경제적 지렛대와 영향력
을 행사한다. 미국과 자유세계는 베이징을 대하는 방법론, 그리고 동맹, 파트너와
함께 일하는 형식을 조정해야 한다. 자유세계의 목표는 중국 봉쇄가 아니라, 중국
의 번영을 지원하면서 베이징이 모든 행위자가 평등, 공정하게 경쟁하는 규칙, 규
범, 제도에 근거한 기존의 국제질서를 수용하도록 독려하는 것이다.[1]

　　지난 오랜 기간 추진되던 쿼드의 위상에 관해 시노디노스는 다음과 같이 부
연 설명했다. 바이든 행정부는 인도—태평양 안보에 있어서 쿼드의 중요성을 확
실하게 인지한다. 일각에서는 미국의 힘이 상대적으로 하락하고 쿼드의 민주 거
버넌스에 대한 관심이 저하됐다고 말하지만, 워싱턴이 주도하는 서방, 자유세계는
민주적 가치와 그를 위한 쿼드를 계속 중시할 것이다. 그렇지만 여기서도, 쿼드의
초점은 중국 견제를 넘어 공통의 이익을 포괄하도록 조정됐다. 그것은 백신외교,
기후변화, 그리고 핵심적이고 새로이 중시되는 테크놀로지의 3개 어젠다를 포함
하는데, 쿼드 국가들은 세계 각지를 위한 백신생산, 저탄소 테크놀로지, 그리고
경제와 국가안보 모두에 해당되는 인공지능, 양자역학, 극초음속 무기, 사이버 및
우주 영역에서 협력할 것이다. 쿼드는 그 어느 때보다 더 중요하지만, 그것은 아
태에서 아세안(ASEAN)의 중추적 역할, 그리고 경제, 무역 분야에서 APEC 같은
구조를 대체하기보다는 오히려 보완할 것이다. "쿼드는 나토의 아시아 버전

---

1)　Brendan Nicholson, "Australia's ambassador to the US on Biden plan: reassure allies
first, then negotiate with China," (April 24, 2021), https://www.aspistrategist.org.au〉 a...

(version)이 아니다. 그것은 서기국을 구비하는 형태로 제도화되거나 관료화를 추구하는 제도가 아니다." 전반적 맥락에서 바이든 행정부는 호주를 중시하고, 캔버라는 당연히 그런 입장을 환영한다. 호주는 커트 캠벨(Curt Campbell)이 바이든의 아시아 조정관으로 임명되기 전 그와 인도-태평양의 주요 이슈인 쿼드, 아세안의 위상, 베이징의 경제적 강요 등과 관련해 여러 번 회담을 가졌고, 캔버라는 목표에 관한 확실성으로 인해 양국 동맹의 향방에 낙관적이다.[1]

그 2개월 후 6월, 호주인들의 미국에 대한 인식을 보여주는 싱크탱크(Lowy Institute) 여론조사 결과와 그에 대한 흥미로운 해석이 제기됐다. 그 조사에서, 바이든 시대의 미국은 트럼프 시기보다 더 많이 신뢰받는 것으로 나타났다. 2016년보다 10%가 증가한 호주 대중의 61%가 미국이 국제사회에서 책임감을 갖고 행동할 것이라고 말했고, 트럼프 집권기 30%를 넘지 못하던 미 대통령 직무수행에 대한 신뢰도는 2배 이상 증가해 70%에 달했다. 또 78%의 대중이 앤저스(ANZUS) 동맹이 중요하다고 말했고, 76%는 미-호주가 공통의 가치와 이상을 공유하는 것으로 인식했으며, 75%가 호주 위기 시 미국이 강력한 지원을 제공할 것이라고 대답했다. 그러나 바이든 행정부 출범 이후 미국 정부의 국제적 책임감과 관련한 61% 신뢰도는 이라크 전쟁으로 암울하던 2006년, 그리고 고립주의 대통령의 취임으로 미국에 대한 신뢰도가 극히 낮은 2017년 당시 워싱턴에 대한 신뢰도와 동일한 수준이었다. 그것을 어떻게 이해해야 할까? '로이 연구소'(Lowy Institute) 전문가(Erin Hurley)는 그것이 미국이 호주에 의도치 않게 입힌 상처의 결과라고 말하면서, 다음과 같이 설명했다. 그 조사결과는 바이든에 대한 선호와는 별개로 미국에 대한 호주인들의 미지근한(lukewarm) 지지도가 더 이상 상승하기 어렵고, 호주 내에 '미국에 대한 경계심'이 존재한다는 것을 의미한다. 대테러 전쟁에 대한 미국인과 호주인의 인식은 다르다. 호주는 베트남 전쟁 이후 아프간 전쟁에서 처음 군인을 잃었고, 또 하워드(John Howard) 총리의 2003년 이라크 파병은 국내에서 자유당과 노동당, 그리고 대중 간에 전례 없는 반목을 발생시켰다. 호주 사

---

[1] 시노디노스는 호주는 TPP가 역내 최대 무역합의가 될 수 있도록, 미국이 그 제도에 복귀하기를 강력하게 희망한다고 말했다. 미국의 TPP 참여는 디지털 무역을 포함해 회원국들의 혜택을 최대화시키고, 아태 무역질서의 규칙과 기준을 자유세계가 선호하는 방향으로 유도하는 것을 도울 것이다. 미 하원 외교위원회와 아시아 소위원회가 미국의 TPP 재가입을 지원하는 것은 반가운 일이다. Ibid.

망 군인 숫자가 작음에도 불구하고, 오늘날 대테러 전쟁에서 호주인 생명을 잃은 것에 대해 많은 후회가 존재한다. 호주인들은 미국 국내정치에도 실망했다. 공화당과 민주당의 당파 싸움은 오바마 시기 입법을 어렵게 만들었고, 트럼프 시기에는 인종차별, 계층 분열, 폭도의 의사당 난입에서 드러나듯 미국 민주주의가 직접적으로 잠식됐다. 다시 말해 바이든 리더십에 대한 61% 신뢰도는 호주인들이 미국 주도 전쟁, 그리고 그로 인해 지난 20년 간 양국 내 소모적 국내정치의 취약성에 지나치게 노출된 것의 누적된 효과를 반영한다. 그래도 자유주의(liberal) 흑인 대통령 오바마의 두 차례 선출로 호주인들의 미국에 대한 신뢰도가 높아지고, 그의 집권기 호주의 미 대통령에 대한 신뢰도가 최고치인 83%였다는 것을 지적하지 않을 수 없다.[1]

그러나 9월 15일 미국, 영국, 호주 3국이 중국을 견제하고, 미·중 균열을 심화시킬 수 있는 노골적 행동을 취했다. 그것은 그 세 나라가 인도-태평양 3국 안보동맹(AUKUS)을 새로이 출범시키고, 미국과 영국이 호주 핵추진 잠수함 건설을 지원할 것이라고 선언한 것이다. 바이든은 영국 총리 보리스 존슨(Boris Johnson), 호주 총리 스콧 모리슨(Scott Morrison)과 함께 화상으로 AUKUS 결성을 발표하면서, "우리는 모두 장기적으로 인도-태평양의 평화와 안전보장에 관한 절대 절명을 인식한다"고 말했다. 그는 그 동맹이 역내 전략환경의 현재와 미래를 형성하는 과정에 기여할 것이고, 그 움직임은 유럽 파트너들이 인도-태평양에서 수행하는 더 광범위한 추세의 일부라고 덧붙였다. 그들 중 누구도 발언 중 중국을 거론하지 않았는데, 실제 미 행정부는 그 선언 공식발표 이전 AUKUS가 어느 특정 국가를 겨냥하는 것이 아니라, 3국이 인도-태평양에서 개입과 억지를 유지하는 더 큰 일반적 노력을 반영한다고 설명한 바 있다. 베이징은 집권 초 바이든의 외교정책이 중국 견제에 초점을 맞추는 것에 불쾌한 반응을 보였는데, 그 사전 설명은 중국에 대한 자극과 반발을 완화시키려는 의도에서 비롯된 것으로 보였다. 존슨은 그 새로운 동맹이 "첨단 과학과 테크놀로지에서의 영국 위상을 강화시키고, 국가적 전문성, 그리고 영국, 호주, 미국을 더 긴밀하게 연계시키는 계기가 될 것"이라고 말하면서, AUKUS가 "영어를 사용하는 3개 해양 민

---

1) Erin Hurley, "US—Australia alliance a friendship, not a love affair," (June 23, 2021), https://www.lowyinstitute.org〉 us—a...

주주의 국가들의 유대를 강화하고, 정세가 점점 더 복잡해지는 아태지역에 세계가 더 세심한 관심을 갖게 만들 것"이라고 주장했다. 그 3개국은 인공지능, 사이버, 해저(underwater) 방위능력, 장거리 타격능력 영역에서의 정보교환에도 합의했다.1)

　　워싱턴이 호주 핵잠수함 개발을 돕기로 한 것은 파격적 결정이었는데, 왜냐하면 지금까지 미국이 첨단 핵추진 기술을 이전한 국가는 영국이 유일했기 때문이다. 핵추진 잠수함 건조 계획은 향후 18개월에 걸쳐 시행되도록 계획됐는데, 호주가 핵추진 잠수함 가동에 필요한 화석물질(fissile material)이 없는 상태에서 그 협력은 핵물질 이전 논의를 포함할 것이었다. 해저 전쟁능력은 중국의 최대 약점 중 하나인데, 호주의 핵추진 잠수함 함대는 새로워지는 장시간 순찰능력으로 미국과 동맹국들을 군사, 외교전선에서 크게 도울 것으로 기대됐다. 그러나 모리슨은 호주가 핵무기를 개발하는 것이 아니라고 강조했고, 바이든 역시 그에 동의했다. 일찍이 2010년 워싱턴과 캔버라는 호주가 미국이 전달한 핵물질을 농축, 또는 재처리 하지 않을 것을 약속하는 '123 합의'를 체결했다. 모리슨은 3개국이 "항상 비슷한 렌즈(lens)를 통해 바라보았지만, 이제 새로운 도전을 막아내고 인도 – 태평양이 요구하는 안보와 안전을 위해 그 파트너십이 새로운 단계로 나아가는 것"일 뿐이라고 말했다. 그래도 전문가들은 첨단 테크놀로지를 미국이 이전하는 것이 극히 예외적이고, 다른 환경에서는 이루어지지 않을 결정이라고 말했다. 그것은 미국 주도 동맹국들이 중국을 군사, 테크놀로지 영역에서 밀어내기 위한 의도 이외의 다른 이유로는 설명할 수 없는 행위였다. 호주의 핵추진 잠수함 배치는 현재 인도 – 태평양에서 작전하는 영국 항모, 그리고 최근 프랑스와 독일 전함의 남중국해 통과를 뒤따르는 새로운 활동이 될 것이었다. 한편 미국이 건조한 핵추진 잠수함을 구매하는 결정으로 인해, 캔버라는 독일, 일본과의 수주경쟁에서 승리한 프랑스 기업(Naval Group)과 2016년 체결한 900억 달러에 달하는 12척 잠수함 건조계약을 취소해야 했다. 원래 프랑스와의 거래는 디자인 변화 및 가격인상에서의 논쟁을 포함해 오랫동안 문제였는데, 파리(Paris)와 Naval Group 모두 캔버라의 요구에 어떤 설명이나 방향전환을 제시한 적이 없었다. 새로운 상황에

---

1) Aamer Madhani and Jonathan Lemire, "Biden announces Indo – Pacific alliance with UK, Australia," (September 15, 2021), https://apnews.com〉 article〉 joe – bi...

당황한 파리는 자유세계가 "인도－태평양에서 전례 없는 도전에 직면하는 시점에, 미국이 호주와 파트너십을 구조화하면서 프랑스 같은 유럽 동맹을 배제하는 것은 서방의 가치와 법치에 근거한 다자주의에 대한 존중에서의 일관성 결여를 보여주고, 프랑스는 그에 대해 유감을 표시하지 않을 수 없다"고 말했다. 그러나 사실, AUKUS 관련 모든 결정과 행동은 매우 예민한 전략환경에서 이루어졌다. 그동안 워싱턴은 신장, 홍콩의 민주 탄압, 사이버 침투, 코비드와 기후변화 문제 등 다양한 사안에서 중국의 협력을 촉구했지만, 베이징은 증대하는 파워를 과신해 일방적 주장을 제기하고 제멋대로 행동하는 경향을 보였다. 미·중 고위급 관리들의 대화는 생산적 결과를 만들어 내지 못하고 있었다. 지난 6월에는 바이든의 종용에 의해 G7 국가들이 중국 정부에 인권존중과 코비드－19 전면조사 허용을 촉구했지만, 동맹국들은 베이징에 대해 얼마나 강경하게 대처할 지에 대해 서로 다른 의견을 제시했다. 미국은 파트너 국가들의 단합된 목소리를 입증하기 위해 조만간 쿼드 리더 회의를 소집할 계획을 갖고 있지만, 그곳에서 인도의 협력범위는 불투명했다. 또 동맹결성 발표 일주일 전 바이든이 중국 국가주석과 90분간 전화통화로 대화했는데, 그때 시진핑이 워싱턴의 대중국 정책이 양국관계에서 '심각한 난관'을 초래한다고 주장한 것으로 알려졌다.[1] 그렇듯 중국이라는 적대 경쟁국, 그리고 프랑스를 포함하는 여러 동맹과의 문제를 인식하는 가운데 추진된 워싱턴의 행동은 인도－태평양과 관련된 여러 어려운 상황 타개를 위한, 그리고 엄청난 계약규모의 재정적 혜택을 감안한 어려운 결정이었다. 캔버라로서는 파리와의 계약 파기가 부담스러웠지만, 호주는 국가안보를 위해 프랑스로부터 도입하려는 재래식 디젤 잠수함 대신에 역량이 훨씬 더 뛰어난 미국의 핵추진 잠수함을 선택한 것이다.

AUKUS 결성 발표 다음 날인 9월 16일 워싱턴에서 AUSMIM이 개최됐다. 그때 미 국무장관 블링컨은 중국을 겨냥한 강경발언을 쏟아냈다. 그는 캔버라의 코로나－19 기원 조사 촉구에 대한 베이징의 제재에서 호주가 조금도 물러서지 않았다고 찬사를 보내면서, 워싱턴은 호주가 그로 인해 경제적 피해를 입고 정치적으로 압박받는 사태를 그대로 방치하지 않을 것이라고 말했다. 호주 국방장관

---

1) Alexander Ward and Paul McLeary, "Biden announces joint deal with UK and Australia to counter China," (September 15, 2021), https://politico.com〉 news〉 b...

은 그에 화답해 캔버라는 미국과의 군사협력 강화를 위해 다윈(Darwin)에 주둔한 2천 명 미 해병을 넘어 미 병력 추가 순환배치를 허용하고, 더 많은 군사기지를 제공할 것이라고 말했다. AUKUS 결성과 AUSMIN 발언은 무엇을 의미하나? 그것은 미, 호주 모두 중국과의 대결보다는 상대적으로 대화를 더 강조했지만, 실제에 있어서는 인도-태평양에서 중국 견제와 봉쇄를 게을리 할 수 없음을 뜻했다. 더 나아가 그것은 쿼드가 약화될 수 있는 상황에서, 인도-태평양에서 영국의 활동을 증대시키는 새로운 동맹의 결성을 의미했다.

한편 그 날 근래 세계 최대 단일 무기수출 거래였던 호주와의 잠수함 계약 파기에 분노한 프랑스는 새로이 불만을 쏟아냈다. 파리는 바이든 대통령이 막후에서 배신하고, 그의 전임자 트럼프와 비슷하게 행동했다고 비난했다. 프랑스 외교장관은 "이 잔인하고 일방적이며 예측 불가능한 결정은 나에게 트럼프가 하던 행동을 상기시킨다"고 말했다. "나는 분노하고 있고, 씁쓸하다. 이것은 동맹국들 간에 할 일이 아니다. 이것은 칼로 등을 찌르는 것이다. 우리는 호주와 신뢰관계를 생성했지만, 그 신뢰는 깨졌다"고 그는 말했다. AUKUS 체결 2주 전에도 호주 외교, 국방장관은 프랑스에 그 거래가 유효하다고 재확인했고, 마크롱 대통령은 지난 6월 모리슨을 초청하면서 향후 수십 년간 지속될 양국 미래협력의 당위성을 자랑스러워했다. 일부는 그 상황이 프랑스 해군이 영국에 패배한 트라팔가 (Trafalga) 해전이 또다시 재현된 것과 비슷하다고 한탄했다. 파리의 분노를 진정시키기 위해, 블링컨 미 국무장관은 프랑스는 인도-태평양에서 미국의 '사활적 파트너'이고, 워싱턴은 파리와 계속 협력할 것이라고 말했다. 그러나 그 발언은 한동안은 '소귀에 경 읽기'로 들릴 것이었다.[1]

일각에서는 미-프랑스 분규가 동맹 단합 유지에서의 도전을 보여준다고 말했다. 일부 외교관들은 최근 수개월 간 바이든이 유럽 동맹들에게 직언하지 않는다는 우려가 있다고 말했고, 몇몇 분석가들은 대서양 유대를 긴장시키는 워싱턴의 행동이 베이징에만 이익이 될 것이라고 말했다. 그러나 바이든은 계속해서 AUKUS의 정당성을 강조하고, 뉴욕 유엔총회 장외에서 모리슨에게 "미국에게 호

---

1) John Irish and Michel Rose, Tim Hepher, "France says Biden acted like Trump to sink Australia defence deal," (September 17, 2021), https://www.reuters.com〉 world〉 u...

주보다 더 가깝고 더 신뢰할 수 있는 동맹은 없다"고 말했다. 수일 내 백악관에서 퀴드 리더들이 직접 만나게 되어 있다고 말하면서, 바이든은 "미국과 호주는 발맞춰 움직이고, 상황이 변해가면서 민주주의와 21세기로 가는 규칙의 제정은 변곡점에 처해 있다"고 지적했다. 모리슨은 어려울 때나 좋을 때를 가리지 않는 미국과의 투철한 파트너십을 강조하면서도, AUKUS가 배타적 관계가 아니고 미-호주 가치는 다른 여러 나라와 공유되는 것이라고 말했다.[1] 그래도 프랑스와의 관계재설정을 위해 신속하게 움직여야 한다는 조언이 계속 제기되면서, 10월 초 바이든은 파리와의 손상된 관계회복에 주력했다. 프랑스가 불쾌감의 표시로 미국과 호주로부터 대사를 소환한 사실에 전 세계가 주목하는 것은 바이든에게 큰 심리적 부담이었다. 10월 말에 이르러 마크롱과 대면 회동했을 때 바이든은 호주 잠수함 협상과 관련해 사과하지는 않았지만, 캔버라가 프랑스에 일찍이 그 계약 취소를 전달한 것으로 알았다고 말하면서, 오랜 동맹을 놀라게 한 그의 행동이 '사려 깊지 못하고 어설펐다'(clumsy)고 시인했다. 마크롱은 또다시 비슷한 사건이 발생하지 않도록 우방과 파트너 국가들이 더 강력하게 협력을 발전시켜야 하고, "진정 중요한 것은 향후 수주, 수개월, 그리고 수년 간 동맹이 함께 어떻게 협력하는가" 하는 것이라고 말했다.[2]

(3) 미-인도 관계

트럼프는 푸틴과 러시아에 대해 그랬듯이, 처음부터 인도와 그 정치 리더 모디(Narendra Modi) 총리에 대해 우호적 태도를 취했다. 비록 독특한 성향의 미국 대통령이 자국 수출품에 인도가 고관세를 부과하는 것과 관련해 불만을 표출해 인도 내에 양국 관계에 관한 약간의 두려움이 존재했지만, 그 우려는 트럼프 첫해 미-인도 정상회담에서 두 리더가 안보사안에 의기투합하면서 예상보다 일찍 잠재워졌다. 그 이후 미-인도 관계는 상대적으로 순항했다. 워싱턴은 인도에 첨단무기, 첨단 군사, 과학기술을 이전하면서 조지 W. 부시 이후 시작되고 오바마 시기 강화된 뉴델리와의 안보협력을 가속화시키기 위해 많은 노력을 기울였고, 인

---

[1] "Biden hails Australia alliance in meeting with Morrison," (September 21, 2021), https://www.france24.com〉 live-news

[2] "AUKUS submarine deal with Australia was 'clumsy', US President Biden tells French President Macron," (October 29, 2021), https://www.abc.net.au〉 news〉 bid...

도는 미국이 주도하는 미 동맹들과의 양자, 다자회담에 참여하면서 워싱턴의 기치를 지지, 지원했다. 한때 뉴델리가 러시아 미사일방어망 S-400을 도입하고 안보리 제재 대상인 이란으로부터 오일을 수입해 미국의 제제위협을 촉발했지만, 인도를 중국 견제 핵심으로 부상한 쿼드에 헌신하게 만드는 궁극적 목적을 가진 워싱턴은 뉴델리의 어긋난 행위에 상대적으로 너그럽게 행동했다. 미-인도 경제관계는 안보분야에 비해서는 다소 마찰이 있었지만, 그 역시 지나치지는 않았다. 예컨대 트럼프는 2018년 수차례에 걸쳐 뉴델리의 국제경제 행동이 관세, 비관세 장벽을 활용해 시장접근을 제한하는 신중상주의 성격을 띠는 불공정 관행이라고 비난했다. 또 2019년에는 미국이 모든 개도국에게 제공하는 일반 특혜체계(GSP)를 취소하고, 몇몇 인도 제품에 관세를 부과하면서 압박을 가했다. 그러나 인도는 워싱턴의 심기를 건드리지 않기 위해 조심하면서도 다른 한편 부분적 보복관세로 맞섰다. 실제 양국 간 무역, 투자관계에서 인도는 거의 물러서지 않았는데, 뉴델리의 정책은 베이징 못지않은 국수주의, 경제 민족주의 성격을 띠었다. 뉴델리는 WTO 개도국 관련 조항을 활용해 미국 제품에 고관세를 부과하고 비관세 장벽을 높여 국내시장을 보호했고, 인도에 투자하는 외국기업들에게 강제 기술이전, 소유제한, 현지주문 요구와 같은 가능한 모든 수단을 통해 경제이익 극대화를 추구했다. 그럼에도 워싱턴은 그에 대해 상대적으로 덜 분노했다. 결국 트럼프 임기 중, 인도는 워싱턴으로부터 모든 안보, 경제특혜는 누린 반면, 미국이 원하는 요구를 수용한 것은 거의 없었다. 가장 대표적인 것이 워싱턴이 가장 중시하는 쿼드에서의 협력이었는데, 뉴델리는 미국과 미 동맹국들로부터 많은 안보, 경제특혜를 수혜하면서도 형식상의 행동과는 달리 사실상 베이징에 대한 견제에 동조하지 않았다. 뉴델리의 실용주의적이면서 현실주의적인 안보, 경제행동은 놀라울 만큼 워싱턴의 의도와는 거리가 멀었다.

중국을 미국에 대한 최대 적대 경쟁국으로 인식하는 바이든 역시 안보 목적상 인도에 우호적으로 대했다. 2021년 2월 초순 바이든과 모디는 전화통화에서 여러 현안에 관해 의견을 교환했다. 두 리더는 그 당시 가장 큰 지구적 현안인 코비드-19 팬데믹에 대한 공동대처를 약속하고, 여러 나라가 이견을 보이는 사안인 기후변화 대응에 대해서도 공동협력을 서약했다. 바이든은 워싱턴이 어떻게 코비드-19 제어를 위해 기여하는지, 또 미국이 왜 파리 기후변화협약에 복귀했는지를 설명했는데, 백신생산이 불가능한 상태에서 팬데믹이 집중적으로 발생하고, 또 기후변화 문제에 관해 이견을 갖고 있는 모디는 아마 그 논의가 불편했을 것이다. 그럼에도 모디는 워싱턴의 기치에 적극 부응, 협력할 것이라고 화답했는데, 그것은 그 사안들이 당위성의 문제인 동시에, 정상 간 대화에서 외교적 예의가 무엇보다 중요했기 때문이다. 원래 기후변화 대응에서 인도, 중국, 브라질, 그리고 많은 개도국들은 경제발전 목적상 2050년까지의 탄소중립이 어렵다는 입장을 갖고 있었고, 특히 시진핑은 중국은 그 합의이행을 2060년까지 10년 늦춰 달성할 것이라고 말하면서 미국 등 과거 산업혁명 이후 이산화탄소 배출에 더 많은 책임이 있는 나라들이 개도국들의 노력에 재정지원을 제공해야 한다고 주장한 바 있다.

더 나아가 바이든은 '자유롭고 개방된 인도-태평양 지역'의 안보와 평화유지가 중요하다는 미국의 입장을 밝히고, 더 직접적으로 베이징이 제기하는 지역안보 위협에 대항해 항해의 자유, 영토통합, 그리고 쿼드를 통한 흔들림 없는 지역구도가 정착돼야 한다고 강조했다.[1] 그에 대해 모디는 흔쾌히 동의했다. 분석가들은 베이징과의 여러 협력에도 불구하고, 다른 한편 중국과 해상분쟁이 없는 상태에서 국경분쟁을 겪는 인도의 모디가 바이든의 의견에 적어도 겉으로는 반대할 이유가 없었고, 또 영토통합의 주장에는 한층 더 공감했을 것이라고 말했다. 그것은 인도가 라다크(Ladakh) 국경분쟁에서 9개월 간 군사대치 중이었기 때문이다. 그곳에서는 수천 명의 병사들이 영하의 기온에서 서로를 마주보면서 대치하고 있었다. 바이든은 나중에 또 인도의 이웃인 미얀마 쿠데타를 겨냥해, "법치와 민주적 과정이 준수돼야 한다"고 덧붙였는데, 모디는 그에도 동의를 표시했다. 바이든과 모디는 서로 모르는 사이가 아니었다. 조지 W. 부시 행정부 당시, 상원의원 바이든은 미-인도 핵 합의의 열렬한 옹호자였다. 그 협정은 인도가 오래 원하던 미국의 하이테크 장비와 기술을 인도에 공급하는 길을 열었다. 그 협정은 뉴델리가 1998년 핵실험을 강행하고 NPT 서명을 거부한 이후 인도에 부과된 고립을 종식시켰고, 모디가 그 사실을 모를 리 없었다. 모디는 트위터에서 바이든 행정부의 성공을 기원한다고 말했다. "바이든 대통령과 나는 규칙에 근거한 국제질서에 헌신할 것이다. 우리는 인도-태평양과 그 너머에서의 평화와 안보를 확대

---

1) Alex Leary, "Biden, India's Modi Discuss Myanmar, Security Challenges Posed by China," The Wall Street Journal, (February 8, 2020)

시키기 위한 전략적 파트너십 공고화를 기대한다." 그러나 전문가들은 모디가 베이징 뿐 아니라, 트럼프와도 좋은 관계를 유지했다는 점을 상기시켰다. 그것은 모디의 행동이 대체로 외교적 제스처일 수 있다는 의미였다.[1]

　　여러 정황에 비추어 장기적으로 미국과 인도의 협력이 얼마나 더, 또 어느 정도 깊이 있게 진행될 지는 미지수이다. 그것은 미국, 일본이 중국 견제 목적상 인도와의 협력을 무엇보다 중시하고, 또 동시에 중-인도가 일부 분쟁을 겪고 있음에도 불구하고, 뉴델리의 기본전략이 경쟁하는 강대국 사이에서 중립적으로 행동하면서 인도의 지구적 파워로의 부상에 모든 노력을 집중하는 것이기 때문이다. 많은 전문가들이 인정하듯, 엄청난 숫자의 고급 두뇌들이 이끄는 수많은 첨단산업을 보유하고 거대한 영토와 엄청난 인구를 중심으로 적극적 경제발전에 나서는 인도가 21세기 중반까지 아태지역을 넘어 지구적 차원의 강대국으로 부상하지 못할 이유는 없을 것이다. 그리고 아직까지는 경제발전에 치중하지만, 뉴델리는 추후 오늘날의 중국이 그렇듯 경제발전과 과학기술을 토대로 본격적인 군사력 증강에 나설 것이다. 나중에 인도가 강대국으로 발돋움한 이후의 정책방향을 지금 예단할 필요는 없다. 그렇지만 현시점에서 뒤돌아볼 때, 지난 20년 간 미국으로부터 그렇게 많은 일방적 군사, 경제적 특혜를 받으면서도 뉴델리가 쿼드에 미온적이고, 경제협상에서도 전혀 양보한 것이 없는 것은 미-인도 미래전망에 대해 단언할 수 없게 만든다. 또 지난 오랜 기간 인도가 러시아, 중국과 협력을 추진해왔고 내심 영국의 오랜 지배를 받은 뉴델리가 서방의 수세기에 걸친 식민화에 반감을 갖고 있음을 감안할 때, 워싱턴의 뉴델리와의 관계강화 노력은 많은 경계심과 인내심을 요구할 것이다. 도쿄가 워싱턴과 함께 인도와의 관계강화에 나서고 호주 역시 쿼드에서 미국의 의사를 더 존중하는 쪽으로 기울어지는 것은 긍정적 조짐이지만, 도쿄와 캔버라 모두 베이징과의 관계악화 부작용을 의식하는 상태에서 그 단합된 시도가 얼마나 진전하고 또 인도의 참여를 얼마나 유도할 수 있을 지는 더 오랜 관찰을 요구한다.

---

1) Aamer Madhani, "Biden, Modi pledge cooperation as both deal with China," Associated Press, (February 8, 2021)

(4) 한미 관계

트럼프 시기 한미관계는 북한 핵, 한미 방위비 분담, 그리고 한국으로부터의 무역적자와 관련해 긴장된 상태에서 출발했고, 그 미래는 미국의 다른 나라들과의 관계에서와 마찬가지로 예측이 어려웠다. 그러나 그 이슈들은 워싱턴의 입장에서는 희망을 주면서 반전을 계속했지만, 결과적으로 그것은 아무 성과를 달성하지 못했다. 트럼프가 정상 간의 대협상(grand bargain)을 통해 해결을 시도한 북핵문제는 원상태로 위치했고, 한미 방위비 분담, 무역적자 문제는 그의 재임시 아무 진전이 없었다. 국제문제를 전담하는 외교관들을 제치고 전면에 나서 수많은 세부 현안의 해결을 모색하고 지나치게 목소리를 높이는 그의 행동은 국제관계에서는 흔치 않은 현상이었다. 그런 자세는 다른 세계문제에서 그랬듯이, 한미 양국의 현안 해결, 또 한미 양국 관계에 별 도움이 되지 않았다.

트럼프는 북핵문제 해결에 많은 기대를 걸었던 것으로 보인다. 한국 정부가 활발하게 움직여 한미 정상회담, 남북한 정상회담이 수시로 열리고, 수많은 계획과 선언문이 발표되며, 또 미·북 정상회담이 개최돼 본인이 DMZ를 넘어 북한 땅에 발을 들여놓은 첫 번째 현직 미국 대통령이 되면서, 그는 스스로의 행동에 커다란 역사적 가치를 부여했을지 모른다. 그러나 그런 과정을 통해 북핵 문제가 해결되거나, 또는 조그만 진전이라고 기대했다면, 그것은 국제관계를 넘어 북한에 대해 완전히 잘못 이해하고 있음을 입증했을 뿐이다. 냉전시대의 북한은 물론이고 냉전이후 시대의 평양 행동, 그리고 계속 변화하는 전략환경 속에서의 평양의 의사결정 패턴을 조금이라도 이해한다면, 아마 그와 같은 행동, 또 그와 같은 기대는 없었을 것이다. 한마디로 평양은 어떤 이유로도 핵무기를 폐기하지 않을 것인데, 왜냐하면 리비아, 시리아의 경우가 입증하듯 언제 어디서 어떻게 변할지 알 수 없는 위태로운 국제관계 속에서 공격과 방어 두 가지 목적 모두에 봉사하고, 또 북한에 최대이익을 제공하는 결정적 지렛대를 포기할 까닭이 없기 때문이다. 더구나 오늘날의 북한은 1990년대에 비해 훨씬 더 유리하고 안전한 입장에 처해 있는데, 그것은 가장 핵심적으로 미국과 서방에 반대해 반자유주의 이데올로기를 추구하고 북한을 지원하는 중국, 러시아를 포함하는 반서방 국가들의 세력이 더 견고해지고 있기 때문이다. 실제 중동, 북아프리카의 여러 이슬람 국가들, 그리고 심지어 중남미와 카리브, 사하라 이남 아프리카에서도 수많은 나라들이 다양한 형태로 반미, 반서방 행동을 취한다. 비록 한반도 문제에서 북한을 직접 돕는 강대국은 중국과 러시아이지만, 전체적인 지구적 추세 역시 중요한 전략환경을 구성한다는 것은 기정사실이다. 냉전시대 북한이 비동맹(Non-Aligned Movement)에서 적극적으로 움직여, 국제외교에서 한국보다 한발 앞섰던 것이 그런 의미를 갖는다. 또 국내적으로도 김정은 정권은 문제가 없는데, 왜냐하면 비록 경제취약이 일부 난관을 야기하지만, 그것은 평양 당국의 강력한 중앙집권화, 자립경제, 그리고 결정적 순간에는 베이징의 지원이 그 해결을 돕기 때문이다. 만약의 경우 김정은과 김여정이 존재하지 않는다면 북한에 자유주의 형태의 개혁이 도래할까? 아마 그 경우에도 북한과 유기적으로 연계돼 있는 베이징이 개입해 그런 움직임을 차단할 가능성을 배제할 수 없을 것이다.

한편 바이든 행정부의 한미관계 운영과 대북 접근법은 합리적으로 보인다. 한미동맹과 한미 연합훈련 중요성의 재확인, 방위비 협상 타결, 2021년 5월 한미 정상회담 선언문에 나타난 서울 입장에 대한 배려, 그리고 북핵 문제해결을 위해 제시하는 압박과 대화 병행 원칙이 그런 것들이다. 그것은 모두 동북아 안보환경, 북한의 속성, 남북한 관계의 현주소, 한국 내 기류와 성향을 염두에 둔 형태를 띤다. 아직도 워싱턴에게 가장 중요한 것은 북핵문제 해결인데, 바이든 행정부는 견제를 중시하면서도 대화에 많은 무게를 둔다. 평양 당국의 워싱턴에 대한 반발과 반박, 미사일 도발, 그리고 한국정부에 대한 노골적 비난과 위협에도 불구하고, 워싱턴은 북핵의 완전한 비핵화가 최종목표라고 말하면서 인내심을 갖고 대화를 추구한다. 그것은 일희일비하지 않는 세련되고 먼 미래를 내다보는 전형적으로 수준 높은 외교를 의미하지만, 반면 미국으로서는 여러 정황상 견제와 대화 병행 이외에 다른 옵션은 찾을 수 없을 것이다. 그러나 워싱턴이 선언적으로 말하는 것과 달리 실제 북핵 해결 가능성에 얼마나 높은 기대를 갖는지는 의문인데, 왜냐하면 이미 미국 내 수많은 전문가, 군부, 외교집단이 북핵 폐기 가능성을 의문시하기 때문이다. 그래도 미국은 대북 외교를 계속해야 하는데, 그 이유는 핵무기 생산이 획기적으로 증대되고 그 무기, 물질, 테크놀로지가 확산될 가능성에 비추어 그 문제를 그대로 방치할 수 없기 때문이다. 북한이 과거 시리아 원자로 건설을 돕고 파키스탄 가우리 미사일 개발을 도왔으며, 이슬라마바드로부터 우라늄 농축 기술과 장비를 도입한 것이 그런 경우일 것이다. 더구나 러시아가 오래전 이란의 핵시설 건설을 돕고, 미국이 과거 인도에, 그리고 최근 호주에 핵잠수함과 그 관련기술 이전을 결정한 것에 비추어, 평양 당국이 자국에 이익이 되는 행동을 하지 않을 이유가 없을 것이다.

북핵 폐기가 불가능한 상황에서 언제까지 미국이 평양과의 대화를 계속할까? 만약 미국이 북핵 폐기가 불가능하다는 것을 인정해야 하는 시점이 도래한다면, 워싱턴은 어떻게 대응할까? 그 경우 미국은 한국과의 논의를 통해 향후 대책을 마련하겠지만, 워싱턴은 (앞에 거론한 바와 같이) 북한 핵개발 가속화와 베이징의 반발이라는 부작용을 고려해 한반도 내 미군 핵무기 재반입을 쉽사리 결정하지 못할 것이다. 그때 미국과 한국 내 여론이 어떻게 움직일지도 미지수이다. 또 아마 미국은 한국의 자체적 핵개발에도 반대할 가능성이 높을 것이다. 만약 그렇다면 최악의 경우 미래 어느 시점에 미국으로서는 철저한 한미동맹과 핵우산을 보장하는 서울과의 합의를 전제로, 평양과 적정수준에서 타협을 할지도 모른다. 북한의 핵탄두가 계속 증가해 최선이 불가능하고 차선책이 필수불가결할 때, 한국은 그 수용을 거부하기 어려울 수 있다. 특히 북한 핵의 끝없는 증가를 우려하는 베이징이 그런 방식에 동의한다면, 그것은 충분히 실현가능한 옵션일 수 있다. 키신저는 수년 전 주한미군 철수와 북한 핵무기 폐기를 맞바꾸는 해법을 제시한 적이 있다. 그러나 어떤 경우에도 북한의 완전한 비핵화는 불가능할 것인데, 왜냐하면 미·북 타협시에도 IAEA가 북한 전 국토를 샅샅이 조사하기 전에는 은폐되고 작은 공간만을 필요로 하는 농축 우라늄 시설을 모두 찾아낼 수 없기 때문이다. 물론 북한은 IEAE의 그런 요구는 절대 수용하지 않을 것이고, 그것은 평양의 비밀 핵시설 재가동을 보장할 것이다.

북핵 폐기가 불가능한 상황에서 가장 치명타를 입는 것은 한국이다. 평양은 그 무기를 중국이나 미국에는 사용할 수 없는데, 그 경우 그들의 보복에 의해 국토가 좁은 북한의 멸망이 확실하기 때문이다. 그러나 한국은 다른데, 왜냐하면 평양은 한국에 핵무기를 직접 사용하지 않고 그 사용 위협만으로도 충분히 목적을 달성할 수 있기 때문이다. 한국은 평양 지휘부 타격, 참수작전을 포함해 여러 명칭의 군사전략을 거론하지만, 그것이 북한의 핵무기 앞에서 과연 효력을 발생할 수 있을지 의문이다. 오늘날 평양이 미국으로부터의 위협을 구실로 핵무기 보유를 정당화하는 것은 거짓 논리일 뿐이다. 오늘날의 미국은 북한을 붕괴시킬 이유가 전혀 없는데, 아마도 핵문제가 아니라면 워싱턴은 북한에 관심조차 갖지 않을 것이다. 또 핵무기 없이 중국과 러시아의 보호만으로도 북한의 생존은 충분히 보장되기 때문이다. 베이징은 동일한 공산주의를 고수하고 바로 이웃에 인접한 북한을 위기시 절대로 방치하지 않을 것인데, 왜냐하면 워싱턴이 지원하는 한국 주도의 통일이 중국 안보를 저해하는 것으로 믿기 때문이다. 북한이 핵무기 보유를 고집하는 것은 그 무기가 공격과 방어 모두에 사용되기 때문인데, 특히 공격적 측면에서는 통일과 관련해서 핵 위협은 아주 긴요할 것이다. 하나의 민족이기 때문에 핵 위협이 없을 것이라는 주장은 이미 치명적 살상을 동반한 한국전쟁, 또 오늘날 평양의 여러 발언에 비추어 수용하지 말아야 한다.

한국은 북한과의 관계개선, 그리고 통일로 가는 길목에서 요구되는 정확한 실상과 미래행로에 놓인 여러 장애를 객관적으로 파악해야 한다. (본문에 언급한) 김정은의 2021년 1월 당 대회 연설문은 오늘날 평양이 어떤 생각을 갖고 있는지를 정확하게 보여준다. 그 연설은 평양이 달라지기는커녕 김정은 시대에 들어와 적화통일의 집념이 냉전시대 못지않음을 암시한다. 대외적으로 평양은 북·중 관계강화와 지구적 차원에서 반서방 공산주의 국가들과의 유대강화를 통한 사회주의 건설을 거론했다. 국내정치, 사회와 관련해서는 김일성, 김정일 사상, 빨치산 정신 등 과거 사용되던 수많은 용어를 체계적으로 나열했고, 군사적으로는 핵 기술 고도화, 초대형 수소폭탄, 극초음속 활공무기, 전인민의 무장화를 강조했으며, 대남관계에서는 모든 것을 한국 탓으로 돌렸다. 그리고 수십 년간 지속해 온 미국의 적대시 정책 철회를 요구했다. 그 연설에 나타난 생각은 어떤 특별한 해석을 필요로 하지 않는다. 그 연설은 자유민주주의의 정당성을 믿는 사람들에게는 그 자체로서 달리 생각할 수 없게 만든다. 그리고 평양의 그런 구상과 집념은 오늘날 사상적으로 점점 더 분열돼 가는 한국의 미래를 우려하게 만든다. 그동안 남북한은 합의에 의한 연합제, 연방제 형태의 정부구성을 말해 왔는데, 아마 우여곡절 끝에 통일이 된다면 그런 생각을 가진 평양 당국은 모든 구실을 이유로 내란을 일으킬 가능성이 높을 것이다. 그리고 북한의 핵무기 보유에 비추어, 그 결과가 무엇일까 하는 것은 더 이상 설명이 필요 없다. 그렇지만 이것은 남북한 관계개선, 통일에 반대하는 것이 아니다. 당연히 남북한은 하나의 민족으로서 갈등을 줄이고 평화와 통일을 향해 나아가야 한다. 그를 위해 남북한은 상대의 입장을 존중하고, 타당한 범위 내에서 서로 협력해야 한다. 그렇지만 겉으로 드러나는 신속한 관계개선만이 능사가 아니다. 과거 황장엽이 경고했듯이 봉건주의 '김씨 왕조'가 이끄는 북한은 속성상 언제 어떻게 변할지 알 수 없는 나라이고, 지난 수십 년간 보았듯이 양측 관계는 하루아침에 무너질 수 있다. 한국으로서는 북한과 타협하고 협력하지만, 평양의 강요외교(coercive diplomacy)에 휘둘리는 관계개선, 또 공산체제에 예속될 수 있는 통일이 위험하다는 것을 잊지 말아야 한다. 전체 과정에서 미국의 지원, 한미 동맹은 필수적인데, 한국 내에서 반미 확산이 가속화되면 양자동맹의 존재는 약화될 수 있다. 미국은 '동맹의 가치'(alliance value)에 근거해 한국을 평가할 것인데, 수많은 한국인들이 반미를 외칠 때 워싱턴 당국과 미국인들이 어떻게 느낄지를 생각해 보아야 한다. 이미 미국 내에는 트럼프 대통령이 말했듯, 현지인들이 원치 않는 곳에 미군이 주둔할 필요가 없다는 정서가 계속 커져가고 있다. 미국의 경제, 군사력이 지구적 차원에서 상대적으로 하락하고 대외관계에서 제한받을 때, 또 국내에서 경제가 더 어려워질 때, 그런 추세는 더 커질 것이다. 그렇듯, 한국은 남북한 관계운영과 통일로 가는 길에서 냉철하게 판단하고, 외교, 군사, 경제역량을 더 키우며, 국내에서 자유민주주의에서 '자유'라는 글자를 제외해야 한다는 여론이 존재하는 현실에서 한국 민주주의의 정체성을 확실하게 규정해 국민적 분열을 줄여야 한다.

(5) 미-아세안 관계

트럼프 행정부가 출범했을 때, 아세안 국가들은 오바마 시대의 추세를 이어 미국과 우호, 협력적 관계가 유지되기를 희망했다. 그러나 대통령은 동남아에 관심을 갖지 않았고, 오바마가 중시했던 아세안 정상회담, EAS를 포함하는 여러 다자회의에 거의 불참하면서 아세안을 실망시켰다. 그렇지만 양측이 상대방의 중요성을 모르는 것은 아니었다. 미국과 동남아의 많은 전문가들이 트럼프의 행동변화를 촉구하고, 미 의회와 몇몇 미 행정부서가 동남아 인프라 지원을 토대로 아세안과의 관계강화를 모색했다. 그러나 대통령은 아세안 주재 미 대사 임명의 지연에서 나타나듯 계속 그 지역에 관심을 보이지 않았다. 미 행정부의 아세안을 위한 물적 지원 역시 동남아 발전보다 중국을 견제하기 위한 편파적 목적에 편향됐지만, 그 혜택조차도 양적으로 베이징이 제공하는 지원에 비해 현격하게 취약했다. 특히 문제가 된 것은 전반적인 대외관계 측면에서, 미국과 아세안이 접점을 찾지 못한 것이다. 그것은 핵심적으로 미국이 인도-태평양 전략을 통해 중국을 견제하기 원하는 반면, 아세안 국가들이 그들의 아세안 중추성(centrality) 원칙하에서

미·중 관계 사이에서의 중립, 그리고 적대적 대결보다는 모든 강대국들과의 평화
공존을 선호하기 때문이다. 물론 워싱턴의 시각에서는, 아세안 역시 문제가 있었
다. 미·일 동맹과 미군의 역내 주둔을 통해 중국의 횡포 가능성 견제를 원하면서
도 베이징을 더 중시하는 아세안의 경향, 내부절차로 인해 단합된 입장을 제시하
지 못하는 제도적 결함, 그리고 그런 가운데에서도 미국으로부터 경제적으로 지
원받기 원하는 성향이 모두 그런 것들이었다. 워싱턴에게 그 모든 것들은 기회주
의적으로 비쳐질 수 있었다. 그래도 미—아세안 관계가 약화되고 바람직하지 않
은 방향으로 흘러간 것의 더 큰 책임은 트럼프 대통령 자신에게 주어졌다. 그 이
유는 워싱턴이 과거 미국의 정책을 계속하기만 했더라도, 양측 관계에 문제는 없
었을 것이기 때문이다. 한마디로 트럼프 대통령의 미숙한 판단과 모욕적 행동이
동남아에서 약화되는 미국의 영향력을 더 빨리 약화시킨 결과가 됐다.

　반면 바이든 행정부의 동남아 정책은 정상궤도를 찾기 위한 외교노력을 대
변했고, 아세안은 워싱턴의 새로운 기치를 환영했다. 미 대표들은 양측 파트너십
강화의 필요성을 언급하면서, 여러 계기에 동남아 국가들이 지난 4년간 불만을
가졌던 미국의 관심결여를 시정하고, 동시에 아세안 중추성을 존중할 것을 약속
했다. 그리고 그 과정에서 미국이 평상시 추구하는 안보, 경제, 국내정치 관련 핵
심가치에 관한 설명을 빠뜨리지 않았다. 미국은 베이징과의 대화를 배제하지는
않지만, 인도—태평양에서 중국의 무소불위 군사행동을 방치하지 않고, 또 역내
민주주의와 인권 탄압에 맞설 것을 강조했는데, 그로써 아세안에게 신행정부의
기본입장을 확실하게 전달했다. 바이든 행정부의 정책방향은 현명하고 합리적이
다. 그것은 새로운 국제환경 속에서 미국의 능동적 적응을 의미하고, 중국을 포함
하는 역내 행위자 모두에 대해 균형적 태도로 접근하면서 아세안을 안심시키는
신중한 현실주의 정책의 면모를 보여준다. 이제 미국은 중국과의 무조건적 반목
을 배제하는 반면, 베이징의 구단선과 같은 억지주장에 반대해 계속 항행의 자유
를 시행하고, 친서방 자유주의 가치를 선호하는 국가들과의 협력을 강화해야 할
것이다. 그래도 그 접근법이 얼마나 성과를 거둘지는 더 두고 보아야 하는데, 왜
냐하면 동남아 관계에서 가장 중요한 변수인 미·중 관계의 역학이 하루아침에
변하기 어렵고, 또 다양한 사안에 관한 아세안 회원국 간의 견해차 역시 쉽게 좁
혀지지 않을 것이기 때문이다. 미국으로서는 아직 더 많은 숫자의 아세안 국가들
이 지정학적, 경제적 이유로 중국으로 편향되는 것이 안타까울 수 있지만, 인내심

을 갖고 개입해 역내 관계를 운영하는 것이 최선의 방책일 것이다. 동남아에서 미국에게 일단 중요한 것은 수많은 전문가들이 지적하듯, 그 지역에 경제, 안보적으로 더 큰 관심을 보이고, 역내 민주주의 관련 내정 개입에서 수위를 조절하며, 중국과의 트럼프 식 무조건적 대결을 자제하는 것이다. 또 아태지역 무역, 투자진흥을 위해 일정한 조건하에서, CPTPP로의 복귀를 고려할 필요가 있을 것이다.

■ 9 기타 국가 및 지역관계

(1) 미국의 중남미, 카리브 관계

트럼프 행정부의 중남미, 카리브 정책이 특별히 성공을 거둔 것은 없었다. 안보차원에서 중시했던 불법마약 유입 방지는 콜롬비아 정부의 적극적 협력과 범죄 집단에 대한 강력한 대응을 통해 약간의 진전을 이루었지만, 미국 내 마약 소비는 줄어들지 않았다. 불법이민 억지 역시 체포 작전 강화, 그리고 이민자들의 멕시코 및 북부 3각지대로의 강제추방을 통해 2019년 유입인구 숫자를 일시적으로 줄였지만, 그것은 많은 부작용을 동반했다. TPS, DACA와 같은 인도주의 조치의 폐지, 멕시코와 북부 3각지대 국가들에 대한 제재위협과 해외지원 축소를 통한 MPP와 ACAs의 일방적 강요, 그리고 무엇보다도 그 과정에서 부모와 자식을 생이별하게 만들어 인권을 옹호하는 미국의 인도주의 국가로서의 지구적 이미지를 실추시킨 것이 그런 것들이었다. 또 마약의 경우와 비슷하게 불법이민을 시도하는 사람 숫자는 줄어들지 않았고, 그것은 미래 정부에서도 계속될 문제로 남았다. 트럼프 행정부 정책의 경제적 차원에서의 성과도 안보에 비해 나을 것이 없었다. NAFTA 수정의 성과가 약소한 상황에서, TPP로부터의 일방탈퇴는 미국의 경제이익에 손실을 끼칠 뿐 아니라, 국제사회에 미국을 전임 행정부가 체결한 국제협약을 멋대로 취소하는 무책임한 국가로 비치게 만들었다. 또 역내 여러 국가들에 대한 경제제재 위협과 개도국 혜택의 일방적 폐지는 미국의 리더십에 부정적 영향을 미쳤고, 미국의 역내 경제실적 역시 전혀 증진된 것이 없었다. 민주 거버넌스 관련 측면도 마찬가지였다. 오바마의 미-쿠바 관계개선에 역행하면서 부과한 강력한 제재는 아바나로부터 아무 변화를 이끌어내지 못한 채, 오히려 미-쿠바 관계만 악화시켰다. 니카라과에 대한 제재는 마나과(Managua) 독재의 실상을 세계에 알리는 '의미 없는' 성과와는 별개로, 미국에 아무 도움이 되지 않았다. 베네수엘라에 대한 외교, 경제차원의 '최대압력' 행사와 군사옵션 역시 아무 성과를 이루지 못했다. 비록 카라카스의 독재를 강력히 규탄하는 트럼프의 기개는 이해할 수 있지만, 오늘날의 국제환경에서 그런 방식으로 베네수엘라를 민주체제로 전환시키고 워싱턴의 요구를 수용하게 만들겠다는 구상은 과도한 희망이었다. 오히려 워싱턴의 시도는 미-베네수엘라 관계를 외교관계 단절로까지 몰아가면서, 베네수엘라와 미국의 적대경쟁국인 중국, 러시아, 이란, 시리아, 쿠바와의 관계만 더 강화시켰다. 전체적으로 트럼프 행정부의 중남미, 카리브 정책은 미국의 국익에 도움이 되지 않았고, 트럼프 대통령이 냉전이후 시대 중남미, 카리브에서 가장 많이 비난받는 미국 리더가 된 것이 이상할 이유는 없었다. 트럼프 팀은 이미 조지 W. 부시 행정부 말 미 외교협회를 포함해 전문가들이 미국의 중남미에 대한 지배적 특권은 이제는 사라진 유산이라고 말한 것, 그리고 2019년 동일한 메시지를 전달한 베네수엘라 주재 전 미국 대사(Patrick Duddy)의 조언을 더 깊이 새겨들었어야 했다.

반면 바이든 행정부는 중남미 국가들의 성향, 그리고 역내현실과 추세를 감안해 더 신중하고, 건설적, 진취적으로 행동하는 것으로 보인다. 미 신행정부 역내정책의 핵심은 트럼프 시대의 배타적, 강요적 방식을 통한 미국 이익의 일방적 확보와 단기적 관점의 문제해결을 넘어, 중남미 국가들의 자발적 협력을 유도하고, 더 장기적 차원에서, 또 조금이라도 더 문제의 근원을 해결하는 방향에서 접근하는 것이다. 바이든 외교 팀의 역내 안보 관련 가장 큰 관심사는 불법이민 문제인데, 그 이슈에서 그들은 트럼프 시기와 같이 불법이민자와 그 자녀들을 강제 이별시키는 부도덕한 행위는 적어도 현 행정부에서는 발생하지 않을 것이라고 강조했다. 그것은 인권을 중시하는 민주당에 뿌리를 둔 행정부가 당연히 가질 수 있는 인도주의적 이해였다. 한편 그런 인식의 기초하에 출범한 미 신행정부가 취한 여러 인도주의 조치는 역내 국가들로부터 많이 환영받았다. 미-멕시코 국경장벽 건설 중단, MPP 프로그램 유예, 중미 아동난민 가석방 프로그램 재가동, 불법이민자 체포제한 및 추방 동결, 역내 경제지원을 위한 수십억 달러 재정확보, 합법적 이민 확대를 위한 개혁법안 도입, 그리고 또 코비드-19 진정을 위한 백신배포는 인권을 중시하는 자유민주주의로서의 미국의 정체성을 고양시켰고, 그것은 중남미, 카리브뿐 아니라 전 세계에서 미국과 바이든 행정부에 대한 존경심을 고양시켰다. 그 모든 것은 취임 수개월 내에 이루어진 신속한 결정이었다.

그러나 바이든 정책에 있어서 한 가지 문제가 존재했는데, 그것은 오히려 워싱턴의 선의를 악용, 착취해 불법 이민자가 사상 최대로 증가해, 오히려 부득이하게 체포와 추방이 증가한 것이다. 더 나아가 그 현실은 민주당 행정부의 국민적 지지를 약화시켰는데, 만약 다음 의회선거와 대선에서 공화당이 승리한다면 4년에 걸친 미국의 노력은 정체를 면치 못할 것이다. 여기서 중요한 것은 민주당 행정부가 과연 불법 이민자들에게 가능한 한 많은 혜택을 부여해야 하는가의 여부인데, 미국이 적당한 수준에서 수위를 조절하는 것은 어느 곳에서도 비난의 대상이 되지 않을 것이다. 그 이유는 모두 국제관계에서 자국의 권리가 우선한다는 것을 인정하고, 또 그것이 지나치지 않는 한에서는 누구도 상대방을 탓하지 않기 때문이다. 신행정부의 행동이 정책자들의 발언, 정책결정과 시행의 과정에서 트럼프식의 무소불위만 아니라면, 워싱턴은 오히려 적절한 수준에서 불법 이민자를 다루어야 장기적으로 역내 관계를 합리적으로 운영할 수 있을 것이다. 미국 민주당 행정부는 '이상과 현실의 조화'를 선호하는데, 이 경우에는 더 현실적 선택이 요구된다. 처음부터 지나치게 주어지는 특혜는 그 취소 시 많은 반발을 불러오는데, 그것은 견제와 협력 모두에서 그렇다. 마키아벨리(Niccolo Machiavelli) 역시 처음부터 모든 것에서 무조건적 시혜를 베푸는 것에 반대했는데, 그것은 그로부터 유래하는 부작용의 심각성을 고려했기 때문이다.

다른 주요사안인 역내 경제와 민주 거버넌스 관련 바이든 행정부 정책은 특별히 문제될 이유가 없다. 그래도 워싱턴은 중남미, 카리브 국가들과의 경제에 더 많은 관심을 가져야 하는데, 왜냐하면 많은 역내 국가들이 미국과의 경제적 상호의존을 배척하는 가운데 독자적 지역경제 건설, 그리고 중국과의 협력을 중시하는 경향을 보이기 때문이다. 전문가들이 지적하듯 미국으로서는 과거의 지배적 특권은 원치 않더라도, 역내 국가들의 반대와 적대 경쟁국의 침투로 인해 수많은 역할이 제한받는 상황은 피해야 할 것이다. 워싱턴은 지역 국가들에게 베이징에 버금가는 상업거래 조건을 제시하고, 중국 국내경제의 특성을 고려해 미국 기업에 대한 지나친 제한을 완화시켜야 할 수도 있다. 중국을 포함해 세계의 수많은 나라들이 신중상주의 방식을 구사하면서 미국 요구를 수용하지 않는 현실에서, 워싱턴이 과거 압도적 경제 우월성을 갖고 있던 시기의 원칙만을 되풀이해 말하고, 또 경직되게 고수하는 것은 국익에 도움이 되지 않을 것이다. 국내에서는 자본과 노동의 생산성을 증대시켜야 하는데, 수십 년 전 냉전 초기 생산성 증가 없이 기축통화 권리를 위해 고평가된 통화를 고집한 영국의 스털링 블록(sterling block) 유지 시도가 실패한 것이 유용한 사례가 될 것이다. 또 다른 현안인 중남미, 카리브 민주주의와 인권의 고양을 위한 워싱턴의 정책은 바이든 행정부 원래 구상대로 시행하면 문제가 없을 것이다. 쿠바, 베네수엘라, 니카라과에 대한 무조건적 적대와 견제가 오히려 미국의 국익을 훼손한다는 것이 이미 명확해진 상황에서, 신행정부가 미국의 입장을 전달하면서 그들과의 대화를 배제하지 않는 것은 바람직하다. 베네수엘라 난민 지원은 마두로 정권에 자국 국민에 대한 책임감 필요를 느끼게 할 것이고, 브라질 파퓰리스트 우익 보우소나루의 과도한 행동에 대한 자제 요구는 바이든 행정부가 '모범'(example)에 근거해 국제관계를 운영한다는 증거가 될 것이다. 금세기 최대 현안 중 하나인 기후변화에 관한 신축성 있는 논의는 미국의 리더십 이미지를 증진시킬 것이다. 역내에서 당장 민주주의가 부식되고 있는 것이 안타깝기는 하지만, 오늘날의 중남미, 카리브 현실에서 미국의 영향력 유지와 민주적 가치의 진정한 진전은 워싱턴의 많은 인내, 희생, 현명한 대응을 요구한다.

(2) 미국의 아프리카 관계

트럼프 행정부의 아프리카 정책과 그 시행 역시 아무 긍정적 결과를 거두지 못했다. 안보와 관련해, 워싱턴은 그 초점을 대테러에서 중, 러의 영향력 확대 저지로 이동시킬 것이라고 말했지만, 그와 관련한 구체적 움직임은 없었다. 또 유엔 임무단을 지원하고 연합군과 함께 추진하는 미국의 사헬 대테러 작전은 테러 억지에서 제한적 효과만을 달성했다. 그런 가운데 트럼프가 소말리아 수백 명 규모 미군 철수를 지시했는데, 그곳에 알샤바브가 건재하고, 또 소말리아의 케냐 포함 이웃국가들과의 외교관계, 그리고 그 나라의 분열된 내정에 비추어, 그것이 타당한 결정이었는지 많은 의구심을 자아냈다. 더구나 러시아가 수단에서 군사기지 사용권한을 확보하고, 지부티에 중국군이 주둔하며, 소말리아 미군이 지부티 미군을 도울 수 있는 환경에서, 그곳 미군의 철수는 아프간, 이라크 미군철수와는 성격이 다를 것이었다. 트럼프 행정부의 경제정책 역시 아무 성과를 거두지 못했다. 오히려 그것은 미국에 손해를 초래했는데, 단적으로 양측 무역량과 투자가 계속

하락세를 면치 못했기 때문이다. 또 미국과 같이 커다란 규모의 경제를 운영하는 나라가 카메룬, 모리타니아, 르완다에 면세수입을 취소, 제한한 것은 미국의 위신을 추락시켰는데, 왜냐하면 그 소식이 순식간에 대륙전체로 퍼져 나갔기 때문이다. 무엇보다도, 내용보다 겉치장만 바꾼 Prosper Africa 구상이 재정부족으로 소기의 성과를 거두지 못하고, 그 사이 BRI 사업과 베이징의 정치적 영향력이 계속 확대되는 것은 미국에 큰 위협이 될 것이었다. 미국의 아프리카 정치, 사회관계도 다를 것이 없었다. 미 행정부가 관련 이슈에 관심을 표명하고 몇몇 프로그램을 확대 운영했지만, 그 대부분은 형식상의 성격에서 벗어나지 못했다. 또 이민정책의 일환으로 아프리카 10여 개 국가 시민들에게 미국 비자 신청 시 사전 서면합의를 강요한 것은 인권을 옹호하는 미국의 이미지에 도움이 되지 않았다. 트럼프 행정부의 아프리카 정책에 대해 전문가들이 부정적 평가를 내린 것은 행동에 따른 당연한 결과였다. 미 행정부는 처음부터 아프리카에 별 관심을 갖지 않았을 뿐 아니라, 대통령이 그 지역을 폄하해 역내로부터 많은 반발을 야기한 것이 잘못된 행동의 출발점이었다. 아프리카와 같이 수많은 국가가 존재하고, 거대한 크기, 그리고 어마어마한 경제, 정치적 잠재력을 가진 대륙에 대한 미국의 관심과 투자가 그 정도라는 것은 누구도 이해할 수 없을 것이다. 반면, 문제는 미국이 아프리카를 멀리하는 사이 중국과 러시아의 그 지역 영향력이 계속 확대된 것인데, 그것이 미국에 이익이 될 리는 없었다. 최소한 요구되는 것은 현상유지인데, 워싱턴은 그조차 지키지 못했다. 트럼프 내각의 편견에도 불구하고 미국의 직업 외교관들과 의회가 최소한의 미-아프리카 관계 유지를 위해 최선의 노력을 기울인 것이 불행 중 다행이었지만, 중국의 행위에 비추어보면 사실 그마저도 불충분했다.

상대적으로 바이든의 아프리카 정책은 훨씬 더 건설적이다. 바이든 대통령이 취임 한달 후 AU 정상회의에서 상호존중의 파트너십과 다자외교로의 복귀를 강조한 것은 대륙 전체에서 크게 환영받았다. 그들은 무엇보다도 바이든이 트럼프와 같이 고압적이지 않고, 또 아프리카를 존중하는 것에 우호적 감정을 가졌다. 그것은 지난 4년과 비교해 극적인 대조를 이루었다. 신행정부 정책은 트럼프 시대와는 달리 인권 및 민주주의 고양에 더 큰 초점을 맞췄는데, 에티오피아 티그레이 갈등, 또 수단의 최근 군사 쿠데타를 포함하는 대륙 내 제반 사태에 대한 미국의 비판과 강력한 해결 촉구에 대해 역내 국가들로부터의 반발은 없었다. 그렇지만 워싱턴이 다른 현안인 안보와 경제문제를 소홀히 한 것은 아니었다. 바이든 안보 팀은 오히려 트럼프 시기보다 소말리아와 모잠비크에서 외교, 군사 활동을 더 강화했고, 아프리카와의 경제관계도 중시할 것이라고 분명히 말했다. 세계 안보현실을 정확히 이해하고, 그에 비례하는 정책을 시행하는 신행정부는 아프리카에서 앞으로도 계속 올바른 방향으로 행동할 것이다. 굳이 하나 덧붙이면 이미 전문가들이 지적했듯이, 인권문제에 대한 워싱턴의 지나친 강조는 자제하는 것이 바람직할 것이다. 아프리카 모든 나라들이 바이든 행정부의 민주적 정체성을 인지하는 상태에서 필요한 것은 안보, 경제, 인권에 대한 균형적 강조이다. 그것은 민주주의에 대한 개념이 상대적인 상태에서, 또 그 나라들이 미국이 원하는 수준에 즉시 도달할 수 없는 상황에서, 그에 대한 과도한 초점이 내정간섭으로 비칠 수 있고, 또 경제는 아프리카인들의 삶과 복지, 그리고 안보는 미국의 안전과 직결돼 있기 때문이다. 물질 결핍에서 절대적으로 시달리는 아프리카 시민들에게 가장 도움이 되는 것은 미국의 경제지원인데, 워싱턴은 그 과제를 위해 Prosper Africa 프로젝트보다는 훨씬 더 포괄적인 방안을 준비해야 할 것이다. 그것은 일정수준 미국의 희생을 필요로 하지만, 체계화된 접근은 장기적으로 미국의 이익을 증대시킬 것이다. BRI를 앞세운 중국과 새로이 침투를 시도하는 러시아에게 아프리카와 같이 거대한 대륙을 잃는 것은 미국에게 치명적 위험이 될 것인데, 적어도 미국은 적대 경쟁국에 뒤지지 않는 영향력을 유지할 수 있어야 한다.

찾아보기(인명)

ㄱ

김여정 414, 421, 434, 436
김정은 148, 198, 399, 414
김정일 399

ㄴ

나렌드라 모디(Narendra Modi) 368, 384
낸시 펠로시(Nancy Pelosi) 673
넬슨 만델라(Nelson Mandela) 570
노무현 395
니콜라스 마두로(Nicolas Maduro) 510, 529

ㄷ

다니엘 러셀(Daniel Russell) 313
다니엘 오르테가(Daniel Ortega) 516, 547
데이비드 퍼트레이어스(David Petraeus) 77

ㄷ

도널드 투스크(Donald Tusk) 217, 243
도널드 트럼프(Donald Trump) 1, 117, 162, 297, 459

ㄹ

라울 카스트로(Raul Castro) 508
레제프 에르도안(Recep Tayyip Erdogan) 48
렉스 틸러슨(Rex Tillerson) 65, 145, 264
로널드 레이건 646
로드리고 두테르테(Rodrigo Duterte) 115, 477
로랑데지레 카빌라(Laurent-Desire Kabila) 560
로버트 무가베 588
로버트 오브리엔(Robert O'Brien) 278
로버트 포드(Robert Ford) 54
로이드 오스틴(Lloyd Austin) 254, 320

로페즈 오브라도 523

리셴룽(Lee Hsian Loong) 447, 473

리처드 닉슨 194

린다 토마스-그린필드(Linda
  Thomas-Greenfield) 211

ㅁ

마이크 뮬렌(Mike Mullen) 366

마이크 펜스(Mike Pence) 143, 303

마이크 폼페이오(Mike Pompeo) 40,
  207

마크 밀리(Mark Milley) 50, 662

마크 에스퍼(Mark Esper) 48, 245

만모한 싱(Manmohan Singh) 364,
  384

말콤 턴불(Malcom Turnbull) 353

미셸 오바마(Michelle Obama) 619

민싱 페이(Minxin Pei) 316

밍완저(Meng Wanzhou) 306

ㅂ

바샤르 알-아사드(Bahar al-Assad)
  37

박근혜 400

버락 오바마(Barack
  Obama) 2, 24, 365, 366

볼로디미르 젤렌스키 289

블라디미르 푸틴 259, 266, 277

빈 살만(Mohammad Bin Salman Al
  Saud) 134

빈센트 브룩스(Vincent Brooks) 433

빌 클린턴 144

ㅅ

새뮤얼 헌팅턴(Samuel Huntington)
  694

샤를 미셸(Charles Michel) 231

세르게이 라브로프 271

세르게이 스크리팔(Sergei Skripal) 268

수전 라이스(Susan Rice) 552, 583

스가 요시히데 342

스콧 모리슨(Scott Morrison) 360

스테펜 비건(Stephen Biegun) 152

시진핑 295, 316

ㅇ

아부 마디 알-무한디스(Abu Mahdi
  al-Muhandis) 27

아비 아메드 569

아쉬라프 가니(Ashraf Ghani) 66, 68,
  72

아이만 알-자와히리(Ayman
  al-Zawahiri) 76

안토니우 구테흐스(Antonio Guteress)
  210

알-바그다디(Abu Bakr al-Baghdadi)
  47

알렉산드르 루카셴코 273

알렉세이 나발니(Alexei Navalny) 275,
  292

알리 하메네이(Ayatollah Ali
  Khamenei) 125

앙겔라 메르켈 216

앤토니 블링컨(Antony Blinken) 56,
  255, 326

에마뉘엘 마크롱 241

에보 모랄레스(Evo Morales) 496

옌스 스톨텐베르그(Jens Stoltenberg)
  240

오마르 알-바시르 577

오사마 빈 라덴(Osama bin Laden)
  59, 75

오스틴 로이드(Austin Lloyd) 430

오토 웜비어(Otto Warmbier) 144

왕이(Wang Yi) 313, 326, 424

왕치산(Wang Qishan) 310

우고 차베스(Hugo Chavez) 491, 492,
  501

우르슐라 폰데어 라이엔(Ursula von der
  Leyen) 220, 231

웨이펑허(Wei Fenghe) 306, 446

이명박 395

잘마이 칼릴자드(Jalmay Khalilzad) 65

장-클라우드 융커(Jean-Claude
  Junker) 217

저스틴 트뤼도(Justin Trudeau) 245

제이크 설리번(Jake Sullivan) 288,
  302, 326, 693

제임스 매티스(James Mattis) 46

제임스 클래퍼(James Clapper) 263

조 바이든(Joseph Biden) 33, 53, 71,
  285, 538

조셉 카빌라(Joseph Kabila) 563, 564,
  597

조지 W. 부시 18, 23, 362

조지 리스카(George Liska) 694

존 맥케인(John McCain) 267

존 볼턴(John Bolton) 46, 146, 152,
  207, 278

줄리 비숍(Julie Bishop) 354, 357

ㅊ

차이잉원 309, 691

찰리 헤브도(Charlie Hebdo) 80

ㅋ

카말라 해리스(Kamala Harris) 232,
  543

카셈 솔레이마니(Qasem Soleimani)
  27, 92, 128

커트 캠벨(Kurt Campbell) 302

케네스 맥켄지(Kenneth F. McKenzie)
  35

케빈 러드(Kevin Rudd) 350

ㅌ

토마스 월드하우저(Thomas
  Waldhauser) 82

ㅍ

폴 크루그먼(Paul Krugman) 680

ㅎ

하산 로하니(Hassan Rouhani) 123
하이바툴라 아쿤드자다(Haibatullah Akhundzada) 67
한스 모겐소(Hans Morgenthau) 689

함자 빈 라덴(Hamza bin Laden) 105
해리 해리스(Harry Harris) 348
호세프 보렐(Josep Borrell) 220
힐러리 클린턴 18, 263, 279, 366

찾아보기(사항)

A

AGOA 588

AQAP 663

Asean Outlook 455

Astana Process 43

AUKUS 706

AUSMIN 359, 704

B

BDN 458

C

CCP 314

CIA 122, 149, 215

CPTPP 170, 171, 172

CPTPP(TPP−11) 335

D

DACA 716

E

EU−일본 FTA 338

F

FARC 504, 514, 522

FOIP 전략 453

G

GCC 135, 136

GDP 대비 국방비 247

I

IAEA 148

ICC 202

IRGC−QF 132, 133, 135

IS(Islamic State) 30, 35, 39, 45, 51

IS−AP 664

IS−GS 594

IS−KP 60, 61, 64, 66, 73, 96, 664

IS−SP 102

IS−WA 594

IS－월라야 코카서스(IS－WK:
  IS－Wilaya Kawkaz) 112

J

JCPOA 119, 126, 137, 139, 142, 192,
198, 254, 296, 668

K

KAMD 409
KKK 20

M

Make in India 372, 374, 377
Mercosur 527
MESA 136

N

NAFTA 158, 159, 672
NSA 369

O

OAS 493
OFS 59
OPCON 425
OPIC 613

P

P5＋1 118, 121, 123, 139
PEPFAR 609
PKO 예산 연체 210
PLA 314, 323

Power Africa 614
Prosper Africa 633, 638, 720

R

RCEP 172, 173, 675
RSM 59

S

S－400 MD 시스템 244, 376
SDF 45, 48, 49, 51, 58, 93

T

THAAD 137
TPP 167, 446
TPP 탈퇴 675
TPS 551, 716

U

UN－AU 공동평화유지임무(UNAMID)
  580, 581
UNHRC 210
USAID 발전기금 613
USMCA 163, 526, 673

W

WHO 312, 323
WTO 173, 643

Y

YPG 41, 42, 93

ㄱ

강대국 경쟁 장기판 638
강대국 경쟁의 복귀 268
강대국 협조체제(great power concert) 694
걸프협력위원회(GCC) 91
경제 불평등 536
고관세 부과 682
고난의 행군 399
고립주의 17, 642
공동 대외안보정책(CSDP) 5, 250
관세보복 188
광역 사하라 IS(IS-GS) 109
광역호수 사법정의 구상(GLJI) 572
교토협약(KP: Kyoto Protocol) 192
구단선(nine dash line) 470
9·19 평양 공동선언 416
국수주의적 민족주의 682
국제원자력기구(IAEA) 121
국제적 주도권 682
국제평형(international equilibrium) 73
국제형사재판소(ICC) 200, 531
군사력 투사 683
군사쿠데타 617, 636
극초음속 활공무기 432
기축통화 651

ㄴ

나이지리아 IS(IS-WA) 107
나탄즈 핵시설 140

나토(NATO) 191, 235
나토 정상회담 256
나토 헌장 제5조 235, 245, 256
나토-EU 협력 252
나토동맹 뇌사(brain dead) 244
나토의 동진 261
남미국가연합(UNASUR) 493
남부 공동시장(Mercosur) 493
남북 공동연락사무소 153, 415, 417, 421
남수단 독립 575
남중국해 322, 336, 469
내재적 결의작전(OIR) 24, 35, 41
노드스트림 2(Nord Stream 2) 255, 260, 271, 283, 288
노르망디 4 282
노르망디 공식(Normandy Format) 282
누스라 전선(NF: Nusra Front) 40, 85
뉴 스타트(New START) 269, 271, 286
니카라과 515
니카라과 권위주의 549

ㄷ

다게스탄 공화국 113
다르푸르 갈등 601
다르푸르 내란 579, 580
다자외교 692
단극체제 643
단호한 지원임무(RSM) 59, 98
대량살상무기(WMD) 117
대만관계법 301

대북전단 금지법 434

대서양 관계 191, 212, 213, 221

대서양 유대 705

대외 무역적자 649

대치와 개입의 균형 287, 690

대테러 플러스(Counterterrorism Plus) 전략 667

도드-프랑크법(Dod-Frank Act) 약화 651

도하(Doha) 65

독극물 테러 278

돈바스(Donbass) 전쟁 280

동맹의 가치(alliance value) 714

드레스덴(Dresden) 선언 403

ㄹ

라이베리아 586

라이베리아(Liberia) 내란 556

러시아 민족주의 284

러시아 수정주의 319

러시아 연방 보안국(FSB) 113

러시아-조지아 5일 전쟁 238

러시아의 대선 개입 267

로켓 맨(rocket man) 198

르완다 대학살 572

르완다 인권 571

리비아 IS 98, 664

리오협정(Rio Pact) 488

림팩(RIMPAC) 다국적 해상훈련 296, 302, 324, 387, 691

ㅁ

마그니츠키 법(Global Magnitsky Act) 265

마두로 정부 550

마약과의 전쟁(War on Drugs) 489, 546

마키아벨리(Niccolo Machiavelli) 718

말라바르 해군훈련 355, 361, 384, 386

말리(Mali) 정부 593

메스암페타민(methamphetamine, philopon) 505

메콩유역 구상(Lower Mekong Initiative) 443

멕시코 대기(Remain in Mexico) 프로그램 523

모가디슈(Mogadishu) 전투 553

모사드(Mossad) 129

모잠비크 605

무역 구제조치(trade remedies) 174

무역수지 650

무인 드론 99

뮌헨 안보회의 254

미 국가안보국(NSA) 215

미-EU 경제관계 223

미-EU 무역분쟁 221, 224

미-EU 무역적자 216

미-멕시코 국경 486

미-멕시코 국경 장벽 525

미 무역대표부(USTR) 182

미-아세안 관계 443, 463, 715

미-아세안 정상회담 448

미-아프간 전쟁 종식 660

미-아프리카 경제관계 615

미-아프리카 무역 639

미-아프리카 상품무역 615

미-유럽 균열 241, 684

미-인도 관계 329, 371, 706

미-쿠바 관계개선 508

미-탈레반 평화협정 66

미-호주 관계 349, 351, 352, 359,
  698

미·러 관계 688

미·일 관계 330

미·일 동맹 330, 331, 333, 339, 342,
  344, 345

미·일 무역적자 334

미·일 방위비 분담 333, 334

미·일 상호방위조약 제5조 322, 332,
  697

미·일 안보협의회(SCC) 344

미·중 무역적자 650

미·중 무역전쟁 307, 678

미·중 신냉전 317

미국 민주주의 702

미국 우선 12, 16, 17, 197, 200, 213,
  317, 648, 686

미국-멕시코-캐나다 합의(USMCA)
  163

미국 아프리카 발전 및 민주주의 교육
  구상(EDDI) 572

미국의 대학살 13, 15, 18, 647

미국의 무역적자 184, 644

미국의 아프리카 정책 610

미군 전진배치 682

미주 볼리바르 동맹(ALBA) 494

미주 자유무역지대(ALCA) 486

미중 알라스카 회담 326

민다나오 섬 113

민주적 거버넌스 483, 545

ㅂ

바브-엘-만데브 해협 126, 134

바이든 행정부 36, 54, 57, 69, 139,
  231, 541

바이든-문재인 정상회담 434

바이든-푸틴 정상회담 292

반서방 국가 710

발트 3국 256

백인 우월주의 20

베네수엘라 513

베를린 구상 412

벼랑외교(brinkmanship) 399, 672

보복관세 260

보코하람(Boko Haram) 107, 594

보호주의 642

볼리비아 민족주의 496

부다페스트(Budapest) 양해각서 280

부룬디 598

부채의 덫(debt trap) 625

부패인식 지수 619

북·러 관계 431

북·중 관계 431

북미자유무역협정(NAFTA) 9, 157

북부삼각지대(Northern Triangle) 484, 491, 524

분홍빛 물결(Pink Tide) 492

불공정 무역 322, 327

불법마약 489, 520

불법이민 11, 486, 503, 520, 717

브라자빌콩고(Republic of the Congo) 598

브렉시트(Brexit) 249

브릭스(BRICS) 262

블루 닷 네트워크(BDN) 456

비 나토 주요동맹국(MNNA) 363

비관세 장벽 338

비무장지대(DMZ) 151

비엔티안 비전(Vientiane Vision) 345

비자유 민주주의(illiberal democracy) 5

비토 권한 195

빈곤계층 536

빈부격차 확대 652

빨치산 정신 432

ㅅ

사드(THAAD) 120, 405

사우디 IS(IS-AP) 104

사이버 해킹 263

사헬 대테러 작전 719

사헬(Sahel)지역 584

사헬-마그레브 극단주의 608

사회 불평등 악화 652

사회주의 건설 713

사회주의 시장경제 644

상해협력기구(SCO) 3

새로운 정상(new normal) 280, 690

세계 강대국 세력구조 270

세계무역기구(WTO) 9, 157

센카쿠 열도 322

소말리아 AQ 83

소말리아(Somalia) 내란 개입 553

솔라윈즈(SolarWinds) 273, 278, 288, 292

수단 내란 575

수르트(Sirte/Surt) 99

수소폭탄 143, 145

스프래틀리(Spratly) 군도 470

시리아 민주군(SDF) 41

시아파 벨트 660, 669

시에라리온 586

시에라리온 반군(RUF) 557

시진핑 북한 방문 419

시진핑-박근혜 정상회담 404

신자유주의 시장경제 485, 500

신중상주의 303, 643

신형 대국관계 328

10·4 선언 412

싱가포르 미·북 정상회담 146

쌍궤병행 437, 439

ㅇ

아덴만(Gulf of Aden) 126

아동 추방유예(DACA) 506, 523

아동병사 충원금지법(CSPA) 603

아동병사(child soldiers) 620

아라비아 반도 알카에다(AQAP) 78

아랍 민병대(Janjaweed) 602

아랍의 봄(Arab Spring) 5, 37

아르빌(Erbil) 34

아베 신조 330

아베노믹스(Abenomics) 343

아부 사야프 그룹(ASG) 114

아세안(ASEAN) 329

아세안 방식(ASEAN Way) 441

아세안 자유무역지대(AFTA) 440

아세안 정상회담(ASEAN Summit) 440

아세안 중추성(ASEAN Centrality) 441,
  466, 714

아세안 지역포럼(ARF) 333, 441

아세안 헌장(ASEAN Charter) 440

아시아 인프라투자은행(AIIB) 357

아시아 재보장 구상 법안(ARIA) 452

아프리카 580

아프리카 민주주의 617

아프리카 성장기회법(AGOA) 570

아프리카 소말리아 임무(AMISOM) 83

아프리카 연합(AU: African Union) 83

아프리카 인도주의 지원 635

아프리카 청년리더 구상(YALI) 619

악의 축(axis of evil) 394

안보리 상임이사국 제도 195

알샤바브(Al Shabaab) 83, 637

알카에다(AQ: Al Qaeda) 58, 75

앤저스(ANZUS) 동맹 350

어프렌티스(The Apprentice) 21

에어버스(Airbus) 222

에이즈 592

에티오피아 – 에리트레아 전쟁 565

역외 균형자(offshore balancer) 658,
  677

연방부채 비율 654

영공개방협정 193, 272

예멘 IS(IS – Y) 105

5개국 정보동맹(Five Eyes) 349

오디세이 라이트닝 작전(Operation
  Odyssey Lightning) 99

오바마 케어(Obama Care) 6, 646

오바마 쿠바 방문 508

오바마 행정부 91, 612

5 · 24 조치 397

용산 기지 이전 429

우라늄 농축시설 150

우루과이 라운드(Uruguay Round) 174

우주군(Space Force) 270

우크라이나 위기 284

6 · 15 공동선언 395, 412

원자폭탄 143

위구르 강제 수용소 305

윌라야 리비아(Wilayah Libya) 98

유네스코 200

유럽방위구상(EDI) 273

유럽방위청(EDA) 251

유럽연합(EU) 4, 191, 212

유리한 세력균형(favorable balance of
  power) 670

유엔 지구적 이주협정(UN Global
  Compact for Migration) 193

유엔(UN: United Nations) 191

유엔난민구호사업(UNRWA) 193

유엔난민기구(UNHCR) 201

유엔안보리 194

유엔의 관료제 196

이라크 서부전투 25

이라크 시아파 민병대 131

이라크 알카에다(AQI) 77, 663

이라크 전쟁 23

이란 핵문제 118, 287

이란 혁명수비대 쿠드스군(IRGC – QF)
  92, 127

이상과 현실의 조화 718

이스라엘 194

이스라엘 – 팔레스타인 2국가 해법 203

이슬람 국가(IS: Islamic State) 24, 39,
  75, 90

이슬람 극단주의 테러리즘 666

이슬람 마그레브 알카에다(AQIM) 81,
  585, 663

이익의 조화(harmony of interests)
  692

이집트 IS 101, 665

인구셰티아(Ingushetia) 공화국 113

인도 – 태평양 3국 안보동맹(AUKUS)
  702

인도 – 태평양(FOIP) 전략 260, 299,
  333, 346, 699

인도인민당(BJP) 368

인도제조(Make in India) 369

인민해방군(PLA) 295

인신매매 620

인종분리(apartheid) 579

일대일로(BRI) 4, 294, 303

일본 자위대(SDF) 347

일본 헌법 제9조 334

일본의 핵무장 331, 394, 408, 448,
  696

임시보호위상(TPS) 507

잊혀진 남녀 13, 19, 646

ㅈ

자유 시리아군(FSA: Free Syrian Army)
  41, 81

자유의 파수꾼 작전(OFS) 59, 96

작은 로켓 맨(Little Rocket Man) 144

잠수함 발사 탄도미사일(SLBM) 119

전략적 경쟁국가 301

전략적 인내(strategic patience) 143

전시작전권(Wartime OPCON:
  Operational Control) 이양 425

정직한 브로커(honest broker) 455

정책적 비일관성 688

정치권 엘리트 647

정치적 명예 682

정치적 축구공 279

제2차 콩고전쟁 560

제국주의 431

제네바 프로세스(Geneva Process) 38,
  44

제로섬(zero sum) 17, 239, 297

종속이론 644

주일미군 330

주체사상 432

주한미군 기지 이전 426

중·러 밀착 692

중·러 연합세력 689

중거리핵전력 조약(INF) 193

중견국가(middle power) 259

중국 공산당(CCP) 302

중국-베트남 남중국해 긴장 480

중국-호주 FTA 357

중국식 정치발전 694

중국제조 2025 294

중남미-카리브 국가 공동체(CELAC) 494

중동 전략동맹(MESA) 135

중부사령부(CENTCOM) 26, 31, 127

지구온난화 215

지구적 보건구상(GHI) 621

지구적 이주협정 200

지적재산권(IPR) 168, 174

지정학적 경쟁 683

짐바브웨 경제제재 588

집단안보조약기구(CSTO) 3

ㅊ

천안함 폭침 사건 396

체첸공화국 113

초대형 수소폭탄 432

최대 압력(maximum pressure) 126, 146, 409, 669

최혜국 대우(MFN) 174

출구전략(exit strategy) 661

ㅋ

카시미르(Kashmir) 389

카타르 도하 라운드(Doha Development Round) 175

카타이브 헤즈볼라(KH: Kata'ib Hezbollah) 28, 128

코로나 바이러스 지원법(CARES) 655

코로나-19 팬데믹 312

코브라 골드(Cobra Gold) 474

코비드-19 팬데믹 176, 207, 287, 290

코카서스 IS 112

코카인 505

쿠르드(Kurd) 32, 40, 57

쿠바 관타나모 감옥 293

쿼드 플러스(Quad Plus) 361

쿼드(Quad) 329, 383, 345, 691

쿼드의 약한 고리(weak link) 388

키르쿠크 32

ㅌ

탈레반 64, 97

테러와의 전쟁 23

테크놀로지 변화 647

통일 대박론 402

투르크스트림(Turk Stream) 260

트럼프 일본 국빈방문 339

트럼프 행정부 29, 43, 54, 135, 315

트럼프-시진핑 마랄라고 정상회담 298

트럼피즘(Trumpism) 18

티그레이 갈등 636

ㅍ

파리 기후합의(Paris Climate
  Agreement) 192, 233, 543
파시즘 20
파워 아프리카(Power Africa) 614
파키스탄 정보국(ISI) 389
파퓰리스트 15, 17
판문점 선언 414
판문점 정상회담 151
팔레스타인 204
페쉬메르가(Peshmerga) 24
펠로폰네소스 전쟁 694
평택 한미연합사 426
평화헌법 제9조 348
포괄적 행동계획(JCPOA) 118, 120
포괄적, 점진적 환태평양동반자협정
  (CPTPP) 166
폭정 트로이카(troika of tyranny) 204,
  484, 528, 539
푸른 물결(Blue Tide) 511
푸틴 263
피델 카스트로(Fidel Castro) 487
필리핀 IS(IS－P: IS－Philippines) 113

ㅎ

하나의 중국 298
하노이 노딜(no deal) 419
하노이 미·북 정상회담 418

하마스(Hamas) 131
하이브리드(hybrid) 위협 243, 252,
  286
한·일 GSOMIA 408
한국형 미사일(KAMD: Korea Air and
  Missile Defense) 405
한미 FTA 411
한미 경제관계 430
한미 방위비 분담협상 433
한미관계 393
한반도 평화프로세스 424
한일 위안부 합의 404
한일관계 430
합성마약(opioid) 505
항구적 자유(OEF) 59
해외민간투자공사(OPIC) 612
해저드론(underwater drone) 268, 271
핵무기 소형 경량화 432
헤즈볼라(Hezbollah) 42, 92, 131, 133
화성－12형 410
화성－14형 장거리 탄도미사일 413
화염과 분노 144, 413, 671
화웨이 306, 307, 358
화평굴기 319
확장억지(extended deterrence) 345
환태평양 동반자협정(TPP) 157
후티(Houthi) 반군 79, 105, 127, 664
희토류 개발사업 639
히스패닉(Hispanic) 160

저자 약력

유찬열

연세대학교 이학사
미국 American University 정치학 석사(비교정치)
미국 Johns Hopkins University 정치학 박사(국제정치)

한국 국방연구원 선임연구원(1991-1996)
덕성여자대학교 정치외교학과 교수(1996-2018)
UC Berkeley 대학교 Visiting Scholar
(전)한국 공공정책학회 회장
(전)한국 국제정치학회 연구이사, 이사
(전)서울신문 명예 논설위원
Marquis Who's Who in the World 등재
덕성여자대학교 명예교수

저서
국가의 이성: 국제 체제의 역사와 원리
세계 외교정책론(공저)
미국의 외교정책(공저)
강대국 패권경쟁과 남북한관계: 1990년대 이야기
미국의 외교안보와 강대국 경쟁
미국과 신강대국 세력구조

연구 논문 및 보고서
The Survival Strategy of North Korea and a Road to the Unification of Korea, *Contemporary Security Policy*
Anti-American, Pro-Chinese Sentiment in South Korea, *East Asia: An International Quarterly*
North Korea's Resurgence and China's Rise: Implications for the Future of Northeast Asian Security, *East Asia: An International Quarterly*
The Second North Korean Nuclear Crisis, *The National Interest*.
21세기 국제체제와 미국의 준비(국제정치 논총)
북한핵위기의 구조와 해결전망(공공정책연구)
김정은 체제의 대내외 정책평가(비교 민주주의연구) 등 50여 편

신문 및 잡지 기고
부시 행정부 대외정책 전망, 서울신문
북한 핵실험에 대한 현실주의적 시각, 미주 중앙일보
신뢰 흠집 나선 안 될 한미 우호, 세계일보
한미 FTA 국회비준의 의미, 헤럴드 경제
천안함 피격사건 5주기와 우리의 각오, 국방일보
불확실성의 세계정세와 한국의 선택, 서울신문
미중일 삼각파도와 우리의 항로, 서울신문
통일로 가는 좁은 문, 서울신문
약소국 우크라이나의 비애, 서울신문
일본의 역사 왜곡을 넘어서려면, 서울신문
국정원 논란에서 우려되는 점들, 국민일보 등 20여 개 칼럼

트럼프의 일탈외교와 바이든의 신정상복귀

초판발행	2022년 3월 30일
지은이	유찬열
펴낸이	안종만·안상준
편 집	전채린
기획/마케팅	김한유
표지디자인	이소연
제 작	고철민·조영환
펴낸곳	(주)**박영사**
	서울특별시 금천구 가산디지털2로 53, 210호(가산동, 한라시그마밸리)
	등록 1959. 3. 11. 제300-1959-1호(倫)
전 화	02)733-6771
f a x	02)736-4818
e-mail	pys@pybook.co.kr
homepage	www.pybook.co.kr
ISBN	979-11-303-1520-1 93340

copyright©유찬열, 2022, Printed in Korea

정 가   36,000원